Krankenversicherungsgesetz

vom 15. Juni 1883

in der Fassung der Novelle vom 10. April 1892

und

die dasselbe ergänzenden reichsgesetzlichen Bestimmungen.

Kommentar

von

Dr. E. von Woedtke,

Direktor im Reichsamt des Innern.

Fünfte erweiterte Auflage.

Berlin 1896.

J. Guttentag, Verlagsbuchhandlung.

G. m. b. H.

Vorwort zur ersten Auflage.

Unter den Kommissarien der verbündeten Regierungen hat der Verfasser allen Verhandlungen beigewohnt, welche über das Krankenversicherungsgesetz im Reichstage und in der zur Vorberathung dieses und des Unfallversicherungs-Gesetzentwurfs niedergesetzten (VIII.) Kommission des Reichstags geführt worden sind. Er hat dabei sich überzeugen müssen, daß das Gesetz komplizirt ist und dem Verständniß wie der praktischen Durchführung manche Schwierigkeit bietet. Diese Schwierigkeiten müssen überwunden werden, wenn dem vorliegenden ersten Schritt auf dem Wege sozialer Reformen, welche unserm hochherzigen Kaiser und den verbündeten Regierungen zur Besserung der Lage der arbeitenden Klassen und zur Herstellung und Befestigung des sozialen Friedens unter den Berufsklassen so sehr am Herzen liegen, und zu deren ernster Förderung alle wahren Freunde des Volks entschlossen sind, die erforderliche Wirkung nicht fehlen soll. Es bedarf nicht nur der vollen Hingebung der Behörden, sondern auch der thätigen Beihülfe aller Gutgesinnten, um dieses Gesetz in Fleisch und Blut des Volkes übergehen zu lassen und in der Praxis so und in dem Sinne auszuführen, daß es die beabsichtigte Besserung der sozialen Lage der Betheiligten wirklich zur Folge hat und in denselben Vertrauen zu den weiteren legislatorischen Maßregeln auf diesem Gebiete erweckt. Alle staatserhaltenden Elemente, die Behörden sowohl wie die Privatpersonen ohne Unterschied von Stand und Stellung, sind unserm Kaiser und den anderen gesetzgebenden Faktoren im Reich dafür verantwortlich, daß das vorliegende Gesetz nicht auf dem Papier stehen bleibt, sondern mit Energie und mit dem guten Willen durchgeführt wird, die durch dasselbe angestrebte Besserung genau auf dem durch das Gesetz eingeschlagenen, nach sehr sorgfältiger

Erwägung für den zweckentsprechendsten anerkannten Wege thatsächlich herbeizuführen, das Gesetz den Betheiligten als eine in ihrem Interesse getroffene staatliche Maßregel verständlich zu machen und dadurch die Erkenntlichkeit gegen den Staat zu wecken oder zu fördern. Wer dieser Verantwortlichkeit in vollem Maße sich bewußt ist und derselben entsprechend handelt, wird auch seinerseits dazu helfen, die großen Ziele der Sozialpolitik zu erreichen, und wird dadurch nicht nur dem Herzenswunsch unseres herrlichen Kaisers und der verbündeten Landesfürsten entsprechen sowie allen denjenigen Beamten und Faktoren, welche mit ungemeinem Fleiß und Verständniß dieses grundlegende Gesetz verfaßt und zu seinem Zustandekommen beigetragen haben, den schuldigen Dank abstatten, sondern wird auch im wohlverstandenen eigenen Interesse handeln. Hierzu aber ist zunächst eben eine genaue Kenntniß des Gesetzes erforderlich.

Der Verfasser hat geglaubt, ein Scherflein zum Verständniß und zur Durchführung des Gesetzes seinerseits dadurch beitragen zu können, daß er in den vorliegenden Bogen einige Bemerkungen über den Sinn und die Bedeutung veröffentlichte, welche die einzelnen Bestimmungen zum Theil nach den Materialien haben, und welche er zum andern Theil denselben seinerseits glaubt beilegen zu müssen. Je eher Gelegenheit gegeben wird, mit dem Gesetz sich bekannt zu machen, desto eher und zuverlässiger wird die sachgemäße Durchführung desselben gelingen. Der Absicht, dem vorliegenden Werk wesentlich eine praktische Bedeutung zu geben, entspricht es, daß eine Kritik einzelner Bestimmungen oder die Wiedergabe der Gegengründe überall da fortgelassen worden ist, wo sie für praktische Zwecke nicht durchaus erforderlich erschien.

Der Ueberhebung, als habe er mit diesem Kommentar etwas Fehlerfreies oder Vollkommenes geschaffen, giebt sich der Verfasser wahrlich nicht hin; er hofft aber, in Berücksichtigung seiner oben dargelegten Absicht auf einige Nachsicht rechnen zu dürfen und wird es andererseits dankbar erkennen, wenn er auf Unrichtigkeiten aufmerksam gemacht wird. Dem Kaiserl. Geh. Ober-Regierungsrath Herrn Lohmann, welcher den Gesetzentwurf verfaßt und hauptsächlich vertreten hat, sagt der Verfasser für manchen gütigen Wink, den er in Nachstehendem hat verwerthen können, seinen verbindlichsten Dank. Sollte es gelungen sein, auch nur hin und wieder das Verständniß für dieses hochwichtige grundlegende Gesetz zu wecken oder zu erleichtern und dadurch dessen sinngemäße Durchführung praktisch zu fördern, so sieht der Verfasser seinen Zweck erreicht. Und daß dieses geschehe, daß dadurch der christliche Charakter unseres Staatswesens gehoben und die hochherzigen Bestrebungen Sr. Maj. des Kaisers und der verbündeten Regierungen der Erfüllung näher gebracht werden mögen, das walte Gott!

Berlin, im Juni 1883.

Der Verfasser.

Vorwort zur vierten Auflage.

Die erheblichen Veränderungen, welche die Novelle zum Krankenversicherungsgesetz vom 10. April 1892 gebracht hat, machten eine vollständige Umarbeitung dieses Kommentars erforderlich. Zu seinem Bedauern war es dem Verfasser mit Rücksicht auf seine sonstigen umfangreichen Geschäfte nur möglich, diese neue Auflage in mehreren Lieferungen nach einander erscheinen zu lassen. Dabei konnten mehrere bisher erschienene anderweite Bearbeitungen mit benutzt werden, insbesondere die Kommentare von Köhne, Hahn, Henle-Reger und v. Schicker; ebenso ist die Rechtsprechung höchster Gerichtshöfe berücksichtigt worden.

Da der Verfasser Veranlassung gehabt hat, auch bei den Verhandlungen über die Novelle als Kommissar der verbündeten Regierungen mitzuwirken, hofft er, Sinn und Zweck der einzelnen gesetzlichen Bestimmungen einigermaßen richtig verstanden zu haben.

Berlin, im Juni 1893.

Der Verfasser.

Vorwort zur fünften Auflage.

Theorie und Praxis des Krankenversicherungsrechts haben auch bei der neuen Auflage weitgehende Berücksichtigung erfahren; insbesondere ist auch die verdienstvolle systematische Bearbeitung, welche der inzwischen abgeschlossene erste Band des groß angelegten Werks von Professor Dr. Rosin: „Das Recht der Arbeiterversicherung; für Theorie und Praxis systematisch dargestellt" (Berlin, J. Guttentag 1893) enthält, mehrfach benutzt worden. Möchte dieser Kommentar auch in der jetzt vorliegenden neuen Auflage die Freunde sich erhalten, die die früheren Auflagen gefunden haben!

Berlin, im Juni 1896.

Der Verfasser.

Inhalt.

D. Gemeinsame Bestimmungen für die Gemeinde-Krankenversicherung und für die Orts-Krankenkassen.

§§ 49 bis 58.

Abkürzungen.

a. a. O. = am angeführten Orte.
Abſ. = Abſatz.
a. E. = am Ende.
A.G., Ausd.G. = Ausdehnungsgeſetz (Geſetz, betr. die Ausdehnung der Unfall- und Krankenverſicherung. Vom 28. Mai 1885).
Allerh. = Allerhöchſte.
allg. = allgemein.
A.L.R. = Allgemeines Landrecht (f. d. Preuß. Staaten).
a. M. = anderer Meinung.
Anh. = Anhang.
Anl. = Anlage.
Anm. = Anmerkung.
Anw. = Anweiſung.
Arb.Verſ. = „Arbeiter-Verſorgung" (Siemenroth & Troſchel, Berlin).
Art. = Artikel.
Ausf.Anw. = Ausführungs-Anweiſung.
Ausf.Beſt. = Ausführungs-Beſtimmung.
Bad. Verw.G. = Badiſcher Verwaltungsgerichtshof.
B.U.G. = Bau-Unfallverſicherungsgeſetz vom 11. Juli 1887.
Bek. = Bekanntmachung.
betr. = betreffend.
bez. = beziehungsweiſe.
Centr.Bl. f. d. D. R. = Centralblatt für das Deutſche Reich.
cf. = conferatur.
cit. = citirt.
d. H. = der Herausgeber.
d. h. = das heißt.
einſchl. = einſchließlich.
Erk. = Erkenntniß.
Erl. = Erlaß.
event. = eventuell.

f., ff., fg. = und folgende.
f. H. u. G. = für Handel und Gewerbe.
G. = Gesetz.
gem. = gemeinsam.
G.K.V., Gem.Kr.-Vers. = Gemeinde-Krankenversicherung.
G.O., Gew.Ordn. = Gewerbeordnung.
G.S. S. = Gesetzsammlung (preußische) Seite.
Jahrb. f Nat.Oek. u. Stat., N. F. = Jahrbücher für National-Oekonomie und Statistik, Neue Folge.
i. Allg. = im Allgemeinen.
i. f. = in fine.
J. u. A.V.G. = Invaliditäts- und Altersversicherungsgesetz vom 22. Juni 1889.
Komm. = Kommentar.
Komm.Ber. = Kommissionsbericht (der Reichtagskommission).
K.V.G., Kr.Vers.Ges. = Krankenversicherungsgesetz vom 15. Juni 1883.
landw. U. u. K.V.G. = Gesetz, betr. die Unfall- und Krankenversicherung der in land- und forstwirthschaftlichen Betrieben beschäftigten Personen. Vom 5. Mai 1886.
M.J.V. = Ministerialblatt der inneren Verwaltung (in Preußen).
Min.Reskr. = Ministerialreskript.
Min.Verf. = Ministerialverfügung.
Mot. = Motive.
Nov. = Novelle zum Krankenversicherungsgesetz (Gesetz über die Abänderung des Gesetzes, betr. die Krankenversicherung der Arbeiter vom 15. Juni 1883). Vom 10. April 1892.
Nr. = Nummer.
Ob.Trib. = Obertribunal (ehemaliges Preußisches).
Pr. H.M. = Preuß. Handels-Minister.
Pr. Ob.Verw.Ger. = Preußisches Ober-Verwaltungsgericht.
Pr. Verw.Bl. = Preuß. Verwaltungs-Blatt.
Prot. = Protokolle.
R.A. = Reichsanzeiger.
Reg. = Regierung.
Reg.Präs. = Regierungs-Präsident.
resp. = respektive.
R.G. = Reichsgesetz.
R.G.Bl. S. = Reichs-Gesetzblatt Seite.
R.O.H.G. = Reichs-Ober-Handels-Gericht.
R.T.Dr.S. = Reichstags-Drucksache.
R.V.A., Reichs-Vers.Amt = Reichs-Versicherungsamt.
S. = Seite.
s. = siehe.
sc. = scilicet.

sog. = sogenannt.
Sten. Ber. = Stenographische Berichte (des Reichstags).
Str.G.B. = Strafgesetzbuch.
Str.P.O. = Straf-Prozeß-Ordnung.
S.U.G. = See-Unfallversicherungsgesetz vom 13. Juli 1887.
Thl. = Theil.
Tit. = Titel.
u. a. = und andere.
u. s. w. = und so weiter.
U.V.G., Unfallvers.Ges. = Unfallversicherungsgesetz vom 6. Juli 1884.
V., Verordn., = Verordnung.
vgl = vergleiche.
z. B. = zum Beispiel.
z. Thl. = zum Theil.

Einleitung.

„Schon im Februar d. J. haben Wir Unsere Ueberzeugung aussprechen lassen, daß die Heilung der sozialen Schäden nicht ausschließlich im Wege der Repression sozialdemokratischer Ausschreitungen, sondern gleichmäßig auf dem der positiven Förderung des Wohles der Arbeiter zu suchen sein werde. Wir halten es für Unsere Kaiserliche Pflicht, dem Reichstage diese Aufgabe von Neuem ans Herz zu legen, und würden Wir mit um so größerer Befriedigung auf alle Erfolge, mit denen Gott Unsere Regierung sichtlich gesegnet hat, zurückblicken, wenn es Uns gelänge, dereinst das Bewußtsein mitzunehmen, dem Vaterlande neue und dauernde Bürgschaften seines inneren Friedens und den Hülfsbedürftigen größere Sicherheit und Ergiebigkeit des Beistandes, auf den sie Anspruch haben, zu hinterlassen. In Unseren darauf gerichteten Bestrebungen sind Wir der Zustimmung aller verbündeten Regierungen gewiß und vertrauen auf die Unterstützung des Reichstags ohne Unterschied der Parteistellungen.

In diesem Sinne wird zunächst der von den verbündeten Regierungen in der vorigen Session vorgelegte Entwurf eines Gesetzes über die Versicherung der Arbeiter gegen Betriebsunfälle mit Rücksicht auf die im Reichstage stattgehabten Verhandlungen über denselben einer Umarbeitung unterzogen, um die erneute Berathung desselben vorzubereiten. Ergänzend wird ihm eine Vorlage zur Seite treten, welche sich eine gleichmäßige Organisation des gewerblichen Krankenkassenwesens zur Aufgabe stellt. Aber auch diejenigen, welche durch Alter und Invalidität erwerbsunfähig werden, haben der Gesammtheit gegenüber einen begründeten Anspruch auf ein höheres Maß staatlicher Fürsorge, als ihnen bisher hat zu Theil werden können.

Für diese Fürsorge die rechten Mittel und Wege zu finden, ist eine schwierige aber auch eine der höchsten Aufgaben jedes Gemeinwesens, welches auf den sittlichen Fundamenten des christlichen Volkslebens steht. Der engere Anschluß an die realen Kräfte dieses Volkslebens und das Zusammenfassen der letzteren in der Form korporativer Genossenschaften unter staatlichem Schutz und staatlicher Förderung werden, wie Wir hoffen, die Lösung auch von Aufgaben möglich machen, denen die Staatsgewalt allein in gleichem Umfange nicht gewachsen sein würde. Immerhin aber wird auch auf diesem Wege das Ziel nicht ohne die Aufwendung erheblicher Mittel zu erreichen sein."

Mit diesen herrlichen Worten deutete Se. Majestät der in Gott ruhende Kaiser Wilhelm I. in der Allerhöchsten Botschaft vom 17. November 1881, durch welche die erste Session der 5. Legislaturperiode des Deutschen Reichstags eröffnet wurde, die nächsten Ziele der auf Anrathen des Reichskanzlers Fürsten v. Bismarck im Reich eingeschlagenen Sozialpolitik an, welche sich als eine Forderung des christlichen Staatslebens die Verbesserung der materiellen Lage der arbeitenden Klassen zur Aufgabe stellt.

„Daß der Staat sich in höherem Maße als bisher seiner hülfsbedürftigen Mitglieder annehme, ist nicht bloß eine Pflicht der Humanität und des Christenthums, von welchen die staatlichen Einrichtungen durchdrungen sein sollen, sondern auch eine Aufgabe staatserhaltender Politik, welche das Ziel zu verfolgen hat, auch in den besitzlosen Klassen der Bevölkerung, welche zugleich die zahlreichsten und am wenigsten unterrichteten sind, die Anschauung zu pflegen, daß der Staat nicht bloß eine nothwendige, sondern auch eine wohlthätige Einrichtung sei. Zu dem Ende müssen sie durch erkennbare direkte Vortheile, welche ihnen durch gesetzgeberische Maßregeln zu Theil werden, dahin geführt werden, den Staat nicht als eine lediglich zum Schutz der besser situirten Klassen der Gesellschaft erfundene, sondern als eine auch ihren Bedürfnissen und Interessen dienende Institution aufzufassen." (Aus den Motiven des Gesetzentwurfs über die Unfallversicherung der Arbeiter, R. T. Dr. S. 1882 Nr. 19. S. 31.)

Der erste Schritt zur Erreichung des gesteckten Zieles sollte die Abwendung der wirthschaftlichen Folgen von Unfällen und Krankheiten der Arbeiter sein. Die in der Allerhöchsten Botschaft vom 17. November 1881 angekündigten Gesetzentwürfe über die Krankenversicherung (Nr. 14 der Drucksachen 1882) und die Unfallversicherung (Nr. 19 der Drucksachen 1882) der Arbeiter, von denen der letztere an einen schon früher vorgelegten, aber nicht Gesetz gewordenen ähnlichen Entwurf sich anschloß, waren im Preußischen Volkswirthschaftsrath vorberathen worden und hatten dort freudige Zustimmung gefunden. Beide waren derart mit einander in Verbindung gebracht, daß die Entschädigung für Unfälle während der ersten 13 Wochen von den Organisationen der Krankenversicherung, bei längerer Erwerbsunfähigkeit aber sowie im Fall des Todes aus der Unfallversicherung geleistet werden, daß jeder gegen Unfall zu Versichernde auch gegen Krankheit versichert sein sollte, und daß für die Aufbringung der Lasten eine gewisse Wechselbeziehung zwischen beiden Versicherungen stattzufinden habe. Ein liberaler Jurist, O. Bähr, bezeichnete diese Verbindung als einen durchaus glücklichen Gedanken und nannte die vorgelegte Arbeit ein Riesenwerk, in welchem eine Fülle des Stoffes bewältigt sei, wie kaum in irgend einem andern Gesetz, und die um so schwieriger gewesen sei, als man völlig neu habe aufbauen müssen.

Erschien hiernach die Krankenversicherung als notwendige Voraussetzung der Unfallversicherung, so war ihre Durchführung doch auch unabhängig von der letzteren erforderlich, um die wirthschaftliche Lage der Arbeiter zu verbessern, weil letztere gerade durch Krankheit, während deren der Lohnbezug aufhört, in oft verhängnißvoller Weise gefährdet wird.

Im Reichstag wurden die ersten Lesungen beider Gesetzentwürfe mit einander vereinigt, worauf beide an eine und dieselbe (achte) Kommission verwiesen wurden. Letztere hat im Beisein mehrerer Regierungskommissare, insbesondere des Direktors im Reichsamt des Innern Dr. Bosse*) und des Geh. Ober-Regierungsraths Lohmann**), welcher die Entwürfe verfaßt hat, unter dem Vorsitz des

*) Später Staatssekretär des Reichs-Justizamts, gegenwärtig preußischer Minister der geistlichen, Unterrichts- und Medizinal-Angelegenheiten.

**) Jetzt Unterstaatssekretär im Preuß. Ministerium für Handel und Gewerbe.

Frhrn. von und zu Franckenstein*) zunächst den Gesetzentwurf für die Krankenversicherung in 50 Sitzungen überaus gründlich durchgearbeitet, und in der Ueberzeugung, daß es ihr nicht gelingen werde, in derselben Session auch noch den zweiten noch schwierigeren Entwurf des Unfallversicherungsgesetzes fertig zu stellen, zunächst nur diesen einen Entwurf mittels umfangreichen, von dem Referenten Frhrn. v. Maltzahn-Gültz**) mit seltener Sorgfalt und Hingebung verfaßten schriftlichen Berichts (Nr. 211 der Drucksachen) wieder an das Plenum gebracht. Es geschah dies, nachdem über den Gesetzentwurf unter Annahme der grundlegenden Bestimmungen der Regierungsvorlage in fast allen Punkten eine Uebereinstimmung erzielt und durch Entfernung der Beziehungen zur Unfallversicherung die Möglichkeit gegeben worden war, daß die Krankenversicherung selbständig, und ohne an die gleichzeitige Einführung der Unfallversicherung gebunden zu sein, ins Leben treten konnte. Nach weiteren eingehenden Verhandlungen im Plenum wurde das Gesetz „betr. die Krankenversicherung der Arbeiter" in der Sitzung vom 31. Mai 1883 mit der imposanten Mehrheit von 216 gegen 99 Stimmen (Sten. Ber. 1883 S. 2696) in namentlicher Abstimmung angenommen, nachdem zuvor von dem Stellvertreter des Reichskanzlers die Erklärung abgegeben worden war, daß das Gesetz nach seiner Loslösung von der Unfallversicherung, welche nach wie vor wichtiger und für die Abhülfe berechtigter Klagen dringender erscheine, und ohne gleichzeitige Verabschiedung der Unfallversicherung für den von Allen verfolgten Zweck einer Verbesserung der Lage der Arbeiter zwar sehr viel weniger biete, als die verbündeten Regierungen nach ihren Vorlagen gewünscht und zu erreichen gehofft hätten, daß die letzteren aber trotz mancher Bedenken doch bereit seien, für jetzt auch mit dem Weniger sich zufrieden zu geben (Sten. Ber. 1883 S. 2513).

Wenn das Erreichte zunächst auch nur verhältnißmäßig wenig bot, so war doch eine Grundlage für weitere Maßnahmen geschaffen, ein erster Anfang gemacht. Die bis in die Reihen der damaligen liberalen Vereinigung hinreichende und auch die Volkspartei umfassende große Mehrheit, welche sich im Reichstag für diesen ersten Schritt zusammenfand, ließ schon damals erwarten, daß es trotz vieler und großer Schwierigkeiten in nicht zu ferner Zeit gelingen werde,

*) Inzwischen verstorben.

**) Jetzt Staatssekretär des Reichs-Schatzamts.

auch auf den noch ausstehenden wichtigeren Gebieten*), zum Heile des deutschen Volkes die sozialen Reformen durchzuführen, deren Förderung der hochselige Kaiser Wilhelm I. noch in einer weiteren Allerhöchsten Botschaft vom 14. April 1883 dem Reichstag wiederholt und dringend ans Herz gelegt hatte. Wenn auch ein kleiner und schüchterner, so war es doch immer der erste überaus wichtige und folgenreiche Schritt

> „für die Verbesserung der Lage der Arbeiter, welcher, die Nation weiß es, das lebhafteste Interesse und das Herz des Kaisers zugewendet ist, und welche die verbündeten Regierungen einmüthig beschlossen haben, im Wege der Gesetzgebung, Schritt für Schritt zwar nur, aber doch ohne jeden vermeidlichen Aufenthalt thunlichst so weit zu fördern, daß den berechtigten Klagen die Abhülfe, dem anzuerkennenden Bedürfniß die Befriedigung, dem ganzen Volk der innere Friede, Freude und Genüge an unsern Staatseinrichtungen gesichert werde.“ (Erklärung des Stellvertreters des Reichskanzlers bei der dritten Berathung des Gesetzentwurfs, Sten. Ber. 1883 S. 2513.)

Hiernach ist das Krankenversicherungsgesetz das erste der großen sozialpolitischen Arbeiterversicherungsgesetze der Neuzeit und schon aus diesem Grunde von besonderer Bedeutung.

Eine Ergänzung erfuhr das Gesetz zunächst durch das sogenannte Ausdehnungsgesetz vom 28. Mai 1885, durch welches die Krankenversicherung auf einige weitere Betriebszweige, insbesondere auf die Transportgewerbe, ausgedehnt wurde. Demnächst wurden durch das Gesetz, betr. die Unfall- und Krankenversicherung in land- und forstwirthschaftlichen Betrieben, vom 5. Mai 1886 einige Modifikationen für die Krankenversicherung in diesem Berufszweig vorgesehen. Endlich ist durch die Novelle vom 10. April 1892 eine umfassende Revision des Krankenversicherungsgesetzes durchgeführt, wobei namentlich die Erfahrungen berücksichtigt worden sind, welche inzwischen in der Praxis gemacht worden waren.

Durch diese Novelle sind die Bestimmungen des Ausdehnungsgesetzes in das Krankenversicherungsgesetz hineingearbeitet worden, so daß ersteres, soweit es sich um die Krankenversicherung handelt, außer Kraft gesetzt werden konnte. Sodann sind Zweifel, zu denen die

*) Inzwischen sind die Gesetze über Unfallversicherung und über Invaliditäts- und Altersversicherung erlassen und in Kraft getreten.

bisherigen Vorschriften Anlaß gegeben hatten, beseitigt, die einzelnen Organisationen (Gemeinde-Krankenversicherung und Krankenkassen) dem Bedürfniß entsprechend weiter ausgebaut, auch ihr Verhältniß zu einander mehr als bisher klargestellt worden. Endlich sind die Voraussetzungen, unter denen Hülfskassen ohne Beitrittszwang neben den Zwangsorganisationen zur Durchführung der Versicherungspflicht zugelassen werden, im Interesse der Versicherten wie der Zwangskassen zum Theil anderweit nach der Richtung geregelt worden, daß die von solchen Hülfskassen zu gewährende Fürsorge ausgiebiger bemessen und der von dem Gesetzgeber für erforderlich erachteten Mindestleistung an Erkrankte mehr als bisher angepaßt worden ist.

Der wesentlichste Inhalt des Gesetzes, wie er sich nach der Novelle gestaltet hat, läßt sich bei Uebergehung aller weniger wichtigen Bestimmungen in folgenden Sätzen kurz skizziren:

Das Gesetz geht davon aus, daß die legislatorischen Bemühungen zur Verbesserung der materiellen Lage der Arbeiter zunächst darauf gerichtet sein müssen, der Noth thunlichst vorzubeugen, in welche bei dem immerhin häufigen Fall vorübergehender Krankheit (wohin auch die Folgen von Unfällen gehören) und einer dadurch bedingten Erwerbsunfähigkeit der auf seinen Lohn angewiesene Arbeiter mit seiner Familie gerathen muß. Denn sobald nicht eine besondere Fürsorge für ihn eintritt, wird ein erkrankter Arbeiter aus Mangel an den nöthigen Mitteln die rechtzeitige und ausgiebige Zuziehung des Arztes unterlassen, dadurch seinen Zustand verschlimmern, die geringen Ersparnisse aufzehren, Hab und Gut veräußern, und wirthschaftlich ruinirt, schließlich der öffentlichen Armenpflege mit ihren entwürdigenden Formen und Folgen anheimfallen. Den bisherigen relativen Wohlstand vermag ein nach längerer Krankheit wieder genesener Arbeiter nur selten wiederzuerlangen. Eine Fürsorge, welche würdig und zugleich geeignet ist, diese Folgen thunlichst abzuwenden oder doch zu mildern — aus der Welt schaffen läßt sich Noth und Elend nicht, die Fürsorge kann nur dahin gerichtet sein, dasselbe erträglich zu machen und thunlichst abzuschwächen — kann nur bei einer unter staatlicher Autorität und unter Betheiligung der Arbeitgeber eintretenden allgemeinen Versicherung gefunden werden, und aus ihrer öffentlich-rechtlichen Nothwendigkeit ergiebt sich wiederum das Bedürfniß, diese Versicherung überall da zu erzwingen, wo der Zwang angezeigt und durchführbar ist. Die bisherige Gesetzgebung überließ in gewissem Umfange den Gemeinden und weiteren Kommunalverbänden die Einführung solchen Zwanges; von dieser Befugniß ist aber in so seltenen Fällen Gebrauch gemacht worden, daß die Versicherung bisher keineswegs in ausreichendem Maße durchgeführt war. Dies führte zur Aufstellung des gesetzlichen Versicherungszwanges für fast alle in dauerndem Arbeitsverhältniß stehenden Arbeiter in der Industrie, dem Handel und dem Handwerk sowie für die den Arbeitern in wirthschaftlicher Beziehung ungefähr gleichstehenden unteren Betriebsbeamten, sowie zur Gestattung eines statutarischen Versicherungszwanges für solche Kategorien, für welche jene Voraussetzungen, wie es u. a. bei den Arbeitern der Land- und Forstwirthschaft und bei den Hausindustriellen zutrifft, nicht allgemein, sondern nur unter besonderen örtlichen Verhältnissen als vorhanden anerkannt werden konnten. Der Verpflichtung sind nur solche Personen unterworfen, welche von Arbeitgebern für einige Dauer beschäftigt werden: die unselbständige Beschäftigung ist also die Grundlage und die Voraussetzung des Versicherungszwanges, derart, daß gewerblich selbständige Personen mit alleiniger Ausnahme der eine Uebergangsstufe bildenden Hausindustriellen demselben nicht unterworfen werden können. Neben der Verpflichtung begründet das Gesetz aber auch die Berechtigung solcher Arbeiter und Betriebsbeamten, für welche die Verpflichtung nicht besteht, an der durch das Gesetz geordneten Versicherung freiwillig sich zu betheiligen, und zwar durch freiwilligen Eintritt in die Versicherung oder freiwillige Fortsetzung des Versicherungsverhältnisses, letzteres für den Fall, daß die frühere Grundlage der Versicherung, nämlich die unselbständige Beschäftigung als Arbeiter ꝛc., fortgefallen sein sollte. Das gleiche Recht ist auch dem Gesinde gegeben worden und darf durch statutarische Bestimmung auch anderen Personen mit niedrigem Einkommen (bis zu 2000 Mark) eingeräumt werden.

Dem Versicherungszwang entspricht es, daß nun auch überall Organisationen vorhanden sein müssen, in welchen die Versicherungspflichtigen ihrer mit der Thatsache der Beschäftigung eintretenden Verpflichtung zur Versicherung genügen können. Zu diesem Zweck sieht das Gesetz ein weitverzweigtes System von Zwangskassen vor, welche, auf berufsgenossenschaftlicher Grundlage errichtet, jedem Versicherten je nach Ort und Art seiner Beschäftigung zugänglich sind.

Für jede versicherungspflichtige Beschäftigung besteht aber in dem betreffenden örtlichen Bezirk nur eine Zwangskasse, so daß der einzelne Versicherte keine Wahl hat, welcher von mehreren Zwangskassen er angehören will. Dagegen darf er den Zwangskassen überhaupt fern bleiben, wenn er einer freien Hülfskasse ohne Beitrittszwang, welche wenigstens die Mindestleistungen einer Zwangsorganisation des Beschäftigungsortes gewährt, angehört. Insofern kann man sagen, das Gesetz begründe Kassenzwang, aber keine Zwangskassen; die einzelnen Zwangsorganisationen aber schließen einander aus.

Was nun die Abgrenzung der verschiedenen Zwangskassen gegen einander anbetrifft, so wird in erster Reihe eine Versicherung auf Gegenseitigkeit angestrebt, und zwar in korporativen auf Selbstverwaltung beruhenden Verbänden der Berufsgenossen, weil dieselbe (nach den Motiven)

1. bei der relativen Gleichheit der Krankheitsgefahr die rationellste ist;
2. durch die bei ihr am leichtesten durchzuführende Selbstverwaltung einen wohlthätigen moralischen Einfluß ausübt;
3. durch die nahen Beziehungen der Kassenmitglieder zu einander die zur Bekämpfung der Simulation unentbehrliche Kontrole erleichtert.

Zur Durchführung dieser gegenseitigen Krankenversicherung der Berufsgenossen werden mit gewissen Modifikationen zunächst diejenigen Arten (organisirter) Krankenkassen in Wirksamkeit belassen, welche bereits auf Grund der bisherigen Gesetzgebung errichtet werden durften, nämlich

1. die Knappschaftskassen, welche auf Grund berggesetzlicher Vorschriften der Einzelstaaten bestehen;
2. die für die Gesellen und Lehrlinge von Innungsmitgliedern errichteten, durch das Reichsgesetz vom 18. Juli 1881 (Reichs-Gesetzbl. S. 233) neu geregelten Innungs-Krankenkassen.

Versicherungspflichtige, welche nach Maßgabe ihrer Beschäftigung einer dieser Kassen nicht angehören, sind in lokale, nach Berufszweigen derart einzurichtende Krankenkassen, daß dieselben, soweit möglich und thunlich, die Arbeiter (Beamten) nur eines und desselben Gewerbszweiges (einer und derselben Betriebsart) innerhalb gewisser lokaler Bezirke, oder die Arbeiter (Beamten) einer einzelnen gewerblichen Unternehmung (Fabrik u. s. w.) umfassen, einzureihen. Zu dem Zweck wurden neben den oben erwähnten Kassen in Anlehnung an bereits bestehende, bisher aber dem Belieben der Gemeinden oder Betriebsunternehmer überlassene und in diesem Sinne fakultative Organisationen vorgesehen:

3. Orts-Krankenkassen für die in einzelnen Gemeinden oder Bezirken beschäftigten Versicherungspflichtigen, und zwar derart, daß im Grundsatz für die einzelnen an dem Ort oder in dem Bezirk vertretenen Gewerbszweige und Betriebsarten — soweit dies unbeschadet der Leistungsfähigkeit geschehen kann — verschiedene Orts-Krankenkassen errichtet werden sollen, während jedoch auch mehrere und selbst alle Gewerbszweige und Betriebsarten eines Bezirks in einer Kasse vereinigt werden dürfen;

4. Betriebs- (Fabrik-) Krankenkassen für die Arbeiter je eines größeren Unternehmens (wie sie seit längerer Zeit üblich sind und bei guter Leitung sich bewährt haben) mit der Maßgabe, daß ein Unternehmer, welcher mehrere gewerbliche Etablissements hat, für dieselben nur eine einzige Krankenkasse zu errichten braucht;

5. Bau-Krankenkassen für größere vorübergehende Bauunternehmungen mit vorwiegend fluktuirender Arbeiterschaft.

Aber auch die Orts-, Betriebs- (Fabrik-) und Bau-Krankenkassen können noch nicht alle Versicherungspflichtigen ohne Ausnahme aufnehmen. Es hat vielmehr noch weitere Fürsorge für solche Arbeiter (Beamte) getroffen werden müssen, welche in den Orts-, Betriebs- (Fabrik-), Bau-, Innungs-Krankenkassen und Knappschaftskassen keine Stelle finden können, sei es um deswillen, weil diese Kassen nach ihrer Bestimmung sie nicht aufnehmen können, oder weil diese Kassen trotz der Vorschrift des Gesetzes nicht oder doch nicht rechtzeitig zu Stande kommen sollten. Insbesondere trifft dies zu:

a) bei Versicherten, welche in so kleinen Gemeinden beschäftigt sind, daß „die Zahl der in einem oder mehreren Gewerben, ja selbst der in allen Gewerben Beschäftigten zur Bildung einer lebensfähigen Krankenkasse mit besonderem Verwaltungsapparat nicht ausreicht, und welche auch nach ihrer Belegenheit mit anderen Gemeinden behufs Bildung gemeinsamer Krankenkassen nicht vereinigt werden können“;

b) bei denjenigen Klassen von Versicherten in größeren Gemeinden, welche bei Bildung der Orts-Krankenkassen ohne Gefährdung ihres berufsgenossenschaftlichen Charakters nicht berücksichtigt werden konnten, sondern übrig geblieben sind.

Um für diesen Rest der Versicherungspflichtigen den Versicherungszwang überhaupt oder doch in gegebener Zeit durchzuführen, bedurfte es zur Ergänzung des Systems noch einer Form der Krankenversicherung,

> welche höchst subsidiär, überall möglich, und so geregelt ist, „daß sie für diejenigen, welche ihrer Verpflichtung nicht nachkommen, mit empfindlichen Nachtheilen verbunden wird und dadurch einen wirksamen indirekten Zwang zur Erfüllung jener Verpflichtung ausübt" (Motive).

Diese höchst subsidiäre Form der Krankenversicherung ist

6. die Gemeinde-Krankenversicherung, keine Krankenkasse, sondern eine kommunale Einrichtung, welche für alle Gemeinden ohne Ausnahme, soweit nicht für die zu Versichernden anderweit gesorgt wird, obligatorisch ist, und welche die Gemeinden unmittelbar kraft des Gesetzes und unabhängig von jeder durch eine Mitwirkung der Betheiligten oder der Behörden bedingten Organisation verpflichtet gegen die Befugniß zur Erhebung eines gesetzlich bemessenen Versicherungsbeitrages

   > „jedem in ihrem Bezirk beschäftigten dem Krankenversicherungszwange unterworfenen Arbeiter, welcher (aus irgend einem Grunde) keiner der vorgesehenen organisirten Krankenkassen zuzuweisen ist, für den Fall der durch Krankheit bedingten Erwerbsunfähigkeit eine nach Höhe und Dauer gesetzlich bemessene Unterstützung zu gewähren" (Motive),

   — eine Einrichtung, welche sich an eine bayerische Institution und an die auf Grund des Bundesgesetzes vom 6. Juni 1870 (Bundes-Gesetzbl. S. 360) bestehende Verpflichtung der Ortsarmenverbände zur zeitweisen Unterstützung erkrankter Dienstboten, Gehülfen und Lehrlinge (ohne Anspruch auf Kostenerstattung) anlehnt, aber nicht, wie die letztere, als Ausfluß der öffentlichen Armenpflege, sondern als gesetzlich geregelte auf dem Versicherungsprinzip beruhende Krankenunterstützung sich darstellt.

Aeltere Zwangskassen gelten fortan als Orts-, Betriebs- (Fabrik), Bau-, Innungs-Krankenkassen nach Maßgabe dieses Gesetzes; sie hatten die Verpflichtung, ihre Statuten binnen bestimmter Frist nach den Vorschriften des letzteren zu revidiren.

Neben diese Zwangsorganisationen treten, wie bereits angedeutet wurde, für solche Versicherte, welche der für sie errichteten Organisation sich nicht anschließen mögen, die auf freier Uebereinkunft beruhenden Hülfskassen ohne Beitrittszwang, und zwar in doppelter Form:

a) die eingeschriebenen Hülfskassen nach Maßgabe des Reichsgesetzes vom 7. April 1876 (Reichs-Gesetzbl. S. 125) in der Fassung der Novelle vom 1. Juni 1884 (Reichs-Gesetzbl. S. 54),

b) sonstige freie, auf landesrechtlichen Bestimmungen beruhende Hülfskassen.

In diesen Hülfskassen dürfen aber fortan Versicherungspflichtige ihrer gesetzlichen Versicherungspflicht nur dann genügen, wenn diese Kassen mindestens dasselbe gewährleisten, was der betr. Versicherte von der Gemeinde-Krankenversicherung seines Beschäftigungsorts im Krankheitsfall zu beanspruchen haben würde. (Früher wurde hierzu für ausreichend erachtet, wenn die Hülfskassen das Krankengeld nur nach den für den Kassensitz maßgebenden Sätzen, und wenn sie anstatt freier ärztlicher Behandlung eine [nicht auskömmliche] baare Entschädigung in Höhe der Hälfte des Krankengeldes gewährten.) Landesrechtliche Hülfskassen sind außerdem fortab nur dann als ausreichend anzusehen, wenn sie unter behördlicher Autorität errichtet sind, eine Voraussetzung, die früher nicht bestand. Hülfskassen, welche diesen Voraussetzungen nicht genügen, bleiben als Zuschußkassen in Wirksamkeit, d. h. ihre Mitglieder müssen zwar der für ihren Bezirk geltenden Zwangsorganisation auch noch angehören, erhalten dafür aber im Krankheitsfall auch höhere Leistungen (aus beiden Kassen). In gleicher Weise können auch solche freie Hülfskassen, welche den obigen Voraussetzungen genügen, also an sich ausreichend sind, von Versicherungspflichtigen als Zuschußkassen benutzt werden. Um einer Ueberversicherung vorzubeugen, kann aber der Gesammtbezug an Krankengeld auf den Betrag des vollen Lohns herabgesetzt werden.

Der Umstand, daß das Gesetz zunächst die höchst subsidiäre Gemeinde-Krankenversicherung, demnächst die Orts-, die Betriebs- (Fabrik-) und die Bau-Krankenkassen und erst zum Schluß die Knappschafts-, Innungs- und Hülfskassen abhandelt, hat nur redaktionelle Bedeutung. Dabei ist in Betracht zu ziehen, daß für die organisirten auf Grund der bisherigen Gesetze bestehenden Innungs-, Knappschafts-, eingeschriebenen und freien Hülfskassen nur einzelne Vorschriften zu dem Zweck zu geben waren, um dieselben in das System einzufügen und den im Interesse der gleichmäßigen Regelung der Versicherung getroffenen Bestimmungen anzupassen, während die letzteren selbst bei denjenigen Einrichtungen darzulegen waren, welche zwangsweise und insofern neu vorgeschrieben werden mußten.

Erwägt man, daß die Innungs-Krankenkassen und Knappschaftskassen nur für gewisse Berufsarten, Bau-Krankenkassen nur für gewisse, nach der Dauer der Bauten bemessene Zeit praktisch sind, die Hülfskassen aber auf dem Prinzip der Freiwilligkeit beruhen, so ergiebt sich, daß das Schwergewicht des Gesetzes, welches die Zwangsversicherung für alle Arbeiter, soweit die letzteren einem durchführbaren allgemeinen Zwange überhaupt unterworfen werden können, ausspricht, in die Organisation der Orts- und der Betriebs- (Fabrik-) Krankenkassen fällt, während die Gemeinde-Krankenversicherung als höchst subsidiärer Nothbehelf ohne eigene Organisation nur dazu berufen ist, die Lücken auszufüllen, welche das System der organisirten Krankenkassen bestehen läßt. Durch das ganze Gesetz zieht sich denn auch das Bestreben, die Orts- und die Betriebs- (Fabrik-) Krankenkassen in den Vordergrund zu stellen, bei denselben die Mitwirkung der Betheiligten so ausgiebig wie möglich zu gestalten, die Leistungen so hoch und vielseitig wie möglich zu bemessen und damit die Anziehungskraft zu vermehren, überhaupt diese Kassen nach jeder Richtung hin thunlichst auszugestalten, außerdem aber auch das Interesse der Gemeinden an der Errichtung und der Erhaltung lebensfähiger Orts-Krankenkassen im Gegensatz zur Gemeinde-Krankenversicherung zu erhöhen. Insbesondere die Orts-Krankenkassen sollen gleichsam das Gerippe der Gesammtorganisation sein und die Regel bilden.

Die Verschiedenartigkeit der durch das Gesetz zugelassenen Formen der Krankenversicherung und die große Zahl der durch das System gebotenen Krankenkassen mag vielleicht die örtliche Uebersicht und wenigstens für den Anfang die Orientirung im Gesetz erschweren. Die Organisation vermeidet aber den Charakter des Schablonenhaften und bietet namentlich dadurch, daß sie allen verschiedenen Lebensstellungen, Beschäftigungen und örtlichen Verhältnissen Rechnung trägt, sowie dadurch, daß in den zahlreichen kleineren Kassen die Betheiligung der Arbeitnehmer an der Verwaltung und die Selbstkontrole derselben gegen Ausbeutung durch schlechte Elemente im Allgemeinen in größerem Umfange und besser zu ermöglichen ist als in einer großen Kasse, unverkennbare und sonst nicht erreichbare Vortheile. Wenn das Gesetz grundsätzlich die Bildung kleinerer

Kassen begünstigt, so ist doch deren dauernde Leistungsfähigkeit (welche allerdings bei kleinen Kassen häufiger gefährdet sein kann, als bei größeren) durch die den Behörden bei der Errichtung und dem Bestehen der Kassen eingeräumten Befugnisse, insbesondere durch das Recht und die Pflicht zur Schließung lebensunfähiger Organisationen sowie dadurch ausreichend sichergestellt, daß den Gemeinden die eventuelle Verpflichtung zu Vorschüssen für die Gemeinde-Krankenversicherung und den Fabrikbesitzern und Bauherren die eventuelle Verpflichtung zu Zuschüssen für ihre Betriebs- (Fabrik-) oder Bau-Krankenkassen auferlegt ist. Immerhin ist auch die Errichtung von Kassen mit größerem Umfange für solche Verhältnisse, in denen dies zweckmäßig und ausführbar ist, nicht ausgeschlossen, und auch die Zusammenschließung mehrerer Kassen zu umfassenden Verbänden behufs gemeinschaftlicher Bestreitung gewisser Bedürfnisse wird durch das Gesetz zugelassen.

Das Versicherungsverhältniß soll den Versicherten bei mäßigen Beiträgen, deren Höhe in allen durch dieses Gesetz begründeten Zwangsorganisationen gesetzlich beschränkt ist, eine allezeit sichere, und wenn auch nicht überreichliche, so doch auskömmliche Unterstützung in Krankheitsfällen (wohin auch die Folgen von Unfällen gehören) während mindestens 13 Wochen gewähren. Für die Unterstützung ist ein Mindestbetrag vorgeschrieben, es sind ihr aber auch gewisse Obergrenzen gezogen.

Die Mindestleistungen müssen bei allen Kasseneinrichtungen einschließlich der Gemeinde-Krankenversicherung bestehen a) in freier ärztlicher Behandlung, freier Arznei und kleinen Heilmitteln (Brillen, Bruchbänder 2c.), und zwar für Versicherungspflichtige immer von Beginn der Krankheit ab, außerdem aber b) im Fall der Erwerbsunfähigkeit, jedoch erst vom dritten Tage nach Eintritt der Krankheit ab, in einem Krankengeld von mindestens 50 Prozent desjenigen Lohnes, nach welchem die Beiträge bemessen werden (cf. unten). An die Stelle dieser Leistungen kann freie Kur und Verpflegung in einem Krankenhaus treten, neben welcher unter Umständen ein Bruchtheil des Krankengeldes zu verabreichen ist. In Ausnahmefällen, nämlich bei außerhalb wohnenden freiwilligen Kassenmitgliedern, kann statt der freien ärztlichen Behandlung, Arznei und Heilmittel ein erhöhtes Krankengeld gewährt werden. Die Krankenunterstützung währt bis zur Beendigung der Krankheit, aber höchstens 13 Wochen nach dem Beginn der Erwerbsunfähigkeit. Zu den Mindestleistungen der Orts-Krankenkassen und anderen Zwangskassen gehört außerdem c) ein Sterbegeld im mindestens 20fachen Betrage desjenigen Lohns, nach welchem die Beiträge bemessen werden, so daß die organisirten Krankenkassen zugleich den Charakter von Sterbekassen annehmen; ferner während mindestens vier Wochen nach der Niederkunft d) eine Wöchnerinnen-Unterstützung an solche Wöchnerinnen, welche während des Wochenbetts nicht eigentlich krank sind und während des letzten Jahres schon mindestens sechs Monate hindurch versichert waren, in Höhe des Krankengelds.

Weitergehende Leistungen können innerhalb bestimmter Grenzen durch die Kassenstatuten vorgesehen, und auch für erkrankte Familienangehörige der Kassenmitglieder kann freie ärztliche Behandlung sowie ein Sterbegeld gewährt werden. Andere Arten von Unterstützungen, insbesondere Invaliden-, Wittwen- und Waisenpensionen, sind aber in diesen Kassen durchaus unzulässig und von älteren als Krankenkassen fortbestehenden Kassen eventuell abzuzweigen. Derjenige, dem diese Leistungen nicht genügen, kann sich durch Doppelversicherung (Zuschlagsversicherung) bei Hülfskassen eine höhere Krankenunterstützung, in der Regel aber nur bis zum Betrage des eigenen Durchschnittsverdienstes, freiwillig sichern.

Die Mindestleistungen dürfen für versicherungspflichtige Mitglieder von einer Karenzzeit nicht abhängig gemacht werden; für freiwillige Mitglieder aber (welche außerdem bei Krankheiten, die schon zur Zeit der Beitrittserklärung eingetreten waren, keine Unterstützung erhalten) darf eine kurze Karenzzeit durch Beschluß oder Statut eingeführt werden.

Die Kassenbeiträge sind für die Knappschaftskassen und die Hülfskassen ohne Beitrittszwang durch dieses Gesetz nicht fixirt, weil bei den ersteren an den landesgesetzlichen Bestimmungen so wenig wie möglich geändert werden sollte, und für die letzteren der Beitrittszwang fehlt, welcher die Beschränkung der Beiträge als Aequivalent des Zwanges erforderlich machen würde. Im Uebrigen aber beschränkt das Gesetz die Beiträge und zwar zu der Gemeinde-Krankenversicherung, deren Leistungen geringer sind als die der organisirten Kassen, auf $1\frac{1}{2}$ Prozent bis höchstens 2 Prozent des ortsüblichen Tagelohns gewöhnlicher Tagearbeiter, für die Mitglieder der Orts-, Betriebs- (Fabrik-), Bau- und Innungs-Krankenkassen auf 3 bis höchstens $4\frac{1}{2}$ Prozent (falls nicht zur Deckung der Minimalleistungen ein höherer Beitrag zu dem Zweck bewilligt wird, um bestehende Kassen vor der Schließung zu bewahren) des Durchschnittslohns derjenigen Klasse von Arbeitern, für welche die Kasse errichtet wird. Dieser letztere Durchschnittslohn darf klassenweise abgestuft, auch darf an die Stelle desselben der Individuallohn gesetzt werden; der Durchschnittslohn kommt aber nur bis zum Betrage von täglich 3 Mark oder bei klassenweiser Abstufung bis zum Betrage von täglich 4 Mark, der Individuallohn nur bis zu täglich 4 Mark in Anrechnung. Von diesen Beiträgen hat bei Versicherungspflichtigen der Arbeitgeber $^1/_3$ aus eigenen Mitteln aufzubringen, so daß die Beiträge der Versicherungspflichtigen auf höchstens $1^1/_3$ bezw. 3 Prozent sich belaufen. (Ganz kleine Arbeitgeber, deren wirthschaftliche Lage von der ihrer wenigen Arbeiter sich nicht unterscheidet, können von der Entrichtung eigener Beiträge befreit werden.) Nichtversicherungspflichtige Mitglieder haben die vollen Beiträge selbst zu tragen. Eintrittsgelder sind nur in sehr beschränktem Umfange zulässig; dieselben trägt ausschließlich der Versicherte. Reichen die Höchstbeiträge nicht aus, so sind die Folgen verschieden. Bei der Gemeinde-Krankenversicherung muß die Gemeinde die erforderlichen Deckungsmittel, vorbehaltlich demnächstiger Erstattung aus etwaigen späteren Ueberschüssen, vorschießen; bei Betriebs- (Fabrik-) Krankenkassen muß der Fabrikherr, bei Innungs-Krankenkassen die Innung, bei Bau-Krankenkassen der Bauherr oder, falls dessen Verpflichtung mit behördlicher Genehmigung auf den Bauunternehmer übertragen worden ist, der letztere die erforderlichen Mittel ohne Anspruch auf demnächstige Erstattung zuschießen; Orts-Krankenkassen endlich müssen im Fall der Insuffizienz geschlossen werden.

Die Verwaltungskosten trägt bei der Gemeinde-Krankenversicherung die Gemeinde, im Uebrigen die Kasse, bei den Betriebs- (Fabrik-) und den Bau-Krankenkassen z. Th. der Fabrik- und der Bauherr (event. der Bauunternehmer).

Für Eingehung und Aufrechterhaltung des Versicherungsverhältnisses hat der Versicherungspflichtige selbst insofern gar nichts zu thun, als er sich nicht zu melden und die Beiträge selbst nicht einzuzahlen braucht. Er tritt mit dem Beginn der die Versicherung begründenden Beschäftigung kraft Gesetzes von selbst in die Versicherung bei derjenigen Kasseneinrichtung ein, welche für Ort und Art seiner Beschäftigung errichtet ist; befreit hiervon ist er nur so lange, wie er einer die Mindestleistungen gewährenden Hülfskasse angehört, und dies letztere muß er allerdings dem Arbeitgeber nachweisen. Zur Kontrole der Durchführung der Versicherung hat jeder Arbeitgeber, für dessen Arbeite eine Orts-Krankenkasse oder die

Gemeinde-Krankenversicherung zuständig ist, die Verpflichtung zur Anmeldung und Abmeldung aller seiner Arbeiter, die nicht einer die Mindestleistungen gewährenden Hülfskasse angehören. (Bei Betriebs- [Fabrik-] und Bau-Krankenkassen bedarf es einer solchen Verpflichtung nicht, weil der Arbeitgeber für die erforderliche Meldung bei der für seinen eigenen Betrieb errichteten Kasse schon im eigenen Interesse sorgen wird; bei Innungs-Krankenkassen kann sie durch Innungsstatut begründet werden.) Die Meldung muß im Allgemeinen innerhalb dreier Tage seit dem Beginn der Beschäftigung erfolgen; bei Mitgliedern von Hülfskassen beginnt die Meldepflicht unter Umständen erst nach Ablauf von 14 Tagen. Arbeitgeber, welche die Meldung vorsätzlich oder fahrlässig unterlassen, sind strafbar und für etwaige Aufwendungen, welche die Kasse bei Erkrankung der nichtgemeldeten Personen hat machen müssen, civilrechtlich verantwortlich. Veränderungen während der Dauer der Beschäftigung hat der Arbeitgeber, wenn nachträglich die Versicherung bei der Hülfskasse fortfällt und demgemäß die Zugehörigkeit zu einer Zwangsorganisation eintritt, im Allgemeinen nicht zu kontroliren; bei denselben besteht vielmehr eine Meldepflicht der Hülfskassen. Die Einzahlung der Beiträge liegt, soweit es sich um Versicherungspflichtige handelt, dem Arbeitgeber ob; bei der Lohnzahlung rechnet er den Versicherungspflichtigen den auf sie entfallenden Antheil ab.*) Die Beitragspflicht wird auf diese Weise den Versicherungspflichtigen kaum merkbar sein: sie treten in nähere Berührung mit der Kasse erst dann, wenn es sich um ihre Unterstützung im Fall einer Krankheit, oder wenn es sich um die Betheiligung an der Kassenverwaltung handelt, welche mit Ausnahme der Gemeinde-Krankenversicherung, die keine selbständige Kasse ist, und der Innungs- und Knappschaftskassen, bezüglich deren es bei den bisherigen Gesetzen bewendet, der Selbstverwaltung der Versicherten unter einer ihrer Beitragspflicht im Allgemeinen entsprechenden Mitwirkung der Arbeitgeber und unter Aufsicht der Behörden untersteht. —

Auf den Vorwurf, daß hier eine Klassengesetzgebung vorliege — ein nichtssagendes Schlagwort, welches ebenso wenig oder ebenso sehr berechtigt ist, als wenn man die Gewerbeordnung, das

---

*) Ob diese Bestimmungen auch bei der statutarischen Erstreckung der Versicherungspflicht auf unständige Arbeiter und Hausgewerbetreibende gelten sollen, ist durch die statutarische Bestimmung zu regeln (§ 54).

Handelsgesetzbuch, die Rechtsanwaltsordnung und andere Gesetze, welche vorzugsweise die Rechte und Pflichten einzelner Kategorien der Bevölkerung regeln, Klassengesetze nennen wollte — ist von Seiten eines Kommissars der verbündeten Regierungen (Lohmann) Folgendes ausgeführt worden (Sten. Ber. 1883 S. 2032):

„Das ist ja gerade das Eigenthümliche unserer modernen Entwickelung, daß sich daraus für die ganze Arbeiterklasse Verhältnisse ergeben haben, welche den Staat dazu nöthigen, mit einer speziellen Gesetzgebung in diese Verhältnisse einzugreifen, wenn er nicht erleben will, daß sie zum völligen Ruin führen. Aus dieser Nothwendigkeit ist bereits eine ganze Zahl von Reichsgesetzen hervorgegangen. Ich mache Sie nur aufmerksam auf das Gesetz, betr. die Beschlagnahme des Arbeits- und Dienstlohnes, auf das Haftpflichtgesetz, auf die Bestimmungen der Gewerbeordnung über das Trucksystem, ebenso auf die Bestimmungen der Gewerbeordnung über die Beschäftigung jugendlicher Arbeiter. Alle diese Gesetze enthalten eine Beschränkung des freien Arbeitsvertrags, und das ist gerade das Wesen dieser ganzen neueren Gesetzgebung, daß sie dasjenige, was der Herr Abgeordnete Dr. Hirsch die Grundlage unserer modernen Wirthschaftsordnung nennt, nämlich den freien Arbeitsvertrag, wieder beschränkt, weil die konsequente Durchführung dieser Grundlage der modernen Wirthschaftsordnung eben zum Ruin der betheiligten Klassen führen würde."

Begründung
des Entwurfs eines Gesetzes, betreffend die Krankenversicherung der Arbeiter.

(Nr. 14 der Drucksachen des Reichstags, 5. Leg.-Per. II. Session 1882.)

Allgemeiner Theil.

Aus den bisherigen Verhandlungen über die gesetzliche Regelung der Unfallversicherung der Arbeiter hat sich ergeben, daß die Entschädigung, welche den durch Unfall verletzten Arbeitern während der ersten Zeit der Erwerbsunfähigkeit zu gewähren ist, einer besonderen Regelung bedarf. Die Höhe des Risikos, welches mit der Versicherung der Entschädigung für Erwerbsunfähigkeit von längerer Dauer und für Todesfälle verbunden ist, macht es unerläßlich, für diesen Theil der Unfallversicherung, auf welchen Grundlagen derselbe auch geregelt werden mag, eine Organisation zu schaffen, welche eine große Zahl von Betrieben zusammenfaßt. Die für eine solche umfangreichere Organisation erforderliche Verwaltung muß nothwendig in die Hand zentraler Organe gelegt werden und ist deshalb nicht geeignet, für die große Zahl der Fälle vorübergehender Erwerbsunfähigkeit die Entschädigungen so schleunig festzustellen, wie dies die wirthschaftliche Lage der verletzten Arbeiter erfordert. Ebensowenig vermag sie in diesen Fällen die Kontrole wahrzunehmen, welche zum Schutze gegen Schädigungen durch Simulationen nothwendig ist.

Der dem Reichstag unterm 8. März 1881 vorgelegte Gesetz-Entwurf, betr. die Unfallversicherung der Arbeiter (Drucksachen Nr. 41), enthielt demnach (§§. 8, 9) eine Bestimmung, nach welcher die Entschädigung für die ersten vier Wochen einer durch Unfall herbeigeführten Erwerbsunfähigkeit nicht Gegenstand der Unfallversicherung sein sollte, und die Motive des Entwurfs nahmen (§. 38), um diese Lücke auszufüllen, eine Revision der das Krankenkassenwesen der Arbeiter regelnden Gesetzgebung in Aussicht, durch welche den Arbeitern auch für die ersten vier Wochen der Erwerbsunfähigkeit eine angemessene Unterstützung gesichert werden würde. Der Reichstag hat diese Art der Regelung für die erste Zeit der durch Unfall herbeigeführten Erwerbsunfähigkeit, wenn auch unter Beschränkung der Dauer des Zeitraums, grundsätzlich gebilligt und sich durch die in der Sitzung vom 15. Juni 1881 beschlossene Resolution ausdrücklich für eine zu dem Ende vorzunehmende Revision der das Hülfskassenwesen betreffenden Gesetzgebung ausgesprochen.

An der Betretung dieses Weges wird um so mehr festzuhalten sein, als auch der unterm 10. Januar d. J. von dem Abgeordneten Dr. Buhl und Genossen dem Reichstag unterbreitete Gesetz-Entwurf, betr. die Entschädigung bei Unfällen und die Unfallversicherung der Arbeiter, durch die in §. 11 Absatz 2 daselbst vorgesehene Bestimmung das Bedürfniß einer besonderen Regelung der Enschädigung für die erste Zeit der Erwerbsunfähigkeit anerkennt.

Daß die Gesetzgebung über das Krankenkassenwesen einer anderweiten Regelung bedarf, wenn den Arbeitern für die erste Zeit der durch Unfall herbeigeführten Erwerbsunfähigkeit die erforderliche angemessene Unterstützung auf dem Wege der Krankenversicherung gewährt werden soll, ergiebt sich schon daraus, daß die gegenwärtig geltenden Bestimmungen keine Sicherheit dafür bieten, daß alle Arbeiter, welche gegen Unfall versichert sein sollen, auch gegen Krankheit versichert sind. Die §§. 141 ff. der Gewerbeordnung in der Fassung des Gesetzes vom 8. April 1876 regeln die Verpflichtung zur Krankenversicherung nur für Gesellen, Gehülfen und Fabrikarbeiter, also nicht für alle dem Zwange der Unfallversicherung zu unterwerfenden Arbeiter. Dieselben begründen ferner nur einen bedingten Zwang zur Krankenversicherung, indem sie ihn von dem Erlasse eines Ortsstatuts oder dem Beschlusse eines weiteren Kommunalverbandes abhängig machen. Außerdem entsprechen aber auch die Krankenkassen, welche zur Durchführung des auf diese Weise begründeten Versicherungszwanges bestimmt sind, in ihren Leistungen nicht den Anforderungen, welche gestellt werden müssen, wenn den Arbeitern für die ersten Wochen einer durch Unfall herbeigeführten Erwerbsunfähigkeit eine ausreichende Unterstützung gesichert werden soll. Das Gesetz vom 7. April 1876 über die eingeschriebenen Hülfskassen (Reichs-Gesetzbl. S. 125), welches die Einrichtung der Krankenkassen regelt, bestimmt zwar im §. 11, daß die Krankenunterstützung für Männer mindestens die Hälfte, für Frauen mindestens ein Drittel des ortsüblichen Lohnes gewöhnlicher Tagearbeiter betragen solle, gestattet aber, die Gewährung ärztlicher Behandlung und der Arzneien auf den Mindestbetrag der Unterstützung bis zu zwei Dritteln anzurechnen, so daß z. B. in einem Orte, wo der ortsübliche Tagelohn gewöhnlicher Tagearbeiter 1 Mark 80 Pf. beträgt, die Krankenkassen der gesetzlichen Anforderung schon genügen, wenn sie ihren Mitgliedern neben freier ärztlicher Behandlung und Arznei täglich 30 Pf. Krankengeld gewähren. Endlich wird durch §. 7 desselben Gesetzes gestattet, durch Statut zu bestimmen, daß den Mitgliedern ein Anspruch auf Unterstützung erst dann zusteht, wenn sie dreizehn Wochen der Kasse angehört haben. In Folge dieser Bestimmung kann es vorkommen, daß ein Arbeiter, welcher in Folge Unfalls erwerbsunfähig wird, obwohl er zur Zeit des Eintritts des Unfalls einer Krankenkasse angehört, dennoch für den durch die Unfallversicherung nicht gedeckten Zeitraum keinen Anspruch auf Unterstützung hat.

Soll die Krankenversicherung eine ausreichende Ergänzung der Unfallversicherung bilden, so muß durch die Gesetzgebung Sorge dafür getragen werden, daß alle Arbeiter, welche gegen Unfall zu versichern sind, auch gegen Krankheit versichert werden, daß die Krankenunterstützung eine ausreichende ist und daß die Karrenzzeit ganz beseitigt oder auf eine minimale Dauer beschränkt wird.

Eine Revision der Krankenkassengesetzgebung in der bezeichneten Richtung erscheint aber auch unabhängig von dem Bedürfniß einer Ergänzung der Unfallversicherung im Interesse einer Verbesserung der wirthschaftlichen Lage der Arbeiter und einer Erleichterung der öffentlichen Armenlast dringend geboten und kaum minder wichtig, als die Regelung der Unfallversicheung. Die Verarmung zahlreicher Arbeiterfamilien hat ihren Grund darin, daß sie in Zeiten der Krankheit ihrer Ernährer eine ausreichende Unterstützung nicht erhalten. Sind diese, weil gegen Krankheit nicht versichert, lediglich auf die öffentliche Armenpflege angewiesen, so erhalten sie eine Unterstützung in der Regel erst dann, wenn Alles, was sie an Ersparnissen, an häuslicher Einrichtung, Arbeitsgeräth und Kleidungsstücken besitzen, für die Krankenpflege und den nothdürftigsten Unterhalt der Familie geopfert ist. Und selbst dann, wenn die öffentliche Armenpflege mit ihrer Hülfe früher eintritt oder der Erkrankte einer Krankenkasse angehört, ist die Unterstützung meistens so ungenügend, daß sie eine ausreichende Pflege des Kranken nicht ermöglicht und den Ruin seiner Wirthschaft nicht zu verhindern vermag. Bei vielen Arbeitern ist daher eine ernstliche Krankheit die Quelle einer Minderung der Erwerbsfähigkeit, wenn nicht völliger Erwerbsunfähigkeit für die ganze Lebenszeit; und selbst diejenigen, welche ihre volle Erwerbsfähigkeit wiedererlangen, können meist nur durch jahrelange Anstrengung und Entbehrung das während der Krankheit Verlorene soweit ersetzen, daß sie wieder zu einem geordneten Haushalt gelangen. Dazu fehlt aber der Mehrzahl unserer Arbeiter die erforderliche Energie und Umsicht. Eine durch Krankheit und namentlich durch wiederholte Krankheit heruntergekommene Arbeiterfamilie gelangt daher nur selten wieder zu geordneten wirthschaftlichen Verhältnissen. Die Zahl der Arbeiterfamilien, sowie der Wittwen und Waisen, welche der Noth und der öffentlichen Armenpflege dauernd anheimfallen, weil ihre Wirthschaft durch mangelhafte Unterstützung in Krankheitsfällen zerrüttet oder ihr Ernährer in Folge mangelhafter Pflege erwerbsunfähig geworden oder gestorben ist, dürfte größer sein als die Zahl derjenigen, welche durch die Folgen von Unfällen bedürftig werden.

Daß die allgemeine Durchführung der Krankenversicherung, welche hiernach als eine der wichtigsten Maßregeln zur Verbesserung der Lage der Arbeiter bezeichnet werden muß, auf dem durch die Gesetzgebung vom Jahre 1876 eingeschlagenen Wege nicht erreicht werden kann, haben die auf diesem Gebiete gemachten Erfahrungen zur Genüge gezeigt. Die weit überwiegende Mehrzahl der bestehenden Krankenkassen für die Arbeiter verdankt ihre Entstehung nicht der eigenen Initiative der letzeren. In Preußen namentlich waren es die Bestimmungen der allgemeinen Gewerbeordnung vom 15. Januar 1845, der Verordnung vom 9. Februar 1849 und namentlich des Gesetzes vom 3. April 1854, auf Grund deren nicht nur die alten, aus der Zeit der Innungsverfassung noch erhaltenen Kassen der Handwerksgesellen neu belebt und reorganisirt, sondern auch unter Anwendung der den Gemeinden und den höheren Verwaltungsbehörden eingeräumten Zwangsbefugnisse zahlreiche neue Krankenkassen für Handwerksgesellen und Fabrikarbeiter begründet wurden. Die Zahl dieser Kassen betrug am Ende des Jahres 1876, also unmittelbar nach dem Inkrafttreten der Gesetze vom 7. und 8. April 1876: 5239 mit 869 204 Mitgliedern. Mit diesem Zeitpunkte fiel die auf dem Gesetze vom 3. April 1854 beruhende Befugniß der höheren Verwaltungsbehörden, da, wo einem bestehenden Bedürfniß durch Ortsstatute nicht entsprochen wurde, ihrerseits durch Verfügung die Begründung von Krankenkassen für Handwerksgesellen und Fabrikarbeiter zu erzwingen, hinweg, und es verblieb nur die Befugniß der Gemeinden und weiteren Kommunalverbände, diesen Zwang durch Ortsstatut oder Beschluß einzuführen. Von dieser Be=

fugniß ist bis jetzt nur in einem höchst geringen Maße Gebrauch gemacht. Bis zum Schlusse des Jahres 1880 sind im ganzen preußischen Staate nur 278, in allen übrigen Bundesstaaten zusammen nur 20 Ortsstatute erlassen; eine Beschlußnahme weiterer Kommunalverbände, durch welche die Verpflichtung, einer Krankenkasse beizutreten, für gewerbliche Arbeiter eingeführt wäre, ist überhaupt nicht erfolgt.*) Eine Vermehrung der Krankenkassen ist auf diesem Wege nicht eingetreten und ebensowenig hat sich die Hoffnung erfüllt, es werde in Folge der durch dieses Gesetz vom 7. April 1876 gegebenen, bisher fehlenden Rechtsgrundlage für die aus freier Initiative der Arbeiter hervorgehenden Krankenkassen eine allgemeine Verbreitung dieser Kassen eintreten. Allerdings haben bis zum Schlusse des Jahres 1880 im preußischen Staatsgebiet 559 Krankenkassen für Arbeiter mit etwa 123000 Mitgliedern die Rechte eingeschriebener Hülfskassen auf Grund des Gesetzes vom 7. April 1876 erlangt. Unter diesen befinden sich aber nur 112 neu errichtete Kassen; alle übrigen sind solche, welche bereits früher bestanden und nur in „eingeschriebene Hülfskassen" umgewandelt sind. In den übrigen Bundesstaaten haben im Ganzen 321 Kassen die Rechte eingeschriebener Hülfskassen erlangt, von denen indessen nur 120 neu errichtet sind.**) Inmittelst ist in Preußen

---

*) Am Schluß des Jahres 1881 bestanden in Preußen 342, im ganzen Reich 360 Ortsstatute; es ist also im Jahre 1881 für Preußen eine Vermehrung um 64 Ortsstatute, für das übrige Deutschland eine Verminderung um 2 eingetreten. In den ersten 4 Jahren wurden durchschnittlich 69 Ortsstatute errichtet; das Jahr 1881 erreicht also nicht einmal mehr den Durchschnitt der früheren Jahre.

Unter den 342 Ortsstatuten für Preußen sind aber nur 152 neu errichtet; die übrigen 190 sind schon unter der früheren preußischen Gesetzgebung entstanden und nach 1876 nur revidirt worden. Die letzteren sind nur unter dem Eindruck des im Hintergrunde stehenden Zwanges zu Stande gekommen, da das preußische Gesetz vom 3. April 1854 die Regierungen ermächtigte, ihrerseits den Zwang zur Errichtung von Hülfskassen auszusprechen, wo die Gemeinden nicht selbst dem Bedürfniß durch Errichtung von Ortsstatuten genügten. Nach 1876 war der durch das Gesetz ausdrücklich gewollten freien Initiative alles zu überlassen. (cf. Sten. Ber. 1883 S. 1991.)

**) Am Schluß des Jahres 1881 bestanden in Preußen 989 eingeschriebene Hülfskassen; hiervon sind 400 neu errichtet, der größere Rest, 589, sind dagegen solche, welche bereits früher bestanden, aber in eingeschriebene Hülfskassen umgewandelt worden sind. Miteinbegriffen sind in diese Zahlen 76 und 88 Kassen, welche nicht ausschließlich für Arbeiter bestimmt, sondern meist Anhängsel irgend welcher freier Vereine sind und der Mehrzahl nach selb-

die Zahl der für Handwerksgesellen und Fabrikarbeiter auf Grund der früheren Gesetzgebung bestehenden Kassen, welche noch nicht in „eingeschriebene Hülfskassen" umgewandelt sind, von 5239 mit 869 204 Mitgliedern am Schlusse des Jahres 1876 auf 4342 Kassen mit 716 738 Mitgliedern am Schlusse des Jahres 1880 zurückgegangen, und die Zahl sämmtlicher Kassen dieser Art einschließlich der „eingeschriebenen Hülfskassen" betrug zu demselben Zeitpunkt 4901 mit 839 602 Mitgliedern.*) Es hat demnach seit dem Inkrafttreten der

---

ständige Leute, wie Handwerker, Privatbeamten, auch niedere Staats- und Gemeindebeamten zu Mitgliedern haben. Von den 400 neuen Kassen beruhen aber nur 76 (ausschließlich für Arbeiter bestimmte) und 76 andere Hülfskassen, zusammen 152 auf freier Initiative! (cf. Sten. Ber. 1883 S. 1992.)

*) Rechnet man, wie von Seiten der Opposition zur Begründung der Behauptung, es sei schon gegenwärtig auch ohne Kassenzwang der größte Theil der Arbeiter gegen Krankheit versichert, man brauche den Kassenzwang also nicht, geschehen ist, zu diesen 839 000 Mitgliedern 320 000 Mitglieder der Knappschaftskassen und 200 000 Mitglieder freier nicht eingeschriebener Hülfskassen (die im Wege der Privatstatistik des Abgeordneten Dr. Hirsch ermittelt seien) hinzu, so ergeben sich in Preußen 1880 als versichert 1 360 000 Arbeiter, von denen aber wohl noch 1—200 000 abzurechnen sind, da die Mitglieder der freien nicht eingeschriebenen Hülfskassen zum großen Theil nicht Arbeiter sind (cf. oben). Nach der Berufsstatistik von 1882 betrug aber die Zahl der unselbständigen gewerblichen Arbeiter in Bergbau, Salinen- und Hüttenwesen, Industrie und Handwerk, also in denjenigen Berufskreisen, auf welche der allgemeine Versicherungszwang erstreckt werden sollte, 4 Millionen, wovon auf Preußen etwa 2 400 000 entfallen mochten. Es betrug also selbst bei der günstigsten Annahme die Zahl der schon damals versicherten Personen immer doch nur sehr wenig über 50 Prozent der dem allgemeinen Versicherungszwang zu unterwerfenden Personen.

„Fragen wir nun, m. H., wie sind denn überhaupt diese etwas mehr als 50 Prozent zur Versicherung gekommen? Mindestens 750 000 von den 839 000, welche in der Vorlage angegeben sind, sind Mitglieder von ortsstatutarischen und Fabriks-Krankenkassen; da beruht alles auf Zwang; dazu kommen ferner die 320 000 Mitglieder der Knappschaftskassen, deren Versicherung auch auf Zwang beruht. Es bleibt also, wenn ich die vollen 200 000 des Herrn Dr. Hirsch hinzurechne, im Ganzen für Versicherte in freien Kassen die Zahl von 300 000. — Ich glaube hiermit genügend gezeigt zu haben, daß weder auf die Befugniß der Gemeinden, Ortsstatute zu errichten, noch auf die Freiwilligkeit die Hoffnung zu gründen ist, daß die Krankenversicherung in der Weise allgemein werden würde, wie wir es wünschen müssen." (Rede des Mitglieds des Bundesraths, Geh. Ob.Reg.-Rath Lohmann, Sten. Ber. 1883 S. 1993.)

neuen Gesetzgebung keine Vermehrung, sondern noch eine, wenn auch nicht erhebliche Verminderung sowohl der Kassen- als auch der Mitgliederzahl stattgefunden. Die Hoffnung, es werde unter der Herrschaft der zur Zeit geltenden gesetzlichen Bestimmungen die allgemeine Verbreitung der Krankenkassen in Zukunft einen rascheren Fortgang nehmen als bisher, findet in der seitherigen Entwickelung und den maßgebenden Verhältnissen keinen Anhalt. Die Neigung, sich aus freier Entschließung zu Krankenkassen zu vereinigen, ist unzweifelhaft bei unseren Arbeitern nur in geringem Maße vorhanden. Eine dem Bedürfniß entsprechende Durchführung des Versicherungszwanges auf dem Wege ortsstatutarischer Regelung wird auch künftig theils an der ungenügenden Einsicht und Thatkraft der Gemeindeorgane, vornehmlich aber daran scheitern, daß die letzteren direkt oder indirekt unter dem Einfluß derjenigen Klassen von Gemeindegliedern stehen, welche der Einführung des Krankenversicherungszwanges um der für sie daraus entstehenden Belastung willen abgeneigt sind. Das Ziel wird daher nur durch Einführung eines möglichst allgemeinen, unmittelbar auf gesetzlicher Vorschrift beruhenden Krankenversicherungszwanges erreicht werden können. Die Betretung dieses Weges empfiehlt sich um so mehr, als dadurch zugleich gewisse Bedenken, welche sich gegen den bisherigen bedingten Versicherungszwang erheben lassen, beseitigt werden oder mindestens ihre praktische Bedeutung verlieren. Solange der Versicherungszwang von ortsstatutarischer Regelung abhängig ist, kann das Bedenken erhoben werden, daß für viele Arbeiter die Versicherung, zu der sie gezwungen sind, leicht eine unwirksame werden kann, weil sie bei jedem Orts- oder Berufswechsel aus der bisherigen Versicherung ausscheiden, ohne die Sicherheit zu haben, an dem neuen Orte oder in dem neuen Arbeitsverhältniß wieder in eine neue Versicherung eintreten zu können und weil selbst in denjenigen Fällen, in welchen mit dem Eintritt in das neue Arbeitsverhältniß auch der Eintritt in eine neue Krankenkasse gegeben ist, meist doch aus der Karenzzeit eine Unterbrechung der Versicherung und aus dem zu erlegenden Eintrittsgelde besondere Opfer erwachsen. Wird dagegen durch Gesetz ein allgemeiner unbedingter Versicherungszwang eingeführt und Sorge dafür getragen, daß jeder Arbeiter, welcher einmal in eine Krankenversicherung eingetreten ist, an jedem neuen Aufenthaltsorte ohne Karenzzeit und ohne neues Eintrittsgeld wieder in ein Versicherungsverhältniß eintritt, so fällt jenes Bedenken hinweg. Ebenso wird durch die allgemeine Einführung des Versicherungszwanges die Ungleichmäßigkeit beseitigt werden, mit welcher die geltende Gesetzgebung in die natürlichen Konkurrenzbedingungen der gewerblichen Unternehmungen dadurch eingreift, daß in Folge der Abhängigkeit des Versicherungszwanges von örtlicher Regelung Unternehmungen desselben Industriezweiges an dem einen Orte mit Ausgaben belastet werden, welche sie an anderen Orten nicht zu tragen haben.

Die Frage nach der Begrenzung des einzuführenden Krankenversicherungszwanges wird dahin zu beantworten sein, daß dem letzteren alle Arbeiter zu unterwerfen sind, hinsichtlich deren die Durchführung desselben gesichert werden kann. Inwieweit dies möglich ist, hängt von den Mitteln ab, welche angewandt werden können, um den einzelnen Arbeiter zu nöthigen, in das Versicherungsverhältniß einzutreten und in demselben zu verbleiben. Die Anwendung eines direkten Zwanges gegen jeden einzelnen Versicherungspflichtigen würde bei dem ausgedehnten Orts- und Berufswechsel unserer Arbeiter unausführbar sein. Keine Polizeibehörde würde der Aufgabe gewachsen sein, für jeden einzelnen Arbeiter zu kontroliren, ob er bei jedem Wechsel des Aufenthalts oder des Berufs wieder in das entsprechende Versicherungsverhältniß eingetreten sei. Noch weniger würde es möglich sein, von jedem einzelnen Arbeiter die Versicherungsbeiträge, sofern sie nicht freiwillig gezahlt werden, zwangsweise einzuziehen. Der Zwang wird sich auch hier, wie bei der Unfallversicherung, direkt nur gegen den Arbeitgeber richten können. Diesem wird die Verpflichtung aufzuerlegen sein, nicht nur für den Eintritt der von ihm beschäftigten Arbeiter in die Versicherung durch Anmeldung bei der zuständigen Stelle zu sorgen, sondern auch die Einzahlung der Versicherungsbeiträge zu vermitteln. Ein anderes Mittel zur Durchführung des Versicherungszwanges wird auf dem Wege allgemeiner gesetzlicher Bestimmung nicht geschaffen werden können, wenn es auch nicht ausgeschlossen erscheint, daß die einzelne Gemeinde oder ein Kommunalverband durch besondere, den örtlichen Verhältnissen angepaßte Regelung andere Zwangsmittel zu gewinnen vermag. Daraus ergiebt sich die Nothwendigkeit, den unmittelbaren gesetzlichen Versicherungszwang auf diejenigen Arbeitern zu beschränken, hinsichtlich deren ein Arbeitgeber für die Eingehung und Aufrechterhaltung des Versicherungsverhältnisses verantwortlich gemacht werden kann. Diese Voraussetzung trifft bei allen Arbeitern zu, welche unter das Unfallversicherungsgesetz fallen: sie trifft ferner der Regel nach auch bei den sonstigen Arbeitern zu, welche in einem stehenden Gewerbebetriebe beschäftigt sind. Demnach würde als Regel aufzustellen sein, daß alle in einem der in §. 1 des Unfallversicherungsgesetzes fallenden Betriebe oder in einem anderen stehenden Gewerbebetriebe beschäftigte Personen dem Krankenversicherungszwange unterliegen.

Damit würden neben den gegen Unfall versicherten Arbeitern alle im Handwerk beschäftigten Gesellen und Lehrlinge, auch wenn sie nicht gegen Unfall zu versichern sind, und ebenso die in sonstigen stehenden Gewerbebetrieben beschäftigten Gehülfen und Arbeiter dem Krankenversicherungszwange unterworfen werden. Eine Ausnahme wird zunächst für die in manchen Betrieben vorkommenden Arbeiter zu machen sein, welche nicht als ordentliche Betriebsarbeiter, sondern nur vorübergehend mit einzelnen unregelmäßigen Dienstleistungen beschäftigt werden. Diese nicht in einem festen Arbeitsverhältniß stehenden Arbeiter werden dem Verhältniß ebensowenig unterworfen werden können, wie die sonstigen Arbeiter, welche, ohne einen bestimmten Arbeitgeber zu haben, bald für diesen, bald für jenen tage- oder selbst stundenweise einzelne Arbeiten gegen Lohn verrichten. Daneben wird für verschiedene Klassen von Personen, welche im stehenden Gewerbebetriebe beschäftigt werden, ein unmittelbarer gesetzlicher Zwang nicht einzuführen sein, weil derselbe entweder nicht für alle diesen Klassen angehörenden Personen gerechtfertigt erscheint, oder ohne besondere örtliche Regelung nicht ausgeführt werden kann.

Hierher gehören:

1. Die Handlungsgehülfen und Lehrlinge, sowie die Gehülfen und Lehrlinge in Apotheken, welche nach ihrem Arbeitsverhältniß unter die allgemeine Regel fallen würden. Unter ihnen befinden sich zahlreiche Personen, für welche ein Zwang zur Krankenversicherung nach ihrer ganzen wirthschaftlichen Lage nicht gerechtfertigt erscheint, während eine Scheidung zwischen versicherungspflichtigen und nicht versicherungspflichtigen Angehörigen dieser Klasse durch allgemeine gesetzliche Vorschriften nicht ausführbar sein würde.

2. Von den dem Transportgewerbe angehörenden Betrieben wird die Seeschiffahrt in die beabsichtigte Regelung der Krankenversicherung aus denselben Gründen nicht einzubeziehen sein, welche ihre Ausschließung von der Regelung der Unfallversicherung räthlich erscheinen läßt. Auch für die in den meisten sonstigen Transportgewerben beschäftigten Personen ist ein unmittelbarer gesetzlicher Versicherungszwang nicht durchführbar, weil sie vielfach während der Beschäftigung bei demselben Arbeitgeber einem be-

ständigen Ortswechsel unterworfen sind, wodurch der zuständigen Behörde desjenigen Ortes, wo der Gewerbebetrieb seinen Sitz hat, die Kontrole über die Erfüllung der Versicherungspflicht unmöglich gemacht wird.*) Eine Ausnahme hiervon machen diejenigen Betriebe, welche einen so großen Umfang haben, daß für die in denselben beschäftigten Personen besondere Krankenkassen begründet werden können. Aus diesem Grunde erscheint es zulässig, die im Eisenbahnbetriebe und die im Binnen-Dampfschiffahrtsbetriebe beschäftigten Arbeiter dem Versicherungszwange unmittelbar durch gesetzliche Vorschrift zu unterwerfen.

3. Eine weitere von dem unmittelbaren gesetzlichen Zwange auszuschließende Klasse bilden diejenigen, welche zwar für stehende Gewerbebetriebe, aber außerhalb der Betriebsstätten derselben arbeiten. Das Arbeitsverhältniß dieser Personen ist örtlich sehr verschieden und häufig so gestaltet, daß sie gleichzeitig für mehrere Unternehmer arbeiten, also einen bestimmten Arbeitgeber, welcher für die Erfüllung der Versicherungspflicht verantwortlich gemacht werden kann, nicht haben. Die Durchführbarkeit des Krankenversicherungszwanges hängt bei ihnen davon ab, ob sich nach den örtlichen Verhältnissen ausreichende Kontrol- und Zwangsmaßregeln treffen lassen.

4. Dasselbe gilt von den Angehörigen der Hausindustrie, also für diejenigen, welche im Auftrage und für Rechnung anderer Gewerbtreibender in eigenen Betriebsstätten und zum Theil auch mit eigenen Werkzeugen mit der Herstellung oder Bearbeitung gewerblicher Erzeugnisse beschäftigt sind. Die Verhältnisse dieser Klasse der gewerblichen Bevölkerung, deren Angehörige zwischen selbständigen Gewerbtreibenden und unselbständigen Arbeitern eine Uebergangsstufe bilden und sich in ihrer wirthschaftlichen Lage häufig von den letzteren kaum unterscheiden, sind nach Bezirken und Industriezweigen so mannigfaltig, daß die Frage, ob ein Zwang zur Krankenversicherung geboten erscheint, nur örtlich entschieden und auch die zur Durchführung des Zwanges erforderliche Organisation nur durch spezielle den örtlichen Verhältnissen angepaßte Vorschriften hergestellt werden kann.

Sämmtliche vorstehend unter Nr. 1 bis 4 bezeichneten Klassen haben das Gemeinsame, daß die Frage: ob für sie ein Kranken-

---

*) Dies Bedenken ist seit dem Ausdehnungsgesetz vom 28. Mai 1885 fallen gelassen.

versicherungszwang durchführbar ist, und zum Theil auch die Frage, ob ein solcher Zwang gerechtfertigt ist, von örtlichen Verhältnissen abhängt. Demnach empfiehlt es sich, für diese Klassen die Gemeinden und weiteren Kommunalverbände zur Einführung des Krankenversicherungszwanges durch statutarische Bestimmung zu ermächtigen. Mit Rücksicht auf die Erfahrungen, welche hinsichtlich der Benutzung einer solchen Ermächtigung durch die Gemeinden bisher gemacht sind, wird indessen eine ergänzende Bestimmung zu treffen sein, nach welcher das Ortsstatut, da wo ein solches bei vorhandenem Bedürfniß nicht erlassen wird, durch eine Anordnung der höheren Verwaltungsbehörde ersetzt werden kann.*)

Bei der großen Bedeutung der Krankenversicherung für die wirthschaftliche Lage der Arbeiter liegt die Frage nahe, ob nicht auch die landwirthschaftlichen Arbeiter dem Zwange zu unterwerfen seien. Es wird indessen anzuerkennen sein, daß das Bedürfniß der Krankenversicherung, wenigstens der Regel nach, für diese noch nicht so dringend ist, wie für die gewerblichen Arbeiter. Bei den ersteren wird in ungleich höherem Maße als bei den letzteren die Aufrechterhaltung des Familienzusammenhanges und damit auch der Familienhülfe als Regel angenommen werden dürfen. Ebenso hat auf dem Gebiete der Landwirthschaft die nachbarliche Aushülfe noch eine viel allgemeinere und größere Bedeutung, als in den Städten und den Bezirken mit vorwiegend industrieller Bevölkerung. Die Nachbarhülfe wird aber gleich der Familienhülfe und der von landwirthschaftlichen Arbeitgebern in Krankheitsfällen vielfach geleisteten Unterstützung vorwiegend in der Form von Dienstleistungen und der Verabreichung von Naturalien gewährt, und diese Form der gegenseitigen Unterstützung allgemein durch ein nothwendig auf Geldwirthschaft zu basirendes System von Krankenkassen zu verdrängen, dürfte im Interesse möglichster Erhaltung der den ländlichen Verhältnissen am meisten entsprechenden Naturalwirthschaft nicht erwünscht und um den moralischen Wirkungen willen nicht unbedenklich erscheinen. Dazu kommt der erheblich ins Gewicht fallende Umstand, daß die Voraussetzungen der Durchführbarkeit eines Versicherungszwanges bei einer großen, vielleicht der überwiegenden Zahl der landwirthschaftlichen Arbeiter nicht zutreffen, und daß eine Scheidung zwischen diesen und denjenigen, für welche jene Voraussetzungen vorhanden

*) Dieses eventuelle Zwangsrecht ist durch die Beschlüsse des Reichstags beseitigt worden.

sind, durch gesetzliche Bestimmungen schwerlich ausführbar sein würde. Wie sich bereits bei den bisherigen Verhandlungen über die Unfallversicherung ergeben hat, ist schon die Aufgabe, die Klasse der landwirthschaftlichen Arbeiter zu begrenzen, durch gesetzliche Definition kaum zu lösen, wenn man diese Klassen nicht auf diejenigen beschränken will, deren erwerbende Thätigkeit ausschließlich in landwirthschaftlicher Lohnarbeit besteht, womit von vornherein zahlreiche und wichtige Klassen landwirthschaftlicher Arbeiter ausgeschlossen sein würden. Eine weitere Schwieriegkeit liegt in dem Umstande, daß viele landwirthschaftliche Arbeiter bald hier, bald dort vorübergehend beschäftigt sind, ohne einen bestimmten Arbeitgeber zu haben, welcher für die Erfüllung der Versicherungspflicht verantwortlich gemacht werden könnte. Endlich finden sich auch unter denjenigen, welche in einem festeren Arbeitsverhältnisse stehen, noch viele, welche von ihrem regelmäßigen Arbeitgeber nur für bestimmte, oft nur kurze Perioden beschäftigt werden, für welche daher ein einigermaßen kontinuirliches Versicherungsverhältniß nicht herzustellen sein würde.

Nach allem diesen erscheint es unthunlich, die landwirthschaftlichen Arbeiter allgemein durch direkte gesetzliche Vorschrift dem Krankenversicherungszwange zu unterwerfen. Das Gesetz wird sich darauf beschränken müssen, für sie, wie für die oben unter Nr. 1 bis 4 bezeichneten Klassen, die Möglichkeit einer örtlichen Einführung des Versicherungszwanges vorzusehen.*)

Für die Frage, in welcher Weise die Krankenversicherung durchgeführt werden soll, kommt in erster Linie in Betracht, daß die Natur derselben nicht eine Zusammenfassung größerer Kreise, sondern vielmehr eine Organisirung für nicht zu große örtliche Bezirke gestattet und fordert. Das Risiko der Krankenversicherung ist nicht so groß, daß es nicht von kleineren Kreisen getragen werden könnte; dagegen handelt es sich bei ihr um eine große Zahl meist unbedeutender Fälle, in welchen die Unterstützung, wenn sie ihren Zweck erfüllen soll, sofort geleistet werden muß und deshalb in ihrem Beginn nicht von der Erledigung weitläufiger Verhandlungen abhängig gemacht werden darf, welche um so zeitraubender werden, je umfang-

*) Hierbei ist es auch nach dem Gesetz, betr. die Unfall- und Krankenversicherung der in land- oder forstwirthschaftlichen Betrieben versicherten Personen, geblieben. Dasselbe enthält aber Bestimmungen, welche die Durchführung der Krankenversicherung für diese Kategorien erleichtern bezw. ermöglichen.

reicher der Bezirk der Krankenkasse ist. Endlich sind die Voraussetzungen des Krankenunterstützungsanspruchs und namentlich seiner Fortdauer der Art, daß sie nur von solchen Organen mit Sicherheit beurtheilt und kontrolirt werden können, welche den in Betracht kommenden Verhältnissen nahe stehen, und die Voraussetzungen der Unterstützungsansprüche und die Bedingungen ihrer Fortdauer an Ort und Stelle sebst festzustellen im Stande sind.

Wie diese Rücksichten eine örtliche Organisation der Krankenversicherung fordern, so machen sie auch die Vereinigung von Arbeitern gleicher Beschäftigung zu besonderen unter ihrer eigenen Mitwirkung verwalteten Krankenkassen wünschenswerth. Die gegenseitige Krankenversicherung der Berufsgenossen ist bei der relativen Gleichheit der Krankheitsgefahr die rationellste, übt durch die bei ihr am leichtesten durchzuführende Selbstverwaltung einen wohlthätigen moralischen Einfluß aus und erleichtert durch die nahen Beziehungen der Kassenmitglieder zu einander die zur Bekämpfung der Simulation unentbehrliche Kontrole.

Krankenkassen dieser Art bestehen bereits in großer Zahl. Neben den von den Gemeinden oder unter ihrer Aufsicht auf Grund von Ortsstatuten oder älteren landesrechtlichen Bestimmungen für die im Gemeindebezirke beschäftigten Gesellen, Gehülfen und Arbeiter eines oder mehrerer Gewerbe errichteten gehören hierher auch die für die Arbeiter größerer Betriebe begründeten Kassen. Diese beiden Formen der Krankenkassen lassen sich ohne Schwierigkeit dergestalt weiter ausbilden, daß sie den an die Krankenversicherung zu stellenden Anforderungen genügen, und zugleich so verallgemeinern, daß sie künftig die große Mehrzahl der dem Krankenversicherungszwange zu unterstellenden Personen umfassen. Zu dem Ende wird den Gemeinden die Verpflichtung, Krankenkassen für die in ihrem Bezirke beschäftigten Arbeiter zu errichten, welche ihnen bisher nur oblag, wenn sie durch Ortsstatut den Versicherungszwang eingeführt hatten, künftig allgemein durch gesetzliche Vorschrift aufzuerlegen sein. Ebenso wird den Unternehmern größerer Betriebe die Errichtung von Krankenkassen für die von ihnen beschäftigten Arbeiter, welche bisher in ihrem Belieben stand, gesetzlich unter gewissen Voraussetzungen zur Pflicht zu machen sein.

Neben diesen beiden Arten von Krankenkassen werden in dem neuen System auch die sonstigen, auf Grund der bisherigen Gesetzgebung bereits bestehenden Krankenkassen ihre Stelle finden können.

Dahin gehören:

1) die **Knappschafskassen**, welche auf Grund der berggesetzlichen Vorschriften der Einzelstaaten bestehen und in der Mehrzahl der letzteren den Krankenkassenzwang bereits für sämmtliche Bergarbeiter zur Durchführung gebracht haben;
2) die Krankenkassen, welche von den **Innungen** für die von ihren Mitgliedern beschäftigten Gesellen und Lehrlinge errichtet werden und durch die Novelle zur Gewerbeordnung am 18. Juli 1881 (Reichs-Gesetzbl. S. 233) neu geregelt sind;
3) die aus der freien Vereinigung der Arbeiter hervorgegangenen und ausschließlich von ihnen selbst verwalteten sogenannten freien Hülfskassen, welche auf Grund des Gesetzes vom 7. April 1876 (Reichs-Gesetzbl. S. 125) als „eingeschriebene Hülfskassen" anerkannt sind, sowie die auf Grund landesrechtlicher Vorschriften errichteten sonstigen freien Hülfskassen.

Das Verhältniß zwischen diesen Kassen und den vorerwähnten, von den Gemeinden und Betriebsunternehmern zu begründenden Krankenkassen wird dahin zu regeln sein, daß alle Arbeiter, welche dem Krankenversicherungszwange unterliegen, soweit sie nicht einer Knappschaftskasse, einer Innungs-Krankenkasse oder einer „eingeschriebenen" oder sonstigen (freien) Hülfskasse angehören, einer örtlichen, für ein oder mehrere Gewerbe errichteten oder einer Fabrik-Krankenkasse angehören müssen. Das hieraus sich ergebende System von Kassen würde indessen zur allgemeinen und sicheren Durchführung des Krankenversicherungszwanges auch nicht ausreichen. Es giebt Gemeinden, in denen die Zahl der in einem oder mehreren Gewerben, ja selbst der in allen Gewerben beschäftigten Arbeiter zur Bildung einer lebensfähigen Krankenkasse mit besonderem Vewaltungsapparat nicht ausreicht und welche auch nach ihrer Belegenheit nicht mit anderen Gemeinden behufs Bildung gemeinsamer Krankenkassen vereinigt werden können. Daneben werden auch in größeren Gemeinden, welche im allgemeinen für die Bildung von Krankenkassen eine ausreichende Grundlage bieten, meistens noch Reste von Arbeitern übrig bleiben, welche keiner der zu bildenden Krankenkassen zugewiesen werden können, wenn den letzteren der Charakter berufsgenossenschaftlicher Organisationen erhalten bleiben soll. Für diese Fälle wird eine Form der Krankenversicherung vorgesehen werden müssen, welche nicht von dem Bestehen einer organisirten Krankenkasse abhängig ist. Die Nothwendigkeit einer solchen Ergänzung des Systems der Krankenkassen ergiebt sich außerdem aus der Erwägung, daß die Durchführung jedes Versicherungszwanges, welchem nicht eine unmittelbare, durch Gesetz begründete Versicherungsanstalt entspricht, die gesetzliche Anordnung einer unter allen Umständen erzwingbaren Form der Versicherung voraussetzt, welche subsidiär ohne Weiteres überall da eintritt, wo die im Gesetz vorgesehenen besonderen Organisationen entweder nicht durchführbar sind, oder in Folge mangelnder Pflichterfüllung der zu ihrer Herstellung Berufenen nicht zu Stande kommen. Was insonderheit die Durchführung des Krankenversicherungszwanges anlangt, so kann zwar wohl den Gemeinden und den Unternehmern größerer Betriebe die gesetzliche Verpflichtung zur Errichtung der oben bezeichneten Krankenkassen auferlegt werden; die Erfüllung dieser Verpflichtung wird aber weder überall möglich sein, noch da, wo sie möglich ist, unter allen Umständen durch direktes Eingreifen des Staates gegen den Willen der betheiligten Gemeinden und Fabrikbesitzer innerhalb gegebener Zeit erzwungen werden können. Soll daher der Versicherungszwang überall durchgeführt werden, und soll Sicherheit dafür gewonnen werden, daß der Zeitpunkt, mit welchem die neue Regelung in Wirksamkeit treten kann, nicht in unabsehbare Ferne gerückt wird, so muß eine subsidiäre Form der Krankenversicherung geschaffen werden, welche überall möglich ist, auch wo organisirte Krankenkassen nicht durchführbar sind, und welche zugleich so geregelt wird, daß sie für diejenigen, welche ihrer Verpflichtung zur Errichtung von Krankenkassen nicht nachkommen, mit empfindlichen Nachtheilen verbunden wird und dadurch einen wirksamen indirekten Zwang zur Erfüllung jener Verpflichtung ausübt.

Diese subsidiäre Form der Krankenversicherung wird in der Weise herzustellen sein, daß den Gemeinden die Verpflichtung auferlegt wird, jedem in ihrem Bezirke beschäftigten, dem Krankenversicherungszwange unterworfenen Arbeiter, welcher keiner der vorgesehenen organisirten Krankenkassen angehört, für den Fall der durch Krankheit bedingten Erwerbsunfähigkeit eine nach Höhe und Dauer gesetzlich bemessene Unterstützung zu gewähren, wogegen ihr das Recht eingeräumt wird, von jedem der gedachten Arbeiter einen gleichfalls gesetzlich bemessenen Versicherungsbeitrag zu erheben.

Auch diese Form der Krankenversicherung stellt sich lediglich als eine weitere Ausbildung bereits bestehender Einrichtungen dar. Schon gegenwärtig liegt nach §. 29 des Unterstützungswohnsitzgesetzes vom 6. Juni 1870 (Bundes-Gesetzbl. S. 360) den Ortsarmenverbänden die

Verpflichtung ob, in ihrem Bezirke erkrankten Dienstboten, Gehülfen und Lehrlingen ohne Anspruch auf Kostenerstattung Kur- und Verpflegung auf sechs Wochen zu gewähren. Erscheint diese Vorschrift noch rein als Ausfluß der Regelung der öffentlichen Armenpflege, so trägt die durch Artikel 11 und 20 des bayerischen Gesetzes über öffentliche Armen- und Krankenpflege vom 29. April 1869 getroffene Regelung, nach welcher die gleiche Verpflichtung für 90 Tage den Gemeinden unter gleichzeitiger Einräumung des Rechts zur Erhebung einer Abgabe von 3 Kreuzern wöchentlich auferlegt ist, schon mehr den Charakter einer gesetzlich geregelten Krankenversicherung: wie denn auch in dem letzteren der angezogenen Artikel ausdrücklich bestimmt ist, daß die Leistung der Gemeinde nicht als öffentliche Armenunterstützung zu gelten habe. Den Charakter der letzteren trägt die Leistung nur noch insofern, als das Maß derselben nicht näher bestimmt, sondern lediglich von dem individuellen Bedürfniß im einzelnen Falle abhängig ist, und als der zu leistende Beitrag ein für alle mal auf einen festen Geldbetrag festgesetzt ist. Wird auch das Maß der Leistung gesetzlich festgestellt und Sorge dafür getragen, daß die Gegenleistung der Versicherten zu demselben in ein richtiges Verhältniß gesetzt werden kann, so gelangt man zu einer wirklichen Krankenversicherung, welche ohne jede weitere Organisation überall Platz greifen kann, soweit besondere Krankenkassen nicht bestehen.

Eine besondere Regelung ist endlich noch zur Durchführung des Krankenversicherungszwanges für gewisse Klassen von **Bauarbeitern** erforderlich. Soweit diese von Bauhandwerkern oder anderen die Ausführung von Bauarbeiten als stehendes Gewerbe betreibenden Unternehmern beschäftigt werden, finden sie in dem bisher erörterten Systeme der Krankenversicherung Berücksichtigung. Dieses ist aber nicht anwendbar auf Betriebe, welche, wie Eisenbahn-, Kanal-, Wege-, Strom-, Deich- und Festungsbauten, zeitweilig größere Massen von Arbeitern auf einen Punkt zusammenziehen, um sie nach Beendigung des Baues wieder zu entlassen. Wollte man den Gemeinden die Verpflichtung auferlegen, auch für diese fluktuirenden Arbeitermassen durch Errichtung von Krankenkassen oder durch die Gemeinde-Krankenversicherung zu sorgen, so würde man ihnen eine geschäftliche und finanzielle Last aufbürden, welche namentlich von kleineren Gemeinden nicht zu bewältigen wäre. Außerdem würde diese Regelung in den zahlreichen Fällen, wo Bauten der gedachten Art bei fortschreitender Ausführung sich örtlich weiter bewegen, und folgeweise dieselben

Arbeiter oft in raschem Wechsel in verschiedenen Gemeindebezirken beschäftigt werden, überhaupt nicht durchführbar sein. Für die bei solchen Bauten beschäftigten Arbeiter wird demnach die Errichtung besonderer Krankenkassen mit der Maßgabe vorzuschreiben sein, daß die dazu Verpflichteten, wenn sie ihrer Verpflichtung nicht nachkommen, den von ihnen beschäftigten Arbeitern im Krankheitsfalle eine gesetzlich zu bemessende Unterstützung aus eigenen Mitteln zu leisten haben. Ihnen gleich den Unternehmern größerer Betriebe in diesem Falle nur die Verpflichtung zur Leistung eines Beitrags an die Gemeinde-Krankenversicherung aus eigenen Mitteln aufzuerlegen, ist unthunlich, weil, wie oben dargelegt ist, die Form der Gemeinde-Krankenversicherung auf die hier in Frage stehende Arbeiterklasse überhaupt nicht anwendbar erscheint.

Nach Maßgabe der vorstehenden Erörterungen soll durch den vorgelegten Gesetzentwurf die Krankenversicherung der Arbeiter auf folgenden Grundlagen geregelt werden:

Der Krankenversicherungszwang wird unmittelbar durch gesetzliche Vorschrift für alle der Unfallversicherung unterliegenden und daneben für alle diejenigen in gewerblichen Betrieben beschäftigten Personen ausgesprochen, für welche allgemein das Bedürfniß der Krankenversicherung anzuerkennen ist und für welche gleichzeitig durch allgemeine gesetzliche Vorschrift ohne besondere, von örtlichen Verhältnissen abhängige Regelung die Durchführung des Zwanges gesichert werden kann. Auf diejenigen in gewerblichen Betrieben beschäftigten Personen, für welche diese Voraussetzungen nicht zutreffen, sowie auf die landwirthschaftlichen Arbeiter kann der Krankenversicherungszwang im Wege örtlicher Anordnung ausgedehnt werden.

Die Durchführung der Krankenversicherung erfolgt durch die Gemeinde-Krankenversicherung, soweit die dem Versicherungszwange unterliegenden Personen nicht einer der im Gesetze vorgesehenen organisirten Krankenkassen angehören.

Als organisirte Krankenkassen werden vorgesehen:

1. die Orts-Krankenkassen, welche unter den gesetzlich festgestellten Voraussetzungen von den Gemeinden für die in ihrem Bezirk beschäftigten Versicherungspflichtigen zu errichten sind;
2. die Fabrik-Krankenkassen, welche unter den gesetzlich festgestellten Voraussetzungen von den Unternehmern größerer Betriebe für die darin Beschäftigten errichtet werden müssen;

3. die Bau-Krankenkassen, welche für die in gewissen gesetzlich bezeichneten Baubetrieben beschäftigten Arbeiter errichtet werden müssen;
4. die auf Grund berggesetzlicher Vorschriften errichteten Knappschaftskassen;
5. die auf Grund der Vorschriften des Titels VI der Gewerbeordnung für Gesellen und Lehrlinge errichteten Innungs-Krankenkassen;
6. die freien Hülfskassen, welche auf Grund des Gesetzes vom 7. April 1876 als „eingeschriebene Hülfskassen" anerkannt sind.

Das Verhältniß der verschiedenen Arten von Krankenkassen zu einander wird dahin geregelt, daß den unter 1 bis 3 bezeichneten Kassen alle Angehörigen derjenigen Klassen von Versicherungspflichtigen, für welche die Kasse errichtet ist, angehören müssen, soweit sie nicht Mitglieder einer der unter 4 bis 6 bezeichneten Kassen sind.

Zwischen sämmtlichen organisirten Krankenkassen wird Freizügigkeit hergestellt in der Weise, daß, soweit es sich um die gesetzlichen Mindestleistungen der Kasse handelt, für neu eintretende weder eine Karrenzzeit, noch die Verpflichtung zur Zahlung eines Eintrittsgeldes zulässig ist.

Von allgemeiner Bedeutung für alle Formen der Krankenversicherung ist noch die Frage, inwieweit den Arbeitgebern der dem Versicherungszwange unterliegenden Personen neben der Verpflichtung zur An- und Abmeldung der letzteren sowie zur Vermittelung der Beitragszahlung für dieselben, ohne welche, wie oben dargelegt, der allgemeine Versicherungszwang nicht durchführbar sein würde, auch eine Verpflichtung zur Leistung von Beiträgen aus eigenen Mitteln für die von ihnen beschäftigten Versicherungspflichtigen auferlegt werden soll. Für die Beantwortung dieser Frage ist der bisherige Gang der Gesetzgebung auf diesem Gebiete nicht ohne Bedeutung.

Während die frühere preußische Gesetzgebung den Gemeinden und eventuell den höheren Verwaltungsbehörden die Befugniß einräumte, allen Arbeitgebern die Leistung von Zuschüssen zu den Krankenkassenbeiträgen ihrer Arbeiter bis zu 50 Prozent, also bis zu $33\frac{1}{3}$ Prozent des Gesammtbeitrages, aufzuerlegen, hat das Reichsgesez vom 8. April 1876 diese Befugniß nur hinsichtlich der Fabrikbesitzer aufrecht erhalten. Zu dieser Beschränkung führte die Erwägung, daß die große Mehrzahl der Handwerksmeister, welche

3*

mit Gesellen arbeiten, nur eine geringe Anzahl der letzteren — meistens einen oder zwei — beschäftigen, und daß solche Handwerker der Regel nach wirthschaftlich kaum in einer besseren, vielfach sogar in einer ungünstigeren Lage sich befinden als die Gesellen, und deshalb ohne Unbilligkeit nicht verpflichtet werden können, für die letzteren Krankenversicherungsbeiträge aus eigenen Mitteln zu leisten. So unerwünscht eine ungleiche Behandlung der dem gleichen Versicherungszwange unterworfenen Arbeiter auch sein mag, so wird jene Erwägung doch auch noch gegenwärtig als zutreffend anzusehen und demgemäß die Beitragspflicht der Unternehmer zu regeln sein. Entsprechend der Ersetzung des ortsstatutarischen durch den allgemeinen gesetzlichen Versicherungszwang, wird auch die Beitragspflicht der Arbeitgeber allgemein und unabhängig von örtlicher Regelung durchzuführen sein, und zwar in der Weise, daß nicht nur die Fabrikbesitzer, sondern auch alle anderen Unternehmer .... den Beitrag von $33^1/_3$ Prozent zu der Krankenversicherung zu leisten haben. ... Anders kann es unter Umständen mit den zuletzt bezeichneten Handwerkern stehen, welche sich, wenn sie nur wenige Gehülfen beschäftigen, in ihrer wirthschaftlichen Lage von ..... (letzteren) ..... der Regel nach kaum unterscheiden werden. Ob dieselben durch die Verpflichtung zur Beitragsleistung zu schwer belastet werden, ist indessen nur unter Berücksichtigung der örtlichen Verhältnisse mit Sicherheit zu beurtheilen. Ihren Verhältnissen wird daher am zweckmäßigsten durch eine Bestimmung Rechnung getragen werden, durch welche den örtlichen Organen die Möglichkeit gegeben wird, diese Klasse von Arbeitgebern von der Beitragsleistung aus eigenen Mitteln zu befreien.

(Der nun folgende spezielle Theil der Begründung des Gesetzentwurfs ist in den Kommentar bei den betreffenden Paragraphen hineingearbeitet.)

Begründung der Novelle.

(Nr. 151 der Drucksachen des Reichstags 1890/91.)

Allgemeiner Theil.

Das Gesetz, betreffend die Krankenversicherung der Arbeiter, vom 15. Juni 1883 hat sich während einer nunmehr sechsjährigen Wirksamkeit sowohl nach seinen Grundlagen, als in seinen einzelnen Bestimmungen im Wesentlichen als zweckmäßig erwiesen. Wie es bei dem weiten Umfange des Gebiets, dessen allgemeine Regelung in diesem Gesetze zum ersten Male versucht worden ist, und bei der Mannigfaltigkeit der dabei in Betracht kommenden Verhältnisse nicht wohl anders zu erwarten war, haben sich indessen bei der Ausführung und der bisherigen Anwendung des Gesetzes eine Reihe von Zweifeln und Unzuträglichkeiten ergeben, deren Beseitigung wünschenswerth und auf Grund der bisher gemachten Erfahrungen möglich erscheint. Es handelt sich dabei der überwiegenden Mehrzahl nach um Abänderungen und Ergänzungen einzelner Bestimmungen, welche die Grundlagen des Gesetzes nicht berühren und eine Rückwirkung auf größere Theile desselben nicht ausüben werden. Die Begründung der meisten in dem vorliegenden Entwurf vorgeschlagenen Abänderungen kann daher in ausreichender Weise zu den einzelnen Artikeln erfolgen. Nur diejenigen Bestimmungen, welche sich auf das Verhältniß der verschiedenen Krankenkassen zu einander beziehen, bedürfen zu ihrem Verständniß und ihrer Begründung einer allgemeinen Erörterung.

Der von den verbündeten Regierungen vorgelegte Entwurf (Drucksache des Reichstags 1882 Nr. 14) hatte durch die §§. 4, 15, 57, 66 Absatz 3, 67, 68, 69 für **das Verhältniß der verschiedenen Krankenkassen** eine Regelung vorgesehen, nach welcher über das Versicherungsverhältniß der versicherungspflichtigen Personen, abgesehen von denjenigen, welche einer eingeschriebenen oder einer anderen Hülfskasse angehören, die jeweilige Art der Beschäftigung unbedingt maßgebend sein sollte. Versicherungspflichtige Personen sollten, soweit sie nicht in einem Betriebe, für den eine Betriebs- oder Bau-Krankenkasse oder eine Knappschaftskasse besteht, oder von einem Gewerbetreibenden beschäftigt werden, der einer mit einer Innungs-Krankenkasse versehenen Innung angehörte, Mitglieder derjenigen Orts-Krankenkasse sein, welche für den betreffenden Gewerbszweig oder die betreffende Betriebsart errichtet sein würde, oder in Ermangelung einer solchen der Gemeinde-Krankenversicherung angehören. Die zur Vorberathung des Entwurfs niedergesetzte Kommission des Reichstags verfolgte, wie aus den Erörterungen auf Seite 41 und 80 f. des Berichts (Drucksache Nr. 211) erhellt, die Absicht, dieses „Zwangskassensystem" durch das System des „Kassenzwanges" zu ersetzen, d. h. den Versicherungspflichtigen nicht nur die Wahl zu lassen zwischen der Versicherung bei der Zwangskasse, auf welche sie durch ihre Beschäftigung angewiesen sind, und derjenigen bei einer Hülfskasse, sondern ihnen auch die Möglichkeit zu geben ihrer Versicherungspflicht statt bei der erstern bei einer anderen auf Grund dieses Gesetzes bestehenden Kasse zu genügen. In der That sind auf Antrag der Kommission auch einzelne Bestimmungen in das Gesetz aufgenommen, durch welche dieser Absicht in beschränktem Umfange Rechnung getragen werden sollte. Durch den Absatz 4 des §. 19 wird der Austritt aus einer Orts-Krankenkasse nicht nur den Mitgliedern von Hülfskassen, sondern auch denjenigen gestattet, welche Mitglieder einer anderen Orts-Krankenkasse, einer Betriebs-, Bau- oder Innungskasse oder einer Knappschaftskasse geworden sind. Ebenso sollen nach §. 63 Absatz 1 diejenigen nicht Mitglieder einer Betriebs-Krankenkasse werden, welche nachweisen, daß sie Mitglieder einer Innungs-Krankenkasse oder einer Knappschaftskasse sind, und das Gleiche gilt nach §. 72 Absatz 3 auch für die Bau-Krankenkasse. Wirklich erreicht ist indessen jene Absicht nicht, weil es nach anderen Bestimmungen des Gesetzes für die Wirksamkeit der in den §§. 19 und 63 aufgenommenen Bestimmungen an der erforderlichen Voraussetzung fehlt. Der §. 19 kennt nämlich für versicherungspflichtige Personen nur eine durch ihre Beschäftigung bedingte Verpflichtung, der Orts-Krankenkasse anzugehören; ein Recht zum Beitritt räumt derselbe in Absatz 3 nur nichtversicherungspflichtigen Personen ein. Selbst solche versicherungspflichtige Personen, welche vermöge ihrer bisherigen Beschäftigung einer Orts-Krankenkasse angehören, können, wenn sie aus dieser Beschäftigung ausscheiden, nach §. 27 nur dann Mitglieder der Kasse bleiben, wenn sie nicht zu einer Beschäftigung übergehen, vermöge welcher sie Mitglieder einer anderen Krankenkasse werden. Auch die durch einen Beschluß des Reichstags in den §. 26 aufgenommene Ziffer 5, nach welcher durch Statut bestimmt werden kann, daß der Kasse auch andere als die in den §§. 1 bis 3 bezeichneten Personen beitreten dürfen, hat, wie die Begründung der Antragsteller (vergleiche stenographische Berichte Seite 2114 f. und Seite 2561) ergiebt, nur den Zweck verfolgt, der Orts-Krankenkasse eine statutarische Regelung zu gestatten, nach welcher andere nicht versicherungspflichtige Personen aufgenommen werden können. Ebenso kennt der §. 63 als freiwillige Mitglieder der Betriebs- und folgeweise auch der Bau-Krankenkassen außer denen, welche auf Grund des §. 27 Mitglieder verbleiben, nur nichtversicherungspflichtige Personen. Daß eine versicherungspflichtige Person einer Orts-, Betriebs- oder Bau-Krankenkasse, welcher sie nicht vermöge ihrer Beschäftigung angehört, als freiwilliges Mitglied angehört, ist demnach nur in dem Falle möglich, daß sie aus der Beschäftigung, vermöge welcher sie Mitglied der Kasse geworden ist, ausscheidet und zu einer Beschäftigung übergeht, vermöge welcher sie zwar versicherungspflichtig bleibt, aber keiner der bezeichneten Kassen (sondern nur der Gemeinde-Krankenversicherung) angehört. In diesem Falle hört aber die Mitgliedschaft nach §. 27 in demselben Augenblicke auf, in welchem die Person in eine Beschäftigung eintritt, vermöge welcher sie Mitglied einer anderen Orts-, Betriebs- oder Bau-Krankenkasse wird. Daß eine versicherungspflichtige Person, welche auf Grund ihrer Beschäftigung einer bestimmten Orts-Krankenkasse angehören würde, gleichzeitig freiwilliges Mitglied einer anderen Orts-Krankenkasse oder einer Betriebs- oder Bau-Krankenkasse ist, oder in eine solche eintritt, kann demnach thatsächlich nicht vorkommen. Es ist daher auch der im §. 19 vorgesehene Austritt auf Grund solcher Mitgliedschaft nicht möglich.

Eben dasselbe gilt aber auch von dem Verhältniß der Orts-, Betriebs- und Bau-Krankenkassen einerseits zu den Innungs-Krankenkassen und Knappschaftskassen andererseits. Mitglieder einer Innungs-Krankenkasse können nur die bei Innungsmitgliedern beschäftigten Personen werden, weil die Innungen nur für diese Krankenkassen zu errichten befugt sind. Eine nicht bei einem Innungsmitgliede beschäftigte Person kann daher nicht als freiwilliges Mitglied einer Innungs-Krankenkasse beitreten, und versicherungspflichtige Personen, welche aus der Beschäftigung bei einem Innungsmitgliede ausscheiden, können nur auf Grund des §. 27 Mitglieder der Innungs-Krankenkasse bleiben, scheiden aber aus dieser aus, sobald sie in eine Beschäftigung eintreten, vermöge welcher sie Mitglieder einer anderen Krankenkasse werden. Auch die Knappschaftskassen im gesetzlichen Sinne werden nur für bestimmte einzelne bergmännische Betriebe beziehungsweise damit verbundene andere Betriebe oder für die in einem örtlichen Bezirke vorhandenen Betriebe dieser Art errichtet. Nur die in diesen Betrieben beschäftigten Personen können Mitglieder der Knappschaftskassen werden, und die Statuten der Knappschaftskassen kennen für solche Personen, welche vermöge ihrer Beschäftigung Mitglieder geworden, demnächst aber aus dieser Beschäftigung ausgeschieden sind, wohl eine „Beurlaubung", d. h. eine Aufrechterhaltung ihrer Rechte für den Fall des Wiedereintritts in die Beschäftigung, nicht aber eine Fortsetzung der Mitgliedschaft für die Zeit, in welcher sie nicht in einer die Mitgliedschaft bedingenden Beschäftigung stehen. Hiernach ist die Bestimmung des §. 19 Absatz 4 f., auch soweit es sich um Innungs-Krankenkassen und Knappschaftskassen handelt, praktisch ohne Bedeutung, und dasselbe gilt von der Bestimmung des §. 63 Absatz 1. Durch beide Bestimmungen ist also die Absicht, welche mit ihrer Aufnahme verfolgt wurde, nicht erreicht worden, wohl aber haben sie Unklarheiten und Zweifel über das Verhältniß der verschiedenen Kassen zu einander zur Folge gehabt, welche zu unerwünschten Streitigkeiten geführt haben und demnach zu beseitigen sein werden. Zu dem Ende diese Bestimmungen durch Abänderung der übrigen das Verhältniß der Kassen zu einander regelnden Vorschriften dahin zu ergänzen, daß den Versicherungspflichtigen wirklich in gewissen Grenzen die Wahl zwischen verschiedenen Kassen freigestellt wird, dürfte sich nicht empfehlen. Es würde dadurch nicht nur der Mitgliederbestand der Kassen in unerwünschter Weise von Zufälligkeiten abhängig und die Verwaltung derselben ungleich verwickelter gemacht, sondern auch die Regelung des Beitragswesens in bedenklicher Weise berührt werden. Diese Regelung, wie sie in den §§. 51 ff. des Gesetzes getroffen ist, geht von der Annahme aus, daß die Verpflichtung des Arbeitgebers zur Einzahlung und theilweisen eigenen Deckung der Beiträge nur gegenüber derjenigen Kasse besteht, welcher der von ihm beschäftigte Versicherungspflichtige vermöge seiner Beschäftigung kraft gesetzlicher und statutarischer Bestimmung angehört, daß demnach jeder Arbeitgeber, sofern nicht etwa Unternehmer mehrerer, verschiedenen Kassen zugewiesener Betriebe ist, diese

Verpflichtung für sämmtliche von ihm beschäftigten Personen derselben Kasse gegenüber zu erfüllen hat. Sollte den Versicherungspflichtigen die Wahl zwischen verschiedenen Kassen freigegeben und der Arbeitgeber verpflichtet werden, die Beiträge für jede von ihm beschäftigte Person an die Kasse zu zahlen, welcher sie beitritt, so würde es der Willkür der Versicherungspflichtigen anheimgegeben werden, den Arbeitgeber zu nöthigen, nicht nur an eine Mehrzahl von Kassen für die verschiedenen Versicherungspflichtigen Beiträge zu zahlen, sondern unter Umständen auch höhere Beiträge zu zahlen, als diejenige Kasse erfordert, welche für die von ihm beschäftigten Versicherungspflichtigen zunächst bestimmt ist. Der hierin liegenden schweren Belästigung und Unbilligkeit würde man nur dadurch ausweichen können, daß man für diejenigen Versicherten, welche von ihrer Wahlfreiheit Gebrauch machen, die Verpflichtung des Arbeitgebers zur Beitragszahlung in Wegfall brächte. Damit aber würde wiederum die Wahlfreiheit für die Versicherten ihren Werth verlieren und außerdem die Einziehung der Beiträge die durch die gegenwärtige Regelung erzielte Einfachheit und Sicherheit einbüßen.

Es erscheint demnach geboten, es bei dem „Zwangskassensystem" zu belassen und denjenigen Bestimmungen des Gesetzes, welche das Verhältniß der Kassen zu einander regeln, durchweg eine Fassung zu geben, welche jeden Zweifel darüber ausschließt, daß *jeder Versicherungspflichtige* — mit Ausnahme der Mitglieder der eingeschriebenen und sonstigen Hülfskassen — *der Krankenkasse angehört, welche für die Beschäftigung, in der er steht, errichtet ist.*

Auch das Verhältniß der Mitglieder der Hülfskassen ist durch die gegenwärtigen Bestimmungen des Gesetzes nicht völlig klar und folgerecht geregelt. Nach der Fassung der §§. 4, 19 Absatz 2, 63 Absatz 1 würde anzunehmen sein, daß für Mitglieder von Hülfskassen, wenn sie in eine Beschäftigung eintreten, vermöge welcher sie nach der gesetzlichen Regel der Gemeinde-Krankenversicherung oder einer Zwangs-Krankenkasse angehören würden, nicht nur die Verpflichtung, sondern auch das Recht hierzu in Wegfall kommt, daß sie also der Gemeinde-Krankenversicherung oder der zuständigen Krankenkasse, auch wenn sie wollen, nicht angehören können. Dagegen verbleiben sie nach §. 19 Absatz 4 und §. 63 Absatz 3, wenn sie erst im Laufe der Beschäftigung, vermöge welcher sie Mitglieder geworden sind, einer freien Hülfskasse beitreten, Mitglieder der Zwangskasse, solange sie nicht in der vorgeschriebenen Art ihren Austritt aus der

Zwangskasse erklären. In dem einen Falle sind sie gesetzlich von der Zwangskasse ausgeschlossen, in dem anderen hängt es von ihrer freien Entschließung ab, ob sie neben der freien Hülfskasse auch der Zwangskasse angehören wollen. Für diese verschiedenartige Behandlung desselben Verhältnisses liegt kein ausreichender Grund vor, und da es weder dem Interesse der Zwangskassen noch demjenigen der Versicherungspflichtigen entspricht, denjenigen, welche einer freien Hülfskasse angehören, die Möglichkeit, auch der Zwangskasse anzugehören, zu entziehen, so wird es sich empfehlen, das Verhältniß so zu regeln, daß die Ausschließung der Mitglieder freier Hülfskassen von der ihrer Beschäftigung entsprechenden Zugehörigkeit zu einer Zwangskasse nur auf ihren Antrag*) eintritt.

Eine weitere Aenderung in dem Verhältniß der Hülfskassen wird hinsichtlich der Voraussetzungen eintreten müssen, unter denen ihre Mitglieder von der Verpflichtung, der Gemeinde-Krankenversicherung oder einer nach Maßgabe des Gesetzes errichteten Krankenkasse anzugehören, befreit werden.

Nachdem die Reichs-Gesetzgebung die allgemeine Krankenversicherung als eine im öffentlichen Interesse nothwendige Einrichtung anerkannt und zu ihrer Durchführung ein System von Kasseneinrichtungen geschaffen hat, wird die Erfüllung der Versicherungspflicht durch Theilnahme an freien Kassenbildungen nur unter der Voraussetzung zugelassen werden können, daß diese ihren Mitgliedern das Mindestmaß der Unterstützung, welches das Gesetz den Versicherungspflichtigen gesichert wissen will, voll gewähren, und daß die Zulassung der freien Kassenbildungen die allgemeine Durchführung der Krankenversicherung nicht gefährdet. Nach beiden Seiten hin entsprechen die Bestimmungen des Krankenversicherungsgesetzes nicht vollständig den Anforderungen, welche gestellt werden müssen.

Die Bestimmungen des §. 75 gehen zwar von dem Grundsatze aus, daß die freien Hülfskassen, um ihre Mitglieder von dem gesetzlich eintretenden Versicherungsverhältniß zu befreien, diejenige Unterstützung gewähren sollen, welche den Versicherten durch die Gemeinde-Krankenversicherung als Mindestmaß gesichert werden; sie weichen aber von diesem Grundsatze im Einzelnen nach zwei Richtungen ab. Indem sie die Mindestunterstützung nach dem Stande des ortsüblichen Tagelohnes in derjenigen Gemeinde bemessen, in welcher die Hülfskasse ihren Sitz hat, sichern sie den Mitgliedern derjenigen Hülfskasse,

*) Dies ist vom Reichstage reprobirt werden.

welche ihre Wirksamkeit über weitere Bezirke erstrecken, nicht unter allen Umständen dasjenige Maß der Unterstützung, welches ihnen beim Eintritt des gesetzlichen Versicherungsverhältnisses durch die Gemeinde-Krankenversicherung ihres Beschäftigungsortes gewährt werden würde. Die Unterstützung bleibt in allen Fällen hinter diesem Maße zurück, in welchen der ortsübliche Tagelohn am Beschäftigungsorte höher steht, als an dem Sitze der Hülfskasse. Schon bei der Berathung des Gesetzes wurde anerkannt, daß es dem aufgestellten Grundsatze mehr entsprechen würde, wenn die Befreiung von dem gesetzlichen Versicherungsverhältniß davon abhängig gemacht würde, daß den Mitgliedern der Hülfskassen mindestens dasselbe Krankengeld gewährt werde, welches am Beschäftigungsorte von der Gemeinde-Krankenversicherung gewährt werde. Von der Aufnahme dieser Bestimmung wurde nur deshalb Abstand genommen, weil man die Schwierigkeiten der Durchführung als zu groß ansah und namentlich annahm, es werde in diesem Falle den freien Hülfskassen an einer sicheren Grundlage für die statutarische Bemessung ihrer Unterstützung fehlen, indem ihnen nicht die Möglichkeit verschafft werden kann, die Sätze des ortsüblichen Tagelohnes in allen Gemeinden, über welche sie ihren Bezirk erstrecken wollten, kennen zu lernen. Nach der Bestimmung des §. 8 des Gesetzes werden indessen die ortsüblichen Tagelöhne überall von der höheren Verwaltungsbehörde festgesetzt und es bedarf nur einer Ergänzung dieser Bestimmung, wodurch die schon jetzt meist erfolgende Veröffentlichung der getroffenen Feststellungen vorgeschrieben wird, um den Hülfskassen die Möglichkeit zu geben, zu ermitteln, wie hoch die Unterstützungen zu bemessen sind, damit sie an den einzelnen Orten ihres Bezirks ausreichen, um die daselbst beschäftigten Mitglieder von der gesetzlichen Versicherung zu befreien. Durch die Bildung von Mitgliederklassen können die Kassen ihre Unterstützungen so bemessen, daß sie in der höchsten Mitgliederklasse für die Orte mit den höchsten ortsüblichen Tagelöhnen genügen, während für Orte mit niedrigeren ortsüblichen Tagelöhnen schon die Unterstützungssätze der unteren Mitgliederklasse ausreichen. Daß schon der Unterstützungssatz in der untersten Mitgliederklasse für alle Orte des Kassenbezirks, auch die mit den höchsten Tagelöhnen ausreiche, wird nicht zu fordern sein, da in diesem Falle von den weitverzweigten Kassen Unterstützungen gewährt werden müßten, welche für die meisten Mitglieder viel zu hoch sein würden. Nach der oben angegebenen Ergänzung des §. 8 Absatz 1 wird der Aufnahme derjenigen Bestimmung, welche dem aufgestellten richtigen Grundsatze vollständig entspricht, nichts entgegen stehen, und dieselbe empfiehlt sich um so mehr, als nach dem Inkrafttreten des Krankenversicherungsgesetzes Fälle vorgekommen sind, in denen Hülfskassen ihren Sitz an Orte verlegt haben, in denen der ortsübliche Tagelohn niedriger bemessen ist, als an dem bisherigen Sitze der Kasse.

Von größerer Bedeutung ist die zweite Abweichung von dem Grundsatze gleicher Mindestleistung, welche sich in dem §. 75 findet. Sie besteht darin, daß den Hülfskassen gestattet ist, an Stelle der freien ärztlichen Behandlung und Arznei, welche die Gemeinde-Krankenversicherung und sämmtliche gesetzlichen Kassen gewähren müssen, eine Erhöhung des Krankengeldes um die Hälfte des gesetzlichen Mindestbetrages eintreten zu lassen. Schon bei der Berathung des Gesetzes wurde von verschiedenen Seiten behauptet, daß durch diesen Zuschuß zum Mindestbetrage des Krankengeldes die Kosten der ärztlichen Behandlung und Arznei nicht gedeckt werden würden, daß demnach der Zuschuß keinen ausreichenden Ersatz für die letztere Leistung bilde und somit die Bestimmung dem aufgestellten Grundsatze nicht entspreche und eine Begünstigung der freien Hülfskassen gegenüber den mit der Naturalleistung belasteten gesetzlichen Versicherungseinrichtungen enthalte. Dieser Einwand gegen die geltende Bestimmung hat sich in einem weit höheren Maße als begründet herausgestellt, als damals von den Vertheidigern der letzteren und selbst von den Gegnern angenommen wurde.

Nach der Statistik der Krankenversicherung für das Jahr 1886 belaufen sich die für die Gewährung freier ärztlicher Behandlung und freier Arznei aufgewandten Kosten im ganzen Reiche

für die Gemeinde-Krankenversicherung auf .	2005058 ℳ
für die Orts-Krankenkassen auf	6870034 „
für die Betriebs-Krankenkassen auf . . .	8480803 „
Für sämmtliche vorgenannte Kassen auf .	17355895 ℳ

Dagegen beträgt die Summe der gezahlten Krankengelder, obwohl die letzteren bei den organisirten Kassen das für die Gemeinde-Krankenversicherung festgesetzte Mindestmaß zum Theil erheblich übersteigen,

für die Gemeinde-Krankenversicherung . .	1393607 ℳ
für die Orts-Krankenkassen	7543080 „
für die Betriebs-Krankenkassen	7680347 „
Für sämmtliche vorgenannte Kassen . .	16617034 ℳ

Nach der Statistik der Krankenversicherung für das Jahr 1887 betragen:

die Kosten der freien ärztlichen Behandlung und Arznei

für die Gemeinde-Krankenversicherung . .	2100169 ℳ
für die Orts-Krankenkassen	7481609 „
für die Betriebs-Krankenkassen	8717647 „
Zusammen . .	18299425 ℳ

die gezahlten Krankengelder

für die Gemeinde-Krankenversicherung . .	1517425 ℳ
für die Orts-Krankenkassen	8212231 „
für die Betriebs-Krankenkassen	7895318 „
Zusammen . .	17624974 ℳ

Nach der Statistik der Krankenversicherung für das Jahr 1888 betragen:

die Kosten der freien ärztlichen Behandlung und Arznei

für die Gemeinde-Krankenversicherung . .	2501190 ℳ
für die Orts-Krankenkassen	8981808 „
für die Betriebs-Krankenkassen	9484660 „
Zusammen . .	20967658 ℳ

die gezahlten Krankengelder

für die Gemeinde-Krankenversicherung . .	1657509 ℳ
für die Orts-Krankenkassen	9722400 „
für die Betriebs-Krankenkassen	8699999 „
Zusammen . .	20799908 ℳ *)

Die für die Gewährung freier ärztlicher Behandlung und Arznei aufgewandten Kosten übersteigen also durchschnittlich die volle Summe der gezahlten Krankengelder; selbst bei den Orts-Krankenkassen, welche in dieser Beziehung die günstigsten Verhältnisse aufweisen, bleiben sie nur um ein Geringes hinter diesem Betrage zurück und übersteigen die Hälfte der gezahlten Krankengelder um ein Erhebliches.

*) Aus Band 78 (Seite XLIX) der Statistik des Deutschen Reichs, Neue Folge (Krankenkassenstatistik für 1893) ergeben sich in Mark pro Kopf der Kassenmitglieder folgende Zahlen:

	Gem.-Kr.Vers.			Orts-Kr.K.			Betriebs-Kr.K.		
	1888	1892	1893	1888	1892	1893	1888	1892	1893
Aerztliche Behandlung und Arznei	3,24	3,79	3,90	4,04	4,92	5,06	6,61	7,80	8,09
Krankengeld .	2,15	2,39	2,70	4,38	5,40	5,94	6,06	7,39	8,35

Es ist dadurch erwiesen, daß die Hälfte des Mindestbetrages des Krankengeldes einen völlig unzulänglichen Ersatz der freien ärztlichen Behandlung und Arznei bildet, zumal der einzelne erkrankte Versicherungspflichtige, welcher sich die freie ärztliche Behandlung und Arznei mittelst des Krankengeldzuschusses selbst beschaffen soll, dafür regelmäßig ungleich mehr aufzuwenden haben wird, als die Kassen für den einzelnen gleichen Fall aufwenden müssen. Der Vorschlag, diesem Mißverhältniß durch eine weitere Erhöhung des Zuschlages zum Krankengelde abzuhelfen, stößt auf das Bedenken, daß nicht einmal die Erhöhung des Zuschlages auf den vollen Betrag des Krankengeldes zu einem wirklich ausreichenden Ersatze der Naturalleistung führen würde, schon mit einer solchen Erhöhung aber eine den Grundsätzen des Gesetzes widersprechende Ueberversicherung eintreten würde. Diesem Auskunftsmittel stehen aber noch ungleich schwerere Bedenken entgegen. Es wird allgemein als eine der wohlthätigsten Wirkungen des Krankenversicherungsgesetzes anerkannt, daß in Folge der Bestimmung des §. 6 Absatz 1 Ziffer 1 die ärztliche Behandlung auch in solchen Kreisen der Arbeiterbevölkerung rechtzeitig eintrete, in denen sie bisher in Folge der Mittellosigkeit oder der Gleichgültigkeit der Nächstbetheiligten nur im höchsten Nothfalle und folgeweise meistens zu spät eingetreten sei. Angesichts der großen Bedeutung, welche jene Bestimmung hiernach für die öffentliche Gesundheitspflege gewonnen hat, wird sie trotz der nicht unerheblichen Schwierigkeiten, welche aus ihrer Durchführung hie und da den Gemeinden und Kassen erwachsen sind, nicht wieder beseitigt werden können, vielmehr als nothwendiger Gegenstand der gesetzlich gebotenen Versicherung aufrecht erhalten werden müssen. Hiernach erscheint es aber unzulässig, als Ersatz des gesetzlichen Versicherungsverhältnisses die Mitgliedschaft bei einer Kasse anzuerkennen, welche an Stelle der freien ärztlichen Behandlung und Arznei einen im Voraus bestimmten Geldbetrag gewährt und es dem Empfänger überläßt, ob und in welchem Umfange er sich dafür die ärztliche Behandlung und Arznei verschaffen kann und will. Bei der wirthschaftlichen Lage und bei der geringen Werthschätzung einer rechtzeitigen und ausreichenden ärztlichen Pflege, welche in großen Kreisen der versicherungspflichtigen Volksklassen noch als vorherrschend angesehen werden müssen, kann in der Versicherung bei Kassen der gedachten Art keine ausreichende Sicherung eines vom Gesetzgeber für wesentlich erachteten Gegenstandes der Versicherung anerkannt werden. Es liegt darin vielmehr für viele Versicherte ein Anreiz, sich dem gesetzlichen Versicherungsverhältnisse durch Eintritt in eine Hülfskasse zu entziehen, um sich unter Verzicht auf die freie ärztliche Behandlung und Arznei eine höhere Geldunterstützung zu sichern. Je höher der Geldbetrag bemessen wird, welcher als Ersatz der freien ärztlichen Behandlung vom Gesetz gefordert wird, desto stärker wird dieser Anreiz und damit der Widerspruch, in welchem die Zulassung der Versicherung bei solchen Kassen mit einer Grundforderung des Gesetzes steht. Unter diesen Umständen wird die Befugniß der Hülfskassen, statt der freien ärztlichen Behandlung und Arznei ein erhöhtes Krankengeld zu gewähren, nicht aufrecht erhalten werden können, vielmehr auch ihnen für die Folge die gleiche Leistung wie der Gemeinde-Krankenversicherung aufzuerlegen sein. Der Einwand, daß vielen Hülfskassen, deren Bezirk sich auf weite Gebiete erstreckt und deren Mitglieder zum Theil zerstreut in entfernten Orten wohnen, die Gewährung dieser Unterstützung unverhältnißmäßig erschwert sein werde, kann als durchschlagend nicht anerkannt werden, da die gleiche Schwierigkeit auch für eine große Zahl von Gemeinde-Krankenversicherungen und Orts-Krankenkassen besteht, welche, den Bezirk weiterer Kommunalverbände umfassend, gleichfalls vielfach in meilenweit entfernten Orten einzelne Mitglieder zu unterstützen haben. Die eingeschriebenen Hülfskassen besitzen übrigens in der ihnen nach §. 35 des Gesetzes vom 7. April 1876 zustehenden Befugniß, Verbände zur gegenseitigen Aushülfe zu bilden, ein wirksames Mittel, sich die Erfüllung der in Rede stehenden Verpflichtung wesentlich zu erleichtern.

(Der nun folgende spezielle Theil der Begründung ist im Kommentar bei den einzelnen Paragraphen berücksichtigt worden.)

Krankenversicherungsgesetz*)

vom 15. Juni 1883 (Reichs-Gesetzbl. S. 73)

in der Fassung der Novelle vom 10. April 1892 (Reichs-Gesetzbl. S. 379).**)

Neue Redaktion des Gesetzes laut Bekanntmachung des Reichskanzlers vom 10. April 1892 (Reichs-Gesetzbl. S. 417).

*) Durch Art. 32 der Novelle vom 10. April 1882 ist der Reichskanzler ermächtigt worden, den Text des Gesetzes, wie er sich aus der Novelle ergiebt, neu zu veröffentlichen und dabei das Gesetz, welches früher: „Gesetz, betreffend die Krankenversicherung der Arbeiter" hieß, als „Krankenversicherungsgesetz" zu bezeichnen. Dies ist geschehen (Bek. v. 10. April 1892). Der Titel „Krankenversicherungsgesetz" ist also fortan offiziell.

) Die aus der Novelle sich ergebenden Abänderungen sind im Kommentar durch **fetten Druck kenntlich gemacht.

Wir Wilhelm, von Gottes Gnaden Deutscher Kaiser, König von Preußen 2c.

verordnen im Namen des Reichs, nach erfolgter Zustimmung des Bundesraths und des Reichstags, was folgt:

A. Versicherungszwang.

§. 1.

[1]) Personen,[2]) welche gegen Gehalt oder Lohn[3]) beschäftigt[4]) sind: I.

1. in [5]) Bergwerken,[6]) [7]) Salinen, Aufbereitungsanstalten,[6a]) Brüchen und Gruben,[8]) in Fabriken[9]) und Hüttenwerken, beim Eisenbahn-,[10]) **Binnenschifffahrts- und Baggereibetriebe,**[11]) auf Werften und bei Bauten,[12])
2. **im Handelsgewerbe,**[12a]) im Handwerk[13]) und in sonstigen stehenden Gewerbebetrieben,[14])

2a. **in dem Geschäftsbetriebe der Anwälte, Notare und Gerichtsvollzieher,**[14a]) **der Krankenkassen, Berufsgenossenschaften und Versicherungsanstalten,**[14b])

3. in Betrieben, in denen[15]) Dampfkessel oder durch elementare Kraft (Wind, Wasser, Dampf, Gas, heiße Luft u. s. w.) bewegte Triebwerke zur Verwendung kommen, sofern diese Verwendung nicht ausschließlich in vorübergehender Benutzung einer nicht zur Betriebsanlage gehörenden Kraftmaschine besteht,[15a])

sind mit Ausnahme **der Gehülfen und Lehrlinge in Apotheken**[16]), **sowie** der im §. 2 unter Ziffer 2 bis 6[16a]) aufgeführten Personen,

Zu § 1.

[1]) Die §§ 1 bis 3 „enthalten das Grundprinzip des Gesetzes, den Krankenversicherungszwang für die unter das Gesetz fallenden Arbeiterklassen und bezeichnen zugleich diejenigen Kategorien von Arbeitern, auf welche dasselbe kraft Gesetzes oder statutarischer Bestimmung Anwendung finden

sofern nicht[17]) die Beschäftigung **durch die Natur ihres Gegenstandes oder im Voraus** durch den Arbeitsvertrag auf einen Zeitraum von weniger als einer Woche beschränkt ist, nach Maßgabe der Vorschriften dieses Gesetzes gegen Krankheit[18]) zu versichern.[19])

II. **Dasselbe gilt[20]) von Personen, welche in dem gesammten Betriebe[20a]) der Post- und Telegraphenverwaltungen,[20b]) sowie in den Betrieben der Marine- und Heeresverwaltungen[20c]) gegen Gehalt oder Lohn beschäftigt sind und nicht bereits auf Grund der vorstehenden Bestimmungen der Krankenversicherungspflicht unterliegen.**

III. **Die Besatzung von Seeschiffen,[21]) auf welche[21a]) die Vorschriften der §§. 48 und 49 der Seemannsordnung[21b]) vom 27. Dezember 1872 (Reichs-Gesetzbl. S. 409) Anwendung finden, unterliegt der Versicherungspflicht nicht.**

IV. [22]) **Handlungsgehülfen und -Lehrlinge[22a]) unterliegen der Versicherungspflicht nur, sofern durch Vertrag die ihnen nach Artikel 60 des deutschen Handelsgesetzbuchs[22b]) zustehenden Rechte aufgehoben oder beschränkt[22c]) sind.**

V. Als Gehalt oder Lohn[8]) im Sinne dieses Gesetzes gelten auch Tantiemen[23]) und Naturalbezüge.[24]) **Für die letzteren wird der Durchschnittswerth in Ansatz gebracht;[25]) dieser Werth wird von der unteren Verwaltungsbehörde festgesetzt.**

---

soll. (Komm. Ber. S. 4.) Dabei knüpft das K.V.G. (wie das U.V.G.) an die B e t r i e b e an, in denen die Versicherten beschäftigt sind, während für die Invaliditäts- und Altersversicherung diese Verbindung nicht maßgebend ist. Durch das Gesetz über die Ausdehnung der Unfall- und Krankenversicherung vom 28. Mai 1885 (R.G.Bl. S. 159) wurden über das Unfallversicherungsgesetz vom 6. Juli 1884 (R.G.Bl. S. 73) hinaus einige weitere Betriebe der Unfallversicherung u n d (§ 15) g l e i c h z e i t i g d e r K r a n k e n v e r s i c h e r u n g, soweit die letztere für diese Betriebe nicht schon durch das K.V.G. begründet war, unterworfen. Durch die N o v e l l e zum K.V.G. sind die Bestimmungen dieses „Ausdehnungsgesetzes", soweit sie die Krankenversicherung betrafen, in den Text des K.V.G. h i n e i n g e a r b e i t e t und demnächst insoweit aufgehoben worden. Hierdurch ist der § 1 K.V.G. nur insoweit verändert worden, als in Absatz 1 das Wort „Binnendampfschifffahrtsbetrieb" in die Worte „Binnenschifffahrts- und Baggereibetrieb" umgeändert und außerdem der jetzige 2. Absatz hinzugefügt worden ist.

I. Der reichsgesetzliche Versicherungszwang ist entweder ein unbedingt gesetzlicher (§ 1) oder ein solcher, welcher auf Grund des Gesetzes durch besondere Anordnung eingeführt werden kann (§§ 2, 2a). D e r u n b e d i n g t gesetzliche Versicherungszwang (§ 1) erstreckt sich auf die Arbeiter u. s. w. (vgl. II)

a) in Bergwerken, Fabriken und ähnlichen Großbetrieben,
b) bei Bauten,
c) im Handelsgewerbe,
d) im Handwerk und in gewerblichen Kleinbetrieben,
e) in Transportbetrieben aller Art, ausschließlich der Seeschiffahrtsbetriebe,
f) in den technischen Einzelbetrieben der Post- und Telegraphenverwaltungen, des Heeres und der Marine, ausschließlich der Personen des Soldatenstandes,

falls

1. ihre Beschäftigung eine relativ dauernde ist,
2. die Beschäftigung gegen Lohn oder Gehalt, Tantièmen oder Naturalbezüge stattfindet,
3. nicht Ausnahmeverhältnisse der unter III zu erwähnenden Art vorliegen.

Durch Bestimmung oberster Reichs- bezw. Landesbehörden kann die Versicherungspflicht begründet werden (§ 2a)

für nicht bereits sonst der Versicherungspflicht unterliegende Personen in Betrieben oder im Dienste des Reichs oder eines Bundesstaats.

Durch statutarische Bestimmung von Gemeinden und weiteren Kommunalverbänden kann die Versicherungspflicht begründet werden (§ 2)

a) für nicht bereits sonst der Versicherungspflicht unterliegende Personen in Betrieben oder im Dienste der betreffenden Kommunalverbände,
b) für die vorübergehend Beschäftigten,
c) für die selbständigen Gewerbetreibenden der Hausindustrie,
d) für solche Familienangehörigen, welche in dem Betriebe des Hausherrn beschäftigt werden, ohne „Arbeiter" zu sein (vgl. II 1),
e) für die in der Land- und Forstwirthschaft beschäftigten Arbeiter und Betriebsbeamten.

II. Der Versicherungszwang besteht für die in den oben genannten Betrieben in wirthschaftlich abhängiger Stellung gegen Entgelt (vgl. § 1 Abs. 4, Anm. 24 dazu) mit niedern Arbeiten beschäftigten Personen, d. h.

1. für die „freien" „Arbeiter" in demjenigen Sinn, in welchem der letztere Ausdruck als Ueberschrift des Titels VII der Gewerbeordnung vorkommt (Gesellen, Gehülfen, Lehrlinge, Fabrikarbeiter, vgl. Anm. 2), und zwar ohne Rücksicht auf die Höhe des Arbeitslohns, welcher bei ihnen nur für die Grenze der Versicherung, d. h. für die Höhe des Krankengeldes und die Höhe der

Beiträge, eine Rolle spielt (§§ 6, 9, 20, 22); nur bei den nicht auf Grund eines Arbeitsvertrages beschäftigten Hauskindern fällt in den Fällen des § 2 Ziffer 3 das Erforderniß entgeltlicher Beschäftigung fort;

2. für die „Betriebsbeamten, Werkmeister und Techniker", welche zwar an sich nach ihrer Stellung und Funktion im Betriebe die gewöhnlichen Arbeiter überragen, ihnen aber wirthschaftlich insoweit annähernd gleichstehen, als sie nur ein geringes Einkommen beziehen (Rosin, Recht der Arbeiterversicherung, I S. 160). Eine solche wirthschaftliche Gleichstellung nimmt das Gesetz für diese Personen dann an, wenn sie an Lohn oder Gehalt für den Arbeitstag nicht mehr als $6^2/_3$ ℳ (= 2000 ℳ jährlich bei 300 Arbeitstagen) oder, falls ihre Bezüge nicht nach Tagen sondern nach größeren Zeitabschnitten berechnet werden, nicht mehr als 2000 ℳ für das Jahr bekommen (§ 2b);

3. unter der gleichen Voraussetzung wie zu 2 für die Schreiber der Anwälte, Notare und Gerichtsvollzieher, für die Bediensteten der sozialpolitischen Organisationen und Versicherungsgesellschaften, sowie für diejenigen Personen in Betrieben oder im Dienst des Reichs, eines Staats oder Kommunalverbandes, welche der Versicherungspflicht gemäß § 2 Ziffer 2 oder § 2a unterworfen worden sind;

4. unter der gleichen Voraussetzung wie zu 2 für „Handlungsgehülfen und -Lehrlinge". Diese Kategorie unterliegt im Uebrigen je nach ihren Vertragsverhältnissen theils dem unbedingt gesetzlichen, theils dem statutarischen Versicherungszwang. Ersteres dann, wenn die aus Art. 60 H.G.B. sich ergebende Unterstützungspflicht der Prinzipale durch Vertrag aufgehoben oder beschränkt worden ist (§ 1 Abs. 4); letzteres dann, wenn diese Unterstützungspflicht der Prinzipale unverändert belassen ist (§ 2 Ziffer 5). Handlungsgehülfen und -Lehrlinge in Apotheken sind nicht versicherungspflichtig (§ 1 Abs. 1).

III. Befreit von der Versicherungspflicht sind Personen des Soldatenstandes; außerdem aber auch die vorstehend aufgeführten Personen, obwohl sie nach der Regel dem Zwang unterworfen sein würden, unter folgenden Voraussetzungen:

1. kraft Gesetzes dann, wenn sie in Betrieben oder im Dienste des Reichs, eines Bundesstaates oder eines Kommunalverbandes beschäftigt sind und dem Reich, Staat oder Kommunalverbande gegenüber in Krankheitsfällen Anspruch auf Fortzahlung des Lohnes oder eine der Krankenunterstützung im Allgemeinen gleichwerthige Fürsorge haben (§ 3).

2. auf ihren Antrag dann, wenn sie chronisch krank oder sonst wenig erwerbsfähig sind (§ 3a Abs. 1 Ziffer 1) und der Armenverband zustimmt,
3. auf ihren Antrag dann, wenn ein leistungsfähiger privater Arbeitgeber ihnen in Krankheitsfällen eine gleichwerthige Unterstützung zu gewähren hat (§ 3a Abs. 1 Ziffer 2),
4. auf den Antrag des Arbeitgebers Lehrlinge und Insassen von Arbeiterkolonien dann, wenn ihnen in Krankheitsfällen Verpflegung im Krankenhause gesichert ist (§ 3b),
5. auf den Antrag des Arbeitgebers land- und forstwirthschaftliche Arbeiter und Betriebsbeamte unter den Voraussetzungen der Ziffer 3 (§ 136 Landw. U. u. K.V.G.).

VI. Andere als die unter II 2 und 3 bezeichneten Beamten unterliegen nach dem Reichsgesetz dem Versicherungszwange nicht. Ebensowenig besteht der letztere nach dem Reichsgesetz für solche Personen, deren Thätigkeit ihrer Natur nach eine höhere ist (Künstler [vgl. Anm. 14], Gelehrte, diätarisch oder zur Ausbildung beschäftigte höhere Beamte, wie Assessoren und Referendare u. a.), aber auch nicht für solche Bedienstete, welche nicht zu dem gewerblichen Hülfspersonal im obigen Sinne, zu den „freien" Arbeitern sondern zu dem „Gesinde" (Dienstboten) gehören, d. h. einem Dienstherrn unter Anlehnung an dessen Familie zu gemeinen häuslichen oder wirthschaftlichen Diensten sich verpflichtet haben (vgl. Anm. 8 zu § 4). Solche Dienstboten sind nach dem Reichsgesetz nur berechtigt, nicht aber verpflichtet, in die Gemeinde-Krankenversicherung, aber auch nur in diese, einzutreten (§ 4); durch Kassenstatut können ihnen aber auch Orts-Krankenkassen zugänglich gemacht werden (§ 26a Abs. 2 Ziffer 5). Im Sinne des Unfallversicherungsgesetzes dagegen gehört auch das Gesinde zu den versicherungspflichtigen „Arbeitern", sofern es „in" dem Betriebe beschäftigt ist; durch das Invaliditäts- und Altersversicherungsgesetz sind für den Geltungsbereich desselben die Dienstboten den Arbeitern ausdrücklich gleichgestellt worden. Vgl. v. Woedtke, Komm. z. Unfallvers.Ges. Anm. 12 zu § 1.

Keine Anwendung findet der Versicherungszwang nach dem R.G. ferner auf „selbständige Gewerbetreibende" mit alleiniger Ausnahme der Hausindustriellen, welche letzteren, wenn sie auch in der Gewerbeordnung z. Th. als selbständige Gewerbetreibende behandelt werden, doch thatsächlich nur eine Uebergangsstufe von den unselbständigen Arbeitern zu den selbständigen Gewerbsleuten bilden; sie können nach § 2 dem Versicherungszwang statutarisch unterstellt werden. (Wegen der kleinen landw. Besitzer, die meist auf Arbeit gehen, siehe unten.)

Der Versicherungszwang besteht endlich nicht für den „Arbeiterstand" als solchen, sondern nur für solche Personen, welche thatsächlich in Arbeit (in einem Arbeitsverhältniß) stehen, „beschäftigt" sind, „hinsichtlich deren ein Arbeitgeber für die Eingehung und Aufrechthaltung des Versicherungszwanges verantwortlich gemacht werden kann" (Motive). Nur für die nichtständigen Arbeiter in der Land- und Forstwirthschaft kann statutarisch der Versicherungszwang auch für unbeschäftigte Zeiten eingeführt werden, und zwar auch dann, wenn diese nichtständigen Arbeiter während derjenigen Zeit, in welcher sie nicht als Arbeiter in fremden Betrieben beschäftigt sind, etwa als Pächter oder Besitzer kleiner Grundstücke, als Unternehmer eines kleinen selbständigen Gewerbebetriebes u. s. w., die Eigenschaft selbständiger Unternehmer annehmen (§ 142 Landw. U. u. K.V.G., siehe Anhang).

V. Neben den Bestimmungen über den Versicherungszwang enthält das Reichsgesetz die Ermächtigung zu einer freiwilligen Betheiligung an der Versicherung, und zwar sowohl zu freiwilligem Eintritt in dieselbe, wie zu einer freiwilligen Fortsetzung des Versicherungsverhältnisses nach Aufhören der Beschäftigung, auf Grund deren dasselbe anfänglich eingetreten war, vgl. §§ 4, 11, 19, 27, 63, 72, 73. Wegen der zum freiwilligen Beitritt berechtigten Kategorien vgl. Anm. 7 zu § 4.

VI. Soweit das Reichsgesetz nicht entgegensteht, kann auch die Landesgesetzgebung eine Krankenversicherungspflicht begründen. Insbesondere kann daher die Landesgesetzgebung für solche Personen, welche von dem Reichsgesetz überhaupt nicht betroffen werden oder nach demselben nur der statutarischen Versicherungspflicht unterworfen werden können:

a) den Versicherungszwang nach den Bestimmungen des Krankenversicherungsgesetzes, oder
b) einen besonderen landesrechtlichen Versicherungszwang, also abweichende Vorschriften über die Krankenversicherung vorschreiben. In letzterem Fall darf die Berechtigung der Kommunalverbände, ihrerseits durch statutarische Bestimmungen die Krankenversicherungspflicht auf Grund des Reichsgesetzes für die in § 2 benannten Kategorien einzuführen, nicht beschränkt werden.

Vgl. auch § 125 Landw. U. u. K.V.G. (s. Anhang) sowie Köhne S. 2, v. Schicker S. 15. A. M. Rosin a. a. O. I S. 76 ff., gegen denselben aber v. Woedke im „Jurist. Litteraturblatt" (Berlin, C. Heymann's Verlag) Band II Nr. 4 S. 62.

[2]) Personen, d. h. im Allg. Arbeiter und Betriebsbeamte (vgl. Anm. 1); bezüglich der letzteren vgl. besondere Bestimmungen bei § 2b. Im Uebrigen sind alle zu den bezeichneten Kategorien gehörigen, in einem inländischen Beschäftigungsverhältnis stehenden (Anm. 4) Personen dem Gesetz unterworfen, Inländer und Ausländer, männliche und weibliche Personen (vgl. Anm. 20), erwachsene und jugendliche Personen (vgl. § 8), Gesellen, Gehülfen (Gewerbsgehülfen), Lehrlinge und Arbeiter. Die Lehrlinge ausdrücklich, wie in der Regierungsvorlage geschehen, zu erwähnen, wurde von der Reichstagskommission abgelehnt, „weil Lehrlinge, sobald sie baares Gehalt oder die nach dem letzten Absatz des § 1 diesem gleichstehenden Bezüge erhalten, durch den Wortlaut der Kommissionsbeschlüsse getroffen werden"

(Komm. Ber. S. 10). Besondere Bestimmungen für Lehrlinge vgl. in § 3b und § 8. Wegen des Gesindes vgl. dagegen Anm. 1 zu IV und Anm. 4.

Ebenso macht es keinen Unterschied, für wessen Rechnung der Betrieb stattfindet. Unternehmungen des Reichs, der Staaten, der Gemeinden, Korporationen, Gesellschaften u. s. w. sind dem Gesetz im Allgemeinen ebenso unterworfen, wie Betriebe von Privatpersonen. Ausnahmen bestehen nur insofern, als die Arbeiter und Betriebsbeamten, sowie die sonstigen für versicherungspflichtig erklärten Beamten des Reichs, der Staaten und der Kommunalverbände von der Versicherungspflicht eher befreit werden (§ 3), als Arbeiter und Betriebsbeamte in Privatbetrieben; ferner insofern, als wegen der Aufsichtsbehörde für Reichs- oder Staatsbetriebe, sowie wegen der für dieselben funktionirenden höheren Verwaltungsbehörde in § 84 Abs. 3 besondere Bestimmungen erlassen worden sind.

Die in Straf- oder Besserungsanstalten detinirten Personen sind, auch wenn Dauer und Art der Beschäftigung sie dem Gesetz unterstellen würde, der Versicherungspflicht nicht unterworfen, weil dieselben nicht zu den „gewerblichen" Arbeitern gehören, ihre Thätigkeit den Charakter der Zwangs- bez. Strafarbeit trägt, und im Fall der Erkrankung ihre Pflege aus Anstaltsfonds eintritt, eine durch Erkrankung hervorgerufene Noth, der die Krankenversicherung abhelfen soll, also nicht vorliegen kann. (S. d. Verordn. d. Kgl. Sächs. Minist. d. Innern v. 13. Septbr. 1884, Pr. Verw. Bl. Nr. 52.)

[3]) Gehalt oder Lohn, in baarem Gelde oder in Naturalbezügen, soweit solche „als Lohn", d. h. als Entgelt für geleistete Arbeitshülfe, gewährt werden, vgl. Anm. 9 zu § 2. Ob letzteres der Fall, ist Thatfrage. Vgl. Abs. 4, sowie v. Woedtke, Komm. z. Unfallvers.Ges. Anm. 1 zu § 3. Ersatz für Dienstaufwand gehört nicht dazu. Die Form der Lohnzahlung ist gleichgültig Die auf Trinkgelder angewiesenen Kellner und Kellnerinnen gelten ebenfalls als gegen Gehalt oder Lohn beschäftigte versicherungspflichtige Personen (Gewerbegehülfen); ihr Gehalt besteht in der von dem Schankwirth ihnen eingeräumten Befugniß, durch Bedienung seiner Gäste und durch Empfangnahme der gewohnheitsmäßig von den Gästen gewährten Trinkgelder Gelderwerb zu erzielen (Entsch. d. Gew.Dep. in Berlin v. 18. März 1886; Erk. d. Preuß.Ob.Verw.Ger. v. 25. April 1889, Arb.Vers. VI S. 367, sowie v. 14 Jan. 1895). Vgl. Anm. 4, 14. Wer Gehalt oder Lohn, Tantièmen oder Naturalien nicht bezieht, ist nicht versicherungspflichtig, aber versicherungsberechtigt, §§ 4, 19, 63, 72; Hauskinder im Gewerbebetriebe des Familienhaupts aber können, wenn sie Gehalt oder Lohn nicht beziehen, der Versicherungspflicht statutarisch unterworfen werden (§ 2 Ziffer 3), vgl. Anm. 13.

[4]) beschäftigt. Die wirthschaftlich unselbständige Beschäftigung (gegen Lohn, vgl. Anm. 3) ist die Grundlage des Versicherungszwangs und im Allgemeinen auch des Versicherungsrechts nach diesem Gesetz. Wer nicht beschäftigt ist, tritt in ein Versicherungsverhältniß nach diesem Gesetz nicht ein (weder gezwungen noch im Allg. freiwillig, vgl. jedoch § 4 Abs. 2 und § 26a

Abs. 2 Nr. 5), darf aber, wenn ein Versicherungsverhältniß auf Grund früherer Beschäftigung einmal begründet gewesen ist, dasselbe freiwillig einstweilen fortsetzen, §§ 11, 27, 64, 72, 73. (Ueber eine Ausnahme für die landwirthschaftlichen und forstwirthschaftlichen Arbeiter siehe Anm. 1 ad IV.) Ein formeller, zivilrechtlich vollkommen gültiger Arbeitsvertrag ist nicht erforderlich (Arb.Vers. X S. 418; Rosin, Recht d. Arb.Vers. I. S. 175; Hahn, Kommentar S. 14 Anm. 1 b); es können also auch solche Personen in eine die Versicherungspflicht begründende Beschäftigung treten, die zu der betr. Zeit zivilrechtlich nicht vollkommen handlungsfähig sind (Pr. Ob.Verw.Ger. v. 29. Okt. 1894). Maßgebend ist nicht die thatsächliche Ausführung einer Arbeit, sondern das Bestehen eines Beschäftigungsverhältnisses, auf Grund dessen die einzelnen Arbeitsleistungen vorgenommen werden (v. Schicker S. 20).

Die Beschäftigung muß aber, um die Versicherungspflicht zu begründen, im Allgemeinen eine qualifizirte sein, d. h. sie darf nicht durch die Natur ihres Gegenstandes oder im voraus durch den Arbeitsvertrag auf eine kürzere Zeit als eine Woche beschränkt sein (Anm. 17). Eine anders geartete Beschäftigung kann nur statutarisch unter den Versicherungszwang gestellt werden (§ 2 Nr. 1) und würde im Uebrigen nur ein Versicherungsrecht begründen. Als unerheblich ist es bezeichnet worden, ob die Beschäftigung ausschließlich oder nur zum Theil in dem die Versicherungspflicht begründenden Gewerbebetriebe stattfindet (Kgl. Sächs. V. v. 11. April 1885, abgedruckt Arb.Vers. II S. 159); auch eine im obigen Sinne dauernde Nebenbeschäftigung ist demgemäß als versicherungspflichtig angesehen worden. (Erk. d. Preuß. Ob.Verw.Ger. v. 25. April 1889). Ebenso braucht die Beschäftigung keine ununterbrochene zu sein; im Falle einer thatsächlichen Unterbrechung der Arbeit genügt zur Fortsetzung der Versicherung die Thatsache, daß das Arbeitsverhältniß vom Arbeitgeber und vom Versicherten als fortdauernd betrachtet wird (Erk. d. Preuß. Ob.Verw.Ger. v. 25. April 1889, ebenso Erk. d. Thür. Oberlandesger. v. 4. Dezbr. 1894 und Arb.Vers. XII S. 221, sowie Bad. Verw.Ger. v. 28. Septbr. 1893 und Arb.Vers. XI S. 614). Dagegen kann eine Beschäftigung, bei welcher es völlig in das Belieben des Arbeiters gestellt ist, ob und wie lange er arbeiten will, thatsächlich auch irgend eine einigermaßen regelmäßige Arbeit nicht geleistet ist, nicht als versicherungspflichtig gelten (Erk. d. Preuß. Ob.Verw.Ger. v. 19. Septbr. 1887). Welche Beschäftigung als eine minimale in diesem Sinne anzusehen ist, das ist eine Frage thatsächlicher Natur und unterliegt in Preußen nicht der Nachprüfung durch den Revisionsrichter (Erk. d. Preuß. Ob.Verw.Ger. v. 30. Oktbr. 1886). Vgl. Anm. 17. Der Württb. Verwaltungsgerichtshof (Erk. v. 19. Dezbr. 1894) hat eine Beschäftigung, bei welcher Uebereinstimmung zwischen den Betheiligten darüber herrscht, daß häufige, durch anderweite Thätigkeit bedingte Unterbrechungen der Arbeitsleistung eine Lösung des Arbeitsverhältnisses nicht herbeiführen sollten, für versicherungspflichtig erklärt (Arb.Vers. XII S. 261).

Versicherungspflichtig ist ferner eine Beschäftigung nur dann, wenn sie von einem noch, wenn auch nur beschränkt, arbeitsfähigen und nicht etwa von einem völlig arbeits- und also schon erwerbsunfähigen Arbeiter aufgenommen ist. Wer beim Eintritt in ein Arbeitsverhältniß schon so krank ist, daß er thatsächlich alsbald die Arbeit wieder einstellen muß, bei dem handelt es sich nur noch um einen unter Aufbietung der letzten Kraft unternommenen Versuch zu arbeiten, der aber alsbald ergiebt, daß es an der Arbeitsfähigkeit durchaus fehlt. Ein solcher Versuch begründet die Versicherungspflicht nicht (Preuß. Ob.Verw.Ger. XXVII S. 345, sowie dessen Entsch. v. 3. Oktbr. und 21. Oktbr. 1895). Geringerer Grad einer beim Eintritt in die Beschäftigung vorhandenen Krankheit hindert die Versicherungspflicht dagegen nicht. Für nur beschränkt erwerbsfähige Personen, welche noch im Stande sind, in einer die Versicherungspflicht begründenden Beschäftigung thätig zu sein, ist also der Erwerb eines Unterstützungsanspruchs nicht ausgeschlossen (a. a. O., sowie Erk. v. 29. Oktbr. 1894; vgl. auch das in Arb.Vers. IX S. 479 zitirte Erk. d. Bad. Verwaltungsgerichtshofs zu Karlsruhe v. 3. Febr. 1892). Vgl. § 3 a.

[5]) „In" einem Bergwerk, einer Fabrik u. s. w. ist im Sinne dieses Gesetzes nur derjenige beschäftigt, dessen Thätigkeit zu dem technischen Betriebe u. s. w. in einer dauernden, durch die Eigenart desselben bedingten Beziehung steht, wer Verrichtungen im „Betriebsdienst" versieht; also hauptsächlich der eigentliche ständige Fabrik- ꝛc. Arbeiter. Personen, welche nur zufällig innerhalb der Anlage arbeiten, ohne daß ihre Arbeit in einer solchen Verbindung mit dem Betriebe steht — z. B. Arbeiter, welche eine zu der Fabrik gehörige Entwässerungsanlage ausführen — sind nicht in der Fabrik beschäftigt und können wohl unter anderen Gesichtspunkten (als Bauarbeiter, Handwerker u. s. w.), nicht aber als Fabrikarbeiter versicherungspflichtig sein. Im Uebrigen wird auch die Beschäftigung in Nebenanlagen, Höfen u. s. w. als Beschäftigung „in" der Fabrik ꝛc. gelten müssen. Reine Büreaubeamte sind nicht als „in" der Fabrik beschäftigt anzusehen und nur versicherungspflichtig, soweit sie als Betriebsbeamte oder Handlungsgehülfen gelten oder soweit sie unter § 1 Abs. 1 Ziffer 2 a fallen oder gemäß § 2 Ziffer 2 a oder § 2 a der Versicherungspflicht besonders unterworfen worden sind. Aehnlich ist es mit den Schreibern u. s. w. der Behörden.

Personen, welche zwar für stehende Gewerbebetriebe, aber außerhalb der Betriebsstätten der letzteren beschäftigt werden (Heimarbeiter), waren bisher nur dem statutarischen Zwang unterworfen (§ 2 Ziffer 4 der alten Fassung), sind aber seit der Novelle den in der Fabrik beschäftigten Fabrikarbeitern gleichgestelt und demgemäß jetzt kraft Gesetzes versicherungspflichtig.

[6]) Bergwerke, Salinen, Aufbereitungsanstalten, Brüche und Gruben sind auch in der Gewerbegesetzgebung einander gleichgestellt und unterliegen in wesentlichen Beziehungen den für Fabriken u. s. w. er-

lassenen gewerberechtlichen Bestimmungen, § 154a der Gewerbeordnung. Wegen der Knappschaftskassen vgl. § 74.

[6a]) Aufbereitungsanstalten sind gewerbliche Anlagen zur mechanischen Reinigung bergmännisch gewonnener Erze. (Wagner's Handbuch der chemischen Technologie, 10. Aufl. S. 6.) Ebenso Nr. 4 der Ausf.Anw. des Reichs-Versicherungsamts zum Unfallversicherungsgesetz, v. 14. Juli 1884. Nach einem Min.Erl. v. 21. Februar 1876 sind im Sinne des Preuß.Berggesetzes v. 24. Juni 1865 unter Aufbereitungsanstalten solche Anstalten zu verstehen, durch welche die Bergwerksprodukte auf mechanischem Wege gereinigt, zerkleinert und im Gehalte an nutzbaren Theilen konzentrirt werden.

[7]) Bergwerke sind Anlagen, in welchen nach Aufdeckung einer Fundstätte Mineralien bergmännisch gewonnen werden. Arbeiten, durch welche die unterirdischen Fundstätten der Mineralien erst aufgesucht werden (Schürfen einschl. des Bohrens), gehören nicht zu den Bergwerken (Urtheil des Reichs-Oberhandelsgerichts v. 22. April 1879, XXV S. 175). Solche Arbeiten können unter der Rubrik „sonstiger stehender Gewerbebetrieb" nach § 1 Nr. 2 die Versicherungspflicht begründen. Vgl. auch v. Woedtke, Komm. z. Unfallvers.Ges. Anm. 4 zu § 1.

[8]) Brüche und Gruben (Gräbereien) sind gewerbliche Anlagen, in denen Fossilien oder besondere Erdarten, wie Mergel, Kies, Sand, Lehm, Thon, Torf u. s. w, gewerbsmäßig und nach besonderen technischen Regeln gewonnen werden. Mergelgruben zur Bemergelung des eigenen Ackers, Torfgruben zur Gewinnung des in der zugehörigen Landwirthschaft erforderlichen Feuerungsmaterials 2c. gehören schon um deswillen nicht hierher, weil aus deren Ausnutzung ein selbständiger Erwerbszweig (durch Verkauf des gewonnenen Materials) nicht gemacht wird, außerdem aber auch um deswillen nicht, weil die bezeichnete Ausbeutung derselben zu den landwirthschaftlichen Arbeiten gehört (§ 2 Abs. 1 Nr. 6); die Ausbeutung derartiger Lager zum Verkauf (z. B. durch Torfbauern behufs Verkaufs des gewonnenen Torfs in der benachbarten Stadt) fällt nur dann unter § 1, wenn der Betrieb nach technischen Regeln erfolgt. cf. v. Woedtke, Komm. z. Unfallvers.Ges. Anm. 6, 7 zu § 1, Anleitung d. Reichs-Vers.Amts v. 14. Juli 1884 Nr. 4. A. M. mit Unrecht Paasche (Jahrb. f. Nat.Oek. u. Stat., N. F. VII S. 367).

Die Ausschachtung eines Grundstücks zwecks Hebung und Fortschaffung von Erdmassen gehört ebenfalls nicht hierher. Wenn aber solche Arbeiten in Verbindung mit Bauten vorgenommen werden, so sind die Arbeiter versicherungspflichtig, weil sie „bei" Bauten beschäftigt sind; außerdem können sie nach § 1 Abs. 1 Nr. 2 (sonstige stehende Gewerbebetriebe) versicherungspflichtig sein, vgl. Anm. 7.

[9]) Fabriken. Gewerbliche Anlagen, von denen es zweifelhaft sein kann, ob sie unter den Begriff der Fabrik zu subsumiren sind, z. B. größere handwerksmäßige oder solche Betriebe, in denen Dampfkessel oder elementare

Motoren verwendet werden, fallen nach Nr. 2 u. 3 ebenfalls unter dies Gesetz. Mit Rücksicht hierauf war es entbehrlich, für den Begriff „Fabrik" im Sinne dieses Gesetzes bestimmte Gesichtspunkte aufzustellen, wie es in § 1 Abs. 3 bis 5 d. Unfallvers.Ges., welches den handwerksmäßigen Betrieb im Allgemeinen ausschließt, hat geschehen müssen. Ueber die Unterscheidungsmerkmale vgl. jetzt auch Erk. d. Reichsgerichts v. 12. März 1891 (z. Th. abgedruckt in Arb.Vers. X S. 142).

10) Eisenbahnbetrieb. Das Ausdehnungsgesetz v. 28. April 1885 erwähnt in § 1 ausdrücklich den „gesammten Betrieb der Eisenbahnverwaltungen". Wenn dies nach Aufhebung der betr. Bestimmungen des Ausdehnungsgesetzes (vgl. Anm. 1 zu § 1) in § 1 K.V.G. nicht ebenfalls ausdrücklich gesagt ist, so darf daraus doch nicht etwa gefolgert werden, daß jetzt etwas anderes gelten soll wie bisher. Es sind vielmehr auch jetzt die im gesammten Betriebe der Eisenbahnverwaltungen beschäftigten Personen in demjenigen Umfang, in welchem „Personen" überhaupt versicherungspflichtig sind (vgl. Anm. 1 unter II und III zu § 1), der Krankenversicherungspflicht unterworfen. Der Ausdruck des Ausdehnungsgesetzes wollte nur darauf hinweisen, daß bei den Eisenbahn-, Post- und Telegraphenverwaltungen „ein einheitlicher Betrieb mit verschiedenen Ausflüssen", nicht eine Summe von Einzelbetrieben (wie bei der Marine- und Heeresverwaltung) in Betracht komme (Mot. z. A.G. S. 8). „Bei den Eisenbahnen steht der Betriebsdienst als solcher in Frage" (a. a. O.).

Die Versicherung beschränkt sich aber auch hier auf die „im Eisenbahnbetriebe" beschäftigten Personen. Dabei ist der Ausdruck „Betrieb" zwar im weitesten Sinne, aber doch nur im Sinne des „technischen Betriebes" zu verstehen und steht daher „im Gegensatz zur büreaumäßigen Verwaltung, zur Beschäftigung beim Reinigen der Zimmer u. s. w." (Mot. z. A.G. S. 8, Komm.Ber. z. A.G. S. 5). Welche einzelne Theile zu dem „Betriebe" gehören, ist hiernach Sache der Beurtheilung des Einzelfalls. Schwierigkeiten werden dabei kaum entstehen. „Der Begriff des Eisenbahnbetriebes ist in der Praxis ein ganz feststehender" (Sten.B. 1884/85 S. 2466). Eine Ausdehnung der Versicherungspflicht kann jedoch auch hier gemäß § 2a erfolgen, vgl. Anm. 1 zu I zu § 1. Auch die Bahnhofsarbeiter gehören zu den Versicherten. Eisenbahnbauten fallen unter den Begriff „Bauten"; Eisenbahnwerkstätten sind Fabriken oder sonstige stehende Gewerbebetriebe oder Betriebe mit maschinellen Anstalten.

Der Ausdruck „Eisenbahn" ist im weitesten Sinne zu verstehen, und umfaßt „alle zur Beförderung von Personen oder Gütern mittels elementarer Kraft oder auf Schienen bestimmte Transportmittel, also nicht nur die großen Lokomotivbahnen, welche die Verbindung zwischen entfernten Gegenden vermitteln, sondern auch die kleineren Straßen-, Pferde-, elektrischen Bahnen und ähnliche Unternehmungen" (Mot. z. § 1 A.G.).

[11]) Binnenschiffahrts- und Baggereibetrieb. Nach dem K.V.G. in der früheren Fassung unterlag der allgemeinen gesetzlichen Versicherungspflicht nur der Binnendampfschiffahrtsbetrieb; das Ausdehnungsgesetz erstreckte die Versicherung auch auf andere Binnenschiffahrtsbetriebe, wenn sie gewerbsmäßig betrieben werden. Letztere Beschränkung ist nach der Novelle z. K.V.G. (vgl. Anm. 1 zu § 1) jetzt fortgefallen; es unterliegen der Versicherungspflicht daher auch die in nicht gewerbsmäßigem Binnenschiffahrtsbetriebe beschäftigten Personen, z. B. die Angestellten eines Ruderklubs, Matrosen einer Gesellschaft zum Betriebe des Segelsports u. s. w. Dasselbe gilt von der Bemannung fiskalischer Boote (Polizei-, Steuerboote u. s. w.). Als Binnenschiffahrtsbetrieb ist auch die gewerbliche Kleinschifferei mittels Kähnen, Gondeln u. s. w. auf Binnengewässern versicherungspflichtig (vgl. Mot. z. A.G. S. 10). Wegen der Fischerei vgl. Anm. 14.

Auf die Frage, „ob die von Ausländern in Deutschland betriebenen Transportgewerbe unter dieses Gesetz fallen und also versicherungspflichtig seien", wurde von Seiten der Vertreter der verbündeten Regierungen ... konstatirt, „daß der Sitz des Unternehmens entscheidend sei; wenn es im Auslande oder von dort aus betrieben werde, sei es ein „ausländischer Betrieb" (also nicht versicherungspflichtig); wo der Unternehmer seinen Sitz habe, sei gleichgültig, ebenso die Nationalität der Arbeiter. Es sei also ein Betrieb, der in London seinen Sitz habe und nach Mannheim fahren lasse, ein ausländischer. Ob der Unfall sich im Auslande ereigne, komme bei einem im Inlande seßhaften Unternehmen nicht in Betracht. Im Uebrigen sei die Anmeldepflicht in Deutschland für das Unternehmen entscheidend" (Komm.Ber. z. A.G. S. 3). Dies wird auch jetzt als maßgebend gelten müssen, weil das K.V.G. an den „Betrieb", nicht bloß an die Beschäftigung anknüpft, vgl. Anm. 1.

Hat ein ausländischer Betrieb in Deutschland eine Generalagentur, Agentur oder sonstige Einrichtung, welche sich als ein Mittelpunkt der gewerblichen Thätigkeit, wirthschaftlicher Schwerpunkt des Betriebes im Inlande (als Betriebssitz) ansehen läßt, so gilt der Betrieb insoweit als ein inländischer und ist deshalb im Inlande der Krankenversicherungspflicht ebenso unterworfen wie der Unfallversicherung. Dies gilt nach unserm Dafürhalten nicht nur dann, wenn es sich um einen (selbständigen) „Theilbetrieb" im Inlande handelt, sondern auch dann, wenn nur ein „Betriebstheil" in Frage steht, sobald nur die ins Inland hinüberragende Betriebsthätigkeit die Merkmale einer dauernden Einrichtung trägt. A. M. Rosin a. a. O. S. 230.

Die Seeschiffahrt ist nach den Motiven aus denselben Gründen in die Regelung der Krankenversicherung nicht eingeschlossen, welche ihre Ausschließung aus dem Unfallversicherungsgesetz hat räthlich erscheinen lassen. Die Motive des zweiten Unfallversicherungsgesetzentwurfs enthalten in dieser Beziehung Folgendes: „Für die Seeschiffahrt kommt daneben (sc. neben örtlichen Schwierigkeiten, d. H.) in Betracht, daß das Handelsgesetzbuch eine

Reihe von Bestimmungen über die den Schiffsleuten in gewissen Fällen theils vom Rheder, theils vom Schiffer zu gewährenden Entschädigungen enthält, und daß es nicht rathsam erscheint, in die auf dem Herkommen und den Eigenthümlichkeiten des Schiffergewerbes beruhenden Bestimmungen dieses Gesetzes, durch welche die Verhältnisse der Schiffsmannschaft mehr nach Art eines Dienst- als eines Arbeitsvertrages geregelt worden sind, durch ein Spezialgesetz einzugreifen, welches auf die abweichenden Verhältnisse der Industrie berechnet ist." (Reichstags-Drucksachen II. Session 1882, Nr. 19, S. 58.) Vgl. Art. 523, 524 H.G.B. sowie §§ 48 bis 51 der Seemannsordnung v. 27. Dezbr. 1872 (R.G.Bl. S. 409). Vgl. im Uebrigen Anm. 21.

Personen in anderen als stehendes Gewerbe betriebenen Transportgewerben (z. B. Fuhrwerks-, Flößerei-, Prahm- und Fährbetrieben, Gewerbebetrieb des Schiffsziehens [Treideln] u. a.) konnten nach der bisherigen Fassung des K.V.G. dem Versicherungszwang durch statutarische Bestimmung unterworfen werden (§ 2 Nr. 3). Neuerdings gilt aber für sie der unbedingte gesetzliche Versicherungszwang. Nachdem derselbe für die oben aufgeführten Transportbetriebe schon durch § 1 U.G. begründet worden war, ist jetzt § 2 Ziffer 3 des K.V.G. in der früheren Fassung ausdrücklich aufgehoben. Während also früher die „in sonstigen stehenden Gewerbebetrieben" beschäftigten Personen „mit Ausnahme der in § 2 Ziffer 3 aufgeführten" Kategorien versichert waren, ist diese Ausnahme jetzt fortgefallen, und daraus ergiebt sich die Versicherungspflicht aller stehenden Gewerbebetriebe, auch der Transportbetriebe.

Der Baggereibetrieb ist durch die Novelle z. K.V.G. hier aus denselben Gründen besonders erwähnt worden, wie bisher im U.G. „Der Baggereibetrieb hat entweder die Gewinnung von Fossilien (Kies, Bernstein u. s. w.) oder die Entfernung von Sand u. s. w. durch Vertiefung von Wasserstraßen zum Gegenstande. Zur Behebung von Zweifeln darüber, inwieweit ein solcher Betrieb schon gegenwärtig von der Unfallversicherung erfaßt wird, und um die letztere auch auf den dem Unfallversicherungsgesetz jedenfalls nicht unterliegenden, aber nicht ungefährlichen Betrieb der kleinen Handbagger, sowie auf die Bedienung der Prähme, mittels welcher die ausgehobenen Erdmassen fortgeschafft werden, auszudehnen, ist der Baggereibetrieb als solcher, also in seinem ganzen Umfange, hier ausdrücklich aufgenommen worden" (Mot. z. U.G. S. 9). Diese Ausführung gilt auch für die Krankenversicherung. Der Baggereibetrieb braucht ebensowenig wie der Binnenschiffahrtsbetrieb ein gewerbsmäßiger zu sein.

[12]) Bauten aller Art, ohne Rücksicht darauf, ob der Baubetrieb ein gewerblicher ist oder nicht. Hierher gehören auch die mit Unterhaltungsarbeiten an öffentlichen Wegen (Chausseen ꝛc.) dauernd beschäftigten Personen (wie in einem Pr. Min. Reſk. im Hinblick auf § 69 anerkannt wird), ebenso der Telegraphenbau. Personen, welche einen Bau selbständig leiten oder allein ausführen, z. B. kleine Landwirthe, welche während der guten Jahres-

zeit in der Nachbarschaft kleine Reparaturbauten übernehmen, gehören als „selbständige Gewerbetreibende“ nicht hierher (cf. Anm. 1), wenn sie nicht etwa lediglich als Arbeiter gegen Tagelohn von dem Eigenthümer des betr. Gebäudes gedungen sind. In letzterem Falle fragt es sich, ob ihre Beschäftigung „durch die Natur ihres Gegenstandes oder im voraus durch den Arbeitsvertrag auf einen Zeitraum von weniger als einer Woche beschränkt ist“, vgl. Anm. 17. Bauhöfe fallen unter § 1 Abs. 1 Ziffer 2.

Wegen der besonderen Bau-Krankenkassen vgl. §§ 69 ff.

[12a]) im Handelsgewerbe, von der Novelle im Interesse der Deutlichkeit besonders aufgeführt, obwohl dasselbe schon unter die „sonstigen stehenden Gewerbebetriebe“ fällt. Wegen der Handlungsgehülfen und -Lehrlinge vgl. Anm. 1 zu III und Anm. 22a, sowie § 1 Abs. 4 und § 2b.

[13]) im Handwerk. Hierher sind nur Gesellen (Gehülfen) und Lehrlinge, sowie sonstige Hülfspersonen eines Handwerkers zu rechnen, nicht auch die auf Gütern als Deputanten ꝛc. beschäftigten Schmiede, Stellmacher ꝛc., vgl. Anm. 17 zu § 2. Lehrlinge unterliegen dem Versicherungszwang dann, wenn sie Lohn, sei es auch nur in Gestalt von Naturalbezügen, wie Beköstigung, Logis u. s. w., erhalten. Eigene Haussöhne des Handwerksmeisters, welche bei ihm in der Lehre stehen oder als Gesellen arbeiten, sind nur dann unbedingt versicherungspflichtig, wenn sie auf Grund eines Arbeitsvertrages einen besonderen Lohn von ihm bekommen; denn die Alimentation derselben ist nicht Folge des Lehrverhältnisses, sondern Folge der Familienverbindung. (Ebenso Erk. d. Landger. in Bielefeld, erwähnt in der Arb. Vers. II S. 451.) Die Gewährung eines „Taschengeldes“ zur Bestreitung kleiner eigener Bedürfnisse gilt nicht als Lohn. Ebenso steht es mit den in der Landwirthschaft des Hausherrn beschäftigten Kindern. Findet ihre Beschäftigung nicht auf Grund eines Arbeitsvertrages gegen Lohn statt, so besteht die gesetzliche Versicherungspflicht nicht, wohl aber können sie seit der Novelle der Versicherungspflicht statutarisch unterstellt werden (§ 2 Ziffer 3). Vgl. Anm. 9 zu § 2. Was den Maßstab für die Berechnung der Beiträge und der Unterstützungen anbetrifft, so gelten für Lehrlinge die Sätze für junge Leute (Personen zwischen 14 und 16 Jahren), § 8. Mitglieder der Generalversammlung der Kasse sind Lehrlinge erst nach ihrer Großjährigkeit, § 37.

Wegen der Innungs-Krankenkassen vgl. § 73.

[14]) sonstige stehende Gewerbebetriebe. Vgl. Anm. 7, 8, 11, 12a, 14a. Hierhin gehört ferner die Fischerei, sowohl die Binnen- (Fluß-) und Küstenfischerei, wie die Hochsee-Fischerei. Die Ansicht, daß die Emdener Heringslogger, weil deren Betrieb den Charakter der (hier eximirten) Seeschiffahrt trage, nicht unter § 1 fallen, ist vom Reichskanzler reprobirt (Schreiben v. 21. Dezbr. 1884). Dabei ist aber anerkannt, daß die Vorschriften dieses Gesetzes auf die Hochseefischerei z. Th. schwer anwendbar seien. Die Fischer sind dort versichert, von wo aus das Gewerbe betrieben wird (vgl. § 5).

Sodann gehören hierher insbesondere die kaufmännischen Betriebe (Handelsgeschäfte, vgl. Anm. 12a) und die Apotheken (letztere jedoch nach ausdrücklicher Bestimmung des Gesetzes unter Ausschließung der in ihnen beschäftigten Handlungsgehülfen und -Lehrlinge, so daß nur die Arbeiter und sonstige Bedienstete übrig bleiben).

Unter den kaufmännischen Betrieben sind besonders hervorzuheben die Schankwirthschaften, Hotels und ähnliche Unternehmungen, und zwar wegen der darin beschäftigten Köchinnen, Küchenmädchen, Stubenmädchen, Kellnerinnen, Hausknechte u. s. w. Diese Personen sind, soweit sie im Gewerbebetriebe beschäftigt werden, als Gewerbegehülfen versicherungspflichtig, auch wenn sie nur auf Trinkgelder angewiesen sind (vgl. Anm. 3). Unerheblich ist, ob diese Personen außer im Gewerbebetriebe auch noch in der Hauswirthschaft beschäftigt sind, und ob letzteres ihre Hauptbeschäftigung ist; nur dann besteht die Versicherungspflicht nicht, wenn es sich bei der Beschäftigung im Gewerbebetriebe um eine bloß gelegentliche, oder um eine nach Leistung und Lohn derart geringfügige tägliche Arbeitsthätigkeit handelt, daß sie als eine „Beschäftigung" im Sinne des § 1 nicht angesehen werden kann. (Erk. d. Preuß. Ob.Verw.Ger. v. 25. April 1889, Arb.Vers. VI S. 367, v. 6. April 1891, Arb.Vers. IX S. 54, und v. 5. Dezember 1895; Rosin a. a. O. I S. 168.) Vgl. Anm. 4. Diese Auffassung wird jetzt als die maßgebende anzusehen sein, obwohl eine Einmüthigkeit nicht besteht. Ebenso Köhne S. 33, Ballin S. 38; abweichend u. a. Bundesamt f. d. Heimathwesen Erk. v. 5. Mai 1883, sowie die in Arb.Vers. XII S. 38 mitgetheilten Entscheidungen, wonach die Versicherungspflicht nur dann bestehen soll, wenn ein erheblicher Theil der Dienstverrichtungen auf die Thätigkeit im Gewerbebetriebe entfällt und dafür ein besonderer Lohn gezahlt wird, oder bei Festsetzung des Lohns auf die Nebenbeschäftigung im Gewerbebetriebe besondere Rücksicht genommen ist. Vgl. Anm. 8 zu § 4.

Bei Schauspielunternehmungen, Musikbetrieben u. s. w. muß das künstlerische Personal von dem technischen Hülfspersonal unterschieden werden. Letzteres (Theatermeister, Schnürbodenmeister, Garderobiers, Logendiener u. a.) ist versicherungspflichtig, ersteres nicht. Nach dem Urtheil des Reichsgerichts v. 21. März 1887 (Entsch. i. Civils. XVII S. 86) können Schauspieler, Sänger, Choristen und Musiker nicht als „im Gewerbebetriebe des Theaterunternehmers beschäftigt" gelten, weil sie lediglich eine künstlerische Thätigkeit entwickeln, nicht aber zur Herstellung eines Gewerbeerzeugnisses mitwirken. „Der Umstand, daß die Choristen, das Balletkorps und ein Theil der Musiker mehr untergeordnete Kunstleistungen darbieten, hebt den Charakter dieser Leistungen nicht auf." Die Ausführung in der IV. Aufl. dieses Kommentars, daß die von dem Reichsgericht ausgesprochene Versicherungsfreiheit sich nur auf die Künstler ꝛc. in solchen Unternehmungen beziehe, „bei denen ein höheres Interesse der Kunst oder Wissenschaft obwaltet" (§ 33a Gew.O.), nicht aber auch auf das Personal in Tingeltangeln und ähnlichen Betrieben niederer Ordnung, welche zum Gewerbebetriebe der Erlaubniß nach §§ 33a, 33b Gew.O. bedürfen, ist durch Erk. d. Preuß. Kammergerichts v. 5. Oktober 1894 reprobirt worden. Solche Unterscheidung, wie sie allerdings für den Gewerbebetrieb und für die Invaliditäts- und Altersversicherung bestehe, sei für die Krankenversicherung nicht zulässig, weil auch die Thätigkeit der für Tingeltangel u. s. w. engagirten Schauspieler, Sänger und Musiker, so niedrig ihre Leistungen stehen mögen und so sehr ihre Versicherungspflicht der Tendenz des Gesetzes entsprechen möge, aus dem Rahmen des Gewerbebetriebes, auf den das Gesetz sich beschränke, herausfalle (Arb.-Vers. XII S. 91).

Zu den „sonstigen stehenden Gewerbebetrieben" gehört ferner das gesammte Kleingewerbe einschl. der Betriebe der Hausgewerbetreibender. Kraft Gesetzes versichert sind also die Gesellen und Lehrlinge z. B. eines Hauswebers, während die Hausindustriellen selbst als selbständige Gewerbetreibende unter § 2 Nr. 4 fallen und deshalb nur dem statutarischen Versicherungszwang unterworfen sind. „Die Bestimmung der Ziffer 4 des § 2 ist auf „selbständige Gewerbetreibende" beschränkt, weil die von diesen beschäftigten unselbständigen Arbeiter der Vorschrift des § 1 Ziffer 2 unterliegen sollen" (Mot. S. 31).

Der Begriff des „stehenden Gewerbebetriebes" ist ein negativer. Es fallen unter denselben alle Betriebsformen, die nicht ausdrücklich als Gewerbebetrieb im Umherziehen qualifizirt sind, cf. Motive zu §§ 14, 42 der Gewerbeordnung. Auf den Hausirhandel erstreckt sich die Versicherungspflicht nicht.

Die Landwirthschaft als solche, ein Erwerbszweig, welcher sich mit der Gewinnung von rohen Naturprodukten beschäftigt oder lediglich deren Zurechtstellung, Zubereitung, Reinigung und dgl. für den Verkehr ohne weitere Verarbeitung innerhalb des landwirthschaftlichen Betriebes betreibt (Reichsgerichts-Entsch. in Strafsachen XVIII S. 374), sowie die Forstwirthschaft ist wohl ein Lebensberuf, aber kein Gewerbebetrieb (vgl. Erk. d. ehem. Preuß. Ob. Tr. v. 16. Septbr. 1852, 6. Dezbr. 1853, 23. Mai 1861, Striethorst Archiv VII S. 248, XI S. 92, XVII S. 248, XLI S. 262). Die Motive zum ersten Entwurfe der Reichsgewerbe-Ordnung (Koller Archiv II S. 177) bezeichnen Ackerbau, Viehzucht, Forstwirthschaft, Gartenbau und Weinbau ausdrücklich als nicht zum Gewerbebetriebe gehörig; vgl. auch die sächsische Ausführungsverordnung v. 16. Septbr. 1869. Dies gilt auch für das vorliegende Gesetz. Dagegen ist im Sinne des letzteren die Land- und Forstwirthschaft allerdings ein Betrieb (es können also für eine größere Landwirthschaft Betriebs- [Fabrik-] Krankenkassen [§§ 59 ff.] eingerichtet werden). Es würden somit die in einer Landwirthschaft, zu welcher Dampfkessel oder mechanische Triebwerke, z. B. Dreschmaschinen, Lokomobilen u. s. w. gehören, beschäftigten Arbeiter nach § 1 Nr. 3 an und für sich dem gesetzlichen Versicherungszwang unterworfen sein, wenn sie nicht durch die Verweisung auf § 2 ausdrücklich hiervon ausgenommen wären.

Dagegen sind Anlagen zur Verarbeitung der in der Land- und Forstwirthschaft gewonnenen Naturprodukte gewerbliche Anlagen, sobald dieselben als selbständige Erwerbsquelle zum Verkauf der Produkte betrieben und letztere nicht etwa lediglich wieder in der Wirthschaft verwendet werden. Dies gilt ohne Rücksicht darauf, ob solche Anlagen „Fabriken" (Nr. 1) oder nur solche (kleinere) Werke sind, in denen Dampfkessel oder elementare Motoren nach Maßgabe der Nr. 3 verwendet werden, ob sie selbständig (wie etwa städtische Molkereien), oder in nur äußerer loser Verbindung (Personalunion) mit dem Betriebe einer Landwirthschaft (wie häufig Mühlen, Zuckerfabriken 2c.), oder ob sie neben einer Landwirthschaft (als der Hauptsache) in innerer Verbindung mit derselben (als Nebensache) betrieben werden (landwirthschaftliche Nebenbetriebe, wie Brennereien, Ziegeleien, Stärkefabriken, Käsefabriken u. s. w.), und ohne Rücksicht darauf, ob das zu verarbeitende Material von Dritten bezogen oder selbst angebaut wird. Die in diesen „Nebenbetrieben" beschäftigten Personen sind also dem unbedingten gesetzlichen Versicherungszwang unterworfen, wenn sie nicht unter § 2 Ziffer 6 fallen, d. h. unter die in der Land- und Forstwirthschaft beschäftigten Arbeiter gerechnet werden müssen.

Hiernach unterstehen Personen, welche durch den Arbeitervertrag ausschließlich zur Beschäftigung in derartigen, als selbständige Erwerbsquelle betriebenen landwirthschaftlichen Nebenanlagen angenommen worden sind, dem gesetzlichen unbedingten Zwang (§ 1), Personen, welche auf dem betr. Gut ausschließlich zur Beschäftigung in der Landwirthschaft angenommen worden sind, dem statutarischen Zwang (§ 2), wobei es unerheblich ist, ob in besonderen Nothfällen gelegentlich auch einmal eine Beschäftigung in der anderen Betriebskategorie stattfindet.

Fraglicher ist es, wie es mit solchen Personen zu halten ist, welche auf einem Gut, auf dem auch eine Brennerei 2c. sich befindet, derart zur Arbeit angenommen sind, daß sie abwechselnd je nach Bedarf (Witterung, Jahreszeit) ungezählte, wenn auch nicht kontinuirliche Arbeiten bald in der Wirthschaft, bald in der Brennerei 2c. leisten müssen, so daß jederzeit ein Wechsel zwischen landwirthschaftlicher und industrieller Thätigkeit eintreten kann (wie es bei den kleinen Anlagen die Regel sein wird). Unseres Erachtens entscheidet hier der Umfang der Arbeit in dem einen oder dem anderen Zweige des Gesammtbetriebes. Müssen solche Arbeiter hiernach vorzugsweise als für die Landwirthschaft bestimmt angesehen werden, so sind sie als Arbeiter der Land- und Forstwirthschaft nicht dem gesetzlichen (§ 1), sondern nur dem statutarischen Versicherungszwang (§ 2) unterworfen, wenn sie auch zuweilen in der Fabrik (Brennerei 2c.) arbeiten; sind sie dagegen hauptsächlich für die letztere bestimmt, so fallen sie unter § 1 ohne Rücksicht darauf, ob sie zuweilen auch bei der Landwirthschaft Hülfe leisten.*) Hieran

*) Die in der ersten Auflage S 29 zum Ausdruck gebrachte Ansicht, daß solche Personen für die ganze Dauer ihrer Thätigkeit der allgemeinen Versicherungspflicht um deswillen unterliegen, weil sie kumulativ in einem Betriebe, der unter § 1, und in einem Betriebe, der unter § 2 falle, beschäftigt

muß auch jetzt festgehalten werden, ohne Rücksicht darauf, daß eine Nebenbeschäftigung die Versicherungspflicht auch dann nach sich ziehen soll, wenn die Hauptbeschäftigung eine solche nicht begründet (vgl. Anm. 4), sobald nur die Nebenbeschäftigung nicht lediglich vorübergehend, sondern von einiger Dauer sei (vgl. Anm. 17). Denn in den vorliegenden Fällen handelt es sich nicht um das Verhältniß von Haupt- und Nebenbeschäftigung, sondern um eine nach dem Willen des Arbeitsvertrages einheitliche Beschäftigung, in welcher nur Art und Ort je nach Bedürfniß und dem Willen des Arbeitgebers wechselt. Es kommt also auf den Arbeitsvertrag und darauf an, zu welcher Art und Beschäftigung der Arbeiter durch dieseu Vertrag verpflichtet wird. Eine ähnliche Bedeutung hat der Arbeitsvertrag in § 5a Abs. 3. Ob dies mit den Ausführungen des Preuß. Ob.Verw.Ger. über die Versicherungspflicht von Dienstboten bei Restaurateuren u. s. w. völlig vereinbar ist (vgl. Anm. 14), mag dahingestellt bleiben.

Ueber die Kassenzugehörigkeit solcher Personen, welche in verschiedenen zu demselben Betriebe vereinigten Gewerbszweigen und Betriebsarten beschäftigt sind, vgl. § 19 Abs. 4. Der Unfallversicherung unterliegen nach dem Inkrafttreten des landw. U. u. K.V.G. alle diese Personen, mögen sie in größeren (Fabriken) oder in kleineren landwirthsch. Nebenbetrieben, mögen sie in denselben dauernd oder nur gelegentlich beschäftigt sein.

Der Ausführung des Reichsgerichts im Erkenntniß v. 11. Mai 1880 (Entsch. I S. 265), daß „ein mit einer Landwirthschaft verbundener gewerbsmäßiger Nebenbetrieb" (es handelte sich um eine Molkerei) „dann nicht unter die Gewerbebetriebe, sondern unter die Landwirthschaft fällt, wenn derselbe für Rechnung des Landwirths mit selberzeugten Rohprodukten stattfindet, so daß also die Landwirthschaft die einzige, bezw. die Hauptbasis dieses Nebengewerbes bildet", kann, wenigstens für das vorliegende Gesetz, nicht beigetreten werden, da die Bezugsquelle der in einem Betriebe verarbeiteten Rohprodukte für die innere Natur des Betriebes selbst um so weniger entscheiden kann, als sich nicht erkennen läßt, ob eine in Verbindung mit der Landwirthschaft betriebene Brennerei u. s. w. ausschließlich selbstgewonnenes Material verarbeitet, oder z. B. bei mißrathener Ernte, auf gekaufte Kartoffeln u. s. w. angewiesen ist, eine und dieselbe Anlage aber nicht heute so und morgen anders behandelt werden kann. (Ebenso Köhne S. 11.)

14a) Anwälte, Notare und Gerichtsvollzieher. Die Bestimmung beruht auf der Novelle. Die Unterstellung der Schreiber u. s. w. dieser Personen unter die allgemeine Versicherungspflicht wurde aus denselben Gründen gewünscht, wie die allg. Versicherungspflicht der Handlungsgehülfen

seien und die allgemeine Versicherungspflicht nach § 1 als die umfassendere maßgebend sei, hat der Verfasser schon in der zweiten Auflage S. 30 zurückgezogen. Diese Ansicht war nur solange richtig, als der Satz: „mit Ausnahme . . ." in das Gesetz noch nicht aufgenommen war, also bis zur dritten Lesung des Entwurfs.

(vgl. Anm. 22a); es erschien aber zweckmäßig, diese Personen hier besonders aufzuführen, weil die Rechtsanwälte, Notare und Gerichtsvollzieher nicht durchweg „Gewerbetreibende" sind, also nicht ohne Weiteres unter Ziffer 2 fallen. Einer besonderen Aufführung der Personen, welche in den Büreaus der Versicherungs-, Kommissions-, Auktionatoren- und ähnlichen Geschäften beschäftigt werden, bedurfte es nicht, weil diese Betriebe, auch soweit sie nicht zum Handelsgewerbe gehören, als „stehende Gewerbebetriebe" anzusehen sind (Mot. z. Nov. S. 34). Ebenso ist der Betrieb eines Feldmessers (Landmessers) gemäß § 36 Gewerbeordnung ein „stehender Gewerbebetrieb", und zwar auch dann, wenn solche Personen aus Gründen des öffentlichen Interesses vereidigt werden. Die von diesen Personen in ihren Gewerbebetrieben beschäftigten Personen sind also versicherungspflichtig (vgl. Arb.Vers. XII, S. 144). Die Kommission hat sodann die Geschäftsbetriebe der Krankenkassen, Berufsgenossenschaften und Versicherungsanstalten mit aufgenommen; dagegen wurde abgelehnt, auch die im Geschäftsbetriebe der Aerzte, sowie die in Betrieben von Staatsbeamten beschäftigten Personen (Schreiber der Landräthe, Gehülfen der Katasterkontroleure u. s. w.) der allgemeinen gesetzlichen Versicherungspflicht zu unterwerfen, hier aufzuführen. „Die Aufnahme des Betriebes der Aerzte sei nicht rathsam, weil bei diesen Personen in Betracht kämen, bei denen sich schwer entscheiden lasse, ob sie Dienstboten oder im Geschäftsbetrieb beschäftigte Personen seien" (Komm.Ber. z. Nov. S. 51). Der Arzt ist kein Gewerbetreibender im Sinne des K.V.G.; die von ihm beschäftigten Personen hätten also als versicherungspflichtig besonders bezeichnet werden müssen, wenn man sie hätte versichert sein lassen wollen. Die in Privatheilanstalten Beschäftigten sind aber versicherungspflichtig (Pr.Ob.Verw.Ger. v. 5. Januar 1893). „Die Aufführung der in Staatsbetrieben beschäftigten Personen sei unnöthig; für diese könne nach § 2a des Gesetzes gesorgt werden" (Komm.Ber. z. Nov. S. 51). Was hier von Personen „in Staatsbetrieben" gesagt ist, gilt in gleicher Weise auch für Personen „im Dienste" des Staats, vgl. Anm. 8 zu § 2, Anm. 2 zu § 2a.

Alle diese Personen sind aber nur bei einem Jahresverdienst von höchstens 2000 ℳ versicherungspflichtig, § 2b.

14b) Versicherungsanstalten, und zwar nach der Auslegung des Reichsgerichts v. 29. Oktober 1894 (vgl. Arb.Vers. XII S. 18) nicht bloß die Versicherungsanstalten des öffentlichen Rechts (der Invaliditäts- und Altersversicherung), sondern „alle Unternehmungen (Geschäfte, Gesellschaften, Institute), die zum Zwecke der Versicherung gegen bestimmte Gefahren begründet sind, ohne Rücksicht darauf, ob sie einen öffentlich-rechtlichen oder einen privaten Charakter haben, und ob die Versicherung gegen Prämie übernommen wird oder auf Gegenseitigkeit beruht". Hierdurch werden insbesondere die Gegenseitigkeitsanstalten, die nicht auf Erwerb gerichtet sind, mit erfaßt.

15) in Betrieben, in denen u. s. w. Diese Bestimmung, welche die nicht als „Fabrik" anzusehenden, aber mit Kraftmaschinen arbeitenden Betriebe

deckt, hat namentlich auch die Bedeutung, daß sie die „Mehrzahl derjenigen Betriebe, bei denen es fraglich ist, ob sie zu den „„Fabriken"" gerechnet werden können, nichtsdestoweniger unzweifelhaft diesem Gesetz unterstellt" (Motive zum zweiten Unfallversicherungsgesetzentwurf S. 57). Der „Betrieb" im Sinne dieser Bestimmung braucht ebenso wie bei der analogen Bestimmung des § 1 Abs. 3 U.V.G. kein gewerblicher zu sein (dann würde er schon unter Ziffer 2 fallen), sondern kann öffentlichen oder Wohlthätigkeitszwecken dienen.

Darüber, daß unter diese „Betriebe" die Land- und Forstwirthschaft nicht fällt, während die landwirthschaftlichen Nebenbetriebe dann, wenn sie nicht schon „Fabriken" sind, von der vorstehenden Bestimmung betroffen werden, cf. Anm. 14.

15a) Ueber die Bedeutung dieser Ausnahme vgl. v. Woedtke, Komm. z. Unfallvers.Ges. Anm. 25 zu § 1.

16) Apotheken. Durch die Novelle sind die Gehülfen und Lehrlinge in Apotheken, obwohl dieselben unter die Handlungsgehülfen und -Lehrlinge fallen, aus der Krankenversicherung herausgelassen worden, weil sie wegen ihrer besonderen Verhältnisse auch der Invaliditäts- und Altersversicherung nicht unterworfen worden sind (Mot. z. Nov. S. 34). Die in Apotheken beschäftigten sonstigen Arbeiter 2c. sind versicherungspflichtig, vgl. Anm. 14.

16a) Ziffer 2 bis 6. Bei der Schlußredaktion der Novelle ist, nachdem in § 2 in dritter Lesung noch eine Ziffer 4a eingeschaltet und diese demnächst die Bezeichnung 5, die bisherige Ziffer 5 die Bezeichnung 6 erhalten hatte, dies schon im alten Gesetz befindliche Citat redaktionell wieder hergestellt worden.

17) sofern nicht. Die jetzige Fassung ist durch die Novelle an die Stelle der früheren, von der Kommission des Reichstags beschlossenen Fassung: „sofern nicht die Beschäftigung ihrer Natur nach eine vorübergehende oder durch den Arbeitsvertrag im Voraus auf einen Zeitraum von weniger als einer Woche beschränkt ist", gesetzt worden, weil der mit dieser Bestimmung beabsichtigte Erfolg durch die Fassung nicht völlig zutreffend zum Ausdruck gebracht sei. Vgl. Mot. z. Nov. S. 35: „Die Worte: „sofern nicht die Beschäftigung ihrer Natur nach eine vorübergehende u. s. w." sind auf Antrag der Kommission durch Beschluß des Reichstags in den § 1 aufgenommen, um die Versicherungspflicht bei Beschäftigungen auszuschließen, welche von so kurzer Dauer sind, daß während derselben die dem Arbeitgeber zum Zwecke der Durchführung des Versicherungszwangs auferlegten Verpflichtungen nicht wohl erfüllt werden können (vgl. Bericht der VIII. Kommission, 5. Legislaturperiode, II. Session, Drucksache Nr. 211 S. 9). Die Versicherungspflicht sollte ausgeschlossen werden nicht nur bei solchen Beschäftigungen, für welche im Voraus durch den Arbeitsvertrag eine so kurze Dauer festgesetzt wird, sondern auch bei solchen, für welche diese kurze Dauer sich aus der Natur der Beschäftigung von selbst ergiebt. Diese Absicht ist indessen durch die Fassung nicht völlig zutreffend zum Ausdruck gebracht, da es zahlreiche Beschäftigungen giebt, welche zwar ihrer Natur nach vorübergehend sind, aber

dennoch die Dauer einer Woche überschreiten. Bei solchen Beschäftigungen die Versicherungspflicht auszuschließen, wie es durch den Wortlaut der Bestimmung geschieht, entspricht weder der ursprünglichen Absicht der Kommission noch der Tendenz des Gesetzes. Beiden wird vielmehr entsprochen werden, wenn die vorübergehende Natur einer Beschäftigung als Grund des Wegfalls der Versicherungspflicht nur dann anerkannt wird, wenn sie eine kürzere als einwöchige Dauer der Beschäftigung bedingt." Fortan sind also ausgenommen nur solche Beschäftigungen, deren Dauer auf weniger als eine Woche beschränkt ist, sei es a) durch den Arbeitsvertrag im Voraus, sei es b) durch die Natur ihres Gegenstandes. (Der Komm.Ber. des alten Gesetzes nennt als Beispiele: Schneeschaufeln, Abbringen einer Ladung Kohlen.) Sonstige, ihrer Natur nach vorübergehende Beschäftigungen sind versicherungspflichtig. Bei Arbeiten, deren Dauer durch den Arbeitsvertrag im Voraus auf weniger als eine Woche beschränkt ist, handelt es sich um solche Personen, welche, ohne Rücksicht auf die Art der Beschäftigung, von vornherein nur auf ganz kurze Zeit, nämlich auf weniger als eine Woche, in Arbeit genommen sind, indem „von vornherein eine spätere Fortsetzung über die Dauer einer Woche hinaus nicht in Aussicht genommen ist" (Württ. Min.Erl. v. 4. Dezbr. 1883, Amtsbl. S. 331). „Im Uebrigen kommt darauf, auf welche Dauer der Arbeitsvertrag abgeschlossen ist, nichts an, und unterliegen daher der Versicherungspflicht auch solche Personen, welche jederzeit entlaßbar angestellt oder beschäftigt sind" (a. a. O.; vgl. auch Württ. Min.Erl. v. 19. Mai 1884, Amtsbl. S. 257). Es entscheidet nicht die Dauer der einzelnen Arbeitsleistung, sondern die Dauer des Arbeitsverhältnisses. Ist das Arbeitsverhältniß ein derartiges, daß die Arbeit an einzelnen Tagen der Woche zu unterbrechen ist, so dauert gleichwohl die Versicherung auch während der beschäftigungsfreien Zeit fort, weil auch über diese sich das allgemein begründete Arbeitsverhältniß erstreckt; es sind also auch für die Zeit der Unterbrechung die Beiträge vom Versicherten zu tragen und vom Arbeitgeber einzuzahlen. Der § 142 landw. Unfall- und Kranken-Vers.Ges. steht nicht entgegen, weil derselbe nur auf unständige Arbeiter, die überhaupt nicht zu einem bestimmten Arbeitgeber in dauerndem Arbeitsverhältniß stehen, zu beziehen ist (v. Schicker S. 28). Die in den früheren Auflagen dieses Kommentars vertretene abweichende Ansicht wird fallen gelassen. Vgl. Anm. 4.

Die obige Vorschrift wurde von der Kommission des Reichstags eingefügt mit Rücksicht auf die Anmeldepflicht der Arbeitgeber, §§ 49 ff. Es wurde angenommen, daß diese bei einer Ausdehnung auf jede vorübergehende Beschäftigung nicht durchführbar oder doch eine zu große Belästigung sei. „Man verhehlte sich nicht, daß nach diesen Beschlüssen immerhin noch eine Anzahl Arbeiter unversichert bleiben werde, deren Versicherung nach der Tendenz des Gesetzes erwünscht sein würde. Man erachtete aber für diese die durch § 4 Abs. 2 und § 15 (jetzt § 49) Abs. 3 der Kommissionsbeschlüsse gegebene Berechtigung freiwilliger Versicherung für ausreichend" (Komm. Ber. S. 10). Uebrigens kann nach § 2 Z. 1 auch für solche Beschäftigung, und in der Land- und Forstwirthschaft nach § 142 landw. Unfall- u. Kranken-Vers.Ges. auch für dazwischen liegende unbeschäftigte Zeiten statutarisch die Versicherungspflicht begründet werden.

[18]) Krankheit ist jede anormale Störung des Gesundheitszustandes, welche ärztliche Behandlung, Arznei oder Heilmittel erfordert (Erk. d. Preuß. Ob.Verw.Ger. v. 10. Oktober 1889 (Entsch. XVIII S. 355), 9. Dezember 1889 und 9. Oktober 1890; Erklärung des Regierungskommissars bei der III. Lesung der Novelle, Sten.Ber. 1892 S. 4765). Wenn man der obigen Begriffsbestimmung hinzufügt: „oder die Erwerbsfähigkeit beeinträchtigt," so daß als Krankheit auch ein Zustand anzusehen ist, welcher keine ärztliche Hülfe erfordert (v. Schicker, S. 60 Anm. 4b und 5), so ist dies unseres Erachtens nicht genau. Thatsächlich bildet zwar auch eine „durch Krankheit herbeigeführte Erwerbsunfähigkeit" den Gegenstand der Krankenversicherung (§§ 5, 20), aber die Erwerbsunfähigkeit ist für den Begriff „Krankheit" nicht wesentlich, sondern kommt nur als deren Folge in Betracht. Im Sinne des K.V.G. ist krank, wer ärztlicher Behandlung bedarf, und so lange, als dies der Fall ist, dagegen gesund, wer keinen Arzt nöthig hat und deshalb seinem Erwerbe nachgehen kann, auch wenn in seinem Organismus eine krankhafte Anlage fortbesteht (Entsch. des Hans. Oberlandesgerichts zu Hamburg v. 1. März 1886 und 8. Juli 1887, vgl. Arb.Vers. V S. 473; Zeitschr. f. Praxis u. Gesetzgebung IX S. 285; vgl. dazu Rosin I S. 299. Körperliche Mißbildungen (Schönheitsfehler), welche keine ärztliche Behandlung erfordern, sowie Zustände normaler Entwickelung des menschlichen Körpers sind keine Krankheit; dies gilt z. B. von der Altersschwäche und der Schwangerschaft, Rosin I S. 294 (cf. § 29 Abs. 3 R.G. v. 6. Juni 1870 über den Unterstützungswohnsitz, B.G.Bl. S. 360). Auch die Entbindung sowie ein normal verlaufendes Wochenbett werden von der Praxis mit Recht nicht als Krankheit angesehen. Erst wenn besondere Komplikationen eintreten, nimmt auch die Schwangerschaft, die Entbindung oder das Wochenbett den Charakter einer Krankheit an. Wann dies der Fall ist, das wird von Sachverständigen (Aerzten, Hebeammen) im einzelnen Fall zu ermessen, bei solchen Geburten aber, welche durch Kunsthülfe beendet werden müssen, immer anzunehmen sein (Sten.Ber. 1892 S. 4765). Bei den organisirten Krankenkassen erhalten übrigens versicherte Wöchnerinnen dann, wenn das Wochenbett nicht als Krankheit sich darstellt, eine besondere Wöchnerinnenunterstützung (in Geld), vgl. § 20 Abs. 1 Ziffer 2, § 21 Abs. 1 Ziffer 4 und 5, §§ 64, 72, 73; für die Gemeinde-Krankenversicherung ist diese Erweiterung der Kassenleistungen weder vorgeschrieben noch (mit Ausnahme der Fälle des § 10) gestattet, vgl. Anm. 5.

Ob ein Krankheitszustand besteht, bestimmt sich nach objektiven von Sachverständigen festzustellenden Merkmalen, nicht nach der Ansicht oder der Handlungsweise des Versicherten. Unerheblich ist, ob von dem letzteren ärztliche

Behandlung u. s. w. für nothwendig erachtet und in Anspruch genommen, gearbeitet wird oder nicht (vgl. die citirten Erk. des Preuß. Ob.Verw.Ger.).

Auf die Ursache der Krankheit kommt es nicht an; sie kann äußere oder innere Ursachen haben. So sind denn auch die Folgen eines Betriebsunfalls Krankheiten im Sinne dieses Gesetzes. Nach dem Unfallvers.Ges. v. 6. Juli 1884 und dem Ausd.Ges. v. 28. Mai 1885 sind die durch einen Betriebsunfall Verletzten während der ersten 13 Wochen nach dem Unfall auf die Krankenkassen (bez. Gemeinde-Krankenversicherung), bei denen sie ihrer Krankenversicherungspflicht genügen, oder sofern die Krankenversicherungspflicht für sie nicht besteht, auf die Betriebsunternehmer (§ 5 Abs. 10 U.V.G.) angewiesen, und erst nach Ablauf dieser Zeit (oder vom Eintritt des Todes ab) treten die Berufsgenossenschaften ein. (Nach dem landw. Unfall- u. Kranken-Vers.Ges. v. 5. Mai 1886 und dem Bau-Unfallvers.Ges. v. 11. Juli 1887 tritt für den Fall, daß gegen Krankheit nicht versicherte land- und forstwirthschaftliche Arbeiter oder Regiebau-Arbeiter einen Unfall erleiden, nicht der Betriebsunternehmer, sondern die Gemeinde, aber auch nur für freien Arzt und Arznei ein.) Nach den statistischen Arbeiten zu dem Entwurf des Unfallversicherungsgesetzes bilden Krankheiten, welche durch Unfälle hervorgerufen sind, etwa $^1/_8$ sämmtlicher Krankheiten — ein Prozentsatz, der auch gegenüber den von einigen Seiten erhobenen Einwendungen bis auf Weiteres als richtig bezeichnet werden muß. Frühere abweichende Erhebungen von Versicherungsgesellschaften werden nicht völlig genau sein, weil die letzteren an den ganz kleinen, eine pekuniäre Belastung kaum bedingenden Unfällen nur ein ganz untergeordnetes Interesse hatten. Ueber die hieraus entstehende Belastung der Arbeitgeber und Arbeitnehmer vgl. v. Woedtke, Komm. z. Unfallvers.Ges. Einl. S. XXVI und Anm. 4 zu § 5; über die Regreßansprüche der Krankenkassen ꝛc. gegen Betriebsunternehmer und Dritte § 57 K.V.G. und §§ 96 bis 98 U.V.G.

Wegen einiger besonderer Bestimmungen bei gewissen Krankheiten vgl. §§ 6 a, 26 a.

Auf Grund besonderer Vorschriften dieses Gesetzes umfaßt die Krankenversicherung allgemein auch die Versicherung gegen eine durch Krankheit herbeigeführte, an dieselbe sich anschließende Erwerbsunfähigkeit (für beschränkte Zeitdauer), sowie bei den organisirten Zwangskassen auch die Sterbegeldversicherung und die Unterstützung der (nicht kranken) Wöchnerinnen, vgl. Anm. 4 zu § 5, sowie § 20.

[19]) sind ... zu versichern. Die auf Grund der Versicherung gewährte Unterstützung gilt nicht als öffentliche Armenunterstützung § 77. Die Anwendung der Bestimmungen dieses Gesetzes darf zum Nachtheil der Versicherten durch die Arbeitgeber nicht ausgeschlossen oder beschränkt werden; dergleichen Reglements oder Uebereinkünfte sind straffällig und nichtig, §§ 80, 82.

Die Versicherung beginnt kraft des Gesetzes mit dem Eintritt in eine die Versicherungspflicht begründende Beschäftigung (vgl. Anm. 4) von selbst ein; die bei der Gemeinde-Krankenversicherung und bei Orts-Krankenkassen vorgeschriebene Anmeldung und Abmeldung durch die Arbeitgeber begründet nicht etwa die Versicherung, sondern konstatirt nur deren Vorhandensein zwecks der Kontrole. Des Abschlusses eines Versicherungsvertrages oder einer sonstigen auf die Versicherung gerichteten Thätigkeit bedarf es daher für die Versicherungspflichtigen nicht, vgl. Anm. 1 i. f. zu § 4. Freiwillig beitretende Personen haben dagegen den Eintritt und den Austritt zu dokumentiren, §§ 4, 11, 19, 27, 63.

Die Begrenzung des Versicherungszwanges (auf gewisse Klassen von Arbeitern und die bis zu einer gewissen Höhe besoldeten Betriebsbeamten) ist nicht zu verwechseln mit der Begrenzung des Umfanges der Versicherung. Begrenzt ist der letztere bei der Gemeinde-Krankenversicherung auf freie ärztliche Behandlung rc. und ein Krankengeld in Höhe der Hälfte des ortsüblichen Tagelohns gewöhnlicher Tagearbeiter (§ 6); bei den organisirten Krankenkassen auf freie ärztliche Behandlung rc., Sterbegeld, Wöchnerinnenunterstützung und auf ein Krankengeld von 50 bis 75% des Durchschnittlohns der in der betr. Kasse versicherten Kategorien von Arbeitern oder des Individualverdienstes; dabei darf aber der durchschnittliche Lohn nur bis zum Höchstbetrage von 3 ℳ für den Arbeitstag oder, wenn der Lohn klassenweis abgestuft wird, bis zum Höchstbetrage von 4 ℳ für den Arbeitstag, der Individuallohn nur bis zu 4 ℳ für den Arbeitstag in Berechnung kommen (§§ 20, 26a Ziffer 6, 64, 72, 74). Daneben können in beschränktem Umfange Unterstützungen für Angehörige gewährt werden. Wenn also ein Arbeiter auch 10 ℳ für den Arbeitstag verdienen sollte, so gilt er doch nur zu 50 bis 75% von 3 oder höchstens 4 ℳ täglich versichert; dasselbe gilt von einem Betriebsbeamten, der $6^2/_3$ ℳ für den Arbeitstag verdient und deshalb versicherungspflichtig ist. Nach dem so beschränkten Verdienst (der bei der Gemeinde-Krankenversicherung nach dem ortsüblichen Tagelohn gewöhnlicher Tagearbeiter noch weiter hinuntergeht) richten sich auch die Beiträge. An baarer Unterstützung kann also der Höchstversicherte selbst höchstens 3 ℳ für den Arbeitstag erreichen. Eine höhere obligatorische Leistung ist mit dem Versicherungszwang nicht vereinbar; derselbe bedingt eine Beschränkung auf das durchaus Nöthige unter Verzicht auf dasjenige, was darüber hinaus gewiß noch erwünscht, aber nicht unbedingt geboten ist. Freiwillig darf bis zum eigenen vollen durchschnittlichen Tagelohn (also bei einem Arbeiter, der täglich 10 ℳ verdient, bis zu 10 ℳ täglich) durch Doppelversicherung anderweit Unterstützung gesichert werden, § 26a Abs. 1.

[20]) Dasselbe gilt. Dieser Absatz ist durch die Novelle um deswillen eingefügt worden, weil man das „Ausdehnungsgesetz" in das Krankenversicherungsgesetz hineinarbeiten wollte, durch das erstere (§§ 1, 15) aber „der gesammte Betrieb der Post-, Telegraphen- und Eisenbahnverwaltungen sowie sämmtliche Betriebe der Marine- und Heeresverwaltungen" der Krankenversicherung unterworfen worden waren. Während nun für Eisenbahn-

betriebe eine besondere Erwähnung mit Rücksicht auf deren Aufführung in Abs. 1 Ziffer 1 K.V.G. entbehrlich erschien, mußten die anderen oben erwähnten Betriebe speziell benannt werden, wenn nicht die Möglichkeit entstehen sollte, daß ein Theil der in diesen Verwaltungen beschäftigten Personen früher versichert war, fortan aber unversichert bleiben sollte.

20a) Betrieb im weitesten Sinne, aber nur der technische Betrieb im Gegensatz zur büreaumäßigen Verwaltung, zur Beschäftigung beim Reinigen der Zimmer u. s. w. (Mot. z. A.G. S. 8, Komm.Ber. z. A.G. S. 5). Welche einzelnen Theile zu dem „Betriebe" gehören, ist Sache der Beurtheilung des Einzelfalls. Bei der Postverwaltung gehört der gesammte Beförderungs- und Bestellungsdienst hierher, nicht aber der Beamte am Schalter Komm.Ber. z. A.G. S. 5); bei der Telegraphenverwaltung der Dienst am Apparat.

20b) Telegraphenverwaltungen einschl. des Telephondienstes (vgl. Mot. z. A.G. S. 8).

20c) Marine- und Heeresverwaltungen, bei denen eine große Zahl von technischen, Magazin- und sonstigen Einzelbetrieben der verschiedensten Art in Frage kommen, nicht aber die Kriegführung oder die Ausbildung der im Dienst befindlichen Soldaten (Mot. z. A.G. S. 8). Personen des Soldatenstandes sind ausgenommen (§ 3); es handelt sich also um die in solchen Betrieben beschäftigten bürgerlichen Arbeiter. Zu den Betrieben der Marine- und Heeresverwaltungen gehören auch landwirthschaftliche Betriebe (Pferdedepots u. s. w.); auch auf diese findet die Versicherungspflicht Anwendung, wie schon nach dem Ausdehnungsgesetz (Mot. z. A.G. S. 7). Die Frage, ob die Versicherung nach den Vorschriften der land- und forstw. Krankenversicherung zu erfolgen hat oder nach den Vorschriften des vorliegenden Gesetzes, dürfte wohl kaum praktisch werden; im Zweifel aber wird man sich nach der Absicht des Gesetzes für die erstere Alternative zu entscheiden haben, weil das landw. Gesetz auf alle Betriebe anzuwenden ist, welche die Besonderheiten der landwirthschaftlichen Betriebe, die zu dem Erlaß jener Bestimmungen geführt haben, aufweisen.

21) Die Besatzung von Seeschiffen, d. h. alle auf dem Seeschiff beschäftigten Seeleute einschl. des Schiffers (Kapitäns), der Schiffsoffiziere, der niederen Mannschaft und derjenigen Personen, welche, ohne zur Schiffsmannschaft zu gehören, auf einem Seeschiff als Maschinisten, Aufwärter oder in anderer Eigenschaft angestellt sind. Der Ausdruck „Schiffsmannschaft" ist insofern enger, als er den Schiffer nicht mitumfaßt (§ 3 der Seemannsordnung). Vgl. Anm. 21 a.

Die eigentliche Seeschiffahrt mit ihren aus der Eigenart des Betriebes sich ergebenden Besonderheiten eignet sich für die Krankenversicherung nicht. Nach dem bisherigen Gesetz unterlag sie derselben auch nicht, ohne daß sie besonders hätte ausgenommen zu werden brauchen; denn andere als die im § 1 K.V.G. aufgeführten „Transportgewerbe", d. h. alle Transportbetriebe mit alleiniger Ausnahme der Eisenbahn- und Binnendampfschiffahrtsbetriebe, konnten nur durch statutarische Bestimmungen der Versicherungspflicht unterworfen werden (§ 2 Ziffer 3 der bisherigen Fassung) und eine solche statutarische Anordnung ist naturgemäß für Seeschiffe nicht ergangen. Nachdem man aber in der Novelle dazu übergegangen war, die Ziffer 3 des § 2 zu streichen, weil durch das Ausdehnungsgesetz alle übrigen Transportbetriebe des Binnenlandes schon erfaßt worden waren, wurde eine ausdrückliche Ausnahme für die Seeschiffahrt erforderlich, denn andernfalls wäre ihr Betrieb als Gewerbebetrieb (§ 1 Abs. 1 Ziffer 2) versicherungspflichtig geworden. Diese Erwägung führte dazu, in der dritten Lesung der Novelle den Abs. 3 in das Gesetz aufzunehmen.

Die Besatzung der Seeschiffe soll der Krankenversicherungspflicht nur insoweit nicht unterliegen, als die Vorschriften der §§ 48, 49 der Seemannsordnung Anwendung finden. Diese letzteren (vgl. Anm. 21 b) sichern dem Schiffsmann, welcher nach Antritt des Dienstes erkrankt oder verwundet wird, neben dem Fortbezug der Heuer Verpflegungs- und Heilungskosten für die Dauer von drei, im Auslande sechs Monaten; hierfür hat der Rheder aufzukommen. Durch diese Bestimmungen wird also, insoweit sie gelten, eine genügende und den Verhältnissen entsprechende Fürsorge für erkrankte Seeleute gewährleistet. Die Besatzung solcher Fahrzeuge aber, auf welche diese §§ 48 und 49 der Seemannsordnung keine Anwendung finden, bedarf einer anderweiten Fürsorge, und diese kann ohne Bedenken auf Grund der Krankenversicherung gewährt werden. Es fragt sich hiernach, welche Fahrzeuge der Seeschiffahrt es sind, auf welche die §§ 48 und 49 der Seemannsordnung keine Anwendung finden. Dies ergiebt sich aus folgenden Erwägungen.

Die Seemannsordnung v. 27. Dezbr. 1872 (R.G.Bl. S. 409) findet nach § 1 Anwendung a) auf alle „Kauffahrteischiffe (§ 1 Ges. v. 25. Oktober 1867, B.G.Bl. S. 35), welche b) das Recht, die Reichsflagge zu führen, c) ausüben dürfen"; jedoch kann nach § 109 a. a. O. „die Anwendung der . . §§ 48 bis 52 auf kleinere Fahrzeuge (Küstenfahrer u. s. w.) durch Bestimmungen der Landesregierungen im Verordnungswege ausgeschlossen werden". Zu a). Ein „Kauffahrteischiff" ist nach § 1 Ges., betr. die Nationalität der Kauffahrteischiffe und ihre Befugniß zur Führung der Bundesflagge, v. 25. Oktober 1867 (B.G.Bl. S. 35, modifizirt durch das Abänderungsgesetz v. 23. Dezember 1888, R.G.Bl. S. 300), jedes „zum Erwerb durch die d) Seefahrt e) bestimmte Schiff". Zu b). Ein Kauffahrteischiff hat das Recht, die Reichsflagge zu führen, dann, wenn sich das Schiff im ausschließlichen Eigenthum von Deutschen befindet oder einer Gesellschaft 2c. gehört, welche innerhalb des Reichsgebiets ihren Sitz hat und deren persönlich haftende Gesellschafter (bei Kommanditgesellschaften auf Aktien) Deutsche sind (§ 2 Ges. v. 25. Oktober 1867). Zu c). Dieses Recht darf das Kauffahrteischiff aber in der Regel erst dann ausüben, wenn es in das Schiffsregister seines Heimathhafens eingetragen ist und darüber das Schiffszertifikat erhalten hat (§§ 5, 10 a. a. O.), oder wenn das Schiff im Auslande ein Flaggenattest des zuständigen deutschen Konsuls erhalten hat (§ 16 a. a. O.); „Schiffe von nicht mehr als 50 Kubikmeter Brutto-Raumgehalt sind jedoch zur Ausübung des Rechts, die Reichsflagge zu führen, auch ohne Eintragung in das Schiffsregister und Ertheilung des Zertifikats befugt" (§ 17 a. a. O. in der Fassung des Ges. v. 28. Juni 1873, R.G.Bl. S. 184). Zu d). Als „Seefahrt" im Sinne des Ges. v. 25. Oktober 1867 gelten nach § 1 der „Vorschriften über die Registrirung und die Bezeichnung der Kauffahrteischiffe" v 13. Januar 1873 (R.G.Bl. S. 367) die Fahrten außerhalb der Mündungen der Haffe und der Flußmündungen, jedoch innerhalb des Wattenmeeres; über die Einzelheiten wolle man die zitirten Vorschriften vergleichen. Zu e). Zu den „zum Erwerb durch die Seefahrt bestimmten Schiffen" (Kauffahrteischiffen) sind nach § 2 der Vorschriften über die Registrirung und die Bezeichnung der Kauffahrteischiffe v. 13. November 1873 (R.G.Bl. S. 367) auch zu rechnen 1. die zur großen Seefischerei bestimmten Schiffe und 2. die zum Schleppen anderer Schiffe bestimmten Fahrzeuge, welche Seefahrt betreiben; ferner unterliegen den für Kauffahrteischiffe geltenden Vorschriften, sofern sie von der ihnen eingeräumten Befugniß, die deutsche Flagge zu führen, Gebrauch machen, nach dem Gesetz, betr. „die Befugniß von Seefahrzeugen, welche der Gattung der Kauffahrteischiffe nicht angehören, zur Führung der Reichsflagge", v. 15. April 1885 (R.G.Bl. S. 89), 3. deutsche Lustyachten, welche in die offene See gehen, sowie 4. Seefahrzeuge, welche für Rechnung von auswärtigen Staaten wie von Angehörigen auswärtiger Staaten im Inlande erbaut, aber noch nicht in das Eigentum der Besteller übergegangen sind, sondern sich noch im Eigenthum deutscher Reichsangehöriger befinden (also noch nicht zum Erwerb durch die Seefahrt bestimmt sind). Lewis (v. Stengel's Wörterbuch des deutschen Verwaltungsrechts I S. 423) rechnet hierher 5. auch Schiffe, die ausschließlich zu wissenschaftlichen Expeditionen bestimmt sind.

Hiernach finden die Vorschriften der §§ 48, 49 der Seemannsordnung, also nicht die Krankenversicherungspflicht, Anwendung auf deutsche Kauffahrteischiffe, Schlepper, Lustyachten, Schiffe zu wissentschaftlichen Expeditionen und für auswärtige Rechnung gebaute, aber noch nicht abgelieferte Schiffe, sofern sie 1) zu Fahrten auf See außerhalb der Flußmündungen und der Haffe bestimmt sind und 2) entweder in das Schiffsregister eingetragen sind bezw. ein Flaggenattest erhalten haben oder nicht mehr als 50 Kubikmeter Bruttoraumgehalt haben; ausgenommen sind jedoch solche kleinere Fahrzeuge (Küstenfahrzeuge u. s. w.), für welche die Bestimmungen der §§ 48, 49 der Seemannsordnung durch die Landesregierung ausgeschlossen sind.

Umgekehrt finden die Vorschriften der §§ 48, 49 der Seemannsordnung keine Anwendung, gilt also die Krankenversicherung

---

a) bei Fahrzeugen, die zur Fahrt auf den Flußmündungen (bis an die in den Vorschriften v. 13. Januar 1873 (R.G.Bl. S. 367) bestimmten Seegrenzen) und Haffen der See (Kurisches, Frisches, Pommersches Haff sowie die verschiedenen Bodden in Neuvorpommern) bestimmt sind, — denn solche Fahrten gelten nicht als „Seefahrten" im Sinne der Verordnung v. 13. Januar 1873 (R.G.Bl. S. 367). Dabei ist es unerheblich, ob solche Fahrzeuge gelegentlich auch mal über See gehen;

b) bei solchen „kleineren Fahrzeugen (Küstenfahrern u. s. w.)", für welche die Anwendung der §§ 48, 49 der Seemannsordnung durch Bestimmung der Landesregierungen im Verordnungswege ausgeschlossen ist" (§ 109 der Seemannsordnung).

Soweit bekannt, sind solche landesrechtlichen Vorschriften noch nicht ergangen; sie können aber für kleinere Küstenfahrzeuge (wobei eine bestimmte Grenze gesetzlich nicht vorgeschrieben ist) zweckmäßig werden, weil dann an die Stelle der persönlichen Verpflichtungen der meist kleinen Rheder die Krankenversicherung auf gemeinsame Kosten erfolgt, letztere sowohl für die Schiffsleute wie für die Rheder Vortheil bietet und um deswillen leicht durchzuführen ist, weil diese kleinen Fahrzeuge immer nur eine beschränkte Fahrzeit haben und vom Heimathhafen bezw. vom Festland (vgl. § 57a) sich selten lange entfernen. Aus ähnlichem Grunde empfahl sich die Krankenversicherung für die Haffschiffe und die (Vergnügungs- u. s. w.) Fahrzeuge auf den Flußmündungen.

Mit den Vorschriften über die Unfallversicherung der Seeleute decken sich diese Bestimmungen insofern nicht völlig, als die Haffschiffe im Sinne der Unfallversicherung den Seeschiffen zugerechnet werden (§ 2 Abs. 2 S.U.V. v. 13. Juli 1887). Die Abweichung ist eine absichtliche und sachlich begründete.

21a) auf welche — Anwendung finden, zurückbezüglich auf „Seeschiffe", nicht auf „Besatzung". Für den Schiffsführer (Schiffer) gilt also hinsichtlich der Krankenversicherung dasselbe wie für die Schiffsmannschaft; seine Versicherungspflicht richtet sich lediglich nach der Art des von ihm geführten Fahrzeugs. A. M. Köhne S. 15.

21b) Die §§ 48 und 49 der Seemannsordnung v. 27. Dezbr. 1872 (R.G.Bl. S. 409) lauten:

§ 48. Falls der Schiffsmann nach Antritt des Dienstes erkrankt oder verwundet wird, so trägt der Rheder die Kosten der Verpflegung und Heilung:

1. wenn der Schiffsmann wegen der Krankheit oder Verwundung die Reise nicht antritt, bis zum Ablauf von drei Monaten seit der Erkrankung oder Verwundung;
2. wenn er die Reise antritt und mit dem Schiff nach einem deutschen Hafen zurückkehrt, bis zum Ablauf von drei Monaten seit der Rückkehr des Schiffs;

---

3. wenn er die Reise antritt und mit dem Schiffe zurückkehrt, die Rückreise des Schiffs jedoch nicht in einem deutschen Hafen endet, bis zum Ablauf von sechs Monaten seit der Rückkehr des Schiffs;
4. wenn er während der Reise am Lande zurückgelassen werden mußte, bis zum Ablauf von sechs Monaten seit der Weiterreise des Schiffs.

Auch gebührt dem Schiffsmann, falls er nicht mit dem Schiffe nach dem Hafen zurückkehrt, von welchem das Schiff seine Ausreise angetreten hat, freie Zurückbeförderung nach diesem Hafen (§§ 65, 66), oder nach Wahl des Schiffers eine entsprechende Vergütung.

§ 49. Die Heuer bezieht der erkrankte oder verwundete Schiffsmann:
wenn er die Reise nicht antritt, bis zur Einstellung des Dienstes;
wenn er die Reise antritt und mit dem Schiffe zurückkehrt, bis zur Beendigung der Rückreise;
wenn er während der Reise am Lande zurückgelassen werden mußte, bis zu dem Tage, an welchem er das Schiff verläßt.

Ist der Schiffsmann bei der Vertheidigung des Schiffs beschädigt, so hat er überdies auf eine angemessene, erforderlichenfalls von dem Richter zu bestimmende Belohnung Anspruch.

[22]) Der bisherige Abs. 2 des § 1: „Betriebsbeamte unterliegen der Versicherungspflicht nur, wenn ihr Arbeitsverdienst an Lohn oder Gehalt sechszweidrittel Mark für den Arbeitstag nicht übersteigt", ist aus redaktionellen Gründen von der Novelle hier gestrichen und unter Erstreckung auf ähnliche Kategorien in § 2b wieder eingestellt. Für Arbeiter, Gehülfen u. s. w. ist also der Versicherungszwang von der Höhe des Lohns nicht abhängig, wohl aber ist dies der Fall bei den Betriebsbeamten und den ihnen gleichgestellten Personen (§ 2b). Dies führt zu der praktisch wichtigen Frage, unter welchen Voraussetzungen eine in den voraufgeführten Betrieben beschäftigte Person als Arbeiter oder „Betriebsbeamter" anzusehen und deshalb unbedingt oder nur bei einem Maximalverdienst bis zu 2000 ℳ jährlich versicherungspflichtig und an- bezw. abzumelden sei. Diese Frage wird je nach der Stellung zu beantworten sein, welche dem Betreffenden im Verhältniß zu den übrigen Bediensteten angewiesen ist. Nach v. Schicker (Anm. 2 zu § 2b) sollen die „Leitung" der Arbeit (im Gegensatz zur Verrichtung der unmittelbaren Handarbeit) oder „höhere Dienstleistungen" entscheiden. Aufsichtsbefugnisse werden nach der Regel, aber nicht immer den Charakter als Betriebsbeamter verleihen; ebensowenig ist immer und ohne Weiteres entscheidend, ob Lohn (Stücklohn, Tagelohn ꝛc.) oder Gehalt bezogen wird, da die letztere Art der Vergütung auch bei manchen Personen vorkommt, welche zweifellos zur Klasse der Arbeiter gehören (cf. Motive zum ersten Entwurf eines Unfallversicherungsgesetzes, R.T.Dr.S. 1881 Nr. 41 S. 36). Im Allgemeinen wird aber eine Tagesvergütung nach Maßgabe der wirklichen Arbeitsleistung für die Eigenschaft als Arbeiter, eine unabhängig von der wirklichen Arbeitsleistung ein für alle Mal fixirte Vergütung für die Eigenschaft als Beamter präsu-

miren lassen. Vgl. v. Woedtke, Komm. z. Unfallvers.Ges. Anm. 13 zu § 1. Rosin (Recht der Arbeiterversicherung I S. 160) bezeichnet im Anschluß an § 15 U.V.G. als Betriebsbeamten eine Person, „welche in einem Betriebe eine derartige Stellung einnimmt, daß sie an der geistigen Arbeit des Unternehmers in größerem oder geringerem Maße Theil nimmt, indem sie entweder in den objektiven Gang des Betriebes mitbestimmend eingreift oder gegenüber anderen im Betriebe beschäftigten Personen eine sich über sie erhebende aufsichtsführende Thätigkeit entfaltet"; Betriebsbeamte sind also Personen, welche „nach ihrer Stellung und Funktion im Betriebe die gewöhnlichen Arbeiter überragen, ihnen aber nicht unbedingt ungleichartig sind; der Ausschluß wissenschaftlicher, literarischer, künstlerischer Arbeitsthätigkeit gilt auch für den Begriff der Betriebsbeamten" (a. a. O.). Werkmeister und Techniker sind durch § 2b den Betriebsbeamten ausdrücklich gleichgestellt worden. Kaufmännische Dienstleistungen im kaufmännischen Theil des Betriebes gehören nicht zu den Funktionen von Betriebsbeamten, sondern zu den Funktionen der Handlungsgehülfen. Im Uebrigen können eben nur die besonderen Verhältnisse des konkreten Falls entscheiden.

Für die Landwirthschaft vgl. übrigens § 1 Abs. 4 landw. U. u. K.V.G., wonach durch statutarische Bestimmung der Berufsgenossenschaft für ihren Bezirk festgestellt wird, wer im Sinne dieses Gesetzes als landw. Betriebsbeamter anzusehen ist. Diese Bestimmung der Berufsgenossenschaft wird dann auch für die Krankenversicherung zu beachten sein. Vgl. aber Anm. 12 zu § 2.

Wegen der Reichs-, Staats- und Gemeindebeamten vgl. § 3.

22a) Handlungsgehülfen und -Lehrlinge, mit Ausnahme der Gehülfen und Lehrlinge in Apotheken (siehe oben). Der Begriff des Handlungsgehülfen und des -Lehrlings wird mitbedingt durch die Art der Dienste, welche diese Personen leisten, so daß nur diejenigen, welche in einem Handelsgewerbe zu Diensten „kaufmännischer Signatur" verwendet werden (Mitwirkung bei Handelsgeschäften, Buchführung, Korrespondenz), „jenen Begriff erfüllen" (Rosin a. a. O S. 159). Nach dem bisherigen Gesetz unterlagen diese Hülfspersonen nur dem statutarischen Versicherungszwang; nach dem Entwurf der Novelle sollten sie dadurch, daß die betr. Bestimmung des § 2 gestrichen wurde, dem allgemeinen gesetzlichen Versicherungszwang unterworfen werden. Der Reichstag hat bei der dritten Lesung der Novelle eine Unterscheidung eingeführt; danach sollen Handlungsgehülfen der allgemeinen gesetzlichen Versicherungspflicht dann unterliegen, wenn die aus Art. 60 H.G.B. (vgl. Anm. 22b) sich ergebende gesetzliche Verpflichtung des Prinzipals, ihnen in Krankheitsfällen bis zur Dauer von 6 Wochen Unterstützung zu gewähren, durch Engagementsvertrag aufgehoben oder beschränkt ist; dagegen nur der statutarischen Versicherungspflicht (§ 2 Ziffer 5), sofern dies nicht der Fall ist. Immer aber bezieht sich die (gesetzliche oder statutarische) Versicherungspflicht nur auf Personen mit weniger als $6\frac{2}{3}$ ℳ für den Arbeitstag oder 2000 ℳ für das Jahr (§ 2 b). Höher gelohnte Handlungsgehülfen und -Lehrlinge haben nach der jetzigen Fassung des § 4 nicht mehr wie früher die Befugniß, in die Versicherung freiwillig einzutreten; sie können vielmehr in der Versicherung nur noch freiwillig verbleiben, wenn sie bisher weniger als 2000 ℳ verdienten und demgemäß als (gesetzlich oder statutarisch) versicherungspflichtig der Gemeinde-Krankenversicherung oder einer Krankenkasse angehört haben, wegen Erhöhung ihres Gehalts aber aus der Versicherungspflicht herausgefallen sind. Vgl. Anm. 7 a, 7 b, und 7 c zu § 4, sowie Anm. zu § 2.

Hiernach ist es zunächst in das Belieben der Betheiligten gestellt, ob sie der Versicherungspflicht unterliegen wollen oder nicht. „Die Betheiligten selbst sollen entscheiden, ob sie nach kaufmännischem oder Versicherungsrecht behandelt werden wollen" (Sten. Ber. 1892 S. 4734.) Wenn Prinzipal und Gehülfe mit einander kontrahiren, daß die gesetzlichen Verpflichtungen des ersteren aus Art. 60 H.G.B. nicht oder nicht in vollem Umfange gelten sollen, so wird hierdurch von dem Augenblick an, mit welchem der Gehülfe auf Grund dieses Vertrages in die Beschäftigung eintritt, die allgemeine gesetzliche Versicherungspflicht für ihn begründet; der Prinzipal ist — auch wenn ein solcher Vertrag erst während der Dauer des Beschäftigungsverhältnisses geschlossen werden sollte — zur Anmeldung (§ 49, vgl. daselbst den letzten Satz des Abs. 1) sowie zur Einzahlung der Beiträge (§ 52) verpflichtet, sofern der Gehülfe ꝛc. nicht etwa seine Zugehörigkeit zu einer die Mindestleistungen gewährenden Hülfskasse (§ 75) nachweist. Wird dagegen ein solcher Vertrag nicht geschlossen und verbleibt es demgemäß bei den gesetzlichen Bestimmungen des Art. 60 H.G.B., so besteht eine Versicherungspflicht nur, wenn dieselbe auf Grund des § 2 Ziffer 5 statutarisch begründet werden sollte. Im letzteren Fall verbleiben dem Gehülfen in Krankheitsfällen u. s. w. neben den Ansprüchen aus der Krankenversicherung auch die Ansprüche aus dem Vertrage; die entgegengesetzte Ansicht ist auf Grund des § 57 Abs. 1, 4 reprobirt worden, weil derartige vertragsmäßige Ansprüche keine „Entschädigungsansprüche" sind. Vgl. noch aus Sten. Ber. 1892 S. 4729 folgende, die Absichten dieser Bestimmung klarlegende Ausführung des Abg. Dr. Gutfleisch: „Entweder der Arbeitgeber, hier der Kaufmann, faßt seinen Vertrag mit dem Gehülfen dahin auf, daß er nicht verpflichtet sei, im Falle einer Krankheit des Gehülfen 6 Wochen lang den bedungenen Gehalt weiter zu gewähren; — wenn er diese Auffassung hat, so muß er bei Vermeidung der eigenen Verantwortlichkeit den Gehülfen bei der Krankenkasse anmelden. Oder er hat die Meinung, daß er auf 6 Wochen verpflichtet sei — dann wird er demnächst dieser Meinung auch Ausdruck geben müssen, wenn der Gehülfe krank wird; wenn er es nicht thut, dann wird er wiederum riskiren, daß er wegen Nichtmeldung bestraft und von der Krankenkasse regreßweise in Anspruch genommen wird."

Ueber die Gründe, welche für die im Entwurf der Novelle vorgeschlagene allgemeine gesetzliche Versicherungspflicht der Handlungsgehülfen sprechen, vgl. die Begründung der Novelle S. 33: „Aus Kreisen der Betheiligten ist wiederholt das Verlangen ausgesprochen, die Handlungsgehülfen und -Lehrlinge, welche zur Zeit nur auf dem im § 2 vorgesehenen Wege der Versicherungspflicht unterworfen werden können, dem direkten gesetzlichen Versicherungszwange in demselben Umfange wie die Betriebsbeamten zu unterwerfen. Bei dem Widerspruche, welchen dieses Verlangen in anderen Kreisen der Betheiligten gefunden hat, könnte es zweifelhaft erscheinen, ob demselben zu entsprechen sei, wenn nicht inmittelst das Gesetz vom 22. Juni 1889 die Handlungsgehülfen und -Lehrlinge hinsichtlich der Invaliditäts- und Altersversicherung den Betriebsbeamten gleichgestellt hätte (vgl. § 1 Ziffer 2 a. a. O.). Erscheint es nach diesem Vorgange schon an sich zweckmäßig, die Handlungsgehülfen und -Lehrlinge auch hinsichtlich der Krankenversicherung den Betriebsbeamten gleichzustellen, so spricht hierfür noch der Umstand, daß dadurch das Invaliditäts- und Altersversicherungsverhältniß dieser Personen eine angemessenere Regelung erhalten wird, als es ohnedem geschehen würde. Nach § 22 Ziffer 5 des Gesetzes vom 22. Juni 1889 bestimmt sich nämlich die Lohnklasse für alle Versicherungspflichtigen, welche nicht unter die Ziffern 1 bis 4 daselbst fallen, nach dem ortsüblichen Tagelohne gewöhnlicher Tagearbeiter. Dies würde auch für die Handlungsgehülfen und -Lehrlinge eintreten, welche nicht einer der unter Ziffer 4 a. a. O. bezeichneten Krankenkasse angehören. Die Einreihung in die dem ortsüblichen Tagelohne entsprechende Lohnklasse würde aber in der Regel den Verhältnissen der Handlungsgehülfen nicht entsprechen, und es empfiehlt sich nicht, die Einreihung dieser Personen in die ihren Verhältnissen angemessene Lohnklasse davon abhängig zu machen, ob eine Gemeinde von der ihr zur Zeit nach § 2 Ziffer 2 des Krankenversicherungsgesetzes zustehenden Befugniß Gebrauch macht oder nicht."

Der Reichstag hat aber trotzdem ein ausreichendes Bedürfniß nur in der nunmehr Gesetz gewordenen Beschränkung anerkennen mögen. Man wollte, daß Art. 60 H.G.B. immer aufrecht erhalten und nicht vertragsmäßig abgeändert werde, uud nahm an, daß bei allgemeiner Versicherungspflicht diese nicht erwünschten Aenderungen die Regel bilden würden.

Art. 57 des H.G.B. umfaßt unter dem Gesammtnamen „Handlungsgehülfen" die Handlungsdiener und Handlungslehrlinge. Handlungsgehülfen und -Lehrlinge sind die Gehülfen und Lehrlinge (d. h. das gesammte Hülfspersonal ausschließlich des Gesindes und der freien Arbeiter, insbesondere also Kommis, Reisende u. s. w) der „Kaufleute", cf. Art. 61 des Preuß. Einf. Ges. z. H.G.B. v. 24. Juni 1861. „Kaufmann" ist, wer gewerbsmäßig Handelsgeschäfte treibt, Art. 4 des Handelsgesetzbuchs; über den Begriff der Handelsgeschäfte cf. Art. 271 ff. a. a. O. Andere in Handlungsgeschäften und Apotheken beschäftigten Personen, welche nicht zu den Gehülfen und Lehrlingen gehören, z. B. Speicherarbeiter, Hausknechte, Portiers, fallen, wie in den Motiven zu § 2 ausdrücklich bemerkt wird, unter § 1 und sind daher dem allgemeinen gesetzlichen Versicherungszwang unterworfen. Vgl. Anm. 14.

22b) Artikel 60 des Deutschen Handelsgesetzbuchs lautet: „Ein Handlungsgehülfe, welcher durch unverschuldetes Unglück an Leistung seines Dienstes zeitweise verhindert wird, geht dadurch seiner Ansprüche auf Gehalt und Unterhalt nicht verlustig. Jedoch hat er auf diese Vergünstigung nur für die Dauer von sechs Wochen Anspruch." Mit Beendigung des Dienstverhältnisses erlischt der Anspruch.

Ueber die Bedeutung des Art. 60 vgl. Erk. des Preuß. Ob.Verw.Ger. v. 19. Dezbr. 1887: „Da das Rechtsverhältniß zwischen dem Handlungsgehülfen und dem Prinzipal ausschließlich dem Privatrechte, insbesondere dem Vermögensrechte angehört, so kann der Art. 60 H.G.B. in Ermangelung einer die Vertragsfreiheit der Kontrahenten beschränkenden gesetzlichen Bestimmung nicht als eine Vorschrift zwingender Natur angesehen werden; sein Inhalt geht lediglich dahin, daß der Fortbezug des Gehalts und Unterhalts während der Dauer einer unverschuldeten Unmöglichkeit der Vertragserfüllung als ein von den Parteien gewollter Bestandtheil des Dienstvertrages angesehen werden soll, wenn entgegengesetzte Abreden der Parteien nicht vorliegen. Der Anspruch des Handlungsgehülfen ist hiernach ein auf Willensakt der Kontrahenten zurückzuführender, mithin ein kontraktlicher im Gegensatz zu den auf Gesetz beruhenden Ansprüchen."

22c) aufgehoben oder beschränkt. Jede vertragsmäßige Abänderung bedingt also fortan das Eintreten der allgemeinen gesetzlichen Versicherungspflicht. Dies gilt insbesondere auch dann, wenn die in Art. 61 H.G.B. vorgesehene sechswöchentliche Kündigungsfrist für Krankheitsfälle vertragsmäßig gekürzt worden ist. „Wenn eine solche Herabsetzung der Frist stattfindet, dann würde ja wiederum die Versicherungspflicht 2c. nach unserem Antrag vorliegen; sobald der Kaufmann, sei es durch Anwendung des Art. 60 oder durch Aenderung des Art. 61 die Frist, innerhalb deren er die kranken Gehülfen zu unterhalten und den Lohn weiter zu zahlen hat, herabsetzt, ist sofort die Zwangsversicherung eingetreten, indem die Voraussetzung unseres Antrags erfüllt ist, daß die sechswöchige Gehaltszahlung nicht mehr Anwendung findet." (Sten. Ber. 1892 S. 4729.)

23) Tantièmen. Handelt es sich darum, festzustellen, ob bei Betriebsbeamten wegen der Höhe ihrer Tantièmen die die Versicherungspflicht bedingende Grenze ihres Einkommens etwa überschritten wird, so muß hierüber nöthigenfalls nach § 58 entschieden werden. Dabei ist gleichfalls, wie bei Naturalbezügen, der Durchschnittswerth in Ansatz zu bringen, also derjenige Betrag, auf welchen der Beamte annähernd regelmäßig rechnen darf. Dieser Durchschnittswerth sowie der Durchschnittswerth der Naturalien ist dem baaren Lohn hinzuzusetzen. Ergiebt der Gesammtbetrag nicht mehr als 2000 ℳ jährlich, so besteht die Versicherungspflicht, anderenfalls aber nicht.

24) Naturalbezüge, also auch freies Logis, Gartennutzung, Feuerung, Drescherverdienst, Kuhweide, Kartoffelland u. s. w. Tantièmen und Naturalbezüge gelten auch dann als Gehalt oder Lohn, wenn sie allein, ohne Baar-

§. 2.

I. [1]) [1a]) Durch statutarische Bestimmung [2]) einer Gemeinde [3]) für ihren Bezirk,†) oder eines weiteren Kommunalverbandes [4]) für seinen Bezirk†) oder Theile desselben, kann die Anwendung der Vorschriften des §. 1 erstreckt werden: [5])

---

lohn, als Aequivalent für die Arbeitsleistung gewährt werden. Dem Arbeitgeber, welcher nach § 52 zur Einzahlung der Beiträge seiner Arbeiter verpflichtet ist, bleibt überlassen, wie er die Erstattung bei solchen Arbeitern herbeiführen will, denen er baaren Lohn nicht zahlt, bei denen er also von dem Recht des § 53 keinen Gebrauch machen kann. Vorsorge kann u. A. durch den Arbeits- (Lehr-) Vertrag getroffen werden. cf. oben Anm. 2, sowie Anm. 1 zu § 53. Der Unterhalt von Haussöhnen beim Familienhaupt ist kein Lohn im Sinne dieses Gesetzes, sofern er nicht etwa auf Grund besonderen Arbeitsvertrages als Lohn gewährt wird. Vgl. § 2 Ziffer 4.

[25]) in Ansatz gebracht. Der betr. Satz lautete früher: „Der Werth der letzteren ist nach Ortsdurchschnittspreisen in Ansatz zu bringen." Die jetzige Fassung wurde von der Novelle zu dem Zweck vorgezogen, um Uebereinstimmung mit dem gleichlautenden § 3 Abs. 1 Inv.Ges. zu erzielen (Komm. Ber. z. Nov. S. 3). Aus den Verhandlungen über das letztere ergiebt sich, daß dabei die Absicht obwaltete, den vollen Werth, den die Naturalbezüge für den Arbeiter selbst haben, zum Ansatz zu bringen. „Wir gingen davon aus, daß, wenn man z. B. eine dem Arbeiter gewährte Kuhweide etwa nur zu dem Preise ansetzen wollte, den ein entsprechendes Stück Wiese an sich an Pachtwerth hat, oder wenn man Jemandem, dem man Kartoffelland stellt, dieses etwa nur zu dem Satz in Anrechnung bringen wollte, den er an Pacht für das Land zahlen müßte, man damit Unrecht thun würde, denn der Werth der Kuhweide besteht für ihn nicht bloß in dem Pachtwerth der Wiese oder der Weide, sondern in dem Quantum Milch, das er aus der ihm überwiesenen Kuhweide jährlich gewinnen kann. Der Werth dieser Milch ist es, was er an Entgelt für seine Arbeit bezieht; ebenso aus dem ihm überwiesenen Kartoffelland sind die so und so viel Scheffel Kartoffel, die er daraus gewinnt, das, was ihm aus dem überwiesenen Kartoffelland zukommt" (Sten.Ber. 1889 S. 1150), vgl. Bosse-v. Woedtke Anm. 2 zu § 3 Inv.Ges. Hiernach gelten fortan für den Werth der Naturalbezüge an den einzelnen Orten gleiche Festsetzungen sowohl für die Invaliditäts- und Altersversicherung wie für die Krankenversicherung. Im Uebrigen vgl. Anm. 23.

Zu § 2.

[1]) Komm.Ber. S. 13: „Der § 2 der Kommissionsbeschlüsse gestattet die Erstreckung der Anwendung der Vorschriften des § 1 auf die in § 2 bezeich-

---

†) Bezirk. Für die statutarische Versicherung der land- und forstwirthschaftlichen Arbeiter vgl. § 134 landw. U. u. K.V.G.

1. auf diejenigen im §. 1 bezeichneten Personen, deren Beschäftigung[6]) **durch die Natur ihres Gegenstandes** oder **im Voraus** durch den Arbeitsvertrag auf einen Zeitraum von weniger als einer Woche beschränkt ist,
2. [7]) **auf die in Kommunalbetrieben[8]) und im Kommunaldienste[8a]) beschäftigten Personen[8b]), auf welche die Anwendung des §. 1 nicht durch anderweite reichsgesetzliche Vorschriften erstreckt ist,**
3. **auf diejenigen Familienangehörigen[9]) eines Betriebsunternehmers[10]), deren Beschäftigung in dem Betriebe nicht auf Grund eines Arbeitsvertrages[10a]) stattfindet,**
4. [11]) auf selbständige[12]) Gewerbetreibende, welche in eigenen Betriebsstätten im Auftrage und für Rechnung anderer Gewerbetreibender mit der Herstellung oder Bearbeitung gewerblicher Erzeugnisse beschäftigt werden (Hausindustrie),[13]) **und zwar[14]) auch für den Fall, daß sie die Roh- und Hülfsstoffe selbst beschaffen, und auch für die Zeit, während welcher sie vorübergehend für eigene Rechnung arbeiten,**

---

neten Klassen von Personen im Wege statutarischer Bestimmung. — Durch die Kommissionsberathung wurde der Sinn dieser Vorschriften dahin klargestellt:

a) daß, wenn der § 1 auf eine der Kategorien des § 2 für anwendbar erklärt ist, diese Anwendung sich auf den gesammten Inhalt des § 1 erstreckt, daß also alle in § 1 gegebenen Vorschriften, z. B. auch diejenige über die Obergrenze des Arbeitsverdienstes (sc. der Beamten und Handlungsgehülfen, vgl. Anm. 22 zu § 1 sowie § 2b, d. H.), alsdann auf die betreffenden Kategorien des § 2 ohne Weiteres Anwendung finden;

b) daß nach der Absicht der Kommission die Auswahl und Abgrenzung derjenigen Kategorien von Personen der im § 2 bezeichneten Art, auf welche die Anwendung der Vorschriften des § 1 erstreckt werden soll, lediglich dem Ermessen der das Statut erlassenden kommunalen Instanz anheimgegeben ist, und daß demnach die Aufsichtsbehörde in Ausübung des Genehmigungsrechtes zwar in der Lage ist, die von ihr nicht gewollte Unterstellung einer Kategorie von Personen unter den Versicherungszwang durch Nichtgenehmigung des Statuts zu verhindern, nicht aber befugt sein würde, die von ihr gewollte Unterstellung einer bestimmten derartigen Kategorie von Personen unter den Versicherungszwang indirekt dadurch zu erzwingen, daß sie die Aufnahme derselben zur Bedingung der Genehmigung des auf eine andere Kategorie von Personen bezüglichen Statutes macht."

5. auf Handlungsgehülfen und -Lehrlinge,[15]) **soweit dieselben nicht nach §. 1 versicherungspflichtig sind,**
6. auf die in der Land- und Forstwirthschaft[16]) beschäftigten[16a]) Arbeiter **und Betriebsbeamten.**[17]) ††) [18]) [19])

II. Die auf Grund dieser Vorschrift ergehenden statutarischen Bestimmungen müssen[20]) **die** genaue Bezeichnung derjenigen Klassen von Personen, auf welche die Anwendung der Vorschriften des §. 1 erstreckt werden soll, **und in den Fällen der Ziffern 1 und 4**[21]) Bestimmungen über die Verpflichtung zur An- und Abmeldung, sowie über die Verpflichtung zur Einzahlung der Beiträge enthalten.

III. Sie bedürfen der Genehmigung[22]) der höheren Verwaltungsbehörde[23]) und sind in der für Bekanntmachungen der Gemeindebehörden vorgeschriebenen oder üblichen Form zu veröffentlichen.

Vgl. Anm. 12, 15. Die Regierungsvorlage wollte der höheren Verwaltungsbehörde nicht nur die Genehmigung solcher Beschlüsse der Kommunalbehörden überweisen, sondern ihr auch ein selbstthätiges Eingreifen insofern gestatten, als die höhere Verwaltungsbehörde befugt sein sollte, die Gleichstellung von Arbeiterkategorien der im § 2 bezeichneten Art mit den Fabrikarbeitern u. s. w. des § 1 durch Anordnung zu erzwingen, „soweit auf diesem Wege (sc. durch statutarische Bestimmung) einem hervortretenden Bedürfniß nicht abgeholfen wird“. Diese Bestimmung beruhte insbesondere auf der Befürchtung, daß die Kommunen die eigenen Interessen den Interessen der Arbeitnehmer voranstellen und die Erstreckung des Versicherungszwanges auf weitere Klassen der letzteren, trotzdem die Voraussetzungen und Vorbedingungen dafür vorhanden seien, aus Selbstsucht, aus Kurzsichtigkeit oder in widerstandslosem Nachgeben gegen gewisse in der Kommunalverwaltung zuweilen maßgebende Einflüsse zu Ungunsten der arbeitenden Bevölkerung unterlassen möchten. Es war ferner zu erwägen, daß auch weiteren Kommunalverbänden nach den Erfahrungen, welche bei der Anwendung der Gewerbeordnungs-Novelle v. 8. April 1876 gemacht waren, die erforderliche Initiative in dieser Beziehung kaum zugetraut werden konnte.*) Nur die höhere Verwaltungsbehörde sei in der Lage, die Verhältnisse frei von lokalen Einflüssen sachgemäß zu prüfen und nöthigenfalls die in dem Interesse der Arbeiter erforderlichen Maßnahmen zu erzwingen. Hierin liege keineswegs eine Be-

---

††) Durch das Gesetz, betreffend die Unfall- und Krankenversicherung der in land- und forstwirthschaftlichen Betrieben beschäftigten Personen, v. 5. Mai 1886 (Reichs-Gesetzbl. S. 132) sind für die Krankenversicherung der letzteren einige besondere Bestimmungen erlassen. Vgl. hinten die Besprechung dieses Gesetzes.

*) Von der Befugniß, für ihre Bezirke den Kassenzwang einzuführen, hatten Gemeinden bisher nur in verhältnißmäßig sehr geringer Zahl, weitere kommunale Verbände gar keinen Gebrauch gemacht.

nachtheiligung der kommunalen Selbstverwaltung, denn nicht die letztere, sondern eine über deren Kreis weit hinausgehende sozialpolitische Maßnahme zur Verbesserung der Lage der arbeitenden Klassen stehe hier in Frage. Die Kommission hat jedoch diese Erwägungen gegenüber der genaueren Kenntniß, welche die Gemeinden 2c. von den in ihrem Bezirke herrschenden Zuständen haben würden, und in Anbetracht des Umstandes, daß auf den Organen der Selbstverwaltung die Ausführung des Gesetzes ruhe, nicht für durchgreifend erachtet und jene selbstordnende Befugniß der höheren Verwaltungsbehörde gestrichen:

„Die Majorität der Kommission erachtete jedoch trotz dieser Ausführung die Aufrechterhaltung der Befugniß der höheren Verwaltungsbehörde, selbst die Ausdehnung des Zwanges auszusprechen, nicht für geboten. Vielmehr wurde auch von denjenigen Kommissionsmitgliedern, welche an anderen Stellen der Vorlage für die Zwangsbefugnisse der Verwaltungsbehörden eintraten, erklärt, daß hier deren Streichung für sie dadurch an Bedenklichkeit verliere, daß die statutarische Bestimmung nicht nur von der Einzelgemeinde, sondern auch von weiteren Kommunalverbänden ausgehen könne. Es werde danach z. B. in Preußen die höhere Verwaltungsbehörde wohl in der Lage sein, wenn ihre sachlich begründeten Wünsche an der Kirchthurmspolitik der Lokalinstanzen zu scheitern Gefahr laufen sollten, ihre Absicht durch entsprechende Anträge bei den Organen der provinziellen Selbstverwaltung zu erreichen.“ (Komm.Ber. S. 15.)

Die höhere Verwaltungsbehörde ist also hierdurch ausdrücklich an die Vermittelung der Organe der provinziellen Selbstverwaltung verwiesen, wenn sie glaubt, daß die Interessen der arbeitenden Klassen ihres Bezirks von den zunächst berufenen lokalen Organen nicht ausreichend gewahrt werden.

1a) Durch die Novelle hat dieser Paragraph mehrfache Aenderungen erfahren; insbesondere sind einzelne Kategorien, welche in der früheren Fassung unter diesen § 2 fielen, fortgelassen und andere neu eingefügt worden.

In der älteren Fassung führte § 2 unter Ziffer 2 die sämmtlichen Handlungsgehülfen und -Lehrlinge, sowie die Gehülfen und Lehrlinge in Apotheken, in Ziffer 3 die Personen in anderen als im § 1 bezeichneten Transportbetrieben, in Ziffer 4 diejenigen Personen auf, welche von Gewerbetreibenden außerhalb ihrer Betriebsstätten beschäftigt werden (Heimarbeiter, vgl. Anm. 13). Hiervon sind durch die Novelle die Handlungsgehülfen und -Lehrlinge nur insoweit hier belassen (Ziffer 5), als sie nicht nach § 1 Abs. 4 der neuen Fassung schon obligatorisch versicherungspflichtig geworden sind (vgl. § 1); die Gehülfen und Lehrlinge in Apotheken aber sind fortgefallen. Ferner sind durch die Novelle die außerhalb der Betriebsstätte beschäftigten Arbeiter den innerhalb der Betriebsstätte beschäftigten Arbeitern lediglich gleichgestellt, also dem gesetzlichen Versicherungszwang unterstellt und demgemäß in § 2 gestrichen worden. Die Bediensteten der Transportbetriebe aber mit Ausnahme der Seeschiffahrtsbetriebe sind schon durch das Ausdehnungsgesetz dem allgemeinen Versicherungszwang unterstellt worden, und fallen deshalb jetzt unter § 1.

Die durch die Novelle sonst herbeigeführten Veränderungen betreffen in Ziffer 1 die Anlehnung an die neue Fassung der betr. Bestimmung in § 1, die Einfügung zweier neuen Ziffern (2 und 3), die Ausdehnung der Versicherung bei Hausgewerbetreibenden (Ziffer 4) und die ausdrückliche Erwähnung der land- und forstwirthschaftlichen Betriebsbeamten. Die Abänderung in Absatz 2 ist durch die anderweite Fassung des § 54 Abs. 1 bedingt, vgl. bei § 54.

[2]) statutarische Bestimmung. Die Wiederaufhebung der Aenderung der statutarischen Bestimmung muß, wenn auch das Gesetz darüber schweigt, unter denselben Voraussetzungen wie deren erstmaliger Erlaß für zulässig gehalten werden. Ebenso v. Schicker Anm. 17 zu § 2. Ueber die Formen und die Modalitäten, welche bei dem Erlaß solcher Statuten zu beachten sind, entscheiden die Landesgesetze; durch das vorliegende Reichsgesetz werden dieselben nur insofern modifizirt, als jedenfalls, wie auch nach § 142 der Gewerbeordnung, die Genehmigung durch die höhere Verwaltungsbehörde und die Veröffentlichung erforderlich ist.

Die durch Reichsgesetz vorgeschriebene Genehmigung durch die höhere Verwaltungsbehörde wird die landesgesetzlich für statutarische Bestimmungen etwa vorgeschriebene Genehmigung durch die Centralbehörde oder durch den Landesherrn um so mehr ersetzen, als die hier in Frage stehenden sozialpolitischen Funktionen der Kommunalverbände erst durch Reichsgesetz begründet und mit den landesgesetzlichen kommunalen Funktionen derselben keineswegs identisch sind. In Preußen finden also die Vorschriften des § 176 Nr. 1 der Kreisordnung v. 13. Dezbr. 1872 und der §§ 8, 119 Nr. 1 der Provinzialordnung v. 29. Juni 1875 über die landesherrliche Genehmigung der von den Kreistagen und den Provinziallandtagen zu erlassenden Statuten auf die nach Maßgabe des § 2 dieses Gesetzes zu erlassenden statutarischen Bestimmungen keine Anwendung.

[3]) Gemeinde. Derselben stehen die selbständigen Gutsbezirke und Gemarkungen gleich, § 83.

[4]) weiteren Kommunalverbandes, § 84. In Preußen sind weitere Kommunalverbände sämmtliche Provinzial- und Kreisverbände, ferner der Lauenburgische Landeskommunalverband in der Provinz Schleswig-Holstein, die Aemter in der Provinz Westfalen, die kommunalständischen Verbände in der Provinz Hessen-Nassau, die Bürgermeistereien in der Rheinprovinz, der Landeskommunalverband und die Oberamtsbezirke in den Hohenzollernschen Landen.

[5]) Die nachstehend aufgeführten Klassen von Arbeitern sind dem allgemeinen gesetzlichen Versicherungszwange theils um deswillen nicht unterworfen worden, weil ein solcher nicht für alle diesen Klassen angehörenden Personen gerechtfertigt erscheint (Nr. 2, 3, 5, 6), theils um deswillen nicht, weil derselbe ohne besondere örtliche Regelung nicht durchgeführt werden kann. Die Frage, ob der Krankenversicherungszwang gerechtfertigt oder durch-

führbar ist, hängt in diesen Fällen von örtlichen Verhältnissen ab und ist deshalb der Entschließung der Organe engerer oder weiterer Kommunalverbände übertragen worden (cf. die allgemeinen Motive oben S. 27). Um den Zweck des Gesetzes, die Wohlthat der Krankenversicherung thunlichst allen arbeitenden Klassen zuzuwenden, möglichst vollständig zu erreichen, werden diese Organe von der ihnen eingeräumten Befugniß thunlichst oft und überall da Gebrauch zu machen haben, wo örtliche Verhältnisse nicht direkt entgegenstehen. cf. übrigens Anm. 12.

[6]) deren Beschäftigung. Die abgeänderte Fassung entspricht der gleichlautenden Fassung in § 1, vgl. Anm. 17 zu § 1.

[7]) Mot. z. Nov. S. 35: „Durch die Aufnahme einer neuen Ziffer 2 soll die Möglichkeit gegeben werden, einem mehrfach hervorgetretenen Bedürfnisse zu entsprechen. Während Personen, welche in Betrieben der unter § 1 Ziffer 1 und 3 bezeichneten Art beschäftigt werden, auch dann versicherungspflichtig sind, wenn diese Betriebe solche des Reichs, des Staats oder einer Kommune sind, und während die in einer weiteren Reihe von Reichs- und Staatsbetrieben beschäftigten Personen durch die § 1 Ziffer 1 und § 15 des Gesetzes über die Ausdehnung der Unfall- und Krankenversicherung vom 28. Mai 1885" (vgl. jetzt insbesondere § 1 Abs. 2 K.V.G.) „der Versicherungspflicht unterworfen sind, giebt es noch eine Anzahl in öffentlichen Betrieben beschäftigter Personen, welche, obwohl sie nach ihren wirthschaftlichen und sozialen Verhältnissen den unter die §§ 1 und 2 fallenden Personen völlig gleichstehen, nur deshalb von der Krankenversicherung ausgeschlossen sind, weil die Betriebe, in denen sie beschäftigt sind, nicht als Gewerbebetriebe angesehen werden können. Dahin gehören z. B. die bei manchen Behörden bestehenden lithographischen Anstalten, die städtischen Reinigungsanstalten, die Berufsfeuerwehren und andere. Je nach den Verhältnissen empfiehlt es sich um so mehr, diese Personen dem Versicherungszwang zu unterwerfen, als dieselben vielfach von der Beschäftigung in öffentlichen Betrieben zu derjenigen in gleichartigen Gewerbebetrieben übergehen und umgekehrt. Aber nicht nur für diese in „Betrieben" d. h. bei wirthschaftlicher Thätigkeit beschäftigten Arbeiter des Reichs, der Staaten und Kommunalverbände, sondern auch für manche andere untere Bedienstete derselben, z. B. Polizeibedienstete, unteres Büreaupersonal, empfiehlt es sich je nach ihren speziellen Verhältnissen nicht selten, sie der Versicherungspflicht zu unterstellen, wenn sie nicht unter die neue Bestimmung des § 3 fallen. — Diese Ausdehnung der Versicherungspflicht kann aber den statutarischen Bestimmungen von Kommunalverbänden nur hinsichtlich der Kommunalbediensteten überlassen werden. Soweit es sich um Bedienstete des Reichs oder eines Staates handelt, muß diese Ausdehnung des Versicherungszwangs der Verfügung, im ersten Fall des Reichskanzlers, im zweiten Fall der Landes-Centralbehörde anheimgestellt bleiben, da es sonst zu einer unzulässigen Verschiedenheit der Verhältnisse dieser Personen in Folge statutarischer Be-

stimmungen der Kommunalverbände kommen könnte. Zu der neuen Ziffer 2 des § 2 tritt daher der § 2a hinzu."

[8]) Kommunalbetrieben nicht gewerblicher Art; „Betrieb" als wirthschaftliche Thätigkeit im Gegensatz zum Kommunaldienst, d. h. der sog. regiminellen Thätigkeit. Beispiele siehe in Anm. 7; auch städtische Krankenhäuser und die Verwaltung öffentlicher Anlagen gehören hierher. Soweit es sich um einen „Gewerbebetrieb" der Gemeinde, oder um Bauten der Gemeinde, oder um Anlagen mit Dampfkesseln oder elementaren Triebwerken handelt, bedarf es keiner statutarischen Bestimmung, da dieselben schon unter § 1 fallen. Der Kommunalverband kann ein engerer (Gemeinde) oder weiterer (Kreis, Provinz u. s. w.) sein.

[8a]) Kommunaldienst, vgl. Anm. 7 und 8; zu den in Anm. 7 genannten Beispielen (Polizeibedienstete, unteres Büreaupersonal) lassen sich hinzufügen Nachtwächter, Thurmwächter, Flurschützen und andere.

[8b]) Personen einschl. der Beamten, auch wenn letztere nicht Betriebsbeamte sind, bei Beamten aller Art aber nur bis zu einem Jahresverdienst von höchstens 2000 ℳ, vgl. § 2b. Ausgenommen sind die unter § 3 fallenden Personen.

[9]) Familienangehörige. Diese Bestimmung soll eine Quelle von Zweifeln, die sich bei der Durchführung des Gesetzes gezeigt hat, beseitigen. „Durch die Aufnahme der neuen Ziffer 3 wird einerseits klar gestellt werden, daß die gesetzliche Versicherungspflicht auf Grund des § 1 nur für solche Familienangehörige eintritt, welche auf Grund eines Arbeitsvertrages im Betriebe beschäftigt werden; andererseits wird dadurch Vorsorge getroffen, daß die Versicherungspflicht der ohne Arbeitsvertrag beschäftigten Familienmitglieder durch Statut den örtlichen Bedürfnissen entsprechend geregelt werden kann" (Mot. z. Nov. S. 36). Vgl. Anm. 10a.

Durch die statutarische Bestimmung (Abs. 2) muß der Kreis „der Familienangehörigen", welche der Versicherungspflicht unterworfen werden, genau bestimmt werden. Dabei kann über den engeren Rahmen, den dieser Begriff in § 21 hat, hinausgegangen werden (Sten. Ber. S. 2941).

[10]) Betriebsunternehmers. Der in der Vorlage der Nov. hier gebrauchte Ausdruck: „Gewerbetreibende" ist vom Reichstage zu dem ausgesprochenen Zwecke geändert worden, um auch die Familienangehörigen eines Landwirths, dessen landwirthschaftlicher Betrieb zwar ein Betrieb, aber kein Gewerbebetrieb ist, unter diese Bestimmung zu bringen (Sten. Ber. 1892 Seite 4738).

[10a]) Arbeitsvertrages, d. h. einer wenn auch formlosen Vereinbarung, kraft deren einerseits dem Familienhaupt auf die Arbeitsleistung, andererseits den Angehörigen auf die dafür zu gewährenden geldwerthen Leistungen ein über das Familienrecht hinausgehender und von ihm unabhängiger Rechtsanspruch eingeräumt ist (vgl. Arb.Vers. XII S. 473).

[11]) Die nach der bisherigen Fassung geltende Bestimmung, daß „Personen, welche von Gewerbetreibenden außerhalb ihrer Betriebsstätten beschäftigt werden" (Außenarbeiter, Heimarbeiter), nur dem statutarischen Versicherungszwang unterliegen sollen, ist in der Novelle gestrichen worden. Fortan macht es also keinen Unterschied mehr, ob die Arbeiter innerhalb oder außerhalb der Betriebsstelle beschäftigt werden; sie unterliegen in beiden Fällen dem allgemeinen gesetzlichen Versicherungszwang. Vgl. Anm. 13. Ebenso bei der Inv. u. Alters-Vers.

[12]) selbständige; cf. Anm. 1 zu § 1, sowie Anm. 13. Auch nach der Gewerbeordnung (§ 119) gelten die Hausindustriellen als selbständige Gewerbetreibende, auf welche aber gewisse Vorschriften auf Fabrikarbeiter Anwendung finden.

[13]) Hausindustrie; vgl. allg. Motive oben S. 27. Ueber den Begriff der Hausindustrie und ihre Unterscheidungsmerkmale von außerhalb beschäftigten Arbeitern (Heimarbeitern) vgl. insbesondere die Entscheidung des Reichs-Vers.-Amts v. 15. Oktober 1891 (Amtl. Nachr. J. u. A.V. II S. 181), Stieda in den Schriften des Vereins für Sozialpolitik Bd. XXXIX, sowie Gebhard, die Inv. u. Alters-Vers. der Hausgewerbetreibenden der Tabackfabrikation (Berlin, Carl Heymanns Verlag 1892). Das R.V.A. sieht den Unterschied von Arbeitern hauptsächlich in der bei dem Hausgewerbetreibenden bestehenden persönlichen Unabhängigkeit vom Arbeitgeber, in seiner größeren Freiheit in der Gestaltung des Arbeitsverhältnisses; „in der eigenen Werkstätte ist der Beschäftigte alleiniger Herr, er bestimmt Anfang, Ende, Umfang und Reihenfolge der Arbeit"; „eine Disziplin des Arbeitgebers tritt so wenig ein wie dessen Fürsorge". Der Auffassung, daß für den Begriff des Hausgewerbetreibenden nicht die wirthschaftliche, sondern die persönliche Unabhängigkeit maßgebend sei, hat sich auch das Pr. Ob.Verw.Ger. (Entsch. v. 12. Juni 1893) angeschlossen. Charakteristisch für die Hausindustrie ist ferner ein gleichförmiger, außerhalb von Fabriken stattfindender Massenbetrieb; der Außenarbeiter (Heimarbeiter) wird dagegen meist nur aus zufälligen, vorübergehenden Gründen, z. B. Raummangel in der Fabrik, in der eigenen Wohnung beschäftigt werden; bei letzterem handelt es sich dabei immer um einen Arbeitsvertrag, nicht um einen Werkvertrag über einzelne Stücke; im Zweifel ist der herkömmlichen Beurtheilung des betreffenden Arbeitsverhältnisses in der betreffenden Gegend besondere Bedeutung beizumessen.

Vom selbständigen Betriebsunternehmer unterscheidet sich der Hausindustrielle dadurch, daß er nicht „für eigene Rechnung", sondern für Rechnung eines anderen Gewerbetreibenden produzirt, also keinen Unternehmergewinn erzielt, auch die Waare nicht direkt unter das Publikum bringt, sondern sie einem anderen Gewerbetreibenden zur Verwerthung überläßt.

Bei den Hausindustriellen ist es oft ganz besonders schwierig, zu bestimmen, wer als Arbeitgeber zu gelten hat, ob der Fabrikkaufmann, welcher durch

Unternehmer, Ausgeber, Mittelpersonen aller Art (oft gleichfalls Fabrikanten genannt) mit den Hausindustriellen verkehrt, oder ob diese Mittelspersonen, welche die von dem Fabrikkaufmann im Ganzen verlangte Arbeit den Hausindustriellen zutheilen. Hauptsächlich diese Schwierigkeit hat zu der Bestimmung des § 54 geführt; vgl. denselben und die Anmerkungen daselbst, sowie zu §§ 59 und 60.

Die Verhältnisse der Hausindustrie, z. B. der Hausweber in Oberschlesien und am Niederrhein, sind häufig so traurig, daß diese Gewerbetreibenden vielleicht noch weniger wie gewerbliche Arbeiter in der Lage sind, für Krankheitsfälle und die dadurch bedingte Unfähigkeit, den bisherigen kärglichen Verdienst weiter zu erwerben, einen Nothgroschen zurückzulegen; sie fallen daher in Krankheitsfällen besonders häufig der Armenpflege anheim. Für diese soziale Lage der Hausindustrie ist daher die Krankenversicherung von ganz besonderer Bedeutung, und es muß deshalb gerade für diese Kategorie der Versicherungszwang überall dort durch Statut eingeführt werden, wo er (als Zwang) sich nur irgendwie durchführen läßt, d. h. wo es gelingt, durch Heranziehung von Arbeitgebern oder auf andere zuverlässige Weise die nöthige Kontrole für die Eingehung und Aufrechterhaltung des Versicherungsverhältnisses zu gewinnen. Der Versicherungszwang wird selbst dann wünschenswerth sein, wenn es nicht gelingt, Arbeitgeber zur antheiligen Aufbringung des Beitrages zu verpflichten; daß es den Gewerbetreibenden oft recht schwer fallen wird, die Beiträge aufzubringen, sollte die betheiligten Gemeindeorgane von der Einführung nicht abhalten, ebensowenig wie etwaige Belästigungen, die aus letzterer erwachsen möchten. Liegt doch die materielle Hebung auch der Lage der Hausindustriellen durchaus im wohlverstandenen Interesse der Gemeinden und Arbeitgeber! Bei den Hauswebern am Niederrhein und in dem Aachener Bezirk hat eine Erstreckung der Versicherungspflicht mit gutem Erfolge bereits in erheblichem Umfange stattgefunden.

Die statutarische Einführung des Versicherungszwanges für die Hausindustrie ist übrigens auch in den Verhandlungen des Volkswirthschaftsraths mit dem Bemerken ganz besonders befürwortet worden, daß für die letztere bisher noch nichts geschehen sei, weder von den Arbeitgebern, die zu demselben ja auch nur in losem Verhältniß ständen, noch von den Arbeitern selbst; und doch fielen gerade solche Gewerbetreibende am leichtesten der Armenpflege anheim und belasteten dadurch die Armenbudgets der Gemeinden auf das empfindlichste (Prot. d. Volkswirthschaftsraths 1882 S. 64).

In einzelnen Zweigen der Hausindustrie werden von den Hausindustriellen auch unselbständige Arbeiter beschäftigt. Diese letzteren fallen, wie in den Motiven zu § 2 ausdrücklich bemerkt wird, unter den allgemeinen gesetzlichen Versicherungszwang nach § 1 Nr. 2. Für ihre unselbständigen Arbeiter sind dann die Hausindustriellen die Arbeitgeber, wie auch vom Preuß. Handelsminister anerkannt worden ist. Die nicht auf Grund eines Arbeitsvertrages beschäftigten Familienangehörigen der Hausindustriellen fallen unter Ziffer 3 des § 2. cf. Anm. 14 zu § 1.

---

[14]) und zwar. Diese beiden Zusätze entsprechen dem § 2 Abs. 1 Inv. Ges. Die Beschaffung von Roh- und Hülfsstoffen für die herzustellenden Erzeugnisse kann dauernd stattfinden, eine zeitweise Beschäftigung für eigene Rechnung aber darf nur eine vorübergehende sein, wenn während derselben das Versicherungsverhältniß, „um einer unerwünschten häufigen Unterbrechung desselben vorzubeugen" (Mot. z. Nov.), soll aufrecht erhalten bleiben können. Eine solche vorübergehende Beschäftigung für eigene Rechnung kommt bei Hausindustriellen oft vor, weil sie wegen der gerade hier „besonders stark hervortretenden Schwankungen des Arbeitsmarktes nicht immer genügende Aufträge finden", und deshalb genöthigt sind, sich vorübergehend anderweiten Verdienst zu suchen. Aehnlich § 142 landw. U. u. K.V.G.

[15]) Handlungsgehülfen und -Lehrlinge, vgl. Anm. 22a zu § 1. Wenn solche Personen der Versicherungspflicht statutarisch unterworfen sind, so haben sie also die Ansprüche gegen den Prinzipal aus Art. 60 H.G.B.; denn wenn sie dieselben nicht hätten, so wären sie kraft Gesetzes versicherungspflichtig (§ 1 Abs. 4). Ihnen stehen dann die Ansprüche gegen den Prinzipal neben den Ansprüchen aus der Krankenversicherung zu, denn die auf Gesetz oder Vertrag beruhenden Ansprüche der Versicherten gegen Dritte werden durch dieses Gesetz nicht berührt (§ 57 Abs. 1) und ein „gesetzlicher Entschädigungsanspruch", der gemäß § 57 Abs. 4 auf die Krankenkasse übergehen würde, ist der aus Art. 60 H.G.B. sich ergebende Anspruch des Handlungsgehülfen gegen den Prinzipal nicht. Ebenso Erk. d. Preuß. Ob.Verw.Ger. v. 10. Sept. 1888 und v. 19. Dezember 1887 (Entsch. XV S. 398). Gehülfen und Lehrlinge in Apotheken werden auch statutarisch nicht für versicherungspflichtig erklärt werden können (v. Schicker Anm. 11 zu § 2; Arb.Vers. IX S. 289, 522).

[16]) Land- und Forstwirtschaft. Ueber die Frage, ob und inwieweit die Arbeiter der Land- und Forstwirthschaft in den Versicherungszwang hineingezogen werden sollten, haben bei Erlaß des Gesetzes eingehende Erörterungen und Erwägungen stattgefunden. In den „Grundzügen für die gesetzliche Regelung der Krankenversicherung der Arbeiter", welche vor Ausarbeitung des Gesetzentwurfs im Jahr 1882 dem Volkswirthschaftsrath zur Begutachtung vorgelegt wurden, war die Hineinziehung dieser Kategorie von Arbeitern aus den von dem Regierungskommissar demnächst mündlich erörterten Gründen (Prot. u. s. w. S. 61) unterlassen worden, doch wurde schon damals von dem Vorsitzenden, Staatsminister v. Boetticher, ausgeführt (a. a. O. S. 64), daß die Regierung dem Gedanken, die landwirthschaftlichen Arbeiter zur Zwangsversicherung heranzuziehen, wohlwollend gegenüberstehe und es mit Genugthuung begrüßen würde, wenn der Volkswirthschaftsrath geeignete Mittel und Wege, welche unter Vermeidung der gerade hier besonders großen Schwierigkeiten zum Ziel führen möchten — was bisher trotz vielfacher Erörterungen nicht gelungen sei — würde vorschlagen können. Nach eingehender Depatte im Plenum und im permanenten Aus-

schuß wurde demnächst beschlossen, die in der Land- und Forstwirtschaft beschäftigten Arbeiter dem statutarischen Versicherungszwange zu unterwerfen, also die Entscheidung der Frage, ob nach den örtlichen Verhältnissen ein solcher Zwang angezeigt und durchführbar sei, in die Hand der Gemeinden und weiteren Kommunalverbände zu legen. Diesem Vorschlag hatte sich der Gesetzentwurf angeschlossen. Bei der zweiten Lesung desselben entschied sich jedoch die Kommission des Reichstags dafür, durch Einschiebung eines § 1 a unter ausdrücklicher Ausschließung des Gesindes umgekehrt den Zwang als Regel hinzustellen, aber durch Beschluß der Gemeinden u. s. w. die Ausschließung des Zwangs (als Ausnahme) zu gestatten. Nachdem der Reichstag in der zweiten Lesung des Gesetzentwurfs diese Regelung acceptirt hatte, wurde schließlich in der dritten Lesung der § 1 a abgelehnt und die Wiederherstellung der Regierungsvorlage beschlossen.

Die Majorität folgte dabei insbesondere den Ausführungen der Regierungskommissare dahin, daß die landwirthschaftlichen Arbeiter zum Theil gegenwärtig (sei es nach Herkommen oder Arbeitsvertrag) besser in Krankheitsfällen stehen, als dieses Gesetz, wenn sie demselben zwangsweise unterworfen würden, sie stellen würde, und daß es dem Grundprinzip des letzteren, welches lediglich die Verbesserung der Lage der arbeitenden Klassen anstrebe, widersprechen würde, wenn für einen Theil derselben eine Verschlechterung erwachsen sollte (Sten. Ber. 1883 S. 2514); ferner dahin, „daß man durch Einführung des direkten Versicherungszwanges in weite Kreise der landwirthschaftlichen Bevölkerung künstlich Gegensätze hineintragen würde, die bisher noch nicht vorhanden waren" (a. a. O. S. 1995); daß die Grenze, bei welcher die Verbesserung anfange, und der Zwang daher gerechtfertigt sein würde, noch nicht genügend festgestellt und nicht einmal klar sei, ob sie sich generell werde feststellen lassen, daß aber schon bei Ausführung des Gesetzes auf eine Klärung der einschlagenden Verhältnisse werde Bedacht genommen werden, um eventuell später im Wege der Novelle die allgemeine Versicherungspflicht auf alle oder gewisse Klassen dieser Kategorie von Arbeitern ausdehnen zu können (a. a. O. S. 1995); endlich dahin, daß die Versicherung gegen Krankheit unter den Arbeitern der Land- und Forstwirthschaft bisher ganz unbekannt, der Industrie dagegen seit längerer Zeit bekannt sei, und daß es deshalb legislatorisch zweckmäßig erscheine, die ersteren denselben Weg durchmachen zu lassen, den die Gesetzgebung für die Arbeiter der Industrie gegangen sei, nämlich von der statutarischen Regelung eventuell zur gesetzlichen Zwangsregelung überzugehen (a. a. O. S. 2503).

Vgl. außer den allgemeinen Motiven (oben S. 28) auch noch folgende Ausführungen des Kommissionsberichts (S. 12):

„Sehr langdauernde Diskussionen fanden über die auch bei den Plenardebatten schon erörterte Frage statt, wie die in der Land- und Forstwirthschaft beschäftigten Arbeiter zu behandeln seien."

„Auf das entschiedenste trat ein Theil der Kommissionsmitglieder für die Nothwendigkeit ein, dieselben dem Krankenversicherungszwange zu unterwerfen. Ebenso entschieden widersetzte man sich von anderer Seite der Ausdehnung des Versicherungszwanges auf die land- und forstwirthschaftlichen Arbeiter."

„Die letztere Ansicht vertraten, an dem Standpunkt der Vorlage festhaltend, die Regierungskommissare. Unter Verweisung auf die Seite 26 der Motive (oben S. 28) gegebenen Darlegungen hoben dieselben, abgesehen von den auch von anderen Seiten angeführten Gründen, insbesondere hervor:"

„„Der Fall, daß dieselben Personen heute in eigener Wirthschaft thätig seien und in derselben ihrerseits fremde Arbeitskräfte beschäftigen, morgen dagegen für Lohn in anderen Wirthschaften arbeiteten, sei in der Landwirthschaft ungleich häufiger als im Gewerbe und bilde in Gegenden mit vorwiegendem Kleinbetriebe oft so sehr die Regel, daß die Zahl derjenigen, welche ausschließlich oder auch nur regelmäßig als landwirthschaftliche Lohnarbeiter thätig seien, eine äußerst geringe sei. Daneben sei das Gesindewesen mit dem landwirthschaftlichen Betriebe viel enger verflochten als mit dem gewerblichen, und in seiner rechtlichen Gestaltung so mannigfaltig abgestuft, daß der Unterschied zwischen Dienstboten und landwirtschaftlichen Lohnarbeitern vielfach unklar und schwer festzustellen sei. Die Einführung eines allgemeinen gesetzlichen, durch nähere, den örtlichen Verhältnissen angepaßte Bestimmungen nicht begrenzten Versicherungszwanges werde daher nothwendig zu zahlreichen und schwierigen Streitfragen über die Grenze des letzteren führen. Das erheblichste Bedenken gegen die vorgeschlagene Bestimmung werde von den verbündeten Regierungen aber darin gesehen, daß die allgemeine ohne Prüfung der in Betracht kommenden örtlichen Verhältnisse erfolgende Einführung einer auf Geldwirthschaft beruhenden Versicherung in vielen Gegenden aufs tiefste in die den konkreten Verhältnissen der Landwirthschaft entsprechende Naturalwirthschaft und die darauf beruhende, alle Betheiligten befriedigende Form des Unterstützungswesens eingreifen werde.""

„„Soweit ein Bedürfniß hervortreten werde, die Krankenunterstützung auch für die landwirthschaftlichen Arbeiter auf die in dem Gesetzentwurf vorgesehene Art zu regeln, sei dazu durch den § 2 der Vorlage die Möglichkeit in ausreichender Weise geboten, während die Möglichkeit der Ausschließung des gesetzlichen Versicherungszwanges durch statutarische Bestimmung keine genügende Garantie dafür biete, daß die in örtlichen Verhältnissen begründeten Bedenken die erforderliche Berücksichtigung finden würden. Namentlich sei zu befürchten, daß das Gewicht dieser Bedenken in vielen Fällen erst erkannt werden würde, nachdem die zur Durchführung der Versicherung erforderlichen Organisationen bereits ins Leben gerufen seien. Dann aber werde sich der Ausschließung des Versicherungszwanges durch statutarische Bestimmung neben anderen Schwierigkeiten der Umstand entgegenstellen, daß dieselbe den Betheiligten als eine gehässige zur Beseitigung einer ihnen vom Gesetze zugedachten Wohlthat ergriffene Ausnahmsregel erscheine.""

„Von Seiten der mit diesen Ausführungen einverstandenen Kommissionsmitglieder wurde außerdem noch hervorgehoben, das ganze Gesetz sei aus den Verhältnissen der Industrie und der Städte heraus gearbeitet, auf das platte Land und die Landwirthschaft paßten dessen Bestimmungen nicht. Es sei vielmehr zu befürchten, daß dasselbe hier für die materielle Stellung der erkrankten Arbeiter vielfach schädigend statt fördernd wirken könne. Die nothwendige Schreibarbeit und die umständliche Kassenführung würden in der vielfach auf Naturalleistungen basirten Landwirthschaft als belastend empfunden werden. Die Schwierigkeiten der Durchführung des Gesetzes seien ohnehin schon stark genug, man möge sie nicht noch durch Hineinziehen der land- und forstwirthschaftlichen Arbeiter vermehren Man möge es vielmehr bei der das Richtige treffenden und dem Bedürfnisse genügenden Bestimmung des § 2 der Vorlage belassen."

„Dagegen wurde für die Erstreckung des Krankenversicherungszwanges auf die land- und forstwirthschaftlichen Arbeiter angeführt: Wenn man das Gesetz als ein für die arbeitende Bevölkerung segensreiches ansehe, so dürfe man nicht eine so große Zahl von Lohnarbeitern von demselben ausschließen. Man höre ohnehin schon in Arbeiterkreisen vielfach die Aeußerung, daß man im Begriffe sei, wieder ein Klassengesetz zu machen; man solle sich hüten, durch Ausschließung der land- und forstwirthschaftlichen Arbeiter diesem Vorwurfe größere Wahrheit und erhöhte Bedeutung zu geben. Nach den Bestimmungen der Vorlage enthalte diese Ausschließung eine entschiedene Unbilligkeit gegen die Ausgeschlossenen. Bei der Gemeinde-Krankenversicherung müsse bei Insuffizienz der Beiträge oder, wo solche nicht erhoben würden, die Gemeinde eintreten, man belaste also in solchen Fällen den nicht versicherten Arbeiter zu Gunsten des versicherten, diese Belastung werde in jenem Falle in vielen Gegenden die Mehrzahl der Arbeiter treffen."

„Die Schwierigkeiten, welche durch Erstreckung des Versicherungszwanges auf die land- und forstwirthschaftlichen Arbeiter entständen, möge man doch auch nicht überschätzen. Auch ohne diese würden in jedem größerem landwirtschaftlichen Betriebe einige versicherungspflichtige Arbeiter vorhanden sein. Man werde dann für diese wenigen fast denselben Apparat in Thätigkeit setzen müssen, der für die Gesammtheit der Arbeiter des Betriebes ausreichen würde. Diese Erwägung falle um so stärker ins Gewicht, nachdem man die Nr. 3 dem § 1 zugesetzt habe, zugleich werde aber dadurch die entstehende Ungleichheit den Betheiligten selbst klar vor Augen gestellt. Derselbe Arbeiter sei, wenn und solange er in der Brennerei, bei einem Bau, bei einer zum Betriebe gehörigen Dampfdreschmaschine arbeite, versicherungspflichtig;*) er sei es nicht, wenn und solange er mit anderen landwirthschaftlichen Arbeiten

*) cf Anm. 14 zu § 1.

beschäftigt sei. Das sei ein unhaltbarer Zustand. Noch stärker treten diese Uebelstände hervor, wo Landwirthschaft und Industrie örtlich vermischt seien. Es gebe ja viele Arbeiter, die bald in der Landwirthschaft, bald in gewerblichen Betrieben Beschäftigung suchten; diese alsdann je nach ihrer Beschäftigung bald als versichert, bald als nicht versichert zu behandeln, sei weder praktisch empfehlenswerth, noch sachlich gerechtfertigt."

„Daß in den Gegenden mit vorwiegendem Kleinbesitz das Bedürfniß, auch die Landwirthschaft dem Versicherungszwange zu unterwerfen, nicht vorhanden sei, könne zugegeben werden. Im Ganzen genommen sei aber das Gegentheil in Deutschland die Regel. Wolle man statutarischer Bestimmung hier einen Einfluß gestatten, so möge man dem Statut den Ausschluß, nicht die Einführung des Zwanges überweisen."

Diese letzteren Erwägungen haben aber schließlich gegen die oben hervorgehobenen entgegenstehenden Bedenken zurücktreten müssen. Bei der statutarischen Regelung durch die Kommunalverbände ist es denn auch in dem neuen Gesetz über die Unfall- und Krankenversicherung der in land- und forstwirthschaftlichen Betrieben beschäftigten Personen, v. 5. Mai 1886 einstweilen verblieben; die obligatorische Versicherung sei für die Land- und Forstwirthschaft, wie man annahm, zur Zeit noch nicht rathsam. Aufgegeben aber ist dieselbe nicht. Vgl. die Begründung dieses Gesetzes weiter unten.

Die Novelle von 1892 hat hieran nichts geändert; erhebliche Debatten über diese Frage sind dabei nicht vorgekommen.

Hiernach können auch gegenwärtig, wie schon früher, die Arbeiter der Land- und Forstwirthschaft an der Versicherung freiwillig sich betheiligen (cf. § 4 sowie Anm. 6a zu demselben); sie können aber auch überall dort, wo die Verhältnisse es fordern oder zulassen, dem Zwang statutarisch unterstellt werden. Um derartige statutarische Bestimmungen zu erleichtern und zu fördern, sind in dem (in diesem Kommentar weiter unten behandelten) Gesetz, betreffend die Unfall- und Krankenversicherung der in land- und forstwirthschaftlichen Betrieben beschäftigten Personen, v. 5. Mai 1886 (Reichs-Gesetzbl. S. 132) für land- und forstwirthschaftliche Arbeiter gewisse Abänderungen materieller Bestimmungen des Krankenversicherungsgesetzes vorgesehen, wie sie für die besonderen Verhältnisse der Land- und Forstwirthschaft sich als nöthig herausgestellt haben. Einige Schwierigkeiten mögen dabei hinsichtlich der Abgrenzung der landwirthschaftlichen Arbeiter von dem landwirthschaftlichen Gesinde, welches nicht versicherungspflichtig gemacht werden darf (vgl. Anm. 17), freilich bestehen; indessen werden sich dieselben überwinden lassen. Vgl. Anm. 18 i. f. sowie Anm. 8 zu § 4.

Gärtnerei gehört an sich zur Landwirthschaft; die Handelsgärtnerei ist aber den Gewerbebetrieben zuzurechnen (v. Schicker Anm. 12 zu § 2). Vgl. Anm. 14 zu § 1.

16a) beschäftigten. Ueber die statutarische Ausdehnung der Versicherungspflicht land- und forstwirthschaftlicher Arbeiter auch auf beschäftigungslose Zeiten vgl. Anm. 1 ad IV zu § 1, sowie Anm. zu § 11 und § 142 landw. U. u. K.V.G.

17) Arbeiter und Betriebsbeamten. Das landwirthschaftliche Gesinde (Knechte, Mägde ꝛc., vgl. Anm. 8 zu 4) gehört nicht hierher; dasselbe ist nur berechtigt, freiwillig der Gemeinde-Krankenversicherung sich anzuschließen, kann dagegen durch statutarische Bestimmung der Versicherungspflicht nicht unterworfen werden (Erk. d. Pr. Ob.Verw.Gr. v. 30. April 1888, Entsch. XVI S. 364); vgl. Anm. 1 ad IV und Anm. 14 zu § 1 sowie § 4 und Anm. 8 zu demselben. Die in der Land- und Forstwirthschaft beschäftigten Betriebsbeamten sind erst durch die Novelle den Arbeitern gleichgestellt worden. Ueber die Unterscheidung landwirthschaftlicher Beamten von den landwirthschaftlichen Arbeitern vgl. Anm 21 zu § 1 K.V.G.

Eine erschöpfende Aufzählung aller Kategorien der in der Land- und Forstwirthschaft beschäftigten Arbeiter (ausschl. Gesinde) ist aus den oben angedeuteten Gründen hier nicht möglich. Insbesondere kommen hier in Betracht die verschiedenen Kategorien der Tagelöhner. Nach P. Ballin, der Haushalt der arbeitenden Klassen, Berlin 1883 bei Fr. Luckhardt, I S. 11 ff., sind dies entweder grundbesitzende Tagelöhner (Häusler, Kolonisten, Büdner ꝛc.), d. h. solche Arbeiter, welche zwar einen kleinen Grundbesitz haben, aber zum Lebensunterhalt noch auf Tagearbeit gehen müssen; oder freie Tagelöhner ohne Grundbesitz (Einlieger, Heuerlinge, Losleute ꝛc.), welche oft fluktuirend den Bezirken zuströmen, wo gerade viel Arbeiter verlangt werden, z. B. nach Sachsen zur Rübenernte, im Winter aber zurückkehren und dann u. a. beim Dreschen Beschäftigung finden; oder kontraktlich gebundene Tagelöhner (Guts- oder Hoftagelöhner, Instleute, Feldgesinde, Kathenleute, Freimänner, Ratteier, Komorniks), welche zu dem Gutsherrn in festem Verhältniß stehen, täglich auf herrschaftliche Arbeit kommen, oft auch noch ihre Frau sowie einen weiteren Arbeiter, den Scharwerker oder Hofgänger, stellen müssen, und außer einem meist geringen Baarlohn erhebliche Naturalien — welche im Norden und Osten Deutschlands den ersteren weit übersteigen — an Wohnung, Feuerung, Futter für die Kuh, Kartoffelland, Flachsaussaat, Drescherlohn ꝛc. erhalten. Ferner gehören hierher die Deputanten (Deputatleute, Deputatisten, cf. Anm. 8 zu § 4), ständige Waldarbeiter u. s. w. Auch Handwerker, welche von dem Gutsherrn lediglich oder überwiegend zu Gutszwecken gehalten und von ihm (meist als Deputanten, zuweilen als Instleute) gelöhnt werden, z. B. Lohnschmiede, Stellmacher ꝛc. sind hierher zu rechnen.*) Dieselben sind im Verhältniß

*) A. M. Paasche (Jahrb. f. Nat.Oek. u. Stat., N. F. VII S. 367); vgl. jedoch die Erwiderung des Verfassers auf S. 97 der 4. Aufl. dieses Kommentars.

zum Handwerk selbständig, arbeiten aber in einer bestimmten Landwirthschaft, deren Bedarf an Schmiede- oder Stellmacherarbeit sie decken, gegen Lohn. Will man ihre Versicherungspflicht, so muß und kann man sie zu den Arbeitern der Landwirthschaft rechnen. Vgl. auch den ausführlichen Artikel in der „Arbeiterversorgung“ Nr. 19 für 1884 S. 229, wo insbesondere dargethan ist, daß selbständige Handwerker nicht zu den „im Handwerk“ beschäftigten Personen gehören, sondern daß unter diesem Ausdruck nach der Entstehungsgeschichte nur Gesellen und Lehrlinge zu verstehen sind. Bei Bearbeitung der Ergebnisse der Berufsstatistik sind diese Handwerker als Arbeiter der Land- und Forstwirthschaft behandelt worden. Ebenso Köhne S. 20.

Ueber die in landwirthschaftlichen Nebenbetrieben beschäftigten Arbeiter vgl. Anm. 14 zu § 1.

Es brauchen im gegebenen Falle nicht sämmtliche Arbeiter der Land- und Forstwirthschaft dem Versicherungszwang unterstellt zu werden, sondern es kann derselbe auf gewisse Kategorien (z. B. die Hoftagelöhner oder Deputanten u. A.) beschränkt werden. Auch wird die statutarische Versicherungspflicht von dem Eintritt gewisser Voraussetzungen abhängig gemacht werden können, sobald diese nur generell vorgeschrieben werden, vgl. Anm. 20.

Nach der von dem Kreisausschuß des Kreises Demmin (in welchem der Referent der Kommission für das Krankenversicherungsgesetz, jetzige Staatssekretär Frhr. v. Maltzahn-Gültz, angesessen ist) beschlossenen statutarischen Bestimmung sind die in der Land- und Forstwirthschaft beschäftigten Arbeiter dem Versicherungszwang unterworfen, „soweit sie nicht zu einem Arbeitgeber derart in einem festen Kontraktsverhältniß stehen, daß dieser verpflichtet ist, ihnen das ganze Jahr hindurch gegen einen im Voraus bestimmten Lohn Arbeit, und in Krankheitsfällen mindestens für 13 Wochen Krankenunterstützung in dem im § 6 des Gesetzes bezeichneten Umfang, oder Fortzahlung des Lohns (cf. § 1 Abs. 3) zu gewähren“.

[18]) Ein Antrag, auch diejenigen Personen dem statutarischen Versicherungszwang zu unterstellen, „welche aus Leistung von Einzeldiensten ein Gewerbe machen“, wie Dienstmänner, selbständige Droschkenkutscher u. s. w., welche im Wesentlichen in gleicher sozialer Lage seien, wie die gewerblichen Arbeiter, wurde nicht weiter verfolgt, nachdem eingewandt worden war, daß diese Klasse von Gewerbetreibenden anderen Personen gegenüber kaum bestimmt abgegrenzt werden könnte, und daß selbständige Gewerbetreibende diesem Gesetz im Allgemeinen nicht unterstellt werden sollten. (Die Ausnahme wegen der Hausindustrie beruht auf der Zwitterstellung derselben.) cf. Komm.Ber. S. 14. Nach § 4 und § 26a Abs. 2 Ziffer 5 können jedoch die Gemeinden bezw. Krankenkassen beschließen, daß derartige Personen berechtigt sein sollen, der Gemeinde-Krankenversicherung bezw. Krankenkasse freiwillig beizutreten, sofern ihr jährliches Gesammteinkommen 2000 ℳ nicht übersteigt.

Bei den Verhandlungen über die Novelle ist mehrfach der Zweck verfolgt worden, auch Dienstboten der statutarischen Versicherungspflicht zu unterwerfen. Indessen sind die hierauf gerichteteten Anträge für jetzt abgelehnt worden. Für die Einbeziehung der Dienstboten wurde geltend gemacht, daß die Krankenfürsorge für dieselben jetzt eine außerordentlich verschiedene sei, in einzelnen Bundesstaaten gänzlich fehle, aber auch dort, wo sie vorhanden sei, nicht immer ausreiche. Ferner wurde hervorgehoben, daß landwirthschaftliche Dienstboten und landwirthschaftliche Arbeiter vielfach so wenig sich von einander unterscheiden, daß die Krankenversicherung entweder nur für beide, oder für keine von beiden Kategorien durchführbar sei. Entgegen aber wurde gehalten, daß die Frage noch nicht reif zu sein scheine, und daß es zweckmäßiger sei, die Krankenfürsorge für Dienstboten durch Landesrecht, insbesondere im Anschluß an die Gesindeordnungen zu regeln, was in einzelnen Bundesstaaten bereits mit Glück geschehen sei. Jedenfalls scheine es sich zu empfehlen, die Angelegenheit nicht in diesem, sondern in einem Spezialgesetz zu regeln, weil für Dienstboten mehrfach besondere Bestimmungen erforderlich seien, deren Einfügung in dieses Gesetz Schwierigkeiten bereiten werde. Hiernach ist es also bis auf Weiteres dabei verblieben, daß Dienstboten nicht der Versicherungspflicht unterstellt werden können; sie haben aber das gesetzliche Recht, in die Gemeinde-Krankenversicherung freiwillig einzutreten (§ 4 K.V.G.), und dürfen auch zu Orts-Krankenkassen zugelassen werden (§ 26a Ziffer 5). Es steht nichts im Wege, daß der Dienstherr seine Dienstboten veranlaßt, von dieser Befugniß Gebrauch zu machen; dabei kann er die Versicherungsbeiträge, ebenso wie bei Versicherungspflichtigen, ganz oder zum Theil auf eigene Rechnung übernehmen. Im Fall einer Krankheit erhält dann der Dienstbote aus der Krankenkasse die vollen Leistungen, also ärztliche Behandlung und Krankengeld, außerdem aber von seinem Dienstherrn die Leistungen aus dem Dienstvertrage (Lohn u. s. w.), soweit diese letzteren Leistungen nicht etwa mit Rücksicht auf die Ansprüche aus der Krankenversicherung durch den Dienstvertrag modifizirt werden. Die vertragsmäßige Abtretung des Krankengeldes an den Dienstherrn ist gemäß §§ 56, 80, 82 K.V.G. unzulässig und unwirksam.

[19]) Personen der in § 2 aufgeführten Kategorien können, solange für sie die Versicherungspflicht statutarisch noch nicht begründet ist, freiwillig der Gemeinde-Krankenversicherung (§ 4), und soweit für die Betriebe, in denen sie beschäftigt sind, Orts- oder Betriebs- (Fabrik-) Krankenkassen errichtet sein sollten, auch diesen beitreten (§§ 19, 63).

[20]) müssen enthalten; können also andernfalls nicht genehmigt werden. Motive zu § 2 (S. 31): „Da die örtliche Regelung (§ 2) nicht nothwendig alle unter Nr. 1 bis (6) bezeichneten Klassen dem Versicherungszwange zu unterwerfen braucht, sondern diesen auch auf einzelne derselben oder selbst auf einen Theil der zu einer dieser Klassen gehörenden Personen beschränken kann, so müssen diejenigen, welche dem Zwange unterworfen sein sollen, um Zweifel auszuschließen, in jedem einzelnen Falle genau bezeichnet werden.“

§. 2a.

[1]) **Die Anwendung der Vorschriften des §. 1 kann auch auf solche in Betrieben oder im Dienste**[2]) **des Reichs oder eines Staates beschäftigte Personen**[3]) **erstreckt werden**[4]), **welche der Kranken-**

Der Theil, auf den die statutarischen Bestimmungen Anwendung finden, darf aber nur ein begrifflicher, nicht ein individueller Theil obiger Klassen sein. Innerhalb desjenigen Bezirks, für welchen er eingeführt wird, erstreckt sich der statutarische Versicherungszwang auf alle Personen, welche den in der statutarischen Bestimmung genannten Kategorien angehören. Ausnahmen für einzelne, diesen Klassen oder Kategorien angehörende Personen oder Betriebe sind unzulässig. Vgl. Anm. 9.

[21]) in den Fällen der Ziffern 1 und 4. Nach der früheren Fassung sollten besondere Bestimmungen über die An- und Abmeldung, sowie über die Einzahlung der Beiträge in allen Fällen des § 2 erforderlich sein. Nachdem indessen für die Land- und Forstwirthschaft schon durch § 139 des landw. Unfall- und Krankenvers.-Ges. bestimmt worden war, daß auf diese die Verpflichtungen der Arbeitgeber voll anzuwenden seien, ohne daß Ausnahmen auf Grund des § 54 K.V.G. zulässig seien, gilt jetzt generell die Vorschrift, daß auch in den Fällen des § 2 der Arbeitgeber dieselben Verpflichtungen habe, wie in den Fällen des § 11, also an- und abmelden und die Beiträge einzahlen und antheilig tragen muß. Nur für die Fälle des § 2 Ziffer 1 (unständige Arbeiter) und Ziffer 4 (Hausindustrielle) kann dies noch jetzt geändert werden (§ 54); für diese beiden Fälle sollen deshalb bei Erstreckung der Versicherung besondere Bestimmungen darüber getroffen werden, wie die Versicherten zu melden und auf welche Weise die Beiträge für dieselben einzuzahlen sind.

[22]) Genehmigung, vgl. Anm. 1, 2.

[23]) höhere Verwaltungsbehörde, § 84. Für Preußen: bei statutarischen Bestimmungen der Gemeinden, mit Ausnahme von Berlin, der selbständigen Gutsbezirke und Gemarkungen, der Kreisverbände und gleichartiger weiterer Kommunalverbände, sowie des Landeskommunalverbandes der Hohenzollernschen Lande der Bezirksausschuß, bei statutarischen Bestimmungen für Berlin sowie der Provinzialverbände und der Landeskommunalverbände in den Regierungsbezirken Cassel und Wiesbaden der Oberpräsident. Die Beschwerde (binnen 2 Wochen) geht vom Bezirksausschuß an den Provinzialrath (in den Hohenzollernschen Landen an den Minister für Handel und Gewerbe), von dem Oberpräsidenten an den Minister für Handel und Gewerbe.

Zu § 2a.

[1]) Diese von der Novelle eingefügte Vorschrift entspricht den für Kommunalbetriebe erlassenen gleichartigen Vorschriften des § 2 Ziffer 2 der jetzigen Fassung, vgl. Anm. 7, 8 zu § 2.

versicherungspflicht nicht bereits nach gesetzlichen Bestimmungen unterliegen. Die Erstreckung erfolgt durch Verfügung des Reichskanzlers beziehungsweise der Zentralbehörde.

§. 2b.

I. Betriebsbeamte,[1]) **Werkmeister und Techniker,**[2]) **Handlungsgehülfen und -Lehrlinge, sowie die unter §. 1 Absatz 1 Ziffer 2a fallenden Personen** unterliegen der Versicherungspflicht[3]) nur, wenn ihr Arbeitsverdienst an Lohn oder Gehalt sechszweidrittel Mark für den Arbeitstag **oder, sofern Lohn oder Gehalt nach größeren Zeitabschnitten**[4]) **bemessen ist, zweitausend Mark für das Jahr gerechnet,**[5]) nicht übersteigt.

II. **Dasselbe gilt von anderen unter §. 2 Absatz 1 Ziffer 2 und §. 2a fallenden Personen, soweit sie Beamte**[6]) **sind.**

---

[2]) im Dienste, vgl. Anm. 8a zu § 2. Hierhin gehören auch solche Personen, welche von Staatsbeamten im Dienste des Staats als Privatgehülfen beschäftigt werden, z. B. die Schreiber der Landräthe, die Gehülfen der Vermessungsrevisoren und Katasterbeamten u. s w., vgl. Anm. 14a zu § 1.

[3]) Personen. Soweit es sich dabei um Beamte handelt, vgl. die Vorschrift des § 2b Abs. 2.

[4]) erstreckt werden. Vgl. für die Reichs-Post- und Telegraphenverwaltung Bek. v. 7. Oktober 1892 (Centr.-Bl. S. 628).

Zu § 2b.

[1]) Betriebsbeamte. Die gleichartige Bestimmung für Betriebsbeamte stand bisher in § 1 Abs. 2; sie ist jetzt auf weitere Kategorien, insbesondere auf sämmtliche Handlungsgehülfen und -Lehrlinge ausgedehnt und von der Novelle aus rein redaktionellen Gründen in einen besonderen § 2b gestellt worden. Wegen der Handlungsgehülfen vgl. Anm. 22a zu § 1.

[2]) Werkmeister und Techniker sind jetzt nach dem Vorgange des § 133a der Gewerbeordnung in der Fassung des Gesetzes v. 1. Juni 1891 (R.G.Bl. S. 261) neben den Betriebsbeamten besonders aufgeführt. Es handelt sich hier um dieselben Kategorien von Personen wie in dem zitirten § 133a G.O.; maßgebend ist also auch hier die Definition des letzteren, wonach die Bestimmung Anwendung findet auf die „von Gewerbeunternehmern gegen feste Bezüge beschäftigten Personen, welche nicht lediglich vorübergehend mit der Leitung oder Beaufsichtigung des Betriebes oder einer Abtheilung desselben beauftragt (Betriebsbeamte, Werkmeister und ähnliche Angestellte) oder mit höheren technischen Dienstleistungen betraut sind (Maschinentechniker, Bautechniker, Chemiker, Zeichner und dergleichen)." Vgl. Anm. 1 II zu § 1.

[3]) Versicherungspflicht. Bei höheren Einkommen sind sie nach der Novelle nicht einmal mehr zum freiwilligen Eintritt berechtigt, vgl. Anm. 7 zu § 4. Dagegen werden sie, wenn ihr früher geringeres Gehalt

§. 3.

[1]) **Personen des Soldatenstandes,[2]) sowie solche in Betrieben oder im Dienste[3]) des Reichs, eines Staates oder Kommunalverbandes[4]) beschäftigte Personen,[5]) welche dem Reich, Staat oder Kommunalverbande gegenüber in Krankheitsfällen Anspruch auf Fortzahlung des Gehalts oder des Lohnes mindestens für dreizehn Wochen nach der Erkrankung oder auf eine den Bestimmungen des §. 6 entsprechende Unterstützung haben, sind von der Versicherungspflicht ausgenommen.[6])**

---

während der Beschäftigung bei demselben Arbeitgeber die Grenzen von 2000 ℳ übersteigt, gemäß §§ 11, 27 zur freiwilligen Fortsetzung der Versicherung für befugt zu erachten sein. Dasselbe muß auch gelten, wenn sie mit höherem Gehalt bei einem anderen Arbeitgeber in Arbeit treten, sofern sie nur von dem Augenblick des Aufhörens ihrer Versicherungspflicht ab auch während einer etwaigen beschäftigungslosen Zeit freiwilliges Kassenmitglied geblieben sind. Vgl. auch Anm. 7c zu § 4.

[4]) nach größeren Zeitabschnitten, d. h. größer als ein Arbeitstag, also nach Wochen, Monaten, Jahren. Dieser vom Reichstag in dritter Lesung angenommene Zusatz hat folgende Bedeutung: Betriebsbeamte werden in der Regel nicht nach Arbeitstagen, sondern für größere Zeitabschnitte gelohnt, haben aber oft mehr als 300 Arbeitstage im Jahr, indem sie auch an Sonn- und Feiertagen zur Arbeit bereit sein müssen. Bei einem Jahreseinkommen von 2000 ℳ berechnet sich also bei ihnen der Verdienst für den Arbeitstag verschieden, je nach der Zahl der Tage, an denen sie zur Arbeit verpflichtet sind. Von solchen Schwankungen aber mochte man die Versicherungspflicht nicht abhängig machen. Da nun der Betrag von $6^2/_3$ ℳ für den Arbeitstag lediglich um deswillen als maßgebend angesehen worden ist, weil derselbe unter Zugrundelegung von 300 Arbeitstagen 2000 ℳ im Jahr ergiebt, so erschien es rathsam, bei denjenigen Betriebsbeamten 2c., welche nicht nach Arbeitstagen gelohnt werden, direkt den Jahresbetrag, nicht den erst durch Rechnung zu findenden und vielleicht unsicheren Tagesbetrag zu Grunde zu legen.

[5]) für das Jahr gerechnet. Ein Wochengehalt ist also mit 52, ein Monatsgehalt mit 12 zu multiplizieren, um das Jahresgehalt zu finden. Uebersteigt letzteres nicht den Betrag von 2000 ℳ, so ist die Versicherungspflicht begründet, sonst nicht. Der Betrag von 2000 ℳ ist die Obergrenze.

[6]) Beamte, d. h. sonstige im Dienste des Reichs oder eines Staates beschäftigte Beamten, soweit sie nicht Betriebsbeamte sind. Denn die letzteren sind schon in Abs. 1 genannt. Vgl. Anm. 8b zu § 2.

Zu § 3.

[1]) Der § 3 in seiner jetzigen Fassung ist durch die Novelle an Stelle des § 3 Abs. 1 der früheren Fassung, wodurch nur die mit festem Gehalt

angestellten Betriebsbeamten des Reichs u. s. w. von der Versicherungspflicht befreit waren, gesetzt worden; er ist dem gleichartigen § 15 Abs. 2 des Ausdehnungsgesetzes v. 28. Mai 1885 nachgebildet (vgl. Anm. 1 zu § 1), und bezieht sich wie letzterer sowohl auf Betriebsbeamte, wie auf Arbeiter.

Der § 3 Abs. 2 der bisherigen Fassung, wonach „Personen, welche im Krankheitsfalle mindestens für 13 Wochen auf Verpflegung in der Familie des Arbeitgebers oder auf Fortzahlung des Gehalts oder des Lohnes Anspruch haben", auf ihren Antrag von der Versicherungspflicht befreit werden sollten, ist wegen der zahlreichen Mißbräuche, zu denen er in der Praxis Anlaß gegeben hatte, fortgefallen und durch die neuen §§ 3a und 3b ersetzt worden, vgl. daselbst.

Die im Reichs-, Staats- oder Kommunaldienst beschäftigten Personen sind hiernach kraft Gesetzes von der Versicherungspflicht befreit, wenn sie in Krankheitsfällen (§ 3)

a) entweder ihr Gehalt (Lohn) für 13 Wochen fortzubeziehen haben,
b) oder einem dem § 6 entsprechenden, also mindestens 13 Wochen währenden Unterstützungsanspruch haben.

Die bei anderen Verbänden oder im Privatdienst beschäftigten Personen sind dagegen zwar auch in diesen Fällen kraft Gesetzes versicherungspflichtig, sie können aber auf Antrag befreit werden (§ 3a),

wenn sie in Krankheitsfällen einen dem § 6 entsprechenden oder „gleichwerthigen" Unterstützungsanspruch haben,

Lehrlinge aber nur dann, wenn ihr Anspruch auf freie Kur in einem Krankenhause geht (§ 3b).

Die Verschiedenheit hängt offenbar vorzugsweise mit Rücksichten auf die zweifellose Leistungsfähigkeit des betr. Arbeitgebers zusammen.

[2]) Personen des Soldatenstandes. Dahin gehören auch die Militärpersonen der Kaiserl. Marine, vgl. § 4 des Militärstrafgesetzbuchs v. 20. Juni 1872 (R.G.Bl. S. 174) sowie die Anlage zu demselben (R.G.Bl. S. 204). Diese Bestimmung ist in den Kommissionsverhandlungen über das Ausdehnungsgesetz eingeschoben worden, um darüber keinen Zweifel zu lassen, daß, wie auch der Regierungsentwurf beabsichtigt hatte, Soldaten 2c. nicht als „Arbeiter" unter das Gesetz fallen. Vgl. Komm.Ber. z. A.G. S. 2, 10.

[3]) in Betrieben oder im Dienste, vgl. Anm. 7, 8 zu § 2, Anm. 2 zu § 2a.

[4]) Kommunalverbandes, engerer oder weiterer, vgl. Anm. 8 zu § 2. Personen im Dienste anderer Korporationen fallen unter diese Ausnahme — welche, wie alle Ausnahmen, einschränkend auszulegen ist — auch dann nicht, wenn sie ebenso wie die Beamten des Staats oder eines Kommunalverbands ihren Arbeitsverdienst auch während der Krankheit fortbeziehen. Sie können aber nach § 3a behandelt werden.

[5]) Personen, d. h. soweit sie nach § 1 der Versicherungspflicht unterliegen (Arbeiter, Betriebsbeamte u. s. w.), oder soweit auf sie die Versicherungs-

§. 3a

[1]) **Auf ihren[2]) Antrag sind von der Versicherungspflicht zu befreien:** I.

1. **Personen, welche in Folge von Verletzungen, Gebrechen, chronischen Krankheiten[2a]) oder Alter nur theilweise oder nur zeitweise erwerbsfähig[3]) sind, wenn der unterstützungspflichtige Armenverband der Befreiung zustimmt,**
2. **Personen, welche gegen ihren Arbeitgeber für den Fall der Erkrankung[4]) ein Rechtsanspruch auf eine den Bestimmungen des §. 6 entsprechende oder gleichwerthige[5]) Unterstützung zusteht, sofern die Leistungsfähigkeit des Arbeitgebers zur Erfüllung des Anspruchs gesichert ist.[6])**

Wird der Antrag auf Befreiung von der Verwaltung der Gemeinde-Krankenversicherung oder von dem Vorstande der Krankenkasse, welcher der Antragsteller angehören würde, abgelehnt, so entscheidet auf Anrufen des Antragstellers die Aufsichtsbehörde endgültig. II.

In dem Falle zu 2 gilt die eingeräumte Befreiung nur für die Dauer des Arbeitsvertrages. Sie erlischt vor Beendigung des Arbeitsvertrages: III.

---

pflicht gemäß § 2a erstreckt worden ist. In den Preußischen Ressorts ist (wohl allgemein) angeordnet, daß den Beamten der betr. Ressorts, sowie sie nicht mehr als 2000 ℳ Diensteinkommen haben, in Erkrankungsfällen mindestens die in § 6 vorgesehenen Leistungen auf die daselbst bezeichnete Frist zu gewähren sind; hierdurch fällt die Versicherungspflicht dieser Beamten gemäß § 3 fort. Dies gilt dann insbesondere auch für solche Fälle, in welchen den betr. Beamten innerhalb 13 Wochen nach der Erkrankung das Diensteinkommen in Folge von Suspension, Kündigung u. s. w. ganz oder theilweise entzogen ist. Der in solchen Fällen fortgewährte Theil des Diensteinkommens ist auf die Krankenunterstützung anzurechnen. (Vgl. Pr H.M.Erl. v. 1. Juni 1893.)

[6]) von der Versicherungspflicht ausgenommen, aber nicht, wie es nach der offenbar irrthümlichen Fassung des § 15 A.G. der Fall war, von der Versicherung „ausgeschlossen". Sie sind also zur freiwilligen Versicherung befugt.

Zu § 3a

[1]) Vgl. Anm. 1 zu § 3 Mot. z. Nov. S. 37: „Der zweite Absatz des bisherigen § 3 soll durch die neuen §§ 3a und 3b ersetzt werden. Die zahlreichen Mißbräuche und Unzuträglichkeiten, zu denen die Bestimmung dieses Absatzes Anlaß gegeben hat, haben bereits dahin geführt, daß durch das

a) **wenn sie von der Aufsichtsbehörde wegen nicht genügender Leistungsfähigkeit des Arbeitgebers von Amtswegen oder auf Antrag eines Betheiligten aufgehoben wird,**

b) **wenn der Arbeitgeber die befreite Person zur Krankenversicherung anmeldet. Die Anmeldung ist ohne rechtliche Wirkung, wenn die befreite Person zur Zeit derselben bereits erkrankt war.**

IV. **Insoweit im Erkrankungsfalle der gegen den Arbeitgeber bestehende Anspruch nicht erfüllt wird,**[7]) **ist auf Antrag der befreiten Person von der Gemeinde-Krankenversicherung oder von der Krankenkasse, welcher sie im Nichtbefreiungsfalle angehört haben würde, die gesetzliche oder statutenmäßige Krankenunterstützung**[8]) **zu gewähren. Die zu dem Ende gemachten Aufwendungen sind von dem Arbeitgeber zu erstatten.**[9])

Gesetz, betreffend die Unfall- und Krankenversicherung der in land- und forstwirthschaftlichen Betrieben beschäftigten Personen, v. 5. Mai 1886 die Befreiung von der Versicherungspflicht in einer anderen die Interessen sowohl der Versicherungspflichtigen, wie der Krankenkassen besser sichernden Weise geregelt worden ist. Eine ähnliche Regelung wird, um eine dem Bedürfniß entsprechende Durchführung der Krankenversicherung sicher zu stellen, auch für den Bereich des Krankenversicherungsgesetzes stattfinden müssen."

[2]) Auf ihren Antrag. Mot. z. Nov. a. a. O.: „Die Regelung, welche die in dem bisherigen § 3 Abs. 2 vorgesehene Befreiung nach § 3a Ziffer 2 finden soll, unterscheidet sich von derjenigen im § 136 des Gesetzes v. 5. Mai 1886 nur dadurch, daß die Befreiung auf Antrag nicht des Arbeitgebers, sondern des Arbeiters stattfinden soll. In dieser Beziehung von der bisher geltenden Bestimmung abzuweichen, liegen für das Gebiet der Krankenversicherung gewerblicher Arbeiter keine gleich gewichtigen Gründe vor, wie sie bei der Regelung der Krankenversicherung der land- und forstwirthschaftlichen Arbeiter ausschlaggebend gewesen sind. Dementsprechend ist auch im zweiten Absatz des § 3a davon Abstand genommen, die Entscheidung über den Befreiungsantrag, wie es im § 136 a. a. O. geschehen, von vornherein der Aufsichtsbehörde zu überweisen."

[2a]) chronische Krankheiten. Vgl. über die Versicherungspflicht von Personen, die beim Eintreten in die Beschäftigung krank sind, Anm. 4 zu § 1.

[3]) nur theilweise oder nur zeitweise erwerbsfähig. Mot. z. Nov. a. a. O.: „Daneben hat sich bei der Anwendung dieses Gesetzes eine weitere Ergänzung der in Rede stehenden Bestimmung als zweckmäßig herausgestellt. Es ist nach Erlaß des Krankenversicherungsgesetzes nicht selten vorgekommen,

daß Personen, welche in Folge von chronischen Krankheiten, Gebrechen oder Alter nur noch theilweise oder zeitweise erwerbsfähig sind, keine Beschäftigung finden, weil die Arbeitgeber die Krankenkasse, welcher ihre Arbeiter angehören, nicht mit der hohen Krankheitsgefahr solcher Personen belasten wollen. Die Folge ist, daß die letzteren häufig von jeder Erwerbsthätigkeit ausgeschlossen werden und trotz noch vorhandener theilweiser oder zeitweiser Erwerbsfähigkeit völlig der Armenpflege zur Last fallen. Die Armenverwaltung hat daher ein Interesse daran, daß diese Personen durch Befreiung von der Versicherungspflicht wenigstens noch theilweise erwerbsfähig erhalten werden, und auf diese Weise an die Stelle der Verpflichtung zur vollen Armenunterstützung nur die Gefahr der Unterstützungspflicht in Krankheitsfällen tritt. Demgemäß will die Bestimmung unter § 3a Ziffer 1 den Personen der gedachten Art die Befreiung von der Versicherungspflicht unter der Voraussetzung einräumen, daß der eintretendenfalls unterstützungspflichtige Armenverband derselben zustimmt."

Empfänger von Invalidenrenten werden unter diese Bestimmung fallen, dagegen nicht Empfänger von Altersrenten, sofern sie noch völlig erwerbsfähig sind (Komm.Ber. z. Nov. S. 6). Etwaige Zweifel darüber, ob die hier aufgeführten Personen vom Versicherungszwang zu befreien sind, werden durch die hierfür erforderliche Zustimmung des Armenverbandes erledigt werden; die häufigsten Fälle, auf welche diese Bestimmung anzuwenden sein wird, sind die, in welchen Personen zwar oftmals krank, aber in den Zwischenzeiten vollständig erwerbsfähig sind (a. a. O. S. 53).

[4]) für den Fall der Erkrankung. Der Rechtsanspruch muß auch hier, wie in den Fällen des § 136 landw. U. u. K.V.G. auf die ganze Dauer der Krankheit bezw. für 13 Wochen nach Maßgabe des § 6 K.V.G. gegeben sein, auch wenn das Arbeitsverhältniß inzwischen aufgehört haben sollte. Der § 136 cit. behält fortdauernde Gültigkeit; der § 3a findet also auf land- und forstwirthschaftliche Arbeiter keine Anwendung.

[5]) gleichwerthig. Eine Unterstützung für 13 Wochen kann nicht mehr ohne Weiteres als „gleichwerthig" angesehen werden, denn § 6 erfordert unter gewissen Umständen eine weitergehende Unterstützung. „Wenn nämlich jemand zunächst krank wird, ohne erwerbsunfähig zu sein, so bekommt er die freie ärztliche Verpflegung; tritt dann die Erwerbsunfähigkeit hinzu, so bekommt er noch 13 Wochen lang von diesem Zeitpunkt ab das Krankengeld" (Sten. Ber. 1891/92 S. 2951), sofern nämlich die Erwerbsunfähigkeit solange währt. „Gleichwerthig" ist die Unterstützung also nur dann, wenn sie diese eventuelle längere Dauer mit berücksichtigt. Im Uebrigen ist „gleichwerthig" nicht identisch mit „gleich"; es entspricht vielmehr demselben Ausdruck (gleichwerthig) in § 5 Inv.Ges. Es genügt also, daß der Werth der Leistung den Bezügen aus § 6 im Allgemeinen entspricht; dagegen ist nicht erforderlich, daß in quali et quanto eine absolute Gleichheit besteht (vgl. Bosse-v. Woedtke, Kommentar z. Inv.Ges. Anm. 3 zu § 5). Unbeschränkte Fort-

zahlung des vollen Gehalts (Lohns) für Krankheitsfälle während der in § 6 bezeichneten Dauer möchte analog § 3 auch hier in der Regel als „gleichwerthige" Unterstützung anzusehen sein.

[6]) gesichert ist. Vgl. im Einzelnen die Anm. 4 fg. zu § 136 landw. U. u. K.V.G.

[7]) nicht erfüllt wird. Wenn der Arbeitgeber im Krankheitsfall nicht leistet, und der Erkrankte nicht von ihm die Leistungen beansprucht (was eventuell im Rechtsweg auf Grund des bestehenden Rechtsanspruchs geschehen muß), sondern von der Gemeinde-Krankenversicherung oder Orts-Krankenkasse die Unterstützung verlangt, so tritt kraft Gesetzes die Krankenunterstützungspflicht der Gemeinde-Krankenversicherung oder Orts-Krankenkasse, welcher der Befreite angehören würde, nach Maßgabe der für die Unterstützung Versicherter geltenden Bestimmungen ein.

Streitigkeiten über die Gewährung dieser Unterstützungen werden sodann nach § 58 Abs. 1 K.V.G. entschieden, ohne daß es hierüber einer besonderen Bestimmung bedurft hätte, denn auch die nach Maßgabe des § 3a auf ihren Antrag befreiten Personen gehören an sich zu denjenigen Personen, welche „auf Grund dieses Gesetzes zu versichern sind" (§ 58). Es entscheidet also über den Unterstützungsanspruch gegen die Gemeinde-Krankenversicherung oder die Orts-Krankenkasse die Aufsichtsbehörde mit vorläufiger Vollstreckbarkeit (§ 58 Abs. 4), und vorbehaltlich des Rechtswegs. An die Stelle des letzeren tritt das Verwaltungsstreitverfahren nur dann, wenn es landesgesetzlich an dessen Stelle gesetzt worden ist (§ 58 Abs. 1 i. f.); während in den völlig gleichartigen Fällen des § 136 landw. U. u. K.V.G. das Verwaltungsstreitverfahren an Stelle des Rechtsweges schon kraft Reichsgesetzes eintritt. Die Einführung letzterer Vorschrift auch für den Geltungsbereich des K.V.G. hat der Reichstag trotz der offenbaren Inkongruenz abgelehnt, worüber Näheres bei § 58 zu vergleichen ist.

Streitigkeiten über die Erstattung der von der Gemeinde-Krankenversicherung oder Orts-Krankenkasse an Stelle des Arbeitgebers gewährten Unterstützungen werden nach ausdrücklicher Vorschrift des § 58 Abs. 2 K.V.G. im Verwaltungsstreitverfahren, wo aber ein solches nicht besteht, von der Aufsichtsbehörde vorbehaltlich des in der Gewerbeordnung geregelten Rekursverfahrens entschieden. Dies entspricht den gleichartigen Vorschriften des § 136, § 12 Abs. 2 landw. U. u. K.V.G.

Im Uebrigen vgl. Anm. 25 zu § 136 landw. U. u. K.V.G.

[8]) die gesetzliche oder statutenmäßige Krankenunterstützung im vollen Umfang, also auch insoweit, als sie über die vertragsmäßigen Ansprüche, die ja nur dem § 6 zu entsprechen brauchen, hinausgeht. In Folge dessen wird bei Unterbringung in ein Krankenhaus auch die Unterstützung für Angehörige geleistet werden müssen, § 7 Abs. 2. Der säumige und zur Erstattung verpflichtete Arbeitgeber kommt dann also schlechter weg. Hierin liegt ein Unterschied von der landw. Kr.Vers., wonach auch von der

§. 3 b.

[1]) Auf den Antrag des Arbeitgebers sind von der Versicherungspflicht zu befreien Lehrlinge,[2]) welchen durch den Arbeitgeber für die während der Dauer des Lehrverhältnisses eintretenden Erkrankungsfälle der Anspruch auf freie Kur oder Verpflegung in einem Krankenhause auf die im §. 6 Absatz 2 bezeichnete Dauer[3]) gesichert ist. Gleiches gilt von Personen, welche im Falle der Arbeitslosigkeit in einer die Versicherungspflicht begründenden Art in Wohlthätigkeitsanstalten beschäftigt werden, deren Zweck darin besteht, arbeitslosen Personen vorübergehend Beschäftigung zu gewähren (Arbeiterkolonien[4]) und dergl.). I.

Die Bestimmungen des §. 3a Absatz 2 bis 4 finden entsprechende[5]) Anwendung. II.

---

eintretenden Krankenkasse nur „die den Bestimmungen des § 6 entsprechende oder gleichwerthige Unterstützung" zu leisten ist, § 136 Abs. 5. landw. U. u. K.V.G. Es mag dahingestellt bleiben, ob dies beabsichtigt gewesen ist.

[9]) zu erstatten Vgl. Anm. 7 Abs. 3.

Zu § 3b.

[1]) Vgl. Anm. 1 zu § 3 sowie Anm. 1 zu § 3a. Die in § 3b durch die Novelle geregelten Befreiungen betreffen zwei verschiedene Fälle; nämlich einmal die Verhältnisse der Lehrlinge, sodann zweitens die Verhältnisse der Insassen von Arbeiterkolonien. Erstere Verhältnisse waren schon in der Regierungsvorlage vorgesehen; letztere sind in der dritten Lesung im Reichstage aus Anlaß eines inzwischen eingetretenen Spezialfalls berücksichtigt worden.

[2]) Lehrlinge. Mot. z. Nov. S. 38. „Eine besondere Berücksichtigung bei der Regelung der Befreiung von der Versicherungspflicht verdienen die Verhältnisse der Lehrlinge der Handwerker. Diesen wird während der Lehrzeit von dem Meister in der Regel kein Lohn gezahlt, sondern entweder Unterkunft und Verpflegung oder statt dessen eine meist geringe Entschädigung in baarem Gelde (Kostgeld) gewährt. Im ersteren Falle hat der Meister, wenn die gesetzliche Krankenversicherung eintritt, nicht nur die vollen Beiträge aus eignen Mitteln zu bestreiten, da in Ermangelung einer Lohnzahlung auch die Einbehaltung von zwei Dritteln der Beiträge nicht möglich ist, sondern er hat auch bei eintretender Erkrankung, sofern der Lehrvertrag nicht ein Anderes bestimmt, die freie Unterkunft und Verpflegung fortzugewähren, während das Krankengeld, welches neben freier ärztlicher Behandlung und Arznei von der Krankenkasse zu zahlen ist, dem Lehrling zufällt. Dieser Unbilligkeit kann der Meister nur dadurch entgehen, daß er bei Abschluß des Lehrvertrages die Verpflichtung zur Gewährung von freier Unterkunft und Verpflegung für den Erkrankungsfall ausschließt, oder von vornherein die

Befreiung von der Versicherungspflicht auf Grund des § 3a Ziffer 2 herbeiführt. Beides ist gleich unerwünscht, weil die häuslichen Verhältnisse der Familie des Lehrlings fast immer und diejenigen des Meisters sehr häufig die geeignete Unterbringung und Verpflegung eines erkrankten Lehrlings nicht zulassen.

Es empfiehlt sich daher, dem Meister die Möglichkeit zu gewähren, die Befreiung seines Lehrlings von der Versicherungspflicht dadurch zu bewirken, daß er demselben für den Krankheitsfall freie Kur und Verpflegung in einem Krankenhause sichert. Die hierauf gerichtete Bestimmung des § 3b erscheint um so mehr unbedenklich, als der im § 7 Abs. 2 vorgesehene Fall bei Lehrlingen nicht wohl vorkommen kann, und auch für diejenigen Lehrlinge, welche statt der freien Unterkunft und Beköstigung eine Geldentschädigung erhalten, die Aufnahme in ein Krankenhaus regelmäßig die zweckmäßigste Art der Krankenunterstützung sein wird. Zugleich wird durch diese Regelung der Gefahr der Simulation vorgebeugt, welche darin liegt, daß das dem Lehrling zukommende Krankengeld vielfach den Betrag der Geldvergütung übersteigt, welche der Lehrling statt der freien Unterkunft und Beköstigung erhält."

3) auf die im § 6 Abs. 2 bezeichnete Dauer, vgl. Anm. 5 zu § 3a.

4) Arbeiterkolonien. Diese Bestimmung ist in der dritten Lesung vom Reichstag eingefügt worden; eine Begründung enthalten die Verhandlungen nicht. Offensichtlich ist aber der Grund der gewesen, daß man humanitären Einrichtungen, welche vorübergehend Arbeitslosen Beschäftigung gegen Entgelt gewähren, nicht noch die Verpflichtung auferlegen wollte, für diese Personen Krankenkassenbeiträge zu bezahlen, wenn auch die Art ihrer Beschäftigung als eine gewerbliche oder sonst versicherungspflichtige anzusehen sein sollte. Veranlaßt ist diese Bestimmung anscheinend dadurch, daß kurz vor der dritten Lesung im Reichstage die in Berlin bestehende Arbeiterkolonie nachträglich wegen erheblicher Summen für die Krankenversicherung ihrer Insassen auf Grund des älteren Gesetzes in Anspruch genommen wurde, einer Summe, deren volle Entrichtung die aus Wohlthätigkeitsfonds gespeiste Kolonie geradezu zum Erliegen gebracht haben würde. Eine völlige Befreiung der Arbeiterkolonisten von der Versicherungspflicht erschien um deswillen nicht angängig, weil die letzteren dann im Fall einer Krankheit der Armenpflege anheimfallen und dadurch den meist kleinen ländlichen Gemeinden, in welchen solche Arbeiterkolonien errichtet sind, eine unter Umständen erhebliche Last oder doch Belästigung aufbürden würden. Werden die Arbeiterkolonisten mit landwirthschaftlichen Arbeiten beschäftigt, so bedarf es ihrer Befreiung von der Versicherungspflicht nur dann, wenn in dem Bezirk der betreffenden Gemeinde die Versicherungspflicht für land- und forstwirthschaftliche Arbeiter statutarisch begründet sein sollte (§ 2).

Unerheblich ist es, ob die Krankenhauspflege im eigenen Krankenhaus der Arbeiterkolonie (wie ein solches z. B. bei den großartigen Anstalten des Pastors von Bodelschwingh in der Nähe von Bielefeld besteht), gewährt wird,

B. **Gemeinde-Krankenversicherung.**

§. 4.

[1]) [1a]) Für alle versicherungspflichtigen[2]) Personen, welche nicht[3]) I.
einer Orts-Krankenkasse (§. 16),
einer Betriebs- (Fabrik-) Krankenkasse (§. 59),
einer Bau-Krankenkasse (§. 69),
einer Innungs-Krankenkasse (§. 73),
einer Knappschaftskasse (§. 74)
angehören,[4]) tritt,[5]) **vorbehaltlich**[5a] **der Bestimmung des** §. **75,** die Gemeinde-Krankenversicherung[6]) ein.

---

oder ob die Arbeiterkolonie als Arbeitgeber ihrer Insassen mit einem anderen (etwa Gemeinde-) Krankenhause vertragsmäßige entsprechende Abmachungen getroffen hat.

Die Befreiung der Arbeiterkolonisten braucht nicht für jeden einzelnen Fall besonders beantragt und gewährt zu werden, vielmehr ist eine allgemeine Befreiung sämmtlicher Insassen einer Arbeiterkolonie zulässig und zweckmäßig, sobald die Voraussetzungen — nämlich Antrag der Arbeiterkolonie, Zusicherung der Krankenhauspflege durch die letztere und Anerkennung genügender Leistungsfähigkeit der Kolonie zur Erfüllung dieser Verpflichtung — dargethan ist.

Mit den Arbeiterkolonien sind die sog. „Verpflegungsstationen" nicht zu verwechseln. In ersteren werden Personen, welche vorübergehend beschäftigungslos sind, auf ihren Antrag für einige Zeit mit gewerblichen, landwirthschaftlichen u. s. w. Arbeiten gegen ein mäßiges Arbeitseinkommen solange beschäftigt, bis sie wieder anderweit lohnendere Arbeit erhalten können; nur insofern handelt es sich hier um eine „vorübergehende" Beschäftigung. Verpflegungsstationen dagegen gewähren nur für einzelne Tage Beköstigung an wandernde Personen gegen Verrichtung einzelner kleiner Arbeiten dergestalt, daß diese Personen durch solche geringfügige Thätigkeit die ihnen gewährte Beköstigung gewissermaßen verdienen; solche Beschäftigung kann nach § 1 die Versicherungspflicht niemals begründen, weil sie regelmäßig durch die Natur ihres Gegenstandes oder im Voraus durch den Arbeitsvertrag auf einen Zeitraum von weniger als einer Woche beschränkt ist.

[5]) entsprechende. Eventuell entscheidet hier diejenige Orts-Krankenkasse, welcher der zu Befreiende, nicht der Antragsteller angehören würde, denn hier geht der Antrag vom Arbeitgeber, nicht, wie in den Fällen des § 3a, vom Versicherten aus.

Streitigkeiten über Erstattungsansprüche im Falle des § 3a Abs. 4 werden auch in den Fällen des § 3b gemäß § 58 Abs. 2 entschieden.

Zu § 4.

[1]) Kommissionsbericht zu den §§ 4 bis 15 (S. 17): „Die §§ 4 bis 12 (jetzt 4 bis 15) behandeln das Institut der Gemeinde-Krankenversicherung, welche subsidiär überall da eintreten soll, wo die Versicherung der versicherungspflichtigen

II. [6a]) Personen der in §§. 1 bis 3 bezeichneten Art, welche der Versicherungspflicht nicht unterliegen[7]) **und**[7a]) **deren jährliches Gesammteinkommen**[7b]) **zweitausend Mark nicht übersteigt,**[7c]) sowie Dienstboten[8]) sind berechtigt,[9]) der Gemeinde-Krankenversicherung der Gemeinde,[9a]) in deren Bezirk sie beschäftigt sind,[9b]) beizutreten. **Durch statutarische Bestimmung** (§. 2)[10]) **kann auch anderen**[11]) **nichtversicherungspflichtigen Personen die Aufnahme**[12]) **in die Gemeinde-Krankenversicherung gestattet**[12a]) **oder das Recht des Beitritts eingeräumt werden, sofern ihr jährliches Gesammteinkommen**[7b]) **zweitausend Mark nicht übersteigt.**

III. Der Beitritt **der Berechtigten** erfolgt durch schriftliche oder mündliche Erklärung beim Gemeindevorstande,[13]) gewährt aber keinen Anspruch[14]) auf Unterstützung im Falle einer bereits zur Zeit dieser Erklärung eingetretenen[14a]) Erkrankung. **Die Gemeinde ist berechtigt, nichtversicherungspflichtige Personen, welche sich zum Beitritt melden, einer ärztlichen Untersuchung**[15]) **unterziehen zu lassen, und, wenn diese eine bereits bestehende**[16]) **Krankheit ergiebt, von der Versicherung zurückzuweisen.**

IV. **Freiwillig** Beigetretene, welche die Versicherungsbeiträge (§. 5) an zwei auf einander folgenden Zahlungsterminen[17]) nicht geleistet[18]) haben, scheiden damit aus der Gemeinde-Krankenversicherung aus.[19])

Personen nicht durch organisirte Kassen gedeckt ist. Die Frage, ob dieses subsidiäre Auskunftsmittel der Gemeinde-Krankenversicherung nothwendig sei, wurde in der ersten Lesung sowohl bei der Generaldiskussion als bei der Berathung der §§ 4 und 5 des Gesetzes eingehend erörtert. Die Majorität der Kommission erkannte dabei diese Nothwendigkeit an, weil sie sich überzeugte, daß auch bei möglichst zahlreicher Bildung öffentlicher Kassen und freier Hülfskassen — welchen letzteren übrigens nach der Meinung eines Theils der Kommissionsmitglieder die Vorlage mehr als gut ist entgegenwirkt — doch eine Anzahl Arbeiter überall vorhanden sein werden, welche im Moment der Erkrankung keiner dieser Kassen angehören. Als wünschenswerth erachtete man allerdings auf allen Seiten, daß in der Praxis das Gebiet der Gemeinde-Krankenversicherung sich möglichst eng begrenzen möge, zumal diese unter Umständen zu erheblichen direkten, nicht zur Erstattung gelangenden Aufwendungen aus Gemeindemitteln führen kann, deren Bedeutung alsdann diejenige einer Belastung sämmtlicher Steuerzahler der Gemeinde zu Gunsten der Klasse der auf Grund des Gesetzes versicherten Arbeiter ist. Man sah aber eben in der Gefahr einer solchen Belastung einen starken Antrieb für die Gemeinden, sich durch Bildung von Orts-Krankenkassen von dieser Gefahr zu befreien, und gab sich der Hoffnung hin, daß hierdurch die wünschenswerthe Bildung möglichst vieler Orts-Krankenkassen erheblich befördert werden dürfte.“ Thatsächlich hat im Gegensatz hierzu das Institut der G.Kr.V. in der Praxis eine sehr erhebliche Ausdehnung erhalten. Dies hat dazu Veranlassung gegeben, durch die Novelle das Institut in Anlehnung an die für die organisirten Kassen gegebenen Vorschriften weiter auszubauen und insbesondere eine Erweiterung der Leistungen der G.Kr.V. zu ermöglichen

Motive (S. 32) zu §§ 4 bis 11: „Wenn die Gemeinde-Krankenversicherung die Aufgabe, die Krankenversicherung an allen Orten und für alle Personen, für welche aus irgend einem Grunde organisirte Krankenkassen nicht bestehen, wirksam zu machen, erfüllen soll, so muß sie so geregelt werden, daß sie unmittelbar kraft Gesetzes, unabhängig von jeder durch eine Mitwirkung der Betheiligten bedingten Organisation ins Leben tritt. Zu dem Ende müssen sowohl die versicherten Personen als auch das Subjekt, welches als Träger der Versicherung zu fungiren hat, ferner die Voraussetzung, die Höhe und Dauer der versicherten Leistung und endlich die Höhe der von den Versicherten zu erhebenden Gegenleistung dergestalt gesetzlich bestimmt werden, daß die Ansprüche der Versicherten und des Versicherers unmittelbar auf Grund des Gesetzes geltend gemacht werden können.

Der Kreis der versicherten Personen ergiebt sich aus § 4 (und § 11). Als Träger der Versicherung soll nach § 5 die Gemeinde fungiren. Bei der Verschiedenheit der Gemeindeverhältnisse in den verschiedenen Bundesstaaten erscheint es allerdings rathsam, ... vorzubehalten, daß an Stelle der Gemeinden ..... größere Kommunalverbände Träger der Versicherung werden. Solange indessen von dieser im § 11 (jetzt §§ 12, 13) vorgesehenen Befugniß nicht Gebrauch gemacht wird, verbleibt es bei der im § 5 gegebenen Regel. Die Bestimmung über Voraussetzung, Höhe und Dauer der auf Grund dieser gesetzlichen Gemeinde-Krankenversicherung zu gewährenden Unterstützung ist durch die §§ 6 und 7 und diejenige über die Höhe der Versicherungsbeiträge ist durch § 9 Abs. 1 in der Weise getroffen, daß es nur der im § 8 vorgesehenen Feststellung des Betrages des ortsüblichen Tagelohnes bedarf, um sowohl den Unterstützungsansprüchen der Versicherten, als auch den Ansprüchen der versichernden Gemeinde die zu ihrer Geltendmachung erforderliche Bestimmtheit zu geben. Dies erleidet auch hinsichtlich der Versicherungsbeiträge durch die Bestimmung des § 10 keine Einschränkung, da die letztere die im § 9 festgesetzte Regel solange bestehen läßt, bis die zulässige Erhöhung oder Ermäßigung der Beiträge zur Ausführung gebracht ist."

v. Schicker (S. 50) und Köhne (S. 30) führen aus, daß bei der subsidiären G.Kr.V. der Kommunalverband als Versicherer (kraft öffentlichrechtlicher Verpflichtung!) den einzelnen Versicherten gegenüber steht (cf. Anm. 6), während bei den Krankenkassen eine Versicherung der einzelnen Versicherten auf Gegenseitigkeit bestehe. Uebrigens ist, wie Rosin (das Recht der öffentlichen Genossenschaft, Freiburg i. Br. 1886, bei Mohr) S. 52 im Gegensatz zu Anderen zutreffend hervorhebt, für die Krankenversicherung der privatrechtliche Begriff des Versicherungsvertrages ohne besonderen Werth; das ganze Verhältniß ist ein durchaus öffentlich-rechtliches.

Während Abs. 1 des § 4 die obligatorische Zugehörigkeit zur Gemeinde-Krankenversicherung regelt, behandelt der Abs. 2 des § 4 den freiwilligen Eintritt in dieselbe. Die freiwillige Fortsetzung des Versicherungsverhältnisses durch solche Personen, welche der Gemeinde-Krankenversicherung einmal angehört, die Beschäftigung aber, welche die Voraussetzung des Pflichtverhältnisses war, aufgegeben und eine andere die Versicherungspflicht bedingende Beschäftigung nicht aufgenommen haben, regelt § 11.

In Bayern besteht neben der reichsgesetzlichen gemäß § 15 besonders geregelten Gemeinde-Krankenversicherung die landesrechtliche Gemeinde-Krankenpflege; vgl. darüber die Bayr. Min.Bek. II v. 15. Mai 1884 (Ges. u. Verordn Bl. S. 275). Ebenso besteht in Württemberg eine Krankenpflege-Versicherung, welche für Dienstboten und landwirtschaftliche Arbeiter, soweit dieselben nicht der reichsgesetzlichen Versicherung unterliegen, obligatorisch ist, Ges. v. 16. Dezember 1888. Vgl. v. Schicker, Krankenpflege-Versicherung, Stuttgart 1889.

[1a]) Die durch die Novelle bewirkten Abänderungen des Gesetzes bestehen im Wesentlichen in einer Umstellung des Citats § 75 (vgl. Anm. 5 a), ferner in der (bisher nur den Orts-Krankenkassen zugestandenen) Ermächtigung, auch die Gemeinde-Krankenversicherung anderen nicht versicherungspflichtigen Personen mit einem Jahreseinkommen bis zu 2000 Mark zur freiwilligen Versicherung zugänglich zu machen, endlich in der Ermächtigung der Kommunalverbände, freiwillig Beitretende ärztlich untersuchen zu lassen und abzuweisen, wenn sie bereits krank befunden werden. Vgl. Anm. zu § 26 a.

[2]) versicherungspflichtigen, §§ 1 bis 3, soweit keine Befreiung eingetreten ist (§§ 3 a, 3 b).

[3]) nicht .... angehören. Darüber, daß die Gemeinde-Krankenversicherung im Grundsatz höchst subsidiär sein soll, vgl. oben allg. Motive (S. 15 ff.) und Anm. 1.

[4]) angehören, d. h. auf Grund der Beschäftigung entweder in einem Gewerbszweig oder einer Betriebsart, für welche eine Orts-Krankenkasse errichtet ist (§§ 16, 19), oder in einem Unternehmen, für welches eine Betriebs-(Fabrik-) Krankenkasse (§ 63), Knappschaftskasse (§ 74), oder Bau-Krankenkasse (§§ 69, 72) besteht, oder bei Innungsmeistern einer Innung, für welche eine Innungs-Krankenkasse gegründet ist (§ 73). Im Falle des freiwilligen Beitritts zu einer den Vorschriften dieses Gesetzes entsprechenden eingeschriebenen oder sonstigen freien Hülfskasse (§ 75) fällt die gesetzliche Nöthigung zum Beitritt zu einer der vorbezeichneten Zwangskassen oder der G.Kr.V. fort; doch darf man in solchem Fall diesen Zwangsorganisationen freiwillig angehören, vgl. Anm. 5 a.

Ebenso, wie die Gemeinde-Krankenversicherung für die Mitglieder der bezeichneten organisirten Klassen nicht eintritt, so hört sie auch mit dem

Eintritt in letztere auf. Es bedurfte daher nicht einer besonderen Bestimmung über des Austritt Versicherungspflichtiger aus der Gemeinde-Krankenversicherung.

Ueber das Verhältniß der Gemeinde-Krankenversicherung zu den Krankenkassen vgl. im Uebrigen § 11 Anm. 1.

[5]) tritt ... ein, d. h. kraft des Gesetzes ohne Rücksicht auf Bedürftigkeit, Lebensalter und Kränklichkeit. Vgl. jedoch § 3a Abs. 1 Ziffer 1.

[5a]) vorbehaltlich. Nach der bisherigen Fassung waren in § 4 die in § 75 bezeichneten freien Kassen neben den Zwangskassen besonders aufgeführt. Dies ist durch die Novelle geändert worden. „Nach der (bisherigen) Fassung der §§ 4, 19 Abs. 2, 63 Abs. 1 würde anzunehmen sein, daß für Mitglieder von Hülfskassen, wenn sie in eine Beschäftigung eintreten, vermöge welcher sie nach der gesetzlichen Regel der Gemeinde-Krankenversicherung oder einer Zwangs-Krankenkasse angehören würden, nicht nur die Verpflichtung, sondern auch das Recht hierzu in Wegfall kommt, daß sie also der Gemeinde-Krankenversicherung oder der zuständigen Krankenkasse, auch wenn sie wollen, nicht angehören können." Es entspricht aber „weder dem Interesse der Zwangskassen, noch demjenigen der Versicherungspflichtigen, denjenigen, welche einer freien Hülfskasse angehören, die Möglichkeit, auch der Zwangskasse anzugehören, zu entziehen" (Mot. z. Nov. S. 30). Durch die neue Fassung wird demgemäß außer Zweifel gestellt, daß Mitglieder von Hülfskassen (§ 75) der G.Kr.V. zwar nicht angehören müssen, wohl aber ihr angehören dürfen. Die weitere Bestimmung der Vorlage, daß Mitglieder von Hülfskassen nur auf ihren Antrag von der Zug.hörigkeit zu einer Zwangsorganisation befreit sein sollen, ist vom Reichstage abgelehnt worden, vgl. bei § 75.

Es könnte den Anschein gewinnen, als sei in Folge Ablehnung dieser letzteren Aenderung (des § 75) auch die Aenderung des § 4, wie sie in der Vorlage der Novelle vorgesehen und jetzt Gesetz geworden ist, entbehrlich geworden. In der Kommission des Reichstags wurde daher, nachdem im § 75 die Bestimmung, daß Mitglieder von Hülfskassen nur auf ihren Antrag aus den Zwangskassen herausbleiben sollten, gestrichen war, auch in § 4 die Wiederherstellung der Regierungsvorlage beantragt. Hiervon wurde aber Abstand genommen, nachdem regierungsseitig ausgeführt worden war: „bei der Fassung des § 4 nach dem Antrag würden alle die Zweifel, die jetzt über das Recht der Mitglieder freier Hülfskassen, auch der Zwangsversicherung anzugehören, entstanden seien, wieder zu Tage treten; die Fassung des § 4 nach der Vorlage müsse auch trotz der Beschlüsse zu § 75 bleiben; sie habe vor Allem den Zweck, außer Zweifel zu stellen, daß die Mitglieder freier Hülfskassen nicht von der Gemeinde-Krankenversicherung ausgeschlossen seien, wenn sie die ihnen zustehende Befreiung nicht geltend machen wollten" (Komm.Ber. S. 42).

Für solche Personen tritt dann aber die G.K.V. nicht, wie bei anderen versicherungspflichtigen Personen kraft Gesetzes ein; denn sie sind von

8*

ihrer entsprechenden gesetzlichen Verpflichtung „befreit" (§ 75) und die gesetzliche Zugehörigkeit Versicherungspflichtiger zur G.V.Kr. tritt nur „vorbehaltlich der Bestimmung des § 75" (§ 4), also vorbehaltlich der durch § 75 begründeten Befreiung ein. Sie müssen also ihren Willen, trotz ihrer Betheiligung an der Hülfskasse auch der G.K.V. anzugehören, an den Tag legen. Dies geschieht durch Selbstanmeldung gemäß Abs. 3; ihre ärztliche Untersuchung darf nicht verlangt werden, weil letztere nur für „nicht versicherungspflichtige" Personen vorgesehen ist. Die Anmeldepflicht des Arbeitgebers (§ 49) besteht für diese Berechtigten ebenso wenig wie für andere Berechtigte, denn sie gilt nur für diejenigen Versicherten, welche nicht „gemäß § 75 von der Verpflichtung .... befreit sind" (§ 49). Die Verpflichtung, die Beiträge einzuzahlen und antheilig zu tragen (§§ 52, 53), haben die Arbeitgeber aber auch bezüglich dieser Personen, denn diese Verpflichtung besteht nach § 52 für alle Beiträge, welche „für die von den Arbeitgebern beschäftigten Personen zur Gemeinde-Krankenversicherung oder zu einer Orts-Krankenkasse zu leisten sind" (§ 52), mit alleiniger Ausnahme nichtversicherungspflichtiger Personen, zu welchen solche, die ihrer Versicherungspflicht in einer Hülfskasse genügen, nicht gerechnet werden können. Auch die ratio legis spricht für diese Auslegung, weil kein ersichtlicher Grund besteht, diejenigen Versicherungspflichtigen, welche den Wunsch haben, der Zwangskasse anzugehören, bloß um deswillen von den mit dieser Zugehörigkeit verbundenen Vortheilen auszuschließen, weil sie außerdem noch in einer Hülfskasse versichert sind. Auch die auf die Beitragspflicht der freiwillig Versicherten sich beziehende Stelle des ersten Kommissionsberichts (vgl. Anm. 9) kann nur in diesem Sinne verstanden werden: denn dieselbe bezieht sich, richtig verstanden, nur auf solche Personen, die überhaupt nicht zur Versicherung verpflichtet sind, nicht aber auf solche, welche zwar versicherungspflichtig, aber nicht zu bestimmten Kassen beitrittspflichtig sind. Endlich wird nur so die erforderliche gleichartige Behandlung derjenigen Mitglieder von Hülfskassen, welche schon bei ihrem Eintritt in eine versicherungspflichtige Beschäftigung der Hülfskasse angehören, und derjenigen, welche erst im Laufe der Beschäftigung der Hülfskasse beitreten, erreicht; denn auch für letztere hat der Arbeitgeber zweifellos die Beiträge zur Zwangskasse weiter zu zahlen und antheilig zu tragen, wenn sie trotz des Beitritts zur Hülfskasse in der Zwangskasse verbleiben, also ihre Befreiung von der letzteren nicht geltend machen wollen.

Der § 4 Abs. 4 wird also auf die in Rede stehenden Personen nicht anzuwenden sein.

[6]) Die Gemeinde-Krankenversicherung ist keine selbständige Kasse mit besonderem Verwaltungsapparat, sondern eine für die Gemeinde als den Träger der Versicherung von dem Gemeindevorstand verwaltete Einrichtung, welche allerdings eine eigene Kasse besitzen muß, § 9; cf. Anm. 1.

Es fragt sich, ob jede Gemeinde ohne Unterschied zur Gemeinde-Krankenversicherung verpflichtet ist. Diese Pflicht ist unbedingt da anzuerkennen, wo nicht für alle in der Gemeinde beschäftigten versicherungspflichtigen Personen organisirte Krankenkassen bestehen. In einem Erlaß der Preuß. Minister für Handel rc. und des Innern v. 17. Juni 1884 (Pr. Verw.-Bl. V 323) wird aber eine solche Pflicht für die Gemeinden auch dann angenommen, wenn den versicherungsberechtigten Personen nicht (nach § 26 Abs. 4 Nr. 5) die Möglichkeit gewährt ist, einer organisirten Krankenkasse beizutreten; ebenso Sachsen, abweichend Württemberg (vgl. v. Schicker S. 53). In Preußen muß also die Gemeinde-Krankenversicherung in jeder Gemeinde bezw. in jedem weiteren Kommunalverband eingerichtet werden, in welchem nicht für sämmtliche versicherungspflichtige Personen Orts-, Betriebs- (Fabrik-), Bau-, Innungs- oder Knappschaftskassen vorhanden sind und außerdem wenigstens eine Orts-Krankenkasse auch den nach § 4 Abs. 2 versicherungsberechtigten Personen zugänglich gemacht ist. Im Uebrigen vgl. bei Kollisionen mit gemeinsamen Gemeinde-Krankenversicherungen Anm. 5 zu § 12.

6a) § 4 Abs. 2 gilt nicht für Bayern, cf. § 15 sowie Art. 1 Bayr. Ausf. Ges. v. 28. Febr. 1884 (Ges. u. Verordn.-Bl. S. 75) und die Min.-Bek. II v. 15. Mai 1884 (Ges. u. Verordn.-Bl. S. 275).

7) nicht unterliegen; cf. Anm. 2. Hierhin gehören, sofern ihr Gesammteinkommen 2000 Mark jährlich nicht übersteigt (vgl. Anm. 7a):

a) die in den bei §§ 1, 2, 2a aufgeführten Betrieben u. s. w. ohne Gehalt oder Lohn (§ 1 Abs. 3) beschäftigten Personen;

b) die Personen des Soldatenstandes (§ 3) sowie die in § 3 aufgeführten, von der Versicherungspflicht wegen anderweiter ausreichender Fürsorge befreiten Bediensteten des Reichs, der Staaten und der Kommunalverwaltung;

c) die im § 2 aufgeführten Kategorien, falls und solange deren Zwangsversicherung durch statutarische Bestimmungen nicht eingeführt wird, also auch Handlungsgehülfen und -Lehrlinge, für welche die Verpflichtungen des Prinzipals aus Art. 60 H.G.B. aufrecht erhalten sind;

d) die auf Antrag des Lehrherrn von der Versicherungspflicht befreiten Lehrlinge sowie die Insassen von Arbeiterkolonien (§ 3b).

Dazu treten für die Gemeinde-Krankenversicherung (§ 4):

e) das gesammte Gesinde, welches der Zwangsversicherung auf Grund dieses Gesetzes niemals unterliegen kann;

f) solche anderweiten Personen bis zu 2000 Mark Gesammteinkommen, denen die Gemeinde-Krankenversicherung durch Beschluß der Gemeinde zugänglich gemacht ist.

Früher gehörten hierhin auch die Betriebsbeamten u. s. w., welche mehr als $6^2/_3$ Mark Tagesverdienst (= 2000 Mark Jahresverdienst) hatten und nur wegen dieser Höhe ihres Einkommens von der Versicherungspflicht befreit waren. Das trifft jetzt nicht mehr zu, seitdem durch die Novelle die Berechtigung zum freiwilligen Eintritt in die Versicherung nur denjenigen eingeräumt ist, welche nicht mehr als 2000 Mark Einkommen haben. Vgl. Anm. 7b und 7c.

Eine Beitrittsberechtigung besteht ferner

g) für diejenigen versicherungspflichtigen Personen, welche Mitglieder einer dem § 75 genügenden Hülfskasse und deshalb gemäß § 75 von der Verpflichtung, der G.Kr.V. anzugehören, befreit sind, vgl. Anm. 5a.

7a) und. Diese Beschränkung der freiwilligen Versicherung ist vom Reichstag in die Novelle aufgenommen worden, um die Ausnutzung der G.Kr.V. bezw. der von derselben für geringes Entgelt gewährten freien ärztlichen Behandlung durch wohlhabende Personen, die sehr wohl den Arzt selbst honoriren könnten, auszuschließen. Die Bestimmung ist sowohl im Interesse der Aerzte, wie im Interesse derjenigen getroffen, für welche die G.Kr.V. in erster Reihe bestimmt ist, weil nämlich, je größer die Zahl der freiwilligen Mitglieder ist, desto höher die Honorarforderungen der Aerzte sein werden, zumal die ärztliche Behandlung jetzt unter Umständen 26 Wochen weniger einen Tag währen kann. Vgl. Sten.Ber. 1891/92 S. 2953 sowie Anm. 5 zu § 3a. Uebrigens gilt diese Beschränkung nur für den freiwilligen Eintritt, nicht aber für die freiwillige Fortsetzung des Versicherungsverhältnisses (§§ 9, 27); es mag dahingestellt bleiben, ob aus Versehen oder absichtlich. Jedenfalls wird hierdurch die Wirksamkeit der Bestimmung wesentlich abgeschwächt.

7b) jährliches Gesammteinkommen, nicht bloß Einkommen an Gehalt oder Lohn, sondern das thatsächliche Einkommen, ohne Rücksicht darauf, ob dasselbe nach den verschiedenen Steuergesetzgebungen der einzelnen Bundesstaaten einkommensteuerpflichtig ist oder nicht. Gerade wegen ihrer Verschiedenheit konnte die Steuergesetzgebung in diesem Reichsgesetz nicht zu Grunde gelegt werden. (Vgl. Komm.Ber. z. Nov. S. 9; Sten.Ber. 1891/92 S. 2953.) „Etwas Vollkommenes liefert die Fassung nicht." Wie die Höhe des Einkommens festgestellt werden soll, wird nicht ersichtlich. Es bleibt im Zweifelsfall nur eine genaue Prüfung sämmtlicher thatsächlicher Einkommensquellen übrig, wobei im Falle wechselnder Einnahmen derjenige Betrag zu Grunde zu legen ist, auf welchen nach Lage der Verhältnisse mit einiger Sicherheit gerechnet werden darf. Bleibt hiernach das Recht zum freiwilligen Beitritt zweifelhaft, so ist hierüber eventuell im Streitverfahren nach § 58 Abs. 1 zu entscheiden.

7c) nicht übersteigt. Gleichartige Beschränkungen des freiwilligen Beitritts sieht die Novelle auch bei den organisirten Krankenkassen vor, vgl. § 19 Abs. 3, § 63 Abs. 2, § 72 Abs. 3, mit Ausnahme der Innungs-Krankenkassen (§ 73) und der Knappschaftskassen (§ 74). Personen, welche auf Grund der früheren unbeschränkten Beitrittsberechtigung vor dem Inkrafttreten der Novelle der Krankenkasse beigetreten waren, dürfen nach deren

Inkrafttreten nicht um deswillen aus der Kasse ausgeschlossen werden, weil von diesem Zeitpunkt ab eine Beitrittsberechtigung für sie nicht mehr bestehen würde. Die Novelle hat nur den Eintritt, nicht aber das Verbleiben in der Krankenkasse an Beschränkungen gebunden, vgl. Anm. 7a; auch ist der vorstehenden Bestimmung keine rückwirkende Kraft beigelegt und war es nicht die Absicht der Novelle, die wohlerworbenen Rechte zahlreicher bereits in einer G.Kr.V. oder Kr.K. freiwillig eingetretener Personen zu beseitigen (Preuß. Minist.Erl. v. 17. Februar 1893; vgl. auch Bad. Verw.Ger.Entsch. v. 26. Septbr. 1895, Arb.Vers. XII S. 566). Eventuell wäre nach § 58 Abs. 1 zu verfahren. Dies gilt insbesondere für Handlungsgehülfen, Werkmeister, Techniker mit mehr als 2000 Mark Jahreseinkommen.

8) Dienstboten. Vgl. Anm. 1^VI zu § 1 sowie Anm. 14 zu § 1, Anm. 18 zu § 2. Nachdem bei dem älteren Gesetz die Kommission in § 1a das landwirthschaftliche Gesinde von der für die Arbeiter der Land- und Forstwirthschaft beschlossenen Versicherungspflicht ausdrücklich ausgeschlossen hatte (vgl. Anm. 11 zu § 2), wollte man demselben wenigstens die Berechtigung zum freiwilligen Beitritt geben, weil sonst bei den in einzelnen süddeutschen Staaten bestehenden Verhältnissen die Bestimmung des § 1a wirkungslos sein würde, übrigens auch das in den meisten Staaten allerdings bestehende Recht des Gesindes auf Verpflegung in Krankheitsfällen ganz verschieden geregelt sei (cf. Preuß. Gesindeordn. v. 8. Novbr. 1810; Sächsische v. 10. Jan. 1835; Hessische v. 28. April 1877 u. s. w.), in Württemberg aber überhaupt keine Gesindeordnung bestehe. Dieses von der Kommission demnächst zugestandene Recht wurde schließlich auf das gesammte Gesinde ausgedehnt. cf. Komm. Ber. S. 19. Hierbei ist es auch nach Ablehnung des § 1a sowie in der Novelle verblieben.

Dienstboten (Mieth- oder Dienstgesinde, Dienerschaft) sind Personen, welche sich zur Leistung gewisser (häuslicher, z. Th. auch wirthschaftlicher, vgl. unten) Dienste niederer Art auf Zeit gegen einen bestimmten Dienstherrn (Herrschaft) verpflichten, vgl. § 1 der Preuß. Gesindeordn. v. 8. Novbr. 1810 (G.S. S. 101). Das Gesinde dient also, und zwar regelmäßig mit einer gewissen Annäherung an die Familie der Herrschaft, mit einer mehr oder weniger ausgeprägten Zugehörigkeit zum Hausstand derselben, welche sich insbesondere bei den unverheiratheten Dienstboten schon in der Beköstigung durch die Herrschaft zu zeigen pflegt; das Gesinde unterliegt ferner der Hausgewalt des Dienstherrn.

Im Uebrigen „muß zwischen städtischem und ländlichem Gesinde unterschieden werden". „Beim Landwirth identifizirt sich historisch und aktuell Hausstand und Wirthschaftsbetrieb in so erheblichem Maße, daß auch Personen, welche lediglich zu landwirthschaftlichen, d. h. dem Beruf gewidmeten Diensten angenommen sind, unter der Voraussetzung ihrer oben bezeichneten Zugehörigkeit zum Hausstande des Dienstherrn als Gesinde (Knechte, Mägde) betrachtet werden — während beim städtischen

Gesinde die Beschäftigung mit gewöhnlichen häuslichen Diensten im Gegensatz zu den beruflichen oder gewerbsmäßigen Funktionen des Dienstherrn ein weiteres wesentliches Moment des Begriffs ist" (Rosin, Recht der Arbeiterversicherung I S. 167). Städtische, im Beruf des Arbeitgebers beschäftigte Personen sind hiernach insoweit nicht als Dienstboten, sondern als Arbeiter oder Gewerbegehilfen anzusehen und deshalb versicherungspflichtig. Dies muß jetzt als die herrschende Meinung angesehen werden. Wichtig ist dies z. B. für Kellnerinnen, Hotelköchinnen, gewerbliche Kutscher u. s. w. Vgl. Anm. 14 zu § 1. In der Praxis führt diese Rechtsauffassung in weitgehendem Maße zu einer Versicherungspflicht der Dienstboten, nämlich bei allen solchen Dienstboten, welche nebenher in dem Gewerbebetriebe ihres Dienstherrn verwendet werden. Für landwirthschaftliches Gesinde vgl. Anm. 16 bis 18 zu § 2.

Ueber das Wirthschaftsgesinde in der Land- und Forstwirthschaft (landwirthschaftliches Gesinde) sagt Ballin a. a. O. S. 38: „Beim landwirthschaftlichen Gesinde ist zwischen Aufsichtspersonal und gewöhnlichem Gesinde zu unterscheiden. In ersterer Beziehung treten uns in Deutschland folgende Benennungen entgegen: Kämmerer, Wirth, Wirthin, Wirthschafterin, Meier, Molkereiaufseher, Hofmann, Hofmeister, Hausmann, Baumann, Baumeister, Bauermeister, Vogt, Wirthschaftsvogt, Vorgeher, Vorhäker, Ober-, Groß- oder Meisterknecht, Ober- oder Großschäfer, Schafmeister, Schaffer, Schaffnerin, Aufseher, Ausgeberin, Vorköchin. Zu dem gewöhnlichen Gesinde rechnen wir den Ackerknecht, Mitterknecht, Fuhr- oder Gespannknecht, Hofknecht, Pferde-, Ochsen-, Schäferknecht, die Kleinknechte (Enken), Hütbuben und Jungen, ferner die Viehwirthin, Großmagd, Kuh-, Hof- und Hausmagd, Bauköchin, Gesindeköchin, Oberdirn, Unterdirn, Drittlerin u. s. w." — Empfangen solche oder ähnliche Bedienstete, namentlich wenn sie verheirathet sind und nicht im Haushalt der Dienstherrschaft beköstigt werden, wenn also die Beziehungen zur Familie der letzteren mehr zurücktreten, neben dem Jahreslohn ein bestimmtes Deputat an Getreide, Kartoffelland, Viehfutter, Wohnung u. s. w., so nennt man sie Deputatisten (Deputatleute, Deputanten, in Posen Fornals). Das Verhältniß dieser Leute geht in das der Gutstagelöhner über. Solche Deputatisten können, weil sie eben eine Mittelstellung einnehmen, zum Gesinde nicht mehr gerechnet werden, und müssen also (weil eine einschränkende Interpretation dieses Begriffs hier geboten erscheint) als (statutarisch der Versicherungspflicht zu unterwerfende) Arbeiter der Land- und Forstwirthschaft gelten; cf. 12 zu § 2.

Für das Hausgesinde (zur persönlichen Bequemlichkeit, zum Luxus u. s. w.) „ist das charakteristische Merkmal, daß sie mit dem Beruf ihrer Dienstherrschaft nicht das Geringste zu thun haben .... ihrer Stellung liegt stets ein Gesindevertrag zu Grunde. Zu den Dienenden für häusliche Dienstleistungen gehören Bediente, Diener, Köchinnen, Dienstmädchen, Stuben- und Kindermädchen, Wirthschafterinnen, Kammerjungfern, nicht aber Gesellschafterinnen oder gar Hauslehrer; ferner gehören dazu Kutscher, Portiers, Gärtner und ähnliche Personen, sofern sie nicht für den Gewerbebetrieb ihres Brodherrn engagirt sind". „Die namentlich in großen Städten besonders zahlreich vertretenen Aufwärterinnen verrichten zwar rein häusliche Dienste, sind aber doch keine Dienstboten, da sie nicht Wohnung und Kost bei der Herrschaft empfangen und keinen Gesindevertrag abschließen" (sie werden als selbständige Gewerbetreibende gelten müssen).

9) berechtigt. Für die freiwillig Versicherten hat der Arbeitgeber keine Verpflichtungen; sie zahlen selbst die Gesammtbeiträge einschl. des Betrags der Arbeitgeber, „weil der freiwillige Akt des Arbeiters, durch welchen dieser, ohne gesetzlich verpflichtet zu sein, Versicherung nimmt, nach der Meinung der Kommission unmöglich den Arbeitgeber zu Leistungen verpflichten kann" (Komm.Ber. S. 19); auch können sie jederzeit austreten. Durch die jetzige Fassung des § 51 ist dies auch durch den Text des Gesetzes selbst außer Zweifel gestellt. Eintrittsgeld wird zur G.Kr.V. nicht entrichtet, cf. § 11 sowie Anm. 5 a.

9a) Gemeinde, vgl. Anm. 2 zu § 5 sowie § 83.

9b) in deren Bezirk sie beschäftigt sind, vgl. Anm. 3 zu § 5 sowie § 5 a.

10) statutarische Bestimmung (§ 2), welche nach § 2 Abs. 3 genehmigt sein muß.

11) anderen. Mot. z. Nov. S. 39: „Namentlich für diejenigen Gemeinden, in welchen neben der Gemeinde-Krankenversicherung organisirte Krankenkassen nicht bestehen, wird dadurch einem vielfach hervorgetretenen Bedürfniß abgeholfen werden."

12) die Aufnahme gestattet oder das Recht des Beitritts eingeräumt. Mot. z. Nov. S. 39: „Dabei sind zwei Fälle zu unterscheiden: Entweder wird gewissen Klassen von Personen ebenso wie den im ersten Satz des zweiten Absatzes bezeichneten ein Recht auf freiwilligen Beitritt eingeräumt, oder es wird der Verwaltung der Gemeinde-Krankenversicherung die Befugniß beigelegt, so wie dies auch schon bisher nach § 26 Abs. 4 Ziffer 5 bei den Orts-Krankenkassen zugelassen war, nach freiem Ermessen auch andere Personen zur Theilnahme an der Versicherung zuzulassen. Beides soll nach dem Zusatz zu § 4 Abs. 2 der statutarischen Bestimmung anheimgegeben werden."

Im ersteren Falle erhält der Betheiligte die Beitrittsbefugniß, im zweiten Falle wird der eventuell verpflichteten Gemeinde die Zulassungsbefugniß eingeräumt. Im ersteren Falle muß der Betheiligte, wenn er von seiner Befugniß Gebrauch macht, vorbehaltlich der Bestimmungen des § 4 Abs. 3 aufgenommen werden; in letzterem Fall darf er nach Ermessen aufgenommen oder zurückgewiesen werden; vgl. Anm. 12 a.

Im Gesetzestext stehen die beiden Möglichkeiten in umgekehrter Reihenfolge wie in den Motiven.

[12a]) gestattet, wobei durch die statutarische Bestimmung auch besondere Beschränkungen oder Bedingungen aufgestellt werden dürfen, nach dem Grundsatz: majori inest minus. Ebenso ist es Sache der statutarischen Bestimmung, das Nähere darüber zu ordnen, wem die Entscheidung über die Aufnahme oder Ablehnung zustehen soll. Ist in beiden Beziehungen durch die statutarischen Bestimmungen nichts festgesetzt, so wird das freie Ermessen der Verwaltung der G.Kr.V. maßgebend sein. Vgl. Mot. z. Nov. S. 39: „Die Bestimmungen des dritten Absatzes beziehen sich nur auf diejenigen Personen, welchen ein Recht zum Beitritt eingeräumt ist. Hinsichtlich derjenigen Personen, deren Aufnahme dem freien Ermessen vorbehalten ist, ist es Sache der statutarischen Bestimmung oder der Verwaltung, die Bedingungen der Aufnahme festzustellen, z. B. auch ein gewisses Lebensalter von der Aufnahme auszuschließen."

[13]) beim Gemeindevorstande oder der Verwaltung der gemeinsamen Krankenversicherung, falls eine solche für die betreffenden einzelnen Gemeinden eingerichtet worden ist (§ 12). Vgl. Anm. 2 zu § 5.

[14]) keinen Anspruch. In solchem Falle ist die Gewährung der Krankenunterstützung allgemein unzulässig. Außerdem kann für freiwillige Mitglieder der Gemeinde-Krankenversicherung noch eine besondere Karenzzeit (durch Gemeindebeschluß) eingeführt werden (§ 6a Abs. 1 Ziffer 1), wie dies auch für freiwillige Mitglieder organisirter Krankenkassen (durch das Kassenstatut) geschehen darf, vgl. § 26 Abs. 4 Ziffer 4, jetzt § 26a Abs. 1 Ziffer 4.

[14a]) eingetretenen. Wann eine Krankheit „eingetreten" ist, hat der Arzt festzustellen; auf den Fall des thatsächlichen Ausbruchs einer offenbar schon vorher vorhanden gewesenen Krankheit wird jener Ausdruck nicht zu beschränken sein. Dagegen wird das Vorhandensein einer bloßen Krankheitsanlage nicht zur Zurückweisung führen dürfen. Es fragt sich immer, ob bei den sich Meldenden objektiv ein Zustand vorliegt, welcher gegenwärtig ärztliche Behandlung erforderlich macht, vgl. Anm. 18 zu § 1. Das Wort hat hier dieselbe Bedeutung, wie in dem durch die Novelle zugefügten zweiten Satz das Wort: „bereits bestehende Krankheit".

[15]) ärztliche Untersuchung. Mot. z. Nov. S. 39: „Durch die zweite ergänzende Bestimmung sollen die Gemeinden ermächtigt werden, den Eintritt nichtversicherungspflichtiger, aber zum Beitritt berechtigter Personen in die Gemeinde-Krankenversicherung davon abhängig zu machen, daß eine ärztliche Untersuchung nicht eine schon vorhandene Krankheit erweist. Bei der Schwierigkeit des Nachweises, daß eine bei solchen Personen nach ihrer Aufnahme auftretende Krankheit schon zur Zeit des Eintritts vorhanden gewesen, hat sich das Bedürfniß ergeben, den Gemeinden die Anwendung dieses Schutzmittels gegen Schädigung der Gemeinde-Krankenversicherung zu ermöglichen." Die Kosten dieser ärzlichen Untersuchung wird der sich zum Eintritt Meldende zu tragen haben, da er das Vorhandensein der Voraussetzungen seiner Berechtigung zum freiwilligen Beitritt nachweisen muß.

§. 5.

Denjenigen Personen, für welche[1]) die Gemeinde-Krankenversicherung eintritt, ist von der Gemeinde,[2]) in deren Bezirk sie beschäftigt sind,[3]) im Falle einer Krankheit[4]) oder[4a]) durch Krankheit herbeigeführten Erwerbsunfähigkeit[4b]) Krankenunterstützung[5]) zu gewähren. I.

Von denselben[6]) hat[7]) die Gemeinde Krankenversicherungsbeiträge (§. 9)†) zu erheben. II.

---

16) bereits bestehende, vgl. Anm. 14 a.

17) zwei aufeinanderfolgende Zahlungstermine. „Man wollte durch eine derartige Bestimmung verhindern, daß der Versicherte durch vielleicht entschuldbare Versäumniß der Zahlung zum Fälligkeitstermine sofort der Versicherung verlustig gehe; man hielt aber im Interesse der Gemeinde-Krankenversicherung bezw. der Krankenkassen für geboten, die Grenze von zwei derartigen Zahlungsterminen sowohl in dem hier vorliegenden Falle als in dem ähnlichen des § 23 (jetzt § 27) festzuhalten" (Komm.Ber. S. 19).

18) geleistet. cf. Anm. 7 i. f. zu § 5, sowie Anm. 5a i. f.

19) scheiden . . aus, kraft Gesetzes, und unbeschadet ihrer Verpflichtung, die bis zum Zeitpunkt des Ausscheidens fällig gewesenen Kassenbeiträge zu entrichten. Diese sind zwangsweise beizutreiben, § 55.

Zu § 5.

1) für welche . . . eintritt; cf. § 4 Abs. 1 u. 2 und die Anmerkungen zu demselben, sowie § 11.

2) Gemeinde, oder einer Vereinigung von Gemeinden, dem an die Stelle der Gemeinden getretenen weiteren Kommunalverband (§§ 12, 13), einem selbständigen Gutsbezirk oder einer selbständigen Gemarkung (§ 83).

3) in deren Bezirk sie beschäftigt sind. Für die Krankenversicherung ist, wie im Allgemeinen die Thatsache der Beschäftigung (Anm. 4 zu § 1), so auch der Ort maßgebend, in welchem die Beschäftigung stattfindet, aber nicht der vielleicht anderweite Ort, an welchem die Krankheit ausbricht oder an welchem etwa früher der Grund zur Krankheit gelegt ist, ebensowenig der Wohnsitz oder der Aufenthaltsort. „Die Verhandlung ergab, daß die Kommission in ihrer Majorität den Grundgedanken der Vorlage, die Verpflegung des erkrankten Arbeiters möglichst nahe an die Stelle zu rücken, wo der gesunde seine Kräfte zur Arbeit eingesetzt hat, für richtig hielt" (Komm.Ber. S. 22). Nur die unständigen land- und forstwirthschaftlichen Arbeiter können durch statutarische Bestimmung einer Gemeinde oder eines weiteren Kommunalverbandes in ihrem Wohnort zur Krankenversicherung herangezogen werden, auch wenn sie zeitweise außerhalb

---

†) Beiträge fallen bei land- und forstwirthschaftlichen Arbeitern unter Umständen fort, vgl. §§ 137, 138 landw. U. u. K.V.G.

dieses Wohnortes beschäftigt sind (§ 142 landw. U. u. K.V.G.). Beschäftigungsort häuslicher Dienstboten ist der Ort, wo die Haushaltung geführt wird, für deren Mitbesorgung der Dienstbote eingestellt ist, also in der Regel der gewöhnliche Wohnort der Dienstherrschaft. Dieser Ort bleibt auch dann maßgebend, wenn der Dienstbote vorübergehend mit der Herrschaft auf Badereisen geht, solange eine Verlegung der Haushaltung (des Wohnorts) nicht beabsichtigt und (wegen Verbleibens der häuslichen Einrichtung an dem Wohnort) auch nicht erfolgt ist (Bad. Verw.Ger.Entsch. v. 6. Juli 1893, Arb. Vers. XI S. 183).

Für die zuweilen vorkommenden Fälle, in welchen ein Betrieb nicht an die Grenzen eines Gemeindebezirks gebunden ist, hat jetzt die Novelle durch den neuen § 5a besondere Vorschriften aufgenommen. Bei dem alten Gesetz hatte es nicht gelingen wollen, für diese Fälle eine allgemein zutreffende und jeden Zweifel ausschließende Formulirung zu finden, so daß man sich damals hatte entschließen müssen, der Praxis die Anwendung auf den Einzelfall zu überlassen (cf. ebendaselbst).

4) Krankheit. Ueber den Begriff vgl. Anm. 18 zu § 1.

4a) oder. Hierdurch hat jeder Zweifel darüber ausgeschlossen werden sollen, daß auch für die Fälle der Rekonvaleszenz und des Siechthums, falls diese Zustände sich an eine Krankheit unmittelbar anschließen und mit ihnen eine Erwerbsunfähigkeit verbunden ist, Krankenunterstützung gewährt werden muß. „Es wurde ausdrücklich festgestellt, daß nach der Auffassung der Kommission Krankenunterstützung für die gesetzliche Zeitdauer auch dann fortzugewähren ist, wenn vor Ablauf derselben die ärztliche Behandlung des Erkrankten wegen eingetretener Rekonvaleszenz oder wegen Unheilbarkeit des Leidens aufgehört hat, vorausgesetzt, daß die Erwerbsunfähigkeit fortdauert und als Folge der Krankheit anzusehen ist" (Komm.Ber. S. 20). Wegen weitergehender Rekonvaleszentenfürsorge in organisirten Krankenkassen vgl. § 21 Abs. 1 Ziffer 3 a.

4b) Erwerbsunfähigkeit, vgl. Anm. 7 zu § 6.

5) Krankenunterstützung. Sterbegeld oder Unterstützung von (nicht kranken) Wöchnerinnen darf im Wege der Gemeinde-Krankenversicherung der Regel nach nicht gewährt werden; die Leistungen derselben sind auf das Nothwendigste bemessen und gesetzlich fixirt, so daß sie unmittelbar auf Grund des Gesetzes gefordert werden können. Ebenso ist auch eine Ermäßigung der Unterstützungen versagt. Im Uebrigen ist der Grundsatz des alten Gesetzes, daß für die Leistungen der Gemeinde-Krankenversicherung auch durch Beschlüsse der Gemeinde kein Spielraum gestattet sein sollte, nach der Novelle nicht mehr in vollem Umfange aufrecht erhalten worden. Denn fortan darf die G.Kr.V. auch eine Unterstützung an Familienangehörige beschließen (§ 6 Abs. 1 Ziffer 5), allerdings nur gegen Erhebung besonderer Zusatzbeitrage (§ 9 Abs. 1), und in den Ausnahmefällen des § 10 ist sehr gut situirten Gemeinde-Krankenversicherungen nicht nur, wie bisher, eine „Er-

höhung", sondern auch eine „Erweiterung" der Unterstützungen, also deren Ausdehnung auf Sterbegeld und Wöchnerinnenunterstützung, nachgelassen worden, vgl. Anm. 12 zu § 10.

Erfüllungsort ist naturgemäß zunächst der Bezirk der Gemeinde-Krankenversicherung; die Krankenunterstützung ist also von der Gemeinde-Krankenversicherung derjenigen Gemeinde zu gewähren, in deren Bezirk der Erkrankte beschäftigt war (§ 5a; vgl. Anm. 3), und zwar auch dann, wenn der Erkrankte während dieser Beschäftigung seinen Aufenthalt (Schlafstelle u. s. w.) etwa in einer Nachbargemeinde gehabt hat. Vgl. Köhne S. 36. Im Uebrigen hat die nach den bisherigen Bestimmungen nicht unzweifelhafte Frage, ob die Leistungen der G.Kr.V. auch außerhalb ihres Bezirks beansprucht werden können, nach den anderweiten Vorschriften der Novelle an Bedeutung verloren, insofern durch den neuen § 57a im Anschluß an den bisherigen § 16 des Ausdehnungsgesetzes die gegenseitige Aushülfe der Gemeinde-Krankenversicherungen und Orts-Krankenkassen für den Fall vorgesehen worden ist, daß erkrankte Mitglieder außerhalb des Kassenbezirks wohnen. Indessen muß auch jetzt an dem allgemeinen Rechtsgrundsatz festgehalten werden, daß kein Berechtigter durch willkürliche Handlungen die Lage des Verpflichteten verschlechtern darf. Wer also z. B. während der Dauer einer Krankheit an einen anderen Ort verzieht (etwa um sich der Kontrole zu entziehen), behält zwar seinen Anspruch auf Krankenunterstützung gegen die Gemeinde-Krankenversicherung des Erkrankungsorts (Erk. d. Preuß. Ob.Verw.Ger. v. 26. Mai 1887 u. 13. Oktober 1887), darf aber diese nicht willkürlich dadurch in eine ungünstigere Lage bringen, daß er nun an dem neuen Wohnort den Arzt u. s. w. nach seiner Wahl nimmt. Vielmehr ist er gehalten, die ärztliche Behandlung wie bisher von den Aerzten der verpflichteten Gemeinde-Krankenversicherung des Erkrankungsorts anzunehmen, ebenso das Krankengeld (unter dem Nachweis der Fortdauer seiner Erwerbsunfähigkeit) innerhalb ihres Bezirks in Empfang zu nehmen, falls er nicht auf seine Kosten die Uebersendung an den neuen Wohnort erbittet und bewilligt erhält. Kann er dies nicht, so verwirkt er seinen Anspruch. Die Gemeinde-Krankenversicherung des früheren Wohnorts darf durch Stellung des in Abs. 1 § 57a bezeichneten Antrages die Erkrankten an die Gemeinde-Krankenversicherung des neuen Wohnorts verweisen, und letzterer muß sich das gefallen lassen; eine Verpflichtung, jenen Antrag zu stellen, wird sich schwer konstruiren lassen (v. Schicker S. 66/67). Vgl. auch den vom Preuß. Ober.Verw.Ger. in dem Erk. v. 9. Septbr. 1886 (Entsch. XIV S. 343) aufgestellten Rechtsgrundsatz: „Es besteht keine gesetzliche Vorschrift, welche dazu berechtigt, ein Kassenmitglied um deswillen von dem Genuß der Kassenleistungen auszuschließen, weil es seinen Haushalt nicht im Kassenbezirk hat" (vgl. Anm. 3 zu § 6).

Anspruch auf Erstattung geleisteter Krankenunterstützung hat die Kasse nur in den Fällen des § 50 (wenn die dem Arbeitgeber obliegende Anmeldung versäumt ist), des § 57 Abs. 4 (gegen Dritte auf Grund eines Gesetzes zur Entschädigung Verpflichtete), ferner in den Fällen des § 57a (wenn ein außerhalb des Bezirks seiner Kasse Erkrankter von einer andern Kasse zu unterstützen war), endlich im Falle irrthümlich geleisteter Unterstützungen, zu deren Leistung eine andere Kasse verpflichtet gewesen wäre (§ 58 Abs. 2). Bei Unfällen hat derjenige Betriebsunternehmer, Betriebsbeamte rc., gegen welchen strafrechtlich festgestellt ist, daß er den Unfall vorsätzlich oder durch qualifizirtes Verschulden verursacht hat, alle Aufwendungen der Krankenkasse zu erstatten; Dritte aber haften für jedes Verschulden nach Maßgabe der einschlagenden Gesetze. Vgl. §§ 95 bis 98 U.V.G.*) und die gleichlautenden Vorschriften der übrigen Unfallversicherungsgesetze. Vgl. außerdem Anm. 12 zu § 6 wegen der Erstattungspflicht des Betriebsunternehmers für die Erhöhung des Krankengeldes bei Unfällen. Ihrerseits dagegen hat die Gemeinde-Krankenversicherung (Krankenkasse) diejenigen Leistungen zu er-

---

*) Die §§ 95 bis 98 U.V.G. lauten:

Haftpflicht der Betriebsunternehmer und Betriebsbeamten.

§ 95.

Die nach Maßgabe dieses Gesetzes versicherten Personen und deren Hinterbliebene können einen Anspruch auf Ersatz des in Folge eines Unfalls erlittenen Schadens nur gegen diejenigen Betriebsunternehmer, Bevollmächtigten oder Repräsentanten, Betriebs- oder Arbeiteraufseher geltend machen, gegen welche durch strafgerichtliches Urtheil festgestellt worden ist, daß sie den Unfall vorsätzlich herbeigeführt haben.

In diesem Falle beschränkt sich der Anspruch auf den Betrag, um welchen die den Berechtigten nach den bestehenden gesetzlichen Vorschriften gebührende Entschädigung diejenige übersteigt, auf welche sie nach diesem Gesetze Anspruch haben

§ 96.

Diejenigen Betriebsunternehmer, Bevollmächtigten oder Repräsentanten, Betriebs- oder Arbeiteraufseher, gegen welche durch strafgerichtliches Urtheil festgestellt worden ist, daß sie den Unfall vorsätzlich oder durch Fahrlässigkeit mit Außerachtlassung derjenigen Aufmerksamkeit, zu der sie vermöge ihres Amtes, Berufes oder Gewerbes besonders verpflichtet sind, herbeigeführt haben, haften für alle Aufwendungen, welche in Folge des Unfalls auf Grund dieses Gesetzes oder des Gesetzes, betreffend die Krankenversicherung der Arbeiter, vom 15. Juni 1883 (Reichs-Gesetzbl. S. 73) von den Genossenschaften oder Krankenkassen gemacht worden sind.

In gleicher Weise haftet als Betriebsunternehmer eine Aktiengesellschaft, eine Innung oder eingetragene Genossenschaft für die durch ein Mitglied ihres Vorstandes, sowie eine Handelsgesellschaft, eine Innung oder eingetragene Genossenschaft für die durch einen der Liquidatoren herbeigeführten Unfälle

Als Ersatz für die Rente kann in diesen Fällen deren Kapitalwerth gefordert werden.

Der Anspruch verjährt in achtzehn Monaten von dem Tage, an welchem das strafrechtliche Urtheil rechtskräftig geworden ist.

§ 97.

Die in den §§ 95, 96 bezeichneten Ansprüche können, auch ohne daß die daselbst vorgesehene Feststellung durch strafgerichtliches Urtheil stattgefunden

stattem, welche an Erkrankte, deren Unterstützung ihr zugefallen wäre, im Wege der öffentlichen Armenpflege geleistet worden sind, nach näherer Vorschrift des § 57 Abs. 2.

[6]) Von denselben. Die Versicherungspflichtigen zahlen im Allgemeinen (cf. §§ 52a, 54) die Beiträge nicht selbst ein. Vielmehr zahlt sie für dieselben der Arbeitgeber, welcher die auf die Arbeiter entfallenden $^2/_3$ des von ihm eingezahlten Betrages bei der Lohnzahlung anrechnet, cf. Anm. 1, 2 zu § 9.

[7]) hat. Die Vorlage wollte den Gemeinden nur die Befugniß, nicht die Verpflichtung zur Erhebung von Beiträgen beilegen. Erst in der dritten Lesung im Plenum des Reichstags wurde dies abgeändert, hauptsächlich um deswillen, weil angeblich eine Krankenunterstützung ohne besonderes Aequivalent für dieselbe den Charakter eines Almosens annehme, eine Auffassung, die als zutreffend nicht anerkannt werden kann. Die Aenderung wird übrigens eine erhebliche praktische Tragweite nicht haben, denn es ist in der Praxis schwer durchführbar, eine Gemeinde zur Erhebung von Beiträgen zu nöthigen, wenn sie auf dieselben verzichten will. Die Beitragserhebung fällt zur Strafe fort im Fall des § 17 Abs. 4.

Für selbständige Gutsbezirke und Gemarkungen sah man sich in Berücksichtigung ihrer besonderen Verhältnisse genöthigt, die gerade hier besonders bedenkliche gesetzliche Nöthigung zur Beitragserhebung nachträglich auszuschließen, § 83. Die Besitzer derselben sind also durch das Gesetz ermächtigt, die Krankenversicherung, wie z. Th. schon bisher geschehen, unentgeltlich zu gewähren. Eine weitere Bedeutung hat diese Ausnahme nicht. Die Befürchtung des Dr. Paasche (Jahrb. f. Nat.Oek. u. Stat., N. F. VII S. 383), bei einem solchen Verzicht des Gutsherrn auf Krankenversicherungsbeiträge möchten auch solche Personen, welche nach einer kurzen Beschäftigung im Gute vielleicht erst nach Jahren in einer anderen Gemeinde erkranken, auf Grund ihrer früheren Beschäftigung Krankenunterstützung verlangen können, ohne Beiträge in der Zwischenzeit gezahlt zu haben, erscheint schon um deswillen nicht zutreffend, weil nach § 11 ein freiwilliger Verbleib in der Gemeinde-Krankenversicherung schlechtweg die Zahlung von Beiträgen voraussetzt und eine Krankenunterstützung ohne Gegenleistung (Arbeit in der Ge-

hat, geltend gemacht werden, falls diese Feststellung wegen des Todes oder der Abwesenheit des Betreffenden oder aus einem anderen in der Person desselben liegenden Grunde nicht erfolgen kann.

Haftung Dritter.

§ 98.

Die Haftung dritter, in den §§ 95 und 96 nicht bezeichneter Personen, welche den Unfall vorsätzlich herbeigeführt oder durch Verschulden verursacht haben, bestimmt sich nach den bestehenden gesetzlichen Vorschriften. Jedoch geht die Forderung der Entschädigungsberechtigten an den Dritten auf die Genossenschaft insoweit über, als die Verpflichtung der letzteren zur Entschädigung durch dieses Gesetz begründet ist.

§. 5a.*)

I. [1]) **Für Personen, welche in Gewerbebetrieben beschäftigt sind, deren Natur es mit sich bringt, daß einzelne Arbeiten an wechselnden Orten außerhalb der Betriebsstätte ausgeführt werden, gilt auch für die Zeit, während welcher sie mit solchen Arbeiten beschäftigt sind, als Beschäftigungsort der Sitz des Gewerbebetriebes.** [2])

II. **Werden versicherungspflichtige Personen von einer öffentlichen oder privaten Betriebsverwaltung** [3]) **mit Arbeiten beschäftigt, welche an wechselnden, in verschiedenen Gemeindebezirken belegenen Orten auszuführen sind, so gilt, falls nicht nach Anhörung der betheiligten Verwaltungen und Gemeinden oder weiteren Kommunalverbände** [4]) **von der höheren Verwaltungsbehörde etwas anderes bestimmt wird, als Beschäftigungsort diejenige Gemeinde, in welcher die mit der unmittelbaren Leitung jener Arbeiten betraute Stelle ihren Sitz hat.**

III. **Für Personen, welche in der Land- oder Forstwirthschaft** [5]) **zur Beschäftigung an wechselnden, in verschiedenen Gemeindebezirken** [6]) **belegenen Orten angenommen** [7]) **sind, gilt als Beschäftigungsort der Sitz des Betriebes (§ 44 des Gesetzes vom 5. Mai 1886, Reichs-Gesetzbl. S. 132).** [8])

Der § 5a gilt auch für Orts-Krankenkassen (§ 16)

---

meinde und Beitragszahlung) dem Grundprinzip des Gesetzes widerspricht. Umgekehrt läßt sich annehmen, daß ein Gutsherr, welcher auf Krankenkassenbeiträge verzichtet, den freiwilligen Eintritt und das freiwillige Verbleiben in der Gemeinde-Krankenversicherung seines Guts dadurch ausschließen kann, daß er auch von diesen freiwilligen Personen die Beiträge zurückweist.

Zu § 5a.

[1]) Der durch die Novelle eingeschobene neue § 5a soll in der Praxis hervorgetretene Zweifel darüber regeln, welcher Ort als Beschäftigungsort in solchen Fällen anzusehen ist, wo die Beschäftigung örtlich wechselt. Die Vorschriften schließen sich z. Th. an diejenigen Grundsätze an, welche zur Beseitigung solcher Zweifel von einem (in der dritten Auflage dieses Kommentars Anm. 3 zu § 5 citirten) Schreiben des Reiskanzlers an die Bundesregierungen aufgestellt waren.

Absatz 1 bezieht sich auf Gewerbebetriebe, welche einzelne Arbeiten abwechselnd, „bald in diesem, bald in jenem Ort, und zwar sowohl innerhalb als auch außerhalb des Gemeindebezirks, in denen ihre Betriebsstätte belegen ist, ausführen lassen" (Mot. der Nov.). Beispiel: Gewerbebetrieb eines

Zimmermeisters, Schornsteinfegermeisters. Hier soll immer der Sitz des Gewerbebetriebes als Beschäftigungsort gelten. Absatz 2 bezieht sich zunächst auf öffentliche Reichs-, Staats- und Kommunalverwaltungen, welche sich über größere Bezirke erstrecken, in denen die einzelnen Arbeiter ohne bestimmte, dauernde Arbeitsstätte wechselnd beschäftigt werden, z. B. Wegebau, Wasserbau, Telegraphenverwaltung. Aehnlich steht die Sache aber auch bei Privatbahnen u. s. w. Hier soll vorbehaltlich besonderer Regelung derjenige Ort als Beschäftigungsort gelten, in welchem die mit der unmittelbaren Betriebsleitung betraute Stelle ihren Sitz hat. Absatz 3 bezieht sich auf land- und forstwirthschaftliche, über mehrere Gemeindebezirke sich erstreckende Betriebe. Hier gilt bei Arbeitern, die für den Gesammtbetrieb ohne Beschränkung auf dessen einzelne örtliche Theile angenommen sind, als Beschäftigungsort der Sitz des Betriebes gemäß § 44 landw. U.V.G.

[2]) der Sitz des Gewerbebetriebes. „Es giebt eine Reihe von Gewerbetreibenden, welche die zu ihrem Betriebe gehörigen Arbeiten nur zum Theil in ihren Betriebsstätten, zum Theil bald an diesem, bald an jenem Orte, und zwar sowohl innerhalb als auch außerhalb des Gemeindebezirks, in denen ihre Betriebsstätte belegen ist, ausführen lassen.

Die mit Arbeiten der letzteren Art beschäftigten Arbeiter würden bei strenger Anwendung der im § 5 aufgestellten Regel stets in derjenigen Gemeinde zu versichern sein, in deren Bezirk sie jeweilig die ihnen übertragene Arbeit ausführen. Daraus würde sich ein beständiger Wechsel ihres Versicherungsverhältnisses ergeben, welcher nicht nur für sie selbst, sondern auch für ihre Arbeitgeber und die betheiligten Gemeinde-Krankenversicherungen erhebliche Unbequemlichkeiten und Unzuträglichkeiten zur Folge haben würde. Es empfiehlt sich daher die neue Bestimmung des Abs. 1, nach welcher für die mit solchen Arbeiten beschäftigten Personen als Beschäftigungsort der Sitz des Gewerbebetriebes gelten soll" (Mot. d. Nov. S. 39). Vgl. Rosin I S. 225, 500 f.

Die analoge Bestimmung des § 15 Abs. 3 Ausd.Ges., wonach der Sitz des Gewerbebetriebes nur „im Zweifel" als Beschäftigungsort gelten sollte, ist hierdurch ersetzt und aufgehoben worden (Art. 32 der Novelle).

Den in der Praxis mehrfach hervorgetretenen Meinungsverschiedenheiten über die Tragweite des Abs. 1 hat eine Entscheidung des Reichsgerichts v. 7. Februar 1895 (abgedruckt u. a. Arb.Vers. XII S. 189), dessen Befolgung im Interesse einheitlicher Durchführung des Gesetzes auf Anregung des Reichskanzlers von den Landes-Zentralbehörden anempfohlen worden ist, ein Ende gemacht. Danach ist, wie unseres Erachtens aus dem Wortlaut, der Entstehungsgeschichte und der Absicht des Gesetzes mit Recht gefolgert wird, als Sinn des § 5a Abs. 1 hingestellt worden, daß Arbeiter in den hier bezeichneten (Bau- u. s. w. Betrieben) sämmtlich und immer in der für den Betriebssitz des Unternehmers zuständigen Krankenkasse, nicht aber in den Krankenkassen derjenigen verschiedenen auswärtigen Orte versichert sein sollen, an denen einzelne Bauarbeiten durch den betreffenden Unternehmer ausgeführt werden. Betriebsstätte ist nicht die wechselnde Arbeitsstätte, sondern derjenige Ort, an welchem sich der bleibende Sitz und Mittelpunkt des Betriebes befindet. Er wird in der Regel mit dem Betriebssitz zusammenfallen; indessen können z. B. bei einem Zimmermeister auch sehr wohl beide örtlich auseinanderfallen: Betriebsstätte etwa als der Zimmerplatz, Betriebssitz als der Geschäftsraum, von welchem aus der Betrieb geleitet wird (Baubüreau), Arbeitsstätten aber als die Plätze, an welchen die von dem Zimmermeister übernommenen einzelnen Bauarbeiten ausgeführt werden. Der Betriebssitz ist im Allgemeinen ein einheitlicher. Ein weiterer Betriebssitz wird im Allgemeinen nicht dadurch begründet, daß an einer bestimmten Arbeitsstätte ein besonderer Arbeiterstamm gehalten wird und daß die einzelnen örtlich auseinanderfallenden Arbeiten nach Umfang und Dauer von erheblicher Bedeutung sind. Mehrere Betriebssitze hat vielmehr ein Bauunternehmer nur dann, wenn er die selbständige Leitung auswärtiger Bauten in technischer und wirthschaftlicher Beziehung von dem regelmäßigen Sitz seines Gewerbebetriebes nach dem Ort der auswärtigen Arbeitsstätte verlegt hat.

Der betreffende Preuß. Ministerial-Erlaß v. 25. Mai 1895 hat folgenden Wortlaut (vgl. Arb.Vers. XII S. 380):

„Die Vorschrift des § 5a Abs. 1 des Krankenversicherungsgesetzes in der Fassung der Novelle v. 10. April 1892 ist von den Krankenkassenverwaltungsbehörden und Gerichten vielfach dahin ausgelegt und angewendet worden, daß die von Bauunternehmern und ähnlichen Gewerbetreibenden außerhalb ihres Betriebssitzes beschäftigten Personen bei der Krankenkasse, in welcher die Beschäftigung erfolgt, dann zu versichern seien, wenn es sich um die Ausführung einer bestimmten größeren Arbeit handelte.

Neuerdings hat nun der II. Civilsenat des Reichsgerichts in einem Rechtsstreit der Ortskrankenkasse zu Lichtenberg wider die Baugeschäfte von St. und Genossen zu Berlin entschieden, daß nach der Entstehungsgeschichte und der Absicht des Gesetzes Arbeiter in Betrieben der im § 5a Abs. 1 bezeichneten Art, zu denen insbesondere die Betriebe der Bauunternehmer gehören (vorbehaltlich des § 75 des Gesetzes) ohne Ausnahme in der für den Betriebssitz des Unternehmers zuständigen Krankenkasse zu versichern seien, sofern nicht der Unternehmer die selbständige Leitung auswärtiger Arbeiten in technischer und wirthschaftlicher Beziehung (Betriebssitz) von seinem regelmäßigen Betriebssitz nach der betreffenden auswärtigen Arbeitsstätte verlegt habe.

Dabei wird ausgeführt, daß unter „Betriebsstätten" im Sinne des Krankenversicherungsgesetzes nicht die wechselnden Arbeitsstätten, d. h. diejenigen Stellen, an denen für kürzere oder längere Zeit einzelne zum Betriebe gehörende Arbeiten vorgenommen würden, sondern nur die Orte zu verstehen seien, an denen sich der bleibende Sitz und Mittelpunkt des Betriebes befindet. Bei Bauunternehmern würde hiernach die „Betriebsstätte" in der

Regel mit dem „Betriebssitz" zusammenfallen, wenn es auch, wie z. B. bei einem Zimmermeister wohl vorkommen könne, daß die Betriebsstätte (der Zimmerplatz), der Sitz des Betriebes (die Geschäftsräume, von denen aus der Betrieb geleitet wird) und die einzelnen Arbeitsstätten (Hausbauten und dergl.) örtlich auseinanderfielen.

Jedenfalls werde eine besondere „Betriebsstätte" dadurch noch nicht begründet, daß in einer bestimmten Arbeitsstätte ein besonderer Arbeiterstamm gehalten werde, und daß die Arbeiten nach Umfang und Dauer von erheblicher Bedeutung seien, wie es andererseits aber möglich sei, daß ein Unternehmer mehrere „Betriebsstätten" oder „Betriebssitze" habe.

Nachdem der Strafsenat des Kammergerichts, der bisher eine abweichende Auffassung vertreten hat, in einer neueren Entscheidung sich der Ansicht des Reichsgerichts angeschlossen hat, ist anzunehmen, daß alle Gerichte in Preußen für die Folge gleichmäßig im Sinne des Reichsgerichts entscheiden werden. Es erscheint daher im Interesse der gleichmäßigen Durchführung der Krankenversicherung und zur Vermeidung von Behelligungen der Unternehmer der in Frage stehenden Betriebe wünschenswerth, daß auch die Krankenkassen und Verwaltungsbehörden nach gleichen Grundsätzen verfahren.

Euer Wohlgeboren ersuche ich daher ergebenst, den Aufsichtsbehörden zu empfehlen, daß sie bei Entscheidung von Streitigkeiten auf Grund des § 58 Abs. 1 des Gesetzes die Auffassung des Reichsgesetzes zur Anwendung bringen, und die Kassen selbst wegen Handhabung des § 5a Abs. 1 des Gesetzes mit entsprechender Anweisung versehen. Auch bei Entscheidung von Streitigkeiten auf Grund des § 57b des Gesetzes wollen Euer Wohlgeboren gefälligst die Rechtsauffassung des Reichsgerichts zur Geltung bringen."

[3]) öffentlichen oder privaten Betriebsverwaltung. „Eine ähnliche Regelung hat sich namentlich für gewisse Arbeiter öffentlicher Reichs-, Staats- und Kommunalverwaltungen als nothwendig herausgestellt. Es kommt z. B. in der Wege- und Wasserbau- und in der Telegraphenverwaltung vielfach vor, daß eine Anzahl Arbeiter dauernd, aber in der Weise beschäftigt werden, daß sie auf ausgedehnteren, durch mehrere Gemeindebezirke sich erstreckenden Wege- und Wasserzügen unter stetem Wechsel der Arbeitsstelle Besserungs- oder Reinigungsarbeiten auszuführen haben. In diesen Fällen tritt ein fortwährender Wechsel der Gemeinde ein, welche thatsächlich als Beschäftigungsort anzusehen ist. Ein entsprechender Wechsel des Versicherungsverhältnisses würde unausführbar sein, weil der Beschäftigungsort zu rasch — nicht selten an einem Tage mehrmals — wechselt. Für diese Fälle empfiehlt es sich, als Regel zu bestimmen, daß als Beschäftigungsort diejenige Gemeinde gilt, in welcher die mit der unmittelbaren Leitung der Arbeiten betraute Stelle ihren Sitz hat. Da es indessen nicht selten zweifelhaft sein wird, welche Stelle als die mit der unmittelbaren Leitung beauftragte anzusehen ist, und da es ferner vorkommt, daß diese Stelle in einer Gemeinde ihren Sitz hat,

auf deren Bezirk sich die Arbeiten der Versicherungspflichtigen niemals erstrecken, und mit welchen die letzteren auch sonst in keinerlei Beziehung stehen, so empfiehlt sich ein Vorbehalt, nach welchem das Versicherungsverhältniß solcher Versicherungspflichtigen durch die höhere Verwaltungsbehörde nach Anhörung der betheiligten Verwaltungen und Gemeinden anderweit geregelt werden kann. — Wenn solche Verhältnisse auch vorzugsweise bei öffentlichen Verwaltungen vorkommen, so treten sie doch auch bei ähnlichen Privatbetrieben, z. B. bei Privatbahnen, bei in Akkord übernommenen Wegebauten und dergl. ein. Deshalb waren die neuen Bestimmungen auch auf private Betriebsverwaltungen zu erstrecken" (Mot. d. Nov. S. 40).

4) oder weiteren Kommunalverbänden, § 84. Dieser Zusatz ist vom Reichstag in dritter Lesung eingefügt worden. Er bezweckt offenbar eine Erleichterung des Verfahrens, insofern eine besondere Anhörung jeder einzelnen Gemeinde bei Verwaltungen, die sich über weite Bezirke erstrecken (z. B. Eisenbahnverwaltungen), Schwierigkeiten haben würde. Es kann daher in den geeigneten Fällen die Anhörung der Einzelgemeinden durch Anhörung der weiteren Kommunalverbände, zu denen diese Einzelgemeinden gehören, ersetzt werden.

5) Land- und Forstwirthschaft. „Für die Krankenversicherung land- und forstwirthschaftlicher Arbeiter gilt nach § 134 Abs. 1 in Verbindung mit § 10 Abs. 3 des Gesetzes vom 5. Mai 1886 „im Zweifel" als Beschäftigungsort „diejenige Gemeinde, in deren Bezirk der Sitz des Betriebes (§ 44 a. a. O.) belegen ist." Bei der Anwendung dieser Bestimmung hat sich eine Verschiedenheit der Ansichten herausgestellt, welche zu Unzuträglichkeiten führt. Insbesondere haben die Worte „im Zweifel" hie und da eine zu beschränkte Auslegung gefunden, durch welche den praktischen Bedürfnissen auf dem Gebiete der Forstwirthschaft namentlich in den Fällen, in denen ein forstwirthschaftlicher Betrieb sich über mehrere in verschiedenen Gemeindebezirken belegene Forstgrundstücke erstreckt, nicht genügt wird. Nach richtiger, in einem Erkenntnisse des preußischen Oberverwaltungsgerichts*) zum Ausdruck gebrachten Auslegung verbleibt es in dem Falle, daß ein Arbeiter regelmäßig in dem Bezirke derselben Gemeinde beschäftigt wird, bei der Regel des Gesetzes, nach der diese Gemeinde als Beschäftigungsort gilt und folgeweise auch in dieser Gemeinde die Gemeinde-Krankenversicherung einzutreten hat. Wenn dagegen das Arbeitsverhältniß ein solches ist, daß die Beschäftigung nach ausdrücklicher oder stillschweigender Verabredung auf wechselnden, in verschiedenen Gemeinden belegenen Grundstücken stattfindet, so soll nicht der jeweilig wechselnde Ort der einzelnen Arbeitsleistung als Beschäftigungsort im Sinne des § 5 gelten, sondern der nach § 44 des Gesetzes v. 5. Mai 1886 sich bestimmende Sitz des Betriebes, so daß der Wechsel im Ort der Arbeitsleistung eine Aenderung in dem Orte, wo die Krankenversicherung stattfindet, nicht zur Folge hat.

*) Vergl. Anmerkung auf S. 133.

Indem der Entwurf eine dementsprechende Bestimmung als Abs. 3 in den § 5a aufnimmt, will er das bestehende Recht nicht ändern, sondern nur den wahren, vom preußischen Oberverwaltungsgericht*) bereits anerkannten Sinn der bisherigen Bestimmung außer Zweifel stellen" (Mot. d. Nov. a. a. O.).

[6]) Gemeindebezirken, selbständigen Gutsbezirken oder Gemarkungen, § 83.

[7]) angenommen sind. Es handelt sich also um den Inhalt des Arbeitsvertrages. Wird durch letzteren die Beschäftigung auf dem betreffenden Gut beschränkt auf einzelne bestimmte Theile innerhalb eines einzigen Gemeindebezirks, so gilt ohne Weiteres letzterer als Beschäftigungsort; der betreffende Arbeiter ist also bei der Gemeinde-Krankenversicherung dieses Orts versichert. Ist dagegen eine solche Beschränkung nicht vorgesehen, muß vielmehr mangels einer solchen und nach Lage der Verhältnisse angenommen werden, daß der Arbeiter auf mehreren oder allen Theilen des betreffenden Guts, ohne Rücksicht darauf, wo dieselben belegen sind, verwendet werden soll, so erfolgt seine Versicherung in derjenigen Gemeinde, in deren Bezirk der Sitz des Betriebes belegen ist.

Die ganze Bestimmung hat übrigens nur für diejenigen land- und forstwirthschaftlichen Betriebe Bedeutung, welche, obwohl einen einheitlichen Betrieb darstellend, über mehrere Kommunalbezirke sich erstrecken bezw. mit einzelnen Theilen der betreffenden Liegenschaften in mehrere Kommunalbezirke hineinragen.

[8]) Der § 44 Ges. v. 5. Mai 1886 lautet, soweit er hier in Betracht kommt:

> Abs. 2. „Eine Gesammtheit von Grundstücken eines Unternehmers, für deren landwirthschaftlichen Gesammtbetrieb gemeinsame Wirthschaftsgebäude bestimmt sind, gilt im Sinne dieses Gesetzes als ein einziger Betrieb. Als Sitz eines landwirthschaftlichen Betriebes, welcher sich über die Bezirke mehrerer Gemeinden erstreckt, gilt diejenige Gemeinde, in deren Bezirk die gemeinsamen Wirthschaftsgebäude belegen sind. Dabei entscheiden diejenigen Wirthschaftsgebäude, welche für die wirthschaftlichen Hauptzwecke des Betriebes bestimmt sind. Die betheiligten Gemeinden und Unternehmer können sich über einen anderen Betriebssitz einigen."

*) Erk. d. Preuß. Ob.Verw.Ger. v. 28. April 1890 (Entsch. XIX S. 363): Zweifel über den Beschäftigungsort in diesem Sinne bestehen da nicht, wo ein Arbeiter zwar in einem sich über mehrere Gemeinden oder Gutsbezirke erstreckenden landwirthschaftlichen Betriebe beschäftigt, aber nur zur Beschäftigung in einem dieser Gemeinde- oder Gutsbezirke angenommen ist. Zweifel bestehen dagegen bezüglich der zur Beschäftigung in sämmtlichen oder in mehreren Gemeinde- oder Gutsbezirken, über welche sich der Betrieb erstreckt, angenommenen Arbeiter. Für solche, bald in diesem, bald in jenem Theil des Betriebes beschäftigte Arbeiter ist der Sitz des Betriebes maßgebend.

§. 6.*)

I. [1]) Als Krankenunterstützung[2]) [3]) ist zu gewähren:

1. vom Beginn der Krankheit ab[3a]) freie ärztliche Behandlung,[4]) Arznei,[5]) sowie Brillen, Bruchbänder und ähnliche Heilmittel;[6])
2. im Falle der Erwerbsunfähigkeit[7]) vom dritten Tage[8]) nach[9]) dem Tage der Erkrankung ab für jeden Arbeitstag[10]) ein Krankengeld[11]) †) in Höhe der Hälfte[12]) des ortsüblichen Tagelohnes[13]) gewöhnlicher Tagearbeiter.

II. Die Krankenunterstützung endet spätestens mit dem Ablauf[13a]) der dreizehnten Woche[14]) nach Beginn der Krankheit[14a]) **im Falle der Erwerbsunfähigkeit**[7]) **spätestens mit dem Ablauf der**

Abs. 3. „Mehrere forstwirthschaftliche Grundstücke eines Unternehmers, welche derselben unmittelbaren Betriebsleitung (Revierverwaltung) unterstellt sind, gelten als ein einziger Betrieb. Forstwirthschaftliche Grundstücke verschiedener Unternehmer gelten als Einzelbetriebe, auch wenn sie zusammen derselben Betriebsleitung unterstellt sind. Als Sitz eines forstwirthschaftlichen Betriebes, welcher sich über mehrere Gemeindebezirke erstreckt, gilt diejenige Gemeinde, in deren Bezirk der größte Theil der Forstgrundstücke belegen ist, sofern nicht die betheiligten Gemeinden und der Unternehmer sich über einen anderen Betriebssitz einigen."

Zu § 6.

[1]) Motive zu §§ 6, 7, 8: „Die hier über Art, Höhe und Dauer der zu gewährenden Krankenunterstützung getroffenen Bestimmungen sollen nach § 16 (jetzt § 20) auch für das Mindestmaß der von den organisirten Krankenkassen zu gewährenden Krankenunterstützung maßgebend sein." cf. Anm. 1 zu § 20.

Durch die Novelle ist der § 6 in zwei Beziehungen geändert. Erstens soll nämlich nach Abs. 2 die dreizehnwöchige Dauer der Krankenunterstützung dann, wenn die Erwerbsunfähigkeit erst nach dem Beginn der Erkrankung eingetreten ist, erst vom Tage des Krankengeldbezuges, nicht vom Beginn der Krankheit ab gerechnet werden; sie reicht dann also über die ersten 13 Wochen der Krankheit hinaus, endet aber im vollen Umfange, sobald nach dem Ablauf der ersten 13 Wochen der Krankengeldbezug endet, auch wenn der letztere insgesammt nicht volle 13 Wochen gewährt hätte. Die Vorschrift hat den Zweck, zu verhüten, daß bei geringfügigen Erkrankungen sofort die Arbeit niedergelegt und Erwerbsunfähigkeit vorgegeben wird. Zweitens ist der bisherige Abs. 3 hier fortgefallen und in § 6a weiter ausgeführt.

---

†) Krankengeld fällt bei land- und forstwirthschaftlichen Arbeitern unter Umständen fort, vgl. §§ 10, 137, 138 landw. U. u. K.V.G.

dreizehnten Woche nach Beginn des Krankengeldbezuges.[15]) Endet der Bezug des Krankengeldes erst nach Ablauf der dreizehnten Woche nach dem Beginn der Krankheit,[14a]) so endet mit dem Bezuge des Krankengeldes zugleich[16]) auch der Anspruch auf die im Absatz 1 unter Ziffer 1 bezeichneten Leistungen.

Das Krankengeld ist **nach Ablauf jeder Woche**[17]) zu zahlen. III.

*) Dieser Paragraph gilt (mit gewissen Modifikationen) auch für Orts-, Betriebs-(Fabrik-), Bau- und Innungs-Krankenkassen und Knappschaftskassen (§§ 20, 64, 72, 73, 74)

Auch diejenigen eingeschriebenen und freien Hülfskassen ohne Beitrittszwang, deren Mitgliedschaft von der Zugehörigkeit zu einer anderen organisirten Kasse oder zur Gemeinde-Krankenversicherung entbinden soll, müssen diesen Paragraphen befolgen (§ 75).

---

[2]) Krankenunterstützung, auch bei Betriebsunfällen, vgl. Anm. 18 zu § 1. Bei Betriebsunfällen erhalten auch die nicht gegen Krankheit versicherten Personen, welche auf Grund der Bestimmungen über die Unfallversicherung gegen Betriebsunfälle versichert sind, Unterstützung. Diese entspricht für die Arbeiter der Industrie, der Transport- und Baugewerbe der von der Gemeinde-Krankenversicherung zu gewährenden Krankenunterstützung, einschl. des von der 5. Woche ab erhöhten Krankengeldes, wird aber nicht aus der Gemeinde-Krankenversicherung oder einer Krankenkasse, sondern vom Betriebsunternehmer aus eigenen Mitteln gewährt, § 5 Abs. 10 U.V.G.*) Bei den Arbeitern der Land- und Forstwirthschaft aber werden nur die Kosten des Heilverfahrens in dem von der Gemeinde-Krankenversicherung zu gewährenden Umfange (§ 6 Abs. 1 Ziffer 1 K.V.G.) gewährt, aber ebenfalls nicht von der Gemeinde-Krankenversicherung oder einer Krankenkasse, sondern, sofern nicht besondere Verpflichtungen Dritter bestehen oder diese nicht erfüllt werden, von der Gemeinde, in deren Bezirk der Verletzte beschädigt war (§ 10 landw. U. u. K.V.G.).**) Land- oder forstwirthschaftliche Beamte erhalten in diesem Falle nichts. Ebenso steht es bei Regiebauarbeiten von Privatpersonen, § 4 Ziffer 4 Abs. 1, § 7 B.U.G. v. 11. Juli 1887.

---

*) Siehe denselben bei Anm. 12 zu diesem Paragraphen.

**) Derselbe lautet:

Während der ersten dreizehn Wochen nach dem Unfall eines Arbeiters hat die Gemeinde, in deren Bezirk der Verletzte beschädigt war, demselben die Kosten des Heilverfahrens in dem im § 8 Abs. 1 Ziffer 1 des Krankenversicherungsgesetzes v. 15. Juni 1883 (Reichs-Gesetzbl. S. 73) bezeichneten Umfange zu gewähren. Diese Verpflichtung besteht nicht, insoweit die Verletzten auf Grund landesgesetzlicher Bestimmungen oder auf Grund der Krankenversicherung Anspruch auf eine gleiche Fürsorge haben oder nach § 136 dieses Gesetzes von der Versicherungspflicht befreit sind oder sich im Auslande aufhalten. Soweit aber solchen Personen die im § 6 Abs. 1 Ziffer 1 des Krankenversicherungsgesetzes bezeichneten Leistungen von den zunächst Verpflichteten nicht gewährt werden, hat die Gemeinde dieselben mit Vorbehalt des Ersatzanspruches zu übernehmen. Die zu diesem Zweck gemachten Aufwendungen sind von den Verpflichteten zu erstatten.

Darüber, ob bei der Gewährung von Krankenunterstützung von den Unterstützten gleichzeitig Versicherungsbeiträge erhoben werden können, enthielt das bisherige Gesetz keine ausdrückliche Vorschrift; dagegen hat die Novelle diese Frage durch den neu eingeschobenen § 54a geregelt.

[3]) Die Krankenunterstützung, welche auf Grund dieses Gesetzes sowohl in der Gemeinde-Krankenversicherung, wie von Krankenkassen zu leisten ist, besteht vorbehaltlich der Bestimmung des § 7:

a) in freier ärztlicher Behandlung, freier Arznei und freien kleinen Heilmitteln,

b) in Krankengeld.

Diese Leistungen sind aber nicht durchweg nach gleichen Grundsätzen zu gewähren.

a) Freie ärztliche Behandlung, freie Arznei und freie kleine Heilmittel sind fortan

α) für alle Fälle, in welchen Krankenunterstützung gewährt werden muß, obligatorisch, und zwar auf Grund der Novelle fortan auch in Hülfskassen ohne Beitrittszwang, sofern deren Mitglieder von der Zugehörigkeit zu einer Zwangskasse frei sein sollen (§ 75). Nur den freiwillig verbliebenen Mitgliedern organisirter Krankenkassen (§ 27 Abs. 3) kann statt dieser Leistungen ein erhöhtes Krankengeld gewährt werden. (Bei Erstattung anderweit gewährter Krankenunterstützung werden jene Leistungen in einen Geldbetrag umgerechnet, § 57 Abs. 5.)

β) im Allgemeinen vom Beginn der Krankheit ab zu gewähren, nähmlich dann, wenn versicherungspflichtige und solche Personen, welche freiwillig in dem Versicherungsverhältniß verblieben sind (§§ 11, 23), erkranken. Dies gilt auch für Krankheiten, welche durch Trunkfälligkeit u. s. w. entstanden sind (cf. unten Anm. 16 ff., § 6 Abs. 3 und § 26a Abs. 2 Ziffer 2), sowie unter gewissen Beschränkungen für

---

Für außerhalb des Gemeindebezirkes wohnhafte versicherte Personen hat die Gemeinde ihres Wohnortes die im Abs. 1 bezeichneten Leistungen unter Vorbehalt des Anspruchs auf Ersatz der aufgewendeten Kosten zu übernehmen.

Als Beschäftigungsort gilt im Zweifel diejenige Gemeinde, in deren Bezirk der Sitz des Betriebes (§ 44) belegen ist.

Die Berufsgenossenschaft ist befugt, die im Abs. 1 bezeichneten Leistungen selbst zu übernehmen. Dieselbe ist ferner befugt, der Gemeinde-Krankenversicherung oder Krankenkasse, welcher der Verletzte angehört, die Fürsorge für denselben über die dreizehnte Woche hinaus bis zur Beendigung des Heilverfahrens zu übertragen. In diesem Falle hat sie die gemachten Aufwendungen zu ersetzen.

Als Ersatz der Kosten des Heilverfahrens gilt die Hälfte des nach dem Krankenversicherungsgesetze zu gewährenden Mindestbetrages des Krankengeldes, sofern nicht höhere Aufwendungen nachgewiesen werden.

solche Erkrankungsfälle, welche als Folge derselben Krankheitsursache in kurzen Zwischenräumen auf einander folgen (§ 6a Abs. 1 Ziffer 3, § 26a Abs. 2 Ziffer 3).

γ) gar nicht zu leisten, und zwar auf Grund des Gesetzes, an diejenigen Personen, welche freiwillig in die Gemeinde-Krankenversicherung oder in eine organisirte Krankenkasse eingetreten sind (§ 4 Abs. 2, § 19 Abs. 3), falls die Krankheit schon zur Zeit der Beitrittserklärung eingetreten war;

δ) erst später (nach Ablauf einer Karenzzeit) zu leisten, und zwar auf Grund von Beschlüssen der Gemeinden oder von Kassenstatuten (§ 6 Abs. 3, § 26a Abs. 2 Ziffer 4), bei freiwillig eingetretenen Personen in anderen Fällen; die Karenzzeit darf bis zu 6 Wochen betragen.

b) Das Krankengeld wird

α) immer nur gewährt im Falle der Erwerbsunfähigkeit,

β) in der Regel erst gewährt vom dritten vollen Tage nach dem Tage der Erkrankung (also, wenn die Erkrankung am Montag eintritt, erst vom Donnerstag ab), und nur für jeden Arbeitstag, sofern nicht auf Grund besonderer Gemeindebeschlüsse oder von Kassenstatuten etwas Anderes bestimmt ist (§ 6a Abs. 1 Ziffer 4, § 21 Abs. 1 Ziffer 1a).

Außerdem kommt das Krankengeld in Fortfall bei freiwillig eingetretenen Personen,

α) auf Grund des Gesetzes (§ 4 Abs. 3, § 19 Abs. 3), falls die Krankheit schon zur Zeit der Beitrittserklärung eingetreten war, und zwar im vollen Betrage,

β) auf Grund entsprechender Beschlüsse der Gemeinden oder auf Grund der Kassenstatuten zeitweise, insofern hierdurch bei freiwillig eingetretenen Personen auch hinsichtlich des Krankengeldes, ebenso wie bei der Gewährung von freier ärztlicher Behandlung u. s. w., eine Karenzzeit eingeführt werden kann (§ 6a Abs. 1 Ziffer 1, § 26a Abs. 2 Ziffer 4).

Ferner kann das Krankengeld auf Grund von Gemeindebeschlüssen oder Kassenstatuten in Fortfall gebracht werden (im vollen Betrage oder theilweise)

bei Personen, welche die Gemeinde-Krankenversicherung oder Krankenkasse durch strafbares Verhalten geschädigt oder sich die Krankheit vorsätzlich, durch schuldhafte Betheiligung bei Schlägereien u. s. w. oder durch Trunkfälligkeit zugezogen haben (§ 6a Abs. 1 Ziffer 2, § 26a Abs. 2 Ziffer 2).

Die bei den Orts-, Betriebs- (Fabrik-) und Bau-Krankenkassen zulässigen Erhöhungen des Krankengeldes (§ 21) können außerdem in gewissen Fällen durch das Kassenstatut bis auf das Minimalkrankengeld reduzirt werden (§ 26a Abs. 2 Ziffer 3, §§ 64, 72). Wegen der Erhöhung des Krankengeldes bei Betriebsunfällen siehe Anm. 12.

Von anderweiten Voraussetzungen darf die Krankenunterstützung nicht abhängig gemacht werden; insbesondere darf ein Kassenmitglied nicht etwa um deswillen von den Leistungen der Kasse ausgeschlossen werden, weil es seinen Haushalt nicht im Kassenbezirk habe (Erk. d. Preuß. Ob.Verw.Ger. v. 9. Septbr. 1886, Entsch. XIV S. 343). Vgl. Anm. 5 zu § 5. Wohl aber darf das Krankengeld unter gewissen Voraussetzungen auf andere Leistungen aufgerechnet werden, und zwar nach den Bestimmungen der Novelle auf Ordnungsstrafen wegen unvorschriftsmäßigen Verhaltens während der Krankheit u. s. w., sowie auf Eintrittsgelder und Beiträge, die vom Versicherten selbst einzuzahlen wareu, § 6a Abs. 2, § 26a Abs. 2 Ziffer 2a, § 56 Abs. 2.

[3a]) vom Beginn der Krankheit ab. Erk. d. Preuß. Ob.Verw.Ger. v. 23. Oktober 1890 (XX S. 360): „Dem Grundgedanken des Gesetzes und dem Sinn, in welchem die Verhandlungen über jenen Erlaß geführt worden sind, entspricht es, daß da, wo der Beginn der Krankheit und der Beginn der Unterstützung nicht zusammenfallen, der Beginn der 13 Wochen, für welche der Anspruch auf Krankenunterstützung gewährleistet ist, nicht auf den Tag des „Beginns“ der Krankheit, sondern auf denjenigen Tag zu setzen ist, an welchem die erste Unterstützung stattgefunden hat.“ Erk. d. Preuß. Ob.Verw.Ger. v. 14. Dezbr. 1891: „Diese Annahme, daß nicht der Beginn der Krankheit, sondern der Beginn der Unterstützung entscheidet, ist aber auf die Berechnung der Dauer der Krankenunterstützung beschränkt; in allen anderen Fällen entscheidet der Beginn der Krankheit. Auf den Zeitpunkt, zu welchem sich der Versicherte die Krankheit zugezogen hat, kommt es nicht an.“ Auch in dieser Beschränkung ist die erstere Entscheidung nicht unbedenklich, vgl. v. Schicker Anm. 17 zu § 6 (S. 72). Vgl. Urtheil des Landgerichts zu Hannover v. 24. April 1888 (Arb.Vers. V S. 422).

Nach den angezogenen Entscheidungen des Preuß. Oberverwaltungsgerichts beginnt die Krankenunterstützung mit der ärztlichen Behandlung, und zwar so, daß der erste Tag der letzteren nicht mitgezählt wird (Preuß. Ob.Verw.Ger. v. 12. Januar 1893, Arb.Vers. XI S. 78); die Dauer der Krankenunterstützung währt, sofern die Krankheit nicht früher beendet ist, mindestens 13 Wochen, vom Beginn der Unterstützung ab gerechnet, unter Umständen aber erheblich länger, vgl. Anm. 14.

[4]) ärztliche Behandlung rc. Ueber die Nothwendigkeit, freie ärztliche Behandlung und freie Arznei für die Versicherungspflichtigen obligatorisch zu machen, sprechen sich die Motive (S. 33) folgendermaßen aus: „Es erscheint rathsam, die Gewährung freier ärztlicher Behandlung und freier Arznei zu einem nothwendigen Bestandtheil der zu gewährenden Krankenunterstützung zu machen, da hierdurch bei der Mehrzahl der versicherten Personen demjenigen Bedürfniß abgeholfen wird, welches andernfalls

keine oder nur eine höchst ungenügende Befriedigung findet. Dem Bedenken, daß Krankenkassen von geringer Mitgliederzahl daraus unter Umständen unverhältnißmäßige Kosten erwachsen könnten, wird durch die Vorschrift des § 42 (jetzt § 46) abgeholfen."

Während aber die Vorlage auch diese Leistungen, wie die ganze Krankenunterstützung, erst nach Ablauf von drei Tagen seit der Erkrankung gewähren wollte, beschloß die Reichstagskommission, dieselben bei Versicherungspflichtigen sofort eintreten zu lassen, und nur das Krankengeld von einer Karenzzeit abhängig zu machen, nachdem auch eine dem Reichstag überreichte Denkschrift des Centralverbandes deutscher Industrieller u. s. w. vom Dezember 1882 dies als erforderlich bezeichnet hatte. Der Kommissionsbericht (S. 20) sagt hierüber: „Dagegen wurde geltend gemacht, daß die Gewährung freier ärztlicher Behandlung und Arznei (sc. an Versicherungspflichtige) in allen Fällen nicht nur eine Forderung der Billigkeit sei, sondern auch im eigenen Interesse der Gemeinde-Krankenversicherung bezw. der Krankenkassen liege. Es werde dadurch die Gefahr beseitigt, daß der erkrankte Arbeiter aus Scheu vor den entstehenden Kosten die Konsultirung eines Arztes unterlasse, dadurch in vielen Fällen die Krankheit verschlimmere und später eine längere und kostspieligere Kur erforderlich mache." Für freiwillige Mitglieder wurde demnächst die Karenzzeit zum Schutz gegen Mißbrauch der Kasse gestattet.

„Aerztliche Behandlung" ist grundsätzlich Behandlung durch einen Arzt, und zwar durch einen approbirten Arzt. Vgl. § 29 der Gewerbeordnung: „Einer Approbation, welche auf Grund eines Nachweises der Befähigung ertheilt wird, bedürfen Apotheker und diejenigen Personen, welche sich als Aerzte (Wundärzte, Augenärzte, Geburtshelfer, Zahnärzte und Thierärzte) oder mit gleichbedeutenden Titeln bezeichnen oder seitens des Staates oder einer Gemeinde als solche anerkannt oder mit amtlichen Funktionen betraut werden sollen. Es darf die Approbation jedoch von der vorherigen akademischen Doktorpromotion nicht abhängig gemacht werden." Die unbefugte Führung des Titels „Arzt" ist strafbar, vgl. § 147 Abs. 1 Ziffer 3 der Gewerbeordnung: „mit Geldstrafe bis zu 300 Mark und im Unvermögensfalle mit Haft wird bestraft .... 3. wer, ohne hierzu approbirt zu sein, sich als Arzt (Wundarzt, Augenarzt, Geburtshelfer, Zahnarzt, Thierarzt) bezeichnet oder sich einen ähnlichen Titel beilegt, durch den der Glauben erweckt wird, der Inhaber desselben sei eine geprüfte Medizinalperson."

Darüber, daß die Gemeinde-Krankenversicherung und die Krankenkassen grundsätzlich nur durch einen approbirten Arzt die ärztliche Behandlung gewähren sollen, bestand auch bei den Verhandlungen des Reichstages und seiner Kommission über die Novelle bei allen Seiten, etwa mit alleiniger Ausnahme der Sozialdemokraten, Uebereinstimmung. Nur Ausnahmefälle können eine Behandlung durch andere Personen auf Kosten der Kasse rechtfertigen (wobei es natürlich freisteht, auf eigene Kosten sich auch durch Nichtärzte behandeln zu lassen). Verschiedene Anträge, welche den Zweck verfolgten, diesen Grundsatz und die zulässigen Ausnahmen in das Gesetz ausdrücklich aufzunehmen, sind gestellt, aber aus den verschiedensten Gründen abgelehnt worden; diese Ablehnung hat aber, wie sich aus den Verhandlungen des Reichstages (Sten. Ber. 1891/92 S. 2957 bis 2962, 2965 bis 2982, 4745 bis 4755, 4786 bis 4802) mit Sicherheit ergiebt, nicht die Bedeutung, daß jener Grundsatz fallen gelassen sei. Es wollte nicht gelingen, die zulässigen Ausnahmefälle gesetzlich festzulegen; man glaubte namentlich auch, daß die Regelung der Fälle, in denen Nichtärzte zu ärztlichen Verrichtungen zuzulassen seien, in das Gebiet der Gewerbeordnung, nicht in das Gebiet der Krankenversicherungsgesetzgebung gehören.

Es bleibt also nach wie vor der Praxis und dem pflichtmäßigen Urtheil der Aufsichtsbehörden und der Gerichte überlassen, wann und inwieweit von der Gemeinde-Krankenversicherung und den Krankenkassen die Hülfe von Nichtärzten (Naturärzten, Kurpfuschern u. s. w.) ausnahmsweise zu bezahlen ist. Als geeignete Ausnahmefälle sind hervorgehoben worden diejenigen Fälle, in welchen es wegen Mangels an Aerzten nicht immer möglich ist, approbirte Aerzte zuzuziehen, was z. B. auf den Halligen, in dünn bevölkerten Gegenden, oder in Gegenden, in denen wenig Aerzte sich niedergelassen haben, der Fall sein kann (es giebt Distrikte, in denen auf 15000 Einwohner nur ein Arzt kommt, Sten. Ber. 1891/92 S. 2981; im Jahre 1887 entfielen auf 10000 Einwohner in Berlin 7,28 Aerzte, in der Provinz Posen nur 1,77 Aerzte, Sten. Ber. 1891/92 S. 2962). Ferner sind hervorgehoben worden diejenigen Fälle, in denen ein schleuniges Eingreifen erforderlich, ein approbirter Arzt aber nicht gleich zur Stelle ist; oder in denen die Hülfe eines approbirten Arztes nicht nöthig ist, weil Heilpersonen niederen Ranges die erforderlichen Heiloperationen eben so gut (auch ohne besondere ärztliche Anordnung) vornehmen können, z. B. Hülfsleistungen von Heilgehülfen, Badern, Chirurgen (Komm.Ber. z. Nov. S. 28, Sten. Ber. 1891/92 S. 2957); Setzen eines Schröpfkopfes oder Blutegels (Sten. Ber. 1891/92 S. 2980), Behandlung durch Masseurs (Sten. Ber. 1891/92 S. 4747) — alles Dienstleistungen, die mit unter den Begriff der Heilleistungen gehören und daher eintretendenfalls von der Kasse zu bezahlen sind. Geltend gemacht ist ferner — und das ist insbesondere der in einem Spezialfall eingenommene Standpunkt der Königlich sächsischen Regierung, der aber in den Verhandlungen des Reichstages vielfach als irrthümlich bezeichnet worden ist, vgl. auch Rosin I S. 375 —, daß zwar die Gemeinde-Krankenversicherung und Krankenkasse Niemandem wider seinen Willen einen anderen als einen approbirten Arzt aufdrängen darf, auch jeder Erkrankte die Behandlung durch einen approbirten Arzt fordern darf, daß aber, wenn Erkrankter und Krankenkasse darüber einig sind, daß die Behandlung im einzelnen Fall durch einen Nichtarzt erfolgen soll, letzterer aus der Krankenkasse bezahlt werden kann (vgl. unten). Letzteres um so eher, „als der Kassenverwaltung das Recht vorbehalten sei, in Fällen, wo es die Art der Krankheit erfordert, auch gegen den Einspruch des Kassenmitglieds die Behandlung eines approbirten Arztes anzuordnen" (Komm.Ber. z. Nov. S. 27.) Keinesfalls dürfen Nichtärzte (Naturheilkundige u. s. w.) zu Kassenärzten bestellt werden oder für die autoritativen Obliegenheiten des Heilverfahrens (Ertheilung von Zeugnissen über das Vorhandensein der die Gewährung von Krankengeld bedingenden Erwerbsunfähigkeit, Gutachten über die Nothwendigkeit einer Krankenhauspflege und dergl.) den approbirten Aerzten gleichgestellt werden; dies ist durch die Aufsichtsbehörde zu verhindern (Sten. Ber. 1891/92 S. 4748).

Vgl. noch folgende beiden Ausführungen des Staatsministers Dr. von Boetticher: „daß den bei einer Krankenkasse Versicherten im Falle des Bedürfnisses ärztliche Behandlung zu Theil werden muß, schreibt das Gesetz vor; daß unter ärztlicher Behandlung in der Regel und prinzipiell die Behandlung durch einen approbirten Arzt verstanden werden muß, darüber kann meines Dafürhaltens gar kein Zweifel sein" (Sten. Ber. S. 2962). „Der Gedanke, welcher dem § 6 zu Grunde liegt, ist ja der, daß für den erkrankten Arbeiter ärztliche Fürsorge geschaffen werden soll, und daß diese Fürsorge geleistet werden soll von der Krankenkasse. Nun entsteht die Frage, was ist unter ärztlicher Behandlung zu verstehen? Die ärztliche Fürsorge wird sich naturgemäß nach Verschiedenheit des Falles, nach Verschiedenheit der Krankheit, nach Verschiedenheit der Heilmittel, welche anzuwenden sind, auch in verschiedener Weise leisten lassen" (Sten. Ber. S. 2980).

Ferner vgl. die Ausführungen des Königlich sächsischen Bundesrathsbevollmächtigten Bodel (Komm.Ber. z. Nov. S. 55):

„Das Königlich sächsische Ministerium des Innern hat stets an der Auffassung festgehalten, daß unter der in § 6 Abs. 1 Ziffer 1 des Krankenversicherungsgesetzes erwähnten „ärztlichen Behandlung" die Behandlung durch einen approbirten Arzt zu verstehen ist, die Versicherten daher jedenfalls eine Behandlung durch einen approbirten Arzt und — ohne ausdrückliche Zustimmung des Kassenvorstandes — auch keine andere als eine solche Behandlung verlangen können. Wollte daher eine Krankenkasse sogenannte Naturheilkundige zu Kassenärzten bestellen, so würde das schon aus diesem Grunde unzulässig sein und die Genehmigung einer entsprechenden Statutenbestimmung abgelehnt werden müssen.

Ebensowenig liegt die Gleichstellung von approbirten Aerzten und sogenannten Naturheilkundigen rücksichtlich ihrer Betheiligung an den Kassenangelegenheiten im Sinne des Ministeriums. Dies gilt insbesondere für gewisse autoritäre Obliegenheiten der Leiter des Heilverfahrens (Zeugnißertheilung, Gutachten über die Nothwendigkeit von Krankenhauspflege und dergleichen). Endlich würde es sich schon nach § 147 Abs. 1 Ziffer 3 der Gewerbeordnung verbieten, wenn die Krankenkasse eine nichtapprobirte Person unter der ausdrücklichen Bezeichnung als „Kassenarzt" anstellen wollte.

Dagegen erachtet es das Ministerium auch jetzt noch als mit dem Krankenversicherungsgesetze verträglich, daß Versicherte, welche der Behandlung durch einen approbirten Arzt kein Vertrauen entgegenbringen, sich unter Verzicht auf dieselbe mit Zustimmung des Kassenvorstandes an einen Nichtarzt wenden können, und daß der Krankenkasse unverwehrt sein muß, solchenfalls auch die Kosten dieses Heilverfahrens zu übernehmen."

In den Verfügungen vom 24. März 1892 (vgl. Arb.Vers. IX S. 546) und vom 10. Mai 1895 (vgl. Arb.Vers. XII S. 444) hat das Königlich sächsische Ministerium des Innern an diesen Grundsätzen im Anschluß an die oben auf S. 139 gegebene Darstellung lediglich festgehalten. Insbesondere ist dabei als unzulässig erklärt, daß Kassenmitglieder sich nach eigenem Ermessen an Nichtärzte wenden und dabei die ärztliche Kontrole dieser Heilbehandlung einfach unterbleibt, den Kontrolärzten nicht einmal rechtzeitige Mittheilung gemacht wird; ebenso für unzulässig, daß die Krankengelder ohne Einreichung einer ärztlichen Bescheinigung der Erwerbsunfähigkeit ausgezahlt werden.

Darüber, durch welchen Arzt die ärztliche Behandlung zu gewähren ist (Kassenarzt), vgl. die Ausführungen zu § 6a.

Wundärzte stehen, wenn sie approbirt oder den approbirten gleich zu achten sind (§ 26 Abs. 4 und 5 der Gewerbeordnung) den Aerzten gleich. Nichtapprobirte Wundärzte, Chirurgen, Bader, Heilgehülfen, Masseurs und dergl. sind für ihre besonderen untergeordneten Funktionen, soweit solche, nicht aber die Behandlung durch einen wissenschaftlich gebildeten Arzt, erforderlich oder ausreichend sind (es ist Thatfrage, ob dies der Fall ist), oder soweit sie neben der Arzthülfe geleistet werden (z. B. Assistenz des Krankenwärters bei der Operation) gleichfalls von der Kasse zu bezahlen (vgl. oben). Auch die Funktionen der Hebeammen werden in gleichem Sinne und in gleichem Umfang zur ärztlichen Behandlung gerechnet werden können, vgl. Anm. 6 zu § 20.

Zur ärztlichen Behandlung rechnet Rosin (I S. 376) mit Recht auch „diejenigen Thätigkeiten bezw. Kosten, durch welche dieselbe unmittelbar erst ermöglicht wird", z. B. die Thätigkeit des Dolmetschers bei dem Verkehr zwischen dem Arzt und dem Patienten, sowie die etwa erforderlichen Kosten eines Transports des Erkrankten zum Arzt. Das Plombiren kariöser Zähne rechnet eine Entscheidung des Landgerichts I zu Berlin vom 19. Mai 1895 mit Recht zur ärztlichen Behandlung (Arb.Vers. XII S. 422). Vgl. Anm. 6a, 7.

[5]) Arznei. Daß auch diese „frei" gewährt werden muß, ist nach der Wortfassung, nach den Motiven und dem Kommissionsbericht unzweifelhaft. Bei zweckmäßigem Ordiniren seitens der Aerzte kann an Arznei viel gespart werden. Bewährte Vorschläge über sparsames Ordiniren macht Dronke, Arzneiverkehr für Krankenkassen, Hamburg 1893 und Nachtrag 1894; vgl auch Berliner klinische Wochenschrift, 1893 Nr. 45 und 46. Diätetische Mittel wie Nahrungsmittel und Getränke (Wein), Gymnastik, Badekuren, physikalische

Mittel (z. B. Anwendung der Elektrizität), chirurgische Mittel sind keine „Arznei", wohl aber unter Umständen als „Heilmittel", wenn auch nicht immer als „kleine", zu gewähren (Rosin I S. 380).

[6]) Brillen, Bruchbänder und ähnliche Heilmittel, cf. Anm. 5. Es handelt sich hier um die sog. „kleinen" Heilmittel; weitergehende kostspieligere Heilmittel gehören zu den statutarisch zugelassenen Mehrleistungen organisirter Kassen (§ 21). Ueber diese von der Reichstagskommission eingeschaltete Bestimmung läßt sich der Kommissionsbericht (S. 23) folgendermaßen aus:

„Unter den zum Zwecke der freien Kur zu gewährenden Leistungen sind außer der freien ärztlichen Behandlung und freien Arznei auch solche Heilmittel mit aufgeführt, welche, wie die beispielsweise benannten Brillen und Bruchbänder, mit der Krankenbehandlung in unmittelbarem Zusammenhange stehen und zur Sicherung des Erfolges der Kur nothwendig sind. Diese Einschaltung ist erst nach langen Verhandlungen und nach Ablehnung früherer Anträge bei der Schlußredaktion beschlossen worden; sie wurde von einem Mitgliede der Kommission auf das entschiedenste aus Gründen der praktischen Zweckmäßigkeit und unter Hinweis auf entsprechende Bestimmungen der bayerischen Landesgesetzgebung, sowie des Reichsgesetzes über die eingeschriebenen Hülfskassen gefordert. Von anderen Seiten erkannte man zwar an, daß der Ausdruck „Arznei" wohl kaum den Begriff richtig decke, da es z. B. zweifellos sei, daß bei äußeren Verletzungen für Lieferung von Verbandzeug eine Bezahlung von Versicherten nicht gefordert werden dürfe, man befürchtete aber, daß bei Aufnahme des Wortes „Heilmittel", wegen der Unmöglichkeit, den Begriff scharf abzugrenzen, den Gemeinden sehr erhebliche Leistungen für Wein, für kostspielige Badereisen und dergleichen auferlegt werden könnten, was der Absicht der Kommission widersprechen würde. Aus diesen Gründen hatte in zweiter Lesung die Kommission beschlossen, die Gewährung von Heilmitteln nur der freiwilligen Entschließung der Orts-Krankenkassen durch § 17 (jetzt § 21) zuzuweisen. Bei der Schlußredaktion entschloß man sich indessen, dieselbe (in der aus der Zusammenstellung am Schlusse des Berichtes ersichtlichen Form) im § 6 unter die Mindestleistungen aufzunehmen und in § 17 (jetzt § 21) nur vorzuschreiben, daß in den dort behandelten Fällen über die Grenze des § 6 hinausgegangen werden dürfe. Die Abgrenzung zwischen dem Falle des § 6 und demjenigen des § 17 (jetzt § 21) glaubte man am zweckmäßigsten der Praxis überlassen zu sollen." Nach dem Erk. d. Preuß. Ob.Verw.Ger. v. 19. Dezember 1887 (Entsch. XV S. 395) sind aber „nicht alle mit der Krankenbehandlung in unmittelbarem Zusammenhang stehende und zur Sicherung des Erfolges der Kur nothwendige" Heilmittel als „ähnliche Heilmittel" im Sinne dieser Vorschrift anzusehen; sie sind es vielmehr nur dann, wenn solche Heilmittel bezüglich des Kostenpunktes den Brillen und Bruchbändern einigermaßen ähnlich sind. Ob letzteres der Fall, ist

---

Gegenstand thatsächlicher Feststellung und entzieht sich der Nachprüfung durch den Revisionsrichter" (Beinschienen hatte der Vorderrichter nicht für lieferbar erachtet). Die Verordnung einer einzelnen Flasche starken Weins zur Wiederbelebung, eines Bades zu demselben Zweck, einfacher Beinschienen rc. (opp. besonders konstruirte theure) rechnet Rosin a. a. O. mit Recht zu den „kleinen" Heilmitteln.

Im Uebrigen sind Brillen (nur für kranke, nicht für kurzsichtige Augen, denn sonst liegt keine „Krankheit" vor, v. Schicker S. 69), Bruchbänder und ähnliche „Vorrichtungen oder Heilmittel" (z. B. Verbandzeug, einfache Schienen; auch ein „Filzkorset" für schwächliche Krüppel, Pr. Ob. Verw.Ger. v. 5. Nov. 1894) auch dann zu gewähren, wenn sie zur Herstellung und Erhaltung der Erwerbsfähigkeit nach beendigtem Heilverfahren dienen, cf. § 13 des Normalstatuts für Orts-Krankenkassen (Anm. 3 zu § 23). Künstliche Gliedmaßen fallen nicht unter die „kleinen" obligatorisch zu gewährenden Heilmittel (ebenso Köhne S. 13, v. Schicker S. 69, Komm.Ber. z. Nov. S. 5), können aber von organisirten Krankenkassen nach § 21 gewährt werden (ebenso v. Schicker S. 128, a. M. Köhne S. 84). Dasselbe gilt von künstlichen Gebissen. Reparaturen und Erneuerungen der Brillen, Bruchbänder, künstlichen Gliedmaßen u. s. w., sind nach denselben Gesichtspunkten zu behandeln, wie deren erstmalige Gewährung; Reparaturen, die später in Folge des Gebrauchs erforderlich werden, hat daher die Krankenkasse nicht zu tragen, vgl. Entsch. der Gewerbedeputation in Berlin v. 23. Oktober 1886. Ebenso sind Erneuerungen der Brillen, Bruchbänder u. s. w. nur innerhalb der Unterstützungsdauer, darüber hinaus aber nur dann von der Krankenkasse zu bezahlen, wenn ein „neuer" Unterstützungsfall vorliegt. Zahnplomben sind „kleine" Heilmittel nur dann, wenn sie einfachster Art sind; Goldplomben sind nicht „kleine" Heilmitttel. Vgl. im Uebrigen die Aufsätze von Sauerbeck in Arb.Vers. X. S. 263, XII S. 477.

[7]) Erwerbsunfähigkeit ist (nach den Materialien) nicht gleichbedeutend mit Erwerbslosigkeit (§ 28); erwerbsunfähig ist Jeder, der in Folge Krankheit körperlich nicht fähig ist, Erwerbshandlungen (cf. unten) vorzunehmen, ohne Rücksicht darauf, ob er thatsächlich dennoch Erwerbsquellen, z. B. Vermögen, fortlaufendes Gehalt rc., auch während der Krankheit hat. Insbesondere ist in den Reichstagsverhandlungen ohne Widerspruch ausdrücklich hervorgehoben, daß versicherte Beamte, auch wenn sie für den Fall der Krankheit ihr festes Gehalt weiter beziehen, Anspruch auf das Krankengeld haben. Vgl. Sten.Ber. 1882 II S. 2525; wegen der Reichs-, Staats- und Kommunalbeamten vgl. jetzt § 3.

Bei der Beurtheilung, ob Erwerbsunfähigkeit vorliegt, sind zunächst diejenigen Erwerbshandlungen in Betracht zu ziehen, welche der Erkrankte nach seiner Lebensstellung und seiner Bestimmung in dem betr. Gewerbe vorzunehmen hatte. Im Allgemeinen wird also Krankengeld zu gewähren sein, wenn der Versicherte nach dem Urtheil des Arztes zur Fortsetzung derjenigen

Art der Beschäftigung, welche ihn versicherungspflichtig macht, unfähig ist; es kommt nicht darauf an, ob der Erkrankte noch zu anderen, nicht in seinen Beschäftigungskreis fallenden Arbeiten fähig ist. Die Krankenkasse kann nicht beanspruchen, daß der Erkrankte eine andere, seinem Beschäftigungskreis an sich fremde Erwerbshandlung vornehme. Es genügt schon die Unfähigkeit des Erkrankten, in seinem Beruf der Erwerbsthätigkeit nachzugehen; abstrakte Erwerbsunfähigkeit (ohne Rücksicht auf den besonderen Beruf), wie sie bei der Inv. u. Alt.Vers. erfordert wird (vgl. § 9 Ges. v. 22. Juni 1889), braucht nicht vorzuliegen.

Nach einem Erk. d. Preuß. Ob.Verw.Ger. v. 10. Oktober 1889 (Entsch. XVIII S. 355; vgl. auch Erk. v. 14. Januar 1895) soll Erwerbsunfähigkeit schon dann als vorhanden angesehen werden, wenn die Unmöglichkeit vorliegt, der Erwerbsthätigkeit ohne Verschlimmerung der Krankheit nachgehen zu können. Sie liegt aber, wie sich aus dem Komm.Ber. S. 20 (vgl. Anm. 4a zu § 5) ergiebt, auch dann vor, wenn die eigentliche Krankheit, d. h. der Zustand, welcher Arzt und Arznei erfordert (Anm. 18 zu § 1), gehoben ist, aber in Folge derselben Siechthum zurückgeblieben ist, oder der Zustand der Rekonvaleszenz fortdauert. Nach demselben Erkenntniß ist auch das Vorliegen der „Erwerbsunfähigkeit", ebenso wie das Vorhandensein der „Krankheit" (vgl. Anm. 18 zu § 1) nach objektiven, von Sachverständigen (d. h. vom Arzt, vgl. Anm. 4) festzustellenden Merkmalen, nicht nach der Ansicht oder Handlungsweise des erkrankten Kassenmitglieds, festzustellen; „auch hier ist unerheblich, ob das Kassenmitglied sich für erwerbsunfähig ansieht oder nicht, und ob es eine Erwerbsthätigkeit vornimmt oder nicht. Erwerbsunfähigkeit im Sinne des Gesetzes kann bestehen, obgleich thatsächlich gearbeitet wird." Dagegen wird die Wiederaufnahme der Arbeit gegen vollen Lohn als Beseitigung der Erwerbsunfähigkeit angesehen in den Arb.Vers. XI S. 29 zitirten gerichtlichen Entscheidungen (Strafkammer Magdeburg und Oberlandesgericht Naumburg v. 6. Juli 1893) weil das Krankenversicherungsgesetz nur diejenige Arbeitsunfähigkeit habe treffen wollen, die gleichzeitig auch Erwerbslosigkeit zur Folge hat. Unseres Erachtens wird es im Wesentlichen auf die Beurtheilung der besonderen Verhältnisse des einzelnen Falles ankommen; derjenige, der thatsächlich im Stande ist, seine Erwerbsthätigkeit wieder aufzunehmen, ohne daß es bei einem nur vorübergehenden, aber demnächst als vergebens sich herausstellenden Versuch hierzu verbleibt, kann auch nach unserer Auffassung nicht als erwerbsunfähig angesehen werden, trotz etwa entgegenstehender ärztlicher Ansicht. Jedenfalls wird die thatsächliche Verrichtung irgendwelcher Erwerbshandlungen für die Beurtheilung des Arztes, ob und wie lange eine Erwerbsunfähigkeit als vorhanden anzunehmen ist, wesentlich mit in Betracht kommen. Die Verrichtung von Arbeiten im Widerspruch zu den Anordnungen des behandelnden Arztes kann zur Unterbringung in ein Krankenhaus führen (§ 7); ebenso kann sie, falls ein entsprechender Gemeindebeschluß (Bestimmung der Kassenstatuten) gefaßt ist, untersagt und mit Ordnungsstrafen geahndet werden, welche letzteren dann auf das Krankengeld in Anrechnung gebracht werden dürfen, vgl. § 6a Abs. 2 und § 56.

Eine Abstufung des Krankengeldes nach dem größeren oder geringeren Maß der verbliebenen Erwerbsfähigkeit kennt das Krankenversicherungsgesetz nicht.

[8]) vom dritten Tage. Diese Bestimmung betrifft die vielberufene allgemeine Karenzzeit. (Wegen einer anderen Karenzzeit beim Eintritt neuer Mitglieder [vgl. unten Anm. 20, sowie § 26].) In den Motiven wird dieselbe kurz damit begründet, daß eine kurze Karenzzeit (von drei Tagen) ein bei den meisten Krankenkassen schon jetzt übliches Mittel zur Bekämpfung der Simulation sei. Sie ist in die Vorlage aufgenommen worden auf Grund des dringenden Verlangens des Preuß. Volkswirthschaftsraths (Prot. 1882 S. 88 ff.), welcher sie als ein durch die Praxis bewährtes unabweisbares Mittel zur Bekämpfung der trotz allen Ableugnens thatsächlich doch vorhandenen Neigung zur Simulation bezeichnete. Mit allem Nachdruck ist auch der Centralverband deutscher Industrieller in einer dem Reichstag vorgelegten Denkschrift, sowie unter Beibringung von statistischem Material der Deutsche Knappschaftsverband für dieselbe eingetreten. Durch die Novelle ist hieran grundsätzlich nichts geändert, aber für zulässig erklärt worden, durch Gemeindebeschluß oder Kassenstatut diese Karenzzeit auszuschließen, § 6a Abs. 1 Ziffer 4, § 21 Abs. 1 Ziffer 1a. Dies kann, weil nach allgemeinen Rechtsgrundsätzen eine gesetzliche Befugniß auch theilweise ausgeübt werden darf (minus inest majori), für die ganze Dauer der Karenzzeit oder für einen Theil derselben geschehen, sowie mit oder ohne Beschränkungen. Es kann also der Ausschluß der Karenzzeit auf einzelne Krankheiten, z. B. auf Unfälle oder auf solche Krankheiten, „welche auf sichtbaren äußeren Schäden beruhen", bei denen also die Gefahr der Simulation weniger hervortritt, beschränkt werden. Vgl. auch Anm. 16 zu § 6a, sowie Anm. 2c zu § 21.

Diese Karenzzeit bezieht sich nur auf das Krankengeld. Sie wird im Allgemeinen dazu dienen, den besseren Theil der Arbeiter gegen einen Mißbrauch der Krankenversicherung durch den zur Simulation geneigten schlechteren Theil der Kassenmitglieder zu schützen.

Die Karenzzeit umfaßt nicht Arbeitstage, sondern Tage; es sind also Sonn- und Feiertage in die Karenzzeit einzurechnen. Vgl. Arb.Vers. III S. 38, sowie Sten.Ber. 1891/92 S. 4762. Einem am Sonnabend erkrankten Mitglied ist also das Krankengeld nicht erst vom Mittwoch, sondern vom Dienstag der folgenden Woche ab zu zahlen. Ein am Donnerstag erkranktes Mitglied erhält dagegen das Krankengeld (vorbehaltlich des § 6a Abs. 1 Ziffer 4; vgl. auch Anm. 10) erst vom Montag der nächsten Woche ab, weil dasselbe nur für den Arbeitstag zu gewähren ist. Vgl. Verf. der Berliner Gewerbe-Deputation v. 18. September 1886.

[9]) nach. Der Tag, an welchem die die Unterstützung bedingende Krankheit eintritt, wird nach allgemeinen Regeln nicht mitgezählt. Der Tag, an welchem in Folge der Krankheit die Erwerbsthätigkeit eingestellt werden mußte, braucht nicht mit dem „Tage der (die Unterstützung bedingenden) Erkrankung" zusammenzufallen; maßgebend ist der Beginn der Unterstützung durch Gewährung der ärztlichen Behandlung (Anm. 3a). Vgl. § 78a Abs. 3.

[10]) jeden Arbeitstag. Während der Sonntage und Feiertage, an welchen nicht gearbeitet wird, ist nur freie ärztliche Behandlung rc. zu gewähren; doch kann dies sowohl für die Sonntage wie auch für Feiertage (zusammen oder getrennt) durch Gemeindebeschluß oder Kassenstatut geändert werden (§ 6a Abs. 1 Ziffer 4, § 21 Abs. 1 Ziffer 1a). Welche Tage als „Arbeitstage" anzusehen sind, ist im Uebrigen nach den lokalen und individuellen Verhältnissen zu beurtheilen. Für Personen, welche nach der Natur ihrer Dienstverrichtungen auch an Sonntagen zu beschäftigen sind oder doch wenigstens zur Dienstleistung sich bereit halten müssen, ist auch der Sonntag ein „Arbeitstag"; ihnen ist also in Krankheitsfällen das Krankengeld (auch ohne eine entsprechende Bestimmung gemäß § 6a oder § 21) auch für die Sonntage zu zahlen. (Aehnl. Pr. Ob.Verw.Ger. v. 24. September 1894.) Wem aber an Sonntagen, weil er an denselben arbeiten muß, Krankengeld zukommt, der hat auch für die Sonntage Beiträge zu leisten. Die Beiträge sind nach gleichen Gesichtspunkten wie das Krankengeld zu bemessen. (Erklärungen der Reg.Kommiss. im Bericht der Petitions-Kommission des Reichstags, R.T.Dr.S. 1886 Nr. 147 sowie im Komm.Ber. z. Nov. S. 19.) cf. auch Anm. 3 zu § 21, Anm. 3 zu § 64.

[11]) Krankengeld. Soweit bei den Zahlungen, welche die Krankenversicherung oder die Krankenkasse zu leisten (§ 6) oder entgegenzunehmen (§ 52) hat, Bruchpfennige sich ergeben, werden dieselben auf volle Pfennige abzurunden sein. Vgl. § 53 Abs. 1, sowie auch § 66 Unfallvers.Ges. und v. Woedtke, Anm. 5 zu § 10 desselben. Weitere Abrundungen können für die Berechnung der Versicherungsbeiträge nach § 9 von der Gemeinde beschlossen, auch wohl bei Orts-Krankenkassen rc. durch Statut (§ 22) zugelassen werden. Bruchpfennige unter $1/2$ werden dann gar nicht, von $1/2$ oder mehr als volle Pfennige zu berechnen sein.

Während das Gesetz nach § 1 Abs. 3 Naturalbezüge auf das Gehalt oder den Lohn anrechnen läßt, scheint es eine gleiche Anrechnung auf die Krankenunterstützung ausschließen zu wollen. Denn das Gesetz spricht nur von Krankengeld, und auch die allg. Motive enthalten die Ausführung, daß die Krankenversicherung nothwendig auf Geldwirthschaft zu basiren sei. Da nun auf dem platten Lande die Naturalwirthschaft vielfach noch vorherrscht und einer Verdrängung derselben durch Geldwirthschaft, welche letztere den Interessen der ländlichen Arbeiterbevölkerung nicht entspricht, von Niemandem ernstlich das Wort hat geredet werden können, so lag hierin einer der gewichtigsten Gründe für die Ausschließung der Arbeiter der Land- und

Forstwirthschaft von dem allgemeinen gesetzlichen Versicherungszwange. In der Schwierigkeit, in Krankheitsfällen den Fortbezug von Naturalien mit der Zahlung von Krankengeld, bei dessen Normirung der Werth der ersteren schon in Rechnung gezogen ist (§§ 8, 20 in Verbindung mit § 1 Abs. 3), zu vereinigen, lag aber auch ein erhebliches Hinderniß für die häufige Anwendung einer statutarischen Erstreckung der Versicherungspflicht auf land- und forstwirthschaftliche Arbeiter. Diesem Uebelstand ist durch die §§ 138, 139 des landwirthschaftlichen U. u. K.V.G. abgeholfen worden, indem durch diese Bestimmungen die Möglichkeit gegeben wird, in Krankheitsfällen die Naturalien auf das Krankengeld anzurechnen. Näheres siehe bei der Besprechung des erwähnten Gesetzes.

Vereinzelt kommen allerdings Naturalbezüge, z. B. freie Wohnung Feuerung, Kartoffelland, Leinaussaat, Viehweide, als Theil des Lohns auch in anderen Arbeiterverhältnissen vor. Diese müssen neben dem baaren Krankengeld fortgewährt werden, soweit sie nicht auf Grund kontraktlicher Abrede fortfallen. Es darf nicht übersehen werden, daß Krankengeld und die einen Theil des Lohnes bildenden Naturalbezüge von zwei verschiedenen Schuldnern zu zahlen sind, ersteres von der Krankenkasse auf Grund der Versicherung und als Gegenleistung für die Beiträge, letztere vom Arbeitgeber auf Grund des Vertragsverhältnisses und als Gegenleistung für geleistete Arbeit; nach § 57 Abs. 1 bleiben derartige auf Vertrag beruhende Ansprüche unberührt. Daß der Arbeiter sich durch Arbeitsvertrag verpflichten kann, die Naturalbezüge während der Krankheit aufzugeben oder im Falle des Fortbezuges zu bezahlen, ist zweifellos; er darf aber dafür nicht etwa seine Ansprüche auf Krankengeld abtreten, weil die den Unterstützungsberechtigten zustehenden Forderungen mit rechtlicher Wirkung nicht abgetreten werden dürfen, § 56.

[12]) Hälfte, cf. Motive S. 33: „Auch der in diesem Gesetz als Mindestbetrag der Krankenunterstützung angenommene Satz — die Hälfte des ortsüblichen Durchschnitts-Tagelohnes — wird dem Bedürfniß genügen, wenn bestimmt wird, daß die freie ärztliche Behandlung und freie Arznei nicht, wie nach dem Hülfskassengesetz, auf den Unterstützungsbetrag angerechnet werden dürfen, sondern neben der Geldunterstützung zu gewähren sind."

Bei Unfällen beträgt nach § 5 Abs. 9 d. Unfallvers.Ges. v. 6. Juli 1884*) vom Beginn der 5. bis zum Beginne der 14. Woche das Kranken-

*) Der § 5 Absatz 9 bis 11 des Unfallvers.Ges. lautet:

Abs. 9. Von Beginn der fünften Woche nach Eintritt des Unfalls bis zum Ablauf der dreizehnten Woche ist das Krankengeld, welches den durch einen Betriebsunfall verletzten Personen auf Grund des Krankenversicherungsgesetzes gewährt wird, auf mindestens zwei Drittel des bei der Berechnung desselben zu Grunde gelegten Arbeitslohnes zu bemessen Die Differenz zwischen diesen zwei Dritteln und dem gesetzlich oder statutengemäß zu gewährenden niedrigeren Krankengelde ist der betheiligten Krankenkasse (Gemeinde-Krankenversicherung) von dem Unternehmer desjenigen Betriebes zu erstatten, in welchem der Unfall sich

geld mindestens $^2/_3$ des Arbeitslohns. Die Differenz hat der Unternehmer zu erstatten, wenn nicht aus der Krankenversicherung (was bei der Gemeinde-Krankenversicherung vorbehaltlich des § 10 Abs. 3 unzulässig ist, vgl. Anm. 13, wohl aber bei organisirten Kassen geschehen kann, § 21) statutarisch entsprechende Mehrleistungen gewährt werden. Personen, welche nicht gegen Krankheit, wohl aber gegen Unfall (§ 1 U.V.G.) versichert sind, haben in gleicher Weise Unterstützung vom Betriebsunternehmer während der ersten 13 Wochen nach dem Unfall zu beanspruchen, § 5 Abs. 10 a. a. O. Die zur Ausführung dieser Vorschriften vom Reichs-Versicherungsamt erlassenen Bestimmungen vom 30. September 1885 sind im Anhang abgedruckt.

Für die Land- und Forstwirthschaft ist ein erhöhtes Krankengeld bei Unfällen nicht vorgesehen; auch wird, soweit nicht Krankenversicherung besteht, nur freie Behandlung gewährt, vgl. Anm. 2.

[13]) Tagelohnes. Der ortsübliche Tagelohn wird behördlich festgesetzt, vgl. § 8; dabei sind Tantièmen und Naturalbezüge anzurechnen (§ 1 Abs. 3), soweit solche gewöhnlichen Tagearbeitern überhaupt gewährt zu werden pflegen. Dies wird kaum anders als in der Form freier Verpflegung oder einzelner Mahlzeiten vorkommen.

Die Geldunterstützung soll in Quoten von Durchschnittslöhnen gewährt werden, und zwar bei der Gemeinde-Krankenversicherung nach dem ortsüblichen Tagelohn gewöhnlicher Tagearbeiter — ein für alle Mal 50 Prozent —, bei den organisirten Krankenkassen in der Regel nach dem (auf 3 bis 4 Mark reduzirten) durchschnittlichen Tagelohn derjenigen Klassen von Personen, für welche die Kasse errichtet wird — 50 bis 75 Prozent desselben (cf. jedoch §§ 20, 64). Als Durchschnittslohn ist derjenige Lohn anzusehen, welcher im Jahresdurchschnitt an Durchschnitts-Arbeiter der betr. Kategorie (gewöhnliche Tagearbeiter [§ 6] oder besondere Klassen von Arbeitern [§ 20]) täglich gezahlt wird, ohne Rücksicht darauf, ob der einzelne dieser Kategorie angehörige Arbeiter diesen Betrag als Durchschnittstagelohn erreicht. Arbeitslose Zeiten sind nicht zu berücksichtigen; soweit sie regelmäßig

ereignet hat. Die zur Ausführung dieser Bestimmung erforderlichen Vorschriften erläßt das Reichs-Versicherungsamt.

Abs. 10. Den nach § 1 versicherten Personen, welche nicht nach den Bestimmungen des Krankenversicherungsgesetzes versichert sind, hat der Betriebsunternehmer die in den §§ 6 und 7 des Krankenversicherungsgesetzes vorgesehenen Unterstützungen einschließlich des aus dem vorhergehenden Absatze sich ergebenden Mehrbetrages für die ersten dreizehn Wochen aus eigenen Mitteln zu leisten.

Abs. 11. Streitigkeiten, welche aus Anlaß der in den beiden vorhergehenden Absätzen enthaltenen Bestimmungen unter den Betheiligten entstehen, werden nach Maßgabe des § 58 Absatz 1 des Krankenversicherungsgesetzes entschieden, und zwar in den Fällen des letztvorhergehenden Absatzes von der für Ortskrankenkassen des Beschäftigungsortes zuständigen Aufsichtsbehörde.

wiederkehren und nicht etwa auf Zufall beruhen, finden sie meist schon in der Höhe des Tagelohns ihren Ausdruck (z. B. ist der Lohn des Maurers verhältnißmäßig hoch, weil er als Maurer nur während der Bauzeit, nicht aber auch im Winter Arbeit hat). Ebenso v. Schicker S. 86. Bei Festsetzung des ortsüblichen Tagelohns gewöhnlicher Tagearbeiter ist daher derjenige Betrag maßgebend, der ortsüblich einem gewöhnlichen Tagearbeiter im Jahresdurchschnitt täglich gezahlt werden muß, sobald ein solcher Arbeiter gedungen wird, ohne Rücksicht darauf, ob der einzelne Arbeiter jeden Tag derartige Arbeit erhält. Vgl. auch Anm. 3 zu § 20.

Nach Beschlüssen des Reichstags war indessen wahlweise schon bei dem alten Gesetz für Betriebs- (Fabrik-) und Bau-Krankenkassen (§ 64 Ziffer 1, § 72) die Bemessung nach Individuallöhnen zugelassen, und dies ist durch die Novelle (§ 76a Abs. 2 Ziffer 6) auch auf die Orts-Krankenkassen sowie auf die Innungs-Krankenkassen (§ 73) ausgedehnt worden.

Für die Berechnung nach Durchschnittslöhnen im Gegensatz zum Individuallohn war in den Motiven (S. 32) und in den Verhandlungen des Preuß. Volkswirthschaftsraths (Prot. 1882 S. 68) insbesondere geltend gemacht worden, daß eine „wöchentliche oder auch nur zweiwöchentliche Berechnung der Beiträge auf Grund des wirklichen Arbeitsverdienstes selbst in größeren Betrieben, in denen eine genaue Lohnrechnung geführt wird, zu einer unverhältnißmäßigen Belastung der Arbeitgeber führen, während sie für die bei der Krankenversicherung in Betracht kommenden zahlreichen Arbeiter kleiner Gewerbtreibenden aber, von denen viele nicht einmal zu einer geordneten Buchführung im Stande sind, überhaupt nicht ausführbar sein würde", sowie daß „oft im Gedinge gearbeitet und in manchen Monaten viel, in andern wenig verdient werde."

Die Verschiedenheit in dem Ansatz nach ortsüblichen Tagelöhnen oder Durchschnitts-Klassenlöhnen beruht darauf, daß der durchschnittliche Tagelohn der Kassenmitglieder sich nur bei Orts- und Betriebs- (Fabrik-) Krankenkassen berechnen läßt, bei denen die Löhne der Versicherten im Allgemeinen feststehen, während bei der höchst subsidiären Gemeinde-Krankenversicherung, welche auf Arbeiter der verschiedensten Kategorien Anwendung findet, ebenso wie bei den Hülfskassen ein solcher Klassenmaßstab nicht möglich ist oder doch zu außerordentlichen, bei dieser Form durchaus zu vermeidenden Schwierigkeiten und Weitläufigkeiten führen würde; cf. Motive (S. 32): „Für die Gemeinde-Krankenversicherung, bei der es sich vielfach um Arbeiter der verschiedensten Klassen handeln wird, sind nur die auch der Bestimmung des § 11 des Hülfskassengesetzes vom 7. April 1876 (R.G.Bl. S. 125) zu Grunde gelegten ortsüblichen Tagelöhne gewöhnlicher Tagearbeiter brauchbar." Die obige Verschiedenheit in der Höhe endlich findet dadurch ihre Begründung, daß bei den Leistungen der Gemeinde-Krankenversicherung, welche ein unter Mitwirkung der Betheiligten zu Stande gekommenes Statut nicht erhält, ein Spielraum, wie er bei den organisirten Krankenkassen gegeben ist, nicht gewährt werden kann. Vgl. auch Anm. 3 zu § 20.

Da der Maßstab für die Höhe des Krankengeldes bei der Gemeinde-Krankenversicherung nicht der ortsübliche Tagelohn aller Arbeiter, sondern der ortsübliche Tagelohn „gewöhnlicher Tagearbeiter" ist, d. h. der Lohn von Personen, die je nach Bedarf tageweise zu den gewöhnlichen, besondere Vorbildung, Kenntnisse oder Schulung nicht erfordernden Arbeiten angenommen werden, so dürfen bei der Festsetzung nur die letzteren berücksichtigt werden, nicht etwa auch Gesellen, Lehrlinge, ständige Fabrik- oder ähnliche geschulte Arbeiter ꝛc.

13a) mit dem Ablauf. Die Zeit, für die die Krankenunterstützung (vgl. jedoch Anm. 14) zu gewähren ist, ist ein Zeitraum von einer Reihe (13) ununterbrochen zusammenhängender Wochen (= 91 Tagen), nicht aber eine Summe von durch Zwischenräume unterbrochenen Tagen, die sich zu 13 Wochen addiren lassen (Erk. d. Preuß. Ob.Verw.Ger. v. 26. Okt. 1891 u. v. 22. Okt. 1894). Vgl. auch § 21 Abs. 1 Ziffer 1, wo es ausdrücklich „Zeitraum" heißt, sowie Anm. 3a.

14) dreizehnten Woche. Motive: „Die Dauer der Unterstützung wird nach dem Vorgange des Hülfskassengesetzes und in Uebereinstimmung mit der für die überwiegende Mehrzahl der bestehenden Kassen geltenden Regel auf 13 Wochen festzusetzen sein." Die Verlängerung auf einen größeren Zeitraum ist bei den Verhandlungen über die Novelle lebhaft befürwortet, aber mit Rücksicht auf die Leistungsfähigkeit der Gemeinde-Krankenversicherungen und Krankenkassen abgelehnt worden. Bei den organisirten Krankenkassen ist indessen eine Erweiterung der Unterstützungsdauer zulässig, § 21 Nr. 1, §§ 64, 72, 73. Indirekt aber wird durch die Novelle diese Unterstützungsdauer für den Fall der Erwerbsunfähigkeit dadurch sehr erheblich erweitert, daß die 13 Wochen erst vom Beginn des Krankengeldbezuges ab gerechnet werden sollen und daß die Unterstützung in diesen Fällen erst aufhören soll, wenn der Bezug des Krankengeldes nach Verlauf von 13 Wochen seit Beginn der Unterstützung endet. Hierdurch wird zunächst die Unterstützungsdauer um die Dauer der dreitägigen Karenzzeit (soweit solche nicht etwa statutarisch beseitigt ist) verlängert; für diejenigen aber, bei denen die Erwerbsunfähigkeit erst später eintritt und die sich anfänglich mit freier ärztlicher Behandlung haben behelfen können, kann sich die Gesammtdauer der Krankenunterstützung sogar bis auf nahezu 26 Wochen verlängern. Man wollte durch diese Vorschrift verhüten, daß bei leichten Erkrankungen zu früh die Arbeit eingestellt werde. Da die Frage, ob Erwerbsunfähigkeit vorliegt oder nicht, objektiv (vom Arzt) zu prüfen ist und unter Umständen auch dann bejaht werden kann, wenn der Erkrankte thatsächlich arbeitet (vgl. Anm. 7), so kann hierin eine Gefahr für Ausbeutung der Kasse nicht gefunden werden. Mot. z. Nov. S. 91: „Wird der Zeitraum, bis zu dessen Ablauf die Kranken-

unterstützung zu gewähren ist, vom Beginn der Krankheit an gerechnet, so wird nicht selten der Fall eintreten, daß ein Versicherungspflichtiger, welcher an einer zunächst die Erwerbsfähigkeit nicht aufhebenden Krankheit leidet und deshalb nur die ärztliche Behandlung in Anspruch nimmt, bei späterem Eintritt der Erwerbsunfähigkeit einen Anspruch auf Krankengeld überhaupt nicht mehr oder nur noch für kurze Zeit geltend machen kann. Darin würde eine nicht zu rechtfertigende Unbilligkeit und zugleich für die Versicherten ein Anreiz liegen, bei jeder leichten Erkrankung sofort die Arbeit niederzulegen. Es empfiehlt sich daher die Bestimmung, daß der gedachte Zeitraum erst von dem Beginn des Krankengeldbezuges ab zu berechnen ist." In solchen Fällen wird nicht nur das Krankengeld, sondern auch die ärztliche Behandlung u. s. w. weiter gewährt.

Darüber, daß diese Erweiterung der gesetzlichen Bestimmungen mit dem 1. Januar 1893 für alle dann laufenden Unterstützungsfälle in Kraft getreten ist, vgl. Anm. 34 zu § 26a.

„Die einmal eingetretene Krankheit dauert solange fort, als die objektive Nothwendigkeit der ärztlichen Behandlung oder der Einstellung der Erwerbsthätigkeit besteht (vgl. Anm. 18 zu § 1, Anm. 17 zu § 6). Besteht diese Nothwendigkeit in beiderlei Beziehungen nicht mehr, so ist die Karenzzeit beendet und die von Neuem hervortretende Nothwendigkeit der ärztlichen Behandlung oder der Gewährung von Arznei bezw. von Heilmitteln als der Eintritt einer neuen Krankheit anzusehen" (Erk. d. Preuß. Ob.Verw.Ger. v. 10. Oktober 1889, Entsch. XVIII S. 355; sowie v. 14. Januar 1895). Bei einer „neuen" Krankheit beginnen die Ansprüche aus § 6 von Neuem, vorbehaltlich der Vorschriften des § 6a Abs. 1 Ziffer 3 und § 26a Abs. 2 Ziffer 3. Auch hier handelt es sich nur um den objektiven Sachverhalt. Gleichgültig ist, ob der Erkrankte, etwa um die Frist zu unterbrechen, trotz fortdauernder Krankheit, also ohne daß die Krankheit gehoben war, die Arbeit wieder aufgenommen hat und sie demnächst wieder einstellt; bestand in solchen Fällen nach ärztlichem Ermessen die erste Krankheit, d. h. der Zustand, welcher ärztliche Behandlung erforderte, oder die Erwerbsunfähigkeit (Anm. 17) objektiv weiter, so beginnt mit der demnächstigen Wiederinanspruchnahme der Kassenleistungen nicht etwa eine neue Unterstützungsdauer aus § 6. Es kommt hier alles auf ärztliches Gutachten an. Vgl. v. Schicker S. 73, Köhne S. 46.

Bei Krankheiten, die durch Betriebsunfälle herbeigeführt sind, oder aus welchen Erwerbsunfähigkeit zu besorgen ist, welche einen Anspruch auf reichsgesetzliche Invalidenrente begründet, gelten einige besondere Vorschriften. Zunächst kann die zuständige Berufsgenossenschaft das Heilverfahren auf ihre Kosten übernehmen, § 76c. (Dasselbe gilt für die in der Land- und Forstwirthschaft beschäftigten, gegen Krankheit nicht versicherten Personen, § 10 Abs. 4 landw. U. u. K.V.G., ebenso kann die Invaliditäts- und Altersversicherungs-Anstalt bei nicht gegen Krankheit versicherten Personen das Heil-

§. 6a.*)

[1]) Die Gemeinden[2]) sind ermächtigt, zu beschließen:[3]) I.

1. daß Personen, welche der Versicherungspflicht nicht unterliegen und freiwillig der Gemeinde-Krankenversicherung beitreten,[4]) erst nach Ablauf[5]) einer auf höchstens sechs Wochen vom Beitritt ab zu bemessenden Frist Krankenunterstützung erhalten;

---

verfahren selbst übernehmen, § 12 Abs. 1 J.V.G.) Ferner kann bei Betriebsunfällen die zuständige Berufsgenossenschaft der Krankenkasse die Fürsorge für den Verletzten nach Ablauf der ersten dreizehn Wochen gegen Kostenerstattung übertragen, § 5 Abs. 8 U.V.G. und § 10 Abs. 4 landw. U. u. K.V.G.; ebenso kann die Invaliditäts- und Altersversicherungs-Anstalt der Krankenkasse, „welcher der Versicherte angehört oder zuletzt angehört hat", gegen Kostenerstattung die Fürsorge in demjenigen Umfang übertragen, welchen die Versicherungsanstalt für geboten erachtet (§ 12 Abs. 2 J.V.G.); die Uebernahme dieser Fürsorge darf nicht verweigert werden. Endlich muß bei Betriebsunfällen die Krankenkasse nach Ablauf der ersten 4 Wochen der Berufsgenossenschaft Anzeige machen, wenn bis dahin die Erwerbsfähigkeit des Verletzten noch nicht wieder hergestellt ist, § 76b. In allen diesen Fällen steht die Gemeinde-Krankenversicherung der Krankenkasse gleich, vgl. v. Woedtke, Kommentar z. U.V.G. Anm. 8 zu § 80, sowie § 12 J.V.G. und §§ 75b und 76c K.V.G.

[14a]) nach Beginn der Krankheit, bezw. nach dem späteren Beginn der Krankenunterstützung, vgl. Anm. 3a.

[15]) nach Beginn des Krankengeldbezuges, vgl. Anm. 14.

[16]) zugleich. Wenn z. B. während der ersten 4 Wochen der Krankheit die Erwerbsfähigkeit fortbestand und erst mit dem Beginn der 5. Woche Krankengeld gewährt wurde, nach weiteren 10 Wochen aber, also mit dem Ablauf der 15. Woche, zwar die Erwerbsfähigkeit wiederhergestellt, die Krankheit aber noch nicht gehoben, sondern noch weiter ärztliche Behandlung erforderlich ist, so würde — falls das Gesetz den hier in Rede stehenden Zusatz nicht gemacht hätte — die ärztliche Behandlung noch 2 Wochen weiter, also im Ganzen (13 + 4) 17 Wochen gewährt werden müssen. Dies wird durch den Zusatz ausgeschlossen, indem nunmehr nach dem Ablauf der 15. Woche mit dem Krankengeld auch die ärztliche Behandlung einzustellen ist.

[17]) nach Ablauf jeder Woche, lediglich redaktionelle Aenderung gegenüber der bisherigen Fassung des § 6 Abs. 4: „wöchentlich postnumerando".

Zu § 6a.

[1]) Während der § 6 Abs. 3 der bisherigen Fassung den Gemeinden nur gestattete, für freiwillige Mitglieder eine Karenzzeit einzuführen (jetzt § 6a Ziffer 1), und Kranken, welche sich die Krankheit vorsätzlich oder durch schuld-

2. daß **Versicherten, welche die Gemeinde-Krankenversicherung durch eine mit dem Verlust der bürgerlichen Ehrenrechte bedrohte strafbare Handlung**[6]) **geschädigt haben, für die Dauer von zwölf Monaten seit Begehung der Strafthat,**[7]) **sowie daß Versicherten, welche sich eine Krankheit** vorsätzlich[8]) oder durch schuldhafte Betheiligung bei Schlägereien oder Raufhändeln,[8a]) durch Trunkfälligkeit[9]) oder geschlechtliche Ausschweifungen[10]) zugezogen haben, für **diese Krankheit**[11]) das Krankengeld[12]) gar nicht oder nur theilweise **zu gewähren ist;**
3. **daß Versicherten, welche von der**[13]) **Gemeinde die Krankenunterstützung ununterbrochen oder im Laufe eines Zeitraums von zwölf Monaten für dreizehn Wochen bezogen haben, bei Eintritt eines neuen Unterstützungsfalles,**[14]) **sofern dieser durch die gleiche nicht gehobene Krankheitsursache veranlaßt ist, im Laufe der nächsten**[15]) **zwölf Monate Krankenunterstützung nur für die Gesammtdauer von dreizehn Wochen zu gewähren ist;**
4. **daß Krankengeld allgemein oder unter bestimmten Voraussetzungen**[16]) **schon vom Tage des Eintritts der Erwerbsunfähigkeit ab, sowie für Sonn- und Festtage**[17]) **zu zahlen ist;**

---

hafte Betheiligung an Schlägereien oder Raufhändeln, durch Trunkfälligkeit oder geschlechtliche Ausschweifungen zugezogen hatten, das Krankengeld ganz oder theilweise zu entziehen — hat die Novelle die Befugniß der Gemeinden bei der Gemeinde-Krankenversicherung nach den für organisirte Kassen bestehenden Gesichtspunkten erweitert und dadurch die Gemeinde-Krankenversicherung weiter ausgebaut. Dies erforderte die Bildung eines neuen § 6a, welcher also an die Stelle des § 6 Abs. 3 der alten Fassung getreten ist.

[2]) Gemeinden, ebenso die selbständigen Gutsbezirke und Gemarkungen (§ 83). Die Befugniß der Gemeinden steht auch den weiteren Kommunalverbänden bei gemeinsamer Gemeinde-Krankenversicherung (§ 12 Abs. 2) zu.

[3]) beschließen. Eine Genehmigung der in Abs. 1 bezeichneten Beschlüsse ist nicht vorgesehen; eine Beschwerde gegen die Beschlüsse bei der Kommunal-Aufsichtsbehörde erscheint zulässig. Ausdehnung auf ähnliche Fälle ist ausgeschlossen, weil es sich um Ausnahmeregeln handelt, und Ausnahmevorschriften einschränkend ausgelegt werden müssen.

[4]) freiwillig beitreten (§ 4). Die Karenzzeit gilt nicht für solche, die die Versicherung bei der Gemeinde-Krankenversicherung freiwillg fortsetzen. Die Vorschrift bezweckt den Schutz der Gemeinde-Krankenversicherung

5. daß Versicherten auf ihren Antrag[18]) die im §. 6 Absatz 1 Ziffer 1 bezeichneten[19]) Leistungen auch für ihre dem Krankenversicherungszwange nicht unterliegenden Familienangehörigen[20]) zu gewähren sind;

6. daß die ärztliche Behandlung, die Lieferung der Arznei und die Kur und Verpflegung nur durch bestimmte[21]) Aerzte, Apotheken und Krankenhäuser zu gewähren sind und die Bezahlung der durch Inanspruchnahme anderer Aerzte, Apotheken und Krankenhäuser entstandenen Kosten, von dringenden Fällen[21a]) abgesehen, abgelehnt[22]) werden kann.

Die Gemeinden sind ferner ermächtigt,[23]) Vorschriften über die Krankenmeldung, über das Verhalten der Kranken und über die Krankenaufsicht zu erlassen und zu bestimmen, daß Versicherte, welche diesen Vorschriften oder den Anordnungen des behandelnden Arztes zuwiderhandeln, Ordnungsstrafen[24]) bis zu zwanzig Mark zu erlegen haben. Vorschriften dieser Art bedürfen der Genehmigung der Aufsichtsbehörde. II.

*) Dieser Paragraph gilt auch für Hülfskassen ohne Beitrittszwang (§ 75)

---

gegen Mißbrauch und übermäßige Inanspruchnahme, namentlich beim Ausbruch ansteckender Krankheiten. Vgl. den ferneren Schutz, den § 4 Abs. 3 gewährt.

[5]) nach Ablauf. Vgl. über die Bedeutung dieser Karenzzeit d. Entsch. d. Preuß. Ob.Verw.Ger. v. 14. Dezember 1891 (Arb.Vers. IX S. 203): „Diese Karenzzeit beschränkt nicht bloß den Umfang des Anspruchs, sondern schließt den Anspruch aus; sie schiebt die Haftung der Kasse für eine innerhalb der Karenzzeit entstandene Krankheit nicht auf, sondern schließt die Entstehung eines Unterstützungsanspruchs für diese Krankheit überhaupt aus. Denn sonst würde der Zweck der Bestimmung, die Kassen vor Ausbeutung zu schützen, bei Ausbruch von Epidemien oder durch kränkliche oder lüderliche Personen, welche erst kurz bevor sie ernstlich erkranken, der Krankenkasse beitreten, nicht erreicht werden."

[6]) durch eine mit dem Verlust der bürgerlichen Ehrenrechte bedrohte strafbare Handlung. Früher hatten nur die organisirten Krankenkassen die Befugniß, wegen wiederholten Betruges das Mitglied auszuschließen. Die Novelle giebt eine ähnliche Strafe im Grundsatz auch der Gemeinde-Krankenversicherung, mildert dieselbe aber auf Entziehung des Krankengeldes und erweitert gleichzeitig die Fälle, in denen die Befugniß ausgeübt werden kann, auf alle mit Ehrverlust bedrohten strafbaren Handlungen. Mit Ehrverlust „bedroht" ist jede Strafthat, bei welcher nach dem Strafgesetzbuch auf Ehrverlust überhaupt erkannt werden kann, also alle strafbaren Handlungen,

auf welche Todes- oder Zuchthausstrafe steht (z. B. Meineid, § 153 Str.G.B., Raub und Erpressung, §§ 249ff. Str.G.B.), sowie andere, für welche der Verlust der bürgerlichen Ehrenrechte in den einzelnen Bestimmungen des Strafgesetzbuchs ausdrücklich angedroht ist (z. B. Betrug, § 263 Str.G.B., gewinnsüchtige Beiseiteschaffung amtlich aufbewahrter Urkunden, § 133 Str.G.B., Diebstahl, § 248 Str.G.B., Untreue, § 266 Str.G.B., Urkundenfälschung, §§ 267, 280 Str.G.B. u. a.). Nicht erforderlich ist, daß in dem vorliegenden Fall auf den Verlust der Ehrenrechte erkannt worden ist oder erkannt werden könnte (v. Schicker Anm. 6 zu 6a).

7) für die Dauer von zwölf Monaten seit Begehung der Strafthat. Nach Ablauf dieser zwölf Monate muß das Krankengeld wieder voll gewährt werden, mag die Krankheit erst nach dieser Zeit eintreten, oder mag eine vorher eingetretene Krankheit über die zwölf Monate hinausreichen. In letzterem Fall ist natürlich nur für den überschießenden Rest der Unterstützungsdauer das Krankengeld zu zahlen.

8) vorsätzlich. Die erste Regierungsvorlage hatte an dessen Stelle den Ausdruck: „durch eigenes grobes Verschulden". Das Plenum des Reichstags brachte jedoch das „grobe Verschulden", „einen juristischen Begriff, zu dessen Feststellung im Einzelfall nicht juristisch, sondern nur technisch oder medizinisch geschulte Kräfte berufen seien und nach Lage der Sache auch nur berufen sein könnten" (Komm.Ber.), in Fortfall. Auch in den Unfallversicherungsgesetzen, sowie in dem Invaliditäts- und Altersversicherungsgesetz wird das grobe Verschulden des Versicherten nicht berücksichtigt.

Im Uebrigen vgl. über den Begriff der vorsätzlichen Zuziehung der Krankheit die Ausführungen des Preuß.Ob.Verw.Ger. vom 11. Februar 1892 (Arb.Vers. IX S. 250): „Der Verlust des Krankengeldes tritt nicht schon dann ein, wenn die Krankheit durch eigenes Verschulden des Mitgliedes herbeigeführt ist, oder wenn das Mitglied das schädigende Ereigniß vorsätzlich herbeigeführt hat, obwohl es hätte überzeugt sein müssen, daß es sich durch dasselbe die Krankheit zuziehen werde, sondern erst dann, wenn die Absicht des Mitgliedes darauf gerichtet war, sich die Krankheit (vgl. Anm. 18 zu § 1) zuzuziehen; der Wille des Kassenmitgliedes muß auf Herbeiführung der Krankheit gerichtet sein. Fehlt es an diesem Willen, und geht der Wille nur dahin, daß das Ereigniß eintritt, welches die Krankheit zur Folge hat, so ist zwar das körperschädigende Ereigniß, aber nicht die Krankheit vorsätzlich herbeigeführt." Nach Entsch. d. Pr. Ob.Verw.Ger. v. 23. Januar 1896 soll auch ein Selbstmordversuch, welcher zu einer Erkrankung geführt hat, die Versagung des Krankengeldes nur dann begründen, wenn der Betreffende gewußt hat oder hat wissen müssen, daß das zur Herbeiführung des Todes gewählte Mittel zunächst eine Erkrankung zur Folge haben werde.

8a) Schlägereien oder Raufhändel setzen ein in Thätlichkeiten übergegangenes feindseliges Gegenübertreten (einen Streit) mehrerer Personen voraus; als betheiligt kann nur der gelten, welcher auch seinerseits eine auf Schlagen oder Raufen abzielende aktive Thätigkeit entwickelt, insbesondere selbst mitschlägt oder mitrauft (Pr. Ob.Verw.Ger. v. 15. Mai 1893). Eine Schlägerei oder ein Raufhandel liegt auch dann nicht vor, wenn Beamten Widerstand geleistet wird und diese dann in Ausübung ihrer Amtsgewalt zu Körperverletzungen schreiten, um den Widerstand zu überwinden (Arb.Vers. VII S. 297; XI S. 490, 524; Pr. Ob.Verw.Ger. v. 26. September 1895); ebensowenig bei einem bloß zur Erprobung der Kräfte ohne vorangegangenen Streit vorgenommenen Ringen (Pr. Ob.Verw.Ger. v. 21. November 1895).

[9]) Trunkfälligkeit, d. h. gewohnheitsmäßiges, übermäßiges Trinken. Der Kommissionsbericht (S. 47) sagt: „Bei den durch Trunkfälligkeit verursachten Erkrankungen werde es sich in der Mehrzahl der Fälle um Deliranten handeln, für die ein Bedürfniß, sie vor der Ortsarmenpflege zu bewahren, am allerwenigsten vorliege." Unfälle aus Anlaß gelegentlicher Betrunkenheit von Leuten, die keine Gewohnheitstrinker sind, gehören nicht hierher. Im Uebrigen sind hier nicht bloß Deliranten in Frage, sondern die Bestimmung trifft alle Krankheiten, welche sich Gewohnheitstrinker aus Anlaß oder in Folge ihres Lasters zuziehen. Vgl. Entsch. d. Preuß. Ob.Ver.Ger. v. 16. April 1891: „Unter die Vorschrift fällt jede durch Trunkfälligkeit unmittelbar oder mittelbar herbeigeführte, mit der Trunkfälligkeit im Verhältniß der Ursache zur Wirkung (im Kausalzusammenhange) stehende Krankheit. Unerheblich ist, ob die Krankheit die nothwendige, unabwendbare Folge der Trunkfälligkeit gewesen ist; es genügt, daß die Krankheit wirklich durch die Trunkfälligkeit herbeigeführt ist." (Ein gewohnheitsmäßiger Trinker war im trunkenen Zustande beim Verlassen eines Wirthshauses von der Treppe gefallen.)

[10]) geschlechtliche Ausschweifungen. In der Kommissionsberathung wurde die Nothwendigkeit dieser Bestimmung auf das entschiedenste vertreten. „Man könne und dürfe nicht den soliden Arbeiter zu Gunsten des lüderlichen belasten. Es sei die Gefahr keineswegs ausgeschlossen, daß bei allgemeiner Zulassung derartiger Erkrankter die Leistungsfähigkeit einzelner Kassen in größeren Orten ernstlich in Frage gestellt werden könne. In Berlin seien bei einer Krankenkasse unter 12000 Krankheitsfällen 453, bei einer andern gar unter 1561 Krankheitsfällen 215 Fälle von Venerie konstatirt." (Komm. Ber. S. 47.)

Der von anderer Seite betonten Gefahr einer Verheimlichung solcher Krankheiten wird durch die Vorschrift, daß die freie Kur nicht entzogen werden darf, ausreichend und soweit es mit anderen Interessen vereinbar ist, begegnet. Uebrigens muß an der auch im Reichstage bei der Novelle diesseits vertretenen Auffassung (Sten. Ber. 1891/92 S. 4759) festgehalten werden, daß unter geschlechtlichen „Ausschweifungen" nicht schon jede geschlechtliche Erkrankung verstanden werden kann. „Eine geschlechtliche Krankheit kann sehr wohl hervorgerufen worden sein durch ein Verhalten, welches als geschlechtliche Ausschweifung nicht angesehen werden darf; als geschlechtliche

Ausschweifung sehe ich von meinem Standpunkt aus nur ein Verhalten an, welches ein ausschweifendes Leben darstellt. Nur für diese Fälle wird nach meinem Dafürhalten von dieser Befugniß der Gemeinden Gebrauch gemacht werden können." (Ebenso v. Schicker Anm. 11 zu § 6 a, sowie Sauerbeck in Arb.Vers. X S. 580). Daß in der Praxis die Sache zuweilen anders angesehen, und bei jeder venerischen Krankheit das Krankengeld entzogen wird, ändert nichts an der diesseitigen Auffassung. Geschlechtskrankheiten (Syphilis) können sehr wohl durch einen einmaligen Fehltritt, ja durch den Beischlaf in der Ehe (indem ein geschlechtlich kranker Gatte den andern ansteckt) nach verbreiteter Meinung sogar durch Vererbung entstehen, und es würde an jedem zulässigen Grunde fehlen, für solche Unglücksfälle das Krankengeld gewissermaßen als Strafe auszuschließen. Der Ausschluß rechtfertigt sich, wie im Fall der Trunkfälligkeit, nur bei geschlechtlich ausschweifendem Leben. (A. M. Pr. Ob.Verw.Ger. v. 8. Dezember 1892, wonach schon eine einfach geschlechtliche Verirrung, wie einmaliger außerehelicher Beischlaf genügen soll. Die Ausführungen dieser Entscheidung sind aber unseres Erachtens nicht überzeugend, und stehen in ihrem Ergebniß jedenfalls in Widerspruch mit den Absichten, die bei Einbringung der Novelle bestanden und die man durch die jetzige Fassung hier genügend klargestellt erachtete.) Ob ein ausschweifendes Leben vorliegt, ist Thatfrage. Aerztliche Behandlung darf nicht ausgeschlossen werden und Krankenhausbehandlung ist dringend zu empfehlen.

[11]) für diese Krankheit, die sich die Versicherten eben durch das vorbezeichnete Verhalten zugezogen haben. Spätere Erkrankungen bleiben ohne den bezeichneten Nachtheil.

[12]) das Krankengeld. Nur dieses darf entzogen werden; freie ärztliche Behandlung, Arznei und Heilmittel sind jedenfalls zu gewähren.

[13]) von der Gemeinde, d. h. von derjenigen, welche den hier in Rede stehenden Beschluß faßt, also von derselben Gemeinde, welche für die weiteren Krankheitsfälle Krankenunterstützung geben soll. Die Bestimmung trifft nur diejenigen Fälle, wenn der Versicherte 12 Monate hindurch bei der nämlichen Gemeinde-Krankenversicherung Unterstützung erhalten hat und es sich dann für dieselbe Gemeinde-Krankenversicherung um weitere Unterstützung handelt (Sten.Ber. 1891/92 S. 2985, 2988). Analog ist die Bestimmung des § 26 a Ziffer 3 für Orts-Krankenkassen.

[14]) neuen Unterstützungsfalles aus Anlaß derselben Krankheitsursache. Vgl. Anm. 14 zu § 6 sowie Anm. 13. Es handelt sich hier um den Schutz der Gemeinde-Krankenversicherung vor Ausbeutung durch solche Leute, die mehr invalide als krank sind. „Es ist nicht selten vorgekommen, daß Personen, welche mit einem unheilbaren Leiden behaftet, aber zeitweise noch zu einer Arbeitsleistung im Stande sind, durch Uebernahme einer versicherungspflichtigen Beschäftigung in die Gemeinde-Krankenversicherung eintreten, nach einiger Zeit arbeitsunfähig werden und die Krankenunterstützung in Anspruch nehmen, dem-

nächst, nachdem sie in Folge eingetretener relativer Besserung oder wegen Ablaufs des dreizehnwöchigen Zeitraums aus der ärztlichen Behandlung entlassen sind, die versicherungspflichtige Beschäftigung wieder aufnehmen, um nach kurzer Zeit die Krankenunterstützung abermals in Anspruch zu nehmen. Durch fortwährende Wiederholung dieses Verfahrens können Personen dieser Art Jahre lang mit kurzen Unterbrechungen die Krankenunterstützung genießen, ohne daß sie jemals für längere Zeit Beiträge gezahlt hätten" (Mot. z. Nov. S. 41). Vgl. auch Hahn in Arb.Vers. XI S. 1 ff., Sauerbeck in Arb.Vers. XI S. 165.

15) nächsten, von Ablauf der letzten Unterstützungsfrist berechnet.

16) allgemein oder unter bestimmten Voraussetzungen. Wegen Beseitigung der Karenzzeit vgl. Anm. 8 zu § 6. Da die Beseitigung auch „unter bestimmten Voraussetzungen" zulässig ist, so kann u. a. auch bestimmt werden, daß für solche Krankheiten, welche längere Zeit, etwa zwei Wochen, andauern, das Krankengeld für die Karenzzeit nachgezahlt werden soll (Mot. z. Nov. S. 47). Werden derartige Bestimmungen getroffen, so kann gleichzeitig einer aus der Simulation etwa erwachsenden Gefahr durch Vorschriften der in Abs. 2 bezeichneten Art vorgebeugt werden. Die ähnliche Bestimmung für Orts-Krankenkassen vgl. in § 21 Ziffer 1 a.

17) für Sonn- und Festtage, vgl. Anm. 10 zu § 6.

18) auf ihren Antrag. Die freiwillige Uebernahme einer auf das Heilverfahren beschränkten Familienunterstützung war bisher nur den organisirten Kassen gestattet. Jetzt ist sie auch der Gemeinde-Krankenversicherung freigestellt. Diese aber darf die Familienunterstützung nur auf besonderen Antrag des betr. Versicherten und nur gegen Erhebung besonderer Zusatzbeiträge gewähren (§ 9 Abs. 1), während die organisirten Krankenkassen nach wie vor befugt bleiben, sie auch allgemein und ohne besondere Zusatzbeiträge zu übernehmen (§ 21 Abs. 1 Ziffer 5, § 22 Abs. 2).

Familienunterstützung darf nicht eher übernommen werden, als bis ein dieselbe gestattender Beschluß der Gemeinde gefaßt ist.

In solchen Fällen sind übrigens nicht die erkrankten Familienangehörigen, sondern die versicherten Kassenmitglieder selbst die Berechtigten; ihnen sind diese Leistungen für ihre Familienangehörigen zu gewähren. Erk. d. Preuß. Ob.Verw.Ger. v. 28. Mai 1888 (Entsch. XVI S. 359), welches für die gleichartigen Fälle des § 21 ergangen ist, sowie Komm. S. 473, 527. Vgl. § 7 Abs. 2.

19) bezeichneten, ganz oder zum Theil, mit oder ohne Beschränkungen.

20) Familienangehörigen. Welche Familienangehörigen berücksichtigt werden sollen, das ist im Gemeindebeschluß zu regeln (Sten.Ber. 1891/92 S. 2988). Dasselbe gilt für die näheren Details über den Antrag, den Umfang der Unterstützung, die Beiträge u. s. w.

---

21) bestimmte. Diese Vorschrift betrifft die Bestellung besonderer Kassenärzte. Nach der richtigen Auffassung stand bisher sowohl der Gemeinde-Krankenversicherung als der organisirten Krankenkasse die Befugniß zur Anstellung besonderer Kassenärzte als selbstverständliches Recht ohne Weiteres zu. Denn sie hatten zwar die gesetzliche Pflicht, die Leistungen zu gewähren, waren aber in der Art dieser Gewährung nicht beschränkt. Hiervon ging auch die Vorlage zur Novelle aus, indem sie nur vorsah, daß für den Fall, „daß besondere Kassenärzte bestellt seien", die Bezahlung anderer Aerzte solle abgelehnt werden können. Vgl. Anm. 6 zu § 21. Für die Gemeinde-Krankenversicherung ist die vom Reichstage hierin vorgenommene Aenderung nicht von besonderer Bedeutung; denn wenn jetzt ein entsprechender Beschluß der Gemeinde erfordert wird, während früher vielleicht bloß die Verwaltung der Gemeinde-Krankenversicherung, ohne weitere Ermächtigung, die Kassenärzte bestimmte, so ist dies um deswillen unwesentlich, weil die Gemeinde-Krankenversicherung nur ein besonderes Kommunalinstitut ist. Für die Orts-Krankenkassen aber ist durch die analoge Bestimmung des § 26 a Abs. 2 Ziffer 2 b die Bestellung besonderer Kassenärzte von einer ausdrücklichen entsprechenden Bestimmung des Kassenstatuts abhängig gemacht, so daß die Kassenverwaltung ohne eine solche statutarische Bestimmung jene Befugniß nicht mehr hat. Der Gemeindebeschluß bezw. das Kassenstatut haben übrigens nur zu bestimmen, daß besondere Kassenärzte rc. zu bestellen sind; die Ausfühung dieses Beschlusses, die Auswahl unter den in Betracht kommenden Personen, die Bestimmung der Zahl der Kassenärzte, der Höhe und der Art ihrer Remuneration liegt der Verwaltung der Gemeinde-Krankenversicherung bezw. dem Kassenvorstande (letzterem unter der statutarisch etwa vorgeschriebenen Mitwirkung und unter Kontrole der Generalversammlung) ob. Ist die Bestellung besonderer Kassenärzte im Grundsatz bei einer Kasse eingeführt, so kann die letztere durch Anordnung der höheren Verwaltungsbehörde unter Umständen dazu genöthigt werden, die Zahl der bestellten Aerzte zu vermehren, § 56 a.

Ueber die Nothwendigkeit der Befugniß zur Bestellung besonderer Kassenärzte ist bei den Verhandlungen über die Novelle viel gestritten worden. Mehrfach wurde die freie Arztwahl befürwortet, um unter den Aerzten die freie Konkurrenz zu erhalten und sie nicht von den Kassenverwaltungen abhängig zu machen, jedem Erkrankten aber thunlichst eine Behandlung durch den Arzt seines Vertrauens und in derjenigen Heilmethode, die ihm erwünscht sei (Allopathie, Homöopathie), zu ermöglichen. Andererseits wurde das System der Kassenärzte besonders wegen des Kostenpunkts und um deswillen empfohlen, weil das besondere Vertrauen des Patienten zum behandelnden Arzt zwar werthvoll, aber nicht durchschlagend sei und häufig von der größeren oder geringeren Strenge der Behandlung, von der größeren oder geringeren Leichtigkeit, die Bescheinigung der Erwerbsunfähigkeit zu erlangen, von der Ausdehnung der Krankenbehandlung und anderen äußeren, der Kasse nicht immer nützlichen Dingen abhängig sein werde. Von Seiten der Regierungsvertreter ist die freie Arztwahl mehrfach als ein schönes Ideal bezeichnet worden, dessen Durchführung sich meist nicht erreichen lasse; auch ist darauf hingewiesen, daß auch unter dem System des Kassenarztes den Versicherten eine Auswahl unter mehreren Aerzten gelassen werden könne, indem eben mehrere Kassenärzte angestellt würden.

Durch die Bestellung besonderer Kassenärzte werden den letzteren besondere amtliche Funktionen übertragen; daraus folgt ihre Verpflichtung, die Patienten der betreffenden Kasse gegen das dafür von der Kasse ausgewiesene Honorar zu behandeln. Ohne Bestellung besonderer Kassenärzte, also bei freier Arztwahl, würde eine Verpflichtung, die Patienten zu behandeln, für den Arzt nicht vorliegen (§ 144 Abs. 2 der Gewerbeordnung), der Patient also nicht sicher sein, daß er überhaupt einen Arzt findet; andererseits würde die Kasse genöthigt sein, die Gebührenliquidationen der Aerzte (einschließlich der Spezialärzte) bis zu den dafür allgemein geltenden Höchstsätzen zu honoriren, weil sie eben genöthigt ist, freie ärztliche Behandlung zu gewähren und sich dieser Verpflichtung grundsätzlich nicht durch Gewährung eines Pauschquantums an das erkrankte Kassenmitglied mit der Weisung, sich für diesen Geldbetrag ärztliche Behandlung selbst zu suchen, entziehen darf. Alles dies spricht dringend für die Bestellung besonderer Kassenärzte, wobei man durch die Art der Bestellung den von den Gegnern dieses Verfahrens hervorgehobenen Unzuträglichkeiten in weitem Umfange Rechnung tragen kann (vgl. unten).

Die Art der Bestellung und Bezahlung von Kassenärzten läßt sich nämlich in verschiedenen Formen denken. Folgende Andeutungen mögen hier ihren Platz finden.

Man kann zunächst bestimmte Aerzte anstellen und jedem derselben ein Pauschquantum gewähren. Diese Art mag für die Kasse bequem sein, bietet auch den Vortheil einer festen, wenngleich geringen Einnahme für den betreffenden Arzt. Andererseits ist gerade dieses System dasjenige, welches für den Aerztestand als solchen und vielleicht auch für die Kassenmitglieder das ungünstigste ist, weil durch dasselbe einem Unterbieten der Aerzte unter einander Vorschub geleistet und nicht immer der beste, sondern oft der billigste Arzt den Kassenmitgliedern zugewiesen werden wird, dessen Leistungen vielleicht auch wegen Ueberanstrengung nicht immer genügen werden. Oder man bestellt mehrere Aerzte (unter ihnen vielleicht auch einen Homöopathen, aber keinen „Naturarzt“ oder dergl., vgl. Anm. zu § 5), zur Auswahl für die Kassenmitglieder (sei es ganz frei, sei es für einzelne Krankheiten, sei es für gewisse Zeitabschnitte, z. B. jedes Rechnungsjahr) und vereinbart mit diesen Aerzten feste Sätze für die Einzelleistung, entweder nach der Kopfzahl der behandelten Kassenmitglieder oder nach der Zahl der Besuche, der Krankheitsfälle, der Krankentage u. s. w. Die Aerzte haben in solchem Fall zu dem voraus bestimmten Zeitpunkte ihre Liquidation unter Beibringung der erforderlichen Unterlagen, sei es bei der Krankenkasse, sei es bei einem selbstgewählten Obmann der Aerzte, einzureichen und erhalten dann die auf sie entfallenen Beträge nach dem vereinbarten Verhältniß ausgezahlt. Oder die Krankenkasse bestimmt für das ärztliche Honorar einen gewissen Prozentsatz ihrer Gesammteinnahme; die Aerzte liquidiren ihre Einzelleistungen nach vorher unter ihnen vereinbarten Points, und auf diese Points wird die von den Kassen ausgewiesene Summe pro rata vertheilt. Zweckmäßige Formulare für Verträge mit Kassenärzten hat v. Schicker entworfen (Arb Vers. X S. 598).

In Berlin war vor einigen Jahren ein „Verein freigewählter Kassenärzte" entstanden, welcher seinerseits, als Verein, mit den Kassenvorständen in Verbindung trat, von diesen das Honorar für die ärztlichen Leistungen der Vereinsmitglieder (nach der Kopfzahl der Kassenmitglieder) in Empfang nahm und das Honorar nach Verhältniß der Einzelleistungen unter die Vereinsmitglieder vertheilte. Der einzelne dem Verein angehörende Arzt trat auf diese Weise zu dem Kassenvorstande selbst in keinerlei Beziehungen. Dies ist kürzlich durch den Handelsminister im Hinblick auf die Vorschrift des § 6a Ziffer 6, wonach es „bestimmte" Aerzte sein müssen, mit denen solche Verträge geschlossen werden dürfen, für unzulässig erklärt worden. Uebrigens hat sich in Berlin sowie an anderen Orten herausgestellt, daß bei einer den Kassenmitgliedern gestatteten freien oder doch weitgehenden Auswahl unter den Aerzten die Kosten namentlich für Arznei sehr in die Höhe gingen.

Die Mot. d. Nov. S. 41 lauten an der einschlagenden Stelle:

„Im Interesse der Gemeinde-Krankenversicherung ist es in der Regel dringend geboten, bestimmte Aerzte für die Behandlung der Versicherten aufzustellen und nur durch diese regelmäßig die ihr obliegende ärztliche Behandlung gewähren zu lassen. Dieses Recht muß ihr ausdrücklich im Gesetz gewahrt werden, um sie gegenüber vorgekommener anderweitiger Auslegung des § 6 zu schützen. Andererseits aber darf dieser Grundsatz nicht soweit ausgedehnt werden, daß der Erkrankte bei Vermeidung der eigenen Haftung für die ärztlichen Kosten auch dann einen anderen als den bestimmten Kassenarzt nicht zuziehen dürfte, wenn wegen Gefahr im Verzug der Kassenarzt nicht rechtzeitig berufen werden kann."

Was für die Bestellung von Aerzten gilt, das gilt in gleicher Weise auch für die Lieferung von Arznei sowie der freien Kur und Verpflegung seitens bestimmter Apotheken und Krankenhäuser.

[21a]) dringende Fälle. Dies bezieht sich nur auf zeitliche Dringlichkeit (Rechtzeitigkeit), „wenn ohne Gefahr der Verschlimmerung oder einer erheblichen Steigerung oder Verlängerung der Schmerzen nicht bis zum Eintreffen des Kassenarztes gewartet werden kann". Die Schwere einer Krankheit (wegen deren der Erkrankte etwa einen Spezialarzt zuzog), sei es wegen des Ernstes der Krankheit, sei es wegen der Schwierigkeit der ärztlichen Behandlung, giebt für sich allein einen „dringlichen Fall" im Sinne des Gesetzes nicht ab. (Entsch. d. Bad. Verw.Ger. v. 4. Oktober 1894, Arb.Vers. XII S. 416.)

§. 7.*)

[1]) An Stelle[1a]) der im § 6[1b]) vorgeschriebenen Leistungen kann[2]) I. freie Kur und Verpflegung in einem Krankenhause[3]) gewährt werden, und zwar:

---

[22]) abgelehnt. Vgl. Ausführung des Ministerialdirektors Lohmann (Sten.Ber. 1891/92 S. 2988): „Wie die Sache bisher stand, war es mindestens zweifelhaft, ob auch nur in dringenden Fällen diese Bezahlung von der Gemeinde-Krankenversicherung gefordert werden könne, und das war ein Grund der Aufnahme dieser Nummer, daß man außer Zweifel stellen wollte, daß in dringenden Fällen die Bezahlung eines anderen als des Kassenarztes von der Gemeinde-Krankenversicherung solle gefordert werden können."

In allen diesen Fällen handelt es sich übrigens nur um das Verhältniß der Kasse zu ihren versicherten Mitgliedern. Unabhängig davon sind die Rechte und Pflichten anderer Kassen bei Erkrankungen außerhalb des Kassenbezirks (§ 57a) sowie die selbständigen, durch die öffentliche Armenpflege bedingten Pflichten und Erstattungsansprüche der Armenverbände, § 57. Die diesen im Fall der Heranziehung anderer Aerzte ꝛc. erwachsenen Ausgaben darf die verpflichtete Krankenkasse nicht beanstanden. Vgl. darüber Näheres bei § 57.

[23]) ferner ermächtigt. Vgl. § 26a Ziffer 2a. Die Befugniß, ein sachgemäßes Verhalten der Erkrankten durch Ordnungsstrafen zu erzwingen, war nach bisherigem Recht nicht unzweifelhaft. Jetzt rechtfertigt sich die Vorschrift, insbesondere auch wegen der Krankenmeldung, schon im Hinblick auf die zugelassene Beseitigung der dreitägigen Karenzzeit, § 6a Ziffer 4.

[24]) Ordnungsstrafen, die von dem Krankengeld in Abzug gebracht werden dürfen, § 56 Abs. 2, aber nicht nach § 55 zwangsweise beizutreiben sind (ebenso v. Schicker Anm. 33 zu § 6, sowie Arb.Vers. X S. 650 bei 9). Vgl. Anm. 2a zu § 55. Gegen die Auferlegung der Ordnungsstrafen ist Beschwerde an die Aufsichtsbehörde zulässig, welche endgültig entscheidet, § 76e. Die Ordnungsstrafe fließt zur Kasse, vgl. Anm. 3 zu § 22.

Bei wiederholten Verstößen gegen die gemäß Abs. 2 gefaßten Beschlüsse ist außer der Ordnungsstrafe auch zwangsweise Unterbringung in einem Krankenhause zulässig, § 7 Abs. 1 Ziffer 1. Dies empfiehlt sich schon um deswillen, um die Wirksamkeit der Ordnungsstrafen zu sichern, zumal auf letztere der § 55, welcher die Zwangsbeitreibung von Eintrittsgeldern und Beiträgen vorsieht, nicht ausgedehnt ist.

Zu § 7.

[1]) Motive S. 34: „Nach dem Vorgange des Hülfskassengesetzes wird in § 7 vorgeschrieben, daß an die Stelle der in § 6 festgesetzten Unterstützung die Verpflegung in einem Krankenhause treten kann. Es erscheint indessen billig, daß diese Art der Unterstützung Solchen, welche Mitglieder einer Familie sind, gegen ihren Willen nicht aufgedrungen werden kann, wenn es nicht im

1. für diejenigen, welche verheirathet **sind, oder eine eigene Haushaltung**[3a]**) haben, oder Mitglieder der Haushaltung ihrer** Familie[4]) sind, mit ihrer Zustimmung, oder unabhängig von derselben, wenn[4a]) die Art der Krankheit Anforderungen an die Behandlung oder Verpflegung stellt, welchen in der Familie des Erkrankten nicht genügt werden kann, **oder wenn die Krankheit eine ansteckende ist, oder wenn der Erkrankte wiederholt den auf Grund des §. 6a Absatz 2 erlassenen Vorschriften zuwider gehandelt**[4b]**) hat, oder wenn dessen Zustand oder Verhalten eine fortgesetzte Beobachtung**[4c]**) erfodert;**
2. für sonstigte Erkrankte unbedingt.

II. Hat der in einem Krankenhause[3]) Untergebrachte Angehörige,[5]) deren Unterhalt er bisher aus seinem Arbeitsverdienst bestritten[5a]) hat, so ist neben der freien Kur und Verpflegung die Hälfte[6]) des im §. 6 **als Krankengeld** festgesetzten **Betrages**[7]) **für**[8]) **diese Angehörigen zu zahlen.**[9]) **Die Zahlung**[10]) **kann unmittelbar an die Angehörigen erfolgen.**

*) Dieser Paragraph gilt auch für Orts-, Betriebs- (Fabrik-) Bau-, Innungs-Krankenkassen (§§ 20, 64, 72, 73), Knappschaftskassen (§ 74) und diejenigen Hülfskassen ohne Beitrittszwang, deren Mitgliedschaft von der Zugehörigkeit zu einer anderen organisirten Krankenkasse oder zur Gemeinde-Krankenversicherung entbinden soll (§ 75)

Interesse der Heilung nothwendig erscheint Ebenso muß, wenn die Krankenversicherung ihren Zweck nicht theilweise verfehlen soll, Sorge dafür getragen werden, daß auch die Angehörigen eines in ein Krankenhaus aufgenommenen Versicherten nicht ohne alle Unterstützung bleiben." Aehnlich § 7 des Unfallvers.Ges. v. 6. Juli 1884. Durch die Novelle sind die Gründe einer zwangsweisen Unterbringung in ein Krankenhaus erweitert worden; insbesondere kann letztere jetzt zum Schutze der Gemeinde-Krankenversicherung auch gegen solche Kranke angeordnet werden, welche die Vorschriften über die Krankmeldung und das Verhalten während der Krankheit hartnäckig übertreten und dadurch die Gemeinde-Krankenversicherung schädigen, sowie gegen solche, welche fortlaufend unter Beobachtung und Kontrole stehen müssen.

1a) an Stelle. Die Krankenhauspflege tritt an die Stelle der ärztlichen Behandlung und des Krankengeldes; beide sind also insoweit einzustellen. Ist Krankengeld nicht zu gewähren (z. B. § 6a Ziffer 2), so kann Krankenhauspflege trotzdem bestimmt werden (Sten.Ber. 1891/92 S. 2997); für den betreffenden Erkrankten stellt sich dann die ihm gewährte Kassenleistung als eine umfassendere heraus als diejenige, auf welche er Anspruch hat.

Das Sterbegeld der organisirten Kassen (§ 20) muß immer besonders gewährt werden, weil es sich hierbei um einen Anspruch handelt, der neben der Krankenunterstützung gleichberechtigt einhergeht.

[1b]) der in § 6, und § 6a, weil Leistungen auf Grund des § 6a nur Modifikationen der Leistungen aus § 6 sind. Dies gilt insbesondere für die Fälle des § 6a Ziffer 5, woselbst für die in § 6 bezeichneten Leistungen nur andere als die in § 6 bezeichneten Empfänger bestellt werden.

[2]) kann, d. h. ausschließlich nach Wahl der Gemeinde-Krankenversicherung von Fall zu Fall (Rosin S. 388). Die einmal beschlossene Krankenhauspflege kann auch nach freier Entschließung der Gem.Kr.Vers. wieder aufgegeben werden (Pr. Ob.Verw. Ger. v. 18. Februar 1895). Der Erkrankte selbst hat nicht etwa einen Anspruch auf Krankenhauspflege. Die Kosten der Ueberführung (in das von ihr gewählte, aber nicht in jedes beliebige andere Krankenhaus, Pr.Ob.Verw.Ger. v. 21. September 1893) hat die Gemeinde-Krankenversicherung zu tragen (Sten. Ber. 1891/92 S. 2997, 2999) und der Armenkasse des Orts, welche sie etwa verauslagt hat, gemäß § 57 Abs. 4 und 5 zu erstatten; vgl. Rosin S. 388 und Erk. d. Pr.Ob.Verw.Ger. v 17. Dezember 1891: „Zur Gewährung der Krankenhauspflege gehören alle diejenigen Leistungen, welche erforderlich sind, damit der Kranke der Krankenhauspflege auch wirklich theilhaftig werde. Die Kasse hat daher den Kranken, wenn er unfähig ist, zu gehen, unter Anwendung der geeigneten Transportmittel in das Krankenhaus zu schaffen." Auf die Kosten des ohne Zuthun der Kasse bewirkten Weitertransports aus dem Krankenhaus in eine andere Anstalt, z. B. in ein Irrenhaus, erstreckt sich die Erstattungspflicht der Kasse gegenüber dem Armenverband nicht (Pr. Ob.Verw.Ger. v. 21. September 1893 [Arb.Vers. XI S. 10]. Vgl. auch Anm. 5a zu § 57).

Wer sich unbefugt weigert, in ein Krankenhaus zu gehen, verliert für die Dauer dieser Weigerung die sämmtlichen Ansprüche aus der Krankenversicherung einschließlich des Krankengeldes (Anm. 1a), ebenso Bad. Verw.Ger. Entsch. v. 7. Juni 1894, Arb.Vers. XII S. 170), auch die nach § 7 Abs. 2 event. zu zahlende baare Unterstützung, da dieselbe nur neben der Verpflegung im Krankenhause zu zahlen ist, also fortfällt, sobald letztere aus irgend einem Grunde nicht gewährt wird. Dasselbe gilt für die Fälle des unbefugten Verlassens des Krankenhauses. Wird der Erkrankte demnächst doch, etwa im Wege der Armenpflege, in ein Krankenhaus untergebracht, so lebt die Verpflichtung aus der Krankenversicherung (aber nicht für die Zwischenzeit) wieder auf, und damit ist die Ersatzpflicht aus § 57 Abs. 4 begründet, wenngleich die erneuten Kosten des abermaligen Transports in das Krankenhaus wohl nicht von der Krankenkasse getragen zu werden brauchen.

[3]) Krankenhaus im weiteren Sinne, also auch andere Heilanstalten, z. B. Irrenhäuser, Entbindungsanstalten, Asyle für Wöchnerinnen (Rosin I S. 386) oder in Privatpflege eines Spezialarztes (A.N. IV S. 197), aber nicht Armen- oder Siechenhäuser, Sten. Ber. 1885/86 S. 1190. Die Unterbringung im Krankenhause muß, um den Anspruch aus § 7 Abs. 2 zu begründen, durch die Gemeinde-Krankenversicherung selbst erfolgen; Unterbringung durch Dritte, z. B. den eintretenden Armenverband, begründet den Anspruch nicht. Pr. Ob.Verw.Ger. v. 8 Juli 1895, vgl. Anm. 4 zu § 57.

3a) eigene Haushaltung, Wohnung einschließlich Beköstigung; im Gegensatz zum Wohnen auf Schlafstelle, als Chambregarnist u. s. w. v. Schicker S. 84 Anm. 5.

4) Familie. Der bisherige Ausdruck „Glieder einer Familie" war offenbar ungenau, da wohl jeder Mensch ein Glied einer Familie ist. Die jetzige vom Reichstage beschlossene Fassung lehnt sich an das Preußische Einkommensteuergesetz und das Württ. Ausführungsgesetz zum Krankenversicherungsgesetz an.

4a) wenn. Der Umstand, daß der Erkrankte vom Wohnsitz des Arztes entfernt wohnt, ist für sich allein noch kein ausreichender Grund zur zwangsweisen Unterbringung verheiratheter u. s. w. Kranken. Doch werden dabei in den wichtigeren Fällen meist andere Gründe die zwangsweise Ueberführung rechtfertigen (Komm.Ber. z. Nov. S. 7).

4b) zuwider gehandelt, vgl. Anm. 24 zu § 6a.

4c) Beobachtung, insbesondere, wenn Zweifel bestehen, ob wirklich eine Krankheit vorliegt (Mot. z. Nov. S. 42), also zur Beseitigung der Simulation.

5) Angehörige, ohne Beschränkung auf bestimmte Klassen der Angehörigen (Ehefrau, Kinder, Eltern, Geschwister). Es müssen vielmehr die gesammten thatsächlichen Familienbeziehungen des einzelnen Falls beurtheilt werden.

5a) bestritten, d. h. ausschließlich oder doch überwiegend, wie sich aus dem durch die Motive (cf. Anm. 1) erläuterten Sinne des Gesetzes ergiebt.

6) Hälfte. Bei Unfällen ist vom Beginn der 5. Woche ab statt $^1/_4$ die Hälfte von $^2/_3$, d. h. $^1/_3$ des Arbeitslohns zu gewähren, vgl. Anm. 12 zu § 6, sowie § 3 der Bek. d. Reichs-Vers.Amts v. 30. September 1885 (s. Anhang). Die Regierungsvorlage hatte nur $^1/_3$ des Krankengeldes vorgesehen; die Erhöhung auf die Hälfte erfolgte durch die Reichstagskommission aus humanitären Rücksichten.

7) als Krankengeld festgesetzten Betrages. Früher hieß es: „die Hälfte des Krankengeldes". Die neue, vom Reichstage gewählte Fassung soll zum Ausdruck bringen, daß der nach Abs. 2. zu zahlende Betrag nicht, wie das Krankengeld in den Fällen des § 6, für gewisse Fälle soll entzogen werden dürfen (Sten.Ber. 1891/92 S. 4764). Bei Behandlung im Krankenhause erhalten also auch Trunkenbolde, Betrüger, geschlechtlich ausschweifend lebende Personen einen Baarbetrag für ihre Angehörigen, selbst wenn die Gemeinde von ihren Befugnissen aus § 6a Gebrauch gemacht hätte. Dies gilt nach § 75 auch für eingeschriebene Hülfskassen.

8) für. Der eigentlich Berechtigte ist auch in diesem Fall der Versicherte selbst, vgl. Anm. 18 zu § 6a.

9) zu zahlen, unter Berücksichtigung der dreitägigen Karenzzeit, falls dieselbe nicht bereits vor der Aufnahme in das Krankenhaus durchgemacht ist. Nach einem Erlaß des Sächs. Ministerium des Innern v. 17. Oktober

§. 8.*)

[1]) Der Betrag des ortsüblichen Tagelohnes gewöhnlicher Tagearbeiter wird von der höheren Verwaltungsbehörde[2]) nach Anhörung der Gemeindebehörde[2]) festgesetzt[3]) **und durch das für ihre amtlichen Bekanntmachungen bestimmte Blatt veröffentlicht.[4]) Aenderungen der Festsetzung treten erst sechs Monate nach der Veröffentlichung in Kraft.[5])** I.

1894 (vgl. Arb.Vers. XII S. 173) findet diese Bestimmung keine Anwendung, wenn die Angehörigen bereits vor der Aufnahme des Familienhaupts in das Krankenhaus durch den Armenverband unterstützt sind; denn in diesen Fällen besteht nicht die Nothwendigkeit, den Angehörigen aus der Krankenkasse sofortigen Ersatz für die einstweilige Entziehung ihres Ernährers zu verschaffen, und „es wird auch das der Krankenversicherung innewohnende Bestreben, die bei ihr Versicherten und deren Familien nicht der Armenversorgung anheimfallen zu lassen, sondern ihnen das, was die Armenversorgung als Almosen gewähren würde, vielmehr als ihr Recht, d. h. als die Frucht ihres Versicherungsverhältnisses zu gewähren, gegenstandslos". Der Armenverband soll also in solchen Fällen keinen Anspruch auf Ersatz des Geleisteten gegen die Krankenkasse haben. (Hiergegen läßt sich einwenden, daß der Wortlaut des Gesetzes und die höchst subsidiäre Natur der öffentlichen Armenpflege solche Unterscheidung bedenklich macht, sobald nur die thatsächliche Voraussetzung des § 7 [überwiegende Bestreitung des Unterhalts durch den Erkrankten] zutrifft.)

[10]) Zahlung. Sten.Ber. 1891/92 S. 4764 (Abg. v. Strombeck): „Die Tendenz des jetzigen letzten Absatzes des § 7 geht offenbar dahin, daß die Angehörigen Unterstützung erhalten sollen, wenn ihr gewöhnlicher Ernährer im Krankenhause liegt. Die Erreichung dieser Tendenz des Gesetzes ist aber bisher nicht hinreichend gesichert. Der erkrankte Versicherte erhält zwar dies Krankengeld aus § 7 für seine Angehörigen; allein irgend eine Sicherheit dafür, daß er es nun auch wirklich den Angehörigen zukommen läßt, wird durch das Gesetz gar nicht gegeben: er kann dieses Krankengeld auch für sich verbrauchen oder sparen, — Niemand kann ihn daran hindern. Das will mein Antrag verhüten; mein Antrag will in derartigen Fällen, die ja hoffentlich nur selten vorkommen, die Gemeinde-Krankenversicherung und die Krankenkassen ermächtigen — also nicht unbedingt verpflichten —, daß sie das Krankengeld direkt an die Angehörigen, für die es vom Gesetz bestimmt ist, zahlen können."

An wen die Auszahlung zu erfolgen hat, das hat die G.Kr.V. nach pflichtmäßigem Ermessen zu bestimmen.

Zu § 8.

[1]) Komm.Ber. S. 26: „Bemerkt wird, daß da, wo in dem Gesetz von „ortsüblichem Tagelohn" die Rede ist, immer der gemäß § 8 festgestellte

II. Die Festsetzung findet für männliche und weibliche, für **Personen über und unter sechszehn Jahren**[6]) besonders[7]) statt. **Für Personen unter sechszehn Jahren (jugendliche Personen) kann die Festsetzung getrennt für junge Leute zwischen vierzehn und sechszehn Jahren und für Kinder unter vierzehn Jahren vorgenommen werden.** Für Lehrlinge[8]) gilt die für **junge Leute** getroffene Feststellung.

*) Dieser Paragraph ist auch für die eingeschriebenen und freien Hülfskassen ohne Beitrittszwang (§ 75) zu beachten, und gilt (vorbehaltlich der Ersetzung des ortsüblichen durch den Durchschnittstagelohn der betr Arbeiterkategorie) auch für die Orts-, Betriebs- (Fabrik-), Bau-, Innungs-Krankenkassen (§§ 20, 64, 72, 73) und Knappschaftskassen (§ 74).

Tagelohnsatz gemeint ist, während unter dem Ausdruck „durschnittlicher Tagelohn" derjenige Tagelohnsatz zu verstehen ist, welcher gemäß § 16 (jetzt § 20) berechnet wird." Die Festsetzung der ortsüblichen Tagelöhne ist auch für die Unfall- sowie für die Invaliditäts- und Altersversicherung von Bedeutung; ebenso für die Höhe der Unterstützungen, die den Angehörigen der zu Friedensübungen einberufenen Wehrpflichtigen zu gewähren sind (Ges. v. 10. Mai 1892).

[2]) höhere Verwaltungsbehörde, Gemeindebehörde, cf. § 84. In Preußen fungiren als höhere Verwaltungsbehörde die Regierungspräsidenten, für Berlin der Oberpräsident.

[3]) festgesetzt. Motive S. 33: „Da die Gemeinde bei der Gemeinde-Krankenversicherung selbstbetheiligtes Subjekt ist, so kann die Feststellung der Durchschnittslöhne nicht, wie nach dem Hülfskassengesetz, der Gemeindebehörde überlassen werden. Dieselbe wird daher der höheren Verwaltungsbehörde zu übertragen sein, welche dieselbe in geeigneten Fällen statt für jede einzelne Gemeinde auch für ganze Bezirke, nach Anhörung der Behörden der betheiligten Gemeindeorgane, wird vornehmen können."

Der Reichskanzler hat auf Wunsch des Reichstags für diese Feststellung gewisse allgemeine, gleichmäßig zu beachtende Gesichtspunkte aufgestellt, auf Grund deren die festgesetzten ortsüblichen Löhne noch vor dem Inkrafttreten der Novelle einer allgemeinen Revision unterzogen sind. Insbesondere ist vorgesehen, daß auch Naturralbezüge nach ihrem „Werth" (vgl. Anm. 25 zu § 1) zu berücksichtigen sind, soweit sie gewöhnlichen, je nach dem erwachsenden Bedarf tageweise angenommenen Tagearbeitern gewährt zu werden pflegen, vgl. Anm. 13 i. f. zu § 6.

In der dritten Lesung des alten Gesetzes ist es mit Zustimmung des Regierungskommissars für das Recht und die Pflicht der höheren Verwaltungsbehörde erklärt worden, mit Rücksicht auf die wandelbare Höhe der Löhne in ensprechenden Perioden die Feststellung von Neuem vorzunehmen (Sten.Ber. 1883 S. 2558). Vorgeschrieben ist eine solche Wiederholung in Preußen sowie in Württemberg.

[4]) veröffentlicht. Zusammenstellungen der veröffentlichten Ortslöhne finden sich in verschiedenen Privatarbeiten, z. B. dem Anlageheft zu Busch-

mann-Götze's „Taschenkalender" zum Gebrauch bei Handhabung der Arbeiterversicherungsgesetze (Berlin, Liebel'sche Buchhandlung), ferner bei Gebhard, Kommentar zum Invaliditäts- und Altersversicherungsgesetz (Altenburg, Stephan Geibel). Auf Anregung des Reichstags werden die ortsüblichen Tagelöhne jetzt auch von Reichswegen zusammengestellt und im Reichs-Centralblatt veröffentlicht. Vgl. Bek. v. 24. Dezember 1892 (Centr.Bl. S. 716, Anhang zu Nr. 53); Nachtrag Centr.Bl. 1893 S. 61; Veränderungen Centr.Bl. 1893 S. 361, 1894 S. 485.

[5]) in Kraft. Diese Bestimmung hat eine materielle, nicht bloß formelle Bedeutung. Sie gehört also nicht zu denen, welche nach Art. 32 der Novelle sofort mit deren Verkündung in Kraft getreten sind; sie ist vielmehr erst am 1. Januar 1893 in Kraft getreten. Die Hinausschiebung der Wirksamkeit veränderter Festsetzungen gilt also erst für die nach dem 1. Januar 1893 vorgenommenen Veränderungen.

[6]) Die jetzige Fassung des Absatzes enthält gegen die frühere nur insofern eine materielle Aenderung, als jetzt sechs verschiedene Festsetzungen für zulässig erklärt sind, während das alte Gesetz nur vier Festsetzungen erwähnte. Es ist nämlich jetzt ausdrücklich zugelassen, die Festsetzung für jugendliche Arbeiter zu trennen nach Kindern und jungen Leuten. Es müssen nunmehr vier, dürfen aber sechs Festsetzungen erfolgen, nämlich 1) für „erwachsene", d. h. mehr als 16 Jahre alte männliche Personen, 2) für erwachsene weibliche Personen, 3) für männliche „junge Leute" zwischen 14 und 16 Jahren, 4) für weibliche junge Leute zwischen 14 und 16 Jahren, 5) für männliche „Kinder" unter 14 Jahren, 6) für weibliche Kinder unter 14 Jahren.

Mot. z. Nov. S. 42: „Für Kinder unter 14 Jahren, welche in Fabriken und diesen gleichgestellten Anlagen beschäftigt werden, steht der Lohn, da sie nach § 135 Abs. 2 der Gewerbeordnung nur sechs Stunden täglich arbeiten dürfen, naturgemäß erheblicher niedriger, als für junge Leute zwischen 14 und 16 Jahren, welche nach Abs. 4 a. a. O. täglich zehn Stunden beschäftigt werden dürfen. Die gemeinsame Feststellung des ortsüblichen Tagelohnes für sämmtliche jugendliche Arbeiter kann daher leicht die Folge haben, daß der Lohn und folgeweise das Krankengeld für junge Leute unverhältnißmäßig niedrig und für Kinder unverhältnißmäßig hoch bemessen werden muß. Es empfiehlt sich, für solche Fälle, in denen hieraus Unzuträglichkeiten entstehen würden, die Möglichkeit einer getrennten Feststellung des Lohnes für die beiden Klassen der jugendlichen Arbeiter zu geben." Weitere Abstufungen erscheinen nach diesen Ausführungen des Gesetzgebers unstatthaft, auch wird ein Bedürfniß hierzu nicht mehr bestehen.

Die Ausdrücke: „jugendliche Personen" als Gesammtbegriff aller noch nicht 16 Jahre alten Arbeiter, „junge Leute" für die die Altersklassen 14 bis 16 Jahre umfassende Unterabtheilung und „Kinder" für die noch nicht 14 Jahre alten Personen entspricht dem § 135 der Gewerbeordnung.

§. 9.

I. Die von der Gemeinde zu erhebenden[1]) Versicherungsbeiträge sollen, so lange nicht nach Maßgabe des §. 10 etwas anderes festgesetzt ist, einundeinhalbes Prozent[2]) des ortsüblichen Tagelohnes (vergl. §. 8) nicht übersteigen und sind mangels besonderer Beschlußnahme in dieser Höhe zu erheben. **In Fällen der Gewährung der in §. 6a Absatz 1 Ziffer 5 bezeichneten besonderen Leistungen sind[2a]) besondere von der Gemeinde-Krankenversicherung[2b]) allgemein[2c]) festzusetzende Zusatzbeiträge[2d]) zu erheben.**

II. **Die Beiträge** fließen in eine besondere Kasse[3]), aus welcher auch die Krankenunterstützungen zu bestreiten sind.

---

[7]) besonders. Motive S. 33: „Statt der niedrigeren Bemessung des Unterstützungsbetrages für weibliche Versicherte, wie sie im Hülfskassengesetz vorgesehen ist, wird eine besondere Feststellung der Tagelöhne für männliche und weibliche Arbeiter vorzusehen sein. Ebenso wird es sich, um der Verschiedenheit der Bedürfnisse thunlich Rechnung zu tragen, empfehlen, auch für erwachsene und jugendliche Arbeiter eine gesonderte Feststellung vorzuschreiben."

[8]) Lehrlinge. Komm.Ber. S. 26: „Die Bestimmung, daß für Lehrlinge die für (junge Leute) getroffenen Feststellungen gelten sollen, ist deshalb erforderlich, weil der Lohn der Lehrlinge häufig nicht in baarem Gelde, sondern in freier Station besteht, welche nach § 1 Abs. 3 genügt, um die Versicherungspflicht zu begründen." cf. Anm. 2, 22 zu § 1. Wo besondere Festsetzungen für „junge Leute" und „Kinder" nicht stattfinden (vgl. Anm. 7), gilt für Lehrlinge die für „jugendliche Personen", d h. für Personen unter 16 Jahren getroffene Feststellung.

Bei der Feststellung selbst darf auf Lehrlinge natürlich keine Rücksicht genommen werden, weil Lehrlinge nicht „gewöhnliche Tagearbeiter" sind.

Zu § 9.

[1]) zu erhebenden. Die Gemeinde bezw. der weitere Kommunalverband erhebt die Beiträge für die versicherungspflichtigen Personen im Allgemeinen (cf. § 54) von den Arbeitgebern (§ 52), für die freiwilligen Mitglieder von diesen selbst. Die Einzahlung erfolgt im Allgemeinen wöchentlich im voraus, § 52. Beiträge werden nur für den Arbeitstag gezahlt, vgl. Anm. 10 zu § 6.

Von Personen, welche Krankenunterstützung beziehen, dürfen Beiträge nur solange erhoben werden, als sie noch erwerbsfähig sind, also kein Krankengeld beziehen, § 54a.

[2]) einundeinhalbes Prozent. Wegen der Abrundungen vgl. Anm. 11 zu § 6. Der hier vorgesehene Betrag von $1^1/_2$ Prozent war von den Mo=

Die Einnahmen und Ausgaben dieser Kasse sind getrennt von III. den sonstigen Einnahmen und Ausgaben der Gemeinde festzustellen und zu verrechnen. Die Verwaltung der Kasse hat die Gemeinde unentgeltlich[4]) zu führen. Ein Jahresabschluß[5]) der Kasse nebst einer Uebersicht[5]) über die Versicherten und die Krankheitsverhältnisse ist alljährlich der höheren Verwaltungsbehörde[6]) einzureichen.

Reichen die Bestände der Krankenversicherungskasse nicht aus, IV. um die fällig werdenden Ausgaben derselben zu decken, so sind aus der Gemeindekasse die erforderlichen Vorschüsse[7]) zu leisten, welche ihr, vorbehaltlich der Bestimmungen des §. 10, demnächst[8]) aus der Krankenversicherungskasse mit ihrem Reservefonds[9]) zu erstatten sind.

---

tiven auf Grund der Erfahrungen der Leipziger Krankenkasse „Gegenseitigkeit", deren Mitglieder den verschiedenen Berufszweigen angehören, einerseits und der preußischen Knappschaftskassen andererseits überschläglich berechnet worden und reicht nach den bisherigen Erfahrungen im Gesammtdurchschnitt thatsächlich aus; er tritt kraft des Gesetzes für die Gemeinde-Krankenversicherung überall und solange ein, als nicht wegen besonders günstiger oder ungünstiger lokaler Verhältnisse auf Grund besonderer Beschlüsse und Anordnungen ein anderer Prozentsatz eingeführt ist.

Eine Erhöhung der Beiträge ist nur bis auf 2 Prozent zulässig, cf. § 10.

Ein wesentlicher Faktor für die Bemessung der Beiträge ist der, daß die ganzen Verwaltungskosten der Gemeinde allein zufallen (Abs. 3, vgl. Anm. 4), so daß nur die Unterstützung selbst und die geringen Rücklagen zur Ansammlung des Reservefonds aus den Beiträgen zu bestreiten sind.

Da die Arbeiter im Allgemeinen ein Drittel des Beitrages aus eigenen Mitteln zu bestreiten haben (§ 52), so beträgt **der Normalbeitrag des Arbeiters zur Gemeinde-Krankenversicherung nur 1 Prozent**, **sein Maximalbeitrag** zu derselben $1^1/_3$ Prozent des ortsüblichen Tagelohns. Wenn der Versicherungspflichtige also wöchentlich gelohnt wird, und der ortsübliche Tagelohn gewöhnlicher Tagearbeiter 1 ℳ 50 ₰ täglich beträgt, so beläuft sich der wöchentliche Abzug, den er für die Gemeinde-Krankenversicherung bei der Lohnzahlung erleidet, auf 9 bis höchstens 12 ₰. Wenn sein eigener Arbeitslohn nicht mehr als den ortsüblichen Tagelohn gewöhnlicher Tagearbeiter betragen sollte, so erhält er am Schluß der Woche statt 9 ℳ doch nicht weniger als 8 ℳ 91 ₰ bis 8 ℳ 88 ₰, und hat für diesen **unmerklichen** Abzug die Sicherheit, daß er im Krankheitsfall das Nothwendige erhält. Nur wenig höher stellt sich die Rechnung für die freiwilligen Mitglieder (§ 4 Abs. 2, § 11) und diejenigen anderen Mitglieder, für welche der Arbeitgeber keinen Zuschuß zahlt (§ 51 Abs. 2, § 25); sie haben unter gleichen Verhältnissen zur Gemeinde-Krankenversicherung wöchentlich $13^1/_2$ bis 18 ₰ beizutragen.

Bei den organisirten Krankenkassen ist der Beitrag (für Versicherungspflichtige) höchstens 3 Prozent des Durchschnittslohnes, so daß Versicherungspflichtige mit einem Durchschnittstagelohn von 1 ℳ 50 ₰ wöchentlich höchstens 27 ₰, nicht versicherungspflichtige Kassenmitglieder wöchentlich höchstens $40^1/_2$ ₰ tragen (cf. §§ 31, 52). Nur unter ganz besonderen Ausnahmefällen kann der Beitrag, um bestehende Krankenkassen nicht der Schließung verfallen zu lassen, über diesen Betrag hinaus erhöht werden. Der Beitrag zu organisirten Kassen ist also etwas höher, dafür sind aber auch die Leistungen größer. Für eingeschriebene Hülfskassen ohne Beitrittszwang ist eine gesetzliche Grenze der Beiträge überhaupt nicht vorgeschrieben.

Zu beachten ist die verschiedene Ausdrucksweise im Gesetz. Bei der Gemeinde-Krankenversicherung wird das Maximum „der zu erhebenden Versicherungsbeiträge", d. h. der Gesammtbeiträge angegeben; der Antheil des Arbeitgebers ist also abzuziehen, wenn man die Belastung der Arbeiter darstellen will. Bei den organisirten Krankenkassen wird dagegen das Maximum der Kassenbeiträge, „soweit sie den Kassenmitgliedern selbst zur Last fallen", oder der Höchstbetrag „für die Versicherten" angegeben (§§ 31, 47, 65); der Antheil der Arbeitgeber ($^1/_3$ des Gesammtbeitrags, also $^1/_2$ des Arbeiterbeitrags) ist also hinzuzufügen, wenn man die Gesammtbeiträge darstellen will, cf. allg. Motive (oben S. 36) und folgenden Satz des Kommissionsberichts (S. 70): „Der Sinn des ersten Absatzes des § 47 (jetzt § 52) in Verbindung mit denjenigen Paragraphen, welche die Höhe der Arbeiterbeiträge regeln, ist durch die Kommissionsberatungen dahin festgestellt, daß die Maximalgrenze, welche das Gesetz bei den Krankenkassen für die Beiträge der Versicherten mit 2 bezw. 3 Prozent vorschreibt (§§ 27, 43, 56 Abs. 3) jetzt §§ 31, 47, 62 Abs. 3), sich nur auf den vom Arbeiter selbst zu zahlenden Beitrag bezieht. Bei der Gemeinde-Krankenversicherung ist dagegen durch §§ 9, 10 das Maximum von $1^1/_2$ bezw. 2 Prozent für die „von der Gemeinde zu erhebenden Beiträge" vorgeschrieben. Hier hat diese Ziffer also die Bedeutung, daß die Arbeiterbeiträge und Arbeitgeberbeiträge zusammen jene Grenze nicht übersteigen dürfen."

[2a]) sind, obligatorisch. Vgl. Anm. 18 bis 20 zu § 6a.

[2b]) von der Gemeinde-Krankenversicherung, d. h. von deren Verwaltung. Ein besonderer Gemeindebeschluß bezw. ein besonderer Beschluß der Verwaltungskörperschaften eines weiteren Kommunalverbandes ist, soweit es sich um die Höhe der Zusatzbeiträge handelt, nicht erforderlich.

[2c]) allgemein, d. h. nach allgemeinen, im voraus ein für alle Mal festzustellenden Gesichtspunkten, nicht etwa erst im Falle eines Antrags nach den besonderen Verhältnissen des Antragstellers. Die Festsetzung muß so erfolgen, daß die Höhe der im Einzelfall geschuldeten Beiträge von vornherein feststeht; sie wird sich u. a. nach der Kopfzahl der im Krankheitsfall zu unterstützenden Angehörigen richten, auch können beliebige Abstufungen nach Maßgabe des Gesundheitszustandes u. s. w. aufgestellt werden, sofern letzterer, was

zulässig ist, nach dem betr. Gemeindebeschluß (§ 6a) bei der Annahme von Familienangehörigen zur Unterstützung berücksichtigt werden soll.

Dabei ist natürlich eine gelegentliche Revision, Erhöhung oder Herabsetzung dieser Zusatzbeiträge, für deren Höhe eine gesetzliche Grenze nicht vorgeschrieben ist, sowie die gelegentliche Aufstellung anderweiter Grundsätze für deren etwaige Abstufung unbenommen.

[2d]) Zusatzbeiträge. Dieselben fallen ausschließlich dem Versicherten, welcher die Familienunterstützung für seine Angehörigen beantragt, zur Last. Die Verpflichtung der Arbeitgeber zur Einzahlung und antheiligen Uebernahme der Beiträge finden auf die Zusatzbeiträge keine Anwendung, § 52b. Wohl aber finden Anwendung die Vorschriften des § 58 über die Entscheidung von Streitigkeiten. Eine besondere Verrechnung der Zusatzbeiträge wird durch das Gesetz nicht vorgeschrieben, liegt aber im Interesse der Gemeinde.

[3]) Kasse. Die Kasse der Gemeinde-Krankenversicherung hat keine selbständige Existenz; sie enthält vielmehr lediglich Kommunalvermögen, welches nur aus technischen Gründen zu dem bestimmten Zwecke von dem übrigen Kommunalvermögen abgesondert verwaltet wird. Der Inhalt der Kasse einschließlich des etwa angesammelten Reservefonds theilt das Schicksal des übrigen Gemeindevermögens, wenn mit der Gemeinde, welche der Träger der Gemeinde-Krankenvereinigung ist, durch Aufhebung, Zusammenlegung mit anderen Gemeinden, Theilung u. s. w. eine Veränderung vorgehen sollte.

[4]) unentgeltlich. Diesen Satz hat die Reichstagskommission hinzugefügt (Komm.Ber. S 28). „Es geschah dies mit Rücksicht auf die in einzelnen deutschen Gebieten, z. B. in der bayerischen Rheinpfalz, bestehende Einrichtung, nach welcher die von der Gemeinde angestellten Gemeinderechner eine nach Prozenten der Buchungssumme bemessene Remuneration beziehen. Durch den eingefügten Satz wollte man aussprechen, daß derartige Ausgaben der Gemeinde-Krankenversicherung nicht zur Last geschrieben werden dürfen." Nach dem Wortlaut des Gesetzes muß angenommen werden, daß alle Verwaltungskosten, nicht nur die persönlichen (wie in Arb.Vers. II S. 320, III S. 8 auszuführen gesucht wird), der Gemeinde zur Last fallen sollen. Ebenso Köhne 2. Aufl. S. 59, v. Schicker Anm. 8 zu § 9, Rosin I S. 635. Vgl. auch § 49 Abs. 3, sowie Arb.Vers. II S. 276.

[5]) Jahresabschluß, Uebersicht. cf. § 10 Anm. 2, § 41 Anm. 3, §§ 13, 79. Die auf Grund des § 79 vom Bundesrath festgestellten Formulare sind im Anhang abgedruckt.

[6]) der höheren Verwaltungsbehörde, § 84, in Preußen (durch Vermittelung der Aufsichtsbehörde) dem Regierungspräsidenten, für Berlin und in denjenigen Fällen, in welchen ein Provinzialverband (in Hessen-Nassau: Landeskommunalverband) für die Gemeinde-Krankenversicherung an die Stelle der demselben angehörenden Gemeinde gesetzt ist (§ 12), dem Oberpräsidenten.

[7]) Vorschüsse. Die Vorschüsse verwandeln sich in Zuschüsse, wenn die Erstattung aus der Krankenversicherungskasse und deren Reservefonds nicht gelingt.

Ist die Erstattung erfolgt, dadurch aber die Krankenversicherungskasse so geschwächt, daß aus derselben die gesetzlichen Unterstützungen wiederum nicht bestritten werden können, so sind einstweilen aus der Gemeindekasse die erforderlichen Vorschüsse abermals zu leisten. Bei den Jahresabschlüssen wird dann zu prüfen sein, ob die Vorschüsse der Gemeindekasse durch außerordentliche Verhältnisse erfordert worden sind, in Zukunft voraussichtlich und ohne Erhöhung der Versicherungsbeiträge zurückerstattet und vermieden werden können, oder ob, um eine den Anforderungen entsprechende Bilanzirung der Krankenversicherungskasse ohne fortlaufende Vorschüsse der Gemeindekasse zu ermöglichen, einer nach §§ 10, 13 etwa beschlossenen Erhöhung der Beiträge zugestimmt, bezw. einem Antrag auf Vereinigung mit anderen Gemeinden entsprochen werden kann. Wegen der Erstattung vgl. im Uebrigen Anm. 8 zu § 10.

Eine dauernde Belastung der Gemeindekasse — zu welcher sämmtliche Einwohnerklassen in der Gemeinde beizutragen haben — durch die Bedürfnisse der Krankenversicherungskasse, welche nur zu Gunsten der Arbeiter da ist und deshalb auch nur von diesen unter Beihülfe ihrer Arbeitgeber gespeist wird, liegt nicht in der Absicht des Gesetzes, ist aber, wenn die Gemeinde im Bedarfsfalle die zulässigen Beiträge nicht erhöhen, eine Vereinigung mit anderen Gemeinden nicht eingehen oder Orts-Krankenkassen nicht begründen will, auch nicht ausgeschlossen; cf. § 10 Anm. 4, 7.

Die Verpflichtung der Gemeinden, für den Mehrbedarf der Gemeinde-Krankenversicherung selbständig aufzukommen, nähert die Krankenunterstützung aus der Gemeinde-Krankenversicherung, da die Erstattung immerhin zweifelhaft ist, den kommunalen Verpflichtungen aus der Armenpflege (vgl. § 29 des Unterstützungswohnsitzgesetzes v. 6. Juni 1870 in der Fassung des Gesetzes v. 12. März 1894, R.G.Bl. S. 259). Keinenfalls aber ist die Krankenunterstützung aus der Gemeinde-Krankenversicherung ein Akt der öffentlichen Armenpflege, vgl. § 77 und Anm. 7 zu § 10. Jenem möglichen Nachtheil steht der thatsächliche große sozialpolitische Vortheil gegenüber, daß eine Ueberlastung des Arbeiterstandes durch zu hohe Beiträge vermieden und der Gemeinde ein starker Antrieb gegeben wird, entweder die Bildung von Vereinigungen zu gemeinsamer Gemeinde-Krankenversicherung zu beantragen, oder — da auch diese zu Vorschüssen genöthigt sind — Orts-Krankenkassen ins Leben zu rufen, für welche die Gemeinde nicht aufzukommen, und die sie nicht zu verwalten hat, deren möglichst zahlreiche Bildung aber als regelmäßige Form der Krankenversicherung, als korporativer Verband der Berufsgenossen, durchaus erwünscht ist.

[8]) demnächst ... zu erstatten, d. h. sobald disponible Mittel in der Krankenversicherungskasse vorhanden sind. Der Jahresabschluß, und ob dieser Jahresüberschüsse ausweist, braucht nicht abgewartet zu werden, zumal ja bei jedem vorübergehenden Defizit die Kasse durch Vorschüsse der Gemeinde wieder aufgefüllt werden muß. cf. Anm. 7.

§. 10.

Ergiebt sich[1]) aus den Jahresabschlüssen,[2]) daß die gesetzlichen Krankenversicherungsbeiträge[3]) zur Deckung der gesetzlichen Krankenunterstützungen nicht ausreichen, so können[4]) mit Genehmigung der höheren Verwaltungsbehörde[5]) die Beiträge[6]) bis zu zwei Prozent[7]) des ortsüblichen Tagelohnes (§. 8) erhöht[8]) werden. I.

Ueberschüsse der Einnahmen über die Ausgaben, welche nicht zur Deckung etwaiger Vorschüsse der Gemeinde in Anspruch genommen werden, sind zunächst zur Ansammlung eines Reservefonds[9]) zu verwenden. II.

Ergeben sich aus den Jahresabschlüssen dauernd Ueberschüsse der Einnahmen aus Beiträgen über die Ausgaben, so sind nach Ansammlung eines Reservefonds[9]) im Betrage **der** durchschnittlichen **Jahresausgabe der letzten drei Jahre**[9a]) zunächst die Beiträge bis zu einundeinhalb Prozent des ortsüblichen Tagelohnes (§. 8) zu ermäßigen.[10]) Verbleiben alsdann noch Ueberschüsse, so hat die Gemeinde zu beschließen, ob eine weitere Herabsetzung der Beiträge oder eine Erhöhung **oder Erweiterung**[11]) der Unterstützungen eintreten soll. Erfolgt eine Beschlußnahme nicht, so kann die höhere Verwaltungsbehörde[5]) die Herabsetzung der Beiträge verfügen. III.

---

[9]) Reservefonds. Die Vorschrift, daß auch die Gemeinde-Krankenversicherung einen Reservefonds ansammeln soll, beruht auf dem Beschluß der Reichstagskommission. Ueber die Höhe und die Ansammlung desselben cf. § 10 Abs. 2 und Anm. 10 zu § 10.

Zu § 10.

[1]) Ergiebt sich. Die Gesichtspunkte, aus denen die Prüfung vorgenommen wird, können sehr verschieden sein; Regeln für die Beurtheilung der Ergebnisse enthält das Gesetz nicht. Weil es sich dabei wesentlich um Ermessensfragen handelt, hat die Genehmigung der Beschlüsse vorgeschrieben werden müssen.

[2]) den Jahresabschlüssen. Seitens des Regierungsvertreters wurde in der Kommission erklärt (Komm.Ber. S. 53): „durch die in der Vorlage gewählte Mehrzahl habe ausgedrückt werden sollen, daß stets mehr als ein Jahresabschluß gleichzeitig zur Erwägung gezogen werden solle, um Veränderungen der Beitragshöhe zu begründen; es habe aber nicht gesagt werden sollen, daß eine solche Veränderung nur dann vorgenommen werden dürfe, wenn das Zuviel oder Zuwenig der Beiträge sich in mehreren Jahresabschlüssen gleichmäßig wiederhole; der in das Auge gefaßte Fall liege vielmehr auch dann vor, wenn unter den zur Prüfung gezogenen Jahresabschlüssen nur einer eine solche Inkongruenz zeige und diese Inkongruenz durch die Resultate der übrigen Abschlüsse nicht etwa wieder ausgeglichen würde.“

³) die gesetzlichen Krankenversicherungsbeiträge sind nicht nur die in § 9 Abs. 1 vorgeschriebenen Beiträge zu $1\frac{1}{2}$ Prozent des ortsüblichen Tagelohns, sondern auch die innerhalb der gesetzlichen Grenzen erhöhten Beiträge.

⁴) können. Eine Nöthigung findet nicht statt, cf. Anm. 7 zu § 9.

⁵) höhere Verwaltungsbehörde, § 84. Für Preußen cf. Anm. 6 zu § 9. Beschwerde an den Minister für Handel und den Minister des Innern.

⁶) Beiträge. Die Veränderung muß sich auf die Gesammtbeiträge beziehen, und darf nicht etwa die Antheile der Arbeitgeber (§ 52) oder der Arbeitnehmer allein, auch nicht einzelne Kategorien der letzteren unter Ausschluß anderer betreffen. Die besonderen Zusatzbeiträge für Familienunterstützung brauchen dabei nicht in Anschlag gebracht zu werden; deren Erhöhung ist, falls sie nicht reichen und demgemäß die Gemeinde-Krankenversicherung über Gebühr belasten, ohne Weiteres zulässig, vgl. Anm. 2d zu § 9.

⁷) zwei Prozent. Die Regierungsvorlage enthielt eine Obergrenze nicht. Komm.Ber. S. 28: „Schon in erster Lesung lag ein dahingehender Antrag vor, welcher indessen mit geringer Majorität abgelehnt wurde. In zweiter Lesung wurden von verschiedenen Seiten drei Anträge in dieser Richtung gestellt. Derjenige, welcher schließlich zur Annahme gelangte, enthielt zugleich die ebenfalls angenommene Bestimmung, daß bei vorhandenen Ueberschüssen, soweit solche nicht zur Deckung etwaiger Vorschüsse der Gemeinde in Anspruch genommen werden, zunächst ein Reservefonds anzusammeln ist. Die Antragsteller erklärten, die Bestimmung einer solchen Obergrenze scheine ihnen so wichtig, daß für sie die Frage, ob sie überhaupt dem Gesetze zustimmen könnten, mit von der Entscheidung des Reichstags über diesen Punkt abhängig sei. Es sei nicht zu verkennen, daß die Vorlage unter Umständen erhebliche Lasten auf die Schultern der versicherten Arbeiter lege, welche nach heutiger Lage der Gesetzgebung den Armenverbänden zufielen. Trotz dieses nicht zu unterschätzenden Bedenkens könnten sie sich mit dem Gesetze befreunden, weil durch dasselbe eine wesentliche Verbesserung der Verpflegung und Behandlung der Kranken gewährleistet sei, und weil mit demselben die Krankenunterstützung aus dem Gebiete der Armenpflege ausgeschieden werde. Nothwendig sei aber, daß diese Vortheile nicht durch eine übermäßige Belastung der Versicherten erkauft würden. Bei den Krankenkassen sei die Bestimmung eines Maximums der Beiträge weniger wichtig, weil dort der versicherte Arbeiter selbst bei der Verwaltung der Kasse mitzusprechen habe. Hier aber, wo der versicherte Arbeiter zwar Beiträge zu zahlen habe, auf die Kassenverwaltung aber ohne Einfluß sei, müsse man gegen eine übermäßige Belastung desselben Vorsorge treffen."

„Man möge nur den Fall sich vergegenwärtigen, daß in einer Gegend eine Epidemie ausbreche, etwa in Folge von Naturereignissen, wie die in diesem Winter am Rhein eingetretenen Ueberschwemmungen. In solchen

Fällen würden nach jetziger Lage der Gesetzgebung die Gemeinden auf eine Reihe von Jahren erheblich belastet werden. Nach der Vorlage aber, wenn der gestellte Antrag nicht zur Annahme gelange, werde diese Last auf die versicherten Arbeiter fallen. Eine ähnliche Bestimmung, wie der Antrag sie vorsehe, bestehe zur Zeit im Königreich Bayern auf Grund des dortigen Gesetzes v. 29. April 1869, welches für die einzuziehenden Beiträge den Betrag von 3 Kreuzer pro Woche als Maximum vorschreibt. — Seitens der Vertreter der verbündeten Regierungen wurde erklärt, dieser Antrag schneide in das Prinzip der Vorlage, nach welchem die Gewährung der Unterstützungen in Krankheitsfällen ausschließlich auf dem Wege der Versicherung, nicht auf dem selbständiger Leistungen der kommunalen Verbände beruhen solle, so tief ein, daß sie als Kommissare sich nicht befugt hielten, Namens der verbündeten Regierungen bindende Erklärungen über den Antrag abzugeben. Sie persönlich sähen allerdings für die soziale Wirkung des Gesetzes in der Annahme des Antrages einen Gewinn. Sie verkennten dagegen keineswegs die Bedenken, welche der Vorlage vom Standpunkt der Gemeinden entgegenständen. Allerdings sei dabei zu beachten, daß die Gemeinden durch die Bildung von Orts-Krankenkassen in der Lage seien, sich von derartigen Verpflichtungen zu befreien, und daß demgemäß die an sich wünschenswerthe Bildung von Orts-Krankenkassen durch Einführung einer Maximalgrenze der Beiträge zur Gemeinde-Krankenversicherung gefördert werden würde. Dennoch bleibe die Gefahr einer Ueberlastung der Gemeinde bestehen. — Wie oben bereits erwähnt, wurde die Bestimmung eines Beitragsmaximums von 2 Prozent in zweiter Lesung beschlossen."

Reicht der Betrag von 2 Prozent fortlaufend nicht aus, so ist die Gemeinde, wenn sie es nicht vorzieht, Orts-Krankenkassen zu errichten (cf. Anm. 7 zu § 9), zum Antrag auf Vereinigung mit anderen Gemeinden (§ 13) zu gemeinsamer Gemeinde-Krankenversicherung berechtigt.

8) erhöht. Genügen die regelmäßigen Beiträge von $1^1/_2$ Prozent nicht, so daß Vorschüsse der Gemeinde erforderlich werden, so können die Beiträge bis auf das Maximum von 2 Prozent erhöht werden. Bei diesem Höchstbetrage verbleibt es dann so lange, bis die sämmtlichen Vorschüsse der Gemeinde zurückgezahlt und nach deren Abstoßung außerdem ein Reservefonds angesammelt worden ist. Ist dies geschehen, so erfolgt wiederum eine Herabsetzung der Beiträge bis auf die regelmäßigen $1^1/_2$ Prozent. Kommt dann wieder ein Nothjahr, so muß zunächst der für den Reservefonds angesammelte Bestand verbraucht, und dann erst können von der Gemeinde wieder Vorschüsse verlangt werden.

Eine Verminderung der Unterstützungen unter das gesetzliche Maß (§ 6) behufs Entlastung der Beiträge ist unstatthaft.

9) Reservefonds. cf. Anm. 9 zu § 9 und die vorige Anm. Ein Reservefonds braucht erst angesammelt zu werden, wenn Ueberschüsse vorhanden und ältere Vorschüsse der Gemeinden zurückgezahlt sind. Anders bei

§. 11.

[1]) Personen, für welche die Gemeinde-Krankenversicherung eingetreten ist,[2]) behalten,[3]) wenn sie aus der dieselbe begründenden Beschäftigung ausscheiden[3a]) und nicht zu einer Beschäftigung[4]) übergehen, vermöge welcher sie nach Vorschrift dieses Gesetzes Mitglieder einer Krankenkasse werden, den Anspruch auf Krankenunterstützung,[5]) so lange sie die Versicherungsbeiträge fortzahlen[6]) und entweder im Gemeindebezirke ihres bisherigen Aufenthaltes verbleiben, oder in dem Gemeindebezirke ihren Aufenthalt[7]) nehmen, in welchem sie zuletzt beschäftigt wurden. †)

(§ 10a der Komm.-Beschlüsse)

---

den organisirten Kassen §§ 32, 64, 72, 73. Derartige Ueberschüsse sind, je nachdem sie sich ergeben, anzusammeln, bis sie die zulässige Höhe erreichen; aus ihnen sind etwaige spätere Vorschüsse der Gemeinden zu erstatten, auch wenn der Reservefonds noch nicht voll ist.

[9a]) Jahresausgabe der letzten drei Jahre, durch die Novelle an die Stelle der früheren Bestimmung gesetzt, wonach der Reservefonds nur bis auf Höhe „einer durchschnittlichen Jahresausgabe" anzusammeln war. Man wollte durch diese Veränderung eine Uebereinstimmung mit der für Orts-Krankenkassen geltenden Vorschrift des § 32 erzielen.

[10]) zu ermäßigen, d. h. wenn eine Erhöhung über den Normalbetrag von $1\frac{1}{2}$ Prozent gemäß Abs. 1 stattgefunden haben sollte. Hat eine solche Erhöhung nicht stattgefunden, so können die im nächsten Satz zugelassenen Veränderungen ohne Weiteres herbeigeführt werden.

[11]) oder Erweiterung, von der Reichstagskommission in die Novelle eingefügt. Der Kommissionsbericht z. Nov. (S. 8) verweist dabei auf die Nützlichkeit einer umfassenden Rekonvaleszentenfürsorge. Indessen sind auch andere Erweiterungen, insbesondere die Gewährung von Sterbegeld oder einer Wöchnerinnen-Unterstützung, nicht ausgeschlossen. Vgl. Anm. 5 zu § 5.

Zu § 11.

[1]) Diesen Paragraphen, welcher dem für die organisirten Krankenkassen geltenden § 27 entspricht, hat die Kommission des Reichstags, um das dort ausgesprochene Prinzip auch für die Gemeinde-Krankenversicherung zu statuiren,

---

†) Vgl. für die land- und forstwirthschaftlichen Arbeiter den § 142 landw. U. u. K.V.G., wonach durch statutarische Bestimmung das Verbleiben in der Gemeinde-Krankenversicherung oder Krankenkasse des Wohnorts
a) für solche Zeiten, in denen eine Beschäftigung gegen Lohn nicht stattfindet,
b) für solche Beschäftigungen in der Land- und Forstwirthschaft, kraft deren man sonst Mitglied einer anderen Orts-Krankenkasse oder einer anderen Gemeinde-Krankenversicherung werden würde,

angeordnet werden kann. Siehe Näheres bei der Besprechung jenes Gesetzes.

neu hinzugefügt. Das Prinzip des § 28 (zeitweiser Fortbezug der Kassenleistungen auch ohne Zahlung von Beiträgen) ist aber auf die Gemeinde-Krankenversicherung absichtlich nicht ausgedehnt worden, weil folgende Ausführungen des Regierungsvertreters für durchschlagend erachtet worden sind: „Daß die Vortheile des Versicherungsverhältnisses für einen gewissen Zeitraum solchen noch erhalten blieben, welche ihrerseits die ihnen aus diesem Verhältniß obliegenden Verpflichtungen nicht mehr erfüllten, lasse sich wohl für die organisirten Krankenkassen durch den mehr oder weniger ausgeprägten genossenschaftlichen Charakter derselben rechtfertigen. Mit dem Wesen der Gemeinde-Krankenversicherung als einer lediglich subsidiären Einrichtung, welche ein persönliches Verhältniß zwischen den Versicherten nicht begründe, sei dieselbe nicht vereinbar, und würde auch, namentlich hinsichtlich der nicht im Gemeindebezirk sich aufhaltenden Personen, für welche mit der das Versicherungsverhältniß begründenden Beschäftigung jede Beziehung zu der versichernden Gemeinde hinwegfalle, zu erheblichen praktischen Schwierigkeiten führen. Namentlich werde sich bei diesen Personen eine Kontrole darüber, ob sie während der fraglichen Zeit wirklich beschäftigungslos gewesen, als unausführbar herausstellen" (Komm.Ber. S. 30).

Der § 11 gestattet im Gegensatz zu § 4 Abs. 2, welcher den freiwilligen Eintritt nicht versicherungspflichtiger Personen in die Gemeinde-Krankenversicherung zuläßt, die freiwillige Fortsetzung des Versicherungsverhältnisses seitens derjenigen Personen, für welche dasselbe kraft des Gesetzes (§ 4 Abs. 1) einmal begründet gewesen ist, demnächst aber mit dem Aufhören der Beschäftigung fortfallen würde. Für diese freiwillige Fortsetzung des Versicherungsverhältnisses bedarf es des Requisits der gewerblichen Beschäftigung nicht, ebensowenig eines Arbeitgebers, welcher für die Eingehung und Fortsetzung der Versicherung verantwortlich gemacht werden kann, weil es eben lediglich in das freie Belieben gestellt wird, ob der Ausgeschiedene das Verhältniß fortsetzen will oder nicht. Wer seine Beiträge fortzahlt, kann trotz der Abmeldung durch den Arbeitgeber aus dem Verzeichniß der Kassenmitglieder nicht gestrichen werden; erst die Thatsache der Nichtbezahlung des Beitrags oder der Eintritt in eine Beschäftigung, durch welche die Mitgliedschaft in einer anderen Krankenkasse bedingt ist, wirkt, wie sonst die Abmeldung.

Geht der Ausgeschiedene zu einer Beschäftigung über, vermöge welcher er nach Vorschrift des Gesetzes Mitglied einer Krankenkasse wird (Orts-, Betriebs- [Fabrik-], Bau-, Innungs-, Knappschaftskasse), so darf er der Gemeinde-Krankenversicherung nicht länger angehören, auch wenn er es wollte, und auch wenn er seine Beiträge weiter anbietet. Die Annahme der Beiträge wird vielmehr abgelehnt werden müssen; ein so beschäftigter Versicherungspflichtiger wird kraft Gesetzes Mitglied der seiner Beschäftigung entsprechenden Krankenkasse, neben welcher die Gemeinde-Krankenversicherung fortfällt. Vgl. Anm. 6 zu § 19. Wer dagegen einer eingeschriebenen oder sonstigen freien Hülfskasse ohne Beitrittszwang sich anschließt, ist zwar, wenn diese den Voraussetzungen des § 75 genügt, zum Ausscheiden aus der Gemeinde-Krankenversicherung berechtigt (§ 4), darf aber auch auf seine alleinigen Kosten das bisherige Verhältniß zur Gemeinde-Krankenversicherung fortsetzen, falls die Gemeinde dies gestattet; dieselbe ist aber hierzu nicht verpflichtet, wie ein Regierungskommissar im Plenum konstatirt hat (Sten.-Ber. 1883 S. 2210; a. M. v. Schicker S. 93, Köhne S 61). Die in § 26a Abs. 1 für Orts-Krankenkassen vorgeschriebenen besonderen Folgen der Doppelversicherung — Beschränkung der Gesammtunterstützung auf den vollen Betrag des individuellen Durchschnittslohns — gelten hier nicht.

§ 11 gilt nicht in Bayern, cf. § 15 sowie Art. 1 Bayr. Ausf.Ges. v. 28. Febr. 1884.

²) eingetreten ist, § 4 Abs. 1 und 2; cf. Anm. 1.

³) behalten, d. h. kraft des Gesetzes, jedoch nur im Falle eines positiven Thuns (Beitragszahlung). Vgl. Anm. 4 zu § 27. cf. Anm 6.

³ᵃ) ausscheiden. Auch wer seiner Militärpflicht genügt, scheidet solange aus der bisherigen Beschäftigung und damit aus der für dieselbe bestehenden Kasseneinrichtung aus. Für die zeitweilig (mit Urlaub) die Arbeit einstellenden Personen muß jedoch im Allgemeinen angenommen werden, daß sie in der die Versicherung bedingenden Beschäftigung (sc. dem Arbeitsverhältniß, auf Grund dessen die Beschäftigung stattfindet) verbleiben, wenigstens solange nicht die Absicht dargelegt wird, daß nach der Rückkehr die bisherige Beschäftigung nicht wieder aufgenommen werden soll.

⁴) Beschäftigung, vermöge welcher; cf. Anm. 1.

⁵) Krankenunterstützung, für sich und in den Fällen des § 6a Abs. 1 Ziffer 5 und § 7 Abs. 2 für seine Angehörigen.

⁶) fortzahlen. cf. Anm. 7 zu § 5. Eine Anzeige ist nicht vorgeschrieben; die konkludente Handlung der Fortzahlung der Beiträge genügt. Eine Anzeige ohne gleichzeitige Fortzahlung der Beiträge erhält die Mitgliedschaft nicht. Eine ausdrückliche Stundung der Beiträge wirkt wie die Zahlung selbst; ohne eine solche Stundung aber wird schon ein einmaliges Unterlassen der Zahlung das Versicherungsverhältniß beendigen. Bei den organisirten Krankenkassen ist die Wirkung erst der Versäumniß zweier Termine beigelegt, § 27.

„Durch die Diskussion wurde hierbei außer Zweifel gestellt, daß hier wie im Falle des § 23 (jetzt § 27) diejenigen Beiträge, durch deren Fortzahlung der bisher versichert gewesene Arbeiter sich die Fortdauer der Versicherung sichern kann, die vollen Beiträge sind, so daß derselbe nicht nur die von ihm gemäß §§ 9 und 10 bisher gezahlten Beiträge, sondern außerdem noch diejenigen 50 Prozent mehr zu entrichten hat, welche während der Dauer der Versicherungspflicht gemäß § 47 (jetzt § 52) von seinem Arbeitgeber gezahlt wurden" (Komm.Ber. S. 30).

⁷) Aufenthalt. Der Aufenthalt ist mit dem juristischen Begriff des Wohnsitzes nicht gleichbedeutend. Arbeiter, welche, um auswärts Arbeit zu

§. 12.

[1]) [2]) Mehrere Gemeinden[3]) können sich durch übereinstimmende Beschlüsse[4]) zu gemeinsamer Gemeinde-Krankenversicherung vereinigen. I.

Durch Beschluß[5]) [5a]) eines weiteren Kommunalverbandes[6]) kann dieser für die Gemeinde-Krankenversicherung an die Stelle der demselben angehörenden einzelnen Gemeinden gesetzt[6a]) oder die Vereinigung mehrerer ihm angehörender Gemeinden zu gemeinsamer Gemeinde-Krankenversicherung angeordnet werden. II.

Wo weitere Kommunalverbände nicht bestehen[7]), kann die Vereinigung mehrerer benachbarter Gemeinden zu gemeinsamer Gemeinde-Krankenversicherung durch Verfügung der höheren Verwaltungsbehörde[8]) angeordnet werden. III.

Derartige[9]) Beschlüsse[10]) und Verfügungen[10]) müssen über die Verwaltung[11]) der gemeinsamen Gemeinde-Krankenversicherung Bestimmung treffen. IV.

Die Beschlüsse[10]) bedürfen der Genehmigung der höheren Verwaltungsbehörde[8]); gegen die Verfügung der letzteren, durch welche die Genehmigung versagt oder ertheilt oder die Vereinigung mehrerer Gemeinden angeordnet wird, steht den betheiligten Gemeinden und Kommunalverbänden innerhalb vier Wochen die Beschwerde an die Zentralbehörde zu. V.

(§ 11 der Reg.-Vorlage, § 11 der Komm.-Beschlüsse)

---

suchen, den Gemeindebezirk verlassen, ihre Angehörigen aber dort zurücklassen und die Absicht haben, demnächst nach Beendigung der Außenarbeit wieder dorthin zurückzukehren, geben für diese Zeit der Abwesenheit zwar nicht ihr Domizil, wohl aber den Aufenthalt und damit die Befugniß zur Fortsetzung des Versicherungsverhältnisses auf. Andererseits kann aber auch nicht jede schnell vorübergehende Abwesenheit als ein auch nur zeitweises Aufgeben des Aufenthalts angesehen werden.

Eine freiwillige Wiederaufnahme dieses durch Abwesenheit oder Nichtzahlung der Beiträge beendeten Versicherungsverhältnisses ist nicht gestattet. In solchem Falle würde erst der Wiedereintritt in eine dasselbe nach § 4 wiederum begründende Beschäftigung oder ein freiwilliger Wiedereintritt in die G.K.V. (§ 4 Abs. 2), soweit derselbe zulässig ist, das Versicherungsverhältniß — ohne rückwirkende Kraft für die Zwischenzeit — wieder entstehen lassen.

Zu § 12.

[1]) Die §§ 12 bis 14 behandeln die von der Kommission des Reichstags neu bearbeiteten Vorschriften für die Zusammenlegung mehrerer Gemeinden zu gemeinsamer Gemeinde-Krankenversicherung. Die Regierungsvorlage wollte die letztere nur im Prinzip zulassen, die Bestimmung der Voraussetzungen

für ihren Eintritt aber den Zentralbehörden der einzelnen Bundesstaaten übertragen. Von der Kommission wurde dies beanstandet.

Während § 12 die freiwillige, sowie die auf Anordnung weiterer Kommunalverbände eintretende Vereinigung betrifft, für welche besondere Voraussetzungen nicht vorgeschrieben sind, sondern nur die Genehmigung der höheren Verwaltungsbehörde erfordert wird, gestattet § 13 uuter gewissen Voraussetzungen (geringe Anzahl der Versicherten, fortdauerndes Mißverhältniß zwischen Einahme und Ausgabe trotz Erhebung der Maximalbeiträge), aber auch dann nur auf Antrag der nothleidenden Gemeinde und unter Ausschluß der selbständigen Gutsbezirke und Gemarkungen (§ 83), eine solche Zusammenlegung durch die höhere Verwaltungsbehörde. § 14 behandelt sodann die Wiederauflösung dieser Vereinigungen.

Die §§ 12 bis 14 gelten nicht in Bayern, cf. § 15 und Art. 1 Bayr. Ausf.Ges. v. 28. Febr. 1884. Aehnliche Vereinigungen bestehen dort in den distriktiven Krankenhausverbänden.

Die gemeinsame Gemeinde-Krankenversicherung scheint in der Praxis größere Bedeutung zu gewinnen, als bei Erlaß des Gesetzes angenommen oder gewünscht ist. Man giebt ihr den Vorzug, weil sie geeignet scheint, die Schwierigkeiten und Umständlichkeiten der Bildung organisirter Krankenkassen entbehrlich zu machen, während sie doch die aus der Gemeinde-Krankenversicherung für einzelne Gemeinden zu besorgende Ueberlastung durch Uebertragung der Last auf breitere Schultern auf ein Mindestmaß reduzirt. Ein Normalstatut für eine gemeinsame Gemeinde-Krankenversicherung, von der ehemaligen Königl. Landdrostei in Hannover für die gemeinsame, sämmtliche Gemeinden des Amtsverbandes umfassende Gemeinde-Krankenversicherung der dortigen Amtsverbände entworfen, ist mit den zugehörigen Formularen in der Arb.Vers. I S. 187 veröffentlicht; ein Normalstatut für eine gemeinsame Bezirks-Gemeinde-Krankenversicherung in Württemberg s. bei v. Schicker S. 637 ff. Vgl. auch die sehr empfehlenswerthe Arbeit von Otto Schilling in Dresden: „Die gemeinsame Gemeinde-Krankenversicherung“, Statutenentwurf nebst Vorschlägen zur Einrichtung der Buchführung in derselben (Dresden, bei Warnatz und Lehmann).

[2]) Den Inhalt des § 12 (früher § 11) faßt der Komm.Ber. (S. 31) wie folgt zusammen: „§ 11 (jetzt § 12) gestattet die freiwillige Vereinigung mehrerer Gemeinden zu gemeinsamer Gemeinde-Krankenversicherung durch übereinstimmende Beschlüsse. Er gestattet ebenso den weiteren Kommunalverbänden, an Stelle der ihnen angehörenden Einzelgemeinden selbst die Gemeinde-Krankenversicherung zu übernehmen. Er gestattet ferner den weiteren Kommunalverbänden, die Vereinigung einzelner ihnen angehöriger Gemeinden zu gemeinsamer Gemeinde-Krankenversicherung anzuordnen, eine Bestimmung, welche die Kommission veranlaßte, überall im Gesetze, wo von dem statutarischen Bestimmungsrechte der weiteren Kommunalverbände die Rede ist, cf. §§ 2, 39 (jetzt § 43), die Worte zu gebrauchen: für seinen Bezirk oder

Theile desselben. . . . . . Um sodann auch da, wo weitere Kommunalverbände fehlen, die anderwärts durch deren Beschluß zulässige Vereinigung benachbarter Gemeinden auch ohne übereinstimmende Beschlüsse derselben zu ermöglichen, giebt § 11 (jetzt 12) für diese Theile des Reichsgebietes den höheren Verwaltungsbehörden eine entsprechende Befugniß. Endlich trifft § 11 (jetzt § 12) für die Fälle, welche er behandelt, die nöthigen Bestimmungen über den Inhalt der Beschlüsse und Verfügungen, über die Genehmigung ersterer und über die gegen letztere zulässigen Rechtsmittel."

[3]) Gemeinden oder selbständige Gutsbezirke, selbständige Gemarkungen mit einander oder mit Gemeinden, § 83.

[4]) Beschlüsse. Jede Gemeinde faßt den Beschuß für sich; über die Voraussetzungen und Formen entscheidet das Landesrecht.

[5]) Beschluß. Komm.Ber. S. 31: „Etwaige Kollisionen zwischen solchen Beschlüssen der Einzelgemeinden und der weiteren Kommunalverbände werden bei der überall vorbehaltenen Genehmigung der betreffenden Beschlüsse durch die höhere Verwaltungsbehörde von dieser zu erledigen, und, soweit dies nicht möglich, wird die Genehmigung zu versagen sein." Ist die gemeinsame Gemeinde-Krankenversicherung eines weiteren Kommunalverbandes genehmigt, so kann eine demselben angehörende Einzelgemeinde nicht beanspruchen, unter Einrichtung einer eigenen Gemeinde-Krankenversicherung aus der gemeinsamen Einrichtung ausgeschieden zu werden. (= Pr. H.M. v. 1. Dezbr. 1884.)

[5a]) Dem Beschluß eines weiteren Kommunalverbandes, für die Gemeinde-Krankenversicherung selbst an die Stelle der einzelnen ihm angehörigen Gemeinden zu treten oder mehrere ihm angehörende Gemeinden zu gemeinsamer Gemeinde-Krankenversicherung mit einander zu vereinigen, sind in vollem Umfang auch die selbständigen Gutsbezirke und Gemarkungen und die dem Kommunalverbande angehörenden größeren Gemeinden (Städte) unterworfen. Die Ausnahmestellung, welche den ersteren durch § 83, den letzteren unter gewissen Voraussetzungen durch § 13 Abs. 5 für die durch die höhere Verwaltungsbehörde vorgeschriebene Vereinigung zugewiesen worden ist, bezieht sich nicht auf diesen § 12. Wie sich aus dem Kommissionsbericht S. 32 ff. ergiebt, ist insbesondere die Ausnahmestellung dieser größeren Gemeinden (Städte) von vornherein nur als Zusatz zu dem § 11 a beantragt gewesen, welcher von der Zwangsbefugniß der höheren Verwaltungsbehörde als solcher handelte, obwohl gleichzeitig auch der § 11 schon formulirt war, welcher die Zwangsbefugniß der weiteren Kommunalverbände betrifft. Daß demnächst für solche Landestheile, in welchen weitere Kommunalverbände nicht bestehen, die höheren Verwaltungsbehörden an deren Stelle gesetzt worden sind, ändert hieran nichts; die letzteren üben in diesen Fällen nicht die Funktionen der Staatsverwaltung, sondern die Funktionen der Kommunalverwaltung, haben also, wie auch in den Berathungen anerkannt worden ist, im § 11 (jetzt § 12) eine andere Bedeutung, wie im § 11 a (jetzt § 13). Hätte man die am Schluß des § 11 a (jetzt § 13) vorgesehene Ausnahmestellung der Gemeinden

über 10000 Einwohner auch für die Fälle des § 11 (jetzt § 12) gelten lassen wollen, so hätte jene Bestimmung auch in letzteren aufgenommen oder in einen besonderen Zusatz-Paragraphen gebracht werden müssen.

Zu dem analogen § 39 (jetzt § 43), welcher die Bildung gemeinsamer Orts-Krankenkassen für mehrere Gemeinden und die Befugniß der weiteren Kommunalverbände (bezw., wo solche nicht bestehen, der an ihre Stelle tretenden höheren Verwaltungsbehörden) zur Erzwingung solcher Bildungen behandelt, eine ähnliche Zwangsbefugniß der Staatsbehörde aber ausschließt, waren ähnliche Sonderbestimmungen für Gemeinden über 10000 Einwohner, wie sie jetzt § 13 enthält, zwar beantragt, von der Kommission aber ausdrücklich abgelehnt worden, vgl. Komm.Ber. S. 63 Obige Ausführung findet auch in dieser Thatsache eine Stütze.

[6]) weiteren Kommunalverbandes, cf. § 84. Ueber derartige Verbände in Preußen cf. Anm. 4 zu § 2.

[6a]) an die Stelle der ... Gemeinden gesetzt, so daß also der weitere Kommunalverband selbst als Träger der gemeinsamen Gemeinde-Krankenversicherung erscheint. Die Verwaltungskosten sowie die im Bedarfsfall zu leistenden Vorschüsse (§ 9 Abs. 4) bilden dann eine Last des weiteren Kommunalverbandes als solchen, so daß über deren Aufbringung mangels besonderer Beschlußfassung die Verbandsverfassung entscheidet.

Eine solche Uebernahme der gem. G.Kr.V. durch einen weiteren Kommunalverband liegt aber nur dann vor, wenn der letztere für die Gemeinde-Krankenversicherung an die Stelle der sämmtlichen ihm angehörenden einzelnen Gemeinden einschließlich der Städte und der selbständigen Gutsbezirke tritt. Sollen nicht sämmtliche, sondern nur einzelne der dem weiteren Kommunalverbande angehörenden Gemeinden (z. B. die ländlichen Gemeinden und Gutsbezirke eines Kreises im Gegensatz zu einzelnen oder sämmtlichen Städten desselben) zu gemeinsamer Gemeinde-Krankenversicherung vereinigt werden, wobei es unerheblich ist, ob die Gemeinde-Krankenversicherung in einzelnen oder allen zu versichernden Gemeinden ausschließlich oder nur neben anderweiten Kasseneinrichtungen Platz greifen wird, so muß dies in der Weise geschehen, daß die Vertretung des weiteren Kommunalverbandes die Vereinigung mehrerer ihm angehörender Gemeinden zu gem. G.Kr.V. anordnet. In diesem Fall kann zwar die nach § 12 Abs. 4 einzurichtende besondere Verwaltung der gem. G.Kr.V. den Organen des weiteren Kommunalverbandes übertragen werden, falls die Vertretung des letzteren dies beschließt; damit ist aber der Verband selbst noch nicht zum Träger der gem. G.Kr.V. gemacht; die Verwaltungskosten derselben sowie die im Bedarfsfall zu leistenden Vorschüsse (§ 9 Abs. 4) sind vielmehr auf die ad hoc vereinigten Gemeinden und Gutsbezirke zu vertheilen, nicht aber als Last des weiteren Kommunalverbandes unter Mitheranziehung der an der gem. G.Kr.V. nicht betheiligten Gemeinden aufzubringen. (Ebenso Preuß. Min.Erl. v. 27. Juni 1884.) Die Vertheilung auf die ad hoc vereinigten Gemeinden kann nach der Anzahl der

§. 13.

[1]) Sind in einer Gemeinde nicht mindestens fünfzig Personen I. vorhanden, für welche die Gemeinde-Krankenversicherung einzutreten hat, oder ergiebt sich aus den Jahresabschlüssen [2]) (§. 9 Absatz 3) einer Gemeinde, daß auch nach Erhöhung der Versicherungsbeiträge auf zwei Prozent des ortsüblichen Tagelohnes (§. 8) die Deckung der gesetzlichen Krankenunterstützung fortlaufend Vorschüsse der Gemeindekasse erfordert, so kann auf Antrag der Gemeinde deren Ver-

---

in jeder Gemeinde vorhandenen, der G.Kr.V. zufallenden Personen, nach der Höhe der Kassenbeiträge oder nach anderen Gesichtspunkten erfolgen.

[7]) nicht bestehen, z. B. in Baden (§ 23 Ausf.Verordn. v. 11. Febr. 1884 Ges. u. V.Bl. S. 21) und Mecklenburg. Vgl. Komm.Ber. S. 63: „Der dritte Absatz wurde von der Kommission angenommen, weil dieselbe die Ueberzeugung gewann, daß der Begriff der weiteren Kommunalverbände in manchen Bundesländern, wie auch in einzelnen Provinzen der größeren Bundesstaaten nicht existirt, und daß es nothwendig sei, für diese Landestheile einen anderen Weg zu schaffen, auf dem eine an sich zweckmäßige Bildung von Kassen für größere Distrikte auch dann erreicht werden können, wenn die einzelnen Gemeinden sich nicht zu übereinstimmenden Beschlüssen vereinigen." cf. oben Anm. 5.

[8]) höhere Verwaltungsbehörde, § 84. Für Preußen cf. Anm. 5 zu § 10.

[9]) derartige, d. h. dieselben Beschlüsse 2c., durch welche die Vereinigung herbeigeführt ist.

[10]) Beschlüsse, Abs. 1 und 2; Verfügungen, Abs. 3.

[11]) Verwaltung, und zwar die gesammte Verwaltung; es müssen also auch die erforderlichen Verwaltungsorgane bestellt und alle Punkte geregelt werden, die einer solchen Regelung bedürfen. Der Beschlußfassung der einzelnen vereinigten Gemeinden darf dies nicht überlassen bleiben, weil im Gesetz Bestimmungen darüber fehlen, was geschehen soll, wenn homogene Beschlüsse der Gemeinden nicht zu Stande kommen (= Pr. H.M. v. 3. Novbr. 1884). Juristische Persönlichkeit hat die Vereinigung als solche nicht. Rechtsansprüche sind entweder gegen die einzelne, aus dem Gesetz unmittelbar verpflichtete Beschäftigungsgemeinde, oder gegen die sämmtlichen, die Vereinigung bildenden Gemeinden zusammen geltend zu machen, soweit nicht ein weiterer Kommunalverband selbst an die Stelle der Gemeinden getreten ist. Wegen der gemeinsamen Orts-Krankenkassen vgl. dagegen Anm. 4 zu § 43.

Zu § 13.

[1]) Die Nothwendigkeit, zur Herstellung leistungsfähiger Versicherungsverbände „unter Umständen einen Zwang zuzulassen, wurde schließlich allseitig anerkannt. Man überzeugte sich, daß man hier nicht etwa alles der Autonomie

einigung mit einer oder mehreren benachbarten Gemeinden [3]) zu gemeinsamer Krankenversicherung durch die höhere Verwaltungsbehörde [4]) angeordnet werden.

II. Trifft diese Voraussetzung [5]) für die Mehrzahl der einem weiteren Kommunalverbande [6]) angehörenden Gemeinden zu, so kann die höhere Verwaltungsbehörde [4]) anordnen, daß der weitere Kommunalverband [6]) für die Gemeinde-Krankenversicherung der ihm angehörenden Gemeinden an die Stelle der einzelnen Gemeinden zu treten hat.

III. Ueber die Verwaltung der Gemeinde-Krankenversicherung sind in diesen Fällen die erforderlichen Vorschriften nach Anhörung der betheiligten Gemeinden und Verbände zu erlassen.

IV. Gegen die auf Grund der vorstehenden Bestimmungen von der höheren Verwaltungsbehörde [4]) erlassenen Anordnungen und Vorschriften steht den betheiligten Gemeinden und Kommunalverbänden [6]) innerhalb vier Wochen [7]) die Beschwerde an die Zentralbehörde zu.

V. Gemeinden von mehr als zehntausend Einwohnern [8]) können ohne ihre Einwilligung nur dann mit kleineren Gemeinden vereinigt werden, wenn ihnen die Verwaltung der gemeinsamen Gemeinde-Krankenversicherung übertragen wird.

(§ 11a der Komm.-Beschlüsse)

---

der Gemeinden überlassen dürfen. Selbst, wenn die aus gegenseitiger Eifersucht entstehenden und die aus der Schwierigkeit der Verwaltung einer solchen gemeinsamen Institution entspringenden Hemmnisse beseitigt würden, so bleibe doch die Gefahr bestehen, daß innerhalb eines bestimmten Bezirks die für diese Angelegenheiten relativ prästationsfähigen Gemeinden sich zusammenschließen und die prästationsunfähigste allein übrig bleibt, weil keine der übrigen sie zur Genossin haben will" (Komm.Ber. S. 34).

cf. auch Anm. 1 zu § 12. Nach einem erst in dritter Lesung zu § 72a (jetzt § 83) gestellten und kurz vor Schluß der Berathungen über dieses Gesetz angenommenen Antrag gilt dieser Paragraph nicht für die selbständigen Gutsbezirke und Gemarkungen. Vgl. Anm. 2 zu § 83.

[2]) Jahresabschlüssen. cf. Anm. 2 zu § 10.

[3]) benachbarten Gemeinden. Denselben steht ein event. Widerspruchsrecht nur dann zu, wenn sie mehr als 10 000 Einwohner haben (Abs. 5); anderen Gemeinden ist nur die Beschwerde an die Zentralbehörde gestattet (Abs. 4).

[4]) höhere Verwaltungsbehörde, cf. § 84. Für Preußen vgl. Anm. 5 zu § 10.

[5]) diese Voraussetzung. Die Voraussetzung besteht also darin, daß in der Mehrzahl der einem weiteren Kommunalverband angehörenden Gemeinden entweder die Anzahl der der Gemeinde-Krankenversicherung zu-

§. 14.

[1]) Eine auf Grund des §. 12 oder §. 13 herbeigeführte Vereinigung kann auf demselben Wege wieder aufgelöst werden, auf welchem sie herbeigeführt[2]) ist. I.

Durch Beschluß des weiteren Kommunalverbandes[3]) oder Verfügung der höheren Verwaltungsbehörde[3]) kann die Auflösung nur auf Antrag einer der betheiligten Gemeinden herbeigeführt werden. II.

Ueber die Vertheilung eines etwa vorhandenen Reservefonds ist, falls die Auflösung durch Beschluß erfolgt, durch diesen, falls sie III.

---

fallenden Personen zu klein (unter 50), oder die Last aus der Versicherung mit zweiprozentigen Beiträgen nicht zu decken ist (bei einem Theil der Gemeinden kann das eine, bei einem anderen Theil das andere zutreffen, wenn nur für die Mehrzahl der Gemeinden des weiteren Kommunalverbandes einer dieser Mißstände vorliegt), und daß eine dieser Gemeinden den Antrag auf Vereinigung mit anderen Gemeinden gestellt hat. In Preußen wird letzteres nicht für erforderlich erachtet.

In diesem Fall werden nicht mehrere Gemeinden miteinander vereinigt, sondern es werden die Pflichten der einzelnen Gemeinden einem schon bestehenden Verband übertragen. Gehören zu demselben auch Gemeinden über 10000 Einwohner, so nehmen sie an diesen Pflichten kraft ihrer Zugehörigkeit zu dem Verbande, welche letztere durch dieses Gesetz nicht gelockert werden kann, Theil. Die nach Abs. 5 solchen größeren Gemeinden im Fall der Vereinigung mit anderen kleineren Gemeinden zugewiesene Ausnahmestellung tritt also dann nicht ein, ebensowenig die Ausnahmestellung der selbständigen Gutsbezirke und Gemarkungen weil § 83 nur das Verhältniß derselben zu Gemeinden, nicht zu weiteren Kommunalverbänden behandelt.

[6]) weiterer Kommunalverband, § 84. Ueber derartige Verbände in Preußen vgl. Anm. 4 zu § 2.

[7]) vier Wochen; vgl. Anm. 12 zu § 12.

[8]) von mehr als 10000 Einwohnern; vgl. Anm. 3. „Die Ziffer ist aus der Preuß. Gesetzgebung übernommen, nach welcher sie für eine Anzahl ähnlicher Fälle die Grenze verschiedener Behandlung der Gemeinden bildet" (Komm.Ber. S. 64).

Zu § 14.

[1]) Komm.Ber. S. 34: Die Auflösung soll nur dann zugelassen werden, „wenn veränderte Umstände oder die durch Erfahrung gewonnene richtigere Beurtheilung der bestehenden Verhältnisse den zur Entscheidung berufenen Instanzen die Ueberzeugung geben, daß der Zweck des Gesetzes durch die Auflösung der Organisation besser erreicht werden würde. Man überzeugte sich, daß die Garantie für die Prüfung der einschlägigen Verhältnisse hier nur in dem Genehmigungs- bezw. Verfügungsrecht der höheren Verwaltungsbehörde zu suchen sei". Vgl. Anm. 1 zu § 12.

von der höheren Verwaltungsbehörde[3]) angeordnet wird, in der die Auflösung anordnenden Verfügung[4]) Bestimmung zu treffen.

IV. Gegen die Verfügung der höheren Verwaltungsbehörde[3]), durch welche die Genehmigung zu einer beschlossenen Auflösung ertheilt oder versagt wird, oder durch welche die Auflösung angeordnet wird, steht den betheiligten Gemeinden und Kommunalverbänden innerhalb vier Wochen die Beschwerde an die Zentralbehörde zu.

(§ 11b der Komm.-Beschlüsse.)

§. 15.

[1]) [2]) Für Gemeinden, welche nach den Landesgesetzen den nach Vorschrift dieses Gesetzes versicherungspflichtigen[3]) Personen Krankenunterstützung gewähren und dagegen zur Erhebung bestimmter Beiträge berechtigt sind, gilt die landesgesetzlich geregelte Krankenversicherung als Gemeinde-Krankenversicherung im Sinne dieses Gesetzes, sofern die Unterstützung den Anforderungen dieses Gesetzes genügt und höhere Beiträge, als nach demselben zulässig sind, nicht erhoben werden. Eine hiernach etwa erforderliche Erhöhung der Unterstützung, oder Ermäßigung der Beiträge muß spätestens[4]) bis zum Ablauf eines Jahres nach Inkrafttreten dieses Gesetzes herbeigeführt werden.[5])

(§ 12 der Reg.-Vorlage und der Komm.-Beschlüsse.)

---

[2]) herbeigeführt ist, also niemals ohne Genehmigung der höheren Verwaltungsbehörde.

[3]) weiterer Kommunalverband, höhere Verwaltungsbehörde, vgl. § 84, und für Preußen Anm. 4 zu § 2, bezw. Anm. 5 zu § 10.

[4]) anordnende Verfügung, Komm.Ber. S. 35: „Wenn in dem Absatze 3 des § 11b (jetzt § 14) ausdrücklich bestimmt wird, daß die Vertheilung eines vorhandenen Reservefonds durch den Beschluß bezw. durch die Verfügung vorzunehmen ist, durch welche die Auflösung der Vereinigung herbeigeführt wird, so beabsichtigte man dadurch auszusprechen, daß hier ebenso wie im Falle des § 43a (jetzt § 48) Abs. 4 auch gegen diesen Theil der Verfügung der höheren Verwaltungsbehörde die Beschwerde an die Zentralbehörde zulässig sein solle."

Zu § 15.

[1]) Motive (S. 35): „Es erscheint angemessen, die der Gemeinde-Krankenversicherung ähnlichen Einrichtungen, welche in Folge landesgesetzlicher Vorschrift bereits bestehen und sich eingelebt haben, thunlichst zu erhalten. Es ist hierbei vornehmlich an die Verhältnisse in den süddeutschen Staaten und namentlich die bereits erwähnte in Bayern bestehende Einrichtung ge-

dacht. Hier ist für die Dienstboten, gewerbliche und Fabrikarbeiter durch Gesetz v. 25. Juli 1850, betreffend die Unterstützung und Verpflegung hülfsbedürftiger und erkrankter Personen (Ges.Bl. S. 341), eine Krankenversicherung eingeführt worden, welche sich durchaus bewährt hat und im Wesentlichen den Anforderungen genügt, welche der Entwurf an die Gemeinde-Krankenversicherung stellt. Sie zu erhalten, liegt auch im Interesse der Arbeiter, da die bayrischen Gemeinden, wie schon seiner Zeit bei Berathung des Hülfskassengesetzes im Reichstage (Sitzung v. 1. Febr. 1876) dargelegt wurde, bedeutende Zuschüsse aus eigenen Mitteln für diese Krankenhülfe leisten, und weit mehr als die Hälfte der Gemeinden von dem Rechte, Beiträge zu erheben, überhaupt keinen Gebrauch macht. Die gegenwärtige Regelung des Verhältnisses beruht auf dem Gesetze v. 29. April 1869, betreffend die öffentliche Armen- und Krankenpflege (Ges.Bl. S. 1093); der Beitrag der Arbeiter ist inzwischen jedoch von 3 Kreuzer auf 15 Pfennig wöchentlich in maximo erhöht worden."

Die reichsgesetzliche Gemeinde-Krankenversicherung und die landesrechtliche Gemeinde-Krankenpflege sind gegenwärtig in Bayern geregelt durch Ausf.Ges. v. 28. Febr. 1884 (Ges. u. Verordn.Bl. S. 75) und Ges. v. 26. Mai 1892 (Ges. u. Verordn.Bl. S. 441).

²) Dieser Paragraph hält die Landesgesetze nur unter der Voraussetzung aufrecht, daß den nach Vorschrift dieses Gesetzes versicherungspflichtigen Personen mindestens dasjenige gewährt wird, was in diesem Gesetz als Mindestleistung vorgeschrieben ist.

³) nach Vorschrift dieses Gesetzes versicherungspflichtigen. Sind nach Landesgesetz noch mehr Personen versicherungspflichtig, als nach diesem Gesetz, so verbleibt es für dieselben unverändert bei dem Landesgesetz.

⁴) spätestens. Diese Bestimmung ist als Uebergangsvorschrift veraltet.

⁵) Auch die auf Entscheidung von Streitigkeiten bezüglichen landesrechtlichen Vorschriften bleiben für die nach der Bestimmung dieses Paragraphen fortbestehende landesrechtlich geordnete Gemeinde-Krankenversicherung in Kraft, so daß § 58 auf dieselbe keine Anwendung findet (cf. Anm. 1 i. f. zu § 58).

Die übrigen Bestimmungen für die Gemeinde-Krankenversicherung (Pflichten der Arbeitgeber zur An- und Abmeldung ihrer Arbeiter sowie zur Beitragsleistung, Verrechnung des Arbeiterbeitrags bei den Lohnzahlungen, Beitreibung und Vorrechte der Beiträge, Verhältniß der im Wege der Armenpflege und anderweit gewährten oder zu gewährenden Unterstützungen zu der Krankenversicherung, Behandlung von Streitigkeiten) siehe im Abschnitt D (§§ 49 bis 58).

C. **Orts-Krankenkassen.**

§. 16.

I. [1]) [1a]) Die Gemeinden[2]) sind berechtigt, für die in ihrem Bezirke beschäftigten[2a]) †) versicherungspflichtigen[3]) Personen Orts-Krankenkassen[3a]) zu errichten,[4]) sofern die Zahl der in der Kasse zu versichernden[5]) Personen mindestens einhundert[6]) beträgt.

II. **Die Vorschriften des §. 5a finden auch hier Anwendung.**

Die Orts-Krankenkassen sollen in der Regel[7]) für die in einem Gewerbszweige[8]) oder in einer Betriebsart[8]) beschäftigten[9]) Personen errichtet werden.

III. Die Errichtung gemeinsamer Orts-Krankenkassen[10]) für mehrere[11]) Gewerbszweige oder Betriebsarten ist zulässig, wenn die Zahl der in den einzelnen Gewerbszweigen und Betriebsarten beschäftigten Personen weniger als einhundert beträgt.

IV. Gewerbszweige oder Betriebsarten, in welchen einhundert Personen oder mehr beschäftigt werden, können mit anderen Gewerbszweigen oder Betriebsarten zu einer gemeinsamen Orts-Krankenkasse nur vereinigt werden, nachdem den in ihnen beschäftigten Personen Gelegenheit[12]) zu einer Aeußerung über die Errichtung der gemeinsamen Kasse gegeben worden ist. Wird in diesem Falle Widerspruch erhoben, so entscheidet über die Zulässigkeit der Errichtung die höhere Verwaltungsbehörde.[13])

(§ 13 des Entwurfs und des Komm.-Berichts.)

Zu § 16.

[1]) Der Kommissionsbericht (§ 36) läßt sich über das Prinzip der Orts-Krankenkassen dahin aus: „Der Grundsatz selbst, daß die Durchführung der Versicherungspflicht durch Bildung von Orts-Krankenkassen erreicht und diese ausschließlich auf die Beiträge ihrer Mitglieder, beziehungsweise der Arbeitgeber derselben fundirt werden, daß also mit der Errichtung von Orts-Krankenkassen die Gemeinden von der aus dem vorigen Abschnitt des Gesetzes sich ergebenden Verpflichtung, ihrerseits im Wege der Gemeinde-Krankenversicherung für die Arbeiter Sorge zu tragen, entbunden werden sollen, fand in der Kommission keinen Widerspruch."

Die §§ 16 bis 18 behandeln die Errichtung von Orts-Krankenkassen einzelner Gemeinden, § 43 die Bildung gemeinsamer Orts-Krankenkassen aus mehreren Gemeinden. Die §§ 16 und 18 erörtern das Recht, § 17 die Pflicht der Gemeinde zur Errichtung, während eine zwangsweise Erweiterung bestehender Orts-Krankenkassen durch § 18a für Orts-Krankenkassen einzelner

---

†) Für land- und forstwirthschaftliche Arbeiter modifizirt durch § 142 landw. U. u. K.V.G., vgl. Anm. † zu § 11.

Gemeinden, durch § 43a für Orts-Krankenkassen mehrerer Gemeinden gestattet wird.

Die Regierungsvorlage wollte die Gemeinde zur Errichtung von Orts-Krankenkassen (welche in der Regel nur die Angehörigen je eines Gewerbszweiges oder je einer Betriebsart, für den Fall aber, daß in einzelnen derselben nicht mindestens 50 Personen beschäftigt sind, mehrere Gewerbszweige oder Betriebsarten umfassen sollten) allgemein berechtigen und (vorbehaltlich der nur den Staatsbehörden übertragenen Befugniß zur Vereinigung mehrerer Gemeinden) für den Fall, daß in der Gemeinde mindestens 50 dem Versicherungszwange unterliegende Personen beschäftigt sein sollten, nach Anordnung der höheren Verwaltungsbehörde allgemein verpflichten. Die Motive (S. 35) sagen hierüber Folgendes:

„In der Regel werden die Bezirke der für Berufsgenossen zu errichtenden Krankenkassen am zweckmäßigsten so abgegrenzt werden, daß sie mit den Bezirken der Gemeinden zusammenfallen. Daher sollten die Gemeinden, welche auch ein Interesse daran haben, daß die Aufgabe der Gemeinde-Krankenversicherung durch Errichtung von organisirten Krankenkassen möglichst eingeschränkt wird, zur Errichtung der Orts-Krankenkassen berechtigt und unter der Voraussetzung, daß die zur Lebensfähigkeit einer solchen Kasse erforderliche Anzahl von Personen vorhanden ist, auch verpflichtet sein. Auch hinsichtlich der Orts-Krankenkassen wird indessen, wie hinsichtlich der Gemeinde-Krankenversicherung, die Möglichkeit vorzusehen sein, Recht und Pflicht der Gemeinden auf eine Vereinigung mehrerer Gemeinden oder auf einen größeren Verband zu übertragen. Von der Befugniß zu dieser Uebertragung, welche im § 39 (jetzt § 43) ausgesprochen ist, wird namentlich da Gebrauch zu machen sein, wo gewisse gleichartige Gewerbebetriebe über örtliche Bezirke verbreitet sind, welche mit den Gemeindebezirken nicht zusammenfallen."

„Die Bestimmung des Abs. 2 des § 13 (jetzt Abs. 1 des § 17) geht davon aus, daß mindestens (fünfzig) Mitglieder erforderlich sind, um eine einigermaßen gleiche Belastung der Kasse in den einzelnen Jahren sicher zu stellen und die Verwaltungskosten derselben in rationellen Grenzen zu halten. Andererseits reicht aber hiernach die Zahl von (fünfzig) Mitgliedern auch aus, um davon die Verpflichtung der Gemeinde zur Errichtung einer Orts-Krankenkasse abhängig zu machen, sofern die höhere Verwaltungsbehörde nicht aus besonderen Gründen von der entsprechenden Anordnung Abstand nimmt. Hierzu mußte der Entwurf Raum lassen, um nicht durch einen absoluten Zwang ungerechtfertigte Härten herbeizuführen."

„Die Orts-Krankenkassen werden ihre nächste Aufgabe am besten erfüllen und eine moralische Wirkung auf ihre Mitglieder am sichersten ausüben, wenn ihre Mitglieder lediglich aus Berufsgenossen bestehen. Sie sollen daher, soweit dies möglich ist, für die in einem Gewerbe, eventuell für die in mehreren verwandten Gewerben beschäftigten Arbeiter gebildet werden. Jedoch soll, wenn die örtlichen Verhältnisse sonst eine Kassenbildung nicht ermöglichen, auch die Vereinigung verschiedenartiger und nöthigenfalls selbst aller Gewerbe zu einer Krankenkasse nicht ausgeschlossen sein, da auch die verschiedenartige Elemente zusammenfassenden organisirten Krankenkassen ihre Aufgabe immer noch vollkommener erfüllen dürften als die äußerstenfalls subsidiär eintretende Gemeinde-Krankenversicherung."

Die Kommission des Reichstags hat hierin Erhebliches geändert. Das Recht der Gemeinden zur Errichtung von Orts-Krankenkassen für einen Gewerbszweig &c. ist auf die Mindestzahl von 100 Beschäftigten eingeschränkt (§ 16) und bei einer geringeren Zahl nur dann, wenn die dauernde Leistungsfähigkeit der Kasse anderweit gesichert wird, zugelassen (§ 18); die Verpflichtung zur Errichtung von Orts-Krankenkassen ist von einem Antrag Betheiligter und der Zustimmung von mehr als der Hälfte derselben, mindestens aber von 100 Betheiligten abhängig gemacht (§ 17). Gemeinsame Orts-Krankenkassen mehrerer Gemeinden können nur durch autonome Beschlüsse der letzteren oder auf Anordnung eines weiteren Kommunalverbandes mit Genehmigung der höheren Verwaltungsbehörde errichtet, nicht aber von der letzteren direkt erzwungen werden (§ 43). Im Einzelnen stellt sich danach die Sache wie folgt:

Orts-Krankenkassen sind für mindestens 100 Versicherungspflichtige (cf. Anm. 4) zu errichten (§ 16 Abs. 1); eine Minderzahl ist nur dann gestattet, wenn die dauernde Leistungsfähigkeit der Kasse anderweit sichergestellt ist (§ 18). Unter diesen Voraussetzungen hat jede einzelne Gemeinde:

1. das Recht, Orts-Krankenkassen für ihren Bezirk zu errichten
   a) als Regel und ohne weitere Voraussetzung für die Angehörigen je eines Gewerbszweiges oder je einer Betriebsart (§ 16 Abs. 2);
   b) als Ausnahme und unter den gleich zu erwähnenden weiteren Voraussetzungen für mehrere und sogar sämmtliche Gewerbszweige und Betriebsarten, wenn
      α) in jedem einzelnen Gewerbszweige oder in jeder einzelnen Betriebsart weniger als 100 Personen beschäftigt sind (§ 16 Abs. 3), oder
      β) wenn die Mehrzahl (α) nur für einzelne Gewerbszweige und Betriebsarten, für andere Gewerbszweige und Betriebsarten aber die Minimalzahl 100 vorliegt, die Angehörigen dieser stärker vertretenen Gewerbszweige aber gehört sind und der Zusammenlegung mit den ersteren schwächer vertretenen einen begründeten Widerspruch nicht entgegensetzen (§ 16 Abs. 4);
2. die Pflicht, auf Anordnung der höheren Verwaltungsbehörde Orts-Krankenkassen in ihrem Bezirk zu errichten. Diese Anordnung darf erlassen werden:
   a) bezüglich Krankenkassen für je einen Gewerbszweig oder je eine Betriebsart, wenn folgende Voraussetzungen zusammentreffen (§ 17 Abs. 1):

α) es müssen Betheiligte einen Antrag gestellt haben;

β) es muß allen Betheiligten Gelegenheit zur Aeußerung gegeben worden sein;

γ) es müssen mehr als die Hälfte, und mindestens 100 Betheiligte dem Antrag beigetreten sein;

b) bezüglich Krankenkassen für mehrere und sogar sämmtliche Gewerbszweige und Betriebsarten, wenn folgende Voraussetzungen zusammentreffen (§ 17 Abs. 2):

α) es müssen Betheiligte einen Antrag gestellt haben;

β) es muß allen Betheiligten Gelegenheit zur Aeußerung gegeben sein;

γ) es müssen aus jedem in der Gemeinde vertretenen betr. Gewerbszweige 2c. mehr als die Hälfte, im Ganzen aber mindestens 100 Personen dem Antrag beigetreten sein.

Wegen der Wiederauflösung solcher gemeinsamer Orts-Krankenkassen vgl. § 48 Abs. 1, 2.

Ueber die Vereinigung mehrerer Gemeinden 2c. zur Errichtung gemeinsamer Orts-Krankenkassen vgl. § 43; über die Vereinigung mehrerer Orts-Krankenkassen zu Verbänden für gewisse gemeinsame Maßregeln vgl. § 46.

[1a]) Den organisirten Krankenkassen, nämlich den Orts-, Betriebs- (Fabrik-), Bau-, Innungs-Krankenkassen und Knappschaftskassen, ist, wie schon durch das Krankenversicherungsgesetz (bezüglich der Funktion als Sterbekasse der höheren Kassenleistungen und der Selbstverwaltung), so auch durch die Unfallversicherungsgesetze und das Invaliditäts- und Altersversicherungsgesetz eine besondere Bevorzugung zu Theil geworden. Für die industrielle Unfallversicherung haben die Vorstände dieser Kassen die „Vertreter der Arbeiter" zu wählen (vgl. Anm. 2 zu § 35), diese aber sowie die von ihnen gewählten Beisitzer der Schiedsgerichte und nichtständigen Mitglieder des Reichs- (Landes-) Versicherungsamts müssen Mitglieder solcher Kassen sein. Vgl. §§ 42, 47, 87, 93 U.V.G. Auch nach dem landw. U. u. K.V.G. wählen, sofern die Krankenversicherungspflicht der landw. u. forstw. Arbeiter eingeführt ist, die Vorstände der Orts- und Betriebs-Krankenkassen, welchen mindestens 10 Versicherte angehören, die Beisitzer der Schiedsgerichte, sind dabei aber nicht auf den Kreis der Kassenmitglieder beschränkt; § 51 landw. U. u. K.V.G. Bei der Invaliditäts- und Altersversicherung wählen die Vorstände der bezeichneten organisirten Kassen, unter Betheiligung von Vertretern der weiteren Kommunalverbände oder Gemeinde-Krankenversicherungen, die Mitglieder der Ausschüsse der Versicherungsanstalten, § 48 J. u. A.V.G. Nur zu den Wahlen der „Bevollmächtigten für die Unfalluntersuchungen" sind

auch die Vorstände der Hülfskassen berechtigt, § 45 U.V.G., § 59 landw. U. u. K.V.G.

²) Gemeinden. Ihnen stehen die Gutsherren und die Gemarkungsberechtigten in selbständigen Gutsbezirken und Gemarkungen gleich, § 83.

²ᵃ) in ihrem Bezirk beschäftigten. Vgl. Abs. 2, Anm. 3 zu § 5, sowie Anm. † zu § 11. In der Regel hat die Orts-Krankenkasse örtlich den ganzen Gemeindebezirk zu umfassen. Indessen dürfte es nicht grundsätzlich auszuschließen sein, daß in einzelnen besonderen Fällen auch für einzelne Theile der Gemeinde besondere Orts-Krankenkassen errichtet werden bezw. bestehen. In diesem Sinne ist die Frage in Preußen hinsichtlich der eingemeindeten Theile von Köln, für die vor der Eingemeindung besondere Orts-Krankenkassen errichtet waren, entschieden worden.

³) versicherungspflichtigen. Ueber die Betheiligung nicht versicherungspflichtiger, in den betr. Gewerbszweigen u. s. w. beschäftigten Personen vgl. § 19, § 4 Anm. 7; über die Betheiligung von Personen, welche die Beschäftigung in den betr. Gewerbszweigen aufgegeben haben, aber nicht zu einer die Mitgliedschaft in einer anderen Krankenkasse begründenden Beschäftigung übergegangen sind, vgl. § 27; über die statutarische Versicherungspflicht land- und forstwirthschaftlicher Arbeiter auch während beschäftigungsloser Zeiten vgl. Anm. † zu § 11; über die Berechtigung, durch das Kassenstatut auch andere Personen zuzulassen, vgl. § 26a Abs. 2 Ziffer 5, sowie Anm. 10 zu § 4.

³ᵃ) Orts-Krankenkassen. Die auf Grund des Krankenversicherungsgesetzes errichteten Krankenkassen sind korporativ mit Selbstverwaltung ausgestattete Vereinigungen von Berufsgenossenschaften, „öffentliche Zwangsgenossenschaften zu dem Zwecke, um unter gesetzlich geordneter Beisteuer Dritter, d. h. der Arbeitgeber, die durch Krankheit ihrer Mitglieder, d. h. der zu ihnen vereinigten Arbeiter, entstehenden wirthschaftlichen Nachtheile gemeinschaftlich zu tragen" (Rosin, Recht der öffentlichen Genossenschaft S. 62). So sind also öffentliche Genossenschaften, Genossenschaften des öffentlichen Rechts, keine Anstalten (Rosin a. a. O. S. 66, vgl. auch Köhne S. 67), insbesondere keine Staatsanstalten, welche organisch in die Verfassung des Staats eingreifen; sie erfüllen nicht eine ursprünglich dem Staat obliegende und von demselben nur auf sie abgewälzte Pflicht, sondern sie erfüllen ihre eigenen Zwecke, nämlich die Gewährung von Unterstützungen an ihre Mitglieder in bestimmten Fällen; daß sie dazu dem Staat gegenüber verpflichtet sind, ändert an ihrer rechtlichen Stellung nichts. Pr. Ob.Verw.Ger.Entsch. v. 4. November 1890, 9. Januar 1891, 16. Oktober 1891, Entsch. Bd. XX S. 38, 40, sowie Arb.Vers. IX S. 425, X S. 7. Die Vorstände und Organe von Krankenkassen sind auch keine öffentlichen Behörden, wenn sie auch mittelbar dem öffentlichen Interesse dienen (Rosin, Recht der Arbeiterversicherung S. 651). Das Gesetz enthält keinen genügenden Anhalt für die Annahme, daß der Gesetzgeber die Ab-

sicht gehabt hat, diesen Kassenorganen die Eigenschaft öffentlicher Behörden beizulegen. Krankenkassen haben also nicht das Recht, portopflichtige unfrankirte Briefe durch die Bezeichnung „portopflichtige Dienstsache" von der Erhebung des Zuschlagsportos zu befreien, weil dieses Recht nach der in Ausführung des § 1 Absatz 3 des Posttargesetzes vom 28. Oktober 1871 seitens des ehemaligen General-Postamts unter dem 28. November 1871 erlassenen Bekanntmachung nur öffentlichen Behörden, Beamten und Geistlichen in Ausübung der Amtsgeschäfte zusteht. (= Pr. H.M. v. 20. März 1885.)

[4]) errichten. Die Errichtung der Kasse geschieht durch Errichtung des Kassenstatuts (§ 23) und liegt als obrigkeitliche Funktion dem Vorstande der Gemeinde ob; die Beschlußfassung darüber, ob und in welchem Umfang Orts-Krankenkassen zu errichten sind (§§ 16 bis 18), und die hierzu vorgeschriebenen Verhandlungen (Anhörungen) erfolgen in einem Vorverfahren (z. Th. abweichend Rosin a. a. O. S. 659). Die letztere Beschlußfassung wird in Preußen für eine Gemeindeangelegenheit gehalten, deren Erledigung nach Maßgabe der Städteordnungen (also unter Mitwirkung der Gemeindevertretung) zu erfolgen hat. Der Verfasser hat in der 2. Aufl. die entgegengesetzte Auffassung vertreten, vgl. auch Arb.Vers. I. S. 69.

[5]) zu versichernden. „Bei der Frage, ob eine Gemeinde berechtigt sei, eine Orts-Krankenkasse zu errichten, kann nur die Zahl derjenigen Personen in Frage kommen, welche überhaupt nach dem Gesetz versicherungspflichtig sind und der betr. Kasse angehören", welche also an und für sich Mitglieder der Kasse sein müßten, § 15 Abs. 2. „Personen, welche in Folge einer Ausnahmebestimmung von der Verpflichtung, einer bestimmten Kasse anzugehören, befreit sind, dürfen bei der ersten Berechnung, wenn es sich darum handelt, wie viel versicherungspflichtige Personen überhaupt vorhanden sein müssen, nicht in Anschlag gebracht werden." Es kommt also nur darauf an, ob in denjenigen Kategorien, für welche die Kasse bestimmt ist, 100 versicherungspflichtige Personen vorhanden sind, ohne daß diejenigen in Abzug zu bringen wären, welche freien Hülfskassen u. s. w. angehören. Ebenso ist es unerheblich, ob sich die Zahl demnächst durch freiwilligen Eintritt (§ 19 Abs. 3, § 26a Abs. 2 Ziffer 5) oder durch Austritt (§ 19 Abs. 4, § 27), durch Vermehrung oder Verminderung der Versicherungspflichtigen vergrößern oder verkleinern wird, cf. Anm. 5 zu § 60. „Im § 14 (jetzt § 17) dagegen handelt es sich um eine Abstimmung, und da muß man nothwendigerweise sich beschränken auf diejenigen Personen, welche überhaupt bei der Abstimmung interessirt sind." (Erklärungen des Regierungsvertreters [Lohmann] im Plenum, Sten.Ber. 1883 S. 2086.) Anträge, welche den Zweck verfolgten, bei der Bildung von Orts-Krankenkassen nur die Zahl derjenigen Personen in Anschlag zu bringen, welche nicht bereits anderweit versichert sind, wurden im Plenum abgelehnt.

Dabei ist jedoch nicht ausgeschlossen, daß bei den Verhandlungen über die Errichtung der Klasse die Frage miterörtert wird, ob deren Lebensfähigkeit etwa durch das Fernbleiben (anderweite Versicherung) einer größeren Anzahl Versicherungspflichtiger gefährdet sein wird.

[6]) mindestens einhundert. Ausnahmen für solche Fälle, in denen Kassen durch erspartes Vermögen oder durch letztwillige Zuwendungen u. s. w. in der Lage sich befinden, trotz geringerer Minderzahl ihren Verpflichtungen gerecht zu werden, siehe in § 18.

Wegen Bemessung der Minimalzahl, welche in der Regierungsvorlage auf 50 normirt war, vgl. die Motive (oben bei Anm. 1 zu diesem Paragraphen) und folgende Ausführungen des Kommissionsberichts (S. 37): „Daß für die zu bildenden Kassen eine Minimalzahl von Mitgliedern vorzuschreiben sei, erkannte man allseitig an; über die Zahl selbst stellten sich Meinungsverschiedenheiten heraus. Dieselbe erschien einem Theil der Kommission zu niedrig gegriffen. Man hob hervor, daß kleine Kassen naturgemäß höhere Verwaltungskosten hervorrufen müßten. Alle Ausgaben für Verwaltungskosten aber seien, streng genommen, Schädigungen des Volksvermögens. Die Praxis habe die Wahrheit jener Thatsache erwiesen. Es existirten z. B. in Berlin eine Anzahl Krankenkassen mit wenig Mitgliedern, bis zur Zahl 12 herab. Die Verwaltungskosten stiegen dabei fast ganz genau im umgekehrten Verhältnisse der Mitgliederzahl bis auf 39 Prozent, während der Durchschnitt derselben bei den Berliner Orts-Krankenkassen etwa 11 Prozent betrage. Eine freiwillige Vereinigung solcher Kassen zu größeren Verbänden sei nicht zu erwarten, da einer solchen das Interesse des verwaltenden Personals, der sogenannten Altgesellen, entgegenstehe. Es sei deshalb unbedingt nöthig, die Behörden mit Zwangsmitteln zur Verhinderung so unzweckmäßiger Kassenbildungen auszurüsten. — Soweit diese Erwägungen gegen Neubildung kleiner Kassen geltend gemacht wurden, erfuhren dieselben keinen Widerspruch. Dagegen wies man andererseits darauf hin, daß bei bestehenden Kassen dieser Art unter Umständen diesen Bedenken ebenso starke Gründe für die Beibehaltung derselben entgegenstehen könnten. Es liege oft dem Wunsche der Betheiligten, eine an Mitgliederzahl geringe Kasse selbständig erhalten zu sehen, keineswegs nur das finanzielle Interesse der Kassenverwalter zu Grunde, sondern vielmehr der berechtigte Wunsch der Mitglieder einer bestimmten Berufsgruppe, nicht mit anderen heterogenen Elementen wider ihren Willen vereinigt zu werden. Wolle man daher in das Gesetz Kautelen gegen zu kleine Kassen aufnehmen, so müsse man mindestens für bestehende Kassen eine Ausnahme zulassen, umsomehr, da eine ganze Anzahl solcher Kassen durch erspartes oder aus letztwilligen Zuwendungen und dergleichen stammendes Vermögen wohl in der Lage sei, trotz geringer Mitgliederzahl ihren Verpflichtungen gerecht zu werden." cf. §§ 18, 85.

[7]) in der Regel. Die Ausnahme (gemeinsame Orts-Krankenkassen für mehrere Gewerbszweige oder Betriebsarten) enthalten die einander ergänzenden, nicht einen Gegensatz zu einander bildenden Absätze 4 und 5. Vgl. die Motive oben in Anm. 1.

[8]) Gewerbszweig, Betriebsart. In einem Gewerbszweig können mehrere Betriebsarten vorkommen. Der letztere Begriff ist also im Allgemeinen der speziellere. Es kann aber auch eine und dieselbe Betriebsart in mehreren Industriezweigen vertreten sein. Vgl. Mot. z. Unfallversf.Ges. S. 76: (Bei „Betriebsarten") „ist an die Form und die Mittel, in und mit denen ein Betrieb sich vollzieht, gedacht worden, also an Dampfbetrieb im Gegensatze zum Handbetrieb, an den Betrieb mit Centrifugen (Trockenschleudern), Treibriemen, Aufzügen u. s. w., Betriebsarten, welche bei verschiedenen Industriezweigen vorkommen."

Die Gewerbszweige oder Betriebsarten, für welche die Kasse gelten soll, müssen aus dem Statut ersichtlich sein (§ 19 Abs. 1, § 23 Abs. 2 Ziffer 1). Vgl. § 18a sowie Anm. 11 zu § 16. Für gemischte Betriebe vgl. § 19 Abs. 4.

[9]) beschäftigten, sc. versicherungspflichtigen, cf. Anm. 3, 4.

[10]) gemeinsame Orts-Krankenkassen. Dieselbe Bezeichnung führen die für mehrere Gemeinden gebildeten Orts-Krankenkassen (für einen Gewerbszweig oder eine Betriebsart, oder für mehrere Gewerbszweige oder Betriebsarten), § 43. Komm.Ber. S. 37: „Gegen die Vereinigung verschiedenartiger Gewerbe in einer Kasse wurde noch geltend gemacht, daß es eine Reihe von Gewerben gebe, in denen die Krankheitsgefahr eine sehr viel größere sei, als in anderen, und daß deshalb, namentlich wenn man die Bildung größerer Kassenorganisationen von der Abstimmung der Betheiligten abhängig mache, die Gefahr vorliege, daß die Angehörigen ungefährlicher Betriebszweige durch eine größere Anzahl von Angehörigen gefährlicher Betriebe überstimmt und zu einer für sie unzweckmäßigen und belastenden Kassenbildung gezwungen werden. Entgegnet wurde, daß die Verschiedenheit der Krankheitsgefahr in den verschiedenen Gewerbszweigen, von den hier außer Frage stehenden Betriebsunfällen abgesehen, aufgewogen, der Regel nach sogar übertroffen werde durch die Verschiedenheit der Krankheitsgefahr in den verschiedenen Lebensaltern." Die Novelle hat für solche Fälle eine Abstufung der Kassenbeiträge zugelassen, § 22 Abs. 3.

[11]) mehrere, oder selbst alle im Bezirk einer Gemeinde vertretenen Gewerbszweige oder Betriebsarten, cf. Anm. 1. Es muß auch zulässig sein, eine gemeinsame Orts-Krankenkasse für „alle Versicherungspflichtigen" zu errichten, wenn auch zur Zeit der Errichtung nur gewisse Kategorien derselben im Gemeindebezirk vorhanden sind. Vgl. jetzt auch § 18a.

[12]) Gelegenheit, zur Vermeidung formaler Schwierigkeiten und Weitläufigkeiten etwa durch eine ortsübliche Bekanntmachung mit dem Bemerken, daß von den Betheiligten binnen einer zu bestimmenden Frist Widerspruch erhoben werden könne. So die Preuß. Ausf.Anw. Nr. 15.

[13]) höhere Verwaltungsbehörde, § 84. In Preußen der Reg.-Präs. (für Berlin der Oberpräsident).

§. 17.

I. [1]) Durch Anordnung der höheren Verwaltungsbehörde [2]) kann die Gemeinde verpflichtet werden, für die in einem Gewerbszweige oder in einer Betriebsart beschäftigten Personen eine Orts-Krankenkasse zu errichten, wenn dies von Betheiligten beantragt wird und diesem Antrage, nachdem sämmtlichen Betheiligten zu einer Aeußerung darüber Gelegenheit [3]) gegeben ist, mehr als die Hälfte derselben und mindestens einhundert [4]) beitreten.

II. Dasselbe gilt von der Errichtung einer gemeinsamen Orts-Krankenkasse für mehrere Gewerbszweige oder Betriebsarten, wenn dem Antrage mehr als die Hälfte der in jedem Gewerbszweige oder in jeder Betriebsart beschäftigten Personen und im Ganzen mindestens einhundert [4]) beitreten.

III. Gegen die Verfügung der höheren Verwaltungsbehörde,[2]) durch welche die Errichtung einer gemeinsamen Orts-Krankenkasse angeordnet wird, steht der Gemeinde innerhalb vier Wochen die Beschwerde[5]) an die Zentralbehörde zu.

IV. Gemeinden, welche dieser Verpflichtung innerhalb der von der höheren Verwaltungsbehörde [2]) zu bestimmenden Frist nicht nachkommen, dürfen von denjenigen Personen, für welche die Errichtung einer Orts-Krankenkasse angeordnet ist, Versicherungsbeiträge zur Gemeinde-Krankenversicherung (§. 5 Absatz 2) nicht erheben.

(§ 13 der Vorlage, § 14 des Komm.-Berichts.)

Zu § 17.

[1]) Anordnung. Ueber die Nothwendigkeit des Zwanges vgl. folgende Sätze des Kommissionsberichts S. 36: Die Regierungskommissare erklärten, „sie müßten auch hier an der bei Berathung des § 2 dargelegten Auffassung festhalten, nach welcher es sich nicht um Gemeindeangelegenheiten im eigentlichen Sinne, sondern um eine mit Hülfe der Gemeinden durchzuführende allgemeine Organisation der Krankenversicherung handele. Den Staatsbehörden müsse die Möglichkeit gegeben werden, die zweckmäßigsten Kassenbildungen auch in solchen Fällen durchzuführen, wo die Gemeinden dieselben den von ihnen in erster Linie vertretenen Interessen nicht entsprechend finden würden. Die Vorlage gehe von der Auffassung aus, daß eine auf der Grundlage der Berufsgemeinschaft durchgeführte Kassenbildung sowohl der unmittelbaren Aufgabe der Krankenversicherung, als auch den mit der letzteren zu verfolgenden sozialpolitischen Zielen am förderlichsten sein werde. Die Gemeinde werde aber nicht selten einerseits als solche ein Interesse daran haben, organisirte Krankenkassen auch dann, wenn dieselben an sich zweckmäßig seien, nicht zu Stande kommen zu lassen, weil deren Errichtung im gegebenen Falle eine ihr ungünstige Rückwirkung auf die Lage der Gemeinde-Krankenversicherung er-

§. 18.

[1]) Beträgt die Zahl der in einem [2]) Gewerbszweige oder einer Betriebsart [3]) beschäftigten [4]) Personen weniger als einhundert, so kann die Errichtung einer Orts-Krankenkasse gestattet) werden, wenn die dauernde Leistungsfähigkeit der Kasse in einer von der höheren Verwaltungsbehörde für ausreichend erachteten Weise sichergestellt [6]) ist.

(§ 14a der Komm.-Beschlüsse).

---

warten lasse; andererseits könne die Entschließung der Gemeinde leicht durch das im gegebenen Falle der Bildung organisirter Kassen entgegenstehende Interesse der Arbeitgeber bestimmt werden, da deren Einfluß sich in der Regel naturgemäß stärker geltend mache, als derjenige der Arbeiter, und sich erfahrungsmäßig nicht selten sogar gegen das Interesse der Gemeinde als solcher zu behaupten wisse. Die Möglichkeit einer entscheidenden Einwirkung der Staatsbehörde zu Gunsten der Errichtung organisirter Krankenkassen auf Grundlage der Berufsgemeinschaft müsse daher unter allen Umständen gewahrt bleiben; und namentlich erscheine es ungerechtfertigt, der Autonomie der Gemeinden auch da eine unbedingte Geltung einzuräumen, wo sie sich im Widerspruch mit den Wünschen der zunächst betheiligten Versicherungspflichtigen befinden würde." — Die Anordnung muß eine Fristbestimmung enthalten, cf. Abs. 4. Wegen der Rücksichtnahme auf die Höhe der Beiträge vgl. Anm. 1 zu § 30.

[2]) höhere Verwaltungsbehörde, § 84. In Preußen der Reg.-Präs. (für Berlin der Oberpräsident). Wegen der Beschwerde vgl. Anm. 5.

[3]) Gelegenheit, cf. Anm. 12 zu § 16.

[4]) einhundert, als die regelmäßige Mindestzahl für die Errichtung einer Orts-Krankenkasse, cf. § 16 Abs. 1. Vgl. im Uebrigen die Anmerkungen zu § 16.

[5]) Beschwerde ist in allen Fällen dieses Paragraphen zulässig; der Umstand, daß die Beschwerde an die Zentralbehörde in Abs. 3 für die Fälle des Abs. 2 ausdrücklich zugelassen, für die Fälle des Abs. 1 aber nicht erwähnt ist, gestattet nicht den Schluß, daß für die letzteren Fälle ein Rechtsmittel ausgeschlossen sein soll. Aus dem Gesetz ist vielmehr nur zu entnehmen, daß die Beschwerde in den Fällen des Abs. 2 immer an die Zentralbehörde gehen und immer binnen 4 Wochen zulässig sein soll, während sie sich in den Fällen des Abs. 1 nach den Bestimmungen des Landesrechts richtet. (In Preußen geht sie daher in den Fällen des Abs. 1 binnen 2 Wochen an den Minister f. Handel u. Gew., vgl. §§ 6, 51 Ges. über d. allg. Landesverwaltung v. 30. Juli 1883.)

Zu § 18.

[1]) cf. Anm. 6 zu § 16.

[2]) in einem. Für diesen Paragraphen hat, wie sich aus den Materialien ergiebt, ein Unterschied zwischen Orts-Krankenkassen und gemeinsamen Orts-Krankenkassen nicht gemacht werden sollen. Er kann daher auch angewendet

§. 18a.

I. [1]) **Die Gemeinden sind berechtigt, Gewerbszweige oder Betriebsarten,**[2]) **für welche eine Orts-Krankenkasse nicht besteht, einer bestehenden Orts-Krankenkasse nach Anhörung derselben, und nachdem den betheiligten Versicherungspflichtigen Gelegenheit**[3]) **zu einer Aeußerung darüber gegeben worden ist, zuzuweisen. Die Zuweisung soll thunlichst an eine für verwandte Gewerbszweige oder Betriebsarten**[2]) **bestehende Orts-Krankenkasse erfolgen.**

II. **Gegen den Bescheid, durch welchen die Zuweisung ausgesprochen wird, steht der Kasse innerhalb vier Wochen nach der Zustellung die Beschwerde an die höhere Verwaltungsbehörde**[4]) **zu.**

---

werden, wenn in mehreren Gewerbszweigen zusammen weniger als 100 Personen beschäftigt sind. Sonst würden zu oft kleinere Gemeinden an der Errichtung von Orts-Krankenkassen gehindert sein, während die letzteren gleichwohl durchweg für wünschenswerth erklärt worden sind.

[3]) Betriebsart, vgl. Anm. 8 zu § 16.

[4]) beschäftigten, sc. versicherungspflichtigen, vgl. Anm. 9 zu § 16.

[5]) gestattet, von der höheren Verwaltungsbehörde (in Preußen Reg.-Präs., in Berlin Ob.Präs.), oder von derselben der vorgesetzten Behörde auf Antrag. Auf die Verpflichtung nach § 17 bezieht sich § 18 nicht.

[6]) sichergestellt. Dies geschieht durch alles, was der höheren Verwaltungsbehörde die Ueberzeugung von der dauernden Leistungsfähigkeit der Kasse zu geben geeignet ist.

Zu § 18a.

[1]) Mot. z. Nov. S. 42: Der durch die Novelle eingeschobene § 18a „soll eine Lücke ausfüllen, welche sich namentlich in solchen Fällen fühlbar gemacht hat, in denen in einer Gemeinde nach der ersten Ausführung des Gesetzes neue Gewerbszweige entstanden sind, welche bei der Errichtung der Orts-Krankenkassen nicht berücksichtigt worden waren. Da die Klassen von Personen, welche einer Orts-Krankenkasse angehören, nach § 23 Absatz 1 Ziffer 1 durch das Kassenstatut bestimmt werden und Abänderungen des letzteren nach § 36 Ziffer 3 nur durch Beschluß der Generalversammlung herbeigeführt werden können, so war es bisher unmöglich, einer Kasse gegen ihren Willen neue Klassen von Personen zuzuweisen. Daraus ist in den vorerwähnten Fällen mehrfach der Uebelstand hervorgegangen, daß die in einem bei der Kassenorganisation bisher nicht berücksichtigten Gewerbszweige beschäftigten Versicherungspflichtigen, weil keine der bestehenden Orts-Krankenkassen sie aufnehmen wollte, auf die Gemeinde-Krankenversicherung angewiesen blieben. Es entspricht der den Gemeinden durch den § 16 angewiesenen Stellung, daß

§. 19.

[1]) Die Gewerbszweige und Betriebsarten[2]), für welche eine Orts-Krankenkasse errichtet wird, sind in dem Kassenstatut (§. 23) zu bezeichnen. I.

Die in[3]) diesen Gewerbszweigen und Betriebsarten[2]) beschäftigten Personen werden, soweit sie versicherungspflichtig[4]) sind, **vorbehaltlich[4a]) der Bestimmung des §. 75,** mit dem Tage[5]), an welchem sie in die Beschäftigung eintreten, Mitglieder der Kasse[5a]), sofern sie nicht **vermöge ihrer Beschäftigung[6]) einer der in §§. 59, 69, 73, 74 bezeichneten** Kassen[7]) †) angehören. II.

Soweit sie nicht versicherungspflichtig[8]) sind, haben sie das Recht, der Kasse beizutreten, **sofern[8a]) ihr jährliches Gesammteinkommen[8b]) zweitausend Mark nicht übersteigt.** Der Beitritt erfolgt durch schriftliche oder mündliche Anmeldung bei dem Kassenvorstande oder der auf Grund des §. 49 Absatz 5 errichteten Meldestelle, gewährt aber keinen Anspruch[9]) auf Unterstützung im Falle einer bereits zur Zeit der Anmeldung eingetretenen[9a]) Erkrankung. **Die Kasse ist berechtigt, nicht versicherungspflichtige Personen, welche sich zum Beitritt melden, einer ärztlichen Untersuchung[9b]) unterziehen zu lassen und ihre Aufnahme abzulehnen, wenn die Untersuchung eine bereits bestehende Krankheit ergiebt.** III.

---

ihnen die Befugniß eingeräumt wird, auch gegen den Willen der bestehenden Krankenkassen die Versicherung neu entstehender Klassen von Versicherungspflichtigen in einer den Verhältnissen entsprechenden Weise zu regeln. Dafür, daß die in diesem Falle erforderliche Aenderung des Kassenstatuts auch gegen den Willen der betheiligten Kasse vorgenommen werden kann, trägt die Bestimmung des § 48a Absatz 2 Sorge."

[2]) Gewerbszweige — Betriebsarten, vgl. Anm. 8 zu § 16.

[3]) Gelegenheit, vgl. Anm. 12 zu § 16.

[4]) höhere Verwaltungsbehörde, vgl. Anm. 5 zu § 18.

Zu § 19.

[1]) Der § 19 entspricht im Allgemeinen dem § 4 und behandelt wie dieser die obligatorische Zugehörigkeit zur Orts-Krankenkasse (Abs. 2 und 4), die Befugniß Nichtversicherungspflichtiger zum freiwilligen Beitritt (Abs. 3), sowie den Austritt versicherungspflichtiger (Abs. 5) und freiwilliger Mitglieder (Abs. 6). Wegen der freiwilligen Fortsetzung des Versicherungsverhältnisses

---

†) Für land- und forstwirthschaftliche Arbeiter modifizirt durch § 142 landw. U. u. K.V.G., vgl. Anm. 7.

IV. **Sind mehrere Gewerbszweige oder Betriebsarten zu einem Betriebe vereinigt[9c]), so gehören die in diesem beschäftigten versicherungspflichtigen Personen derjenigen Orts-Krankenkasse an, welche für den Gewerbszweig oder die Betriebsart errichtet ist, in denen die Mehrzahl dieser Personen beschäftigt ist. Im Zweifel entscheidet, nach Anhörung des Betriebsunternehmers, der Vorstände der betheiligten Kassen und der Aufsichtsbehörde, die höhere Verwaltungsbehörde[9d]) endgültig[9e]).**

V. Der Austritt[10]) ist versicherungspflichtigen Personen mit dem Schlusse des Rechnungsjahres zu gestatten[10a]), wenn sie denselben spätestens drei Monate zuvor bei dem Vorstande beantragen[10b]) und vor dem Austritt nachweisen[11]), daß sie Mitglieder einer der im § 75 bezeichneten Kassen geworden sind.

Die Mitgliedschaft nichtversicherungspflichtiger Personen erlischt, wenn sie die Beiträge an zwei auf einander folgenden Zahlungsterminen nicht geleistet haben[12]).

(§ 15 des Entwurfs und der Komm.-Beschlüsse.)

---

durch solche Personen, welche bisher auf Grund ihrer Beschäftigung Mitglied der Orts-Krankenkasse waren, demnächst aber die Voraussetzung dieses Verhältnisses (die Beschäftigung in dem Betriebe) ohne Uebertritt zu einer die Mitgliedschaft in einer anderen Krankenkasse bedingenden anderen Beschäftigung aufgegeben haben, vgl. § 27.

[2]) Gewerbszweige, Betriebsarten, cf Anm. 8 zu § 16. Streitigkeiten über die Auslegung der Bestimmungen des Statuts hinsichtlich der zur Kasse gehörenden Gewerbszweige und Betriebsarten werden nach § 57b entschieden.

[3]) in, cf. Anm. 5 zu § 1.

[4]) versicherungspflichtig, §§ 1 bis 3.

[4a]) vorbehaltlich, vgl. Anm. 5a zu § 4.

[5]) mit dem Tage. Motive: „Die Zugehörigkeit ... soll ... von einem besonderen Akte (Eintritt, Anmeldung) nicht abhängig, sondern nothwendige Rechtsfolge des Eintritts des Einzelnen in die über die Zugehörigkeit zu einer der betr. Kassen entscheidende Beschäftigung sein." cf. auch Anm. 5 zu § 4. Wenn die Kasse erst nach dem Beginn der Beschäftigung errichtet wird, so entscheidet für die Zugehörigkeit der Zwangspflichtigen natürlich der Tag, mit welchem die Kasse ins Leben tritt.

[5a]) der Kasse, und zwar derjenigen, welche für den Gewerbszweig des Arbeitgebers errichtet ist. Welches Gewerbe der Versicherungspflichtige etwa erlernt hat, ist irrelevant. Der bei einem Schlosser beschäftigte Tischler

wird demnach Mitglied der Orts-Krankenkasse der Schlosser und nicht derjenigen der Tischler, falls für beide Gewerbszweige besondere Kassen errichtet sind. Vgl. Entsch. d. Gew.Dep. Berlin, Nr. 66.

[6]) vermöge ihrer Beschäftigung. Durch die jetzige Fassung ist die frühere Fassung: „sofern sie nicht nachweislich einer der übrigen in § 4 benannten Kassen angehören", im Interesse einer klareren Abgrenzung des Verhältnisses der verschiedenen Zwangskassen zu einander ersetzt worden. Mot. z. Nov. S. 43: „Im § 19 Abs. 2 und 4 sind diejenigen Abänderungen vorgenommen, welche erforderlich sind, um das Verhältniß der Kassen zu einander entsprechend den in der allgemeinen Begründung*) gegebenen Darlegungen klar zu stellen. Nach der dem zweiten Absatz gegebenen Fassung bleibt kein Zweifel mehr, daß die in den einer Orts-Krankenkasse zugewiesenen Gewerbszweigen und Betriebsarten beschäftigten versicherungspflichtigen Personen dieser Kasse nur dann nicht angehören, wenn sie entweder als Mitglieder einer Hülfskasse auf Grund des § 75 die Befreiung in Anspruch nehmen oder einer der in §§ 59, 69, 73, 74 bezeichneten Kassen angehören. Die Ersetzung des Wortes „nachweislich" durch die Worte „vermöge ihrer Beschäftigung" stellt klar, daß nur diese und nicht etwa die freie Entschließung der Betheiligten für die Zugehörigkeit zu einer der bezeichneten Kassen entscheidet. Etwa vorhandene andere Orts-Krankenkassen werden nicht mehr, wie durch die bisherige Fassung geschah, unter diejenigen Kassen gezählt, deren Mitgliedschaft für Versicherungspflichtige die Zugehörigkeit zu derjenigen Orts-Krankenkasse aufhebt, welcher sie durch ihre Beschäftigung zugewiesen sind. In Konsequenz dieser Regelung ist die Bestimmung des Abs. 4 (künftig Abs. 5) mittels Streichung des Wortes „übrigen" und Ersetzung des Hinweises auf § 4 durch denjenigen auf § 75 auf die Mitglieder der in letzterem Paragraphen bezeichneten Hülfskassen beschränkt worden."

Hierdurch ist klargestellt, daß jeder Versicherungspflichtige kraft Gesetzes derjenigen Zwangskasse angehört, welche für die Beschäftigung, in der er steht, errichtet ist; nur Mitglieder der dem § 75 genügenden Hülfskassen sind hiervon ausgeschlossen. Auch darf kein Versicherungspflichtiger Doppelversicherung bei zwei verschiedenen Zwangskassen nehmen, denn in dem Augenblick, wo jemand die Beschäftigung aufgiebt, welche seine Mitgliedschaft in einer Zwangskasse begründet, darf er in dieser letzteren nur noch dann verbleiben, wenn er keine andere versicherungspflichtige Beschäftigung übernimmt. Ebensowenig können Versicherungspflichtige gleichzeitig einer Zwangskasse und der Gemeinde-Krankenversicherung angehören; denn letztere tritt nach § 4 Abs. 1 nur für diejenigen ein, welche nicht (auf Grund ihrer Beschäftigung) Mitglieder einer Zwangskasse sind, und erlischt nach

*) Vgl. S. 37 dieses Kommentars.

§ 11 mit ihrem Eintritt in eine Zwangskasse. Versicherungspflichtige können daher Doppelversicherung nur durch Beitritt zu einer Hülfskasse nehmen. Vgl. Anm. 5a zu § 4. Nichtversicherungspflichtige Personen dagegen (vgl. Anm. 7 zu § 4) können, soweit Gesetz oder Kassenstatuten das überhaupt gestatten, gleichzeitig mehreren Zwangskassen und der Gemeinde-Krankenversicherung angehören.

7) Kassen. Die Gemeinde-Krankenversicherung ist keine Kasse, cf. Anm. 6 zu § 4; sie fällt von selbst fort, soweit Orts-Krankenkassen errichtet werden. Nur in der Land- und Forstwirthschaft kann die Zugehörigkeit zur Gemeinde-Krankenversicherung des Wohnorts die Mitgliedschaft in der Orts-Krankenkasse (oder Gemeinde-Krankenversicherung) des anderweiten Beschäftigungsorts ausschließen, sofern eine entsprechende statutarische Bestimmung erlassen ist, § 142 landw. U. u. K.V.G.

8) nicht versicherungspflichtig, aber in den betreffenden Gewerbszweigen oder Betriebsarten beschäftigt. Ueber die in Betracht kommenden Kategorien vgl. Anm. 7 zu § 4. Das Gesinde ist nach Reichsgesetz nicht zum Eintritt berechtigt, falls es nicht durch Kassenstatut nach § 26a Abs. 2 Z. 5 zugelassen wird. — Das gesetzliche Beitrittsrecht darf durch das Kassenstatut nicht weiter erschwert, also der Beitritt gesetzlich Berechtigter nicht an erschwerende Bedingungen (Alter 2c.) gebunden werden, vgl. Anm. 5a zu § 4. Anders bei dem durch Kassenstatut zugelassenen Beitritt solcher Personen, die nicht in den betreffenden Gewerbszweigen beschäftigt sind. cf. § 26a Abs. 2 Nr. 3 und Anm. 28 dazu.

8a) sofern. Vgl. § 4 und Anm. 7a zu demselben.

8b) Gesammteinkommen. Vgl. Anm. 7b und 7c zu § 4.

9) keinen Anspruch, cf. Anm. 14 zu § 4.

9a) eingetreten, vgl. Anm. 14a zu § 4.

9b) ärztliche Untersuchung, ebenso wie bei freiwilligem Beitritt zur Gemeinde-Krankenversicherung, vgl. Anm. 15 und 16 zu § 4.

9c) vereinigt. Mot. z. Nov. S. 45: „Die zwischen den bisherigen Abs. 3 und 4 eingeschobene neue Bestimmung hat sich für Gemeinden, in denen für die verschiedenen Gewerbszweige besondere Orts-Krankenkassen errichtet sind, als Bedürfniß herausgestellt. Nicht nur im Groß-, sondern auch im Mittel- und Kleingewerbe treten immer zahlreicher solche Betriebe auf, welche mehrere Gewerbszweige zu einem Gesammtbetriebe vereinigen und demnach, sofern für die letzteren verschiedene Orts-Krankenkassen bestehen, für keine derselben in ihrem vollen Umfange in Anspruch genommen werden können. Die in diesen Betrieben beschäftigten Personen je nach dem Gewerbszweige, welchem sie angehören, verschiedenen Kassen zu überweisen, würde sowohl für die Kassen wie für die Betheiligten unzweckmäßig sein. Es empfiehlt sich daher, zu bestimmen, daß sämmtliche in einem solchen Betriebe beschäftigte Personen einer Krankenkasse angehören sollen.

Die Entscheidung darüber, welche Kasse in Fällen dieser Art zuständig sein soll, kann nur davon abhängig gemacht werden, welchem Gewerbszweige der Betrieb mit der Mehrzahl der in ihm beschäftigten Personen angehört. Da hierüber aber Zweifel entstehen können, so muß Vorsorge getroffen werden, daß diese unter Berücksichtigung der örtlichen Verhältnisse und der Interessen der Betheiligten auf möglichst einfachem Wege entschieden werden."

Diese Bestimmung, wonach gemischte Betriebe (Haupt- und Nebenbetrieb) einer einzigen Krankenkasse zugewiesen werden sollen, wird für landwirthschaftliche, mit gewerblichen verbundene Betriebe schwerlich Platz greifen können, weil die Versicherung in den ersteren nach z. Th. anderen Grundsätzen erfolgt (a. M. Hahn in Arb.Vers. XI S. 128).

9d) höhere Verwaltungsbehörde, § 84.

9e) endgültig. Im Gegensatz hierzu gestattet § 57b die Beschwerde an die Zentralbehörde, wenn es sich um Meinungsverschiedenheiten zwischen mehreren in Betracht kommenden Kassen handelt. Dem Unternehmer des gemischten Betriebes aber steht diese Beschwerde nicht zu.

10) Austritt. Ein Austritt der kraft ihrer Beschäftigung zur Mitgliedschaft verpflichteten Personen ist nach den Grundsätzen des § 4 und § 19 Abs. 2 nur im Falle des Uebertritts zu einer dem § 75 genügenden Hülfskasse ohne Beitrittszwang zulässig.

Die Bestimmungen des § 19 Abs. 5 finden keine Anwendung auf das Ausscheiden solcher Personen, welche zur Mitgliedschaft nicht mehr verpflichtet sind (Austritt kraft Gesetzes). Für diese erlischt vielmehr die Mitgliedschaft, sofern sie nicht etwa nebenher freiwillig fortgesetzt wird (vgl. § 27), kraft Gesetzes mit dem Augenblick, in welchem die Verpflichtung erlischt. Dies gilt insbesondere bei Errichtung einer neuen Orts-Krankenkasse für einzelne, in einer gemeinsamen Orts-Krankenkasse bisher vereinigte Gewerbszweige oder Betriebsarten, sowie bei Errichtung einer Betriebs- (Fabrik-) Krankenkasse für diejenigen in der Orts-Krankenkasse versichert gewesenen Mitglieder, welche von dem betr. Fabrikanten beschäftigt werden. (Vgl. Anm. 8 zu § 24.) Denn diese Personen werden kraft Gesetzes Mitglieder der Betriebs- (Fabrik-) Kasse, sofern sie nicht Mitglieder einer im § 75 bezeichneten Kasse sind; mit dieser gesetzlichen Verpflichtung ist die Fortdauer der bisherigen Verpflichtung, einer Orts-Krankenkasse anzugehören, unvereinbar (= Pr. H.M. v. 26. Septbr. 1885). Wegen Errichtung einer Innungs-Krankenkasse vgl. § 73. Ferner erlischt die Mitgliedschaft beim Aufhören einer die Versicherungspflicht begründenden Beschäftigung, falls der Betreffende nicht freiwillig einstweilen weiter Mitglied bleibt, sowie mit dem Uebertritt zu einer neuen Beschäftigung, vermöge welcher er Mitglied einer anderen Krankenkasse wird, § 27, jedoch bei der Land- und Forstwirthschaft vorbehaltlich der Bestimmungen des § 142 landw. U. u. K.V.G., vgl. Anm. 7. Vgl. auch Anm. 6, sowie Anm. 7 zu § 3. Ein besonderes Reichsgesetz vom

28. Januar 1885 (R.G.Bl. S. 5) gab für die Mitglieder von Hülfskassen, deren Umgestaltung nach Maßgabe des § 75 K.V.G. bis zum 1. Dezember 1884 (§ 88 K.V.G.) eingeleitet, aber noch nicht perfekt geworden war, welche also trotz ihrer Mitgliedschaft in solchen Hülfskassen gesetzlich zum Beitritt zu den Orts-Krankenkassen rc. verpflichtet waren, bis zum 1. Juli 1885 erleichterte Austritts-Bedingungen aus den letzteren. Nach Ablauf dieser Frist ist das Gesetz antiquirt. Vgl. den Komm.Ber. zu demselben R.T.Dr.S. 1884 Nr. 71.

10a) gestatten. Es bedarf keiner ausdrücklichen Erlaubniß; der Austretende wird blos nicht mehr als Mitglied betrachtet und nicht mehr zu Beiträgen herangezogen (v. Schicker Anm. 22 zu § 19).

10b) beantragen. Ueber die Form, in welcher der Austritt zu beantragen ist, enthält das Gesetz keine Vorschrift. Es ist daher für genügend zu erachten, wenn die Erklärung in unzweifelhafter Weise den Willen des Austretenden kundgiebt und von demselben herrührt. Urtheil des Landgerichts I zu Berlin vom 1. Oktober 1886. (Vgl. Entsch. der Gew.Deput. Berlin II, Anh. Nr. 1.)

11) vor dem Austritt nachweisen. Die Versicherung in der anderen Kasse braucht nicht schon bei der Anmeldung des Austritts, sondern erst bei dem Austritt selbst perfekt geworden zu sein. Nach dem in Anm. 10b zitirten Urtheil des Landgerichts I zu Berlin vom 1. Oktober 1886 genügt es, wenn der Nachweis von einer anderen als der versicherungspflichtigen Person oder mit Genehmigung des Austretenden erbracht wird, da die Kasse nur daran ein Interesse habe, Gewißheit zu erhalten, daß der austretende Versicherungspflichtige anderweit versichert ist, und es gleichgültig sei, ob ihr diese Gewißheit durch eine persönliche Thätigkeit des Austretenden oder für denselben mit dessen Wissen und Willen von einem anderen verschafft werde.

12) nicht versicherungspflichtige Personen, welche der Kasse gemäß Abs. 3 freiwillig beigetreten sind, können durch eine entsprechende Erklärung jederzeit austreten; zweimalige Nichtzahlung der Beiträge (einschl. des Antheils der Arbeitgeber, vgl. Anm. 6 zu § 11) wird der ausdrücklichen Austrittserklärung gleich geachtet (§ 19 Abs. 6). Bis zum Ausscheiden bleiben sie für die fällig gewesenen Beiträge verhaftet, vgl. Anm. 14 zu § 4 und § 8 des Normalstatuts (Anm. 3 zu § 23). Für solche Personen, welche in die Kasse auf Grund der Versicherungspflicht eingetreten, demnächst aus der Versicherungspflicht ausgeschieden, aber in der Kasse freiwillig verblieben sind (§ 27 Abs. 1), gelten hinsichtlich des Austritts dieselben Bestimmungen, wenngleich sie an einer anderen Stelle, nämlich im § 27, stehen, wo die Kassenzugehörigkeit dieser Kategorie freiwilliger Mitglieder im Zusammenhange behandelt wird. Nach § 27 Abs. 2 erlischt auch bei ihnen die Mitgliedschaft durch zweimal auf einander folgende Zahlungsversäumniß.

§. 20.*)

Die Orts-Krankenkassen sollen mindestens[1]) gewähren:[1a]) I.

1. **im Falle[1b]) einer Krankheit oder durch Krankheit herbeigeführten Erwerbsunfähigkeit** eine Krankenunterstützung, welche nach §§. 6,†) 7, 8[2]) mit der Maßgabe zu bemessen ist, daß der durchschnittliche Tagelohn[3]) derjenigen Klassen der Versicherten, für welche die Kasse errichtet wird, soweit[4]) er drei Mark[5]) für den Arbeitstag nicht überschreitet, an die Stelle des ortsüblichen Tagelohnes gewöhnlicher Tagearbeiter tritt;
2. eine Unterstützung **in Höhe des Krankengeldes** an Wöchnerinnen,[6]) **welche innerhalb des letzten Jahres, vom Tage der Entbindung ab gerechnet, mindestens sechs Monate hindurch einer auf Grund dieses Gesetzes errichteten Kasse[6a]) oder einer Gemeinde-Krankenversicheruug angehört haben,** auf die Dauer von **mindestens vier[6b])** Wochen nach ihrer Niederkunft, **und soweit[6c]) ihre Beschäftigung nach den Bestimmungen der Gewerbeordnung für eine längere Zeit untersagt ist, für diese Zeit;[6d])**
3. für den Todesfall eines Mitgliedes ein Sterbegeld[7]) im zwanzigfachen Betrage des **durchschnittlichen[8]) Tagelohnes (Ziffer 1).**

Die Feststellung[9]) des durchschnittlichen Tagelohnes kann auch unter Berücksichtigung der zwischen den Kassenmitgliedern hinsichtlich der Lohnhöhe bestehenden Verschiedenheiten klassenweise[10]) erfolgen. Der durchschnittliche Tagelohn einer Klasse darf in diesem Falle nicht über den Betrag von vier Mark[11]) festgestellt werden. II.

Verstirbt ein als Mitglied[12]) der Kasse Erkrankter nach Beendigung der Krankenunterstützung, so ist das Sterbegeld zu gewähren, wenn die Erwerbsunfähigkeit[13]) bis zum Tode fortgedauert hat und der Tod in Folge derselben[14]) Krankheit vor Ab- III.

Zu § 20.

[1]) mindestens. Während die Leistungen der Gemeinde-Krankenversicherung, für welche ein Statut nicht gegeben wird, unmittelbar aus dem Gesetz gefordert werden sollen, und daher bei derselben ein Spielraum zwischen Mehr- und Minderleistung nur in beschränktem Umfange gewährt ist

†) Für die in der Land- und Forstwirthschaft beschäftigten Personen fällt Krankengeld unter Umständen fort, vgl. §§ 10, 137, 138 landw. U. u. K.V.G.

lauf eines Jahres nach Beendigung der Krankenunterstützung[15]) eingetreten ist.

IV. **Das Sterbegeld ist zunächst zur Deckung der Kosten des Begräbnisses bestimmt[16]) und in dem aufgewendeten Betrage demjenigen auszuzahlen, welcher das Begräbniß besorgt. Ein etwaiger Ueberschuß ist dem hinterbliebenen Ehegatten, in Ermangelung eines solchen den nächsten Erben auszuzahlen. Sind solche Personen nicht vorhanden, so verbleibt der Ueberschuß der Kasse.**

(§ 16 der Vorlage und der Komm.-Beschlüsse.)

*) § 20 gilt auch für Betriebs- (Fabrik-), Bau- und Innungs-Krankenkassen (§ 73), sowie für Knappschaftskassen (§ 74).

(cf. Anm. 1 zu § 4), müssen die Leistungen der organisirten Krankenkassen, weil sie innerhalb der gesetzlichen Grenzen von dem Belieben der Kasse abhängig sind, durch ein Kassenstatut festgestellt werden.

„Für die Orts-Krankenkassen wird ein Mindestbetrag der zu gewährenden Krankenunterstützung, und zwar zu dem Betrage festzustellen sein, welchen die Gemeinde-Krankenversicherung zu leisten hat, jedoch mit der durch die in höherem oder geringerem Grade vorhandene Gleichartigkeit der Kassenmitglieder gerechtfertigten Modifikation, daß an die Stelle des ortsüblichen Tagelohnes gewöhnlicher Tagearbeiter der Durchschnittstagelohn derjenigen Klasse von Versicherten tritt, für welche die Kasse errichtet ist . . . . Die den organisirten Krankenkassen einzuräumende Selbstverwaltung rechtfertigt es, denselben zu gestatten, auf dem Wege statutarischer Bestimmung nicht nur die Krankenunterstützung und das Sterbegeld über den gesetzlichen Mindestbetrag zu erhöhen, sondern auch ihren Mitgliedern noch andere als die gesetzlich vorgeschriebenen Unterstützungen zu gewähren. Jedoch wird diese Befugniß so zu begrenzen sein, daß die Leistungsfähigkeit der Kassen dadurch nicht gefährdet und ihre Wirksamkeit nicht auf Versicherungen ausgedehnt werden kann, für welche ihre Organisation nicht ausreicht und ein Zwang in dieser Form nicht gerechtfertigt erscheint" (Motive S. 36).

Aus dem Kommissionsbericht ist folgender Satz zu erwähnen: „Die im § 16 (jetzt § 20) bezeichneten Leistungen werden nach der Absicht des Gesetzes vom 1. Jan. 1887 ab die Untergrenze dessen bilden, was ein jeder auf Grund dieses Gesetzes versicherte Arbeiter von seiner Krankenkasse, soweit diese nicht eingeschriebene Hülfskasse ist, zu beanspruchen hat, während für eingeschriebene Hülfskassen und für die Gemeinde-Krankenversicherung die im § 6 bezeichneten Mindestleistungen gelten."

§ 20 bestimmt die Minimalleistungen, § 21 die zulässigen Erhöhungen und Erweiterungen, §§ 26 und 26a die in einzelnen besonderen Fällen statthaften Minderungen und sonstigen Modifikationen der Kassenleistungen.

Wegen event. Ansprüche der Orts-Krankenkassen auf Erstattung der geleisteten Unterstützungen vgl. Anm. 5 zu § 5, sowie Anm. 2 und 7 zu § 20, Anm. 2 zu § 21.

1a) gewähren. Ueber das „Wo?" vgl. Anm. 5 zu § 5 und Anm. 10 zu § 27.

1b) im Falle, durch die Novelle eingefügt, im Hinblick auf die gleichartigen Vorschriften des § 5. Vgl. Anm. 4 a zu § 5; über den Begriff der Krankheit vgl. Anm. 18 zu § 1; über den Begriff der Erwerbsunfähigkeit vgl. Anm. 7 zu § 6. Die Krankenunterstützung ist also auch zu gewähren nach Beendigung der Krankheit, d. h. des Zustandes, welcher Arzt oder Arznei erfordert, solange innerhalb der gesetzlichen oder statutarischen Dauer der Unterstützung Siechthum oder Rekonvaleszenz, die als Folge der Krankheit anzusehen sind, fortdauert.

2) nach §§ 6, 7, 8. Vgl. die Anmerkungen daselbst; insbesondere auch Anm. 12 zu § 6 darüber, daß nach dem Unfallversicherungsgesetz vom 6. Juli 1884 bei Krankheiten, welche durch Betriebsunfälle hervorgerufen sind (vgl. Anm. 18 zu § 1), für die Zeit vom Beginn der 5. bis zum Ende der 13. Woche von der Krankenkasse an Krankengeld mindestens $^2/_3$ des bei der Berechnung desselben zu Grunde gelegten Lohnes (also bei Orts-Krankenkassen des durchschnittlichen Tagelohnes oder des Individuallohnes, § 26 a Abs. 2 Ziffer 6) zu gewähren ist, und zwar vorbehaltlich der Erstattung durch die Betriebsunternehmer, falls nicht die Kasse bereits auf Grund des § 21 des Gesetzes ein so hohes Krankengeld gewährt. Die zweitägige Karenzzeit (bezüglich des Krankengeldes, siehe § 6 Ziffer 2) kann fortab durch das Kassenstatut ausgeschlossen werden (§ 21 Abs. 1 Ziffer 1 a). Erweiterungen der Kassenleistungen sind nur nach Maßgabe des § 21 zuläsfig, soweit nicht § 85 (ältere fortbestehende Kassen) in Frage kommt, vgl. Anm. 1 zu § 21.

3) der durchschnittliche Tagelohn 2c., vgl. Anm. 13 zu § 6, sowie oben Anm. 1. An die Stelle des durchschnittlichen Tagelohns darf nach den Vorschriften der Novelle durch Kassenstatut der Individuallohn bis zu 4 ℳ für den Arbeitstag gesetzt werden, § 26 a Abs. 2 Ziffer 6. Die Feststellung des durchschnittlichen Tagelohns und event. dessen Abstufung für die einzelnen Lohnklassen (cf. Abs. 2) wird ebenso wie in § 8 — welcher im Eingang dieses Paragraphen citirt wird — der höheren Verwaltungsbehörde (in Preußen dem Reg.-Präs., für Berlin dem Oberpräsidenten) nach Anhörung der Gemeindebehörde obliegen und für männliche und weibliche, jugendliche und erwachsene Arbeiter besonders erfolgen müssen.

Wenn auch das Gesetz von der Annahme auszugehen scheint, daß der „durchschnittliche" Tagelohn höher sein werde als der „ortsübliche", so schreibt dasselbe doch ein solches Verhältniß nicht vor. Die Festsetzung des durchschnittlichen Tagelohnes muß ohne Rücksicht auf die Höhe des ortsüblichen Lohnes lediglich nach den thatsächlichen Verhältnissen der betreffenden Arbeiterkategorie erfolgen. Der durchschnittliche Tagelohn ist daher auf einen minderen Betrag festzusetzen, wenn die betr. Arbeiterkategorie im Durchschnitt geringeren Lohn verdient wie die gewöhnlichen Tagearbeiter des betr. Orts. Vgl. auch Anm. 11.

Der Festsetzung ist das Kalenderjahr zu Grunde zu legen. Es ist nicht zulässig, innerhalb derselben Arbeiterkategorie den Lohn für die Sommermonate anders als für die Wintermonate festzusetzen. Ebenso Pr. H.M. v. 16. Aug. 1884; sowie Pr. O.V.G. v. 27. Juni 1895. Vgl. Anm. 1 zu § 22.

[4]) soweit, nicht sofern. Uebersteigt der durchschnittliche Tagelohn den Betrag von täglich drei und bei klassenweiser Abstufung (Abs. 2) von täglich vier Mark, so kommt der diesen Betrag übersteigende Theil desselben nicht in Rechnung. (Bei Berechnung der Renten in der Unfallversicherung kommt der Mehrbetrag noch mit $^1/_3$ zur Anrechnung, vgl. § 5 U.V.G.)

[5]) drei Mark nicht überschreitet. Diese Bestimmung ist veranlaßt worden durch einen Beschluß des preußischen Volkswirthschaftsraths.

[6]) eine Unterstützung in Höhe des Krankengeldes an Wöchnerinnen. Diese in der Regierungsvorlage nicht enthaltene obligatorische Vorschrift ist in das alte Gesetz durch die Kommission des Reichstags aufgenommen, durch die Novelle aber wesentlich modifizirt worden. Es soll nach derselben versicherten weiblichen Personen, welche niederkommen, eine Unterstützung auch dann gewährt werden, wenn sie nicht eigentlich krank sind, cf. Anm. 18 zu § 1, um im Anschluß an § 137 der Gew Ordn. ein zu frühes, der Gesundheit schädliches Arbeiten der Wöchnerinnen zu verhindern. Gestaltet sich das Wochenbett zu einer Krankheit, so tritt die Bestimmung der Nr. 1 ein, wie der Kommissionsbericht ausdrücklich konstatirt. Während aber die Bestimmung ursprünglich dahin lautete: „eine gleiche Unterstützung an Wöchnerinnen auf die Dauer von drei Wochen nach ihrer Niederkunft", sind nach der jetzigen Fassung sowohl der Umfang, wie die Voraussetzungen und die Dauer dieser besonderen Wöchnerinnen-Unterstützung anders geregelt.

Was den Umfang der Unterstützung anbelangt, so wird durch die jetzige Fassung klargestellt, daß nur eine baare Unterstützung gewährt werden soll; denn sobald Arzt und Arznei nöthig sind, wird das Wochenbett zu einer „Krankheit" und erfordert deshalb keine besonderen Vorschriften. In diesem Fall ist dann übrigens nur die Krankenunterstützung, nicht etwa nebenher auch noch die Wöchnerinnen-Unterstützung zu gewähren Bei normalen Entbindungen die keine Krankheit sind, werden die Funktionen der Hebeamme nicht von der Kasse bezahlt, denn diese Funktionen könnten nur als ärztliche Behandlung in Betracht kommen. Die Motive zur Novelle (S. 44) sagen zu dieser Veränderung: „Die Kommissionsverhandlungen, aus denen diese Bestimmung hervorgegangen, lassen erkennen, daß den Wöchnerinnen bei normal verlaufendem Wochenbette nur eine dem Krankengelde gleichkommende Geldunterstützung, nicht aber freie ärztliche Behandlung und Arznei zu Theil werden sollte. Der Ausdruck „eine gleiche Unterstützung" schließt aber, da er auf die Ziffer 1 zurückweist, die letzteren Leistungen mit ein und giebt daher zu Zweifeln über den Umfang der Unterstützung Anlaß. Um diese Zweifel für die Folge auszuschließen, ist der Ausdruck „„eine Unterstützung in Höhe des Krankengeldes““ gewählt worden.“

Was die Voraussetzungen der Unterstützung anbetrifft, so war nach dem bisherigen Gesetz nichts weiter vorgesehen, als daß es sich um ein normales Wochenbett einer Versicherten handeln mußte. Die Novelle verlangt außerdem eine längere Zeit hindurch fortgesetzte Versicherung. Mot. z. Nov. S. 44: „Ein weiteres Bedenken gegen die Fassung der bisherigen Ziffer 2 hat sich aus der Erfahrung ergeben, daß vielfach Schwangere kurz vor ihrer Entbindung, oft nur zum Schein, eine die Versicherungspflicht begründende Beschäftigung annehmen, lediglich um den Anspruch auf Wöchnerinnen-Unterstützung zu erwerben. Einer solchen Ausbeutung der Krankenkassen kann nur dadurch begegnet werden, daß der Anspruch auf Unterstützung von einer voraufgegangenen längeren Dauer der Kassenmitgliedschaft abhängig gemacht wird. Es genügt aber für den Zweck und entspricht dem Verhältniß, welches grundsätzlich zwischen den verschiedenen Kassen bestehen soll, wenn hierbei nicht die Dauer der Mitgliedschaft bei der einzelnen Kasse als entscheidend angesehen, sondern nur eine voraufgegangene Versicherung von gewisser Dauer bei irgend einer Krankenkasse gefordert wird.“

Endlich ist die Dauer der Wöchnerinnen-Unterstützung im Anschluß an die jetzige anders lautende Vorschrift der Gewerbeordnung erweitert. Auch soll dieselbe nach einer Bemerkung in den Motiven an eine Karenzzeit nicht gebunden sein, vgl. Mot. z. Nov. S. 44: „Die Unterstützung wird vom Tage der Niederkunft ab gewährt, eine Karenzzeit tritt also nicht ein.“

Die Bestimmung gilt auch für uneheliche Geburten, wofür u. a. die Erwägung gesprochen hat, „daß uneheliche Geburten mit materieller Noth verbunden der Prostitution notorisch die meisten Opfer zuführten“ (Komm.-Ber.). Die Regierungsvorlage zur Novelle wollte die obligatorische Wöchnerinnen-Unterstützung auf eheliche Wöchnerinnen beschränken, und fakultativ (im § 21) die Ausdehnung auf uneheliche gestatten, weil „bei der Ausführung des Gesetzes sich gezeigt habe, daß in weiten Kreisen der Versicherungspflichtigen das Gerechtigkeitsgefühl dadurch verletzt wird, daß sie Beiträge zur Unterstützung gefallener Mädchen und unsittlicher Wittwen leisten müssen“ (Mot.). Dies ist indessen vom Reichstage reprobirt, und sogar die Bestimmung im § 135 landw. U. u. K.V.G, wonach in der Land- und Forstwirthschaft die Wöchnerinnen-Unterstützung nur an eheliche Wöchnerinnen zu gewähren sei, durch Art. 32 der Novelle ausdrücklich aufgehoben worden. Wegen der zulässigen Erweiterungen vgl. § 21 Ziffer 4 und 5. Wegen des Rückgriffs an den Stuprator cf. Anm. 8 zu § 57. Die Wöchnerinnen-Unterstützung gilt im Sinne dieses Gesetzes als Krankenunterstützung (vgl. Anm. 5 zu § 21).

6a) einer auf Grund dieses Gesetzes errichteten Kasse. Nach dem Wortlaut kommen hierbei Hülfskassen ohne Beitrittszwang nicht in Be-

14*

tracht, denn sie sind nicht „auf Grund dieses Gesetzes errichtet". Dies muß auch trotz der Zweifel gelten, welche aus der Fassung der Motive zur Novelle, es solle „nicht die Dauer der Mitgliedschaft bei der einzelnen Kasse als entscheidend angesehen, sondern nur eine voraufgegangene Versicherung von gewisser Dauer bei irgend einer Krankenkasse gefordert werden" (vgl. Anm. 6), hergeleitet werden könnten. Denn sonst würde der Zweck der Bestimmung, die organisirten Krankenkassen vor Mißbrauch zu schützen, nicht erreicht werden, da Mitglieder von Hülfskassen jederzeit, nur um sich die Wöchnerinnen-Unterstützung zu sichern, in die Orts-Krankenkassen eintreten können. (v. Schicker S. 118, Köhne S. 80, Reger-Henle S. 93.)

6b) mindestens vier Wochen, um den Zusammenhang mit § 137 Abs. 5 der Gewerbeordnung in der Fassung des Gesetzes vom 1. Juni 1891 herzustellen. Diese Vorschrift lautet:

> „Wöchnerinnen dürfen während vier Wochen nach ihrer Niederkunft überhaupt nicht und während der folgenden zwei Wochen nur beschäftigt werden, wenn das Zeugniß eines approbirten Arztes dies für zulässig erklärt."

Die dreitägige Karenzzeit gilt für die Wöchnerinnen-Unterstützung nicht, vgl. Mot. in Anm. 6.

6c) soweit, vgl. Anm. 6 d.

6d) für diese Zeit, also bis zu sechs Wochen nach der Niederkunft, vgl. Anm. 6 b. Diese Verlängerung der Schutzzeit gilt aber nur für diejenige Beschäftigung der Wöchnerinnen, welche unter die Vorschriften der Gewerbeordnung fällt (vgl. das Wörtchen „soweit"). Die Verlängerung der Schutzzeit gilt also nur für die Beschäftigung in „Fabriken" (§ 134), „in Bergwerken, Salinen, Aufbereitungsanstalten und unterirdisch betriebenen Brüchen und Gruben" (§ 154 a a. a. O.), in „Hüttenwerken, Zimmerplätzen und andern Bauhöfen, in Werften sowie in solchen Ziegeleien, über Tage betriebenen Brüchen und Gruben, welche nicht blos vorübergehend oder in geringem Umfang betrieben werden" (§ 154 Abs. 2 a. a. O.), „in Werkstätten, in welchen durch elementare Kraft (Dampf, Wind, Wasser, Gas, Luft, Elektrizität u. s. w.) bewegte Triebwerke nicht blos vorübergehend zur Verwendung kommen" (§ 154 Abs. 3 a. a. O.), und zwar hier erst von dann ab, daß diese Vorschrift durch Kais. Verordnung in Kraft gesetzt werden wird (Art. 9 Ges. v. 1. Juni 1891), sowie in „andern Werkstätten und bei Bauten", auf welche jene Vorschrift durch Kais. Verordnung etwa ausgedehnt werden sollte (§ 154 Abs. 4 a. a. O.).

Bei Beschäftigung in anderen Betrieben haben Wöchnerinnen die Unterstützung nur für 4 Wochen zu beziehen. Es läßt sich, wie die Regierungskommissare in der Kommissionsberathung hervorgehoben haben (Komm.Ber. z. Nov. S. 17), nicht hindern, daß Wöchnerinnen während des Bezuges der Wöchnerinnen-Unterstützung in solchen Betrieben Beschäftigung suchen, die nicht unter die Gewerbeordnung fallen, in denen also ein Verbot der Beschäftigung von Wöchnerinnen nicht besteht.

7) Sterbegeld. „Mit Rücksicht auf die bisherige Entwicklung des Krankenkassenwesens soll den organisirten Krankenkassen allgemein zugleich die Funktion von Sterbekassen übertragen werden. Von jeher ist die Krankenversicherung der Regel nach mit der Sterbegeldversicherung verbunden gewesen. Auch die Gesetzgebung hat diese Verbindung bisher stets, wenn auch meist nur als fakultative, aufrecht erhalten, und die unteren Volksklassen legen erfahrungsmäßig auf die Sicherung eines anständigen Begräbnisses einen gleich hohen, ja meist einen höheren Werth, als auf die Sicherung einer Unterstützung in Krankheitsfällen. Der Mindestbetrag des Sterbegeldes soll auf den zwanzigfachen Betrag des durchschnittlichen Tagelohns festgesetzt werden, so daß beispielsweise bei einem Lohn von 1,50 ℳ für den Tag der Mindestbetrag des Sterbegeldes sich auf 30 ℳ belaufen würde" (Mot. 36). Statutarische Erhöhung des Sterbegelds vgl. § 21 Abs. 1 Ziffer 6; Sterbegelder für nicht versicherte Ehefrauen und Kinder der Mitglieder vgl. § 21 Abs. 1 Ziffer 7.

Bei Todesfällen in Folge von Betriebsunfällen wird das von Krankenkassen gewährte Sterbegeld von den Berufsgenossenschaften in derjenigen Höhe erstattet, in welcher die letzteren ihrerseits für die Beerdigungskosten aufzukommen haben (das 20fache des durchschnittlichen Arbeitsverdienstes, jedoch mindestens 30 ℳ); vgl. §§ 6, 8 des Unfallvers.Ges. v. 6. Juli 1884, sowie v. Woedtke, Kommentar zu demselben Anm. 2 zu § 8 a. a. O. Ebenso nach § 4 Ges., betr. die Fürsorge für Beamte und Personen des Soldatenstandes in Folge von Betriebsunfällen vom 15. März 1886, sowie nach § 11 landw. U. u. K.V.G. Die Krankenkassen sind berechtigt, wegen Erstattung des Sterbegelds neben dem Hauptberechtigten oder selbständig ohne denselben Berufung an das Schiedsgericht einzulegen, wenn das Sterbegeld von der Berufsgenossenschaft versagt wird (Amtl. Nachr. d. R.V.A. 1890 S. 505).

Das Sterbegeld ist im Grundsatz nur an „Mitglieder" zu gewähren, d. h. an solche Personen, welche während der Dauer der (obligatorischen oder freiwilligen) Mitgliedschaft versterben. Doch ermöglicht der von der Novelle neu hinzufügte Abs. 3 im Interesse der Billigkeit die Gewährung des Sterbegeldes auch an ehemalige Kassenmitglieder, wenn die Krankheit nach Beendigung der Krankenunterstützung fortgedauert und in weiterem ununterbrochenen Verlauf den Tod herbeigeführt hat. Hierdurch ist eine aus den bisherigen Bestimmungen entstandene Kontroverse beseitigt, wobei aber die Mot. z. Nov. (S. 46) keinen Zweifel darüber lassen, daß nach dem bisherigen Wortlaut, wie diesseits stets betont worden ist (vgl. 3. Aufl. Anm. 7 zu § 20), die Gewährung des Sterbegeldes an ehemalige Mitglieder nicht zulässig war. Im Uebrigen ist das Sterbegeld immer, also auch für Selbstmörder zu gewähren (v. Schicker S. 120); darüber, wer Empfangsberechtigter ist, enthält der durch die Novelle zugefügte Abs. 4 Bestimmungen. Auch auf das Sterbegeld finden §§ 56, 57 Anwendung.

[8]) durschnittliche, bisher ortsübliche (§ 8). Bei klassenweiser Abstufung (Abs. 2) wird diejenige Klasse zu Grunde gelegt, welcher der Verstorbene angehörte. An die Stelle des Durschnittslohnes kann nach § 26 Abs. 2 Ziffer 6 der Individuallohn gesetzt werden.

[9]) Feststellung, cf. Anm. 3 und 10. Dieser Absatz beruht auf den Beschlüssen der Reichstagskommision, während die Vorlage eine ähnliche Bestimmung nur für die Betriebs- (Fabrik-) Krankenkassen vorgesehen hatte.

[10]) klassenweise, nach Durchschnittssätzen für die einzelnen Arten der Versicherten, oder nach Lohngrenzen, in welche die einzelnen Versicherten nach ihrem Arbeitsverdienst eingerechnet werden. Die Frage, ob eine Bildung von Lohnklassen stattfinden soll, und nach welchen Gesichtspunkten die Lohnklassen gegen einander abzugrenzen sind, ist lediglich Sache der Kasse, nicht Sache der die betr. Durchschnittslöhne festsetzenden Behörde (Pr. Ob.-Verw.Ger. v. 13. November 1893). Letztere hat sich bei Feststellung der Löhne nach den Bestimmungen des Statuts über die Klassenbildung zu richten. In jeder einzelnen Klasse noch wieder zwischen männlichen, weiblichen, jugendlichen und erwachsenen Arbeitern zu unterscheiden, wird thunlichst vermieden werden müssen. Es wird genügen, wenn die Klassen so abgegrenzt werden, daß weibliche und jugendliche Arbeiter niedrigeren Klassen, in welche im Uebrigen niedriger gelohnte männliche erwachsene Arbeiter fallen, zugerechnet werden. Vgl. die Vorschläge in § 23 des Normalstatuts (Anm. 3 zu § 23). Eine ausdrückliche Feststellung des Durchschnittslohnes dieser weiblichen und jugendlichen Arbeiter ist allerdings nicht zu umgehen; cf. Anm. 3 Ueber das Klassensystem vgl. Hahn in Arb.Vers. XI S. 197.

[11]) nicht über den Betrag von vier Mark. Diese Obergrenze ist belassen, die durch das alte Gesetz vorgesehene Untergrenze aber, daß nämlich der klassifizirte Durchschnittslohn nicht unter den Betrag des ortsüblichen Tagelohns (§ 8) sinken dürfe, durch die Novelle gestrichen worden. Dies geschah um deswillen, weil thatsächlich der Durchschnittslohn oft hinter dem ortsüblichen Lohn zurückbleibt, in solchen Fällen aber die niedrig gelohnten Personen nicht zu unverhältnißmäßig hohen Beiträgen herangezogen werden sollen, auch der Grundsatz nicht durchbrochen werden soll, „daß die Krankenunterstützung im Verhältniß zum Verdienst des Versicherten stehen soll“ (Mot. z. Nov. S. 45).

[12]) als Mitglied, obligatorisches oder freiwilliges. Während der Dauer der Krankenunterstützung währt die Mitgliedschaft fort, ohne daß Beiträge zu entrichten sind (§ 54 a). Vgl. Anm. 7.

[13]) Erwerbsunfähigkeit, Anm. 7 zu § 6.

[14]) derselben Krankheit. Ueber den Begriff der „neuen“ Krankheit vgl. Anm. 14 zu § 6.

§. 21.*)

Eine Erhöhung und Erweiterung[1]) der Leistungen der Orts- I. Krankenkassen ist in folgendem Umfange zulässig:

1. Die Dauer[2]) der Krankenunterstützung kann auf einen längeren Zeitraum als dreizehn Wochen bis zu einem Jahre festgesetzt werden.

1a. **Das Krankengeld kann allgemein oder unter bestimmten Voraussetzungen[2a]) schon vom Tage des Eintritts der Erwerbsunfähigkeit ab, sowie für Sonn- und Festtage[2b]) gewährt werden, sofern[2c]) dieses sowohl von der Vertretung der zu Beiträgen verpflichteten Arbeitgeber (§. 38) als auch von derjenigen der Versicherten beschlossen[2d]) wird, oder sofern[2c]) der Betrag des gesetzlich vorgeschriebenen Reservefonds erreicht[2e]) ist.**

---

[15]) nach Beendigung der Krankenunterstützung. Dabei ist deren mögliche Verlängerung über 13 Wochen hinaus, wie sie sowohl nach den neuen Vorschriften der Novelle zu § 6 (vgl. Anm. 14 zu § 6) wie durch statutarische Vorschriften der organisirten Kassen (§ 21) begründet sein kann, in Betracht zu ziehen.

[16]) bestimmt. Vgl. Anm. 7. Die jetzigen Vorschriften entsprechen, wie die Mot. z. Nov. S. 45 hervorheben, den Interessen der Betheiligten und „im Wesentlichen den bisherigen statutarischen Vorschriften". Wer das Begräbniß besorgt, erhält das Sterbegeld nur in Höhe der nachweisbar aufgewendeten Kosten. Streitigkeiten beim Erstattungsanspruch werden nach § 58 Abs. 1 entschieden; wenn aber der Armenverband das Begräbniß eines hülfsbedürftigen Kassenmitgliedes besorgt hat und deshalb der Anspruch gegen die Kasse gemäß § 57 Abs. 2 auf ihn übergegangen ist, so kann er das im § 58 Abs. 2 zugelassene Verwaltungsstreitverfahren beschreiten (v. Schicker Anm. 2 zu § 58, Pr. Ob.Verw.Ger. v. 10. Juni 1895).

Die Kasse ist berechtigt aber nicht verpflichtet, selbst das Begräbniß zu besorgen, wenn nahe Verwandte, denen die Angelegenheit zunächst zu überlassen sein würde, nicht bekannt oder nicht zu erreichen sind oder sich nicht um das Begräbniß bekümmern. (Die Fassung in der 4. Auflage war, wie in Arb.Vers. XI S. 376 mit Recht hervorgehoben ist, nicht glücklich.)

Zu § 21.

[1]) Erhöhung und Erweiterung, sc. generell durch das Statut, § 23, nicht nach Belieben des Kassenvorstandes in einzelnen Fällen. Trotz der damit verbundenen Belastung der Kasse „erachtete man für wünschenswerth, die Grenzen der statutarisch zulässigen Erhöhung der Kassenleistungen möglichst weit zu ziehen, schon um deswillen, weil nach § 74 (jetzt § 85) die

2. Das Krankengeld[3]) kann auf einen höheren Betrag, und zwar bis zu drei Viertel des durchschnittlichen Tagelohns[3a]) (§. 20) festgesetzt werden; neben freier ärztlicher Behandlung und Arznei können auch andere als die im §. 6 bezeichneten Heilmittel[3b]) gewährt werden.

3. Neben freier Kur und Verpflegung in einem Krankenhause kann Krankengeld[4]) bis zu einem Achtel des durchschnittlichen Tagelohnes[3a]) (§. 20) auch solchen[4]) bewilligt werden, welche nicht den Unterhalt von Angehörigen aus ihrem Lohne bestritten haben.

3a **Für die Dauer eines Jahres von Beendigung der Krankenunterstützung ab kann Fürsorge für Rekonvalescenten[4a]), namentlich auch Unterbringung in einer Rekonvalescentenanstalt[4b]) gewährt werden.**

4. **Die Wöchnerinnen-Unterstützung**[5]) kann **allgemein**[5a]) bis zur Dauer von sechs Wochen nach der Niederkunft **erstreckt** werden.

Verwendung vorhandenen Vermögens an den in diesem Paragraphen benannten Zweck gebunden ist" (Komm.Ber. S. 44). Durch die Novelle sind die statutarischen Grenzen noch erweitert worden. Andere Erhöhungen und Erweiterungen der Kassenleistungen sind unzulässig. Nur von solchen Kassen, welche schon vor dem Inkrafttreten des Krankenversicherungsgesetzes bestanden haben und demnächst auf Grund dieses umzuformen waren, können früher gewährte weitergehende Leistungen, falls die Mittel ausreichen, beibehalten werden, soweit sie nicht in Invaliden-, Wittwen- oder Waisenpensionen bestehen. Vgl. § 85 Abs. 4.

Für den Anspruch auf die statutarischen Mehrleistungen kann nach § 26 Abs. 3 auch für Versicherungspflichtige eine Karenzzeit begründet werden, welche nach der Novelle bis auf 6 Monate (früher 6 Wochen) bemessen werden darf.

Ueber die statutarische Verminderung der Leistungen vgl. § 26a.

[2]) Dauer. Eine unbegrenzte Zeitdauer der Krankenversicherung würde indirekt zu einer Invaliden-Unterstützung führen, was in dieser Weise nicht angängig ist (Motive). Vgl. § 86 sowie Anm. 14 zu § 6. Nach Ablauf der gesetzlichen Unterstützungsdauer kann die Krankenunterstützung, wenn sie statutarisch weitergewährt werden soll, auch auf einen (nach Art und Betrag) geringeren Umfang bemessen werden. (Reskr. des Kgl. Sächs. Minist. d. J. v. 12. Septbr. 1884.) Wird Krankenunterstützung über 13 Wochen hinaus gewährt, so haben bei Betriebsunfällen die Berufsgenossenschaften das Mehr zu erstatten, vgl. §§ 5, 8 Unfallvers.Ges. v. 6. Juli 1883, § 10 landw. U. u. K.V.G.; ebenso nach § 4 Ges., betr. die Fürsorge für Beamte

5. Freie ärztliche Behandlung, freie Arznei und sonstige Heilmittel können für erkrankte Familienangehörige[6]) der Kassenmitglieder, sofern sie nicht selbst dem Krankenversicherungszwange unterliegen, **auf besonderen Antrag oder allgemein**[6a]) gewährt werden. Unter derselben Voraussetzung kann[6b]) für Ehefrauen[6c]) der Kassenmitglieder im Falle der Entbindung die nach **Ziffer** 4[6d]) zulässige Unterstützung gewährt werden.
6. Das Sterbegeld[7]) kann auf einen höheren als den zwanzigfachen Betrag, und zwar bis zum vierzigfachen Betrage des **durchschnittlichen**[8]) Tagelohnes (§. **20**) erhöht werden.
7. Beim Tode der Ehefrau[6c]) oder eines Kindes[8a]) eines Kassenmitgliedes kann, sofern diese Personen nicht selbst **in einem gesetzlichen Versicherungsverhältniß stehen, auf Grund dessen ihren Hinterbliebenen ein Anspruch auf Sterbegeld zusteht**[9]), ein Sterbegeld, und zwar für erstere im Betrage bis zu zwei Dritteln, für letztere bis zur Hälfte des für das Mitglied festgestellten Sterbegeldes gewährt werden.

Auf weitere Unterstützungen[10]), namentlich auf Invaliden-, Wittwen- und Waisenunterstützungen, dürfen die Leistungen der Orts-Krankenkassen nicht ausgedehnt werden. II.

(§ 17 des Entwurfs und der Komm.-Beschlüsse.)

*) Dieser Paragraph gilt auch für Betriebs- (Fabrik-), Bau- und Innungs-Krankenkassen (§§ 64, 72, 73).

---

und Personen des Soldatenstandes in Folge von Betriebsunfällen, v. 15. März 1886, das Reich. Vgl. Anm. 7 zu § 20.

[2a]) allgemein oder unter bestimmten Voraussetzungen. Wegen Beseitigung oder Herabsetzung der dreitägigen Karenzzeit vgl. Anm. 8 zu § 6 und Anm. 16 zu § 6a.

[2b]) für Sonn- und Festtage, vgl. Anm. 3, sowie Anm. 10 zu § 6.

[2c]) sofern. Die durch die Novelle zugelassene statutarische Herabsetzung oder Ermäßigung der dreitägigen Karenzzeit ist bei den organisirten Krankenkassen zum Schutz gegen Ueberlastung an zwei besondere Bedingungen geknüpft: es muß entweder der gesetzlich vorgeschriebene Reservefonds erreicht sein, oder es müssen beide Kategorien der Betheiligten, sowohl die Arbeitgeber wie die Arbeitnehmer, dieser Vermehrung der Kassenleistung ausdrücklich zustimmen. Die Reg.Vorlage zur Novelle kannte nur die letztere Bedingung; die Alternative ist durch den Reichstag gegeben worden. Ist der Reservefonds noch nicht voll vorhanden, so muß also in der die betr. Statutbestimmung beschließenden Generalversammlung eine itio in partes stattfinden

(wie sie auch in den Fällen des § 31 Abs. 2 bereits vorgesehen ist); jeder Theil beschließt in sich nach Stimmenmehrheit. Ueber die Nothwendigkeit dieser Erschwerung, durch welche übereilte Beschlüsse verhindert werden sollen, vgl. Mot. z. Nov. S. 47:

„Ebenso entspricht es der den Krankenkassen grundsätzlich eingeräumten Selbstverwaltung, wenn die Entscheidung darüber, ob die Karenzzeit für die Aufrechterhaltung der Leistungsfähigkeit entbehrlich sei, den Generalversammlungen der Kassen überlassen wird. Allerdings liegt die Befürchtung nahe, daß die Generalversammlungen, in denen die Arbeitervertreter immer die Mehrheit bilden, bei den zu fassenden Beschlüssen mehr das Einzelinteresse der Mitglieder, als die Fürsorge für die dauernde Leistungsfähigkeit der Kasse im Auge haben werden. Diesem Bedenken läßt sich aber durch die Bestimmung begegnen, daß die Karenzzeit nur beschränkt oder beseitigt werden kann, wenn in der Generalversammlung sowohl die Mehrheit der Arbeitgeber, wie diejenige der Versicherten für dieselbe stimmt. Diese Erschwerung einer die gesetzliche Regel abändernden Beschlußfassung, welche durch die Verpflichtung der Arbeitgeber, die dadurch entstehende Mehrbelastung der Kasse an ihrem Theile mitzutragen, gerechtfertigt wird und in der Bestimmung des § 31 Abs. 2 bereits einen Vorgang findet, dürfte ein ausreichendes Gegengewicht gegen die etwaige Neigung der Versicherten zu einer unbesonnenen Beschlußfassung bilden. Die darin liegende Bürgschaft gegen übereilte Beschlüsse wird übrigens noch dadurch verstärkt, daß einem auf Beseitigung der Karenzzeit lautenden Beschlusse von der höheren Verwaltungsbehörde die Genehmigung versagt werden kann, wenn sich herausstellt, daß die dadurch entstehende Mehrbelastung der Kasse mit ihren statutenmäßigen Einnahmen nicht gedeckt werden kann. Daneben wird den Kassen die Möglichkeit gegeben werden müssen, durch den Erlaß von Vorschriften, wie sie im § 26 vorgesehen werden, wirksame Mittel zur Bekämpfung der Simulation zu gewinnen.

Wird den organisirten Kassen in dieser Weise die Befugniß zur Beschränkung und Beseitigung der Karenzzeit eingeräumt, so wird diese auch für die Gemeinde-Krankenversicherung zugelassen werden können, zumal hier die Beschlußnahme ohne Mitwirkung der Versicherten der Gemeinde zusteht."

2d) beschlossen wird. Diesem Beschluß kann die Genehmigung der höheren Verwaltungsbehörde versagt werden (bei Genehmigung des Statuts), wenn sich herausstellt, daß die dadurch entstehende Mehrbelastung durch die statutengemäßen Kasseneinnahmen nicht gedeckt werden kann (vgl. Mot. in Anm. 2c). Dies wird sich allerdings bei der Genehmigung des Statuts nur selten übersehen lassen (Komm.Ber. z. Nov. S. 18); doch geben auch später § 48a sowie § 33d die Möglichkeit, die Beseitigung der Karenzzeit wieder in Fortfall zu bringen, wenn dies für die Leistungsfähigkeit der Kasse nöthig ist.

[2e]) erreicht. „Gesetzlich vorgeschrieben" ist der Mindestbetrag des Reservefonds, also die durchschnittliche Jahresausgabe der letzten 3 Jahre (§ 32). Spätere Verminderung des Reservefonds macht die Beseitigung der Karenzzeit nicht wieder wirkungslos.

[3]) Krankengeld. Motive siehe in Anm. 7. Hiernach kann in organisirten Kassen das Krankengeld so bemessen werden, daß der für 6 Arbeitstage zu leistende Betrag desselben dem 7 fachen des Minimalbetrages gleichkommt. Dadurch kann erreicht werden, daß auch für Sonntage ein Krankengeld gewährt wird (Erkl. d. Reg.Komm. im Bericht der Petit.Komm. d. Reichstags, R.T.Dr.S. 1886 Nr. 147). Mit der Erhöhung des Krankengeldes erhöht sich auch die Wöchnerinnen-Unterstützung sowie die Angehörigen-Unterstützung bei Krankenhausbehandlung (§ 7 Abs. 2), weil diese sich nach der Höhe des Krankengeldes richten, sofern das Statut nichts anderes vorsieht (v. Schicker, Anm. 7 zu § 21).

Fehlt es an einer ausdrücklichen Bestimmung der Statuten, so wird nach § 7 angenommen werden müssen, daß die Verpflegung in einem Krankenhause auch das erhöhte Krankengeld deckt. Kassen, welche auf Grund ihrer Statuten ein Krankengeld von $^2/_3$ des Lohnes oder mehr gewähren, haben bei Betriebsunfällen für die Zeit vom Beginne der 5. bis zum Beginne der 14. Woche keinen Erstattungsanspruch gegen den Unternehmer, cf. § 5 Abs. 9 Unfallvers.Ges. v. 6. Juli 1883 (oben Anm. 12 zu § 6), sowie Anm. 2 zu § 20.

[3a]) durchschnittlichen Tagelohnes oder des Individualverdienstes (§ 26a Abs. 2 Ziffer 6), beide, soweit sie überhaupt in Betracht gezogen werden dürfen.

[3b]) andere Heilmittel, d. h. kostspieligere, vgl. Anm. 6 zu § 6. Hierher gehören auch künstliche Gliedmaßen, theure Weine.

[4]) Krankengeld, als Taschengeld, eine aus Billigkeitsrücksichten durch die Kommission eingefügte Bestimmung. Durch das Statut kann gleichzeitig bestimmt werden, ob dieser Betrag ebenso, wie der gleichartige in § 7 Abs. 2 bezeichnete Betrag, wie ein Krankengeld in gewissen Fällen soll entzogen werden dürfen, oder ob dieses Taschengeld unter allen Umständen gezahlt werden soll.

[4a]) Fürsorge für Rekonvaleszenten, vgl. Anm. 4a zu § 5. Hier handelt es sich um Rekonvaleszentenfürsorge nach Ablauf der für die Krankenunterstützung (gesetzlich oder durch Statut) vorgesehenen Dauer; in den Fälleu des § 5 bezw. § 20 Abs. 1 aber event. um eine Rekonvaleszentenfürsorge innerhalb der ordentlichen Unterstützungszeit. Mot. z. Nov. S. 48: „Besonders erwünscht erscheint die neue Bestimmung um deswillen, weil sie die Möglichkeit gewährt, solchen Versicherten, welche nach Beendigung des Heilverfahrens zwar wieder arbeitsfähig geworden sind, aber noch der Schonung bedürfen, durch Fortgewährung einer kleinen Unterstützung in den Stand zu setzen, zunächst theilweise ihre Beschäftigung ohne neue Gefährdung

ihrer Gesundheit wieder aufzunehmen." In Betracht kommt auch die Gewährung von Mitteln zu einer Badekur oder zu einem Aufenthalt an einem Luftkurort, die Gewährung von Stärkungsmitteln u. s. w. Die Art der Fürsorge braucht nicht nothwendig im Statut geregelt zu werden, sondern darf dem Ermessen des Vorstandes überlassen bleiben (v. Schicker Anm. 12 zu § 21).

4b) Rekonvaleszentenanstalt. Verbände von Krankenkassen können solche Anstalten selbst errichten und betreiben, vgl. Anm. zu § 46.

5) Die Wöchnerinnen-Unterstützung. Früher hieß es: „Wöchnerinnen kann die Krankenunterstützung" u. s. w. Die Mot. z. Nov. S. 48 sagen nur, diese Aenderung sei die „Folge der im § 20 Ziffer 2 vorgesehenen anderweiten Fassungen". Da in § 20 Ziffer 2 nur dasjenige klargestellt werden sollte, was schon bisher Rechtens sein sollte bezw. beabsichtigt war, so wird auch durch die Aenderung in § 21 Ziffer 4 sachlich alles beim Alten gelassen; es dürfen also aus der Beseitigung des Worts „Krankenunterstützung" an dieser Stelle keine Schlüsse auf eine etwa beabsichtigte materielle Aenderung gezogen werden. Deshalb gilt der für die Krankenunterstützung vorgesehene Ersatzanspruch des § 57 Abs. 4 nach wie vor auch für die Wöchnerinnen Unterstützung.

Uebrigens handelt es sich hier nur um „versicherte" Wöchnerinnen, vgl. Anm. 6 zu § 20; wegen nicht selbstversicherter Wöchnerinnen vgl. Ziffer 5.

5a) allgemein, nicht blos in den Fällen, wo nach der Gewerbeordnung eine Beschäftigung vor Ablauf von 6 Wochen unstatthaft ist, vgl. Anm. 6b zu § 20. Diese weitere Unterstützung kann auf eheliche Wöchnerinnen beschränkt werden.

6) Familienangehörige. Die Motive (S. 37) erwähnen hier nur „die Ehegatten und die noch nicht erwerbsfähigen Kinder". Die Unterstützung auf diese zu beschränken, wie v. Schicker (S. 29), weil nur diese in den Motiven erwähnt seien, will, liegt kein ausreichender Anlaß vor. Es gehören hierher vielmehr alle in häuslicher Gemeinschaft lebende Verwandte. Eine extensive Interpretation befürwortete auch der Staatsminister Dr. v. Boetticher (Sten.Ber. 1891/92 S. 3049). Auch erwerbsfähige Kinder würden hiernach inbegriffen sein (Sten.Ber. 1891/92 S. 3052).

Ueber die näheren Details dieser Familienunterstützung haben die Kassenstatuten zu bestimmen, vgl. Anm. 20 zu § 6a. Soweit letztere nichts Anderes festsetzen, wird die Unterstützung an Familienangehörige von dem Tage an zu beginnen haben, an welchem das Versicherungsverhältniß des versicherten Ehemannes ins Leben trat, ohne Rücksicht darauf, ob die Krankheit des Familienmitgliedes oder die Niederkunft der Wöchnerin in dieser Zeit schon eingetreten war oder nicht. Denn vom Augenblick der Beschäftigung in einem versicherungspflichtigen Betriebe an hat das Kassenmitglied Anspruch auf die vollen Kassenleistungen; letztere aber sind zu gewähren „im Fall einer Krankheit" (§ 5), also für jede in die Zeit der Beschäftigungsdauer fallende Krankheit. Für die Zeit vor Eintritt in das Versicherungsverhältniß können Kassenleistungen natürlich nicht beansprucht werden. Der Endtermin der Krankenunterstützung ist jederzeit von dem Beginn der Unterstützung ab zu berechnen, vgl. § 6 Abs. 2, § 20 Abs. 1 Ziffer 1 und 2.

6a) auf besonderen Antrag oder allgemein. Während in der G.Kr.V. eine Familienunterstützung nur auf Antrag und gegen Erhebung besonderer Zusatzbeiträge zulässig ist (vgl. Anm. 18 zu § 6a), dürfen organisirte Kassen diese Unterstützung je nach Bestimmung des Statuts, sowohl allgemein (in der Art, daß die näher zu bezeichnenden Familienangehörigen der Kassenmitglieder ohne Weiteres ärztliche Behandlung zu empfangen haben), wie auf besonderen Antrag, d. h. nur dann, wenn der Versicherte seine Familienglieder bei der Kasse gewissermaßen „versichert", gewähren.

Im ersteren Fall müssen die Kosten der Familienunterstützung aus den allgemeinen Beiträgen bestritten werden; in letzterem Fall dagegen dürfen besondere Zusatzbeiträge erhoben werden (§ 22 Abs. 2), doch ist dies nicht, wie bei der G.Kr.V., obligatorisch.

Darüber, daß in allen Fällen das versicherte Familienhaupt selbst derjenige ist, welchem die Unterstützung für seine Familienangehörigen zusteht, vgl. das in Anm. 18 zu § 6a zitirte Erk. d. Preuß. Ob.Verw.Ger. v. 28. Mai 1888 (Entsch. XVI S. 359).

6b) Unter derselben Voraussetzung kann. Also kann die Wöchnerinnen-Unterstützung an nicht versicherte Ehefrauen der Kassenmitglieder ebenfalls sowohl allgemein wie nur auf besonderen Antrag letzterenfalls auch gegen Zusatzbeiträge (§ 22 Abs. 2), gewährt werden. Das Nähere ergiebt das Statut.

6c) Ehefrauen, sofern sie nicht selbst versicherungspflichtig sind. Konkubinen sind keine Ehefrauen.

6d) nach Ziffer 4, d. h. eine Wöchnerinnen-Unterstützung, wie sie in Ziffer 4 vorgesehen ist. Dieselbe braucht aber ihrer Höhe nach, da es sich um eine Mehrleistung handelt, nicht nach den im § 20 Abs. 1 Ziffer 2 für versicherte Wöchnerinnen obligatorisch gegebenen Vorschriften bemessen zu werden, kann vielmehr für alle Mitgliederklassen gleich hoch bemessen werden (Sächs. Min.Erl. v. 14. September 1895, Arb.Vers. XII S. 553).

7) Sterbegeld. Motive S. 37: „Ebenso wird die Erhöhung des Krankengeldes über den Mindestbetrag hinaus an der Höhe des Lohnes ihre Grenze finden und die Erhöhung des Sterbegeldes so begrenzt werden müssen, daß die Sterbegeldversicherung nicht zu einer vollen Lebensversicherung ausgedehnt werden kann. Die Rücksicht auf die Sicherheit der Kassen muß in dieser Beziehung durchaus der leitende Gesichtspunkt bleiben, und das Bestreben nach Erreichung gewisser an sich wünschenswerther Ziele darf die Sicherstellung des Nothwendigen nicht gefährden. Von diesem Gesichtspunkt aus dürfte der vierzigfache Betrag des durchschnittlichen täglichen Lohnes,

§. 22.*)

I. Die Beiträge[1]) †) zu den Orts-Krankenkassen sind in Prozenten des durchschnittlichen[2]) Tagelohnes (§. 20) so zu bemessen, daß sie unter Einrechnung der etwaigen sonstigen Einnahmen[3]) der Kasse ausreichen, um die statutenmäßigen Unterstützungen, die Verwaltungskosten und die zur Ansammlung oder Ergänzung des Reservefonds (§. 32) erforderlichen Rücklagen zu decken.

II. **Krankenkassen, welche die im §. 21 Absatz 1 Ziffer 5 bezeichneten besonderen Leistungen auf Antrag[4]) gewähren, sind nach Bestimmung**

---

also bei 1,50 Mark Lohn der Betrag von 60 Mark, für das Sterbegeld als die angemessene Grenze erscheinen." cf. auch Anm. 7 zu § 20.

[8]) durchschnittlichen, früher ortsüblichen, vgl. Anm. 8 zu § 20. An dessen Stelle darf auch hier der Individualverdienst treten, § 26 Abs. 2 Ziffer 6.

[8a]) oder eines Kindes. Das Kind muß lebend geboren sein; für Todtgeburten ist kein Sterbegeld zu zahlen (Rosin I S. 291, v. Schicker S. 131).

[9]) zusteht, also auch dann, wenn die verstorbene Ehefrau an sich zwar versichert, aber nur der G.Kr.V. angehörig war, die ein Sterbegeld nicht gewährt (Mot. z. Nov. S. 48).

[10]) weitere Unterstützungen. Motive S. 36, anschließend an die in Anm. 1 zu § 20 wiedergegebenen Sätze: „Demnach wird vor Allem die Verbindung der Invaliden-, Wittwen- und Waisenversicherung mit der Krankenversicherung auszuschließen sein. Abgesehen davon, daß die Krankenkassen bei rationeller Einrichtung in der Regel einen zu geringen Umfang haben, um das Risiko dieser Versicherungszweige tragen zu können, würde der Zwang zur Betheiligung an den letzteren bei vereinzelten Krankenkassen zu unzulässigen Härten und Unbilligkeiten führen, weil er die Kassenmitglieder zu erheblichen Beiträgen nöthigen würde, ohne ihnen die Möglichkeit zu bieten, die entsprechende Versicherung unter allen Umständen aufrecht zu erhalten. Jeder Orts- und Berufswechsel, welcher das Ausscheiden aus der Kasse zur Folge hat, würde den Arbeiter, auch wenn er diesen Wechsel wider Willen vornehmen müßte, seiner eventuellen Ansprüche verlustig gehen lassen."

Zu § 22.

[1]) Beiträge. Die Beiträge sind auf derselben Grundlage zu bemessen wie das Krankengeld, und zwar so, daß sie, „zusammen mit etwa vorhandenen sonstigen Einnahmen, unter allen Umständen — mag die Kasse sich auf die gesetzlichen Mindestleistungen beschränken oder darüber hinausgehen — zur nachhaltigen Deckung der Verpflichtungen der Kasse ausreichen. Die Er-

---

†) Beiträge fallen für land- und forstwirthschaftliche Arbeiter unter Umständen fort, vgl. §§ 137, 138 landw. U. u. K.V.G.

des Statuts befugt, für diese Leistungen von Kassenmitgliedern mit Familienangehörigen[5]) einen besonderen, allgemein[6]) festzusetzenden Zusatzbeitrag zu erheben.

Orts-Krankenkassen, welche für verschiedene Gewerbszweige oder Betriebsarten errichtet sind, können die Höhe der Beiträge für die einzelnen Gewerbszweige und Betriebsarten verschieden[7]) bemessen, wenn und soweit die Verschiedenheit der Gewerbszweige und Betriebsarten eine erhebliche Verschiedenheit der Erkrankungsgefahr bedingt. Festsetzungen dieser Art bedürfen der Genehmigung der höheren Verwaltungsbehörde.[8]) III.

(§ 18 des Entwurfs und der Komm.-Beschlüsse)

***) Dieser Paragraph gilt auch für Betriebs- (Fabrik-), Bau- und Innungs-Krankenkassen (§§ 64, 72, 73).**

---

füllung der darauf abzielenden Vorschrift des § 18 (jetzt § 22) kann bei der großen Verschiedenheit der für die Bemessung des Verhältnisses zwischen Leistungen und Beiträgen in Betracht kommenden statutarischen Bestimmungen und örtlichen Verhältnisse nicht durch den Erlaß von Normativbestimmungen gesichert werden. Die Entscheidung darüber, ob die Bestimmungen des Kassenstatuts in dieser Beziehung der Anforderung des Gesetzes genügen, muß daher der für die Genehmigung des Statuts zuständigen Behörde übertragen werden" (Mot. S. 37). cf. Anm. 1 zu § 30. Wegen der Abrundungen vgl. Anm. 11 zu § 6, wegen der Beiträge im Falle der Erwerbsunfähigkeit Anm. 2 zu § 6, wegen der Beiträge für land- und forstwirthschaftliche Arbeiter Anm. †. Beiträge sind für Arbeitstage zu zahlen, cf. Anm. 1 zu § 9.

Die Beiträge müssen den Jahresbedarf decken. Es ist deshalb ausgeschlossen, die Beiträge für die einzelnen Jahreszeiten nach dem in denselben verschieden hohen Bedarf verschieden zu bemessen, und sie demgemäß für solche Jahreszeiten, in denen die Zahl der Erkrankungen (sei es aus allgemeinen Gründen, sei es wegen der Natur der Arbeit) eine besonders hohe zu sein pflegt, nach einem höheren Prozentsatz zu erheben wie in anderen Jahreszeiten. So dürfen bei Zuckerfabriken die Beiträge für die Kampagne nicht höher bemessen werden wie für den übrigen Theil des Jahres. Gleiche Grundsätze gelten ja auch bei Feststellung des durchschnittlichen Tagelohns (Preuß. Ob.Verw.Ger. v. 27. Juni 1895). Vgl. Anm. 3 zu § 20.

[2]) durchschnittlichen. Sind die Löhne zum Zweck der Krankenunterstützung klassenweise abgestuft, so muß diese Abstufung auch für die Bemessung der Beiträge maßgebend sein. Vgl. Anm. 3 zu § 20. Wegen der Bemessung nach Individuallöhnen vgl. Abs. 2. Eine weitere Abstufung der Beiträge nach persönlichen und örtlichen Verhältnissen (z. B. in einer für eine Stadt und die umliegenden Dörfer errichteten gemeinsamen Orts-

Krankenkasse, wegen der Ungleichheit der Kassenbelastung durch die städtischen Mitglieder einerseits und die ländlichen Mitglieder andererseits) darf nicht stattfinden (= Pr. H.M. v. 28. Jan. 1885). Wegen Einführung von Gefahrenklassen vgl. Abs. 3.

[3]) etwaigen sonstigen Einnahmen. Dahin gehören selbstverständlich die Antheile der Arbeitgeber nach § 51 nicht, weil diese nur einen Bestandtheil der Mitgliederbeiträge bilden und in dem Prozentsatz des Durchschnittslohns stecken, welcher für die Kasse als Beitrag festgesetzt ist. Es gehören hierher vielmehr Einnahmen aus Legaten, Schenkungen, aus Zinsen des angesammelten Vermögens (wozu auch der Reservefonds gerechnet werden muß), ferner gesetzliche Einnahmen aus Strafgeldern ꝛc. In dieser Beziehung ist Folgendes hervorzuheben:

a) Aus dem Gebiet der Krankenversicherung fallen der Krankenkasse zu die Ordnungsstrafen wegen Uebertretung von Anordnungen hinsichtlich der Krankmeldung, des Verhaltens der Kranken, der Krankenaufsicht und wegen Uebertretung der Anordnungen des behandelnden Arztes, § 6a Abs. 2, § 26a Abs. 2 Ziffer 2a, sowie wegen der Vorschrift, bestehende anderweite Versicherungen rechtzeitig anzuzeigen, § 26a Abs. 2 Ziffer 1 und 2a; ferner die rechtskräftig erkannten Geldstrafen gegen Arbeitgeber wegen Uebertretung der Anmeldepflicht (§ 49, § 2 Abs. 2) und gegen Hülfskassen wegen Uebertretung der Anzeigepflicht bei Veränderungen in ihrem Mitgliederbestande (§ 49a), gegen Arbeitgeber wegen zu hoher Abzüge für Kassenbeiträge (§ 53 Abs. 1 und 2) oder bei Zahlungsfähigkeit wegen Unterlassung der Abzüge für Kassenbeiträge (§ 53 Abs. 3), wegen unzulässiger vertragsmäßiger Abänderung gesetzlicher Bestimmungen (§ 80), §§ 81, 82, 82c; dasselbe gilt bei Verstößen von Betriebsleitern, §§ 82a, 82c.

b) Aus dem Gebiet der Unfallversicherung fallen den Krankenkassen (einschl. der Gemeinde-Krankenversicherung, Mot. z. U.V.G.) zu die gegen Arbeiter verhängten Strafen wegen Uebertretung von Unfallverhütungsvorschriften (§ 78 Ziffer 2, § 80 des Unfallvers.Ges. v. 6. Juli 1884*) und § 9 des Ausdehnungsgesetzes v. 28. Mai 1885**). Vgl. darüber Näheres in v. Woedtke, Komm. z. U.V.G. Anm. 8 zu § 80.

c) Aus dem Gebiet der Gewerbeordnung können in Betracht kommen Strafbestimmungen der Arbeitsordnungen, soweit die Strafen durch die

*) Die §§ 78 Ziffer 2, 80 U.V.G. lauten:

§ 78. Die Genossenschaften sind befugt, für den Umfang des Genossenschaftsbezirkes oder für bestimmte Industriezweige oder Betriebsarten oder bestimmt abzugrenzende Bezirke Vorschriften zu erlassen:

1. . . .
2. über das in den Betrieben von den Versicherten zur Verhütung von Unfällen zu beobachtende Verhalten unter Bedrohung der Zuwiderhandelnden mit Geldstrafen bis zu sechs Mark . . .

§ 80. . . . die Festsetzung der im § 78 Ziffer 2 vorgesehenen Geldstrafen (erfolgt) durch den Vorstand der Betriebs- (Fabrik-) Krankenkasse,

Arbeitsordnung der Krankenkasse zugewiesen sind (§ 134b Abs. 1 Ziffer 4 Gew.Ord.).

d) Eine wichtige gesetzliche Einnahme der Kassen ergiebt sich ferner aus den Bestimmungen der Gewerbeordnung über das Trucksystem, die Beschäftigung von Arbeiterinnen und jugendlichen Arbeitern u. s. w. Zur Bekämpfung des Trucksystems ist in § 115 der Gewerbeordnung vorgeschrieben, daß die Gewerbetreibenden die Löhne ihrer Arbeiter (einschl. der Hausgewerbetreibenden, § 119b a. a. O.) baar auszahlen müssen und nicht Waaren darauf anrechnen dürfen (exkl. Lebensmittel für den Betrag der Anschaffungskosten, Wohnung und Landnutzung gegen die ortsüblichen Mieth- und Pachtpreise, regelmäßige Beköstigung, Feuerung, Arzneien, ärztliche Hülfe, Werkzeuge und Stoffe zu den den Arbeitern übertragenen Arbeiten für den Betrag der durchschnittlichen Selbstkosten). Es ist also Geldzahlung geboten und Waarenzahlung verboten. Nach § 116 a. a. O. sind Zahlungen, welche diesen Vorschriften widersprechen, insofern nichtig, als der Arbeiter anderweite Befriedigung verlangen kann, und das der Vorschrift zuwider an Zahlungsstatt Hingegebene

> „fällt, soweit es noch bei dem Empfänger vorhanden oder dieser daraus bereichert ist, derjenigen Hülfskasse zu, welcher der Arbeiter angehört, in Ermangelung einer solchen einer anderen zum Besten der Arbeiter an dem Orte bestehenden, von der Gemeindebehörde zu bestimmenden Kasse und in deren Ermangelung der Ortsarmenkasse" (§ 116 a. a. O.).

Die Arbeitgeber dürfen ferner ihren Arbeitern nach § 115 a. a. O. keine „Waaren" auf Kredit verabfolgen.

> „Forderungen für Waaren, welche dem § 115 zuwider kreditirt worden sind, können von dem Gläubiger weder eingeklagt, noch durch Anrechnung oder sonst geltend gemacht werden, ohne Unterschied, ob sie zwischen den Betheiligten unmittelbar entstanden oder mittelbar erworben sind. Dagegen fallen dergleichen Forderungen der in § 116 bezeichneten Kasse zu" (§ 118 a. a. O.).

---

oder wenn eine solche für den Betrieb nicht errichtet ist, durch die Ortspolizeibehörde. (In beiden Fällen) findet binnen zwei Wochen nach der Zustellung der bezüglichen Verfügung die Beschwerde statt. Ueber dieselbe entscheidet ... die der Ortspolizeibehörde unmittelbar vorgesetzte Aufsichtsbehörde.

Die Geldstrafen (§ 78 Ziffer 2) fließen in die Krankenkasse, welcher der zu ihrer Zahlung Verpflichtete zur Zeit der Zuwiderhandlung angehört.

**) Der § 9 U.G. lautet:

.... Die auf Grund solcher Vorschriften (zur Verhütung von Unfällen) verhängten Geldstrafen fließen in die Krankenkasse, welcher der zu ihrer Zahlung Verpflichtete zur Zeit der Zuwiderhandlung angehört.

Von besonderer Bedeutung ist endlich die Bestimmung in § 146 a. a. O., welche die Uebertretung dieser und einer Reihe anderer zum Schutz der Arbeiter erlassenen Bestimmungen mit Geldstrafe bis zu 2000 Mark (und im Unvermögensfall mit Gefängniß bis zu sechs Monaten) bedroht und bestimmt, daß die Geldstrafen der im § 116 bezeichneten Kasse zufallen. Die §§ 146, 154a Abs. 2 cit. lauten nämlich:

§ 146. „Mit Geldstrafe bis zu zweitausend Mark und im Unvermögensfalle mit Gefängniß bis zu sechs Monaten werden bestraft:

1. Gewerbetreibende, welche dem § 115 zuwiderhandeln;
2. Gewerbetreibende, welche den §§ 135, 136, 137 oder den auf Grund der §§ 139 und 139a getroffenen Verfügungen zuwiderhandeln;
3. Gewerbetreibende, welche den §§ 111 Absatz 3 und 113 Absatz 3 zuwiderhandeln;
4. wer § 56 Ziffer 6 zuwiderhandelt.

Die Geldstrafen fließen der im § 116 bezeichneten Kasse zu."

§ 154a Abs. 2. „Arbeiterinnen dürfen in Anlagen der vorbezeichneten Art (Bergwerken, Salinen, Aufbereitungsanstalten und unterirdisch betriebenen Brüchen oder Gruben, d. H.) nicht unter Tage beschäftigt werden. Zuwiderhandlungen unterliegen der Strafbestimmung des § 146."

Die im § 146 citirten §§ 111 Abs. 3, 113 Abs. 3, 135, 136, 137, 139, 139a enthalten die Bestimmungen über die Beschäftigung von Kindern, jugendlichen Arbeitern, Wöchnerinnen und Arbeiterinnen in Fabriken (denen nach § 154 Abs. 2 und 3 Werkstätten, in deren Betrieb eine regelmäßige Benutzung von Dampfkraft stattfindet, sowie Hüttenwerke, Bauhöfe, Werften, Bergwerke, Salinen, Aufbereitungsanstalten und unterirdisch betriebene Brüche oder Gruben gleichgestellt sind), während der dort gleichfalls zitirte § 56 Ziffer 6 das Verbot des Hausirens mit Dynamit 2c. betrifft:

§ 56. . . . „Ausgeschlossen vom Ankauf oder Feilbieten im Umherziehen sind: . . .

6. explosive Stoffe, insbesondere Feuerwerkskörper, Schießpulver und Dynamit."

§ 111 Abs. 3. „Die Eintragungen (in das Arbeitsbuch) dürfen nicht mit einem Merkmal versehen sein, welches den Inhaber des Arbeitsbuches günstig oder nachtheilig zu kennzeichnen bezweckt."

§ 113 Abs. 3. „Den Arbeitgebern ist untersagt, die Zeugnisse mit Merkmalen zu versehen, welche den Zweck haben, den Arbeiter in einer aus dem Wortlaut des Zeugnisses nicht ersichtlichen Weise zu kennzeichnen."

§ 135. „Kinder unter dreizehn Jahren dürfen in Fabriken nicht beschäftigt werden. Kinder über dreizehn Jahre dürfen in

Fabriken nur beschäftigt werden, wenn sie nicht mehr zum Besuche der Volksschule verpflichtet sind.

Die Beschäftigung von Kindern unter vierzehn Jahren darf die Dauer von sechs Stunden täglich nicht überschreiten.

Junge Leute zwischen vierzehn und sechszehn Jahren dürfen in Fabriken nicht länger als zehn Stunden täglich beschäftigt werden."

§ 136. „Die Arbeitsstunden der jugendlichen Arbeiter (§ 135) dürfen nicht vor fünfeinhalb Uhr Morgens beginnen und nicht über achteinhalb Uhr Abends dauern. Zwischen den Arbeitsstunden müssen an jedem Arbeitstage regelmäßige Pausen gewährt werden. Für jugendliche Arbeiter, welche nur sechs Stunden täglich beschäftigt werden, muß die Pause mindestens eine halbe Stunde betragen. Den übrigen jugendlichen Arbeitern muß mindestens Mittags eine einstündige sowie Vormittags und Nachmittags je eine halbstündige Pause gewährt werden.

Während der Pausen darf den jugendlichen Arbeitern eine Beschäftigung in dem Fabrikbetriebe überhaupt nicht und der Aufenthalt in den Arbeitsräumen nur dann gestattet werden, wenn in denselben diejenigen Theile des Betriebes, in welchen jugendliche Arbeiter beschäftigt sind, für die Zeit der Pausen völlig eingestellt werden oder wenn der Aufenthalt im Freien nicht thunlich und andere geeignete Aufenthaltsräume ohne unverhältnißmäßige Schwierigkeiten nicht beschafft werden können.

An Sonn- und Festtagen, sowie während der von dem ordentlichen Seelsorger für den Katechumenen- und Konfirmanden-, Beicht- und Kommunionunterricht bestimmten Stunden dürfen jugendliche Arbeiter nicht beschäftigt werden."

§ 137. „Arbeiterinnen dürfen in Fabriken nicht in der Nachtzeit von achteinhalb Uhr Abends bis fünfeinhalb Uhr Morgens und am Sonnabend sowie an Vorabenden der Festtage nicht nach fünfeinhalb Uhr Nachmittags beschäftigt werden.

Die Beschäftigung von Arbeiterinnen über sechszehn Jahre darf die Dauer von elf Stunden täglich, an den Vorabenden der Sonn- und Festtage von zehn Stunden, nicht überschreiten.

Zwischen den Arbeitsstunden muß den Arbeiterinnen eine mindestens einstündige Mittagspause gewährt werden.

Arbeiterinnen über sechszehn Jahre, welche ein Hauswesen zu besorgen haben, sind auf ihren Antrag eine halbe Stunde vor der Mittagspause zu entlassen, sofern diese nicht mindestens ein und eine halbe Stunde beträgt.

Wöchnerinnen dürfen während vier Wochen nach ihrer Niederkunft überhaupt nicht und während der folgenden zwei Wochen nur beschäftigt werden, wenn das Zeugniß eines approbirten Arztes dies für zulässig erklärt."

§ 139. „Wenn Naturereignisse oder Unglücksfälle den regelmäßigen Betrieb einer Fabrik unterbrochen haben, so können Ausnahmen von den in §§ 135 Absatz 2 und 3, 136, 137 Absatz 1 bis 3 vorgesehenen Beschränkungen auf die Dauer von vier Wochen durch die höhere Verwaltungsbehörde, auf längere Zeit durch den Reichskanzler zugelassen werden. In dringenden Fällen solcher Art, sowie zur Verhütung von Unglücksfällen kann die untere Verwaltungsbehörde, jedoch höchstens auf die Dauer von vierzehn Tagen, solche Ausnahmen gestatten.

Wenn die Natur des Betriebes oder Rücksichten auf die Arbeiter in einzelnen Fabriken es erwünscht erscheinen lassen, daß die Arbeitszeit der Arbeiterinnen oder jugendlichen Arbeiter in einer anderen als der durch §§ 136 und 137 Absatz 1 und 3 vorgesehenen Weise geregelt wird, so kann auf besonderen Antrag eine anderweite Regelung hinsichtlich der Pausen durch die höhere Verwaltungsbehörde, im Uebrigen durch den Reichskanzler gestattet werden. Jedoch dürfen in solchen Fällen die jugendlichen Arbeiter nicht länger als sechs Stunden beschäftigt werden, wenn zwischen den Arbeitsstunden nicht Pausen von zusammen mindestens einstündiger Dauer gewährt werden.

Die auf Grund vorstehender Bestimmungen zu treffenden Verfügungen müssen schriftlich erlassen werden."

§ 139a. „Der Bundesrath ist ermächtigt:

1. die Verwendung von Arbeiterinnen, sowie von jugendlichen Arbeitern für gewisse Fabrikationszweige, welche mit besonderen Gefahren für Gesundheit oder Sittlichkeit verbunden sind, gänzlich zu untersagen oder von besonderen Bedingungen abhängig zu machen;
2. für Fabriken, welche mit ununterbrochenem Feuer betrieben werden, oder welche sonst durch die Art des Betriebes auf eine regelmäßige Tag- und Nachtarbeit angewiesen sind, sowie für solche Fabriken, deren Betrieb eine Eintheilung in regelmäßige Arbeitsschichten von gleicher Dauer nicht gestattet oder seiner Natur nach auf bestimmte Jahreszeiten beschränkt ist, Ausnahmen von den in §§ 135 Absatz 2 und 3, 136, 137 Absatz 1 bis 3 vorgesehenen Bestimmungen nachzulassen;
3. für gewisse Fabrikationszweige, soweit die Natur des Betriebes oder die Rücksicht auf die Arbeiter es erwünscht erscheinen lassen, die Abkürzung oder den Wegfall der für jugendliche Arbeiter vorgeschriebenen Pausen zu gestatten;

4. für Fabrikationszweige, in denen regelmäßig zu gewissen Zeiten des Jahres ein vermehrtes Arbeitsbedürfniß eintritt, Ausnahmen von den Bestimmungen des § 137 Absatz 1 und 2 mit der Maßgabe zuzulassen, daß die tägliche Arbeitszeit dreizehn Stunden, an Sonnabenden zehn Stunden nicht überschreitet.

In den Fällen zu 2 darf die Dauer der wöchentlichen Arbeitszeit für Kinder sechsunddreißig Stunden, für junge Leute sechszig, für Arbeiterinnen fünfundsechszig, in Ziegeleien für junge Leute und Arbeiterinnen siebzig Stunden nicht überschreiten. Die Nachtarbeit darf in vierundzwanzig Stunden die Dauer von zehn Stunden nicht überschreiten und muß in jeder Schicht durch eine oder mehrere Pausen in der Gesammtdauer von mindestens einer Stunde unterbrochen sein. Die Tagschichten und Nachtschichten müssen wöchentlich wechseln.

In den Fällen zu 3 dürfen die jugendlichen Arbeiter nicht länger als sechs Stunden beschäftigt werden, wenn zwischen den Arbeitsstunden nicht eine oder mehrere Pausen von zusammen mindestens einstündiger Dauer gewährt werden.

In den Fällen zu 4 darf die Erlaubniß zur Ueberarbeit für mehr als vierzig Tage im Jahre nur dann ertheilt werden, wenn die Arbeitszeit so geregelt wird, daß ihre tägliche Dauer im Durchschnitt der Betriebstage des Jahres die regelmäßige gesetzliche Arbeitszeit nicht überschreitet.

Die durch Beschluß des Bundesraths getroffenen Bestimmungen sind zeitlich zu begrenzen und können auch für bestimmte Bezirke erlassen werden. Sie sind durch das Reichs-Gesetzblatt zu veröffentlichen und dem Reichstag bei seinem nächsten Zusammentritt zur Kenntnißnahme vorzulegen."

Diese Bestimmungen treten jedoch zum Theil erst später in Kraft (Art. 9 Ges. v. 1. Juni 1891, R.G.Bl. S. 261); auch dürfen (insbesondere wegen außergewöhnlicher Häufung der Arbeit) Ausnahmen gestattet werden, § 138a G.O. Darüber, inwieweit andere Anlagen den „Fabriken" im Sinne der zitirten Vorschriften der G.O. gleichstehen, vgl. §§ 154 und 154a G.O. in der Fassung des Gesetzes v. 1. Juni 1891 R.G.Bl. S. 261.

Die Vorschriften, welche der Bundesrath zufolge dieser Ermächtigung erlassen hat, beziehen sich auf Walz- und Hammerwerke (Bek. v. 29. April 1892, R.G.Bl. S. 602, in der Fassung der Bek v. 1. Febr. 1895, R.G.Bl. S. 8), auf Glashütten (Bek. v. 11. März 1892, R.G.Bl. S. 317), auf Cichorienfabriken (Bek. v. 17. März 1892, R.G.Bl. S. 327), auf Steinkohlenbergwerke (Bek. v. 1. Februar 1895, R.G.Bl. S. 5), auf Steinkohlenbergwerke, Zink- und Bleierzbergwerke und auf Kokereien im Regierungsbezirk Oppeln (Bek. v. 24. März 1892, R.G.Bl. S. 331), auf Rohzuckerfabriken und Zuckerraffinerien (Bek. v. 24. März 1892, R.G.Bl. S. 334), auf Hechelräume u. a. (Bek. v. 29. April 1892, R.G.Bl. S. 604), auf Drahtziehereien mit Wasserbetrieb (Bek. v. 11. März 1892, R G.Bl. S. 324), auf Bleifarben- und Bleizuckerfabriken (Bek. v. 8. Juli 1893, R.G.Bl. S. 213), auf Anlagen zur Anfertigung von Cigarren (Bek. v. 8. Juli 1893, R.G.Bl. S. 218), auf Gummiwaarenfabriken (Bek. v. 21. Juli 1888, R.G.Bl. S. 219).

Auf Grund dieser Bestimmungen fließen den nach § 116 G.O. berechtigten Kassen also folgende Einnahmen zu:

a) die statt Baarzahlung zu Unrecht an Arbeiter in Zahlung gegebenen Waaren, Wechsel u. s. w., soweit sie noch bei dem Empfänger vorhanden sind oder dieser daraus bereichert ist (während der Empfänger selbst anderweite Baarzahlung von dem Arbeitgeber beanspruchen kann), § 116 G.O.;

b) die Forderungen auf Bezahlung für Waaren, welche der Arbeitgeber zu Unrecht seinen Arbeitern auf Kredit verabfolgt hat, §§ 115, 118 G.O.;

c) die gegen den Arbeitgeber rechtskräftig erkannten Geldstrafen wegen Uebertretung der vorstehenden Bestimmungen gegen das Trucksystem (§ 115), wegen unzulässiger Eintragungen und Merkmale im Arbeitsbuch oder Arbeitszeugniß, sowie wegen unzulässiger Beschäftigung von Kindern, jugendlichen Arbeitern, Wöchnerinnen und Arbeiterinnen, §§ 111, 135, 136, 137, 139, 139a, 146, 154a G.O.

d) die gegen den Arbeitgeber rechtskräftig erkannten Geldstrafen wegen unzulässigen Hausirens mit explosiven Stoffen, wie Schießpulver, Feuerwerkskörper und Dynamit, §§ 56 Ziffer 6, 146 G.O.

Außerdem fließen in dieselbe Kasse nach dem Gesetz, betr. die Anfertigung und Verzollung von Zündhölzern, v. 13. Mai 1884 (R.G.Bl. S. 49, vgl. Bek. v. 8. Juli 1893, R.G.Bl. S. 209):

e) diejenigen Strafen, welche gegen die Arbeitgeber um deswillen erkannt worden sind, weil sie bei Verwendung von weißem Phosphor jugendlichen Arbeitern und Kindern den Aufenthalt in gewissen, für sie verbotenen Räumen gestattet hatten. §§ 2, 4 a. a. O.

Es kann nicht zweifelhaft sein, daß zu denjenigen Kassen, welche nach § 116 G.O. auf diese Einnahmen Anspruch haben, in erster Linie die Krankenkassen gehören, weil diese „Hülfskassen" sind. Sie haben dadurch, da namentlich die zu c. erwähnten Geldstrafen unter Umständen eine recht erhebliche Höhe erreichen können, ein naheliegendes Interesse daran, derartige Uebertretungen zur Bestrafung zu bringen. Es kann nur erwünscht sein, wenn die Kassen hierdurch indirekt zur Unterdrückung des Trucksystems mitwirken und auf Befolgung der Vorschriften über die Beschäftigung der jugendlichen Arbeiter u. s. w. hinwirken, und auf diese Weise, durch das eigene materielle Interesse veranlaßt, die Thätigkeit der Staatsbehörden unterstützen. Was insbesondere das Trucksystem anbelangt, so ist dasselbe für größere Betriebe allerdings wohl vollständig beseitigt, es wuchert aber namentlich in der Hausindustrie weiter, und kann hier, obwohl es gerade hier besonders schädlich wirkt, von den Behörden schwer verfolgt werden; denn die Arbeitnehmer scheuen sich, die Arbeitgeber zu denunziren, weil sie fürchten, von den letzteren dann keine Arbeit mehr zu erhalten. Die Kassen aber haben solche Bedrückung nicht zu besorgen und können daher viel freier vorgehen wie der einzelne Arbeiter. Daß aber die Bestimmungen der Gewerbeordnung über das Trucksystem auch auf das Verhältniß der Hausindustriellen zu ihren Arbeitgebern, insbesondere zu den die Arbeit vermittelnden „Ausgebern", „Fabrikanten", „Fabrikkaufleuten" u. s. w. Anwendung finden, ergiebt sich aus §§ 119, 119b G.O.

§ 119. „Den Gewerbetreibenden im Sinne der §§ 115 bis 118 sind gleich zu achten deren Familienglieder, Gehülfen, Beauftragte, Geschäftsführer, Aufseher und Faktoren, sowie andere Gewerbetreibende, bei deren Geschäft eine der hier erwähnten Personen unmittelbar oder mittelbar betheiligt ist."

§ 119b. „Unter den in §§ 115 bis 119a bezeichneten Arbeitern werden auch diejenigen Personen verstanden, welche für bestimmte Gewerbetreibende außerhalb der Arbeitsstätten der letzteren mit der Anfertigung gewerblicher Erzeugnisse beschäftigt sind, und zwar auch dann, wenn sie die Roh- und Hülfsstoffe selbst beschaffen."

In vielen Fällen wird der Ausgeber u. s. w., welcher vielleicht die Waaren statt des Lohns nicht selbst verabfolgt, sondern den Arbeitnehmer (oft durch einen „verständlichen Augenwink") an bestimmte „Winkel" oder ähnliche Niederlagen verweist, aus denen er dann Waaren auf Kredit entnehmen oder den kaum erhaltenen Lohn für allerlei allenfalls entbehrliche Dinge sofort wieder ausgeben muß, nach § 47 des Strafgesetzbuchs als Mitthäter straffällig sein.

[4]) auf Antrag, vgl. Anm. 6a zu § 21.

[5]) Familienangehörige, für welche die Unterstützung gewährt werden kann.

[6]) allgemein, vgl. Anm. 2c zu § 9.

[7]) verschieden. Dieser in dritter Lesung der Novelle im Reichstag angenommene Zusatz gestattet die Bildung von Gefahrenklassen nach Gewerbszweigen und Betriebsarten, sofern deren Verschiedenheit nachweislich eine erhebliche Verschiedenheit der Erkrankungsgefahr bedingt. Die Zulassung solcher Gefahrenklassen ist in der Praxis mehrfach gewünscht worden und wird insbesondere dann als zweckmäßig sich erweisen, wenn sich herausstellt, daß ohne verschieden hohe Beiträge die Belassung einzelner besonders gefährlicher Berufszweige oder Betriebsarten in der gemeinsamen Kasse sich als unthunlich herausstellt. In solchen Fällen wird die neue Bestimmung die Erhaltung der Kassen in ihrem bisherigen Bestande ermöglichen.

§. 23.*)

I. [1]) Für jede Orts-Krankenkasse ist von der Gemeindebehörde nach Anhörung der Betheiligten[2]) oder von Vertretern derselben ein Kassenstatut[3]) zu errichten.

Dasselbe muß Bestimmung treffen:[4])

1. über die Klassen[5]) der dem Krankenversicherungszwange unterliegenden Personen, welche der Kasse als Mitglieder angehören sollen;
2. über Art[6]) und Umfang[7]) der Unterstützungen;
3. über die Höhe der Beiträge;[8])
4. über die Bildung des Vorstandes[9]) und den Umfang seiner Befugnisse;
5. über die Zusammensetzung und Berufung der Generalversammlung[10]) und über die Art ihrer Beschlußfassung;
6. über die Abänderung[11]) des Statuts;
7. über die Aufstellung und Prufung der Jahresrechnung.[12])†)

II. Das Statut darf keine Bestimmung enthalten, welche mit dem Zweck der Kasse nicht in Verbindung steht oder gesetzlichen Vorschriften zuwiderläuft.[13])

(§ 19 des Entwurfs und der Komm.-Beschlüsse.)

*) Dieser Paragraph gilt mit einer Modifikation auch für die Betriebs- (Fabrik-) und die Bau-Krankenkassen (§§ 64, 72).

Andere Verschiedenheiten der Erkrankungsgefahr, wie sie z. B. aus dem Geschlecht, dem Lebensalter, der Gesundheit u. s. w. sich ergeben können, dürfen zu einer Abstufung der Beiträge nicht führen.

[8]) höhere Verwaltungsbehörde, § 84. Gegen die Versagung der Genehmigung ist Beschwerde, nicht aber ein Verwaltungsstreitverfahren zulässig. Die Genehmigung kann zurückgenommen werden, wenn sich die Maßregel als unzweckmäßig herausstellt; es empfiehlt sich aber, die Zurücknahme sowie statistische Aufzeichnungen, aus denen die Wirksamkeit der gebildeten Gefahrenklassen erhellt, bei Ertheilung der Genehmigung ausdrücklich vorzusehen (v. Schicker Anm. 15 zu § 22).

Zu § 23.

[1]) Motive S. 38: „Da die Gemeinden für die Begründung der Orts-Krankenkassen verantwortlich sind, so müssen ihre Organe auch zur Errichtung des Kassenstatuts berechtigt und verpflichtet sein, ohne an eine entscheidende

---

†) Bei Orts- und Betriebs-Krankenkassen für land- und forstwirthschaftliche Arbeiter muß das Statut außerdem Bestimmungen enthalten über das Verhältniß des Krankengeldes zu dem Werth der sonstigen Kassenleistungen, sofern hierfür ein anderes Verhältniß als das von 2 : 1 gelten soll, vgl. § 132 landw. U. u. K.V.G.

Mitwirkung der Betheiligten, welche unter Umständen das Zustandekommen der Kasse unmöglich machen könnte, gebunden zu sein. Im Uebrigen entsprechen die Bestimmungen dieser Paragraphen denjenigen des Hülfskassengesetzes v. 7. April 1876."

2) Betheiligte. Zu den Betheiligten gehören auch die Arbeitgeber, da sie zu Beiträgen verbunden sind und durch An- und Abmeldung die Durchführung des Versicherungszwanges zu ermöglichen haben. Mitglieder der Kasse aber sind sie nicht, vgl. § 19.

3) Kassenstatut. Der Bundesrath hat Normalstatuten (Statutenentwürfe) für eine Orts-Krankenkasse und eine Betriebs- (Fabrik-) Krankenkasse aufgestellt und denselben erläuternde Bemerkungen beigegeben (Centr.Bl. f. d. deutsche Reich 1892 Nr. 29 S. 515). Von der Kgl. Württembergischen Regierung ist ein Musterstatut zu gemeinsamen Orts-Krankenkassen mehrerer Gemeinden (§ 43), ebenfalls mit erläuternden Bemerkungen, veröffentlicht worden (Min.Bek. v. 20. Septbr. 1892 Anl. C, abgedruckt Arb.Vers. 1892 S. 680, 682; v. Schicker S. 600).

4) muß Bestimmung treffen. Ueber weitere Punkte, die das Statut regeln muß, vgl. § 27 (gewisse Angelegenheiten freiwilliger, auswärts sich aufhaltender Kassenmitglieder), § 37 (Bildung einer Vertretung der Kassenmitglieder zur Generalversammlung; dieselbe ist obligatorisch, wenn die Kasse mehr als 500 Mitglieder zählt; cf. Anm. 5 i. f., Anm. 6 zu § 37), § 49 (Meldestelle), § 51 (Zahlungstermin).

Wegen des Namens und des Sitzes der Kasse vgl. Anm. 2, 4 zu § 25 und Anm. 4 zu § 43.

5) Klassen, cf. §§ 16 bis 19, insbesondere den neuen § 18a. Es empfiehlt sich, in das Statut ausdrücklich die Bestimmung aufzunehmen, daß die Orts-Krankenkassen für solche zu dem betr. Gewerbszweig oder Betriebsart gehörige Betriebe nicht bestehen, für welche eine Betriebs- (Fabrik-) Krankenkasse eingerichtet wird; cf. Anm. 6 zu § 19. Auch eine gleiche Bestimmung über Innungs-Krankenkassen empfiehlt sich.

6) Art. Krankenunterstützung und Sterbegeld an alle Mitglieder sowie Wochenunterstützung an versicherte weibliche Personen sind nach § 20 obligatorisch; andere Kategorien der Unterstützung dagegen sind verboten, § 21 Abs. 2. Es handelt sich hier aber darum, ob und welche Unterstützung erkrankten Familienangehörigen gewährt, ob der Durchschnittslohn abgestuft werden soll u. s. w. Die Substituirung der Krankenhauspflege ist auch ohne ausdrückliche Bestimmung des Statuts zulässig. Wegen Naturalunterstützung vgl. Anm. 11 zu § 6.

7) Umfang, § 21.

8) Höhe der Beiträge, § 31.

9) Vorstandes, §§ 34 bis 38, einschl. der Vertretung der Arbeitgeber in demselben.

§. 24.*)

I. Das Kassenstatut bedarf der Genehmigung[1]) der höheren Verwaltungsbehörde.[2]) Bescheid[3]) ist innerhalb sechs Wochen zu ertheilen. Die Genehmigung darf nur versagt werden, wenn das Statut den Anforderungen dieses Gesetzes nicht genügt[3a]) **oder[4]) wenn die Bestimmung über die Klassen von Personen, welche der Kasse angehören sollen (§. 23 Absatz 2 Ziffer 1), mit den Bestimmungen des Statuts einer anderen Kasse im Widerspruch steht.** Wird

---

[10]) Generalversammlung, §§ 37, 38; cf. auch Anm. 4 u. 9. Der Umfang der Befugnisse der Generalversammlung ergiebt sich aus dem Gesetz (§ 36) in Verbindung mit den Bestimmungen des Statuts über den Umfang der Befugnisse des Vorstandes.

[11]) Abänderung des Statuts. Nur die Errichtung des Statuts liegt der Gemeindebehörde ob, s. Anm. 1. Handelt es sich dagegen um Abänderungen eines einmal aufgestellten Statuts, so liegt keine ausreichende Veranlassung vor, die Nächstbetheiligten, d. h. die Kassenmitglieder und deren Arbeitgeber, von der Beschlußfassung auszuschließen, da die bisher fehlende Organisation nunmehr besteht und die Gefahr einer gemeinschädlichen, das Zustandekommen der gesetzlich vorgeschriebenen Einrichtung hindernden Widersetzlichkeit nicht mehr vorliegt. Bei Abänderungen des Statuts ist den Gemeindebehörden nicht einmal eine Mitwirkung durch das Gesetz übertragen; jedenfalls aber werden vor der Genehmigung der Abänderungen die Gemeindebehörden gehört werden können.

Für den Fall, daß das Statut unzulässige Bestimmungen enthält, kann dessen Abänderung nach § 48a der Novelle behördlich erzwungen werden. Dasselbe gilt, wenn der betr. Krankenkasse neue Gewerbszweige oder Betriebsarten haben zugewiesen werden müssen (§§ 18a, 47 Abs. 6), und wenn einer gemeinsamen Orts-Krankenkasse solche Klassen von Versicherungspflichtigen, für welche Orts-Krankenkassen nicht bestehen, zugewiesen worden sind (§ 43a), vgl. § 48a.

Bei Abänderung von Innungsstatuten oder Nebenstatuten, also auch bei Abänderung von Statuten der Innungs-Krankenkassen, ist die Betheiligung der Gemeindebehörde (als Aufsichtsbehörde) gesetzlich vorgeschrieben §§ 95, 104 der Gewerbeordnung.

[12]) Jahresrechnung, vgl. §§ 41, 79.

[13]) zuwiderläuft, vgl. Anm. 11.

Zu § 24.

[1]) Genehmigung. Ueber die vor Ertheilung derselben erforderliche Prüfung vgl. § 30. Wegen Widerrufs der Genehmigung vgl. § 48a.

[2]) höhere Verwaltungsbehörde, § 84, in Preußen der Bezirksausschuß (an den der Reg.Präs. die von ihm instruirte Sache abzugeben hat). Rechtsmittel, wenn die Genehmigung versagt oder nur unter Bedingungen

die Genehmigung versagt, so sind die Gründe mitzutheilen. Der versagende Bescheid kann im Wege des Verwaltungsstreitverfahrens, wo ein solches nicht besteht[5]), im Wege des Rekurses nach Maßgabe der Vorschriften der §§. 20, 21 der Gewerbeordnung angefochten werden.[6])

Abänderungen[7]) des Statuts unterliegen der gleichen Vorschrift. II.

Jedes Mitglied erhält ein Exemplar des Kassenstatuts und etwaiger Abänderungen. III.

Den Zeitpunkt, mit welchem die Kasse ins Leben tritt[8]), bestimmt die höhere Verwaltungsbehörde. IV.

(§ 20 des Entwurfs und der Komm.-Beschlüsse.)

*) Die Bestimmungen des § 24 gelten auch für Betriebs- (Fabrik-) und Bau-Krankenkassen (§§ 64, 72)

---

ertheilt wird: Antrag auf mündliche Verhandlung im Verwaltungsstreitverfahren. Gegen den Beschluß des Bezirksausschusses, durch welchen die Genehmigung schlechthin ertheilt wird, besteht reichsgesetzlich kein Rechtsmittel; es ist daher wegen der Anfechtbarkeit nach Landesrecht zu entscheiden. In Preußen regelt sich die Sache durch § 126 des Landesverwaltungsgesetzes; der Bescheid kann deshalb wegen Gesetzesverletzung mit Klage beim Oberverwaltungsgericht durch den Reg.Präs. ohne besondere Frist angefochten werden (Pr. Ob.Verw.Ger. v. 30. Novbr. 1893).

[3]) Bescheid. Diese reglementarische Bestimmung ist von der Kommission des Reichstags im Hinblick auf die analoge Vorschrift in § 4 des Hülfskassengesetzes eingefügt worden. Der Kommissionsbericht besagt darüber S. 54: „Bereits in erster Lesung wurde von einem Mitgliede beantragt, in § 20 (jetzt § 24) die Vorschrift einzufügen, daß der Bescheid der Verwaltungsbehörde innerhalb sechs Wochen ertheilt werden müsse. Seitens der Regierungsvertreter wurde dem entgegengehalten, daß diese ähnlich im Hülfskassengesetz enthaltene Bestimmung sich in der Praxis als unausführbar erwiesen habe. Es sei vielfach vorgekommen, daß sich gegen die Genehmigung eingereichter Statuten Bedenken ergeben haben, deren Beseitigung nur durch Verhandlungen mit den Betheiligten erreicht werden konnte. In solchen Fällen sei nur übrig geblieben, entweder gegen die formelle Vorschrift des Gesetzes zu verstoßen oder die Genehmigung zu versagen (und .... das Streitverfahren eintreten zu lassen ....). Letzteres aber liege nicht im Interesse der Betheiligten und habe regelmäßig eine längere Verzögerung der Konstituirung der Kasse zur Folge, als bei Erledigung der Bedenken durch vorgängige Verhandlungen einzutreten pflege. In der Praxis sei man daher in Preußen zu dem Auswege gedrängt, die Behörden anzuweisen, innerhalb der gesetzlichen Frist wenigstens einen vorläufigen Bescheid zu ertheilen. Es empfehle sich demnach dringend, eine derartige formelle Vorschrift in das geg nwärtige Gesetz nicht aufzunehmen. Die Kommission legt indeß Gewicht

darauf, daß jedenfalls ein Bescheid — wenn auch nur ein vorläufiger — innerhalb sechs Wochen ertheilt werden müsse, und beschloß deshalb, dem Paragraphen den Satz: „„Bescheid ist innerhalb sechs Wochen zu ertheilen““ einzufügen.“

Dieser Bescheid braucht hiernach kein abschließender zu sein, wird jedoch, damit die gesetzliche Bestimmung nicht wirkungslos wird, die bestehenden Bedenken bezeichnen müssen. cf. die analoge Bestimmung der Nr. 5 der Preuß. Ausführungsanweisung zum Hülfskassengesetz v. 7. April 1876. Vgl. auch die Preuß. Ausf.Anw. Nr. 23.

3a) nicht genügt, vgl. § 23. Auch zweckwidrige Bestimmungen können zur Versagung der Genehmigung führen, z. B. wenn als Publikationsorgan ein an den Wohnorten der Betheiligten gar nicht verbreitetes oder in fremden Sprachen oder nur in langen Zwischenräumen erscheinendes Blatt gewählt wird (Pr. Ob.Verw.Ger. v. 30. Novbr. 1893).

4) oder. Dieser durch die Novelle eingeschobene Zusatz wird in den Mot. (S. 48) wie folgt begründet: „Da über die Klassen von Personen, welche den einzelnen Orts-Krankenkassen angehören sollen, für jede derselben das Kassenstatut Bestimmung zu treffen hat, und nähere Vorschriften hierüber im Gesetze nicht enthalten sind, so kann es vorkommen und ist mehrfach vorgekommen, daß die Bestimmungen zweier für denselben Bezirk errichteten Orts-Krankenkassen mit einander im Widerspruch stehen, indem die in gewissen Gewerbszweigen oder Betriebsarten beschäftigten Personen von beiden Kassen in den Kreis der bei ihnen zu versichernden Personen gezogen werden. Da eine ausdrückliche gesetzliche Vorschrift, gegen welche durch derartige Bestimmungen verstoßen würde, nicht besteht und es demnach zweifelhaft erscheint, ob in solchen Fällen die Genehmigung des Kassenstatuts auf Grund des § 24 Absatz 1 in seiner gegenwärtigen Fassung versagt werden kann, so wird sich die im Entwurf vorgeschlagene Vervollständigung der letzteren Bestimmung empfehlen: zumal mit Rücksicht auf die Ergänzung, welche die Bestimmung des § 24 nach Artikel 18 des Entwurfs durch die Aufnahme des neuen § 48a finden soll.“

5) nicht besteht. Das Verwaltungsstreitverfahren ist eine landesgesetzliche Einrichtung, zu deren Einführung die einzelnen Bundesstaaten durch die Reichsgesetzgebung nicht genöthigt werden können, und welche thatsächlich nicht überall besteht.

Für diejenigen Theile des Deutschen Reichs, für welche letzteres der Fall ist, hat man ebenso wie bei den Innungsstatuten (§ 98b Gew.Ord.) und bei den Statuten der eingeschriebenen Hülfskassen (§ 4 Ges. v. 7. April 1876) die Bestimmungen der §§ 20, 21 der Gewerbeordnung — das Vorbild und die ersten Anfänge des Verwaltungsstreitverfahrens — für maßgebend erklärt, weil man die Garantie der kontradiktorischen Verhandlung für die hier in Frage kommenden Entscheidungen allgemein für wünschenswerth erachtete.

Die §§ 20, 21 der Gewerbeordnung lauten:

§ 20. „Gegen den Bescheid ist Rekurs an die nächstvorgesetzte Behörde zulässig, welcher bei Verlust desselben binnen vierzehn Tagen, vom Tage der Eröffnung des Bescheides an gerechnet, gerechtfertigt werden muß.

Der Rekursbescheid ist den Parteien schriftlich zu eröffnen und muß mit Gründen versehen sein."

§ 21. „Die näheren Bestimmungen über die Behörden und das Verfahren, sowohl in der ersten als in der Rekurs-Instanz, bleiben den Landesgesetzen vorbehalten. Es sind jedoch folgende Grundsätze einzuhalten:

1. In erster oder in zweiter Instanz muß die Entscheidung durch eine kollegiale Behörde erfolgen. Diese Behörde ist befugt, Untersuchungen an Ort und Stelle zu veranlassen, Zeugen und Sachverständige zu laden und eidlich zu vernehmen, überhaupt den angetretenen Beweis in vollem Umfange zu erheben.
2. Bildet die kollegiale Behörde die erste Instanz, so ertheilt sie ihre Entscheidung in öffentlicher Sitzung, nach erfolgter Ladung und Anhörung der Parteien, auch in dem Falle, wenn zwar Einwendungen nicht angebracht sind, die Behörde aber nicht ohne weiteres die Genehmigung ertheilen will, und der Antragsteller innerhalb vierzehn Tagen nach Empfang des, die Genehmigung versagenden oder nur unter Bedingungen ertheilenden Bescheides der Behörde auf mündliche Verhandlung anträgt.
3. Bildet die kollegiale Behörde die zweite Instanz, so ertheilt sie stets ihre Entscheidung in öffentlicher Sitzung, nach erfolgter Ladung und Anhörung der Parteien.
4. Als Parteien sind der Unternehmer (Antragsteller), sowie diejenigen Personen zu betrachten, welche Einwendungen erhoben haben.
5. Die Oeffentlichkeit der Sitzungen kann unter entsprechender Anwendung der §§ 173 bis 176 des Gerichtsverfassungsgesetzes ausgeschlossen oder beschränkt werden."

Die in § 21 Ziffer 5 G.O. angezogenen Bestimmungen des Gerichtsverfassungsgesetzes v. 27. Jan. 1877 (R.G.Bl. S. 41) lauten in der Fassung des Gesetzes vom 5. April 1888 (R.G.Bl. S. 133):

§ 173. „In allen Sachen kann durch das Gericht für die Verhandlung oder für einen Theil derselben die Oeffentlichkeit ausgeschlossen werden, wenn sie eine Gefährdung der öffentlichen Ordnung, insbesondere der Staatssicherheit, oder eine Gefährdung der Sittlichkeit besorgen läßt."

§ 174. „Die Verkündung des Urtheils erfolgt in jedem Falle öffentlich.

Durch einen besonderen Beschluß des Gerichts kann für die Verkündung der Urtheilsgründe oder eines Theiles derselben die Oeffentlichkeit ausgeschlossen werden, wenn sie eine Gefährdung der Staatssicherheit oder eine Gefährdung der Sittlichkeit besorgen läßt."

§ 175. „Die Verhandlung über die Ausschließung der Oeffentlichkeit findet in nicht öffentlicher Sitzung statt, wenn ein Betheiligter es beantragt oder das Gericht es für angemessen erachtet. Der Beschluß, welcher die Oeffentlichkeit ausschließt, muß öffentlich verkündet werden. Bei der Verkündung ist anzugeben, ob die Ausschließung wegen Gefährdung der öffentlichen Ordnung, insbesondere wegen Gefährdung der Staatssicherheit, oder ob sie wegen Gefährdung der Sittlichkeit erfolgt.

Ist die Oeffentlichkeit wegen Gefährdung der Staatssicherheit ausgeschlossen, so kann das Gericht den anwesenden Personen die Geheimhaltung von Thatsachen, welche durch die Verhandlung, durch die Anklageschrift oder durch andere amtliche Schriftstücke des Prozesses zu ihrer Kenntniß gelangen, zur Pflicht machen. Der Beschluß ist in das Sitzungsprotokoll aufzunehmen. Gegen denselben findet Beschwerde statt. Die Beschwerde hat keine aufschiebende Wirkung."

§ 176. „Der Zutritt zu öffentlichen Verhandlungen kann unerwachsenen und solchen Personen versagt werden, welche sich nicht im Besitze der bürgerlichen Ehrenrechte befinden, oder welche in einer der Würde des Gerichts nicht entsprechenden Weise erscheinen.

Zu nicht öffentlichen Verhandlungen kann der Zutritt einzelnen Personen vom Gerichte gestattet werden. Einer Anhörung der Betheiligten bedarf es nicht.

Die Ausschließung der Oeffentlichkeit steht der Anwesenheit der die Dienstaufsicht führenden Beamten der Justizverwaltung bei den Verhandlungen vor dem erkennenden Gerichte nicht entgegen."

Nach der Regierungsvorlage sollte nicht das Streitverfahren, sondern das Beschwerdeverfahren Platz greifen, „weil die Ertheilung der Genehmigung z. Th. — namentlich hinsichtlich des Verhältnisses zwischen Beiträgen und Leistungen — von Voraussetzungen abhängig ist, über welche eine Entscheidung in dem Streitverfahren nicht geeignet erscheint" (Motive). Der Reichstag hat sich dieser Auffassung nicht angeschlossen.

[6]) angefochten werden, d. h. von derjenigen Partei, gegen welche es sich richtet (bei der Errichtung des Statuts die Gemeindebehörde, bei Abänderungen des Statuts die Kassenvertretung), nicht von einzelnen Dritten bezw. Kassenmitgliedern (a. M. Rosin S. 141). Diese sind im Vorverfahren bezw. in der Generalversammlung gehört.

[7]) Abänderungen. Vgl. Anm. 11 zu § 23.

§. 25.*)

[1]) Die Orts-Krankenkasse kann unter ihrem Namen[2]) Rechte[3]) erwerben und Verbindlichkeiten eingehen, vor Gericht[4]) klagen und verklagt werden. I.

Für alle Verbindlichkeiten der Kasse haftet den Kassengläubigern nur das Vermögen der Kasse. II.

(§ 21 des Entwurfs und der Komm.-Beschlüsse)

*) Die Bestimmungen dieses Paragraphen gelten auch für Betriebs- (Fabrik-) und für Bau-Krankenkassen (§§ 64, 72).

---

[8]) ins Leben tritt. Diese durch die Novelle zugefügte Vorschrift wird in den Motiven (S. 49) wie folgt begründet: „Wenn für einzelne Gewerbszweige oder Betriebsarten, welche bisher einer für mehrere Gewerbsarten oder Betriebszweige errichteten Orts-Krankenkasse angehörten, eine besondere Orts-Krankenkasse errichtet wird, so scheiden die versicherungspflichtigen Personen, welche in jenen Gewerbszweigen oder Betriebsarten beschäftigt sind, mit dem Zeitpunkte, zu welchem die neu errichtete Kasse ins Leben tritt, aus der bisherigen gemeinsamen Orts-Krankenkasse aus. Dasselbe tritt ein, wenn für einen Betrieb, welcher für die darin beschäftigten Personen bisher einer Orts-Krankenkasse angehörte, eine Betriebs-Krankenkasse errichtet wird. In beiden Fällen kann die Errichtung der neuen Kasse unter Umständen auf den Haushalt der alten einen so erheblichen Einfluß ausüben, daß in ihren Einrichtungen wesentliche Veränderungen vorgenommen werden müssen."

„Die Rücksicht auf die alte Kasse kann es demnach nöthig machen, daß die neue Kasse erst nach einer angemessenen Frist, z. B. erst mit dem Eintritt des neuen Rechnungsjahres, ins Leben tritt. Um die Wahrung dieser Rücksicht in allen Fällen sicher zu stellen, empfiehlt sich die Bestimmung, daß der Zeitpunkt, mit welchem eine neue Kasse ins Leben tritt, von der höheren Verwaltungsbehörde bestimmt wird."

Zu § 25.

[1]) Durch die Bestimmung in Abs. 1 ist den Orts-Krankenkassen juristische Persönlichkeit in der Form beigelegt worden, in welcher dies in den neueren Gesetzen wiederholt geschehen ist. Zu dem analogen § 22 des Unfallversicherungsgesetzentwurfs vom Jahre 1882 (vgl. § 9 Abs. 4, 5 des Unfallvers.Ges. v. 6. Juli 1884) lauten die Motive desselben (R.T.Dr.S. 1882 Nr. 19 S. 67): „Der § ... regelt die Rechts- und Prozeßfähigkeit ... in derselben Weise, wie es für die eingeschriebenen Hülfskassen durch das Gesetz v. 7. April 1876 und für die Innungen durch das Gesetz v. 18. Juli 1881 geschehen ist."

[2]) unter ihrem Namen. Sie muß also einen eigenen Namen insbesondere dann annehmen, wenn, was doch die Regel sein soll, in einer und derselben Gemeinde mehrere Orts-Krankenkassen für die daselbst vertretenen

§. 26.*)

I. [1]) Für sämmtliche **versicherungspflichtige**[2]) Kassenmitglieder beginnt **der Anspruch** auf die **gesetzlichen** Unterstützungen der Kasse zum Betrage der gesetzlichen Mindestleistungen[3]) der Kasse (§. 20) mit dem Zeitpunkte, in welchem sie Mitglieder der Kasse geworden sind (§. 19). Von Kassenmitgliedern, welche nachweisen, daß sie bereits einer anderen Krankenkasse angehört[4]) oder Beiträge zur Gemeinde-Krankenversicherung geleistet haben, und daß zwischen dem Zeitpunkte, mit welchem sie aufgehört haben, einer solchen Krankenkasse anzugehören oder Beiträge[4a]) zur Gemeinde-Krankenversicherung zu leisten, und dem Zeitpunkte, in welchem sie Mitglieder der Orts-Krankenkasse geworden sind, nicht mehr als dreizehn Wochen liegen, darf ein Eintrittsgeld[5]) nicht erhoben werden.

---

verschiedenen Gewerbszweige und Betriebsarten errichtet werden. Vgl. § 2 des Hülfskassengesetzes v. 7. April 1876:

> „Die Kasse hat einen Namen anzunehmen, welcher von dem aller anderen, an demselben Orte oder in derselben Gemeinde befindlichen Hülfskassen verschieden ist ..."

[3]) Rechte. Das Innungsgesetz v. 8. Juli 1881 enthält noch den auch hier zutreffenden, weil selbstverständlichen Zusatz: „insbesondere Eigenthum und andere dingliche Rechte an Grundstücken".

[4]) Gericht. Zuständig ist das Gericht derjenigen Gemeinde, in welcher die Kasse ihren Sitz hat, d. h. der Gemeinde, für deren Bezirk sie besteht.

> § 19 der Civilprozeßordnung: „Der allgemeine Gerichtsstand der ... Korporationen, sowie derjenigen ... Stiftungen, Anstalten und Vermögensmassen, welche als solche verklagt werden können, wird durch den Sitz derselben bestimmt ..."

Wegen des Sitzes gemeinsamer Orts-Krankenkassen mehrerer Gemeinden vgl. Anm. 4 zu § 43.

Zu § 26.

[1]) Der bisherige § 26, welcher die Karenzzeit und das Eintrittsgeld, die Doppelversicherung und diejenigen statutarischen Bestimmungen behandelte, durch welche Ausnahmen von den allgemeinen Regeln dieses Gesetzes begründet werden können, ist durch die Novelle in zwei Paragraphen (26 und 26 a) zerlegt worden, weil er sonst zu lang geworden sein würde. Der neue § 26 enthält die Absätze 1 und 2 des bisherigen § 26, zwischen welche ein neuer, auf den Wiedereintritt in die Kasse nach militärischen Dienstleistungen und nach periodisch wiederkehrenden Betriebseinstellungen sich beziehender Absatz eingeschoben worden ist. Der neue § 26a enthält den mehrfach erweiterten Rest des früheren § 26.

Die Aenderungen in § 26 Abs. 1 sind redaktionell; in Abs. 3 ist die Dauer der Karenzzeit, soweit letztere überhaupt zulässig ist, erweitert worden.

Kassenmitglieder, welche aus der Beschäftigung, vermöge welcher sie der Kasse angehörten, behufs Erfüllung ihrer Dienstpflicht[6]) im Heere oder in der Marine ausgeschieden sind und nach Erfüllung der Dienstpflicht in eine Beschäftigung zurückkehren,[7]) vermöge welcher sie der Kasse[8]) wieder angehören, erwerben mit dem Zeitpunkte des Wiedereintritts in die Kasse das Recht auf die vollen[9]) statutenmäßigen Unterstützungen derselben und können zur Zahlung eines neuen Eintrittsgeldes nicht verpflichtet werden. Dasselbe gilt[7]) von denjenigen, welche einer Kasse vermöge der Beschäftigung in einem Gewerbszweige angehört haben, dessen Natur eine periodisch wiederkehrende zeitweilige Einstellung[10]) des Betriebes mit sich bringt, wenn sie in Folge[10a]) der letzteren ausgeschieden, aber nach Wiederbeginn der Betriebsperiode in eine Beschäftigung zurückgekehrt sind, vermöge welcher sie wieder Mitglieder derselben Kasse werden. II.

Soweit die vorstehenden Bestimmungen nicht entgegenstehen, kann durch Kassenstatut bestimmt werden, daß das Recht auf die Unterstützungen der Kasse erst nach Ablauf einer Karenzzeit[11]) beginnt und daß neueintretende Kassenmitglieder ein Eintrittsgeld zu zahlen haben. Die Karenzzeit darf den Zeitraum von sechs **Monaten,**[12]) das Eintrittsgeld darf den Betrag des für sechs Wochen zu leistenden Kassenbeitrages[13]) nicht übersteigen. III.

*) Dieser Paragraph gilt auch für Betriebs- (Fabrik-) und für Bau-Krankenkassen (§§ 64, 72), Absatz 1 sowie Absatz 2 Satz 1 auch für Knappschaftskassen (§ 74)

Motive S. 38, 39: „Wie bereits in den allgemeinen Erörterungen hervorgehoben wurde, fordert und ermöglicht die allgemeine Einführung des Krankenversicherungszwanges die möglichste Sicherstellung der dem Zwange Unterworfenen gegen die Unwirksamkeit oder das unverschuldete Aufhören der Versicherung. Diese soll durch die Vorschriften der §§ 22 bis 24 (jetzt §§ 26 bis 28) gewonnen werden. Der § 22 (jetzt 26) sichert jedem Versicherungspflichtigen von dem Augenblicke an, wo der Zwang gegen ihn wirksam wird, auch den Anspruch auf die gesetzliche Mindestunterstützung und schützt ihn bei eintretendem Orts- oder Berufswechsel gegen wiederholte Zahlung eines Eintrittsgeldes. Nur für den die Mindestleistung übersteigenden Theil der Unterstützung soll es gestattet sein, durch das Kassenstatut eine Karenzzeit festzustellen. . . . Bestimmungen, durch welche das Recht auf die gesetzlichen und statutarischen Kassenleistungen beschränkt wird, sollen nach § 22 (jetzt § 26a) nur insoweit getroffen werden können, als es sich darum handelt, Mißbräuchen, welche mit der Doppelversicherung getrieben werden können, entgegenzutreten, die Inanspruchnahme der Kasse bei Krankheiten, welche durch lasterhaften Lebenswandel und sonstiges pflichtwidriges Verhalten herbeigeführt sind, auszuschließen und die Wirksamkeit der statutarischen Bestimmungen über die Dauer der Unterstützung gegen Umgehung sicher zu stellen." Vgl. jetzt auch § 26a Ziffern 2b und 6.

[2]) versicherungspflichtige, im Interesse der Deutlichkeit durch die Novelle eingeschoben, cf. Anm. 3, 6, 20.

[3]) zum Betrage der gesetzlichen Mindestleistungen, § 20. Das soll nicht etwa heißen, daß jedem Arbeiter zwar die Minimalleistungen zu gute kommen müssen, einzelnen derselben aber durch das Statut oder durch besondere Verfügung des Kassenvorstandes größere Leistungen zugewendet werden können, auf welche nicht (vorbehaltlich der Abstufung nach § 20) sämmtliche andere Mitglieder ebenfalls Anspruch hätten. Der Satz hat vielmehr, wie die Motive (Anm. 1) unzweifelhaft ergeben, nur den Sinn, daß bei versicherungspflichtigen Personen die Mindestleistungen (§ 20) im Fall der Krankheit (und zwar für sämmtliche Mitglieder) sofort, d. h. von dem Zeitpunkte an geleistet werden müssen, zu welchem die Mitgliedschaft beginnt, während die statutarisch eingeführten Mehrleistungen (§ 21) vom Ablauf einer Karenzzeit abhängig gemacht werden dürfen, cf. Anm. 6 (Dieser sofort mit dem Beginn der Mitgliedschaft wirksame Anspruch der in Orts-Krankenkassen ꝛc. befindlichen Versicherungspflichtigen auf die wesentlichen Leistungen der Krankenversicherung ist ein sehr erheblicher Vortheil gegenüber den eingeschriebenen Hülfskassen (§ 75), für welche nach § 7 des Gesetzes v. 7. April 1876 durch Statut während der ersten dreizehn Wochen jeder Anspruch auf Krankenunterstützung ausgeschlossen werden kann.)*). Nur für freiwillige Mitglieder kann auch in Orts-Krankenkassen ꝛc. neben der obligatorischen Vorschrift des § 19 Absatz 3 durch Statut eine volle Karenzzeit, aber nur während sechs Wochen eingeführt werden, § 26a Abs. 2 Ziffer 4. Vgl. Anm. 3 zu § 6.

Daß eine Bevorzugung Einzelner durchaus unstatthaft, und daß nur unter den verschiedenen Kassen als solchen eine Verschiedenheit innerhalb der zulässigen Grenzen soll stattfinden dürfen, welche dann aber für alle Betheiligten Geltung hat, ist mit voller Bestimmtheit schon bei den Berathungen des Volkswirthschaftsraths von den Regierungsvertretern erklärt worden (Prot. 1882 S. 195). Daß statutarisch gewisse Zurücksetzungen für bestimmte Schuldfälle vorgesehen werden können, ändert hieran nichts. Darüber, daß für land- und forstw. Arbeiter die Leistungen der Kasse unter Umständen auf die ärztliche Behandlung, Arznei und kleine Heilmittel beschränkt sein können, vgl. § 137 landw. U. u. K.V.G.

[4]) angehört, ohne Unterschied, welcher Krankenkasse, und ob zwangs-

*) Allerdings dürfen Hülfskassen, deren Mitglieder von der Verpflichtung, einer Orts-Krankenkasse ꝛc. oder der Gemeinde-Krankenversicherung anzugehören, befreit sein sollen, nach § 75 des Krankenvers.Ges von dieser Lizenz keinen Gebrauch machen.

weise oder freiwillig. Dasselbe, also der Ausschluß eines Eintrittsgeldes, muß gelten, wenn das eintretende Mitglied früher (innerhalb der letzten 13 Wochen) derselben Krankenkasse angehört hat. Die besonderen Bestimmungen des Absatzes wegen Unterbrechung der Kassenmitgliedschaft durch Militärdienst oder bei periodischen Betriebseinstellungen können offenbar nur auf die Fälle bezogen werden, in denen nicht schon ohne weiteres ein Eintrittsgeld ausgeschlossen erscheint, also nur auf die Fälle, in denen die Unterbrechung der Mitgliedschaft länger als 13 Wochen gewährt hat. Vgl. Anm. 7.

4a) Beiträge. Es handelt sich hier um die „Mitgliedschaft" in einer Kasse oder in der Gemeinde-Krankenversicherung; daher ist, wie v. Schicker Anm. 6 zu § 28 mit Recht annimmt, auch die Bestimmung des § 54a hier zu berücksichtigen. Vgl. Anm. 4 zu § 28. Nicht der Zeitpunkt der Einzahlung der Beiträge (durch die Arbeitgeber oder durch die freiwillig Versicherten), sondern diejenige Zeit, für welche die Beiträge geleistet werden, entscheidet. Dies ist schon deshalb wichtig, weil die Beiträge z. Th. im voraus gezahlt werden.

5) Eintrittsgeld. Ein solches darf von Orts-Krankenkassen also nur für solche Mitglieder erhoben werden, welche (vorbehaltlich der Vorschriften des Abs. 2) während der letzten 13 Wochen vor dem Eintritt überhaupt nicht versichert gewesen sind. Der Ausschluß des Eintrittsgeldes für andere Kassenmitglieder folgt aus dem Prinzip der Freizügigkeit zwischen den organisirten Krankenkassen. Die eingeschriebenen Hülfskassen dagegen sind nach dem Gesetz v. 7. April 1876 berechtigt, ohne Ausnahme von allen Mitgliedern Eintrittsgeld zu erheben. In der Gemeinde-Krankenversicherung ist ein Eintrittsgeld überhaupt nicht zugelassen.

Das Eintrittsgeld Versicherungspflichtiger ist zwar auch vom Arbeitgeber vorzuschießen (§ 52), fällt aber zum vollen Betrage den Versicherten zur Last (§ 51 Abs. 1). Die Höhe des Eintrittsgeldes darf den sechswöchentlichen Gesammtbeitrag des betreffenden Mitgliedes nicht übersteigen, vgl. Anm. 8. Im Uebrigen sind die Vorschriften über das Eintrittsgeld, die bisher nur lückenhaft waren, durch die Novelle zweckentsprechend ergänzt worden (vgl. Mot. z. Nov. S. 61).

6) Dienstpflicht, im Frieden wie im Kriege.

7) zurückkehren ... Dasselbe gilt. Die Ausschließung des Eintrittsgeldes und einer Karenzzeit für solche Kassenmitglieder, welche ihre Mitgliedschaft behufs Erfüllung ihrer Dienstpflicht oder wegen zeitweiliger Betriebseinstellungen für länger als 13 Wochen haben unterbrechen müssen, ist von der Novelle aus Billigkeitsrücksichten beliebt worden. Die Rückkehr in die Beschäftigung braucht nicht sofort nach dem Ausscheiden aus dem Heere, muß aber doch alsbald erfolgen. Es handelt sich hier um eine Thatfrage unter Berücksichtigung der Verhältnisse des Einzelfalls. Jedenfalls scheint es zu weit zu gehen, wenn man den Vortheil der alsbaldigen Rückkehr noch 13 Wochen nach dem Ausscheiden aus dem Heere gestatten will (v. Schicker Anm. 10 zu § 26; a. M. Köhne S. 95, Hahn S. 71).

[8]) der Kasse, d. h. derselben, aus der sie behufs Erfüllung ihrer Dienstpflicht ausgeschieden sind.

[9]) vollen, ohne zeitweise Beschränkung auf die gesetzlichen Mindestleistungen.

[10]) periodisch wiederkehrende zeitweilige Einstellung, z. B. bei Zuckerfabriken und Ziegeleien. Unter den Begriff der Betriebseinstellung fällt auch die nur theilweise und successive Einstellung des Betriebes. Es wird in dem Gesetz nicht gefordert, daß alle und jede Arbeit aufhört. (Erk. d. Landgerichts in Dresden v. 25. Jan. 1895, Arb.Vers. XII S. 398.)

Auch Baubetriebe, die während des Winters ruhen, wird man hierhin zu rechnen haben. (Ebenso Arb.Vers. XI S. 123.)

[10a]) in Folge. Das Ausscheiden des Arbeiters muß mit der Betriebseinstellung in ursächlichem Zusammenhange stehen. Letztere braucht aber nicht die unmittelbare Ursache des Ausscheidens zu sein; es genügt, wenn sie nur die wesentliche Voraussetzung des Ausscheidens ist. (Erk. d. Landgerichts in Dresden v. 25. Jan. 1895, Arb.Vers. XII S. 398.)

[11]) Die Karenzzeit hat hier eine andere Bedeutung, wie in dem § 6. Dort ist bestimmt, daß in jedem Krankheitsfall sämmtlichen Kassenmitgliedern während der ersten beiden vollen Tage kein Krankengeld, wohl aber freie Behandlung zu gewähren ist, ohne Rücksicht darauf, wie lange das erkrankte Mitglied der Kasse angehört oder zur Gemeinde-Krankenversicherung Beiträge zahlt. Hier dagegen wird für neue Kassenmitglieder eine statutarische zeitweise Ausschließung der statutenmäßigen Leistungen unter gewissen Voraussetzungen zugelassen, und zwar a) für versicherungspflichtige Kassenmitglieder mit der Beschränkung auf die Mehrleistungen, während die Mindestleistungen (§ 20), also freie ärztliche Behandlung, freie Arznei und freie kleine Heilmittel, Wöchnerinnenunterstützung, Kranken- und Sterbegeld, in dem in § 20 angegebenen Umfang unverkürzt von Anfang an, jedoch auch hier mit der Maßgabe zu gewähren sind, daß das Krankengeld (vorbehaltlich abweichender Beschlüsse gemäß § 21 Ziffer 1a) erst vom dritten Tage nach Beginn der Krankheit gezahlt wird — b) für freiwillige Mitglieder ohne diese Beschränkung, so daß bei ihnen neben der obligatorischen Vorschrift des § 19 Abs. 3 in der Karenzzeit jede Krankenunterstützung ausgeschlossen werden kann, vgl. § 26a Ziffer 4, sowie cf. Anm. 1, 20.

Für Krankheiten, die während der Karenzzeit eingetreten sind, sind auch nach dem Ablauf der letzteren keine Unterstützungen zu leisten, vgl. Anm. 5 zu § 6a.

[12]) sechs Monaten, früher sechs Wochen. Die Verlängerung ist durch die Novelle um deswillen erfolgt, weil bei kürzerer Karenzzeit Krankenkassen Bedenken tragen möchten, die sie finanziell belastenden und doch wünschenswerthen erheblichen Mehrleistungen aus § 21 (insbesondere die Fürsorge für Rekonvaleszenten) zu übernehmen. Vgl. Sten.Ber. 1891/92 S. 3054.

Die Karenzzeit darf für die einzelnen Mehrleistungen verschieden bemessen werden, ebenso für versicherungspflichtige und freiwillige Mitglieder.

§. 26a.*)

[1]) Kassenmitgliedern, welche gleichzeitig anderweitig[2]) gegen Krankheit versichert sind, ist[3]) **das Krankengeld**[4]) soweit zu kürzen,[5]) als **dasselbe** zusammen mit **dem** aus anderweiter Versicherung bezogenen[6]) Kranken**gelde** den vollen Betrag ihres[7]) durchschnittlichen Tagelohnes übersteigen würde. Durch das Kassenstatut kann diese Kürzung ganz oder theilweise ausgeschlossen werden. I.

Durch das Kassenstatut kann ferner bestimmt werden: II.

1. **daß die Mitglieder verpflichtet sind, andere**[8]) **von ihnen eingegangene Versicherungsverhältnisse, aus welchen ihnen Ansprüche auf Krankenunterstützung zustehen, sofern sie zur Zeit des Eintritts in die Kasse bereits bestanden, binnen einer Woche nach dem Eintritt,**[9]) **sofern sie später abgeschlossen werden, binnen einer Woche nach dem Abschlusse, dem Kassenvorstande anzuzeigen;**[10])

---

[13]) Kassenbeitrages, d. h. des Gesammtbetrages, welcher für das betreffende Kassenmitglied zu leisten ist. Es ist also hier der auf den Arbeitgeber und den Versicherten zusammengenommen als Beitrag entfallende Betrag gemeint (Sten.Ber. 1891/92 S. 4767), jedoch wohl ausschließlich der Zusatzbeiträge (§ 22 Abs. 2).

Zu § 26a.

[1]) Vgl. Anm. 1 zu § 26. Im Uebrigen beziehen sich die durch die Novelle bewirkten Abänderungen insbesondere auf folgende Punkte:

a) die Kürzung bei mehrfacher Versicherung betrifft fortan nicht mehr, wie bisher, die volle Krankenunterstützung, sondern nur noch das Krankengeld;

b) neu eingefügt ist die Zulässigkeit einer Verpflichtung zur Anzeige anderweiter Versicherungsverhältnisse (Abs. 2 Ziffer 1), wobei gleichzeitig Ordnungsstrafe gemäß Ziffer 2a angedroht werden kann;

c) neu ist ferner die Zulässigkeit der Ordnungsstrafe gegen Erkrankte wegen Verstoßes gegen die Anordnungen des Arztes u. s. w. (Ziffer 2a) sowie

d) die Bestimmung, daß besondere Kassenärzte u. s. w. entsprechend den Vorschriften des § 6a Abs. 1 Ziffer 6 für die Gemeinde-Krankenversicherung bestellt werden dürfen (Ziffer 2b);

e) bei Benachtheiligung der Kasse ist fortan, entsprechend den gleichartigen Vorschriften für die Gemeinde-Krankenversicherung, nur noch Kürzung des Krankengeldes, nicht mehr Ausschließung aus der Kasse zulässig (Ziffer 2); die bisherigen Ziffern 1 und 2 sind des-

2. daß Mitgliedern, welche die Kasse **durch eine mit dem Verlust der bürgerlichen Ehrenrechte bedrohte strafbare Handlung**[11]) geschädigt haben, **für die Dauer von zwölf Monaten seit Begehung der Strafthat,**[12]) **sowie daß Versicherten,** welche sich **eine Krankheit** vorsätzlich[13]) oder durch schuldhafte Betheiligung bei Schlägereien[13a]) oder Raufhändeln, durch Trunkfälligkeit[14]) oder geschlechtliche Ausschweifungen[15]) zugezogen haben, **für diese Krankheit**[16]) das statutenmäßige Krankengeld[17]) gar nicht oder nur theilweise zu gewähren ist;

2a. **daß Mitglieder, welche der gemäß Ziffer 1 getroffenen Bestimmung**[18]) **oder den durch Beschluß der Generalversammlung**[18a]) **über die Krankenmeldung, das Verhalten der Kranken und die Krankenaufsicht erlassenen Vorschriften**[19]) **oder den Anordnungen, des behandelnden Arztes zuwiderhandeln, Ordnungsstrafen**[20]) **bis zu zwanzig Mark zu erlegen haben;**

2b. **daß die ärztliche Behandlung, die Lieferung der Arznei und die Kur und Verpflegung nur durch bestimmte**[21]) **Aerzte, Apotheken und Krankenhäuser zu gewähren sind und die Bezahlung der durch Inanspruchnahme anderer Aerzte, Apotheken und Krankenhäuser entstandenen Kosten, von dringenden Fällen**[21a]) **abgesehen, abgelehnt**[22]) **werden kann;**

---

halb jetzt in die eine Ziffer 2 zusammengezogen worden, welche nunmehr den gleichartigen Vorschriften für die Gemeinde-Krankenversicherung entspricht (§ 6a Abs. 1 Ziffer 2);

f) die Vorschriften über die theilweise Versagung der Krankenunterstützung (Ziffer 3) sind entsprechend den Vorschriften des § 6a Abs. 1 Ziffer 3 geändert worden;

g) die Aufnahme anderer Personen ist, wie bei der Gemeinde-Krankenversicherung (§ 4 Abs. 2), auf Personen mit einem Jahreseinkommen bis zu 2000 Mark beschränkt worden;

h) die bisher nur für Betriebs- (Fabrik-) Krankenkassen geltende Vorschrift, daß die Unterstützungen statt nach dem Durchschnittslohn auch nach dem Individuallohn bemessen werden dürfen, ist auch auf Orts-Krankenkassen ausgedehnt worden (Ziffer 6).

²) gleichzeitig anderweitig. Doppelversicherung und Ueberversicherung sind durch das Gesetz an und für sich nicht ausgeschlossen. Im Plenum des Volkswirthschaftsraths, dessen permanenter Ausschuß nach längerer Diskussion das Verbot der Doppelversicherung angenommen hatte (Prot. 1882

3. daß **Mitgliedern,** welche **von dieser**[23]) **Krankenkasse eine** Krankenunterstützung ununterbrochen oder im Laufe **eines Zeitraums von zwölf Monaten** für dreizehn Wochen bezogen haben, bei Eintritt **eines** neuen[18a]) **Unterstützungsfalles,**[24]) **sofern dieser durch die gleiche nicht gehobene Krankheitsursache veranlaßt worden ist, im Laufe der nächsten**[25]) **zwölf Monate Krankenunterstützung nur im gesetzlichen Mindestbetrage (§. 20) und nur für die Gesammtdauer** von dreizehn Wochen zu **gewähren ist;**
4. daß Personen, welche der Versicherungspflicht nicht unterliegen und freiwillig[26]) der Kasse beitreten, erst nach Ablauf einer auf höchstens sechs Wochen vom Beitritt ab zu bemessenden Frist Krankenunterstützung[27]) erhalten;
5. daß auch andere[28]) als die in den §§. 1 bis 3 genannten Personen als Mitglieder der Kasse aufgenommen[29]) werden können, **sofern ihr jährliches Gesammteinkommen**[30]) **zweitausend Mark nicht übersteigt;**
6. **daß die Unterstützungen und Beiträge statt nach den durchschnittlichen Tagelöhnen (§. 20) in Prozenten des wirklichen Arbeitsverdienstes der einzelnen Versicherten**[31]) **festgesetzt werden, soweit dieser vier Mark**[32]) **für den Arbeitstag nicht übersteigt.**

S. 183, 186), gelangte schließlich unter Verwerfung dieses Beschlusses folgende Resolution zur Annahme (a. a. O. S. 291):

> Der Volkswirthschaftsrath spricht den Wunsch aus, daß durch geeignete Bestimmungen dahin Vorsorge getroffen werde, daß mit der Doppelversicherung kein Mißbrauch getrieben werden könne.

Es handelt sich dabei insbesondere um die Simulation. Dieser Resolution entsprach der Gesetzentwurf durch eine Bestimmung, welche den Statuten die Kürzung der etwa doppelt bezogenen Unterstützung bis auf den Betrag des vollen durchschnittlichen Tagelohns vorbehielt. Im Reichstag wurde dies dahin abgeändert, daß nicht der Klassen-Durchschnittslohn, sondern der thatsächliche individuelle Durchschnittslohn des Versicherten die Grenze, und daß eine Kürzung die gesetzliche Regel bilden solle. Durch die Novelle wurde schließlich vorgesehen, daß bei der Feststellung, ob im Einzelfall eine Kürzung eintreten müsse, nur das mehrfach bezogene Krankengeld, nicht auch der Geldwerth der freien ärztlichen Behandlung u. s. w. in Betracht zu ziehen sei. Vgl. dabei § 75 Abs. 3.

Die Doppelversicherung (durch gleichzeitige Betheiligung an einer Zwangskasse und irgend einer Hülfskasse ohne Beitrittszwang, oder durch

Die unter 2 a bezeichneten Beschlüsse der Generalversammlung bedürfen der Genehmigung der Aufsichtsbehörde.[33]) Ueber Beschwerden gegen die Versagung der Genehmigung entscheidet die nächst vorgesetzte Dienstbehörde endgültig.

III. Abänderungen[34]) des Statuts, durch welche die bisherigen Kassenleistungen herabgesetzt werden, finden auf solche Mitglieder, welchen bereits zur Zeit der Abänderung ein Unterstützungsanspruch wegen eingetretener Krankheit zusteht, für die Dauer dieser Krankheit[35]) keine Anwendung.

(§ 22 des Entwurfs und der Komm.-Beschlüsse.)

*) Der § 26a gilt auch für Betriebs- (Fabrik-), Bau- und Innungs-Krankenkassen (§§ 64, 72, 73).

---

gleichzeitige Eingehung eines Versicherungsvertrages mit einer Versicherungsgesellschaft) führt also in der Regel zu einer Kürzung, soweit sie sich als Ueberversicherung darstellt. Weitergehende Bestimmungen erscheinen nicht geboten. Es wäre sogar bedenklich, Arbeiter daran zu hindern, den in gesunden Tagen bezogenen vollen Arbeitslohn sich dadurch auch für den Fall der Krankheit zu sichern, daß sie in guten Tagen doppelte Beiträge zu verschiedenen Krankenkassen leisten; nur die besseren Arbeiter werden es sein, welche so durch mehrfache Versicherung rechtzeitig und in umfassender Weise für Nothfälle Vorsorge treffen. Vgl. Anm. 6, 10 zu § 19.

[3]) ist. Man beachte den Unterschied: die Kürzung im Fall der Doppelversicherung tritt auf Grund des Gesetzes ein, kann aber durch das Statut ausgeschlossen werden; die Kürzung bei Verschulden 2c. (Anm. 11) und wiederholter Erkrankung (Anm. 19) tritt nur auf Grund der Statuten ein.

[4]) Krankengeld, einschließlich der Wöchnerinnen-Unterstützung (vgl. Anm. 6 i. f. zu § 20 und Anm. 5 zu § 21, Köhne S. 97 und Arb Vers. IX S. 701; a. M. v. Schicker Anm. 2 zu § 26 a), aber nicht auch das Sterbegeld. Vgl. Anm. 1 zu a sowie Anm. 2.

[5]) kürzen. Die statutenmäßigen Beiträge sind trotz der in Krankheitsfällen etwa bevorstehenden Kürzung unvermindert fortzuzahlen. Nach allgemeinen Regeln wird es Sache der Kassenvertretung sein, den Nachweis der Ueberversicherung zu führen. Dieser Beweis wird ihr durch die in Ziffer 1 des Abs. 2 jetzt vorgesehene Anzeigepflicht erleichtert; auch darf erwartet werden, daß die gegenseitige Kontrole der Kassenmitglieder helfend und vermittelnd eintritt, zumal die letzteren ein wesentliches eigenes Interesse daran haben, daß etwaige Ueberversicherung eines Genossen, welche zu einer ihrer Kasse zugutkommenden Kürzung der Unterstützung führen würde, nicht verschwiegen bleibt.

Gekürzt wird die Unterstützung aus derjenigen Kasse, welcher der Versicherte auf Grund seiner Beschäftigung angehört, also hier der Orts-Krankenkasse (bei der Anwendung auf Betriebs- [Fabrik-] Krankenkassen und Bau-Krankenkassen geschieht die Kürzung aus diesen). Die Kürzung trifft nicht (auch nicht antheilig) den aus anderweiter Versicherung sich ergebenden Unterstützungsanspruch. Hierzu hat das Mitglied des Bundesraths, Ministerialdirektor Lohmann, im Reichstage mit Recht ausgeführt: „Voraussetzung ist also jedenfalls, daß ein Unterstützungsanspruch gegen die andere Kasse vorliegt; wenn er vorliegt, kann er nicht gekürzt werden. Ich habe aber in der Kommissionsberathung gesagt, die freien Hülfskassen hätten es in der Hand, ihre Statuten so zu regeln, daß ein solcher Unterstützungsanspruch in dem betreffenden Falle nicht vorliege. Die freien Hülfskassen sind nicht behindert, in ihren Statuten zu bestimmen, daß diejenigen ihrer Mitglieder, welche zugleich Mitglieder einer Orts-Krankenkasse sind, die in dem zutreffenden Falle die Kürzung vornehmen kann, Anspruch auf das Krankengeld nur bis zu einer bestimmten Grenze haben sollen, die eben die Kürzung von Seiten der Orts-Krankenkasse ausschließen soll" (Sten.Ber. 1891/92 S. 3056; vgl. auch daselbst S 4774). A. M. Hahn Arb.Vers. X S. 81. Hülfskassen ohne Beitrittszwang, welche in ihre Statuten eine entsprechende Bestimmung aufnehmen, werden nach diesen Ausführungen immer noch als solche betrachtet werden müssen, welche den Voraussetzungen des § 75 genügen.

Bei der Feststellung, ob „das Krankengeld zusammen mit dem aus anderweiter Versicherung bezogenen Krankengelde den vollen Betrag des Durchschnittslohns des betr. Versicherten übersteigt", ist derjenige Betrag mit in Anschlag zu bringen, welcher von Hülfskassen ohne Beitrittszwang gemäß § 75 Abs. 3 an Stelle ärztlicher Behandlung gewährt werden kann. Denn dieser Baarbetrag stellt nach ausdrücklicher Vorschrift des § 75 Abs. 3 eine Erhöhung „des Krankengeldes" dar und gilt demgemäß als Theil des aus der Hülfskasse gewährten Krankengeldes.

[6]) bezogenen. Auf die Thatsache, welche Kasse früher auszahlt, kommt es nicht an, sondern nur auf die Thatsache, ob auf anderweites Krankengeld ein Anspruch besteht. Vgl. Hahn, Arb.Vers. X S. 81.

[7]) ihres, cf. Anm. 2. Eine Beschränkung auf einen Höchstbetrag, wie in den Fällen der Ziffer 6, ist nicht vorgesehen (R.T.Dr. S. 1891/92 S. 4770).

[8]) andere, vgl. Anm. 5. Diese Bestimmung „bildet eine Ergänzung zu der Bestimmung im (bisherigen) dritten Absatze des § 26 (jetzt § 26a Abs. 1), welche ohne eine solche Ergänzung, wie die bisherige Erfahrung gelehrt hat, vielfach unwirksam bleibt" (Mot. z Nov. S. 49).

[9]) nach dem Eintritt ꝛc. in die Orts-Krankenkasse. Ein Beschluß des Reichstags zweiter Lesung, daß die Anzeige erst unmittelbar nach der Krankenmeldung solle erfolgen müssen, ist in dritter Lesung des Reichstags wieder aufgehoben worden. Durch die frühere Anzeige werden die „Krankenkassen in die Lage versetzt werden, regelmäßige Listen zu führen, in denen sie fortlaufend nachtragen, was jeder an Krankengeld aus einer anderen Kasse bekommt" (Frhr. v. Stumm, Sten.Ber. 1891/92 S. 4773). Bei der Anzeige der Doppelversicherung muß, um feststellen zu können, inwieweit eine Kürzung beim Eintritt der Krankheit vorzunehmen sei, „ermittelt werden, wie hoch ist der anderweite Zusatz an Krankengeld, den der Erkrankte be-

kommt; es muß sein Durchschnittslohn ermittelt werden u. s w.; es müssen unter Umständen ziemlich eingehende Ermittelungen angestellt werden, die sich nur durchführen lassen, wenn alles fortlaufend und regelmäßig in die Listen aufgenommen wird, aber nicht ad hoc, erst wenn der Einzelne krank wird" (a. a. O.).

10) anzuzeigen. Auf Uebertretung dieser Vorschrift darf Ordnungsstrafe bis zu 20 Mark gesetzt werden (Ziffer 2a); letztere darf auf das Krankengeld angerechnet werden, § 56 Abs. 2. Die Vorlage hatte als Strafe den Verlust des Krankengeldes in Aussicht genommen.

11) strafbare Handlung. Früher hieß es: „daß Kassenmitglieder, welche die Kasse wiederholt durch Betrug geschädigt haben, von der Mitgliedschaft auszuschließen sind". Der Ausschluß der Mitgliedschaft hatte, wie in diesem Kommentar früher ausgeführt und auch von der Praxis vielfach angenommen ist, die Folge, daß der Betrüger aus der Versicherung überhaupt auszuschließen war und demgemäß event. der öffentlichen Armenpflege anheimfiel. Das ist jetzt beseitigt; es fällt nur das Krankengeld fort. Im Uebrigen sind die betr. Vorschriften jetzt für die Zwangskassen und die Gemeinde-Krankenversicherung gleich gefaßt. Vgl. Anm. 6 zu § 6a.

12) für die Dauer von zwölf Monaten seit Begehung der Strafthat, vgl. Anm. 7 zu § 6a.

13) vorsätzlich, vgl. Anm. 8 zu § 6a.

13a) Schlägereien, vgl. Anm. 8a zu § 6a.

14) Trunkfälligkeit, vgl. Anm. 9 zu § 6a.

15) geschlechtliche Ausschweifungen, vgl. Anm. 10 zu § 6a. Die in Folge eines außerehelichen Wochenbetts entstandene Krankheit gewährt immer Anspruch auf volles Krankengeld, wenn auch die außereheliche Schwängerung als Folge geschlechtlicher Ausschweifung angesehen wird. Auf die mit einem Wochenbett in ursächlichem Zusammenhang stehende Krankheiten findet § 26a Ziffer 2 keine Anwendung (Pr. Ob.Verw.Ger. v. 20. Februar 1896).

16) für diese Krankheit, vgl. Anm. 11 zu § 6a.

17) das Krankengeld, vgl. Anm. 12 zu § 6a sowie Anm. 4. Es wird sich nicht verkennen lassen, daß diejenigen Gesichtspunkte, welche für die Kürzung des Krankengeldes maßgebend sind, für den Todesfall des schuldigen Mitglieds und die durch denselben hervorgerufenen Kosten nicht in gleicher Weise geltend gemacht werden können.

18) Bestimmung, vgl. Anm. 10.

18a) Generalversammlung. Deren Beschlüsse bedürfen der Genehmigung der Aufsichtsbehörde, vgl. Schlußsatz dieses Abs. 2 des § 26a. Einer Bestimmung der Statuten bedarf es nicht.

19) Vorschriften, vgl. Anm. 23 zu § 6a.

20) Ordnungsstrafen, vgl. Anm. 24 zu § 6a.

21) bestimmte, vgl. Anm. 21 zu § 6a.

21a) dringende Fälle, vgl. Anm. 21a zu § 6a.

22) abgelehnt, vgl. Anm. 22 zu § 6a.

[23]) von dieser, ebenso wie in § 6a Ziffer 3 für die Gemeinde-Krankenversicherung. Vgl. Anm. 13 zu § 6a.

[24]) neuen Unterstützungsfalles, vgl. Anm. 14 zu § 6a. Früher hieß es weitergehend: „einer neuen Krankheit". Auch mußten früher bei jeder neuen Krankheit die gesetzlichen Mindestleistungen gewährt werden, wenn dadurch die Unterstützungsdauer auch eine sehr lange werden sollte; jetzt braucht unter den angegebenen Voraussetzungen in dem betr. Jahr nur für eine Gesammtdauer von 13 Wochen Unterstützung gewährt zu werden.

[25]) nächsten, vgl. Anm. 15 zu § 6a.

[26]) freiwillig. Wegen dieser vollen Karenzzeit für freiwillige Kassenmitglieder vgl. Anm. 3, sowie Anm. 4 und 5 zu § 6a, Anm. 7 zu § 4, Anm. 8 zu § 19.

[27]) Krankenunterstützung, einschl. der freien ärztlichen Behandlung u. s. w.

[28]) auch andere. Durch diese Ermächtigung, welche durch die Novelle (§ 4) in analoger Art auch für die Gemeinde-Krankenversicherung eingeräumt worden ist, wird den Gemeinden die Möglichkeit gegeben, die von ihnen errichteten Orts-Krankenkassen auch solchen Personen zugänglich zu machen, welchen das Gesetz weder die Verpflichtung noch die Berechtigung zum Beitritt beilegt. Man hat hierbei namentlich an die kleinen selbständigen Handwerksmeister gedacht, bei denen die wirthschaftlichen Verhältnisse eine Krankenversicherung oft ebenso wünschenswerth machen, wie bei den unselbständigen Arbeitern, Gesellen 2c. Auch für die Dienstboten hat die Bestimmung Bedeutung, da denselben durch das Gesetz nur das Beitrittsrecht zur Gemeinde-Krankenversicherung beigelegt ist; auch andere selbständige Gewerbetreibende, z. B. solche Personen, welche aus der Leistung von Einzeldiensten ein Gewerbe machen, wie Dienstmänner, können hiernach beitrittsberechtigt werden, ebenso im Ausland beschäftigte Personen. Selbstverständlich zahlen die auf Grund solcher statutarischen Bestimmung freiwillig beitretenden Personen die vollen statutenmäßigen Beiträge, einschließlich des Beitrags der Arbeitgeber für ihre unselbständigen versicherungspflichtigen Arbeiter; jene stehen in dieser Beziehung nicht anders, wie solche Personen, denen durch das Gesetz die Beitrittsberechtigung beigelegt ist, cf. Anm. 7, 9 zu § 4.*)

[29]) aufgenommen. Da über die Aufnahme der nicht unter §§ 1 bis 3 fallenden Personen lediglich das Statut entscheidet, so kann dasselbe die Zulassung solcher Personen auch von besonderen Bedingungen (Gesundheits-

*) Darüber, daß nach der in Preußen geltenden Auffassung die Gemeinden durch statutarische Zulassung der Dienstboten 2c. zu den Orts-Krankenkassen der ihnen sonst obliegenden Verpflichtung entgehen können, für die Dienstboten und sonstige Beitrittsberechtigte die Gemeinde-Krankenversicherung auch dann einzurichten, wenn für alle versicherungsberechtigten Personen anderweit gesorgt ist, vgl. Anm. 10 zu § 4.

§. 27.*)

I. [1]) Kassenmitglieder, welche aus der die Mitgliedschaft begründenden Beschäftigung ausscheiden[1a]) und nicht zu einer Beschäftigung übergehen,[2]) vermöge welcher sie Mitglieder einer anderen der in

---

nachweis, Altersgrenze) abhängig machen. Derartige Bedingungen sind bei versicherungspflichtigen und sonstigen Personen, denen das Gesetz die Eintrittsberechtigung giebt (cf. Anm. 7 zu § 4), nicht zulässig, da die letzteren in der Ausübung des ihnen gesetzlich zugestandenen Rechts der Betheiligung an Krankenkassen nicht beschränkt werden dürfen. cf. Anm. 3 i. f. zu § 6 und Anm. 8 zu § 19.

[30]) Gesammteinkommen. Diese Beschränkung entspricht den gleichartigen Bestimmungen über den freiwilligen Eintritt Nichtversicherungspflichtiger, wie sie in §§ 4 Abs. 2, 19 Abs. 2, 63 Abs. 2 gegeben worden sind. Vgl. Anm. 7b zu § 4.

[31]) der einzelnen Versicherten, in der 3. Lesung der Novelle eingefügt. Eine gleiche Berücksichtigung der individuellen Verschiedenheiten in der Löhnung der einzelnen Kassenmitglieder war bisher nur für die Betriebs- (Fabrik-) Krankenkassen und Bau-Krankenkassen vorgesehen, § 64 Ziffer 1. Letztere Ausnahmebestimmung ist nunmehr dort, weil sie fortan allgemein für alle Zwangskassen gelten wird, konsequent in Fortfall gebracht worden.

[32]) vier Mark. Vgl. § 20 Abs. 2. Der höchst zulässige Betrag des Krankengeldes ist hiernach 3 Mark für den Arbeitstag. § 21 Abs. 1 Ziffer 2.

[33]) Aufsichtsbehörde, vgl. §§ 44, 84 Abs. 3.

[34]) Abänderungen. Diese Bestimmung ist vom Reichstage eingefügt worden, um einer von den Regierungskommissarien in der zweiten Lesung für unbedenklich erklärten Rechtsansicht Ausdruck zu geben (Sten.Ber. 1883 S. 2113). Erweiterungen der Krankenunterstützung treten nach näherer Bestimmung des Statuts, durch welches sie eingeführt werden, in Kraft, und soweit sie auf der Novelle beruhen (vgl. Anm. 14 zu § 6, sowie § 20 Abs. 1 Ziffer 2), mit dem Inkrafttreten der Novelle für alle zu diesem Zeitpunkt laufenden Fälle der Krankenunterstützung, nicht blos für diejenigen Unterstützungsfälle, die nach dem Inkrafttreten der Novelle neu entstehen. (Vgl. Köhne S. 99.)

[35]) für die Dauer dieser Krankheit. Eine statutarische Herabsetzung des Sterbegeldes findet auf Alle Anwendung, welche noch am Leben sind. (Köhne S. 99, v. Schicker S. 156.)

Zu § 27.

[1]) Der § 27 entspricht dem für die Gemeinde-Krankenversicherung geltenden § 11. Wegen seines Verhältnisses zu § 19 cf. Anm. 1 zu § 19.

Was das Verhältniß des § 27 zum § 28 anbelangt, so hat ersterer das Ausscheiden aus der Beschäftigung schlechthin und ohne Rücksicht auf eine

den §§. 16, 59, 69, 73, 74 bezeichneten Krankenkassen[3]) werden, bleiben[4]) solange Mitglieder,[5]) als sie sich im Gebiete des Deutschen Reichs aufhalten, sofern sie ihre dahin gehende Absicht binnen einer Woche dem Kassenvorstande anzeigen.†) Die Zahlung[6]) der vollen statutenmäßigen Kassenbeiträge[7]) zum ersten Fälligkeitstermine ist der ausdrücklichen Anzeige gleich zu erachten, **sofern der Fälligkeitstermin innerhalb der für die letztere vorgeschriebenen einwöchigen Frist liegt.**

Die Mitgliedschaft erlischt,[8]) wenn die Beiträge an zwei auf einander folgenden Zahlungsterminen nicht geleistet werden. II.

Durch Kassenstatut kann bestimmt werden, daß für nicht im Bezirk der **Krankenkasse oder eines für die Zwecke des §. 46 Absatz 1 Ziffer 2 und 3 errichteten Kassenverbandes** sich aufhaltende Mitglieder der im ersten Absatz bezeichneten Art[9]) an die Stelle[10]) der im §. 6 Absatz 1 Ziffer 1 bezeichneten Leistungen eine **Vergütung**[11]) **in Höhe von mindestens**[12]) **der Hälfte** des Krankengeldes tritt. III.

Ueber die Einsendung der Beiträge, die Auszahlung der Unterstützungen und die Krankenkontrole für die nicht im Bezirk der Gemeinde[13]) sich aufhaltenden Personen[14]) hat das Kassenstatut Bestimmungen zu treffen. IV.

(§ 23 des Entwurfs und der Komm.-Beschlüsse.)

*) Dieser Paragraph gilt auch für Betriebs- (Fabrik-) und für Bau-Krankenkassen vorbehaltlich der Modifikation des § 64 (§§ 64, 72), sowie für Innungskrankenkassen (§ 73).

---

dadurch etwa bedingte Erwerbslosigkeit, letzterer aber den speziellen Fall im Auge, daß der Ausscheidende zugleich erwerbslos wird. § 27 giebt den Arbeitern die Möglichkeit, im Fall eines Orts- oder Berufswechsels bis zu dem Zeitpunkt, mit welchem sie eine Beschäftigung aufnehmen, kraft deren ihre Mitgliedschaft zu einer anderen Krankenkasse einzutreten hat, durch Fortzahlung der Beiträge die Mitgliedschaft in der ihrer bisherigen Beschäftigung entsprechenden Orts-Krankenkasse freiwillig aufrecht zu halten, jedoch nur unter folgenden Voraussetzungen und Bedingungen:

a) Zur Begründung dieser freiwilligen Weiterbetheiligung ist erforderlich, daß sie ihre dahingehende Absicht binnen einer Woche dem Kassenvorstand zu erkennen geben. Das geschieht entweder ausdrücklich durch Anzeige oder stillschweigend durch Fortzahlung des Beitrags am nächsten, auf das Ausscheiden aus der Beschäftigung folgenden Zahlungstermin, vgl. Anm. 6. (Bei der Gemeinde-

---

†) Wegen der land- und forstwirthschaftlichen Arbeiter vgl. Anm. † zu § 11

Krankenversicherung ist nur an die konkludente Handlung der Weiterzahlung gedacht, § 11.)

b) Zur Fortsetzung des solchergestalt eingegangenen freiwilligen Verhältnisses zur Kasse ist erforderlich, daß die freiwillig verbleibenden Mitglieder die Gesammtbeiträge regelmäßig fortzahlen und außerdem das Reichsgebiet nicht verlassen. (Bei der Gemeinde-Krankenversicherung wird, dem Wesen derselben entsprechend, das Verbleiben in dem Gemeindebezirk des bisherigen Aufenthalts verlangt.)

Der § 28 dagegen erhält solchen Arbeitern, welche nach dem Ausscheiden aus der Beschäftigung erwerbslos werden, kraft des Gesetzes für einige Zeit noch den Anspruch auf die gesetzlichen Mindestleistungen aus der Kasse, ohne daß dieser Anspruch an eine Fortzahlung der Beiträge geknüpft wäre. Vgl. Entsch. des Preuß. Ob.Verw.Ger. v. 29. April 1886, Entsch. XIII S. 385.

Der § 27 gilt nur für die freiwillige Fortsetzung der Kassenmitgliedschaft durch ehemals versicherungspflichtige Mitglieder, denn nur für diese begründet die Beschäftigung die Mitgliedschaft (ebenso Köhne S. 100, § 8 des Normalstatuts [Anm. 3 zu § 23]; a. M. v Schicker [S. 37]); er gilt aber nicht auch für die gemäß § 19 Abs. 3 freiwillig eingetretenen Mitglieder, wenn auch der Austritt beider Kategorien von freiwilligen Mitgliedern gleichmäßig geregelt ist (§ 19 Abs. 6, § 27 Abs. 2). Vgl. Anm. 12 zu § 19. Dies ist von Bedeutung besonders wegen der Absätze 3 und 4 des § 27. Die Ausführung in der 4. Aufl. dieses Kommentars war ungenau und ist deshalb von Hahn in Arb.Vers. XII S. 531 mißverstanden worden. § 28 dagegen gilt für alle Kassenmitglieder.

[1a]) ausscheiden, vgl. Anm. 3a zu § 11.

[2]) und nicht .... übergehen. Wer nach dem Aufgeben seiner bisherigen Beschäftigung eine solche Beschäftigung aufnimmt, welche ihn zur Mitgliedschaft in einer anderen Orts- oder in einer Betriebs- (Fabrik-), Innungs-, Bau- oder Knappschaftskasse (cf. Anm. 3) verpflichtet, ist nicht berechtigt, das Verhältniß zu der seiner bisherigen Beschäftigung entsprechenden Orts-Krankenkasse fortzusetzen. Das Verbleiben in der letzteren steht nach dem Aufhören der die Mitgliedschaft bedingenden Beschäftigung nur demjenigen frei, welcher a) entweder zeitweise ohne Beschäftigung bleibt, oder zu einer Beschäftigung übergeht, für welche überhaupt oder für den betr. Ort eine Kasse der erwähnten Art nicht besteht, also zu einer Beschäftigung, welche ihn b) des Versicherungszwangs entweder ganz überhebt (z. B. indem er selbständig arbeitet), oder c) ihn der Gemeinde-Krankenversicherung des Beschäftigungsorts zuweist, vgl. Anm 3, sowie Anm. 6, 10 zu § 19.

[3]) Krankenkasse. Die Gemeinde-Krankenversicherung ist keine Krankenkasse, cf. Anm. 6 zu § 4. Wer auf Grund seiner neuen Beschäftigung also in die Gemeinde-Krankenversicherung fallen würde, darf die Betheiligung an der Orts-Krankenkasse seiner bisherigen Beschäftigung freiwillig fortsetzen; er gehört dann der Gemeinde-Krankenversicherung nicht an, weil diese nur

für solche Versicherte eintritt, die nicht einer Zwangskasse (gezwungen oder freiwillig) angehören, § 4 Abs. 1. Vgl. oben Anm. 2.

[4]) bleiben. Nach dem Kommissionsbericht (S. 48) ist durch Erklärung der Regierungsvertreter der Sinn dahin festgestellt: „daß ein Arbeiter, welcher aus der die Kassenmitgliedschaft begründenden Beschäftigung ausscheidet und dessen Beiträge bis zum Augenblick des Ausscheidens gezahlt sind, für die Zeit bis zum nächsten statutenmäßigen Fälligkeitstermin der Beiträge (cf. jedoch Anm. 7, d. H.) gedeckt bleiben soll, in der Weise, daß, wenn er nach seinem Austritt aus der Beschäftigung erkrankt, bevor wieder ein Beitrag bei seiner früheren Kasse fällig wurde, diese Kasse für ihn eintreten muß; — daß über die Modalitäten der Ausführung den Statuten die nöthige Bestimmung überlassen bleiben soll."

Vgl. Erk. des Preuß. Ob.Verw.Ger. v. 27. Okt. 1890 (Entsch. XX S. 365): „Das Verbleiben bei der Kasse als freiwilliges Mitglied ist „„von der dahin gehenden Absicht"" des seitherigen Kassenmitgliedes sowie davon abhängig gemacht, daß diese Absicht dem Kassenvorstande entweder ausdrücklich oder durch die konkludente Handlung der Beitragszahlung angezeigt wird. Die Mitgliedschaft bei einer Orts-Krankenkasse ist entweder eine nothwendige, sich vermöge gesetzlicher Vorschrift ohne Weiteres an eine gewisse Beschäftigung knüpfende, oder eine freiwillige, auf einem Willensakte beruhende. Der Wille, freiwilliges Mitglied zu werden, muß kund gethan werden. Die nothwendige Kassenmitgliedschaft endet mit dem Ausscheiden aus derjenigen Beschäftigung, an welche sie vom Gesetz geknüpft ist. Durch den § 27 hat Personen, welche aus der ihre Mitgliedschaft bei einer Orts-Krankenkasse bedingenden Beschäftigung ausscheiden und deshalb an sich auch aus der Kassenmitgliedschaft ausscheiden müßten, die Möglichkeit gewährt werden sollen, nicht nur freiwillige Mitglieder derselben Kasse zu werden, sondern auch — wie aus den im Reichstag über den Erlaß des Gesetzes gepflogenen Verhandlungen hervorgeht — die freiwillige Mitgliedschaft dergestalt unmittelbar an die nothwendige Kassenmitgliedschaft anzuschließen, daß zwischen dem Ende der nothwendigen und dem Beginn der freiwilligen Kassenmitgliedschaft kein Zeitpunkt besteht, an welchem diese Personen nicht versichert sind. Dieses „„Verbleiben"" ist aber davon abhängig, daß die hierauf gerichtete Absicht dem Kassenvorstande (innerhalb einer Woche) durch ausdrückliche Erklärung oder durch die Zahlung der vollen statutenmäßigen Beiträge kund gethan wird. Findet eine solche Kundgebung nicht statt, so besteht die Voraussetzung nicht, von welcher das Verbleiben bei der Kasse abhängig gemacht ist und es ist dann die Versicherung erloschen"; findet sie aber statt, so wird ihre Wirkung auf den Zeitpunkt des Aufhörens der Versicherungspflicht dergestalt zurückbezogen, daß die Kasse auch für die während dieser Zwischenzeit etwa eingetretene Erkrankung aufkommen muß. Ist der Versicherte beim Ausscheiden aus der versicherungspflichtigen Beschäftigung schon krank, so dauert seine Mitgliedschaft gemäß § 54a ohne weiteres fort, ohne daß Beiträge zu entrichten sind; erst nach der demnächstigen Genesung kommen dann die Bestimmungen des § 27 in Betracht. Vgl. auch Hahn in Arb.Vers. XII S. 531. Nur die Fortsetzung des Versicherungsverhältnisses, nicht die freiwillige Wiederaufnahme (ohne die Voraussetzungen desselben) ist gestattet. cf. Anm. 7 zu § 11.

5) Mitglieder, mit allen Rechten und Pflichten. Die Ausdehnung der für die Betriebs- (Fabrik-) Krankenkassen geltenden Beschränkung (§ 64 Nr. 6) auf die Orts-Krankenkassen ist als „mindestens entbehrlich, vielleicht schädlich" abgelehnt worden (Komm.Ber. S. 49), vgl. Anm. 11 zu § 64.

6) Zahlung. Ausdrückliche Stundung wird auch hier der Zahlung gleichstehen, cf. Anm. 6 zu § 11. Der erste Fälligkeitstermin muß aber nach den Vorschriften der Novelle, wenn die bloße Zahlung die Wirkung haben soll, die Mitgliedschaft zu erhalten, innerhalb der einwöchigen Anzeigefrist liegen. Dies erschien für Kassen mit langen Beitragsperioden um so nöthiger, als jetzt die Beiträge nicht mehr unter allen Umständen im Voraus, sondern auch nachfolgend gezahlt werden dürfen, § 52 (Mot. z. Nov. S. 51). Hiernach bleibt die Mitgliedschaft nur erhalten, wenn binnen einer Woche nach dem Austritt aus der Beschäftigung dem Kassenvorstande eine entsprechende Mittheilung, sei es ausdrücklich oder durch die konkludente Handlung der Fortentrichtung der Beiträge, gemacht worden ist. Es ist also zur Erhaltung der Mitgliedschaft immer eine positive Thätigkeit erforderlich (Pr.Ob.-Verw.-Ger. XX S. 365).

7) Kassenbeiträge. Nach dem Kommissionsbericht (S. 48) ist durch Erklärung der Regierungsvertreter der Sinn dieser Bestimmung dahin festgestellt: „daß die „„Kassenbeiträge"", durch deren Fortzahlung der aus der betreffenden Beschäftigung ausgeschiedene Arbeiter sich die Kassenmitgliedschaft bewahren kann, die vollen Kassenbeiträge sind, daß somit derjenige Arbeiter, für welchen während seiner Beschäftigung $^1/_3$ der Beiträge gemäß § 47 (jetzt § 52) vom Arbeitgeber gezahlt wurde, um sich nach seinem Austritt aus der Beschäftigung die Kassengemeinschaft zu bewahren, von dem Augenblick des Austritts an auch dieses Drittel seinerseits entrichten muß."

8) erlischt, also unter gleichen Voraussetzungen, wie die freiwillige Mitgliedschaft solcher Personen, welche der Kasse freiwillig beigetreten waren, § 19 (vgl. Anm. 12 zu § 19).

9) der im ersten Absatz bezeichneten Art, also freiwillig verbliebener Mitglieder. Diese erhalten, sofern das Kassenstatut dies bestimmt, im Fall der Abwesenheit aus dem Kassenbezirk statt der freien ärztlichen Behandlung 50 Prozent des Krankengeldes; wie die Beiträge einzuzahlen, wie die Krankenkontrole einzurichten und die Unterstützung auszuzahlen, muß dann das Statut bestimmen. Kosten der vermehrten Krankenkontrole sowie die Portokosten können dabei den abwesenden Kassenmitgliedern auferlegt werden, vgl. Sten.Ber. 1883 S. 2565.

Wegen des Erfüllungsortes vgl. im Uebrigen Anm. 5 zu § 5; wegen Uebertragung der Krankenunterstützung an andere Krankenkassen vgl. § 57a.

[10]) an die Stelle, weil die Gewährung freier ärztlicher Behandlung u. s. w. an einem anderen Ort Weitläufigkeiten und Schwierigkeiten im Gefolge haben kann, welche der Krankenkasse zu Gunsten anderer als ihrer obligatorischen Mitglieder nicht aufzuerlegen sind.

Unterbringung in ein Krankenhaus (§ 7) gilt auch hier als Ersatz der Gesammtleistung, einschl. der im Text vorgesehenen Entschädigung für Naturalbehandlung.

[11]) Vergütung. Früher hieß es: „eine Erhöhung des Krankengeldes um die Hälfte seines Betrages." Durch die neue von der Novelle gewählte Fassung wird klargestellt, daß dieses Entgelt für die Naturalleistung der ärztlichen Behandlung nicht den Charakter des Krankengeldes haben soll, also in dem Falle des § 26a Ziffer 2 nicht gekürzt werden darf. Aehnlich § 7 Abs. 2. Diese „Vergütung" muß daher, wie schon nach der bisherigen Fassung vielfach angenommen ist (vgl. 3. Aufl. dieses Kommentars Anm. 12 zu § 27), auch dem gezahlt werden, dem wegen Fortdauer der Erwerbsfähigkeit Krankengeld nicht zu gewähren ist.

[12]) mindestens, vgl. Anm. 11. Eine Obergrenze ist nicht vorgeschrieben. Nach den bisherigen Erfahrungen beträgt der Geldwerth der freien ärztlichen Behandlung in Krankenkassen erheblich mehr als die Hälfte des Krankengeldes. Es ist aber auch nicht die Absicht gewesen, den außerhalb des Kassenbezirks sich aufhaltenden freiwilligen Mitgliedern genau dasjenige in Geld zu geben, was sie voraussichtlich für Arzt und Arznei aufzuwenden haben. Die Beschaffung freier ärztlicher Behandlung u. s. w. ohne eigene Zubuße des Erkrankten erschien nach den Grundgedanken des Gesetzes nur für versicherungspflichtige Personen, nicht auch für nichtversicherungspflichtige freiwillige Mitglieder geboten. Nach § 137 landw. U. u. K.V.G. ist für die Versicherung land- und forstw. Arbeiter das Werthverhältniß zwischen Krankengeld und den anderen Kassenleistungen durch statutarische Bestimmung bezw. das Kassenstatut festzusetzen; solange dies nicht geschehen ist, gilt als Werthverhältniß das Verhältniß von 2 zu 1.

[13]) Gemeinde. Es muß angenommen werden, daß das Wort „Gemeinde", welches im Abs. 3 nach den Vorschriften der Novelle durch die Worte: „Krankenkasse oder . . . Kassenverbandes" ersetzt worden ist, an dieser Stelle nur aus Versehen stehen gelassen ist, und daß es auch hier heißen muß: „im Bezirke der Krankenkasse oder eines für die Zwecke des § 46 Abs. 1 Ziffer 2 und 3 errichteten Kassenverbandes" (ebenso v. Schicker S. 161).

[14]) Personen. Auch hier ist einzuschalten: „der im ersten Absatz bezeichneten Art"; er bezieht sich also gleichfalls nur auf freiwillige Mitglieder. Ebenso § 25 des Normalstatuts (Anm 3 zu § 23). Vgl. Anm. 10.

§. 28.*)

I. [1]) **Personen,**[2]) **welche in Folge eintretender Erwerbslosigkeit**[3]) **aus der Kasse ausscheiden,**[3a]) **verbleibt**[4]) **der Anspruch** auf die gesetzlichen Mindestleistungen[5]) der Kasse **in Unterstützungsfällen,**[5a]) **welche während** der Erwerbslosigkeit **und innerhalb eines Zeitraums von** drei Wochen[6]) **nach dem Ausscheiden aus der Kasse eintreten,**[6a]) **wenn der Ausscheidende vor**[6b]) **seinem Ausscheiden mindestens drei Wochen**[6]) **ununterbrochen einer auf Grund dieses Gesetzes errichteten**[7]) **Krankenkasse angehört hat.**

II. **Dieser Anspruch fällt fort,**[8]) **wenn der Betheiligte sich nicht im Gebiete des Deutschen Reichs**[9]) **aufhält, soweit nicht durch Kassenstatut Ausnahmen**[10]) **vorgesehen werden.**

*) Der § 83 gilt auch für Betriebs- (Fabrik-), Bau- und Innungs-Krankenkassen (§§ 64, 72, 73).

Zu § 28.

[1]) cf. § 27 Anm. 1. Für die Gemeinde-Krankenversicherung besteht eine analoge Bestimmung nicht, cf. Anm. 1 zu § 11. Der § 28 bezweckt, Erwerbslosen eine Wohlthat zu erweisen, indem sie, ohne Beiträge zu entrichten, noch für die nächste Zeit bei etwaigen Krankheitsfällen Krankenunterstützung erhalten sollten. Der Paragraph ist durch die Novelle vollständig umgearbeitet worden, um ein Mißverständniß zu beseitigen, zu welchem die bisherige Fassung Veranlassung gegeben hatte. Vgl. Mot. z. Nov. S. 51: „Der § 28 hat durch seine gegenwärtige Fassung zu dem Mißverständnisse Anlaß gegeben, daß ein in Folge von Erwerbslosigkeit ausgeschiedenes Mitglied höchstens für drei Wochen Anspruch auf Krankengeld haben könne, während die Absicht der Bestimmung dahin geht, daß ein Unterstützungsanspruch zwar nur in Fällen, welche spätestens binnen drei Wochen nach dem Ausscheiden eintreten, dann aber auch im vollen Umfange der gesetzlichen Mindestleistung, also soweit es sich um Krankenunterstützung handelt, nöthigenfalls bis 13 Wochen gewährt werden soll. Durch die neue Fassung des Entwurfs wird dieser Sinn der Bestimmung außer Zweifel gestellt, zugleich aber in der Voraussetzung des Anspruchs eine Abänderung vorgenommen. Entsprechend dem Verhältniß, welches nach der Absicht des Gesetzes grundsätzlich zwischen den verschiedenen Kassen bestehen soll, wird die Aufrechterhaltung des Unterstützungsanspruchs für die nächsten drei Wochen nach dem Ausscheiden nicht davon abhängig gemacht, daß der Ausgeschiedene vorher drei Wochen lang der Kasse, aus der er in Folge von Erwerbslosigkeit ausgeschieden ist, sondern daß er so lange überhaupt einer auf Grund des Gesetzes errichteten Krankenkasse angehört hat."

Die richtige Auffassung war u. a. in den bisherigen Auflagen dieses Kommentars vertreten (Anm. 4 zu § 28).

---

[2]) Personen, also auch freiwillige Kassenmitglieder, mögen sie freiwillig eingetreten sein oder nach dem Aufhören ihrer bisherigen Beschäftigung nach § 27 das bisherige Versicherungsverhältniß einstweilen freiwillig fortgesetzt haben.

[3]) Erwerbslosigkeit. Motive: „Diejenigen, welche .... erwerbslos werden, also nicht mehr zu denjenigen, für welche die Kasse errichtet ist, gehören, und in der Regel auch keine Beiträge mehr zahlen können." Erwerbslosigkeit setzt nicht den Mangel einer die Versicherungspflicht begründenden Beschäftigung, sondern „den Mangel jeder gegen Entgelt stattfindenden Beschäftigung" voraus (Pr.Ob.Verw.Ger.XX S. 369), ohne daß es darauf ankommt, aus welchem Grunde die Erwerbslosigkeit entstanden ist oder fortdauert (Pr.Ob.Verw.Ger. XIII S. 387), oder darauf, ob die Erwerbslosigkeit verschuldet ist oder nicht. Nur die eigene Erwerbslosigkeit des bisherigen Kassenmitgliedes steht in Frage, nicht aber, ob seine Familienglieder ebenfalls erwerbslos sind oder einen, ihm den eigenen Unterhalt ermöglichenden Erwerb haben (Pr.Ob.Verw.Ger. v. 4. Novbr. 1895). Nur mit derjenigen Erwerbslosigkeit sind die Ansprüche aus § 28 verbunden, welche sich unmittelbar an das Ausscheiden aus der Kassenmitgliedschaft anschließt (v. Schicker Anm. 7 zu § 28; Pr.Ob.Verw.Ger. Entsch. XXVII S. 366 v. 5. Novbr. 1894; Arb.Vers. XII S. 75). Die Erwerbslosigkeit erreicht ihren Abschluß, sobald ein früheres Kassenmitglied eine Beschäftigung gegen Entgelt übernimmt, auch wenn durch dieselbe die Krankenversicherungspflicht nicht begründet wird (Erk. d. Pr. Ob.Verw.Ger. v. 18. März 1889 und v. 17. Febr. 1890). Jedoch muß die Beschäftigung eine solche sein, daß sie wiederum den Erwerb des Lebensunterhalts ermöglicht; ein kleiner gelegentlicher Verdienst, etwa ein den Charakter des Trinkgeldes tragendes Entgelt, genügt nicht. Es kommt hier auf die Umstände des einzelnen Falles an (Pr. Ob.Verw.Ger. v. 4. Novbr. 1895). Ebenso genügt nicht die durch Arbeitsvertrag oder sonst begründete bloße Aussicht auf eine neue Arbeitsthätigkeit (Erk. d. Pr. Ob.Verw.Ger. v. 23. Septbr. 1889).

[3a]) aus der Kasse ausscheiden. In einer Entsch. des Pr. Ob. Verw.Ger. v. 5. März 1896 wird darauf hingewiesen, daß auch hier § 54a berücksichtigt werden muß, so daß der Beginn der kritischen 3 Wochen, während deren der Unterstützungsanspruch erhalten bleibt, im Fall des § 54a bis zum Eintritt der Genesung bezw. bis zum Ablauf der Unterstützungsdauer hinausgeschoben wird. Vgl. Anm. 4a zu § 26. „Der § 28 gilt wie in seiner früheren, so auch in seiner jetzigen Fassung nicht bloß zu Gunsten solcher Personen, die im Zustande der Gesundheit aus der Kasse ausscheiden, sondern greift auch dann Platz, wenn der Ausscheidende zur Zeit seines Ausscheidens krank und erwerbsunfähig war. Auch im letzteren Falle ist das Ausscheiden ein „Ausscheiden in Folge eintretender Erwerbslosigkeit". Nimmt ein nach § 54a während des Bezuges von Krankenunterstützung Mitglied Gebliebener nach Beendigung der Krankenunterstützung seine frühere Beschäftigung wieder auf,

so findet gar keine Unterbrechung der Mitgliedschaft statt. Hieraus erhellt, daß, wenn er nicht in die frühere Beschäftigung wieder eintritt und auch keinen anderen Erwerb hat, diese Erwerbslosigkeit mit dem Ausscheiden in dem nach § 28 erforderlichen ursächlichen Zusammenhang steht" (a. a. O.). Ein Kassenmitglied, welches beim Aufhören seines Arbeitsverhältnisses krank war und aus der Kasse Krankenunterstützung erhielt, kann also im Falle der Erwerbslosigkeit noch im Laufe von 13 Wochen nach Beendigung jener Krankenunterstützung Ansprüche aus § 28 gegen die Krankenkasse erheben, ihr also unter Umständen (vgl. § 6 Abs. 2) noch länger als 39 Wochen nach Beendigung des die Mitgliedschaft bedingenden Arbeitsverhältnisses zur Last fallen.

Es muß dahingestellt bleiben, ob der Gesetzgeber eine so erhebliche, die Leistungsfähigkeit unter Umständen gefährdende Belastung der Kasse durch ausgeschiedene Mitglieder thatsächlich beabsichtigt hat.

4) verbleibt. Vgl. Anm. 1.

5) der Anspruch auf die gesetzlichen Mindestleistungen, wie sie in § 20 Abs. 1 vorgesehen sind. Tritt innerhalb der Dauer der Krankenunterstützung (13 Wochen mit der möglichen Erweiterung aus der neuen Fassung des § 6 Abs. 2) der Tod ein, so erwächst auch ein Anspruch auf Sterbegeld. (v. Schicker, S. 164, will Sterbegeld nur dann zahlen, wenn der Tod innerhalb drei Wochen nach dem Ausscheiden aus der Kasse eintritt.) Dagegen ist letzteres nicht zu zahlen, wenn der Tod erst nach Beendigung der Krankenunterstützung eintritt; denn die weitergehende Vorschrift des § 20 Abs. 3 gilt nach ausdrücklicher Bestimmung (vgl. daselbst) nur für solche Personen, welche „als Mitglieder der Kasse" erkrankt sind. Kassenmitglieder aber bleiben die aus der Kasse ausgeschiedenen Personen nicht; sie verlieren mithin auch das aktive und passive Wahlrecht, sowie ihre Aemter in der Kassenverwaltung.

5a) Unterstützungsfälle, d. h. beim Eintritt derjenigen Thatsachen, durch welche nach den gesetzlichen und statutarischen Bestimmungen der Anspruch des Kassenmitglieds gegen die Krankenkasse begründet wird (Pr. Ob. Verw.Ger. v. 10. Okt. 1895). Der Unterstützungsfall muß während dieser drei Wochen nach Beginn der Erwerbsthätigkeit in einer die Heilbehandlung erfordernden Art bestanden haben; dagegen ist gleichgültig, ob die Unterstützung während der drei Wochen in Anspruch genommen ist (Pr. Ob.Verw.Ger. XX S. 356; Entsch. v. 23. Septbr. 1895).

6) drei Wochen. Die aus der bisherigen Fassung sich ergebende Beschränkung, wonach dieser Zeitraum nur zeitlich die Obergrenze der Fortdauer des Anspruchs bilden, für solche Personen aber, welche der Kasse nicht mindestens den gleichen Zeitraum von drei Wochen als Mitglieder angehört haben, auf diejenige Zeit herabgesetzt werden sollte, während deren sie Kassenmitglieder gewesen sind, — ist durch die Novelle in Fortfall gebracht worden. Die Berechnung dieses Zeitraums ergiebt sich aus § 78a, vgl. Anm. 2 zu § 78a

§. 29.*)

¹) Die Mitglieder sind der Kasse gegenüber lediglich zu den auf I. Grund dieses Gesetzes und des Kassenstatuts festgestellten Beiträgen†) verpflichtet.

6a) eintreten. Für Krankheiten, die schon während der Kassenzugehörigkeit eingetreten sind, ist die volle Unterstützung aus der Kasse zu gewähren.

6b) vor, vgl. Anm. 3.

7) einer auf Grund dieses Gesetzes errichteten. Vgl. Anm. 1. Hülfskassen ohne Beitrittszwang gehören nicht hierher, denn sie sind nicht „auf Grund dieses Gesetzes errichtet". Es liegt offenbar kein Anlaß vor, die Zwangskassen zu Wohlthaten für Mitglieder zu nöthigen, welche sich ihnen entzogen haben und vielleicht nur, um die Wohlthat des § 28 zu genießen, erst unmittelbar vor dem oft vorauszusehenden Eintritt der Erwerbslosigkeit in die Zwangskasse eingetreten sind.

8) fällt fort. Die Bestimmung in dem Entwurf der Novelle, daß bei Kontraktbruch die Wohlthat ebenfalls fortfallen solle, — „bei einer durch Vertragsbruch selbst verschuldeten Erwerbslosigkeit dem Schuldigen auf Kosten der Kassenmitglieder die Wohlthat von Unterstützungen ohne Gegenleistung zukommen zu lassen, ist nicht gerechtfertigt und wirkt wie eine Unterstützung des Vertragsbruchs" (Mot. z. Nov. S. 51) — ist vom Reichstag gestrichen worden. Vgl. Komm.Ber. z. Nov. S. 24.

9) im Gebiete des Deutschen Reichs, zumal den Kassen aus der Gewährung dieser Wohlthat für Personen, die bei Eintritt des Unterstützungsfalles das Reichsgebiet bereits verlassen haben, „leicht lästige Weiterungen entstehen können" (Mot. z. Nov. S. 51).

10) Ausnahmen, wie sie z. B. für manche Grenzbezirke sich empfehlen werden: „dort ständen die außerhalb der Grenze wohnenden Arbeiter in jeder Beziehung den Angehörigen des Deutschen Reiches ganz gleich, es wäre deshalb hart, sie von einer Wohlthat auszuschließen, die ihren Mitarbeitern zu Theil würde. Diesen Verhältnissen würde man gerecht werden, wenn der Ausschluß von der Befreiung des § 28 der außerhalb Deutschland Wohnenden die Regel bleibe, dem Statute aber das Recht, Ausnahmen zuzulassen, eingeräumt würde" (Komm.Ber. z. Nov. S. 24).

Zu § 29.

1) Der § 29 entspricht dem § 13 des Hülfskassengesetzes v. 7. April 1876 sowie dem § 100b Abs. 1 und 2 des Innungsgesetzes v. 18. Juli 1881, und enthält die in Folge des gesetzlichen Beitrittszwanges ganz besonders nothwendige Beschränkung der Beiträge und Leistungen auf das gesetzlich noth-

---

†) Wegen Ermäßigung der Beiträge für land- und forstwirthschaftliche Arbeiter, welche in Krankheitsfällen Naturalleistungen fortbeziehen, vgl. §§ 137, 138 landw. U. u. K.V.G.

II. Zu anderen Zwecken als den statutenmäßigen Unterstützungen, der statutenmäßigen Ansammlung und Ergänzung des Reservefonds und der Deckung der Verwaltungskosten[2]) dürfen weder Beiträge von Mitgliedern erhoben werden, noch Verwendungen aus dem Vermögen der Kasse erfolgen.

(§ 25 des Entwurfs und der Komm.=Beschlüsse.)

*) Dieser Paragraph gilt auch für Betriebs- (Fabrik-), für Bau- und Innungs-Krankenkassen (§§ 64, 72, 73).

§. 30.*)

[1]) [2]) Entstehen Zweifel darüber, ob die im Kassenstatut vorgenommene Bemessung der Beiträge der Anforderung des §. 22 entspricht, so hat die höhere Verwaltungsbehörde[3]) vor der Ertheilung der Genehmigung[4]) eine sachverständige Prüfung[5]) herbeizuführen und, falls diese die Unzulänglichkeit der Beiträge ergiebt, die Ertheilung der Genehmigung von einer Erhöhung[6]) der Beiträge oder[7]) einer Minderung der Unterstützungen bis auf den gesetzlichen Mindestbetrag[8]) (§. 20) abhängig zu machen.

(§ 26 des Entwurfs und der Komm.=Beschlüsse.)

*) § 30 gilt auch für Betriebs- (Fabrik-), für Bau- und Innungs-Krankenkassen (§§ 64, 72, 73).

---

wendige und innerhalb der gesetzlichen Grenzen statutarisch zugelassene Maß. Vgl. aber auch § 46 Abs. 3. Die Motive zu § 98a Abs. 3 des citirten Gesetzes v. 18. Juli 1881 sagen unter Hinweis auf den § 100b Abs. 1 und 2 jenes Gesetzes, welcher dem vorliegenden § 29 dieses Gesetzes entspricht:

> (Hierdurch) soll Vorsorge getroffen werden, daß nicht mit Hülfe einer für bestimmte Zwecke gesetzlich anerkannten Organisation ungesetzliche oder fremdartige Zwecke verfolgt werden können.

Die Beschränkung auf die statutenmäßigen Unterstützungen hat insbesondere die Folge, daß außerordentliche Unterstützungen, welche das Maß desjenigen überschreiten, was nach den Statuten gewährt werden darf und für alle Kassenmitglieder vorbehaltlich der nach § 20 zulässigen Abstufung und der §§ 26 und 26a gleich sein muß (cf. Anm. 3 zu § 26) ausgeschlossen sind.

[2]) Verwaltungskosten, vgl. Anm. 4 zu § 9, sowie v. Schicker S. 166.

Zu § 30.

[1]) Die §§ 30 bis 33 in Verbindung mit § 47 handeln von der Normirung der Kassenbeiträge und bilden insofern gewissermaßen die Ausführung des § 22, welcher als Regel für die Höhe der Beiträge den Satz aufstellt:

> daß die Beiträge (einschl. etwaiger sonstiger Einnahmen) unter allen Umständen, mag die Kasse sich auf die gesetzlichen Mindestleistungen beschränken oder über dieselben hinausgehen, zur nach-

haltigen Deckung der Verpflichtungen ausreichen müssen (cf. Anm. 1 zu § 22).

Die zu erfüllenden Verpflichtungen der Kasse aber sind nach §§ 22, 29 vorbehaltlich einer Erweiterung der Verpflichtung nach § 46 Abs. 3 und 4:

1) die Leistung der gesetzlichen oder statutenmäßigen Krankenunterstützungen und Sterbegelder, §§ 20, 21;
2) die Deckung der Verwaltungskosten;
3) die Ansammlung und Ergänzung des Reservefonds (§ 32).

Einer Ausführung der Regel des § 22 bedurfte es in mehrfacher Beziehung. Es war zunächst der Weg anzugeben, auf welchem das Verhältniß zwischen Einnahme und Ausgabe, zwischen der angenommenen Höhe der Beiträge und den in Aussicht gestellten Leistungen, also die Leistungsfähigkeit der Kasse, festgestellt werden soll; § 30 ordnet zu diesem Zweck event. sachverständige Prüfung an. Sodann war Vorsorge zu treffen, daß die Herstellung des Gleichgewichts zwischen Ansprüchen und Leistungen nicht etwa die Leistungsfähigkeit der dem Kassenzwang unterworfenen Mitglieder gefährden möchte, und zu diesem Zweck bedurfte es der Normirung von Maximalbeiträgen, sowie der Bestimmung dessen, was geschehen solle, wenn dieselben nicht ausreichen, um die Kasse leistungsfähig zu erhalten. Für den letzteren Fall ist die Schließung der Kasse vorgesehen, falls nicht ihre Vereinigung mit anderen Kassen, durch freiwilliges Zusammentreten oder durch Beschluß weiterer Kommunalverbände, erreicht wird, während die in der Vorlage ebenfalls in Aussicht genommene zwangsweise Zusammenlegung mehrerer Gemeinden zur Bildung gemeinsamer Orts-Krankenkassen durch Staatsbehörden, wie sie für die Gemeinde-Krankenversicherung nach § 13 zulässig ist, gestrichen worden ist. Endlich mußte auch eine Verminderung der Beiträge ermöglicht werden, wenn die Höhe der letzteren durch die Zwecke der Kasse nicht geboten und dann mit dem Versicherungszwang nicht verträglich erscheinen sollte.

Die Höhe des Beitrags der Versicherten normirt nun § 31 verschieden, je nachdem nur die gesetzlichen Mindestleistungen (§§ 20, 32), oder statutarische Mehrleistungen (§ 21) in Aussicht genommen werden, und je nachdem es sich um die anfängliche Errichtung der Kasse, oder um das Fortbestehen derselben handelt.

1. Wenn Mehrleistungen (§ 21) in Aussicht genommen werden, so dürfen

a) bei der Errichtung der Kasse nach § 31 Abs. 1 die Arbeiterbeiträge 2 Prozent desjenigen Betrages, nach welchem die Unterstützungen zu bemessen sind (durchschnittlicher Klassenlohn [§ 20] oder durchschnittlicher Individuallohn, § 26a Abs. 2 Ziffer 6), nicht übersteigen, d. h. es dürfen, da die Arbeitgeber $1/3$ des Gesammtbeitrags (50 Prozent des Arbeiterbeitrags) aus eigenen Mitteln zuzuschießen haben (§ 51), im Ganzen nicht mehr als 3 Prozent des auf 3 bezw. 4 Mark reduzirten (§§, 20, 22, 26a Abs 2 Ziffer 6) Lohnsatzes eingezogen werden. (Ueber die verschiedene Ausdrucksweise des Gesetzes cf. Anm. 2 i. f. zu § 9.)

Ergiebt die bei der Genehmigung der Statuten anzustellende Prüfung (§ 30), daß die in Aussicht genommenen (Mehr-) Leistungen aus diesen Beiträgen nicht bestritten werden können, so darf die höhere Verwaltungsbehörde die Genehmigung der Statuten nicht ertheilen, sondern muß dieselbe von einer Minderung der in Aussicht genommenen Leistungen bis auf den gesetzlichen Mindestbetrag (§ 20) abhängig machen. Können auch diese durch zweiprozentige Mitgliederbeiträge (im Ganzen 3 Prozent) nicht gedeckt werden, so ist, wenn die Gemeinde auf Errichtung der Kasse besteht, eine Erhöhung der Beiträge bis auf 3 Prozent (insgesammt $4^1/_2$ Prozent) zu verlangen und schlimmstenfalls die Genehmigung zu versagen, cf. Fall 2a.

b) Im weiteren Verlauf des Bestehens der Kasse können (mittels Abänderung der Statuten) die Beiträge der Versicherten, um die Erfüllung der statutenmäßigen Mehrleistungen zu sichern, bis auf 2 Prozent (insgesammt 3 Prozent, § 51) des auf 3 bezw. 4 Mark reduzirten Lohnsatzes ohne besondere Voraussetzungen, darüber hinaus aber nur unter der Bedingung, daß unter Vornahme getrennter Abstimmung (mittels itio in partes) sowohl die Arbeitgeber als die Arbeitnehmer dieser Erhöhung zustimmen (§ 31 Abs. 2), und auch dann nur bis zu 3 Prozent (insgesammt $4^1/_2$ Prozent) des ebenso reduzirten Lohnsatzes erhöht werden (§ 47). Ist die Zustimmung beider Theile nicht zu erreichen, so ist die Erhöhung über 2 Prozent (insgesammt 3 Prozent) hinaus unzulässig, und es muß die höhere Verwaltungsbehörde, wenn die Jahresabschlüsse eine Mißstimmung zwischen den statutenmäßigen Leistungen und den zweiprozentigen Beiträgen der Versicherten ergeben, nach § 33 eine Minderung der Kassenleistungen bis auf den gesetzlichen Mindestbetrag (§ 20) herbeiführen. Reichen dann die Beiträge auch für die Mindestleistungen nicht aus, so hat die höhere Verwaltungsbehörde nach § 33 Abs. 3 und 4 auch gegen den Widerspruch der Betheiligten bei gleichzeitiger Herabsetzung der Leistungen auf das zulässige Minimum (§ 20) eine Erhöhung der Arbeiterbeiträge bis auf 3 Prozent (der Gesammtbeiträge bis auf $4^1/_2$ Prozent) herbeizuführen, falls aber auch dies nicht ausreicht und einer weiteren Erhöhung widersprochen wird, die Kasse zu schließen (§ 47).

2. Wenn nur die gesetzlichen Mindestleistungen (§ 20) in Aussicht genommen werden, so ist zwar in § 31 Abs. 1 ein Höchstbetrag der Beiträge nicht direkt vorgeschrieben, nach § 47 aber obligatorisch die

Schließung der Kasse anzuordnen, wenn einer Erhöhung derselben auf 3 Prozent (insgesammt 4½ Prozent, § 51) von einer betheiligten Gruppe (§ 31 Abs. 2) widersprochen wird. Hieraus folgt (auch im Hinblick auf § 65 Abs. 2), daß

a) bei der Errichtung von Orts-Krankenkassen, welche auf die Minimalleistungen beschränkt sein sollen, Arbeiterbeiträge bis zu 3 Prozent (Gesammtbeiträge bis zu 4½ Prozent, § 51), aber nicht höher, ohne weitere Voraussetzungen zulässig sind, dergestalt, daß die höhere Verwaltungsbehörde auch von ihrer nach § 17 bestehenden Befugniß, auf Antrag die Errichtung von Orts-Krankenkassen mit Rechtsnachtheilen für die sich weigernde Gemeinde anzuordnen, für den Fall nicht Gebrauch machen darf, wenn sich bei der Prüfung (§ 30) ergiebt, daß die Gesammtbeiträge von 4½ Prozent zur Deckung der Minimalleistungen einschließlich der Bildung des Reservefonds nicht ausreichen;

b) im weiteren Verlauf eine Erhöhung dieser Beiträge über diesen Betrag hinaus wegen Unzulänglichkeit nur erfolgen darf, wenn beide Gruppen zustimmen (§ 31 Abs. 2, § 47), andernfalls aber die Schließung erfolgen muß.

[2]) Motive (S. 37): Zur „Entscheidung darüber, ob die Bestimmungen des Kassenstatuts in dieser Beziehung" (sc. bezw. des Gleichgewichts zwischen Leistungen und Beiträgen) „der Anforderung des Gesetzes genügen, soll nach § 26 (jetzt § 30) die höhere Verwaltungsbehörde vor der Genehmigung des Statuts prüfen, ob die festgesetzten Beiträge zu den in Aussicht genommenen Leistungen der Kasse in richtigem Verhältniß stehen und, falls die im Zweifelsfalle herbeizuführende sachverständige Prüfung die Unzulänglichkeit der Beiträge ergiebt, die Beseitigung dieses Mangels herbeiführen, und zu dem Ende die Genehmigung, sofern die Kasse nur die Mindestleistungen in Aussicht stellt, von der erforderlichen Erhöhung der Beiträge, sofern jene über die Mindestleistungen hinausgeht, davon abhängig machen, daß entweder die Beiträge in dem erforderlichen Maße erhöht oder die statutenmäßigen Unterstützungen in dem erforderlichen Maße und nöthigenfalls bis zu der gesetzlichen Mindestleistung gemindert werden."

[3]) höhere Verwaltungsbehörde, § 84. In Preußen der Bezirksausschuß, cf. Pr. Ausf.Anw. Nr. 30.

[4]) vor der Ertheilung der Genehmigung des Statuts sowohl bei Errichtung der Kasse, als demnächst bei etwaigen Abänderungen desselben, § 24 Abs. 2.

[5]) Prüfung. Komm.Ber. S. 51: „In zweiter Lesung stellte ein Mitglied der Kommission die Anfrage, wer die Kosten einer solchen Prüfung zu tragen habe. Seitens der Vertreter der verbündeten Regierungen wurde erwidert, daß diese Kosten, da sie einen Theil der durch die Aufsichtsführung entstandenen Kosten bildeten, aus dem betr. Fonds der Aufsichtsbehörde

§. 31.*)

I. [1]) Bei der Errichtung der Kasse dürfen die Beiträge, soweit sie den Kassenmitgliedern selbst zur Last fallen[2]) **(§. 51), nicht über** zwei Prozent **desjenigen Betrages,[2a]) nach welchem die Unterstützungen zu bemessen sind (§§. 20, 26a Ziffer 6),** festgesetzt werden, sofern solches nicht zur Deckung der Mindestleistungen[3]) der Kasse (§. 20) erforderlich ist.

II. Eine spätere Erhöhung der Beiträge über diesen Betrag, welche nicht zur Deckung der Mindestleistungen erforderlich wird, ist nur bis zur Höhe von drei Prozent **desjenigen Betrages,[2a]) nach welchem die Unterstützungen zu bemessen sind (§§. 20, 26a Ziffer 6),** und nur dann zulässig, wenn dieselbe sowohl von der Vertretung[4]) der zu Beiträgen verpflichteten Arbeitgeber (vergl. §. 38) als von derjenigen der Kassenmitglieder beschlossen wird.

(§ 27 des Entwurfs und der Komm.-Beschlüsse.)

*) Dieser Paragraph gilt auch für Betriebs- (Fabrik-), Bau- und Innungs-Krankenkassen (§§ 64, 72, 73).

---

zu decken seien." Gemeint sind wohl die betr. Fonds der höheren Verwaltungsbehörde (welche die Oberaufsicht führt), denn sie ist es, welche über die Genehmigung befindet und vor Ertheilung der Genehmigung zu ihrer Information eine sachverständige Prüfung anordnet.

Der § 22 der Gewerbeordnung findet nicht Anwendung.

Bei der sachverständigen Prüfung wird man von der Annahme ausgehen dürfen, daß bei 50 Kassenmitgliedern die Minimalleistungen mit den Maximalbeiträgen bestritten werden können. cf. § 47 Abs. 1 Ziffer 1.

[6]) Erhöhung der Beiträge, d. h. bis zum gesetzlichen Höchstbetrage, §§ 31, 47; cf. Anm. 1.

[7]) oder. Das Wahlrecht, soweit ein solches nach Anm. 1, 6 überhaupt gewährt werden kann, steht der Gemeinde bezw. demnächst der Kassenvertretung zu, nicht der genehmigenden Behörde.

[8]) Mindestbetrag. Unter denselben dürfen die Leistungen nicht herabgesetzt werden, sollte dann auch eine Kassenbildung im einzelnen Fall nicht möglich oder die Schließung einer bestehenden Kasse erforderlich sein.

Zu § 31.

[1]) cf. Anm. 1 zu § 30 und folgende Sätze der Motive (S. 38): „Da die Errichtung des Statuts bei Begründung der Kasse und damit die erste Bestimmung über die Höhe der Beiträge und Unterstützungen in die Hände der Gemeindebehörden gelegt werden muß, und die betheiligten Arbeiter, weil eine Organisation derselben noch nicht besteht, eine entscheidende Mitwirkung dabei nicht ausüben, sondern nur gehört werden können, so muß Vorsorge getroffen werden, daß bei Begründung der Kassen Erhöhungen und Er-

§. 32.*)

[1]) Die Orts-Krankenkasse hat einen Reservefonds im Mindest- I.
betrage[2]) **der durchschnittlichen**[3]) **Jahresausgabe der letzten drei Jahre** anzusammeln[4]) und erforderlichenfalls bis zu dieser Höhe zu ergänzen.

So lange der Reservefonds diesen Betrag nicht erreicht, ist dem- II.
selben mindestens ein Zehntel des Jahresbetrages der Kassenbeiträge[5]) zuzuführen.

(§ 28 des Entwurfs und der Komm.-Beschlüsse)

*) **Dieser Paragraph gilt auch für Betriebs- (Fabrik-) und Innungs-Krankenkassen (§§ 64, 73), sowie nach Befinden der höheren Verwaltungsbehörde für Bau-Krankenkassen (§ 72).**

---

weiterungen der Unterstützungen nur insoweit vorgenommen werden, als sie nicht übermäßig hohe Beiträge erforderlich machen. Ebenso wird, um die einzelnen Kassenmitglieder dauernd vor zu weit gehenden Wirkungen des Versicherungszwanges zu schützen, die spätere Erhöhung und Erweiterung der Unterstützungen durch Beschlußnahme der verfassungsmäßigen Vertretung der Betheiligten an die Voraussetzung zu knüpfen sein, daß die Beiträge dadurch nicht über eine bestimmte, wenn auch etwas weiter gezogene Grenze hinaus erhöht werden."

[2]) selbst zur Last fallen. cf. Anm. 2 i. f. zu § 9 und Anm. 1 zu § 20. Durch das hier eingeschaltete Citat des § 51 wird die an und für sich vielleicht mißverständliche Fassung des letzteren völlig klargestellt.

[2a]) desjenigen Betrages. Dieser Satz ist durch die Novelle an die Stelle der bisherigen Worte „des durchschnittlichen Tagelohns (§ 20)" um deswillen gesetzt worden, weil nach § 26a Ziffer 6 die Beiträge und Unterstützungen auch nach dem Individuallohn bemessen werden dürfen.

[3]) Mindestleistungen, einschl. der Verwaltungskosten und der Rücklagen zur Bildung und Ergänzung des Reservefonds, § 22. Darüber, daß für die Mindestleistungen nur 3 Prozent (ingesammt 4$^{1}/_{2}$ Prozent) beansprucht werden dürfen, cf. § 47 und Anm. 1 zu § 30.

[4]) Vertretung. Nach § 36 Ziffer 3 liegt die Beschlußfassung, da eine Erhöhung der Beiträge eine Statutenänderung involvirt (§ 23 Ziffer 3), der Generalversammlung ob. Die an der letzteren betheiligten Arbeitgeber (§ 38) und die die Generalversammlung bildenden Arbeitnehmer oder deren Vertreter (§ 37) haben hierüber gesondert abzustimmen (itio in partes). Ueber die Modalitäten der Abstimmung entscheidet das Statut, event. giebt Stimmenmehrheit in jeder Kategorie den Ausschlag.

Zu § 32.

[1]) Der Reservefonds dient bestimmungsmäßig für besondere Nothjahre, welche in Folge von Seuchen 2c. außergewöhnliche Leistungen der Kasse erforderlich machen. Er sollte daher nicht angegriffen werden zur Deckung solcher Leistungen, welche den Durchschnitt nicht übersteigen. Im Uebrigen

§. 33.*)

I. [1]) Ergiebt sich aus den Jahresabschlüssen[2]) der Kasse, daß die Einnahmen[3]) derselben zur Deckung ihrer Ausgaben[4]) einschließlich der Rücklagen zur Ansammlung und Ergänzung des Reservefonds nicht ausreichen,[5]) so ist entweder[6]) unter Berücksichtigung der Vorschriften des §. 31 eine Erhöhung der Beiträge[7]) oder eine Minderung[8]) der Kassenleistungen herbeizuführen.

II. Ergiebt sich dagegen aus den Jahresabschlüssen, daß die Jahreseinnahmen die Jahresausgaben übersteigen,[9]) so ist, falls der Reservefonds das Doppelte[10]) des gesetzlichen Mindestbetrages erreicht hat, entweder eine Ermäßigung der Beiträge oder unter Berücksichtigung der Vorschriften der §§. 21 und 31 eine Erhöhung **oder Erweiterung** der Kassenleistungen herbeizuführen.

---

wird durch die Fassung dieses Absatzes ausdrücklich gestattet, für den Fall eines Nothjahres die angesammelten Bestände schon dann anzugreifen, wenn dieselben auf die gesetzliche Höhe noch nicht gebracht sind.

[2]) Mindestbetrag. Höchstbetrag des Reservefonds ist nach § 33 Abs. 2 das Doppelte des gesetzlichen Mindestbetrags, also das Doppelte der durchschnittlichen Jahresausgabe der letzten drei Jahre. Besondere Reichthümer sollen in der Kasse nicht angesammelt werden, cf. Anm. 1 zu § 33.

Auf die Befürchtung, der Minimalbetrag des Reservefonds sei nicht ausreichend, erwiderten die Regierungsvertreter in der Kommission (Komm.Ber. S. 52): „man habe diese Grenze gewählt, weil sich aus der Praxis durch das eingegangene statistische Material ergeben habe, daß der Fall kaum vorkomme, daß eine Kasse in einem Jahre mehr als das Doppelte der Durchschnittsausgabe für Krankenunterstützungen aufzuwenden habe. Größere Summen aber als nöthig im Reservefonds aufzuspeichern, sei unbillig, weil man dadurch die Gegenwart zu Gunsten der Zukunft überlaste." Vgl. Anm. 1 zu § 33.

[3]) durchschnittlichen. Während bisher das Gesetz keine Vorschrift darüber enthielt, wie der Durchschnitt zu finden sei, hat jetzt die Novelle im Anschluß an § 10 Abs. 3 und an § 62 des Normalstatuts (cf. Anm. 3 zu § 23) den Durchschnitt von drei Rechnungsjahren vorgesehen.

[4]) anzusammeln. Wegen der Anlegung des Reservefonds vgl. § 40.

[5]) Jahresbetrages der Kassenbeiträge, also einschließlich der Beiträge der Arbeitgeber, § 51.

Zu § 33.

[1]) Motive S. 37: „Die Befugniß zur Herstellung des richtigen Verhältnisses zwischen Beiträgen und Leistungen soll der höheren Verwaltungsbehörde nach § 29 (jetzt § 33) auch in der Folge zustehen, wenn sich aus den Jahresabschlüssen der Kasse ein Mißverhältniß ergiebt, und zwar nicht nur zu dem Zwecke, um eine Unzulänglichkeit der Beiträge zu beseitigen, sondern

[11]) Unterläßt die Vertretung der Kasse, diese Abänderungen[12]) III.
zu beschließen, so hat die höhere Verwaltungsbehörde[12]) die Beschlußfassung anzuordnen, und falls dieser Anordnung keine Folge gegeben wird, ihrerseits die erforderliche Abänderung des Kassenstatuts von Amtswegen mit rechtsverbindlicher Wirkung zu vollziehen.

[13]) **Wird zur Aufrechterhaltung oder Wiederherstellung der** IV.
Leistungsfähigkeit einer Kasse eine schleunige [14]) Vermehrung ihrer Einnahmen oder Verminderung ihrer Ausgaben erforderlich, so kann die höhere Verwaltungsbehörde,[12]) vorbehaltlich [15]) des vorstehend vorgeschriebenen Verfahrens, eine sofortige vorläufige Erhöhung[16]) der Beiträge oder Herabsetzung der Leistungen, letztere bis zur gesetzlichen Mindestleistung und unbeschadet der Vorschrift des § 26a Absatz 3, verfügen. Gegen diese Verfügung ist die Beschwerde an die Zentralbehörde zulässig. Dieselbe hat keine aufschiebende Wirkung.

(§ 29 des Entwurfs und der Komm.-Beschlüsse.)

*) Dieser Paragraph gilt auch für Betriebs- (Fabrik-), Bau- und Innungs-Krankenkassen (§§ 64, 72, 73)

---

auch zu dem Zwecke, um zu verhindern, daß fortdauernd Beiträge erhoben werden, welche im Verhältniß zu den von der Kasse gewährten Unterstützungen zu hoch sind. Letzteres um deswillen, weil es mit dem Versicherungszwange nicht verträglich erscheint, durch Erhebung zu hoher Beiträge auf Kosten der gegenwärtigen Mitglieder der Kasse über einen reichlich bemessenen Reservefonds hinaus Mittel anzusammeln, welche nur den zukünftigen Mitgliedern zu gute kommen können."

[2]) Jahresabschlüssen, cf. Anm. 2 zu § 10. Das Mißverhältniß kann sich auch bei Kassenrevisionen herausstellen.

[3]) Einnahmen, sc. aus Beiträgen, dem etwa erhobenen Eintrittsgeld (§ 26), aus etwaigen sonstigen Zuwendungen, Fonds einschl. des Reservefonds rc.

[4]) ihrer Ausgaben, d. h. nach § 29 der statutenmäßigen Unterstützungen, der Verwaltungskosten und der Rücklagen zum Reservefonds.

[5]) nicht ausreichen, vgl. Anm. 1 zu § 30.

[6]) entweder ... oder, cf. Anm. 7 zu § 30.

[7]) Erhöhung der Beiträge, cf. Anm. 6 zu § 30.

[8]) Minderung, cf. Anm. 8 zu § 30.

[9]) übersteigen. Wenn die Kasse die gesetzlichen Maximalleistungen (§ 21) schon gewährt, so kann sie etwaige Ueberschüsse zur Verstärkung des Reservefonds bis auf das gesetzliche Maximum verwenden. Ist auch dieses erreicht und die Jahresabschlüsse weisen fortgesetzt weitere Ueberschüsse nach, so muß die höhere Verwaltungsbehörde die Kasse zur Herabsetzung der Beiträge

veranlassen und dieselbe, falls der Aufforderung nicht Folge geleistet wird, selbst bewirken (Abs. 3). Denn die Ansammlung größerer Vermögensstände soll vermieden werden, cf. Anm. 1.

Wenn die Kasse die gesetzlichen Maximalleistungen noch nicht gewährt und trotz der Verstärkung des Reservefonds auf den gesetzlichen Höchstbetrag noch Ueberschüsse aus den Jahresabschlüssen sich ergeben, so muß die höhere Verwaltungsbehörde der Kasse die Wahl lassen, ob sie die Beiträge herabsetzen oder die statutenmäßigen Leistungen bis zur gesetzlichen Grenze erhöhen will. Leistet die Kasse der Aufforderung keine Folge, so geht das Wahlrecht auf die Behörde über, welche dann nach Abs. 3 verfährt. Nach Analogie des § 10 Abs. 3 i. f. wird im Zweifelsfall die Herabsetzung der Beiträge einer Erhöhung der Kassenleistungen vorzuziehen sein. Wegen der bestehenden Kassen vgl. Anm. 14 zu § 85.

[10]) Doppelte. cf. aus dem Kommissionsbericht S. 54: „Bei der Diskussion wurde allseitig anerkannt, daß irgend eine Obergrenze für das Anwachsen des Reservefonds im Interesse der beitragenden Kassenmitglieder und namentlich mit Rücksicht auf die Betriebs- (Fabrik-) Krankenkassen wünschenswerth sei, da bei diesen das Interesse des Fabrikherrn die Ansammlung möglichst hoher Reservefonds begünstige, während das Interesse der Arbeiter einer übermäßigen Belastung der Gegenwart zu Gunsten der Zukunft entgegenstehe."

[11]) Der Inhalt des Abs. 3 wird in § 48a Abs. 2 wiedergegeben; der Entwurf der Novelle wollte deshalb den Abs. 3 des § 33 streichen und denselben dafür in § 48a mit anziehen. In der Reichstagskommission ist indessen der Abs. 3 wiederhergestellt und demgemäß in § 48a die Bezugnahme auf § 33 gestrichen worden.

[12]) Abänderungen, mögen dieselben wegen zu niedriger (Abs. 1) oder wegen zu hoher Beiträge (Abs. 2) erforderlich werden.

[12a]) höhere Verwaltungsbehörde, § 84. In Preußen der Regierungspräsident, in Berlin der Oberpräsident. Leistet die Kasse der Aufforderung Folge, so steht die Genehmigung der beschlossenen Statutenänderung dem Bezirksausschuß zu, gegen dessen ablehnenden oder nur mit Einschränkungen genehmigenden Bescheid das Verwaltungsstreitverfahren stattfindet. Leistet die Kasse der Aufforderung nicht Folge, so vollzieht der Regierungspräsident seinerseits die Abänderung, ohne daß seine desfallsige Entscheidung im Verwaltungsstreitverfahren angefochten werden kann.

[13]) Der neue Abs. 4 bezieht sich nur auf die Fälle des Abs. 1.

[14]) schleunige. Mot. z. Nov. S. 52: „Der § 33 schreibt für die Erhöhung der Beiträge und für die Minderung der Kassenleistung ein Verfahren vor, dessen Erledigung oft erhebliche Zeit in Anspruch nimmt. Wie die bisherige Erfahrung gelehrt hat, kommen aber vielfach Fälle vor, in denen nur durch eine schleunige Ausführung der Maßregel dem gänzlichen Verfalle einer Kasse vorgebeugt werden kann. Das öffentliche Interesse und

§. 34.*)

Die Kasse muß einen von der Generalversammlung[1]) (§. 37) gewählten Vorstand[2]) haben. Die Wahl,[3]) welche, abgesehen von der den Arbeitgebern nach §. 38 zustehenden Vertretung, aus der Mitte der Kassenmitglieder erfolgt, findet unter Leitung des Vorstandes statt. Nur die erste Wahl nach Errichtung der Kasse, sowie spätere Wahlen, bei welchen ein Vorstand nicht vorhanden ist, werden von einem Vertreter der Aufsichtsbehörde[4]) geleitet. Ueber die Wahlverhandlung ist ein Protokoll aufzunehmen. I.

Der Vorstand hat über jede Aenderung in seiner Zusammensetzung und über das Ergebniß jeder Wahl der Aufsichtsbehörde[4]) binnen einer Woche Anzeige[5]) zu erstatten. Ist die Anzeige nicht erfolgt, so kann die Aenderung dritten Personen nur dann entgegengesetzt werden, wenn bewiesen wird, daß sie letzteren bekannt war. II.

(§ 30 des Entwurfs und der Komm.-Beschlüsse.)

*) § 34 gilt auch für Betriebs- (Fabrik-) und für Bau-Krankenkassen (§§ 64, 72) mit der im § 64 vorgeschriebenen Modifikation.

---

dasjenige der Kassen fordern daher, daß in dringenden Fällen vorläufige Maßregeln zur Erhaltung der Leistungsfähigkeit einer Kasse ergriffen werden können. Nach dem Inhalt der Bestimmung, welche zu dem Ende ...... dem § 33 hinzugefügt werden soll, hat in jedem Falle, in welchem eine Erhöhung der Beiträge oder eine Minderung der Kassenleistungen durch die höhere Verwaltungsbehörde vorläufig angeordnet wird, hinterher das in den ersten drei Absätzen vorgeschriebene Verfahren stattzufinden, nach dessen Beendigung das Ergebniß desselben an die Stelle der vorläufig getroffenen Anordnung tritt, sofern diese nicht etwa schon vorher wieder aufgehoben sein sollte."

[15]) vorbehaltlich, vgl. Anm. 14. Da es sich um eine „vorläufige" Maßregel handelt, tritt diese Anordnung mit rückwirkender Kraft außer Geltung, sobald das vorbehaltene ordentliche Verfahren zu einem anderen Ergebniß führt.

[16]) Erhöhung. Ob hierbei der Maximalbeitrag von 3% (insgesammt 4½ %, vgl. Anm. 1 zu § 30) überschritten werden darf, erscheint zweifelhaft. Wir würden uns für die Zulässigkeit einer weiter gehenden Anordnung aussprechen, weil nach § 47 die Möglichkeit bleibt, daß die Betheiligten einer stärkeren Vermehrung der Beiträge zustimmen, und gerade in den Fällen des Abs. 4 die Rücksicht auf die Erhaltung der Kasse in leistungsfähigem Stande den Ausschlag giebt.

Zu § 34.

[1]) Die §§ 34 bis 42 treffen Bestimmungen über die innere Organisation und die Verwaltung der Orts-Krankenkassen. Motive S. 39: „Die Vorschriften über die Verfassung und Verwaltung der Kassen, über ihre Rechnungs-

führung und die Verantwortlichkeit ihrer Organe stimmen im Wesentlichen mit denjenigen des Hülfskassengesetzes vom 7. April 1876 überein. Die Abweichungen rechtfertigen sich theils durch den Zwangscharakter der Orts-Krankenkasse, theils durch Bedürfnisse, welche seither bei der Verwaltung des Hülfskassenwesens hervorgetreten sind."

[2]) Vorstand. Wahl auf zeitlich begrenzte Dauer ist nicht ausdrücklich vorgeschrieben, jedoch vom Gesetzgeber, wie sich aus § 34a Abs. 2 Satz 3 und 4 sowie aus § 39 Abs. 2 ergiebt, vorausgesetzt worden. Vgl. Anm. 7 zu § 34a. Wahlen auf Lebenszeit sind auch offenbar nicht zweckmäßig (= Pr. H.M. v. 25. Jan. 1885). Vorschriften zur Erzwingung der Annahme des Amts als Vorstandsmitglied sind durch die Novelle (§ 34a) eingefügt worden; das bisherige Gesetz hatte sie vielleicht absichtlich fortgelassen (vgl. diesen Kommentar, 3. Aufl., Anm. 2 zu § 34). Für den Fall, daß die Wahl des Vorstandes nicht zu Stande kommt, was ja namentlich dann geschehen kann, wenn die Gewählten ablehnen, ist durch § 45 Abs. 5 Vorsorge getroffen.

Ueber die Befugnisse und Pflichten, sowie die Wahl des Vorstandes enthält das Gesetz nur wenige Bestimmungen. Soweit dieselben durch die Statuten (§ 23 Ziffer 4, 5) nicht ergänzt werden, müssen allgemeine Vorschriften entscheiden. Vgl. in dieser Beziehung für das Geltungsgebiet des Preußischen Allg. Landrechts die §§ 137 bis 146 Thl. II Tit. 6 A.L.R.:

§ 137. „Jede Korporation muß wenigstens Einen Vorsteher haben."

§ 138. „Ob deren mehrere, und wie viele sein sollen, hängt, wenn es in der Verfassung nicht ein für allemal bestimmt ist, von dem Beschlusse der Korporation ab."

§ 139. „Die Wahl der Vorsteher gebührt in der Regel der Korporation."

§ 140. „Diese Wahl gehört zu den außerordentlichen Angelegenheiten, welche durch die Mehrheit der Stimmen, nach vorhergegangener Einladung sämmtlicher Mitglieder, entschieden werden müssen."

§ 141. „Die Vorsteher der Gesellschaft haben das Recht und die Pflicht, Alles zu thun, was zur guten Ordnung in den Geschäften und Verhandlungen, und zum gewöhnlichen nützlichen Betriebe der gemeinsamen Angelegenheiten erforderlich ist."

§ 142. „Zu ihrem Amte gehört es, Versammlungen zu berufen; die Direktion in selbigen zu führen; die Gegenstände der Berathschlagung vorzutragen; die Stimmen zu sammeln; und nach selbigen den Schluß abzufassen."

§ 143. „Insonderheit ist es ihre Pflicht, darauf zu sehen, daß nichts wider die Stiftungsgesetze, und wider die Rechte des Staats vorgenommen und beschlossen werde."

§ 144. „Die Unterbedienten der Gesellschaft sind ihrer Direktion und Aufsicht unterworfen.“

§ 145. „Die Befugniß, die Vorsteher über ihre Amtsführung zur Rechenschaft zu ziehen, kann der Korporation, durch einen auch einmüthigen Beschluß sämmtlicher gegenwärtiger Mitglieder, für die Zukunft nicht entzogen werden.“

§ 146. „Bei erfolgendem Abgange eines Vorstehers muß sein Amt, bis zu dessen anderweitig geschehener Besetzung, von demjenigen, welcher ihm nach der in der Gesellschaft eingeführten Ordnung der nächste ist, wahrgenommen werden.“

[3]) Wahl. Die zur Generalversammlung berechtigten Versicherten wählen die auf sie entfallenden Vorstandsmitglieder aus der Mitte der Kassenmitglieder, und zwar für sich ohne Mitwirkung derjenigen Personen, welche die Vertretung der Arbeitgeber in der Generalversammlung bilden, cf. § 38 Abs. 3. Die etwa bestellten „Vertreter“ zur Generalversammlung (§ 37) brauchen den aus der Mitte der Kassenmitglieder zu wählenden Vorstandsmitgliedern nicht anzugehören (v. Schicker S. 177). Die in der Generalversammlung vertretenen Arbeitgeber wählen ihre Vertreter zum Vorstand ebenfalls besonders; sie sind dabei auf sich selbst oder auf die Versicherten nicht beschränkt (cf. Anm. 1a zu § 38), können also auch Juristen, Aerzte oder andere Nichtmitglieder in den Vorstand hineinbringen, was sich im Interesse der Kassenverwaltung oft empfehlen mag. Durch die Novelle (§ 38 Abs. 2) ist den Arbeitgebern insbesondere die ausdrückliche Befugniß beigelegt worden, in den Vorstand auch Geschäftsführer und Betriebsbeamte zu wählen. Das Statut kann besondere persönliche Eigenschaften für die Wahlfähigkeit vorschreiben, z. B. daß der Gewählte eine gewisse Zeit hindurch der Kasse angehört haben, im Besitz der bürgerlichen Ehrenrechte sich befinden muß u. a.

Der Vorstand besteht also aus zwei Kategorien, nämlich aus gewählten, selbst versicherten Kassenmitgliedern, Vertretern der Versicherten, und aus einer Vertretung der betheiligten Arbeitgeber. Diese letzteren Vorstandsmitglieder nehmen an den Wahlrechten, welche dem Vorstande für die Unfallversicherung eingeräumt sind, nicht Theil, vgl. Anm. 2 zu § 35.

[4]) Aufsichtsbehörde, § 44. Die Vorschrift ist wie die des § 37 Abs. 3 zwingender Natur und kann durch Bestimmungen des Kassenstatuts nicht geändert werden. „Dafür spricht insbesondere die ratio legis, welche ohne Zweifel dahin geht, sichere Gewähr dafür zu schaffen, daß die Wahlen das erste Mal und in den Fällen, wo ein verantwortlicher Vorstand nicht vorhanden, ordnungsmäßig vorgenommen werden. Diese Sicherheit findet das Gesetz in der Leitung durch einen Vertreter der Aufsichtsbehörde. Hiernach würde eine Bestimmung eines Betriebs-Krankenkassen-Statuts, welche die Leitung der Wahl des ersten Vorstandes oder der ersten Vertreter zur Generalversammlung dem Betriebsunternehmer oder einem Beauftragten desselben

§. 34a.*)

I. [1]) **Die Mitglieder des Vorstandes verwalten ihr Amt als Ehrenamt unentgeltlich,[2]) sofern nicht durch das Statut eine Entschädigung[3]) für den durch Wahrnehmung der Vorstandsgeschäfte ihnen erwachsenden Zeitverlust und entgehenden Arbeitsverdienst bestimmt wird. Baare Auslagen[3a]) werden ihnen von der Kasse ersetzt.**

II. **Die Ablehnung[4]) der Wahl zum Vorstandsmitgliede ist aus denselben Gründen zulässig, aus welchen das Amt eines Vormundes abgelehnt werden kann. Die Wahrnehmung eines auf Grund der Unfallversicherung und[4a]) der Invaliditätsversicherung übernommenen Ehrenamts[5]) steht der Führung einer Vormundschaft gleich. Eine Wiederwahl kann nach mindestens zweijähriger Amtsführung für die nächste Wahlperiode abgelehnt werden. Kassenmitgliedern, welche eine Wahl ohne gesetzlichen Grund ablehnen, kann[6]) auf Beschluß der Generalversammlung für bestimmte Zeit, jedoch nicht über die Dauer der Wahlperiode,[7]) das Stimmrecht in der Generalversammlung entzogen werden.**

*) Der § 34a findet auch auf Betriebs- (Fabrik-) und Bau-Krankenkassen Anwendung (§§ 64, 72)

überläßt, mit den gesetzlichen Bestimmungen nicht in Einklang stehen. Aber auch die Bestellung des Betriebsunternehmers zum Vertreter der Aufsichtsbehörde bei Leitung der fraglichen Wahlen dürfte kaum als im Sinne des Gesetzes liegend angesehen werden können, da es dem Wesen der Aufsicht nicht entsprechen würde, wenn Obliegenheiten der Aufsichtsbehörde durch einen der unmittelbar Betheiligten ausgeübt werden.“ (Schreiben des Reichskanzlers v. 5. Septbr. 1884.)

[5]) Anzeige zu erstatten. Ueber die Befugniß der Aufsichtsbehörde, die Befolgung der gesetzlichen Vorschriften zu erzwingen, vgl. § 45. Auf Grund dieser Bestimmung kann die Aufsichtsbehörde nicht gehörig zu Stande gekommene Wahlen kassiren. Die Bestimmungen des Abs. 2 entsprechen dem § 101 Abs. 1 des Innungsgesetzes v. 18. Juli 1881.

Zu § 34a.

[1]) Vgl. Anm. 2 zu § 34. Der § 34a hat sein Vorbild in § 24 Abs. 2, 3 und § 25 U.V.G., sowie in §§ 58, 60 J.V.G.

[2]) als Ehrenamt unentgeltlich. Diese Bestimmung ist in der Reichstagskommission als eine Verbesserung des Gesetzes bezeichnet worden; sie verhindert für die Zukunft „die Uebernahme des Vorstandsamtes durch

besoldete Beamte, deren Einfluß jetzt schon oft ein unerwünscht großer sei" (Komm.Ber. S. 32). Besoldete Kassenbeamte dürfen fortan vom Vorstand zwar angestellt werden, aber niemals mehr dem Vorstand als Mitglieder angehören.

[3]) Entschädigung. Dieselbe darf auch hinsichtlich ihrer Höhe den Charakter als „Entschädigung für Zeitverlust und entgehenden Arbeitsverdienst" nicht verlieren, also nicht den Charakter einer Besoldung annehmen. Hierauf ist bei Genehmigung des Kassenstatuts und bei Beaufsichtigung der Geschäftsführung der Kasse zu achten.

[3a]) baare Auslagen, soweit sie nothwendig waren.

[4]) Ablehnung. Ueber die Ablehnungsbefugniß entscheidet das Landes-Vormundschaftsrecht. Vgl. für Preußen § 23 der Vormundschaftsordnung v. 5. Juli 1875 (G.S. S. 431):

„Die Uebernahme einer Vormundschaft können ablehnen:

1) weibliche Personen;
2) wer das sechszigste Lebensjahr überschritten hat;
3) wer bereits mehr als eine Vormundschaft oder Pflegschaft führt;
4) wer an einer die ordnungsmäßige Führung der Vormundschaft hindernden Krankheit leidet;
5) wer nicht in dem Bezirk des Vormundschaftsgerichts seinen Wohnsitz hat;
6) wer nach Maßgabe des § 58 zur Stellung einer Sicherheit angehalten wird;
7) wer fünf oder mehr minderjährige eheliche Kinder hat.

Die Führung einer Gegenvormundschaft steht im Sinne der Nr. 3 der Führung einer Vormundschaft oder Pflegschaft nicht gleich.

Das Ablehnungsrecht geht verloren, wenn es nicht bei dem Vormundschaftsgericht vor der Verpflichtung geltend gemacht wird."

[4a]) und. Sowohl das eine wie das andere Ehrenamt ist der Führung einer Vormundschaft gleich zu achten. Es wäre deutlicher gewesen, wenn statt des Wortes „und" das Wort „oder" gesetzt worden wäre. Im Uebrigen vgl. § 60 J.V.G.

[5]) Ehrenamts als Vorstandsmitglied, Ausschußmitglied, Arbeitervertreter, Beisitzer der Schiedsgerichte oder Vertrauensmann, oder als Stellvertreter (Ersatzmann) einer dieser im Ehrenamt fungirenden Personen. Vgl. § 60 J.V.G.

[6]) kann, braucht aber nicht. Es liegt ganz in der Hand der Generalversammlung, „billige Rücksichten zu nehmen" (Komm.Ber. z. Nov. S. 32).

[7]) Wahlperiode, deren Dauer durch das Statut zu bestimmen ist.

§. 35.*)

I. [1]) Der Vorstand[2]) vertritt die Kasse gerichtlich und außergerichtlich und führt nach Maßgabe des Kassenstatuts die laufende Verwaltung derselben. Die Vertretung erstreckt sich auch auf diejenigen Geschäfte und Rechtshandlungen, für welche nach den Gesetzen eine Spezialvollmacht erforderlich ist. Durch das Statut kann einem Mitgliede oder mehreren Mitgliedern des Vorstandes die Vertretung nach außen übertragen werden.

II. Zur Legitimation des Vorstandes bei allen Rechtsgeschäften genügt[3]) die Bescheinigung[4]) der Aufsichtsbehörde,[5]) daß die darin bezeichneten Personen zur Zeit den Vorstand bilden.

(§ 31 des Entwurfs und der Komm.-Beschlüsse.)

*) Dieser Paragraph gilt auch für Betriebs- (Fabrik-) und für Bau-Krankenkassen (§§ 64, 72)

Zu § 35.

[1]) Die Bestimmungen dieses Paragraphen entsprechen fast wörtlich dem § 101 Abs. 2 und 3 des Innungsgesetzes v. 18. Juli 1881.

[2]) Der Vorstand. Zu den Funktionen des Vorstands der Orts-, Betriebs- (Fabrik-) und Innungs-Krankenkassen, sowie der Knappschaftskassen gehört nach dem Unfallversicherungsgesetz auch die Wahl der Vertreter der Arbeiter (welche ihrerseits die Beisitzer zu den Schiedsgerichten wählen und an der Berathung der Unfallverhütungsvorschriften, sowie an der Wahl zweier nichtständiger Mitglieder des Reichs- [Landes-] Versicherungsamts theilnehmen), sowie die Wahl von Bevollmächtigten für die Theilnahme an den Unfalluntersuchungen (bei der letzteren Wahl sind auch die Vorstände der dem § 75 genügenden Hülfskassen betheiligt), §§ 41 bis 45, 54 U.V.G. Ebenso nach § 35 Abs. 2 des Bau-Unfallversicherungsgesetzes v. 11. Juli 1887, wo auch die Bau-Krankenkassen als wahlberechtigt bezeichnet sind; ähnlich auch §§ 51, 59 landw. U. u. K.V.G. und § 51 See-U.V.G. Ferner nehmen die bezeichneten Vorstände der Zwangskassen an der Wahl der Mitglieder der Ausschüsse der Invaliditäts- und Altersversicherungsanstalten Theil, § 48 J.V.G. Nach §§ 112 bis 114 J.V.G. kann den Vorständen auch die Einziehung der Beiträge zur Invaliditäts- und Altersversicherung sowie die Ausstellung der Quittungskarten übertragen werden.

Wahlfähig sind bei der Unfallversicherung nur die Vorstände derjenigen Kassen, „welche im Bezirke der Sektion beziehungsweise der Genossenschaft ihren Sitz haben und welchen mindestens zehn in den Betrieben der Genossenschaftsmitglieder beschäftigte versicherte Personen angehören, unter Ausschluß der Vertreter der Arbeitgeber" (§ 42 U.V.G.). Bei der Invaliditäts- und Altersversicherung nehmen die Vorstände derjenigen Zwangskassen an der Wahl Theil, welche im Bezirk der Versicherungsanstalt ihren Sitz haben; hier wählen die Arbeitgebermitglieder die

§. 36.*)

[1]) Soweit die Wahrnehmung der Angelegenheiten der Kasse nicht nach Vorschrift des Gesetzes[2]) oder des Statuts dem Vorstande obliegt, steht die Beschlußnahme darüber der Generalversammlung zu. Derselben muß vorbehalten bleiben:

1. die Abnahme der Jahresrechnung und die Befugniß, dieselbe vorgängig durch einen besonderen Ausschuß[3]) prüfen zu lassen;
2. die Verfolgung von Ansprüchen, welche der Kasse gegen Vorstandsmitglieder aus deren Amtsführung erwachsen, durch Beauftragte;
3. die Beschlußnahme über Abänderung[4]) der Statuten.

(§ 32 des Entwurfs und der Komm.-Beschlüsse.)

*) § 36 gilt auch für Betriebs- (Fabrik-) und Bau-Krankenkassen (§§ 64, 72).

Vertreter der Arbeitgeber, die Arbeitermitglieder die Vertreter der Arbeitnehmer. Das Nähere ist durch Wahlregulative zu regeln (§ 43 U.V.G., § 41 J.V.G.).

Für die Untersuchung der in Transportbetrieben auf der Fahrt sich ereignenden Unfälle hat nach dem Ausdehnungsgesetz v. 28. Mai 1885 der Vorstand (also ohne Beschränkung auf die dem Arbeiterstande angehörigen Mitglieder desselben) das Recht, besondere ad hoc zu berufende Vertreter der für die Theilnahme an den Unfalluntersuchungen Bevollmächtigten zu bestellen (§ 13 A.G.).

[3]) genügt. Es ist nicht vorgeschrieben, daß eine solche Bescheinigung immer gefordert werden muß; der Richter kann die Legitimation auch anderweit als geführt annehmen. Er darf aber in keinem Fall mehr fordern, als diese Bescheinigung.

[4]) die Bescheinigung ist gebühren- und stempelfrei, cf. § 78.

[5]) Aufsichtsbehörde, §§ 44, 84.

Zu § 36.

[1]) Der Generalversammlung steht Alles zu, was nicht durch das Gesetz (§§ 26a Ziffer 2a, 34 bis 37, 46 bis 48) oder die Statuten dem Vorstande übertragen worden ist. Die Autonomie der Kassen ist aber dahin beschränkt, daß die in diesem Paragraphen aufgeführten Punkte der Generalversammlung vorbehalten bleiben müssen und nicht durch das Statut dem Vorstande übertragen werden dürfen.

[2]) Gesetzes. Dahin gehört u. a. die Wahl der „Vertreter der Arbeiter“ und „der Bevollmächtigten zu den Unfalluntersuchungen“, sowie die Wahl der Mitglieder des Ausschusses der Versicherungsanstalten, vgl. Anm. 2 zu § 35.

[3]) Ausschuß. Derselbe kann technisch geschulte Kräfte (Rechnungsbeamte), welche der Kasse nicht angehören, zuziehen.

§. 37.*)

I. Die Generalversammlung besteht [1]) nach Bestimmung des Statuts entweder aus sämmtlichen [2]) Kassenmitgliedern, [3]) welche großjährig [4]) und im Besitze der bürgerlichen Ehrenrechte sind, oder aus Vertretern, [5]) welche von den bezeichneten Mitgliedern aus ihrer Mitte [6]) gewählt werden.

II. Die Generalversammlung muß [7]) aus Vertretern bestehen, wenn die Kasse fünfhundert oder mehr Mitglieder zählt.

III. Besteht die Generalversammlung aus Vertretern, **so sind diese in geheimer** [8]) Wahl unter Leitung des Vorstandes **zu wählen.** Nur die erstmalige Wahl nach Errichtung der Kasse, sowie spätere Wahlen, bei welchen ein Vorstand nicht vorhanden ist, werden von einem Vertreter der Aufsichtsbehörde [9]) geleitet.

(§ 33 des Entwurfs und der Komm.-Beschlusse.)

*) Dieser Paragraph gilt auch für Betriebs- (Fabrik-) und Bau-Krankenkassen (§§ 64, 72)

---

4) Abänderung der Statuten. Dahin gehört auch eine Erhöhung der Beiträge, cf. § 23 Ziffer 3. Ueber die in solchem Fall vorgeschriebene gesonderte Abstimmung der Arbeitnehmer und Arbeitgeber cf. § 31 Anm. 4.

Zu § 37.

1) besteht. Außerdem treten nach § 38 Vertreter der Arbeitgeber hinzu. Ueber die Modalitäten der Abstimmung, die Form der Berufung u. s. w. entscheiden die Statuten, event. allgemeine Bestimmungen. Eine Vertretung in anderer Form, als durch Abs. 2, 3 dieses Paragraphen vorgeschrieben oder zugelassen ist, insbesondere Stellvertretung bei der Abstimmung, erscheint ausgeschlossen, vorbehaltlich der Vorschriften des § 38 a für die Arbeitgeber. Vgl. Anm. 2 zu § 38. Der Besuch der Generalversammlung kann durch Ordnungsstrafen nicht erzwungen werden (= Pr.Hand.Min.). Als unberechtigte Vorenthaltung des Stimmrechts kann es nicht gelten, wenn Jemand wegen ungebührlichen Benehmens aus der Versammlung fortgewiesen wird (§ 53 des Musterstatuts).

Vgl. im Uebrigen über die Zusammensetzung der Generalversammlung rc. die Bemerkungen zu §§ 49 ff. des Normalstatuts, cf. oben Anm. 3 zu § 23.

2) sämmtlichen, also ohne Unterschied der Staatsangehörigkeit oder des Geschlechts, Anm. 2 zu § 1. Ein Antrag auf Beschränkung des Stimmrechts der weiblichen Kassenmitglieder fand nicht die Zustimmung der Mehrheit, da es sich hier nicht um öffentliche, sondern um eigene wirthschaftliche Angelegenheiten handle.

3) Kassenmitglieder, d. h. die Versicherten, cf. Anm. 3 zu § 34.

4) großjährig. Auf die wirthschaftliche Selbständigkeit kommt es nicht an. Nach dem Reichsgesetz vom 17. Februar 1875 (R.G.Bl. S. 71) wird jeder Deutsche großjährig mit dem vollendeten 21. Lebensjahre. Auf

Grund besonderer landesgesetzlicher Bestimmungen kann aber die Großjährigkeit schon früher erreicht werden. So können in Preußen Minderjährige, welche 18 Jahre alt sind, für großjährig erklärt werden, § 61 der Vormundschaftsordnung v. 5. Juli 1875 (G.S. S. 431).

5) Vertretern. Auch das Hülfskassengesetz v. 7. April 1876 gestattet in § 21, die Generalversammlung aus Abgeordneten zusammenzusetzen. Für die Abgeordneten ist jedoch eine Minimalzahl vorgeschrieben (nach der Novelle v. 1. Juni 1884 mindestens 20 und mindestens die doppelte Anzahl der Vorstandsmitglieder). Wie die Motive zum Hülfskassengesetz v. 7. April 1876 ausführen, sei die Zahl der Mitglieder in manchen Kassen eine so beträchtliche, daß es zur Unmöglichkeit werde, sie sämmtlich zur Generalversammlung zu berufen, andererseits aber werde die unberechtigte Beeinflussung der Generalversammlung durch die Abgeordneten dadurch wenigstens erschwert werden, wenn für die Zahl der Abgeordneten eine gewisse Minimalhöhe vorgeschrieben werde.

Das vorliegende Gesetz weicht hiervon in zwei Punkten ab, nämlich erstens darin, daß die Bildung der Generalversammlung durch Vertreter nicht nur gestattet, sondern bei einer besonders großen Mitgliedschaft obligatorisch vorgeschrieben wird; zweitens darin, daß eine Minimalzahl der Vertreter nicht gefordert wird. Die Motive (S. 39) zur Regierungsvorlage, welche eine Vertretung schon bei 100 Mitgliedern verlangte, äußern sich hierüber wie folgt: „Die Vorschrift des § 33 (jetzt § 37), wonach für Kassen, welche mehr als 100 Mitglieder zählen, die Generalversammlung aus Vertretern bestehen muß, ist um deswillen aufgenommen, weil bei Kassen, welche eine große Mitgliederzahl haben, die Generalversammlung, wenn sie aus sämmtlichen Mitgliedern besteht, im einzelnen Falle meist eine so unvollständige und gleichzeitig so zufällig zusammengesetzte ist, daß die über wichtige Fragen der Kassenverwaltung entscheidenden Beschlüsse nur von kleinen Minoritäten gefaßt werden und in Folge dessen leicht der nothwendigen Kontinuität entbehren.“

Die Reichstagskommission ersetzte die Zahl 100 durch die Zahl 1000, welche in dritter Lesung im Plenum demnächst auf die Zahl 500 herabgemindert wurde. Für die Erhöhung war insbesondere der Werth maßgebend, den die Arbeiter auf die Selbstbetheiligung an der Generalversammlung zu legen pflegen.

Im Uebrigen ist durch das Gesetz zugelassen, daß durch statutarische Bestimmung namentlich für Orte, in welchen es an geeigneten großen Versammlungsorten fehlt, die Bildung der Generalversammlung aus Stellvertretern schon bei einer geringeren Mitgliederzahl vorgeschrieben wird. Die Statuten müssen über die Wahl, die Wahlperiode und die Zahl der Vertreter Bestimmung treffen (cf. oben Anm. 1) und können dadurch der in den oben erwähnten Motiven des Hülfskassengesetzes zum Ausdruck gebrachten Möglichkeit einer unberechtigten Beeinflussung der Kassenvertretung da ent-

§. 38.*)

I. Arbeitgeber, welche für die von ihnen beschäftigten Mitglieder einer Orts-Krankenkasse an diese Beiträge aus eigenen[1]) Mitteln zu zahlen verpflichtet sind (§. 51), haben Anspruch[1a]) auf Vertretung[2]) im Vorstande und der Generalversammlung der Kasse.

II. Die Vertretung ist nach dem Verhältniß[3]) der von den Arbeitgebern aus eigenen[1]) Mitteln zu zahlenden Beiträge zu dem Gesammtbetrage der Beiträge zu bemessen. Mehr als ein Drittel der Stimmen darf den Arbeitgebern weder in der Generalversammlung noch im Vorstande eingeräumt werden.

III. Die Wahlen der Generalversammlung zum Vorstande **sind geheim**[4]) **und** werden getrennt von Arbeitgebern und Kassenmitgliedern vorgenommen.

IV. Durch das Statut kann bestimmt werden, daß Arbeitgeber, welche mit Zahlung der Beiträge[5]) im Rückstande sind, von der Vertretung und der Wahlberechtigung auszuschließen[6]) sind.

(§ 34 des Entwurfs und der Komm.-Beschlüsse.)

*) Dieser Paragraph gilt auch für Betriebs- (Fabrik-) und Bau-Krankenkassen (§§ 64, 72).

---

gegentreten, wo eine solche Möglichkeit nach den örtlichen Verhältnissen an sich vorliegen möchte.

[6]) aus ihrer Mitte, wie in § 34.

[7]) muß. Wenn eine Kasse, deren Generalversammlung nach dem Statut nicht aus Vertretern besteht, im Verlauf ihres Bestehens die Zahl von 500 Mitgliedern überschreitet, so muß eine Statutenänderung vorgenommen und event. von der Aufsichtsbehörde nach § 37 Abs. 2, § 45 Abs. 5 herbeigeführt werden.

[8]) geheimer, durch die Reichstagskommission in die Novelle eingeschoben.

[9]) Aufsichtsbehörde, § 44. Vgl. Anm. 4 und 5 zu § 34.

Zu § 38.

[1]) eigenen. Nicht wahlberechtigt sind also kleine Arbeitgeber in den Fällen des § 51 Abs. 2. Die Vorschrift ist aber nicht dahin auszulegen, daß etwa auch die Mitglieder der Vorstände oder Verwaltungen von Reichs-, Staats- oder Gemeindebetrieben, in welchen versicherungspflichtige Personen beschäftigt werden, um deswillen von der Betheiligung an den Kassenorganen auszuschließen seien, weil die Beiträge der Arbeitgeber in diesen Fällen aus der Reichs-, Staats- oder Gemeindekasse, nicht aus den Privatmitteln der Vorstandsmitglieder entrichtet werden.

[1a]) Anspruch, also ein Recht, keine Pflicht. „Es wurde festgestellt, daß der Arbeitgeber befugt ist, auf das Recht zu verzichten oder dasselbe ruhen zu lassen, sowie daß die Arbeitgeber zwar berechtigt aber nicht ver-

§. 38a.*)

[1]) **Die Arbeitgeber sind berechtigt, sich in der Generalversammlung[2]) durch ihre Geschäftsführer oder Betriebsbeamten vertreten zu** I.

---

pflichtet sind, ihre Vertreter aus dem Kreise der Kassenmitglieder zu wählen" (Komm.Ber. S. 58). Vgl. Anm. 3 zu § 34, sowie § 39 Abs. 2.

[2]) Vertretung. Die Vertretung der Arbeitgeber darf durch Geschäftsführer und Betriebsbeamte, welche von den Arbeitgebern gewählt werden, erfolgen, § 38a.

[3]) nach dem Verhältnisse. Wenn also in der Kasse auch freiwillige Mitglieder sind, für welche der Arbeitgeber keine Beiträge zahlt, so muß sich die Stimmzahl der Arbeitgeber entsprechend vermindern. Im Uebrigen sind unter „den Stimmen" alle in der Generalversammlung und im Vorstand demnächst vertretenen Stimmen, d. h die Stimmen der versicherten Mitglieder zuzüglich der Stimmen der beitragspflichtigen Arbeitgeber zu verstehen, so daß die Arbeitgeber analog ihrer gesetzlichen Beitragspflicht (§ 51) 50 Prozent der Stimmen derjenigen Arbeitnehmer haben, für welche sie Beiträge entrichten. Eine mathematisch genaue Uebereinstimmung des Verhältnisses der Vertretung mit demjenigen der Beitragszahlung braucht nicht immer erreicht zu werden, da eine solche Uebereinstimmung durch keine Regelung so hergestellt werden kann, daß sie unter allen Umständen und zu jeder Zeit aufrecht erhalten bleibt. Nach dem Normalstatut (cf. Anm. 3 zu § 23) soll der Vorstand aus doppelt so viel Arbeitern wie Arbeitgebern (8:4) gewählt werden, bei den einzelnen Abstimmungen aber nach Stimmenmehrheit der in der Sitzung Anwesenden beschließen (§§ 38, 43 a. a. O.). In der Generalversammlung dagegen soll, falls dieselbe nicht aus Vertretern besteht, jedes (anwesende) stimmberechtigte Kassenmitglied zwei Stimmen und jeder (anwesende) stimmberechtigte Arbeitgeber für jedes von ihm beschäftigte stimmberechtigte Kassenmitglied eine Stimme führen, hiernach in jeder Generalversammlung die Zahl der den erschienenen Arbeitgebern zustehenden Stimmen vor Beginn der Verhandlungen vom Vorsitzenden festgestellt und verkündet werden, bei der Abstimmung aber die einfache Mehrheit der an der Abstimmung betheiligten Stimmen entscheiden (§§ 49, 53 a. a. O.).

[4]) geheim, vgl. Anm. 8 zu § 37 und Anm. 5 zu § 34.

[5]) Zahlung der Beiträge, d. h. Einzahlung der Gesammtbeiträge (§ 52), und zwar einschließlich der Eintrittsgelder, wie wohl angenommen werden muß.

[6]) auszuschließen, d. h. das Recht der Arbeitgeber ruht einstweilen.

Zu § 38a.

[1]) Dieser Paragraph ist durch die Novelle eingefügt worden. Vgl. Mot. S. 52:

„Ueber den Umfang, in welchem sich die Arbeitgeber in den Organen der Kasse durch Geschäftsführer oder Betriebsbeamte vertreten lassen können, sind mehrfach Streitigkeiten entstanden. Aus den Verhandlungen über die

lassen. Von der Vertretung ist dem Kassenvorstande vor Beginn der Generalversammlung Anzeige zu machen.

II. **Die Arbeitgeber sind ferner berechtigt, zu Mitgliedern der aus Vertretern bestehenden Generalversammlung und des Vorstandes Geschäftsführer oder Betriebsbeamte der zu Beiträgen verpflichteten Arbeitgeber zu wählen.**[3]) **Eine Vertretung der gewählten**[4]) **Mitglieder der Generalversammlung oder des Vorstandes findet nicht statt.**

*) Der § 38a gilt auch für Betriebs- (Fabrik-) and Bau-Krankenkassen (§§ 64, 72).

---

§§ 37 und 38 erhellt, daß es die Absicht war, eine solche Vertretung in der Generalversammlung zuzulassen, sofern diese aus sämmtlichen Arbeitgebern und Versicherten besteht, und ebenso, daß es den Arbeitgebern gestattet sein soll, in solche Generalversammlungen, welche aus Vertretern bestehen, sowie in den Kassenvorstand als Mitglieder auch Geschäftsführer und Betriebsbeamte zu wählen. Dagegen ist aus jenen Verhandlungen nichts über die Frage zu entnehmen, ob auch ein Arbeitgeber, welcher zum Mitgliede einer aus Vertretern bestehenden Generalversammlung oder eines Kassenvorstandes gewählt ist, sich in dieser Eigenschaft durch seinen Geschäftsführer oder Betriebsbeamten vertreten lassen kann. Um für die Folge Zweifel hierüber auszuschließen, empfiehlt es sich, den Umfang der zulässigen Vertretung gesetzlich zu regeln.

Die zu dem Ende als neuer § 38a in den Entwurf aufgenommene Bestimmung beruht auf der Auffassung, daß die Verhältnisse der Arbeitgeber, namentlich der Unternehmer größerer Betriebe, es nothwendig machen, diesen zu gestatten, sich in den aus sämmtlichen Arbeitgebern und Versicherten bestehenden Generalversammlungen vertreten zu lassen, und auch als Mitglieder der aus Vertretern bestehenden Generalversammlung, sowie des Kassenvorstandes, Geschäftsführer und Betriebsbeamte zu wählen. Dies entspricht auch dem Interesse der Kassen, da die gedachten Personen den Verhältnissen, welche bei der Verwaltung der Kasse in Betracht kommen, häufig näher stehen, als die Arbeitgeber selbst. Hierüber hinaus besteht aber kein Bedürfniß, eine Vertretung zuzulassen, und die Funktion derjenigen, welche von den Arbeitgebern als Mitglieder der Generalversammlung und des Vorstandes *gewählt* sind, trägt einen ehrenamtlichen Charakter und soll deshalb nicht durch die Willkür des Gewählten auf dritte Personen übertragen werden können, zumal daraus auch ein öfterer Wechsel der bei der Kassenverwaltung mitwirkenden Personen hervorgehen würde, welcher dem Interesse der Kasse nicht entsprechen würde."

2) *Generalversammlung*, sofern diese nicht aus Vertretern, sondern aus sämmtlichen Versicherten und deren Arbeitgebern besteht.

§. 39.*)

Wird die Wahl des Vorstandes von der Generalversammlung oder die Wahl der Vertreter zur Generalversammlung durch die Wahlberechtigten verweigert,[1]) so tritt an ihre Stelle Ernennung der Mitglieder des Vorstandes oder der Generalversammlung durch die Aufsichtsbehörde.[2]) I.

Haben die Arbeitgeber auf die ihnen zustehende Vertretung in der Generalversammlung oder im Vorstande verzichtet,[3]) so können sie diese Vertretung nur mit Ablauf einer Wahlperiode[4]) wieder in Anspruch nehmen. II.

(§ 35 des Entwurfs und der Komm.-Beschlüsse)

*) Dieser Paragraph gilt auch für Betriebs- (Fabrik-), für Bau- und für Innungs-Krankenkassen (§§ 64, 72, 73)

---

[3]) zu wählen, bei der Bildung der Arbeitgebervertretung gemäß § 38 Abs. 1 und 3.

[4]) gewählten. Diese Vorschrift gilt gleicherweise für die zu Mitgliedern der Generalversammlung gewählten Vertreter der Arbeitgeber, wie für die zu Mitgliedern der Generalversammlung gewählten Vertreter der Versicherten.

Zu § 39.

[1]) verweigert. Diese Vorschrift kann sich nur auf die wahlberechtigten Versicherten, nicht auch auf die zu einer Vertretung berechtigten Arbeitgeber beziehen, da die letzteren auf die Vertretung verzichten können, § 38.

[2]) Aufsichtsbehörde, cf. § 44, § 45 Abs. 5, § 84.

[3]) verzichtet. Vgl. Anm. 1a zu § 38. Der Abs. 2 ist durch die Novelle eingefügt worden. Mot. z. Nov. S. 53: „Den Arbeitgebern steht ein Recht auf Vertretung in der Generalversammlung zu, sie sind aber nicht verpflichtet, von diesem Rechte Gebrauch zu machen, können vielmehr auf dieses Recht verzichten. Ein solcher Verzicht kann aber schon um deswillen nicht als ein unwiderruflicher angesehen werden, weil die Personen der beitragspflichtigen Arbeitgeber im Laufe der Zeit wechseln und den zur Zeit vorhandenen nicht die Befugniß zugesprochen werden kann, für alle künftig in das Verhältniß zur Kasse eintretenden Arbeitgeber auf die Vertretung zu verzichten. Den Arbeitgebern muß daher unbenommen sein, die Vertretung, auf welche sie verzichtet haben, wieder in Anspruch zu nehmen. Auf der anderen Seite würde es mit einer geregelten Kassenverwaltung nicht vereinbar sein, wenn den Arbeitgebern gestattet würde, das Recht auf Vertretung in jedem willkürlich gewählten Augenblick wieder in Anspruch zu nehmen. Es empfiehlt sich daher die als neuer Absatz des § 39 aufgenommene Bestimmung, nach welcher die Arbeitgeber nur mit dem Ablaufe einer Wahlperiode ihr Recht wieder in Anspruch nehmen können."

[4]) Wahlperiode, vgl. Anm. 2 zu § 34 sowie Anm. 7 zu § 35.

§. 40.*)

I. [1]) Die Einnahmen und Ausgaben der Kasse sind von allen den Zwecken der Kasse fremden Vereinnahmungen und Verausgabungen getrennt[2]) festzustellen; ihre Bestände sind gesondert zu verwahren.

II. Werthpapiere, welche zum Vermögen der Kasse gehören und nicht lediglich zur vorübergehenden Anlegung zeitweilig verfügbarer Betriebsgelder[3]) für die Kasse erworben sind, sind bei der Aufsichtsbehörde[4]) oder nach deren Anweisung verwahrlich niederzulegen.[5])

III. Verfügbare Gelder dürfen nur in öffentlichen[6]) Sparkassen oder wie die Gelder Bevormundeter[7]) angelegt[8]) werden.

IV. Sofern[9]) besondere gesetzliche Vorschriften über die Anlegung der Gelder Bevormundeter nicht bestehen, kann die Anlegung der verfügbaren Gelder in Schuldverschreibungen, welche von dem Deutschen Reich, von einem deutschen Bundesstaate oder dem Reichslande Elsaß-Lothringen mit gesetzlicher Ermächtigung ausgestellt sind, oder in Schuldverschreibungen, deren Verzinsung von dem Deutschen Reich, von einem deutschen Bundesstaate oder dem Reichslande Elsaß-Lothringen gesetzlich garantirt ist, oder in Schuldverschreibungen, welche von deutschen kommunalen Korporationen (Provinzen, Kreisen, Gemeinden rc.) oder von deren Kreditanstalten ausgestellt und entweder seitens der Inhaber kündbar sind, oder einer regelmäßigen Amortisation unterliegen, erfolgen. Auch können die Gelder bei der Reichsbank verzinslich angelegt werden.[10])

V. **Die Zentralbehörde kann die Anlegung verfügbarer Gelder in anderen[11]) als den vorstehend bezeichneten zinstragenden Papieren, sowie die vorübergehende Anlegung zeitweilig verfügbarer Betriebsgelder bei anderen als den vorbezeichneten Kreditanstalten[12]) widerruflich gestatten.**

(§ 36 des Entwurfs und der Komm.-Beschlüsse)

*) Dieser Paragraph gilt auch für Betriebs- (Fabrik-), Bau- und Innungs-Krankenkassen (§§ 64, 72, 73).

Zu § 40.

[1]) Abs. 1 und 3 entsprechen dem § 24 des Hülfskassengesetzes; Abs. 2 und 4 sind von der Reichstagskommission eingefügt, Abs. 4 insbesondere um deswillen, weil in einzelnen Theilen des Deutschen Reichs, so in der Rheinpfalz, gesetzliche Bestimmungen über die Anlegung von Geldern Bevormundeter nicht bestanden. Abs. 5 ist durch die Novelle hinzugefügt. Vgl. Anm. 6 zu § 41.

[2]) getrennt. Die Absonderung der Kassenverwaltung und ihrer Bestände verhütet insbesondere, daß, wie es früher vorgekommen war, das Vermögen der Betriebs- (Fabrik-) Krankenkassen (auch für diese gelten diese

Vorschriften, cf. § 64) von den Fabrikherren mit den Betriebsgeldern vereinigt wird Aus solchem Verfahren haben Kassen wiederholt Verluste erlitten, insbesondere dann, wenn die Fabrik zur Zahlungseinstellung gezwungen wurde.

[3]) verfügbare Betriebsgelder. Soweit die Kassenbestände nicht für die laufenden Kassenzwecke jederzeit disponibel und deshalb baar in Bereitschaft gehalten werden müssen, empfiehlt sich ihre zinsbare Anlegung, cf. Anm. 8 sowie Anm. 2 zu § 42. Sind hierbei Werthpapiere angeschafft (vgl. Anm. 11), so können diejenigen Stücke, welche nur eine vorübergehende Anlegung in der Art darstellen, daß ihr Betrag nach den Verhältnissen der Kasse ohne besondere Weiterungen zur leichten Verwendung wieder flüssig muß gemacht werden können (zeitweilig verfügbare Betriebsgelder), ohne weitere Förmlichkeiten bei der Kasse selbst aufbewahrt werden und gelten dann als Kassenbestand. Soweit es sich aber um Werthpapiere handelt, die zu dauernder Anlegung erworben worden sind, müssen diese nach Weisung der Aufsichtsbehörde niedergelegt werden.

Eine zinsbare Belegung von Kassengeldern darf niemals in der Weise erfolgen, daß etwa ein Arbeitgeber oder der Fabrikbesitzer sie gegen Verzinsung in sein Geschäft übernimmt; die zinsbare Anlegung darf vielmehr nur bei öffentlichen Sparkassen oder bei der Reichsbank (cf. Anm. 5, 6 und Abs. 4), oder durch Ankauf zinsbringender Werthpapiere geschehen. Vgl. indessen die Erleichterungen des neuen Abs. 5. Die Kategorie der verwendbaren Werthpapiere ist durch die Verweisung auf die Vorschriften für die Belegung von Geldern Bevormundeter (Abs. 3) und auf andere vollständig sichere Papiere (Abs. 4 und 5) beschränkt.

[4]) Aufsichtsbehörde, § 44.

[5]) niederzulegen. Eine „Hinterlegung" im technischen Sinne der Preuß. Hinterlegungsordnung ist darunter nicht zu verstehen. Die Niederlegung darf nur in besonderen Ausnahmefällen bei anderen als öffentlichen Stellen erfolgen. Vgl. Abs. 5. In Preußen soll die Niederlegung in der Regel bei den städtischen oder Kreiskommunalkassen angeordnet werden, sofern sie nicht bei der Reichsbank oder deren Bankstellen erfolgt; die Niederlegung bei den Regierungshauptkassen und den Steuerkassen ist versagt (Min.Erl. v. 15. Juni 1885).

[6]) öffentliche Sparkassen sind solche, welche unter staatlicher Autorität errichtet, also von der zuständigen Behörde genehmigt sind.

[7]) wie die Gelder Bevormundeter. § 39 der Preuß. Vormundschaftsordnung v. 5. Juli 1875 (G.S. S. 431) lautet:

„Gelder, welche zu laufenden oder zu anderen durch die Vermögensverwaltung begründeten Ausgaben nicht erforderlich sind, hat der Vormund im Einverständnisse mit dem Gegenvormund in Schuldverschreibungen, welche von dem Deutschen Reiche oder von einem Deutschen Bundesstaate mit gesetzlicher Ermächtigung ausgestellt sind, oder in Schuldverschreibungen, deren Verzinsung von dem Deutschen Reiche oder von einem Deutschen Bundesstaate gesetzlich garantirt ist, oder in Rentenbriefen der zur Vermittelung der Ablösung von Renten in Preußen bestehenden Rentenbanken, oder in Schuldverschreibungen, welche von Deutschen kommunalen Korporationen (Provinzen, Kreisen, Gemeinden 2c.), oder von deren Kreditanstalten ausgestellt und entweder Seitens der Inhaber kündbar sind, oder einer regelmäßigen Amortisation unterliegen, oder auf sichere Hypotheken oder Grundschulden, zinsbar anzulegen.

„Gelder, welche in dieser Weise nach den obwaltenden Umständen nicht angelegt werden können, sind bei der Reichsbank oder bei öffentlichen, obrigkeitlich bestätigten Sparkassen zinsbar zu belegen

„Eine Hypothek oder Grundschuld ist für sicher zu erachten, wenn sie bei ländlichen Grundstücken innerhalb der ersten zwei Drittheile des durch ritterschaftliche, landschaftliche, gerichtliche oder Steuertaxe, bei städtischen innerhalb der ersten Hälfte des durch Taxe einer öffentlichen Feuerversicherungs-Gesellschaft oder durch gerichtliche Taxe zu ermittelnden Werthes, oder wenn sie innerhalb des fünfzehnfachen Betrages des Grundsteuerreinertrages der Liegenschaft zu stehen kommt.

„Sicheren Hypotheken stehen im Sinne dieser Vorschriften die mit staatlicher Genehmigung ausgegebenen Pfandbriefe und gleichartigen Schuldverschreibungen solcher Kreditinstitute gleich, welche durch Vereinigung von Grundbesitzern gebildet, mit Korporationsrechten versehen sind und nach ihren Statuten die Beleihung von Grundstücken auf die im dritten Absatz angegebenen Theile des Werthes derselben zu beschränken haben . . . ."

Ueber die in den verschiedenen bayerischen Partikularrechten bestehenden Vorschriften wegen Anlegung vormundschaftlicher Gelder vgl. v. Roth, Bayr. Civilrecht Bd. I § 96.

[8]) angelegt. In Preußen müssen verfügbare Gelder verzinslich angelegt werden; für den Fall einer Säumniß wird der Vorstand regreßpflichtig, cf. Anm. 2 zu § 42. Nach Preuß. Ausf Anw haben die Aufsichtsbehörden bei den Kassenrevisionen auf die zinsbare Anlegung verfügbarer Bestände zu achten. Eine „Anlegung" in Grundstücken wird im Gesetz nicht ausdrücklich erwähnt. Zulässig erscheint sie jedenfalls insoweit, als eine solche Anlegung den Vorschriften des Landes-Vormundschaftsrechts entspricht; ebenso ist auch eine „Verwendung" von Kassengeldern zum Erwerb von Grundstücken jedenfalls insoweit nicht unzulässig, als dabei der Gesichtspunkt einer Bestreitung von Verwaltungskosten in Betracht kommt, z. B. Erwerbung eines eigenen Geschäftshauses für die Unterbringung des Büreaus Daß Kassen Grundstücke besitzen (erwerben) können, ergiebt sich auch aus den Vorschriften des Bundesraths über die Rechnungs- und Kassenführung (vgl. Anm. 1a), wo

ausdrücklich darauf hingewiesen wird, wo „Einnahmen aus Grundstücken" zu buchen sind. Für Kassenverbände vgl. § 45 Abs. 1 Ziffer 3.

[9]) Sofern. cf. Anm. 1 und 11. Diese höchst subsidiären Bestimmungen sind der Preußischen Vormundschaftsordnung (Anm. 6) nachgebildet, aber mit Rücksicht auf die praktischen Bedürfnisse der betheiligten Länder gekürzt. Insbesondere fehlt die Verweisung auf Rentenbriefe, Pfandbriefe, Hypotheken und Grundschuldbriefe, letzteres um deswillen, weil für jene Landestheile eine reichsgesetzliche Fixirung der Grenze der pupillarischen Sicherheit von Hypotheken unausführbar ist (cf. Komm.Ber. S. 59). Eine Ergänzung bietet aber jetzt der Abs. 5.

[10]) Wegen Zuwiderhandlung gegen diese Vorschriften cf. § 42.

[11]) anderen. Der Abs. 5 ist durch die Novelle zugefügt worden. Er gestattet die Belegung des Kassenvermögens.

a) in anderen Papieren, sowie zeitweise

b) bei anderen Kreditanstalten, als öffentlichen Sparkassen und der Reichsbank.

In ersterer Beziehung nehmen zwar die Motive (vgl. unten) nur darauf Bezug, daß auch in den Fällen des Abs. 4 weitergehende Belegungen zweckmäßig seien; nach der Wortfassung steht aber nichts entgegen, auch in den Fällen des Abs. 3, also allgemein, andere als pupillarisch sichere Papiere zuzulassen, sofern sie nur unbedingt, wenn auch nicht gerade pupillarisch, sicher sind. Die Motive erwähnen insbesondere Pfandbriefe der großen Hypothekenbanken; es erscheinen aber unter Umständen auch andere, selbst ausländische Papiere nicht unbedingt ausgeschlossen. Es kommt hier alles auf das pflichtmäßige Ermessen der Zentralbehörde an. Eine Beschränkung auf einen bestimmten Theil des Kassenvermögens, wie sie im § 129 Inv.Ges. vorgesehen ist, kennt das vorliegende Gesetz hierbei nicht. In letzterer Beziehung soll, wie sich aus den Motiven ergiebt, insbesondere die Möglichkeit gegeben werden, mit Bankinstituten in ein Kontokurrentverhältniß einzutreten. Dies darf aber nur eine vorübergehende Belegung darstellen und nur bei „zeitweilig verfügbaren Betriebsgeldern" (vgl. Anm. 3) stattfinden, die man zwar zinsbar belegen, aber nicht durch Ankauf von Werthpapieren (auch nur vorübergehend) festlegen will.

Die Mot. z. Nov. S. 53 lauten: „In denjenigen Staaten, in welchen die Anlegung der Gelder Bevormundeter in Werthpapieren nicht durch „gesetzliche Vorschriften" geregelt ist, sondern durch Verordnungen oder Verwaltungsanordnungen, hat die Bestimmung des Abs. 4 des § 40 die Folge, daß Werthpapiere unzweifelhaft zuverlässiger Kreditanstalten, insbesondere Pfandbriefe der größten und sichersten Hypothekenbanken, von der Verwendung zur Anlegung von Geldern der Krankenkassen ausgeschlossen sind, was für die letzteren sehr beschwerlich ist. Es kann aber ganz unbedenklich den Landes-Zentralbehörden überlassen werden, auch den Krankenkassen des Gebiets des betreffenden Bundesstaates die Anlage von Geldern in Werth-

§. 41.*)

I. [1]) Die Kasse ist verpflichtet, in den vorgeschriebenen Fristen[2]) und nach den vorgeschriebenen Formularen[2]) Uebersichten[3]) über die Mitglieder, über die Krankheits- und Sterbefälle, über die vereinnahmten Beiträge und die geleisteten Unterstützungen, sowie einen Rechnungsabschluß der Aufsichtsbehörde[4]) einzureichen.

II. Die höhere Verwaltungsbehörde[5]) ist befugt, über Art und Form[6]) der Rechnungsführung Vorschriften zu erlassen.

(§ 37 des Entwurfs und der Komm.-Beschlüsse)

*) Dieser Paragraph gilt auch für Betriebs- (Fabrik-), Bau- und Innungs-Krankenkassen (§§ 64, 72, 73)

---

papieren solcher Kreditanstalten zu gestatten. Auch § 129 des Invaliditätsversicherungsgesetzes enthält eine ähnliche Bestimmung."

„Weiter wird als ein Mißstand dermalen empfunden, daß die Krankenkassen nicht in ein Kontokurrentverhältniß zu Banken treten können, weil dasselbe eine vorübergehende Anlegung von Geldern bei diesen Banken mit sich bringt. Der neue Zusatz will es ermöglichen, den Krankenkassen die Eingehung eines Kontokurrentverhältnisses mit einzelnen bestimmten Banken behufs rentirlicher Unterbringung zeitweise verfügbarer Bestände zu ermöglichen."

[12]) Kreditanstalten, vgl. Anm. 11.

Zu § 41.

[1]) Abs. 1 entspricht dem § 27 Abs. 1 des Hülfskassengesetzes. Die Motive des letzteren besagen: „Verbesserungen in der Einrichtung der Hülfskassen hängen vor allem von einer klaren Einsicht in ihre Verhältnisse ab, und diese ist nur vermittelst regelmäßiger statistischer Beobachtungen zu erreichen. Nach der Absicht des Entwurfs sollen deshalb die Kassen verpflichtet werden, die für ihre Entwickelung einflußreichsten Verwaltungs-Ergebnisse an die (höheren Verwaltungs-) Behörden gelangen zu lassen, deren Aufgabe es sein wird, durch Veröffentlichung, Vergleichung und Kritik dieselben zum Nutzen der Kassen zu verwerthen." — Eine Verarbeitung des statistischen Materials ist jetzt ausdrücklich vorgeschrieben (§ 79).

[2]) Fristen, Formulare vgl. § 79. Die auf Grund des § 79 vom Bundesrath festgestellten Formulare (Bek. v. 16. Novber. 1892 [Centr.Bl. S. 671]) sind im Anhang abgedruckt. Vgl. Anm. 1a zu § 40.

[3]) Uebersichten rc. Dieses Material ergiebt die Unterlage für die Beurtheilung der Vermögenslage sowie der Leistungen der Kasse und für die damit zusammenhängenden Anordnungen der höheren Verwaltungsbehörden wegen Erhöhung oder Ermäßigung der Beiträge und Leistungen, sowie wegen etwaiger Schließung der Kasse, cf. §§ 33, 47.

[4]) Aufsichtsbehörde, cf. § 44.

[5]) höhere Verwaltungsbehörde, cf. § 84. In Preußen Reg. Präs. (für Berlin der Oberpräsident).

§. 42.*)

Die Mitglieder des Vorstandes, sowie Rechnungs- und Kassenführer[1]) haften[1a]) der Kasse für pflichtmäßige Verwaltung wie Vormünder[2]) ihren Mündeln. I.

Verwenden sie[3]) verfügbare Gelder der Kasse in ihrem Nutzen, so können sie unbeschadet der strafrechtlichen Verfolgung durch die Aufsichtsbehörde angehalten werden,[4]) das in ihrem Nutzen verwendete Geld von Beginn der Verwendung an zu verzinsen. Den Zinsfuß bestimmt die Aufsichtsbehörde nach ihrem Ermessen auf acht bis zwanzig vom Hundert. II.

Handeln sie absichtlich zum Nachtheile der Kasse, so unterliegen sie der Bestimmung des §. 266[5]) des Strafgesetzbuchs. III.

(§ 38 des Entwurfs und der Komm.-Beschlüsse.)

*) Dieser Paragraph gilt auch für Betriebs-(Fabrik-) und Bau-Krankenkassen vorbehaltlich der Modifikation in § 64 (§§ 64, 72), sowie für Innungs-Krankenkassen (§ 73)

---

[6]) Art und Form. Motive S. 39: „Ebenso hat es sich im Interesse einer geordneten, übersichtlichen und die erforderliche Grundlage für eine wirksame Aufsicht gewährenden Rechnungsführung als dringend wünschenswerth herausgestellt, der höheren Verwaltungsbehörde, wie im § 37 (jetzt § 41) Abs. 2 geschehen, die Befugniß zum Erlaß von Vorschriften über Art und Form der Rechnungsführung einzuräumen." Die vom Bundesrath empfohlenen Muster sind in Preußen eingeführt durch Reskr. v. 3. Januar 1893.

Zu § 42.

[1]) Rechnungs- und Kassenführer sowie etwaige andere Beamte von Krankenkassen haben zur Zeit das Vorrecht der mittelbaren Staatsdiener (hinsichtlich der Kommunalbesteuerung in Preußen) nicht, weil die Krankenkassen keine Staatsanstalten sind, vgl. Anm. 3a zu § 16.

[1a]) haften. Der § 42 regelt die civilrechtliche Haftbarkeit und die kriminelle Strafbarkeit pflichtvergessener Kassenbeamten und Vorstandsmitglieder. Daneben ist selbstverständlich deren Entfernung zulässig. Ueber die Befugnisse der Aufsichtsbehörde vgl. § 45.

[2]) Vormünder. Vgl. aus der Preußischen Vormundschaftsordnung vom 5. Juli 1875 (G.S. S. 431):

§ 32. „Der Vormund ... haftet für die Sorgfalt, welche ein ordentlicher Hausvater auf seine eigenen Angelegenheiten verwendet....

Die Einrede der Theilung unter mehreren Verhafteten ist ausgeschlossen....

§ 39.... Versäumt oder verzögert der Vormund die Anlegung von Geldern, so muß er die anzulegende Summe mit sechs vom Hundert jährlich verzinsen.

§. 43.

I. [1]) Mehrere Gemeinden[2]) können sich durch übereinstimmende Beschlüsse[3]) zur Errichtung gemeinsamer Orts-Krankenkassen[4]) für ihre Bezirke vereinigen.

II. Durch Beschluß eines weiteren Kommunalverbandes[5]) kann für dessen Bezirk oder für Theile desselben die Errichtung gemeinsamer Orts-Krankenkassen angeordnet werden.[6])

---

§ 40. Der Vormund darf Vermögensgegenstände des Mündels nicht in seinem Nutzen verwenden. Er hat das trotzdem in seinem Nutzen verwendete Geld von der Verwendnug an zu verzinsen. Den Zinsfuß bestimmt das Vormundschaftsgericht nach seinem Ermessen auf acht bis zwanzig vom Hundert.

Eine Hypothek oder Grundschuld, welche auf einem Grundstücke des Vormundes haftet, darf derselbe für den Mündel nicht erwerben."

Ueber die Haftung der Vormünder nach bayrischen Partikularrechten s. v. Roth, Bayr. Civilrecht Bd. I § 98.

[3]) Verwenden sie. Dieser von der Kommission eingeschaltete Absatz generalisirt den oben citirten § 40 der Preuß. Vormundschaftsordnung für die übrigen Theile des Deutschen Reichs.

[4]) angehalten werden, im Verwaltungswege. Nach Preuß. Ausf.-Anw. v. 10. Juli 1892 Nr. 36 hat die Aufsichtsbehörde die von ihr festgesetzten Zinsbeträge von den Schuldnern nach § 45 beizutreiben, also durch Androhung, Festsetzung und Vollstreckung von Ordnungsstrafen (Exekutivstrafen), vgl. Anm. 3 zu § 45. (Ebenso v. Schicker S. 198, Hahn S. 91; a. M. mit Unrecht Köhne S. 121.)

[5]) § 266 Str.G.B. lautet, soweit er hier in Betracht kommt:

„Wegen Untreue werden mit Gefängniß, neben welchem auf Verlust der bürgerlichen Ehrenrechte erkannt werden kann, bestraft:

1) Vormünder . . ., wenn sie absichtlich zum Nachtheile der ihrer Aufsicht anvertrauten Personen oder Sachen handeln; . . .

Wird die Untreue begangen, um sich oder einem Anderen einen Vermögensvortheil zu verschaffen, so kann neben der Gefängnißstrafe auf Geldstrafe bis zu dreitausend Mark erkannt werden."

Der Thäter muß mit dem Bewußtsein gehandelt haben, daß er seine Pflichten gegen die Kasse vernachlässigt (vgl. R.G. Entsch. in Strafs. Bd. I S. 172 ff., 329 ff.).

Zu § 43.

[1]) Wie nach § 12 die Zusammenlegung mehrerer Gemeinden zu gemeinsamer Gemeinde-Krankenversicherung zulässig ist, so gestattet § 43 die Bildung gemeinsamer Orts-Krankenkassen für mehr als eine Gemeinde. Wegen der Bezeichnung vgl. Anm. 9 zu § 16.

Wo weitere Kommunalverbände nicht bestehen,[7]) kann die Errichtung gemeinsamer Orts-Krankenkassen durch Verfügung der höheren Verwaltungsbehörde für einzelne Theile ihres Verwaltungsbezirks angeordnet werden. III.

Derartige[8]) Beschlüsse und Verfügungen müssen zugleich Bestimmungen darüber treffen, für welche Gewerbszweige oder Betriebsarten die gemeinsamen Orts-Krankenkassen errichtet und von welcher Behörde[9]) für die letzteren die den Gemeindebehörden übertragenen Obliegenheiten wahrgenommen werden sollen. IV.

Die Beschlüsse[10]) bedürfen der Genehmigung[11]) der höheren Verwaltungsbehörde.[12]) Diese kann vor Ertheilung der Genehmigung den bei der Errichtung der gemeinsamen Krankenkassen betheiligten Personen zu einer Aeußerung darüber Gelegenheit geben[13]) und die Genehmigung versagen, wenn aus der Mitte der Betheiligten Widerspruch dagegen erhoben wird. V.

Gegen die Verfügung der höheren Verwaltungsbehörde,[12]) durch welche die Genehmigung versagt oder ertheilt oder die Errichtung einer gemeinsamen Orts-Krankenkasse angeordnet wird, steht den betheiligten Gemeinden und Kommunalverbänden innerhalb vier Wochen die Beschwerde an die Zentralbehörde zu. VI.

(§ 39 des Entwurfs und der Komm.-Beschlüsse.)

Auch bei § 43 ist, wie bei § 12, der von der Regierungsvorlage eingeschlagene Weg, die Vereinigung nur im Prinzip zuzulassen, die näheren Bestimmungen darüber aber den Landesbehörden zu übertragen, von der Kommission nicht gebilligt worden. Vgl. § 16 Anm. 1. Die Vereinigung ist, wie auch bei der Gemeinde-Krankenversicherung (§ 12), zulässig auf Grund:

a) freiwilliger Beschlüsse mehrerer Gemeinden (Abs. 1);
b) Anordnung eines weiteren Kommunalverbandes für seinen Bezirk (Abs. 2);
c) Anordnung eines weiteren Kommunalverbandes für Theile seines Bezirks (wo weitere Kommunalverbände nicht bestehen, tritt die höhere Verwaltungsbehörde an deren Stelle, cf. Anm. 5 zu § 12),

während eine direkte Zwangsbefugniß der höheren Verwaltungsbehörde als Staatsbehörde, wie sie unter gewissen Einschränkungen für die gemeinsame Gemeinde-Krankenversicherung zugelassen worden ist (§ 13), hier versagt wird. In den Kommissionsverhandlungen haben die Regierungsvertreter eine solche Zwangsbefugniß ohne Erfolg befürwortet. Vgl. darüber aus dem Komm.-Ber. S. 63: „Dieselben hoben hervor, daß die Bildung gemeinsamer Orts-Krankenkassen für mehrere Gemeindebezirke, namentlich in solchen Gegenden, in denen einzelne Zweige des Kleingewerbes über weitere Bezirke verbreitet seien und zwischen den einzelnen Orten dieser Bezirke ein fortwährender und oft rascher

Wechsel der Arbeiter stattfinde, der einzige Weg sei, auf dem man zu einer zweckmäßigen Kassenbildung gelangen könne, daß es daher nicht zu rechtfertigen sei, auch in solchen Fällen die gemeinsame Kassenbildung an dem Mangel einer Einigung zwischen den betheiligten Gemeinden und hinzutretendem Mangel einer Beschlußnahme des weiteren Kommunalverbandes scheitern zu lassen. — Die langen und eingehenden Diskussionen über den Inhalt dieser verschiedenen Vorschläge ergaben indessen, daß für eine Zwangsbefugniß der höheren Verwaltungsbehörde auch hier eine Majorität nicht vorhanden war." Vgl. außerdem aber die ebenfalls hierher gehörige Ausführung S. 61 daselbst: „Die höhere Verwaltungsbehörde, welche eine derartige Einrichtung herbeizuführen wünscht, wird ihre Absicht also hier wie in den analogen Fällen, insbesondere auch in dem Falle des § 2, nicht direkt, sondern nur auf dem Umwege eines Antrags an die Verwaltungsorgane des betreffenden weiteren Kommunalverbandes zu erreichen im Stande sein."

Die Errichtung solcher gemeinsamen Orts-Krankenkassen soll nach den Motiven (Anm. 1 zu § 16) insbesondere da angezeigt sein, wo gewisse gleichartige Gewerbebetriebe über örtliche Bezirke verbreitet sind, die mit den Gemeindebezirken nicht zusammenfallen.

Wegen der Schließung oder Wiederauflösung dieser Vereinigungen vgl. §§ 47, 48 Abs. 3.

Die Errichtung von Verbänden mehrerer Kassen innerhalb des Bezirks einer Aufsichtsbehörde zur gemeinsamen Betreibung gewisser Angelegenheiten regelt § 46.

2) Gemeinden, oder selbständige Gutsbezirke, selbständige Gemarkungen mit einander oder mit Gemeinden, § 83. Die Gemeinden 2c. können auch in verschiedenen Bundesstaaten liegen, wie in Preußen, Oldenburg und Waldeck angenommen ist. Die Aufsichtsbehörde wird dann von der Regierung desjenigen Bundesstaates zu bestellen sein, in dessen Bezirk die Kasse ihren Sitz hat.

3) Beschlüsse, cf. Anm. 4 zu § 12.

4) gemeinsamer Orts-Krankenkassen, cf. Anm. 9 zu § 16. Diese gemeinsamen Orts-Krankenkassen mehrerer Gemeinden sind Orts-Krankenkassen im Sinne dieses Gesetzes, haben also juristische Persönlichkeit. Da sich der Gerichtsstand nach dem Sitz der Kasse richtet, dieser aber für solche Vereinigungen nicht ohne Weiteres (wie bei Orts-Krankenkassen für einzelne Gemeinden) feststeht, so muß das Statut, welches für die gemeinsame Orts-Krankenkasse errichtet wird, über den Sitz Bestimmung treffen. Wegen eines Musterstatuts vgl. Anm. 3 zu § 23.

5) weiterer Kommunalverband, § 84. Für Preußen cf. Anm. 4 zu § 2.

6) angeordnet werden, cf. Anm. 5 zu § 12. Anhörung oder Zustimmung der betheiligten Gemeinden ist nicht vorgeschrieben. Entgegen-

stehende Beschlüsse einzelner Gemeinden, z. B. wegen Errichtung einer gemeinsamen Gemeinde-Krankenversicherung für dieselben Betriebszweige, die unter die von dem weiteren Kommunalverband angeordnete gemeinsame Orts-Krankenkasse fallen, sind nicht zu berücksichtigen; sind solche entgegenstehende Beschlüsse vor der Anordnung des weiteren Kommunalverbandes gefaßt, so braucht ihretwegen die Genehmigung des letzteren nicht versagt zu werden. (Aehnlich Pr. H.M. v. 6. Oktob. 1884.) Auf Grund der (genehmigten) Anordnung hat diejenige Behörde, welcher die Wahrnehmung der den Gemeindebehörden übertragenen Obliegenheiten zugewiesen worden ist (cf. Abs. 4 sowie Anm. 9 dazu), nach Anhörung von Betheiligten oder von Vertretern derselben das Statut der gemeinsamen Orts-Krankenkasse zu errichten und der höheren Verwaltungsbehörde zur Genehmigung einzureichen (§ 23). Um eine Renitenz zu vermeiden (die Vorschrift des § 17 Abs. 3 wird hier kaum anwendbar sein), wird es sich häufig empfehlen, die Befugnisse der Gemeindebehörde der zuständigen Vertretung des weiteren Kommunalverbandes selbst zu übertragen. Mit der Anhörung der Betheiligten u. s. w. können dann die einzelnen Gemeindebehörden beauftragt werden.

§ 16 Abs. 4 wird von dem weiteren Kommunalverband vor Erlaß seiner Anordnung nicht beachtet zu werden brauchen; an die Stelle der dortigen Vorschrift tritt vielmehr Abs. 5 dieses § 43, cf. in diesem Sinne Preuß. Ausf.Anw. Nr. 25.

[7]) nicht bestehen, cf. Anm. 7 zu § 12.

[8]) derartige, cf. Anm. zu § 12.

[9]) Behörde. Das braucht keine Gemeindebehörde zu sein; z. B. kann in Amtsbezirken die Amtsobrigkeit jene Funktionen erhalten, nicht aber die Amtsversammlung, weil diese keine „Behörde" ist. Der einzelnen Gemeindebehörde bleiben dann aber die Befugnisse aus § 120a der Gew.Ordn. (vgl. § 53 Abs. 2 des Krankenvers.Ges.) sowie aus § 48 Abs. 3 des letzteren (Preuß. Min.Reskr. v. 20. Oktob. 1884). Vgl. Anm. 2.

[10]) Die Beschlüsse, Abs. 1 und 2, im Gegensatz zur Verfügung, Abs. 3.

[11]) Genehmigung. Für dieselbe sind keine Normen, wie in § 24, gegeben; es handelt sich lediglich um eine Ermessensfrage. Vgl. Anm. 6.

[12]) höhere Verwaltungsbehörde, § 84. In Preußen für Berlin und soweit es sich um Beschlüsse eines Provinzialverbandes (in Hessen-Nassau der Landeskommunalverbände) handelt, der Oberpräsident, im Uebrigen der Regierungspräsident. Beschwerde an den Minister für Handel.

Nach Erledigung des in diesem Paragraphen vorgeschriebenen Verfahrens richtet sich die Zuständigkeit und das Verfahren bei Errichtung des Statuts 2c. nach §§ 23, 24, vgl. Anm. 6.

[13]) Gelegenheit geben. Vgl. Anm. 12 zu § 16, sowie Anm. 6 zu diesem Paragraphen. Ob und inwieweit solche Aeußerung Betheiligter herbeigeführt werden soll und inwieweit die hierbei geäußerten Wünsche zu berücksichtigen sind, ist wiederum Sache des freien Ermessens der Behörde.

§. 43a.

[1]) **Durch Beschluß des weiteren Kommunalverbandes mit Genehmigung der höheren Verwaltungsbehörde[2]) oder, wo weitere Kommunalverbände nicht bestehen,[3]) durch Verfügung der höheren Verwaltungsbehörde können Klassen von Versicherungspflichtigen, für welche Orts-Krankenkassen nicht bestehen, einer bestehenden gemeinsamen Orts-Krankenkasse nach Anhörung derselben und nachdem Vertretern der betheiligten Versicherungspflichtigen Gelegenheit[4]) zu einer Aeußerung gegeben worden ist, zugewiesen werden. Gegen die Verfügung der höheren Verwaltungsbehörde, durch welche die Zuweisung genehmigt oder angeordnet wird, steht der Kasse innerhalb vier Wochen nach der Zustellung die Beschwerde an die Zentralbehörde zu.**

§. 44.*)

[1]) Unter Oberaufsicht der höheren Verwaltungsbehörde wird die Aufsicht über Orts-Krankenkassen, **welche für den Bezirk[2]) einer** Gemeinde von mehr als zehntausend Einwohnern **errichtet sind, durch die** Gemeindebehörden, **bei allen übrigen Orts-Krankenkassen durch die** seitens der Landesregierungen[3]) zu bestimmenden Behörden[4]) **wahrgenommen.**

(§ 40 des Entwurfs und der Komm.-Beschlüsse)

*) § 44 gilt mit der aus § 84 sich ergebenden Modifikation auch für Betriebs- (Fabrik-) und Bau-Krankenkassen (§§ 66, 72).

Zu § 43a.

[1]) Dieser durch die Novelle eingefügte Paragraph wird in den Motiven (S. 53) wie folgt begründet: „Die Bestimmung des § 43a soll für gemeinsame Orts-Krankenkassen mehrerer Gemeinden oder eines ganzen Bezirks die Zuweisung weiterer Klassen von Versicherungspflichtigen ebenso ermöglichen, wie § 18a für die Orts-Krankenkassen einer einzelnen Gemeinde."

[2]) höhere Verwaltungsbehörde, vgl. Anm. 12 zu § 43

[3]) nicht bestehen, vgl. Anm. 7 zu § 12.

[4]) Gelegenheit, vgl. Anm. 12 zu § 16.

Zu § 44.

[1]) Die §§ 44, 45 handeln von der Aufsicht über die Orts-Krankenkassen. Ueber die Aufsichtsbefugnisse größerer Gemeindebehörden vgl. Anm. 9 zu § 13; im Uebrigen vgl. § 84 sowie Anm. 2 zu § 43. Auch wo die Aufsicht durch Gemeindebehörden geführt wird, ist die Beaufsichtigung nicht eine kommunale, sondern eine rein staatliche Angelegenheit, Rosin, Recht der öffentl. Genossenschaft S. 103.

Durch die Novelle hat der § 44 eine nicht unerhebliche Veränderung erfahren. Früher hieß es: „Die Aufsicht über die Orts-Krankenkassen wird unter Oberaufsicht der höheren Verwaltungsbehörde in Gemeinden von mehr als 10000 Einwohnern von den Gemeindebehörden, übrigens von der seitens der Landesregierungen zu bestimmenden Behörde wahrgenommen." Nach diesem Wortlaut führten die Gemeindebehörden in Städten von mehr als 10000 Einwohnern die Aufsicht über alle Orts-Krankenkassen, welche in diesen Städten errichtet waren bezw. ihren Sitz hatten, ohne Rücksicht auf den Umfang ihres Kassenbezirks; die städtischen Behörden fungirten deshalb auch als Aufsichtsbehörden z. B. für Kassen der betreffenden Provinzialverwaltung, also für Kassen, die für den Umfang der ganzen Provinz errichtet waren. Dies hat thatsächlich Unzuträglichkeiten zur Folge gehabt, kann auch durch Interessen der städtischen Verwaltung nicht ausreichend begründet werden. Nach den zur dritten Lesung der Novelle im Reichstag gestellten Anträgen, und ohne daß darüber im Plenum verhandelt worden wäre, ist fortan die gesetzliche Aufsicht der Kommunalbehörden in größeren Städten auf solche Krankenkassen beschränkt, die nur für den Bezirk der betreffenden Stadt errichtet sind. Krankenkassen mit größerem Kassenbezirk unterliegen also der Beaufsichtigung durch Kommunalbehörden des Kassensitzes nicht mehr kraft Gesetzes, können derselben aber sehr wohl durch die Landesregierungen unterstellt werden.

Die Aufsichtsbehörde entscheidet an erster Stelle Streitigkeiten über Unterstützungsansprüche und über die Beitragsverpflichtung. Erstreckt sich jedoch der Kassenbezirk über mehrere Gemeinden, so kann diese Befugniß der Aufsichtsbehörde durch die Zentralbehörde genommen und anderen Behörden übertragen werden. § 58 Abs. 1 Satz 1 und 2. Auch letztere Bestimmung ist aus praktischen Erwägungen hervorgegangen.

[2]) für den Bezirk, vgl. Anm. 1.

[3]) Landesregierungen, im Gegensatz zur Landesgesetzgebung, cf. Entsch. d. Preuß. Ob.Verw.Ger. Bd. 6 S. 271. Vgl. auch § 84.

[4]) Behörden. In Preußen im Allg. die Kommunalaufsichtsbehörde (Ausf.Anw. Nr. 4), also für das platte Land der Landrath (Oberamtmann), für Städte der Regierungspräsident. „Denselben bleibt jedoch überlassen, die ihnen hiernach zustehende Aufsicht für Städte von nicht mehr als 10000 Einwohnern der unteren Verwaltungsbehörde (Landrath, Oberamtmann) oder der Gemeindebehörde zu übertragen. Derartige Anordnungen sind zu veröffentlichen."

Für gemeinsame Orts-Krankenkassen mehrerer Gemeinden wird die Aufsichtsbehörde von der höheren Verwaltungsbehörde, event. vom Minister für Handel bestimmt.

§. 45.*)

I. [1]) Die Aufsichtsbehörde[2]) überwacht die Befolgung der gesetzlichen und statutarischen Vorschriften[2a]) und kann dieselbe durch Androhung,[3]) Festsetzung und Vollstreckung von Ordnungsstrafen[4]) gegen die Mitglieder des Kassenvorstandes[4a]) erzwingen.[5])

II. Sie ist befugt, von allen Verhandlungen, Büchern und Rechnungen der Kasse Einsicht zu nehmen[5a]) und die Kasse zu revidiren.[6])

III. Sie kann[7]) die Berufung der Kassenorgane[8]) zu Sitzungen verlangen und, falls diesem Verlangen nicht entsprochen wird, die Sitzungen selbst anberaumen.

IV. In den auf ihren Anlaß anberaumten Sitzungen kann sie die Leitung der Verhandlungen übernehmen.

V. So lange der Vorstand oder die Generalversammlung nicht zustande kommt oder die Organe der Kasse die Erfüllung ihrer gesetzlichen oder statutenmäßigen Obliegenheiten verweigern,[9]) kann[7]) die Aufsichtsbehörde die Befugnisse und Obliegenheiten der Kassenorgane selbst oder durch von ihr zu bestellende Vertreter auf Kosten der Kasse wahrnehmen.[10])

(§ 41 des Entwurfs und der Komm.-Beschlüsse.)

*) § 45 Abs. 1 bis 4 gilt auch für Betriebs- (Fabrik-) Krankenkassen und Bau-Krankenkassen (§§ 66, 72), mit der aus § 66 Abs. 2 sich ergebenden Erweiterung.

Zu § 45.

[1]) Die Motive erwähnen, daß die in diesem Paragraphen der Aufsichtsbehörde beigelegten Befugnisse sachlich dieselben sind, welche nach den §§ 23, 33 des Hülfskassengesetzes den Gemeinde- und Aufsichtsbehörden zustehen. „Die Aufsicht hat nur die Wahrnehmung der öffentlichen Interessen zum Gegenstand, wozu in erster Linie dasjenige des gesunden Fortbestandes der Kasse, ordentlicher Verwaltung derselben und Erfüllung der Aufgaben der Kasse gehört" (v. Schicker S. 203).

„Die Führung einer ordnungsmäßigen Verwaltung bildet zweifellos einen Gegenstand des Aufsichtsrechts und unterliegt der Kontrole der Aufsichtsbehörde." Letztere darf also im Interesse der Kasse und ihrer Mitglieder auf Grund des § 45 im Aufsichtswege unter Strafandrohung untersagen, daß der Vorstand seine Thätigkeit an einem Tage, der ein gewöhnlicher Geschäftstag ist, einstellt. (Der Vorstand einer Kasse in Barmen hatte beschlossen, zur Maifeier am 1. Mai 1894 das Kassenlokal für den Geschäftsverkehr zu schließen. Dies hatte die Aufsichtsbehörde untersagt unter Androhung einer Ordnungsstrafe gegen jedes einzelne Vorstandsmitglied, welches nicht nachweisen könne, daß dasselbe gegen die Schließung gestimmt habe. Das Preuß. Ob.Verw.Ger. hat dies für eine zulässige Aufsichtsmaßregel, gegen welche das Verwaltungsstreitverfahren nicht Platz greift, erklärt und daher die vorstehenden Grundsätze aufgestellt [Pr. Ob.Verw.Ger. v. 17. Januar 1895, abgedruckt Arb.Vers. XII S. 171]).

Abs. 1 entspricht dem § 104 Abs. 3 des Innungsgesetzes v. 18. Juli 1881, jedoch mit der wesentlichen Abweichung, daß die Befugniß der Behörde zur Verhängung von Ordnungsstrafen sich nicht auf die Kassenmitglieder bezieht, während gegen Innungsmitglieder Ordnungsstrafen verhängt werden dürfen. Gegen Kassenmitglieder kann nur der Vorstand Ordnungsstrafen festsetzen. Vgl. Anm. 4a.

²) Aufsichtsbehörde, § 44. Vgl. aus dem Kommissionsbericht S. 65: „Bei der Berathung wurde unter Zustimmung der Regierungsvertreter festgestellt, daß die hier genannte Aufsichtsbehörde diejenige des § 40 (jetzt § 44), nach den dort gefaßten Beschlüssen also in größeren Gemeinden die Gemeindebehörde sei, und daß der erste Absatz des § 41 (jetzt § 45) nicht aussprechen solle, daß auch solche Kassenleistungen im Aufsichtswege erzwungen werden könnten, welche zwischen den Kassenmitgliedern oder anderen Personen und der Kassenverwaltung streitig seien; auf derartige Leistungen beziehe sich der § 52" (jetzt § 58).

²ᵃ) gesetzliche und statutarische Vorschriften. Vgl. Anm. 1.

³) Androhung ꝛc. Es ist hier offenbar die sog. executio ad faciendum gemeint, der Zwang zur Durchsetzung einer durch die obrigkeitliche Anordnung gebotenen Handlung oder Unterlassung. Der Ausdruck „Ordnungsstrafe" ist daher nicht in dem engeren Sinne als Disziplinarstrafe, sondern als Exekutivstrafe aufzufassen, als Mittel zur „Erzwingung" der Befolgung von Vorschriften, wie der § 45 ausdrücklich besagt. Eigentliche Disziplinarbefugnisse sind den Aufsichtsbehörden nicht beigelegt.

Für die Art und das Maß der Strafen und das Verfahren bei der Androhung, Festsetzung und Vollstreckung derselben ist das Landesrecht maßgebend. In Preußen bestimmt darüber das Landesverwaltungsgesetz v. 30. Juli 1883 (vgl. Pr. Ob.Verw.Ger. v. 17. Jan. 1895, s. Anm. 1).

a) Hinsichtlich der Art der Strafe schreibt dasselbe vor, daß die Behörde in erster Linie die zu erzwingende Handlung, sofern es thunlich ist, bei gleichzeitiger zwangsweiser Einziehung des vorläufig zu bestimmenden Kostenbetrags durch einen Dritten soll ausführen lassen, event. Geldstrafe und gleichzeitig die Dauer der nach §§ 28, 29 des Strafgesetzbuchs im Unvermögensfall an die Stelle derselben tretenden Haft androhen und festsetzen, unmittelbaren Zwang aber nur anwenden soll, wenn die Anordnung ohne einen solchen nicht ausführbar ist (§ 132 a. a. O.).

b) Die Höhe der Strafe dürfen die Gemeinde- (Guts-) Vorsteher bis auf 5 Mark event. 1 Tag Haft, die Ortspolizeibehörden (Amtsvorsteher) und die städtischen Gemeindevorstände in einem Landkreise bis auf 60 Mark event. 1 Woche Haft, die Landräthe sowie die Polizeibehörden und Gemeindevorstände in Stadtkreisen (einschl. Berlin, cf. §§ 41 ff. a. a. O.) bis auf

150 Mark event. 2 Wochen Haft, der Regierungspräsident bis auf 300 Mark event. 4 Wochen Haft bemessen, § 132 a. a. O.

c) Was das Verfahren anbelangt, so muß der Ausführung durch einen Dritten sowie der Festsetzung einer Strafe immer eine schriftliche Androhung mit Festsetzung einer Frist, innerhalb welcher die Ausführung gefordert wird, vorangehen, § 132 a. a. O.; die Vollstreckung kann, auch wenn die Festsetzungsverfügung mit der Beschwerde angefochten ist, zur Ausführung gebracht werden, sofern letztere nach dem Ermessen der Behörde ohne Nachtheil für das Gemeinwesen nicht ausgesetzt bleiben kann, § 53 a. a. O. Substituirte Haftstrafen aber dürfen nicht vor vollständiger Durchführung des Verfahrens vollstreckt werden, § 133 Abs. 3 a. a. O.

[4]) Ordnungsstrafen im weiteren Sinne, als Exekutivmittel. Was hierunter fällt, entscheidet sich nach Landesrecht, s. Anm. 3.

[4a]) gegen die Mitglieder des Kassenvorstandes, nicht auch gegen die Mitglieder der Generalversammlung und sonstige Kassenorgane, auch nicht gegen Bedienstete der Kasse. Letzteres ist bei den Verhandlungen über die Novelle ausdrücklich abgelehnt worden, um das Gefühl der Verantwortlichkeit der Kassenmitglieder nicht abzuschwächen.

[5]) erzwingen. Auch die Wiederholung der Strafe ist zulässig, bis die gewollte Wirkung erzielt ist.

[5a]) Einsicht zu nehmen. Auf Beschwerde ist in Preußen entschieden worden, daß die Aufsichtsbehörde die Vorlegung der Bücher in ihrem Geschäftslokal verlangen darf. Vgl. § 33 des Hülfskassengesetzes.

[6]) revidiren. In den Ausführungsbestimmungen sind vielfach regelmäßige und außerordentliche Kassenrevisionen obligatorisch vorgeschrieben, so in Preußen (Nr. 28 Anw. v. 10. Juli 1892), in Bayern (Min.Bek. I 17), in Württemberg (V.V. § 30) und im Königreich Sachsen (V. v. 27. Febr. 1885, abgedruckt in der Arb.Vers. II S. 237).

„An und für sich darf die Befugniß, die Schriften der Kasse einzusehen und die Kassenbestände zu revidiren, als ein selbstverständlicher Ausfluß des Aufsichtsraths bezeichnet werden.“ (Mot. zu § 12 R.G. v. 1. Juni 1884 über die Abänderung des Hülfskassengesetzes, R.T.Dr.S. Nr. 13 S. 17.) Ebenso Rosin, Recht der öffentl. Genossenschaft S. 109.

[7]) kann. Die Aufsichtsbehörde kann von der höheren Verwaltungsbehörde als Oberaufsichtsbehörde (§ 44) event. angehalten werden, von der ihr hier ertheilten Befugniß Gebrauch zu machen.

[8]) Kassenorgane, d. i. Vorstand und Generalversammlung.

[9]) verweigern. Dies bezieht sich nur auf Vorstand und Generalversammlung. Bei anderen Organen (Bediensteten u. s. w.) hat der Vorstand einzuschreiten, und ist hierzu von der Aufsichtsbehörde nach Abs. 1 anzuhalten (v. Schicker S. 205). Wann eine Verweigerung anzunehmen ist, muß nach den Umständen des Einzelfalls entschieden werden. Keineswegs wird lediglich eine ausdrückliche Ablehnung in Frage kommen dürfen; wiederholter, offenbar

§. 46.*)

[1]) Sämmtliche oder mehrere **Gemeinde-Krankenversicherungen**[2]) I.
und Orts-Krankenkassen[3]) innerhalb des Bezirks einer Aufsichtsbehörde[4]) können durch übereinstimmende Beschlüsse[5]) **der betheiligten Kommunalverbände**[6]) **und der** Generalversammlungen **der betheiligten Kassen sich** zu einem Verbande[7]) **vereinigen**[8]) zum Zweck:[9])

1. der Anstellung eines gemeinsamen Rechnungs- und Kassenführers[10]) **und anderer gemeinsamer Bediensteten,**
2. der Abschließung gemeinsamer Verträge mit Aerzten,[11]) Apotheken, Krankenhäusern **und Lieferanten von Heilmitteln und anderer Bedürfnisse der Krankenpflege,**
3. der Anlage und des Betriebes gemeinsamer Anstalten[12]) zur Heilung und Verpflegung erkrankter Mitglieder, **sowie zur Fürsorge für Rekonvalescenten,**
4. **der gemeinsamen Bestreitung**[13]) **der Krankenunterstützungskosten**[14]) **zu einem die Hälfte ihres Gesammtbetrages nicht übersteigenden Theil.**

---

absichtlicher Ungehorsam, beharrliche passive Renitenz 2c. werden vielmehr derselben in den meisten Fällen gleichstehen. Wegen einer wichtigen Anwendung der den Aufsichtsbehörden unter Oberaufsicht der höheren Verwaltungsbehörden übertragenen Rechte und Pflichten vgl. Anm. 2 zu § 47.

[10]) wahrnehmen. Die Aufsichtsbehörde hat dann dieselben gesetzlichen und statutarischen Befugnisse, wie dasjenige Kassenorgan (Anm. 9), an dessen Stelle sie tritt (v. Schicker S. 205; Arb.Vers. IX S. 120). Ueber das weitere Recht der Aufsichtsbehörde, die Mitglieder des Vorstands und die Vertreter zur Generalversammlung, falls die Wahl von den Berechtigten verweigert wird, ihrerseits zu ernennen, vgl. § 39, sowie ähnlich § 46 Abs. 2.

Zu § 46.

[1]) Dieser Paragraph gestattet die Bildung von Kassenverbänden, d. h. Vereinigungen mehrerer Kassen innerhalb des Bezirks einer Aufsichtsbehörde (§ 44) zu gewissen Zwecken, insbesondere zu thunlichster Verminderung der Verwaltungs- und Kurkosten. Die Motive (S 39) der Regierungsvorlage, welche eine freiwillige Vereinigung mehrerer Orts-Krankenkassen zu diesem Zweck nicht vorsah, sondern nur die jetzt gestrichene Befugniß der Aufsichtsbehörde, eine solche Vereinigung herbeizuführen, kannte, besagen hierüber Folgendes:

„Die besondere Befugniß, welche der Aufsichtsbehörde durch den § 42 (jetzt § 46) beigelegt wird, rechtfertigt sich durch die Erwägung, daß die Verwaltungskosten, welche bei kleineren Kassen leicht eine unverhältnißmäßige Höhe erreichen, auf ein sehr geringes Maß zurückgeführt werden können, wenn

II. Die Vertretung des Kassenverbandes und die Geschäftsführung für denselben wird nach Maßgabe eines von der höheren Verwaltungsbehörde[15]) zu genehmigenden **Verbandsstatuts**[16]) durch einen **von den Verwaltungen der betheiligten Gemeinde-Krankenversicherungen und den** Vorständen der betheiligten Kassen zu wählenden oder, solange eine Wahl nicht zu Stande kommt, von der Aufsichtsbehörde[17]) zu ernennenden Vorstand wahrgenommen. **Im Falle der Anstellung eines gemeinsamen Rechnungs- und Kassenführers können durch das Verbandsstatut Bestimmungen über gemeinsame Verwahrung**[18]) **der Bestände der betheiligten Gemeinde-Krankenversicherungen und Krankenkassen getroffen werden.**

III. **Der Verband kann unter seinem Namen Rechte erwerben**[19]) **und Verbindlichkeiten eingehen, vor Gericht klagen und verklagt werden.** Die Ausgaben des Verbandes werden durch Beiträge[20]) der betheiligten **Gemeinde-Krankenversicherungen und Krankenkassen** gedeckt, welche in Ermangelung anderweiter durch Uebereinkommen derselben getroffener Regelung **am Schlusse**[21]) **jedes Rechnungsjahres nach dem Verhältniß der im Laufe des Rechnungsjahres vereinnahmten Kassenbeiträge**[22]) umgelegt[23]) werden.

---

die Rechnungs- und Kassenführung sämmtlicher für den Bezirk einer Gemeinde bestehender Orts-Krankenkassen in einer Hand vereinigt wird, und daß, wenn mit der gemeinsamen Rechnungs- und Kassenführung auch die Funktionen der in § 44 (jetzt § 49) Abs. 3 vorgesehenen gemeinsamen Meldestelle verbunden werden, die einfachste und sicherste Durchführung des Versicherungszwanges und der richtigen Vertheilung der Versicherungspflichtigen auf die verschiedenen Kassen bei möglichst geringer Belästigung der Arbeitgeber durch die An- und Abmeldepflicht erreicht wird."

Die Bildung ist ähnlich der eines gemeinsamen Innungsausschusses nach § 102 des Gesetzes v. 18. Juli 1881. Sie tritt event. neben die einzelnen Orts-Krankenkassen u. s. w. (auch soweit sie nach § 23 errichtet sind), ohne deren Selbständigkeit zu berühren.

Die zwangsweise Errichtung solcher Kassenverbände — und zwar unter Ausschluß der in Ziffer 3 und 4 bezeichneten Aufgaben — ist in der Vorlage der Novelle (durch einen besonderen § 46a) von Neuem angeregt, vom Reichstage aber durch Streichung dieses § 46a verworfen worden. Die verbündeten Regierungen konnten auf Grund der inzwischen gemachten Erfahrungen mit Recht darauf hinweisen, daß ohne die Möglichkeit eines solchen Zwanges die freiwillige Bildung von Kassenverbänden, trotz ihrer für alle Betheiligten unzweifelhaft werthvollen Wirksamkeit, nicht gelingen werde;

Die Gemeinde-Krankenversicherungen und Krankenkassen, welche dem Verbande angehören, sind verpflichtet, auf Aufforderung des Verbandsvorstandes im Laufe des Rechnungsjahres diejenigen Vorschüsse [24]) zur Verbandskasse zu leisten, welche zur Deckung der gemeinsamen Ausgaben erforderlich sind. Die Vorschüsse sind in Ermangelung anderweiter durch das Verbandsstatut getroffener Regelung nach dem Verhältniß der im Laufe des zunächst voraufgegangenen Rechnungsjahres vereinnahmten Kassenbeiträge auszuschreiben und innerhalb zweier Wochen nach erfolgter Ausschreibung einzuzahlen. Die im Laufe des Rechnungsjahres geleisteten Vorschüsse sind bei der am Schlusse desselben erfolgenden Umlegung zur Anrechnung zu bringen. IV.

(§ 42 des Entwurfs und der Komm.-Beschlüsse.)

*) Der § 46 gilt auch für Betriebs- (Fabrik-), Bau- und Innungs-Krankenkassen (§§ 64, 72, 73)

---

stände aber die Möglichkeit eines solchen Zwanges in Aussicht, so würden die Kassen sich leichter zu einem freiwilligen Beschluß zusammenfinden. Wenn auch das Gewicht dieser Ausführungen nicht verkannt werden konnte, so überwog im Reichstag und seiner Kommission doch die Abneigung gegen eine derartige Zwangsbefugniß; man erblickte in ihr einen bedenklichen Eingriff in die Selbstverwaltung der Kasse.

Nach diesem Ergebniß ist zu besorgen, daß § 46 auch ferner, wie bisher, „ein todter Buchstabe" bleiben wird; bisher sind alle Versuche, Verbände zu bilden, gescheitert, hauptsächlich an dem Widerstande der Kassenbeamten und bei der Schwierigkeit, mehrere Kassen unter einen Hut zu bringen. Dabei ist auch die Kurzsichtigkeit vieler Kassen gegenüber solchen gemeinsamen Maßregeln nicht zu unterschätzen. Dies ist zu beklagen, da große Verbände besser für die Versicherten sorgen können als einzelne Kassen (vgl. Komm.Ber. z. Nov. S. 29, 64).

2) Gemeinde-Krankenversicherungen. Diesen ist die Betheiligung an einem Kassenverbande erst durch die Novelle eröffnet worden. Dasselbe gilt hinsichtlich der Betriebs- (Fabrik-), Bau- und Innungs-Krankenkassen; die Betheiligung dieser Kassenarten ist in der Novelle dadurch gestattet worden, daß in den dieselben behandelnden §§ 64, 72, 73 die §§ 46 ff. für anwendbar erklärt worden sind. Auf Hülfskassen findet § 46 keine Anwendung.

3) Orts-Krankenkassen sowie sonstige Zwangskassen, vgl. Anm. 2.

4) einer Aufsichtsbehörde, § 44. Für den Bezirk mehrerer neben einander bestehender Aufsichtsbehörden oder für den Bezirk von höheren Verwaltungsbehörden als Oberaufsichtsbehörden (§ 44) werden derartige Kassenverbände, welche im Wesentlichen lokale Interessen verfolgen, nach der un-

zweideutigen Wortfassung des Gesetzes nicht gebildet werden dürfen. Wenn aber der Verwaltungsbezirk einer Aufsichtsbehörde sich über den Verwaltungsbezirk einer anderen Aufsichtsbehörde mit erstreckt, so wird der erstere als maßgebend angesehen werden dürfen. Dabei wird insbesondere die jetzige Fassung des § 44 von praktischer Bedeutung werden, insofern nunmehr alle Kassen, deren Bezirk sich nicht ausschließlich auf eine Gemeinde von mehr als 10000 Einwohnern beschränkt, einer Aufsichtsbehörde mit weiterem Verwaltungsbezirk unterstellt werden können. Hiernach kann z. B. für einen preußischen Kreis, welcher hinsichtlich der Gemeinde-Krankenversicherung an die Stelle der demselben angehörenden einzelnen Gemeinden getreten ist, ein Kassenverband mit der Wirkung errichtet werden, daß demselben alle Orts-Krankenkassen u. s. w. dieses Kreises beitreten dürfen (s. auch § 44 Württ. Vollzugs-Verf., sowie v. Schicker S. 208).

[5]) Beschlüsse, cf. Anm. 4 zu § 12. Genehmigung ist durch Reichsgesetz nicht vorgeschrieben, wird aber für die Beschlüsse der Kommunalverbände insoweit erforderlich sein, als derartige mit finanziellen Folgen verbundene Beschlüsse nach Landesrecht einer Genehmigung bedürfen

[6]) der betheiligten Kommunalverbände für die Gemeinde-Krankenversicherung. Betheiligt sind die Gemeindeverbände für G.Kr.V., die nur einzelne Gemeinden umfassen, und die weiteren Kommunalverbände für die gemeinsame G.Kr.V. des betr. weiteren Kommunalverbandes.

[7]) Verband. Demselben ist durch die Novelle juristische Persönlichkeit beigelegt, vgl. Abs. 3. Wegen des Rechtsverhältnisses der bei dem Verbande betheiligten Kassen untereinander vgl. die Vorschriften der Novelle in Abs. 3 und 4. Verbände, welche den Voraussetzungen des § 46 nicht genau entsprechen (dies ist nur dann der Fall, wenn die betheiligten Kassen derselben Aufsichtsbehörde unterstehen [vgl. Anm. 4], Zwecke der in Abs. 1 Ziffer 1 bis 4 bezeichneten Art verfolgt werden, das Statut von der höheren Verwaltungsbehörde genehmigt ist), gehören nicht hierher; Mittel der Kassen dürfen also zu Zwecken solcher Vereinigungen nicht verwandt werden. Dies gilt u. a. für die „freie Vereinigung von Orts-Krankenkassen in Rheinland und Westfalen" in Barmen, sowie für den „Zentralverband von Orts-Krankenkassen im Deutschen Reich" zu Frankfurt a. M. Pr.Min.Erl. v. 24. März 1895.

[8]) sich vereinigen. Die Genehmigung dieser Vereinigung ist nicht vorgeschrieben, dagegen muß das Verbandsstatut genehmigt werden, vgl. Abs. 2. Auch die Auflösung des Verbandes bedarf nach den durch die Novelle in dem neuen § 46a gegebenen Vorschriften keiner staatlichen Genehmigung; dadurch ist die in diesem Kommentar 3. Aufl. Anm. 8 zu § 46 auf Grund der bisherigen Fassung vertretene gegentheilige Ausführung für die Zukunft reprobirt. Vgl. Anm. 16.

[9]) zum Zweck. Die Zwecke des Kassenverbandes sind in der durch den Druck hervorgehobenen Weise durch die Novelle erweitert worden. Der Verband darf sämmtliche oder nur einzelne der angegebenen Zwecke verfolgen.

[10]) gemeinsamen Rechnungs- und Kassenführers, vgl. Anm. 18. Wegen der Vereinigung der Funktionen dieser gemeinsamen Rechnungs- und Kassenführung mit der gemeinsamen Meldestelle vgl. oben Anm. 1, sowie Anm. 7 zu § 49.

[11]) Aerzten. Vgl. Mot. S. 39: Die Vereinigung sämmtlicher oder mehrerer Orts-Krankenkassen zur Abschließung gemeinsamer Verträge mit Aerzten und Apotheken bietet unter allen Umständen die Möglichkeit, die Gewährung freier ärztlicher Behandlung und freier Arznei mit dem möglichst geringen Kostenaufwande zu beschaffen und bildet in solchen Fällen, wo für einen größeren Bezirk mehrere Kassen mit zahlreichen örtlich zerstreuten Mitgliedern bestehen, nicht selten die nothwendige Voraussetzung für die Uebernahme der Gewährung freier ärztlicher Behandlung durch die Kassen, sofern die Funktionen eines Kassenarztes gegen eine für die Kasse erschwingbare Vergütung nur unter der Voraussetzung wahrgenommen worden, daß der Bezirk der Kassen in örtliche Abtheilungen zerlegt wird und in jeder Abtheilung ein Arzt für die Mitglieder sämmtlicher Kassen die Behandlung übernimmt."

Wenn ein Kassenverband zur gemeinsamen Gewährung ärztlicher Fürsorge durch Kassenärzte wirksam sein soll, d. h. wenn die Mitglieder der einzelnen zum Verbande gehörenden Kassen genöthigt sein sollen, die von der Kasse ihnen zu gewährende freie Behandlung von den für den Verband bestellten Aerzten entgegenzunehmen, so müssen die einzelnen zum Verbande gehörenden Kassen in ihr Statut Bestimmungen der in § 26a Abs. 2 Ziffer 2b bezeichneten Art aufnehmen, nachdem die Novelle sich auf den Standpunkt gestellt hat, daß die Bestellung besonderer Kassenärzte, um für die Mitglieder bindend zu wirken, eine entsprechende statutarische Bestimmung voraussetzt. Ebenso steht es für die dem Kassenverbande beitretenden Gemeinde-Krankenversicherungen im Hinblick auf § 6a Abs. 1 Ziffer 6.

[12]) Anstalten. Die Errichtung eigener Krankenhäuser war den Verbänden schon durch das bisherige Gesetz gestattet; die Errichtung besonderer Rekonvaleszentenanstalten ist durch die Novelle wegen der neuen Vorschrift in § 21 Ziffer 3a zugelassen worden, vgl. Anm. 4a zu § 21. Es empfiehlt sich im Interesse der Vorsicht, in diesen Fällen für die einzelnen dem Verbande angehörenden Kassen ebenfalls die in Anm. 11 empfohlenen besonderen Bestimmungen durch Kassenstatut 2c. zu treffen.

[13]) gemeinsamen Bestreitung. Durch diese von der Kommission des Reichstags bei Berathung der Novelle hinzugefügte Bestimmung kann den Kassenverbänden gewissermaßen die Eigenschaft von Rückversicherungsanstalten beigelegt werden mit der Wirkung, daß die Krankenunterstützungskosten aller betheiligten Gemeinde-Krankenversicherungen und Kassen bis höchstens zur Hälfte gemeinsam getragen werden. Hierdurch werden für die Lasten der einzelnen Kassen breitere, leistungsfähigere Schultern gewonnen, während die Selbstverwaltung in dem bisherigen weiten Umfang verbleibt und die Vorzüge kleiner Kassenbezirke, welche

insbesondere in der Möglichkeit gegenseitiger Kontrole der Kassenmitglieder, in ihren durch die persönliche Bekanntschaft ermöglichten persönlichen nahen Beziehungen zu einander und in sparsamerer Verwaltung zu finden sind, aufrecht erhalten bleiben. Die Bildung von Kassenverbänden kann also gerade für den bezeichneten Zweck nur dringend empfohlen werden.

[14]) Krankenunterstützungskosten in dem durch die Begründungsbeschlüsse festgestellten Umfang, mit oder ohne Beschränkung auf einzelne Arten der Krankenunterstützung (Arzt, Arznei, Heilmittel, Krankengeld, Wöchnerinnen-Unterstützung, Sterbegeld, Krankenhauspflege, Rekonvaleszentenfürsorge, Angehörigenunterstützung).

[15]) höhere Verwaltungsbehörde, § 84. In Preußen d. Reg Präs. (für Berlin der Oberpräsident).

[16]) Verbandsstatut. Wird die Genehmigung versagt, so ist die Anrufung der der höheren Verwaltungsbehörde nach den Landesgesetzen vorgesetzten Behörde gestattet; eine Frist für diese Anrufung ist durch das Reichsgesetz nicht gestellt. Die Genehmigung ist Sache des freien Ermessens und kann an Bedingungen und Beschränkungen aller Art gebunden werden. Zur Vermeidung von Zweifeln wird es sich empfehlen, in das Statut die Bestimmung aufzunehmen, daß auch Abänderungen desselben der Genehmigung unterliegen. Ob auf diese Weise auch die Auflösung des Verbandes von einer Genehmigung abhängig gemacht werden kann, erscheint nach den neuen Bestimmungen des § 48a zweifelhaft. Vgl. Anm. 8.

[17]) Aufsichtsbehörde, d. h. soweit nicht etwa eine besondere Aufsichtsbehörde bestellt wird (was nicht unzulässig erscheint), diejenige Behörde, welche die Aufsicht über die einzelnen, zum Verbande vereinigten Gemeinde-Krankenversicherungen und Krankenkassen, oder die Aufsicht über die betr. Gemeinde-Krankenversicherung oder Krankenkasse mit dem umfassendsten Bezirke führt, vgl. Anm. 4.

[18]) Verwahrung Mot. z Nov. S. 54: „Auch wenn für mehrere Kassen ein gemeinsamer Kassen- und Rechnungsführer bestellt ist, müssen in der Regel nach § 40 Absatz 1 die Bestände jeder einzelnen Kasse gesondert aufbewahrt werden. Das Gesonderthalten aller eingehenden Gelder für die einzelnen Kassen erschwert aber die Verwaltung außerordentlich und ist entbehrlich, da die gesonderte Verrechnung für die einzelnen Kassen dem praktischen Bedürfniß genügt. Dem Verbandstatut soll eine diesbezügliche Bestimmung durch den im Absatz 2 beigefügten Satz ermöglicht werden."

[19]) Rechte erwerben. Mot. z. Nov. S. 54: „Durch Abänderung des Absatzes 3 und Hinzufügung des neuen Absatzes 4 soll das Kassenwesen der Verbände anderweit geregelt werden. Im Eingange des Absatzes 3 ist den Verbänden zur besseren Erfüllung ihrer Aufgaben rechtliche Selbständigkeit in der Weise verliehen worden, daß ihnen die Prozeßfähigkeit und das Recht, unter ihren Namen Rechte zu erwerben und Verbindlichkeiten einzu-

gehen, beigelegt worden ist. Die gleichen Befugnisse haben gemäß § 25 Absatz 1 die Orts-Krankenkassen. Dagegen lag keine ausreichende Veranlassung vor, auf die Verbände auch die Bestimmung des § 25 Abs. 2 auszudehnen und demgemäß ihre Gläubiger ausschließlich auf das Verbandsvermögen zu verweisen. Denn daß das Letztere für die Schulden des Verbandes in erster Reihe haftet, steht ohne Weiteres fest; weitere besondere Bestimmungen aber sind nicht erforderlich, weil ein Rückgriff auf die einzelnen Glieder des Verbandes schon durch die Natur der Sache ausgeschlossen ist. Durch die das Kassenwesen der Verbände anderweit regelnden Vorschriften der Absätze 3 und 4 in Verbindung mit der Vorschrift des § 58 (Absatz 3 und 4), wonach bei Streitigkeiten über Ansprüche eines Verbandes gegen seine Mitglieder die Entscheidung der Aufsichtsbehörde vorläufig vollstreckt werden kann, ist ausreichend dafür Sorge getragen, daß die Verbände jederzeit über diejenigen Mittel verfügen werden, welche zur Befriedigung ihrer Bedürfnisse und der Ansprüche ihrer Gläubiger hinreichen." Mag die Sache sein, wie sie will, dem praktischen Bedürfniß und insbesondere der Rücksicht auf den Kredit der Kassenverbände wird durch die Vorschriften des Gesetzes, wonach denselben jederzeit ausreichende Mittel zur Deckung ihrer Bedürfnisse gesichert sind, genügt. Vgl. Anm. 3 zu § 46a.

20) Beiträge. Vgl. Anm. 7. Streitigkeiten aus dem Verbandsverhältniß werden nach § 58 Abs. 3 von der Aufsichtsbehörde vorbehaltlich des Verwaltungsstreitverfahrens entschieden; die Entscheidungen der Aufsichtsbehörde über Ansprüche des Verbandes an die betheiligten Kassen (einschl. Gemeinde-Krankenversicherung!) sind vorläufig vollstreckbar; rückständige Beiträge (auch die Zahlungen der Kasse an den Verband sind „Beiträge", vgl. Abs. 3) werden wie Gemeindeabgaben beigetrieben und verjähren in einem Jahr nach Ablauf desjenigen Jahres, in welchem der Anspruch auf diese Beiträge entstanden ist (§ 55). Als letzteres ist dasjenige Jahr anzusehen, in welchem die Umlegung erfolgt, nicht dasjenige vorangegangene Jahr, für welches die Beiträge zu leisten sind und umgelegt werden.

21) am Schluß, sollte besser heißen „nach dem Schluß". Denn auch am 31. Dezember Nachmittags wird die Feststellung nicht möglich sein, vgl. Anm. 23.

22) Kassenbeiträge, früher: „nach der Zahl der Kassenmitglieder". Aenderung durch Uebereinkommen ist zulässig.

23) umgelegt, nämlich auf die betheiligten Kassen u. s. w. Letztere haben dieselben aus ihren regelmäßigen Einnahmen zu bestreiten.

24) Vorschüsse. Durch die Vorschriften des Abs. 3 „wird bedingt, daß die Ausgaben des Verbandes definitiv erst jedesmal nach Abschluß eines Rechnungsjahres auf die betheiligten Kassen umgelegt werden können. Folgeweise muß, da zur Deckung der im Laufe des Jahres vorkommenden Ausgaben Mittel vorhanden sein müssen, Vorsorge getroffen werden, daß die betheiligten Kassen durch die Verwaltung des Verbandes zu vorläufigen,

§. 46a.*)

I. **Ein nach §. 46 Absatz 1 gebildeter Verband kann durch übereinstimmende Beschlüsse der betheiligten Kommunalverbände und der Generalversammlungen der betheiligten Krankenkassen aufgelöst [1]) werden.**

II. **Jede Gemeinde-Krankenversicherung und Krankenkasse kann nach sechs Monate vorher erfolgter Aufkündigung mit dem Schlusse des Kalenderjahres aus dem Verbande austreten.**

III. **Soweit nicht durch das Verbandsstatut oder durch Uebereinkommen etwas anderes [2]) bestimmt ist, wird bei der Auflösung des Verbandes oder beim Ausscheiden einer der betheiligten Kassen von dem nach Deckung der Schulden verbleibenden Vermögen [3]) des Verbandes jeder ausscheidenden Kasse derjenige Antheil überwiesen, welcher auf sie nach dem Verhältniß der im Laufe des letzten Kalenderjahres vereinnahmten Kassenbeiträge entfällt.**

*) Der § 46a gilt auch für Betriebs- (Fabrik-), Bau- und Innungs-Krankenkassen (§§ 64, 72, 73).

---

bei der definitiven Umlegung in Anrechnung zu bringenden Einzahlungen angehalten werden können. Dies geschieht in dem neuen Absatz 4 in der Weise, daß den Verbänden unbenommen bleibt, wie nach Absatz 3 für die definitive Aufbringung der Verbandsausgaben, auch für die vorläufigen Einzahlungen abweichende Bestimmungen zu treffen" (Mot. z. Nov. S. 54). Vgl. Anm. 19 und 20.

Zu § 46a.

[1]) aufgelöst. Der § 46a (in der Vorlage als § 46b bezeichnet) ist durch die Novelle eingeschoben. Mot. z. Nov. S. 55: „Das Gesetz enthielt bisher keine Bestimmungen über die Auflösung der Verbände und den Austritt aus denselben. Der § 46b soll diese Lücke ausfüllen. Ist der Verband nach § 46 Abs. 1 durch freie Entschließung der Kassen zu Stande gekommen, so muß auch dessen Wiederauflösung der freien Entschließung derselben überlassen werden. Ebenso muß jeder freiwillig beigetretenen Kasse der Austritt mit dem Schluß des Kalenderjahres gestattet bleiben."

Vgl. Anm. 1 und 8 zu § 46, insbesondere darüber, daß die von der Vorlage in Aussicht genommene, event. zwangsweise Errichtung von Kassenverbänden vom Reichstage abgelehnt worden ist.

Auflösung durch Mehrheitsbeschluß ist unzulässig.

[2]) etwas anderes. Im Reichstag (Abg. v. Strombeck, Sten. Ber. 1891/92 S. 3066, 4778) ist darauf hingewiesen worden, daß es zweckmäßig sei, wegen der Vermögensauseinandersetzung bei Auflösung oder Verkleinerung des Kassenverbandes in den Statuten besondere Vorschriften zu treffen, damit nicht

§. 46b.*)

Durch die Zentralbehörde kann bestimmt werden, daß und unter welchen Voraussetzungen bereits bestehende Vereinigungen von Gemeinde-Krankenversicherungen und auf Grund dieses Gesetzes errichteter Krankenkassen, welche Zwecke der im §. 46 unter Ziffer 1 bis 4 bezeichneten Art verfolgen, die Rechte der auf Grund des §. 46 errichteten Verbände haben.

*) Der § 46b gilt auch für Betriebs- (Fabrik-), Bau- und Innungs-Krankenkassen (§§ 64, 72, 73).

Kassen, die neu hinzugetreten sind und deshalb zur Ansammlung des Verbandsvermögens (z. B. eines eigenen Krankenhauses, § 46 Abs. 1 Ziffer 3) wenig beigetragen haben, zum Nachtheil der anderen Kassen einen zu erheblichen Antheil vom Kassenvermögen beanspruchen können. Aehnlich liege der Fall, wenn die ausscheidende Kasse aus zufälligen Gründen im letzten Jahre eine ungewöhnlich große Zahl von Kassenmitgliedern, in den Vorjahren aber wenig Mitglieder gehabt und deshalb auch nur wenig Beiträge geleistet habe. Man solle deshalb das Verbandsstatut vorsichtig abfassen.

[3]) Vermögen. Mot. z. Nov. S. 55: „Sowohl für den Fall des Ausscheidens einzelner Kassen als der Auflösung des ganzen Verbandes muß das vorhandene Vermögen zunächst zur Deckung der Schulden des Verbandes verwendet werden. Auf den verbleibenden Rest aber hat jede Kasse einen verhältnißmäßigen Anspruch, welchem durch eine entsprechende Ueberweisung an die ausscheidenden Kassen stattzugeben ist. Der Maßstab für diese Theilung wird in erster Linie durch das Verbandsstatut oder durch Uebereinkommen der Betheiligten festzustellen sein. Für den Fall aber, daß das Verbandsstatut hierüber nichts enthält und kein Uebereinkommen zu Stande kommt, wird im Gesetz ein Vertheilungsmaßstab zu bestimmen sein, und als solcher bietet sich naturgemäß das Verhältniß der Kassenbeiträge."

Sollte das vorhandene Verbandsvermögen unzulänglich sein, so muß zur Vermeidung von Weiterungen rechtzeitig, d. h. bevor das Ausscheiden oder die Auflösung thatsächlich in Wirksamkeit getreten ist, auf dem Wege des § 46 für die Verstärkung der erforderlichen Mittel Sorge getragen werden.

Zu § 46b.

Dieser durch die Kommission des Reichstages in die Novelle eingefügte Paragraph will Vorsorge treffen, daß solche bereits bestehenden Vereinigungen von Kassen, welche Zwecke der in § 46 bezeichneten Art verfolgen, ohne Rücksicht darauf, wie sie zu Stande gekommen sind und ob ihre Verwaltung den Vorschriften des § 46 entspricht, die Rechte der Kassenverbände, insbesondere deren rechtliche Selbständigkeit, erhalten und so vor zerstörenden Tendenzen bewahrt werden können. Man hat dabei vornehmlich an den Berliner „Gewerkskrankenverein" gedacht.

§. 47.*)

I. [1]) Die Schließung[2]) einer Orts-Krankenkasse muß erfolgen:[3])

1. wenn die Zahl der Mitglieder dauernd unter fünfzig[4]) sinkt;
2. wenn sich aus den Jahresabschlüssen[5]) der Kasse ergiebt, daß die gesetzlichen Mindestleistungen[6]) auch nach erfolgter Erhöhung der Beiträge der Versicherten[7]) auf drei Prozent[8]) **desjenigen Betrages, nach welchem die Unterstützungen zu bemessen[8a]) sind (§§. 20, 26a Ziffer 6),** nicht gedeckt werden können, und eine weitere Erhöhung der Beiträge **nicht auf dem im §. 31 Absatz 2 vorgesehenen Wege[9]) beschlossen wird.**

II. Die Auflösung kann erfolgen, wenn sie von der Gemeindebehörde[9a]) unter Zustimmung der Generalversammlung beantragt wird.

III. Die Schließung oder Auflösung erfolgt durch Verfügung[10]) der höheren Verwaltungsbehörde,[11]) welche, **sofern sie auf Schließung einer Kasse gerichtet ist, von der Generalversammlung, sofern dadurch die Auflösung einer Kasse abgelehnt[11a]) wird, von der Gemeindebehörde beziehungsweise der Generalversammlung** nach Maßgabe[12]) des §. 24 angefochten[12a]) werden kann.

IV. Wird eine Orts-Krankenkasse geschlossen oder aufgelöst, so sind die versicherungspflichtigen Personen, für welche sie errichtet war, anderen Orts-Krankenkassen und, soweit dies nicht ohne **erhebliche** Benachtheiligung[13]) anderer Orts-Krankenkassen geschehen kann, der Gemeinde-Krankenversicherung zu überweisen.[14])

Komm.Ber. z. Nov. S. 30: „Sei es schon erwünscht, neue Verbände von Krankenkassen zu bilden, so müsse ein noch höherer Werth darauf gelegt werden, bereits bestehende und bewährte Verbände zu erhalten, um so mehr, als dezentralisirende Bestrebungen häufig sich bemerkbar machten. Diesen Zweck suche der Antrag zu erreichen." Vgl. Anm. 11 und 12 zu § 46.

Zu § 47.

[1]) Der § 47 behandelt die Aufhebung von Orts-Krankenkassen, und zwar sowohl die Aufhebung von Amtswegen auf Grund der Leistungsunfähigkeit (Schließung), wie die Aufhebung auf Antrag (Auflösung). Letztere ist in der Kommission entsprechend einem zu § 68 für die Betriebs- (Fabrik-) Krankenkassen gefaßten Beschluß hinzugefügt worden. Der § 47 gilt für Orts-Krankenkassen aller Art; für größere Kassenorganisationen (gemeinsame Orts-Krankenkassen einer Gemeinde, gemeinsame Orts-Krankenkassen mehrerer Gemeinden, Orts-Krankenkassen für den Bezirk eines weiteren Kommunalverbandes) giebt außerdem § 48 noch weitere, die Auflösung auf Antrag sowie die Ausscheidung einzelner Bestandtheile betreffende Vorschriften.

Das etwa vorhandene Vermögen der Kasse ist in diesem Falle zunächst zur Berichtigung der etwa vorhandenen Schulden und zur Deckung der vor der Schließung oder Auflösung bereits entstandenen Unterstützungsansprüche zu verwenden. Der Rest fällt denjenigen Orts-Krankenkassen, sowie der Gemeinde-Krankenversicherung zu,[15]) welchen die der geschlossenen oder aufgelösten Kasse angehörenden Personen überwiesen werden. **Findet eine solche Ueberweisung nicht statt,[16]) so ist der Rest des Vermögens in der dem bisherigen Zweck am meisten entsprechenden Weise zu verwenden.** V.

Die Verfügung[17]) über die Zuweisung der versicherungspflichtigen Personen, für welche die geschlossene oder aufgelöste Kasse errichtet war, an andere Krankenkassen oder die Gemeinde-Krankenversicherung, sowie über die Vertheilung oder Verwendung des Restvermögens wird von der höheren Verwaltungsbehörde getroffen. Gegen diese Verfügung steht den Betheiligten innerhalb vier Wochen die Beschwerde[18]) an die Zentralbehörde zu. Die Beschwerde hat, soweit es sich um die Zuweisung der versicherungspflichtigen Personen handelt, keine aufschiebende Wirkung. VI.

Die Vorschrift des ersten Absatzes findet keine Anwendung, wenn nach dem Urtheil der höheren Verwaltungsbehörde[11]) die Gewährung der gesetzlichen Mindestleistungen durch vorhandenes Vermögen oder durch andere außerordentliche Hülfsquellen gesichert ist. VII.

(§§ 39, 43 des Entwurfs, § 43 der Komm.-Beschlüsse.)

*) Abs 5 dieses Paragraphen findet auf Betriebs- (Fabrik-) Krankenkassen (§ 68), sowie zum Theil auf Bau-Krankenkassen (§ 72) entsprechende Anwendung.

Ohne Weiteres dürfen Orts-Krankenkassen nicht auseinander gehen, weil Versicherungspflichtige das Recht haben, ihnen anzugehören, und weil solche Kassen durch die staatliche Genehmigung publici iuris geworden sind.

Eine Auflösung auf Antrag kann die höhere Verwaltungsbehörde aussprechen:

1. bei Orts-Krankenkassen aller Art, wenn der Antrag von der Gemeindebehörde (vgl. Anm. 9a) ausgeht und die Generalversammlung zustimmt (§ 47 Abs. 2);
2. bei gemeinsamen Orts-Krankenkassen für mehrere Gewerbszweige, wenn die Generalversammlung den Antrag stellt [ohne Zustimmung bezw. Selbstthätigkeit der Gemeinde, welche vielmehr nur „angehört" werden soll] (§ 48 Abs. 1);
3. bei gemeinsamen Orts-Krankenkassen mehrerer Gemeinden, wenn eine der betheiligten Gemeinden den Antrag stellt (§ 48 Abs. 3).

Die Schließung von Amtswegen muß (für Orts-Krankenkassen aller Art) erfolgen, wenn die Kasse nicht mehr leistungsfähig ist. (Für die Gemeinde-Krankenversicherung ist in diesem Fall, unter der Voraussetzung, daß die Gemeinde zur Ermäßigung ihrer Vorschußverbindlichkeit entsprechende Anträge stellt, die zwangsweise Vereinigung mehrerer Gemeinden zu gemeinsamer Gemeinde-Krankenversicherung angeordnet worden [§ 13], da für die Gemeinde-Krankenversicherung eine Auflösung begrifflich nicht angeht.) Die Leistungsunfähigkeit (§ 47) wird

a) erwiesen (Abs. 1 Nr. 2), wenn die Jahresabschlüsse (cf. Anm. 2 zu § 10 sowie § 41) ein mit dem regelmäßigen Maximalbeitrag (d. h. mit 3 Prozent Beiträgen der Arbeitnehmer [§ 31] und dem den Arbeitgebern [§ 51] zur Last fallenden Drittheil des Gesammtbeitrags, also im Ganzen mit $4^1/_2$ Prozent des auf 3 bezw. 4 Mark reduzirten durchschnittlichen Tagelohns oder Individuallohns derjenigen Klasse von Arbeitnehmern, für welche die Kasse errichtet ist) nicht mehr auszugleichendes Mißverhältnis zwischen den auf das zulässige Minimum reduzirten Leistungen und den Beiträgen ergeben, anderweitiges Vermögen nicht vorhanden ist (Abs. 7), und eine ausnahmsweise Erhöhung der Beiträge über jenen Betrag hinaus bei den Betheiligten Widerspruch findet.

Die Leistungsunfähigkeit wird ferner

b) auf Grund des Gesetzes und bis zum Beweise des Gegentheils vermuthet (Abs. 1 Ziffer 1), wenn die Mitgliederzahl dauernd unter 50 sinkt. Der Gegenbeweis hat darzuthun, daß trotz der geringen Mitgliederzahl die Gewährung der gesetzlichen Mindestleistungen anderweit gesichert ist (Abs. 7).

An diesen Grundsätzen hat die Novelle nichts geändert. Die von ihr vorgenommenen Aenderungen sind theils Konsequenzen von Veränderungen früherer Vorschriften, theils bezwecken sie die bessere Regelung des Verfahrens, theils sollen sie die Aufrechterhaltung nothleidender Kassen durch Aufwendung höherer Kassenbeiträge erleichtern (Anm. 9).

²) Schließung. Die hier erwähnten Fälle der fakultativen Auflösung und der obligatorischen Schließung erscheinen als die einzig zulässigen, aber auch ausreichenden Gründe zur Aufhebung. Diese Maßregel muß die seltene Ausnahme sein, da die ganze Organisation die Gewähr der Dauer zu bieten hat, wenn sie nicht ihren Charakter als staatliche Versicherungsanstalt verlieren soll. Insbesondere bedarf es nicht der Schließungsgründe nach § 29 des Hülfskassengesetzes, welche auf Ungehorsam oder statutenwidrigen Handlungen beruhen; denn das in § 45 (cf. auch § 39) der Aufsichtsbehörde übertragene Recht, im Falle des Ungehorsams (cf. Anm. 9 zu § 45) die Befugnisse und Obliegenheiten der Kasse selbst zu übernehmen, wird voraussichtlich in allen Fällen, in denen auf andere Weise ein gesetzliches Handeln nicht erreicht werden kann, ausreichen, um die Beobachtung der gesetz-

lichen und statutarischen Vorschriften, auch ohne die Kasse selbst aufzulösen, zu erzwingen. Dies gilt insbesondere auch für die Fälle, in welchen die Organisation der Kasse zu fremdartigen Zwecken gemißbraucht werden sollte, cf. § 23 Abs. 2. Für die Fälle, in denen sich herausstellt, daß die Kasse nach Vorschrift dieses Gesetzes nicht hätte errichtet oder das Statut in bestimmten Punkten nicht hätte genehmigt werden dürfen, trifft die Novelle durch § 33 Abs. 3 nach § 48a Vorkehrung.

Zur Anwendung der das Reichsgesetz ergänzenden und deshalb an und für sich nicht unwirksamen Vorschriften des Landesrechts über die Aufhebung von Korporationen u. s. w. wird hiernach kein Bedürfniß sein. Dies gilt insbesondere von §§ 189, 190 II 6 Preuß. A.L.R., welche die Auflösung gestatten, wenn der im Grundvertrag vorgeschriebene Zweck einer Korporation nicht ferner erreicht werden kann, gänzlich hinwegfällt, oder wegen veränderter Umstände dem gemeinen Wohl offenbar schädlich wird, während die Bestimmung des § 191 a. a. O.: „wird nur durch Mißbräuche oder Mängel der inneren Verfassungen die Erreichung des Zweckes gehindert, oder Nachtheil für das gemeine Wohl hervorgebracht: so ist der Staat nur befugt, zur Abschaffung der Mißbräuche und Wiederherstellung der guten Ordnung zweckmäßige Mittel vorzukehren", schon aus dem Gesetz selbst ihre Erledigung findet.

[3]) erfolgen, cf. Abs. 3.

[4]) fünfzig. Vgl. aus dem Kommissionsbericht (S. 66): „Bei der zweiten Lesung war die Lage insofern verändert, als die Kommission zu § 13 (jetzt § 16) inzwischen beschlossen hatte, die normale Mindestzahl der Kassenmitglieder statt auf 50 auf 100 festzusetzen. Man entschied sich aber dessenungeachtet, in § 43 (jetzt § 47) die Zahl 50 beizubehalten, weil man der Meinung war, daß einmal bestehende Kassen nur aus wirklich zwingenden Gründen zwangsweise aufgelöst werden dürften, daß aber ein Sinken der Mitgliederzahl unter 100 noch nicht als genügend anzusehen sei, um Leistungsunfähigkeit zu präsumiren."

[5]) den Jahresabschlüssen, vgl. Anm. 2 zu § 10.

[6]) Mindestleistungen, §§ 20, 22. Die durch das Gesetz zugelassenen Mehrleistungen sind event. zunächst auf die Mindestleistungen zu reduziren, vgl. Anm. 1 zu § 30.

[7]) der Versicherten, d. h. der Arbeitnehmer, so daß das Drittheil der Arbeitgeber (§ 51) hinzutritt (s. oben Anm. 1; cf. auch Anm. 2 i. f. zu § 9, und § 31, wo § 51 ausdrücklich zitirt ist).

[8]) drei Prozent, im Ganzen also $4^1/_2$ Prozent.

[8a]) zu bemessen, vgl. Anm. 2a zu § 31.

[9]) vorgesehenen Wege. Mot. z. Nov. S. 56: „Nach dem (bisherigen) Wortlaut der Ziffer 2 des ersten Absatzes ist die Erhöhung der Beiträge über 3 Prozent davon abhängig, daß aus der Mitte der Beitragspflichtigen kein Widerspruch erfolgt; sie ist demnach ausgeschlossen, wenn auch nur von einem einzelnen Versicherten oder einem einzelnen Arbeitgeber Widerspruch erhoben

wird. Eine solche Erschwerung der Erhaltung einer bestehenden Kasse erscheint nicht zweckmäßig. Den berechtigten Interessen der Betheiligten wird in genügendem Maße Rechnung getragen werden, wenn die Erhöhung, wie es im § 31 für einen ähnlichen Fall geschehen ist, davon abhängig gemacht wird, daß dieselbe sowohl von der Vertretung der beitragspflichtigen Arbeitgeber, wie von derjenigen der Versicherten beschlossen wird."

9a) der Gemeindebehörde, bezw. der nach § 43 Abs. 4 für gemeinsame Orts-Krankenkassen mit den Befugnissen der Gemeindebehörde betrauten Behörde; die Kasse hat hier kein Antragsrecht. Anders bei gemeinsamen Orts-Krankenkassen nach § 48.

10) Verfügung. Durch die Novelle ist klargestellt, daß sich an diese Verfügung die weiteren Anordnungen der höheren Verwaltungsbehörde über den Verbleib des Vermögens und der Kassenmitglieder (Abs. 5) anschließen sollen; letztere sollen also nicht, wie bisher mehrfach angenommen war, einen Bestandtheil der ersteren Verfügung bilden. Diese Klarstellung erwies sich, wie die Mot. z. Nov. S. 57 ergeben, hauptsächlich in Hinblick darauf zweckmäßig, daß gegen die beiden in Betracht kommenden Maßnahmen der Behörde verschiedene Rechtsmittel gegeben werden müssen. Die Schließungs- (Auflösungs-) Verfügung ist nach § 24, also im Verwaltungsstreitverfahren, event. nach §§ 20, 21 der Gewerbeordnung anzufechten, während für die an diese Verfügung sich anschließenden weiteren Verwaltungsmaßnahmen, „welche nach zweckmäßigem Ermessen unter Berücksichtigung der thatsächlichen Verhältnisse entschieden werden können" (Mot. a. a. O.), nur die Beschwerde an die vorgesetzten Verwaltungsbehörden gegeben werden konnte.

Abs. 3 behandelt die Schließungs- (Auflösungs-) Akte und die dagegen zulässigen Rechtsmittel, Abs. 4 die Ueberweisung der Versicherungspflichtigen, Abs. 5 die Verfügung über das Vermögen, Abs. 6 die Rechtsmittel wegen der gemäß Abs. 4 und 5 getroffenen Anordnungen.

11) höhere Verwaltungsbehörde, § 84.

11a) abgelehnt wird. Wenn die beantragte Auflösung genehmigt wird, findet eine Beschwerde hiergegen überhaupt nicht statt, vgl. Anm. 12a.

12) nach Maßgabe, prinzipiell also Verwaltungsstreitverfahren, event. Verfahren nach §§ 20, 21 der Gewerbeordnung. Vgl. Anm. 4 zu § 24 und Anm. 10.

12a) angefochten. Durch die von der Novelle hinzugefügten Sätze wird die Frage, wer zur Anfechtung berechtigt ist und wann eine Anfechtung zulässig sein soll, näher geregelt. „Soweit es sich um Schließung einer Kasse handelt, kann nur eine von Amtswegen erlassene, die Schließung aussprechende Verfügung in Frage kommen. Gegen diese wird, wenn die Vertretung der betroffenen Kasse sich dabei beruhigt, keinem sonst Betheiligten ein Rechtsmittel einzuräumen sein. Das Recht zur Anfechtung dieser Verfügung wird demnach nur der Generalversammlung der Kasse beizulegen sein. Soweit die Auflösung einer Kasse in Frage steht, welche nach dem zweiten Absatze nur auf Antrag der Gemeindebehörde mit Zustimmung der Generalversammlung erfolgen kann, wird eine Anfechtung der dem Antrage entsprechenden Verfügung überhaupt nicht und die Anfechtung einer die Auflösung ablehnenden Verfügung nur durch die Gemeindebehörde oder durch die Generalversammlung erfolgen können."

[13]) nicht ohne erhebliche Benachtheiligung. Das Wort „erheblich" ist durch die Novelle hinzugefügt, „um dem Ermessen der entscheidenden Behörde einen freieren Spielraum zu gewähren", als es durch das bisherige Wort geschah (Mot. z. Nov. S. 56). Eine geringfügige Verschlechterung der Lage derjenigen Kasse, an welche die Zuweisung erfolgt, wird selten vermieden werden können; sie liegt, worauf die Mot. z. Nov. (a. a. O.) hinweisen, z. B. schon dann vor, wenn diese Kasse „bereits einen Reservefonds angesammelt hat, welcher durch den ihr zufallenden Theil des Restvermögens der aufgelösten Kasse nicht um einen der Zahl der überwiesenen Versicherungspflichtigen entsprechenden Betrag vermehrt werden würde.

Daß um derartiger geringer Schädigungen willen eine nach den obwaltenden Verhältnissen wünschenswerthe Regelung unterbleiben muß, erscheint nicht zweckmäßig und entspricht nicht dem Verhältnisse der Solidarität der Versicherungspflichtigen, von welchem das Gesetz im Uebrigen bei der Organisation der Krankenversicherung ausgeht."

[14]) zu überweisen. Die Ueberweisung erfolgt erst, wenn die Auflösung oder Schließung feststeht, vgl. Anm. 10; das Nähere regelt der neue Abs. 6. Erfolgt die Ueberweisung an eine andere Orts-Krankenkasse, so muß die letztere sofort (die an die Zentralbehörde zugelassene Beschwerde über die Zuweisungsverfügung hat keine aufschiebende Wirkung, vgl. Abs. 6) eine entsprechende Abänderung des Kassenstatuts, nämlich die entsprechende Veränderung des bisherigen Umfangs der Kasse (§ 23 Abs. 2 Ziffer 1) beschließen; versäumt oder verzögert sie dies, so ordnet die höhere Verwaltungsbehörde die erforderliche Abänderung des Kassenstatuts zunächst an und vollzieht dieselbe kraft eigenen Rechts wenn der Anordnung keine Folge gegeben wird, § 48a. Darüber, daß in einzelnen Fällen eine Ueberweisung nicht stattfindet, vgl. Anm. 16.

[15]) fällt ... zu, nicht als bonum vacans, sondern auf Grund der öffentlich-rechtlich geordneten Nachfolge in den Zweck der aufgelösten Kasse, vgl. Rosin S. 153, 154. Die in der früheren Fassung sich vorfindenden Worte: „nach Entscheidung der höheren Verwaltungsbehörde" sind gestrichen worden; sie sind ersetzt durch Abs. 6.

[16]) nicht statt. Dieser Satz ist durch die Novelle hinzugesetzt. Mot. z. Nov. S. 57: „Die im fünften Absatze enthaltene Bestimmung über die Vertheilung des Restvermögens genügt nach den bisherigen Erfahrungen nicht, um für alle Fälle eine zweckmäßige Regelung zu ermöglichen. Es kommen Fälle vor, in denen bei Auflösung oder Schließung einer Kasse eine Ueberweisung der bisherigen Mitglieder derselben an andere Kassen oder an die Gemeinde-Krankenversicherung nicht stattfinden kann, weil entweder solche Mitglieder nicht mehr vorhanden sind, oder die vorhandenen zu einer die

§. 48.

I. [1]) Orts-Krankenkassen, welche auf Grund der §§. 16, 17 **oder 18a** für versicherungspflichtige Personen verschiedener Gewerbszweige oder Betriebsarten errichtet sind, können nach Anhörung der Gemeinde aufgelöst [2]) werden, wenn die Generalversammlung der Kasse dies beantragt.

II. Unter der gleichen Voraussetzung [3]) kann die Ausscheidung [4]) der demselben Gewerbszweige oder derselben Betriebsart angehörenden Kassenmitglieder aus der gemeinsamen Kasse erfolgen, wenn die Mehrzahl dieser Kassenmitglieder zustimmt.

Krankenversicherungspflicht nicht begründenden Beschäftigung übergehen. Namentlich kommt dies bei Orts-Krankenkassen vor, welche geschlossen werden müssen, weil sämmtliche Mitglieder einer den Anforderungen des § 75 entsprechenden Hülfskasse beigetreten sind, sowie bei Betriebs-Krankenkassen, welche auf Grund des § 67 Abs. 1 nach Einstellung des Betriebes nicht sofort, sondern erst nachdem aus der zeitweiligen eine endgültige Betriebseinstellung geworden, zur Schließung gelangten. . . . . Die Bestimmung des Abs. 5 des § 47 bedarf demnach einer Ergänzung, durch welche auch in Fällen der bezeichneten Art eine angemessene Verwendung des Restvermögens einer aufgelösten oder geschlossenen Kasse ermöglicht wird. Diese Ergänzung wird nur dadurch zu erreichen sein, daß der höheren Verwaltungsbehörde die Verfügung über die Verwendung des Restvermögens mit der Maßgabe eingeräumt wird, daß eine dem bisherigen Zweck thunlichst entsprechende Verwendung stattfinden muß."

[17]) Verfügung, vgl. Anm. 11.

[18]) die Beschwerde, und zwar ausschließlich diese, nicht etwa der Rechtsweg oder die Klage im Verwaltungsstreitverfahren, vgl. Anm. 11 und Mot. z. Nov. S. 57: Die Regelung der Zuständigkeit „geschieht in der Weise, daß . . . . . in dem neu eingeschobenen sechsten Absatz die auf Grund des vierten und fünften Absatzes zu erlassenden Verfügungen der höheren Verwaltungsbehörde zugewiesen werden, als Rechtsmittel dagegen aber nur die Beschwerde an die Zentralinstanz, und zwar, soweit es sich um das neue Versicherungsverhältniß der Kassenmitglieder handelt, unter Versagung des Suspensiveffekts zugelassen wird."

Zu § 48.

[1]) Dieser Paragraph, welcher seine Entstehung den Beschlüssen der Reichstagskommission verdankt, regelt neben § 47 Abs. 2 analog dem § 14 die Auflösung gemeinsamer Orts-Krankenkassen einer oder mehrerer Gemeinden und die Ausscheidung einzelner Gewerbszweige oder Betriebsarten aus den ersteren Kassen, sowie die Ausscheidung einzelner Gemeinden aus den letzteren Kassen. Die Befugniß der höheren Verwaltungsbehörde zur Schließung (§ 47) wird dadurch nicht berührt. cf. § 47 Anm. 1.

Für Orts-Krankenkassen, welche auf Grund **der §§.** 43 **oder 43a** III.
gemeinsam für mehrere Gemeinden oder für einen weiteren Kommunalverband[5]) errichtet sind, kann auf Antrag einer der betheiligten Gemeinden oder der Generalversammlung der betheiligten Kasse die Auflösung[2]) oder die Ausscheidung[4]) der in einer oder mehreren der betheiligten Gemeinden beschäftigten Kassenmitglieder erfolgen.

Die Auflösung oder Ausscheidung erfolgt durch Verfügung der IV.
höheren Verwaltungsbehörde.[6]) **Gegen** die Verfügung, durch welche die Auflösung oder Ausscheidung angeordnet oder versagt wird, steht den Betheiligten innerhalb vier Wochen die Beschwerde[7]) an die Zentralbehörde zu. **Ueber** die Verwendung und Vertheilung des Vermögens, sowie über die anderweitige[8]) Versicherung der versicherungspflichtigen Personen **ist** nach Maßgabe[9]) des §. **47** Absatz **4 bis 6** Bestimmung zu treffen.

(§ 43a der Komm.-Beschlüsse)

Man hat sich nach dem Komm.Ber. (S. 34/35) dahin geeinigt, daß es nothwendig sei, auch abgesehen von den Fällen des § 47 die Auflösung größerer Kassenorganisationen zuzulassen, „daß aber Kautelen getroffen werden müßten, um zu verhindern, daß durch solche Auflösung die Zwecke des Gesetzes geschädigt werden können. Man war der Meinung, daß die Auflösung nur dann zuzulassen sei, wenn veränderte Umstände oder die durch Erfahrung gewonnene richtigere Beurtheilung der bestehenden Verhältnisse den zur Entscheidung berufenen Instanzen die Ueberzeugung geben, daß der Zweck des Gesetzes durch die Auflösung der Organisation besser erreicht werden wird" (vgl. Preuß. Ausf.Anw.). „Man überzeugte sich ferner, daß die Garantie für die Prüfung der einschlägigen Verhältnisse hier nur in dem Genehmigungs- bezw. Verfügungsrecht der höheren Verwaltungsbehörde zu suchen sei."

2) aufgelöst, cf. Anm. 1 zu § 47. Bei Eingemeindung von Gemeinden oder Gemeindetheilen in andere Gemeinden ist § 48 entsprechend anzuwenden. Der Gesetzgeber hat an diesen Fall anscheinend nicht gedacht.

3) gleichen Voraussetzung, d. h. auf Antrag der Generalversammlung und nach Anhörung der Gemeindebehörde.

4) Ausscheidung, cf. Anm. 1 zu § 47.

5) weiterer Kommunalverband, § 84. cf. Anm. 4 zu § 2.

6) höhere Verwaltungsbehörde, § 84.

7) Beschwerde, und zwar ausschließlich, vgl. Anm. 18 zu § 47.

8) anderweitige, cf. Anm. 14 zu § 47.

9) ist nach Maßgabe. Auch hier hat die Novelle die Maßregeln hinsichtlich der Auflösung der Kasse einerseits und der als Folge hiervon sich ergebenden Weiterversicherung der Kassenmitglieder und die Verwendung des verbliebenen Vermögens von einander getrennt, vgl. Anm. 11 zu § 47.

§. 48a.*)

I. [1]) **Ergiebt sich, daß einem Kassenstatut nach §. 24 Absatz 1 die Genehmigung hätte versagt[2]) werden müssen, so hat die höhere Verwaltungsbehörde die erforderliche Abänderung anzuordnen. Der die Abänderung anordnende Bescheid kann auf dem im §. 24 Absatz 1 bezeichneten Wege angefochten werden.**

II. **Unterläßt die Vertretung der Kasse, die endgültig angeordnete Abänderung zu beschließen, so hat die höhere Verwaltungsbehörde die Beschlußfassung anzuordnen und, falls dieser Anordnung keine Folge gegeben wird, ihrerseits die erforderliche Abänderung des Kassenstatuts von Amtswegen mit rechtsverbindlicher Wirkung zu vollziehen. Dasselbe gilt, wenn die Vertretung der Kasse unterläßt, diejenigen Abänderungen des Kassenstatuts zu beschließen, welche durch endgültige, auf Grund der §§. 18a, 43a, 47 Absatz 6 erlassene Anordnungen erfordert werden.**

*) Der § 48a gilt auch für Betriebs- (Fabrik-) und Bau-Krankenkassen (§§ 64, 72), der Abs. 2 auch für Innungs-Krankenkassen (§ 73)

Zu § 48a.

[1]) Dieser Paragraph ist durch die Novelle eingeschoben worden. Mot. z. Nov. S. 58: „Es ist mehrfach vorgekommen, das Kassenstatuten, welche den gesetzlichen Anforderungen nicht entsprechen, die Genehmigung in Folge eines Irrthums der genehmigenden Behörde ertheilt worden ist. Besonders häufig aber sind die Fälle, in denen ein Kassenstatut genehmigt worden ist, obwohl die Bestimmung desselben über die Klassen der der Kasse angehörenden Personen mit der gleichen Bestimmung anderer Kassenstatute im Widerspruch stand. Das Gesetz bietet zur Zeit kein Mittel, um in solchen Fällen die im Interesse einer geordneten Durchführung der Krankenversicherung erforderliche Abänderung auch gegen den Willen der betheiligten Kassen herbeizuführen.

In dem Gesetze über die eingeschriebenen Hülfskassen ist durch § 29 Ziffer 5a in der Fassung des Gesetzes vom 1. Juni 1884 die Bestimmung getroffen, daß die Kasse zu schließen ist, wenn die erforderliche Abänderung auf Verlangen der höheren Verwaltungsbehörde nicht bewirkt wird. Die Schließung einer Kasse, deren Bestand auf gesetzlicher Vorschrift beruht, kann nicht in Aussicht genommen werden. Die Abhülfe wird demnach im Bereich des Krankenversicherungsgesetzes nur auf dem Wege zu suchen sein, daß die Vertretung der Kasse zur Herbeiführung der als erforderlich erkannten Abänderung verpflichtet und für den Fall der Nichterfüllung dieser Verpflichtung die höhere Verwaltungsbehörde ermächtigt wird, die Abänderung in Kraft zu

D. Gemeinsame Bestimmungen für die Gemeinde-Krankenversicherung und für die Orts-Krankenkassen.

§. 49.

[1]) [2]) Die Arbeitgeber[3]) haben jede von ihnen beschäftigte versicherungspflichtige[4]) Person, welche **weder**[5]) **einer Betriebs- (Fabrik-) Krankenkasse (§. 59), Bau-Krankenkasse (§. 69), Innungs-Krankenkasse (§. 73), Knappschaftskasse (§. 74) angehört, noch gemäß §. 75 von der Verpflichtung, der Gemeinde-Krankenversicherung oder einer Orts-Krankenkasse anzugehören,**[6]) **befreit ist,** spätestens am dritten Tage[7]) nach Beginn der Beschäftigung[8]) anzumelden[9]) und spätestens am dritten Tage[7]) nach Beendigung[10]) **derselben** wieder abzumelden. **Veränderungen,**[11]) **durch welche während der Dauer der Beschäftigung die Versicherungspflicht für solche Personen begründet wird, die der Versicherungspflicht auf Grund ihrer Beschäftigung bisher nicht unterlagen,**[12]) **sind spätestens am dritten Tage**[7]) **nach ihrem Eintritt gleichfalls anzumelden. Das Gleiche gilt bei Aenderungen des Arbeitsvertrages, welche die Versicherungspflicht der im §. 1 Absatz 4 bezeichneten Personen**[13]) **zur Folge haben.** I.

---

setzen. Eine gleiche Ermächtigung muß der höheren Verwaltungsbehörde für die Fälle der §§ 18a, 43a, 47 Absatz 6 ertheilt werden."

[2]) versagt. Der § 48a findet, wie sich aus den Motiven ergiebt, auch auf die vor dem Inkrafttreten der Novelle errichteten Kassen Anwendung. Handelt es sich um Fälle, in denen einzelne Klassen Versicherungspflichtiger nach den Kassenstatuten von mehreren Kassen in Anspruch genommen werden, so darf § 48a zur Beseitigung dieses Zustandes immer nur gegen die jüngere Kasse angewendet werden.

Zu § 49.

[1]) Die gemeinsamen Bestimmungen für die Gemeinde-Krankenversicherung und die Orts-Krankenkassen regeln die An- und Abmeldung der dem Versicherungszwang unterliegenden Arbeitnehmer (§§ 49 bis 50), die Beitragspflicht (§§ 51 und 54a), die Einzahlung der Eintrittsgelder und der Beiträge (§§ 52 bis 53a), die Verjährung und Beitreibung der Rückstände (§ 55), die Verjährung und Unangreifbarkeit der Unterstützungen (§ 56), die Vermehrung der Kassenärzte (§ 56a), das Verhältniß zur Armenpflege und zu anderweiten Ansprüchen der Versicherten (§ 57), die Gewährung gegenseitiger Aushülfe in Krankheitsfällen (§ 57a) und die Entscheidung von Streitigkeiten (§§ 53a, 57b, 58).

II. Die Anmeldungen und Abmeldungen erfolgen für **versicherungspflichtige Personen solcher Klassen, für welche** Orts-Krankenkassen **bestehen (§. 23 Absatz 2 Ziffer 1),** bei den durch das Statut dieser Kassen bestimmten Stellen,[14]) **übrigens** bei der Gemeindebehörde oder einer von dieser zu bestimmenden Meldestelle.

III. **In der Anmeldung zur Orts-Krankenkasse sind auch die behufs der Berechnung der Beiträge durch das Statut geforderten Angaben über die Lohnverhältnisse[15]) zu machen. Aenderungen in diesen Verhältnissen sind spätestens am dritten Tage,[16]) nachdem sie eingetreten, anzumelden.**

IV. **Durch Beschluß der Verwaltung der Gemeinde-Krankenversicherung und durch das Kassenstatut kann die Frist für die An- und Abmeldungen bis zum letzten Werktage der Kalenderwoche, in welcher die dreitägige Frist (Absatz 1) abläuft, erstreckt[17]) werden.**

V. Die Aufsichtsbehörde, sowie[18]) **die höhere Verwaltungsbehörde** kann für sämmtliche[19]) **Gemeinde-Krankenversicherungen und** Orts-Krankenkassen **ihres** Bezirks **oder einzelner Theile desselben** eine gemeinsame Meldestelle[20]) errichten. Die **Aufbringung der** Kosten[21]) derselben **erfolgt durch die betheiligten** Gemeinden und Orts-Krankenkassen **nach Maßgabe des §. 46 Absatz 3, 4.**

(§ 44 des Entwurfs und der Komm.-Beschlüsse.)

Mit Ausnahme der Vorschriften über die Anmeldung und Abmeldung gelten die Bestimmungen im Allgemeinen auch für Betriebs- (Fabrik-), Bau- und Innungs-Krankenkassen (§§ 65, 72, 73).

Für unständige Arbeiter (§ 2 Abs. 1 Ziffer 1) und für Hausgewerbetreibende (§ 2 Abs. 1 Ziffer 4) gelten die Vorschriften über die Meldepflicht (§ 49 Abs. 1 bis 3), über die Beitragspflicht (§ 51) und über die Einzahlungspflicht der Arbeitgeber (§ 52 Abs. 1) nicht ohne Weiteres, sondern nur nach Maßgabe besonderer statutarischer Bestimmung (§ 54). Die frühere Bestimmung, daß die in Rede stehenden Vorschriften auch für land- und forstwirthschaftliche Arbeiter nicht allgemein, sondern nur nach besonderer statutarischer Regelung gelten sollten, war schon durch § 139 Abs. 1, 142 Abs. 5 landw. U. u. K.V.G. beseitigt; dies ist jetzt auch im Text des Krankenversicherungsgesetzes dadurch klargestellt worden, daß nach der Novelle die besonderen Vorschriften des § 54 auf land- und forstwirthschaftliche Arbeiter (§ 2 Abs. 1 Ziffer 6) — soweit es sich nicht etwa auch hier um unständige Arbeiter (§ 2 Abs. 1 Ziffer 1) handelt, für welche natürlich dieselben Bestimmungen wie für unständige Arbeiter anderer Berufszweige gelten, also auch § 54 in Kraft bleibt — nicht mehr Anwendung finden.

[2]) Die §§ 49 bis 50 behandeln die zur Durchführung des Versicherungszwanges erforderliche An- und Abmeldung der Versicherten. Vgl. hierzu im Allg. die zusammenfassende Abhandlung von Hahn in Arb.Vers. X S. 281 ff. Die Verpflichtung zur An- und Abmeldung hat zunächst, wie in den allg. Motiven (oben S. 25) dargelegt worden ist, den Arbeitgebern auferlegt werden müssen. Die Krankenkasse bezw. die Gemeinde-Krankenversicherung hat an der ordnungsmäßigen Handhabung des An- und Abmeldungswesens ein sehr erhebliches Interesse; denn die Anmeldung begründet nicht etwa die Versicherung, so daß derjenige, welcher nicht angemeldet ist, nicht versichert wäre und demgemäß auch nicht unterstützt zu werden braucht, sondern die Anmeldung dient nur zur Kontrole eines mit der Thatsache der Beschäftigung nach unmittelbarer gesetzlicher Vorschrift eingetretenen Zustandes, kraft dessen ein Beschäftigter, sobald er erkrankt, von der für ihn zuständigen Krankenkasse unterstützt werden muß, und kraft dessen die Krankenkasse als Gegenleistung und zur Ausgleichung ihres Risikos die Entrichtung von Eintrittsgeldern und Beiträgen zu beanspruchen hat. Das Risiko, welches die Krankenkasse wegen ihrer Unterstützungspflicht läuft, bedingt, daß sie Beiträge von jedem ihr zugehörigen Versicherten erheben muß, ohne Rücksicht darauf, ob gerade dieser Versicherte demnächst krank werden und die Leistungen der Kasse in Anspruch nehmen wird. Ein Durchschlüpfen Einzelner muß thunlichst verhütet werden, wenn die Kasse leistungsfähig erhalten und eine ungerechtfertigte Heranziehung ihrer angemeldeten und deshalb Beiträge entrichtenden Mitglieder zu höheren Beiträgen vermieden werden soll. Dies nöthigt dazu, die Erfüllung der Meldepflicht auf jede Weise zu sichern und demgemäß die Arbeitgeber, denen die Meldepflicht obliegt, zur Erfüllung ihrer desfallsigen Verpflichtungen durch Androhung schwerer Nachtheile anzuhalten. Das Gesetz bedroht deshalb denjenigen Arbeitgeber, welcher seiner Meldepflicht nicht genügt, nicht nur mit Kriminalstrafe (§ 81), sondern macht ihn auch civilrechtlich verantwortlich für diejenigen Fälle, in welchen ein Nichtgemeldeter wegen eingetretener Erkrankung von der Kasse hat unterstützt werden müssen (§ 50).

Um diesen Nachtheilen zu entgehen, muß der Arbeitgeber in jedem einzelnen Falle sorgfältig prüfen, ob für ihn eine Meldepflicht besteht oder nicht; nicht nur eine absichtliche, sondern auch eine fahrlässige Verletzung seiner Verpflichtungen kann ihm schwere Opfer, namentlich dann auferlegen, wenn er für eine langwierige Krankheit eines Nichtgemeldeten gemäß § 50 ersatzpflichtig gemacht wird. Je schwieriger diese Prüfung im Einzelfall ist, desto größer ist das Risiko des Arbeitgebers. Nun verlangte das bisherige Gesetz die Anmeldung durch den Arbeitgeber für alle Versicherungspflichtigen, „für welche die Gemeinde-Krankenversicherung eintritt oder welche einer Orts-Krankenkasse angehören". Sie verlangte also zweierlei:

a) die Prüfung der Versicherungspflicht und
b) die Prüfung der Kassenzugehörigkeit.

Während ersteres keine besonderen Schwierigkeiten bietet, bestanden solche allerdings hinsichtlich der zweiten Voraussetzung. Um zu wissen, ob der Versicherte der Gemeinde-Krankenversicherung oder einer Orts-Krankenkasse anzugehören hatte, war nämlich festzustellen, ob er einer anderen organisirten Zwangskasse (Betriebs- [Fabrik-], Bau- oder Knappschaftskasse), einer Innungs-Krankenkasse oder einer die Mindestleistungen gewährenden Hülfskasse ohne Beitrittszwang angehörte. Die Zugehörigkeit zu einer Betriebs- (Fabrik-), Bau-, Innungs-Krankenkasse oder einer Knappschaftskasse war nach den Bestimmungen des Gesetzes über das Verhältniß der einzelnen Zwangskassen zu einander bezw. über deren Abgrenzung gegen einander leicht festzustellen; Schwierigkeiten aber bestanden überall da, wo es sich um die Zugehörigkeit des Versicherten zu einer die Mindestleistungen gewährenden Hülfskasse handelte. Denn hier mußte jedesmal festgestellt werden, ob diejenige Hülfskasse, deren Mitgliedschaft der Versicherte nachwies, auch dem § 75 wirklich genügt. Das war um so schwieriger, als nach den bisherigen Bestimmungen die gemäß § 4 Abs. 5 des Hülfskassengesetzes in der Fassung des Gesetzes vom 1. Juni 1884 von der die Hülfskasse zulassenden höheren Verwaltungsbehörde ausgestellte Bescheinigung darüber, daß die Kasse den Bestimmungen des § 75 des Krankenversicherungsgesetzes genüge, nicht allgemein bindend war, vielmehr über diese Frage in jedem einzelnen Streitfall von der für dessen Entscheidung zuständigen Behörde selbständig zu befinden war, und diese Entscheidung des Einzelfalls, wenn sie verneinend ausfiel, demjenigen Arbeitgeber, welcher die Meldung eines bei dieser Kasse versicherten, von ihm beschäftigten Arbeiters in gutem Glauben unterlassen hatte, die Nachtheile einer zu Unrecht unterlassenen Meldung brachte. Die Schwere dieses Risikos konnte nicht einmal dadurch ausgeglichen werden, daß der Arbeitgeber, wie es bedauerlicher Weise vielfach geschehen ist, nur solche Arbeiter in Beschäftigung nahm, welche ihm den Nachweis erbrachten, daß sie Mitglieder einer eingeschriebenen Hülfskasse und deshalb nicht anzumelden seien.

Die Novelle mußte daher darauf Bedacht nehmen, in dieser Beziehung Wandel zu schaffen. Dies geschah insofern, als die bei der Zulassung einer Hülfskasse ausgestellten Bescheinigungen darüber, daß die Hülfskasse den Anforderungen des § 75 des Krankenversicherungsgesetzes genüge, als allgemein bindend bezeichnet wurden (§§ 75a, 75b). Dabei durfte aber naturgemäß nicht soweit gegangen werden, daß die Bescheinigung der Gleichwerthigkeit sich auch darauf hätte erstrecken sollen, ob auch das von der Hülfskasse geschuldete Krankengeld nach seiner Höhe denjenigen Beträgen entspricht, welche der betreffende Versicherte im Krankheitsfall von der Gemeinde-Krankenversicherung seines Beschäftigungsorts an Krankengeld zu erhalten hat; denn dies wäre bei der ungemein großen örtlichen Verschiedenheit des ortsüblichen Tagelohns gewöhnlicher Tagearbeiter, nach welchem sich die Höhe des von der Gemeinde-Krankenversicherung zu gewährenden Krankengeldes richtet, von vornherein unmöglich. Dabei darf nämlich nicht außer Acht gelassen werden, daß Hülfskassen ohne Beitrittszwang nach den Bestimmungen der Novelle dem § 75 nur dann noch genügen, wenn sie ihren versicherungspflichtigen Mitgliedern ein Krankengeld nach den an deren verschiedenen Beschäftigungsorten maßgebenden Sätzen, nicht mehr wie früher nach den für den einheitlichen Kassensitz festgestellten Lohnsätzen gewährt. Außerdem ist zu beachten, daß die Hülfskassen fortan, unbeschadet ihrer Gleichwerthigkeit gemäß § 75, nicht mehr wie früher genöthigt sind, in allen ihren Mitgliederklassen mindestens ein Krankengeld nach den Sätzen des Kassensitzes zu gewähren.

In Folge dieser Vorschriften hat der Arbeitgeber fortan bei der Prüfung, ob ein von ihm beschäftigtes Mitglied einer freien Hülfskasse zur Gemeinde-Krankenversicherung oder Orts-Krankenkasse angemeldet werden muß, nur noch festzustellen:

a) ob Versicherungspflicht besteht,

b) ob die betr. Hülfskasse die Bescheinigung der zuständigen Behörde darüber erhalten hat, daß sie dem § 75 genügt,

c) ob das betr. Mitglied im Krankheitsfall aus der Hülfskasse ein Krankengeld zu beanspruchen hat, dessen Höhe mindestens der Hälfte des für seinen Beschäftigungsort (§ 5 a) festgesetzten ortsüblichen Tagelohns gewöhnlicher Tagearbeiter (§ 8) gleichkommt, wobei für solche Hülfskassen, welche verschiedene Mitgliederklassen haben, diejenige Mitgliederklasse in Betracht zu ziehen ist, welcher der betr. Versicherte angehört.

(Vgl. aber auch Anm. 8.) Die Prüfung zu b wird an der Hand eines von dem betr. Versicherten vorzulegenden Exemplars des Kassenstatuts angestellt, in welchem das die Bescheinigung veröffentlichende Blatt des betr. Publikationsorgans nach Jahrgang, Nummer und Seitenzahl angegeben ist (§ 75a, § 75b). Dieses Kassenstatut wird in der Regel in dem Beitrags-Quittungsbuch des Versicherten abgedruckt sein. Die Bescheinigung muß je nach dem Umfang des Kassenbezirks entweder vom Reichskanzler, oder von der Zentralbehörde desjenigen Bundesstaates ausgestellt sein, in welchem die Kasse ihren Sitz hat (§ 75a Abs. 2). Bescheinigungen anderer Zentralbehörden genügen nicht; ebensowenig kann die Bescheinigung durch irgend einen andern Nachweis ersetzt werden. Die Prüfung zu c erfolgt durch Einsicht des die Höhe des Krankengeldes behandelnden Paragraphen des Kassenstatuts unter Vergleichung mit den Sätzen des für den Beschäftigungsort festgestellten ortsüblichen Tagelohns gewöhnlicher Tagearbeiter.

Ist diese Prüfung gewissenhaft angestellt und ergiebt sie, daß der in Beschäftigung genommene Versicherte einer Hülfskasse angehört, deren Leistungen als gleichwerthig anerkannt sind, so kann die Meldung unterbleiben, ohne daß der Arbeitgeber befürchten müßte, dieserhalb in Ungelegenheiten zu kommen.

Immerhin ist auch diese Prüfung noch eine lästige und mühevolle; insbesondere laufen kleine Arbeitgeber mit geringer Bildung und geringen Kenntnissen Gefahr, aus Irrthum oder Mißverständniß die Anmeldung in solchen Fällen zu unterlassen, in denen sie erforderlich wäre, und sie sind dann der Gefahr ausgesetzt, nicht nur kriminell bestraft (§ 81), sondern auch civilrechtlich haftbar gemacht zu werden (§ 50). Andererseits ist den Interessen der Zwangskassen insoweit nicht ausreichend genügt, als ihnen auch jetzt noch Beiträge für solche Versicherte, welche ihnen nach dem Gesetz angehören, entzogen werden können — denn die Kasse erfährt die Mitgliedschaft Nichtgemeldeter meist erst dann, wenn sie dieselben unterstützen muß —, während der Regreß an den säumigen Arbeitgeber dann nicht zum Ziel führt, wenn derselbe zahlungsunfähig ist. In solchen keineswegs seltenen Fällen muß die Kasse vielmehr oft noch Prozeßkosten und Beitreibungskosten nutzlos aufwenden. Dabei ist es innerlich ungerechtfertigt, daß einer Kasse die eigene Prüfung der Frage, welche Personen ihr als Mitglieder anzugehören und deshalb Beiträge zu entrichten haben, entzogen und diese Prüfung anderen Personen, nämlich den außerhalb der Kasse stehenden Arbeitgebern, unter eigener Verantwortlichkeit übertragen wird. Diesen Unzuträglichkeiten wäre nur dadurch abzuhelfen gewesen, daß durch Gesetz die Anmeldung sämmtlicher in die Beschäftigung eintretender, der Versicherungspflicht unterliegender Personen vorgeschrieben, und der Kasse die Prüfung der Frage überlassen worden wäre, ob einzelne Angemeldete wegen ihrer Betheiligung an Hülfskassen ohne Beitrittszwang von der Zugehörigkeit zur Zwangskasse befreit seien. Diese Befreiung hätte dann gleichzeitig von einem besonderen Antrag des Versicherungspflichtigen abhängig gemacht und hierdurch in klarer Weise der Grundsatz zum Ausdruck gebracht werden müssen, daß ein Mitglied einer Hülfskasse ohne Beitrittszwang von der Zugehörigkeit zu einer Zwangskasse nicht schon kraft Gesetzes befreit, sondern nur berechtigt sei, seine Freilassung von der letzteren durch einen entsprechenden Antrag herbeizuführen.

In der That hatte denn auch der Entwurf der Novelle sich auf diesen allein konsequenten Standpunkt gestellt und in § 49 vorgesehen, daß jedes Mitglied der dem § 75 genügenden Hülfskassen zunächst gesetzliches Mitglied der für dasselbe zuständigen Zwangskasse werden und deshalb angemeldet werden solle, von dieser Mitgliedschaft aber event. auf seinen Antrag nach Prüfung des Sachverhalts durch die Kassenverwaltung befreit werden müsse. Demgemäß hatte der Entwurf der Novelle einen neuen § 49a eingeschoben, wonach derjenige, welcher wegen Betheiligung an einer gleichwerthigen Hülfskasse von der Zugehörigkeit zur Zwangskasse befreit sein wollte, diesen Befreiungsanspruch bei der letzteren geltend machen sollte, und außerdem den § 75 dahin abgeändert, daß Mitglieder von Hülfskassen nur auf ihren Antrag von der Mitgliedschaft bei der Zwangskasse zu befreien sein sollten, falls erstere den bekannten Voraussetzungen entsprächen. Der Reichstag hat sich aber nicht dazu entschließen können, diese Regelung anzunehmen; er hat dieselbe vielmehr unter Streichung des § 49a der Vorlage insbesondere um deswillen abgelehnt, weil in derselben eine Benachtheiligung der freien Hülfskassen und eine Veränderung ihrer Stellung im System der Krankenkassen erblickt werden müsse, welche grundsätzlich nicht zu billigen sei. So ist es denn in dieser Beziehung beim alten geblieben; Mitglieder der dem § 75 genügenden Hülfskassen sind nach wie vor kraft Gesetzes von der Zugehörigkeit zu einer Zwangskasse befreit, ohne daß es eines besonderen Befreiungsantrages bedürfte; sie sind demgemäß auch nicht bei der Zwangskasse anzumelden. Nur die Prüfung, ob die Voraussetzungen dieser Befreiung vorliegen und deshalb die Anmeldung des Mitglieds einer Hülfskasse unterbleiben darf, ist, wie oben ausgeführt, durch die neuen Vorschriften über die Beweiskraft der „Bescheinigung" (§ 75a) erleichtert worden.

Wollen Mitglieder gleichwerthiger Hülfskassen trotz der Zugehörigkeit zur Hülfskasse auch noch freiwillige Mitglieder der Zwangskasse werden und hierdurch Doppelversicherung nehmen, so ist ihnen dies unbenommen; eine Verpflichtung des Arbeitgebers zur Anmeldung besteht dann aber nicht. Doch ist der Arbeitgeber, sobald er von dem freiwilligen Eintritt des Versicherten in die Zwangskasse Mittheilung erhalten hat, verpflichtet, auch für diese Personen, wie für die Zwangsmitglieder der Zwangskasse, die Beiträge einzuzahlen und antheilig zu tragen; denn diese seine Verpflichtung besteht hinsichtlich aller seiner Arbeiter, welche der Versicherungspflicht unterliegen und auf Grund ihrer (obligatorischen oder freiwilligen) Zugehörigkeit zur Zwangskasse Beiträge zur letzteren zu entrichten haben (§ 52).

Die Meldepflicht des Arbeitgebers besteht, wie auch früher, nur beim Eintritt eines Versicherten in die Beschäftigung bezw. beim Austritt aus derselben. Veränderungen, die während der Dauer der Beschäftigung eintreten, begründen, wenn sie sich auf den nachträglichen Eintritt der Versicherungspflicht beziehen, nur in seltenen Ausnahmefällen, wenn sie sich auf den nachträglichen Eintritt der Kassenzugehörigkeit beziehen, niemals eine abermalige Meldepflicht (vgl. Anm. 8). Die durch eine solche bedingte fortwährende Kontrole würde über das Maß dessen hinausgehen, was dem Arbeitgeber im Interesse der Kassen billigerweise zugemuthet werden darf. Wenn ein versicherungspflichtiges Mitglied einer Zwangskasse während der Dauer der Beschäftigung in eine dem § 75 genügende Hülfskasse eintritt und nunmehr aus der Zwangskasse ausscheiden will, so überkommt der Arbeitgeber hierdurch keine weiteren Verpflichtungen, vielmehr bleibt es dem Versicherten selbst überlassen, gemäß § 19 Abs. 5 seinen Austritt aus der Zwangskasse anzumelden. Umgekehrt hat der Arbeitgeber auch dann keine Meldepflicht, wenn ein von ihm beschäftigtes, beim Eintritt in die Beschäftigung nicht gemeldetes Mitglied einer gleichwerthigen Hülfskasse während der Dauer seiner Beschäftigung aus der Hülfskasse austritt. Trotzdem wird der betr. Versicherte mit der Thatsache dieses Austritts Mitglied der Zwangskasse, weil die Zugehörigkeit zu der letzteren eine Rechtsfolge der Beschäftigung ist und nur so lange nicht eintritt, wie der betreffende Versicherte seiner Versicherungspflicht in einer durch das Gesetz zugelassenen Weise anderweit genügt. So hätte es kommen können, daß die Zwangskasse Mitglieder erhält, von denen sie nichts erfährt und von denen sie deshalb auch keine Beiträge erheben kann; werden diese krank, so muß die Kasse doch für sie eintreten, ohne daß sie hierfür irgend welche Gegenleistung erhielte. Dasselbe wäre eingetreten, wenn der Versicherte zwar in der Hülfskasse verbleibt, aber in eine niedrigere Mitgliederkasse eintritt, in welcher das Krankengeld nach seiner Höhe nicht mehr als gleichwerthig angesehen werden kann. Diese Unbilligkeit konnte — wenn dem Arbeitgeber die Kontrole einer Fortdauer der Kassenzugehörigkeit, wie oben gesagt, nicht zugemuthet werden darf — nur dadurch beseitigt werden, daß entweder dem Arbeiter selbst, oder der freien Hülfskasse, aus welcher letzterer ausgeschieden ist, eine Meldepflicht auferlegt wurde. Ersteres würde voraussichtlich einen nennenswerthen Erfolg nicht haben; es blieb also nur letzteres übrig. Deshalb ist jetzt den Hülfskassen, während sie früher nur durch Einzelanordnungen der Aufsichtsbehörde zu Meldungen von dem Austritt der Mitglieder verpflichtet werden konnten (§ 76 des Gesetzes in der früheren Fassung), durch § 49a der Novelle eine entsprechende Meldepflicht durch direkte gesetzliche Vorschrift, und zwar auch für den Fall des Uebertritts zu einer niedrigeren Mitgliederklasse, allgemein auferlegt worden.

[3]) die Arbeitgeber, oder im Falle der Uebertragung deren Betriebsleiter oder Aufseher, vgl. § 82a. Ist eine Korporation Arbeitgeber, so liegt die Meldepflicht ihren Vertretern ob, im Konkurse des Arbeitgebers dem Konkursverwalter.

„Arbeitgeber" steht im Gegensatz zum „Arbeitnehmer", er ist derjenige, welcher dem letzteren die Beschäftigung gewährt (ebenso Reichsgerichts-Erk. v. 9. Okt. 1894, vgl. Arb.Vers. XII S. 268). Arbeitgeber und Arbeitnehmer sind die beiden Kontrahenten des Arbeitsvertrages, auf Grund dessen der letztere die die Versicherungspflicht begründende Arbeit leistet. Wenn ein direktes Arbeitsverhältniß zwischen dem „Unternehmer" des Betriebes — d. h. demjenigen, für dessen Rechnung der Betrieb erfolgt, vgl. § 9 Abs. 2 U.V.G. — und dem Arbeitgeber besteht, so deckt sich ohne Frage der Begriff Arbeitgeber mit dem des Unternehmers, soweit es sich um die Rechtsverhältnisse aus der Krankenversicherung handelt. Zweifel bestehen dagegen dann, wenn der Unternehmer nicht direkt mit den in seinem Interesse arbeitenden Personen einen Arbeitsvertrag schließt, sondern wenn die Vermittelung eines Dritten in der Weise hinzukommt, daß dessen Arbeiter von einem anderen Arbeiter des Unternehmers angenommen und gelohnt werden. Dies kommt besonders oft in der Weise vor, daß der letztere Arbeiter in Akkordlohn steht und zur Ausführung des übernommenen Werks Hülfskräfte annimmt. In solchem Fall fragt es sich, wer als „Arbeitgeber" im Sinne des Krankenversicherungsgesetzes anzusehen ist, ob der „Unternehmer" des Betriebes, für dessen Rechnung der Betrieb erfolgt, oder ob der unselbständige Arbeiter des Unternehmers, welcher seinerseits wieder andere Arbeiter beschäftigt. (Dabei ist an Hausindustrielle, welche in ihrem Betriebe zuweilen auch Hülfspersonen beschäftigen, nicht zu denken.) Die Frage spitzt sich dahin zu: soll für die An- und Abmeldung, sowie für die Entrichtung der Beiträge und deren theilweise Wiedereinziehung vom Lohn immer der „Unternehmer" als Arbeitgeber haftbar sein, auch wenn er von den von seinen (Akkord- u. s. w.) Arbeitern beschäftigten Personen nicht das Geringste weiß (weder ob solche Arbeiter angenommen sind, noch ob oder wie sie gelohnt werden) — oder soll diese Verpflichtungen der Zwischenarbeiter haben, welcher die für ihn erforderlichen Hülfsarbeiter selbst angenommen hat?

Praxis und Literatur stehen jetzt wohl überwiegend auf dem ersteren Standpunkt, indem man annimmt, es sei dies die Absicht, der Wille des Gesetzgebers (vgl. insbesondere Rosin, Recht der Arbeiterversicherung I S. 178; Köhne 2. Aufl. S. 140; Hahn S. 87); v. Schicker S. 186. Unsererseits bleiben wir auch jetzt dabei stehen, daß diese Ansicht nicht ohne Weiteres das Richtige trifft, wollen indessen die Sache hier nicht weiter ausführen. Jedenfalls wird für die Krankenversicherung dasselbe gelten müssen, was für die Invaliditäts- und Altersversicherung bestimmt ist, und nach der Begründung des Gesetzes über die Invaliditäts- und Altersversicherung gilt als „Arbeitgeber" nicht derjenige, für dessen Rechnung der Betrieb erfolgt (der Unternehmer), sondern derjenige, für dessen Rechnung der Arbeitslohn gezahlt wird (Mot. S. 85, siehe Bosse-v. Woedtke, Kommentar, Anm. 3 zu § 19 Inv u. A.V.G.). Letzteres ist Thatfrage. Wenn z. B. der Zwischenarbeiter die von ihm gezahlten Löhne lediglich seinem Auftraggeber anrechnet, ohne für sich einen besonderen Nutzen aus Minderlöhnung zu ziehen, so ist nicht er der Arbeitgeber, sondern sein Auftraggeber. Im Uebrigen ist es gleichgültig, wer den Lohn auszahlt, ebenso, ob der Arbeitsvertrag direkt oder nur indirekt von demjenigen, für dessen Rechnung die Lohnzahlung erfolgt, abgeschlossen wird, vgl. Henle-Reger, Handausgabe des Krankenversicherungsgesetzes S. 156

Näheres in Ziffer XVIII der Anleitung des Reichs-Versicherungsamts, betr. den Kreis der nach dem Invaliditäts- und Altersversicherungsgesetz versicherungspflichtigen Personen, vom 31. Oktbr. 1890 (abgedruckt u. A. in v. Woedtke's Textausgabe dieses Gesetzes), welcher insoweit auch für das Krankenversicherungsgesetz Bedeutung beizulegen ist.

Hausgewerbetreibende, die ihrerseits Hülfspersonen beschäftigen, sind selbst nicht Arbeiter, sondern selbständige Gewerbetreibende (vgl. § 2 Ziffer 4) und um deswillen grundsätzlich die Arbeitgeber ihrer Hülfspersonen. Ausnahmsweise können aber aus praktischen Rücksichten einzelne hieraus entstehende Verpflichtungen (nämlich die Zahlungs-, aber nicht die Meldepflichten, § 54 Abs. 2 Ziffer 2) den Gewerbetreibenden, für deren Rechnung die Hausgewerbetreibenden arbeiten, übertragen werden. Hierdurch werden die letzteren noch nicht die Arbeitgeber der Hülfspersonen, sondern sie werden in einer bestimmten Beziehung an die Stelle der wirklichen Arbeitgeber gesetzt.

---

[4]) versicherungspflichtige. Für Nichtversicherungspflichtige, z. B. die ohne Gehalt oder Lohn beschäftigten Lehrlinge, oder solche Handlungsgehülfen und -Lehrlinge, für welche die Verpflichtungen des Prinzipals aus Art. 60 H.G.B. aufrecht erhalten sind (vgl. Anm. 7 zu § 4), hat der Arbeitgeber keine Verpflichtungen. Diese haben ihre Anmeldung bei der Krankenkasse, wenn sie freiwillig beitreten wollen, selbst zu bewirken.

[5]) weder — noch. Früher hieß es „für welche die Gemeinde-Krankenversicherung eintritt, oder welche einer Orts-Krankenkasse angehört". Die jetzige Formulirung besagt sachlich dasselbe wie die frühere, ist nur für die Praxis etwas leichter verständlich. Denn wer weder einer anderen Zwangskasse noch einer gleichwerthigen Hülfskasse angehört, der hat eben mit dem Eintritt in die Beschäftigung kraft Gesetzes der für den betr. Berufszweig errichteten Orts-Krankenkasse oder, in Ermangelung einer solchen, der Gemeinde-Krankenversicherung anzugehören.

Darüber, ob der Beschäftigte einer Betriebs- (Fabrik-) oder Bau-Krankenkasse angehört, kann ein Zweifel nicht wohl entstehen; denn nach §§ 63, 72 sind alle in dem Betrieb, für den eine solche Kasse errichtet ist, beschäftigten versicherungspflichtigen Personen kraft Gesetzes Mitglieder dieser Kasse, sofern sie nicht einer gleichwerthigen Hülfskasse (§ 75) angehören. Ebensowenig kann nach § 74 ein Zweifel bei Mitgliedern von Knappschaftskassen entstehen. Bei Innungs-Krankenkassen (§ 73) kommt in Betracht, daß nur die bei Innungsmeistern beschäftigten Personen einer Innungs-Krankenkasse angehören dürfen. Treten sie nach dem Ausscheiden aus der Beschäftigung bei einem Innungsmeister in eine andere Beschäftigung, z. B. bei einem der Innung nicht angehörenden Meister desselben Handwerks ein, so dürfen sie der Innungs-Krankenkasse nicht weiter angehören (§ 27), denn sie stehen dann in einer Beschäftigung, vermöge welcher sie Mitglieder einer Orts-Krankenkasse geworden sind (§ 19 Abs. 2). Vgl. Anm. 6 zu § 19. Hiernach dürfen nur Innungsmeister die Meldung der von ihnen beschäftigten Personen um deswillen unterlassen, weil letztere einer Innungs-Krankenkasse angehören. In den Fällen des § 73 Abs. 3 müssen aber auch Innungsmeister ihre Gesellen u. s. w. bei der Orts-Krankenkasse anmelden, weil dann diese Gesellen u. s. w. erst mit Beginn des neuen Rechnungsjahres Mitglieder der Innungs-Krankenkasse werden.

[6]) anzugehören. Auch nach der jetzigen Fassung (vgl. früher: „angehört") ist es keinem Zweifel unterworfen, daß die Gemeinde-Krankenversicherung und die Zugehörigkeit zur Orts-Krankenkasse ex lege auf Grund des Eintritts in die Beschäftigung und auf Grund der Thatsache eintritt, daß eine andere kraft des Gesetzes zugelassene Versicherung nicht besteht. Vgl. Anm. 4, 5 zu § 4, Anm. 5 zu § 19. Die Anmeldung hat nur die Bedeutung der Kontrole und der thatsächlichen Feststellung eines bereits eingetretenen Verhältnisses.

[7]) spätestens am dritten Tage, vorbehaltlich anderweiter Festsetzungen gemäß Abs. 4. Der Tag des Eintritts in die Beschäftigung bezw. des Austritts aus derselben ist nicht mitzurechnen. Wenn der dritte Tag auf einen Sonntag oder allgemeinen Feiertag fällt, so endet die Frist erst mit Ablauf des nächstfolgenden Werktages, § 78a Abs. 3. Beginnt also die Beschäftigung am Montag, so ist die Anmeldung spätestens am Donnerstag zu bewirken; beginnt die Beschäftigung am Donnerstag, so endet die Frist nicht schon am Sonntag, sondern erst am Montag. Die Meldung ist auch dann erforderlich, wenn während des Laufes der Meldefrist die Beschäftigung schon wieder beendet worden ist — d. h. nur, wenn es sich um versicherungspflichtige, nicht aber um solche Personen handelt, deren Beschäftigung im Voraus auf einen Zeitraum von weniger als einer Woche beschränkt worden ist. Ebenso Köhne S. 141.

[8]) nach Beginn der Beschäftigung, d. h. des thatsächlichen Zustandes der Arbeitsthätigkeit, nicht schon des einen Anspruch auf Arbeit begründenden Arbeitsverhältnisses (a. M. Rosin I S. 174; dagegen Köhne S. 141). „Ist also ein Arbeiter in der ersten Zeit nach dem Inkrafttreten des Arbeitsvertrages beurlaubt, so läuft die Meldefrist erst am Tage des Eintritts in die ihm zugewiesene Beschäftigung ab; fällt sein Urlaub in die letzte Zeit der Gültigkeit des Arbeitsvertrages, so beginnt sie schon mit Einstellung seiner Thätigkeit. Arbeitsunterbrechungen sind nicht als Beendigung der Beschäftigung und Beginn einer neuen zu betrachten, sofern nur die Fortsetzung der Beschäftigung in sichere Aussicht genommen war" (Köhne S. 141). Vgl. Erk. d. Pr. Ob.Verw.Ger. v. 25. April 1889 (Anm. 4 zu § 1). Zu melden sind auch solche Personen, welche bereits der Kasse angehören und nur zu einem anderen Arbeitgeber übergehen (Arch. f. Strafrecht 38 S. 239).

Bei Mitgliedern von Hülfskassen, die bisher gemäß § 75 befreit waren, am neuen Beschäftigungsort aber wegen zu geringer Höhe des ihnen in der bisherigen Mitgliederklasse zustehenden Krankengeldes nicht mehr als befreit gelten können, beginnt die Meldefrist ausnahmsweise nicht schon mit dem Beginn der Beschäftigung, sondern erst 2 Wochen nach diesem Zeitpunkt (§ 75 Abs. 2). Man wollte den betr. Versicherungspflichtigen Gelegenheit geben, binnen dieser 2 Wochen ihre Versicherung in einer nach den Lohnsätzen des neuen Beschäftigungsortes genügenden höheren Lohnklasse ihrer eingeschriebenen Hülfskasse herbeizuführen. Ob die Voraussetzungen der Meldung vorliegen oder nicht, ist daher bei den in Rede stehenden Hülfskassenmitgliedern erst bei Ablauf dieser 2 Wochen (vgl. § 78a) vom Arbeitgeber festzustellen.

Die beiden Voraussetzungen der Meldepflicht des Arbeitgebers — Versicherungspflicht und gesetzliche Zugehörigkeit zur Gemeinde-Krankenversicherung oder Orts-Krankenkasse, vgl. S. 307 — müssen (vorbehaltlich der oben erwähnten Ausnahmen des § 75 Abs. 2) „bei Beginn der Beschäftigung" vorliegen. Liegt eine dieser beiden Voraussetzungen zu diesem Zeitpunkt nicht vor, so besteht grundsätzlich keine Meldepflicht und tritt grundsätzlich auch später nicht ein, wenn im Laufe der Beschäftigung die anfänglich fehlende Voraussetzung nachträglich erfüllt wird. (Vgl. Anm. 2 a. E.) Dieser Satz hat aber durch die von der Novelle gemachten beiden Zusätze zwei Ausnahmen für solche Fälle erfahren, in denen die eine der beiden Voraussetzungen, nämlich die Versicherungspflicht, erst nachträglich im Laufe der Beschäftigung eingetreten ist (vgl. Anm. 12 und 13): dann, aber auch nur dann, sollen auch Veränderungen während der Dauer der Beschäftigung die Meldepflicht bedingen. Ausnahmen für Fälle, in denen die Kassenzugehörigkeit erst nachträglich im Laufe der Beschäftigung eintritt (insbesondere wenn die bisherige Zugehörigkeit zu einer gleichwerthigen Hülfskasse durch Austritt nachträglich beseitigt wird, oder nachträglich der Uebertritt in eine nicht mehr genügende Mitgliederklasse solcher Hülfskasse vollzogen wird) — kennt das Gesetz nicht. Der Arbeitgeber braucht sich also bei denjenigen seiner Arbeiter, die bei dem Beginn ihrer Beschäftigung bezw. 2 Wochen später (§ 75 Abs. 2) einer als gleichwerthig bezeichneten (§ 75 b) Hülfskasse angehört haben, nicht mehr darum zu kümmern, ob sie dieses Verhältniß fortsetzen; die Meldung liegt vielmehr der Hülfskasse ob (§ 49 a). Sobald ihm aber nachgewiesen ist, daß ein solcher Arbeiter nachträglich die Befreiung von der Gemeinde-Krankenversicherung oder der Orts-Krankenkasse verloren hat, muß der Arbeitgeber auch für ihn fortab die Beiträge einzahlen und antheilig tragen.

[9]) anzumelden, bei den in Abs. 2 oder 5 bezeichneten Stellen; Anmeldungen bei einer falschen Stelle sind unwirksam. Ueber Form und Inhalt enthält das Gesetz im Allgemeinen keine Vorschrift; es muß nur unzweideutig erkennbar sein, wer gemeldet wird, für welche Art von Beschäftigung, von wem, und wann die Beschäftigung begonnen ist. Der Zeitpunkt der Meldung ergiebt sich aus ihrem Eingang bei der Meldestelle. Darüber, ob durch Statut mit rechtlicher Wirkung weitere bestimmte Vorschriften über Form und Inhalt der Anmeldung gegeben werden dürfen, sind die Ansichten getheilt. Um wenigstens in einer Beziehung derartige statutarische Vorschriften wirksam zu machen, hat deshalb die Novelle den Abs. 3 eingefügt. In der Theorie vertritt Hahn (S. 107) in Uebereinstimmung mit Arb.Vers. Bd. 6 S. 475 die Wirksamkeit, Köhne (S. 142) die Unwirksamkeit weiterer statutarischer Vorschriften. Wir entscheiden uns für die letztere Annahme, weil die Nachtheile einer unwirksamen Anmeldung so schwere sind, daß die Unwirksamkeit nur durch Gesetz, nicht aber auch durch statutarische Vorschriften begründet werden kann. Vgl. Anm. 15.

Wer die Anmeldung unterläßt, haftet civilrechtlich (§ 50) und strafrechtlich (§ 81). Da diese schweren Folgen nicht nur bei Vorsatz oder grobem Versehen, sondern auch bei Fahrlässigkeit und Irrthum eintreten, so empfiehlt es sich, lieber zu viel als zu wenig anzumelden. Etwaige Irrthümer können leicht bei der Meldestelle abgestellt werden. Verspätete Anmeldung wird, solange nicht die Voraussetzungen des § 50 vorliegen, nur gemäß § 81 gestraft.

[10]) nach Beendigung, vgl. Anm. 8.

[11]) Veränderungen, vgl. Anm. 8.

[12]) bisher nicht unterlagen. Beispiele: Gewährung von Lohn oder Gehalt an bisher ungelohnte Lehrlinge, Volontäre und dergl; Herabsetzung des Gehals von Betriebsbeamten, Handlungsgehülfen u. s. w. auf 2000 Mark oder weniger; Fortfall der Voraussetzungen der nach § 3 bestehenden Befreiung; nachträgliche Aufhebung der Befreiung von der Versicherungspflicht gemäß § 3a; Aenderungen des Lehrvertrages, wodurch die Voraussetzungen der Befreiung von Lehrlingen gemäß § 3b fortfallen.

[13]) Personen, d. h. Handlungsgehülfen und -Lehrlinge, wenn für dieselben nachträglich die Verpflichtungen des Prinzipals (Art. 60 H.G.B.) geändert werden, vgl Anm. 22c zu § 1.

[14]) Stellen, event. bei der gemeinsamen Meldestelle, Abs. 5. Vgl. Anm. 9.

[15]) Lohnverhältnisse. „Die bloße Anmeldung des Namens des Versicherungspflichtigen und des Tages des Beginns der Beschäftigung genügt für die Orts-Krankenkassen, namentlich diejenigen mit verschiedenen Mitgliederklassen nicht, weil sie wegen der verschiedenen Beitrags- und Unterstützungssätze wissen muß, in welchen Lohnverhältnissen sich der Angemeldete befindet. Für den Zwang zu Angaben über die Lohnverhältnisse in den Anmeldungen fehlt es aber zur Zeit an einer zweifelsfreien gesetzlichen Grundlage, weshalb den bezüglichen statutarischen Bestimmungen von manchen Gerichten der Strafschutz versagt wurde. Der neue Abs. 3 soll diesem Mangel abhelfen." (Mot. z. Nov. S. 61.) Vgl. Anm. 9.

[16]) am dritten Tage, vgl. Anm. 7, 8. Versäumniß meist straffällig nach § 81, wogegen § 50 hier keine Anwendung findet, vgl. Anm. 3 zu § 50.

[17]) erstreckt, wie die Kommission des Reichstags bei der Novelle im Interesse der Erleichterung der Arbeitgeber beschlossen, vgl. Komm.Ber. z. Nov. S 65. Am letzten Werktage derjenigen Woche, in welcher die dreitägige Frist abläuft, muß dann die Anmeldung bei der betr. Stelle eingegangen sein. Im Falle der Erkrankung sind natürlich die in den §§ 50, 81 aufgeführten Nachtheile erst dann verwirkt, wenn nicht die dreitägige Meldefrist, sondern wenn der letzte Werktag der Woche, in welcher die Meldefrist abläuft, verstrichen ist.

[18]) sowie. Die Befugniß der höheren Verwaltungsbehörde, auch ihrerseits gemeinsame Meldestellen einzurichten, ist durch die Novelle begründet worden, „um dem Bedürfniß nach dieser Einrichtung namentlich auch in solchen Fällen genügen zu können, wo es für benachbarte, also nicht zu demselben Aufsichtsbezirk gehörende Gemeinden auftritt" (Mot. z. Nov. S. 61).

[19]) sämmtlich. Die Ansicht von Köhne (S. 143), daß die gemeinsame Meldestelle nur für die Gemeinde-Krankenversicherungen und die Orts-Krankenkassen des betr. Bezirks zugleich, nicht auch für die letzteren allein errichtet werden dürfe, geht wohl zu weit. Der Gesetzgeber hat bei der ganzen Vorschrift, wie sich auch aus dem in Anm. 18 Gesagten ergiebt, nur die Be-

§. 49a.*)

I. **Hülfskassen[1]) der im §. 75 bezeichneten Art haben jedes Ausscheiden eines versicherungspflichtigen Mitgliedes aus der Kasse**

---

friedigung des Bedürfnisses im Auge gehabt, und es läßt sich daher annehmen, daß er jedes Bedürfniß in dem Maße hat decken wollen, wie es gerade hervortritt. Hiernach möchten wir gemeinsame Meldestellen auch für Gemeinde-Krankenversicherungen allein und für Orts-Krankenkassen allein, ja sogar auch für einen näher zu bestimmenden Theil der Orts-Krankenkassen des betr. Bezirks für zulässig halten, was auch dem Grundsatz minus inest maiori entsprechen würde.

[20]) gemeinsame Meldestelle. Deren Funktionen werden zweckmäßig mit einer nach § 46 errichteten gemeinsamen Kassen- und Rechnungsführung verbunden. Vgl. Anm. 1 zu § 46.

[21]) Kosten. Nach der früheren Fassung sollten die Kosten der gemeinsamen Meldestelle von den betheiligten Körperschaften „nach Maßgabe der Zahl der im Jahresdurchschnitt bei ihnen versicherten Personen" bestritten werden. Die jetzige von der Novelle getroffene Bestimmung will die Grundsätze für die Aufbringung der Kosten von Kassenverbänden (§ 46) maßgebend sein lassen. Danach ist für die Repartition der Kosten zunächst ein etwaiges Uebereinkommen entscheidend; liegt ein solches nicht vor, so entscheidet die Höhe der von den einzelnen betheiligten Körperschaften im Laufe des letzten Rechnungsjahres vereinnahmten Kassenbeiträge. Die Erhebung der Kosten erfolgt, soweit nichts anderes vereinbart ist, postnumerando am Jahresschluß; bis dahin sind nöthigenfalls von den betheiligten Körperschaften Vorschüsse zu leisten.

Die hiernach auf die einzelnen betheiligten Gemeinden und Kassen entfallenden Kosten der gemeinsamen Meldestelle gehören zu deren Verwaltungskosten. Sie werden also bei der Gemeinde-Krankenversicherung aus dem allgemeinen Säckel der Gemeinde, nicht aus den Beständen der Kasse der Gemeinde-Krankenversicherung bestritten (§ 9 Abs. 3), und in der Orts-Krankenkasse durch die Beiträge der Versicherten aufgebracht (§ 22 Abs. 1).

An die gemeinsame Meldestelle gelangen auch Anzeigen von Hülfskassen über den Austritt bezw. Uebertritt Versicherter (§ 49a), und zwar auch dann, wenn diese nunmehr auf Grund ihrer Beschäftigung nicht der Gemeinde-Krankenversicherung oder Orts-Krankenkasse, sondern einer Betriebs- (Fabrik-) Kasse 2c. angehören. Diese Anzeigen wird die gemeinsame Meldestelle weiter zu geben haben. Trotz dieser Thätigkeit im Interesse solcher Kassen dürfen letztere zu einem Antheil an den Verwaltungskosten der gemeinsamen Meldestelle nicht herangezogen werden.

Zu § 49a.

[1]) Hülfskassen. Der § 49a ist durch die Novelle eingefügt; durch denselben ist § 76 der bisherigen Fassung entbehrlich gemacht und deshalb

und jedes Uebertreten eines solchen in eine niedrigere Mitgliederklasse[2]) innerhalb Monatsfrist[3]) bei der gemeinsamen Meldestelle[4]) oder[5]) bei der Aufsichtsbehörde[6]) desjenigen Bezirks, in welchem das Mitglied zur Zeit der letzten Beitragszahlung beschäftigt war, unter Angabe seines Aufenthaltsortes und seiner Beschäftigung zu dieser Zeit schriftlich anzuzeigen.[7])

Für Hülfskassen, welche örtliche Verwaltungsstellen errichtet haben, ist die Anzeige von der örtlichen Verwaltungsstelle zu erstatten. II.

Zur Erstattung der Anzeige ist für jede Hülfskasse, sofern deren Vorstand nicht eine andere Person damit beauftragt, der Rechnungsführer derselben, für die örtliche Verwaltungsstelle dasjenige Mitglied, welches die Rechnungsgeschäfte derselben führt, verpflichtet. III.

Die Aufsichtsbehörde[8]) hat die an sie gelangenden Anzeigen der Verwaltung der Gemeinde-Krankenversicherung oder dem Vorstande der Orts-Krankenkasse,[9]) welcher die in der Anzeige bezeichnete Person nach der in derselben angegebenen Beschäftigung anzugehören verpflichtet ist, zu überweisen. IV.

*) Abs. 4 gilt auch für Betriebs- (Fabrik-), Bau- und Innungs-Krankenkassen (§§ 64, 72, 73).

---

beseitigt worden. Vgl. Anm. 2 a. E. zu § 49. Gemeint sind diejenigen im § 75 bezeichneten Hülfskassen, deren Mitglieder von der Zugehörigkeit zu Zwangskassen befreit sind. Die gleiche aus dem § 76 der alten Fassung sich ergebende eventuelle Anzeigeverpflichtung der Knappschaftskassen ist jetzt beseitigt.

[2]) niedrigere Mitgliederklasse, damit geprüft werden kann, ob das in dieser zu gewährende Krankengeld nach seinem Betrage noch ausreicht, d. h. der Hälfte des ortsüblichen Tagelohns des betr. Versicherten entspricht.

Durch das jetzt veraltete Gesetz, betr. die Einführung des § 75 a des Krankenversicherungsgesetzes, v. 17. Dezember 1892 (Reichs-Gesetzbl. S. 1049) war diese Meldepflicht für Fälle des Uebertritts in eine niedrigere Mitgliederklasse bis zum 1. Juli 1893 aufgehoben worden. Vgl. darüber 4. Aufl. dieses Kommentars, Anm. 2 zu § 49a.

[3]) innerhalb Monatsfrist, vgl. § 78a. Die Frist beginnt mit dem Ausscheiden bezw. dem Uebertritt in eine niedrigere Mitgliederklasse.

[4]) gemeinsamen Meldestelle, § 49 Abs. 5.

[5]) oder, nach Wahl der Hülfskasse; die Bestimmung bezweckt eine Erleichterung für die Organe der Hülfskasse (Abs. 3). Die Vorlage wollte die Anzeige an die Aufsichtsbehörde nur subsidiär (beim Mangel einer gemeinsamen Meldestelle) zulassen; der Reichstag hat dagegen Anzeigen an beide Stellen elektiv gestattet.

§. 50.

I. [1]) Arbeitgeber,[2]) welche der **ihnen nach §. 49**[3]) **obliegenden** Anmeldepflicht **vorsätzlich oder fahrlässiger Weise**[4]) nicht genügen,[5]) **haben** alle Aufwendungen, welche **eine** Gemeinde-Krankenversicherung oder eine Orts-Krankenkasse auf Grund gesetzlicher oder statutarischer Vorschrift **in einem vor der Anmeldung durch die nicht angemeldete Person veranlaßten Unterstützungsfalle**[6]) gemacht **hat, zu erstatten.**[7])

II. **Die Verpflichtung zur Entrichtung von Beiträgen für die Zeit, während welcher die nicht angemeldete oder nicht angezeigte**[8]) **Person der Gemeinde-Krankenversicherung oder der Orts-Krankenkasse anzugehören verpflichtet war, wird hierdurch nicht berührt.**[9])

(§ 45 des Entwurfs und der Komm.-Beschlüsse.)

—

[6]) Aufsichtsbehörde, § 44.

[7]) anzuzeigen. Versäumniß ist straffällig nach § 81. Die in der Vorlage vorgesehene Regreßpflicht der Hülfskasse nach § 50 ist vom Reichstage gestrichen worden.

[8]) Die Aufsichtsbehörde. Besteht eine gemeinsame Meldestelle, so hat die Aufsichsbehörde an diese die Anzeigen abzugeben. Vgl. für Preußen Ziffer 56 der Anw. v. 10. Juli 1892.

[9]) Orts-Krankenkasse, bezw. Betriebs- (Fabrik-), Bau oder Innungs-Krankenkasse, für welche § 49a gleichfalls gilt (§§ 64, 72, 73). Vgl. Anm. 21 zu § 49.

Zu § 50.

[1]) Die Krankenkasse muß für alle Versicherungspflichtigen aufkommen, welche ihr auf Grund der gesetzlichen Vorschriften angehören, ohne Rücksicht darauf, ob sie bei ihr angemeldet sind und Beiträge entrichtet haben oder nicht. Denn die Kassenzugehörigkeit tritt kraft Gesetzes für alle Versicherungspflichtigen ein, welche nicht auf Grund der gesetzlichen Bestimmungen anderweit versichert sind, insbesondere nicht einer gleichwerthigen Hülfskasse in einer ausreichenden Mitgliederklasse angehören (§ 75). Wenn daher die Kasse das Aequivalent der Unterstützung, nämlich die Beiträge, voll erhalten will, so muß dafür gesorgt werden, daß ihr diejenigen Personen auch sicher gemeldet werden, welche ihr angehören.

Motive S. 40: „Die Erfüllung der Anmeldepflicht ist für die Durchführung der Krankenversicherung von so entscheidender Bedeutung, daß zu ihrer Erzwingung sehr wirksame Mittel unentbehrlich sind. Neben die im § 70 (jetzt § 81) enthaltene Bedrohung mit Geldstrafe soll daher noch die Bestimmung des § 45 (jetzt § 50) treten, wodurch der Arbeitgeber verpflichtet wird, alle Aufwendungen, welche die Gemeinde-Krankenversicherung oder eine

Orts-Krankenkasse für einen von ihm beschäftigten und nicht angemeldeten Arbeiter zu machen gehabt hat, zu erstatten."

[2]) Arbeitgeber (Anm. 3 zu § 49), sowie deren Betriebsleiter und Aufsichtspersonen, falls ihnen die Meldepflicht gemäß § 82a übertragen ist, und zwar immer als Gesammtschuldner, § 82a Abs. 3. Für Hülfskassen, deren Angestellte die Anzeigepflicht aus § 49a nicht erfüllt haben, besteht eine gleichartige Haftbarkeit nicht, vgl. Anm. 7 zu § 49a.

[3]) nach § 49. Gemeint ist wohl nur die Anmeldepflicht aus § 49 Abs. 1, nicht auch die Verpflichtung aus § 49 Abs. 3, Aenderungen der Lohnverhältnisse anzumelden. Denn letztere bezweckt nur, die Kasse wegen Bemessung der Höhe der ihr geschuldeten Beiträge (vgl. Anm. 15 zu § 49) auf dem Laufenden zu erhalten; sie hat also für die Kasse nicht annähernd dieselbe Bedeutung, wie die Meldepflicht aus § 49 Abs. 1, welche für die Möglichkeit, Beiträge überhaupt einzuziehen, von grundlegender Wichtigkeit ist. Bei Versäumung einer Meldung von Aenderungen in den Lohnverhältnissen würde es also an einem genügenden legislatorischen Grunde zu einer so strengen Behandlung des säumigen Arbeitgebers fehlen. Die ältere Fassung: „welche ihrer Anmeldepflicht nicht genügen" ist in der Novelle durch die Worte ersetzt: „welche der ihnen nach § 49 obliegenden Anmeldepflicht nicht genügen"; in der Begründung oder in den Verhandlungen fehlt es an einer Motivirung dieser Aenderung, und man ist vielleicht gerade aus diesem Grunde zu der Annahme berechtigt, daß sie lediglich aus redaktionellen Gründen erfolgt ist, ohne daß beabsichtigt worden wäre, damit mehr als bisher zu sagen und weitere Fälle wie früher zu treffen. Immerhin ist die Sache im Hinblick auf den Wortlaut des Gesetzes nicht zweifelsfrei. Vgl. Hahn in Arb.Vers. X S. 286. Strengere Auffassungen werden vertreten bei Reger-Henle Not. 3 z. § 50 und Arb.Vers. XII S. 528 (Ziffer 6); die Differenz will ersetzen lassen v. Schicker.

[4]) vorsätzlich oder fahrlässiger Weise. Diese Worte sind vom Reichstag in der dritten Lesung der Novelle eingeschoben worden. Sie wollen offenbar besagen, daß jedem Meldepflichtigen irgend ein wenn auch noch so geringes Verschulden zur Last fallen muß, wenn er regreßpflichtig gemacht werden soll, daß also eine rein zufällige Unterlassung nicht ausreicht. Von großer praktischer Bedeutung wird die Einschiebung schwerlich sein. Wenn hiernach in einzelnen Fällen ein Betriebsleiter, dem die Meldepflicht übertragen ist, nicht haftbar sein sollte, so wird doch der Arbeitgeber regreßpflichtig sein, denn dieser haftet nach § 82a Abs. 3 „in allen Fällen".

[5]) genügen. Hierzu bedarf es rechtzeitiger und nach ihrem Inhalt richtiger Anmeldung (Köhne S. 145).

[6]) Unterstützungsfall. Früher hieß es: „Aufwendungen, welche .... zur Unterstützung einer vor der Anmeldung erkrankten Person gemacht haben." Durch die jetzige, auf der Novelle beruhenden Fassung soll (nach den Mot. z. Nov. S. 61) „außer Zweifel gestellt werden, daß sich die Ersatzpflicht auch

auf das Sterbegeld erstreckt, welches eine Orts-Krankenkasse an die Hinterbliebenen eines nicht rechtzeitig angemeldeten Versicherungspflichtigen zu zahlen gehabt hat." Dasselbe gilt von der Wöchnerinnen-Unterstützung (§ 20 Abs. 1 Ziffer 2) und von der Angehörigen-Unterstützung bei Krankenhauspflege (§ 7 Abs. 2). Die Ersatzpflicht erstreckt sich eben auf alle Aufwendungen, welche der Kasse aus Anlaß solcher Erkrankung erwachsen. Durch nachträgliche Anmeldung nach Eintritt des Unterstützungsfalls wird die Regreßpflicht nicht beseitigt (vgl. Komm.Ber. S. 58).

[7]) zu erstatten, und zwar auch dann, wenn der Versicherungspflichtige inzwischen aus der Beschäftigung wieder entlassen ist (z. B. in den Fällen des § 28), sofern er nicht etwa in eine neue Beschäftigung und auf Grund derselben in eine andere Krankenkasse eingetreten ist und in dieser erkrankt (Köhne S. 145). Außerdem ist die Strafe aus § 81 verwirkt und die Nachzahlung der der Kasse entzogenen Beiträge zu leisten (Abs. 2).

Die Ersatzleistung aus § 50 trägt den Charakter einer Strafe (Mot. z. Nov. S. 67); sie ist aber nicht ein Strafbeitrag, wie Köhne (S. 145) meint, sondern eine obligatio ex lege mit pönalem Charakter, wie Hahn (S. 110) zutreffend ausführt. Sie verjährt deshalb auch nicht in der kurzen Frist des § 55, sondern erst in den allgemeinen landesrechtlichen Verjährungsfristen und genießt mangels ausdrücklicher Bestimmung im Konkurse nicht das Vorzugsrecht der Beiträge.

Streitigkeiten über den Ersatzanspruch sind durch die Novelle dadurch, daß § 50 im § 58 ausdrücklich zitirt worden ist, für die Zukunft der Entscheidung der Aufsichtsbehörde vorbehaltlich des Rechtswegs bezw. des Verwaltungsstreitverfahrens unterworfen worden; früher waren sie nach richtiger Meinung nur im ordentlichen Rechtswege zu entscheiden. Insbesondere fehlte es in Preußen bisher an einer ausdrücklichen reichs- oder landesgesetzlichen Vorschrift, durch welche diese Streitigkeiten dem Verwaltungsstreitverfahren unterworfen worden wären, und ohne eine solche besondere Vorschrift kann das preußische Verwaltungsstreitverfahren nach dem dasselbe beherrschenden Grundsatz kasuistischer Regelung nicht eintreten.

[8]) nicht angezeigt, vgl. § 49a. Bei dem Austritt Versicherungspflichtiger aus freien Hülfskassen oder bei ihrem Uebertritt in niedrigere Mitgliederklassen ist eine Anzeigepflicht dem Arbeitgeber nicht auferlegt; er muß aber die Beiträge für solche Personen, welche in Folge dieser Veränderung gesetzlich Mitglieder der Zwangskasse werden, zu letzterer vom Tage des Eintritts dieses gesetzlichen Zustandes ab (soweit sie nicht verjährt sind) entrichten.

[9]) nicht berührt, entsprechend der auch bisher von uns vertretenen Auffassung (vgl. 3. Aufl., Anm. 2 zu § 50). Dasselbe wird für die Nachzahlung von Eintrittsgeldern gelten müssen, soweit diese überhaupt zu entrichten sind. Zu beachten bleibt aber für diese Nachzahlungen die kurze Verjährungsfrist des § 55.

§. 51.*)

[1]) **Die Beiträge[2]) zur Krankenversicherung[3]) entfallen[4]) bei versicherungspflichtigen[5]) Personen zu zwei Dritteln auf diese, zu einem Drittel auf ihre Arbeitgeber.†) Eintrittsgelder[6]) belasten[7]) nur die Versicherten.** I.

Durch statutarische Regelung[8]) (§. 2) kann bestimmt werden, daß Arbeitgeber, in deren Betrieben Dampfkessel oder durch elementare Kraft bewegte Triebwerke nicht verwendet und mehr als zwei dem Krankenversicherungszwange unterliegende Personen nicht beschäftigt werden, von der Verpflichtung zur Leistung von Beiträgen aus eigenen Mitteln befreit sind.[9]) II.

(§ 47 des Entwurfs und der Komm.-Beschlüsse.)

*) Dieser Paragraph gilt auch für Innungs-Krankenkassen (§ 73), nach § 65 Abs. 2 und § 73 analog auch für Betriebs- (Fabrik-) und Bau-Krankenkassen

Zu § 51.

[1]) Vgl. zu §§ 51 ff. die zusammenfassende Darstellung von Hahn in Arb.Vers. X S. 393. Der § 51 ist der bisherige § 52. Die Umstellung der §§ 51 und 52 erfolgte durch die Novelle lediglich aus redaktionellen Rücksichten. Die jetzige Fassung des § 1 beruht auf der Novelle, findet ihr Vorbild im § 19 Inv.Ges. und soll in Verbindung mit der anderweiten Fassung des § 52 die Beitragsverpflichtung des versicherten Arbeiters schärfer zum Ausdruck bringen, als dies bisher der Fall war.

In der bisherigen Fassung, wonach die Arbeitgeber nur „berechtigt" waren, zwei Drittel der eingezahlten Beiträge vom Arbeiter wieder einzuziehen, schien nämlich „eine Mahnung für den Arbeitgeber zu liegen, die Beiträge ganz aus seinen Mitteln zu entrichten, was weder beabsichtigt noch erwünscht sein kann" (Komm.Ber. z. Nov. S. 67). Der Versicherte soll vielmehr grundsätzlich durch Entrichtung eigener Beiträge, wenn auch nicht zur vollen, für die Aufbringung der Gesammtlast erforderlichen Höhe, die durch das Gesetz ihm gewährleistete Sicherstellung gegen die Folgen der Krankheit sich selbst verdienen, damit er nicht zu der Annahme geführt werde, als handle es sich bei diesem auf Grund der Versicherung ihm zugestandenen Rechtsanspruch um ein Almosen. Vgl. Bosse-v. Woedtke, Kommentar z. Inv. u. A.V.G., Anm. 9 zu § 109. Es ist indessen nicht ausgeschlossen, daß der Arbeitgeber freiwillig (etwa zur Belohnung für besonders gute Dienste) mehr als ein Drittel der Beiträge selbst übernimmt und demgemäß weniger als zwei Drittel vom Arbeiter wieder einzieht. (Komm. Ber. z. Nov. S. 68.)

---

†) Diese Bestimmung gilt nicht ohne Weiteres für unständige Arbeiter (auch in der Land- und Forstwirthschaft) vgl. Anm. 2 zu § 54, sowie § 142 landw. U. u. K.V.G.

Die Beitragspflicht der Arbeitgeber, welche auf $33\frac{1}{3}$ Prozent des Gesammtkrankenversicherungsbeitrags, also auf 50 Prozent desjenigen Antheils, den der Arbeitnehmer zu demselben beizutragen hat (ein Betrag, der der früheren Preuß. Gesetzgebung und dem R.G. v. 8. April 1876, betr. die Abänderung des Titels VI der Gewerbeordnung, entspricht), normirt worden ist (cf. allg. Motive oben S. 35), ist das Korrelat des Versicherungszwanges, ein aus sozialpolitischen Gründen dem Arbeitnehmer auf Kosten des Arbeitgebers zugesprochener Vortheil. Derselbe reicht aber nur so weit, wie der (gesetzliche oder statutarische) Versicherungszwang selbst; er war ferner nur für die mit Beitrittszwang ausgestatteten Einrichtungen (die gleichartigen landesgesetzlichen Bestimmungen für Knappschaftskassen bleiben nach § 74 unberührt) gerechtfertigt, denn diese Einrichtungen sind so getroffen, daß jede versicherungspflichtige Person in einer derselben ihrer Versicherungspflicht genügen und durch die Betheiligung an denselben der der Versicherungspflicht entsprechenden Rechtswohlthat theilhaftig werden kann. Wer sich dem freiwillig entzieht und Mitglied einer neben jenen Einrichtungen zugelassenen Hülfskasse ohne Beitrittszwang (§ 75) wird, dem kann diese Rechtswohlthat nicht wider seinen Willen aufgedrängt werden. Der Drittelbeitrag des Arbeitgebers (zur Gemeinde-Krankenversicherung, zu Orts-, Betriebs- [Fabrik-], Bau- und Innungs-Krankenkassen, bei den letzten drei Kategorien jedoch vorbehaltlich der event. Zuschußverpflichtung des Arbeitgebers oder Bauherrn bezw. der Innung für den Fall einer Insuffizienz der Kasse, § 65 Abs. 3, §§ 72, 73) bildet also die Grenze seiner gesetzlichen Zuschußverpflichtung zur Krankenversicherung seiner Arbeiter. Hieraus ergiebt sich:

a) zu Hülfskassen ohne Beitrittszwang (§ 75) ist kein Beitrag der Arbeitgeber zu entrichten (Hülfskassen mit Beitrittszwang gelten als Orts- u. s. w. Krankenkassen, § 85);

b) durch freiwillige Versicherung nichtversicherungspflichtiger Personen wird eine Beitragsverpflichtung des Arbeitgebers nicht begründet. Dies gilt sowohl für die freiwillig eintretenden (§§ 4, 19, 26, 63, 72), wie für die nach Aufhören ihrer Beschäftigung freiwillig bleibenden Personen (§§ 11, 27, 64, 72, 73). Diese freiwilligen Mitglieder zahlen selbst die vollen Kassenbeiträge einschl. des Antheils der Arbeitgeber, cf. Anm. 9 zu § 4;

c) Arbeiter, welche neben ihrer Angehörigkeit zu einer Orts-Krankenkasse u. s. w. durch anderweite Versicherung (bei Gesellschaften u. s. w.) Doppelversicherung eingehen, können für den zu der letzteren zu zahlenden Beitrag nicht auch noch einen Zuschuß des Arbeitgebers beanspruchen;

d) Ortsstatuten, welche auf Grund des § 141 c der Gewerbeordnung (in der Fassung des Reichsgesetzes v. 8. April 1876) bis zum materiellen Inkrafttreten des Krankenversicherungsgesetzes (1. Dezember 1884) dahin errichtet waren, daß Fabrikinhaber zu den auf Anordnung der Gemeindebehörde errichteten eingeschriebenen Hülfskassen Beiträge bis zu 50 Prozent des Arbeiterbeitrags zu leisten hatten, traten, soweit diese 50 Prozent den nach dem Krankenversicherungsgesetz zu leistenden Beitrag überstiegen, in Widerspruch mit letzterem Gesetz und fielen also fort, während sie im Uebrigen gegenstandslos geworden sind, cf. § 87 Anm. 2.

Das Gesetz gestattet, durch statutarische Regelung folgende Ausnahmen von der Beitragspflicht des Arbeitgebers zu begründen:

a) für die in ganz kleinen Betrieben beschäftigten Arbeiter (§ 51 Abs. 2), weil in solchen kleinen Betrieben Arbeitgeber und Arbeitnehmer wirthschaftlich oft gleichstehen und es dann nicht billig wäre, den ersteren Krankenversicherungsbeiträge zu Gunsten der letzteren aufzuerlegen (vgl. Anm. 6);

b) für die auf Grund des § 2 statutarisch versicherten unständigen Arbeiter und Hausgewerbetreibenden (§ 54), weil die Verhältnisse hier zu verschieden sind, als daß sich übersehen ließe, ob die Beitragsleistung der Arbeitgeber praktisch möglich und durchführbar sein wird.

[2]) Beiträge, d. h. nur die regelmäßigen, für die Person des Versicherten zu entrichtenden Beiträge, nicht auch die Zusatzbeiträge, für Familienunterstützung. Letztere schuldet allein der Versicherte für seine Angehörigen, § 53b.

[3]) Krankenversicherung. Die Regierungsvorlage beabsichtigte eine Beitragspflicht der Arbeitgeber nur für diejenigen Personen, welche unter die Unfallversicherungsvorlage fallen sollten, und zwar als ein Aequivalent dafür, daß die durch Betriebsunfälle verursachten Erkrankungen, soweit ihre Folgen nicht über 13 Wochen dauern, den Krankenkassen und der Gemeinde-Krankenversicherung überwiesen wurden. Mit der Lösung der Verbindung beider Vorlagen fiel dieses Motiv des Arbeitgeberbeitrags fort; die Kommission hielt aber einen solchen aus allgemeinen Gründen für wünschenswerth, umsomehr, als auch aus Arbeiterkreisen ein solcher Beitrag der Arbeitgeber verlangt worden sei, cf. darüber Näheres im Komm.Ber. S. 68. — Andere Personen als die Arbeitgeber (vgl. Anm. 2 zu § 49) und die Versicherten sind durch das Gesetz zu Beiträgen nicht verpflichtet und können (vorbehaltlich der Vorschrift des § 54 Abs. 2 Ziffer 2) auch durch statutarische Bestimmung zu solchen nicht herangezogen werden, falls nicht etwa landesgesetzliche Bestimmungen dies ermöglichen sollten.

[4]) entfallen, werden aber vom Arbeitgeber in vollem Betrage, vorbehaltlich der theilweisen Wiedereinziehung vom Arbeitnehmer, eingezahlt. Der § 51 Abs. 1 disponirt nur darüber, wie die Last der Krankenversicherung im Effekt sich vertheilt, vgl. Anm. 2 zu § 9.

Die Frage, ob der Kasse gegenüber ausschließlich der Arbeitgeber auf das Ganze, oder subsidiär auch der Verpflichtete auf Höhe der auf ihn entfallenden $^2/_3$ des Beitrags haftet, konnte nach der bisherigen Fassung des Gesetzes zweifelhaft sein. In diesem Kommentar war in Uebereinstimmung mit Köhne (1. Aufl. S. 108), jedoch im Gegensatz zu v. Schicker (1. Aufl. S. 61) und Mugdan (in Schmollers Jahrb. X S. 311) das letztere vertreten worden, „denn dem Arbeiter liegt als Kassenmitglied die Verpflichtung zu Beiträgen ob, § 29 Abs. 1; der Arbeitgeber vermittelt nur die Einzahlung, im Interesse der leichteren Beitreibung". Nach der jetzigen Fassung des Gesetzes muß aber, wie Hahn (S. 112) im Gegensatz zu Köhne (2. Aufl. S. 148) mit Recht ausführt, davon ausgegangen werden, daß der Kasse gegenüber der Arbeitgeber alleiniger Schuldner auf das Ganze ist, und daß der Versicherte nur dem Arbeitgeber, nicht aber der Kasse haftet. Bei Zahlungsunfähigkeit des Arbeitgebers kann also der Arbeiter auch nicht subsidiär herangezogen werden. Es ergiebt sich dies zunächst aus der jetzigen Fassung des § 56 Abs. 1, wonach rückständige Beiträge von dem Krankengeld nur noch insoweit abgezogen werden dürfen, als sie ausnahmsweise von dem Versicherungspflichtigen selbst einzuzahlen waren, aber nicht insoweit, als sie von dem Arbeitgeber „geschuldet" sind (Mot. z. Nov. S. 63). Es folgt dies aber auch ferner daraus, daß der Gesetzgeber im § 52a sich entschlossen hat, für Fälle, in denen leistungsunfähige Arbeitgeber die Kasse durch Nichtzahlung der Beiträge schädigen, die Kasse zu direkter Inanspruchnahme der Kassenmitglieder (der Versicherten) ausnahmsweise zu ermächtigen; denn dies wäre nicht erforderlich gewesen, wenn angenommen worden wäre, daß der Kasse ohnehin subsidiär ein Rückgriff auf die Versicherten als ihre direkten Schuldner zustehe. Es folgt aber ferner daraus, daß in den Motiven der Regierungsvorlage zur Novelle (S. 63), in welcher der vom Reichstage eingefügte § 52a noch nicht enthalten war, die neue Vorschrift des § 53 Abs. 3 ausdrücklich mit der Bemerkung begründet worden ist, daß es im Falle der Zahlungsunfähigkeit eines Arbeitgebers, welcher trotzdem noch Arbeiter beschäftigt, „den Kassen an jeder Möglichkeit fehlt, für diejenigen Personen, welchen sie im Erkrankungsfalle Unterstützung gewähren müssen, die Beiträge einzuziehen, da eine Beitreibung derselben von dem zahlungsunfähigen Arbeitgeber ausgeschlossen ist, und zwar auch hinsichtlich derjenigen zwei Drittel, welche derselbe seinen versicherungspflichtigen Arbeitern am Lohn zu kürzen berechtigt ist, und vielleicht auch wirklich gekürzt hat". Hierin ist ein direkter Rückgriff der Kasse an die Versicherten geradezu abgelehnt. Zur Festhaltung dieses Standpunktes mögen insbesondere praktische Gesichtspunkte geführt haben, da andernfalls die Arbeiter vielleicht erst sehr spät (nach Feststellung der Zahlungsunfähigkeit des Arbeitgebers) von der Kasse würden in Anspruch genommen werden, und vielleicht schon ihre zwei Drittel durch Lohnkürzung an den Arbeitgeber abgeführt haben können, woraus zum Mindesten Weiterungen, Streitigkeiten u. s. w. entstehen müßten.

Hiernach ist der Krankenkasse gegenüber nur der Arbeitgeber der Schuldner (vorbehaltlich der Fälle des § 52a), und der Arbeitnehmer schuldet seinen Beitragsantheil wiederum nur dem Arbeitgeber, nicht der Kasse. Ebenso Rosin S. 599ff.

---

[5]) versicherungspflichtigen, also nicht freiwilligen, cf. Anm. 1.

[6]) Eintrittsgelder. Die Bestimmung ist neu, enthält aber nur dasselbe, was auch nach bisherigem Recht angenommen werden mußte. Mot. z. Nov. S. 61: „Das Gesetz enthielt bisher keine Bestimmungen über das Verfahren bei der Entrichtung der Eintrittsgelder, soweit solche nach den Vorschriften des § 26 überhaupt erhoben werden dürfen. Es empfiehlt sich, diese Lücke auszufüllen und dabei die Eintrittsgelder im Allgemeinen ebenso zu behandeln wie die Beiträge. Insbesondere wird der Arbeitgeber das Eintrittsgeld mit den Beiträgen vorzuschießen, der Versicherte aber dasselbe zu erstatten haben. Eine Verpflichtung zur antheiligen Uebernahme des Eintrittsgeldes auf eigene Kosten liegt dem Arbeitgeber bisher nicht ob; es fehlt an einer ausreichenden Veranlassung, ihm diese Verpflichtung neuerdings aufzuerlegen."

[7]) belasten, werden aber vom Arbeitgeber im vollen Betrage vorgeschossen, vgl. § 52 sowie Anm. 4 und 6.

[8]) statutarische Regelung. Das Zitat des § 2 ergiebt, daß solche statutarischen Bestimmungen (wie es auch dem § 142 der Gewerbeordnung entspricht) der Genehmigung der höheren Verwaltungsbehörde unterliegen und daß sie außerdem in der für Bekanntmachungen der Gemeindebehörde vorgeschriebenen oder üblichen Form veröffentlicht werden müssen. Ueber das Verfahren rc. in Preußen vgl. Ziffern 8 ff. Ausf. Anw. v. 10. Juli 1892.

[9]) befreit. Daß mit dieser Bestimmung praktische Schwierigkeiten und gewisse, bei der Beschränkung auf eine Zahl mehr oder weniger immer hervortretende Härten verbunden sein können, muß anerkannt werden. cf. im Uebrigen Anm. 1. Auch bei Fortfall des Arbeitgeberbeitrags darf der Maximalbeitrag des versicherungspflichtigen Arbeiters (2 bezw. 3 Prozent des Lohnes) nicht überstiegen werden, da nach der Wortfassung der §§ 31, 48 die Kassenbeiträge als Beiträge des Versicherten fixirt sind, denen die Beiträge der Arbeitgeber hinzutreten. (Komm.Ber. S. 52. Ebenso Köhne S. 146.) Den Ausfall wird die Kasse tragen müssen. Bis zur Höhe jenes Maximalbetrags aber werden die Arbeiter der von Beiträgen befreiten kleinen Arbeitgeber auch dann herangezogen werden können, wenn die anderen Kassenmitglieder in Folge der Beitragspflicht ihrer Arbeitgeber weniger zu zahlen haben. Der Umstand, daß alsdann die Beiträge der Kassenmitglieder verschieden hoch sind, bezw. daß die Arbeiter der kleinen Arbeitgeber mehr zu zahlen haben als die Arbeiter der größeren Unternehmer, dürfte nicht entgegenstehen, zumal schon das Gesetz selbst durch die Zulassung freiwilliger Mitglieder, welche die vollen Kassenbeiträge einschließlich des Antheils der Arbeitgeber zu zahlen haben, Mitglieder mit verschieden hohen Beiträgen geschaffen hat. Vgl. Hahn in Arb.Vers. X S. 394.

Zur vorschüssigen Einzahlung der Arbeiterbeiträge sind auch die von der eigenen Beitragspflicht entbundenen kleinen Arbeitgeber verpflichtet.

§. 52.*)

I. [1]) Die Arbeitgeber sind verpflichtet, die Beiträge [2]) **und Eintrittsgelder,** [3]) welche für die von ihnen beschäftigten [4]) Personen zur Gemeinde-Krankenversicherung oder zu einer Orts-Krankenkasse zu entrichten sind, **einzuzahlen. Die Beiträge sind an die Gemeinde-Krankenversicherung,** sofern nicht durch Gemeindebeschluß andere Zahlungstermine [5]) festgesetzt sind, wöchentlich **im Voraus,** [6]) **an die Orts-Krankenkasse** zu den durch Statut festgestetzten Zahlungsterminen einzuzahlen. **Das Eintrittsgeld ist mit dem ersten fälligen Beitrage** [7]) **einzuzahlen.** Die Beiträge sind solange fortzuzahlen, bis die vorschriftsmäßige Abmeldung (§. 49) erfolgt ist, und für den betreffenden Zeittheil zurückzuerstatten, [8]) wenn die **rechtzeitig** [9]) abgemeldete Person innerhalb der Zahlungsperiode aus der bisherigen **Beschäftigung** [10]) ausscheidet.

II. **Wenn der Versicherte gleichzeitig** [11]) **in mehreren die Versicherungspflicht begründenden Arbeitsverhältnissen steht, so haften die sämmtlichen Arbeitgeber als Gesammtschuldner für die vollen Beiträge und Eintrittsgelder.**

III. **Durch Gemeindebeschluß mit Genehmigung der Aufsichtsbehörde oder** [12]) **durch Kassenstatut kann bestimmt werden, daß die Beiträge stets für volle Wochen erhoben und zurückgezahlt** [13]) **werden.**

(§ 46 des Entwurfs und der Komm.-Beschlüsse.)

*) Dieser Paragraph gilt auch für Innungs-Krankenkassen (§ 73) analog auch für Betriebs-(Fabrik-) und Bau-Krankenkassen (§§ 65, 72)

Zu § 52.

[1]) Dieser Paragraph ist der frühere § 51, vgl. Anm. 1 zu § 51. Durch die Novelle sind die Abs. 2 und 3 hinzugefügt und im Abs. 1 Bestimmungen über die Einzahlung der Eintrittsgelder getroffen, auch die Vorschriften über die Zahlungstermine geändert worden.

Darüber, daß die Einzahlung der vollen Beiträge durch die Arbeitgeber für die Durchführung des Versicherungszwanges nothwendig und nützlich ist, vgl. allg. Mot., oben S. 25; darüber, daß der Kasse gegenüber nur die Arbeitgeber Schuldner der Beiträge sind, sofern nicht ausnahmsweise eine Anordnung auf Grund des § 52a erlassen ist, vgl. Anm. 4 zu § 51; darüber, daß auf freiwillige Kassenmitglieder die Einzahlungsverbindlichkeit des Arbeitgebers keine Anwendung findet, vgl. Anm. 9 zu § 4 und Anm. 5 zu § 51; wegen statutarischer Bestimmungen bei unständigen Arbeitern und Hausgewerbetreibenden vgl. § 54.

Den auf die Versicherten entfallenden Theil ($^2/_3$) der Beiträge kann der Arbeitgeber bei der Lohnzahlung, aber nur bei dieser, wieder einziehen, § 53;

wegen rückständiger fälliger Beiträge findet gegen ihn die Zwangsbeitreibung im Verwaltungswege (§ 55) sowie event. die Ausschließung von der Vertretung und der Wahlberechtigung zu den Kassenorganen statt, § 38 Abs. 4.

2) die Beiträge im vollen Betrage einschl. des auf die Arbeiter entfallenden Antheils, aber nicht deren Zusatzbeiträge für Familienunterstützung, § 52b.

3) Eintrittsgelder, vgl. Anm. 6 zu § 51 sowie Anm. 8.

4) von ihnen beschäftigten, sc. versicherungspflichtigen (vgl. Anm. 7 und 9 zu § 4) Personen, vorbehaltlich der §§ 52a und 54, vgl. Anm. 1.

5) Zahlungstermine. Die Zahlungsperioden sind bei organisirten Krankenkassen durch das Statut beliebig festzustellen; bei der Gemeinde-Krankenversicherung ist wöchentlich zu zahlen, sofern nicht durch Gemeindebeschluß andere Termine bestimmt werden.

6) im Voraus. Früher war allgemein Vorauszahlung vorgeschrieben; dies ist durch die Novelle aus praktischen Gründen geändert worden. Mot. zu Nov. S. 62: „Die Vorauszahlung der Beiträge soll nicht mehr, wie bisher, schlechthin vorgeschrieben werden, weil die Erfahrung gelehrt hat, daß dieselbe nicht überall durchführbar ist. In Zukunft soll es der Regelung durch Gemeindebeschluß oder Kassenstatut überlassen bleiben, ob die Beiträge im Voraus oder nachfolgend erhoben werden. Nur für den Fall, daß für die Gemeinde-Krankenversicherung keine Bestimmung durch Gemeindebeschluß getroffen worden ist, wird die Vorauszahlung der Beiträge vorgeschrieben."

7) mit dem ersten fälligen Beitrage im vollen Betrage, ohne daß eine Theilung zugelassen wäre; denn es handelt sich bei Eintrittsgeldern um einmalige, nicht, wie bei den Beiträgen, um laufende Zahlungen (Mot. z. Nov. S. 62). Die Kasse muß indessen für berechtigt gehalten werden, nicht nur Stundungen, sondern auch Theilzahlungen zu gewähren.

8) zurückzuerstatten. Bei Nachzahlung (vgl. Anm. 6) ist nichts zu erstatten, aber entsprechend weniger einzuziehen.

Eine Erstattung des Eintrittsgeldes findet niemals statt, „da es nicht, wie Kassenbeiträge, für bestimmte Zeiträume, sondern ein für alle Mal für die ganze Zugehörigkeit zur Krankenkasse ohne Rücksicht darauf, wie lange diese Dauer währt, entrichtet wird" (Mot. z. Nov. S. 62).

9) rechtzeitig. Dieses Wort ist von der Novelle eingeschoben; eine Zurückzahlung findet also nicht statt, wenn die Abmeldungsfrist (§ 49 Abs. 1 und 5) nicht inne gehalten wird.

10) Beschäftigung. Früher hieß es „Versicherung". Nach der Fassung der Novelle muß die Rückzahlung auch dann erfolgen, wenn der rechtzeitig Abgemeldete, ohne aus der bisherigen Versicherung auszuscheiden, nur zu einer anderen Beschäftigung, d. h. zu einer Beschäftigung bei einem anderen Arbeitgeber übergegangen ist, dabei aber derselben Orts-Krankenkasse oder der Gemeinde-Krankenversicherung weiter angehört (vgl. Mot. z. Nov. S. 62). Denn andernfalls würde die Gemeinde-Krankenversicherung

bezw. die Orts-Krankenkasse für den betreffenden Zeittheil doppelte Beiträge, nämlich Beiträge von beiden Arbeitgebern, erhalten.

[11]) gleichzeitig, etwa in der Art, daß derselbe Versicherte auf Grund mehrerer Arbeitsverträge bei verschiedenen Arbeitgebern derart in einem dauernden Dienstverhältnisse steht, daß er bestimmte Stunden des Tages oder bestimmte Tage der Woche bei dem einen, den Rest des Tages oder die übrigen Tage der Woche bei dem anderen Arbeitgeber beschäftigt ist. Die Anmeldepflicht liegt dann beiden Arbeitgebern ob; die Beiträge sind aber nur einmal zu erheben. Für die Vertheilung der Beiträge unter den mehreren Arbeitgebern entscheidet grundsätzlich zunächst deren freie Vereinbarung, event. die landesrechtlichen Bestimmungen über das Verhältniß der Gesammtschuldner zu einander. Die Kasse aber kann sich an jeden Arbeitgeber auf das Ganze halten.

Das Gesetz hat offenbar nur den Fall im Auge, daß durch jede der mehreren Beschäftigungen die Zugehörigkeit zu derselben Orts-Krankenkasse bezw. zur Gemeinde-Krankenversicherung begründet wird. Für den Fall, daß mehrere Krankenkassen oder daß die Gemeinde-Krankenversicherung und eine Orts-Krankenkasse in Betracht kommen, enthält das Gesetz keine ausdrücklichen Bestimmungen. Eine mehrfache Zwangsversicherung gleichzeitig bei mehreren Krankenkassen liegt aber nicht im Sinne des Gesetzes; während der Dauer des Arbeitsverhältnisses ist immer nur eine Zwangsversicherung begründet. Sollte der Fall einer Konkurrenz mehrerer Organisationen wirklich vorkommen, so wird eine Vereinbarung darüber stattzufinden haben, in welcher Kasse die Versicherung stattfinden soll, wobei vorzugsweise der Umfang und die Art der Beschäftigung in den in Betracht kommenden Berufszweigen zu berücksichtigen ist; die Gemeinde-Krankenversicherung wird jedoch immer zurückstehen müssen, da nach dem Grundgedanken des Gesetzes die Orts-Krankenkasse immer der Gemeinde-Krankenversicherung vorgeht.

Die Motive sagen nur, daß sich die neue Vorschrift des Abs. 2 „im Interesse der Vereinfachung des Kassen- und Rechnungswesens als dringend erwünscht herausgestellt hat" (Mot. z. Nov. S. 62).

[12]) oder. Für die Gemeinde-Krankenversicherung gilt das erstere, für Orts-Krankenkassen nur das letztere.

[13]) erhoben und zurückgezahlt. Wenn von dieser Befugniß Gebrauch gemacht wird, so ist gleichzeitig zu bestimmen, ob für diejenige Woche, innerhalb deren das Arbeitsverhältniß endet, im Fall rechtzeitiger Abmeldung (vgl. Anm. 8) der volle Wochenbeitrag oder gar kein Wochenbeitrag zu leisten ist. Soll für die betr. Woche der volle Wochenbeitrag erhoben werden, so hat die Kasse für diese Woche bei Vorausbezahlung (vgl. Anm. 6) nichts zurückzuzahlen, bei Nachzahlung aber den vollen Wochenbeitrag zu erhalten. Soll dagegen für die betr. Woche nichts erhoben werden, so hat die Kasse für diese Woche bei Vorauszahlung den gezahlten Wochenbeitrag zurückzugewähren, bei Nachzahlung aber nichts zu erheben.

§. 52a*)

[1]) **Auf Antrag der Gemeinde-Krankenversicherung oder einer Orts-Krankenkasse kann die Aufsichtsbehörde[2]) widerruflich anordnen, daß solche Arbeitgeber, die mit Abführung der Beiträge im Rückstande geblieben sind und deren Zahlungsunfähigkeit[3]) im Zwangsbeitreibungsverfahren[4]) festgestellt worden ist, nur den auf sie selbst als Arbeitgeber entfallenden Theil der Beiträge, welche für die von ihnen beschäftigten versicherungspflichtigen Personen zur Gemeinde-Krankenversicherung oder Orts-Krankenkasse zu entrichten sind, einzuzahlen[5]) haben.** I.

Wird dies angeordnet, so sind die von solchen Arbeitgebern beschäftigten versicherungspflichtigen Personen verpflichtet, die Eintrittsgelder sowie den auf sie selbst entfallenden Theil der Beiträge zu den festgestellten Zahlungsterminen selbst an die Gemeinde-Krankenversicherung oder Krankenkasse einzuzahlen.[5]) II.

Zu § 52a.

[1]) Die Vorschriften des § 52a sind erst zur dritten Plenarberathung des Reichstags über die Novelle beantragt und ohne Debatte angenommen worden. Sie enthalten scharfe Bestimmungen zur Verhütung einer inzwischen bekannt gewordenen Praxis einzelner gewissenloser Unternehmer, insbesondere im Baugewerbe, welche, obwohl zahlungsunfähig, doch in großer Zahl versicherungspflichtige Personen beschäftigen, denselben bei der Lohnzahlung die Versicherungsbeiträge abziehen, aber weder diese noch den auf sie selbst entfallenden Antheil an die Krankenkasse abführen. Letzterer erwachsen hieraus sehr bedeutende Ausfälle, welche sich bei den pflichtmäßigen Versuchen des Kassenvorstandes, die Rückstände einzuziehen, wegen der Fruchtlosigkeit und Kostspieligkeit solcher Versuche noch erheblich vermehren können. Allein in Berlin sollen hieraus einer einzigen Krankenkasse im Laufe weniger Jahre gegen 30000 Mark Verlust einschließlich fruchtloser Beitreibungskosten erwachsen sein. In solchen Fällen genügt die schon in der Vorlage der Novelle enthaltene Vorschrift des § 53 Abs. 3 nicht, weil auf die Nichtbefolgung dieser Vorschrift nur eine niedrige Strafe (§ 82) gesetzt ist; ebensowenig die Strafvorschrift des § 82b, weil mit einer Bestrafung solcher zahlungsunfähigen Arbeitgeber der Kasse nicht geholfen wird; es kam vielmehr darauf an, der Kasse zu ihrem Gelde zu verhelfen. Dies geschieht dadurch, daß bei Fällen der bezeichneten Art die Kasse ausnahmsweise direkt an die Versicherten verwiesen und letzteren die Verpflichtung auferlegt wird, ihren Beitragsantheil nicht mehr in Gestalt eines Lohnabzugs an die Arbeitgeber, sondern direkt an die Kasse abzuführen. Die Kasse verliert dann nur noch das auf den leistungsunfähigen Arbeitgeber entfallende Drittel, nicht mehr den vollen Betrag. Die Vorschrift ist gleich-

III. **Die Anordnungen (Absatz 1) müssen diejenigen Arbeitgeber, für welche sie gelten sollen, nach Namen, Wohnort und Geschäftsbetrieb deutlich bezeichnen und sind diesen Arbeitgebern schriftlich mitzutheilen.**

IV. **Die von solchen Anordnungen betroffenen Arbeitgeber sind verpflichtet,[6]) dieselben den von ihnen beschäftigten, in der Gemeinde-Krankenversicherung oder Orts-Krankenkasse versicherten versicherungspflichtigen Personen durch dauernden Aushang in den Betriebsstätten[7]) bekannt zu machen und bei jeder Lohnzahlung die von ihnen beschäftigten versicherungspflichtigen Personen darauf hinzuweisen, daß diese die im Absatz 2 bezeichneten Beiträge selbst einzuzahlen haben.**

V. **Gegen die im Absatz 1 bezeichneten Anordnungen findet binnen zwei Wochen nach der Zustellung die Beschwerde an die höhere Verwaltungsbehörde[8]) statt. Die Beschwerde hat keine aufschiebende Wirkung. Die Entscheidung der höheren Verwaltungsbehörde ist endgültig.**

*) Dieser Paragraph gilt auch für Betriebs- (Fabrik-), Bau- und Innungs-Krankenkassen (§§ 65, 72, 73)

---

zeitig so gefaßt (Abs. 3), daß sie die betr. Arbeitgeber in ihrem Verhältniß zu den Versicherten empfindlich trifft. Es steht zu hoffen, daß schon das bloße Bestehen der Vorschrift in Verbindung mit den schweren Strafen des § 82b der bisherigen unreellen Geschäftspraktik solcher Unternehmer ein Ende bereiten wird, ohne daß die Vorschrift in Wirksamkeit gesetzt zu werden braucht.

[2]) Aufsichtsbehörde, § 44.

[3]) Zahlungsunfähigkeit, vgl. Anm. 4. Für zahlungsunfähige Arbeitgeber gelten also zwei besondere Bestimmungen. Kraft direkter gesetzlicher Vorschrift (§ 53 Abs. 3) sind sie zur Vermeidung der im § 82 angedrohten Strafe verpflichtet (nicht bloß, wie andere Arbeitgeber, berechtigt), von ihren Arbeitnehmern den auf sie entfallenden Beitragsantheil einzuziehen und sofort zur Kasse abzuführen; sie können aber auch weitergehend durch behördliche Anordnung verpflichtet werden, diese Einziehung der Beitragstheile ihrer Arbeitnehmer ganz zu unterlassen (§ 52a). Leider ist eine Zuwiderhandlung gegen solche Anordnung nicht unter Strafe gestellt; die von den Antragstellern als Zusatz zu § 81 beantragte Strafbestimmung für Uebertretung der Vorschriften des Abs. 4 ist vom Reichstag anscheinend lediglich aus Versehen abgelehnt worden. Es wird Sache der Behörden und der betheiligten Krankenkasse sein, dafür Sorge zu tragen, daß die von den betroffenen Arbeitgebern beschäftigten Versicherten von ihrer Verpflichtung zur Selbsteinzahlung Kenntniß erhalten. Insbesondere wird die Behörde für eine genügende

Bekanntmachung in ihren amtlichen Blättern Sorge tragen müssen, vgl. Anm. 5.

[4]) im Zwangsbeitreibungsverfahren. Dieses braucht nicht, wie Köhne S. 150 meint, auf Grund des § 55 wegen rückständiger Beiträge zur Krankenversicherung durchgeführt zu sein, sondern es genügt jedes auch in anderen Angelegenheiten durchgeführte Beitreibungsverfahren, mag dasselbe im Rechts- oder im Verwaltungswege angeordnet sein, sobald dadurch nur der Behörde die Ueberzeugung beigebracht wird, daß ein Arbeitgeber, welcher mit Abführung der Beiträge zur Krankenkasse im Rückstande ist, zahlungsunfähig sei. Dies ergiebt sich nicht nur aus dem Wortlaut, sondern auch daraus, daß der Reichstag bei der gleichartigen Vorschrift des § 53 Abs. 3 den in der Vorlage enthaltenen Hinweis auf § 55 gestrichen und damit zu erkennen gegeben hat, daß in solchen Fällen jedes Zwangsverfahren genügen soll. (Ebenso Reichsgerichts-Entsch. v. 10. April 1894 in Arb. Vers. XI S. 517.)

Man wird jedoch nicht so weit gehen dürfen wie Hahn (S. 113 und Arb. Vers. X S. 398), der Zahlungsunfähigkeit schon dann annehmen will, wenn es an „bereiten Zahlungsmitteln" mangelt. Zahlungsunfähigkeit im Sinne dieser Vorschriften kann vielmehr erst dann angenommen werden, wenn im Zwangsbeitreibungsverfahren keine Baarmittel oder sonstige Vermögensstücke, aus deren Pfändung und Verkauf die Gläubiger ausreichende Befriedigung erwarten dürfen, sich gefunden haben.

[5]) einzuzahlen. Diese Anordnung hat die im Abs. 2 bezeichnete Folge; es werden dadurch die Versicherten zu direkten Schuldnern der Kasse in Höhe der Eintrittsgelder und der auf sie entfallenden zwei Drittel des Beitrags gemacht. Vgl. Anm. 1 zu § 52.

Diese Wirkung tritt ein mit der Mittheilung an die Arbeitgeber (Abs. 3) oder dem in der Anordnung etwa bezeichneten späteren Zeitpunkt, und zwar auch gegenüber den von dem Arbeitgeber beschäftigten Versicherten, selbst dann, wenn der Arbeitgeber die ihm nach Abs. 4 obliegenden Mittheilungen vernachlässigt. Freilich muß dafür Sorge getragen werden, daß den Versicherten in irgend einer glaubhaften Form Kenntniß von der Anordnung gegeben wird. Hierzu genügt aber nach diesseitiger Ansicht (a. M. Hahn in Arb. Vers. X S. 318), daß diese Anordnung in derjenigen Form zur Kenntniß gebracht wird, welche für die amtlichen Maßregeln vorgeschrieben oder üblich ist, z. B. durch Veröffentlichung in den amtlichen Blättern. Ist letzteres geschehen, so dürfen sich die Versicherten mit Unkenntniß ebensowenig entschuldigen, wie mit der Unkenntniß eines Gesetzes oder einer sonstigen behördlichen Anordnung. Ist eine solche Veröffentlichung erfolgt oder ist die Anordnung anderweit zur Kenntniß der Versicherten gebracht, so brauchen diese einen Lohnabzug des Arbeitgebers nicht zu dulden und müssen ihre Quote, selbst wenn sie dieselbe an den Arbeitgeber abgeführt haben sollten, an die Kasse noch einmal zahlen.

§. 52b.*)

Auf Zusatzbeiträge der Versicherten für besondere auf Antrag zu gewährende Kassenleistungen an Familienangehörige (§. 6a Absatz 1 Ziffer 5, §. 9 Absatz 1 Satz 2, §. 21 Absatz 1 Ziffer 5, §. 22 Absatz 2) finden die Vorschriften der §§. 51 und 52 keine Anwendung.

*) Dieser Paragraph gilt auch für Betriebs- (Fabrik-), Bau- und Innungs-Krankenkassen (§§ 65, 72, 73)

§. 53.*)

I. [1]) **Die Versicherten sind verpflichtet, die Eintrittsgelder und Beiträge, letztere nach Abzug des auf den Arbeitgeber entfallenden Drittels (§. 51), bei den Lohnzahlungen sich einbehalten**[1a]) **zu lassen. Die Arbeitgeber dürfen nur auf diesem Wege**[2]) **den auf die Versicherten entfallenden Betrag wieder einziehen. Die Abzüge für Beiträge**[3]) **sind auf die Lohnzahlungsperioden,**[3a]) **auf welche sie**

---

[6]) verpflichtet. Vgl. Anm. 3. Wenn in der Anordnung der Behörde diese gesetzliche Verpflichtung, insbesondere die Anbringung eines dauernden Aushangs in den Betriebsstätten, noch ausdrücklich aufgenommen wird, so kann die Behörde deren Befolgung mit den nach Landesrecht ihr zustehenden Zwangsmitteln erzwingen. Dies ist im Interesse der Versicherten zu empfehlen, um letztere über ihre Zahlungsverpflichtung dauernd in Kenntniß zu erhalten und sie dadurch vor der Gefahr doppelter Zahlung zu bewahren.

[7]) in den Betriebsstätten an einer den Versicherten zugänglichen Stelle.

[8]) höhere Verwaltungsbehörde, § 84.

Zu § 52b.

Dieser Paragraph ist in der dritten Plenarberathung der Novelle beantragt und ohne Debatte angenommen worden. Zusatzbeiträge für Familienunterstützung sind immer von den Versicherten selbst einzuzahlen und voll zu tragen; sie dürfen aber nach §§ 9, 22 nur dann erhoben werden, wenn die Familienunterstützung „auf Antrag" zu gewähren ist, dagegen nicht, wenn sie, wie dies bei Orts-Krankenkassen zulässig ist, ohne Weiteres allen Kassenmitgliedern zu gute kommen. Denn in letzterem Falle werden die Familienunterstützungen aus den allgemeinen Kassenbeiträgen bestritten.

Zu § 53.

[1]) Die in dem § 53 der bisherigen Fassung enthaltenen Grundsätze sind durch die Novelle in zwei Paragraphen (53 und 53a) vertheilt und weiter ausgestaltet worden.

Der erste Satz des § 53 bestimmt den Weg, auf welchem die Arbeitgeber die Eintrittsgelder und denjenigen Theil der Beiträge, welcher gemäß

entfallen,[4]) gleichmäßig[5]) zu vertheilen. Dieſe Theilbeträge dürfen, ohne daß dadurch Mehrbelaſtungen[6]) der Verſicherten herbeigeführt werden, auf volle zehn Pfennig abgerundet werden. Sind Abzüge für eine Lohnzahlungsperiode unterblieben,[7]) ſo dürfen ſie nur noch bei der Lohnzahlung für die nächſtfolgende Lohnzahlungsperiode nachgeholt werden.

Hat der Arbeitgeber Beiträge um deswillen nachzuzahlen,[8]) weil die Verpflichtung zur Entrichtung von Beiträgen zwar vom Arbeitgeber anerkannt, von dem Verſicherten, der Gemeinde-Krankenverſicherung oder Orts-Krankenkaſſe aber beſtritten wurde und erſt durch einen Rechtsſtreit (§. 58) hat feſtgeſtellt werden müſſen, oder weil die im §. 49a vorgeſchriebene Anzeige erſt nach Ablauf der im Abſatz 1 bezeichneten Zeiträume oder gar nicht erſtattet worden iſt, ſo findet die Wiedereinziehung des auf den Verſicherten entfallenden Theiles der Beiträge ohne die vorſtehend aufgeführten Beſchränkungen[9]) ſtatt. II.

Arbeitgeber, deren Zahlungsunfähigkeit[10]) im Zwangsbeitreibungsverfahren[11]) feſtgeſtellt worden iſt, ſind, ſolange für ſie nicht eine Anordnung der im §. 52a bezeichneten Art getroffen worden iſt, verpflichtet,[12]) die im Abſatz 1 zugelaſſenen Lohnabzüge zu machen und deren Betrag ſofort, nachdem der Abzug gemacht worden iſt, an die berechtigte Kaſſe abzuliefern. III.

(§ 48 des Entwurfs und der Komm.-Beſchlüſſe.)

*) Dieser Paragraph gilt auch für Betriebs- (Fabrik-), Bau- und Innungs-Krankenkassen (§§ 65, 72, 73)

---

§ 51 den Verſicherten zur Laſt fällt, von dieſen wieder einziehen können. Dieſer Satz entſpricht ſachlich der bisherigen Vorſchrift, welche die Berechtigung des Arbeitgebers zum Abzug ausſprach, dreht aber die Sache um und ſetzt an die Stelle der Berechtigung des Arbeitgebers die derſelben entſprechende Verpflichtung des Verſicherten, den Abzug zu dulden. Es ſoll hierdurch zu beſſerem Ausdruck gebracht werden, daß die Verſicherten nicht den geringſten Anſpruch darauf haben, daß ihnen der Arbeitgeber etwa den Beitrag erläßt; irrthümliche in der Praxis hervorgetretene Auffaſſungen ließen eine ſolche präziſere Faſſung der bisherigen Vorſchrift räthlich erſcheinen. Vgl. Anm. 1 zu § 51.

Durch den zweiten Satz des erſten Abſatzes wird ebenfalls nur deutlicher als bisher zum Ausdruck gebracht, daß die Abzüge nur bei der Lohnzahlung ſollen erfolgen dürfen, während die weiteren Sätze in Anlehnung an § 109 Abſ. 3 und § 112 des Invaliditäts- und Altersverſicherungsgesetzes Vorsorge treffen, daß die Abzüge für Beiträge gleichmäßig vertheilt und nicht zum Nachtheil des Versicherten in zu großen Beträgen auf einmal sollen gemacht werden dürfen.

Für besondere Fälle, in denen der Arbeitgeber nicht in der Lage ist, den Abzug rechtzeitig machen zu können, enthält sodann der neue Abs. 2 Ausnahmevorschriften.

Der Abs. 3 ist neu und enthält eine weitere Ausgestaltung des in § 52a enthaltenen Grundsatzes für solche Fälle, in denen die scharfen Vorschriften des § 52a noch nicht erforderlich sind.

Die von der Vorlage z. Th. abweichende Fassung des Abs. 1, sowie der Abs. 2 beruhen auf Anträgen zur dritten Plenarberathung der Novelle und sind ohne Debatte genehmigt worden.

1a) einbehalten, d. h. vom Lohn sich abziehen zu lassen, auch wenn die Beiträge (bei postnumerando-Haftung) erst später fällig sein sollten.

2) nur auf diesem Wege (vgl. Anm. 1), vorbehaltlich der Ausnahmefälle des Abs. 2, in welchen dem Arbeitgeber die fortlaufende Einbehaltung bei der Lohnzahlung ohne seine Schuld unmöglich ist.

3) für Beiträge, nicht auch die Abzüge für Eintrittsgelder. „Die Erstattung des vom Arbeitgeber vorgeschossenen Eintrittsgeldes durch den Arbeiter hat zweckmäßig bei derselben Lohnzahlung zu erfolgen, bei welcher die Beiträge antheilig zu erstatten sind. Dabei werden die Eintrittsgelder ebenso wie die während der betreffenden Lohnzahlungsperioden fällig gewordenen Beiträge zum vollen Betrage zur Erstattung zu bringen sein, weil sie in diesen Lohnzahlungsperioden fällig geworden sind; zu einer Vertheilung des Vorschusses auf mehrere Lohnzahlungstermine fehlt es an ausreichender Veranlassung" (Mot. z. Nov. S. 62).

3a) Lohnzahlungsperiode, d. h. der Zeitraum, für welchen die Lohnzahlung erfolgt; gleichgiltig ist, ob es sich um Zeitlohn oder Akkordlohn handelt, sowie ob die Lohnzahlung regelmäßig oder unregelmäßig erfolgt (v. Schicker S. 253).

4) auf welche sie entfallen. Dabei ist zu beachten, daß die Lohnzahlungsperioden nicht immer mit den Beitragsperioden (§ 52) zusammenfallen, und daß Lohn und Beiträge sowohl im Voraus wie nachträglich gezahlt werden können. Die vorgeschossenen Beiträge sollen bei jeder Lohnzahlung mit demjenigen Betrage in Abzug gebracht werden, welcher auf die Zeit entfällt, für welche der Lohn gezahlt wird.

5) gleichmäßig, vorbehaltlich der im Text sofort folgenden Ausnahmen. Strafbestimmung in § 82.

6) Mehrbelastungen der Versicherten dürfen in Folge der Abrundung derjenigen Theilbeträge, in denen ihr Beitragsantheil bei den Lohnzahlungen wieder eingezogen wird, auf je volle 10 Pfennig nicht eintreten. Beträgt z. B. der Beitragsantheil des Arbeiters für eine monatliche Beitragsperiode 50 Pfennig, und sind die Lohnzahlungsperioden wöchentlich, so dürfen ihm

§. 53a.*)

Streitigkeiten [1]) zwischen dem Arbeitgeber und den von ihm beschäftigten Personen über die Berechnung und Anrechnung der von [2]) diesen zu leistenden Beiträge werden nach den Vorschriften des Gesetzes, betreffend die Gewerbegerichte, vom 29. Juli 1890 (Reichs-Gesetzbl. S. 141) entschieden. I.

---

wohl für eine Woche 20 Pfennig, das nächste Mal 10 Pfennig u. s. w., insgesammt aber nicht mehr als 50 Pfennig abgezogen werden.

[7]) unterblieben. Diese Vorschrift besagt in präziser Fassung dasselbe, wie die sachlich gleichbedeutende Vorschrift des § 109 Abs. 3 Inv.Ges., und soll vornehmlich die Abzüge für diejenigen Wochen ermöglichen, welche in zwei verschiedene Beitragsperioden entfallen, wie es z. B. bei monatlichen Beitragsperioden vorkommen kann. In diesen Fällen ist der etwa noch nicht eingehobene Betrag für die in den Anfang einer Woche fallenden letzten Tage des Monats bei der Lohnzahlung am Ende der Woche nachzuzahlen. Es können aber auch die Monatsbeiträge in vier Wochenbeiträge so zerlegt werden, daß für die Theilwoche nichts erhoben wird. Vgl. die Ausführungen des Abg. Frhr. v. Stumm zum Invaliditätsgesetz bei Bosse-v. Woedtke, Kommentar, Anm. 13 zu § 109 J.V.G.

Außerdem können auch solche Beträge, die etwa aus Irrthum, Rechenfehlern u. s. w. nicht rechtzeitig eingehoben sind, noch bei der nächsten Lohnzahlungsperiode voll eingehoben werden.

[8]) nachzuzahlen, d. h. zur Kasse, weil er von seiner Zahlungsverpflichtung entweder ohne seine Schuld keine Kenntniß hatte (§ 49a), oder weil die Kasse oder der Versicherte die Beitragszahlung nicht wollte. Vgl. Anm. 2.

[9]) ohne die vorstehend aufgeführten Beschränkungen, also unabhängig von der Lohnzahlung, ohne gleichmäßige Vertheilung auf die einzelnen Lohnzahlungsperioden und in größeren, als den auf eine zweimalige Lohnzahlung entfallenden Beträgen.

[10]) Zahlungsunfähigkeit, vgl. Anm. 1 und 3 zu § 52a.

[11]) Zwangsbeitreibungsverfahren, vgl. Anm. 4 zu § 52a.

[12]) verpflichtet, nicht bloß wie andere Arbeitgeber berechtigt. Solche Arbeitgeber müssen, solange nicht Anordnungen gemäß § 52a getroffen worden sind, den auf den Arbeiter entfallenden Beitragsantheil von diesem einziehen (Strafvorschrift in § 82b) und sofort der Kasse abliefern. Rechtswidrige Zurückbehaltung der eingezogenen Beiträge ist nach § 82, und wenn die erschwerenden Umstände des § 82b vorliegen, nach letzterer Bestimmung strafbar.

Zu § 53a.

[1]) Streitigkeiten. Vgl. Anm. 1 zu § 53. Die Aenderungen des § 53 Abs. 2 der bisherigen Fassung wurden bei der Novelle erforderlich,

II. **Die Vorschriften des letzteren Gesetzes finden auch auf Streitigkeiten zwischen den bezeichneten Personen über die Berechnung und Anrechnung des Eintrittsgeldes Anwendung. Zur Entscheidung dieser Streitigkeit sind auch die auf Grund des §. 80 jenes Gesetzes fortbestehenden Gewerbegerichte zuständig.**

*) Der Paragraph 53a gilt entsprechend auch für Betriebs- (Fabrik-), Bau- und Innungs-Krankenkassen (§§ 65, 72, 73)

---

weil § 170a der Gewerbeordnung, auf welchen die alte Fassung verwies, durch § 78 Abs. 1 des Gesetzes, betr. die Gewerbegerichte, v. 29. Juli 1890 (Reichs-Gesetzbl. S. 141) aufgehoben und durch andere Bestimmungen ersetzt worden ist.

Man hätte es ja nun in dem vorliegenden Gesetz lediglich dabei belassen können, daß das Gewerbegerichtsgesetz entsprechende Bestimmungen bereits enthielt. Dies war jedoch um deswillen unzweckmäßig, weil die Vorschriften darüber, auf welchem besonderen Wege Streitigkeiten über die Berechnung und Anrechnung der Beiträge zur Krankenversicherung zwischen Arbeitgebern und Versicherten zu entscheiden seien, schwerlich in dem Gewerbegerichtsgesetz gesucht worden wären; es wäre anderen als den in der Reichsgesetzgebung berufsmäßig bewanderten Juristen kaum zuzumuthen gewesen, in jenem Gesetz nachzuschlagen, um zu erfahren, auf welchem Wege die aus dem Krankenversicherungsgesetz sich ergebenden Streitigkeiten zum Austrag zu bringen seien. Andererseits wären jene Bestimmungen auch nicht einmal voll ausreichend gewesen, weil jenes Gesetz hinsichtlich der Streitigkeiten über Eintrittsgelder nichts enthält. Man hat es deshalb vorgezogen, in einem besonderen Paragraphen des Krankenversicherungsgesetzes auf die (mehrfachen) Vorschriften des Gewerbegerichtsgesetzes zu verweisen und letztere auf Streitigkeiten über das Eintrittsgeld ausdrücklich auszudehnen.

Soweit auf Grund des Gewerbegerichtsgesetzes Gewerbegerichte errichtet sind, ist deren Zuständigkeit für gewerbliche Arbeiter obligatorisch; soweit keine Gewerbegerichte errichtet sind und soweit es sich um andere als gewerbliche Arbeiter handelt, findet wahlweise der Rechtsweg oder die vorläufige Anrufung des Gemeindevorstehers mit nachfolgendem Rechtswege statt. Hiernach werden also die Streitigkeiten zwischen Arbeitgebern und Versicherten über die Berechnung und Anrechnung der für diese zu leistenden Eintrittsgelder und Beiträge zur Krankenversicherung fortan verschieden behandelt, je nach der Kategorie der Betheiligten.

a) Bei gewerblichen Arbeitern (denjenigen Gesellen, Gehülfen, Fabrikarbeitern und Lehrlingen, auf welche sich Tit. VII der Gewerbeordnung erstreckt, § 2 Abs. 1 Ges. v. 29. Juli 1890), bei Betriebsbeamten, Werkmeistern und Angestellten für höhere technische Dienstleistungen (§ 2

Abf. 2 a. a. O.), fowie bei Hausgewerbetreibenden und Heimarbeitern müffen diefe Streitigkeiten in erfter Inftanz vor Gewerbegerichten zur Entfcheidung gebracht werden, falls folche an dem betr. Befchäftigungsort und für die betr. Art des Gewerbebetriebes errichtet worden find (§§ 1, 3 Ziffer 3, 5, 6 a. a. O.). Die Berufung geht an das Landgericht, ift aber nur zuläffig, wenn der Werth des Streitgegenftandes den Betrag von 100 Mark überfteigt (§ 55 a. a. O.).

Sind Gewerbegerichte nicht errichtet, fo findet wahlweife das Verfahren vor dem Gemeindevorfteher vorbehaltlich des Rechtswegs (§ 71 a. a. O.) oder die fofortige Befchreitung des Rechtswegs ftatt.

b) Bei anderen Verficherten, insbefondere land- und forftwirthfchaftlichen Arbeitern, verficherungspflichtigen Staats- und Kommunalbeamten, fowie bei denjenigen Perfonen, welche von der Zuftändigkeit der Gewerbegerichte durch befondere Beftimmung ausgefchloffen worden find (Handlungsgehülfen und -Lehrlinge, Gehülfen und Lehrlinge in Apotheken, Arbeiter der Militär- und Marineverwaltung; vgl. Wilhelmi-Fürft, Gewerbegerichtsgefetz, Anm. 3 zu § 76, Anm. 3 zu § 78 a. a. O.; Mugdan, Gewerbegerichtsgefetz, Anm. 2, 3 zu § 78 a. a. O.), kann wahlweife das Verfahren vor dem Gemeindevorfteher vorbehaltlich des Rechtswegs oder fofort der Rechtsweg eingefchlagen werden (§§ 71, 78 Abf. 3 a. a. O.). Dabei ift unter Bezugnahme auf § 78 Abf. 3 a. a. O. zu bemerken, daß die in Rede ftehenden Perfonen bisher, auch infoweit die Vorfchriften der Gewerbeordnung auf fie keine Anwendung fanden, hinfichtlich der Streitigkeiten über die Anrechnung der Krankenverficherungsbeiträge doch den Beftimmungen des § 120a der Gewerbeordnung unterlagen (vgl. §§ 1, 15 des Ausdehnungsgefetzes v. 28. Mai 1885, § 53 des alten Krankenverficherungsgefetzes), und daß die neuen Beftimmungen des Gewerbegerichtsgefetzes ausdrücklich zu dem Zweck erlaffen worden find, um hinfichtlich der Krankenverficherung nach Aufhebung des § 120a der Gewerbeordnung keine Lücke zu laffen.

c) Für Innungen bewendet es ausfchließlich bei der Zuftändigkeit der Innungen und der Innungsfchiedsgerichte, vorbehaltlich des ordentlichen Rechtswegs (§ 79 a. a. O., § 97 Ziffer 4, § 97a Ziffer 6, § 98a Abf. 2 Ziffer 2e, Abf. 4, § 98c, § 100d, § 100e Ziffer 1, § 100i der Gewerbeordnung). Dasfelbe muß für Schiedsgerichte eines Innungsverbandes gelten, § 104k G.O. Hiernach find Streitigkeiten über die Krankenverficherungsbeiträge und Eintrittsgelder, foweit fie zwifchen Innungsmeiftern und ihren Lehrlingen ftattfinden, von der Innung, foweit fie aber zwifchen Innungsmeiftern und ihren Gefellen ftattfinden, vom Innungsfchiedsgericht ausfchließlich zu entfcheiden, vorbehaltlich des Rechtswegs (binnen 10 Tagen, § 79 Abf. 3 Gef. v. 29. Juli 1890). Das Gewerbegericht muß, wenn es trotzdem angerufen wird, von Amtswegen feine Unzuftändigkeit ausfprechen.

Haben die Innungen das Privileg der §§ 100e Ziffer 1, 100f Ziffer 3 G.O. erhalten, so sind auch die Nicht-Innungsmeister hinsichtlich der betr. Streitigkeiten mit ihren Lehrlingen bezw. Gesellen an die Innung oder deren Schiedsgericht gewiesen. Indessen wird hier die Innung bezw. das Innungsschiedsgericht erst auf Anrufen einer Partei zuständig (vgl. den Wortlaut des § 100e Ziffer 1 und § 100i Abs. 2 G.O.); deshalb hat das Gewerbegericht, wenn dasselbe in solchen Fällen an Stelle der Innungseinrichtungen angerufen wird, die Sache zu verhandeln und darf sich nicht von Amtswegen für unzuständig erklären (ebenso Mugdan Anm. 2 zu § 79, Wilhelmi-Fürst Anm. 2 und 3 zu § 79 Ges. v. 29. Juli 1890).

d) Die Zuständigkeit besonderer landesrechtlichen Gewerbegerichte bleibt unberührt (§ 80 a. a. O.). Zu den landesrechtlichen Gewerbegerichten mit ausschließender Zuständigkeit gehören u. a. die rheinischen Gewerbegerichte in Preußen. Vgl. Näheres bei Wilhelmi-Fürst Anm. 1 zu § 80 Ges. v. 29. Juli 1890.

Nach Mugdan (Anm. 3 zu § 1) und Wilhelmi-Fürst (Anm. 7 zu § 71 Ges. v. 29. Juli 1890) ist der Vorsteher selbständiger Gutsbezirke dem an Stelle des Gewerbegerichts zuständigen Gemeindevorsteher nicht gleich zu achten. Wir theilen diese Ansicht nicht, weil im Allgemeinen der Gutsvorsteher alle Funktionen des Gemeindevorstehers hat. Das gilt insbesondere auf dem Gebiet der Krankenversicherung, § 83 K.V.G. Es kann nicht die Absicht gewesen sein, dasjenige, was nach § 120a Abs. 2 der Gewerbeordnung in ihrer früheren Fassung in Gutsbezirken für zulässig gehalten ist, nunmehr zu ändern. Hiernach wird auch in Gutsbezirken, insbesondere bei Streitigkeiten mit landwirthschaftlichen Arbeitern, grundsätzlich der Gutsvorsteher, der mit dem Gutsherrn nicht nothwendig identisch zu sein braucht, zur Entscheidung berufen sein. Demgemäß wird auch das Preuß. Min.Reskr. v. 30. August 1884 noch Geltung haben, worin bestimmt wird, daß in selbständigen Gutsbezirken bei Streitigkeiten des Gutsherrn mit seinen eigenen Arbeitern ꝛc. als Gemeindebehörde ein von dem Landrath als Vorsitzendem des Kreisausschusses für diesen besonderen Zweck generell zu beauftragender besonderer Vertreter des Gutsherrn aus der Zahl der benachbarten Guts- oder Gemeindevorsteher zu treten hat. Der von dem Gutsbesitzer bestellte, meist von ihm abhängige allgemeine Stellvertreter (§ 31 Abs. 1, § 32 der Kreisordnung), sein gesetzlicher Vertreter (§ 31 Abs. 4 a. a. O.) oder der unter Zustimmung des Gutsbesitzers mit Wahrnehmung der Geschäfte des Gutsvorstehers gegen Entschädigung betraute Gemeindevorsteher einer benachbarten Gemeinde (§ 28 Abs. 4, § 31 Abs. 4 a. a. O.) sind zu diesen Entscheidungen nicht geeignet.

[2]) von diesen. Der Ausdruck ist nicht genau, da die Beiträge zur Krankenversicherung nicht von den Versicherten, sondern für dieselben von ihren Arbeitgebern zu entrichten sind.

§. 54.

[1]) Ob und inwieweit die Vorſchriften des §. 49 **Abſatz 1 bis 3,**[2]) **§. 51, §. 52 Abſatz 1**[3]) auf die Arbeitgeber der im §. 2 Abſatz 1 unter **Ziffer 1 und 4**[4]) bezeichneten Perſonen Anwendung finden, iſt durch ſtatutariſche Beſtimmung[5]) zu regeln; dieſelbe bedarf der Genehmigung der höheren Verwaltungsbehörde.[6]) I.

[7]) **Auf dem gleichen**[8]) **Wege kann beſtimmt werden:** II.

1. **daß für diejenigen Verſicherten, auf welche die Anwendung der Vorſchriften des §. 1 auf Grund des §. 2 Abſatz 1 Ziffer 4**[9]) **erſtreckt iſt, ſowie für die von ihnen beſchäftigten verſicherungspflichtigen Perſonen die Beiträge und Unterſtützungen ſtatt nach dem ortsüblichen Lohne gewöhnlicher Tagearbeiter (§. 8) in Prozenten des wirklichen Arbeitsverdienſtes,**[10]) **ſoweit dieſer vier Mark für den Arbeitstag nicht überſchreitet, feſtzuſtellen ſind;**
2. **daß die Arbeitgeber**[11]) **der im §. 2 Abſatz 1 Ziffer 4**[9]) **bezeichneten Gewerbetreibenden, ſofern auf dieſe die Anwendung der Vorſchriften des §. 1 erſtreckt iſt, auch die Beiträge**[12]) **für die von dieſen Gewerbetreibenden beſchäftigten verſicherungspflichtigen Perſonen einzuzahlen und zu einem Drittel aus eigenen Mitteln zu beſtreiten**[13]) **haben.**

(§ 48a Komm.=Beſchlüſſe.)

Zu § 54.

[1]) Der § 54 hat durch die Novelle, entſprechend der jetzigen Faſſung des § 2 Abſ. 2, eine eingeſchränktere Faſſung erhalten, vgl. Anm. 21 zu § 2. Soweit ſtatutariſche Erſtreckung der Verſicherungspflicht gemäß § 2 erfolgt, finden im Allgemeinen ſämmtliche Vorſchriften des Geſetzes ebenſo Anwendung wie bei der auf direktem geſetzlichen Zwange beruhenden Verſicherung. Nur bei unſtändigen Arbeitern (§ 2 Ziffer 1) und Hausinduſtriellen (§ 2 Ziffer 4) gelten im Falle der Erſtreckung der Verſicherungspflicht gewiſſe Beſtimmungen dieſes Geſetzes nicht ohne Weiteres, nämlich die Verpflichtungen der Arbeitgeber zur An= und Abmeldung (§ 49), zur antheiligen Tragung der Verſicherungsbeiträge (§ 51) ſowie zur Einzahlung der Eintrittsgelder und der vollen Verſicherungsbeiträge (§ 52 Abſ. 1). Sollen in dieſen Beziehungen die für andere Verſicherungspflichtigen beſtehenden geſetzlichen Vorſchriften gleichfalls Anwendung finden, ſo muß dies durch ſtatutariſche Beſtimmung der betreffenden Kommunalverbände beſonders angeordnet werden; dabei können ſowohl einzelne wie ſämmtliche in Betracht kommenden Beſtimmungen geändert oder gleichmäßig angewendet werden („ob und inwieweit“). Jeden=

falls aber muß schon diejenige statutarische Bestimmung, durch welche die Versicherungspflicht erstreckt wird, irgend welche Anordnungen darüber enthalten, wie die An- und Abmeldung sowie die Einzahlung der Beiträge geregelt werden soll, und wer hierzu verpflichtet ist (§ 2 Abs. 2). Dabei kann die Melde- und Einzahlungspflicht ebensowohl dem Arbeitgeber wie dem Versicherten selbst oder je nach Lage der Verhältnisse auch Dritten übertragen werden, so bei Hausindustriellen auch dem die Beziehungen zwischen dem Fabrikanten und dem Hausgewerbetreibenden vermittelnden Faktor (Ausgeber).

Die Heranziehung der Arbeitgeber zur antheiligen Tragung der Beiträge ist auch bei unständigen Arbeitern und Hausgewerbetreibenden erwünscht; bei der ungemeinen Verschiedenheit der Verhältnisse namentlich in der Hausindustrie hat aber davon Abstand genommen werden müssen, dieses durch Gesetz für alle Fälle gleichmäßig vorzuschreiben. Bei der statutarischen Regelung und bei der Genehmigung der statutarischen Bestimmung wird davon auszugehen sein, daß jene Verpflichtung der Arbeitgeber überall, wo sie nur ausführbar erscheint, gleichzeitig mit dem Versicherungszwang einzuführen ist; nur in Ausnahmefällen sollte sie fortfallen. Dem Zwang sollte thunlichst immer das Recht auf antheilige Beitragsleistung der Arbeitgeber entsprechen.

Auch auf land- und forstwirthschaftliche Arbeiter findet § 54 insoweit Anwendung, als sie zu den im § 2 Ziffer 1 bezeichneten unständigen Arbeitern gehören, § 139 Abs. 1 landw. U. u. K.V.G. Für unständige land- und forstwirthschaftliche Arbeiter können jedoch nach § 142 a. a. O. weitere besondere Vorschriften erlassen werden.

[2]) § 49 Absatz 1 bis 3. Die Absätze 4 und 5 (statutarische Verlängerung der Meldefrist, sowie gemeinsame Meldestelle) finden ohne Weiteres auch bei der Versicherung unständiger Arbeiter und Hausgewerbetreibender Anwendung.

[3]) § 52 Absatz 1. Die Absätze 2 und 3 des § 52 (Gesammthaft mehrerer Arbeitgeber, sowie Erhebung der Beiträge nach vollen Wochen) gelten gleichfalls auch ohne besondere Bestimmung bei der Versicherung unständiger Arbeiter und Hausgewerbetreibender; die erstere Vorschrift (Gesammthaft mehrerer Arbeitgeber) natürlich nur dann, wenn der Arbeitgeber zur Einzahlung und antheiligen Tragung der Beiträge überhaupt verpflichtet sein soll (§ 52 Abs. 1).

[4]) Ziffer 1 und 4, vgl. Anm. 1 sowie § 2 Abs. 2.

[5]) statutarische Bestimmung. Nach dem Kommissionsbericht (S. 71) hat hierdurch die Möglichkeit gelassen werden sollen, „eine Regelung dieser Fragen nicht nur in demjenigen Statut, welches die Bestimmungen des § 1 auf eine der im § 2 bezeichneten Kategorien erstreckt, sondern auch später vorzunehmen", d. h. soweit sie nicht schon in der statutarischen Bestimmung nach § 2 erfolgen mußte, oder demnächst etwa geändert werden soll. Im letzteren Falle bleibt im Uebrigen der Inhalt der statutarischen Bestimmung des § 2 bestehen.

Ist die statutarische Bestimmung des § 2 durch den weiteren Kommunalverband erlassen, so werden weitere Bestimmungen auf Grund des § 54 durch den engeren Kommunalverband nur nach Benehmen mit dem ersteren genehmigt werden können, und umgekehrt.

Die betr. statutarische Bestimmung erstreckt sich auf sämmtliche Arbeitgeber derjenigen Versicherten, welche in dem Bezirk der die Bestimmung erlassenden Kommunalbehörde beschäftigt sind, ohne Rücksicht auf den Wohnort oder die Geschäftsniederlassung dieser Arbeitgeber. Dies gilt insbesondere für die Hausindustrie. (= Pr. H.M. v. 10. Septbr. 1884.)

6) höhere Verwaltungsbehörde, § 84. Für Preußen cf. Anm. 2 und 23 zu § 2. Die Genehmigung kann nach Ermessen versagt werden.

7) Dieser Absatz ist durch die Novelle hinzugefügt worden, um die Durchführung der Krankenversicherung in der Hausindustrie zu erleichtern.

8) gleichen, also auch nur durch statutarische Bestimmungen von Kommunalverbänden (§ 2), nicht etwa durch Kassenstatut. Vgl. Anm. 5 und 6.

9) Ziffer 4, also für Hausgewerbetreibende.

10) in Prozenten des wirklichen Arbeitsverdienstes. Nachdem durch § 26a Abs. 2 Ziffer 6 der Novelle für Orts-Krankenkassen die Zugrundelegung des wirklichen Arbeitsverdienstes allgemein zugelassen worden ist, ist hier eine gleichartige Vorschrift, soweit es sich um Hausgewerbetreibende und deren Hülfspersonen handelt, auch für die Gemeinde-Krankenversicherung gestattet worden. Die Motive führen aus, daß die Bemessung nach Durchschnittslöhnen in der Hausindustrie sich vielfach als undurchführbar erwiesen habe, weil daselbst „die Löhnung in der Regel nach der Art und Menge der abgelieferten Erzeugnisse erfolgt und eine Zurückführung der Lohnbeträge auf Tagelöhne bei der meist völlig ungeregelten und vielfach wechselnden täglichen Arbeitszeit nicht ausführbar ist. Dazu kommt, daß derselbe hausindustrielle Gewerbetreibende mitunter zu mehreren Arbeitgebern gleichzeitig in einem Arbeitsverhältniß steht und in diesem Falle häufig nicht festgestellt werden kann, welchen Theil einer bestimmten Arbeitszeit er für den einen und für den anderen verwendet hat, und demnach bei einer Bemessung der Beiträge nach Tagelöhnen nicht zu ermitteln ist, zu welchem Theile die Beiträge von dem einen und zu welchem von dem anderen Arbeitgeber einzuzahlen sind" (Mot. z. Nov. S. 63). v. Schicker (S. 263) hält es nach der Geschichte des Gesetzes für zulässig, in einer Orts-Krankenkasse die Beiträge und Unterstützungen für Hausgewerbetreibende nach dem wirklichen Individualverdienst auch dann zu bemessen, wenn für die sonstigen Kassenmitglieder Durchschnittslöhne maßgebend sind. Wir schließen uns dieser Ansicht an.

11) Arbeitgeber, d. h. die „anderen" Gewerbetreibenden (§ 2 Ziffer 4), in deren Auftrag und für deren Rechnung die Hausgewerbetreibenden arbeiten

(Fabrikanten, Fabrikkaufleute u. s. w.). Die zwischen diese und die Hausgewerbetreibenden zuweilen eingeschobenen Mittelspersonen (Faktoren u. s. w.) werden, sofern sie nicht selbst als „Arbeitgeber“ sich darstellen, von solcher Maßregel nur insoweit betroffen, als sie Vertreter oder Bevollmächtigte der Fabrikanten sind.

[12]) Beiträge. Hierdurch wird für die Krankenversicherung in der Hausindustrie dieselbe Bestimmung ermöglicht wie durch § 2 Abs. 2 des Gesetzes vom 22. Juni 1889 für die Invaliditäts- und Altersversicherung, der Arbeitgeber (Fabrikant) darf nämlich verpflichtet werden, nicht nur die auf die Hausgewerbetreibenden selbst, sondern auch die auf dessen versicherungspflichtiges Hülfspersonal entfallenden Beiträge zur Krankenversicherung einzuzahlen und antheilig zu tragen. Mot. z. Nov. S. 64:

„Die Erfahrung hat gelehrt, daß in solchen Zweigen der Hausindustrie, in denen die wirthschaftlichen Verhältnisse der Hausindustriellen deren ortsstatutarische Einbeziehung in die Zahl der versicherungspflichtigen Personen wünschenswerth macht, die Belastung derselben mit der Einzahlung und theilweisen Deckung der Beiträge für die von ihnen beschäftigten Personen die Durchführung der Krankenversicherung im höchsten Maße erschwert, und daß die letztere unter Verhältnissen dieser Art ihre wohlthätige Wirkung nur dann in vollem Maße üben kann, wenn der Unternehmer auch für die Gehülfen und Lehrlinge der in seinem Auftrage arbeitenden hausindustriellen Gewerbetreibenden als Arbeitgeber im Sinne des Krankenversicherungsgesetzes angesehen und verpflichtet wird, auch für diese die Beiträge einzuzahlen und zu einem Drittel aus eigenen Mitteln zu decken. Die Rechtfertigung der Zulassung einer solchen Regelung liegt darin, daß in denjenigen Zweigen der Hausindustrie, um welche es sich dabei handelt, der Unternehmer zu dem gesammten von ihm beschäftigten hausindustriellen Personal wirthschaftlich in einem ganz ähnlichen Verhältnisse steht, wie der Fabrikbesitzer zu dem in seiner Fabrik beschäftigten Personal. Sein Betrieb unterscheidet sich von dem des letzteren wesentlich nur dadurch, daß an die Stelle der einheitlichen im Besitze des Fabrikanten befindlichen Betriebsstätte eine mehr oder weniger große Anzahl von kleineren Betriebsstätten tritt, welche der Unternehmer seinem Betriebe nach Bedürfniß dienstbar macht, und in welchen er die Beschäftigung der Hülfskräfte dem unmittelbaren Leiter derselben überläßt. Im Uebrigen besteht zwischen ihm und dem von ihm beschäftigten Personal dasselbe Verhältniß wirthschaftlicher Abhängigkeit, welches dahin geführt hat, den Arbeitgeber zum Zweck der Durchführung der Krankenversicherung seiner Arbeiter zu gewissen Leistungen zu verpflichten.“

[13]) zu bestreiten, auch in Form einer Ersatzleistung, vgl. Ziffer 6 der Vorschriften vom 1. März 1894, betr. die Invaliditäts- und Altersversicherung von Hausgewerbetreibenden der Textilindustrie (R.G.Bl. S. 324).

§. 54a.*)

[1]) **Im Falle der Erwerbsunfähigkeit[2]) werden für die Dauer[3]) der Krankenunterstützung[7]) Beiträge[4]) nicht entrichtet.[5]) Die Mitgliedschaft[6]) dauert während des Bezuges von Krankenunterstützung[7]) fort.**

*) Dieser Paragraph gilt auch für Betriebs- (Fabrik-), Bau- und Innungs-Krankenkassen (§§ 65, 72, 73).

Zu § 54a.

[1]) Vgl. zu § 54a die zusammenhängende Darstellung von Hahn in Arb. Vers. X S. 557. Der § 54a ist durch die Novelle eingeschoben worden, um in der Praxis hervorgetretene Zweifel zu beseitigen. Bei den Kommissionsverhandlungen wurde der im Satz 1 ausgesprochene Rechtsgrundsatz durch einen Zusatz zu § 27, der Rechtsgrundsatz des Satzes 2 durch einen Zusatz zu § 51 zum Ausdruck gebracht. Im Plenum aber einigte man sich dahin, beide zu einander in Beziehung stehende Sätze in einen neuen § 54a zusammenzufassen. Vgl. Anm. 7.

[2]) der Erwerbsunfähigkeit, also im Allgemeinen während des Bezuges von Krankengeld. Solange der Erkrankte seine bisherige Erwerbsthätigkeit fortsetzen kann und nur sich ärztlich behandeln lassen muß, fehlt es an einem ausreichenden Grunde, ihn von der Beitragsleistung zu befreien. (Ebenso v. Schicker S. 265; a. M. Rasp S. 200, Köhne S. 156.) Derjenige, dem das Krankengeld gekürzt ist (vgl. § 6a Abs. 1 Ziffer 2, § 26a Abs. 1, Abs. 2 Ziffer 2), braucht im Fall der Erwerbsunfähigkeit Beiträge ebensowenig zu entrichten wie der Empfänger von Krankengeld.

[3]) für die Dauer, wenn Krankenunterstützung überhaupt gewährt wird. Während der Karenzzeit freiwilliger Mitglieder kommt diese Bestimmung also nicht zur Wirksamkeit. (Ebenso v. Schicker S. 266; a. M. Henle S. 173.)

[4]) Beiträge. Auf Zusatzbeiträge für Familienunterstützung (§§ 9, 22) bezieht sich diese Vorschrift nicht. Denn letztere tritt nur bei solchen Familienangehörigen ein, die nicht selbst eine die Versicherungspflicht begründende erwerbende Thätigkeit ausüben. Die durch Krankheit herbeigeführte Erwerbsunfähigkeit von Familienangehörigen bewirkt also in den wirthschaftlichen Verhältnissen des Familienhauptes in der Regel keine solche Verschlechterung, daß das Gesetz selbst einen Erlaß der überhaupt nicht immer obligatorischen Zusatzbeiträge hätte anordnen müssen (a. M. Hahn Arb.Vers. X S. 559; v. Schicker S. 266). Ist aber nur das versicherte Familienhaupt selbst, nicht der gegen Zusatzbeiträge versicherte Familienangehörige erkrankt, so muß das Familienhaupt die Zusatzbeiträge für seine Angehörigen um deswillen weiter zahlen, weil diese Beiträge die Gegenleistung nicht für seine eigene Krankenunterstützung, sondern für die Anwartschaft eines Andern auf Krankenunterstützung darstellen.

Immerhin ist es durchaus zulässig, daß bei Aufstellung der besonderen Bestimmungen über die Erhebung der Zusatzbeiträge auch für diese eine dem § 54a ähnliche Anordnung getroffen wird.

[5]) nicht entrichtet. Sind sie trotzdem, z. B. bei Vorauszahlung, eingezahlt, so muß eine Erstattung eintreten. Dabei werden § 52 Abs. 1 Schlußsatz, sowie § 52 Abs. 3 Anwendung finden.

[6]) Mitgliedschaft. In den Motiven zur Novelle (S. 42) war folgender Satz enthalten: „Daß ein erkrankter Versicherter während der gesetzlichen oder statutarischen Dauer der Krankenunterstützung noch als Mitglied der Krankenkasse anzusehen ist, obwohl er nicht mehr in der Beschäftigung steht, vermöge welcher er der Kasse angehört, wird allgemein angenommen." Diese gewissermaßen gelegentliche Bemerkung genügte aber der Kommission des Reichstags nicht; man hielt vielmehr eine ausdrückliche Vorschrift im Text des Gesetzes für erforderlich. Die Bestimmung hat insbesondere Bedeutung für die Beibehaltung von Stellen in der Kassenverwaltung sowie für die Frage, ob bei späterem Austritt aus der Kasse und demnächstigem Wiedereintritt in dieselbe oder eine andere Kasse ein Eintrittsgeld zu entrichten ist, aber auch für die Erhaltung der Ansprüche aus § 28, vgl. Anm. 4 zu § 28. In Krankheitsfällen wird also der Verlust der Kassenmitgliedschaft hinausgeschoben.

Privatrechtliche Beziehungen zum Arbeitgeber werden durch diese Bestimmung nicht berührt, wie im Komm.Ber. (S. 61) ausdrücklich konstatirt worden ist.

[7]) Krankenunterstützung, einschl. der Wöchnerinnen-Unterstützung, vgl. Anm. 5 zu § 21. Die Krankenunterstützung braucht nur in ärztlicher Behandlung zu bestehen; Erwerbsunfähigkeit und demgemäß Gewährung von Krankengeld wird nicht erfordert. (Ebenso Sächs. Minist. d. J., Entsch. v. 29. Aug. 1895 [Arb.Vers. XIII S. 7]: „Der Gedanke, welchen der § 54a zum Ausdruck bringen will, ist offenbar der, daß die Kassenmitgliedschaft während der Dauer der Krankenunterstützung, und zwar im Falle der Erwerbsunfähigkeit sogar ohne die Zahlung von Beiträgen auf diese Zeit fortdauern soll".) A. M. Hahn S. 118 und Hoffmann (Arb.Vers. XIII S. 217 fg.). Dem letzteren ist darin beizutreten, daß ein erwerbsfähiger und deshalb nur ärztliche Behandlung erfordernder Kranker, wenn er während dieser Krankheit aus seinem bisherigen Beschäftigungsverhältniß ausscheidet und in ein anderes Beschäftigungsverhältniß, kraft dessen er Mitglied einer anderen Zwangskasse wird, eintritt, von letzterem Zeitpunkt ab als Rechtsfolge dieses Uebertritts die Mitgliedschaft in der früheren Kasse und damit seine Ansprüche gegen die letztere verliert, da er nicht gleichzeitig Mitglied zweier Zwangskrankenkassen sein kann. Dies folgt schon aus den Bestimmungen des Gesetzes über das Verhältniß der Krankenkassen zu einander, vgl. Anm. 6 zu § 19. Eine andere Fassung der vorliegenden Bestimmung würde, da sie mehrfach zu Mißverständnissen Anlaß geben kann, auch uns erwünscht erscheinen.

§. 55.*)

[1]) **Der Anspruch auf Eintrittsgelder und Beiträge**[2]) **verjährt**[3]) **in einem Jahre nach Ablauf des Kalenderjahres, in welchem er entstanden ist.** Rückständige[4]) **Eintrittsgelder** und Beiträge[2]) werden in derselben Weise beigetrieben,[5]) wie Gemeindeabgaben.[6]) **Die dafür bestehenden landesrechtlichen Vorschriften finden auch insofern Anwendung, als sie über die aufschiebende Wirkung**[7]) **etwaiger gegen die Zahlungspflicht erhobener Einwendungen Bestimmungen treffen.** I.

Die rückständigen Eintrittsgelder und Beiträge[2]) haben das Vorzugsrecht des §. 54 Nr. 1 der Reichs-Konkursordnung[8]) vom 10. Februar 1877 (Reichs-Gesetzbl. S. 351). II.

Sofern nach Gemeindebeschluß oder Kassenstatut der Einleitung des Beitreibungsverfahrens ein Mahnverfahren[9]) **vorangeht, kann von Arbeitgebern, welche die Eintrittsgelder und Beiträge nicht zum Fälligkeitstermine eingezahlt haben, eine Mahngebühr erhoben und wie die Rückstände beigetrieben**[5]) **werden. Die Festsetzung des Betrages der Mahngebühr unterliegt der Genehmigung der Aufsichtsbehörde.**[10]) III.

(§ 49 des Entwurfs und der Komm.-Beschlüsse.)

*) Dieser Paragraph gilt auch für Betriebs- (Fabrik-), Bau- und Innungs-Krankenkassen (§§ 65, 72, 73)

Zu § 55.

[1]) Durch die Novelle wird hier eine kurze Verjährungsfrist eingeführt, und der Suspensiveffekt von Einwendungen gegen die Beitreibung von Rückständen nach Maßgabe der Landesgesetze, sowie die Erhebung einer Mahngebühr zugelassen.

[2]) Beiträge einschl. der Zusatzbeiträge für Familienunterstützung.

Rückständige Kassenbeiträge sind auch diejenigen Beträge, welche für einen der Versicherungspflicht unterliegenden, aber vom Arbeitgeber nicht angemeldeten und deshalb zu Beiträgen von der Kassenverwaltung nicht herangezogenen Arbeiter hätten an Beitrag gezahlt werden müssen, aber zu Unrecht nicht gezahlt worden sind. Denn die Mitgliedschaft, aus welcher die Beitragsverpflichtung entspringt, tritt kraft Gesetzes ein, § 4 Anm. 5, § 19 Anm. 5.

Als Beiträge im Sinne dieses Paragraphen sind auch die Vorschüsse (§ 64 Nr. 4) und Zuschüsse (§ 65 Abs. 2) des Betriebsunternehmers sowie des Bauherrn (§ 72) und der Innung (§ 73) anzusehen, ebenso die Deckungsmittel für bereits entstandene Unterstützungsansprüche im Fall der Schließung einer Betriebs- (Fabrik-) Krankenkasse (§ 68 Abs. 5) und einer Bau-Krankenkasse (§ 72 Abs. 3), aber nicht Ordnungsstrafen oder der civilrechtliche Anspruch auf Erstattung der für einen nicht angemeldeten Arbeiter von der

Kasse gemachten Aufwendungen, zu deren Erstattung der säumige Arbeitgeber verpflichtet ist (§ 50).

cf. auch § 38 Abs. 4.

[3]) verjährt. „Bei dem Mangel einer Bestimmung über die Verjährung des Anspruches auf Eintrittsgelder und Beiträge mußte bisher angenommen werden, daß für sie die allgemeine Verjährungsfrist derjenigen Forderungen, für die eine besondere Bestimmung nicht getroffen worden ist, gelte. Nach der Natur dieses Anspruches erscheint die Festsetzung einer kurzen Verjährungsfrist gerechtfertigt. Die Bestimmung, daß die Verjährung in einem Jahre nach Ablauf des Kalenderjahres, in dem der Anspruch entstanden ist, eintreten soll, wird zugleich die erwünschte Wirkung haben, daß die Kassen rückständige Eintrittsgelder und Beiträge nicht Jahre lang in ihren Rechnungen weiter führen" (Mot. z. Nov. S. 64). Daß nach dem Recht vor der Novelle die allgemeine d. h. 30jährige Verjährung galt, hat auch das Preuß. Kammergericht (Erk. v. 25. Jan. 1895) ausgesprochen, s. Arb.Vers. XII S. 243. Wegen Verjährung der Unterstützungsansprüche vgl. § 56.

[4]) rückständige. Die Motive zu § 108 der ersten Unfallversicherungsvorlage (R.T.Dr.S. 1882 Nr. 19 S. 83), welche eine gleichartige Bestimmung enthält (dieselbe ist in § 74 U.V.G. übergegangen), lauten, soweit sie hierher passen: „Das öffentliche Interesse, welches der .... Versicherung anhaftet, und der Charakter der .... Verbände als öffentlicher Korporationen rechtfertigt es, für Rückstände an Beiträgen .... die Zwangsbeitreibung im Verwaltungswege zuzulassen."

Für versicherungspflichtige Mitglieder zahlt im Allgemeinen der Arbeitgeber die Eintrittsgelder und Kassenbeiträge ausschl. der Zusatzbeiträge für Familienunterstützung (§ 52b) ein (soweit nicht auf Grund der §§ 52a, 54 eine andere Regelung getroffen ist, § 52); gegen ihn richtet sich also event. die Zwangsvollstreckung; vgl. aber auch Anm. 2 zu § 51. Verauslagte bezw. eingezahlte Kassenbeiträge sind nicht mehr „rückständig"; auf deren Erstattung durch die versicherungspflichtigen Arbeiter kann also § 55 nicht angewendet werden. Der Arbeitgeber wird ja auch dieses Hülfsmittels kaum bedürfen, da er sich an den Lohn seiner Arbeiter halten soll, § 53. Freiwillige Mitglieder sind selbst Schuldner ihrer Beiträge, also auch der Zwangsbeitreibung derselben ausgesetzt. Aehnlich kann es sich in dem Fall des § 2 gestalten, wenn die statutarische Bestimmung nach § 54 den Arbeitgebern nicht die Verbindlichkeit zur Einzahlung der Beiträge auferlegt hat. Für eingeschriebene Hülfskassen ohne Beitrittszwang (§ 75) besteht keine Zwangsbeitreibung (§ 14 Ges. v. 7. April 1876 ist durch die Novelle vom 1. Juni 1884 aufgehoben).

[5]) beigetrieben. Die „Beitreibung" ist verschieden von der „Einziehung"; letztere erfolgt ohne Zwangsverfahren durch die Organe der Kassen selbst.

[6]) wie Gemeindeabgaben, also im Verwaltungszwangsverfahren. „Der Grund für diese Vorschrift ist ersichtlich der gewesen, daß bei der Ver-

ſchiedenartigkeit der Verhältniſſe in den einzelnen Bundesſtaaten eine andere allgemein zutreffende Beſtimmung, durch welche die Beitreibung dieſer Beiträge nach Art derjenigen öffentlich-rechtlicher Abgaben hätte geregelt werden können, nicht gefunden werden konnte. Bei der unzweideutigen Faſſung des Geſetzes iſt die Annahme ausgeſchloſſen, als habe durch jene Vorſchrift nur ein Zwangsverfahren überhaupt vorgeſehen, die Art des Zwangsverfahrens aber freigeſtellt werden ſollen. Es darf vielmehr die Zwangsbeitreibung rückſtändiger Beiträge nur in der Form der Beitreibung von Kommunalabgaben erfolgen; es iſt unzuläſſig, die Beitreibung anderen Behörden, insbeſondere denjenigen Staatsbehörden, welche nur Staatsſteuern und ähnliche Abgaben, nicht aber Abgaben an die Gemeinden beizutreiben haben, zu übertragen. Behörden der letzteren Art haben Anträge auf zwangsweiſe Beitreibung von Beiträgen abzulehnen; die (Genoſſenſchaftsvorſtände) haben derartige Erſuchen ausſchließlich an die Gemeindevorſtände zu richten, und dieſe haben alsdann die Zwangsvollſtreckung durch die Vollſtreckungsbehörde der Gemeinde nach den Vorſchriften der Allerh. V. v. 27. September 1879 (G.S. S. 591) und der dazu erlaſſenen Ausführungsanweiſung v. 15. September 1879 zu veranlaſſen" (Pr. Min.Erl. v. 16. April 1888). Hebegebühren ſind dafür nicht zu entrichten (= Pr. H.M.), baare Auslagen nur inſoweit von der Krankenkaſſe zu erſtatten, als dieſelben (einſchl. der Gebühren des Vollziehungsbeamten und etwaiger Portokoſten, die aus dem eingezogenen Betrage vorweg zu decken ſind), von dem Schuldner nicht beigetrieben werden können (a. a. O.) und die Kommune nicht verpflichtet iſt, ihren Vollziehungsbeamten ſolche Gebühren zu erſtatten. (Die Verf. war zur gl. chartigen Beſtimmung des Unf.Verſ.G. erlaſſen, paßt aber aus gleichem Grunde auch hier.)

⁷) aufſchiebende Wirkung. Dieſe Beſtimmung iſt zur Beſeitigung eines in der Praxis hervorgetretenen Zweifels aufgenommen worden. Mot. z. Nov. S. 64: „Durch die Vorſchrift, daß rückſtändige Beiträge in derſelben Weiſe wie Gemeindeabgaben beigetrieben werden ſollen, wird auf die für letztere geltenden landesrechtlichen Vorſchriften verwieſen. Dieſe werden auch inſofern zur Anwendung kommen müſſen, als ſie beſtimmen, daß das Beitreibungsverfahren durch die Erhebung von Einwendungen gegen die Verpflichtung oder ihren Umfang nicht aufgehalten wird. Daß dies die Konſequenz des erſten Satzes des § 55 ſei, iſt indeſſen unter Berufung darauf bezweifelt worden, daß der § 58 die Entſcheidungen über die daſelbſt bezeichneten Streitigkeiten nur inſoweit, als dieſe Unterſtützungsanſprüche betreffen, für vorläufig vollſtreckbar erklärt habe. Obwohl dieſer Zweifel unbegründet erſcheint, ſo wird es ſich doch empfehlen, demſelben für die Zukunft durch Hinzufügung des im Entwurf in Ausſicht genommenen Zuſatzes zum erſten Satze des § 55 entgegenzutreten."

⁸) § 54 Nr. 1 der Konkursordnung. Sie rangiren alſo im Konkurſe an erſter Stelle. Ohne dieſe Beſtimmung würden die Forderungen der Ge-

§. 56.*)

I. **Die Unterstützungsansprüche auf Grund dieses Gesetzes verjähren [1]) in zwei Jahren vom Tage ihrer Entstehung [2]) an.**

II. [3]) Die dem Unterstützungsberechtigten zustehenden Forderungen können mit rechtlicher Wirkung [4]) weder verpfändet, noch übertragen, noch **für andere [5]) als die im §. 749 Absatz 4 der Civilprozeßordnung [6]) bezeichneten Forderungen der Ehefrau und ehelichen Kinder und die des ersatzberechtigten Armenverbandes [7])** gepfändet

---

meinde aus der Gemeinde-Krankenversicherung das in der Rangordnung nachstehende zweite Vorzugsrecht nach § 54 Nr. 2 a. a. O., die Beiträge der Krankenkassen als öffentlicher Verbände ein erst an dritter Stelle geltend zu machendes Vorzugsrecht nach § 54 Nr. 3 a. a. O. haben. Der § 54 Nr. 1 der Konkursordnung begründet ein Vorzugsrecht aber nur bezüglich der „für das letzte Jahr vor der Eröffnung des Verfahrens oder dem Ableben des Gemeinschuldners rückständigen Forderungen" . . . .

[9]) Mahnverfahren. Ein solches kann, ebenso wie die Erhebung einer Mahngebühr, nur durch ausdrücklichen Gemeindebeschluß oder durch Bestimmung des Kassenstatuts eingeführt werden. Die Höhe der Mahngebühr braucht hierbei nicht gleich mit festgestellt zu werden, ihre Festsetzung kann vielmehr den ausführenden Organen unter Genehmigung der Aufsichtsbehörde überlassen werden. Dabei handelt es sich natürlich nur um die Höhe in abstracto; die Anwendung des festgestellten Satzes auf den einzelnen Fall ist immer lediglich Sache der ausführenden Organe.

Mot. z. Nov. S. 65: „Außerdem soll dem § 55 ein weiterer Zusatz hinzugefügt werden, durch welchen die Gemeinden und Kassen ermächtigt werden, für den Fall der Einführung eines Mahnverfahrens eine Mahngebühr zu erheben. Es wird dadurch in vielen Fällen die Einziehung rückständiger Beiträge ohne Einleitung des umständlicheren und kostspieligeren Beitreibungsverfahrens ermöglicht werden. Um der Erhebung unverhältnißmäßig hoher Gebühren vorzubeugen, soll die Festsetzung des Betrages an die Genehmigung der Aufsichtsbehörde gebunden werden."

[10]) Aufsichtsbehörde, § 84.

Zu § 56.

[1]) verjähren. Diese durch die Novelle eingeschobene Vorschrift wird in den Mot. z. Nov. S. 65 wie folgt begründet:

„In der Regel wird der Anspruch auf Krankenunterstützung sofort im Verlauf der Krankheit geltend gemacht werden. Es kommen aber auch Fälle vor, in denen dies erst später geschehen kann. Namentlich gehören hierher die Fälle, in denen der Anspruch des Versicherten auf Grund des § 57 Absatz 2 und 3 auf Dritte übergegangen ist. Um die Kassen davor zu schützen, daß ihnen unbekannt gebliebene Ansprüche nach Verlauf von Jahren

werden; sie dürfen nur auf geschuldete Eintrittsgelder und Beiträge, welche von dem Unterstützungsberechtigten selbst einzuzahlen waren, sowie auf Geldstrafen, welche er durch Zuwiderhandlungen gegen die auf Grund des §. 6a Absatz 2 oder §. 26a Absatz 2 Ziffer 2a erlassenen Vorschriften verwirkt hat, aufgerechnet [8]) werden.

(§ 50 des Entwurfs und der Komm.-Beschlüsse)

*) Dieser Paragraph gilt auch für Betriebs- (Fabrik-), Bau- und Innungs-Krankenkassen (§§ 65, 72, 73)

---

und zu einer Zeit, wo die Feststellung der für die Begründung des Anspruchs entscheidenden Thatsachen mit Schwierigkeiten verbunden ist, geltend gemacht werden, empfiehlt es sich, für den Unterstützungsanspruch eine kurze Verjährungsfrist vorzuschreiben. Die in den Entwurf aufgenommene Vorschrift entspricht der verwandten Vorschrift des § 59 des Unfallversicherungsgesetzes vom 6. Juli 1884."

Ueber die Verjährung von Eintrittsgeldern und Beiträgen vgl. § 55. Zur Unterbrechung der Verjährung genügt das Anhängigmachen des Anspruchs bei der für denselben zuständigen Verwaltungs- oder Gerichtsinstanz, Hahn S. 121.

[2]) Entstehung, d. h. Erkrankung, bezw. Niederkunft, bezw. Tod.

[3]) Motive S. 40: „Die hier den Versicherten eingeräumte Rechtswohlthat findet ihre Rechtfertigung in der Nothwendigkeit, Fürsorge dafür zu treffen, daß die Krankenunterstützung unter allen Umständen ihrer Bestimmung dient. Die Vorschrift findet sich in gleicher Weise schon im § 10 des Gesetzes über eingeschriebene Hülfskassen v. 7. April 1876 (Reichs-Gesetzbl. S. 134)."

Aus den Motiven zu dem hier erwähnten § 10 des Hülfskassengesetzes: „Die von den Hülfskassen ihren Mitgliedern gewährte Unterstützung hat in der Hauptsache den Zweck, für die Zeit der Arbeitsunfähigkeit an die Stelle des durch eigene Arbeitskraft erworbenen Unterhalts zu treten. Wie das Gesetz, betr. die Beschlagnahme des Arbeits- oder Dienstlohns, v. 21. Juni 1869 diesen Unterhalt dem Erwerber ungeschmälert erhalten will, so ist folgerichtig auch jene Unterstützung vor einer Schmälerung zu bewahren."

Aehnliche Bestimmungen enthalten die Gesetze über Unfallversicherung (vgl. § 68 U.V.G.) und über Invaliditäts- und Altersversicherung (§ 40 J.V.G.).

[4]) rechtlicher Wirkung. Die hier verbotenen Handlungen und Rechtsgeschäfte sind also nichtig; die Kasse, welche auf Grund solcher Rechtsgeschäfte an einen Dritten gezahlt hat, wird hierdurch von ihrer Verpflichtung, an den Versicherten zu zahlen, nicht frei und muß event. noch einmal zahlen. Vgl. auch v. Woedtke, Komm. z. Unfallvers.Ges. Anm. 3 zu § 99.

[5]) für andere. Diese durch die Novelle eingeführte Beschränkung entspricht dem § 68 U.V.G. und dem § 40 J.V.G.

[6]) nach § 749 Abs. 4 der Civilprozeßordnung „ist die Pfändung ohne Rücksicht auf den Betrag zulässig, wenn sie zur Befriedung der Ehefrau und der ehelichen Kinder des Schuldners wegen solcher Alimente beantragt wird, welche für die Zeit nach Erhebung der Klage und für das diesem Zeitpunkte vorausgehende letzte Vierteljahr zu entrichten sind."

[7]) ersatzberechtigten Armenverbandes (§ 57 Abs. 2), wenn derselbe einen Versicherten für einen Zeitraum, während dessen derselbe einen Anspruch auf Krankenunterstützung 2c. hätte, aus Mitteln der Armenpflege unterstützt hatte, und bis zur Höhe dieser letzteren Unterstützung.

Das Gleiche gilt offenbar für „Gemeinden" und solche „Betriebsunternehmer oder Kassen", welche die den Armenverbänden obliegende Verpflichtung zur Unterstützung auf Grund gesetzlicher Vorschrift erfüllt haben (§ 57 Abs. 1 und 3).

[8]) aufgerechnet. Also nicht etwa auf rückständige Steuern seitens der Gemeinde, welche Gemeinde-Krankenversicherung gewährt, ebensowenig auf noch nicht erstattete Vorschüsse (an Lohn u. s. w.) des Gutsherrn in selbständigen Gutsbezirken u. s. w.

Bisher hieß es, (die Forderungen) „dürfen nur auf geschuldete Beiträge aufgerechnet werden". Die Aenderung beruht auf der Novelle. Bei der bisherigen Bestimmung war nämlich, wie die Mot. z. Nov. S. 65 hervorheben, „nicht berücksichtigt worden, daß zur Einzahlung der Beiträge in der Regel nicht die Versicherten, sondern deren Arbeitgeber verpflichtet sind, und daß die von den letzteren geschuldeten Beiträge nicht wohl den ersteren auf ihre Unterstützungsforderungen angerechnet werden können. Der Entwurf beschränkt daher die Aufrechnung auf diejenigen Beiträge, welche von dem Unterstützungsberechtigten einzuzahlen waren. Dagegen erstreckt er dieselbe auf die Geldstrafen, welche nach den in die §§ 6a Absatz 2, 26 Absatz 4 Ziffer 2a (jetzt § 26a Abs. 2 Ziffer 2a) neu aufgenommenen Bestimmungen verwirkt worden sind."

Der Aufrechnung unterliegen also, soweit es sich um Eintrittsgelder und Beiträge handelt, nur diejenigen freiwilliger Mitglieder, ferner die Zusatzbeiträge für Familienunterstützung (vgl. § 52b) und die Beiträge Versicherungspflichtiger in den Fällen des § 52a sowie unter Umständen in den Fällen des § 54 Abs. 1. An Strafen können aufgerechnet werden:

a) solche, welche verhängt worden sind wegen Ueberschreitung der Vorschriften über die Krankenmeldung, das Verhalten der Kranken oder die Krankenaufsicht, sowie wegen Zuwiderhandelns gegen die Anordnungen des behandelnden Arztes (§ 6a Abs. 2, § 26a Abs. 2 Ziffer 2a),

b) solche, welche verhängt worden sind wegen Nichtanzeige anderweiter Versicherungsverhältnisse (§ 26a Abs. 2 Ziffer 1, 2a),

beides unter der Voraussetzung, daß derartige Vorschriften durch Gemeindebeschluß bezw. Kassenstatut unter Strafandrohung erlassen worden sind.

§. 56a.*)

¹) **Auf Antrag von mindestens dreißig²) betheiligten³) Versicherten kann⁴) die höhere Verwaltungsbehörde⁵) nach Anhörung der Kasse⁶) und der Aufsichtsbehörde die Gewährung der im §. 6 Absatz 1 Ziffer 1 und §. 7 Absatz 1 bezeichneten Leistungen durch weitere als die von der Kasse⁶) bestimmten Aerzte,⁷) Apotheken und Krankenhäuser⁸) verfügen, wenn⁹) durch die von der Kasse⁶) getroffenen Anordnungen eine den berechtigten Anforderungen¹⁰) der Versicherten entsprechende Gewährung jener Leistungen nicht gesichert ist.** I.

Wird einer solchen Verfügung nicht binnen der gesetzten Frist Folge geleistet, so kann die höhere Verwaltungsbehörde⁵) die erforderlichen Anordnungen statt der zuständigen Kassenorgane mit verbindlicher Wirkung für die Kasse treffen. II.

Die nach Absatz 1 und 2 zulässigen Verfügungen sind der Kasse zu eröffnen und zur Kenntniß der betheiligten Versicherten zu bringen. Die Verfügung der höheren Verwaltungsbehörde⁵) ist endgültig. III.

*) Der § 56a gilt auch für Betriebs- (Fabrik-), Bau- und Innungs-Krankenkassen, sowie für Knappschafts-Kassen (§§ 65, 72, 73, 74)

Zu § 56a.

¹) Dieser Paragraph ist (anfänglich als § 55a) durch die Kommission des Reichstags in die Novelle zu dem Zweck eingeschoben worden, um solche Kassen, welche Kassenärzte u. s. w. bestellt haben, dann zu einer Vermehrung der letzteren nöthigen zu können, wenn eine solche Vermehrung den Wünschen und den berechtigten Interessen der Kassenmitglieder entspricht. Dem Grundgedanken dieser Vorschrift wird nicht entgegenzutreten sein, obwohl sich nicht verkennen läßt, daß durch dieselbe eine unerwünschte Agitation solcher Leute, welche mit den in der Kasse bestehenden Verhältnissen aus irgend welchen Gründen nicht zufrieden sind, befördert wird und dreißig Unterschriften zu einem entsprechenden Abänderungsantrage sich jederzeit leicht beschaffen lassen; die Fassung aber ist nicht durchaus glücklich. Indessen wird allen Unzuträglichkeiten dadurch die Spitze abgebrochen, daß alles in das pflichtmäßige Ermessen der höheren Verwaltungsbehörde gestellt ist; letztere wird sorgfältig prüfen, ob und inwieweit genügende Veranlassung vorliegt, etwaigen Anträgen auf Vermehrung der Kassenärzte u. s. w. zu entsprechen.

²) mindestens dreißig. Mit Rücksicht auf die verschiedene Größe der Kassen wäre ein bestimmter Prozentsatz der Kassenmitglieder zweckmäßiger gewesen.

[3]) betheiligt. Sind für eine Krankenkasse Sprengel (Bezirke) errichtet und handelt es sich nur darum, in einem bestimmten Sprengel die Zahl der Aerzte zu vermehren, so sind nur die Versicherten aus diesem Sprengel „betheiligt“.

[4]) kann, nach pflichtmäßigem Ermessen, welches nur durch den Schlußsatz des Abs. 1 eingeschränkt ist. Wenn nämlich die Ueberzeugung gewonnen werden muß, daß durch die von der Kasse getroffenen Anordnungen dem Bedürfniß der Versicherten ausreichend genügt ist, so dürfen weitergehende Anordnungen nicht getroffen werden. Nur in solchen Fällen, wo berechtigte Anforderungen vorliegen, die die Kasse nicht erfüllen will, darf die höhere Verwaltungsbehörde den betr. Anträgen Folge geben; andernfalls muß sie dieselben zurückweisen.

Freilich ist wiederum auch die Frage, ob und inwieweit diese Voraussetzung zutrifft, Sache des freien Ermessens. „Beispielsweise würde eine höhere Verwaltungsbehörde nicht sagen können: ich bin im Prinzip für die freie Aerztewahl, folglich führe ich die Sache ein, selbst wenn die Krankenkasse allen Anforderungen genügt“ (Frhr. v. Stumm-Halberg, Sten. Ber. 1890/92 S. 4787). Vgl. Anm. 1.

Eine nähere Begründung braucht der Verfügung nicht beigegeben zu werden (Sten.Ber. 1890/92 S. 3086, v. Schicker S. 277).

[5]) höhere Verwaltungsbehörde, § 84. Bei Knappschaftskassen steht diese Funktion den oberen Bergbehörden zu, weil grundsätzlich nur letztere, nicht aber die Behörde der allgemeinen Verwaltung, Funktionen bei Knappschaftskassen ausüben und der § 84 auf Knappschaftskassen keine Anwendung findet.

[6]) Kasse event. Gemeinde-Krankenversicherung, wie im Reichstag ausdrücklich konstatirt ist (Sten.Ber. 1890/92 S. 2989).

[7]) Aerzte. Zu „Kassenärzten“ können nur approbirte Aerzte bestellt werden, vgl. Anm. 4 zu § 6.

[8]) Krankenhäuser, Anm. 3 zu § 7.

[9]) wenn, vgl. Anm. 4.

[10]) den berechtigten Anforderungen. Dabei handelt es sich „nicht nur um die Quantität, um die Befriedigung ganz bestimmter materieller Leistungen“, sondern der Ausdruck geht weiter und erfordert die Interpretation, daß es sich hier auch um qualitative Leistungen und selbst um ideelle Leistungen handeln kann (Frhr. v. Stumm-Halberg, Sten.Ber. 1891/92 S. 4787). Dagegen wird „freie“ Arztwahl oder doch nahezu freie Arztwahl als eine „berechtigte Anforderung“ der Versicherten nicht angesehen werden können (ebenso Sächs. Minist. d. Inn., Entsch. v. 10. August 1894, Arb.Vers. XII S. 193).

§. 57.*)

[1]) Die auf geſetzlicher Vorſchrift beruhende Verpflichtung[4]) von Gemeinden oder Armenverbänden zur Unterſtützung hülfsbedürftiger[1a]) Perſonen, ſowie die auf Geſetz,[2]) Vertrag **oder letztwilliger Anordnung** beruhenden Anſprüche der Verſicherten gegen Dritte[2a]) werden durch dieſes Geſetz nicht berührt.[3]) I.

Soweit auf Grund dieſer Verpflichtung[4]) Unterſtützungen für einen Zeitraum geleiſtet ſind,[4a]) für welchen dem Unterſtützten auf Grund dieſes Geſetzes[5]) ein Unterſtützungsanſpruch[5a]) zuſteht, geht der letztere im Betrage der geleiſteten Unterſtützung[6]) auf die Gemeinde oder den Armenverband uber,[6a]) von welchen die Unterſtützung geleiſtet iſt.[6b]) II.

Das Gleiche gilt von den Betriebsunternehmern und Kaſſen, welche die den bezeichneten Gemeinden und Armenverbänden obliegende Verpflichtung zur Unterſtützung auf Grund geſetzlicher Vorſchrift erfüllt haben.[6c]) III.

Iſt von der Gemeinde-Krankenverſicherung oder von der Orts-Krankenkaſſe Unterſtützung in einem Krankheitsfalle[6d]) geleiſtet, für welchen dem Verſicherten ein geſetzlicher Entſchädigungsanſpruch[7]) gegen Dritte zuſteht, ſo geht dieſer Anſpruch in Höhe der geleiſteten Unterſtützung auf die Gemeinde-Krankenverſicherung oder die Orts-Krankenkaſſe über.[8]) IV.

In Fällen dieſer Art[9]) gilt als Erſatz der im §. 6 Abſ. 1 Ziffer 1 bezeichneten Leiſtungen die Hälfte[10]) des geſetzlichen Mindeſtbetrages des Krankengeldes.[11]) [12]) V.

(§ 51 des Entwurfs und der Komm.-Beſchlüſſe.)

*) Dieser Paragraph gilt ausser für die Gemeinde-Krankenversicherung und die Orts-, Betriebs- (Fabrik-), Bau- und Innungs-Krankenkassen (§§ 65, 72, 73) auch für Hülfskassen (§ 75 c).

Zu § 57.

[1]) Die Regierungsvorlage berückſichtigte an dieſer Stelle bloß das Verhältniß der Krankenverſicherung zur öffentlichen Armenunterſtützung. Die einſchlagende Ausführung der Motive (§ 41) lautet: „Die geſetzliche Verpflichtung der Gemeinden und anderer Verbände, durch Krankheit hülfsbedürftig gewordenen Perſonen Unterſtützung zu gewähren, ſoll durch die Krankenverſicherung keine Veränderung erleiden; jedoch ſoll ihnen das zu dieſem Zwecke Geleiſtete von der Gemeinde oder der Krankenkaſſe, welche auf Grund einer für die unterſtützte Perſon beſtehenden Krankenverſicherung zur Gewährung von Krankenunterſtützung verpflichtet iſt, erſtattet werden und zu dem Ende der Unterſtützungsanſpruch des Unterſtützten gegen die letztere auf die Gemeinde oder den Verband, welcher die Unterſtützung geleiſtet hat, oder auf diejenigen, welche die Verpflichtung derſelben auf Grund geſetzlicher Vor-

schrift erfüllt haben, übergehen." Die Reichstagskommission schloß hieran Vorschriften über das Verhältniß der Krankenversicherung zu gesetzlichen oder vertragsmäßigen Ansprüchen der Versicherten gegen Dritte, weil, „wenn man für nöthig gehalten habe, ausdrücklich das Fortbestehen der gesetzlichen Vorschriften über vorläufige Armenpflege auszusprechen, es sich empfehle, durch eine entsprechende Bestimmung klarzustellen, daß auch gesetzliche oder vertragsmäßige Ansprüche gegen Dritte, wie Ansprüche aus dem Haftpflichtgesetz, Ansprüche auf Schadensersatz oder Buße, Ansprüche aus Versicherungsverträgen, neben dem Gesetz über die Krankenkassen bestehen bleiben sollten." (Komm. Ber. S. 73.)

Durch die Novelle hat dieser Paragraph nur einen geringfügigen, sachlich nichts ändernden Zusatz erhalten; dagegen sind seine Bestimmungen schon früher (durch die Unfallversicherungsgesetze) in einer Beziehung nicht unerheblich modifizirt worden, vgl. Anm. 2.

Die gesetzlichen Vorschriften, auf Grund deren die Versicherungspflichtigen auch anderweit Anspruch auf Unterstützung oder Ersatz von Kurkosten u. s. w haben, sei es auf Grund der Armengesetzgebung gegen Gemeinden oder Armenverbände, sei es auf Grund anderer Bestimmungen (z. B. civilrechtlicher Verantwortung) gegen Dritte, sollen also unberührt bleiben. Der Versicherungspflichtige soll das, was er nach diesem Gesetz an Krankenunterstützung bezieht, auf Grund eines anderen Gesetzes nicht doppelt erhalten, dritte Entschädigungsverpflichtete aber sollen auch keinen Gewinn auf Kosten der Krankenkassen, diese wiederum keinen Gewinn auf Kosten der Armenverbände machen. Deshalb soll die Gemeinde-Krankenversicherung oder die Krankenkasse, welche zur Unterstützung auf Grund dieses Gesetzes verpflichtet ist, innerhalb des durch dasselbe gegebenen Umfanges der Unterstützungen

a) auf Grund der Armenpflege bereits anderweit (von Gemeinden, Armenverbänden, oder statt deren von Betriebsunternehmern und Kassen, welche die Verpflichtung der ersteren auf Grund gesetzlicher Vorschriften erfüllt haben) geleistete Unterstützungen erstatten;
b) den gesetzlichen Entschädigungsanspruch der von ihr auf Grund dieses Gesetzes unterstützten Versicherten gegen Dritte (soweit es sich dabei nicht um Gemeinden oder Armenverbände handelt) ihrerseits geltend machen können.

Hiernach stellt sich die Sache so: Ist auf Grund eines Gesetzes ein dritter Entschädigungsverpflichteter vorhanden, so steht seine Verpflichtung in erster Linie, und die Gemeinde oder die Kasse hat an ihn den Regreß für das, was sie auf Grund ihrer durch das vorliegende Gesetz begründeten Verpflichtung etwa schon gewährt hat. In zweiter Linie steht die Verpflichtung der Gemeinde aus der Gemeinde-Krankenversicherung bezw. die Verpflichtung der Krankenkasse. Erst in dritter Linie steht die Verpflichtung der Gemeinden und Armenverbände oder derjenigen, welche deren Verpflichtungen statt derselben haben erfüllen müssen, aus der Armengesetzgebung, so daß diesen ihre Aufwendungen aus der Krankenversicherung zurückvergütet werden müssen. Der Kommissionsbericht (S. 73) drückt dies so aus:

„Es ist also nach dem jetzigen Inhalte dieses Paragraphen unter Umständen eine zweimalige Regreßnahme möglich, zunächst von Seiten desjenigen Armenverbandes, der die vorläufige Unterstützung geleistet hat, an der Orts-Krankenkasse oder Gemeinde-Krankenversicherung, der der Unterstützte angehört, und weiter von dieser an den gesetzlich zur Entschädigung der Erkrankten verpflichteten Dritten." Wegen der Entschädigung bei Betriebsunfällen s. Anm. 2.

Die auf Vertrag (Versicherungsvertrag) beruhenden Ansprüche der Unterstützten gegen Dritte bleiben — unbeschadet der Beschränkung der Krankenunterstützung im Fall der Doppelversicherung, § 26 Abs. 3, wie im Komm.Ber. S. 73 ausdrücklich anerkannt wird — dergestalt unberührt, daß sie für die zur Gewährung von Krankenversicherung verpflichteten Gemeinden und Kassen weder eine Ersatzverpflichtung noch ein Eintrittsrecht begründen.

Der § 57 bezieht sich sowohl auf Pflicht- wie auf freiwillige Mitglieder, aber nicht auf Ersatzansprüche der Krankenkassen untereinander, vgl. § 58 Abs. 2.

Abs. 1 enthält die allgemeine Vorschrift, Abs. 2 und 3 die Ausführung derselben für das Zusammentreffen der Armenunterstützung mit der Krankenunterstützung, Abs. 4 die Ausführung des Abs. 1 für den Fall des Zusammentreffens anderer gesetzlicher Entschädigungsansprüche mit der Krankenversicherung; Abs. 5 bezieht sich auf beide Fälle.

Der § 57 gilt jetzt auch für die Gemeinde-Krankenversicherung in Bayern, cf. Art. 1 Bayr. Ausf.Ges. v. 26. Mai 1892.

1a) Hülfsbedürftiger, insbesondere Gesetz über den Unterstützungswohnsitz v. 6. Juni 1870 (R.G.Bl. S. 360), aber auch der Gothaer Vertrag v. 15. Juli 1851 und die Eisenacher Konvention v. 17. Novbr. 1853 (vgl. Krech, Unterstützungswohnsitz, 3. Aufl., S. 17, 201; Ges.Bl. f. Elsaß-Lothringen 1873 S. 5, 1874 S. 1).

2) Gesetz, insbesondere Haftpflichtgesetz (v. 7. Juni 1871, R.G.Bl. S. 207) oder allgemeine civilrechtliche Vorschriften (oblig. ex delicto, cf. Th. I Tit. 6 Preuß. Allg. Landrechts, code civil Art. 1384). Bei Betriebsunfällen sind jedoch für den Geltungsbereich des Unfallversicherungsgesetzes v. 6. Juli 1884 (§§ 95 ff.) die bisherigen Entschädigungsansprüche der Versicherten gegen die Arbeitgeber aus dem Haftpflichtgesetz, code civil, gemeinen Recht 2c., auch soweit sie innerhalb der Krankenversicherung liegen, vorbehaltlich der Mehransprüche bei vorsätzlicher Herbeiführung des Unfalls durch den Arbeitgeber, beseitigt, und damit ist auch der auf diese Ansprüche der Verletzten gestützte Regreßanspruch der Krankenkassen fortgefallen. Dies gilt nicht nur für schwere Unfälle, die nach Ablauf der ersten 13 Wochen von der Berufsgenossenschaft zu übernehmen sind, sondern auch für alle kleineren

Unfälle, deren Folgen schon vor Ablauf der ersten 13 Wochen beseitigt werden, so daß nur die Krankenkassen einzutreten haben,

„. . da andernfalls nicht nur die Unfälle, welche nur eine Erwerbsunfähigkeit bis zu 13 Wochen zur Folge haben, sondern rücksichtlich der ersten 13 Wochen der Erwerbsunfähigkeit auch alle übrigen Unfälle nach wie vor zu einer Quelle von Streitigkeiten führen würden. Es soll mithin den Krankenkassen nicht die Möglichkeit verbleiben, auf Grund des Haftpflichtgesetzes u. s. w. wegen der Fürsorge für die ersten 13 Wochen von dem Betriebsunternehmer Deckung zu verlangen. Die §§ 57 Abs. 4, 65 Abs. 5 und 73 Abs. 1 des Krankenversicherungsgesetzes werden somit in ihrer Anwendbarkeit beschränkt"

(Mot. zu § 95 U.V.G., vgl. bei v. Woedtke, Kommentar Anm. 1 zu § 95 a. a. O.). Gleichzeitig ist aber durch § 96 U.V.G. den Krankenkassen und der Gemeinde-Krankenversicherung ein selbständiger neuer Entschädigungsanspruch gegen diejenigen „Betriebsunternehmer, Bevollmächtigten oder Repräsentanten, Betriebs- oder Arbeiteraufseher, gegen welche durch strafgerichtliches Urtheil festgestellt worden ist, daß sie den Unfall vorsätzlich oder durch Fahrlässigkeit mit Außerachtlassung derjenigen Aufmerksamkeit, zu der sie vermöge ihres Amtes, Berufes oder Gewerbes besonders verpflichtet sind, herbeigeführt haben," eingeräumt worden. Einer kriminellen Feststellung bedarf es dabei nur dann nicht, wenn eine solche aus in der Person des Thäters liegenden Gründen unmöglich ist (§ 97 a. a. O.).

Aehnlich liegen die Verhältnisse für die Reichsbeamten nach dem Beamten-Fürsorgegesetz vom 15. März 1886 (§ 8); doch ist in diesem Gesetz den Krankenkassen ein Erstattungsanspruch nicht ausdrücklich beigelegt. Die reichsrechtlichen Ansprüche auf Schadensersatz, insbesondere aus dem Haftpflichtgesetz, sind in gleichem Umfang, wie für die Reichsbeamten, auch für diejenigen Staats- und Kommunalbeamten und deren Hinterbliebene beseitigt, für welche durch Landesgesetz oder Kommunalstatut die gleiche Unfallfürsorge getroffen ist, soweit dies nicht schon nach dem U.V.G. der Fall ist (§ 12 Ges. v. 15. März 1886).

Für den Geltungsbereich des Ausdehnungsgesetzes vom 28. Mai 1885, des land- und forstw. Unfallversicherungsgesetzes vom 5. Mai 1886, des Bau-Unf.Ges. vom 11. Juli 1887 und des See-Unf.Ges. vom 13. Juli 1887 gilt im Allgemeinen dasselbe wie für die Unfallversicherung in der Industrie, soweit es sich aber um die eigenen Ansprüche verletzter landwirthschaftlicher oder Regiebau-Arbeiter handelt, nur da, wo die Krankenversicherungspflicht für derartige Arbeiter besteht, § 116 landw. U. u. K.V.G., § 49 Abs. 1 B.U.G., ähnlich § 109 S.U.G.

Andere Personen, d. h. solche, welche im Verhältniß zum Verletzten nicht als Betriebsunternehmer, Bevollmächtigte oder Repräsentanten, Betriebs-

oder Arbeiteraufseher anzusehen sind („Dritte" im Sinne des § 98 U.V.G., des § 10 Abs. 3 Beamten-Unf.Ges. u. des § 110 landw. U. u. K.V.G.), haften dem Verletzten bezw. den Krankenkassen wie allen Anderen nach Maßgabe der bestehenden gesetzlichen Bestimmungen (vgl. oben), also im Allgemeinen für jeden Vorsatz und jedes vertretbare Verschulden (Anm. 7). Eisenbahnverwaltungen (bezüglich der Passagiere; denn im Verhältniß zu ihren Beamten und Arbeitern gilt die Unfallversicherung, cf. § 1 Ausd.Ges. v. 28. Mai 1885), haften aber nach § 1 des Haftpflichtgesetzes v. 7. Juni 1871 auch ohne den Nachweis eines Verschuldens, wenn sie nicht ihrerseits Verschulden des Verletzten oder höhere Gewalt nachweisen. Vgl. auch § 10 Abs. 1 Beamten-Fürs.Ges.

Wegen der Buße bei Körperverletzung (§ 231 Str.G.B.) vgl. Anm. 7.

2a) Dritte im Sinne des § 57 K.V.G. sind Alle außer dem Versicherten einerseits und der Krankenkasse (oder Gemeinde-Krankenversicherung) andererseits, mit alleiniger Ausnahme der (vorher besonders aufgeführten) Verpflichteten aus dem Armenrecht. Dritte im Sinne dieser Bestimmung sind also insbesondere auch die Arbeitgeber (anders nach § 98 U.V.G., vgl. Anm. 2).

3) nicht berührt, aber die Beziehungen der Betheiligten ändern sich theilweise. Der Armenverband erhält einen Rückvergütungsanspruch gegen die Krankenversicherung, und dritte Verpflichtete werden von ihrer Verbindlichkeit trotz der Hülfe, die ihren Schuldnern bereits anderweit (event. theilweise) gewährt ist, nicht frei.

4) Verpflichtung, d. h. die auf gesetzlicher Vorschrift beruhende Verpflichtung von Gemeinden und Armenverbänden aus der öffentlichen Armenpflege. Auf die „auf Gesetz oder Vertrag beruhenden „„Ansprüche"" der Versicherten gegen Dritte" bezieht sich Abs. 2 dieses Paragraphen nicht, cf. Anm. 1. Der Abs. 2 entspricht unverändert der Regierungsvorlage, welche im Abs. 1 nur diese „Verpflichtung" erwähnte.

Nicht jede Krankheit legt dem Armenverband die Pflicht auf, einzuschreiten, sondern nur eine solche, welche mit „Hülfsbedürftigkeit" im Sinne des Gesetzes v. 6. Juli 1870 verbunden ist. Diese ist namentlich dann ausgeschlossen, wenn der Kranke als Mitglied einer Orts-Krankenkasse den Weg, den die Kassenstatuten zur Herbeiführung der ärztlichen Behandlung bezw. der Aufnahme in ein Krankenhaus vorschreiben, bereits beschritten, alsdann aber ohne zwingenden Grund verlassen und, obwohl immer noch in der Lage, diesen Weg wieder einzuschlagen, dennoch den Armenverband zu seiner Unterstützung angerufen hat. Der Armenverband, welcher unter Kenntniß dieser Umstände Unterstützung gewährt hat, ohne durch die Sachlage sonst dazu genöthigt zu sein, handelt nicht in Ausübung seiner gesetzlichen Pflicht, unterstützt keine „Hülfsbedürftigen" im armenrechtlichen Sinne und erhält deshalb keinen Erstattungsanspruch im Sinne des § 57. (Höchstens kann er aus der nützlichen Verwendung im Civilprozeß klagen.) Dies gilt insbesondere dann, wenn die näheren Umstände des Falles dem Armenverband keine Veranlassung zu der Annahme geben, daß die Krankenkasse die Unterstützung des Erkrankten ablehnen oder verzögern werde. (Entsch. d. Pr. Ob.Verw.Ger. XVIII S. 358, sowie v. 13. Mai 1895.) Eine Nöthigung zum Einschreiten kann aber für den Armenverband aus den besonderen Umständen des Falls insbesondere dann gegeben sein, wenn ein an sich hülfsbedürftiges Kassenmitglied sich direkt in das Krankenhaus begiebt (vgl. am Schluß diese Anm.) und seine Zurückweisung trotz Kenntniß von der Kassenmitgliedschaft nicht erfolgen kann. (Entsch. d. Bundesamts für das Heimathwesen XXI S. 75, XXII S. 78.) Muß sich auch in solchen Fällen der Armenverband mit der Krankenkasse wegen Uebernahme der Kurkosten alsbald in Verbindung setzen (a. a. O. XX S. 76), so wird ihm doch auch ein Ersatzanspruch aus § 57 Abs. 2 K.V.G. für die Zeit, bis dies geschieht, nicht versagt werden können, weil er nur einer Verpflichtung zur armenrechtlichen Unterstützung genügt hat.

Es muß durch irgend welche Handlungen außer Zweifel gestellt sein, daß der Armenverband bei Unterstützung eines Erkrankten den Zweck gehabt hat, seiner aus dem Armenrecht folgenden Verpflichtung zu genügen (Pr. Ob.Verw.Ger. Entsch. v. 10. Novbr. 1890).

Nur auf Grund der Armenpflege geleistete Unterstützung berechtigt zur Erstattung; nicht aber sind erstattungsfähig andere Kosten der unterstützenden Gemeinde, z. B. solche, die sich als „sächliche Polizeikosten" darstellen. Der Erstattungsanspruch ist denn auch abgewiesen worden, wenn es sich um Kosten handelt, die daraus erwachsen sind, daß eine syphiliskranke Frauensperson nicht um deswillen, weil sie hülfsbedürftig ist, und nicht zum Zweck der Fürsorge für die Kranke, sondern aus sanitätspolizeilichen Gründen zur Verhütung der weiteren Verbreitung der Syphilis auf Veranlassung der Polizeibehörde in ein Krankenhaus aufgenommen ist. Letzteres ist kein Akt der Armenpflege. (Wohlers-Krech, Unterstützungswohnsitz 6. Aufl. S. 76 und die daselbst angeführten Entsch. d. Bundesamts f. d. Heimathwesen; Pr. Ob.Verw.Ger. XIV S. 363, sowie Entsch. v. 17. Juni 1895.)

Die Polizei hat nicht die Verpflichtung oder Berechtigung, für die Heilung aller syphiliskranken Personen zu sorgen, sondern sie hat diese Verpflichtung nur dann, wenn die Heilung zur Vermeidung von Gefahren für das öffentliche Wohl geboten ist. Ordnet die Polizei auf Grund dieser Verpflichtung die Heilung Syphilitischer an, so fallen die Kosten, wenn es sich um mittellose Kranke handelt, denjenigen politischen Verbänden zur Last, welche die Kosten der Polizeiverwaltung zu tragen haben, sind also nicht erstattungsfähig. Im Uebrigen aber — wenn also die Polizei nicht einschreitet — fallen die Kosten für hülfsbedürftige Kranke, also auch für mittellose Syphiliskranke, dem Armenverband zur Last, und sind deshalb gegen die Krankenkasse erstattungsfähig (Pr. Ob.Verw.Ger. Entsch. v. 10. März 1887).

Für die Armenverwaltung ist es gleichgültig, in welcher Weise der Hülfsbedürftige seinen Anspruch der Kasse gegenüber hätte geltend machen müssen. (Entsch. d. Pr. Ob.Verw.Ger. v. 25. März 1886 [XIII S. 374]; v. 16. Juni 1890, 22. Septbr. 1890, 11. April 1892, 8. Juli 1895). Vgl. im Uebrigen Anm. 12. Ebenso, ob die Hülfsbedürftigkeit durch ein Verschulden des Hülfsbedürftigen, insbesondere dadurch entstanden ist, daß er sich der Behandlung durch die Kassenärzte entzogen hat, vgl. §§ 6a, 26a (Pr. Ob.Verw.Ger. Entsch. v. 9. Oktbr. 1890). Wird ein hülfsbedürftig Erkrankter im Wege der Armenpflege im Krankenhause untergebracht, so entsteht ein Anspruch auf Angehörigen-Unterstützung gemäß § 7 Abs. 2 nicht (Pr. Ob.Verw.Ger. v. 8. Juli 1895).

4a) geleistet sind. Hierdurch wird eine Klage auf Ersatz etwaiger zukünftiger Unterstützungen ausgeschlossen (Pr. Ob.Verw.Ger. Entsch. v. 29. April 1886, Entsch. XIII S. 379).

5) dieses Gesetzes und der auf Grund desselben zu Stande gekommenen Statuten, cf. § 21. Hülfskassen (§. 75) gewähren nicht auf Grund „dieses" Gesetzes einen Unterstützungsanspruch; trotzdem sind die Vorschriften des § 57 auf Hülfskassen durch die Novelle für anwendbar erklärt worden (§ 75c).

5a) Unterstützungsanspruch, gesetzlich oder statutarisch, einschl. des Sterbegeldes (vgl. Anm. 16 zu § 20) und der Transportkosten in das Krankenhaus, jedoch nur innerhalb der Obergrenzen des Abs. 5, sofern nicht etwa der Transport von der Kasse angeordnet war, also die Kasse erklärt hatte, daß sie von ihrer Befugniß zur Krankenhausbehandlung in einer bestimmten Anstalt Gebrauch mache, und es sich nur um die Ausführung dieses Beschlusses handelt (Pr. Ob.Verw.Ger. XXII S. 355, sowie Entsch. vom 14. Februar 1895). Vgl. Anm. 2 zu § 7 sowie Anm. 12. Auch bei Gewährung von Angehörigen-Unterstützung (§ 6a Ziffer 5, § 7 Abs. 2, § 21 Ziffer 5, 7) ist das Kassenmitglied, nicht der erkrankte Angehörige, der Unterstützte. Deshalb ist bei der Kostenerstattung für Angehörigen-Unterstützung das Krankengeld des Kassenmitglieds, nicht etwa der Ortslohn für den unterstützten Angehörigen zu Grunde zu legen, vgl. Abs. 5 (Pr. Ob. Verw.Ger. Entsch. v. 25. April 1889).

6) im Betrage der geleisteten Unterstützung. Wegen des Aequivalents für freie ärztliche Behandlung und Arznei vgl. Abs. 5.

Die im Wege der Armenunterstützung geleistete Hülfe wird oft geringer sein, als die auf Grund dieses Gesetzes zu gewährende Krankenunterstützung; derjenige Armenverband, der sich an die Krankenkasse regressirt, wird dann also aus dieser den vollen Ersatz seiner Aufwendungen erhalten. Indessen kann auch das Gegentheil, namentlich mit Rücksicht darauf eintreten, daß nach Abs. 5 für freie ärztliche Behandlung und Arznei nur ein mäßiger Pauschbetrag von der Krankenkasse zu erstatten ist; während die Armenverbände hierfür unter Umständen recht hohe Kosten aufzuwenden haben. In solchen Fällen komplizirt sich die Sache dann, wenn die armenrechtliche Unterstützung nicht von dem endgültig fürsorgepflichtigen Armenverbande des Unterstützungswohnsitzes u. s. w. (§ 30 U.G. v. 6. Juni 1870) oder des Dienstorts (§ 29 a. a. O.), sondern zunächst von dem vorläufig verpflichteten Armenverbande des Aufenthaltsorts (§ 28 a. a. O.) geleistet ist, und letzterer nun die Erstattung seiner Auslagen verlangt. Der vorläufig unterstützende Armenverband hat dann aus dem Krankenversicherungsrecht einen Erstattungsanspruch gegen die Krankenkasse in Höhe des Krankengeldes und des Pauschbetrages aus § 57 Abs. 2, 5 K.V.G., aus dem Armenrecht aber einen Erstattungsanspruch gegen den endgültig fürsorgepflichtigen Armenverband in Höhe des armentarifmäßigen Betrages (§ 30 U.G.), und der endgültig fürsorgepflichtige Armenverband kann wiederum, wenn er auf Erstattung in Anspruch genommen worden ist, ebenfalls an die Krankenversicherung sich halten, vgl. Anm. 6b

Darüber nun, was in solchen Fällen geschehen soll, wenn die Ersatzleistungen der Krankenkasse nicht ausreichen, um die vollen Armenpflegekosten zu decken, sind das Pr. Ob.Verw.Ger. und das Bundesamt für das Heimathwesen verschiedener Ansicht. Das erstere will in solchem Falle eine Theilung des Ersatzanspruchs gegen die Krankenkasse zwischen den beiden ersatzberechtigten Armenverbänden (vgl. Anm. 6b) unter antheiliger Ermäßigung ihrer Ansprüche eintreten lassen, und zwar nach Verhältniß dessen, was jeder von ihnen zu dem Gesammtbetrage der gewährten Unterstützung beigetragen hat. „Aus dem Zweck der Vorschriften in § 57 Abs. 1 und 2, die Armenverbände für die von ihnen gewährten Unterstützungen aus den Fonds der Krankenversicherung zu entschädigen, folgt, daß, wenn der Anspruch gegen die Krankenkasse nicht ausreicht, um beide Armenverbände voll zu befriedigen, jeder von ihnen ein Recht nur auf denjenigen Theil der Entschädigung, d. h. des Anspruchs gegen die Krankenversicherung, hat, der dem Verhältniß entspricht, in welchem er zu dem Gesammtbetrage der gewährten Unterstützung beigetragen hat" (Entsch. d. Pr. Ob.Verw.Ger. v. 26. Oktbr. 1891 [Entsch. XXI S. 368] u. v. 22. Februar 1892). „Für die Annahme, daß das Recht des einen Armenverbandes stärker sei als das des anderen, fehlt jeder Anhalt. Keiner von ihnen hat ein Recht auf vorzugsweise Befriedigung" (a. a. O.), so daß etwa der eine Verband nur dasjenige zu erhalten hätte, was nach Befriedigung des anderen Verbandes übrig bleibt. Nach diesen Grundsätzen wird also der vorläufig unterstützende Armenverband mit einem Theil der von ihm gewährten Armenpflegekosten ins Freie fallen, indem er nicht mehr seine volle Restforderung gegen die Krankenkasse geltend machen kann, sondern seine Restforderung zu Gunsten des endgültig fürsorgepflichtigen Armenverbandes verhältnißmäßig heruntersetzen muß. Beispiel: Die Kosten der Armenpflege des vorläufig unterstützenden Verbandes (A) betragen 100 Mark, die Kosten der Krankenversicherung (B) 80 Mark, der armentarifmäßig von dem endgültig fürsorgepflichtigen Verband (C) zu erstattende Betrag 60 Mark. A erhält im Wege des Regresses von C 60 Mark, hat also noch einen Restanspruch auf 40 Mark; es haben dann A von B 40 Mark, C von B 60 Mark (zusammen 100 Mark) zu fordern, zur Befriedigung sind aber nur 80 Mark da. Nach den Grundsätzen des Pr. Ob.Verw.Ger. vertheilen sich nun diese 80 Mark auf A mit $^2/_5$, auf B mit $^3/_5$; es erhalten also A 32 Mark, C 48 Mark, so daß der vorläufig unterstützende Verband A 40 — 32 = 8 Mark, der endgültig fürsorgepflichtige Verband C 60 — 48 = 12 Mark einbüßt.

Im Gegensatz hierzu geht das Bundesamt für das Heimathwesen von der Annahme aus, daß der vorläufig unterstützende Armenverband immer, also auch in diesem Fall, Anspruch auf den vollen Ersatz seiner Auslage habe. „Es steht in dem Ermessen des vorläufig unterstützenden Armenverbandes, wie weit er von seinem Erstattungsanspruch gegen die Krankenkasse Gebrauch machen will“ (Entsch. d. B. f. H. v. 7. Septbr. 1889 [XXII S. 77]; ähnlich Entsch. v. 21. Mai 1887 [XIX S. 172] sowie Entsch. XIII S. 65); er kann auch beide Schuldner (den endgültig fürsorgepflichtigen Armenverband und die Krankenkasse) nacheinander belangen, soweit er durch die von dem einen erlangte Zahlung noch nicht voll befriedigt ist (Entsch. d. B. f. H. XX S. 74); wenn zuerst die Krankenkasse, und dann auf den Rest der endgültig fürsorgepflichtige Armenverband in Anspruch genommen wird, ist letzterer nicht berechtigt, die Leistung der Krankenkasse ganz oder theilweise zunächst auf seine (des endgültig fürsorgepflichtigen Armenverbandes) Verpflichtungen zu verrechnen (Entsch. d. B. f. H. v. 8. Novbr. 1890, XXIII S. 108). „Das Vorhandensein zweier selbstschuldnerisch, wenn auch in verschiedenem Umfange verpflichteter Schuldner gewährt dem vorläufig unterstützenden Armenverband die Möglichkeit, seine Aufwendungen in vollem Umfange erstattet zu erhalten“; er kann daher die Leistungen der Krankenkasse ebenso wie eine „von dem Unterstützten selbst zur Abtragung seiner Schuld an den Armenverband erfolgte Zahlung“ zunächst auf die Gesammtschuld verrechnen (Entsch. d. B. f. H. v. 8. Novbr. 1890, XXIII S. 108), insbesondere auf denjenigen Theil seiner Gesammtforderung, wegen dessen ihm ein Erstattungsanspruch gegen den definitiv fürsorgepflichtigen Armenverband nicht zusteht, z. B. auf seine allgemeinen Verwaltungskosten oder den den Tarifsatz der Armenverbände übersteigenden Betrag, Entsch. d. B. f. H. v. 26. Januar 1884 (XVI S. 106) u. v. 28. Septbr. 1889 (XXII S. 143). Hiernach ist also das Recht des vorläufig unterstützenden Armenverbandes allerdings stärker als das des endgültig fürsorgepflichtigen; in obigem Beispiel würde also der erstere (A) seine vollen 40 Mark erhalten, letzterer (C) aber 60 — 40 = 20 Mark einbüßen.

Bei Würdigung dieser verschiedenen Auffassungen wird man zunächst zugeben müssen, daß das Krankenversicherungsgesetz keine Bestimmung enthält, welche dem einen Armenverband mehr Recht wie dem anderen einräumt. Die Frage ist aber auch nicht aus dem Recht der Krankenversicherung, sondern aus dem der Armengesetzgebung zu entscheiden; denn erstere behandelt nur die Beziehungen der Krankenversicherung zur Armenpflege überhaupt, ohne zwischen den einzelnen Verbänden, denen die Durchführung der letzteren obliegt, zu unterscheiden (Erk. d. Pr. Ob.Verw.Ger. v. 6. Oktbr. 1891, XXI S. 369),

Vgl. Anm. 6b. Nach § 28 des Unterstützungswohnsitzgesetzes soll nun aber nach unserem Dafürhalten dem vorläufig unterstützenden Armenverband grundsätzlich Anspruch auf volle Befriedigung zustehen; er soll eben nur vorläufig eintreten, vorschießen, vorbehaltlich voller Erstattung, während die Gesammtlast der Armenpflege dem endgültig fürsorgepflichtigen Armenverband zufällt. Daß die Erstattung nur nach Maßgabe des Tarifs (§ 30 a. a. O.) erfolgt und deshalb nicht immer die Gesammtkosten deckt, ändert u. E. an diesem Grundsatz nichts, denn diese Vorschrift bezweckt nur eine Vereinfachung des Erstattungsverfahrens, und der Tarif enthält nicht etwa Maximalsätze, sondern Pauschsätze (B. f. H. XII S. 70), kommt also auch dann zur Anwendung, wenn die Aufwendungen des vorläufig unterstützenden Armenverbandes hinter den Tarifsätzen zurückbleiben. Unter diesen Umständen scheint uns — während wir früher geneigt gewesen sind, dem Pr. Ob.Verw.Ger. zuzustimmen — die Auffassung des Bundesamts für Heimathwesen den Vorzug zu verdienen.

Nach unserem Dafürhalten hat also, wenn es sich um eine Konkurrenz zwischen dem vorläufig und dem endgültig unterstützenden Armenverband handelt, der erstere zur Befriedigung seiner Gesammtausgaben, neben seinem Anspruch aus dem Armenrecht gegen den endgültig fürsorgepflichtigen Verband, immer auch den Anspruch auf die vollen Leistungen der Krankenkasse, bis daß er voll befriedigt ist. Mehr als seine Selbstkosten darf er natürlich aus der Krankenunterstützung und dem armenrechtlichen Tarifbetrag zusammengenommen niemals in Anspruch nehmen. Ebenso eignen wir uns die vorstehend entwickelten Grundsätze des B. f. H. über das Verhältniß beider Ersatzansprüche zu einander an.

Konkurriren aber mehrere endgültig unterstützende Armenverbände (in den Fällen des § 29 U.G.), so tritt unter den letzteren eine Theilung des Ersatzanspruchs gegen die Krankenkasse nach Verhältniß der Höhe der von jedem der beiden Armenverbände gewährten Unterstützung ein. (Vgl. Entsch. d. B. f. H. XXIV S. 152.)

Uebrigens sind beide Gerichtshöfe auch in neueren Entscheidungen bei ihren von einander abweichenden Grundsätzen stehen geblieben (vgl. Arb.-Vers. X S. 478, sowie Preuß. Verw.Bl. 1893 S. 51, Entsch. d. B. f. H. XXV S. 121); in gleicher Weise hält Verf. seine Ansicht aufrecht (abweichend Schultzenstein in Arb.Vers. XI S. 85).

6a) geht über, cessio legis. Einer Benachrichtigung des Erkrankten bedarf es nicht; § 34 d. Ges. über den Unterstützungswohnsitz v. 6. Juli 1870 findet keine Anwendung (Pr. Ob.Verw.Ger. v. 3. März 1890). Ueber die prozessuale Geltendmachung des Anspruchs vgl. § 58 Abs. 2. Es geht nur derjenige Anspruch auf den Armenverband über, welcher dem Erkrankten gegenüber seiner Krankenkasse (der er als Mitglied angehört) zustand. Im Fall des § 57a hat sich der Armenverband also nicht an die eintretende, sondern an die ersuchende bezw. endgültig fürsorgepflichtige Krankenkasse zu halten (Pr. Ob.Verw.Ger. v. 14. Februar 1895). Vgl. Anm. 6 zu § 57a, sowie Anm. 5a. Die auf Grund dieser Vorschrift von den Krankenkassen ersetzten Unterstützungen verlieren den Charakter der Armenunterstützung, § 77 (Entsch. d. B. f. H. v. 11. Juni 1892, XXIV S. 28; vgl. auch XX S. 77). Vgl. § 76a Abs. 1.

Die Krankenkasse braucht das von dem Armenverband Geleistete nur dann zu erstatten, wenn sie von dem Uebergang des Anspruchs des Kassenmitglieds auf den Armenverband Kenntniß erhalten hat (Pr. Ob.Verw.Ger. Entsch. v. 5. März 1888). Die Leistungen des Armenverbandes müssen also der Kasse amtlich (Entsch. v. 3. Januar 1889) oder doch in glaubhafter Weise, z. B. durch den Rendanten (Entsch. v. 21. Febr. 1889), mitgetheilt werden. Solange dies nicht geschehen, darf die Kasse an das Kassenmitglied selbst zahlen und sich dadurch von der Erstattungspflicht befreien.

6b) von welchen die Unterstützung geleistet ist. Dies bezieht sich nicht nur auf den vorläufig unterstützenden (§ 28 Ges. v. 6. Juni 1870), sondern auch auf den endgültig fürsorgepflichtigen (§ 30 a. a. O.) Armenverband, sofern und soweit letzterer auf Grund seiner armenrechtlichen Erstattungspflicht an die Stelle des ersteren getreten ist. Denn sonst könnte der vorläufig eintretende Armenverband dadurch, daß er seinen Regreß nicht gegen die Krankenkasse, sondern gegen den definitiv verpflichteten Armenverband nimmt, die Krankenversicherung zu Ungunsten der Armenpflege willkürlich entlasten. Der § 57 regelt also nicht das Verhältniß zwischen der Krankenversicherung und einem bestimmten Armenverband, sondern zwischen der Krankenversicherung und der Armenpflege als solcher überhaupt (Pr. Ob.Verw.Ger. Entsch. v. 5. Oktbr. u. v. 26. Oktbr. 1891, XXI S. 369). Denselben Grundsatz hat das Bundesamt für das Heimathwesen in mehrfachen Entscheidungen zum Ausdruck gebracht, vgl. insbesondere Entsch. v. 8. Novbr. 1890 (Entsch. d. B. f. H. XXIII S. 108).

Der vorläufig unterstützende Armenverband (§ 28 Ges. v. 6. Juni 1870) hat also — wenn das Einschreiten der öffentlichen Armenpflege nach der derzeitigen Sachlage überhaupt geboten war, was Thatfrage ist, vgl. Anm. 4 — „die Wahl zwischen zwei Schuldnern, von denen der eine ihm nach Maßgabe des Unterstützungswohnsitzgesetzes, der andere auf Grund des Krankenversicherungsgesetzes haftet. Die Verpflichtung der beiden Schuldner ist eine selbstschuldnerische; die Einrede der Vorausklage steht keinem von beiden zu.“ (Entsch. d. B. f. H. v. 7. Septbr. 1889, XXII S. 77, auch XXIII S. 111).

6c) auf Grund gesetzlicher Vorschrift erfüllt haben. Diese Bestimmung, welche sich auch im § 8 Abs. 2 U.V.G. findet, soll landesgesetzlichen Vorschriften über die Armenpflege, wie sie namentlich in Süddeutschland bestehen, Rechnung tragen (Mot. des ersten Entwurfs zum Unfallvers.Ges.).

6d) Krankheitsfall. Dahin gehört auch die Wöchnerinnenunterstützung, überhaupt ebenso wie in den Fällen des Abs. 2 im Zweifel Alles, was auf

Grund dieses Gesetzes zu gewähren ist (Pr. Ob.Verw.Ger. Entsch. v. 28. März 1892, XXIII S. 300).

7) gesetzlicher Entschädigungsanspruch. Ein Entschädigungsanspruch ist ein solcher Anspruch, dessen Entstehung durch den Eintritt eines schädigenden Ereignisses bedingt ist. Ein Alimentationsanspruch aus dem Familienrecht ist kein Entschädigungsanspruch, wohl aber nach gemeinem und Preußischem Recht der Anspruch einer geschwängerten Frauensperson auf Sechswochen-, Tauf- und Entbindungskosten gegen den Stuprator. Dieser letztere Anspruch geht also auf die Krankenkasse über (cf. Arndts, krit. Jahrb. X S. 232 ff., Preuß. Gesetz v. 24. April 1854, G.S. S. 193); ebenso v. Schicker Anm. 21 zu § 57 und Pr. Ob.Verw.Ger. Entsch. v. 28. März 1892 (Entsch. XXIII S. 301). Gleichgültig ist, ob der Entschädigungsanspruch ein Verschulden des Dritten zur Grundlage hat oder nicht (Pr. Ob.Verw.Ger. Entsch. v. 28. März 1892, XXIII S. 302); alle Entschädigungsansprüche gegen Dritte (Deliktsansprüche und sog. einfache Entschädigungsansprüche) gehen über, also auch Ansprüche aus Art. 1384 und 1385 code civil (Pr Ob.Verw.Ger. v. 26. Jan. 1891). Das Gesetz gilt aber nur für privatrechtliche Entschädigungsansprüche, nicht auch für Ansprüche aus dem öffentlichen Recht; so geht insbesondere nicht über der Anspruch gegen den Militärfiskus auf Invalidenpension (Pr. Ob.Verw.Ger. Entsch. v. 8. Jan. 1891, XX S. 377) oder der Anspruch gegen eine Berufsgenossenschaft auf Unfallrente (Pr. Ob.Verw.Ger. Entsch. v. 8. Oktbr. 1891). Vgl. auch Anm. 5 zu § 72. Die Ansprüche der Handlungsgehülfen aus Art. 60 H.G.B. sind keine „gesetzlichen" Entschädigungsansprüche, sondern, weil auf einem Willensakt der Kontrahenten zurückzuführen, kontraktliche Ansprüche (Pr. Ob.Verw.Ger. Entsch. v. 19. Dezbr. 1887 [Entsch. XV S. 398]; v. 10. Septbr. 1888); auf diese Ansprüche findet also der § 57 Abs. 4 keine Anwendung. Im Uebrigen vgl. Anm. 2.

Wird im Falle der Körperverletzung dem Verletzten auf seinen Antrag von dem Richter eine Buße zuerkannt (welche nach § 231 Str.G.B. eine weitere Entschädigung des Verletzten ausschließt), so präjudizirt eine solche Verurtheilung dem Entschädigungsanspruch der Krankenkasse gegen den Verletzenden nur dann, wenn dem letzteren die Thatsachen, welche den Uebergang des Entschädigungsanspruchs auf die Krankenkasse begründen, erst nach Beendigung der die Buße betreffenden Verhandlungen gehörig bekannt gemacht wurden (Pr. Ob.Verw.Ger. Entsch. v. 1. Dezbr. 1890, XX S. 372).

8) geht ... über. Vgl. Anm. 6a. Der § 4 des Haftpflichtgesetzes v. 7. Juni 1871 (R.G.Bl. S. 207) wird hierdurch für den zur Entschädigung Verpflichteten modifizirt. Vgl. aber wegen der Ansprüche bei Unfällen die Anm. 1.

9) dieser Art, also in den Fällen der Abs. 2, 3, 4.

10) die Hälfte des gesetzlichen Mindestbetrages, also ein Viertel des der Berechnung zu Grunde liegenden Lohnes. Letzterer ist nach §§ 6, 20 und 73, § 64 Nr. 1 und § 72 verschieden, je nachdem der Unterstützte der

Gemeinde-Krankenversicherung, einer Orts- oder Innungs-Krankenkasse, einer Betriebs- (Fabrik-) oder Bau-Krankenkasse angehört; er ist außerdem nach § 8 verschieden, je nachdem es sich um Männer oder Frauen, jugendliche oder erwachsene Personen handelt. Maßgebend ist der für den Unterstützten geltende Ansatz (Reger-Henle S. 184), d. h. der Ansatz derjenigen Kasse, welcher der unterstützte Versicherte, und zwar auch bei Angehörigen-Unterstützung der Versicherte selbst, angehört, vgl. Anm. 5 a. v. Schicker S. 212 Anm. 28 b. Die Vorschriften des § 30 des Ges. über den Unterstützungswohnsitz v. 6. Juni 1870, des § 35 des Preuß. Ausführungsgesetzes und die Sätze des Pr. Tarifs v. 2. Juli 1876 dürfen auf die Erstattungsansprüche der Armenverbände gegen die Krankenkassen nicht angewendet werden, weil sie nur Erstattungsansprüche der Armenverbände gegen einander betreffen (Pr. Ob.Verw.Ger. v. 24. März 1890). Die hier bezeichnete Hälfte ist für jeden Krankheitstag vom Beginn der Krankheit ab zu berechnen, nicht blos für Arbeitstage (Pr. Ob.Verw.Ger. Entsch. v. 3. Dezbr. 1891, XXI S. 383).

Wenn eine Krankenkasse nur ärztliche Behandlung, aber kein Krankengeld zu leisten hat (§§ 6a, 26a), so hat sie einem vorläufig eingetretenen Armenverband auch nur insoweit Ersatz zu leisten. Dieses Ersatzgeld ist dann gleichwohl nicht bloß auf die von dem Armenverband aufgewendeten Arztkosten ꝛc., sondern auf den Gesammtbetrag der Kosten des Armenverbandes zu verrechnen, weil es sich sowohl bei der Krankenversicherung wie bei der Armenpflege nicht um mehrere selbständige Pflichten, sondern um eine einheitliche Verbindlichkeit handelt (Entsch. d. B. f. H. v. 30. Jan. 1892, XXIV S. 155).

Daß den Erstattungsberechtigten nicht der thatsächliche Betrag der von ihnen vorschußweise gewährten ärztlichen Behandlung, freien Arznei und kleinen Heilmittel, sondern für diese Leistungen ein gesetzlich normirtes Pauschquantum zugesprochen wird, unbekümmert darum, ob und wie viel für den Arzt u. s. w. wirklich verauslagt ist, beruht auf praktischen Rücksichten. Diese Bestimmung kann sowohl zum Vortheil wie zum Nachtheil der Orts-Krankenkasse u. s. w. ausschlagen, da sie den gleichen Betrag an andere (Armenverbände) erstattet, den sie in anderen Fällen (von dritten Entschädigungsverpflichteten) erstattet erhält; es ist daher ohne durchgreifende Bedeutung, ob das Pauschquantum dem wahren Durchschnittsbetrag des Werthes jener Leistungen wirklich entspricht (Sten.Ber. 1883 S. 2159).

Dieses Pauschquantum gilt auch für andere Fälle, so für die Erstattung der Kosten einer über 13 Wochen hinaus geleisteten Fürsorge für Verunglückte, wenn die fernere Fürsorge für dieselben der Krankenkasse übertragen war; jedoch müssen in solchen Fällen auch nachgewiesene Mehrausgaben erstattet werden. cf. § 5 Abs. 8 d. Unfallvers.Ges. v. 6. Juli 1884, § 10 Abs. 5 landw. U. u. K.V.G. Die in dem Entwurf der Novelle auch hier vorgesehene Erstattung von Mehraufwendungen ist vom Reichstage abgelehnt worden;

„es sei unbillig, wenn einzelne Krankenkassen für Versicherte, die gar nicht mehr in ihrem Bezirke beschäftigt seien, zum vollen Ersatz der für dieselben in einem anderen Bezirke gemachten, vielleicht unverhältnißmäßig hohen Aufwendungen herangezogen würden; besonders stark werde dies in den östlichen Provinzen empfunden, aus denen viele Arbeiter zeitweilig auswandern." (Komm.Ber. z. Nov. S. 69.)

[11]) Der § 57 behandelt nur die Rechtsansprüche Erkrankter gegen die Armenpflege und dritte Entschädigungsverpflichtete, sowie das Verhältniß der Krankenversicherung zu diesen Rechtsansprüchen. Er behandelt aber nicht das Verhältniß mehrerer Krankenkassen zu einander, also nicht diejenigen Fälle, in welchen ein Versicherter die Unterstützung von einer anderen Krankenkasse als derjenigen, der er angehört, erhalten hat. Derartige Erstattungsansprüche sind nach allgemeinen Rechtsgrundsätzen zu behandeln und durch die Novelle (§ 58 Abs. 2) in das Verwaltungsstreitverfahren verwiesen worden. Ein Recht des Erkrankten, die ihm aus seiner Krankenkasse geschuldete Unterstützung aus der Armenpflege zu fordern, besteht nur in dem Umfang des Unterstützungswohnsitzgesetzes, ein Recht aber, die Krankenunterstützung von einer anderen Krankenkasse fordern zu dürfen, nur in den Fällen des § 57a Abs. 2, also bei Erkrankung während vorübergehender Abwesenheit. Im Uebrigen darf der Erkrankte die Krankenunterstützung immer nur von seiner eigenen Krankenkasse fordern. Die Kassen aber sind seit der Novelle allgemein befugt, von anderen Krankenkassen gegenseitige Aushülfe zu fordern, § 57a. Vgl. Anm. 5 zu § 5.

[12]) Die Bestimmungen des Abs. 5 (also im Allgemeinen das Anderthalbfache des Krankengelds) bilden die Obergrenze der Erstattungsansprüche des Armenverbandes. Darüber, was innerhalb dieser Grenze gefordert werden darf, entscheiden nicht die Bestimmungen über Krankenversicherung, sondern die Bestimmungen des Unterstützungswohnsitzgesetzes, insbesondere § 28 Ges. v. 6. Juni 1870. Der Ortsarmenverband, welcher auf Grund des § 28 des Unterstützungswohnsitzgesetzes einschreiten muß, kann die ihm obliegende Pflicht der vorläufigen Fürsorge nur mit seinen eigenen Mitteln und auf diejenige Weise, wie er überhaupt Armenpflege übt, erfüllen. Die Vorschriften, nach welchen die betr. Krankenkasse ihre Unterstützungen einzurichten hat, berühren ihn dabei nicht; er tritt nicht für die Kasse ein, hat nicht deren Verpflichtungen zu leisten, sondern muß der ihm obliegenden Pflicht, den Hülfsbedürftigen zu unterstützen, auf eine dem Gesetz entsprechende Weise genügen. Dabei kann er auch Krankenhauspflege eintreten lassen, und braucht sich hierin nicht nach den Statuten derjenigen Krankenkasse, welcher der Unterstützte als Mitglied angehört. oder nach den in diesen Statuten gegebenen Voraussetzungen der Anstaltspflege zu richten. Die Kasse kann die Art der Unterstützung nicht mit der Behauptung anfechten, daß der Unterstützte auf diese Art der Unterstützung statutgemäß keinen Anspruch gehabt hat. Hat der Armenverband Krankenhauspflege eintreten lassen,

§. 57 a.*)

[1]) **Auf Erfordern[2]) einer Gemeinde-Krankenversicherung oder einer Orts-Krankenkasse[3]) ist den bei ihr versicherten Personen, welche außerhalb des Bezirks derselben wohnen,[4]) im Falle der Erkrankung von der für Versicherungspflichtige desselben Gewerbszweiges oder derselben Betriebsart bestehenden Orts-Krankenkasse oder[5]) in Ermangelung einer solchen von der Gemeinde-Krankenversicherung des Wohnortes dieselbe[6]) Unterstützung zu gewähren, welche der Erkrankte von der Gemeinde-Krankenversicherung oder Orts-Krankenkasse,[3]) der er angehört, zu beanspruchen hat. Diese haben der unterstützenden Orts-Krankenkasse oder Gemeinde-Krankenversicherung die hieraus erwachsenden Kosten zu erstatten.[7])** I.

Dasselbe[8]) gilt für Versicherte, welche während eines vorübergehenden Aufenthalts[9]) außerhalb des Bezirks der Gemeinde-Krankenversicherung oder Orts-Krankenkasse,[3]) der sie angehören, erkranken,[9a]) sofern oder solange ihre Ueberführung nach ihrem Wohnorte nicht erfolgen kann.[9b]) Eines besonderen Antrages der Gemeinde-Krankenversicherung oder Orts-Krankenkasse bedarf es in diesen Fällen nicht. II.

---

so gehören auch die Transportkosten, soweit sie nothwendig waren, zu der erstattungsfähigen Unterstützung (vgl. Pr. Ob. Verw. Ger. v. 14. Februar 1895), ebenso auch die in die betr. Zeit fallenden, der Familie des Erkrankten wegen deren Hülfsbedürftigkeit in Folge der Erkrankung gewährten Geldunterstützungen (Pr. Ob. Verw Ger. v. 28. Januar 1895). Vgl. Anm. 4, 5 a.

Zu § 57 a.

[1]) Dieser durch die Novelle neu eingeschobene Paragraph lehnt sich an § 16 des Ausdehnungsgesetzes an, erstreckt demgemäß dessen Vorschriften auf das ganze Gebiet der Krankenversicherung. Er regelt die gegenseitige Aushülfe der Zwangsorganisationen und verpflichtet zu dem Zweck die Orts-Krankenkasse und in deren Ermangelung die Gemeinde-Krankenversicherung, für die in ihren Bezirken erkrankten Mitglieder anderer Zwangskassen (aller Art) oder Gemeinde-Krankenversicherungen helfend einzutreten. Bei Erkrankungen im Auslande hat zunächst der Unternehmer einzutreten.

Der Abs. 1 behandelt Erkrankungen solcher Kassenmitglieder, welche außerhalb des Kassenbezirks wohnen (sich ständig aufhalten); vgl. Anm. 5 zu § 5. Der zweite Absatz dagegen behandelt Erkrankungen bei vorübergehendem Aufenthalt außerhalb des Kassenbezirks, insbesondere auf der Reise. Der dritte und vierte Absatz beziehen sich auf beide Fälle.

III **Erfolgt die Erkrankung im Auslande,[10]) so hat der Betriebsunternehmer[11]) dem Erkrankten, sofern oder solange eine Ueberführung in das Inland nicht erfolgen kann, diejenigen Unterstützungen[12]) zu gewähren, welche der letztere von der Gemeinde-Krankenversicherung oder[3]) der Orts-Krankenkasse, der er angehört, zu beanspruchen hat. Diese hat dem Betriebsunternehmer die ihm hieraus erwachsenden Kosten zu erstatten.[7])**

IV. **Für die Erstattung der Kosten gilt in diesen Fällen[13]) als Ersatz der im §. 6 Absatz 1 Ziffer 1 bezeichneten Leistungen die Hälfte des Krankengeldes.[14])**

*) Die Befugnisse aus § 57a gelten auch für Betriebs- (Fabrik-), Bau- und Innungs-Krankenkassen (§§ 65, 72, 73), sowie für Knappschaftskassen (§ 74).

Vgl. Mot. z. Nov. S. 66: „Der Grundsatz, nach welchem über das Versicherungsverhältniß nicht der Wohnort, sondern der Beschäftigungsort des Versicherungspflichtigen entscheidet, bringt es mit sich, daß die Kassen vielfach Mitglieder haben, welche sich nicht im Bezirke derselben aufhalten, und nach den Zusätzen, welche die §§ 5 und 16 erhalten sollen, können sie sogar Mitglieder haben, welche — wenigstens zeitweise — außerhalb ihres Bezirkes beschäftigt sind. Die Gewährung der Krankenunterstützung, namentlich der freien ärztlichen Behandlung und Arznei an solche Mitglieder und die Kontrole der letzteren im Falle der Erkrankung ist vielfach mit besonderen Schwierigkeiten verbunden, welche sich erheblich dadurch vermindern lassen, daß die Gemeinde-Krankenversicherungen und Krankenkassen für einander eintreten. Es empfiehlt sich daher, nach dem Vorgange des § 16 Absatz 1 des Gesetzes, betreffend die Ausdehnung der Unfall- und Krankenversicherung vom 28. Mai 1885, die Krankenkassen und Gemeinden zu einer solchen Vertretung, soweit sie in Anspruch genommen wird, zu verpflichten. Es darf dabei der Hoffnung Raum gegeben werden, daß diese Bestimmung für Krankenkassen benachbarter Bezirke zum Ausgangspunkte für die Abschließung eines dauernden Abkommens werden wird, durch welches die Verwaltung der Krankenversicherung in vielen Fällen außerordentlich erleichtert und weniger kostspielig werden würde. Zu dem Ende soll nach dem Entwurf der neue § 57a aufgenommen werden, welcher im zweiten Absatze die fragliche Verpflichtung auch für den Fall ausspricht, daß Kassenmitglieder während eines vorübergehenden Aufenthalts außerhalb ihres Wohnortes erkranken."

[2]) auf Erfordern. Ist ein solcher Antrag gestellt worden, so muß die ersuchte Orts-Krankenkasse bezw. Gemeinde-Krankenversicherung die Krankenfürsorge an Stelle der ersuchenden Kasse in demselben Umfang übernehmen, in welchem letztere zu leisten verpflichtet ist. Der Erkrankte kann sich auf dem im § 58 Abs. 1 bezeichneten Wege unmittelbar an die ersuchte Kasse

halten (ebenso Badische Verwaltungsgerichtshofs-Entsch. v. 4. Oktbr. 1894, Arb.Vers. XII S. 416; a. M. v. Schicker S. 296 und Württ. Vollzugs-Verf. § 62). Handelt es sich um eine Streitigkeit über den Umfang der von der ersuchenden Kasse geschuldeten Leistungen, so wird auch dann die ersuchte Kasse sich in den Streit einlassen müssen; sie mag der ersuchenden Kasse den Streit verkünden und wird sie für den Fall des Unterliegens für die ihr hieraus erwachsenen Aufwendungen verantwortlich machen. Seine abweichende Meinung (S. 128) scheint Hahn für die in Rede stehenden Fälle, bei denen § 57a Anwendung findet, aufgegeben zu haben (Arb.Vers. XII S. 563). Vgl. Anm. 6.

³) oder einer Orts-Krankenkasse, oder einer Betriebs- (Fabrik-), Bau-, Innungs-Krankenkasse oder Knappschaftskasse, §§ 65, 72, 73, 74. Das Recht, die Aushülfe anderer Kassen zu beanspruchen, ist allen Zwangskassen beigelegt; die Pflicht, die Aushülfe zu gewähren, haben aber nur die (für Versicherungspflichtige desselben Gewerbszweiges bestehenden) Orts-Krankenkassen und in deren Ermangelung die Gemeinde-Krankenversicherung des auswärtigen Wohnorts. Dies ist im Reichstage ausdrücklich festgestellt worden (Sten. Ber. S. 4806).

⁴) wohnen. Die Mot. (Anm. 1) sprechen nur von einem „Aufenthalt" außerhalb des Kassenbezirks. Damit ist indessen offenbar ein in der Regel dauerndes Verhältniß gemeint, im Gegensatz zum vorübergehenden Aufenthalt nach Abs. 2.

⁵) oder, vgl. Anm. 3.

⁶) dieselbe, nach Art, Höhe und Dauer. Die ersuchte Orts-Krankenkasse (G.K.V.) tritt dann in die Pflichten, aber auch in die Rechte der ersuchenden Kasse ein, kann daher nach ihrem Ermessen in dazu geeigneten Fällen Krankenhauspflege gemäß § 7 für Rechnung der ersuchenden Krankenkasse eintreten lassen (Pr. Ob.Verw.Ger. Entsch. v. 11. April 1892, XXIII S. 305), trotzdem ein „Anspruch" auf Krankenhauspflege für die Unterstützten nicht besteht. Bei Prüfung des Bedürfnisses einer Krankenhauspflege müssen indessen die ersuchten Krankenkassen als Besorger fremder Angelegenheiten die Interessen der ersuchenden Kasse sorgfältig wahrnehmen (a. a. O.). Ebenso braucht die ersuchte Kasse die ärztliche Behandlung nur durch ihre Kassenärzte zu gewähren und kann im Fall des § 26a Ziffer 2b die Bezahlung der Kosten anderer Aerzte, von dringenden Fällen abgesehen, ablehnen, wenngleich das Statut der ersuchenden Kasse eine solche Bestimmung nicht enthält und ihren Mitgliedern freie Arztwahl gestattet (Hahn, Arb.-Vers. XII S. 562).

Die Krankenkasse des auswärtigen Wohnsitzes bezw. Aufenthalts besorgt in den Fällen des § 57a die Angelegenheiten der aus dem Versicherungsverhältniß allein verpflichteten Krankenkasse, der der Versicherte angehört (Pr. Ob.Verw.Ger. XXIII S. 305). Der Anspruch des Erkrankten an die Krankenkasse des auswärtigen Wohnsitzes bezw. des Aufenthalts ist also kein

„Unterstützungsanspruch" im Sinne des § 57 Abs. 2 und geht deshalb auf den Ortsarmenverband nicht über (Pr. Ob.Verw.Ger. v. 14. Febr. 1895). Vgl. Anm. 6a zu § 57.

Das Ersuchen muß sich auf die ganze Kassenleistung erstrecken. Ein Ersuchen um nur theilweise Gewährung der Unterstützung braucht von der Wohnortsgemeinde nicht befolgt zu werden; befolgt sie es trotzdem, so finden nach Hahns wohl zutreffenden Ausführungen in Arb.Vers. XII S. 561 die §§ 57a und 58 keine Anwendung, vielmehr sind Streitfälle dann im ordentlichen Rechtsweg zu entscheiden.

7) erstatten. Streitigkeiten über die Gewährung der Unterstützung werden nach § 58 Abs. 1 (als Streitigkeiten zwischen den auf Grund dieses Gesetzes zu versichernden Personen und den Orts-Krankenkassen über Unterstützungsansprüche), Streitigkeiten über die sich hieraus ergebenden Erstattungsansprüche dagegen nach § 58 Abs. 2 entschieden. Die Erstattung erfolgt nur in den Grenzen des Abs. 4. Weigert die ersuchte Kasse die Aushülfe, so kann sie, auch so lange sie nicht selbst von dem Versicherten in Anspruch genommen wird, im Aufsichtswege zur Erfüllung ihrer Verpflichtung angehalten werden (§ 45 Abs. 5).

8) Dasselbe, d. h. die Aushülfe einer anderen Kasse vorbehaltlich der Erstattung. Dagegen wird in den Fällen des Abs. 2 nach seinem in den Motiven (vgl. Anm. 1) erläuterten Zweck nicht die Orts-Krankenkasse bezw. Gemeinde-Krankenversicherung des Wohnorts, sondern des Erkrankungsorts als verpflichtet anzusehen sein. Denn anderenfalls würden die aus der Unterstützung Auswärtiger sich ergebenden Schwierigkeiten zwar der zuständigen Krankenkasse abgenommen, aber der zur Aushülfe verpflichteten Krankenkasse des Wohnorts aufgebürdet werden, was offenbar nicht beabsichtigt sein kann. Auch soll ja die Verpflichtung aus Abs. 2 nur solange bestehen, bis „die Ueberführung des Erkrankten nach seinem Wohnort" erfolgen kann; es hätte dieser Beschränkung offenbar nicht bedurft, wenn die Krankenkasse des Wohnorts sowohl vor wie nach der Ueberführung hätte zur Aushülfe verpflichtet werden sollen In § 16 Abs. 1 des Ausdehnungsgesetzes war richtiger „die Gemeinde des Orts, an welchem die Fürsorge nothwendig wird", genannt.

9) vorübergehender Aufenthalt. Der § 16 A.G. hatte nur einen einzelnen Fall des vorübergehenden Aufenthalts, nämlich die Erkrankung „auf der Fahrt" im Auge, der allerdings bei Transportbetrieben, für welchen jene Vorschrift damals ausschließlich bestimmt war (vgl. Komm.Ber. z. A.G. S. 13), die Regel bilden wird. Durch die neue Vorschrift der Novelle ist aber die Bestimmung verallgemeinert.

9a) erkranken. Die Bestimmung des Abs. 2 gilt nur für den Fall, daß die Erkrankung während des vorübergehenden Aufenthalts außerhalb des Kassenbezirks oder Wohnorts erst eintritt. Wer aber bereits erkrankt war und dann ohne Zustimmung seiner Kasse aus dem Bezirk oder aus seinem Wohnort sich entfernt, auf den findet Abs. 2 keine Anwendung. Ebensowenig kann eine Krankenkasse auf Grund des Abs. 2 einen Erkrankten einer anderen Krankenkasse zuschieben (v. Schicker S. 297). Wird in solchen Fällen die Unterstützung von der Krankenkasse des Aufenthalts trotzdem gewährt, so kann letztere volle Erstattung von der verpflichteten Krankenkasse verlangen, ohne Beschränkung auf das in Abs. 4 vorgesehene Pauschquantum, und zwar im Falle eines Irrthums auf dem im § 58 Abs. 2 angegebenen Wege. In der Regel wird aber in solchen Fällen nicht die Krankenkasse des Aufenthalts, sondern der Armenverband des letzteren eintreten.

9b) nicht erfolgen kann. Transportfähige Kranke braucht die Kasse des vorübergehenden Aufenthalts nicht zu unterstützen.

10) im Auslande. Diese im Entwurf der Novelle fehlende Bestimmung ist aus dem Ausdehnungsgesetz hinübergenommen worden, als man dessen Hineinarbeitung in die Novelle und seine demnächstige Aufhebung (Art. 32 der Novelle) beschlossen hatte. Ausländische Aufenthalts- oder Wohnortsgemeinden kann die inländische Gesetzgebung nicht verpflichten.

Schon bei den Verhandlungen über das Ausdehnungsgesetz waren die Meinungen über die Nothwendigkeit einer solchen Bestimmung, d. h. einer besonderen Fürsorge für die im Auslande erkrankten Kassenmitglieder getheilt; erst im Plenum wurde die betr. Bestimmung angenommen, nachdem sie in der Kommission beantragt, aber abgelehnt worden war. Es ist nämlich auf Grund von Staatsverträgen, welche nach dem Muster der sog. Eisenacher Konvention (vgl. Anm. 1a zu § 57 und Krech, Unterstützungswohnsitz, 3. Aufl. S. 201) von zahlreichen deutschen Bundesstaaten mit auswärtigen Staaten geschlossen worden sind, im Auslande erkrankten Deutschen am Orte der Erkrankung die erforderliche Fürsorge von den ausländischen Behörden zu gewähren; diese haben ihrerseits keinen Erstattungsanspruch gegen „öffentliche Kassen" des Inlandes, wohl aber gegen privatrechtlich Verpflichtete. Darüber, ob Krankenkassen als „öffentliche Kassen" im Sinne dieser Verträge aufzufassen seien, bestand Meinungsverschiedenheit unter den Mitgliedern der Reichstagskommission und den Vertretern der verbündeten Regierungen; hervorgehoben aber wurde insbesondere, daß derartige Bestimmungen einen Ausfluß der öffentlichen Armenpflege, nicht der öffentlich-rechtlichen Krankenunterstützung darstellen, auf welche doch jeder Versicherte einen Anspruch habe. (Vgl. Komm.Ber. z. A.G. S. 12.) Auch vom Reich sind entsprechende Uebernahmeverträge mit ausländischen Staaten geschlossen (vgl. die Zusammenstellung bei Krech a. a. O. S. 19).

11) der Betriebsunternehmer (in der Regel also der Arbeitgeber), als der einzige, auf den man für solche Fälle zurückgreifen konnte. Liegt ein Fall der Hülfsbedürftigkeit vor, so hat der Erkrankte, soweit Staatsverträge bestehen, auch von der ausländischen Behörde die nothwendige Unterstützung zu beanspruchen (vgl. Anm. 1). Ob die ausländische Behörde auf Grund

§. 57b.*)

I. **Streitigkeiten [1]) zwischen Gemeinde-Krankenversicherungen und Orts-Krankenkassen [2]) oder zwischen Orts-Krankenkassen [2]) über die Frage, welcher von ihnen die in einem Gewerbszweige oder in einer Betriebsart oder in einem einzelnen Betriebe [2a]) beschäftigten Personen angehören, werden von der höheren Verwaltungsbehörde [3]) entschieden. [3a])**

---

der Staatsverträge oder des § 57 Kr.Vers.Ges. das Geleistete von den Krankenkassen erstattet verlangen könne, ist zweifelhaft; jedenfalls kann die Erstattungsverbindlichkeit nur so weit Platz greifen, wie die Verpflichtung der Kasse selbst reicht, also, soweit es sich um die freie Kur handelt, nur bis zur Höhe des Pauschquantums. Sollte im Streitfalle entschieden werden, daß eine Krankenkasse der ausländischen Behörde gegenüber zur Erstattung und zwar in höherem Betrage verpflichtet sei, so würde sie für das Mehr sich an den Betriebsunternehmer regressiren können. Ist aber der Betriebsunternehmer von der ausländischen Behörde auf Erstattung in Anspruch genommen, so kann er seinerseits von der Krankenkasse Schadloshaltung in Höhe des (Krankengeldes und des) Pauschquantums beanspruchen.

[12]) Unterstützungen, vgl. Anm. 6. Auch diese gelten als Krankenunterstützung im Sinne dieses Gesetzes. Der Unternehmer tritt in diesen Fällen an die Stelle der zuständigen Krankenkasse; bei Streitigkeiten über Unterstützungsansprüche muß er in Anspruch genommen werden, und diese Streitigkeiten sind, wie in § 58 Abs. 1 ausdrücklich hervorgehoben, gleichfalls von der Aufsichtsbehörde unter Vorbehalt des Rechtsweges zu entscheiden. Zuständig ist die Aufsichtsbehörde über diejenige Krankenkasse, an deren Stelle der Unternehmer tritt, also die Krankenkasse 2c., der der Versicherte angehört.

[13]) in diesen Fällen, vgl. Anm. 1 Abs. 2.

[14]) die Hälfte des Krankengeldes, nämlich desjenigen, welches der Erkrankte von der Krankenkasse, welcher er angehört, zu fordern hat, nicht desjenigen, welches in der vorschießenden Gemeinde gezahlt wird, vgl. Anm. 10 zu § 57. Der Pauschbetrag ist hier aber nicht auf die Hälfte des „gesetzlichen Mindestbetrages" des Krankengeldes beschränkt; wird also von der betr. Kasse statutarisch ein höheres Krankengeld gewährt (vgl. § 21 Ziffer 2), so ist dieses der Berechnung zu Grunde zu legen. Die im Entwurf der Novelle enthaltenen Worte: „sofern nicht höhere Aufwendungen nachgewiesen werden" sind im Reichstag gestrichen worden (R.T.Dr.S. S. 4803).

Zu § 57b.

[1]) Streitigkeiten. Dieser durch die Novelle eingeschobene Paragraph behandelt ausschließlich „Streitigkeiten zwischen mehreren Kassen über das Versicherungsverhältniß, bei denen es sich nicht um die Kassenmitgliedschaft einzelner versicherungspflichtiger Personen, sondern um die Frage handelt, ob die in bestimmten Gewerbszweigen oder Betriebs-

Gegen die Entscheidung steht den Betheiligten nur die Beschwerde[4]) an die Zentralbehörde zu. Die Beschwerde ist binnen zwei Wochen nach der Eröffnung der Entscheidung einzulegen. II.

Ergeht die Entscheidung dahin, daß versicherungspflichtige Personen einer anderen Kasse, als derjenigen, bei welcher sie bisher thatsächlich versichert waren, anzugehören haben, so ist in derselben der Zeitpunkt zu bestimmen, mit welchem das neue Versicherungsverhältniß in Kraft tritt.[5]) III.

[4]) Der § 57b gilt auch für Betriebs- (Fabrik-), Bau- und Innungs-Krankenkassen (§§ 65, 72, 73).

---

arten beschäftigten Personen in ihrer Gesammtheit nach den Bestimmungen der Kassenstatute der einen oder der anderen Kasse angehören, oder ob einzelne Betriebe zu dem einen oder anderen Gewerbszweige, für welche verschiedene Kassen bestehen, zu rechnen sind" (Mot. z. Nov. S. 66).

Diese Streitigkeit konnte bisher nur auf dem Umwege entschieden werden, daß gemäß § 58 zwischen der Kasse und einem einzelnen Versicherungspflichtigen oder seinem Arbeitgeber eine Entscheidung herbeigeführt wurde, die dann für die anderen Betheiligten präjudiziell wirkte; oder es war zwischen den beiden Kassen, welche die in Rede stehenden Gewerbszweige für sich in Anspruch nahmen, über die Zugehörigkeit dieses Gewerbszweiges ein Rechtsstreit vor den ordentlichen Gerichten zu führen, wie ein Reichsgerichtserkenntniß unlängst angenommen hatte. Keiner dieser beiden Wege schien dem Bedürfniß zu genügen. Es handelt sich hier um „Streitigkeiten, deren Entscheidung regelmäßig von der Beurtheilung gewerbetechnischer Fragen abhängt und meist eine Deklaration der über die Organisation der Krankenversicherung durch die Kassenstatute getroffenen Bestimmung einschließt. Solche Streitigkeiten werden am zweckmäßigsten durch diejenige Behörde entschieden, welche für die Genehmigung dieser organisatorischen Bestimmungen zuständig ist und die zur Beurtheilung gewerbetechnischer Fragen geeigneten Kräfte besitzt". (Mot. z. Nov. S. 66.)

Streitigkeiten zwischen mehreren Kassen über die Kassenzugehörigkeit ganzer Kategorien von Versicherten werden also im Verwaltungswege, nicht im Rechtswege oder Verwaltungsstreitverfahren entschieden. Die Bestimmung des § 57b findet aber keine Anwendung, „wenn der Streit über die Kassenzugehörigkeit nicht zwischen den in Betracht kommenden Kassen, sondern zwischen dem einzelnen Versicherungspflichtigen und der Kasse entsteht, welche den Versicherungspflichtigen für sich in Anspruch nimmt, eine andere Kasse aber die Zugehörigkeit desselben zu ihr nicht behauptet. In diesem Fall liegt kein genügender Anlaß zu dem Verfahren des § 57b vor. Die Entscheidung über die Frage der Kassenzugehörigkeit bildet dann nur eine Vorfrage in dem Verfahren nach § 58 Abs. 1" (Mot. z. Nov. S. 67).

²) Orts-Krankenkassen oder Betriebs- (Fabrik-), Bau-, Innungs-Krankenkassen, §§ 65, 72, 73. Zwischen mehreren Gemeinde-Krankenversicherungen können Streitigkeiten der hier bezeichneten Art nur etwa dann vorkommen, wenn es sich um die Frage handelt, welcher Gemeinde-Krankenversicherung ein bestimmter Betrieb oder gewisse in demselben beschäftigte Personen örtlich angehören, insbesondere also dann, wenn ein Streit darüber besteht, welche Gemeinde als Beschäftigungsort anzusehen ist. Auf solche Streitigkeiten paßt die Begründung nicht (vgl. Anm. 1). Das Pr. Ob.Verw.Ger., Entsch. v. 26. März 1896, hat deshalb angenommen, daß Streitigkeiten zwischen verschiedenen Gemeinde-Krankenversicherungen hier absichtlich nicht erwähnt und deshalb nicht unter die Bestimmungen des § 57b zu bringen seien. In solchen Fällen sollen etwaige Ersatzansprüche auf Grund des § 58 Abs. 2 („irrthümliche" Leistungen) verfolgt werden dürfen (§§ 5, 5a).

²ᵃ) einzelnen Betrieben. Bei der Entscheidung werden die Vorschriften des § 19 Abs. 4 hinsichtlich der Personen in einem, mehrere Gewerbsarten umfassenden Gesammtbetriebe zu beachten sein.

³) höhere Verwaltungsbehörde, § 84. Liegen die betheiligten Kassen in Bezirken verschiedener höheren Verwaltungsbehörden, so wird, falls nicht auf Grund des § 84 die Zuständigkeit besonders geregelt ist, diejenige höhere Stelle (Zentralstelle oder dergl.) zuständig sein, welcher sie beide unterstehen. Sind verschiedene Bundesstaaten betheiligt, so wird eine Vereinbarung stattzufinden haben. In Preußen ist die höhere Verwaltungsbehörde derjenigen O.K.K. zuständig, bei der das Personal des Betriebes bei Eintritt der Streitigkeit versichert ist, oder, falls beide O.K.K. ablehnen, derjenigen, in deren Bezirk die zuletzt in Anspruch genommene O.K.K. belegen ist (Pr. Min.Erl. v. 29. Oktober 1894).

³ᵃ) entschieden. Dies gilt auch, wenn mehrere O.K.K. die Versicherung von Arbeitern eines Betriebes ablehnen (Pr. Min.Erl. v. 29. Oktober 1894).

⁴) Beschwerde. Die Frage, ob die Beschwerde aufschiebende Wirkung hat, ist nach den allgemeinen Grundsätzen über Verwaltungsbeschwerden des betr. Bundesstaates zu entscheiden. Die Frage wird übrigens wegen der Vorschriften des Abs. 3 in der Regel nur von geringer praktischer Bedeutung sein.

⁵) in Kraft tritt. Rückwirkende Kraft hat die Entscheidung nicht. Bisher vereinnahmte Beiträge sind also nicht etwa herauszuzahlen, ebensowenig ist für bisher geleistete Unterstützungen Ersatz zu gewähren. Eintrittsgelder dürfen von den in die andere Kasse Uebertretenden nicht gefordert werden. Kranke sind von dem Zeitpunkt des Inkrafttretens ab von ihrer neuen Kasse zu unterstützen. Vermögensauseinandersetzung findet nicht statt.

§. 58.*)

[1]) [1a]) Streitigkeiten,[2]) welche zwiſchen den auf Grund dieſes Geſetzes[3]) zu verſichernden Perſonen oder ihren Arbeitgebern einerſeits und der Gemeinde-Krankenverſicherung oder der Orts-Krankenkaſſe andererſeits **über das Verſicherungsverhältniß**[4]) **oder** über die Verpflichtung zur Leiſtung[4a]) oder Einzahlung von **Eintrittsgeldern und** Beiträgen[5]) oder über Unterſtützungsanſprüche[5a]) entſtehen, **ſowie Streitigkeiten über Unterſtützungsanſprüche aus §. 57a Abſatz 3**[6]) **und über Erſtattungsanſprüche aus §. 50**[7]) werden von der Aufſichtsbehörde[8]) entſchieden. **Erſtreckt ſich der Bezirk der Gemeinde-Krankenverſicherung oder der Orts-Krankenkaſſe über mehrere**[9]) **Gemeindebezirke, ſo kann durch die Zentralbehörde die Entſcheidung anderen Behörden übertragen werden.** Die Entſcheidung **kann** binnen **vier**[10]) Wochen nach der Zuſtellung[11]) derſelben mittelſt Klage[12]) **im ordentlichen** Rechtswege, **ſoweit aber**[13]) **landesgeſetzlich ſolche Streitigkeiten dem Verwaltungsſtreitverfahren überwieſen ſind,**[14]) **im Wege des letzteren angefochten werden.** I.

Streitigkeiten über die im §. 57 Abſatz 2 **und** 3 bezeichneten Anſprüche, **Streitigkeiten über Erſtattungsanſprüche aus §. 3a Abſatz 4, §§. 3b und 57a, ferner Streitigkeiten zwiſchen**[14a]) **Gemeinde-Krankenverſicherungen und Krankenkaſſen über den Erſatz irrthümlich**[15]) **geleiſteter Unterſtützungen**[15a]) werden im Verwaltungsſtreitverfahren,[16]) wo ein ſolches nicht beſteht, **von der Aufſichtsbehörde**[16a]) entſchieden. **Die Entſcheidung der Aufſichtsbehörde kann binnen vier Wochen nach Zuſtellung derſelben im Wege des Rekurſes nach Maßgabe der §§. 20 und 21 der Gewerbeordnung**[17]) **angefochten werden.** II.

Zu § 58.

[1]) Der § 58 iſt durch die Novelle durchgreifend geändert worden. Nach dem bisherigen Wortlaut ſollten, wie die Mot. z. Nov. S. 67 ausführen, entſchieden werden:

1. Streitigkeiten zwiſchen den Kaſſenmitgliedern oder ihren Arbeitgebern einerſeits und der Kaſſe andererſeits über die Verpflichtung zur Leiſtung oder Einzahlung von Beiträgen oder über Unterſtützungsanſprüche — von der Aufſichtsbehörde und demnächſt im ordentlichen Rechtswege;

2. Streitigkeiten über Unterſtützungsanſprüche, welche von dem Kaſſenmitgliede kraft geſetzlicher Zeſſion auf Gemeinden oder auf Armenverbände übergegangen ſind, — im Verwaltungsſtreitverfahren;

III. **Streitigkeiten zwischen einem Verbande und den betheiligten Kassen**[18]) **(§. 46) aus dem Verbandsverhältniß werden von der Aufsichtsbehörde**[19]) **entschieden.**[20]) **Die Entscheidungen können binnen vier Wochen nach der Zustellung derselben im Wege des Verwaltungsstreitverfahrens,**[16]) **wo ein solches nicht besteht, im Wege des Rekurses nach Maßgabe der Vorschriften der §§. 20 und 21 der Gewerbeordnung angefochten werden.**

IV. Die Entscheidung **der Aufsichtsbehörde über** Unterstützungsansprüche **oder über Ansprüche eines Verbandes an die betheiligten Kassen (Absatz 1 und 3)** ist vorläufig vollstreckbar.[21])

*) Der § 58 gilt auch für Betriebs- (Fabrik-), Bau- und Innungs-Krankenkassen (§§ 65, 72, 73), der Abs. 2 ausserdem auch für die im § 75 bezeichneten Hülfskassen ohne Beitrittszwang (§ 76).

---

3. Streitigkeiten über gesetzliche Entschädigungsansprüche, welche von dem Kassenmitgliede kraft gesetzlicher Zession auf die Kasse übergegangen sind, — gleichfalls im Verwaltungsstreitverfahren;
4. Streitigkeiten über die den Charakter einer Strafe tragenden Ersatzleistungen des § 50 — im ordentlichen Rechtswege.

Nach den jetzigen Bestimmungen werden dagegen:

1. die Streitigkeiten unter 1 — über Beiträge und Unterstützungsansprüche des Kassenmitgliedes — wie bisher von der Aufsichtsbehörde vorbehaltlich des ordentlichen Rechtsweges entschieden; doch kann an die Stelle des Rechtsweges landesgesetzlich das Verwaltungsstreitverfahren gesetzt werden;
2. die Streitigkeiten unter 2 — Erstattungsansprüche der Armenverbände, welche das Kassenmitglied vorläufig unterstützt haben, gegen die Krankenkasse — wie bisher im Verwaltungsstreitverfahren;
3. die Streitigkeiten unter 3 — Erstattungsansprüche der Krankenkassen gegen dritte Entschädigungspflichtige — im ordentlichen Rechtswege (dies ergiebt sich daraus, daß über diese Streitigkeiten eine besondere abweichende Vorschrift nicht mehr besteht, so daß die Regel, d. h. der ordentliche Rechtsweg, zur Geltung kommt);
4. die Streitigkeiten unter 4 — Erstattungsansprüche der Krankenkassen gegen Arbeitgeber aus § 50 — von der Aufsichtsbehörde vorbehaltlich des ordentlichen Rechtsweges, an dessen Stelle auch hier landesgesetzlich das Verwaltungsstreitverfahren gesetzt werden kann.

Der Unterschied gegen das bisherige Recht liegt hiernach insbesondere darin:

I. daß Entscheidungen der Aufsichtsbehörde über Beitragsentrichtung und Unterstützungsansprüche nicht mehr ausschließlich im Rechtswege angefochten werden dürfen, sondern daß die Anfechtung im Falle des Erlasses einer entsprechenden landesgesetzlichen Bestimmung dem Verwaltungsstreitverfahren überwiesen werden darf;

II. daß Erstattungsansprüche der Krankenkassen gegen Dritte dem Verwaltungsstreitverfahren entzogen und dem ordentlichen Rechtswege zugewiesen sind;

III. daß Erstattungsansprüche der Krankenkassen gegen Arbeitgeber aus § 50 zunächst der Entscheidung der Aufsichtsbehörde überwiesen sind, deren Entscheidung je nach Landesrecht im Rechtswege oder im Verwaltungsstreitverfahren angefochten werden kann.

Praktisch bedeutsame Unterschiede gegen die bisherigen Vorschriften liegen aber ferner noch in Folgendem:

IV. Streitigkeiten über die Beitragsentrichtung und über Unterstützungsansprüche brauchen in erster Instanz nicht mehr ausschließlich von der Aufsichtsbehörde entschieden zu werden, sondern es darf in größeren Kassenbezirken an Stelle der Aufsichtsbehörde eine andere Behörde gesetzt werden.

V. Subsidiär soll fortab an die Stelle des Rechtsweges das Rekursverfahren nach §§ 20, 21 der Gewerbeordnung in denjenigen seltenen Fällen eintreten, wo landesgesetzlich ein Verwaltungsstreitverfahren überhaupt nicht besteht (§ 58 Abs. 2 und 3).

VI. Außerdem sind besonders berücksichtigt:

a) Streitigkeiten zwischen der Kasse und Einzelnen über das Versicherungsverhältniß (vgl. Anm. 1 zu § 57 b) — wie zu 1;

b) Streitigkeiten über Erstattungsansprüche gegen Arbeitgeber, die zur Unterstützung des Versicherten verpflichtet waren, diese Verpflichtung aber nicht erfüllt haben (§ 3a Abs. 4, § 3b, § 57 a) — wie zu 2;

c) Streitigkeiten zwischen mehreren Kassen über den Ersatz irrthümlich geleisteter Unterstützungen — wie zu 2;

d) Streitigkeiten zwischen einem Kassenverbande und den betheiligten Kassen aus dem Verbandsverhältniß — Aufsichtsbehörde vorbehaltlich des Verwaltungsstreitverfahrens.

In den Fällen unter c und d konnte bisher mangels anderweiter Bestimmung nur der ordentliche Rechtsweg beschritten werden.

Die Regierungsvorlage der Novelle hatte in Anlehnung an die frühere Regierungsvorlage des Krankenversicherungsgesetzes mit Nachdruck darauf hinzuwirken gesucht, daß bei Streitigkeiten über Beitragsentrichtung und Unterstützungsansprüche der Angriff gegen die erstinstanzliche Entscheidung der Aufsichtsbehörde allgemein in das Verwaltungsstreitverfahren verwiesen, der ordentliche Rechtsweg in diesen so häufigen Streitfällen also ganz beseitigt werde. Die Nothwendigkeit dieser Aenderung wurde insbesondere damit begründet, daß nur so eine einheitliche Rechtsprechung über diese Angelegenheit wenigstens innerhalb der einzelnen Bundesstaaten erzielt werden könne, und daß es innerlich ungerechtfertigt sei, dieselbe Streitfrage je nach der Person des Klägers in ein verschiedenes Forum zu bringen. Letzteres aber sei jetzt der Fall, weil die Unterstützungsansprüche des Versicherten, sobald sie von ihm selbst gegen die Krankenkasse geltend gemacht würden, im Rechtswege, sobald sie aber kraft gesetzlicher Zession von Dritten (Armenverbänden) erhoben würden, im Verwaltungsstreitverfahren zu entscheiden seien.

Komm.Ber. S. 33: „Die Folge hiervon seien praktische Unzuträglichkeiten, die in der Möglichkeit gipfelten, daß ganz verschiedene Urtheile der gerichtlichen und der Verwaltungsgerichts-Instanzen über denselben Anspruch erlassen würden. Hierzu komme, daß nach der bestehenden Ordnung des gerichtlichen Rechtsmittelzuges regelmäßig das Landgericht, ausnahmsweise das Oberlandesgericht, kaum je aber das Reichsgericht die letzte Instanz in Streitigkeiten der Krankenversicherung sein werde. Daraus entspringe eine unliebsame Zersplitterung der Rechtsprechung, welche einer wünschenswerthen präjudiziellen Regelung der mannigfachen aus der Krankenversicherung erwachsenden Streitfragen hinderlich sei. Eine etwa denkbare positive Anordnung, daß das Reichsgericht die letzte Instanz für solche Streitigkeiten bilden solle, verbiete sich durch deren große Zahl. Wähle man dem gegenüber den Weg des Verwaltungsstreitverfahrens, so sei wenigstens für jeden Bundesstaat eine einheitliche höchste Instanz mit einheitlicher Judikatur gesichert. Die neuere soziale Gesetzgebung, insbesondere das Gesetz vom 5. Mai 1886 über die Unfall- und Krankenversicherung der land- und forstwirthschaftlichen Arbeiter (§§ 12 und 136) und das Bau-Unfallversicherungsgesetz vom 11. Juli 1887 (§ 8), gehe von den Grundsätzen der gegenwärtigen Vorlage aus, und schon im Interesse der Uebereinstimmung der Sozialgesetzgebung in Bezug auf diese wichtige Materie sei zu wünschen, daß die jetzige Regelung des Instanzenweges bei der Krankenversicherung sich an die Anordnungen der erwähnten neueren Gesetze anschließe. Die etwaige Besorgniß, daß das Verwaltungsstreitverfahren zuweilen langwierig sei, werde durch die Erwägung zerstreut, daß ein rasches Verfahren bei der Aufsichtsbehörde bestehe. Uebrigens sei auch das Verfahren bei den Gerichten nicht immer eilig und habe den weiteren Nachtheil größerer Formalität und Kostspieligkeit, zumal in Folge des bei den Landgerichten bestehenden Anwaltszwanges. Sachlich sei eine bessere Rechtsprechung von den Verwaltungsgerichten als von den ordentlichen Gerichten zu erwarten; den letzteren lägen die Fragen der Krankenversicherung regelmäßig zu ferne; auch komme in Betracht, daß die Krankenversicherung eine Aufgabe des öffentlichen Rechtes und aus öffentlich-rechtlichen Erwägungen eingeführt sei. Die durch das Gesetz geschaffenen Versicherungs-Organisationen erfüllten eine vom Staate auf sie übertragene öffentliche Pflicht, zu der sich die Beitragsleistung der Versicherten ähnlich wie eine Steuerzahlung verhalte. Die Streitigkeiten aus der Krankenversicherung seien daher Streitigkeiten des öffentlichen Rechtes. Wenn dem gegenüber darauf hingewiesen werden wollte, daß es sich hier regelmäßig nicht um Fragen des administrativen Ermessens, sondern um durch das Gesetz fest begrenzte Rechtsansprüche handle, so werde diesem Gesichtspunkte doch auch das Verwaltungsstreitverfahren gerecht, in welchem nach strengen Rechtsgrundsätzen und nicht nach bloßer Zweckmäßigkeit entschieden werde.

Gegen diese Ausführungen wurde von verschiedenen Seiten geltend gemacht, es sei schon bei der ersten Krankenversicherungsvorlage in der Kommission wie im Reichstage von der überwiegenden Mehrheit verlangt worden, daß wenigstens über die Unterstützungsansprüche der Versicherten der ordentliche Richter entscheide. Dieses Verlangen sei Gesetz geworden, ohne daß die verbündeten Regierungen sich ihm erheblich widersetzt hätten, und das Gesetz habe sich seither völlig erprobt. Die verschiedene Behandlung desselben Anspruchs je nach der Person des berechtigten Subjekts sei allerdings nicht wünschenswerth; sie lasse sich aber, wolle man nicht etwa alle Ansprüche dem ordentlichen Richter überweisen, nicht wohl vermeiden. Daß daraus verschiedene Urtheile über dieselbe Frage entspringen können, lasse sich auch bei ausnahmsloser Zuständigkeit der Verwaltungsgerichte nicht verhindern, da auch hier je nach der Person des Beklagten die Entscheidung derselben Frage verschiedenen Gerichten zufallen könne. Auch die einheitliche Spitze in einer einheitlichen Höchstinstanz der Verwaltungsgerichte bestehe nur für den einzelnen Bundesstaat und auch da nur, soweit das Recht der Einzelstaaten überall einen Rekurs bis in diese Höchstinstanz zulasse. Letzteres verbiete sich aber für die zahlreichen Krankenversicherungsansprüche von oft sehr kleinem Betrage wohl aus denselben Gründen, aus welchen man sich scheue, das Reichsgericht als Höchstinstanz zu etabliren. Uebrigens sei es bei der Flüssigkeit der ganzen, erst der jüngsten Zeit angehörigen Gesetzgebungsmaterie nicht einmal wünschenswerth, daß jede Streitfrage, bevor sie hinlänglich praktisch vertieft sei, sofort durch höchstinstanzliche Präjudizien aus der Welt geschafft werde. Ein Bedürfniß, daß das gegenwärtige Gesetz sich an die Bestimmungen der Unfallversicherungsgesetze von 1886 und 1887 anschließe, bestehe nicht oder wenigstens nicht in solchem Maße, daß dies die Aufhebung älteren erprobten Rechtes rechtfertige. Ueberdies bestehe schon nach ersterem Gesetze (§ 12 Abs. 3) das Recht der Landeszentralbehörde, den ordentlichen Rechtsweg vorzuschreiben.*) Ganz besonders in Betracht zu ziehen sei, daß ein

*) Diese Ausführung ist in diesem Zusammenhange irrthümlich. Nach § 12 Abs. 3 B.U.G. darf nur da, wo ein Verwaltungsstreitverfahren überhaupt nicht besteht und deshalb nach dem Gesetz das Rekursverfahren nach §§ 20, 21 der Gewerbeordnung platzgreifen müßte, an Stelle des letzteren der Rechtsweg vorgeschrieben werden.

einheitliches Verwaltungsrecht in Deutschland nicht bestehe, daß man daher ein solches nur partikulär bestehendes und geregeltes Verwaltungsstreitverfahren, für dessen Brauchbarkeit und Güte jeder einheitliche Maßstab fehle, nicht als prinzipales Verfahren für die gemeinrechtlichen Krankenversicherungsansprüche einführen dürfe. Soweit man aber die Thätigkeit der Verwaltungsgerichte in den Einzelstaaten übersehen könne, eigne sich für diese die Zuständigkeit in Krankenversicherungssachen keineswegs. Vielfach bestehe Arbeitsüberlastung der Verwaltungsgerichte. Der Umstand, daß diese meistens nur periodisch zusammentreten, bedinge unliebsame Verzögerungen. Das raschere Vorverfahren vor der Aufsichtsbehörde helfe, falls deren Urtheil unrichtig sei, nicht über die Besorgniß hinweg, daß das Bedürfniß dringlicher Behandlung der Versicherungsansprüche von den Verwaltungsinstanzen sehr häufig nicht befriedigt werden könne. Daß für die Verwaltungsgerichte das Offizialprinzip in höherem Maße bestehe als für die ordentlichen Gerichte, sei kein Vorzug. Auch bei diesen gelte der Grundsatz, daß der Richter die Wahrheit nach freiem Ermessen erforschen solle, jedoch nur im Rahmen der gestellten Beweisanträge; daß letzterer in Krankenversicherungssachen überschritten werde, sei nicht wünschenswerth; andererseits sei es ein ernster Nachtheil für die Wahrheitsfindung im Verwaltungsstreitverfahren, daß in ihm das Beweismittel des Partei-Eides unbekannt sei. Dem Vortheile des Verwaltungsstreitverfahrens, daß es nicht das persönliche Erscheinen der Parteien oder ihrer Vertreter in den Verhandlungsterminen erfordere, stehe gegenüber, daß dieses Erscheinen in zahlreichen Fällen für die Ermittelung der Wahrheit sehr förderlich, bei den Verwaltungsgerichten aber durch die große Ausdehnung ihrer Bezirke erschwert sei. Damit hänge eine oft sehr beträchtliche Erhöhung der Extrajudizialkosten zusammen, welche vielleicht den sonstigen Vortheil größerer Billigkeit des Verwaltungsstreitverfahrens übersteige. Letztere Billigkeit bestehe übrigens nicht einmal überall, z. B. nicht in Hessen, wo die gewöhnlichen Kostenansätze der Verwaltungsgerichte kaum geringer seien als die für kleine Sachen ohnedies nicht erheblichen Gebührensätze der ordentlichen Gerichte. Nicht zu verkennen sei auch die Gefahr, daß die Verwaltungsgerichte nach der ganzen Natur der hier regelmäßig in Betracht kommenden Personen und Aufgaben sich bei ihren Urtheilen unwillkürlich von Rücksichten der Zweckmäßigkeit beeinflussen ließen, wie denn überhaupt die Erwartung, daß die Rechtsprechung der Verwaltungsgerichte eine bessere sein werde als die der ordentlichen Gerichte, durch die Erfahrungen der letzten sechs Jahre keineswegs gerechtfertigt sei. Man habe erhebliche Klagen über die Urtheile der Gerichte nicht vernommen; dieselben seien seither, da die Mehrzahl der Versicherungsansprüche gütlich verlaufe, meistens nur in zweifelhafteren und schwierigeren Fällen angegangen worden, und gerade für diese eigne sich der ordentliche Richter besser als der Verwaltungsrichter. Alle diese Bedenken gegen das Verwaltungsstreitverfahren zeigten sich in erhöhtem Maße bei dem nur in den allgemeinsten Umrissen geregelten Verfahren der §§ 20 und 21 der Gewerbeordnung. Ueber allen diesen Erwägungen aber müsse der Gedanke stehen, daß es sich bei den Ansprüchen auf Unterstützung und Beitragsleistung um Privatrechte handle, die grundsätzlich mit dem Schutze auszustatten seien, welchen die Person und das Verfahren des ordentlichen Richters gewähren. Wenn auch Rücksichten des öffentlichen Rechtes zur zwangsweisen Einführung der Krankenversicherung geführt hätten, so sei doch das aus dieser Versicherung entspringende Verhältniß, die Pflicht zur Beitragsleistung, das Recht auf Krankenunterstützung, ein gewöhnliches Privatrechtsverhältniß, dessen sozialpolitische Vortheile man nur gefährde, wenn man es unter den Gesichtspunkt staatlicher Fürsorge stelle.

(Demgegenüber) wurde noch wiederholt ausgeführt, daß es sich bei Ansprüchen aus der Krankenversicherung um Rechte und Pflichten handle, die aus der Zugehörigkeit zu öffentlich-rechtlichen Verbänden entspringen, und daß deshalb diese Rechte und Pflichten ebenso öffentlicher Art und in das Verwaltungsstreitverfahren zu verweisen seien, wie dies z. B. in Preußen hinsichtlich der Ansprüche aus dem Gemeindeverbande, Schulverbande u. s. w. geschehen sei. Auch wurde hervorgehoben, daß das Bedenken, welches gegen das Verwaltungsstreitverfahren wegen des Umfangs der Bezirke der Verwaltungsgerichte erhoben worden sei, jedenfalls dann nicht zutreffe, wenn die Entscheidung in erster Instanz den untersten Verwaltungsgerichten (in Preußen den Kreisausschüssen) übertragen werde, daß aber auch für die höheren Verwaltungsgerichtsinstanzen (Bezirksausschüsse) eine örtliche Theilung und damit eine Verkleinerung der Bezirke landesgesetzlich (so in Preußen) zulässig sei. Von anderer Seite wurde jedoch letzteres als nicht unbedenklich bezw. unzweckmäßig, ersteres als nicht durchschlagend bezeichnet." Vgl. Anm. 13.

Schließlich fand der Vorschlag Zustimmung, die Entscheidung darüber, ob an Stelle des Rechtsweges das Verwaltungsstreitverfahren Platz greifen soll, der Landesgesetzgebung zu überlassen. Hiernach bleiben die Fragen über Beitragsleistung und Unterstützungsansprüche in Preußen bis auf Weiteres den ordentlichen Gerichten, weil in Preußen die Zuständigkeit der Verwaltungsgerichte für jede einzelne Sache gesetzlich ausgesprochen sein muß und es an einem solchen Landesgesetz bisher fehlt.

1a) Die Vorschriften des § 58 über die Zuständigkeit gelten nicht bloß für die organisirten Kassen, sondern auch für die Gemeinde-Krankenversicherung, und zwar jetzt auch in Bayern, während dies früher nicht der Fall war, Reger-Henle S. 188.

Der § 58 Abs. 1 gilt nach § 5 Abs. 9 bis 11 des Unfallvers.Ges. v. 6. Juli 1884 auch für Streitigkeiten wegen des vom Unternehmer vom Beginn der 5. Woche ab event. zu leistenden Zuschusses zum Krankengeld Verunglückter, sowie für Streitigkeiten zwischen Unternehmern und solchen Verunglückten, welche einer Krankenkasse (oder der Gemeinde-Krankenversicherung) nicht angehören, über die Unterstützung während der ersten 13 Wochen.

Der § 58 Abs. 2 gilt nach § 76 der Novelle auch für Hülfskassen, und nach § 5 Abs. 8 des Unfallvers.Ges. auch für Streitigkeiten zwischen Berufsgenossenschaften und Krankenkassen (oder der Gemeinde-Krankenversicherung) wegen der den letzteren übertragenen Fürsorge für Verunglückte über die ersten 13 Wochen hinaus. Ferner gilt § 58 auch für die Fälle des § 76c, insoweit Berufsgenossenschaften 2c. das Heilverfahren während der ersten 13 Wochen auf ihre Rechnung übernommen haben.

[2]) Streitigkeiten. Man beachte:

a) Streitigkeiten über die Genehmigung des Kassenstatuts und die Abänderung des Kassenstatuts sowie über die Schließung oder Auflösung der Kasse werden im Verwaltungsstreitverfahren entschieden (§§ 24, 47 Abs. 3, 48a);

b) Streitigkeiten zwischen mehreren Kassen unter einander oder zwischen Kassen und Gemeinde-Krankenversicherungen
   1. über die Kassenmitgliedschaft hinsichtlich ganzer Gewerbszweige, Betriebsarten oder Betriebe werden lediglich im Verwaltungswege vorbehaltlich der Beschwerde entschieden (§ 57b),
   2. über den Ersatz irrthümlich oder auf Grund ihrer Aushülfeverpflichtung gemäß § 57a geleisteter Unterstützungen werden im Verwaltungsstreitverfahren, event. von der Aufsichtsbehörde vorbehaltlich des Rekursverfahrens nach der Gewerbeordnung entschieden (§ 58 Abs. 2). Vgl. Anm. 2 zu § 57b.

c) Streitigkeiten zwischen dem Versicherten und der Krankenkasse (Gemeinde-Krankenversicherung) oder zwischen dem Arbeitgeber und der Krankenkasse (Gemeinde-Krankenversicherung)
   1. über das Versicherungsverhältniß,
   2. wegen der Verpflichtung zur Leistung von Eintrittsgeldern und Beiträgen,
   3. wegen der Verpflichtung zur Einzahlung von Eintrittsgeldern und Beiträgen,
   4. über Unterstützungsansprüche Versicherter

   entscheidet die Aufsichtsbehörde (§ 44); gegen deren Entscheidung ist der Rechtsweg oder — nach Landesrecht — das Verwaltungsstreitverfahren zugelassen; vorläufig vollstreckbar sind nur die Entscheidungen der Aufsichtsbehörde und auch nur bei Unterstützungsansprüchen (§ 58 Abs. 1). An die Stelle der Aufsichtsbehörde kann, wenn es sich um größere Kassenbezirke handelt, durch die Zentralbehörde eine andere Behörde mit der erstinstanzlichen Entscheidung betraut werden (§ 58 Abs. 1).

d) Streitigkeiten zwischen der Krankenkasse (Gemeinde-Krankenversicherung) und Armenverbänden wegen Erstattung der von diesen kraft gesetzlicher Verpflichtung geleisteten Unterstützungen

(§ 57 Abf. 2, 3) werden im Verwaltungsstreitverfahren, event. von der Aufsichtsbehörde vorbehaltlich des Rekursverfahrens nach der Gewerbeordnung und ohne sofortige Vollstreckbarkeit entschieden (§ 58 Abf. 2). Dasselbe gilt von Streitigkeiten zwischen der Krankenkasse (Gem.Kr.Verf.) und Arbeitgebern, welche ihren von der Versicherungspflicht befreiten Arbeitern in Krankheitsfällen die geschuldete Unterstützung nicht geleistet haben, wegen der Erstattung aus §§ 3a, 3b (§ 58 Abf. 2), und zwar auch für die land- und forstwirthschaftliche Krankenversicherung, § 12 Abf. 2, § 136 Abf. 6, § 137 Abf. 3 Landw. U. u. K.V.G., sowie bei Regiebauarbeiten (§§ 7, 8 Abf. 2 B.U.G.).

e) Streitigkeiten zwischen der Krankenkasse (Gem.Kr.Verf.) und Betriebsunternehmern wegen Erstattung des bei Betriebsunfällen zu zahlenden Mehrbetrages an Krankengeld werden (wie bei c) von der Aufsichtsbehörde, vorbehaltlich des Rechtswegs oder des Verwaltungsstreitverfahrens entschieden, § 5 Abf. 9, 11 U.V.G. (§ 58 Abf. 1).

f) Streitigkeiten zwischen der Krankenkasse (Gem.Kr.Verf.) und Berufsgenossenschaften wegen Ersatzansprüche aus der Uebernahme bezw. Uebertragung des Heilverfahrens werden im Verwaltungsstreitverfahren, event. von der Aufsichtsbehörde vorbehaltlich des Rekursverfahrens nach der Gewerbeordnung entschieden, § 76c, § 58 Abf. 2, § 58 Abf. 8 U.V.G.

g) Streitigkeiten zwischen der Krankenkasse (Gem.Kr.Verf.) und Versicherungsanstalten für Inv. und Alt.Verf. wegen Ersatzansprüche aus der Uebernahme des Heilverfahrens bezw. Uebertragung besonderer Aufwendungen werden im Verwaltungsstreitverfahren, event. durch die ordentlichen Gerichte entschieden, § 12 Abf. 3 J.V.G.

h) Streitigkeiten zwischen der Krankenkasse (Gem.Kr.Verf.) mit anderen, auf Grund eines Gesetzes zur Entschädigung des Erkrankten Verpflichteten (§ 57 Abf. 4) [nicht den Betriebsunternehmern wegen des von diesen bei Unfällen zu erhöhenden Krankengeldes, vgl. § 5 Abf. 9, 11 U.V.G., sowie oben unten c dieser Anm.] wegen Erstattung der von den ersteren gewährten Unterstützungen werden fortan im ordentlichen Rechtswege entschieden, vgl. Anm. 1. Dies ist im Komm.Ber. z. Nov. ausdrücklich anerkannt (S. 70).

i) Streitigkeiten zwischen den Versicherten und den Arbeitgebern über die Berechnung und Anrechnung der Beiträge werden im Allgemeinen durch die Gewerbegerichte, event. von dem Gemeindevorsteher vorbehaltlich des Rechtswegs entschieden, vgl. Näheres bei § 53a.

k) Unter Umständen haben auch Nichtversicherte Anspruch auf eine Krankenunterstützung und zwar entweder gegen die Krankenkasse (Gem.Kr.Vers.), wenn sie von der Versicherungspflicht ausnahmsweise befreit sind, oder (für Unfälle) gegen die Unternehmer bezw. die Gemeinde, wenn sie der Versicherungspflicht nicht unterliegen. Streitigkeiten zwischen Krankenkassen (Gem.Kr.Vers.) und befreiten Personen über Unterstützungsansprüche aus der Krankenversicherung werden entschieden:

α) bei den gemäß §§ 3a, 3b dieses Gesetzes befreiten Personen (wie oben bei c) von der Aufsichtsbehörde, vorbehaltlich des Rechtswegs event. des Verwaltungsstreitverfahrens, § 58 Abs. 1;

β) bei den gemäß §§ 136, 137 Landw. U. u. K.V.G. befreiten Personen von der Aufsichtsbehörde, hier jedoch vorbehaltlich nur des Verwaltungsstreitverfahrens event. des gewerblichen Rekursverfahrens, §§ 136, 12 Abs. 1 Landw.U. u. K.V.G

Streitigkeiten Nichtversicherungspflichtiger wegen Unterstützung während der Karenzzeit bei Unfällen werden entschieden:

γ) im Geltungsbereich des industriellen U.V.G. gegen die Betriebsunternehmer (wie bei α) von der Aufsichtsbehörde, vorbehaltlich des Rechtswegs oder des Verwaltungsstreitverfahrens (§ 5 Abs. 9 U.V.G.);

δ) im Geltungsbereich des Landw. U.V.G. und des Bau-U.V.G. gegen die Gemeinde (wie bei β), von der Aufsichtsbehörde vorbehaltlich des Verwaltungsstreitverfahrens event. des gewerblichen Rekursverfahrens (§§ 10, 12 Abs. 1 Landw. U. u. K.V.G.), §§ 7, 8 Abs. 1 B.U.G.

Wegen ähnlicher Vorschriften des See-U.V.G. vgl. daselbst §§ 9 bis 11.

Darauf, daß in diesen Vorschriften der verschiedenen Gesetze sachlich unberechtigte Verschiedenheiten enthalten sind, ist schon oben (Mot. z. Nov.) hingewiesen worden. Es steht zu erwarten, daß bei gelegentlicher Revision der Unfallversicherungsgesetze auf eine thunlichste Angliederung an die jetzigen Vorschriften des Krankenversicherungsgesetzes hingewirkt werden wird.

Ersatzansprüche der Krankenkassen gegen Armenverbände wegen geleisteter Unterstützung für solche Personen, welche von letzteren zu erhalten waren, gehören mangels besonderer Bestimmung vor die ordentlichen Gerichte (Pr. Ob.Verw.Ger., vgl. Arb.Vers. VIII S. 200). Vgl. Anm. 14a.

[3]) auf Grund dieses Gesetzes. Dahin gehören auch die freiwilligen Mitglieder, wie im Komm.Ber. (S. 75) vermerkt ist, und die statutarisch Versicherungspflichtigen nach Erlaß der statutarischen Bestimmung (§ 2); denn auch für diese Kategorien findet die Versicherung in diesem Gesetze ihren

letzten Grund. Wegen der land- und forſtwirthſchaftlichen Arbeiter vgl. aber §§ 12, 136—138 Landw. U. u. K.V.G.

[4]) Verſicherungsverhältniß, um dergleichen Streitfälle nicht, wie bisher meiſt geſchehen iſt, erſt dann zum Austrag zu bringen, wenn die Gewährung von Krankenunterſtützung in Anſpruch genommen wird. Mot. z. Nov. S. 69: „Nach der bisherigen Faſſung des erſten Abſatzes kann ein Streit über die Frage, ob ein Verſicherungspflichtiger der Gemeinde-Krankenverſicherung oder einer Krankenkaſſe angehört, nur dadurch zum Austrag gebracht werden, daß der das Verſicherungsverhältniß beſtreitende Verſicherungspflichtige, bezw. deſſen Arbeitgeber auf die Beitragszahlung, oder daß die das Verſicherungsverhältniß beſtreitende Kaſſe auf die Gewährung der Unterſtützung in Anſpruch genommen wird. Dies führt in den Fällen, in welchen ein Verſicherungspflichtiger von einer beſtimmten Kaſſe, der er anzugehören behauptet, zurückgewieſen wird, zu der Unzuträglichkeit, daß der Streit in der Regel erſt zum Austrag gebracht wird, wenn der Verſicherungspflichtige in die Lage kommt, die Krankenunterſtützung in Anſpruch zu nehmen. Es empfiehlt ſich daher, im Abſatz 1 ausdrücklich auszuſprechen, daß die Frage, ob ein beſtimmtes Verſicherungsverhältniß beſteht, auch direkt auf dem hier bezeichneten Wege zum Austrage gebracht werden kann." Vgl. § 57b.

[4a]) Leiſtung, d. h. darüber, ob und in welchem Maße Beiträge zu entrichten ſind. v. Schicker (S. 307) will auch Rückzahlungen irrthümlich geleiſteter Beiträge auf dieſem Wege zur Entſcheidung bringen, weil nach mehrfach anerkannten Rechtsgrundſätzen „Klagen auf Rückerſtattung von Gezahltem vor die Verwaltungsgerichte gehören, wenn dies bezüglich der Streitigkeiten über das Beſtehen oder Nichtbeſtehen der Zahlungsverbindlichkeit der Fall iſt, vgl. Reichsgerichts-Entſch. v. 20. Januar 1890 (Reger XII 101), Bad. Verw.Ger. v. 1. Mai 1889 (Reger X 212), Landgericht Berlin v. 4. Juni 1890 (Arb.Verſ. VIII S. 225)."

[5]) Beiträge. Mot. z. Nov. S. 69: „Der Begriff der Beiträge zu 1 iſt im weiteſten Sinne zu nehmen, umfaßt alſo auch die Vorſchüſſe (§ 64 Nr. 4) und Zuſchüſſe (§ 65 Abſ. 2) des Betriebsunternehmers ſowie des Bauherrn (§ 72) und der Innung (§ 73), ebenſo die Deckungsmittel für bereits entſtandene Unterſtützungsanſprüche im Falle der Schließung einer Betriebs- und einer Bau-Krankenkaſſe (§§ 68 Abſ. 5 und 72 Abſ. 3) und nach ausdrücklicher Beſtimmung des § 72 Abſ. 4 auch die Leiſtungen des Bauherrn auf Grund des § 71, nicht aber die den Charakter einer Strafe tragenden Erſatzleiſtungen des § 50." Dieſe letzteren Erſatzleiſtungen ſind erſt durch die Kommiſſion des Reichstags den Beiträgen, inſoweit es ſich um die Zuſtändigkeit in Streitfällen handelt, gleichgeſtellt worden, womit natürlich nicht geſagt iſt, daß ſie nun auch thatſächlich als Beiträge gelten ſoll.

[5a]) Unterſtützungsanſprüche aller Art, einſchließlich der Leiſtungen des Bauherrn in den Fällen des § 71, vgl. § 72 Abſ. 4. Auch Klagen darüber,

wie die Kasse die Unterstützung gewährt, sind nach § 58 Abs. 1 zu entscheiden; Beschwerden an die Aufsichtsbehörde kennt das Gesetz in dieser Beziehung nicht, wie v. Schicker, S. 307 zutreffend bemerkt. Trotzdem neigen wir der Ansicht zu, daß derartige Beschwerden an die Aufsichtsbehörde mit der Folge, daß die Aufsichtsbehörde kraft des ihr in § 45 beigelegten Rechts die Befolgung der gesetzlichen und statutarischen Vorschriften zu erzwingen, diese Beschwerden zu untersuchen und nöthigenfalls abzustellen hat, nicht grundsätzlich ausgeschlossen sind, insbesondere da nicht, wo die beanstandete Art, in der die Kasse ihrer Unterstützungspflicht genügt, gegen die Grundsätze des Gesetzes verstößt.

[6]) § 57a Abs. 3. Streitigkeiten über Unterstützungsansprüche aus § 57a Abs. 1 und 2 brauchten nicht ausdrücklich erwähnt zu werden, weil es sich bei ihnen auch um Streitigkeiten zwischen den Versicherten einerseits und einer Krankenkasse (Gem.Kr.Vers.), andererseits um Unterstützungsansprüche handelt.

[7]) aus § 50, vgl. Anm. 2, 5.

[8]) Aufsichtsbehörde, § 44 (Anm. 5), vorbehaltlich der Bestimmung einer besonderen anderen Behörde, wie in dem sofort folgenden Zusatz festgesetzt wird. Bei der Gemeinde-Krankenversicherung ist Aufsichtsbehörde die Kommunalaufsichtsbehörde der betreffenden Gemeinde. Die Entscheidung über Unterstützungsansprüche ist vorläufig vollstreckbar (Abs. 4), aber nicht die Entscheidung wegen Zahlung von Beiträgen und Eintrittsgeldern.

[9]) mehrere. Diese in der dritten Lesung der Novelle unbeanstandet gemachte Einschaltung trägt den in der Praxis hervorgetretenen Bedürfnissen Rechnung. Bei ausgedehnten Kassenbezirken wird durch die Entfernung bis zum Sitz der Aufsichtsbehörde die leichte Zugänglichkeit der zuerst entscheidenden Stelle sehr beeinträchtigt und damit der hauptsächliche Zweck einer Vorentscheidung durch die Aufsichtsbehörde, zu einer schnellen und thunlichst nach vorgängiger Verhandlung mit den Betheiligten zu treffenden vorläufigen Regelung der Streitfrage zu kommen, von vornherein vereitelt. In solchen Fällen muß deshalb die Entscheidung zweckmäßig einer örtlich näheren Lokalbehörde übertragen werden. Einer Beschränkung nach der Richtung, welcher Behörde die Entscheidung zu übertragen ist, sind die Zentralbehörden nicht unterworfen. Sind mehrere Bundesstaaten betheiligt, so wird die besondere Behörde von der Zentralbehörde des eigenen Bundesstaats, nicht aber von der Zentralbehörde desjenigen Bundesstaats, zu welchem die allgemeine Aufsichtsbehörde gehört, nach Benehmen beider Zentralbehörden mit einander bestellt.

[10]) vier Wochen. Früher betrug die Frist mit Rücksicht auf die Bestimmungen der Civilprozeßordnung zwei Wochen, cf. Komm.Ber. S. 75. Die Frist ist präklusivisch, kann auch durch Vereinbarung der Parteien nicht verlängert werden und wird durch den Lauf der Gerichtsferien nicht gehemmt. § 202 C.P.O. bezieht sich nur auf die Fristen der Civilprozeßordnung (Köhne S. 171). Vgl. § 78a.

[11]) Zustellung. Besondere Vorschriften darüber, wie diese Zustellung zu erfolgen hat, enthält das Gesetz nicht. Es ist daher jede Art zulässig, durch welche die Parteien zuverlässig von dem Inhalt der Entscheidung in Kenntniß gesetzt werden. Dies kann nur durch Mittheilung von Amtswegen erreicht werden (a. M. Köhne S. 170).

[12]) Klage, nämlich durch Erhebung der Klage gegen die in der Sache betheiligte Gegenpartei vor dem zuständigen Amtsgericht (oder Landgericht), §§ 230, 456 der Civilprozeßordnung. Im Prozeßverfahren fällt hier der Kostenvorschuß fort, § 78.

[13]) soweit aber, vgl. oben Anm. 1. Durch diese fakultative Zulassung des Verwaltungsstreitverfahrens ist anerkannt, daß es sich hier, wie regierungsseitig mehrfach ausgeführt, andererseits aber bestritten wurde, um Streitigkeiten aus dem öffentlichen Recht handelt, deren Ueberweisung an das Verwaltungsstreitverfahren grundsätzlich statthaft ist. Vgl. Anm. 14 sowie Anm. 1 am Schluß.

[14]) überwiesen sind, jetzt oder (bei Abänderung der bestehenden Landesgesetze) später. In Preußen ist dies nicht geschehen; die Anfechtung erfolgt also in Preußen im ordentlichen Rechtswege vor dem Richter. (Der Umstand, daß in der 4. Aufl. dieses Kommentars die Bemerkungen über das Verwaltungsstreitverfahren in Folge eines Versehens in der Reihenfolge der Anmerkungen schon an dieser Stelle, statt erst bei Abs. II. [vgl. Anm. 16] gegeben waren, hatte zu dem Mißverständniß Anlaß gegeben, als hätte Verfasser für Preußen auch in den vorliegenden Fällen das Verwaltungsstreitverfahren gelten lassen wollen. Das war natürlich nicht beabsichtigt; die betr. Entsch. d. Pr. Ob.Verw.Ger. v. 19. Nov. 1894 ist auch in dieser Beziehung durchaus zutreffend.)

[14a]) zwischen. Das Verwaltungsstreitverfahren greift nach Ansicht des Pr.Ob.Verw.Ger. bei irrthümlichen Leistungen nach dem Wortlaut des § 58 nur dann Platz, wenn eine Kasse für eine andere Kasse die der letzteren gesetzlich obliegenden Unterstützungen geleistet hat; nicht aber dann, wenn die Leistung einer Privatperson obgelegen hätte, trotz der Gleichheit des Klagefundaments. (Pr. Ob.Verw.Ger. v. 22. April 1895.) Vgl. Anm. 2 a. E.

[15]) irrthümlich. Mot. z. Nov. S. 70: „Hat eine Gemeinde-Krankenversicherung oder Krankenkasse einen Versicherten in der irrthümlichen Annahme, die verpflichtete Kasse zu sein, unterstützt, so ist die in Wirklichkeit verpflichtet gewesene Kasse um denjenigen Betrag, welchen sie zu leisten gehabt hätte, ungerechtfertigt bereichert, und zwar einerseits zu Ungunsten des Empfängers der Unterstützung, andererseits zu Ungunsten der Kasse, welche die fragliche Unterstützung geleistet hat. Nach allgemeinen Grundsätzen kann die bereicherte Kasse von derjenigen, zu deren Ungunsten sie bereichert ist, auf Ersatz in Höhe der Bereicherung belangt werden, wie dies auf dem Gebiet des Armenwesens bei derartigen Verhältnissen zwischen mehreren Armenverbänden anerkannt ist. Es würde weder im Interesse des Unterstützten, noch der ersatzberechtigten Kasse liegen, die letztere darauf zu verweisen, sich Ersatz von dem Unterstützten zu verschaffen, und den Unterstützten darauf, die richtige Kasse nachträglich auf Leistung der Unterstützung zu belangen. Solche Ersatzansprüche

sind wie die anderen bereits angeführten dem Verwaltungsstreitverfahren nach § 58 Abs. 2 zu überweisen." Klagefundament ist das der nützlichen Verwendung; die Klage ist also die Bereicherungsklage, und sie ist gegeben für alle Fälle, wo eine Kasse die einer anderen Kasse obliegenden Unterstützungen thatsächlich geleistet hat und dadurch das Vermögen der letzteren aus dem Vermögen der ersteren ungerechtfertigter Weise bereichert ist, cf. §§ 262, 268, 269 I 13 A.L.R. Auf das Wort „Irrthum" ist daher kein Gewicht zu legen; man hat bloß an den Hauptfall der Ersatzansprüche gedacht, ohne die sonstigen ausschließen zu wollen (Erk. d. Pr. Ob.Verw.Ger. v. 17. Januar 1895, Entsch. XXVII S. 383, und v. 26. März 1896) Auch zwischen mehreren Gemeinde-Krankenversicherungen unter einander entstehende Streitigkeiten dieser Art fallen unter diese Bestimmung (a. a. O.).

Irrthümliche Leistungen an Personen, welche von einem Armenverbande oder einer Privatperson zu unterstützen gewesen wären, sind im ordentlichen Rechtswege zur Erstattung zu bringen (vgl. Anm. 2 a. E. sowie. Anm. 14a).

15a) Unterstützungen. Dabei kann ein Kompensationsanspruch, etwa wegen irrthümlich geleisteter Kassenbeiträge, nicht geltend gemacht werden. (Pr. Ob.Verw.Ger. v. 20. September 1894.)

16) Verwaltungsstreitverfahren. Nach § 7. Abs. 2 des Landesverwaltungsges. v. 30. Juli 1883 ist in Preußen für die Bestimmung derjenigen Verwaltungsgerichtsbehörde, welche zur Entscheidung in erster Instanz berufen sein soll, ein besonderes Gesetz erforderlich. Nachdem ein solches am 27. April 1885 erlassen worden, hat auf Grund dieses letzteren die Allerh. Verordn. v. 12. Septbr. 1885 und neuerdings die Allerh. Verordn. v. 9. August 1892 (G.S. S. 239) den Bezirksausschuß für die zuständige erste Instanz erklärt. Als Rechtsmittel ist nur die Revision gegeben. Im Uebrigen vgl. für Preußen §§ 50ff. des zitirten Gesetzes v. 30. Juli 1883.

16a) Aufsichtsbehörde, oder der nach Abs. 1 Satz 2 an deren Stelle gesetzten anderen Behörde.

17) Gewerbeordnung. Die angezogenen Paragraphen sind in Anm. 5 zu § 24 abgedruckt.

18) Kassen und Gemeinde-Krankenversicherungen.

19) Aufsichtsbehörde, nämlich derjenigen, über deren Bezirk sich der Verband erstreckt, vgl. Anm. 4 zu § 46.

20) entschieden, mit vorläufiger Vollstreckbarkeit (Abs. 4).

21) vollstreckbar. Durch Hinterlegung des Streitgegenstandes kann die Vollstreckung nicht ausgeschlossen werden; der Zweck des Gesetzes, dem Unterstützungsberechtigten auf dem kürzesten Wege zur Befriedigung zu verhelfen, würde dadurch illusorisch gemacht werden. § 652 C.P.O. bezieht sich nur auf Rechtsstreitigkeiten, welche vor die ordentlichen Gerichte gehören, also nicht auf das Verfahren vor Verwaltungsbehörden. Vgl. die zutreffenden Ausführungen von Mugdan in Arb.Vers. II S 278. Für Preußen vgl. die Verordn. v. 9. Septbr. 1878, betr. das Verwaltungsverfahren wegen Beitreibung von Geldbeträgen (G.S. S. 591).

E. Betriebs- (Fabrik-) Krankenkassen.

§. 59.

[1][2]) Krankenkassen, welche für einen der im §. 1[3]) bezeichneten Betriebe oder für mehrere[4]) dieser Betriebe gemeinsam in der Weise errichtet werden,[5] daß) auf dem Wege des Arbeitsvertrages (durch Fabrikordnung, Reglement u. s. w.) die in[6]) dem Betriebe beschäftigten Personen zum Beitritte verpflichtet werden, unterliegen den nachfolgenden Vorschriften.[7])

(§ 35 des Entwurfs und der Komm.-Beschlüsse.)

Zu § 59.

[1]) Motive S. 41: „Die Eigenthümlichkeit der für die Arbeiter einzelner größerer Betriebe errichteten Fabrik-Krankenkassen, deren Zahl schon jetzt sehr erheblich ist, besteht darin, daß die Verpflichtung und das Recht, der Kasse anzugehören, durch Eingehung und Fortdauer des Arbeitsvertrages bedingt ist, daß also namentlich die Fortdauer der Mitgliedschaft vermöge des Rechtes des Arbeitgebers, das Arbeitsverhältniß beliebig aufzulösen, von dessen Willkür abhängig ist. Diese Abhängigkeit sämmtlicher Kassenmitglieder von dem Arbeitgeber macht besondere Bestimmungen über die Organisation, Verwaltung und Beaufsichtigung der Fabrik-Krankenkassen nothwendig und läßt für dieselben die Form der nach Maßgabe des Gesetzes v. 7. April 1876 errichteten eingeschriebenen Hülfskassen, wie durch die bisherige Praxis vielfach gezeigt ist, ungeeignet erscheinen. Demnach soll das Hülfskassengesetz auf Fabrik-Krankenkassen in Zukunft nicht mehr Anwendung finden und statt dessen eine einheitliche Regelung aller dieser Kategorie angehörenden Kassen Platz greifen."

[2]) Ueber die Bezeichnung vgl. Komm.Ber. S. 75: „Nach den Bestimmungen der Eingangsparagraphen des Gesetzes wird eine große Anzahl landwirthschaftlicher und anderer Großbetriebe, die man nicht wohl als Fabriken bezeichnen kann, in der Lage sein, auf Grund dieses Abschnitts des Gesetzes Kassen zu errichten. Es erschien deshalb zweckmäßig, die Bezeichnung „Fabrik-Krankenkasse" durch die Bezeichnung „Betriebs-Krankenkasse" zu ersetzen, dabei aber zur Vermeidung etwaiger Mißverständnisse in Klammern das Wort „Fabrik-" hinzuzufügen. Dementsprechend ist überall im Gesetz der Ausdruck „Fabrik-Krankenkassen" durch den Ausdruck „Betriebs- (Fabrik-) Krankenkassen" ersetzt worden."

Ueber den Werth und die Vorzüge dieser Kassen sind die Ansichten getheilt gewesen. Während ein Theil die Ansicht vertrat, diese Kassen seien um deswillen nicht zu empfehlen, „weil sie die Abhängigkeit des Arbeiters vom Arbeitgeber beförderten, unter Umständen die Interessen des ersteren beeinträchtigten und gefährliche Konkurrenten der Orts-Krankenkassen seien", wurden von anderer Seite „die in der Praxis hervorgetretenen Vorzüge der Fabrik-Krankenkassen lebhaft und unter Bezugnahme auf thatsächliche Ver-

---

hältnisse, z. B. im Elsaß, betont; wiederholt wurde unter Zustimmung der Majorität der Kommission der Satz ausgesprochen, daß eine gut eingerichtete und geleitete Fabrik-Krankenkasse die für den Arbeiter erwünschteste Form der Krankenversicherung sei." ... „Es bestehe um der Arbeiter willen ein erhebliches Interesse an der Aufrechterhaltung der Betriebs- (Fabrik-) Krankenkassen. Mit diesen seien bedeutende Kapitalien an angesammeltem Gelde und an mancherlei humanitären Einrichtungen verbunden. Ein Zwang zur Bildung von Betriebs- (Fabrik-) Krankenkassen sei nicht zu entbehren. Es könne sonst durch die Indolenz oder Widerwilligkeit eines Fabrikinhabers der Gemeinde wider ihren Willen der ganze umständliche Apparat einer Orts-Krankenkasse oder Gemeinde-Krankenversicherung mit vielen Mitgliedern aufgedrängt werden. Auch sei ein Zusammenzwängen der Fabrikarbeiter mit den Handwerkern in ein und dieselbe Kasse bedenklich, weil es den beiderseitigen Interessen widerspreche." (Komm.Ber. S. 76.)

Eine besondere Auszeichnung vor anderen Krankenkassen hat die Betriebs- (Fabrik-) Krankenkasse dadurch erhalten, daß ihren Vorständen nach § 80 des Unfallvers.Ges. v. 6. Juli 1884 das Recht eingeräumt ist, gegen die der Kasse angehörenden Arbeiter Strafen wegen Verletzung der Unfallverhütungsvorschriften zu verhängen. Vgl. v. Woedtke, Komm. z. Unfallvers.Ges. Anm. 2 zu § 80 a. a. O.

Die Vorstände der Kassen sind keine öffentlichen Behörden, Anm. 3a zu § 16.

[3]) § 1. Dies gilt auch für Betriebe der im § 2 bezeichneten Art, wenn die Anwendung der Vorschriften des § 1 auf die dort genannten Kategorien erstreckt worden ist, insbesondere für land- und forstwirthschaftliche Betriebe; ebenso auch für die im Kommunaldienst beschäftigten Personen. Hausindustrielle aber können in diesem Sinne nicht als „in dem Betriebe" des Kaufmanns, Fabrikanten oder sonstigen Auftraggebers, für den sie arbeiten, beschäftigt gelten, weil die Hausindustriellen nach § 2 als selbständige Gewerbetreibende von den in den Betrieben Anderer beschäftigten unselbständigen Personen unterschieden werden und gleichzeitig für mehrere Auftraggeber beschäftigt sein können. Für sie darf also eine Betriebs- (Fabrik-) Krankenkasse nicht errichtet werden (= Pr.H.M. v. 11. Mai 1885). Der Umstand, daß Hausgewerbetreibende ihrerseits als Unternehmer in ihrem Betriebe Dritte gegen Lohn beschäftigen können, welche zu deren Auftraggeber in keinem Arbeitsverhältniß stehen, würde allerdings nicht hinderlich sein, zumal den Fabrikanten gemäß § 54 Abs. 2 Ziffer 2 Beitragsverpflichtungen für diese Hülfspersonen der Hausgewerbetreibenden auferlegt werden können. Für unselbständige Heimarbeiter eines solchen Kaufmanns kann eine Betriebs-Krankenkasse errichtet werden (v. Schicker S. 315). Vgl. Anm. 6 sowie Anm. 3 zu § 60

[4]) mehrere, d. h. wenn sie sämmtlich von einem Unternehmer betrieben werden, cf. § 60. Mangels entgegenstehender Bestimmungen des

§. 60.

[1]) Ein [2]) Unternehmer, welcher in [3]) einem Betriebe oder in mehreren [4]) Betrieben fünfzig [5]) oder mehr dem Krankenversicherungszwange unterliegende Personen beschäftigt,[6]) ist berechtigt,[7]) eine Betriebs- (Fabrik-) Krankenkasse zu errichten. I.

Er kann [8]) dazu durch Anordnung der höheren Verwaltungsbehörde [9]) verpflichtet [10]) werden, wenn dies von der Gemeinde, in welcher die Beschäftigung stattfindet, oder von der Krankenkasse, welcher die beschäftigten Personen angehören, beantragt wird. Vor der Anordnung [11]) ist dem Unternehmer, sowie den von ihm beschäftigten Personen oder von diesen gewählten Vertretern und, falls der Antrag von einer Orts-Krankenkasse ausgegangen ist, auch der Gemeinde [12]) zu einer Aeußerung [13]) darüber Gelegenheit zu geben.[14]) II.

(§ 54 des Entwurfs und der Komm.-Beschlüsse)

Gesetzes können die mehreren Betriebe desselben Unternehmers, für welche eine gemeinschaftliche Betriebs- (Fabrik-) Krankenkasse errichtet wird, auch in den Bezirken verschiedener Aufsichtsbehörden, ja sogar in den Gebieten verschiedener Bundesstaaten liegen.

[5]) werden. Wegen der Fabrik-Krankenkassen, welche bereits früher errichtet worden sind, vgl. §§ 85, 86, sowie Anm. 2 zu § 60.

[6]) in, ohne Rücksicht darauf, ob sie unmittelbar von dem Unternehmer oder mittelbar durch eine Mittelsperson gelohnt werden (Pr. Ob.Verw.Ger. Entsch. v. 29. Oktober 1889, XVIII S. 349). Vgl. Anm. 3 sowie Anm. 3 zu § 63.

[7]) Der § 79 enthält das Prinzip der Betriebs- (Fabrik-) Krankenkassen. Sobald derartige Kassen errichtet oder nach § 85 reorganisirt sind, richtet sich die Beitrittsverpflichtung der Arbeiter nicht mehr nach den Bestimmungen des Reglements oder der Fabrikordnung, sondern nach § 63. cf. auch §§ 80, 82.

Zu § 60.

[1]) Das Recht und die Pflicht zur Errichtung von Betriebs- (Fabrik-) Krankenkassen ist im Allgemeinen ebenso geregelt, wie bei den Orts-Krankenkassen. Zur Errichtung berechtigt ist jeder Unternehmer (cf. Anm. 2), welcher in einem Betriebe oder in mehreren Betrieben zusammen mindestens 50 Personen beschäftigt (§ 60 Abs. 1), oder wer zwar weniger als 50 Personen beschäftigt, für die nachhaltige Leistungsfähigkeit der Kasse aber anderweit Gewähr bietet (§ 61 Abs. 2). Zur Errichtung verpflichten kann ihn die höhere Verwaltungsbehörde, und zwar im ersteren Fall, wenn die Beschäftigungsgemeinde oder die Krankenkasse, welcher die beschäftigten Personen angehören, dies beantragt (§ 60 Abs. 1), im letzteren Fall, d. h. bei Beschäftigung von weniger als 50 Personen, wenn der Betrieb besonders gesundheitsgefährlich ist (§ 61 Abs. 1). Dann (§ 61 Abs. 1) tritt neben die Berechtigung des

Unternehmers, die Lebensfähigkeit einer so kleinen Krankenkasse anderweit zu sichern, nach § 64 Ziffer 4 seine Verpflichtung, die zur Herstellung des Gleichgewichts zwischen den Einnahmen und Ausgaben der Kasse erforderlichen Vorschüsse zu leisten. Ueber die Verpflichtung aller Betriebsunternehmer, zu ihren Betriebs- (Fabrik-) Krankenkassen im Fall der Insuffizienz bei Erhebung der Maximalbeiträge Zuschüsse aus eigenen Mitteln zu leisten, vgl. § 65 Abs. 2.

Wegen der Auflösung s. § 68.

[2]) Ein Unternehmer. Die von der Regierungsvorlage zugelassene Neubegründung gemeinsamer Betriebs- (Fabrik-) Krankenkassen durch verschiedene Unternehmer fand nicht die Zustimmung der Reichstagskommission: „die Gegner dieser Bestimmung hatten vor Allem hervorgehoben, daß die eigenthümlichen Vorzüge der Fabrik-Krankenkassen verloren gingen, sobald sich diese über den Rahmen der Betriebe desselben Unternehmens hinaus erstreckten, und daß die Gefahr der Koalitionen von Arbeitgebern hier ebenfalls zu beachten sei" (Komm.Ber. S. 77). Dagegen ist es nach den Beschlüssen der Kommission unzweifelhaft, daß die bei dem Inkrafttreten des Gesetzes schon errichteten älteren Kassen dieser Art (Fabrik-Krankenkassen für mehrere Betriebe verschiedener Unternehmer) keineswegs die Existenz verloren haben. Vgl. darüber aus dem Komm.Ber. insbesondere folgende Stellen auf S. 77, 78:

> „Nach diesen Beschlüssen soll also in Zukunft die Gründung gemeinsamer Betriebs- (Fabrik-) Krankenkassen durch mehrere Unternehmer nicht mehr zulässig sein. Durch die weiteren Berathungen der Kommission wurde jedoch außer Zweifel gestellt, daß bestehende Kassen dieser Art keineswegs mit der Rechtskraft des Gesetzes die Existenz verlieren, daß vielmehr auf solche die Bestimmungen des § 74 (jetzt § 85) Anwendung finden sollen. . . .
>
> „Durch die Diskussion wurde klargestellt, daß nach der Auffassung der Kommission a) derartige Kassen nach § 74 (jetzt § 85) des Entwurfes fortbestehen, — b) in Bezug auf diejenigen Theile der Statuten, welche Kassenleistungen, Kassenbeiträge, Vertretung und Verwaltung der Kasse betreffen, die nöthige Umarbeitung der Statuten bis zum 1. Januar 1885 durch die Kassenorgane, event. nach Ablauf dieser Frist durch die höhere Verwaltungsbehörde vorzunehmen ist, — c) abgesehen hiervon, solche Kassen nach dem Wortlaut des § 53 (jetzt § 59), der ausdrücklich nicht nur von einem, sondern auch von mehreren Betrieben spricht, den Bestimmungen des Entwurfes über Fabrik-Krankenkassen sofort unterliegen, daß insbesondere also die durch § 57 (jetzt § 63) garantirte Freiheit der Kassenwahl auf die Mitglieder solcher Kassen sofort Anwendung findet, — d) die fernere Anwendbarkeit des Hülfskassengesetzes auf solche Kassen nach § 76 (jetzt § 87) des Entwurfes ausgeschlossen ist, — e) demnach für die Schließung solcher Kassen nicht der § 29 des Hülfskassengesetzes, sondern die betreffenden Vorschriften des Entwurfes maßgebend sein sollen."

Die schon früher errichteten und fortbestehenden Fabrik-Krankenkassen gelten also fortan als Betriebs- (Fabrik-) Krankenkassen im Sinne dieses Gesetzes, unterscheiden sich aber von den neugebildeten Betriebs- (Fabrik-) Krankenkassen dadurch:

a) daß sie für mehrere Betriebsunternehmer bestehen können,

b) daß sie gewisse weitergehende Leistungen fortgewähren können.

Ein Antrag, bestehenden Fabrik-Krankenkassen nur dann die Forterxistenz zu ermöglichen, wenn ihre Gestaltung auch bezüglich des Umfangs, für welchen sie gelten sollen, vollständig den Vorschriften des § 60 entspricht, insbesondere also nur dann, wenn sie für die Betriebe eines einzigen Unternehmers bestehen, fand nicht die Zustimmung der Kommission (a. a. O. S. 78):

„So weit zu gehen, lag nach Ansicht der Kommission ein Anlaß nicht vor, vielmehr ergab die Diskussion, daß die Kommission nicht gewillt war, deshalb, weil die Neubildung gemeinsamer Krankenkassen für die Betriebe mehrerer Unternehmer in Zukunft unzulässig sein soll, auch die Auflösung bestehender Bildungen der Art, welche in vielen Fällen sehr segensreich für die Kassenmitglieder wirken können, zu fordern." Vgl. übrigens §§ 67a bis 67c der Novelle.

[3]) in, vgl. Anm. 5 zu § 1 und Anm. 3, 6 zu § 59; aber auch Anm. 3 zu § 63. Hausindustrielle sind nicht mitzuzählen. Vgl. Verordn. des Königl. Sächs. Min. d. Inn. v. 5. November 1885 (abgedruckt Arb.Vers. II S. 153).

[4]) mehreren, ohne daß sie im Bezirk derselben Gemeinde zu liegen brauchen. Vgl. Anm. 4 zu § 59.

[5]) fünfzig. Die Analogie der Orts-Krankenkassen, für welche die Minimalzahl 100 gilt (§ 16), ist hier nicht für unbedingt maßgebend erachtet, „weil eine Betriebs- (Fabrik-) Krankenkasse schon durch die Person des Betriebsunternehmers auch bei geringerer Mitgliederzahl der Regel nach genügende Sicherheit besitzen wird. Durchschlagend war aber .... die Rücksicht auf die Landwirthschaft, da man der Meinung war, daß bei Annahme der Mindestzahl 100 ein großer Theil selbständiger größerer landwirthschaftlicher Betriebe außer Stande sein würde, eine Betriebs- (Fabrik-) Krankenkasse zu gründen" (Komm.Ber. S. 79). Die von der Kommission in Uebereinstimmung mit der Regierungsvorlage auf 50 bemessene Minimalzahl wurde in der zweiten Lesung im Plenum auf 100 erhöht, um die Zahl der Betriebs- (Fabrik-) Krankenkassen einzuschränken, in der dritten Lesung aber wiederhergestellt.

[6]) beschäftigt. Wie im § 16, so ist auch hier die Anzahl der beschäftigten versicherungspflichtigen (also ausschl. der Betriebsbeamten mit mehr als 2000 Mark Jahreseinkommen, § 2b) Personen maßgebend, denn für diese wird die Kasse errichtet; sie alle werden vorbehaltlich des § 75 kraft Gesetzes Mitglieder der Kasse. cf. Anm. 5 zu § 16, sowie Anm. 3. Ob sie der Kasse wirklich angehören werden (vgl. § 75), ist ebenso unerheblich wie der Umstand, ob nichtversicherungspflichtige in dem Betriebe beschäftigte Personen der Kasse freiwillig sich anschließen werden oder nicht (§ 63). Ebenso

ist auch für die zeitweilige Suspension (§ 67) und für die Schließung (§ 68) der Kasse nicht die Zahl der thatsächlichen Kassenmitglieder, sondern die Zahl der in dem Betriebe beschäftigten versicherungspflichtigen Personen maßgebend.

Unternehmer, welche eine Kasse begründen wollen, obwohl dieselbe unabhängig von der Zahl der beschäftigten versicherungspflichtigen Personen voraussichtlich thatsächlich nur wenige Mitglieder zählen wird, werden sich vergegenwärtigen müssen, daß ihre Zuschußverpflichtung (nach § 65 Abs. 2) umso leichter eintreten kann, je weniger Mitglieder die Kasse zählt; und diese Erwägung werden auch die höheren Verwaltungsbehörden nicht außer Acht zu lassen haben, wenn sie nach § 60 Abs. 2 auf Antrag die Errichtung einer Betriebs- (Fabrik-) Krankenkasse anordnen.

[7]) berechtigt. cf. Anm. 1. Die Befugniß kann zur Strafe fortfallen, cf. § 68 Abs. 2.

[8]) kann. Auch hier handelt es sich, wie bei der Orts-Krankenkasse, um eine Ermessensfrage, bei welcher das Interesse der Gemeinden und der Orts-Krankenkassen, aber auch das Interesse der Arbeitnehmer und des Unternehmers (cf. Anm. 5 i. f.) abzuwägen ist.

[9]) höhere Verwaltungsbehörde, § 84. In Preußen im Allgemeinen der Reg.-Präsident (für Berlin der Ober-Präsident), cf. Ziffer 2, 44 Preuß. Ausf.Anw. Ob für Reichs- und Staatsbetriebe der § 84 Abs. 3 auch in den Fällen dieses Paragraphen Anwendung findet, wo eine Krankenkasse noch nicht errichtet ist, sondern erst im Interesse von Gemeinden oder Krankenkassen errichtet bezw. angeordnet werden soll, kann zweifelhaft sein (vgl. § 84 Abs. 3: „bei" . . . . Kassen). In Preußen hat man sich für die Bejahung der Frage entschieden, so daß Reichs- und Staatsbetriebe nicht von der Behörde der allgemeinen Verwaltung, welcher die Gemeinden und sonstigen Krankenkassen unterstellt sind, sondern nur von der ihnen vorgesetzten Dienstbehörde genöthigt werden können, Betriebs- (Fabrik-) Krankenkassen zu errichten. Selbstverständlich können die zuständigen Behörden (und Minister) der allgemeinen Staatsverwaltung nöthigenfalls eine Einwirkung üben, wenn dieselbe für die Errichtung derartiger Kassen rathsam erscheinen sollte.

[10]) verpflichtet, cf. Anm. 1. Wegen des Zwangsmittels s. § 62. Die Vorlage beabsichtigte ein absolutes Zwangsrecht der höheren Verwaltungsbehörde; das Gesetz bewilligt dasselbe aber nur mit Einschränkungen und macht es insbesondere von einem Antrage abhängig, „obwohl Zweifel angeregt wurden, ob es richtig gehandelt sei, die Initiative der Gemeindebehörden abzuwarten, welche in kleineren Gemeinden einem großen Betriebsunternehmer gegenüber oft kaum das nöthige Maß von Selbständigkeit haben dürften". (Komm.Ber. S. 79.)

[11]) Anordnung. Dieselbe muß eine Fristbestimmung enthalten, § 62.

[12]) der Gemeinde. Handelt es sich um Betriebe, welche im Bezirk verschiedener Gemeinden liegen, so wird eine jede zur Stellung des Antrags

§. 61.

[1]) Unternehmer eines Betriebes, welcher für die darin beschäftigten Personen mit besonderer Krankheitsgefahr[1a]) verbunden ist, können[2]) auch dann, wenn sie weniger als fünfzig Personen beschäftigen,[3]) zur Errichtung einer Betriebs- (Fabrik-) Krankenkasse angehalten[4]) werden. I.

Unternehmern eines Betriebes, in[4a]) welchem weniger[5]) als fünfzig Personen beschäftigt werden, kann die Errichtung einer Betriebs- (Fabrik-) Krankenkasse gestattet[6]) werden, wenn die nachhaltige Leistungsfähigkeit der Kasse in einer von der höheren Verwaltungsbehörde[7]) für ausreichend erachteten Weise sichergestellt[8]) ist. II.

(§ 53 des Entwurfs und der Komm.-Beschlüsse.)

---

berechtigt sein. Die Gemeinde wird zu einem solchen Antrag durch das lebhafte Interesse sich veranlaßt sehen, welches sie daran hat, eine größere Anzahl versicherungspflichtiger Personen aus der Gemeinde-Krankenversicherung, für welche sie erforderlichenfalls Vorschüsse zu leisten hat (§ 9) und deren Verwaltung ihr desto unbequemer sein wird, je zahlreicher die Betheiligten sind, auszuscheiden. Bei gemeinsamer Gemeinde-Krankenversicherung (§§ 12, 13) wird der Antrag sowohl von der Beschäftigungsgemeinde, wie von der Verwaltung der gemeinsamen Gemeinde-Krankenversicherung ausgehen können.

[13]) Aeußerung, welche zur Information dient, aber nicht nothwendig berücksichtigt werden muß.

[14]) Gelegenheit zu geben. cf. Anm. 12 zu § 16. Nach Ziffer 44 Preuß. Ausf.Anw. hat der Reg.-Präsident anzuordnen, in welcher Weise die Gemeinde den Betheiligten oder deren Vertretern zur Aeußerung Gelegenheit geben soll.

Zu § 61.

[1]) Motive S. 41: „Recht und Pflicht zur Errichtung soll für die Fabrik-Krankenkassen den Betriebsunternehmern unter den gleichen Voraussetzungen zufallen, wie den Gemeinden für die Orts-Krankenkassen. Die Verpflichtung soll insofern eine Erweiterung erfahren, als sie auch für Betriebe, welche weniger als die gesetzliche Mindestzahl versicherungspflichtiger Personen beschäftigen, dann eintreten soll, wenn dieselben mit besonderer Krankheitsgefahr verbunden sind. Die Eingliederung der Arbeiter solcher mit besonderer Krankheitsgefahr verbundener Betriebe in die Orts-Krankenkassen oder in die Gemeinde-Krankenversicherung kann namentlich für kleinere Gemeinden zu einer unbilligen und bedenklichen Belastung führen. Selbstverständlich muß in diesem Falle den Unternehmer mit der Verpflichtung zur Errichtung der Kasse auch die weitere Pflicht treffen, die Garantien für die jederzeitige Leistungsfähigkeit der Kasse, welche hier durch den Umfang derselben ohne Weiteres nicht geboten werden, in anderer Weise zu beschaffen. Zu dem Ende bestimmt der § 58 (jetzt § 64) unter Nr. 4, daß für Fabrik-Krankenkassen, welche auf

§. 62.

I. [1]) Unternehmer, welche der Verpflichtung, eine Betriebs- (Fabrik-) Krankenkasse zu errichten, innerhalb der von der höheren Verwaltungsbehörde[2]) zu bestimmenden Frist nicht nachkommen, sind verpflichtet, für jede in ihrem Betriebe beschäftigte, [2a]) dem Versicherungszwange unterliegende Person Beiträge[3]) bis zu fünf Prozent des verdienten Lohnes[4]) aus eigenen Mitteln zur Gemeinde-Krankenversicherung oder zur Orts-Krankenkasse zu leisten.

II. Die Höhe der zu leistenden Beiträge wird nach Anhörung der Gemeindebehörde von der höheren Verwaltungsbehörde[5]) endgültig festgesetzt.

(§ 56 des Entwurfs und der Komm.-Beschlüsse.)

Grund der Bestimmungen des § 55 (jetzt § 61) errichtet werden, den Betriebsunternehmer dieselbe Verpflichtung treffen soll, welche hinsichtlich der Gemeinde-Krankenversicherung nach § 9 Abs. 4 der Gemeinde obliegt. Unter der Voraussetzung freiwilliger Uebernahme dieser Verpflichtung erscheint es unbedenklich, auch den Unternehmern anderer Betriebe, welche weniger als die gesetzliche Mindestzahl versicherungspflichtiger Personen beschäftigen, die Errichtung besonderer Fabrik-Krankenkassen zu gestatten (§ 55 [jetzt § 61] Abs. 2)."

[1a]) Krankheitsgefahr. Auch besondere Unfallgefahr gehört hierher.

[2]) können, cf. Anm. 8 zu § 60. An besondere Voraussetzungen (Anträge) ist die Befugniß der Behörde hier absichtlich nicht gebunden worden.

[3]) beschäftigen, cf. Anm 6 zu § 60.

[4]) angehalten werden, sc. durch die höhere Verwaltungsbehörde (cf. Anm. 9 zu § 60), unter Festsetzung einer Frist (§ 62). Vgl. Anm. 1.

[4a]) in, vgl. Anm. 3 zu § 60.

[5]) weniger, ohne Rücksicht auf besondere Krankheitsgefahr.

[6]) gestattet werden, d. h. von der höheren Verwaltungsbehörde, event. bei Gelegenheit der Genehmigung des Statuts, §§ 64, 24. In Preußen soll dem Antrag in der Regel stattgegeben werden, vgl. Ziffer 44 Abs. 4 Preuß. Ausf.Anw.

[7]) höhere Verwaltungsbehörde, cf. Anm. 9 zu § 60.

[8]) sicher gestellt, cf. Anm. 6 zu § 18.

Zu § 62.

[1]) § 62 giebt das Zwangsmittel an, mittels dessen die Errichtung von Betriebs- (Fabrik-) Krankenkassen soll durchgesetzt werden können. Die Motive (S. 42) bezeichnen diese Vorschrift ausdrücklich als ein solches. Nach den Erklärungen der Regierungsvertreter aber stellen die hier vorgesehenen Mehrbeiträge nicht eine eigentliche Strafe dar; sie sollen vielmehr als Aequivalent für die dem Arbeitgeber auferlegten Pflichten angesehen, und insbesondere sollen neben diesen 5 Prozent nicht etwa noch die regelmäßigen Arbeitgeberbeiträge geleistet werden (Sten.Ber. 1883, S. 2183, 2577). Es

§. 63.*)

[1]) Versicherungspflichtige Personen, welche in[2]) dem Betriebe, für welchen eine Betriebs- (Fabrik-) Krankenkasse errichtet ist, beschäftigt werden,[2a]) gehören **vorbehaltlich[3]) der Bestimmungen des §. 75** mit dem Tage des Eintritts in die Beschäftigung der Kasse als Mitglieder an. I.

---

handelt sich hier also um eine Ausgleichung der durch die event. Renitenz des Fabrikherrn den Orts-Krankenkassen oder der Gemeinde-Krankenversicherung erwachsenden Last, und diese Ausgleichung wird darin gefunden, daß die regelmäßigen Arbeitgeberbeiträge (§ 53) von höchstens $1^1/_2$ Prozent des Lohns (§§ 9, 31, cf. Anm. 2 zu § 9) bis auf 5 Prozent des Lohns (als Pauschsatz) erhöht werden. Der Zwangscharakter dieser Bestimmung, wenn dieselbe auch keine Strafe involviren soll, zeigt sich noch darin, daß die Mehrbeiträge nicht, wie die regelmäßigen Beiträge zur Gemeinde-Krankenversicherung und zu Orts-Krankenkassen, nach dem Durchschnittslohn, sondern nach dem „verdienten", also nach dem individuellen Lohn der in der Fabrik beschäftigten versicherungspflichtigen Personen (ohne Beschränkung auf ein Maximum des Tagesverdienstes) berechnet werden, sowie darin, daß der Mehrbeitrag für alle in dem Betriebe beschäftigten versicherungspflichtigen Personen ohne Rücksicht darauf zu leisten ist, ob dieselben der Gemeinde-Krankenversicherung oder der Orts-Krankenkasse — welcher die auf Grund dieses Paragraphen zu leistenden Beiträge zufließen — thatsächlich angehören, oder ob sie etwa Mitglieder einer Hülfskasse ohne Beitrittszwang (§ 75) sind, zu welcher der Arbeitgeber Beiträge nicht entrichtet. Außer diesen aus eigenen Mitteln zu tragenden Beiträgen bis zu 5 Prozent des Lohns hat der Unternehmer noch die auf die Versicherten entfallenden Antheile ($^2/_3$) der regelmäßigen Beiträge einzuzahlen, kann diese aber vom Arbeiter erstattet verlangen, § 65.

Die Mehrbeiträge auf Grund dieses § 62 können von der höheren Verwaltungsbehörde auch dann auferlegt werden, wenn die Betriebs- (Fabrik-) Krankenkasse wegen unordentlicher Kassen- und Rechnungsführung hat geschlossen werden müssen. cf. § 63 Abs. 1 Nr. 3 Abs. 2.

Auch auf diese Beiträge findet § 55 Anwendung, ebenso §§ 54a und 58.

[2]) höhere Verwaltungsbehörde, cf. § 84. Die Beschwerde ist im Fall des Abs. 2 ausgeschlossen.

[2a]) für jede in ihrem Betriebe beschäftigte, vgl. Anm. 6 zu § 59 und Anm. 3, 6 zu § 60, sowie Anm. 1.

[3]) Beiträge zur Gemeinde-Krankenversicherung oder zu der Krankenkasse, welcher der Betrieb angehört; cf. Anm. 1.

[4]) des verdienten Lohnes, vgl. Anm. 1.

Zu § 63.

[1]) § 63 entspricht dem § 19; cf. die Bemerkungen zu dem letzteren.

[2]) in, vgl. Anm. 3 zu § 60.

II. Nichtversicherungspflichtige[4]) in[5]) dem Betriebe beschäftigte Personen haben das Recht, der Kasse beizutreten, **sofern ihr jährliches Gesammteinkommen zweitausend Mark nicht übersteigt.**[6]) Der Beitritt erfolgt durch schriftliche oder mündliche Anmeldung bei dem Kassenvorstande, gewährt aber keinen Anspruch auf Unterstützung im Falle einer bereits zur Zeit dieser Anmeldung eingetretenen Erkrankung.[7]) **Die Kasse ist berechtigt, nichtversicherungspflichtige Personen, welche sich zum Beitritt melden, einer ärztlichen Untersuchung**[8]) **unterziehen zu lassen und ihre Aufnahme abzulehnen, wenn die Untersuchung eine bereits bestehende Krankheit ergiebt.**

III. Versicherungspflichtigen Personen ist der Austritt[9]) mit dem Schlusse des Rechnungsjahres zu gestatten, wenn sie denselben mindestens drei Monate vorher bei dem Vorstande beantragen und vor dem Austritt nachweisen, daß sie einer der im §. 75 bezeichneten Kassen angehören.

IV. Nichtversicherungspflichtige Personen, welche die Beiträge an zwei auf einander folgenden Zahlungsterminen nicht geleistet haben, scheiden damit aus der Kasse aus.

*) Dieser Paragraph gilt auch für Bau-Krankenkassen (§ 72)

(§ 57 des Entwurfs und der Komm.-Beschlüsse.)

[2a]) beschäftigt werden, von dem Betriebsunternehmer selbst oder von anderen in der Fabrik beschäftigten Personen, vgl in § 61 Abs. 1 die Worte: „darin beschäftigten".

[3]) vorbehaltlich, vgl. § 19 sowie Anm. 5a zu § 4. Nach der älteren Fassung waren auf Beschluß der Reichstagskommission neben dem § 75 auch die §§ 73, 74 erwähnt, so daß auch Mitglieder von Innungs- und Knappschaftskassen von der Zugehörigkeit zur Betriebs- (Fabrik-) Kasse befreit waren. Dies war um deswillen geschehen, „damit nicht in solchen Fällen, wo ein Mitglied einer derartigen Kasse vorübergehend in einem Fabrikbetriebe in Arbeit tritt, eine Veränderung seiner Kassenmitgliedschaft nothwendig werde" (Komm.Ber. S. 81). Das ist durch die Novelle wieder beseitigt worden. Hierdurch wird indessen nicht ausgeschlossen, daß die von einem Innungsmeister beschäftigten versicherungspflichtigen Gesellen und Lehrlinge in der für sie errichteten Innungs-Krankenkasse dann verbleiben, wenn sie im Auftrage und für Rechnung ihres Arbeitgebers vorübergehend Arbeiten „in der Fabrik" ausführen; denn dadurch treten sie nicht in ein auch nur indirektes Lohnverhältniß zu dem Fabrikbesitzer, gehören also nicht zu denjenigen, für welche die Betriebs- (Fabrik-) Krankenkasse errichtet ist.

Hieraus ergiebt sich, daß alle Personen, welche in einer Fabrik für Rechnung des Fabrikherrn in eine die Versicherungspflicht begründende Beschäftigung treten, von dem Augenblick ab, in welchem für die Fabrik die Betriebs- (Fabrik-) Krankenkasse ins Leben tritt, ihrer Versicherungspflicht nicht mehr dadurch genügen können, daß sie einer Orts-, Bau- oder Innungs-Krankenkasse, der Gemeinde-Krankenversicherung oder einer Knappschaftskasse angehören. Sie scheiden vielmehr aus derjenigen Kasse, welcher sie bisher etwa angehört haben, zur Erfüllung ihrer Versicherungspflicht aus, ohne daß eine „Ausscheidung" gemäß § 48 oder eine Vermögensauseinandersetzung gemäß § 47 Abs. 5 stattzufinden hätte; die Ausscheidenden treten ohne Weiteres in die Betriebs- (Fabrik-) Krankenkasse ein. Mit diesem Zeitpunkt gehen auch die etwa bereits begründeten Unterstützungsansprüche der (noch im Arbeitsverhältniß stehenden) Versicherten gegen ihre frühere Krankenkasse auf die Betriebs- (Fabrik-) Krankenkasse, der sie fortab angehören, über, soweit letztere zur Gewährung solcher Unterstützungen überhaupt verpflichtet ist. Die Versicherten haben nicht die Befugniß, zum Zweck der Doppelversicherung an der Orts-Kranken-kasse sich freiwillig weiter zu betheiligen, vgl. Anm. 6 zu § 19. Die Gemeinde-Krankenversicherung (welche keine Kasse darstellt) ist völlig unvereinbar mit der Betriebs- (Fabrik-) Krankenkasse, fällt also insoweit kraft Gesetzes fort, als derartige Kassen errichtet werden, vgl. Anm. 7 zu § 19. Nur die Betheiligung an einer gleichwerthigen Hülfskasse (§ 75) befreit von dem Eintritt in die Betriebs- (Fabrik-) Krankenkasse.

Alle versicherungspflichtigen, in einer Fabrik 2c. beschäftigten Personen dürfen während ihrer Beschäftigung in der Fabrik aus der für letztere errichteten Krankenkasse nur dann austreten, wenn sie einer Hülfskasse (§ 75) beigetreten sind (vgl. jedoch § 63 Abs. 3). Dies gilt auch für unständige land- und forstw. Arbeiter, welche durch statutarische Bestimmung für ihre sonstige Thätigkeit in der Land- und Forstwirthschaft der Krankenkasse ihres Wohnorts zugewiesen worden sind. Sobald solche Personen in einem landwirthschaftlichen Betrieb, für den eine Betriebs-Krankenkasse errichtet ist, beschäftigt werden, treten sie aus der Versicherung an ihrem Wohnort aus und in die Betriebs-Krankenkasse ein. § 142 landw. U. und K.V.G.

[4]) Nichtversicherungspflichtige, vgl. Anm. 7 zu § 4, Anm. 8 zu § 19.

[5]) in, vgl. Anm. 3 zu § 60.

[6]) nicht übersteigt. Diese Beschränkung der Beitrittsberechtigung ist erst durch die Reichstagsverhandlungen bei der Novelle, ebenso wie bei der Gemeinde-Krankenversicherung (§ 4) und den Orts-Krankenkassen (§ 19), eingefügt worden. Vgl. Anm. 7a bis 7c zu § 4.

[7]) Erkrankung, ebenso wie bei der Gemeinde-Krankenversicherung (§ 4) und den Orts-Krankenkassen (§ 19). Vgl. Anm. 14, 14a zu § 4.

[8]) ärztliche Untersuchung. Auch diese von der Novelle eingeführte Bestimmung entspricht den gleichartigen neuen Vorschriften für die Gemeinde-Krankenversicherung (§ 4) und die Orts-Krankenkassen (§ 19). Vgl. Anm. 15, 16 zu § 4.

[9]) Austritt, wie bei Orts-Krankenkassen, vgl. Anm. 10 bis 12 zu § 19.

§. 64.*)

[1]) Die für **Orts-Krankenkassen geltenden Bestimmungen** der §§. 20 bis 42, **46 bis 46b, 48a und 49a Absatz 4**[2]) finden auf die Betriebs- (Fabrik-) Krankenkassen mit folgenden Abänderungen Anwendung:[3])

1. Das Kassenstatut[4]) (§. 23) ist durch den Betriebsunternehmer in Person oder durch einen Beauftragten nach Anhörung[5]) der beschäftigten Personen oder der von denselben gewählten Vertreter zu errichten.[6])
2. Durch das Kassenstatut kann dem Betriebsunternehmer oder einem Vertreter desselben der Vorsitz im Vorstande und in der Generalversammlung übertragen werden.
3. Die Rechnungs- und Kassenführung[7]) ist unter Verantwortlichkeit[8]) und auf Kosten[9]) des Betriebsunternehmers durch einen von demselben zu bestellenden Rechnungs- und Kassenführer wahrzunehmen. Verwendungen von Kassengeldern in den Nutzen der Betriebsunternehmer fallen unter die Vorschrift des §. 42 Absatz 2.
4. Reichen die Bestände einer auf Grund der Vorschrift des §. 61 errichteten Betriebs- (Fabrik-) Krankenkasse nicht aus, um die laufenden Ausgaben derselben zu decken, so sind von dem Betriebsunternehmer die erforderlichen Vorschüsse[10]) zu leisten.
5. Die aus dem Betriebe ausgeschiedenen[11]) Personen, welche auf Grund der Vorschrift des §. 27 Mitglieder der Kasse bleiben, können Stimmrechte nicht ausüben und Kassenämter nicht bekleiden.

*) Dieser Paragraph gilt auch für Bau-Krankenkassen (§ 72)

(§ 58 des Entwurfs und der Komm.-Beschlüsse.)

Zu § 64.

[1]) Motive S. 42: „Die Verfassung und die Verwaltung der Betriebs-Krankenkassen soll sich von derjenigen der Orts-Krankenkassen nur insoweit unterscheiden, als die zu § 53 (jetzt § 59) erörterte Eigenthümlichkeit der ersteren und die besonderen wirthschaftlichen Verhältnisse ihrer Mitglieder Abweichungen nothwendig oder wünschenswerth erscheinen lassen.“ cf. Anm. 1 zu § 59.

[2]) §§ 20 bis 42, 46 bis 46b, 48a und 49a Absatz 4. Das ältere Gesetz allegirte nur die §§ 20 bis 42. Es gelten also fortan für die Betriebs- (Fabrik-)Krankenkassen folgende für Orts-Krankenkassen erlassene Bestimmungen:

1. über die Minimal- und Maximalleistungen (§§ 6, 7, 20, 21, 26a) und über Kassenverbände (§§ 46 bis 46b);

2. über die Karenzzeit, das Eintrittsgeld und die zulässigen Modifikationen der Unterstützung bei einzelnen Mitgliedern (§§ 6, 21, 26, 26a);
3. über die Festsetzung des durchschnittlichen Tagelohns (§ 20);
4. über den Maßstab für die Bemessung der Beiträge (§§ 22, 26a);
5. über die Höhe der Beiträge, cf. Anm. 1 zu § 30, mit der Maßgabe, daß eine Schließung der Kasse für den Fall, daß 3 Prozent (im Ganzen $4^1/_2$ Prozent) des Lohns zur Gewährung der Mindestleistungen nicht genügen, nicht stattfindet, vielmehr nach § 65 Abs. 2 die Zuschußverbindlichkeit des Fabrikherrn eintritt;
6. über die event Ausgleichung bei einem Mißverhältniß zwischen Beiträgen und Leistungen (§§ 30, 31, 33), vorbehaltlich der Bestimmung des § 64 Ziffer 4 und des § 65 Abs. 2;
7. über den Inhalt, die Genehmigung und die Abänderung, auch die etwaige zwangsweise Aenderung des Statuts (§§ 23, 24, 48a), wogegen die Errichtung desselben nach Maßgabe des § 64 Ziffer 2 erfolgt;
8. über die Korporationsrechte der Kasse (§ 25);
9. über die freiwillige Fortsetzung der Mitgliedschaft trotz Austritts aus der Fabrik (§ 27) mit der Beschränkung des § 64 Ziffer 5, sowie über den einstweiligen Fortbezug der Leistungen im Fall der Erwerbslosigkeit (§ 28), cf. auch Nr. 13;
10. über den Reservefonds (§ 32, § 33 Abs. 2) und die Beschränkung der Zwecke, zu denen Beiträge erhoben und Zahlungen aus der Kasse geleistet werden dürften (§ 29);
11. über die Generalversammlung und den Vorstand (vgl. Anm. 4 zu § 34), sowie über die Vertretung des Arbeitgebers in beiden (§§ 34 bis 39, 42) vorbehaltlich der Bestimmung des § 64 Ziffer 3; über die Rechnungs- und Kassenführung (§§ 40, 42) vorbehaltlich der Bestimmung des § 64 Ziffer 3;
12. über die der höheren Verwaltungsbehörde einzureichenden Uebersichten und deren demnächstige Verarbeitung (§§ 41, 79).

Außerdem gelten nach § 63 ebenfalls für die Betriebs- (Fabrik-) Krankenkassen

13. im Allgemeinen die Bestimmungen über den obligatorischen und freiwilligen Eintritt und Austritt, mit der im § 26a Abs. 2 Ziffer 5 nachgelassenen Erweiterung des Mitgliederkreises;

ebenso nach § 65

14. die Bestimmungen über die Einzahlung und Verrechnung der Eintrittsgelder und Versicherungsbeiträge, sowie die antheilige Uebernahme der letzteren durch den Betriebsunternehmer, auch soweit er nicht der direkte Arbeitgeber der betr. Personen ist (§§ 51, 52, 52b, 53, 53a, 54), mit der Strafvorschrift des § 82;

15. über die Verjährung, die administrative Zwangsvollstreckung und die Vorrechte bei Eintrittsgeldern, Beiträgen und Unterstützungsansprüchen (§§ 55, 56);
16. über die Vermehrung der Kassenärzte (§ 56a);
17. über das Verhältniß zur Armenpflege und zu civilrechtlichen Ansprüchen des Erkrankten gegen Dritte (§ 57);
18. über die gegenseitige Aushülfe der Kassen (§ 57a);
19. über die Streitigkeiten (§§ 57b, 58);

sowie nach § 66 vorbehaltlich der dort enthaltenen Modifikation

20. über die Beaufsichtigung der Kassen (§§ 44, 45).

Wegen der Aufsichtsbehörde vgl. § 84.

3) Anwendung. Die bisherige Ziffer 1 ist durch die Novelle als entbehrlich gestrichen worden, weil die in derselben zugelassene Berechnung die Leistungen und Beiträge nach dem Individualverdienst nunmehr auch schon für Orts-Krankenkassen gilt (§ 26a Ziffer 6).

4) Kassenstatut. Die Regierungsvorlage wollte den Betriebsunternehmern auch die im § 39 der Aufsichtsbehörde übertragenen Befugnisse (zur event. Ernennung der Mitglieder des Vorstandes und der Vertreter zur Generalversammlung) beilegen, und rechtfertigte diese und die Bestimmung des § 64 Ziffer 1 durch folgende Sätze der Motive (S. 42): „Diese Vorschriften räumen dem Betriebsunternehmer denjenigen Einfluß als ein Recht ein, welchen er sich thatsächlich vermöge seines Verhältnisses zu den Kassenmitgliedern unter allen Umständen und auch gegenüber etwaigen entgegenstehenden Vorschriften zu verschaffen in der Lage sein würde. Die Gefahren für die Verwaltung der Kassen, welche aus einem möglichen Mißbrauch der Stellung des Betriebsunternehmers erwachsen können, sind nicht durch Vorschriften über die Verfassung und Verwaltung der Kasse, welche mit den thatsächlichen Verhältnissen im Widerspruch stehen würden, sondern nur durch eine entsprechende Regelung der Kassenaufsicht wirksam zu bekämpfen." Die Reichstagskommission beseitigte das Ernennungsrecht als eine zu weit gehende Ausdehnung des Einflusses des Unternehmers (Komm.Ber. S. 82) und acceptirte nur seine Verpflichtung, das Kassenstatut zu errichten (weil nur er die einschlagenden Verhältnisse genau genug kenne, um das Statut sachgemäß zu entwerfen, siehe ebendaselbst), sowie seine Befugniß, den Vorsitz in den Organen der Kasse sich zu sichern. Aenderungen des Kassenstatuts stehen allein der Generalversammlung zu; der Betriebsunternehmer ist dabei auf sein Stimmrecht in der Generalversammlung beschränkt.

Wegen Musterstatuten s. Anm. 3 zu § 23.

5) Anhörung. Etwaige Bekanntmachungen brauchen in Preußen nur durch Anschlag an einer von den Arbeitern häufig betretenen Stelle zu erfolgen, Ziffer 46 Preuß. Ausf.Anw. Sollen neue Kategorien der Kasse zugewiesen werden (z. B. das Kontorpersonal oder die Arbeiter eines ferneren Betriebes desselben Unternehmers), so sind auch diese Personen selbst oder

durch Vertreter vorher zu hören (Pr. Ob.Verw.Ger. v. 25. Nov. 1889, Arb.Vers. VIII S. 169, Reger XI S. 46, v. Schicker S. 328).

[6]) errichten. Zuständig für die Genehmigung ist die höhere Verwaltungsbehörde, in Preußen vorbehaltlich der Bestimmung des § 84 Abs. 3 der Bezirksausschuß (Rechtsmittel: Klage im Verwaltungsstreitverfahren).

[7]) Rechnungs- und Kassenführung. Motive S. 42: „Die Vorschrift unter Nr. 4 über die Rechnungs- und Kassenführung schreibt nur dasjenige, was bei der Mehrzahl der Fabrik-Krankenkassen thatsächlich schon besteht, allgemein vor und zieht daraus zugleich die nothwendige Konsequenz für die Verantwortlichkeit des Unternehmers." — Wegen der Folgen einer Versäumung dieser Verpflichtung vgl. § 68 Abs. 1 Ziffer 3 Abs. 2.

[8]) Verantwortlichkeit im civilrechtlichen Sinn (Köhne S. 182, Hahn S. 141). Verwendet der Kassenbeamte Kassengelder in seinem eigenen Nutzen oder in dem Nutzen des Fabrikherrn, so haftet der Kassenbeamte nach § 42 Abs. 2 für die Strafzinsen, aber außerdem auch der Fabrikherr für den Fall, daß ihm dabei ein Verschulden im Sinne des § 82a Abs. 2 zur Last fällt (Hahn S. 141).

[9]) Kosten. Zu den „Kosten der Rechnungs- und Kassenführung" gehören nach der richtigen Auffassung sämmtliche Kosten derselben, mögen sie persönlicher oder sachlicher Art sein; aber nicht etwa die gesammten Verwaltungskosten, soweit diese nicht durch die Rechnungs- und Kassenführung geboten sind. Hiernach trägt der Fabrikherr u. a. die Besoldung des Kassenführers, die Kosten für die Beschaffung, Heizung, Reinigung u. s. w. des Kassenlokals, die Kosten für die Kassenbücher und die Formulare zu den Rechnungsabschlüssen, Kassenübersichten u. s. w., auch wohl die durch die Einziehung der Beiträge zur Invaliditäts- und Altersversicherung entstehenden Kosten (§§ 112, 114 J.V.G.); dagegen nicht Prozeßkosten, Reisekosten der Vorstandsmitglieder, Kosten der Krankenkontrole oder der Beschaffung, Heizung und Reinigung des Sitzungssaals der Kassenorgane u. s. w. Häufig werden beide Arten von Kosten ineinander übergehen; in solchen Fällen dürfte es dem Willen des Gesetzgebers entsprechen, die „nicht ausscheidbaren" Kosten der Kassenverwaltung dem Fabrikherrn aufzuerlegen.

[10]) Vorschüsse, die er sich demnächst, ebenso wie die Gemeinde bei der Gemeinde-Krankenversicherung (§ 10), aus späteren Ueberschüssen erstatten kann.

Auch auf diese Vorschriften findet § 55 Anwendung, cf. Anm. 5 daselbst.

Das Verhältniß dieser Bestimmung zu § 65 Abs. 3 stellt sich dahin: Reichen die statutenmäßigen Beiträge nicht aus, um die statutenmäßigen Leistungen zu decken, so muß bei gesundheitsgefährlichen und solchen Betrieben, welche weniger als 50 dem Krankenversicherungszwang unterworfene Personen beschäftigen, der Unternehmer einstweilen die erforderlichen Vorschüsse, vorbehaltlich der Erstattung leisten (§ 64 Ziffer 4), während eine solche Verpflichtung für die Unternehmer nicht gesundheitsgefährlicher, größerer Betriebe nicht gegeben ist. Bei allen Betriebs- (Fabrik-) Krankenkassen ohne

§. 65.*)

I. Die Betriebsunternehmer sind verpflichtet, die statutenmäßigen **Eintrittsgelder und** Beiträge für die von ihnen[1]) beschäftigten versicherungspflichtigen[2]) Kassenmitglieder zu den durch das Kassenstatut festgesetzten Zahlungsterminen in die Kasse einzuzahlen und **die Beiträge** zu einem Drittel[3]) aus eigenen Mitteln zu leisten.

Ausnahme dagegen muß im Bedarfsfall, aber erst dann, wenn die Jahresabschlüsse (§ 10 Anm. 2) ein Mißverhältniß zwischen Einnahme und Ausgabe ergeben, eine Herabsetzung der statutenmäßigen Leistungen bis auf das gesetzliche Minimum (§ 20) stattfinden, falls eine Erhöhung der Gesammtbeiträge bis auf das zulässige Maximum von $4^1/_2$ Prozent des Lohns nicht zu erreichen ist (§§ 31, 33) oder dieser Maximalbetrag schon gezahlt wird (§ 65 Abs. 2). Wird das erforderliche Gleichgewicht auch dann nicht hergestellt, so ist der Mehrbedarf von dem Betriebsunternehmer aus eigenen Mitteln ohne Erstattungsanspruch zuzuschießen (§ 65 Abs. 2), während Orts-Krankenkassen in solchem Fall in der Regel geschlossen werden müssen (§ 47 Abs. 1 Ziffer 2). Vgl. Anm. 5 zu § 65.

[11]) ausgeschiedene. Komm.Ber. S. 82: „Diese Vorschrift ist von der Kommission neu eingefügt worden, weil man anerkannte, daß aus der Arbeit ausgeschiedene Kassenmitglieder, welche durch freiwillige Fortzahlung der Beiträge sich die Kassenmitgliedschaft erhalten, nicht wohl einen Anspruch darauf haben dürften, an der Verwaltung der Kasse selbst weiter mitzuwirken, und daß andererseits beim Fehlen einer derartigen Bestimmung unter Umständen für die Fabrik-Krankenkassen erhebliche Uebelstände dadurch hervortreten können, daß eine größere Anzahl nicht in der Fabrik beschäftigter Arbeiter Stimmrecht in Kassenangelegenheiten ausüben."

Bei Orts-Krankenkassen vermochte man eine gleiche Gefahr nicht zu erkennen und lehnte daher die Ausdehnung dieser Bestimmung auf jene Kassen ab (vgl. Komm.Ber. S. 49), vgl. Anm. 5 zu § 27.

Zu § 65.

[1]) von ihnen, soll wohl heißen, „in ihrem Betriebe". Denn sonst bestände eine Einzahlungs- und Beitragspflicht seitens des Fabrikherrn bezw. des Arbeitgebers überhaupt nicht für solche versicherungspflichtige Personen, welche in einem Betriebe, für den eine Betriebs- (Fabrik-) Krankenkasse errichtet ist, von Dritten, nicht direkt vom Fabrikherrn beschäftigt werden, während gleichwohl solche Personen der Betriebs- (Fabrik-) Krankenkasse angehören, vgl. § 63, sowie Anm. 2 zu § 49.

[2]) versicherungspflichtigen, nicht auch für die freiwilligen Mitglieder (§ 63 Abs. 2, § 26 Abs. 4 Ziffer 5, § 27 Abs. 1). cf. Anm. 9 zu § 4.

[3]) zu einem Drittel, cf. Anm. 1 zu § 52.

[4]) Der bisherige zweite Absatz, welcher die Befugniß des Fabrikherrn zu Lohnabzügen behufs Wiedereinziehung der vorgeschossenen Beiträge vor-

[4]) Werden die gesetzlichen Mindestleistungen der Kasse (§. 20) II.
durch die Beiträge, nachdem diese für die Versicherten[5]) drei Prozent der durchschnittlichen Tagelöhne oder des Arbeitsverdienstes erreicht haben, nicht gedeckt, so hat der Betriebsunternehmer die zur Deckung derselben erforderlichen Zuschüsse[6]) aus eigenen Mitteln zu leisten.

[7]) Die **Bestimmungen**[8]) **des §. 52 Absatz 3 und der §§. 52a** III.
bis 53a, 54a bis 58 finden auch auf Betriebs- (Fabrik-) Krankenkassen **entsprechende** Anwendung.

*) Dieser Paragraph gilt auch für Bau-Krankenkassen (§ 62 Abs 3) und für Innungs-Krankenkassen (§. 73)

(§ 59 des Entwurfs und der Komm.-Beschlüsse.)

---

schrieb, ist im Reichstage bei der Novelle gestrichen worden, nachdem er durch Aufnahme des betr. § 53 in die Zitate des letzten Absatzes entbehrlich geworden war.

[5]) für die Versicherten. Der zulässige Gesammtbeitrag zur Kasse beträgt also 4½ Prozent des Lohns (wie bei Orts-Krankenkassen); etwaiger Mehrbedarf zur Bestreitung der Mindestleistungen ist von dem Betriebsunternehmer aus eigenen Mitteln zu decken, so daß „auch ein späterer Ersatz der von dem Betriebsunternehmer vorgeschossenen Beträge aus der Kasse nicht gefordert werden kann" [Komm.Ber. S. 83] (Vorher wird jedoch der Reservefonds sowie das etwaige sonstige Vermögen der Kasse in Anspruch zu nehmen sein.)

„Man verhehlte sich nicht, daß in dieser Vorschrift unter Umständen eine nicht unerhebliche Belastung des Betriebsunternehmers liegen könne, man war aber der Meinung, daß der Fall doch nur selten eintreten werde, daß 4½ Prozent des Lohns (nämlich die 3 Prozent, welche der Arbeiter zu zahlen hat, und die 50 Prozent der Arbeiterbeiträge, welche der Arbeitgeber aus eigenen Mitteln zuschießen muß) nicht ausreichen sollten, um die gesetzlichen Mindestleistungen zu decken, um so mehr, da in vielen Fällen auch Kassenvermögen zur Disposition stehen wird, und man sah in einer solchen Bestimmung zugleich einen Antrieb für den Fabrikanten, auf möglichste Beseitigung gesundheitsgefährlicher Einrichtungen in seiner Fabrik Bedacht zu nehmen." (Komm.Ber. S. 83.)

Eine Auflösung kann nur erfolgen, wenn die Leistungsunfähigkeit der Kasse durch ein dauerndes Hinuntergehen der Arbeiterzahl unter die gesetzliche Mindestzahl hervorgerufen wird, § 68 Ziffer 2. In diesem Fall braucht der Betriebsunternehmer nicht nothwendig für den Ausfall aufzukommen, ist aber dazu berechtigt und kann durch Uebernahme einer solchen Verpflichtung der Auflösung der Kasse vorbeugen.

[6]) Zuschüsse, nicht Vorschüsse. Ein Erstattungsanspruch gegen die Kasse ist daher ausgeschlossen (cf. Anm. 5). Auch auf diese Zuschüsse muß § 55 Anwendung finden, da sie sich thatsächlich immerhin als „Beiträge" zur Kasse darstellen (ebenso Köhne S. 183).

§. 66.*)

I. **Auf die Beaufsichtigung der Betriebs- (Fabrik-) Krankenkassen finden die §§. 44, 45[1]) Anwendung.**

II. **Die Aufsichtsbehörde[2]) ist befugt,[3]) Ansprüche, welche der Kasse gegen den Betriebsunternehmer aus der Rechnungs- und Kassenführung erwachsen (vergl. §. 64 Ziffer 3), in Vertretung der Kasse entweder selbst oder durch einen von ihr zu bestellenden Vertreter geltend zu machen.**

*) **Dieser Paragraph findet auch auf Bau-Krankenkassen Anwendung (§ 72)**
(§ 60 des Entwurfs und der Komm.-Beschlüsse)

§. 67.*)

I. **[1]) Wird der Betrieb oder werden die Betriebe, für welche die Kasse errichtet ist, zeitweilig eingestellt oder so weit eingeschränkt, daß**

---

[7]) Der bisherige Absatz 4, welcher die Entscheidung von Streitigkeiten behandelte, ist nach Aufnahme des entsprechenden § 53a in die Allegate des letzten Absatzes entbehrlich geworden und daher durch die Novelle gestrichen worden.

[8]) Bestimmungen, vgl. Anm. 2 zu § 4.

Zu § 66.

[1]) §§ 44, 45. Früher waren vom § 45 nur die Absätze 1 bis 4, dagegen nicht der 5. Absatz anwendbar erklärt; es fehlte also das bei Orts-Krankenkassen der Aufsichtsbehörde zugestandene Recht, die Befugnisse und Obliegenheiten der Kassenorgane selbst wahrzunehmen, solange die letzteren nicht zu Stande kommen oder die Erfüllung ihrer Obliegenheiten verweigern. Durch die Novelle ist dies geändert worden, da die Fälle des § 45 Abs. 5 auch bei Betriebs- (Fabrik-) Krankenkassen praktisch werden können.

[2]) Aufsichtsbehörde. Für Preußen cf. Anm. 4 zu § 44. Bei Betrieben des Reichs oder des Staats können die Funktionen der Aufsichtsbehörde den vorgesetzten Dienstbehörden übertragen werden, § 84.

[3]) befugt. Motive S. 42: „Die Abhängigkeit der Kassenmitglieder von dem Betriebsunternehmer könnte von diesem leicht benutzt werden, um den Vorstand der Kasse dahin zu bestimmen, daß er Ansprüche der letzteren gegen den Unternehmer nicht geltend mache. Um für solche Fälle die Wahrnehmung der Kasseninteressenten gegen übelwollende Betriebsunternehmer sicher zu stellen, soll die Aufsichtsbehörde durch § 60 (jetzt § 66) Absatz 2 ermächtigt werden, Ansprüche der Kasse gegen den Unternehmer in Vertretung der ersteren unabhängig von der Mitwirkung des Vorstandes geltend zu machen."

Zu § 67.

[1]) Motive S. 43: „Besondere Vorsichtsmaßregeln sind für die Fälle erforderlich, in denen der Betrieb zeitweilig oder allmählich eingestellt wird

die Zahl der darin beschäftigten[2]) versicherungspflichtigen Personen unter die doppelte Zahl der statutenmäßigen Vorstandsmitglieder sinkt, so kann[3]) die Verwaltung von der Aufsichtsbehörde[4]) über nommen[5]) werden, welche dieselbe durch einen von ihr zu bestellenden Vertreter wahrzunehmen hat.

Das vorhandene Kassenvermögen, die Rechnungen, Bücher und sonstigen Aktenstücke der Kasse sind in diesem Falle der Aufsichts- behörde auszuliefern. II.

Vorstehende Bestimmungen finden keine Anwendung,[6]) wenn die zeitweilige Einstellung oder Einschränkung eine durch die Art des Betriebes bedingte periodisch wiederkehrende ist. III.

*) Dieser Paragraph findet auch anf Bau-Krankenkassen Anwendung (§ 72).
(§ 61 des Entwurfs der Komm.-Beschlüsse.)

---

und folgeweise für kürzere oder längere Zeit die statutenmäße Vertretung der Kasse überhaupt nicht zustande kommt. Ob dieser Zustand sein Ende durch Wiederaufnahme des Betriebes in vollem Umfange oder durch gänzliche Auflösung des Betriebes finden wird, ist meistens ungewiß. Es würde daher unzweckmäßig sein, in jedem Falle vorübergehender Einschränkung oder Ein- stellung des Betriebes sogleich nach Maßgabe des § 62 (jetzt § 68) Ziffer 1 und 2 die Schließung der Kasse herbeizuführen. Dagegen muß für diese Zeit der Ungewißheit eine geordnete, dem Betriebsunternehmer gegenüber selb- ständige Verwaltung gesichert werden. Dies soll nach § 61 (jetzt § 67) da- durch geschehen, daß die Aufsichtsbehörde die Verwaltung zu übernehmen und durch einen Beauftragten zu führen hat." cf. Anm. 3.

Ueber den zur Vermeidung von Mißverständnissen durch die Reichstags- kommission hinzugefügten Absatz 3 cf. Anm. 6.

2) beschäftigten. cf. § 60 Anm. 6.

3) kann. Die Regierungsvorlage wollte die Uebernahme der Kassen- verwaltung durch die Aufsichtsbehörde nicht, wie jetzt geschehen, fakultativ zulassen, sondern obligatorisch vorschreiben. Die Kommission änderte dies, weil bei manchen Unterbrechungen, z. B. in Folge eines Brandes, nicht immer die Nothwendigkeit vorliegen werde, der Aufsichtsbehörde die Kassenführung zu übertragen. (Komm.Ber. S. 84.)

4) Aufsichtsbehörde §§ 44, 84.

5) übernommen werden. „Man war dabei darüber einverstanden, daß, wenn die Aufsichtsbehörde einer Betriebsunterbrechung halber die Kassen- verwaltung übernommen hat, die letztere bei der Wiederaufnahme des Betriebes in der früheren Weise von selbst wieder auf den Betriebsunternehmer über- gehe." (Komm.Ber. S. 84.)

Darüber, daß die den Aufsichtsbehörden hier ertheilte Befugniß auch auf die vor dem Inkrafttreten des Kranken-Versicherungsgesetzes errichteten Fabrik- kassen Anwendung findet, cf. § 85.

§. 67a.*)

I. [1]) **Geht von mehreren Betrieben eines Unternehmers,[2]) für welche eine gemeinsame Betriebs- (Fabrik-) Krankenkasse besteht, einer[3]) in den Besitz eines anderen Unternehmers über, so scheiden[4]) die in diesem Betriebe beschäftigten Personen auf den Antrag[5]) eines der betheiligten Unternehmer[6]) aus der Kasse aus.**

II. **In diesem Falle erfolgt die Theilung des Vermögens der bisher gemeinsamen Kasse nach folgenden Bestimmungen:**

1. **Ergiebt sich nach Berichtigung der etwa vorhandenen Schulden und Deckung der vor dem Zeitpunkte des Ausscheidens bereits entstandenen Unterstützungsansprüche ein überschießendes Vermögen, so ist der Theil desselben, welcher dem Verhältniß der Zahl der ausscheidenden zur Gesammtzahl der bisherigen Kassenmitglieder entspricht,[7]) derjenigen Krankenkasse[8]) zu überweisen, welcher die in dem ausscheidenden Betriebe beschäftigten Personen fortan anzugehören haben.**

---

[6]) keine Anwendung. Dieser Satz ist durch die Reichstagskommission hinzugefügt, um außer Zweifel zu stellen, daß eine durch die Eigenthümlichkeit des Betriebes bedingte periodisch wiederkehrende Unterbrechung oder Einschränkung (z. B. bei Zuckerfabriken, Brennereien, Torfstichen u. s. w.) jene Befugniß der Aufsichtsbehörde nicht zur Folge hat (cf. Komm.Ber. S. 83). In solchen Fällen ist die Voraussetzung, nämlich die Zweifelhaftigkeit, ob der Betrieb im vollen Umfang wieder aufgenommen werden wird (cf. Anm. 1), nicht vorhanden.

Zu § 67a.

[1]) Durch die von der Novelle eingeschobenen §§ 67a, 67b und 67c werden Bestimmungen über Organisationsveränderungen in dem Bestande von Betriebs- (Fabrik-) Krankenkassen getroffen, wie sie sich insbesondere aus dem Interesse der betr. Betriebsunternehmer und zur Vermeidung von Weiterungen ergeben. Der § 67a regelt die Ausscheidung eines Betriebes aus einer gemeinsamen Betriebs- (Fabrik-) Krankenkasse, der § 67b die Veränderung der Bezirke bei mehreren für einen einzigen (öffentlichen) Betrieb errichteten Betriebs- (Fabrik-) Krankenkassen, der § 67c die Vereinigung mehrerer getrennter Betriebs- (Fabrik-) Krankenkassen desselben Unternehmers zu einer einzigen Betriebs- (Fabrik-) Krankenkasse.

[2]) eines Unternehmers. Nach dem Wortlaut des Textes und der Motive behandelt dieser Paragraph nur den einen Fall der Vereinigung mehrerer Betriebe in einer gemeinsamen Betriebs- (Fabrik-) Krankenkasse,

2. Ergiebt sich ein Fehlbetrag,[9]) so ist derselbe, falls der Antrag von dem Unternehmer des ausscheidenden Betriebes gestellt worden ist, von diesem in dem unter Ziffer 1 festgesetzten Verhältniß zu decken.

Der Antrag auf Ausscheidung ist an die höhere Verwaltungsbehörde[10]) zu richten. Diese bestimmt den Zeitpunkt, mit welchem die Ausscheidung stattzufinden hat, und entscheidet über die Vertheilung des Vermögens. Gegen diese Entscheidung steht den Betheiligten[11]) binnen zwei Wochen die Beschwerde an die Zentralbehörde zu. III.

*) Der § 67a findet auch auf Bau-Krankenkassen Anwendung (§ 72)

---

nämlich den Fall, in welchem mehrere zu einer gemeinsamen Kasse vereinigten Betriebe desselben Unternehmers (vgl. Anm. 4 zu § 60) nachträglich in den Besitz verschiedener Unternehmer übergehen. Wir würden aber keine Bedenken tragen, dieselben Vorschriften auch für den anderen Fall anzuwenden, in welchem die Kasse von Anfang an für Betriebe verschiedener Unternehmer errichtet war, ein Fall, der bei älteren, nach dem Erlaß des Kranken-Versicherungsgesetzes fortbestehenden Fabrik-Krankenkassen vorkommen kann (vgl. Anm. 2 zu § 60). [Ebenso v. Schicker S. 336.] Denn der Gedankengang der Motive des § 67a paßt auch auf Fälle der letzteren Art und es beruht wohl nur auf einem Versehen, wenn nicht auch dieser berücksichtigt worden ist. Diese Motive (z. Nov. S. 71) lauten: Durch den § 67a sollen „die Fälle berücksichtigt werden, in denen von den mehreren Betrieben eines Unternehmers einer in den Besitz eines anderen Unternehmers übergeht, und es sich als wünschenswerth herausstellt, die in diesem Betriebe beschäftigten Personen aus der bisher gemeinsamen Betriebs- (Fabrik-) Krankenkasse auszuscheiden.

Die vorgeschlagene Bestimmung geht von der Annahme aus, daß der Fortbestand der Gemeinsamkeit der Kranken-Versicherung solange unbedenklich ist, als die betheiligten Unternehmer darüber einverstanden sind, daß aber die Trennung rathsam erscheint, sobald einer der Unternehmer den Fortbestand der Gemeinsamkeit als einen Uebelstand empfindet und demgemäß die Trennung beantragt."

[3]) einer oder mehrere.

[4]) scheiden aus. Einer Genehmigung bedarf es nicht; der Wille eines der mehreren betheiligten Unternehmer, die Gemeinsamkeit der Kasse aufheben zu wollen, genügt, um diese Trennung zu bewirken, vgl. Anm. 2. Die höhere Verwaltungsbehörde bestimmt nur den Zeitpunkt, zu welchem die Veränderung eintreten soll, und entscheidet über die Theilung des Kassenvermögens. Ein Widerspruch der mitbetheiligten Unternehmer oder die Wünsche der Kassenmitglieder werden nicht berücksichtigt.

Die Weiterversicherung für den ausgeschiedenen Betrieb richtet sich nach allgemeinen Grundsätzen. Für denselben kann unter den Voraussetzungen der

§§ 60 ff. eine besondere Betriebs- (Fabrik-) Krankenkasse errichtet werden; der Betrieb kann aber auch in eine für andere Betriebe des ausscheidenden Unternehmers schon bestehende andere Betriebs- (Fabrik-) Krankenkasse eingereiht werden. Sofern dies nicht geschieht, fallen die betr. versicherungspflichtigen Personen in die für Betriebe des betr. Berufszweigs am Betriebssitz etwa bestehende Orts-Krankenkasse, in deren Ermangelung aber in die Gemeinde-Krankenversicherung, vgl. Anm. 8. Ueber die fernere Kassenzugehörigkeit des ausscheidenden Betriebes wird, sofern nicht eine neue Betriebs- (Fabrik-) Krankenkasse errichtet wird, von der höheren Verwaltungsbehörde in analoger Anwendung des § 47 Abs. 6 eine Zuweisungsverfügung zu erlassen sein. Der § 67c Abs. 3 findet auch hier Anwendung. Vgl. Anm. 3 zu § 63.

Für die Kassenstatuten sämmtlicher betheiligten Krankenkassen wird in diesen Fällen eine Abänderung wenigstens hinsichtlich des Kreises der Kassenmitglieder sich nicht umgehen lassen. Dies kann auf dem Wege der §§ 24 und 48a, welche gemäß § 64 auf Betriebs- (Fabrik-) Krankenkassen Anwendung finden, erzwungen werden; auch kann die Zuweisung des ausscheidenden Betriebes zu einer gemeinsamen Orts-Krankenkasse gemäß § 43a durchgeführt werden.

[5]) Antrag nach freiem Belieben (vgl. Anm. 8), ohne daß weitere Gründe angegeben zu werden brauchen. Der Antragsteller hat aber die Vorschrift des Abs. 2 Ziffer 2 zu berücksichtigen.

[6]) eines der betheiligten Unternehmer, sei es derjenige, welcher einen der betheiligten Betriebe erworben, oder derjenige, welcher denselben veräußert hat. Der letztere wird beanspruchen können, daß der veräußerte Betrieb ausscheidet und daß die Kasse für den Rest der bisher gemeinsamen Betriebe bestehen bleibt.

[7]) entspricht, aus Billigkeitsgründen, wie die Mot. (S. 71) sagen. Anderweite Vereinbarung der betheiligten Betriebsunternehmer wird im Gesetz zwar nicht zugelassen, dürfte jedoch von der höheren Verwaltungsbehörde bei ihrer nach Abs. 3 zu treffenden Entscheidung über die Vertheilung des Vermögens berücksichtigt werden können.

[8]) derjenigen Krankenkasse, „möge diese Kasse nun eine neue oder für Betriebe desselben Unternehmers bereits bestehende Betriebs- (Fabrik-) Krankenkasse oder die Orts-Krankenkasse oder die Gemeinde-Krankenversicherung sein" (Mot. z. Nov. S. 71).

[9]) Fehlbetrag. „Besteht in dem Vermögen der Kasse ein Fehlbetrag, so wird Vorsorge zu treffen sein, daß die bei der Kasse zurückbleibenden Mitglieder zur Deckung desselben nicht auch für die ausscheidenden Mitglieder herangezogen werden. Aber auch die letzteren wird man nicht mit der Deckung des auf sie entfallenden Theiles des Fehlbetrages belasten dürfen, da die Ausscheidung ohne ihr Zuthun erfolgt. Es wird vielmehr der Billigkeit entsprechen, daß die Unternehmer, in deren Interesse vorwiegend die Maßregel vorgesehen und in deren Belieben die Herbeiführung derselben gestellt wird,

§. 67b.*)

Bei Veränderungen[1]) in der Organisation einer öffentlichen Betriebsverwaltung[2]) kann auf deren Antrag die höhere Verwaltungsbehörde[3]) die Bezirke der für diese Verwaltung bestehenden Betriebs- (Fabrik-) Krankenkassen nach Anhörung der Kassenorgane anderweit festsetzen. Dabei finden die Vorschriften des §. 67a Absatz 2 und 3 entsprechende Anwendung.[4])

*) Der § 67b findet auch auf Bau-Krankenkassen Anwendung (§ 72).

§. 67c.*)

Mehrere Betriebs- (Fabrik-) Krankenkassen für Betriebe desselben Unternehmers können mit Zustimmung ihrer Generalversammlungen zu einer Kasse vereinigt[1]) werden. I.

---

die Deckung des entsprechenden Theiles des Fehlbetrages übernehmen, und zwar wird diese Verpflichtung demjenigen von ihnen, welcher durch seinen Antrag die Ausscheidung herbeiführt, aufzuerlegen sein" (Mot. z. Nov. S. 71).

[10]) höhere Verwaltungsbehörde, § 84.

[11]) Betheiligten. Es kann zweifelhaft sein, ob hierunter auch die Verwaltung der bisher gemeinsamen Kasse sowie die ausscheidenden Versicherungspflichtigen zu rechnen sind. Wir möchten dies annehmen (ebenso v. Schicker S. 339) und das Beschwerderecht auch denjenigen Kassen geben, denen der ausgeschiedene Betrieb zugewiesen worden ist.

Zu § 67b.

[1]) Veränderungen. Diese durch die Novelle in der dritten Lesung des Gesetzes eingeschobene Bestimmung will insbesondere für die Staats-Eisenbahnverwaltung ermöglichen, daß bei Veränderung der Direktionsbezirke u. s. w., für welche je eine Kasse errichtet ist, die Kassenbezirke den neuen Direktionsbezirken ohne besondere Schwierigkeiten angepaßt werden können. Anderenfalls würden die Kassen aufgelöst und neu errichtet werden müssen, und diese Umständlichkeiten stehen zu der Bedeutung der Sache nicht im richtigen Verhältniß.

[2]) öffentliche Betriebsverwaltung. Auf große Privatbetriebe, für welche ähnliche Verhältnisse bestehen können, hat man diese Vorschrift nicht ausdehnen mögen, da ein ausreichendes Bedürfniß hierfür nicht anerkannt werden konnte.

[3]) höhere Verwaltungsbehörde. Hier wird meist § 84 Abs. 3 in Betracht kommen.

[4]) Anwendung, ebenso wohl auch § 67c Abs. 3.

Zu § 67c.

[1]) vereinigt werden. Mot. z. Nov. S. 71: „Der Fall, daß sich die Vereinigung der für mehrere Betriebe desselben Unternehmers bereits be-

II. **Die Vereinigung erfolgt durch Errichtung eines Kassenstatuts für die vereinigte Kasse nach Vorschrift des §. 64 Ziffer 1 mit der Maßgabe, daß als Vertreter der beschäftigten Personen die Generalversammlungen[2]) der bestehenden Kassen gelten.**

III. **Mit dem Zeitpunkte, zu welchem die vereinigte Kasse ins Leben tritt,[3]) gehen auf dieselbe alle Rechte und Verbindlichkeiten[4]) der bisherigen Kassen über.**

*) Der § 67c findet auch auf Bau-Krankenkassen Anwendung (§ 72)

§. 68.*)

I. [1]) Die Kasse ist zu schließen:

1. wenn der Betrieb oder die Betriebe, für welche sie errichtet ist, aufgelöst[2]) werden;

---

stehenden Betriebs-Krankenkassen zu einer gemeinsamen Kasse als wünschenswerth herausstellen sollte, ist im Gesetz nicht vorgesehen, während er thatsächlich nicht selten und namentlich dann vorkommt, wenn mehrere Betriebe aus der Hand der bisherigen mehreren Unternehmer in die Hand eines Unternehmers übergehen. In diesem Falle kann nach den gegenwärtigen Bestimmungen des Gesetzes die Vereinigung der mehreren Betriebs-Krankenkassen zu einer gemeinsamen nur dadurch erreicht werden, daß zunächst die Auflösung der bestehenden Kassen auf dem sehr umständlichen Wege des § 68 Abs. 3 bewirkt und sodann für sämmtliche Betriebe zusammen eine neue Betriebs-Krankenkasse begründet wird. Dem vorliegenden Bedürfniß soll durch die Aufnahme des neuen Paragraphen abgeholfen werden."

[2]) Generalversammlungen, Mot. z. Nov. S. 71: „Dabei sollen alle Bestimmungen, welche für die Begründung einer Betriebs-Krankenkasse gelten, Anwendung finden, mit der Maßgabe, daß die nach § 64 Ziffer 1 vorgeschriebene Mitwirkung der beschäftigten Personen auf die Generalversammlungen der zu vereinigenden Kassen übergeht, wodurch denselben die Möglichkeit geboten wird, etwaige besondere Interessen der Mitglieder einzelner der bestehenden Kassen geltend zu machen."

[3]) ins Leben tritt. Diesen Zeitpunkt bestimmt gemäß §§ 24, 64 die höhere Verwaltungsbehörde (§ 84).

[4]) Verbindlichkeiten, also auch schon laufende Unterstützungen an erkrankte Kassenmitglieder.

Zu § 68.

[1]) Die Absätze 1 und 2 behandeln die obligatorische Schließung, Abs. 3 die fakultative Auflösung (§ 43); die Abs. 4 und 5 haben Bezug auf beide Arten der Aufhebung. Die Bestimmungen dieses Paragraphen beziehen sich sowohl auf die freiwillig, wie auf die gemäß der Anordnung der höheren

2. soweit nicht[3]) auf den Betrieb, für welchen die Kasse errichtet ist, die Vorschrift des §. 61 Absatz 1 Anwendung findet, wenn die Zahl der in dem Betriebe beschäftigten versicherungspflichtigen Personen dauernd unter die gesetzliche Mindestzahl (§. 60) sinkt und die dauernde Leistungsfähigkeit der Kasse nicht genügend sichergestellt wird[4]) (§. 61 Absatz 2);
3. wenn der Betriebsunternehmer es unterläßt, für ordnungsmäßige Kassen- und Rechnungsführung[5]) Sorge zu tragen.

In dem Falle zu 3 kann gleichzeitig mit der Schließung der Kasse dem Betriebsunternehmer die in §. 62 vorgesehene Verpflichtung auferlegt und die Errichtung einer neuen Betriebs- (Fabrik-) Krankenkasse versagt[6]) werden. II.

Die Kasse kann nach Anhörung der betheiligten[7]) Gemeinden aufgelöst werden, wenn der Betriebsunternehmer unter Zustimmung der Generalversammlung die Auflösung beantragt. III.

Die Schließung oder Auflösung erfolgt durch die höhere Verwaltungsbehörde.[8]) Gegen den dieselbe aussprechenden oder ablehnenden Bescheid, in welchem die Gründe anzugeben sind, kann binnen zwei Wochen nach der Zustellung Beschwerde an die vorgesetzte Behörde erhoben werden. IV.

Auf das Vermögen der geschlossenen oder aufgelösten Kasse finden die Vorschriften des §. 47 Absatz 5 **entsprechende** Anwendung. **Sind** die zur Deckung bereits entstandener[9]) Unterstützungsansprüche erforderlichen Mittel nicht vorhanden, so sind die letzteren vor Schließung oder Auflösung der Kasse aufzubringen. Die Haftung[10]) für dieselben liegt dem Betriebsunternehmer ob. V.

*) Dieser Paragraph findet auch auf Bau-Krankenkassen Anwendung, vorbehaltlich der im § 72 enthaltenen Modifikationen

(§ 62 des Entwurfs und der Komm.-Beschlüsse.)

Verwaltungsbehörde errichteten Betriebs- (Fabrik-) Krankenkassen; denn auch die ersteren können nicht ohne Weiteres nach Belieben des Unternehmers oder der Generalversammlung beseitigt werden, weil sie durch die Thatsache ihrer Errichtung und der Genehmigung ihres Statuts publici iuris geworden und in das System dieses Gesetzes eingereiht worden sind.

Die Leistungsunfähigkeit ist, abweichend von den Orts-Krankenkassen, nur dann ein Grund zur obligatorischen Schließung einer Betriebs- (Fabrik-) Krankenkasse, wenn sie auf einem dauernden Heruntergehen der Arbeiterzahl unter die gesetzliche Mindestzahl — soweit eine solche vorgeschrieben ist, cf. § 61 Abs. 1 — beruht. Findet eine solche Minderung statt, so wird die

Leistungsunfähigkeit präsumirt, braucht also durch die Jahresabschlüsse nicht erst erwiesen zu werden, kann aber durch freiwilliges Eintreten des Unternehmers für die event. Ausfälle abgewendet werden. In allen anderen Fällen ist die Leistungsunfähigkeit der Betriebs- (Fabrik-) Krankenkasse kein obligatorischer Schließungsgrund, weil der Unternehmer nach § 64 Ziffer 4, § 65 Abs. 3 für die Ausfälle aufkommen muß.

Diese Vorschriften gelten auch für ältere Fabrikkassen, auch wenn dieselben in der Form der eingeschriebenen Hülfskassen errichtet sein sollten, §§ 85, 87.

[2]) aufgelöst. Darüber, daß die vorübergehende Einschränkung des Betriebes anders behandelt wird, vgl. § 67. Uebergang des Betriebes an einen anderen Unternehmer ist keine Auflösung (Arb.Vers. VII 414).

[3]) soweit nicht. In Betrieben mit besonderer Krankheitsgefahr giebt es keine gesetzliche Mindestzahl.

[4]) sichergestellt. Derart verminderte Betriebe werden also ebenso behandelt, wie Betriebe ohne besondere Krankheitsgefahr, welche von Anfang an weniger als 50 Personen beschäftigt haben; bei letzteren ist nach § 61 Abs. 2 der Unternehmer berechtigt, die Kasse zu errichten, wenn er deren Leistungsfähigkeit genügend sicherstellt; dementsprechend wird auch im ersteren Fall die Verpflichtung des Unternehmers beseitigt und durch eine bedingte Berechtigung ersetzt.

Wegen der Sicherstellung siehe Anm. 6 zu § 18.

[5]) Kassen- und Rechnungsführung. cf. § 64 Ziffer 3. Wenn dieselbe eine unordentliche ist, so muß der Fabrikherr Abhülfe schaffen, weil er für dieselbe die Verantwortung trägt; unterläßt er dies, so sorgt er nicht für eine ordnungsmäßige Kassen- und Rechnungsführung und seine Kasse verfällt der Schließung. Letztere muß in solchem Falle ausgesprochen werden; fakultativ kann aber außerdem auch die Verpflichtung zu Mehrbeiträgen (§ 62) und das Verbot der Errichtung einer neuen Betriebs- (Fabrik-) Krankenkasse hinzugefügt werden, cf. Abs. 2.

Die Motive (S. 43) enthalten über diesen Schließungsgrund folgende Ausführung: „Die Schließung der Fabrik-Krankenkasse soll außerdem auch dann erfolgen, wenn der Betriebsunternehmer seiner Verpflichtung in Beziehung auf die Kassen- und Rechnungsführung nicht nachkommt. Durch Anwendung von Ordnungsstrafen oder sonstigen Zwangsmitteln würde eine dem Interesse der Kasse genügende Erfüllung dieser Verpflichtung meistens nicht erreicht werden. Es erscheint daher richtiger, den Betriebsunternehmer vor die Wahl zu stellen, ob er seiner Verpflichtung in vollem Umfange nachkommen, oder sich der mit Schließung der Kasse eintretenden Heranziehung zur Leistung von Gemeinde-Krankenversicherungsbeiträgen aus eigenen Mitteln unterwerfen will."

[6]) versagt. Die nach §§ 60, 61 etwa erforderliche Nöthigung zur Errichtung einer neuen Betriebs- (Fabrik-) Krankenkasse kann zwar auch ferner

ausgesprochen werden, wenn die Verhältnisse dies erfordern sollten; es wird dabei jedoch mit besonderer Vorsicht verfahren werden müssen, um Wiederholungen derjenigen Unzuträglichkeiten, welche einmal die Schließung der Kasse erforderlich gemacht haben, vorzubeugen. Auf Nachfolger des lässigen Unternehmers findet diese Strafvorschrift natürlich keine Anwendung.

[7]) betheiligt sind diejenigen Gemeinden, auf welche sich der Betrieb erstreckt und deren Gemeinde-Krankenversicherung die Mitglieder der Kasse im Fall der Auflösung zufallen werden. Es wird sich empfehlen, auch die etwa vorhandenen Orts-Krankenkassen, denen die Fabrikarbeiter event. zugewiesen werden könnten, bei der Auflösung der Betriebs-(Fabrik-) Krankenkasse ebenso zu hören, wie nach § 60 Abs. 2 bei der Errichtung derselben, zumal ihr Interesse dem der Gemeinden wegen der Gemeinde-Krankenversicherung gleichsteht. Ihre Erwähnung ist von der Reichstagskommission, welche diesen Absatz eingestellt hat, wohl nur übersehen worden.

[8]) höhere Verwaltungsbehörde, § 84. Dieselbe wird einen bestimmten Termin festsetzen müssen, an welchem die Schließung in Kraft treten soll, weil vor derselben noch Deckungsmittel aufzubringen sind, cf. Abs. 5. In Preußen ist der Reg.Präs. (für Berlin der Ober-Präsident) zuständig; über das Verfahren vgl. Nr. 50 bis 52 Preuß.Ausf.Anw. Als Rechtsmittel ist nur die Beschwerde (an d. Minister f. H.) gegeben.

[9]) entstandener. Ein einmal entstandener Unterstützungsanspruch währt so lange, wie die Krankheit selbst dauert, vorbehaltlich der Beschränkung nach den §§ 20, 21. Der vor der Schließung event. aufzubringende Deckungsbetrag wird also, da man den Zeitpunkt der Genesung nicht wissen kann, so bemessen werden müssen, daß er die erforderlichen Mittel bis zum Ablauf derjenigen Zeit deckt, während welcher die am Schließungstage vorhandenen Kranken an sich Anspruch auf Krankenpflege haben. In Preußen hat die Aufsichtsbehörde festzusetzen, welcher Betrag zur Deckung der bereits entstandenen Unterstützungsansprüche voraussichtlich erforderlich ist, und diesem Betrage eine Summe hinzuzusetzen, welche nach ihrem Ermessen für diejenigen Unterstützungsansprüche erforderlich sein wird, die zur Zeit der Auflösung oder Schließung schon entstanden, aber noch nicht festgestellt sind. Die hieraus sich ergebende Summe hat die Kasse oder, soweit deren Vermögen nicht ausreicht, der Unternehmer an dem Tage, an welchem die Auflösung oder Schließung in Kraft tritt, an die Aufsichtsbehörde oder nach deren Anweisung abzuliefern; geht der Betrag nicht rechtzeitig ein, so ist er ungesäumt nach § 55 von dem Unternehmer beizutreiben. Aus dem abgelieferten oder beigetriebenen Betrage befriedigt die Aufsichtsbehörde die Unterstützungsansprüche. cf. Nr. 51, 52 Preuß. Ausf.Anw.

[10]) Haftung, eine Konsequenz der Bestimmungen des § 65. Auf die Aufbringung der Deckungsmittel findet § 55 Anwendung, denn auch sie sind „Beiträge" zu den Kassenleistungen. Vgl. auch Anm. 5 zu § 58.

F. Bau-Krankenkassen.

§. 69.

[1]) Für die bei Eisenbahn-, Kanal-, Wege-, Strom-, Deich- und Festungsbauten, sowie in anderen[2]) vorübergehenden[2a]) Baubetrieben beschäftigten Personen haben die Bauherren[3]) auf Anordnung der höheren Verwaltungsbehörde[4]) Bau-Krankenkassen zu errichten, wenn sie zeitweilig[5]) eine größere[6]) Zahl von Arbeitern beschäftigen.[7])[8])

(§ 63 des Entwurfs und der Komm.-Beschlüsse)

Zu § 69.

[1]) Komm.Ber. S. 84: „Die §§ 63 bis 66 (jetzt §§ 69 bis 72) handeln von den Bau-Krankenkassen, das heißt von solchen Krankenkassen, welche für die bei gewissen Bauten beschäftigten Personen errichtet werden sollen, und deren Existenz mit der Beendigung des Baues, bezw. der Abwickelung der dann noch verbleibenden Kassengeschäfte erlischt." — „Die Angemessenheit, bei größeren Bauten derartige Kassen zu errichten, wurde in der Diskussion allseitig anerkannt, um so mehr, weil es sich hier namentlich bei größeren Straßen-, Eisenbahn-, Tunnel-, Kanal-, Festungsbauten um eine fluktuirende, nur vorübergehend an der Arbeitsstelle thätige Arbeiterschaft handelt, deren Glieder häufig Ausländer, namentlich Italiener zu sein pflegen. Diese Leute etwa einer bestehenden Krankenkasse zuzuweisen, erschien auch der Kommission völlig unthunlich. Ebenso war man damit einverstanden, daß die Vorlage diese Kassen den Betriebs- (Fabrik-) Krankenkassen nachgebildet hat."

Ueber die allgemeine Bedeutung der Bau-Krankenkassen vgl. auch die allg. Motive oben S. 33.

[2]) anderen, z. B. Meliorationsbauten, Tunnel- oder Hafenanlagen. Auch größere Hochbauten von Privatunternehmern sind hierunter zu verstehen, wie der Komm.Ber. (S. 85) ausdrücklich konstatirt.

[2a]) vorübergehenden. Vgl. Anm. 1 und 5.

[3]) Bauherren, vorbehaltlich der Bestimmung des § 70. Motive S. 43: „Die Verpflichtung zur Errichtung dieser Kassen soll nicht dem Bauunternehmer, sondern dem Bauherrn obliegen, weil das Verhältniß zwischen Bauherrn und Bauunternehmer, zwischen diesem und dem Unterunternehmer ein so mannigfaltiges und oft so unklares ist, daß es in der Praxis zu den erheblichsten Zweifeln über die Person des Verpflichteten führen würde, wann die Verpflichtung dem Bauunternehmer auferlegt werden dürfte. Dazu kommt, daß als Bauunternehmer in den verschiedenen Abstufungen nicht selten Personen auftreten, deren wirthschaftliche Verhältnisse die erforderliche Bürgschaft für die Erfüllung der gesetzlichen Verpflichtung vermissen lassen."

[4]) höhere Verwaltungsbehörde, § 84, in Preußen im Allg. der Reg.Präs. (für Berlin der Ober-Präsident). Ob § 84 Abs. 3 bezüglich der Reichs- und Staatsbetriebe auch hier Anwendung findet, könnte zweifelhaft erscheinen; für Preußen ist die Frage bejaht. Vgl. darüber Anm. 9 zu § 60.

Die Befugnisse der höheren Verwaltungsbehörde sind in diesem Falle durchaus diskretionär; vgl. Komm.Ber. S. 95: „Die Majorität der Kommission überzeugte sich, daß die Verhältnisse hier so verschiedenartig seien, daß man nicht umhin könne, eine diskretionäre Entscheidung der Frage, ob im Einzelfalle eine Baukrankenkasse nöthig ist oder nicht, zuzulassen, und diese, dem System der Vorlage entsprechend, der höheren Verwaltungsbehörde zu übertragen."

Wegen des Zwangsmittels vgl. § 71.

5) zeitweilig, vgl. Anm. 1, 3. Bauunternehmer, welche ständig zahlreiche Arbeiter beschäftigen, können Betriebs- (Fabrik-) Krankenkassen errichten und zu deren Errichtung gemäß § 60 Abs. 2 und § 61 Abs. 1 angehalten werden. Dies gilt z. B. für den regelmäßigen Unterhaltungsbetrieb der Straßen-, Wasser- und ähnlichen Bauämter (v. Schicker S. 348).

6) größere. Die Zahl ist nicht bestimmt; sie muß so bedeutend sein, daß nach allgemeinen Gesichtspunkten die Errichtung einer lebensfähigen Kasse möglich ist, und daß ohne eine solche eine erhebliche Belastung der bestehenden Kassen und der Gemeinde-Krankenversicherung eintreten würde. Im Allgemeinen wird nach Analogie der Betriebs- (Fabrik-) Krankenkassen, denen die Bau-Krankenkassen nachgebildet sind (cf. Anm. 1), die Zahl 50 maßgebend sein können, so in Preußen, vgl. Nr. 53 Preuß. Ausf.Anw.

7) beschäftigen. Es ist hier zunächst an den Fall gedacht, daß der Bauherr die Bauausführung in eigener Regie hat; dann beschäftigt er die Arbeiter im eigentlichen Sinne des Worts, ist Bauherr und Unternehmer (Arbeitgeber) in einer Person. Es gilt aber dasselbe auch für den Fall, daß der Bauherr den Bau durch andere Unternehmer ausführen läßt, welche ihrerseits die Arbeiter annehmen (denn nur ausnahmsweise geht die Verpflichtung der Bauherren zur Errichtung einer Bau-Krankenkasse auf die Unternehmer über, § 70). In solchem Fall beschäftigt der Bauherr die Arbeiter indirekt in sofern, als er die Arbeit, bei welcher sie beschäftigt sind, veranlaßt, ohne direkt zu denselben in Beziehung zu stehen. Für beide Fälle gilt der Bauherr, zunächst soweit es sich um die Errichtung bezw. formale Organisirung der Kasse handelt, als „Betriebsunternehmer", hat also durch Errichtung des Statuts die Kasse ins Leben zu rufen (§ 64 Ziffer 1, § 69, § 72 Abs. 3), die Verantwortung für die Kassen- und Rechnungsführung zu tragen, (§ 64 Ziffer 3, § 68 Abs. 1 Ziffer 3, § 72 Abs. 1 Ziffer 2), darf sich oder einem Vertreter den Vorsitz in den Kassenorganen sichern (§ 64 Ziffer 2) ꝛc. Aber auch soweit es sich um die materielle Sicherung der Kasse durch Zuschüsse bei Insuffizienz (§ 65 Abs. 3), sowie um die Einzahlung und antheilige Uebernahme der Versicherungsbeiträge (§ 65 Abs. 1) behandelt, gilt der Bauherr als „Betriebsunternehmer" und zwar auch dann, wenn er den Bau nicht selbst leitet bezw. die Arbeit nicht selbst angenommen hat. Denn der Bauherr ist dem „Betriebsunternehmer" durchweg gleichgestellt; von dem letzteren wird der „Unternehmer", welcher die Ausführung eines Baues übernommen hat, unterschieden (cf. insbesondere § 72) und die Verpflichtungen aus § 65 sind nicht dem

§. 70.

[1]) Die den Bauherren obliegende Verpflichtung kann mit Genehmigung der höheren Verwaltungsbehörde[2]) auf einen oder mehrere Unternehmer, welche die Ausführung des Baues oder eines Theiles[3]) desselben für eigene Rechnung übernommen haben, übertragen[4]) werden, wenn dieselben[5]) für die Erfüllung der Verpflichtung eine nach dem Urtheile der höheren Verwaltungsbehörde[2]) ausreichende Sicherheit bestellen.[6])

(§ 64 des Entwurfs und der Komm.-Beschlüsse)

„Arbeitgeber", sondern dem „Betriebsunternehmer" auferlegt. Auch liegt wenigstens die Zuschußverbindlichkeit des Bauherrn offenbar im Sinne des Gesetzes. Es wird hiernach Sache des Bauherrn sein, mit den Unternehmern die zur Erfüllung seiner desfallsigen Pflichten erforderlichen Abmachungen zu treffen. Ist der Unternehmer nach § 80 an Stelle des Bauherrn mit Bildung der Kasse betraut, so gehen die Verpflichtungen des letzteren auf den Unternehmer über.

[8]) Um die höhere Verwaltungsbehörde in den Stand zu setzen, über die Nothwendigkeit von Bau-Krankenkassen zu entscheiden, werden die Gemeinde- oder Polizeibehörden der höheren Verwaltungsbehörde von größeren in ihrem Bezirk unternommenen Bauausführungen Anzeige zu machen haben. So Preuß. Ausf.Anw. Nr. 53.

Zu § 70.

[1]) Motive S. 43: „Den Verhältnissen großer Verwaltungen, deren Bauausführungen sich oft über weite geographische Bezirke ausdehnen, soll dadurch Rechnung getragen werden, daß den Bauherren gestattet wird, auf Grund besonderer Regelung im einzelnen Falle, die gesetzliche Verpflichtung auf solche Bauunternehmer zu übertragen, welche den von der höheren Verwaltungsbehörde zur Sicherung der Erfüllung der Verpflichtung gestellten Anforderungen genügen." Hiernach werden die höheren Verwaltungsbehörden ihre Genehmigung zu einem solchen Arrangement insbesondere dann zu ertheilen haben, wenn es sich um Bauausführungen handelt, die sich räumlich über große Bezirke ausdehnen. Vgl. Anm. 7 zu § 69.

[2]) höhere Verwaltungsbehörde, § 84. In Preußen der Reg.Präs. (für Berlin der Ober-Präsident). Auch hier gilt, was in Anm. 4 zu § 69 ausgeführt ist.

[3]) Theiles. Dem Bauunternehmer, welcher Theile der Bauausführung für eigene Rechnung übernommen hat, kann auch nur für diese Theile die Errichtung der Bau-Krankenkasse übertragen werden.

[4]) übertragen werden, sc. von den zunächst verpflichteten Bauherren.

[5]) dieselben, d. h. die Bauunternehmer, cf. Anm. 1. Eine Regreßverbindlichkeit der Bauherren, wie sie nach §§ 21, 24 der Preußischen Verordnung v. 21. Dezember 1846, betr. die bei dem Bau von Eisenbahnen

§. 71.

Bauherren, welche der ihnen nach §. 69 auferlegten Verpflichtung nicht nachkommen,[1]) haben den von ihnen beschäftigten Personen[2]) für den Fall einer Krankheit und im Falle des Todes derselben ihren Hinterbliebenen die im §. 20 vorgeschriebenen Unterstützungen aus eigenen Mitteln[3]) zu leisten.[4])

(§ 65 des Entwurfs und der Komm.-Beschlüsse.)

§. 72.

[1]) Die in Gemäßheit des §. 69 errichteten Krankenkassen sind I. zu schließen:

1. wenn der Betrieb, für welchen sie errichtet sind, aufgelöst wird;

---

beschäftigten Handarbeiter (G.S. 1847 S. 21), begründet war, wird zweckmäßig von der höheren Verwaltungsbehörde als Bedingung der Genehmigung zu stellen sein, vgl. Anm. 6.

[6]) Sicherheit bestellen. Auch hier ist nicht lediglich an die Hinterlegung einer Kaution zu denken. Unter anderen Vorsichtsmaßregeln wird die höhere Verwaltungsbehörde auch eine Haftung der Bauherren, Bürgschaften u. s. w. verlangen können, vgl. Anm. 5.

Zu § 71.

[1]) nicht nachkommen. Das Zwangsmittel ist hier ein anderes als in § 56. Vgl. darüber die allg. Motive oben S. 33, 34.

[2]) den ... Personen, soweit sie versicherungspflichtig sind. Die Bauarbeiter können also die Unterstützung direkt von den Bauherren beanspruchen. Sind sie dagegen in Krankheitsfällen von der Gemeinde-Krankenversicherung unterstützt worden, so geht auf die letztere der Anspruch der ersteren über, cf. § 57 Abs. 4 (a. M. v. Schicker S. 350). — Die Beschäftigung kann auch eine mittelbare sein, vgl. Anm. 7 zu § 69. Auf Beitrittsberechtigte möchten wir mit Köhne (S. 193), Reger-Henle (S. 207), Hahn (S. 149) und jetzt auch v. Schicker (S. 350) die Verpflichtung des säumigen Bauherrn nicht ausdehnen.

[3]) aus eigenen Mitteln. Derselbe Nachtheil trifft die Bauherren oder Unternehmer nach § 72 Abs. 2, wenn sie (cf. § 70) nicht für ordnungsmäßige Kassen- und Rechnungsführung Sorge tragen (ebenso Hahn S. 149).

[4]) zu leisten. Wegen der hieraus entstehenden Streitigkeiten vgl. Anm. 4 zu § 72.

Zu § 72.

[1]) Der § 72 verweist auf die §§ 63 bis 68; von diesen verweist ferner der § 64 auf die §§ 20 bis 42, 46 bis 46b, 48a, 49a Abs. 4; der § 65 ferner auf die §§ 52 Abs. 3, §§ 52a bis 53a, 54a bis 58; endlich der § 66 auf die §§ 44, 45. Hiernach gelten, da den §§ 51 und 52 Abs. 1 der § 65

2. wenn der Bauherr oder Unternehmer[2]) es unterläßt, für ordnungsmäßige Kassen- und Rechnungsführung Sorge zu tragen.

II. In dem Falle zu 2 trifft den Bauherrn oder Unternehmer[2]) die im §. 71 ausgesprochene Verpflichtung.

III. Im übrigen finden auf die in Gemäßheit des §. 69 errichteten Krankenkassen die Vorschriften der §§. 63 bis 68 mit der Maßgabe Anwendung, daß über die Anwendbarkeit der Vorschrift des §. 32 die höhere Verwaltungsbehörde[3]) bei Genehmigung des Kassenstatuts, über die Verwendung des bei Schließung oder Auflösung einer Kasse verbleibenden Restes des Kassenvermögens[4]) das Kassenstatut Bestimmung treffen muß. Eine Verwendung zu Gunsten des Bauherrn oder Unternehmers ist ausgeschlossen.

IV. Auf Streitigkeiten[5]) über Unterstützungsansprüche, welche auf Grund des §. 71 gegen den Bauherrn[2]) erhoben werden, findet die Vorschrift des §. 58 Absatz 1 Anwendung; auf Streitigkeiten über Ersatzansprüche, welche auf Grund des §. 71 und des §. 57 Absatz 2 gegen den Bauherrn[2]) erhoben werden, findet die Vorschrift des §. 58 Absatz 2 Anwendung.

(§ 56 des Entwurfs und der Komm.-Beschlusse)

Abs. 1 im Wesentlichen entspricht und § 49 Abs. 1 bis 3 eine allgemein geltende Verpflichtung der Hülfskassen enthält, für die Bau-Krankenkassen alle Bestimmungen der §§ 20 bis 68, mit Ausnahme folgender: § 43 (gemeinsame Orts-Krankenkassen mehrerer Gemeinden), § 43a (Zuweisung zur gemeinsamen Orts-Krankenkasse), §§ 47, 48 (Schließung und Auflösung der Orts-Krankenkassen), §§ 49, 50 (An- und Abmeldung durch die Arbeitgeber), § 52 Abs. 2 (Haftung mehrerer Arbeitgeber desselben Versicherten), § 54 (besondere Regelung der Meldepflicht für unständige Arbeiter und Hausgewerbetreibende), während die dort weiter vorgesehene besondere Regelung der Einzahlungs- und Beitragspflicht für unständige Arbeiter auch hier anwendbar erscheint, da den §§ 51 und 52 Abs. 1 der hier für anwendbar erklärte § 65 Abs. 1 entspricht; endlich den §§ 59 bis 62 (Errichtung von Betriebs- [Fabrik-] Krankenkassen), — jedoch mit der Maßgabe, daß

a) über die Bildung des Reservefonds (§ 32),
b) über die Verwendung des Vermögens bei Schließung oder Auflösung der Kasse (§ 68),
c) über die Schließungsgründe und die den Bauherrn oder Unternehmer bei verschuldeter Schließung treffenden Nachtheile (§ 68)

einige Modifikationen in § 72 vorgeschrieben sind, und daß

d) bezüglich der Streitigkeiten (§ 58)

nach § 72 ein wegen § 71 für erforderlich gehaltener Zusatz gemacht worden ist.

Mit diesen Maßgaben gilt das, was in Anm. 2 zu § 64 über die Betriebs- (Fabrik-) Krankenkassen gesagt worden ist, auch für Bau-Krankenkassen. Das Statut (§ 23) darf namentlich für solche Bauunternehmungen, welche bei fortschreitender Ausführung sich örtlich weiter bewegen, eine Bestimmung über den Sitz der Kasse nicht vermissen lassen, weil sich nach demselben der Gerichtsstand der Kasse und die Aufsichtsbehörde richtet.

2) oder Unternehmer, sc. im Fall des § 70.

3) höhere Verwaltungsbehörde, cf. §. 84. In Preußen der Bezirksausschuß; bei Reichs- und Staatsbetrieben die vorgesetzte Dienstbehörde.

4) Kassenvermögens. Motive S. 43: „Da die Bau-Krankenkassen nicht für bestimmte Bezirke errichtet werden und bei ihrer Auflösung die bisherigen Mitglieder derselben nicht den Orts-Krankenkassen oder der Gemeinde-Krankenversicherung eines bestimmten Bezirks überwiesen werden, so sind die für den Fall der Schließung einer Orts- oder Fabrik-Krankenkasse über die Verwendung des Vermögensrestes getroffenen Vorschriften hier nicht anwendbar, und bei der großen Mannigfaltigkeit der Verhältnisse empfiehlt es sich, diese Verwendung nicht durch allgemeine gesetzliche Vorschrift, sondern durch statutarische Bestimmungen zu regeln."

Dabei ist zu bemerken, daß die bisherigen Mitglieder einer geschlossenen Bau-Krankenkasse um deswillen nicht den Orts-Krankenkassen oder der Gemeinde-Krankenversicherung eines bestimmten Bezirks zerfallen, weil dieselben der Regel nach eine wandernde, aus der Ferne zusammengeströmte Masse bilden, die sich nach Beendigung des Baubetriebes schnell auflöst und zerstreut.

5) Streitigkeiten. Dieser Absatz 4 ist durch die Reichstagskommission hinzugefügt worden. Der Unterstützungsberechtigte kann den Unterstützungsanspruch gegen den Bauherrn, welcher eine Bau-Krankenkasse zu Unrecht nicht errichtet hat, direkt erheben (§ 71); dann entscheidet im Streitfall die Aufsichtsbehörde vorbehaltlich des Rechtsweges, bei sofortiger Vollstreckbarkeit ihrer Entscheidung; an die Stelle des Rechtsweges kann landesgesetzlich das Verwaltungsstreitverfahren gesetzt werden (§ 58 Abs. 1). Der Unterstützungsberechtigte kann aber in diesen Fällen auch bereits anderweit unterstützt worden sein, und zwar a) entweder von der für Bauarbeiter an dem Sitz des Baubetriebes etwa errichteten Orts-Krankenkasse bezw. in deren Ermangelung von der Gemeinde-Krankenversicherung (§§ 1, 4; a. M. v. Schicker S. 350), oder b) von der öffentlichen Armenpflege (§ 57 Abs. 2). Im Falle a) hat die Krankenkasse oder Gemeinde-Krankenversicherung einen Erstattungsanspruch gegen den säumigen Bauherrn, kann diesen Anspruch aber nicht auf dem Wege der §§ 57, 58, sondern nur nach allgemeinen Grundsätzen (nützliche Verwendung) im ordentlichen Rechtswege geltend machen, nachdem in der Praxis der Grundsatz Anerkennung gefunden hat, daß Entschädigungsansprüche aus dem öffentlichen Recht (ein solcher liegt hier vor) nicht auf die Krankenkasse übergehen, vgl. Anm 7 zu § 57. Im Falle b) dagegen kann das betr. Organ der öffentlichen Armenpflege seinen Erstattungsanspruch gegen den

G. Innungs-Krankenkassen.

§. 73.

I. [1]) Auf Krankenkassen, welche auf Grund der Vorschriften des Titels VI der Gewerbeordnung von Innungen[2]) für die Gesellen und Lehrlinge[3]) ihrer Mitglieder errichtet[4]) werden, finden die Vorschriften[5]) des §. 19 Absatz 5, §§. 20 bis 22, **26** bis 33, 39 bis 42, **46, 46a, 46b, 48a Absatz 2, §. 49a Absatz 4, §§.** 51 bis **53a, 54a** bis 58, 65 Absatz 2 Anwendung.

II. **Wird für eine Innung nach Maßgabe der vorstehenden Bestimmung eine Innungs-Krankenkasse errichtet,[4]) so werden die von Innungsmitgliedern[6]) in ihrem Gewerbebetriebe[7]) beschäftigten versicherungspflichtigen Personen, vorbehaltlich der Bestimmung des §. 75, soweit sie zu dem Zeitpunkte, mit welchem die Kasse ins Leben tritt, in dieser Beschäftigung stehen, mit diesem Zeitpunkte, soweit sie später in diese Beschäftigung eintreten, mit diesem Eintritt Mitglieder[8]) der Innungs-Krankenkasse.**

---

säumigen Bauherrn gemäß der ausdrücklichen Vorschrift des § 72 Abs. 4 auf dem im § 58 Abs. 2 vorgesehenen Wege, also im Verwaltungsstreitverfahren, event. vor der Aufsichtsbehörde vorbehaltlich des Rekursverfahrens nach der Gewerbeordnung, geltend machen.

Die Ansicht von Köhne (S. 196), daß Bauarbeiter, für welche eine Bau-Krankenkasse zu Unrecht nicht errichtet sei, nicht der Orts-Krankenkasse bezw. Gemeinde-Krankenversicherung, sondern nur der öffentlichen Armenpflege zufallen, theilen wir nicht, weil die „bei Bauten" beschäftigten Personen nach § 1 versicherungspflichtig sind und nach § 4, soweit für sie nicht eine besondere Krankenkasse zuständig ist, der Gemeinde-Krankenversicherung zugehören.

Zu § 73.

[1]) Durch die Novelle ist das Verhältniß der Innungs-Krankenkassen zu den sonstigen Formen der Krankenversicherung anderweit geregelt worden. Während nach dem bisherigen Rechtszustande für die Innungs-Krankenkassen nur ein indirekter Beitrittszwang dadurch ausgeübt werden konnte, daß die Innungsmeister die von ihnen beschäftigten Gesellen u. s. w. durch den Arbeitsvertrag nöthigten, in die Innungs-Krankenkasse einzutreten (die Motive zur Novelle besagen übrigens, daß über diesen Rechtszustand in der Praxis Zweifel entstanden sind), sind durch die neue Fassung diese Kassen als Zwangskassen in der vollen Bedeutung des Worts anerkannt, sie sind vollständig den Orts-Krankenkassen gleichgestellt, und dadurch ist jeder Zweifel über ihre Stellung im System der Krankenversicherung gehoben worden. Fortan ist der Geselle eines Innungsmeisters, für dessen Innung eine Innungs-Kranken-

Versicherungspflichtige Personen, deren Arbeitgeber der Innung, für welche eine Innungs-Krankenkasse errichtet ist, erst nach deren Errichtung beitreten,[9]) werden, soweit sie bisher einer Orts-Krankenkasse[10]) angehörten, mit Beginn des neuen Rechnungsjahres Mitglieder der Innungs-Krankenkasse, sofern[11]) der Arbeitgeber drei Monate zuvor dem Vorstande der Orts-Krankenkasse seinen Eintritt in die Innung nachgewiesen hat. III.

Mit dem Zeitpunkte, mit welchem versicherungspflichtige Personen Mitglieder[12]) einer Innungs-Krankenkasse werden, scheiden sie aus anderen auf Grund dieses Gesetzes errichteten Kassen,[13]) welchen sie bis dahin vermöge ihrer Beschäftigung angehörten, aus. IV.

Den Zeitpunkt, mit welchem eine neu errichtete Innungs-Krankenkasse ins Leben tritt,[14]) bestimmt die höhere Verwaltungsbehörde.[15]) V.

Im Uebrigen bleiben für diese Kassen die Vorschriften des Titels VI der Gewerbeordnung[16]) in Kraft.[17])[18]) VI.

(§ 67 des Entwurfs und der Komm.-Beschlüsse.)

---

kasse besteht, unmittelbar mit dem Eintritt in die Beschäftigung gesetzliches Mitglied dieser Innungs-Krankenkasse in derselben Weise, wie er beim Fehlen einer Innungs-Krankenkasse gesetzliches Mitglied der betreffenden Orts-Krankenkasse sein würde; nur die Mitgliedschaft in einer dem § 75 genügenden freien Hülfskasse befreit ihn von der Zugehörigkeit zu der Innungs-Krankenkasse. Er scheidet also unmittelbar aus der Orts- oder sonstigen Krankenkasse, in der er bisher versichert war, aus, während er früher gemäß § 19 Abs. 4 erst mit dem Schluß eines Rechnungsjahres nach voraufgegangener dreimonatlicher Kündigung ausscheiden durfte. Wegen einzelner Modifikationen dieses Grundsatzes siehe unten. Diese anderweite Stellung der Innungs-Krankenkasse ist ausschließlich im Interesse dieser Kassenart und, um den Wünschen und Bestrebungen der Innungsmitglieder entgegenzukommen, erfolgt; eine zwingende Nöthigung hierzu hatte sich aus den bisherigen Erfahrungen nicht ergeben, und das Interesse der sonstigen Kassenbildungen würde, wenn man ausschließlich dieses hätte zur Richtschnur nehmen wollen, voraussichtlich dahin geführt haben, es beim Alten zu belassen.

Nachdem die Innungs-Krankenkassen in das System der Zwangskassen eingereiht sind, waren zahlreiche für letztere geltende Vorschriften auf die ersteren auszudehnen; denn wenn die Gesellen u. s. w. nun einmal unmittelbar auf Grund des Gesetzes Mitglieder dieser Kassen werden, so haben sie von denselben auch die Leistungen und Garantien zu fordern, welche die übrigen organisirten Kassen ihren Mitgliedern zu gewähren haben. Durch die Novelle sind daher für Innungs-Krankenkassen außer denjenigen Vorschriften des Gesetzes, die bisher schon für dieselben gelten, ihrer neuen Stellung entsprechend noch die folgenden für bindend erklärt worden: §§ 26 und 26a (Eintrittsgeld, Karenzzeit, Ueberversicherung, Modifikationen der Ansprüche Einzelner u. s. w.), §§ 46, 46a, 46b (Kassenverbände) und § 48a Abs. 2 (event. Oktroyirung erforderlicher Statutänderungen), besondere Verpflichtungen leistungsunfähiger Arbeitgeber (§ 52a), Verjährung von Leistungen und Beiträgen (§§ 55, 56), Vermehrung der Kassenärzte (§ 56a).

[2]) von Innungen. Auch Innungsverbände (§§ 104a ff. G.O.) sind nach der Gewerbeordnung berechtigt, „zur Unterstützung der Innungsmitglieder, ihrer Angehörigen, Gesellen und Lehrlinge in Fällen der Krankheit, des Todes, der Arbeitsunfähigkeit oder sonstiger Bedürftigkeit Kassen einzurichten" (§ 104k, § 97a Ziffer 5 der Gewerbeordnung in der Fassung des Gesetzes vom 23. April 1886, Reichs-Gesetzbl. S. 125). „Beschließt der Innungsverband die Herstellung von Einrichtungen der in § 97a Ziffer 5 bezeichneten Art" (d. h. also solcher Unterstützungskassen), „so sind die dafür erforderlichen Bestimmungen in Nebenstatuten zusammenzufassen. Diese sowie Abänderungen derselben bedürfen der Genehmigung durch den Reichskanzler" (§ 104k Abs. 1 G.O.). „Auf die von dem Innungsverbande errichteten Unterstützungskassen finden dieselben Vorschriften Anwendung, welche für gleichartige von einer Innung errichtete Kassen gelten" (§ 104k Abs. 2 G.O.). Hiernach geht die Gewerbeordnung von der Annahme aus, daß Krankenkassen für Innungsverbände, sobald die betr. Nebenstatuten vom Reichskanzler genehmigt sind, die Rechte der Innungs-Krankenkassen, so wie sie damals bestanden, also in dem Umfang des bisherigen § 73 K.V.G., haben sollten. Hierin ist nunmehr insofern Wandel geschaffen, als jetzt für die Innungs-Krankenkassen neue grundsätzliche Bestimmungen erlassen worden sind, von denen nicht ohne Weiteres angenommen werden kann, daß der § 104k G.O. in gleicher Weise auf sie Bezug genommen haben würde, wenn sie damals schon bestanden hätten. Im Uebrigen hat aber solchen Krankenkassen von Innungsverbänden vom Reichskanzler eine Genehmigung noch nicht ertheilt werden können, weil diese in Folge ihrer Organisation nicht in der Lage waren, den gesetzlichen Vorschriften über Innungs-Krankenkassen (§ 73) genügen zu können. Deren Aenderung aber erschien aus mehrfachen Gründen, insbesondere deshalb bedenklich, weil durch Krankenkassen von Innungsverbänden mit ihrer so unsicheren Existenz die Interessen der Orts-Krankenkassen noch mehr gefährdet werden müßten. Die jederzeit mögliche Veränderung im Bestande des Innungsverbandes, welchem heute Innungen beitreten, aus welchem aber auch morgen Innungen austreten können, würde, da von diesen Veränderungen auch die Betheiligung an den Verbands-Krankenkassen getroffen werden müßte, ein für die Orts-Krankenkassen unter Umständen gefährliches Schwanken des Mitgliederbestandes um so mehr ergeben, als nach den neuen Vorschriften der Novelle diese Schwankungen unmittelbar und sofort wirken würden, ohne, wie

früher, wenigstens theilweise an den Jahreswechsel und an Kündigung gebunden zu sein. Insoweit mußten also die Wünsche der Innungsmitglieder, denen man durch die den Innungs-Krankenkassen eingeräumte anderweite rechtliche Stellung weit entgegengekommen ist, gegen die kollidirenden Interessen anderer Einrichtungen zurücktreten. Dabei kann es dahingestellt bleiben, ob Krankenkassen von Innungsverbänden für solche Innungen überhaupt zweckmäßig sind, welche, wie gerade bei den größten und leistungsfähigsten Innungen der Fall, ihre eigenen Innungs-Krankenkassen besitzen. Hiernach ist der § 73 auf Krankenkassen der Innungsverbände thatsächlich nicht zu erstrecken.

Gemeinschaftliche Innungs-Krankenkassen mehrerer einzelner Innungen sind nicht zugelassen (= Pr. H.M. v. 26. Novbr. 1885). Kasseneinrichtungen zur Unterstützung der Gesellen und Lehrlinge mehrerer einzelner Innungen können daher nur in der Form eingeschriebener oder auf Grund landesrechtlicher Bestimmungen errichteter Hülfskassen ohne Beitrittszwang (§ 75) errichtet werden. Zulässig ist aber fortan der Beitritt der Innungs-Krankenkasse zu einem Kassenverbande der Orts-Krankenkassen u. s. w., sowie die Bildung eines Kassenverbandes bloß für Innungs-Krankenkassen derselben Aufsichtsbehörde, nachdem § 46 auf Innungs-Krankenkassen für anwendbar erklärt worden ist.

³) für die Gesellen und Lehrlinge. Ob die Kasse auch den Innungsmitgliedern selbst zugänglich ist, oder ob sie nur für Gesellen und Lehrlinge besteht, ist ohne Bedeutung. Nur solche Innungs-Krankenkassen würden nicht unter dieses Gesetz fallen, an welchen nur die Meister und deren Angehörige sich betheiligen können. Ist aber eine Innungs-Krankenkasse für die Gesellen und Lehrlinge errichtet, so sind in derselben gleichzeitig auch alle sonstigen, in dem Gewerbebetrieb der Innungsmitglieder beschäftigten Personen zu versichern, vgl. Anm. 7.

⁴) errichtet werden oder errichtet worden sind, vgl. §§ 85, 86.

⁵) Vorschriften. „Es muß Vorsorge getroffen werden, daß die Unterstützungen dieser Kassen den gesetzlichen Anforderungen entsprechen, daß ihre dauernde Leistungsfähigkeit in derselben Weise wie diejenige der Orts-Krankenkassen gesichert wird, und daß die Interessen ihrer Mitglieder in derselben Weise wie diejenigen der Mitglieder der Orts- und Fabrik-Krankenkassen gewahrt werden“ (Mot. S. 44).

Während die Bau-Krankenkassen den Betriebs- (Fabrik-) Krankenkassen, sind die Innungs-Krankenkassen den Orts-Krankenkassen nachgebildet; jedoch ist für den Fall, daß die Mindestleistungen mit den Höchstbeiträgen nicht bestritten werden können, nicht die Schließung, sondern die Zuschußverpflichtung der Innung (wie bei Betriebs- [Fabrik-] Krankenkassen, vgl. unten bei g) vorgeschrieben.

Hiernach gelten für Innungs-Krankenkassen alle Vorschriften für Orts-Krankenkassen, insbesondere auch die Vorschriften über die Kassenleistungen, die Beiträge und die Beitragsverpflichtung der Arbeitgeber, mit folgenden Ausnahmen:

a) die Errichtung von Innungs-Krankenkassen und die Errichtung ihrer Statuten, sowie die innere Organisation der Kasse regeln sich vorbehaltlich der Vorschriften des Abs. 5 und des § 48a Abs. 2 nach den Vorschriften der Gewerbeordnung (vgl. Anm. 16); hiernach kann insbesondere die Kassenverwaltung ausschließlich den Gesellen übertragen und der Innung nur eine beschränkte Mitwirkung oder ein gewisses Aufsichtsrecht übertragen werden (= Pr. H.M. v. 5. März 1884); die Abänderung des Statuts kann von der Aufsichtsbehörde (§ 104 G.O.) nach § 48a Abs. 2 erzwungen werden, ohne daß das Rechtsmittel des § 48 Abs. 1 gegeben wäre;

b) selbständige rechtliche Persönlichkeit (§ 25) hat die Innungs-Krankenkasse nicht (vgl. Anm. 18);

c) über den obligatorischen Eintritt in die Kasse gelten die besonderen Bestimmungen des § 73 Abs. 2 und 3;

d) der freiwillige Eintritt ist nichtversicherungspflichtigen Personen nicht schon durch das Gesetz selbst (§ 19 Abs. 3) gestattet (vgl. Anm. 12);

e) die Vorschriften der §§ 43 und 43a über gemeinsame Orts-Krankenkassen finden keine Anwendung;

f) die Beaufsichtigung der Innungs-Krankenkassen richtet sich nach den Vorschriften der Gewerbeordnung, erfolgt also durch die die Aufsicht über die Innung führenden Behörden, d. h. im Allgemeinen die Gemeindebehörden, § 104 G.O. (vgl. Anm. 17);

g) die Auflösung von Innungs-Krankenkassen erfolgt nach denselben Vorschriften wie die Auflösung anderer Einrichtungen der Innung, also durch Innungsbeschluß, vgl. § 94 Abs. 5, § 103a G.O. Im Fall der Insuffizienz erfolgt nicht ohne Weiteres die behördliche Schließung der Kasse, sondern die Innung — diese ist es, welche hier die Stellung des Betriebsunternehmers bei Betriebs- (Fabrik-) Krankenkassen einnimmt — wird zu Zuschüssen genöthigt (§ 65 Abs. 2); diese Zuschüsse hat die Innung von ihren Mitgliedern, d. h. den Innungsmeistern, auf dem für die Aufbringung des Bedarfs der Innung sonst vorgeschriebenen Wege einzuziehen. Der § 47 des Gesetzes findet auf Innungs-Krankenkassen keine Anwendung;

h) eine gesetzliche Meldepflicht der Arbeitgeber (§ 49) besteht nicht; durch das Kassenstatut wird das Nähere geregelt werden müssen;

i) die für Hausgewerbetreibenden u. s. w. zugelassenen Ausnahmen des § 54 gelten nicht;

k) Streitigkeiten zwischen Arbeitgebern und Versicherten über Anrechnung und Berechnung der Beiträge werden für Lehrlinge durch die Innung (vgl. § 79 des Gewerbegerichtsgesetzes vom 29. Juli 1890 und die dort angezogenen Vorschriften der Gewerbeordnung), für Gesellen durch das Innungsschiedsgericht (bei dessen Ermangelung das Gewerbegericht, event. die ordentlichen Gerichte mit fakultativer vorheriger Anrufung des Gemeindevorstehers) entschieden. Handelt es sich um gewerbliche Arbeiter, welche nicht Gesellen oder Lehrlinge sind (Betriebsbeamte, Werkmeister, Fabrikarbeiter), so ist das Gewerbegericht, event. das ordentliche Gericht mit fakultativer Anrufung des Gemeindevorstehers zuständig; bei Handlungsgehülfen der Innungsmeister (z. B. Ladendiener, Buchhalter) kommt nur das ordentliche Gericht unter fakultativer Anrufung des Gemeindevorstehers in Betracht (vgl. Hahn S. 155 § 53a).

Soweit in diesen Beziehungen nicht schon die Gewerbeordnung Vorsorge trifft (cf. Anm. 16), wird das Erforderliche durch das Kassenstatut (Innungs-Nebenstatut) zu regeln sein, dessen Genehmigung nach Ermessen versagt werden kann, § 98c G.O. Letzteres gilt in gleicher Weise auch für Abänderungen des Nebenstatuts. Insbesondere kann das Statut auch die An- und Abmeldung der Gesellen und Lehrlinge durch die Meister vorschreiben.

[6]) von Innungsmitgliedern, nicht auch die Lehrlinge und Gesellen von Nicht-Innungsmeistern. Treten die Verpflichteten aus der die Verpflichtung begründenden Beschäftigung bei Innungsmeistern aus und in eine gleichartige Beschäftigung bei Nicht-Innungsmeistern ein, so erlischt die Verpflichtung; zur Weiterbetheiligung an der Innungs-Krankenkasse sind solche Personen nach Maßgabe § 27 nur dann berechtigt, wenn sie bei ihrem neuen Arbeitgeber der Gemeinde-Krankenversicherung angehören würden, cf. Anm. 2 zu § 27 sowie Anm. 12. Die Verpflichtung zu Beiträgen kann für Nicht-Innungsmeister nicht begründet werden.

[7]) in ihrem Gewerbebetriebe beschäftigten versicherungspflichtigen Personen, ohne Beschränkung auf die Gesellen und Lehrlinge. Mot. z. Nov. S. 73: „Nach § 97a der Gewerbeordnung können die Innungen Krankenkassen für die bei ihren Mitgliedern beschäftigten Gehülfen und Lehrlinge, nicht aber für andere in ihrem Gewerbebetriebe beschäftigte Personen errichten. In einer Reihe von Handwerken, namentlich in den verschiedenen Zweigen der Bauhandwerke, werden aber vielfach neben Gesellen und Lehrlingen auch andere Arbeiter (Handlanger und dergleichen) beschäftigt. Die Ausschließung dieser Arbeiter von den Innungs-Krankenkassen hat für die Innungsmitglieder, welche solche beschäftigen, die Folge, daß die von ihnen beschäftigten Versicherungspflichtigen verschiedenen Krankenkassen angehören, daß ihnen demnach die Verpflichtung zur An- und Abmeldung, sowie zur Einzahlung der Beiträge mehreren Kassen gegenüber obliegt. Um diesen Uebelstand zu beseitigen, sind die neu aufgenommenen Bestimmungen so gefaßt, daß den Innungs-Krankenkassen alle bei Innungsmitgliedern in ihrem Gewerbe beschäftigten versicherungspflichtigen Personen und nicht bloß die Gesellen, Gehülfen

---

und Lehrlinge zugewiesen werden." Bei einem Innungsmitgliede „beschäftigt" sind diejenigen, welche in einem Arbeitsverhältniß zu demselben stehen, auch wenn sie während desselben krank sind, Pr. Ob.Verw.Ger. Entsch. v. 5. März 1896.

[8]) Mitglieder, vgl. §§ 19, 63.

[9]) erst nach deren Errichtung beitreten. Die Bestimmungen dieses Abs. 3 enthalten eine Ausnahme von dem Grundsatze des Abs. 2, und haben den Zweck, bestehende Orts-Krankenkassen gegen die Folgen einer plötzlichen wesentlichen Veränderung ihres Mitgliederbestandes, wie er durch gleichzeitigen Eintritt zahlreicher Arbeitgeber in eine mit einer Innungs-Krankenkasse ausgestattete Innung herbeigeführt werden kann, sicherzustellen. Eine fernere Sicherung der Orts-Krankenkasse gegen Gefährdungen, welche aus der Neuerrichtung von Innungs-Krankenkassen erwachsen können, enthält Abs. 5. Mot. z. Nov. S. 73: „Um bestehende Orts-Krankenkassen gegen die Folgen einer plötzlichen wesentlichen Aenderung ihres Mitgliederbestandes, wie er durch die Errichtung einer Innungs-Krankenkasse herbeigeführt werden kann, sicherzustellen, soll der Zeitpunkt, mit welchem eine neue Innungs-Krankenkasse ins Leben tritt, wie es nach Art. 8 in Zukunft auch für neu-errichtete Orts-, Betriebs- und Bau-Krankenkassen geschehen soll, durch die höhere Verwaltungsbehörde bestimmt werden (Abs. 5); und ebenso soll den Folgen, welche durch den nach Errichtung einer Innungs-Krankenkasse erfolgenden gleichzeitigen Eintritt zahlreicher Arbeitgeber in die Innung für die Orts-Krankenkasse, welcher die von denselben beschäftigten Versicherungspflichtigen bisher angehörten, entstehen können, durch die Bestimmung entgegengetreten werden, daß die bei diesen Arbeitgebern beschäftigten versicherungspflichtigen Personen erst mit dem Schlusse des Rechnungsjahres und nur dann Mitglieder der Innungs-Krankenkasse werden, wenn die Arbeitgeber ihren Eintritt in die Innung drei Monate vorher dem Vorstande der Orts-Krankenkasse nachgewiesen haben (Abs. 3)."

[10]) Orts-Krankenkasse. Auf andere Krankenkassen findet diese Ausnahme keine Anwendung. Es könnte sich dabei auch nur um Betriebs-(Fabrik-) und Bau-Krankenkassen handeln, und für diese greift der legislatorische Grund der Vorschrift, bedenkliche Schwächung der Kasse durch gleichzeitige Entziehung zahlreicher Versicherten, wegen der event. Zuschußverpflichtung des Fabrikherrn nicht im vollen Maße Platz. Vgl. übrigens Anm. 3 zu § 63. Die Gemeinde-Krankenversicherung fällt um deswillen sofort weg, weil sie überhaupt nur eine subsidiäre Einrichtung ist.

[11]) sofern, d. h. nur dann, wenn der Arbeitgeber die vorgeschriebene Mittheilung an die Orts-Krankenkasse rechtzeitig erstattet, und erst mit dem nächsten Januar. Das Innungsstatut wird die neu eintretenden Mitglieder verpflichten können, diese Meldung rechtzeitig zu erstatten, vgl. § 98a Ziffer 3, § 100b Abs. 1 u. 3. Uebrigens gilt der Vorbehalt des § 75 selbstverständlich, ebenso wie in Abs. 2, auch hier.

[12]) **Mitglieder werden**, auch dann, wenn ein Innungsmitglied selbst versicherungspflichtig sein sollte, z. B. ein der Innung als Mitglied angehörender Werkmeister eines Nicht-Innungsmeisters, sowie Hausgewerbetreibende, die auf Grund des § 2 Ziffer 4 versicherungspflichtig geworden sind. (A. M. Köhne S. 198, Henle-Reger S. 212; ebenso Hahn S. 155.) Es fragt sich, ob auch versicherungspflichtige Gesellen u. s. w. von Nicht-Innungsmitgliedern freiwillig in die Innungs-Krankenkasse aufgenommen werden dürfen und dann auf Grund des § 73 Abs. 4 mit dem Zeitpunkt dieser Aufnahme aus der für sie sonst zuständigen Orts-Krankenkasse u. s. w. ausscheiden. Wir verneinen diese Frage, da die Innungs-Krankenkasse für solche Personen nicht bestimmt ist (vgl. Anm. 6) und § 26a Ziffer 5 nur auf Nichtversicherungspflichtige bezogen werden darf (A. M. Hahn S. 155).

[13]) **Kassen** und die Gemeinde-Krankenversicherung, vgl. § 4 sowie Anm. 10.

[14]) **ins Leben tritt**, vgl. Anm. 9.

[15]) **höhere Verwaltungsbehörde**, § 84.

[16]) **Die Vorschriften des Tit. VI der Gewerbeordnung.** Während für alte Innungen und die mit denselben verbundenen Krankenkassen im Allgemeinen nur die Vorschrift des § 95 G O. über die Beaufsichtigung durch die Gemeindebehörde und die Vorschrift des § 94 a. .a O. in Betracht kommt, welcher von der Auflösung der Innung, Verwendung ihres Vermögens im Fall der Auflösung und von der Befugniß der höheren Verwaltungsbehörde handelt,

> den bisher mit der Innung verbunden gewesenen . . . . . Hülfskassen und anderen Instituten zu öffentlichen Zwecken nach der Auflösung der Innung Korporationsrechte zu ertheilen,

behalten für **neue** Innungen, d. h. solche, welche sich auf Grund des Gesetzes v. 18. Juli 1881 neu konstituirt oder reorganisirt haben, außer dieser selben Vorschrift des § 94 (§ 103) a. a. O. insbesondere folgende Bestimmungen der Gewerbeordnung fortdauernde Gültigkeit:

a) Die Innungen sind nach § 97a Nr. 5 berechtigt, „zur Unterstützung der Innungsmitglieder, ihrer Angehörigen, ihrer Gesellen und Lehrlinge in Fällen der Krankheit, des Todes, (der Arbeitsunfähigkeit oder sonstiger Bedürftigkeit) Kassen einzurichten“. Dergleichen Einrichtungen dürfen aber nicht in dem Innungsstatut, sondern müssen in **Nebenstatuten** getroffen werden, § 98a Abs. 4, § 98c a. a. O. Solche Innungs-Nebenstatuten bedürfen der Genehmigung derjenigen höheren Verwaltungsbehörde, welche für die Genehmigung des Innungsstatuts selbst zuständig war, in Preußen nach § 124 Abs. 1 des Zuständigkeitsgesetzes v. 1. August 1883 der Bezirksausschuß vorbehaltlich des in § 98c G.O. angegebenen Rechtsmittels, welches an die Stelle des Antrags auf mündliche Verhandlung im Verwaltungsstreitverfahren (§ 124 Abs. 2 Zust.Ges.) tritt. Vor der Genehmigung sind die Lokalbehörden zu hören. Die Genehmigung kann nach Ermessen versagt werden, doch sind die Gründe der Versagung anzugeben. Gegen die Versagung ist binnen vier Wochen Beschwerde an die Zentralbehörde zulässig. Abänderungen der Nebenstatuten unterliegen den gleichen Vorschriften. § 98c.

b) „Die von den Innungsmitgliedern beschäftigten Gesellen nehmen an den Innungsversammlungen und an der Verwaltung der Innung nur insoweit Theil, als dieses in dem Innungsstatut vorgesehen ist. Eine solche Theilnahme muß ihnen eingeräumt werden .... an der Begründung und Verwaltung aller Einrichtungen, für welche sie Beiträge entrichten oder eine besondere Mühewaltung übernehmen, oder welche zu ihrer Unterstützung bestimmt sind." § 100a Abs. 1.

c) „Von der Ausübung eines Stimmrechts oder eines Ehrenrechts in der Innung sind alle diejenigen ausgeschlossen, welche sich nicht im Besitz der bürgerlichen Ehrenrechte befinden, oder welche in Folge gerichtlicher Anordnung in der Verfügung über ihr Vermögen beschränkt sind." § 100a Abs. 2.

d) Der § 100b Abs. 3, welcher lautet:

„Die auf Grund des Innungsstatuts oder der Nebenstatuten (§ 98c) umgelegten Beiträge und verhängten Ordnungsstrafen werden nach Antrag des Innungsvorstandes auf dem für die Beitreibung der Gemeindeabgaben landesrechtlich vorgesehenen Wege zwangsweise eingezogen. Ueber die Verpflichtung zur Zahlung der Beiträge findet, unbeschadet der vorläufigen Einziehung, der Rechtsweg statt. Ueber Beschwerden wegen der Ordnungsstrafen entscheidet die Aufsichtsbehörde endgültig"

behält wegen der Ordnungsstrafen fortdauernd Gültigkeit, wird aber wegen der Beiträge durch §§ 53, 58 des Krankenversicherungsgesetzes ersetzt. Wegen der von der Aufsichtsbehörde auferlegten Ordnungsstrafen vgl. noch § 104 Abs. 3 G.O. [unten in Anm. 17]. (Die Bestimmungen des § 100b Abs. 2 sind durch die gleichartigen Vorschriften des § 29 Abs. 2 K.V.G. gedeckt.)

e) Während aus dem § 100c Abs. 1, welcher lautet:

„§ 100c. Ueber die Einnahmen und Ausgaben der nach Maßgabe des § 97a unter Nr. 5 begründeten Unterstützungskassen muß getrennte Rechnung geführt werden. Das ausschließlich für diese Kassen bestimmte Vermögen ist getrennt von dem übrigen Innungsvermögen zu verwalten. Verwendungen für andere Zwecke dürfen aus demselben nicht gemacht werden. Die Gläubiger der Kasse haben das Recht auf abgesonderte Befriedigung aus dem getrennt verwalteten Vermögen"

die ersten drei Sätze durch die gleichartigen Vorschriften der §§ 40, 29 des vorliegenden Gesetzes gedeckt werden, ist der vierte Satz noch praktisch, da § 25 Abs. 2 dieses Gesetzes, welcher dieselbe Bestimmung enthält, auf die Innungs-Krankenkassen nicht ausdrücklich für anwendbar erklärt worden ist, cf. Anm. 5.

Aus dem § 100c Abs. 2, welcher lautet:

„Auf solche Krankenkassen der Innungen, welche eine den Vorschriften des Gesetzes über die eingeschriebenen Hülfskassen vom 7. April 1876 entsprechende Unterstützung gewähren sollen, finden folgende Bestimmungen Anwendung:

1. den Meistern, welche für ihre Gesellen und Lehrlinge die Kassenbeiträge vorschießen, steht das Recht zu, die letzteren bei der dem Fälligkeitstage zunächst vorausgehenden oder bei einer diesem Tage folgenden Lohnzahlung in Anrechnung zu bringen;
2. der Anspruch auf Unterstützung aus der Kasse kann mit rechtlicher Wirkung weder übertragen noch verpfändet werden; er kann nicht Gegenstand der Beschlagnahme sein;
3. die Gesellen können, so lange sie den Kassen angehören, zu den nach Maßgabe des § 141a begründeten Verpflichtungen nicht herangezogen werden;
4. Gesellen, welche bereits einer eingeschriebenen Hülfskasse angehören, können, so lange sie an derselben betheiligt sind, zum Eintritte in die entsprechende Unterstützungskasse der Innung nicht gezwungen werden"

wird die Nr. 1 in modifizirter Form durch § 53 Abs. 1, die Nr. 2 durch § 56 K.V.G. ersetzt, welche beide auf die Innungs-Krankenkassen Anwendung finden; Nr. 3 wird dadurch hinfällig, daß der darin angezogene, aus dem Abänderungsgesetz v. 8. April 1876 stammende § 141a mit dem zitirten ganzen Gesetz nach § 87 K.V.G. außer Kraft tritt, während Nr. 4 nach den Prinzipien des letzteren nur dann noch Geltung hat, wenn die Hülfskasse ihre Leistungen denen der Gemeinde-Krankenversicherung angepaßt hat (§ 75).

[17]) Was die Aufsicht über die Innungs-Krankenkassen anbelangt, so ist es nicht zweifelhaft und von den Regierungskommissarien bei Berathung dieses Gesetzes ausdrücklich konstatirt (Komm.Ber. S. 87), daß die Aufsicht wie über alle (durch Nebenstatuten begründeten) Einrichtungen einer Innung, so auch über die Innungs-Krankenkassen, derselben Behörde zusteht, welche die Aufsicht über die Innung selbst führt, und zwar in derselben Weise (cf. Anm. 5 i. f.). Hiernach ist § 104 der Gewerbeordnung für diese Kassen noch jetzt praktisch geblieben. Derselbe lautet:

„Die Innungen unterliegen der Aufsicht der Gemeindebehörde.

Für Innungen, welche ihren Sitz nicht innerhalb eines Stadtbezirks haben, oder welche mehrere Gemeindebezirke umfassen, wird von der höheren Verwaltungsbehörde, für Innungen, welche sich in die Bezirke

H. Verhältniß der Knappschaftskassen und der eingeschriebenen und anderen Hülfskassen zur Krankenversicherung.

§. 74.

I. [1]) Für die Mitglieder der auf Grund berggesetzlicher Vorschriften [2]) errichteten Krankenkassen (Knappschaftskassen) [3]) tritt weder die Gemeinde-Krankenversicherung noch die Verpflichtung, einer nach Maßgabe der Vorschriften dieses Gesetzes errichteten Krankenkasse anzugehören, ein.

---

mehrerer höherer Verwaltungsbehörden erstrecken, von der Zentralbehörde die Aufsichtsbehörde bestimmt.

Die Aufsichtsbehörde überwacht die Befolgung der gesetzlichen und statutarischen Vorschriften und kann dieselben durch Androhung, Festsetzung und Vollstreckung von Ordnungsstrafen gegen die Inhaber der Innungsämter, gegen die Innungsmitglieder und gegen deren Gesellen, soweit diese an den Geschäften der Innung theilnehmen, erzwingen.

Sie entscheidet Streitigkeiten über die Aufnahme und Ausschließung der Mitglieder, über die Wahlen zu den Innungsämtern, sowie unbeschadet der Rechte Dritter über die Rechte und Pflichten der Inhaber dieser Aemter.

Sie hat das Recht, einen Vertreter zu den Prüfungen zu entsenden. Sie beruft und leitet die Innungsversammlung, wenn der Innungsvorstand dieselbe zu berufen sich weigert.

Ueber Abänderungen des Innungsstatuts oder der Nebenstatuten (§ 98c) und über die Auflösung der Innung kann von der Innungsversammlung nur im Beisein eines Vertreters der Aufsichtsbehörde beschlossen werden.

Gegen die Anordnungen und Entscheidungen der Aufsichtsbehörde ist die Beschwerde an die nächstvorgesetzte Behörde zulässig. Dieselbe ist binnen einer präklusivischen Frist von vier Wochen bei der Aufsichtsbehörde einzubringen . . . . ."

[18]) Eine selbständige Existenz als juristische Person hat die Innungs-Krankenkasse nicht, sie ist nur eine Einrichtung der Innung; diese ist aktiv und passiv zur Vertretung der betr. Krankenkasse befugt und verpflichtet. Die Vorschriften des § 100c Abs. 1 G.O. bezw. der §§ 29, 40 K.V.G. decken die Interessen der Gläubiger ausreichend.

Zu § 74.

[1]) Motive S. 44: „In die Verhältnisse der Knappschaftskassen und der eingeschriebenen Hülfskassen soll durch dieses Gesetz nicht weiter eingegriffen werden, als erforderlich ist, um ihren Mitgliedern dasselbe Maß der Krankenunterstützungen zu sichern, welches den Mitgliedern der auf Grund dieses Gesetzes errichteten Krankenkassen gewährt wird. Mit Rücksicht auf

Die statutenmäßigen Leistungen dieser Kassen in Krankheitsfällen müssen **die** für die Betriebs- (Fabrik-) Krankenkassen vorgeschriebenen Mindestleistungen **erreichen.**[4]) II.

Die Vorschriften des §. 26 Absatz 1 **und Absatz 2 Satz 1, §§. 56a und 57a** finden auch auf Knappschaftskassen Anwendung.[5]) III.

Im Uebrigen bleiben die landesgesetzlichen Vorschriften über die Knappschaftskassen unberührt.[6]) IV.

(§ 68 des Entwurfs und der Komm.-Beschlüsse.)

---

die Eigenthümlichkeiten beider Arten von Kassen erscheint es angemessen, in dieser Beziehung die Knappschaftskassen den Fabrik-Krankenkassen, die eingeschriebenen Hülfskassen der Gemeinde-Krankenversicherung gleich zu stellen."

²) berggesetzlicher Vorschriften, cf. Preuß. Berggesetz v. 24. Juni 1865 (G.S. S. 884) in der Fassung des Gesetzes vom 24. Juni 1892 (G.S. S. 131). Dasselbe gilt für den ganzen Umfang der Monarchie.

³) die Knappschaftskassen sind den Betriebs- (Fabrik-) Krankenkassen gleichgestellt. Sie unterliegen aber den Bestimmungen dieses Gesetzes nur darin:

a) daß sie ihren Mitgliedern wenigstens die Mindestleistungen der Betriebs- (Fabrik-) Krankenkassen (Krankenunterstützung, Unterstützung für Wöchnerinnen, Sterbegeld) gewähren müssen, §§ 6, 7, 20;

b) daß sie die Vorschriften des § 26 Abs. 1 über die Karenzzeit und das Eintrittsgeld beachten müssen.

Anträge, welche die Anwendung anderer Bestimmungen dieses Gesetzes auf die Knappschaftskassen bezweckten, insbesondere der Bestimmungen über die Austrittsfreiheit (§ 19 Abs. 4,) die freiwillige Fortsetzung der Mitgliedschaft nach dem Ausscheiden aus der Beschäftigung (§ 27) und den zeitweiligen Fortbezug der Leistungen für den Fall der Erwerbslosigkeit (§ 28), wurden schon beim Erlaß des ursprünglichen Gesetzes mit Rücksicht auf den eigenthümlichen Charakter der Knappschaftskassen und um deswillen abgelehnt, weil man bei der Verschiedenartigkeit der Verhältnisse der Landesgesetzgebung nicht vorgreifen wollte (cf. Komm Ber. S. 88). Die Knappschaftskassen sind deshalb reichsgesetzlich auch der Konkurrenz freier Hülfskassen überhoben, vgl. Anm. 3 zu § 75. Jener Gesichtspunkt ist auch bei den Verhandlungen über die Novelle ausschlaggebend gewesen. Vgl. aus dem Komm.Ber. z. Nov. S. 19: „Es sei bedenklich, in die Organisation der Knappschaftskassen einzugreifen," da es sich hier um landesgesetzliche Einrichtungen handle; „der § 74 solle nur den Knappschaftsmitgliedern die Mindestleistungen der Krankenfürsorge sichern, alle anderen Bestimmungen lägen nicht auf dem Gebiete der Krankenversicherungs-Gesetzgebung, da die Knappschaftskassen neben der Krankenversicherung noch eine Reihe anderer Zwecke verfolgen und ihre Organisation nicht ausschließlich nach den Rücksichten der ersteren geregelt werden könne." Aus diesen Gründen wurde insbesondere das von der Kommission des Reichstags in Abs. III anfänglich eingeschobene Zitat des „§ 64“ wieder gestrichen; denn wenn dasselbe stehen geblieben wäre, so würden auch die sämmtlichen dort zitirten Paragraphen für Knappschaftskassen maßgebend geworden sein und dadurch eine sehr weitgreifende Abänderung der bisherigen Vorschriften unter Eingriffen in die hier zuständige Landesgesetzgebung bewirkt worden sein. Immerhin sind durch die Novelle einige wenige weitere Bestimmungen des Gesetzes auf die Knappschaftskassen ausgedehnt worden, nämlich:

c) die Vorschrift des § 26 Abs. 2 Satz 1, wonach Kassenmitglieder, die nach Erfüllung ihrer Militärpflicht in die Kasse zurücktreten, nicht als neu eingetretene zu behandeln sind, also kein Eintrittsgeld zu bezahlen haben und sofort den Anspruch auf die vollen statutenmäßigen Leistungen wieder bekommen;

d) die Bestimmung des § 56a über die etwaige Vermehrung der Kassenärzte; vgl. Anm. 4;

e) die Vorschriften des § 57a über die Rechtshülfe in Krankheitsfällen, vgl. Anm. 5.

[4]) erreichen. Die Fassung dieses Absatzes ist durch die Novelle insofern gekürzt worden, als die in demselben bisher enthaltene Uebergangsbestimmung (wonach etwaige Minderleistungen spätestens bis Ende 1886 auf die Leistungen der Betriebs- [Fabrik-] Krankenkasse erhöht werden sollten) als veraltet und fortab entbehrlich gestrichen worden ist. Ebenso ist der ganze bisherige fünfte Absatz durch die Novelle gestrichen worden, weil auch dieser nur die Uebergangsbestimmung enthielt, daß die nach Abs. 2 erforderlichen Statutenänderungen nöthigenfalls von der Aufsichtsbehörde oktroyirt werden dürften.

[5]) Anwendung. Vgl. Anm. 3. Die für die Vermehrung der Kassenärzte zuständige höhere Verwaltungsbehörde ist diejenige, welche für die Bergangelegenheiten fungirt, nicht die höhere Verwaltungsbehörde der allgemeinen Landesverwaltung, also in Preußen das Oberbergamt; die Bestimmungen über die Zuständigkeit der Behörden (§ 84) gelten nicht für Knappschaftskassen. Ebenso war schon in dem Komm.Ber. des ursprünglichen Gesetzes (S. 87) darauf hingewiesen, daß die in dem damaligen Absatz 3 (vgl. Anm. 4) der „Aufsichtsbehörde“ überlassenen Funktionen derjenigen Behörde zufallen, welche nach Landesrecht die Aufsicht über die Knappschaftskassen führt.

Was die Bestimmungen über die Rechtshülfe (§ 57a) anbetrifft, so ist in den Verhandlungen des Reichstags über die Novelle Uebereinstimmung darin festgestellt worden (Sten.Ber. 1890/92 S. 4806, 4808): „daß die für die Knappschaftskassen hier getroffene Bestimmung, welche gleicherweise auch für Fabrik-Krankenkassen, Innungs-Krankenkassen und Bau-Krankenkassen gilt, lediglich dahin geht, daß sie dasjenige Recht haben sollen, welches in § 57a den Gemeinden und Orts-Krankenkassen eingeräumt ist, dagegen nicht die Verpflichtung, welche durch § 57a den letzteren auferlegt ist. Es ergiebt sich das aus dem Sinn der ganzen Bestimmung mit Evidenz. Denn

§. 75.*)

1) Mitglieder der auf Grund des Gesetzes über die einge- I.
schriebenen Hülfskassen vom 7. April 1876 (Reichs-Gesetzbl. S. 125) / 1. Juni 1884 (Reichs-Gesetzbl. S. 54) errichteten Kassen sind von der Verpflichtung,2) der Gemeinde-Krankenversicherung oder einer nach Maßgabe dieses Gesetzes errichteten3) Krankenkasse anzugehören, befreit, wenn die Hülfskasse, welcher sie angehören, allen ihren versicherungspflichtigen4) Mitgliedern, oder doch derjenigen Mitgliederklasse,5) zu welcher der Versicherungspflichtige gehört, im Krankheitsfalle mindestens diejenigen6) Leistungen7) gewährt, welche nach Maßgabe der §§. 6 und 78) von der Gemeinde, in deren Bezirk der Versicherungspflichtige beschäftigt ist,9) zu gewähren sind. Die durch Kassenstatut begründeten Beschränkungen der Unterstützungsansprüche schließen die Befreiung nicht aus, wenn sie sich innerhalb der Grenzen der den Gemeinden nach §. 6a gestatteten Beschränkungen10) halten.

*) Die Vorschriften dieses Paragraphen gelten im Allgemeinen erst vom 1. Juli 1893 ab; bis dahin durfte es für die älteren eingeschriebenen und auf Grund landesrechtlicher Vorschriften errichteten Hülfskassen bei den Bestimmungen des § 75 in der älteren Fassung in der Regel sein Bewenden behalten. Vgl. Ges. v. 14. Dezember 1892, R.G.Bl. S. 1049. Dieses Uebergangsgesetz ist jetzt veraltet und deshalb in dieser Auflage nicht weiter behandelt; vgl. dasselbe nebst Erläuterungen in der 4. Aufl. dieses Kommentars S. 489 ff.

Ebenso veraltet und deshalb fortgelassen ist ein älteres Uebergangsgesetz für eingeschriebene Hülfskassen vom 28. Januar 1885 (R.G.Bl. S. 5), vgl. dasselbe nebst Einleitung in der 2. Aufl. dieses Kommentars S. 271 ff.

der § 57a beabsichtigt nichts weiter als derjenigen Person, welche außerhalb des Bezirks ihrer Krankenkasse erkrankt, von derjenigen Organisation ihres Erkrankungsorts, die unter allen Umständen da sein muß, diejenige Hülfe zu Theil werden zu lassen, die sie im eigenen Kassenbezirk bekommen haben würde. Immerhin muß nun aber im Erkrankungsorte entweder eine Orts-Krankenkasse für den betreffenden Betriebszweig oder, wenn eine Orts-Krankenkasse nicht vorhanden ist, die Gemeinde-Krankenversicherung da sein. Diese beiden also sind es, die nöthigenfalls einzutreten berufen sind. Nicht aber finden sich überall Fabrik-, Bau-, Innungs- und Knappschaftskassen."

Zu § 75.

1) Vgl. Anm. 1 zu § 74. Auch nach den Bestimmungen der Novelle ist es im Grundsatz dabei verblieben, daß die Zugehörigkeit zu den Zwangskassen oder der Gemeinde-Krankenversicherung ersetzt werden kann durch die Betheiligung an freien Hülfskassen ohne Beitrittszwang. Die mehrfach hervorgetretenen Wünsche nach völligem Ausschluß der freien Hülfskassen aus dem System der Krankenversicherung, wobei die ersteren zwar als Zuschuß-

II. **Tritt ein Mitglied einer eingeschriebenen Hülfskasse an einem Orte in Beschäftigung, an welchem das Krankengeld der Mitgliederklasse, der es bisher angehörte, hinter dem von der Gemeinde-Krankenversicherung zu gewährenden Krankengelde zurückbleibt, so gilt[11]) die Befreiung noch für die Dauer von zwei Wochen. Die Meldepflicht des Arbeitgebers (§. 49 Absatz 1) beginnt in diesen Fällen erst mit dem Ablauf dieser zwei Wochen.**

III. **Mitgliedern einer eingeschriebenen Hülfskasse, welche zugleich der Gemeinde-Krankenversicherung oder einer auf Grund dieses Gesetzes errichteten[3]) Krankenkasse[12]) angehören, kann[13]) an Stelle[14]) der freien ärztlichen Behandlung und Arznei[15]) eine Erhöhung des Krankengeldes um ein Viertel des Betrages des ortsüblichen Tagelohnes (§. 8) ihres Beschäftigungsortes gewährt werden.**

IV. **Die vorstehenden Bestimmungen finden auch auf Mitglieder solcher** auf Grund landesrechtlicher Vorschriften[16]) **errichteten** Hülfskassen[17]) **Anwendung, deren Statut von einer Staatsbehörde genehmigt ist und über die Bildung eines Reservefonds den §§. 32, 33 entsprechende Bestimmungen enthält.[18])**

(§ 69 des Entwurfs und der Komm.-Beschlüsse.)

---

kassen hätten weiter bestehen, der gesetzlichen Versicherung aber nur in der Zwangskasse einschließlich der Gemeinde-Krankenversicherung hätte genügt werden können, sind nicht erfüllt worden. Ebenso ist es auch nach den Vorschriften der Novelle grundsätzlich dabei verblieben, daß die Zugehörigkeit zu Hülfskassen schon unmittelbar kraft Gesetzes die Befreiung von den Zwangskassen zur Folge hat, und daß es nicht erst eines entsprechenden Antrages des versicherungspflichtigen Hülfskassenmitgliedes bedarf, um dieser Befreiung theilhaftig zu werden. Das Hülfskassenmitglied braucht nichts weiter zu thun, als seine gesetzliche Befreiung unter Führung des entsprechenden Nachweises geltend zu machen. Dies muß geschehen gegenüber dem Arbeitgeber, wenn es sich um die Anmeldung bei der Kasse nach dem Eintritt in die Beschäftigung (§ 41), oder um die Nichtverpflichtung zur antheiligen Erstattung des vom Arbeitgeber eingezahlten Beitrags zur Zwangskasse (§§ 53, 53 a, 58) handelt, und der Zwangskasse gegenüber, sobald diese die Zugehörigkeit des Befreiten zur Zwangskasse behauptet (vgl. § 58, Streitigkeiten zwischen der Zwangskasse und den auf Grund des Gesetzes zu versichernden Personen über das Versicherungsverhältniß) und den Nachweis der Befreiung verlangt. Im Uebrigen vgl. hierüber Näheres in der allgemeinen Begründung der Novelle (oben S. 41 ff.) und in Anm. 2 zu § 49.

Dagegen sind die Voraussetzungen, unter denen die Zugehörigkeit zu Hülfskassen ohne Beitrittszwang als ausreichend angesehen werden soll, durch die Novelle in mehreren wichtigen Beziehungen geändert worden. Früher brauchten die Hülfskassen freie ärztliche Behandlung u. s. w. nicht in natura, sondern an deren Stelle nur eine Erhöhung des Krankengeldes um 1/4 des ortsüblichen Tagelohnes zu gewähren. Ebenso war für die Beurtheilung, ob das Krankengeld der Hülfskasse ausreichend sei, allgemein nur der ortsübliche Tagelohn am Sitze der Hülfskasse maßgebend. Endlich konnte die Hülfskasse darüber, ob ihre Leistungen gleichwerthig, ihre Mitglieder also von den Zwangskassen befreit seien, zwar auch eine Bescheinigung der Zulassungsbehörde beanspruchen; diese Bescheinigung war aber für keine andere Behörde maßgebend, und es war deshalb die Frage nach der Gleichwerthigkeit der Kassenleistungen in jedem einzelnen Streitfall von jeder dabei betheiligten Stelle selbständig von Neuem zu prüfen. Erwuchsen aus der letzten Vorschrift den Hülfskassen und ihren Mitgliedern erhebliche Weiterungen, so genügten andererseits die zuerst bezeichneten Leistungen nicht, um die den Versicherten gewährte Fürsorge als ausreichend erscheinen zu lassen. Hierdurch wurden die Versicherten selbst geschädigt, insofern ihnen in Krankheitsfällen nicht dasjenige Maß der Unterstützung gewährleistet war, welches der Gesetzgeber als Mindestleistung fordert; andererseits wurde aber die Hülfskasse zum Nachtheil der durch das Krankenversicherungsgesetz geschaffenen regelmäßigen Organisationen der Krankenversicherung in Vortheil versetzt, insofern dadurch ihre Anziehungskraft für körperlich gesunde, insbesondere jugendliche Versicherungspflichtige künstlich gesteigert wurde. Denn das Krankengeld konnte, weil es nach den Verhältnissen nur eines Orts (des Kassensitzes) bemessen war, in der Regel nicht für alle, an den verschiedensten Orten wohnenden Kassenmitglieder diejenige Mindesthöhe erreichen, welche letztere aus den Zwangskassen zu erwarten hätten. Die Abgeltung der freien ärztlichen Behandlung durch eine mäßige Erhöhung des Krankengeldes aber war zwar subjektiv für viele Erkrankte, welche kurzsichtig genug sind, den Arzt in Krankheitsfällen thunlichst wenig oder gar nicht in Anspruch zu nehmen, erwünscht, objektiv aber für die schnelle und sichere Gesundung des Erkrankten nachtheilig, während die geringe Baarleistung dem Geldwerth der freien ärztlichen Behandlung nicht annähernd gleichkam, die Hülfskassen also in ihrer Konkurrenz mit den Zwangskassen, welche für theurere Leistungen größere Beiträge beanspruchen mußten, künstlich gestärkt wurden. Letzteres war insbesondere um deswillen unerwünscht, weil es Aufgabe des Gesetzgebers sein mußte, solche Organisationen sicher zu stellen und zu fördern, die in Folge des Gesetzes zur Durchführung des von demselben begründeten Versicherungszwanges errichtet waren und auf Grund dieser gesetzlichen Vorschriften alle Versicherten ihres Bezirks ohne Rücksicht auf Alter und Gesundheit aufnehmen müssen, während die Hülfskassen nur jüngere Leute von nachweisbar gutem Gesundheitszustand aufnehmen. Die Hülfskassen nehmen also die guten Risiken vorweg, und können deshalb relativ niedrigere Beiträge erheben; die Zwangskassen dagegen können sich auch gegen die schlechtesten Risiken nicht wehren, während ihnen gute Risiken zahlreich entzogen werden; sie werden also hierdurch finanziell geschädigt. Dieses war gemeint, wenn in den Verhandlungen über die Novelle mehrfach davon die Rede war, man müsse zwischen den Zwangskassen und den Hülfskassen Licht und Schatten gleich vertheilen. Im Uebrigen aber steht obenan die Fürsorge für die Erkrankten selbst; ihnen muß dasjenige, was der Gesetzgeber als Mindestleistung in Krankheitsfällen für erforderlich hält — und das sind die Leistungen der Gemeinde-Krankenversicherung am Ort ihrer Beschäftigung — unter allen Umständen gewährt werden, ohne Rücksicht darauf, ob dies den einzelnen Kassenorganisationen leicht oder schwer wird. Letztere haben sich eben den Bedürfnissen ihrer Mitglieder anzupassen. Es war also grundsätzlich verkehrt, wenn die Freunde der freien Hülfskassen in den neuen Bestimmungen der Novelle einen durch Mißgunst veranlaßten Schlag gegen die Hülfskassen erblicken wollten. Soweit die Leistungen der letzteren fortab geändert und den Leistungen der Gemeinde-Krankenversicherung mehr genähert worden sind wie bisher, und soweit hieraus für die Verwaltung der Hülfskassen Erschwerungen sich ergeben sollten, handelt es sich nur um Wegräumung unberechtigter bisheriger Bevorzugungen, nicht um eine Benachtheiligung; und im Uebrigen kam nicht sowohl das Wohl der Institution selbst, als das Interesse der Versicherten in Frage, zu dessen Erfüllung die einzelnen Institutionen errichtet sind. Aus diesen Gründen mußten die im Wesentlichen aus dem Interesse der Hülfskassen hergeleiteten Gesichtspunkte, welche im alten Gesetz zu der Bemessung des Krankengeldes nach den alleinigen Verhältnissen des Kassensitzes und zur Befreiung von der Verpflichtung zur Gewährung von Naturalleistungen geführt hatten, zurücktreten. Vgl. auch hier die allgemeinen Motive der Novelle (oben S. 41 ff.) Thatsächlich haben sich die Hülfskassen sehr leicht hineingefunden und in der überwiegenden Mehrzahl die erforderlichen Statutenänderungen ohne Schwierigkeit bewirken können; diejenigen, welche hierzu keine Neigung hatten, sind fortan nur als Zuschußkassen zu behandeln.

Nach den Bestimmungen der Novelle wird demgemäß nur diejenige Hülfskasse als gleichwerthig angesehen, welche ihren Mitgliedern mindestens dasjenige gewährt, was diese Mitglieder von der für den Einzelnen zuständigen Gemeinde-Krankenversicherung zu beanspruchen haben würden, also:

a) freie ärztliche Behandlung, Arznei, sowie Brillen, Bruchbänder und ähnliche Heilmittel;
b) ein Krankengeld von 50% des für den Beschäftigungsort des erkrankten Mitgliedes festgesetzten ortsüblichen Tagelohnes gewöhnlicher Tagearbeiter.

(Wegen der Modifikationen siehe unten.) Darüber, ob diese Leistungen nach dem Statut gewährt werden, wird den Hülfskassen auf ihren Antrag eine Bescheinigung ausgestellt, die für alle Fälle maßgebend ist. Nur darauf kann sich diese Bescheinigung nicht erstrecken, ob die Höhe des statutenmäßigen Krankengeldes ihrem Betrage nach auch wirklich 50 % des Ortslohns gewöhnlicher Tagearbeiter darstellt, denn dies kann nur für jeden Ort nach den für denselben festgestellten Sätzen unter Vergleichung mit den statutgemäßen Beträgen ermittelt werden.

Es ist keine Frage, daß durch diese letzteren Bestimmungen für die Hülfskassen eine erhebliche Erleichterung und Verbesserung des bestehenden Zustandes herbeigeführt ist. Diese, sowie die weitere aus § 76 sich ergebende Erleichterung darf jedenfalls dann nicht unbeachtet bleiben, wenn man die neuen Verpflichtungen der Hülfskassen, durch welche bisherige, als Privilegien wirkende Bestimmungen zu Gunsten der Versicherten beseitigt sind, als Erschwerungen ansehen will. Schon in den Verhandlungen über das alte Gesetz war als Grundsatz aufgestellt worden, daß man von den Hülfskassen dasjenige verlangen müsse, was überhaupt als Mindestforderung aufgestellt sei (Sten. Ber. 1883 S. 2219); dieser Grundsatz war aber damals in so wesentlichen Beziehungen durchbrochen worden, daß er erst jetzt seit der Novelle voll in die Erscheinung tritt.

Die eingeschriebene Hülfskasse ist eine organisirte Krankenkasse mit selbständiger rechtlicher Persönlichkeit. Sie ist aber nicht genöthigt, ihren Mitgliedern ebensoviel zu leisten, wie andere organisirte (Orts- rc.) Krankenkassen, da die Leistungen der Gemeinde-Krankenversicherung, welche bei Hülfskassen genügen, geringer sind, wie die obligatorischen Leistungen der Zwangskassen.

Derjenige, welcher durch den Beitritt zu einer eingeschriebenen oder freien Hülfskasse ohne Beitrittszwang die Betheiligung an der Gemeinde-Krankenversicherung oder einer Orts-, Betriebs- (Fabrik-), Bau- oder Innungs-Krankenkasse ablehnt, trennt sich dadurch nicht nur von seinen Berufsgenossen, mit welchen ihn gemeinsame Interessen und das Gefühl der Zusammengehörigkeit vereinigen sollten, sondern er verliert auch die sehr wesentlichen Vortheile, welche die anderen durch die Beschäftigung in einem gewissen Berufszweige bedingten Formen der Krankenversicherung vor den eingeschriebenen und freien Hülfskassen bieten. Er büßt insbesondere den Anspruch auf die Beiträge des Arbeitgebers ein, ebenso die gesetzliche Beschränkung seiner eigenen Beiträge auf ein gesetzliches Maximum ($1\frac{1}{3}$ Prozent des ortsüblichen Tagelohns bei der Gemeinde-Krankenversicherung, §§ 10, 53; 3 Prozent des auf 3 bezw. 4 Mark reduzirten Durchschnitts- oder Werklohns bei den organisirten Krankenkassen, §§ 31, 47, 64, 65, 72, 73). Ihm nützt nicht die Verbindlichkeit der Gemeinde zu etwa nöthigen Vorschüssen zur Gemeinde-Krankenversicherung (§ 9) und die Verpflichtung der Fabrikherren, der Bauherren und der Innungen zu etwa erforderlichen Zuschüssen zu den Betriebs- (Fabrik-), den Bau- und den Innungs-Krankenkassen, §§ 65, 72, 73, cf. auch § 64 Ziffer 4. Ihm kommt ferner nicht zugute die unentgeltliche Verwaltung der Kasse, zu welcher die Gemeinden bei der Gemeinde-Krankenversicherung (§ 9), die Betriebs- und die Bauherren bei den Betriebs- (Fabrik-) und bei den Bau-Krankenkassen (§ 64 Nr. 4, § 72) verpflichtet sind (die Verwaltungskosten betragen oft einen sehr erheblichen Theil der Gesammtausgaben!). Auch die Bestimmungen des vorliegenden Gesetzes über das Eintrittsgeld sind wohl ausnahmslos günstiger als bei den Hülfskassen, da ein solches bei der Gemeinde-Krankenversicherung überhaupt nicht, bei den Orts-, Betriebs- (Fabrik-) und Bau-Krankenkassen nur in geringem Betrage und nur dann erhoben werden darf, wenn der Eintretende während der letzten dreizehn Wochen einer Krankenkasse nicht angehört oder Beiträge zur Gemeinde-Krankenversicherung nicht geleistet hat, §§ 4, 26, 64, 72, während die Hülfskassen Eintrittsgeld allgemein und in beliebiger Höhe erheben dürfen. Endlich besteht für eingeschriebene Hülfskassen ohne Beitrittszwang nicht die administrative Beitreibung fälliger Beiträge, so daß gegen säumige Mitglieder nur die gerichtliche Klage mit den daraus sich ergebenden Weiterungen übrig bleiben wird. Auch in Beziehung auf die **Unfallversicherung** sind den anderen Kassen wichtige Befugnisse beigelegt, welche den Hülfskassen ohne Beitrittszwang nicht haben eingeräumt werden können; vgl. Anm. 14.

Alle diese erheblichen Vortheile könnten nur dann aufgewogen erscheinen, wenn bei den Hülfskassen die Selbstverwaltung der Kassenmitglieder wesentlich bedeutender wäre, als bei den anderen Formen der Krankenversicherung. Das ist aber im Allgemeinen nicht der Fall. Bei den Orts-, Betriebs- (Fabrik-) und Bau-Krankenkassen besteht ebenfalls eine volle Selbstverwaltung der Kassenmitglieder, allerdings unter beschränkter Mitwirkung der zu Kassenbeiträgen verpflichteten Arbeitgeber, und nur bei der Gemeinde-Krankenversicherung haben die Versicherten direkt keine Verwaltungsbefugnisse.

Im Uebrigen ist nicht zu übersehen, daß die Betheiligung an Hülfskassen ohne Beitrittszwang *nur dann* von der Theilnahme an den übrigen Formen der Krankenversicherung befreit, *wenn die Hülfskassen nach Maßgabe dieses § 75 ihre Leistungen gestalten.*

Die im Interesse der Versicherungspflichtigen, welche in einer Hülfskasse ihrer Versicherungspflicht genügen, besonders gebotene Kontrole darüber, *ob die Hülfskassen auch dauernd leistungsfähig sind und bleiben*, wird auf Grund der einschlagenden gesetzlichen Bestimmungen (cf. insbesondere §§ 26, 29 des Hülfskassengesetzes) fortan besonders sorgfältig geführt werden müssen.

[2]) *sind von der Verpflichtung, . . . anzugehören, befreit*, kraft Gesetzes (vgl. Anm. 2 zu § 49), aber vorbehaltlich des Nachweises. Nach der bisherigen Fassung hieß es: „Für Mitglieder der . . . Hülfskassen . . . tritt weder die Gemeinde-Krankenversicherung, noch die Verpflichtung, einer . . . Krankenkasse beizutreten, ein." Die neue Fassung ist im Wesentlichen redaktioneller Art und erklärt sich aus der Entstehungsgeschichte, insofern in

der Regierungsvorlage statt des Worts „befreit" die Worte standen „auf ihren Antrag zu befreien" (vgl. Anm. 2 zu § 49), welche demnächst durch das Wort „befreit" ersetzt wurden (Sten. Ber. 1890/92 S. 3213, 3214). Der neue Ausdruck geht insofern etwas weiter, als unter den Begriff: „Angehören" auch das „Verbleiben" fällt, während die bisherige Fassung nur von einem „Beitreten" sprach.

Wer also einer als gleichwerthig anerkannten Hülfskasse angehört, ist nicht verpflichtet, der Gemeinde-Krankenversicherung oder der Orts-, Betriebs- (Fabrik-), Bau- oder Innungs-Krankenkasse, die sonst für ihn zuständig sein würde, beizutreten oder in derselben zu verbleiben. Er ist aber dazu berechtigt und kann dadurch, daß er neben der Zwangskasse noch in eine Hülfskasse ohne Beitrittszwang eintritt, Doppelversicherung nehmen. Vgl. Anm. 5a zu § 4, Anm. 6 zu § 19. Dieses Recht kann er beim Eintritt in die Beschäftigung, falls er zu dieser Zeit schon Mitglied der Hülfskasse ist, dadurch ausüben, daß er seine Befreiung nicht geltend macht, oder dadurch, daß er ausdrücklich erklärt, trotz seiner Befreiung auch der Zwangskasse beitreten zu wollen. Im letzteren Fall braucht der Arbeitgeber nicht anzumelden, gemäß § 49. Im ersteren Fall wird er zwar seinen neuen Arbeiter, weil er dessen Befreiung nicht kennt, nach den Vorschriften des § 49 in der Regel anmelden; unterläßt er es aber, so schadet ihm das nicht, weil die Anmeldepflicht des Arbeitgebers wegen der Befreiung des Versicherten objektiv nicht bestand, also auch die nachtheiligen Folgen der §§ 50, 81 nicht eintreten können. Der Versicherte wird aber der Krankenkasse von seiner Zugehörigkeit zur Hülfskasse selbst rechtzeitig (binnen einer Woche) Mittheilung machen müssen, wenn er sich nicht der Gefahr aussetzen will, auf Grund einer entsprechenden statutarischen Vorschrift gemäß § 26a Abs. 2 Ziffer 1 und 2a von dem Kassenvorstand in Ordnungsstrafe genommen zu werden. Hierbei fragt es sich, ob auch zur Begründung seiner Mitgliedschaft bei der Zwangskasse eine ausdrückliche Beitrittserklärung des Arbeitnehmers erforderlich ist, wenn der Arbeitgeber nicht meldet. Wir möchten diese Frage verneinen. Für Orts-Krankenkassen ist solche Beitrittserklärung jedenfalls nicht vorgeschrieben; denn § 19 Abs. 2, welcher eine entsprechende Anmeldung fordert, bezieht sich auf den freiwilligen Beitritt Nichtversicherungspflichtiger, während es sich hier um solche Personen handelt, bei denen zwar die gesetzliche Versicherungspflicht, aber nicht die Kassenzugehörigkeit besteht. Für die Gemeinde-Krankenversicherung ist nach dem Wortlaut des § 4 allerdings eine besondere Anmeldung erforderlich, insofern dort für den Beitritt „der Berechtigten" (ohne Unterscheidung, ob es sich um versicherungspflichtige oder nichtversicherungspflichtige Berechtigte handelt) eine entsprechende Erklärung verlangt wird. Indessen ist kaum anzunehmen, daß der Gesetzgeber durch diesen Ausdruck eine obligatorische Vorschrift für die hier in Rede stehenden Fälle hat geben wollen; auch sind an die Nichtbeachtung derselben keinerlei Nachtheile geknüpft. Jedenfalls dürfte die Meldung durch die demnächstige Einzahlung der Versicherungsbeiträge seitens des Arbeitgebers, also durch konkludente Handlung ersetzt werden; diese Beiträge dürfen ohne Zustimmung des freiwillig Beitretenden nicht zurückgewiesen werden, weil die Kasse den freiwilligen Beitritt nicht hindern kann und auch die ärztliche Untersuchung (§§ 4, 19) nur für freiwillig beitretende Nichtversicherungspflichtige vorgesehen ist. Man wird also im Grundsatz festhalten können, daß ein Mitglied einer Hülfskasse, welches einer Orts-Krankenkasse oder der Gemeinde-Krankenversicherung freiwillig beitreten will, weder vom Arbeitgeber noch von ihm selbst ausdrücklich gemeldet zu werden braucht, sofern nur die Krankenkasse (durch Entrichtung der Beiträge) anderweit von diesem Entschlusse Kenntniß erhält.

Ein Versicherter, welcher erst während der Dauer seiner Zugehörigkeit zu einer Zwangskasse einer freien Hülfskasse beitritt, kann sein Recht, der ersteren auch ferner anzugehören, dadurch geltend machen, daß er es unterläßt, seinen Austritt gemäß § 19 Abs. 5 zu erklären. Er wird aber auch dann § 26a Abs. 2 Ziffer 1 und 2a beachten müssen.

Gegen Ueberversicherung schützt in den Fällen der Doppelversicherung die Vorschrift des § 26a Abs. 1. Dieselbe Vorschrift dürfen auch die eingeschriebenen Hülfskassen erlassen, vgl. Anm. 5 zu § 26a.

Die Befreiung von der Verpflichtung, der Zwangskasse anzugehören, tritt, sofern der Beitritt zur Hülfskasse erst im Laufe der Beschäftigung erfolgt, — bei den organisirten Kassen nicht sofort, sondern erst mit dem Beginn des neuen Rechnungsjahres und nur dann ein, wenn der Austritt rechtzeitig, spätestens 3 Monate vorher, beantragt worden ist (§ 19 Abs. 5). Für die Gemeinde-Krankenversicherung besteht eine solche Vorschrift nicht; für sie also wirkt der Austritt sofort; er muß nur ausdrücklich oder durch konkludente Handlungen (Einstellung der Beitragszahlung) zur Kenntniß der Gemeinde gebracht werden. Streitigkeiten über die Befreiung werden nach §§ 53a, 58 behandelt.

Vgl. im Allgemeinen die Abhandlung von Hahn „Das Verhältniß der Zwangskassen zu den freien Hülfskassen nach der Novelle zum K.V.G.“ in Arb.Vers. X S. 73 ff.

[3]) nach Maßgabe dieses Gesetzes errichteten, jetzt oder später. Auf Knappschaftskassen findet diese Bestimmung keine Anwendung; sie sind nicht „auf Grund dieses Gesetzes“, sondern auf Grund der Landesgesetze errichtet, und die in § 19 Abs. 4 zugelassene Austrittsbefugniß gilt für sie nicht.

[4]) versicherungspflichtige. Durch diese im Reichstag eingeschaltete Beschränkung wird im Interesse der Hülfskassen die Vorschrift des § 8 Abs. 4 des Hülfskassengesetzes, wonach die Beiträge und Unterstützungen für alle Mitglieder nach gleichen Grundsätzen abgemessen sein müssen, dahin modifizirt, daß versicherungspflichtige und nichtversicherungspflichtige Kassenmitglieder verschieden behandelt werden dürfen.

---

[5]) oder doch derjenigen Mitgliederklasse. Früher galt nur ein Satz, nämlich der Ortslohn des Kassensitzes; damit hing es zusammen, daß früher auf die verschiedenen Mitgliederklassen der Hülfskasse keine Rücksicht genommen wurde. Wenn ein Hülfskassenmitglied früher 50 % des Ortslohns am Kassensitz zu erhalten hatte, so war es an allen Orten des Kassenbezirks befreit, mochte auch an dem betreffenden Ort der Ortslohn und dadurch das von der Gemeinde-Krankenversicherung zu gewährende Krankengeld erheblich höher sein wie am Kassensitz. Hierin ist jetzt Wandel geschaffen; jedes Hülfskassenmitglied ist fortab nur dann befreit, wenn es aus der Hülfskasse mindestens soviel an Krankengeld zu erhalten hat, wie aus der Gemeinde-Krankenversicherung seines jeweiligen Beschäftigungsorts. Unter diesen Umständen aber lag es in der Billigkeit, bei solchen Hülfskassen, welche verschiedene Mitgliederklassen haben, nur diejenige Mitgliederklasse in Betracht zu ziehen, welcher im betreffenden Fall das betreffende Mitglied angehört. . . . „Durch die Bildung von Mitgliederklassen können die Kassen ihre Unterstützungen so bemessen, daß sie in der höchsten Mitgliederklasse für die Orte mit den höchsten ortsüblichen Tagelöhnen genügen, während für Orte mit niedrigeren ortsüblichen Tagelöhnen schon die Unterstützungssätze der unteren Mitgliederklasse ausreichen. Daß schon der Unterstützungssitz in der untersten Mitgliederklasse für alle Orte des Kassenbezirks, auch die mit den höchsten Tagelöhnen, ausreiche, wird nicht zu fordern sein, da in diesem Fall von den weitverzweigten Kassen Unterstützungen gewährt werden müßten, welche für die meisten Mitglieder viel zu hoch sein würden“ (Mot. z. Nov. S. 31). Um die Kassen in den Stand zu setzen, die Ortslöhne an den verschiedenen Orten ihres Kassenbezirks zu kennen, sind in Verfolg einer schon in den Motiven zur Novelle gegebenen Anregung (Mot. z. Nov. S. 31, vgl. oben S. 43) und in Gemäßheit einer entsprechenden Resolution des Reichstags amtliche Veröffentlichungen über die Höhe der betreffenden Festsetzungen von Reichswegen erfolgt (Bek. d. Kais. Statist. Amts v. 24. Dez. 1892, Anhang zu Nr. 53 des Central-Blatts f. d. Deutsche Reich). Die Veränderungen werden von Zeit zu Zeit ebenfalls veröffentlicht. Vgl. übrigens Anm. 4 zu § 8.

Wer in einer nach den Sätzen seines Beschäftigungsorts zu niedrigen Mitgliederklasse versichert ist, gilt mithin nicht als befreit, sofern nicht seine bisherige Befreiung ausnahmsweise noch 2 Wochen fortdauert, vgl. Anm. 11.

Bei der erheblichen Bedeutung, welche die Mitgliederklassen fortan für die Befreiung und dadurch für die Interessen der Zwangskassen haben, ist denn auch die den Hülfskassen auferlegte Anzeigepflicht nicht mehr auf den Austritt aus der Hülfskasse beschränkt, sondern auch auf den Uebertritt in eine niedrigere Mitgliederklasse ausgedehnt worden (§ 49a). Die Arbeitgeber brauchen diesen Uebertritt und damit die Fortdauer der Befreiung des Versicherten nicht zu kontroliren, vgl. Anm. 2 zu § 49.

[6]) mindestens diejenigen, in gleicher Art, Höhe und Dauer, ohne Karenzzeit, ohne Beschränkung bei wiederholter Erkrankung &c., jedoch unter

gleichmäßiger Beachtung der Vorschriften des § 6a, wie in dem letzten Satz dieses Absatzes ausdrücklich hinzugesetzt worden ist. Eine Ausgleichung irgend welcher Minderleistung durch sonstige Mehrleistungen darf nicht berücksichtigt werden. Weitere Ausführungen im Einzelnen erscheinen hier entbehrlich, weil fortan die Bescheinigungen (§ 75a) dafür maßgebend sind, ob die Leistungen einer Hülfskasse als gleichwerthig gelten, also „mindestens diejenigen" Leistungen gewährt werden, welche den einzelnen Versicherten aus der Gemeinde-Krankenversicherung ihres Beschäftigungsorts zustehen würden. Diese Bescheinigungen, welche ausschließlich von Zentralbehörden ausgestellt werden (§ 79a), sind für die Praxis unbedingt maßgebend, und zwar auch dann, wenn sich demnächst herausstellen sollte, daß bei ihrer Ausstellung einzelne Irrthümer vorgekommen sind, vgl. Anm. 5 zu § 75a, Anm. 3 zu § 75b.

[7]) Leistungen. Auf die Höhe der Beiträge kommt es nicht an.

[8]) der §§ 6 und 7. Die Beifügung des § 7 soll nicht etwa heißen, daß Hülfskassen nur dann gleichwerthige Leistungen gewähren, wenn sie Krankenhauspflege gemäß § 7 in Aussicht stellen. Es soll vielmehr nur gesagt sein, daß Hülfskassen, ohne ihre Gleichwerthigkeit zu beeinträchtigen, befugt sind, durch Bestimmungen ihres Statuts an Stelle der Leistungen des § 6 eine Krankenhauspflege zu gewähren (Sten. Ber. 1890/92 S. 4814), daß sie aber, sofern dies geschieht, auch verpflichtet sind, ebenso wie die Gemeinden nach Maßgabe des § 7 Abs. 2 eine Angehörigenunterstützung neben der Krankenhauspflege zu gewähren. Man wird auch solche Hülfskassen für gleichwerthig ansehen dürfen, welche nur die Leistungen des § 7, nicht auch die des § 6 in Aussicht stellen. (Ebenso Reger-Henle Anm. 5 zu § 75.)

[9]) beschäftigt ist, vgl. Anm. 1 und 5. Ueber den Beschäftigungsort gelten auch hier die Vorschriften des § 5a, ohne daß es eines besonderen Hinweises bedurft hätte. In der Kommission sind deshalb die anfänglich beigefügten Worte: „oder als beschäftigt gilt" wieder gestrichen worden, zumal dieselben in dieser allgemeinen Fassung zu Mißverständnissen hätten Anlaß geben können.

[10]) Beschränkungen, vgl. Anm. 6. Darauf, ob in der Beschäftigungsgemeinde statutarische Bestimmungen gleicher Art bestehen oder nicht, kommt es nicht an. (Ebenso Hahn Anm. 1 f zu § 75.)

[11]) so gilt. Vgl. Anm. 7 zu § 49. Man wollte durch diese Bestimmungen verhüten, daß Hülfskassenmitglieder aus rein äußeren Gründen (Wechsel des Beschäftigungsorts) ihrer Befreiung verlustig gehen. Den betreffenden Versicherten bleibt überlassen, innerhalb der ihnen freigelassenen zwei Wochen den Beitritt zu der entsprechenden höheren Mitgliederklasse herbeizuführen. Geschieht dies rechtzeitig, so dauert die Befreiung fort und es besteht für den Arbeitgeber keine Meldepflicht. Geschieht es nicht, so ist das Hülfskassenmitglied mit Ablauf der zwei Wochen gesetzliches Mitglied der Zwangskasse und zu dem gleichen Zeitpunkte beginnt die Meldepflicht des

Arbeitgebers (Sten.Ber. 1890/92 S. 4814). Uebrigens enthalten viele Statuten von Hülfskassen die Bestimmung, daß bei einem Wechsel des Beschäftigungsorts sich die Mitgliederklasse, in der das betreffende Mitglied versichert ist, von selbst auf diejenige Klasse erhöht, in welcher das Krankengeld der Hälfte des Ortslohns entspricht. Wegen der Berechnung der Frist vgl. § 78a.

Abs. 2 gilt sowohl dann, wenn ein Hülfskassenmitglied bereits früher in Beschäftigung war und nur den Ort der Beschäftigung verändert, wie dann, wenn dasselbe überhaupt erst zum ersten Mal eine versicherungspflichtige Beschäftigung übernimmt. Er gilt aber nicht, wenn das Hülfskassenmitglied, ohne den Beschäftigungsort zu ändern, in eine zu niedrige Klasse übertritt; in diesen Fällen wird der Betreffende sofort Mitglied der Zwangskasse.

[12]) Krankenkasse, weil sie aus dieser bereits die Naturalleistungen zu erhalten haben. Aus diesem Grunde steht eine zweite Hülfskasse diesen Kassen nicht gleich; denn wenn mehrere Hülfskassen die gleichen Bestimmungen enthalten, würde ein derselben gleichzeitig angehörender Versicherter freie ärztliche Behandlung überhaupt nicht erhalten.

[13]) kann — gewährt werden Die Wahl zwischen Natural- und Geldleistung steht nur der Hülfskasse, nicht auch den Versicherten oder der Zwangskasse zu. Nach Sten.Ber. 1890/92 S. 4813 könnte sogar angenommen werden, daß die Hülfskasse nur die Befugniß hat, durch Statut festzusetzen, daß unter den bezeichneten Voraussetzungen statt der Naturalleistung die Geldleistung gewährt werden solle, daß sie aber, wenn das Statut eine solche Bestimmung nicht enthält, die Naturalleistung gewähren muß. So Hahn Anm. 3 zu § 75. Wir möchten uns indessen mit Köhne Anm. 9 zu § 75 schon auf Grund des Wortlauts des Gesetzes für eine freiere Auffassung entscheiden. Dabei gehen wir davon aus, daß der Gesetzgeber nur die Kassenleistung selbst im Auge gehabt und dabei allerdings zunächst nur an den Fall gedacht hat, daß das Statut eine entsprechende Regelung enthält, daß er aber gleichartige Leistungen auch wohl dann nicht hat versagen wollen, wenn sie nicht ausdrücklich im Statut nachgelassen sind.

Statutarische Bestimmungen, durch welche das Wahlrecht beschränkt, oder in welchen für die Naturalleistung eine geringer bemessene Geldentschädigung in Aussicht gestellt wird, sind unzulässig; der Versicherte würde befugt sein, solche statutarische Leistung abzulehnen und an deren Stelle die gesetzlichen Naturalleistungen zu fordern. Er kann sich daher in solchen Fällen unter Umständen, bei Beachtung der über die Aerztewahl getroffenen Bestimmungen, sowohl durch den Arzt der Zwangskasse wie durch den für die Hülfskasse zugelassenen Arzt behandeln lassen. Für die Kasse aber wird, wenn sie nach ihrem Statut eine geringere Baarentschädigung in Aussicht stellt, als § 75 Abs. 3 zuläßt, die Gleichwerthigkeit beeinträchtigt und es würden deshalb die Kassenmitglieder, wenn nicht der Wortlaut des § 75b entgegenstände, trotz Ausstellung der Bescheinigung nicht als befreit angesehen werden können. Bei Ausstellung der Bescheinigung braucht auf die Beachtung dieser Vorschrift nicht nothwendig Werth gelegt zu werden, weil diese Ausstellung nur vorbehaltlich der Höhe des Krankengeldes erfolgt.

[14]) an Stelle. Der Geldersatz ist also auch dann zu leisten, wenn kein Krankengeld, sondern nur freie ärztliche Behandlung gewährt zu werden braucht, insbesondere während der zweitägigen Karenzzeit sowie für Sonn- und Feiertage, ebenso dann, wenn Erwerbsunfähigkeit überhaupt nicht vorliegt (ebenso Reger-Henle Anm. 13 zu § 75, v. Schicker S. 375; a. M. Köhne Anm. 10, 11 zu § 75). Dies gilt auch für solche Fälle, wo ein Krankengeld aus anderen Gründen, insbesondere weil es auf Grund des § 6a Ziffer 2 entzogen ist, nicht ausgezahlt wird.

In allen denjenigen Fällen aber, wo das Krankengeld gewährt wird, handelt es sich bei dieser Erhöhung um einen wirklichen Theil des Krankengeldes; der an die Stelle der freien ärztlichen Behandlung u. s. w. tretende Betrag ist eben ein die Naturalleistung ersetzendes Krankengeld, und trägt auch den Charakter des letzteren. Deshalb wird diese „Erhöhung" bei der Kürzung wegen Ueberversicherung gemäß § 26a Abs. 1 zu berücksichtigen sein (ebenso Henle-Reger Anm. 13 zu § 75). Vgl. Anm. 5 zu § 26a sowie Anm. 13.

[15]) freien ärztlichen Behandlung und Arznei. Man wird annehmen dürfen, daß auch die weiteren Naturalleistungen der Gemeinde-Krankenversicherung (Brillen, Bruchbänder und ähnliche Heilmittel), dagegen nicht die auf Grund des Kassenstatuts etwa gewährten größeren Leistungen (Badekuren u. s. w.) gedeckt sein sollen. Ebenso Köhne Anm. 9 und für die bisherige Fassung des Gesetzes Preuß. Ob.Verw.Ger. Bd. 14 S. 352.

[16]) auf Grund landesrechtlicher Vorschriften. Nach der bisherigen Vorschrift fielen hierunter sämmtliche Kassen, die überhaupt eine legale Existenz hatten, also nicht contra legem errichtet waren, ohne Rücksicht darauf, ob ihr Rechtsbestand oder ihr Wirken irgend welchen besonderen Vorschriften unterlag oder nicht. Dies hat sich seit der Novelle geändert. Mot. z. Nov. S. 73: „Hinsichtlich der auf Grund landesrechtlicher Vorschriften errichteten Hülfskassen hat sich die Nothwendigkeit herausgestellt, Vorsorge zu treffen, daß dieselben ihren Mitgliedern die Unterstützungen, welche deren Befreiung von dem Eintritt in eines der gesetzlichen Versicherungsverhältnisse rechtfertigen, nicht nur versprechen, sondern auch einige Sicherheit dafür bieten, daß diese Unterstützungen wirklich gewährt werden. Diese Sicherheit besteht zur Zeit nicht überall, da die landesrechtlichen Vorschriften in verschiedenen Gebieten des Reichs die Errichtung von Krankenkassen ermöglichen, ohne daß der Rechtsbestand derselben von irgend einer obrigkeitlichen Mitwirkung oder von der Beachtung irgend welcher materieller Vorschriften abhängig wäre. Bei diesen Kassen ist es lediglich von der Einsicht und dem guten Willen der Begründer abhängig, ob durch ihr Statut eine die geregelte Ver-

§. 75a.*)

Den eingeschriebenen[1]) Hülfskassen, sowie den im §. 75 Absatz 4 bezeichneten, auf Grund landesrechtlicher Vorschriften errichteten Hülfskassen ist auf ihren Antrag eine amtliche Bescheinigung[2]) darüber auszustellen, daß sie, vorbehaltlich der Höhe des Krankengeldes,[3]) den Anforderungen des §. 75 genügen. I.

---

waltung und die Geltendmachung der Ansprüche der Versicherten ermöglichende Organisation, sowie die fortdauernde Leistungsfähigkeit gesichert wird. Kassen dieser Art sollen daher den eingeschriebenen Hülfskassen nur dann gleichstehen, wenn ihr Statut von einer Staatsbehörde genehmigt ist und Bestimmungen enthält. durch welche die Ansammlung eines Reservefonds in gleicher Weise, wie durch die §§ 32, 33 des Krankenversicherungsgesetzes verbürgt wird."

[17]) Hülfskassen. Zu ergänzen ist hier, was durch die bisherige Fassung ausdrücklich zugesetzt war: „für welche ein Zwang zum Beitritt nicht besteht". Hülfskassen aller Art mit Beitrittszwang unterliegen fortan den Bestimmungen dieses Gesetzes (§ 85), für sie bedurfte es also keiner weiteren Bestimmung.

[18]) Mitglieder von Hülfskassen sind weder aktiv noch passiv wahlberechtigt zu den in § 41 des Unfallversicherungsgesetzes (und den gleichartigen Vorschriften anderer Unfallversicherungsgesetze) vorgesehenen Funktionen von Arbeitervertretern (Beisitz in den Schiedsgerichten, Betheiligung im Reichs-Versicherungsamt bezw. in den Landes-Versicherungsämtern, Theilnahme an der Begutachtung und Beschlußfassung über Unfallverhütungsvorschriften), wohl aber für die in § 45 a. a. O. vorgesehene Funktion der Bevollmächtigten der Krankenkassen (Theilnahme an der polizeilichen Untersuchung der Unfälle). Vgl. darüber Näheres bei Anm. 1a zu § 16 dieses Gesetzes, sowie in v. Woedtke, Kommentar z. Unfallvers.Ges. Anm. 1 zu § 31, Anm. 1 zu § 42, Anm. 1 zu § 45 Anm. 2 zu § 87 a. a. O. Auch bei der Wahl der Mitglieder der Ausschüsse für die Invaliditäts- und Altersversicherungsanstalten wirken die Mitglieder von Hülfskassen nicht mit, wie die letzteren im Allgemeinen überhaupt nicht zu den Krankenkassen im Sinne dieses letzteren Gesetzes gerechnet werden und denselben nur in einzelnen bestimmten Beziehungen gleichgestellt sind, §§ 48, 135 Inv. u. A.V.G. Vgl. darüber Näheres, insbesondere hinsichtlich der Tragweite dieser Vorschrift, Bosse-v. Woedtke, Kommentar z. Inv. u. A.V.G. Anm. 1 zu § 135.

Zu § 75a.

[1]) eingeschriebenen. Die Bescheinigung ist also nicht eher zu ertheilen, als bis über die Zulassung der Kasse (Genehmigung bei landesrechtlichen Kassen) von der zuständigen Behörde entschieden ist.

[2]) amtliche Bescheinigung. Mot. z. Nov. S. 74: „Durch die §§ 75a und 75b sollen für die Folge die Unzuträglichkeiten beseitigt werden,

II. **Die Bescheinigung wird ausgestellt:**

1. **für Kassen, deren Bezirk[4]) über die Grenzen eines Bundesstaates nicht hinausreicht, von der Zentralbehörde,**
2. **für Kassen, deren Bezirk[4]) über die Grenzen eines Bundesstaates hinausreicht, von dem Reichskanzler.**

III. **Wird die Bescheinigung versagt, so sind die Gründe mitzutheilen.**

IV. **Tritt in dem Statut der Kasse eine Aenderung ein, so ist von Amtswegen[5]) zu prüfen, ob die Kasse den Anforderungen des §. 75 auch ferner entspricht. Nach dem Ausfall dieser Prüfung ist die Bescheinigung von Neuem zu ertheilen oder zu widerrufen.**

V. **Die Bescheinigung und deren Widerruf sind in dem Falle zu 1 durch das für die amtlichen Bekanntmachungen der Zentralbehörde bestimmte Blatt, in dem Falle zu 2 durch den Reichs-Anzeiger bekannt zu machen.[6])**

) Die Vorschriften dieses Paragraphen gelten im Allgemeinen erst vom 1 Juli 1893 ab (Ges v. 14. Dezember 1892, R G Bl. S. 1043). Vgl. Anm.) zu § 75.

---

welche für alle Betheiligten bisher daraus entstanden sind, daß die Entscheidung über die Frage, ob eine Hülfskasse den Anforderungen des § 75 entspricht, in jedem einzelnen Streitfalle von der für dessen Entscheidung zuständigen Behörde selbständig zu treffen war. Nach dem Entwurf soll die Anerkennung einer freien Hülfskasse als einer solchen, welche den Anforderungen des § 75 entspricht, ein für allemal in der Weise ausgesprochen werden, daß die zur Entscheidung des einzelnen Streitfalles berufene Behörde nur noch darüber zu befinden hat, ob das Krankengeld die örtlich erforderliche Höhe erreicht. Diese Regelung setzt voraus, daß bei der Prüfung der Frage, ob die Anerkennung zu erfolgen hat, nach gleichmäßigen Grundsätzen verfahren, und daß die Anerkennung von einer Stelle ausgesprochen wird, deren Entscheidung für alle zur Entscheidung der einzelnen Streitfälle berufenen Behörden verbindlich gemacht werden kann. Die Ausstellung der die Anerkennung aussprechenden Bescheinigungen soll daher für Hülfskassen, deren Bezirke die Grenzen eines Bundesstaates nicht überschreiten, der Landes-Zentralbehörde, für Hülfskassen, deren Bezirke sich über mehrere Bundesstaaten oder über das ganze Reich erstrecken, dem Reichskanzler übertragen werden." Vgl. Anm. 1 zu § 75.

Die jetzigen Vorschriften sind durch die Novelle an die Stelle des durch Art. 32 Abs. 2 derselben aufgehobenen § 4 Abs. 5 des Hülfskassengesetzes gesetzt worden, wonach eine gleichartige Bescheinigung zwar auch, und zwar von der die Kasse zulassenden höheren Verwaltungsbehörde, auszusprechen war, jedoch keine bindende Kraft hatte.

Die Bescheinigung ist nach unserem Dafürhalten nur dann zu widerrufen, wenn ihre Voraussetzungen nicht mehr vorliegen, insbesondere also dann, wenn durch Statutänderung (Abs. 4) die Gleichwerthigkeit beseitigt wird. Bei Ausstellung neuer Bescheinigungen aus Anlaß von Statutenänderungen kann aber offenbar von Neuem geprüft werden, ob die Gleichwerthigkeit, auch soweit es sich um die unverändert gebliebenen Bestimmungen des Statuts handelt, vorliegt, und es kann dann die Ausstellung der neuen Bescheinigung bis zur Herbeiführung der Gleichwerthigkeit versagt werden. Im Uebrigen muß die Bescheinigung bleiben, auch wenn sie irrthümlich ertheilt sein sollte; eine dem § 48a entsprechende Bestimmung enthält das Gesetz nicht. Vgl. Anm. 3 zu § 75b.

³) vorbehaltlich der Höhe des Krankengeldes, vgl. Anm. 1 und 13 zu § 75.

⁴) Bezirk. Als Kassenbezirk wird derjenige Bezirk anzusehen sein, aus welchem die Aufnahme in die Kasse erfolgen darf, ohne Rücksicht darauf, ob einmal Aufgenommene im Fall des Verziehens in eine andere Gegend der Kasse weiter angehören dürfen oder nicht. Hierfür spricht die Analogie der Orts-Krankenkassen, deren „Bezirk" dadurch nicht erweitert wird, daß freiwillige Mitglieder nach außerhalb verziehen und trotzdem der Kasse weiter angehören (§ 27). Vgl. auch § 44.

Die Frage, ob als „Kassenbezirk" derjenige anzusehen ist, in welchem die aufnahmefähigen Personen wohnen dürfen, oder ob es auch hier auf den Ort ihrer Beschäftigung ankommt, kann zweifelhaft sein. Die Analogie der Orts-Krankenkasse (§ 16) würde für die ausschließliche Berücksichtigung des Beschäftigungsorts sprechen. Mangels einer ausdrücklichen Bestimmung des Gesetzes neigen wir indessen der Ansicht zu, daß in denjenigen Fällen, wo der Kassenbezirk, wenn man nur den Wohnort der Aufnahmefähigen zu Grunde legt, über einen Bundesstaat sich nicht hinaus erstreckt, wohl aber dann, wenn man deren Beschäftigungsort berücksichtigt, sowohl der Reichskanzler wie die betreffende Landes-Zentralbehörde zur Ausstellung der Bescheinigung zuständig ist, und umgekehrt.

⁵) von Amtswegen, von der für die Ausstellung der Bescheinigung zuständigen Behörde (Abs. 2), welcher das Statut zur Prüfung von der Zulassungsbehörde vorzulegen ist. Vgl. Anm. 2 a. E.

⁶) bekannt zu machen. Mot. z. Nov. S. 74: „Um ferner jede einzelne zur Entscheidung eines Streitfalles berufene Behörde in den Stand zu setzen, festzustellen, ob die Bescheinigung für die in Frage stehende Kasse ertheilt ist, soll jede Ertheilung oder Zurücknahme einer Bescheinigung durch das für die Bekanntmachungen der die Bescheinigung ausstellenden Behörde bestimmte Blatt veröffentlicht und der Nachweis der Bescheinigung durch Vorlegung eines Exemplars des Kassenstatuts geführt werden, in welchem das die Bescheinigung enthaltende Blatt nach Jahrgang, Nummer und Seitenzahl angegeben wird." Vgl. § 75b.

§. 75b.

I. **Bei Streitigkeiten[1]) über die Befreiung eines Mitgliedes einer Hülfskasse von der Verpflichtung, einer Gemeinde-Krankenversicherung oder einer auf Grund dieses Gesetzes errichteten Krankenkasse anzugehören, ist für die Entscheidung der Frage, ob die Kasse den Anforderungen des §. 75 genügt, vorbehaltlich der Frage, ob das Krankengeld die Hälfte des ortsüblichen Lohnes gewöhnlicher Tagearbeiter am Beschäftigungsorte des Mitgliedes erreicht,[2]) die auf Grund des §. 75a ausgestellte Bescheinigung maßgebend.[3])**

II. **Der Nachweis der Bescheinigung wird durch Vorlegung eines Exemplars des Kassenstatuts geführt, in welchem das die Bekanntmachung enthaltende Blatt nach Jahrgang, Nummer und Seitenzahl angegeben[4]) ist.**

§. 76.

[1]) **Die Bestimmungen der §§. 57 und 58 Absatz 2[2]) finden auf die im §. 75 bezeichneten[3]) Hülfskassen Anwendung.**

Zu § 75b.

[1]) Streitigkeiten. Dieselben werden sich wohl in allen Fällen darum drehen, ob das Hülfskassenmitglied einer Zwangskasse angehören muß oder nicht, und demgemäß nach §§ 53a, 58 zu entscheiden sein.

[2]) erreicht, vgl. Anm. 1 zu § 75.

[3]) maßgebend. Die Bescheinigung, welche nach bisherigem Recht nur als Beweismittel diente, bewirkt jetzt eine praesumptio iuris et de iure (Köhne Anm. zu § 75b) und ist auch für den Strafrichter maßgebend (Hahn Anm. zu § 75a). Vgl. Anm. 2 zu § 75a.

[4]) angegeben ist, vgl. Anm. 6 zu § 75a.

Zu § 76.

[1]) Dieser durch die Novelle neu eingefügte Paragraph hat die Bezeichnung „§ 76" erhalten, nachdem der bisherige § 76, welcher die Behörden ermächtigte, die Hülfskassen ihres Bezirks zu Veränderungsanzeigen zu verpflichten, in Folge der Aufnahme des § 49b, welcher solche Anzeigen allgemein anordnet, entbehrlich geworden ist.

[2]) Die §§ 57 und 58 Abs. 2. Mot. z. Nov. S. 74: „Es liegt kein Grund vor, den Gemeinden und Armenverbänden, welche versicherten Personen Unterstützung geleistet haben, den freien Hülfskassen gegenüber nicht dasselbe Recht, wie den Zwangskassen gegenüber, zu gewähren. Ebenso entspricht es der Billigkeit, die gesetzlichen Entschädigungsansprüche der Versicherten gegen Dritte unter derselben Voraussetzung und in demselben Umfange auf die Hülfskassen übergehen zu lassen, wie sie nach § 57 Abs. 4

J. Schluß-, Straf- und Uebergangsbestimmungen.

§. 76a.

[1]) **Die Verwaltungen der Gemeinde-Krankenversicherung, sowie die Vorstände der Krankenkassen und der im §. 75 bezeichneten[2]) Hülfskassen sind verpflichtet, den Behörden von Gemeinden und Armenverbänden, welche auf Grund der ihnen obliegenden gesetzlichen Verpflichtung zur Unterstützung hülfsbedürftiger Personen Versicherte unterstützt haben,[3]) auf Erfordern Auskunft darüber zu ertheilen, ob und in welchem Umfange diesen Personen gegen sie Unterstützungsansprüche[4]) auf Grund dieses Gesetzes zustehen.[5])** I.

---

auf die Zwangskassen übergehen." Der Umfang, in welchem diese Entschädigungsansprüche übergehen, richtet sich nach § 57 Abs. 5. Entgegenstehende Bestimmungen der Statuten sind wirkungslos. Einer besonderen Zession dieser Ansprüche bedarf es nicht.

Streitigkeiten wegen des Uebergehens dieser Entschädigungsansprüche sind im ordentlichen Rechtswege zu entscheiden, vgl. Anm. 2h zu § 58; Streitigkeiten zwischen Hülfskassen und Armenverbänden aus § 57 Abs. 2 und 3 dagegen, sowie Streitigkeiten zwischen Hülfskassen und Zwangskassen wegen des Ersatzes irrthümlich geleisteter Unterstützungen nach § 58 Abs. 2 im Verwaltungsstreitverfahren.

Der § 58 Abs. 1 findet auf Hülfskassen keine Anwendung, so daß Streitigkeiten zwischen denselben und ihren Mitgliedern über die Zugehörigkeit zur Hülfskasse, über die Beiträge zu derselben und über Unterstützungsansprüche nach allgemeinen Regeln, meist also im ordentlichen Rechtswege zu entscheiden sind.

[3]) bezeichneten, also diejenigen, welche als gleichwerthig anerkannt sind (ebenso Hahn in Arb.Vers. X S. 80; a. M. v. Schicker S. 383), mögen es eingeschriebene Hülfskassen oder auf Grund landesrechtlicher Vorschrift errichtete Kassen sein.

Zu § 76a.

[1]) Durch die von der Novelle eingefügten §§ 76a bis 76d werden den Organen der Krankenversicherung gewisse Verpflichtungen gegenüber staatlichen Behörden und gegenüber den Organen der Unfall-, Invaliditäts- und Altersversicherung im Sinne der Rechtshülfe zu dem Zwecke auferlegt, um letzteren die Erfüllung ihrer Aufgaben zu erleichtern. Diese Verpflichtungen bestehen in Folgendem:

1. den Organen der öffentlichen Armenpflege muß auf Wunsch Mittheilung darüber gemacht werden, ob und in welchem Umfange die im Wege der öffentlichen Armenpflege Unterstützten einen Anspruch auf Krankenunterstützung haben (§ 76a Abs. 1),

II. **Die Verwaltungen der Gemeinde-Krankenversicherung, sowie die Vorstände der Krankenkassen und der im §. 75 bezeichneten[2]) Hülfskassen sind ferner verpflichtet, den auf Grund der Unfallversicherungsgesetze bestehenden Berufsgenossenschaften,[6]) sowie[7]) den auf Grund des Gesetzes, betreffend die Invaliditäts- und Altersversicherung, vom 22. Juni 1889 (Reichs-Gesetzbl. S. 97) bestehenden Versicherungsanstalten[8]) zu gestatten,[9]) zum Zweck der Ermittelung der von ihren Mitgliedern beziehungsweise den Arbeitgebern ihres Bezirks beschäftigten Versicherten und deren Beschäftigungszeit und Lohnhöhe durch Beauftragte[10]) von den Büchern und Listen der Kasse in deren Geschaftsräumen während der Geschäftsstunden Einsicht zu nehmen.**

III. **Die Mitglieder der Verwaltungen der Gemeinde-Krankenversicherung und der Kassenvorstände können zur Erfüllung der ihnen durch vorstehende Bestimmungen auferlegten Verpflichtungen von der Aufsichtsbehörde durch Geldstrafen[11]) bis zu zwanzig Mark angehalten[12]) werden.**

---

2. den Organen der Berufsgenossenschaften und Versicherungsanstalten muß die Einsicht der Kassenbücher (§ 76a Abs. 2) und die Uebernahme Verunglückter zur weiteren Unterstützung (§ 76c) gestattet, auch über den Verlauf von Erkrankungen in Folge Unfalls Mittheilung gemacht werden (§ 76b).

Die Verpflichtung zur gegenseitigen Aushülfe besteht für die Zwangskassen nach Maßgabe des § 57a. Eine allgemeine Bestimmung wegen der Rechtshülfe zwischen den Organen der Krankenversicherung und den Behörden u. s. w., wie sie in § 101 U.V.G. und § 141 Inv. u. A.V.G. sich finden, enthält dagegen das Krankenversicherungsgesetz nicht. Hieraus läßt sich nicht folgern, daß eine solche Rechtshülfe nicht stattfinden solle; sie wird vielmehr im Allgemeinen nicht verweigert werden dürfen, wie es sich zwischen den zur Wahrung öffentlicher Interessen bestellten Stellen von selbst verstehen sollte. Im Falle der Verweigerung werden die vorgesetzten Behörden sicherlich bereit sein, Abhülfe zu schaffen. Dabei wird allerdings der Umfang der durch das Ersuchen um Beistand hervorgerufenen Mühewaltung sowie die Frage nicht unerörtert bleiben, ob das Gewollte nicht auf anderem Wege ebenso leicht erreicht werden kann, und die allgemeine Kontrole wegen Erfüllung der aus der Krankenversicherung sich ergebenden Verpflichtungen wird im Allgemeinen den Krankenkassen selbst überlassen bleiben müssen.

[2]) bezeichneten, vgl. Anm. 3 zu § 76.

[3]) unterstützt haben. Die Auskunftsverpflichtung der Kassen ist durch den Nachweis bedingt, daß derjenigen Person, hinsichtlich deren die Auskunft

erbeten wird, eine Armenunterstützung für sie selbst oder für ihre von ihr wirthschaftlich abhängigen Angehörigen, deren Unterstützung armenrechtlich als eine Unterstützung des Familienhaupts selbst angesehen wird, im Wege der öffentlichen Armenpflege thatsächlich bereits gewährt worden ist.

[4]) Unterstützungsansprüche aller Art einschließlich Sterbegeld, Angehörigen-Unterstützungen, Wöchnerinnen-Unterstützung.

[5]) zustehen. Die Bestimmung ist im Reichstage eingeschaltet und zu ihrer Begründung angeführt, „daß das gleichzeitige Eintreten der Krankenversicherung und der Armenpflege unter Umständen nothwendig sein wird und für ein derartiges gemeinschaftliches Eintreten es unbedingt geboten ist, daß die betr. Armenbehörde bezw. der Gemeindevorstand, die einzutreten haben, ganz genau wissen, was die Kassen selber leisten" (Sten.Ber. 1890/92 S. 3232). Die den Organen der Armenpflege zu ertheilende Auskunft muß sich darauf erstrecken, ob die betreffenden, wegen Hülfsbedürftigkeit unterstützten Personen Kassenmitglieder oder unterstützungsberechtigte Angehörige von Kassenmitgliedern sind (vgl. Anm. 3), oder ob etwa Ansprüche Ausgeschiedener auf Grund des § 28 vorliegen, auf wie hoch diese Ansprüche sich belaufen und ob etwa die Auszahlung bereits erfolgt ist. Hinsichtlich des Umfangs des Unterstützungsanspruchs ist bei Kassen, welche Vorschriften über die Anmeldung mehrfacher Versicherung getroffen haben (§ 26a Abs. 2 Ziffer 1 und 2a), auch die Vorschrift des § 26a Abs. 1 zu beachten, wobei dann im Interesse sachlicher Förderung die Kasse, bei welcher die Doppelversicherung genommen ist, gleichzeitig mit anzugeben sein wird. Durch diese Auskunft werden die Organe der Armenpflege in die Lage versetzt, nöthigenfalls bei anderen Kassen, insbesondere bei Hülfskassen ohne Beitrittszwang (vgl. §§ 57, 76) wegen der Kassenzugehörigkeit der Unterstützten weitere Nachfrage zu halten und dann ihre Ersatzansprüche gemäß § 57 geltend zu machen, event. auch weitere Leistungen aus öffentlichen Mitteln einzustellen.

[6]) Berufsgenossenschaften und Ausführungsbehörden, § 76d.

[7]) Berufsgenossenschaften sowie. Hierdurch werden die Krankenkassen in einer weiteren Beziehung zur Mitwirkung bei der Durchführung der Unfallversicherung sowie der Invaliditäts- und Altersversicherung berufen. Solche Beziehungen bestehen nunmehr in sehr erheblichem Umfange.

I. Unfallversicherung.

a) Grundsätzlich hat die Krankenkasse die Fürsorge für Verletzte während der ersten 13 Wochen nach dem Unfall allein zu tragen; es gilt dies als ein Theil der Krankenversicherung, nicht der Unfallversicherung. Die 13 Wochen beginnen mit dem Eintritt des Unfalls; nach deren Ablauf tritt die Fürsorgepflicht der Berufsgenossenschaft ein (§ 5 Abs. 2 U.V.G.), ohne daß es darauf ankommt, ob sofort mit dem Eintritt des Unfalls eine ärztliche Behandlung oder sonstige Fürsorge überhaupt erforderlich gewesen ist oder ob die nachtheiligen Folgen des Unfalls erst später hervortreten. Die Krankenkassen sind also im Verhältniß zu den Berufsgenossenschaften nicht verpflichtet, unter allen Umständen die Entschädigung verunglückter Mitglieder volle 13 Wochen lang zu leisten, sondern nur insoweit, als innerhalb 13 Wochen vom Unfallereigniß (als der Keimlegung zu den später auftretenden Schädigungen) ab Anlaß zu einer Entschädigung vorliegt (Entsch. d. R.V.A. v. 22. Februar 1892, sowie A. N. 1888 S. 244; vgl. Handbuch der Unfallversicherung S. 133, v. Woedtke, Kommentar z. U.V.G. Anm. 5 zu § 5). Auf Grund der eigenen Verpflichtung dem Verletzten gegenüber werden allerdings die Krankenkassen von dem Augenblick ab, wo die nachtheilige Folge des Unfalls hervortritt, also die Krankheit in die Erscheinung tritt (vgl. Anm. 18 zu § 1), noch während der aus § 6 sich ergebenden Zeit von mindestens 13 Wochen unterstützungspflichtig sein, und dies hat insbesondere für die Fälle Bedeutung, in denen die Fürsorge der Berufsgenossenschaften thatsächlich sich nicht lückenlos anschließt; das Geleistete erhalten aber die Krankenkassen von den Berufsgenossenschaften gemäß § 8 U.V.G. zurück, indem dann der Anspruch der Verletzten gegen die Berufsgenossenschaft in Höhe des geleisteten Betrages auf die Krankenkasse übergeht.

b) Vom Beginn der fünften Woche nach Eintritt des Unfalls ab (vgl. unter a) haben die Krankenkassen dem Verletzten an Krankengeld mindestens $^2/_3$ des der Berechnung desselben zu Grunde gelegten Arbeitsverdienstes zu gewähren. Entspricht diese Leistung den Kassenstatuten, so behält es dabei sein Bewenden; ist aber statutarisch weniger zu gewähren, so hat der Betriebsunternehmer die Differenz an die Krankenkasse zu erstatten (§ 5 Abs. 9 U.V.G.). Hierzu hat das Reichs-Versicherungsamt auf Grund der ihm gesetzlich ertheilten Ermächtigung Ausführungsvorschriften v. 30. September 1885 (A. N. 1885 S. 283) erlassen; vgl. dieselben im Anhang sowie in v. Woedtke, Kommentar z. U.V.G., 4. Aufl., Anlage D.

c) Die Krankenkassen sind verpflichtet, auf Verlangen der Berufsgenossenschaft die Fürsorge für ihre verunglückten Mitglieder auch nach Ablauf der dreizehnten Woche bis zum Abschluß des Heilverfahrens gegen Kostenerstattung zu übernehmen. § 5 Abs. 8 U.V.G. § 10 Abs. 4 landw. U. u. K.V.G. Dazu tritt jetzt umgekehrt

d) die Verpflichtung der Krankenkassen, den Berufsgenossenschaften auf ihren Wunsch die Fürsorge für verletzte Kassenmitglieder auch während der ersten 13 Wochen zu überlassen (§ 76c). Ferner tritt jetzt hinzu

e) die Verpflichtung der Krankenkassen, den Berufsgenossenschaften zur Ausübung der Kontrole die Einsicht ihrer Bücher zu gestatten, § 76a Abs. 2, und

f) die Verpflichtung der Krankenkassen zu Mittheilungen über den Verlauf des Heilverfahrens bei Unfällen, § 76b.

g) Die Vorstände der Krankenkassen haben demgegenüber auch Befugnisse bei der Verwaltung der Unfallversicherung. Sie wählen für diejenigen Berufsgenossenschaften, aus denen ihnen mindestens zehn Arbeiter als Mitglieder angehören, die Vertreter der Arbeiter (zur Berathung und Beschlußfassung über Unfallverhütungsvorschriften, zur Wahl der Arbeiterbeisitzer der Schiedsgerichte, und zur Wahl der aus den Versicherten zu entnehmenden nichtständigen Mitglieder des R.V.A.), § 42 U.V.G., sowie die Bevollmächtigten zu den Unfalluntersuchungsverhandlungen, § 45 U.V.G. Für die Land- und Forstwirthschaft wählen die Vorstände der betheiligten Krankenkassen, soweit solche für den betr. Bezirk überhaupt vorhanden sind, die Beisitzer der Schiedsgerichte direkt, während die nichtständigen Mitglieder des R.V.A. vom Bundesrath berufen werden, § 51 Abs. 3, § 95 Abs. 2 landw. U. u. K.V.G. Endlich sind

h) die Vorstände der Betriebs- (Fabrik-) Krankenkassen befugt, gegen die Mitglieder der Kasse Geldstrafen wegen Uebertretung der Unfallverhütungsvorschriften festzusetzen, §§ 78, 80 U.V.G.

II. Invaliditäts- und Altersversicherung. Hier tritt die Verbindung mit der Krankenversicherung in noch größerem Umfange hervor.

a) Demjenigen, welcher ein volles Jahr hindurch (in Folge Krankheit) erwerbsunfähig gewesen ist, wird Invalidenrente ohne den sonst erforderlichen Nachweis, daß es sich um eine dauernde Erwerbsunfähigkeit handelt, gewährt (§ 10 Inv. u. A.V.G.). Dabei kommt in Betracht, daß organisirte Krankenkassen die Krankenunterstützung bis zur Dauer eines Jahres gewähren dürfen (§ 21 Ziffer 1). Die allgemeine Verlängerung der Unterstützung auf diesen Zeitraum mußte mit Rücksicht auf die Leistungsfähigkeit der Krankenkassen unterbleiben, vgl. Anm. 14 zu § 6.

b) Die Dauer einer mit Erwerbsunfähigkeit verbundenen Krankheit von mindestens sieben Tagen gilt als Beitragszeit, § 17 J. u. A.V.G.

c) Die Lohnklassen, und damit die Beiträge wie die Renten, richten sich nach demjenigen Betrage, welcher für die Beiträge zur Krankenversicherung maßgebend ist, § 22 J. u. A.V.G.

d) Die Vorstände der Krankenkassen sind verpflichtet, Bescheinigungen über die Dauer anrechnungsfähiger Krankheiten auszustellen, § 18 J. u. A.V.G.

e) Die Krankenkassen sind verpflichtet, auf Verlangen der Versicherungsanstalt gegen Kostenerstattung die Fürsorge für Versicherte in größerem als nach dem Kassenstatut vorgesehenen Umfang, nämlich in dem von der Versicherungsanstalt (nach Art und Dauer) für geboten erachteten Umfang zu übernehmen, § 12 Abs. 2 J. u. A.V.G.

(Die umgekehrte Verpflichtung der Krankenkassen, den Versicherungsanstalten die Fürsorge für ihre Mitglieder auch während der Krankheitsdauer zu überlassen, ist wegen mangelnden Bedürfnisses nicht eingeführt; die Befugniß zur Uebernahme der Krankenfürsorge hat die Versicherungsanstalt nur für solche Personen, welche nicht gegen Krankheit versichert sind, § 12 Abs. 1 J. u. A.V.G.) Dazu tritt jetzt

f) die Verpflichtung der Krankenkassen, den Versicherungsanstalten behufs Durchführung der Kontrole die Einsicht ihrer Kassenbücher zu gestatten, § 76a Abs. 2.

g) Die Mitwirkung der Krankenkassen bei der Organisation der Invaliditäts- und Altersversicherung zeigt sich in verschiedenen Beziehungen. Ihre Vorstände wählen gemeinsam mit den Vertretungen der weiteren Kommunalverbände die Mitglieder des Ausschusses der Versicherungsanstalt, und zwar sowohl aus dem Stande der Arbeitgeber, wie aus dem der Arbeitnehmer, § 48 J. u. A.V.G.; die von ihnen gewählten Ausschußmitglieder wählen dann ihrerseits die Schiedsgerichtsbeisitzer, § 71 Abs. 3 J. u. A.V.G., während als Mitglieder des Reichs-Versicherungsamts auch in den Angelegenheiten der Invaliditäts- und Altersversicherung die unter Mitwirkung der Krankenkassenvorstände für die Unfallversicherung gewählten Personen fungiren; sodann ist

h) der Vorstand der Krankenkasse zu hören, sofern es sich um Anträge auf Bewilligung von Invalidenrenten für die Kassenmitglieder handelt, § 75 J. u. A.V.G.; ferner sind

i) die Krankenkassen berechtigt (§ 114 J. u. A.V.G.) und auf Grund einer Anordnung der Zentralbehörde oder einer genehmigten Anordnung der Versicherungsanstalt bezw. des Kommunalverbandes verpflichtet, für ihre Mitglieder und unter Umständen auch für andere Personen, soweit diese einer Zwangskasse oder der Gemeinde-Krankenversicherung nicht angehören, die Einziehung der Beiträge, die Einklebung der Marken in die Quittungskarten, sowie die Ausstellung und den Umtausch der Quittungskarten zu übernehmen, §§ 112, 113 J. u. A.V.G., sowie

k) den Versicherungsanstalten auf Erfordern Rechtshülfe zu leisten und denselben auch ohne Aufforderung etwaige für den Geschäftsbetrieb wichtige Mittheilungen zu machen, § 141 J. u. A.V.G.

[8]) **Versicherungsanstalten.** Die zur selbständigen Durchführung der Invaliditäts- und Altersversicherung zugelassenen besonderen Kasseneinrichtungen (§§ 5, 7 J. u. A.V.G.) erwähnt das Gesetz nicht; der § 76d findet auf diese keine Anwendung.

[9]) **zu gestatten.** Mot. z. Nov. S. 75: „Nach § 71 des Unfallversicherungsgesetzes vom 6. Juli 1884 (R.G.Bl. S. 69) haben die Mitglieder der Berufsgenossenschaft alljährlich eine Nachweisung der während des ab-

§. 76b.

[1]) **Die Verwaltungen der Gemeinde-Krankenversicherung, sowie die Vorstände der Krankenkassen und der im §. 75 bezeichneten[2]) Hülfskassen sind verpflichtet,[3]) jeden Erkrankungsfall, welcher durch** I.

---

gelaufenen Rechnungsjahres in ihren Betrieben beschäftigten versicherten Personen und der von ihnen verdienten Gehälter und Löhne einzureichen. Um die Richtigkeit dieser Nachweisungen, welche die Grundlage der Umlegung der Beiträge bilden, kontroliren zu können, ist den Genossenschaften im § 82 a. a. O. das Recht beigelegt, die Geschäftsbücher und Listen ihrer Mitglieder, aus denen die Zahl der beschäftigten Arbeiter und Beamten und die Beträge der von diesen verdienten Löhne und Gehälter ersichtlich werden, einzusehen. Dieses Mittel der Kontrole hat sich als unzureichend erwiesen, namentlich für diejenigen Berufsgenossenschaften, denen eine große Zahl von kleinen Unternehmern angehören. Abgesehen davon, daß es für die Berufsgenossenschaften unausführbar ist, von den Geschäftsbüchern und Lohnlisten jedes einzelnen kleinen Unternehmers Einsicht nehmen zu lassen, steht der Wirksamkeit dieser Kontrole auch der Umstand entgegen, daß es bei den kleinen Unternehmern vielfach an einer Buch- und Listenführung fehlt, auf Grund deren die Richtigkeit der von ihnen eingereichten Nachweisungen geprüft werden könnte. Unter diesen Umständen ist es für die Berufsgenossenschaften von großem Werthe, die Bücher und Listen der Krankenkassen, aus denen die Zahl und Beschäftigungsdauer der bei den einzelnen Unternehmern beschäftigten Versicherungspflichtigen und vielfach auch deren Lohnbezüge leicht zu ermitteln sind, einsehen lassen zu dürfen. Für die Krankenkassen werden aus der Verpflichtung, die Einsicht zu gestatten, da diese nur in den Geschäftsräumen und während der Geschäftsstunden vorgenommen werden soll, weder Kosten noch eine erhebliche Belästigung erwachsen."

[10]) Beauftragte. Hierunter sind Auftragspersonen aller Art, nicht bloß die „Beauftragten" in dem technischen Sinne des § 82 U.V.G. verstanden (Köhne Anm. 2 zu § 76a).

[11]) Geldstrafen vorbehaltlich der Beschwerde an die nächstvorgesetzte Behörde, § 76e. Wohin die Strafe fließt, richtet sich nach Landesrecht, Komm.Ber. z. Nov. S. 24.

[12]) angehalten werden. Es handelt sich um eine Exekutionmaßregel, die also bis zur Erreichung des Gewollten wiederholt werden kann. Der Aufsichtsbehörde stehen auf Grund des § 45 Abs. 5 weitere direkte Zwangsmittel zu (ebenso Köhne Anm. 3).

Zu § 76b.

[1]) Dieser Paragraph ist durch die Novelle eingefügt; vgl. Anm. 1 und 7 zu § 76a.

[2]) bezeichneten, vgl. Anm. 3 zu § 76.

einen nach den Unfallversicherungsgesetzen zu entschädigenden Unfall [4]) herbeigeführt ist, sofern mit dem Ablauf der vierten Woche der Krankheit [5]) die Erwerbsfähigkeit des Erkrankten noch nicht wiederhergestellt ist, binnen einer Woche nach diesem Zeitpunkte [6]) dem Vorstande der Berufsgenossenschaft, bei welcher [7]) der Erkrankte gegen Unfall versichert ist, anzuzeigen. Ist die Berufsgenossenschaft in Sektionen getheilt, so ist die Anzeige an den Sektionsvorstand zu richten. Zur Erstattung der Anzeige ist, sofern der Vorstand der Gemeinde oder der Krankenkasse nicht eine andere Person damit beauftragt, der Rechnungsführer, für örtliche Verwaltungsstellen der eingeschriebenen Hülfskassen [8]) dasjenige Mitglied, welches die Rechnungsgeschäfte derselben führt, verpflichtet.

II. **Die Unterlassung der Anzeige kann von der Aufsichtsbehörde mit Ordnungsstrafe [9]) bis zu zwanzig Mark geahndet werden.**

---

[3]) verpflichtet, um die Berufsgenossenschaften in den Stand zu setzen, rechtzeitig wegen Selbstübernahme der Krankenfürsorge gemäß § 76c sich schlüssig zu machen, aber auch, um das lückenlose Anschließen der Unfallfürsorge nach Beendigung der Krankenfürsorge besser zu gewährleisten. Mot. z. Nov. S. 76: „Um die im § 76c vorgesehene Bestimmung für die Berufsgenossenschaften wirksam zu machen, müssen diese in den Stand gesetzt werden, sich von den Fällen, in denen sie Anlaß haben, von dem ihnen beigelegten Rechte Gebrauch zu machen, Kenntniß zu verschaffen. In gewissem Maße wird ihnen die Möglichkeit dazu durch die Bestimmungen der Unfallversicherungsgesetze über die Untersuchung der Unfälle gewährt (§§ 51 bis 55 des Unfallversicherungsgesetzes vom 6. Juli 1884), da hierbei auch die Art der Verletzung festgestellt wird, die betheiligte Berufsgenossenschaft demnach auch von der Schwere der Verletzung Kenntniß erhält und somit bei erheblichen Verletzungen von vornherein die Frage prüfen kann, ob sie Anlaß hat, das Heilverfahren zu übernehmen. Erfahrungsmäßig kommen aber auch viele Verletzungen vor, welche Anfangs unerheblich zu sein und eines besonders sorgfältigen oder kostspieligen Heilverfahrens nicht zu erfordern scheinen, dagegen im weiteren Verlaufe sich als solche herausstellen, mit denen die Gefahr dauernder Erwerbsunfähigkeit verbunden ist. Es liegt demnach im Interesse der Berufsgenossenschaft und der Verletzten, daß die erstere von allen Fällen, in denen das Heilverfahren sich in die Länge zieht, Kenntniß erhält, und um dies sicherzustellen, soll den Krankenkassen durch § 76b die Pflicht auferlegt werden, durch Unfall herbeigeführte Erkrankungsfälle, sofern nach Ablauf von .... Wochen die Erwerbsfähigkeit des Erkrankten noch nicht wieder her-

gestellt ist, der zuständigen Berufsgenossenschaft oder Genossenschafts-Sektion Anzeige zu machen."

In den Kommissionsverhandlungen (Komm.Ber. S. 24) wurde noch darauf hingewiesen, daß die polizeilichen Unfalluntersuchungen in solchen Fällen, in denen sich nicht von vornherein übersehen lasse, ob der Unfall voraussichtlich eine längere als 13 Wochen währende Erwerbsunfähigkeit zur Folge haben werde, oft unterbleiben oder doch für ein rechtzeitiges Eintreten der Berufsgenossenschaft zu spät vorgenommen werden; in solchen Fällen genügten diese polizeilichen Verhandlungen und die Betheiligung an denselben weder dem Interesse der Versicherten, noch denen der Berufsgenossenschaften.

[4]) Unfall bei dem Betriebe, also Unfälle, bei denen ein ursächlicher Zusammenhang mit dem Betriebe erkennbar ist. Vgl. darüber Näheres in v. Woedtke, Kommentar z. U.V.G. Anm. 16 zu § 1, sowie Handbuch der Unfallversicherung S. 26 ff. (für die Industrie), 441 ff. (für Land- und Forstwirthschaft).

[5]) der Krankheit, d. h. desjenigen Zustandes, welcher aus Anlaß des Unfalls ärztliche Behandlung erfordert, ohne Rücksicht darauf, ob etwa der Unfall selbst schon früher eingetreten ist und nur seine nachtheiligen Folgen erst später hervorgetreten sind. Vgl. Anm. 18 zu § 1, Anm. 7 I a zu § 76a.

[6]) nach diesem Zeitpunkte, also binnen einer Woche nach dem Ablauf der vierten Woche seit Beginn der Krankheit, vgl. Anm. 5.

[7]) der Berufsgenossenschaft, bei welcher. Den Berufsgenossenschaften stehen die Ausführungsbehörden gleich, § 76d. Die Feststellung der zuständigen Berufsgenossenschaft wird in der Regel keine Schwierigkeit bieten; event. wird eine Anfrage bei dem Arbeitgeber des Verletzten sich empfehlen. Sofern in Ausnahmefällen Zweifel bestehen sollten, wird die Krankenkasse ihrer Anzeigepflicht durch Mittheilung an diejenige Berufsgenossenschaft bezw. Sektion genügen, welche sie nach Lage der Verhältnisse als zuständig ansehen konnte; diese muß event. auf Grund ihrer aus § 101 U.V.G. sich ergebenden Verpflichtung der etwa sonst von ihr für entschädigungspflichtig gehaltenen Berufsgenossenschaft oder Sektion weitere Mittheilung machen.

[8]) der eingeschriebenen Hülfskassen, welche sich unter Umständen, wie im Komm.Ber. z. Nov. S. 24 hervorgehoben ist, damit helfen können, daß die Mitglieder durch Statut verpflichtet werden, derartige Unfälle bei der Kasse anzumelden. Schwierigkeiten werden übrigens um deswillen nicht erwachsen, weil die Anzeige nicht von der Kasse selbst, sondern von ihren örtlichen Verwaltungsstellen, soweit solche bestehen, erstattet werden soll.

[9]) Ordnungsstrafe, die nicht wiederholt werden kann. Die Verhältnisse liegen hier anders, wie in den Fällen des § 76a. Die Verhängung der Strafe ist in das Ermessen der Behörde gestellt. Ist anzunehmen, daß die Kenntniß der die Verpflichtung begründenden Verhältnisse vorlag oder vorliegen müßte, so sollte die Strafe verhängt werden, anderenfalls nicht

§. 76c.

I. [1]) **In Erkrankungsfällen, welche durch Unfall[2]) herbeigeführt werden, ist die Berufsgenossenschaft[3]) berechtigt, das Heilverfahren[4]) auf ihre Kosten zu übernehmen.[5]) Vom Tage der Uebernahme an bis zur Beendigung des Heilverfahrens oder bis zum Ablauf der dreizehnten Woche nach Beginn des Krankengeldbezuges[6]) geht der Anspruch des Erkrankten auf Krankengeld[6a]) auf die Berufsgenossenschaft[3]) über. Auf diese gehen dagegen für denselben Zeitraum alle[7]) Verpflichtungen über, welche der Krankenkasse[8]) dem Erkrankten gegenüber obliegen.**

II. **Streitigkeiten[9]) aus diesem Verhältniß werden, soweit sie zwischen dem Erkrankten und der Berufsgenossenschaft[3]) entstehen, nach Vorschrift des §. 58 Absatz 1, soweit sie zwischen der Berufsgenossenschaft[3]) und der Gemeinde-Krankenversicherung oder Krankenkasse[8]) entstehen, nach Vorschrift des §. 58 Absatz 2 entschieden.**

(R.T.Dr S. 1891/92 S. 3233; v. Schicker S. 389). Gegen die Strafverfügung findet Beschwerde gemäß § 76e statt; wohin die Strafe fließt, richtet sich nach Landesrecht, vgl. Anm. 11 zu § 76a.

Zu § 76c.

[1]) Dieser Paragraph ist durch die Novelle eingefügt worden. Vgl. Anm. 1 und 7 zu § 76a, sowie Anm. 3 zu § 76b.

[2]) Unfall, d. h. durch einen nach den Unfallversicherungsgesetzen zu entschädigenden Unfall, wie in § 76b präziser gesagt ist. Vgl. Anm. 4 zu § 76b.

[3]) Berufsgenossenschaft bezw. Ausführungsbehörde, vgl. § 76d.

[4]) das Heilverfahren, einschl. der Krankengeldgewährung und der Unterstützung an Angehörige gemäß § 7 Abs. 2 im Falle der Krankenhauspflege, sowie event. des Taschengeldes gemäß § 21 Ziffer 3, vgl. Anm. 5. Hat die Krankenkasse das Heilverfahren zu Unrecht zu früh eingestellt, so kann die Berufsgenossenschaft dasselbe doch übernehmen bezw. fortsetzen und dadurch die Verpflichtungen der Kasse erfüllen, also auch Ersatz des Krankengeldes beanspruchen. Ob und wie lange die Kasse verpflichtet ist, das Heilverfahren fortzusetzen, richtet sich danach, wie lange eine „Krankheit oder eine durch Krankheit herbeigeführte Erwerbsunfähigkeit" als vorhanden anzunehmen ist. Vgl. Anm. 1b zu § 20.

[5]) zu übernehmen. Mot. z. Nov. S. 75: „Die durch Unfälle herbeigeführten Verletzungen erfordern, um die völlige Wiederherstellung der Erwerbsfähigkeit zu erreichen, vielfach eine Behandlung, wie sie von zahl-

reichen, namentlich kleineren Krankenkassen nicht zu erwarten ist, zumal diese wohl an der möglichst raschen Beendigung, nicht aber an dem dauernden Erfolge des Heilverfahrens ein Interesse haben. Dagegen ist das Interesse an dem letzteren für die Berufsgenossenschaft ein sehr erhebliches, und diesem Interesse, sowie dem des Verletzten entspricht es, daß die Berufsgenossenschaft in den Fällen, in denen eine erfolgreiche Behandlung durch die Krankenkasse zweifelhaft erscheint, schon vor dem Eintritt ihrer Entschädigungspflicht das Heilverfahren in die Hand nimmt. Es soll daher durch § 76c der Berufsgenossenschaft das Recht beigelegt werden, in Fällen der fraglichen Art die gesammten Verpflichtungen der Krankenkasse — also neben der Gewährung der ärztlichen Behandlung und Arznei, sowie des Krankengeldes auch die etwaigen, auf Grund des § 7 Abs. 2 den Angehörigen des Erkrankten zukommenden Bezüge — zu übernehmen, wogegen der Anspruch des Verletzten gegen die Krankenkasse auf Krankengeld auf sie übergehen soll. Eine Vergütung für die auf die Berufsgenossenschaft übergehende Gewährung der ärztlichen Behandlung und Arznei soll dagegen von der Krankenkasse nicht gewährt werden, weil die Regelung nicht in ihrem Interesse, sondern in demjenigen der Berufsgenossenschaft erfolgt und weil die Uebernahme dieser Leistung durch die Berufsgenossenschaft in den zahlreichen Fällen, in denen die Krankenkassen Aerzte mit Gehältern angenommen haben, eine nennenswerthe Ersparung nicht zur Folge hat."

Aehnliche Befugnisse stehen den Versicherungsanstalten für Invaliditäts- und Altersversicherung gemäß § 12 Inv.Ges. zu, außerdem auch den landwirthschaftlichen Berufsgenossenschaften gegenüber den Gemeinden, welchen die Fürsorge für die ersten 13 Wochen hinsichtlich der nicht gegen Krankheit versicherten Verletzten obliegt, § 10 landw. U.V.G. v. 5. Mai 1886. Vgl. auch § 11 Abs. 1, 3 See-U.V.G.

Unabhängig hiervon ist die weitere Befugniß der Berufsgenossenschaften, den Krankenkassen die Fortführung des Heilverfahrens auch über die 13. Woche hinaus gegen Kostenerstattung zu übertragen (§ 5 Abs. 8 U.V.G., § 10 Abs. 4 landw. U.V.G.), und die Befugniß der Versicherungsanstalten für Invaliditäts- und Altersversicherung, den Krankenkassen gegen Kostenerstattung eine Fürsorge (nach Art und Dauer) in demjenigen Umfange zur Pflicht zu machen, welchen die Versicherungsanstalt für erforderlich erachtet (§ 12 Abs. 2 Inv.Ges.).

[6]) nach Beginn des Krankengeldbezuges, vgl. § 6 Abs. 2. Der Verletzte kann also event. nach Ablauf der 13 Wochen den Anspruch auf Krankengeld gegen die Berufsgenossenschaft geltend machen. Hierauf wird die Berufsgenossenschaft die von ihr seit dem Beginn der 14. Woche zu zahlende Unfallrente (§ 5 Abs. 2 U.V.G.) verrechnen dürfen, da der Verletzte nach den Grundsätzen des § 8 U.V.G., welche durch die in Rede stehende Vorschrift offenbar nicht habe durchbrochen werden sollen, die Entschädigung nicht doppelt erhalten soll.

§. 76d.

[1]) **Den Berufsgenossenschaften stehen in Beziehung auf die Anwendung der §§. 76a, 76b, 76c das Reich, die Staaten und diejenigen Verbände[2]) gleich, welche nach den Bestimmungen der Unfallversicherungsgesetze an die Stelle der Berufsgenossenschaften treten.**

§. 76e.

I. [1]) **Gegen die Strafverfügungen, welche auf Grund der im §. 6a Absatz 2 und §. 26a Absatz 2 Ziffer 2a zugelassenen Bestimmungen getroffen worden sind, ist binnen zwei Wochen[2]) nach deren Eröffnung Beschwerde an die Aufsichtsbehörde[3]) zulässig. Die Entscheidung der letzteren ist endgültig.**

II. **Gegen die auf Grund der §§. 76a und 76b getroffenen Strafverfügungen ist binnen zwei Wochen[2]) nach deren Eröffnung Beschwerde an die nächst vorgesetzte Behörde zulässig. Die Entscheidung der letzteren ist endgültig.**

[6a]) auf Krankengeld, in dem Umfang, den die Kasse zu gewähren hat, und zwar auch dann in vollem Umfange, wenn im Falle der Krankenhausbehandlung von der Berufsgenossenschaft kein Krankengeld gezahlt wird. Denn eine direkte Entlastung der Krankenkasse durch den Eintritt der Berufsgenossenschaft wird nicht beabsichtigt.

[7]) alle, vgl. Anm. 4, 5.

[8]) Krankenkasse. Hierunter werden nach der Absicht des Gesetzes auch die Gemeinde-Krankenversicherung, sowie die Hülfskassen ohne Beitrittszwang zu verstehen sein, obwohl sie hier nicht ausdrücklich erwähnt werden.

[9]) Streitigkeiten. Auch in dieser Beziehung fungirt die Berufsgenossenschaft als Krankenversicherungsanstalt.

Zu § 76d.

[1]) Dieser Paragraph ist durch die Novelle eingefügt.

[2]) Das Reich, die Staaten und diejenigen Verbände, nämlich soweit sie die Unfallversicherung auf eigene Schulter genommen haben und dieselbe durch Ausführungsbehörden durchführen. Als „Verbände" kommen die Kommunalverbände gemäß § 4 Ziffer 3 Bau-U.V.G. in Betracht.

Zu § 76e.

[1]) Dieser Paragraph ist durch die Novelle eingefügt.

[2]) binnen zwei Wochen. Wegen Berechnung der Frist vgl. § 78a.

[3]) Aufsichtsbehörde über die Gemeinde-Krankenversicherung bezw. die Orts-Krankenkasse (§ 44).

§. 77.

Die auf Grund dieses Gesetzes gewährten Leistungen, sowie die Unterstützungen, welche nach Maßgabe des §. 57 Absatz 2 und 3 ersetzt¹) sind, gelten nicht als öffentliche Armenunterstützungen.²)

(§ 60 b der Komm.-Beschlüsse.)

Zu § 77.

¹) ersetzt. Nach einer (unseres Erachtens nicht unzweifelhaften) Entscheidung des Bundesamts für das Heimathwesen v. 11. Juli 1892 (Entsch. XXIV S. 28) verlieren die nach Maßgabe des § 57 Abs. 2 und 3 den Krankenkassen zur Last fallenden, von den Organen der Armenverwaltung gewährten Unterstützungen den Charakter als öffentliche Armenunterstützung erst dann, wenn dieselben dem Armenverbande (in vollem Umfange) thatsächlich ersetzt worden sind. Dies soll selbst dann gelten, wenn hieraus für die Zwischenzeit praktische Schwierigkeiten entstehen sollten. (A. M. v. Schicker S. 395, Reger-Henle Anm. 2 zu § 77, Köhne Anm. 1 zu § 77.) Im Falle einer nachträglichen Erstattung ist während der Dauer der Unterstützung eine Hülfsbedürftigkeit des Unterstützten in armenrechtlichem Sinne als nicht vorhanden anzusehen.

²) öffentliche Armenunterstützung. Der Charakter als solcher wäre unvereinbar mit dem in diesem Gesetze durchgeführten Versicherungsprinzip; einer der wesentlichsten Zwecke des Gesetzes ist gerade der, daß die Armenunterstützung mit ihren Mängeln, ihren niederdrückenden Formen und ihren Folgen von den Arbeitnehmern ferngehalten und durch eine Krankenunterstützung, welche der Betroffene selbst mitverdient, ersetzt werden soll. Vgl. darüber die allg. Motive. An sich wäre daher diese Bestimmung selbstverständlich und darum entbehrlich. Sie ist aber von der Reichstagskommission hinzugefügt worden, um verhängnißvolle Mißgriffe, welche in dieser Beziehung früher bei Personen vorgekommen sein sollen, die auf Grund eingegangener Versicherung Unterstützungen empfangen haben, für die Zukunft unmöglich zu machen. (Vgl. Komm.Ber. S. 90.)

Materielle Bedeutung hat diese Bestimmung insbesondere insofern, als hiernach derartige Unterstützungen den Lauf der Frist für den Erwerb oder den Verlust des Unterstützungswohnsitzes (§§ 14, 27 Abs. 1 des Unterstützungswohnsitzgesetzes v. 6. Juli 1870, R.G.Bl. S. 360) nicht hemmen; außerdem insofern, als bei Krankenunterstützung die Folge der öffentlichen Armenunterstützung, nämlich der Fortfall gewisser Ehrenrechte, nicht eintritt. Dies gilt insbesondere für das Wahlrecht zum Reichstage (vgl. § 3 Nr. 3 des Wahlgesetzes für den Reichstag des Norddeutschen Bundes v. 31. Mai 1869, B.G.Bl. S. 145) und wohl auch zu den Landtagen fast aller deutschen Bundesstaaten, so in Preußen nach § 8 der Verordn. v. 30. Mai 1849 (G.S. S. 205) über die Ausführung der Wahl der Abgeordneten zur Zweiten Kammer, Art. 3 des Ges. v. 17. Mai 1867 (G.S. S. 1481), § 1 Ges. v. 11. März 1869 (G.S. S. 481). Auch sollen Personen, welche für sich oder

§. 78.

I. Die auf Grund des Gesetzes **versicherten**[1]) Personen sind in Streitigkeiten über Unterstützungsansprüche[2]) vom Kostenvorschuß[3]) befreit.

II. Amtliche Bescheinigungen, welche zur Legitimation von Kassen- und Verbandsvorständen oder zur Führung der den **Versicherten**[1]) nach Vorschriften dieses Gesetzes obliegenden Nachweise[4]) erforderlich werden, sind gebühren- und stempelfrei.

(§ 69c der Komm.-Beschlüsse.)

---

ihrer Familie Armenunterstützung aus öffentlichen Mitteln empfangen oder in den letzten drei Jahren empfangen haben, zu Schöffen und Geschworenen nicht berufen werden, § 33 Nr. 3, § 85 des Gerichtsverfassungsgesetzes v. 20. Dezbr. 1876. Ebenso ruht in Preußen bei Almosenempfängern das aktive und passive Wahlrecht zu den kirchlichen Wahlen nach § 84 der Preuß. Kirchengemeinde- und Synodal-Ordnung v. 10 Septbr. 1873 (G.S. 1874 S. 149) und § 25 des Preuß. Gesetzes über die Vermögensverwaltung in den katholischen Kirchengemeinden v. 20. Juni 1875 (G.S.S. 241), in gleicher Weise das Wahlrecht in der Kommunalverwaltung, §§ 5, 7 der Städteordnung für die sechs östlichen Provinzen Preußens v. 30. Mai 1853 (G.S. S. 261), §§ 5, 7 der Städteordnung für die Provinz Westfalen v. 19. März 1856 (G.S. S. 237), §§ 5, 7 der Städteordnung für die Rheinprovinz v. 15. Mai 1856 (G.S. S. 406), § 15 der Landgemeinde-Ordnung für die Provinz Westfalen v. 19. März 1856 (G.S. S. 265), Art. 11 des Ges., betr. die Gemeindeverfassung in der Rheinprovinz v. 15. Mai 1856 (G.S. S. 435); cf. auch §§ 3, 5 Nr. 1 der Landgemeinde-Ordnung für die sechs östlichen Provinzen v. 14. April 1856 (G.S. S. 359). Solche und ähnliche Nachtheile haben also Personen, welche auf Grund dieses Gesetzes Krankenunterstützung erhalten, nicht zu erleiden.

Zu § 78.

[1]) versicherten. Dieses Wort, sowie in Abs. 2 das Wort „Versicherten" ist durch die Novelle an Stelle der bisherigen Worte „zu versichernden" bezw. „Versicherungspflichtigen" gesetzt worden. Dies ist geschehen, um für die Zukunft außer Zweifel zu stellen, daß die Vortheile des § 78 auch den freiwillig Versicherten zukommen (Sten.Ber. 1890/92 S. 4830).

Auf Grund dieses Gesetzes versichert sind auch die Mitglieder von Knappschaftskassen, weil sie unabhängig von landesgesetzlichen Vorschriften schon auf Grund dieses Gesetzes (§ 1) versichert sein würden und es darauf nicht ankommen dürfte, in welcher Kassenart sie ihrer Versicherungspflicht genügen (a. M. v. Schicker S. 396).

[2]) Streitigkeiten über Unterstützungsansprüche aus diesem

§. 78a.

[1]) Bei der Berechnung einer[2]) in diesem Gesetze vorgesehenen Frist, welche nach Tagen bestimmt ist, wird der Tag nicht mitgerechnet, auf welchen der Zeitpunkt oder das Ereigniß fällt, nach welchem der Anfang der Frist sich richten soll. I.

Eine nach Wochen oder Monaten bestimmte Frist endigt[3]) mit Ablauf desjenigen Tages der letzten Woche oder des letzten Monats, welcher durch seine Benennung oder Zahl dem Tage entspricht, an welchem die Frist begonnen hat. Fehlt dieser Tag in dem letzten Monat, so endigt die Frist mit Ablauf des letzten Tages dieses Monats. II.

Fällt das Ende einer Frist auf einen Sonntag oder allgemeinen Feiertag,[4]) so endigt die Frist mit Ablauf des nächstfolgenden Werktages. Auf die Berechnung der Dauer der Krankenunterstützung[5]) findet diese Vorschrift keine Anwendung. III.

Gesetz, § 58 Abs. 1, § 65 Abs. 3, § 71, § 72 Abs. 3, 4, § 73, § 76c Abs. 2. Auch die Ansprüche der Angehörigen und Hinterbliebenen gehören hierher.

[3]) vom Kostenvorschuß, nicht von Tragung der Kosten. Es handelt sich hier nur um Gerichtskosten. Den Anwälten bleibt es unbenommen, Gebührenvorschuß zu fordern (Köhne Anm. 3 zu § 78, Hahn S. 169).

[4]) Nachweise, aber nichts weiter, insbesondere nicht die Verträge mit Aerzten u. s. w. Reskr. d. Preuß. Finanzministers v. 15. Dezember 1891 in Arb.Vers. IX S. 182.

Zu § 78a.

[1]) Dieser durch die Novelle eingeschobene Paragraph entspricht den §§ 199, 200 der Civil-Prozeßordnung und „füllt eine bisher bestehende Lücke aus, welche sich in der Praxis mehrfach fühlbar gemacht hat" (Mot. z. Nov. S. 76).

[2]) einer Frist, mag es sich um eine prozessualische, oder um eine Frist des materiellen Rechts handeln. Alle in diesem Gesetz vorgesehenen Fristen sind nach § 78a zu berechnen, mit alleiniger Ausnahme der Bestimmung des letzten Satzes in Abs. 3. Ebenso v. Schicker Note 1 S. 397, sowie Weyl, Reichs-Vers.Recht S. 156. Insbesondere gehören auch die Zeitbestimmungen des § 28 hierher. (Vgl. Arb.Vers. XII S. 193.)

[3]) endigt. Eine am Montag beginnende Frist von einer Woche endigt mit Ablauf des nächsten Montags; eine am 31. Januar beginnende Frist von einem Monat endigt am 28. bezw. 29. Februar.

[4]) allgemeiner Feiertag. Es entscheidet mangels reichsgesetzlicher Bestimmung das Landesrecht. Als allgemeine Feiertage müssen diejenigen

§. 79.

Die Fristen und Formulare für die in den §§. 9, 41 vorgeschriebenen Uebersichten und Rechnungsabschlüsse werden vom Bundesrath festgestellt.[1]) Mindestens von fünf zu fünf Jahren findet eine einheitliche Zusammenstellung und Verarbeitung[2]) für das Reich statt.

(§ 69d des Entwurfs und der Komm.-Beschlüsse.)

§. 80.

[1]) Den Arbeitgebern[2]) ist untersagt, die Anwendung der Bestimmungen dieses Gesetzes zum Nachtheile[3]) der Versicherten durch Verträge (mittelst Reglements[4]) oder besondere Uebereinkunft) auszuschließen oder zu beschränken. Vertragsbestimmungen,[5]) welche diesem Verbote zuwiderlaufen, haben keine rechtliche Wirkung.[6])

(§ 72 des Entwurfs, § 69a der Komm.-Beschlüsse.)

---

gelten, an welchen nach staatlicher Anordnung an einem bestimmten Ort in den öffentlichen und bürgerlichen Angelegenheiten allgemeine Geschäftsruhe herrscht. Nicht bloß kirchliche, sondern auch politische Feiertage in diesem Sinne gehören hierher. Entsch. d. Reichsgerichts in Strafsachen II S. 398, IV S. 242, XVII S. 68. Vgl. § 105a Abs. 2 der Gewerbeordnung in der Fassung des Ges. v. 1. Juli 1891 (R.G.Bl. S. 261): „Welche Tage als Festtage gelten, bestimmen unter Berücksichtigung der örtlichen und konfessionellen Verhältnisse die Landesregierungen."

[5]) Dauer der Krankenunterstützung. Diese konnte nicht um deswillen verlängert werden, weil der letzte Tag etwa ein Sonn- oder Feiertag ist. Als Krankenunterstützung gilt auch die Wöchnerinnen-Unterstützung (Anm. 6 zu § 20), nach Hahn S. 228 auch die Rekonvaleszenten-Unterstützung gemäß § 21 Ziffer 3a.

Zu § 79.

[1]) festgestellt. Vgl. Bek. d. Reichskanzler v. 16. Nov. 1892 (Centr. Bl. S. 671); dieselbe ist im Anhang abgedruckt.

[2]) Verarbeitung. Eine solche findet durch das Kais. statistische Amt jetzt alljährlich statt. Die Bearbeitungen werden in den sogenannten grünen Heften (Statistik des Deutschen Reichs, Berlin, Verlag von Puttkammer und Mühlbrecht) mit ausführlichem, eine Beleuchtung der Zahlenergebnisse enthaltenden Text veröffentlicht. Die Ende 1895 erschienene Statistik für 1893 (Neue Folge, Band 78) enthält zum ersten Mal Einiges über die finanzielle Wirkung der neuen Vorschriften der Novelle; die im Jahre 1894 erschienene Statistik für 1892 (Neue Folge, Band 72) enthielt eine interessante Zusammenfassung der Ergebnisse aus den Jahren 1885 bis 1892.

Zu § 80.

[1]) Motive S. 44: „Die Vorschrift dieses Paragraphen soll verhüten, daß die Arbeitgeber die ihnen gesetzlich obliegenden Leistungen den von ihnen

§. 81.

[1]) Wer der ihm nach §. 49 oder nach den auf Grund des §. 2 Absatz 2 erlassenen Bestimmungen obliegenden Verpflichtung zur An- oder Abmeldung[2]) oder der ihm nach §. 49a[3]) obliegenden Anzeigepflicht nicht nachkommt,[4]) wird mit Geldstrafe[5]) bis zu zwanzig Mark bestraft.[6])[7])[8])

(§ 70 des Entwurfs und der Komm.-Beschlüsse.)

---

beschäftigten Personen aufbürden." — Die §§ 76a bis 83 gelten auch für die Gemeinde-Krankenversicherung in Bayern, § 15 d. Ges. und Art. 1 Bayr. Ausf.Ges. v. 26. Mai 1892.

[2]) Den Arbeitgebern. Hinsichtlich der Vertretung durch Betriebsleiter und Betriebsaufseher vgl. § 82a.

[3]) zum Nachtheil. Abänderungen, die den Vortheil der Arbeitnehmer bezwecken, sind gestattet, z. B. Uebernahme einer größeren Beitragsquote.

[4]) Reglements, z. B. Fabrikordnungen. Hiernach sind auch Vereinbarungen untersagt, durch welche der Arbeitnehmer, etwa zur Vermeidung der Entlassung aus der Arbeit, dem Arbeitgeber gegenüber sich verpflichtet, einer bestimmten Kasse, etwa der Betriebs- (Fabrik-) Krankenkasse des Arbeitgebers, anzugehören.

[5]) Vertragsbestimmungen, d. h. die unmittelbar vorher genannten „Verträge (Reglements oder besondere Uebereinkunft)". Hierhin gehören auch Verabredungen, die sich lediglich als eine Umgehung der Vorschriften des Gesetzes, insbesondere des § 80, darstellen, „z. B. wenn zum Schein eine Lohnherabsetzung vorgenommen wird, während es sich nach der Absicht der Betheiligten um eine vom Gesetz gemißbilligte Uebereinkunft handelt (Erk. d. Reichsgerichts in Strafsachen Bd. 18 S. 317, Arb.Vers. VI S. 413), oder wenn vereinbart wird, daß der Arbeitgeber die Anmeldung unterlassen, der Arbeiter ihm aber für alle Folgen der Unterlassung haften soll (Arb. Vers. VIII S. 120)," Hahn S. 170.

[6]) keine rechtliche Wirkung, und machen außerdem den Arbeitgeber straffällig, § 82.

Zu § 81.

[1]) vgl. Anm. 1 i. f. zu § 80.

[2]) An- oder Abmeldung, cf. die Motive bei Anm. 1 zu § 50. An- und Abmeldung im technischen Sinn (im Gegensatz zur Anzeigepflicht nach § 76) ist nur bezüglich der Mitglieder von Orts-Krankenkassen und für Personen, für welche die Gemeinde-Krankenversicherung eintritt, vorgeschrieben. Sie liegt dem Arbeitgeber ob, vorbehaltlich anderweiter Vereinbarung nach § 82a; in den Fällen des § 2 Abs. 1 Ziffer 1 und 4 kann die Meldepflicht auch anders geregelt werden.

[3]) Der in dem alten Gesetz hier zitirte § 76 (der alten Fassung) ist durch § 49a der Novelle erfolgt.

---

[4]) nicht nachkommt. Die Verpflichtung geht dahin, binnen einer bestimmten Frist an- oder abzumelden oder anzuzeigen. Straffällig ist daher auch derjenige, welcher diese Fristen nicht innehält. Falsche Anmeldung an sich ist nicht straffällig, begründet insbesondere nicht den Thatbestand der intellektuellen Urkundenfälschung (§ 271), Erk. d. Reichsgerichts in Strafsachen Bd. 15 S. 414. Wohl aber kann eine Falschmeldung unter Umständen den Thatbestand eines anderen Vergehens, z. B. des Betrugs oder des Betrugsversuchs, darstellen (Hahn S. 172).

[5]) Geldstrafe. Es handelt sich hier um eine Uebertretung. Im Fall des Unvermögens ist diese Strafe in Haft umzuwandeln:

§ 28 des Strafgesetzbuchs: „Eine nicht beizutreibende Geldstrafe ist ..., wenn sie wegen einer Uebertretung erkannt worden ist, in Haft umzuwandeln. . . .“

§ 29 a. a. O.: „. . . . , bei Umwandlung einer wegen einer Uebertretung erkannten Geldstrafe (ist) der Betrag von Einer bis zu funfzehn Mark einer eintägigen Freiheitsstrafe gleich zu achten.“

„Der Mindestbetrag der an Stelle einer Geldstrafe tretenden Freiheitsstrafe ist Ein Tag, ihr Höchstbetrag bei Haft sechs Wochen . . . .“

§ 30 a. a. O.: „In den Nachlaß kann eine Geldstrafe nur dann vollstreckt werden, wenn das Urtheil bei Lebzeiten des Verurtheilten rechtskräftig geworden war.“

Diese Vorschriften des Str.G.B. kommen auch bei den durch besondere Strafgesetze geregelten Materien zur Anwendung, vgl. Oppenhoff Anm. 23 zu § 28 Str.G.B.

Bei Festsetzung der Strafe ist die im Unvermögensfall verwirkte Haft mit festzusetzen, cf. Oppenhoff Anm. 3 zu § 28 Str.G.B. Ist dies nicht geschehen, so muß die Umwandlung, sobald die Uneinziehbarkeit der Geldstrafe sich herausgestellt hat, in einem Nachtragsverfahren bewirkt werden.

§ 491 der Strafprozeßordnung: „Kann eine verhängte Geldstrafe nicht beigetrieben werden und ist die Festsetzung der für diesen Fall eintretenden Freiheitsstrafe unterlassen worden, so ist die Geldstrafe nachträglich von dem Gericht in die entsprechende Freiheitsstrafe umzuwandeln.“

§ 494 a. a. O.: „Die bei der Strafvollstreckung nothwendig werdenden gerichtlichen Entscheidungen (§§ 490—493) werden von dem Gericht erster Instanz ohne mündliche Verhandlung erlassen.“

„Vor der Entscheidung ist der Staatsanwaltschaft und dem Verurtheilten Gelegenheit zu geben, Anträge zu stellen und zu begründen . . . .“

Die Bestimmung ist eine strafrechtliche, die Strafe also nicht von der Aufsichtsbehörde, sondern durch Vermittelung des Amtsanwalts von dem Schöffengericht (§ 27 des Gerichtsverfassungsgesetzes) festzusetzen. Es kann jedoch auch zunächst ein schriftlicher Strafbefehl des Amtsrichters (§ 447 Str.Pr.O.) oder nach Landesrecht gemäß §§ 453 ff. Str.Pr.O. eine vorläufige Straffestsetzung durch die Polizeiverwalter erfolgen, welche rechtskräftig werden,

§. 82.

[1]) Arbeitgeber,[1a]) welche den von ihnen beschäftigten, dem Krankenversicherungszwange[2]) unterliegenden Personen bei der Lohn-

---

sobald sie nicht rechtzeitig angefochten werden. Vgl. „Arbeiterversorgung" II S. 57, 110, 122. Solche vorläufige Straffestsetzung durch die Ortspolizeibehörde ist insbesondere in Preußen zulässig (Ges. v. 23. April 1883, G.S. S. 65), und durch das Preuß. Cirkularreskript v. 4. August 1885 ist ausdrücklich bestätigt, daß sie auch für das Gebiet der Krankenversicherung statthaft sei. Ebenso in Württemberg, Sachsen und Baden. Nach dem Preuß. Ges. v. 23. April 1883 (G.S. S. 65) ist der Polizeiverwalter berechtigt, aber nicht verpflichtet, bei Uebertretungen die Strafe bis zur Höhe von 30 Mark event. drei Tagen Haft, vorbehaltlich des Rechtsweges, durch Verfügung einstweilen festzusetzen.

Wohin die Strafen fließen, regelt der § 82c.

[6]) bestraft, ohne Unterschied, ob die Unterlassung aus Fahrlässigkeit oder Absicht erfolgt ist. Rechtsunkenntniß schützt nicht, wohl aber unverschuldete Unkenntniß (das Nichtwissenkönnen) eines zum Thatbestande gehörenden Thatumstandes (Hahn S. 171). Die Strafverfolgung verjährt in drei Monaten (§ 67 Str.G.B.); die Verjährung beginnt aber bei Verletzungen der Anmelde- oder Anzeigepflicht erst mit der Beseitigung des durch die Verletzung herbeigeführten rechtswidrigen Zustandes, also erst dann, wenn die versäumte Meldung nachgeholt ist oder die Beschäftigung aufgehört hat (Erk. d. Reichsgerichts in Strafsachen VIII S. 313, 415), Hahn S. 171. Die Frage, ob bei mehrfacher Versäumung der An- oder Abmeldung Ideal- oder Realkonkurrenz vorliegt, ist nach Lage des einzelnen Falls zu beurtheilen (Hahn S. 171; a. M. Köhne S. 214).

[7]) Darüber, ob außer der Strafe noch Executivstrafen zur Erzwingung der Anmeldepflicht gegen renitente Arbeitgeber zulässig sind, gehen die Meinungen auseinander. Preuß. Ob.Verw.Ger. Bd. 5 S. 278 verneint die Zulässigkeit. Empfehlenswerth ist jedenfalls der auch von Hahn (S. 172) befürwortete Vorschlag von Mugdan (Arb.Vers. VII S. 65). Danach sollte, wenn die Annahme begründet erscheint, daß ein Arbeitgeber unangemeldete Personen beschäftigt, das Einschreiten des Amtsanwalts wegen Ueberschreitung des § 81 herbeigeführt werden; letzterer kann durch Requisition des Amtsgerichts im Wege der Beschlagnahme, event. der Durchsuchung, die Einsicht der Bücher und Schriften des betr. Arbeitgebers erzwingen, auch Zeugen (Angestellte) vernehmen lassen, §§ 65, 94, 102ff. Str.Pr.O.

[8]) Wegen Uebertretungen des § 52a vgl. Anm. 3 zu § 52a.

Zu § 82.

[1]) cf. Anm. 1 i. f. zu § 80.

[1a]) Arbeitgeber. Wegen der Haftbarkeit der Betriebsleiter u. s. w. vgl. § 82a.

zahlung vorsätzlich[3]) höhere als die nach §§. 53, 65[4]) zulässigen[5]) Beträge in Anrechnung bringen, **oder der Bestimmung des §. 53 Absatz 3,**[6]) oder dem Verbote des §. 80 entgegenhandeln, werden, sofern nicht nach anderen gesetzlichen Bestimmungen eine härtere Strafe eintritt,[7]) mit Geldstrafe[8]) bis zu dreihundert Mark oder mit Haft bestraft.

(§ 71 des Entwurfs und der Komm.-Beschlüsse.)

---

[2]) Krankenversicherungszwang, mag derselbe auch nur auf statutarischer oder behördlicher Anordnung beruhen (§§ 2, 2a). Für Nichtversicherungspflichtige haben die Arbeitgeber keine Verpflichtungen, können sich also durch Verabsäumung von solchen nicht straffällig machen. Vgl. Anm. 5a zu § 4.

[3]) vorsätzlich, d. h. mit bewußter Richtung des Willens auf den objektiven Thatbestand (Hahn Anm. d). Fahrlässigkeit ist nicht strafbar. Für Versehen oder Schreibfehler seiner Rechnungsbeamten ꝛc. haftet der Arbeitgeber nicht. Durch die von der Kommission beschlossene Einschiebung des Wortes „vorsätzlich" wird außerdem erreicht, daß der gutgläubige Arbeitgeber auch für dolose Handlungen seiner Beamten nicht einzustehen braucht; nach § 82 strafbar ist er nur dann, wenn die unrichtige Anrechnung vorsätzlich von ihm selbst, oder mit seinem Wissen von Anderen vorgenommen worden ist. Die Strafbarkeit seiner bei der Strafthat betheiligten Rechnungsbeamten ꝛc. kann nach anderen gesetzlichen Bestimmungen begründet sein, z. B. unter dem Gesichtspunkt des Betruges, § 263 Str.G.B.

[4]) §§ 53, 65. Nach den §§ 72, 73 gelten diese für die Gemeinde-Krankenversicherung, für Orts- und für Betriebs- (Fabrik-) Krankenkassen erlassenen Vorschriften auch bei Bau- und Innungs-Krankenkassen.

[5]) zulässigen, d. h. die Eintrittsgelder und zwei Drittel derjenigen Beiträge, welche auf die Lohnzahlungsperiode antheilsweise entfallen, vgl. § 53.

[6]) § 53 Absatz 3. Dies beruht auf der Novelle.

[7]) härtere Strafe, z. B. nach § 82b, oder wegen Betruges nach § 263 Str.G.B.

[8]) Geldstrafe bis zu dreihundert Mark. Hier handelt es sich um ein Vergehen (§ 1 Str.G.B.); die vorläufige Straffestsetzung durch den Polizeiverwalter ist deshalb hier ausgeschlossen, weil das Straffestsetzungsverfahren nach § 453 Str.Pr.O. bei Vergehen nicht statthaft ist. Zuständig ist nach § 27 Nr. 2 des Gerichtsverfassungsgesetzes das Schöffengericht (und nach § 143 Nr. 3 a. a. O. der Amtsanwalt), weil der Höchstbetrag der angedrohten Geldstrafe auf weniger als sechshundert Mark sich beläuft. Wegen Umwandlung der Geldstrafe und wegen des Verfahrens vgl. § 81 Anm. 4. Da es sich um ein Vergehen handelt, für welches allein Geldstrafe unter 600 ℳ angedroht ist, so ist bei Umwandlung sowohl Gefängniß wie Haft zulässig; dabei ist der Betrag von 3 bis 15 ℳ einer eintägigen Freiheitsstrafe gleich zu achten, §§ 28, 29 Str.G.B.

§. 82a.

Die Arbeitgeber sind befugt,[1]) die Erfüllung der ihnen durch dieses Gesetz auferlegten Verpflichtungen solchen Personen zu übertragen,[2]) welche sie zur Leitung ihres Betriebes oder eines Theiles desselben oder zur Beaufsichtigung bestellt haben. I.

Sind die in diesem Gesetze gegebenen Vorschriften von solchen Personen übertreten worden, so trifft die Strafe die letzteren. Der Arbeitgeber ist neben denselben strafbar, wenn die Zuwiderhandlung mit seinem Vorwissen begangen ist, oder wenn er bei der nach den Verhältnissen möglichen eigenen Beaufsichtigung des Betriebes, oder bei der Auswahl oder der Beaufsichtigung der Betriebsleiter oder Aufsichtspersonen es an der erforderlichen[3]) Sorgfalt hat fehlen lassen. II.

Für den Erstattungsanspruch aus §. 50 haftet neben dem zur Anmeldung etwa verpflichteten Betriebsleiter oder Aufseher in allen Fällen[4]) auch der Arbeitgeber. Mehrere Verpflichtete haften dabei als Gesammtschuldner. III.

Die Geldstrafe fließt nach § 82c der Kasse zu.

Auch hier ist es, wie in den Fällen des § 82, Thatfrage, ob bei fortlaufenden Zuwiderhandlungen Ideal- oder Realkonkurrenz anzunehmen ist, vgl. Hahn Anm. e und die dort zitirten Erkenntnisse des Reichsgerichts in Strafsachen XII S. 102, XIV S. 32, XVI S. 317, XVIII S. 319.

Zu § 82a.

[1]) befugt. Vgl. die ähnlichen Vorschriften des § 151 Gew.O. und des § 144 Inv.G. Der § 82a beruht auf der Novelle.

[2]) übertragen. Eine besondere Form für die Uebertragung ist nicht vorgeschrieben; es wird daher auch der in dem betr. Betriebe herrschende Gebrauch als Uebertragung gelten können (ebenso Hahn Anm. 1). Es ist Thatfrage, ob eine stillschweigende Uebertragung als vorhanden angenommen werden kann. Die Uebertragung kann generell oder speziell geschehen. Vgl. § 82c.

[3]) erforderlich ist diejenige Sorgfalt, welche ein ordentlicher Betriebsunternehmer in seinem Betriebe überhaupt anzuwenden hat (Köhne Anm. 4). Aehnliche Bestimmungen finden sich insbesondere im Handelsrecht (Sorgfalt eines ordentlichen Kaufmanns).

[4]) in allen Fällen, auch wenn die Voraussetzungen des Abs. 2 nicht vorliegen. Es ist dies ein weiteres Mittel, um die Arbeitgeber zu wirksamer Fürsorge für die Erfüllung der Anzeigepflicht unter allen Umständen zu ver-

§. 82b.

[1]) Arbeitgeber,[2]) welche den von ihnen beschäftigten Personen auf Grund des §. 53[3]) Lohnbeträge in Abzug bringen, diese Beträge aber in der Absicht,[4]) sich oder einem Dritten einen rechtswidrigen Vermögensvortheil zu verschaffen, oder die berechtigte Gemeinde-Krankenversicherung oder Krankenkasse zu schädigen,[5]) den letzteren vorenthalten,[6]) werden mit Gefängniß[7]) bestraft,[8]) neben welchem auf Geldstrafe bis zu dreitausend Mark, sowie auf Verlust der bürgerlichen Ehrenrechte erkannt werden kann. Sind mildernde Umstände vorhanden, so kann ausschließlich auf Geldstrafe erkannt werden.

---

anlassen. Andernfalls könnte unter Umständen die Verpflichtung aus § 50 in Folge der Uebertragung an leistungsunfähige Strohmänner wirkungslos werden. Vgl. Anm. 4 zu § 50. Dem Arbeitgeber ist ein Regreßanspruch gegen seine säumigen Betriebsleiter ꝛc. nicht zu versagen.

Zu § 82b.

[1]) Dieser Paragraph beruht auf der Novelle. Die Regierungsvorlage hatte an Stelle desselben dem § 82 einen neuen zweiten Absatz hinzufügen wollen, wonach „Arbeitgeber, welche auf Grund des § 53 Abs. 2 (jetzt § 53 Abs. 3) in Abzug gebrachte Lohnbeträge in eigenem Nutzen verwenden, der Strafbestimmung des § 266 Str.G.B. unterliegen sollten." Dazu sagten die Motive (S. 77), daß Arbeitgeber, welche den Lohn ihrer Arbeiter um den Beitragsantheil kürzen, „gewissermaßen als Mandatare der Kasse handeln", und daß es sich aus diesem Grunde empfehle, sie nach § 266 Str.G.B., also nach den Strafbestimmungen über Untreue, zu bestrafen, wenn sie den einbehaltenen Beitragsantheil, statt ihn an die Kasse abzuliefern, in eigenem Nutzen verwenden. Damit war natürlich nicht gesagt, daß das Vergehen genau den Thatbestand des § 266 Str.G.B. decke; es solle nur dieselbe Strafe eintreten, die für das ähnliche Vergehen der Untreue angedroht war. Die Reichstagskommission war der Meinung, „daß es sich nicht um einen Fall der Untreue, sondern nur um ein den Fällen des strafbaren Eigennutzes nahestehendes Vergehen handle", für welches die Strafe niedriger zu bemessen sei (Komm.Ber. z. Nov. S. 75), und faßte die Vorschrift dahin, daß Arbeitgeber, welche die betreffenden Lohnbeträge „in eigenem Nutzen verwenden, mit Gefängniß bis zu einem Jahr zu bestrafen seien. Sind mildernde Umstände vorhanden, so kann auf Geldstrafe bis zu 900 Mark erkannt werden." Bei der zweiten Lesung im Plenum wurde hervorgehoben, daß es sich hier um ein ganz eigenartiges Unterlassungsdelikt handle. „Daß die bisherigen Strafbestimmungen unseres Reichsgesetzbuches nicht ausreichen, dürfte wohl nicht bestritten werden können; denn die bezeichnete Handlungsweise der Arbeitgeber fällt weder unter den Thatbestand der Untreue, noch unter den der Unterschlagung, noch unter

den des Betruges, so, wie diese Thatbestände im Strafgesetzbuch normirt sind. Zur Untreue fehlt, daß der Arbeitgeber ein „„Bevollmächtigter““ des Arbeiters oder der Kasse ist; zur Unterschlagung fehlt, daß es sich hier um ein „„fremdes““ Vermögensstück handelt, und ein Betrug liegt nicht vor, weil nicht eine „„Vorspiegelung falscher Thatsachen oder Unterdrückung wahrer Thatsachen““ in Frage ist; denn der Arbeitgeber ist bei seinen Lohnabzügen nicht an die Zustimmung des Arbeiters gebunden, er kann auf Grund des Gesetzes die Abzüge machen. Man braucht also unbedingt eine neue Strafbestimmung" (Rede des Abg. Gröber, Sten.Ber. S. 3235 ff.). Das „Verwenden im eigenen Nutzen" wurde nicht für ein zutreffendes Kriterium angesehen; die Strafe sollte vielmehr nach Analogie des Betruges denjenigen treffen, der die Absicht hat, die Kasse zu schädigen oder sich zu bereichern. Die Schwierigkeit der Konstruktion lag insbesondere darin, daß es sich bei der Einziehung der Beiträge des Arbeiters durch den Arbeitgeber nur um eine Rechnungsmanipulation handelt, indem der Arbeitgeber den Lohn bei der Auszahlung um den Betrag der Beiträge kürzt; letztere fließen, auch wenn sie etwa besonders — als abgesonderter Bestandtheil des Vermögens des Arbeitgebers — verwahrt werden sollten, doch unmittelbar in dessen Gesammtvermögen, nicht in das Vermögen der Kasse.

Für die in Rede stehenden Fälle, in denen die eingezogenen Beiträge vom Arbeitgeber widerrechtlich einbehalten werden, „die Voraussetzungen der Strafbarkeit richtig zu normiren ist aus dem Grunde schwer, weil wir es mit einem ganz eigenartig gestalteten Rechtsverhältniß zu thun haben. Das Gesetz steht auf dem Boden, daß es zunächst den Arbeitgeber der Kasse gegenüber als den Verpflichteten ansieht zur Berichtigung der Beiträge; gegen ihn allein richtet sich, wenn die Beiträge nicht gezahlt werden, das Beitreibungsverfahren. Es ist ihm allerdings ein Anspruch gegeben gegen die Arbeiter, und zwar soll er sich an diesen erholen können, indem er zwei Drittel der Krankenversicherungsbeiträge .... von ihrem Lohn einbehält. Formell bleibt aber der Verpflichtete der Arbeitgeber. Daraus könnte man schließen, daß eine Strafandrohung gegen den Arbeitgeber, wenn er die Beiträge der Arbeiter nicht zweckgemäß verwendete, überhaupt juristisch nicht gerechtfertigt werden könnte, indem er ja, wenn er diese Beiträge erhebt, sie zunächst in sein eigenes Vermögen bringt und nur mit seinem Vermögen demnächst für die Abführung der Versicherungsbeiträge an die Krankenversicherung verantwortlich ist. Der Herr Abgeordnete Bebel hat uns allerdings gesagt, daß in größeren Geschäften die Regel die wäre, daß, wenn an einem Lohnzahlungstage den Arbeitern die Beiträge zur Krankenversicherung von ihrem Lohn einbehalten sind, die Lohnbeträge dennoch in dem vollen Betrage in Rechnung gestellt würden, und daß dasjenige, was zurückbehalten würde, besonders verwahrt und abgesondert von den sonstigen Kassenbeständen aufbewahrt würde. Meine Herren, ich kann nicht darüber urtheilen, ob faktisch ein solcher Gebrauch in den größeren Geschäften üblich ist; aber das muß ich angesichts des Gesetzes behaupten, daß, wenn ein solcher Gebrauch besteht, derselbe eben nur ein thatsächlicher Vorgang sein würde, der juristisch ohne alle Erheblichkeit wäre; es würde auch das so von dem Arbeitgeber selbst von seinem übrigen Kassenbestande abgesonderte Vermögen sein Vermögen bleiben, nicht fremdes Vermögen, nicht Vermögen der Kasse werden; es wird erst Vermögen der Kasse, wenn es in die Kasse abgeführt ist. Wäre das anders, und hätten wir hier schon mit einem fremden Vermögensbestandtheil zu thun, so brauchten wir uns mit einer neuen Strafbestimmung nicht zu quälen; dann würden die Vorschriften über Unterschlagung völlig genügen."

„Es würde indeß nach meiner Auffassung ein zu formaler Standpunkt sein, wenn man aus dieser Lage der Gesetzgebung über die Verpflichtung zur Errichtung der Beiträge ableiten wollte, daß man gegen die Arbeitgeber, welche die Beiträge von den Arbeitern erheben und nicht an die Kasse abliefern, überhaupt keine Strafandrohung erlassen könnte. Zur Rechtfertigung dieser Strafandrohung läßt sich mit gutem Grunde geltend machen, daß das Gesetz dem Arbeitgeber einen Erstattungsanspruch nur gewährt in der Voraussetzung, daß die von ihm erhobenen Beiträge an die Krankenkasse gelangen. Es läßt sich ferner geltend machen, daß die Arbeiter sich einen Abzug von ihrem Lohne nur in der begründeten Erwartung gefallen lassen, daß die Arbeitgeber diese Abzüge an die Kasse abführen werden. Ich glaube, daß es aus diesem Gesichtspunkte gerechtfertigt werden kann, eine Strafandrohung gegen die Arbeitgeber zu erlassen." (Rede d. Reg.Komm. v. Lenthe; Sten.Ber. 1890/92 S. 3242.)

Aus diesen Gesichtspunkten wurde die Bestimmung des § 82b in derjenigen Fassung, in welcher sie in das Gesetz übergegangen ist, in der dritten Lesung der Novelle debattelos angenommen.

Nach der Entsch. d. Reichsgerichts v. 20. März 1894 (vgl. Arb.Vers. XII S. 267) besteht das strafbare Moment des in § 82b vorgesehenen Versehens schlechthin in der vorsätzlichen Nichterfüllung der den Arbeitgebern auferlegten Zahlungsverpflichtung, und diese Nichterfüllung kann auch dann eine vorsätzliche und deshalb strafbare sein, wenn den Verpflichteten zur Zeit der Erfüllung die Mittel dazu fehlen. Wenn also ein Arbeitgeber versicherungspflichtige Personen mit dem Bewußtsein beschäftigt, daß seine Mittel zur Deckung der für jene zu entrichtenden Eintrittsgelder und Beiträge nicht ausreichen, oder wenn er darüber auch nur im Zweifel ist, so ist die aus der Unzulänglichkeit seiner Mittel verschuldete Nichterfüllung seiner Zahlungspflicht an die Kasse im Sinne des Gesetzes ebenso als ein gewolltes und vorsätzliches Vorenthalten anzusehen, wie das Nichtabführen der wirklich abgezogenen Beiträge.

[2]) Arbeitgeber, unter den Voraussetzungen des § 82a auch deren Stellvertreter.

[3]) auf Grund des § 53, also in allen Fällen, ohne Rücksicht darauf, ob die Arbeitgeber zum Lohnabzug nur berechtigt oder (gemäß Abs. 3) verpflichtet sind.

§. 82c.

[1]) **Die auf Grund der §§. 81, 82, 82a verhängten Geldstrafen fließen derjenigen Orts-, Betriebs- (Fabrik-), Bau- oder Innungs-Krankenkasse zu, welcher die betheiligte versicherungspflichtige Person angehört,[2]) in Ermangelung einer solchen Kasse der Gemeinde-Krankenversicherung.**

---

[4]) Absicht. Dieses subjektive aus der Betrugsdefinition entnommene Moment ist für die Strafbestimmung charakteristisch. Daß die Absicht erreicht ist, wird nicht erfordert.

[5]) schädigen. Die Absicht braucht nur entweder auf die Erzielung eines rechtswidrigen Vortheils für sich oder einen Dritten oder auf die Zufügung eines Nachtheils für die Kasse z. B. Nöthigung zu Zwangsmaßregeln (Köhne Anm. 7) gerichtet zu sein; ein Zusammentreffen ist nicht erforderlich. „Die Absicht der Vermögensschädigung liegt vor, wenn der Wille dahinging, eine der Anstalt nachtheilige Differenz zwischen dem Geldwerth ihres Vermögens, wie es sich in Folge der Nichtabführung der Beiträge darstellt, und demjenigen herbeizuführen, welchen es bei pünktlicher Erfüllung seiner Verbindlichkeiten gehabt hätte (Reichsgerichts-Entsch. Nr. 16 S. 3)", Köhne a. a. O.

[6]) vorenthalten. Hierin liegt mehr, als das bloße „Nichtabführen", insofern ein bloßer Verzug die Strafe nicht begründet. Wann die Nichtzahlung ein „Vorenthalten" involvirt, ist Thatfrage; es kommt auf die Beurtheilung an, ob die objektive Thatsache der Nichteinzahlung auf den Willen schließen läßt, die eingezogenen Beträge nicht an die Kasse gelangen zu lassen; und erst, wenn dies feststeht, wird die weitere Frage zu beantworten sein, ob dieser Wille in der Absicht wurzelt, die Kasse zu schädigen oder sich oder Anderen Vortheile zuzuwenden. Eine Vorenthaltung kann unter Umständen sehr wohl auch in einer absichtlichen Verzögerung der Einzahlung gefunden werden. Vgl. auch Anm. 1 a. E.

[7]) Gefängniß. Die Strafandrohung entspricht der des Betruges, § 263 Str.G.B.

[8]) bestraft. Es handelt sich um ein Vergehen; zuständig sind ausschließlich die Strafkammern (§ 73 Ger.Verf.Ges.). Die Geldstrafe ist im Fall der Unbeibringlichkeit in Gefängniß umzuwandeln; ihr Mindestbetrag ist 3 ℳ; der Betrag von 3 bis 15 ℳ ist einer eintägigen Gefängnißstrafe gleich zu achten (§§ 28, 29 Str.G.B.). Wegen des Verfahrens vgl. Anm. 4 zu § 81.

Die Geldstrafe fließt der Kasse nur dann zu, wenn dies landesgesetzlich besonders angeordnet ist; § 82c findet keine Anwendung.

Wegen fortgesetzter Strafhandlungen vgl. Anm. 6 zu § 82.

Zu § 82c.

[1]) Dieser Paragraph beruht auf der Novelle.

[2]) angehört, zur Zeit der Zuwiderhandlung, ohne Rücksicht darauf, ob er außerdem etwa noch Mitglied einer Hülfskasse ohne Beitrittszwang war.

§. 83.

Die in diesem Gesetze für Gemeinden getroffenen Bestimmungen gelten auch für die einem Gemeindeverbande nicht einverleibten selbständigen Gutsbezirke und Gemarkungen[1]) **(ausmärkische Bezirke)**[2]) mit Ausnahme[3]) des §. 5 Absatz 2 und des §. 13. Soweit aus denselben der Gemeinde Rechte und Pflichten erwachsen, tritt an ihre Stelle der Gutsherr oder der Gemarkungsberechtigte.

(§ 72a der Komm.-Beschlüsse.)

Zu § 83.

[1]) Gutsbezirke und Gemarkungen. Auf Grund allgemeiner Gesetze besteht eine Gleichstellung selbständiger Gutsbezirke und Gemarkungen mit den Gemeinden für andere als kommunale Angelegenheiten nicht. Soll die Gleichstellung also auch für andere Angelegenheiten gelten, so muß dies in dem betr. Gesetz ausdrücklich gesagt sein. Aus diesem Grunde ist eine solche Bestimmung hier aufgenommen worden, weil die durch dieses Gesetz geordnete Krankenversicherung nicht eigentlich oder doch nicht immer eine Kommunalangelegenheit ist. Der erste Satz entspricht dem § 8 des Reichsgesetzes über die Kriegsleistungen v. 13. Juni 1873 (R.G.Bl. S. 129).

[2]) ausmärkische Bezirke, durch die Novelle mit Rücksicht auf bayerische Verhältnisse eingefügt. Es handelt sich hier um bayerische Bezirke, die keinem Gemeindeverband einverleibt, regelmäßig nicht bewohnt und ohne politische Organisation sind, z. B. Staatswaldbezirke.

[3]) mit Ausnahme. Diese Ausnahmen, welche stilistisch richtiger inmitten des Satzes vor „gelten" statt am Ende des Satzes ihre Stelle gefunden haben würden, beruhen auf Anträgen und Beschlüssen dritter Lesung im Reichstage.

Was die erstere Ausnahme anbetrifft, so überzeugte man sich in letzter Stunde, daß die in dritter Lesung beschlossene Verpflichtung der Gemeinden, Krankenversicherungsbeiträge zur Gemeinde-Krankenversicherung zu erheben, für die selbständigen Gutsbezirke nicht paßt, weil in diesen, solange die Arbeiter der Land- und Forstwirthschaft (durch Gesetz oder Statut) dem Versicherungszwang nicht unterworfen sind, nur äußerst wenig versicherungspflichtige Personen beschäftigt sein können, diese bei Entrichtung von Krankenkassenbeiträgen oft ohne zwingende Veranlassung schlechter gestellt sein würden, als die ersteren, und etwaige im Fall des § 9 erforderliche Zuschüsse von dem Gutsherrn selbst, nicht von seinen Tagelöhnern u. s. w. zu tragen sind. Man wollte dem Gutsherrn das Recht nicht verschränken, zur Ausgleichung solcher Verhältnisse für die versicherungspflichtigen Insassen das ganze Krankengeld selbst zu zahlen und sich dadurch gleichzeitig der Nothwendigkeit zu überheben, eine eigene Kassenverwaltung für so wenig Personen einzurichten. Aus diesen Gründen brachte man die Verpflichtung zur Beitragserhebung in Fortfall, cf. Anm. 7 zu § 5.

§. 84.

Die Bestimmung darüber, welche Behörden in jedem Bundesstaate unter Gemeindebehörde, höhere Verwaltungsbehörde, und welche Verbände als weitere Kommunalverbände[1]) im Sinne dieses Gesetzes zu verstehen sind, bleibt den Landesregierungen[2]) mit der Maßgabe[3]) überlassen, daß mit den von den höheren Verwaltungsbehörden[4]) wahrzunehmenden Geschäften diejenigen höheren Verwaltungsbehörden zu betrauen sind, welche nach Landesrecht die Aufsicht oder Oberaufsicht in Gemeindeangelegenheiten wahrzunehmen haben. I.

Die auf Grund dieser Vorschrift erlassenen Bestimmungen sind bekannt zu machen. II.

[5]) Bei[6]) Betriebs- (Fabrik-) und Bau-Krankenkassen,[6]) welche ausschließlich für Betriebe des Reichs oder des Staates errichtet werden, können[7]) die Befugnisse und Obliegenheiten der Aufsichtsbehörde und der höheren Verwaltungsbehörde den den Verwaltungen dieser Betriebe vorgesetzten[8]) Dienstbehörden übertragen werden. III.

(§ 73 des Entwurfs und der Komm.-Beschlüsse.)

Mit der anderen Ausnahme wird dem Gedanken Ausdruck gegeben, daß man nicht beabsichtigte, auf diesem Wege die noch bestehende grundsätzliche Trennung des Armenwesens in Gütern und Gemeinden durch die von der Staatsbehörde befohlene Vereinigung zu gemeinsamer Gemeinde-Krankenversicherung theilweise zu modifiziren (cf. Sten.Ber. 1883 S. 2652). Auf die zwangsweise Vereinigung durch Beschlüsse der weiteren Kommunalverbände ist diese Ausnahme nicht ausgedehnt worden, cf. Anm. 5 zu 12. Eine Ausnahmestellung der Gutsbezirke für den Fall des § 13 Abs. 2 kann sie begrifflich nicht begründen, cf. Anm. 7 zu § 13. Es wäre daher richtiger gewesen, die Ausnahme ausdrücklich auf den Fall des § 13 Abs. 1 zu beschränken, für den sie allein gegeben sein kann.

Zu § 84.

1) weitere Kommunalverbände. Für Preußen vgl. Anm. 4 zu § 2.

2) Landesregierungen, cf. Anm. 3 zu §§ 44. Auf Grund dieser Bestimmung können auch solche Behörden herangezogen werden, deren Kompetenz nach Landesrecht gesetzlich festgelegt ist, z. B. in Preußen die Organe der Selbstverwaltung. Vgl. darüber das in der zitirten Anm. 3 zu § 44 angezogene Erkenntniß des Pr.Ob.Verw.Gerichts. Ueber die Zuständigkeit der einzelnen Behörden in Preußen vgl. Ziffer 1 bis 5 der Preuß. Ausf.-Anw. vom 10. Juli 1892:

1. Unter der Bezeichnung: „weiterer Kommunalverband“ sind sämmtliche Provinzial- und Kreisverbände zu verstehen, in der Provinz Westfalen auch die Aemter, in der Rheinprovinz auch die Bürgermeistereien,

in der Provinz Schleswig-Holstein auch der Lauenburgische Kreiskommunalverband, in der Provinz Hessen-Nassau auch die kommunalständischen Verbände der Regierungsbezirke Cassel und Wiesbaden und in den Hohenzollernschen Landen der Landeskommunalverband und die Oberamtsbezirke.

2. Unter der Bezeichnung: „höhere Verwaltungsbehörde" sind zu verstehen:

a) die Bezirksausschüsse

in Bezug auf die Genehmigung der statutarischen Bestimmungen (§§. 2, 4, 51, 54) von Gemeinden und weiteren Kommunalverbänden mit Ausnahme der Provinzialverbände,

in Bezug auf die Genehmigung von Kassenstatuten (§§. 23, 24) der Orts-Krankenkassen (§§. 16, 17, 18 und 43) der Betriebs- (Fabrik-) Krankenkassen (§§. 59, 60, 61 und 67 b und c) und der Bau-Krankenkassen (§§. 69 ff.), soweit es sich nicht um die Feststellung der der Berechnung der Unterstützungen und Beiträge zu Grunde zu legenden Durchschnittslohnsätze und um die Festsetzung verschiedener Beiträge für einzelne Gewerbszweige und Betriebsarten handelt;

in Bezug auf die Genehmigung der Abänderungen von Statuten dieser Kassenarten (auch in den Fällen der §§ 48a Abs. 1 und 64) mit der gleichen Maßgabe;

in Bezug auf die Schließung und Auflösung von Orts-Krankenkassen (§§. 47 und 48), soweit es sich nicht um die Ueberweisung der Kassenmitglieder und die Verwendung des Kassenvermögens handelt, sowie in Bezug auf die Ausscheidung aus gemeinsamen Orts-Krankenkassen (§. 48) mit derselben Maßgabe;

b) die Ober-Präsidenten

in Bezug auf die Genehmigung von statutarischen Bestimmungen (§§. 2, 4, 51 und 54) und Beschlüsse (§§. 12, 14, 43 und 43a) der Provinzialverbände, sowie

in Bezug auf die Gemeinde-Krankenversicherung (§§. 9, 10 und 13), wenn der Provinzialverband an die Stelle der demselben angehörenden einzelnen Gemeinden gesetzt ist;

c) die Regierungs-Präsidenten

für alle übrigen Fälle.

Im Stadtkreise Berlin tritt an die Stelle des Bezirksausschusses in denjenigen Fällen, in welchen es sich um die Genehmigung von statutarischen Bestimmungen (§§. 2, 4, 51, 54) handelt und an die Stelle des Regierungs-Präsidenten der Ober-Präsident.

In der Provinz Hessen-Nassau erstreckt sich die Zuständigkeit des Ober-Präsidenten in den unter b bezeichneten Fällen auf die Angelegenheiten der kommunalständischen Verbände.

In den Hohenzollernschen Landen tritt an die Stelle des Ober-Präsidenten der Regierungs-Präsident.

Für Einrichtungen, welche über den Bezirk einer höheren Verwaltungsbehörde hinaus sich erstrecken, ist, soweit nicht nach den vorstehenden Bestimmungen eine andere Verwaltungsbehörde eintritt und vorbehaltlich besonderer Bestimmungen für einzelne Fälle diejenige höhere Verwaltungsbehörde zuständig, in deren Bezirk die betheiligte Anstalt ihren Sitz hat oder erhalten soll. Dies gilt auch für die Fälle des § 5a Abs. 2

Bei Betriebs- (Fabrik-) und Bau-Krankenkassen, welche ausschließlich für Betriebe des Reichs oder des Staates errichtet werden, hat die höhere Verwaltungsbehörde ihre Anordnungen und Entscheidungen, abgesehen von den Fällen unter a nach Benehmen mit der den Verwaltungen dieser Betriebe vorgesetzten Dienstbehörde zu treffen. Wird eine Uebereinstimmung nicht erzielt, so ist die Entscheidung auszusetzen und an die höheren Instanzen zu berichten.

Bei Betriebs- (Fabrik-) und Bau-Krankenkassen für Betriebe der Heeres- und der Marineverwaltung, der Reichspost- und der Staatseisenbahn- und Bau-Verwaltung werden die Obliegenheiten der höheren Verwaltungsbehörde von den den Verwaltungen dieser Betriebe vorgesetzten Dienststellen nach Maßgabe der hierüber erlassenen besonderen Bestimmungen wahrgenommen.

Die Entscheidung über die Genehmigung von Abänderungen der Kassenstatuten steht jedoch, falls die genannten Behörden die Genehmigung zu ertheilen Bedenken tragen, auch bei diesen Kassen dem Bezirksausschusse zu.

3. Als „untere Verwaltungsbehörde“ (§. 1 Abs. 5) sind anzusehen:
   a) in Städten von mehr als 10000 Einwohnern, sowie in denjenigen Städten der Provinz Hannover, für welche die revidirte Städteordnung vom 24. Juni 1858 gilt, mit Ausnahme der im §. 27 Abs. 2 der Kreisordnung vom 6. Mai 1884 bezeichneten Städte — die Gemeindevorstände;
   b) im Uebrigen die Landräthe, in den Hohenzollernschen Landen die Oberamtmänner.
4. Als „Gemeindebehörde“ gilt in selbstständigen Gutsbezirken und Gemarkungen der Gutsherr oder der Gemarkungsberechtigte.

   Im Uebrigen ist unter „Gemeindebehörden“ der Vorstand der Gemeinde zu verstehen. Bildet dieser ein Kollegium, so hat er zur Wahrnehmung der Aufsicht (Nr. 5) einen Kommissar zu bestellen.
5. Die Aufsicht über die Gemeinde-Krankenversicherung (§. 4) führt die Kommunalaufsichtsbehörde der Gemeinde.

   Die Aufsicht über die gemeinsame Gemeinde-Krankenversicherung mehrerer Gemeinden (§§. 12, 13) steht, vorbehaltlich besonderer Bestimmung für einzelne Fälle, der Aufsichtsbehörde derjenigen Gemeinde zu, in deren Bezirk die Verwaltung dieser Versicherung ihren Sitz hat; sofern aber ein weiterer Kommunalverband hinsichtlich der Gemeinde-Krankenversicherung an die Stelle der demselben angehörenden einzelnen Gemeinden getreten ist, führt die Aufsichtsbehörde über den weiteren Kommunalverband die Aufsicht über die gemeinsame Gemeinde-Krankenversicherung desselben.

Die Aufsicht über die Orts-Krankenkassen für den Bezirk einer Gemeinde (§§. 16 bis 18) und die Aufsicht über Betriebs- (Fabrik-) und Bau-Krankenkassen (§§. 59 ff., §§. 69 ff.), deren Bezirk über den Bezirk einer Gemeinde nicht hinausgeht, führen in Gemeinden von mehr als 10000 Einwohnern die Gemeindebehörden, im Uebrigen vorbehaltlich besonderer Anordnungen in Einzelfällen die Kommunalaufsichtsbehörden. Den letzteren bleibt jedoch überlassen, die ihnen hiernach zustehende Aufsicht in Städten von nicht mehr als 10000 Einwohnern der unteren Verwaltungsbehörde (Landrath, Oberamtmann) oder der Gemeindebehörde, in der Rheinprovinz und in Westfalen für Gemeinden mit weniger als 10000 Einwohnern in geeigneten Fällen auch dem Bürgermeister bezw. dem Amtmann zu übertragen. Die hierüber erlassenen Anordnungen sind zu veröffentlichen.

Für gemeinsame Orts-Krankenkassen mehrerer Gemeinden (§. 43) und für Betriebs- (Fabrik-) und Bau-Krankenkassen (§§. 59 ff., 69 ff.), deren Bezirk sich über den Bezirk einer Gemeinde hinaus erstreckt, wird die Aufsichtsbehörde von der höheren Verwaltungsbehörde und, wenn der Kassenbezirk sich über den Bezirk mehrerer höherer Verwaltungsbehörden erstreckt, vom Minister für Handel und Gewerbe bestimmt.

Die Aufsicht über Betriebs- (Fabrik-) und Bau-Krankenkassen, welche ausschließlich für Betriebe der Heeres- und der Marineverwaltung, der Reichspost- und der Staatseisenbahn- und Bau-Verwaltung errichtet sind, steht nach den hierüber erlassenen besonderen Vorschriften den diesen Betrieben vorgesetzten Dienstbehörden zu.

Die Aufsicht über Innungs-Krankenkassen (§. 73) führt die Aufsichtsbehörde der Innung.

Die Vorschriften bezüglich der Aufsicht über die Knappschaftskassen (§. 74) und die Vorschriften bezüglich der Aufsicht über diejenigen eingeschriebenen oder auf Grund landesrechtlicher Vorschriften errichteten Hülfskassen, für welche ein Zwang zum Beitritt nicht besteht (§. 75), bleiben unberührt.

Die frühere von J. Schmitz (Heuser's Verlag in Neuwied a. Rh.) veranstaltete Sammlung der Ausführungsbestimmungen der einzelnen Bundesstaaten ist seit der Novelle, durch welche eine umfassende Umarbeitung der einzelnen Vorschriften erforderlich geworden war, veraltet; eine neue Bearbeitung wäre erwünscht.

---

3) mit der Maßgabe. Vgl. Komm.Ber. S. 64:

„Daß man die Oberaufsicht über die Gemeindebehörde nicht der höheren Verwaltungsbehörde, sondern ausdrücklich der Gemeindeaufsichtsbehörde zuzuweisen beabsichtige, wurde mit einem Hinweis auf die Verhältnisse der Stadt Berlin begründet; für diese sei es wünschenswerth, die Gemeindebehörde, d. h. den Magistrat, wie in allen kommunalen Angelegenheiten, so auch in Bezug auf die Beaufsichtigung der Orts-Krankenkassen nur der Oberaufsicht des Oberpräsidenten zu Potsdam zu unterstellen. Nach der Fassung der Regierungsvorlage sei aber zu erwarten, daß die preußische Regierung als obere Verwaltungsbehörde die Regierungspräsidenten bezeichnen werde. Nach Lage der Dinge würde dies für Berlin die Konsequenz haben, daß in dieser Bezeichnung der Polizeipräsident von Berlin bezw. das Polizeipräsidium als Landespolizeibehörde der Vorgesetzte des Magistrats werde: eine Einrichtung, die jedenfalls vielfachem Bedenken begegnen müsse und dem Grundgedanken des Gesetzes nicht konform sei."

4) höheren Verwaltungsbehörden. Dies bezieht sich also, wie sich auch aus der Entstehungsgeschichte (cf. Anm. 2) ergiebt, nur auf die Behörde erster Instanz, nicht auf das Verfahren. Insbesondere ist aus dieser Bestimmung nicht zu entnehmen, daß Beschwerden in demselben Wege und in den Instanzen erledigt werden sollen, welche für Beschwerden in Kommunalsachen gegeben sind. Der Ausdruck im Gesetzestext: „die Aufsicht oder Oberaufsicht in Gemeindeangelegenheiten" besagt nur, daß diejenige Behörde, welche als „höhere Verwaltungsbehörde" zu fungiren hat, entweder eine Gemeindeaufsichts- oder eine Gemeindeoberaufsichtsbehörde sein muß, d. h. eine Behörde, welche in erster oder in höherer Instanz über Gemeindeangelegenheiten desjenigen Bezirks, für den die Kasseneinrichtung im konkreten Fall bestimmt ist, die Aufsicht führt. In Preußen führt über Landgemeinden die Aufsicht der Landrath, die Oberaufsicht der Regierungspräsident; ersterer ist keine höhere, sondern eine untere Verwaltungsbehörde; hätte das Gesetz also nicht jene Alternative gestellt, so würde die Bestimmung, daß als höhere Verwaltungsbehörde eine Behörde fungiren solle, welche Aufsichtsbefugnisse in den Kommunalangelegenheiten hat, für die Kasseneinrichtungen des platten Landes in Preußen nicht ausführbar gewesen sein. Hätte man übrigens hier auch den Instanzenzug und das Verfahren in Kommunalangelegenheiten maßgebend sein lassen wollen, so wären Aufsichtsbehörde und Oberaufsichtsbehörde nicht alternativ, sondern kumulativ zusammenzustellen gewesen, auch hätte der ganze Satz eine andere Fassung erhalten müssen.

Beschwerden gegen die Maßregeln der höheren Verwaltungsbehörde folgen daher, soweit in diesem Gesetz nicht ein besonderes Verfahren vorgeschrieben ist, dem für allgemeine Verwaltungsangelegenheiten geltenden Instanzenzug, gehen also insbesondere in Preußen nicht an den Oberpräsidenten, sondern an den zuständigen Minister. Dem entspricht auch die Preuß. Ausf.Anw.

§. 85.

I. [1]) Bestehende Krankenkassen,[2])[3]) in Ansehung deren nach den bisher geltenden Vorschriften[4]) für Personen, welche[5]) unter die Vorschrift des §. 1 fallen, eine Beitrittspflicht begründet war, unterliegen den Vorschriften dieses Gesetzes.[6])[7])

---

[5]) Mot. S. 44: „Die Vorschrift des letzten Absatzes trägt der Stellung Rechnung, welche die den Betriebsverwaltungen des Reichs und der Bundesstaaten vorgesetzten Dienstbehörden auch übrigens einnehmen."

[6]) Bei . . . Kassen. Darüber, ob diese Vorschrift auch für die Vorbereitungen bezw. für diejenigen Befugnisse der höheren Verwaltungsbehörde gilt, welche die Errichtung einer Kasse betreffen, vgl. Anm. 4 zu § 69.

[7]) können, ganz oder theilweise. In Preußen ist diese Uebertragung bei einer Reihe von Staats- und Reichsverwaltungen erfolgt. Den Behörden der allgemeinen Staatsverwaltung aber mußte dabei vorbehalten bleiben die Beschlußfassung über die Genehmigung von Abänderungen der Kassenstatuten, wenn die vorgesetzte Dienstbehörde die Genehmigung glaubt versagen zu müssen, insofern gegen eine solche Versagung das besonderen Behörden (den Bezirksausschüssen) übertragene Verwaltungsstreitverfahren stattfindet. Hiernach haben bei den für den Bereich der Staats-Eisenbahnverwaltung errichteten Kassen die Eisenbahndirektionen als höhere Verwaltungsbehörden die von der Generalversammlung beschlossenen Statutenänderungen zu genehmigen; tragen sie aber Bedenken, diese Genehmigung zu ertheilen, so müssen sie die Sache an den Bezirksausschuß abgeben (Min.Verf. v. 24. Mai 1884). Für die Kassen der Marine- und der Heeresverwaltung liegt die Sache ebenso.

[8]) vorgesetzten, also nicht der Betriebsverwaltung selbst (vgl. Anm. 5), soweit man sich auf diesen Paragraphen berufen will. Als Aufsichtsbehörden können aber auf Grund der in § 44 gegebenen Ermächtigung auch die Betriebsverwaltungen bestellt werden, soweit es sich nicht um Kassen handelt, welche ausschließlich auf den Bezirk einer Gemeinde von mehr als 10000 Einwohnern beschränkt sind (denn für solche Kassen führt die Gemeindebehörde die Aufsicht). So ist die Sache in Preußen geordnet.

Zu § 85.

[1]) Während für die bestehenden Hülfskassen ohne Beitrittszwang der § 75 die erforderlichen Bestimmungen trifft und sie im Allgemeinen unverändert in das System dieses Gesetzes einreiht, regeln die §§ 85, 86 die Verhältnisse der bestehenden mit Beitrittszwang ausgestatteten Krankenkassen dahin, daß sie zwar bestehen bleiben, aber den Vorschriften dieses Gesetzes fortan unterworfen sind. § 85 enthält die allgemeinen Vorschriften für diese Kassen; § 86 trifft Bestimmungen darüber, wie es mit den mit solchen Kassen hin und wieder verbundenen (Invaliden-, Wittwen- und Waisen-) Pensionsversicherungen, die mit der Krankenkasse selbst fortan nicht mehr verbunden

Bisherige Leistungen[8]) dieser Kassen, welche nach den Vorschriften II. dieses Gesetzes von den Krankenkassen nicht übernommen werden dürfen, können soweit sie nicht in Invaliden-, Wittwen- und Waisenpensionen[9]) bestehen, beibehalten[10]) werden, sofern die bisherigen statutenmäßigen[11]) Kassenbeiträge mit Hülfe der Einkünfte des etwa vorhandenen Vermögens nach dem Urtheil[12]) der höheren Verwaltungsbehörde[13]) zur dauernden Deckung der Kassenleistungen ausreichend sind, oder auf dem für die Abänderung des Statuts vorgeschriebenen Wege und unter Berücksichtigung der Vorschrift des §. 31 Absatz 2 erhöht werden.

Im Uebrigen finden auf die Abänderung des Statuts die Vor- III. schriften der §§. 24, 30 Anwendung.

(§ 74 des Entwurfs und der Komm.-Beschlüsse.)

---

sein dürfen, gehalten werden soll. Durch die Novelle sind die bisherigen Absätze 2 und 3 des § 85, welche nur inzwischen veraltete Uebergangsbestimmungen enthielten, beseitigt worden.

Mot. S. 44, 45: „Die zahlreichen Krankenkassen, welche auf Grund bisheriger gesetzlicher Vorschriften und der nach Maßgabe des Titel VIII der Gewerbeordnung erlassenen Ortsstatute mit Beitrittszwang für gewisse Klassen von Arbeitern errichtet sind, sollen durch dieses Gesetz nicht beseitigt werden. Ihre Statuten müssen aber, um die Durchführung des allgemeinen Krankenversicherungszwanges nach Maßgabe der Vorschriften des Gesetzentwurfs sicher zu stellen, hinsichtlich der Kassenleistungen und Beiträge, sowie hinsichtlich der Vertretung und Verwaltung der Kasse, mit den neuen Anforderungen in Einklang gebracht werden. Rücksichtlich der Kassenleistungen wird dies ausnahmslos für alle Kassen in sofern durchzuführen sein, als es erforderlich ist, um ihren Mitgliedern die gesetzliche Mindestunterstützung zu sichern. Dagegen wird den besonderen Verhältnissen der einzelnen Kassen billiger- und zweckmäßigerweise dadurch Rechnung zu tragen sein, daß ihnen gestattet wird, höhere Unterstützungen oder Unterstützungen anderer Art, als fortan gesetzlich zugelassen werden, unter gewissen Voraussetzungen beizubehalten, zumal nicht wenige der bestehenden Kassen im Laufe der Zeit durch Erhebung zu hoher Beiträge oder durch Zuwendungen, welche ihnen gemacht sind, ein Vermögen angesammelt haben, welches ihnen gestattet, jene weitergehenden Unterstützungen auch ferner zu leisten, ohne zur Erhebung höherer als der in Zukunft gesetzlich gestatteten Beiträge genöthigt zu sein. Soweit es sich dabei nicht um Invaliden-, Wittwen- und Waisenpensionen handelt, ist es unbedenklich, den Kassen die Beibehaltung der bisher gewährten weiteren Unterstützungen unter der im § 74 (jetzt § 85) Abs. 4 festgestellten Voraussetzung zu gestatten. Dagegen wird die Vereinigung der Invaliden-, Wittwen- und Waisenpensionsversicherung mit der Krankenversicherung aus den zu §§ 16, 17, 18 (jetzt §§ 20, 21, 22) dargelegten Gründen auch bei bestehenden Kassen für die Zukunft nicht mehr zugelassen sein."

„Da es aber eine Anzahl von Kassen giebt, welche seit langen Jahren ihren Mitgliedern auch Unterstützungen dieser Art gewährt und mit Rücksicht auf diesen Zweig ihrer Wirksamkeit nicht unerhebliches Vermögen angesammelt haben, so wird es sich, um in gewohnte Verhältnisse nicht zu tief einzugreifen und das angesammelte Vermögen seiner Bestimmung zu erhalten, empfehlen, für Fälle dieser Art die Abzweigung einer besonderen Pensionskasse von der als Krankenkasse fortbestehenden, bisher beiden Zwecken dienenden Kasse zu ermöglichen. Da der Fortbestand einer selbständigen Pensionskasse durch die Aufrechterhaltung des Beitrittszwanges, welcher bisher entweder durch Vermittelung des Arbeitsvertrages oder durch Benutzung des Krankenversicherungszwanges auch zu Gunsten der Pensionsversicherung ausgeübt wurde, bedingt ist, so wird für diese Fälle die Einführung des Beitrittszwanges für die der bisherigen Kasse angehörigen Klassen von Arbeitern auf dem Wege statutarischer Vorschrift zuzulassen sein. — Ueber das Vermögen der bisherigen, verschiedenen Unterstützungszwecken dienenden Kassen muß sowohl für den Fall, daß eine besondere Pensionskasse errichtet wird, als auch für den Fall, daß die Pensionsversicherung für die Zukunft aufgegeben wird, Bestimmung getroffen werden. In beiden Fällen muß das Vermögen in erster Linie dazu verwendet werden, die aus dem bisherigen Versicherungsverhältnisse bereits entstandenen Ansprüche zu decken. Der dazu erforderliche Theil des Vermögens soll im ersteren Falle der neu zu errichtenden Pensionskasse überwiesen, im letzteren einer besonderen Verwaltung unterstellt werden. — Soweit nach Deckung dieser Ansprüche noch ein Vermögensrest übrig bleibt, soll derselbe, falls eine besondere Pensionskasse nicht errichtet wird, der als Krankenkasse fortbestehenden bisherigen Kasse verbleiben. Im entgegengesetzten Falle soll eine Theilung zwischen beiden Kassen stattfinden, und zwar in der Weise, daß die Errichtung einer besonderen Pensionskasse durch Ueberweisung eines möglichst großen Theiles des Vermögens thunlichst erleichtert und zu dem Ende der Antheil der Krankenkassen unter allen Umständen auf denjenigen Betrag beschränkt wird, welcher erforderlich ist, um sie der Ansammlung des gesetzlichen Reservefonds zu überheben."

Komm.Ber. S. 91: „Zunächst ist hier zu erwähnen, daß die Diskussion klar stellte, daß in Preußen eine Beitrittspflicht nach der Bedeutung, welche in neuerer Zeit allgemein den betreffenden Gesetzen beigelegt wird, nur in Bezug auf Kranken- und Sterbekassen existirt hat. Es hat jedoch in früherer Zeit eine entgegengesetzte Auslegung der gesetzlichen Vorschriften stattgefunden und ist damals bis in die Centralbehörden hinauf gleichmäßig geübt worden, auf Grund deren man angenommen hat, daß auch bei anderen Kassen als den soeben bezeichneten eine Beitrittspflicht gesetzlich begründet werden könne. Gemäß dieser, wie gesagt, neuerdings als irrig erkannten Auslegung des bestehenden Rechts sind thatsächlich auf Grund von Ortsstatuten Kassen ins

Leben gerufen, welche die Pensionsversicherung mit der Krankenversicherung vereinigen. Die gleiche Vereinigung findet auch bei einer Reihe von Fabrikkrankenkassen statt."

Eine Aufhebung dieser einmal bestehenden Kassen, welche zum Theil großes Vermögen besitzen, konnte nicht rathsam erscheinen.

²) Krankenkassen, d. h. Kassen, welche Krankenversicherung, allein oder zugleich mit anderen Versicherungen, betreiben. Auf den Namen kommt nichts an; dergl. Kassen fallen auch dann unter dieses Gesetz, wenn die Krankenversicherung bisher nicht als Hauptsache betrachtet, und im Namen der Kasse nicht einmal erwähnt sein sollte.

³) Ausgenommen von der Bestimmung dieses Paragraphen sind die Knappschaftskassen, für welche lediglich § 74 maßgebend ist. cf. Absatz 5 des § 74 cit.

⁴) bisher geltenden Vorschriften. Als solche kommen alle Anordnungen in Betracht, welche aus irgend einem Grunde von den Betreffenden befolgt werden müssen; also allgemeine gesetzliche Vorschriften, Ortsstatuten, welche auf Grund des Tit. VIII der Gewerbeordnung den Beitrittszwang für gewisse Klassen von Arbeitern einführen (cf. Anm. 1), Anordnungen der Behörden, aber auch Arbeitsverträge (z. B. bei Innungen) und Fabrikordnungen (Reglements u. s. w.), vgl. Mot. in Anm. 1, sowie Anm. 6.

Nach Tit. VIII (§ 140) der Gewerbeordnung in der Fassung des Gesetzes v. 8. April 1876 (R.G.Bl. S. 134) können Ortsstatuten die Errichtung von Unterstützungskassen in den Formen der eingeschriebenen Hülfskassen mit Beitrittszwang für Gesellen, Gehülfen und Fabrikarbeiter vorschreiben. Nach Art. 2 des zitirten Gesetzes v. 8. April 1876 sind Hülfskassen, in Ansehung deren eine Eintrittspflicht gewerblicher Arbeiter bei Erlaß jenes Gesetzes begründet war (z. B. auf Grund der Preuß. Gesetze v. 17. Jan. 1845, 9. Febr. 1849, 3. April 1854), den eingeschriebenen Hülfskassen gleich zu achten, also unter Aufrechterhaltung des für sie bestehenden Beitrittszwangs bestehen geblieben. Die weitere Bestimmung dieses Art. 2 a. a. O., daß solche Kassen ihrer Zwangsrechte verlustig gehen sollen, wenn sie nicht bis zum Ablauf des Jahres 1884 ihre Zulassung als eingeschriebene Hülfskassen erwirken würden, ist durch die in § 87 des vorliegenden Gesetzes ausgesprochene Aufhebung des R.G. v. 8. April 1876, welche nach § 88 schon mit dem 1. Dezember 1884 eingetreten ist, obsolet geworden.

Wegen der Fabrikordnungen vgl. Anm. 6.

⁵) Personen, welche. Ob auch andere Personen ein Beitrittsrecht zu diesen Kassen haben, ist ohne Bedeutung. Eine Verpflichtung selbständiger Gewerbetreibender zur Betheiligung an derartigen Kassen besteht nicht mehr, § 140 der Gewerbeordnung.

⁶) unterliegen den Vorschriften dieses Gesetzes. Alle diese älteren Zwangskassen (Anm. 4) sind also bestehen geblieben, gelten aber fortan, je nach ihrem Charakter, als Orts-, Betriebs- (Fabrik-), Innungs- oder Bau-

Krankenkassen nach Maßgabe dieses Gesetzes. (Wegen der Fabrik-Krankenkassen vgl. am Schluß der Anm.; wegen der Knappschaftskassen vgl. Anm. 3.)

Dies gilt nach den Motiven (cf. Anm. 1) und nach dem Komm.Ber. S. 93 zu § 76 (jetzt § 87) auch für solche Kassen mit Beitrittspflicht, welche in den Formen der eingeschriebenen Hülfskassen errichtet worden sind; nach § 87 Abs. 2, § 88 des Ges. findet das Hülfskassengesetz auf solche Kassen, für welche ein Zwang zum Beitritt besteht, seit dem 1. Dezember 1884 nicht mehr Anwendung. (cf. Reskr. d. Pr. Hand.M. v. 11. Febr. 1884, zum Theil abgedruckt in der Arb.Vers. VII S. 108.)

Einer „Umwandlung" dieser älteren Zwangskassen in Orts-Krankenkassen zc. bedarf es nicht; sie gelten vom 1. Dezember 1884 ab von selbst als Orts-Krankenkassen zc., und die Nothwendigkeit der Statutenänderung ist nur eine Folge dieser ihrer neuen Eigenschaft. Eine durch Beschluß der Kassenvertretung intendirte „Umwandlung" solcher Kasse mit Beitrittspflicht in eingeschriebene Hülfskassen ohne Beitrittspflicht (§ 75), wie sie insbesondere von sozialdemokratischer Seite angestrebt worden war, ist unzulässig; denn eine Beitrittspflicht kann nur auf Grund gesetzlicher Vorschriften von Behörden, oder auf dem Wege des Arbeitsvertrages eingeführt, also auch nur auf demselben Wege, nicht aber durch autonomen Beschluß der beitrittspflichtigen Kassenmitglieder, wieder beseitigt werden. „Ebenso können Kassen mit Beitrittspflicht, wenn sie in den Formen des R.G. v. 7. April 1876 errichtet sind, nach §§ 28, 29, a. a. O. nicht anders als durch die höhere Verwaltungsbehörde geschlossen, und wenn sie auf Grund älterer Vorschriften bestehen, nur in derselben Weise wie Korporationen, also nur durch die Staatsgewalt aufgelöst werden" (vgl. § 180 II 6 Pr. A.L.R.).

Bis zu einer derartigen Maßnahme der zuständigen Behörde besteht die Kasse, auch nach dem etwaigen Austritt sämmtlicher Mitglieder, fort, da jederzeit, bis ihre Schließung ausgesprochen ist, neue Mitglieder auf Grund ihrer Versicherungspflicht in die Kasse eintreten können. Insbesondere kann das Vermögen der letzteren nicht ohne Weiteres durch Beschlüsse der bisherigen Kassenmitglieder einer anderen Kasse zugewendet oder an die einzelnen Mitglieder vertheilt werden; vielmehr finden auf die Verwaltung des Vermögens solcher Kassen, sowie auf die Verwendung desselben im Falle der Schließung, soweit in letzterem Falle nicht besondere statutarische Bestimmungen in Betracht kommen, seit dem 1. Dezember 1884 allgemein die Bestimmungen der §§ 40, 42, 44, 45, 47, 48, 66, 68, 72 des Ges. Anwendung. (Vgl. Erl. d. Preuß. Hand.Min. v. 11. Febr. 1884 und 7. März 1884; zum Theil abgedruckt in der Arbeiterversorgung S. 108, 109.)

7) Einer Abänderung der Statuten bedurfte es nur hinsichtlich der im Abs. 2 dieses Paragraphen erwähnten Punkte; die übrigen Bestimmungen dieses Gesetzes insbesondere wegen der Freizügigkeit, der Mitgliedschaft, des freiwilligen Eintritts, des freiwilligen Verbleibens, des zeitweisen Fortbezugs der Kassenleistungen im Fall der Erwerbslosigkeit, der Schließung bezw.

Auflösung (cf. Anm. 1 i. f. zu § 47), der Zusammenlegung mit anderen Kassen u. s. w. kamen ohne Weiteres kraft des Gesetzes zur Anwendung. Eine Umarbeitung der Statuten kann aber auch für diese Punkte zweckmäßig sein. Ein Unterschied dieser älteren Kassen von den auf Grund dieses Gesetzes neu errichteten Kassen besteht (abgesehen von dem gleich zu erwähnenden weiteren Unterschied bezw. der Betriebskrankenkassen) nur noch insofern, als sie nach Abs. 4 dieses Paragraphen unter Umständen befugt bleiben, bisher gewährte weitergehende Leistungen beizubehalten. Was insbesondere die Schließung anbelangt, so kann dieselbe, sofern sie nicht bis zum 1. Dezember 1884 auf Grund der bisher geltenden Bestimmungen erfolgt war, nur nach Maßgabe des § 47, also durch die höhere Verwaltungsbehörde, folgen. (= Pr. H.M. v. 11. Oktbr. 1885.)

Das Vorstehende gilt insbesondere auch für solche ältere Zwangskassen, welche lediglich für Fabrikarbeiter errichtet worden sind, mag der Zwang auf Gesetz, Anordnung der höheren Verwaltungsbehörde oder Ortsstatut, oder mag er auf dem Arbeitsvertrage (Fabrikreglement) beruhen. Auch diese Kassen bleiben bestehen, müssen aber ihre Statuten revidiren und diesem Gesetz anpassen. Kassen solcher Art brauchen nicht nur für je einen Unternehmer, sondern können für mehrere Unternehmer errichtet sein; da sie fortbestehen, so sind sie nicht um deswillen aufzulösen, weil neue Betriebs- (Fabrik-) Krankenkassen fortan nur für je einen Unternehmer errichtet werden können, cf. Anm. 2 zu § 60. Den Gefahren, welche solche Koalitionen von Arbeitgebern unter Umständen für die Arbeitnehmer bisher haben herbeiführen können, ist fortan wirksam dadurch vorgebeugt, daß auch für solche Kassen Freizügigkeit eintritt. Vgl. übrigens den durch die Novelle eingeschobenen § 67a.

Waren die Zwangskassen in Gestalt der eingeschriebenen Hülfskassen errichtet (cf. Anm. 1, 4), so verlieren sie ihre desfallsigen Eigenthümlichkeiten, da das Hülfskassengesetz nach § 87 Abs. 2 auf die unter das vorliegende Gesetz fallenden Zwangskassen (Orts-, Betriebs- [Fabrik-], Bau-, Innungs-Krankenkassen) keine Anwendung mehr findet. Sie hatten daher auch ihre Bezeichnung als „eingeschriebene Hülfskasse" (§ 2 Ges. v. 7. April 1876) aufzugeben und waren im Register der eingeschriebenen Hülfskassen zu löschen, umsomehr, als diese Bezeichnung so wie so keine Bedeutung mehr hatte und nur zu Verwirrungen und zu Verwechselungen mit den fortbestehenden eingeschriebenen Hülfskassen ohne Beitrittszwang (§ 75) geführt haben würde. Jedenfalls mußte ihr neuer Charakter in dem Register der eingeschriebenen Hülfskassen vermerkt werden.

[8]) Bisherige Leistungen. Vgl. Anm. 1; es handelt sich dabei nach den Motiven sowohl um höhere Kassenleistungen (z. B. Fortfall der Karenzzeit des § 6 Abs. 2 auch ohne besonderen Beschluß gemäß § 21 Z. 1a, Pr. Hand.-Min. v. 5. Januar 1886, Arb.Vers. III S. 68), wie um Kassenleistungen anderer Art, z. B. Versicherung der Angehörigen, Aussteuer ꝛc. Auch

§. 86.

[1]) Für Kassen der in §. 85 bezeichneten Art,[2]) welche neben den nach den Vorschriften dieses Gesetzes zulässigen Leistungen Invaliden-, Wittwen- oder Waisenpensionen gewähren, treten folgende Bestimmungen in Kraft:

1. Die bisherige Kasse bleibt als Krankenkasse[3]) bestehen. Auf dieselbe finden die Vorschriften des §. 85 Anwendung.

---

gelegentliche Unterstützungen (an Wittwen rc.) dürfen beibehalten werden, sobald sie nur nicht den Charakter von Pensionen, also von statutarisch begründeten Ansprüchen auf fortlaufende Bezüge haben. Anders bei neu begründeten Kassen, § 21 Anm. 1. Zweifelhaft mag sein, ob auch verschiedene Mitgliederklassen mit verschieden hohen Beiträgen, soweit es sich nicht um Abstufungen nach Krankheitsgefährlichkeit von Berufszweigen handelt (§ 22 Abs. 3), beibehalten werden dürfen; soweit solche bisher geduldet sind, sollte man schon aus praktischen Gründen nicht auf ihre Beseitigung dringen.

[9]) Invaliden-, Wittwen- und Waisen-Pensionen, cf. Anm. 8 sowie § 86.

[10]) beibehalten, aber nicht neu eingeführt (ebenso Preuß. Ob.-Verw.Ger.).

[11]) bisherigen statutenmäßigen Kassenbeiträge, unter der Voraussetzung, daß sie den nach diesem Gesetz überhaupt zulässigen Maximalbetrag (3 Prozent, insgesammt $4^1/_2$ Prozent, cf. Anm. 1 zu § 30) nicht übersteigen. Dies ergiebt sich aus dem Nachsatz und dem in demselben angezogenen § 31 Abs. 2. Betragen die bisherigen statutenmäßigen Beiträge noch nicht soviel, so ist ihre Erhöhung auf jenes Maximum nur mit Zustimmung der Arbeitgeber und der Arbeitnehmer zulässig, § 31 Abs. 2.

Eine zwangsweise Ermäßigung der Beiträge nach Maßgabe des § 33 Abs. 3 findet in diesem Falle insoweit nicht statt, als dieselben in der bisherigen Höhe für die Fortgewährung der Mehrleistungen erforderlich sind.

[12]) Urtheil, vorbehaltlich sachverständiger Prüfung nach § 24, cf. Abs. 3.

[13]) höhere Verwaltungsbehörde, § 84.

Zu § 86.

[1]) Motive vgl. bei Anm. 1 zu § 84.

[2]) der in § 85 bezeichneten Art, d. h. in welche nach den bisher geltenden Vorschriften Personen, die nach dem vorliegenden Gesetz versicherungspflichtig sind, einzutreten verpflichtet waren. Als eingeschriebene Hülfskassen können Kassen, auf welche § 86 Anwendung finden möchte, nicht errichtet sein, weil nach §§ 1, 12 des Ges. v. 7. April 1876 eingeschriebene Hülfskassen nur Krankenunterstützung und Sterbegeld gewähren dürfen. Da ferner nach dem Inkrafttreten des Ges. v. 8. April 1876 (R.G.Bl. S. 134) neue

2. Der statutenmäßigen Vertretung der bisherigen Kasse, bei Betriebs- (Fabrik-) Krankenkassen (§. 59) jedoch nur unter Zustimmung des Betriebsunternehmers, ist gestattet, eine besondere Pensionskasse [4]) mit Beitrittszwang [5]) für diejenigen Klassen von Personen, welche der bisherigen Kasse beizutreten verpflichtet waren, zu errichten.

3. Für die neue Pensionskasse ist durch Beschluß der Vertretung der bisherigen Kasse, bei Betriebs- (Fabrik-) Krankenkassen durch den Betriebsunternehmer, nach Anhörung der Vertreter der bisherigen Kasse ein Kassenstatut [6]) zu errichten.

4. Findet die Errichtung einer besonderen Pensionskasse statt, so erfolgt die Verwendung des Vermögens [7]) der bisherigen Kasse nach Anordnung der höheren Verwaltungsbehörde [8]) in der Weise, daß zunächst derjenige Betrag, welcher zur Deckung der bereits entstandenen [9]) Pensionsansprüche erforderlich ist, ausgeschieden und der Pensionskasse mit der Verpflichtung, diese Ansprüche zu befriedigen, überwiesen wird. Der Rest des Vermögens wird zwischen der Krankenkasse und der Pensionskasse mit der Maßgabe vertheilt, daß der Krankenkasse höchstens der zweijährige Betrag [10]) der nach Vorschrift des neuen Kassenstatuts für [11]) die derzeitigen Kassenmitglieder zu erhebenden Beiträge überwiesen wird.

Zwangskassen nur noch als eingeschriebene Hülfskassen gebildet werden konnten, so kann sich der vorliegende Paragraph nur auf ältere, vor dem Inkrafttreten jenes Gesetzes legal errichtete Zwangskassen beziehen.

3) Krankenkasse, cf. Anm. 2, 6 zu § 85.

4) besondere Pensionskasse. Den Gegensatz bildet die „besondere Verwaltung" nach Ziffer 5.

5) Beitrittszwang. Es handelt sich dabei nicht um einen neuen Zwang, sondern um den Fortbestand eines auf Grund der bisherigen Vorschriften legal bestehenden Zwanges. Der Beitrittszwang zu der neuen Pensionskasse braucht daher auch nicht durch eine besondere Anordnung der Behörde ausgesprochen zu werden, denn die ältere Anordnung wirkt nach allgemeinen Regeln fort, bis sie aufgehoben wird; der Beitrittszwang tritt vielmehr nach Maßgabe der bisherigen Statuten und auf Grund der älteren Bestimmungen von selbst ein, sobald die Errichtung der neuen Pensionskasse beschlossen ist. Auch die statutenmäßige Vertretung der bisherigen (Gesammt-) Kasse hat nicht etwa über die Einführung des Zwanges zu befinden. Ihre Befugniß geht nur dahin, eine neue Zweigkasse für die ausschließliche Verfolgung derjenigen Zwecke, welche die bisherige Kasse nach den Bestimmungen dieses Gesetzes nicht mehr anstreben kann, zu bilden oder nicht zu bilden;

5. Wird eine besondere Pensionskasse nicht errichtet, so ist nach Anordnung der höheren Verwaltungsbehörde [8]) aus dem Vermögen der bisherigen Kasse derjenige Betrag auszuscheiden, welcher erforderlich ist, um die bereits entstandenen [9]) Pensionsansprüche zu decken.

[12]) Für den ausgeschiedenen Vermögenstheil ist von der höheren Verwaltungsbehörde [8]) eine besondere Verwaltung [13]) zu bestellen, auf welche die Verpflichtung zur Befriedigung der Pensionsansprüche übergeht.

Reicht das Vermögen der bisherigen Kasse nicht aus, um die bereits entstandenen Pensionsansprüche zu decken, so werden die letzteren um den nicht gedeckten Betrag pro rata ermäßigt.

Der nach der Ausscheidung verbleibende Rest des Vermögens der bisherigen Kasse und der nach Befriedigung sämmtlicher auf den ausgeschiedenen Vermögenstheil angewiesenen Ansprüche von diesem verbleibende Rest fallen der Krankenkasse zu.

(§ 75 des Entwurfs und der Komm.=Beschlüsse.)

---

entscheidet sie sich für die erstere Alternative und errichtet die neue Pensionskasse, so gilt für die letztere der Beitrittszwang von selbst und sogar **trotz** eines etwaigen gegentheiligen Beschlusses der Kassenvertretung. Ausschließen könnte der Zwang nur diejenige Behörde, welche ihn seiner Zeit eingeführt hat; verboten ist eine solche neue Regelung durch die Behörde nicht.

Andere Zwangspflichten, insbesondere die Verpflichtung der Arbeitgeber zur Leistung von Beiträgen oder zur An= und Abmeldung, dürfen mangels dahin gehender Bestimmungen des Gesetzes nicht begründet werden (= Pr. H.M. v. 8. April 1885).

Ob und inwieweit der Beschluß der statutenmäßigen Vertretung der bisherigen (Gesammt=) Kasse der behördlichen Genehmigung bedarf, entscheidet sich nach ihrem Statut und denjenigen Landesgesetzen, welche für diese Kasse bisher maßgebend waren.

[6]) **Kassenstatut.** Ob und inwieweit dasselbe einer behördlichen Genehmigung bedarf, entscheidet sich gleichfalls nach Landesrecht. Dasselbe gilt für die Frage, ob solchen Pensionskassen die Rechte einer juristischen Person zukommen.

Was Preußen anbetrifft, so bedürfen Statuten von Unterstützungskassen für Gesellen, Gehülfen und Fabrikarbeiter, wenn sie nach der Gewerbeordnung v. 17. Jan. 1845 errichtet sind, der Genehmigung der Regierung (vgl. auch Min.Reskr. v. 31. Aug. 1854, M. J. B. S. 176), wodurch sie gleichzeitig die Rechte juristischer Personen erhalten, §§ 144, 145, 169 der Gewerbeordnung

v. 17. Jan. 1845 (G.S. S. 41), §§ 1, 4 Ges. v. 3. April 1854, betr. die gewerblichen Unterstützungskassen, G.S.S. 138. (Diese Bestimmungen gelten noch, soweit es sich nicht um Kranken- und Sterbekassen handelt; die Ansicht von Köhne [S. 170], daß sie durch das Reichsgesetz v. 8. April 1876 beseitigt seien, erscheint verfehlt, da sich dieses nur auf solche Kassen, wie sie nach dem Hülfskassengesetz errichtet werden durften, also auf Kranken- und Sterbekassen, bezieht.) Nach der Kab.O. v. 29. Septbr. 1833 (G.S. S. 121) dagegen müssen Statuten gemeinschaftlicher Wittwen-, Sterbe- und Aussteuerkassen von dem Oberpräsidenten, event. (falls mehrere Provinzen in Frage kommen) von dem Minister bestätigt werden. „Unter den Sterbekassen sind übrigens alle Kassen zu verstehen, aus welchen für den Sterbefall eines Mitglieds der Gesellschaft eine Zahlung zu irgend einem Zweck zu leisten ist" (a. a. O.). Durch diese Genehmigung erhalten solche Kassen die Rechte juristischer Personen (Reskr. v. 9. Septbr. 1844 [J.M.Bl. S. 206]). Hiernach läßt sich die Annahme rechtfertigen, daß die nach § 86 Ziffer 2 des Krankenvers.Ges. errichteten besonderen Pensionskassen dann, wenn sie nur Invalidenpensionen (also gegenseitige Unterstützung den Kassenmitgliedern selbst) gewähren, auf Grund der ersteren Bestimmung der Genehmigung des Regierungspräsidenten, und dann, wenn sie außer Invaliden- auch Wittwen- und Waisenpensionen, oder wenn sie nur Wittwen- und Waisenpensionen gewähren, auf Grund der letzteren Bestimmung der Genehmigung des Oberpräsidenten bezw. Ministers bedürfen. Diese letztere für alle, auch bloße Invalidenkassen zu beanspruchen (weil sich die Kab.O. von 1833 auf alle Kassen beziehe, welche gleich den ausdrücklich genannten Wittwen-, Sterbe- und Aussteuerkassen Zweige der auf Gegenseitigkeit beruhenden Lebensversicherung im weiteren Sinne des Wortes zum Gegenstand haben, wie dies bei Pensions- und Invalidenkassen der Fall sei), erscheint mit Rücksicht auf die späteren Bestimmungen von 1845 und 1854 nicht unbedenklich. Einen Entwurf für ein derartiges Kassenstatut findet man in der Arb.Vers. II S. 80 ff., 125 ff.

[7]) des Vermögens. Vgl. über die Vermögensauseinandersetzung die eingehenden Vorschriften in Nr. 17 Abs. 2, 18, 20 der älteren Preuß. Ausf.-Anw. v. 26. November 1883.

[8]) höhere Verwaltungsbehörde, § 84. In Preußen der Regierungspräsident (für Berlin der Oberpräsident).

[9]) bereits entstandenen. Am Auseinandersetzungstage sind folgende Pensionsansprüche „bereits entstanden":

a) diejenigen, welche bereits festgestellt und anerkannt sind,
b) die Ansprüche solcher Personen, für welche ein Grund zur Pensionirung angeblich bereits vorliegt, während die Richtigkeit dieser Thatsache oder die Höhe der Pension noch nicht festgestellt ist, für den Fall, daß diese Feststellung demnächst erfolgt.

Für diese Ansprüche wird der Kapitalwerth zu berechnen bezw. zu tariren sein; für die Berechnung sind diejenigen Grundsätze anzuwenden, welche für die bisherige Gesammtkasse nach Gesetz oder Statut maßgebend waren, und, soweit hierüber nichts bestimmt ist, diejenigen Skalen, welche die höhere Verwaltungsbehörde vorschreibt. (Vgl. Nr. 17 der älteren Preuß. Ausf.Anw. v. 26. November 1883.)

Für die übrigen Kassenmitglieder, welche zur Zeit der Auseinandersetzung eine Invalidität noch nicht geltend machen können, sind „Pensionsansprüche noch nicht entstanden", sie haben durch die bisherige Beitragsleistung nach Maßgabe des Kassenstatuts nur eine Aussicht auf dereinstige eventuelle Pension erhalten. Wird nun eine besondere Pensionskasse (mit Beitrittszwang) errichtet (al. 3), so wird in dieser Aussicht nichts geändert, da diese Exspektanten ja Mitglieder der neuen Pensionskasse werden und auf die letztere das Kassenvermögen ganz oder doch (wenn es den Kapitalwerth der schon existenten Verpflichtungen der Kasse übersteigt) zum weitaus größten Theil übergeht. Die Meinung von Gerkrath, daß durch die Vorschriften des Gesetzes den bisherigen Kassenmitgliedern ihre statutenmäßigen Rechte verkürzt würden, weil ihnen die Prämienreserven verloren gingen, ist also unbegründet.

Wird aber eine neue Pensionskasse nicht abgezweigt, vielmehr nur für die bereits entstandenen Pensionsansprüche eine besondere Verwaltung bestellt (al. 5 Abs. 1, 2), so liegt die Sache genau so, als gäbe die Kasse ihre bisherige Invalidenversicherung auf, wozu sie ja auch sonst vorbehaltlich der Befriedigung der bereits existenten Invalidenansprüche und der nach Landesrecht etwa erforderlichen behördlichen Genehmigung jederzeit befugt gewesen wäre. Dieser Wechsel stände also im Belieben der bisherigen Gesammtkasse; nur eine praesumtio juris et de jure statuirt das Gesetz für einen derartigen Willensausdruck. Also auch in diesem Fall werden die bisherigen Kassenmitglieder gegen ihre bisherigen Berechtigungen nicht benachtheiligt.

[10]) zweijährige Betrag (cf. Anm. 1 zu § 85). Mehr als einen reichlich bemessenen Reservefonds (vgl. § 32) soll die Krankenkasse nicht erhalten.

[11]) für, also ausschließlich der Beiträge der Arbeitgeber.

[12]) Im Reichs-Gesetzblatt findet sich an dieser Stelle eine Ungenauigkeit des Gesetzesabdrucks insofern, als dieser Absatz und die beiden folgenden Absätze äußerlich als besondere Absätze des ganzen Paragraphen sich darstellen, während sie doch offenbar nur besondere Absätze der Nr. 5 sind und wie die ganze Nr. 5 von dem Fall handeln, daß eine besondere Pensionskasse nicht errichtet wird. Die Preuß. Ausf.Anw. v. 26. November 1883 zitirt in Nr. 19 richtig nach den verschiedenen Absätzen der Nr. 5 des § 86.

[13]) besondere Verwaltung. Dieselbe steht in Preußen unter der Aufsicht der Aufsichtsbehörde (für die Krankenkassen).

§. 87.

[1]) Das Gesetz, betreffend die Abänderung des Titel VIII der Gewerbeordnung vom 8. April 1876 (Reichs-Gesetzbl. S. 134), wird aufgehoben. Die auf Grund des Artikels 1 §§. 141a, 141c, 141e desselben getroffenen statutarischen Bestimmungen[2]) treten, soweit sie den Vorschriften dieses Gesetzes zuwiderlaufen, außer Kraft. I.

Das Gesetz über eingeschriebene Hülfskassen vom 7. April 1876 (Reichs-Gesetzbl. S. 125) findet in Zukunft auf die unter die Vorschriften der Abschnitte C bis G dieses Gesetzes fallenden Kassen keine Anwendung mehr.[3]) Auf bestehende[4]) Kassen dieser Art, welche als eingeschriebene Hülfskassen zugelassen sind, finden die Vorschriften des §. 85 Absatz 1 und 3 Anwendung. II.

(§ 76 des Entwurfs und der Komm.-Beschlüsse.)

Zu § 87.

[1]) Motive: „Das Gesetz v. 8. April 1876, betr. die Abänderung des Tit. VIII der Gewerbeordnung (R.G.Bl. S. 134), wird durch das neue Gesetz vollständig ersetzt werden und ist daher in seinem ganzen Umfange aufzuheben."

[2]) statutarischen Bestimmungen. Diese Bestimmung fehlte in dem Entwurf als selbstverständlich, ist aber durch die Reichstagskommission der Sicherheit wegen hinzugefügt worden. Nach dem erwähnten Gesetz konnten Gemeinden und weitere Kommunalverbände

a) die Bildung eingeschriebener Hülfskassen mit Beitrittszwang für Gesellen, Gehülfen und Fabrikarbeiter anordnen (§§ 141, 141a). Sind solche Statuten ergangen und eingeschriebene Hülfskassen daraufhin gebildet worden, so bleiben die letzteren nach § 85 zwar bestehen, fallen aber unter die Vorschriften dieses Gesetzes als Orts- u. s. w. Krankenkassen.

   Soweit das Ortsstatut die Betheiligung an einer bestimmten Hülfskasse zur Pflicht macht und von dieser Verpflichtung nur die Mitglieder anderer eingeschriebenen Hülfskassen ausnimmt, steht es im Widerspruch mit diesem Gesetz und tritt daher außer Kraft.

b) anordnen, daß Arbeitgeber die Beiträge, welche ihre Arbeiter an eine auf Anordnung der Gemeindebehörde gebildete Hülfskasse zu entrichten haben, mit gewissen Beschränkungen vorschießen, § 141c Nr. 1. Solche Bestimmungen treten (vorbehaltlich des § 54) außer Kraft, weil fortan die weitergehenden Bestimmungen dieses Gesetzes über die Einzahlung der Beiträge durch die Arbeiter gelten.

c) anordnen, daß Fabrikinhaber zu den Beiträgen, welche ihre Arbeiter an eine auf Anordnung der Gemeindebehörde gebildete Hülfskasse zu zahlen haben, Zuschüsse bis zu 50 Prozent derselben leisten (§ 141c Nr. 2). Da solche Zwangskassen fortan als Orts- oder Betriebs- (Fabrik-) Krankenkassen nach Maßgabe dieses Gesetzes

§. 88.

Die Bestimmungen dieses Gesetzes treten, soweit sie die Beschlußfassung über die statutarische Einführung des Versicherungszwanges, sowie die Herstellung der zur Durchführung des Versicherungszwanges dienenden Einrichtungen betreffen, mit dem 1. Dezember 1883, die übrigen mit dem 1. Dezember 1884 in Kraft.

(§ 77 des Entwurfs und der Komm.-Beschlüsse.)

Urkundlich unter Unserer Höchsteigenhändigen Unterschrift und beigedrucktem Kaiserlichen Insiegel.

Gegeben Berlin, den 15. Juni 1883.

(L. S.) **Wilhelm.**

Fürst v. Bismarck.

---

gelten (§ 85), und die Beitragspflicht der Arbeitgeber zu diesen Kassen durch dieses Gesetz (unter Festsetzung von Grenzen) geregelt ist, so fallen derartige statutarische Bestimmungen fort, cf. Anm. 1 zu § 52.

d) anordnen, daß Arbeitgeber ihre Arbeiter, welche zum Eintritt in eine bestimmte Hülfskasse verpflichtet sind, für diese anmelden (§ 141 c Nr. 3). Eine solche Bestimmung wird durch die Vorschriften dieses Gesetzes theils gegenstandslos, theils tritt sie in Widerspruch mit denselben und fällt daher fort, cf. § 49.

[3]) keine Anwendung mehr. Mot. S. 45: „Die Beschränkung der Geltung des Gesetzes über die eingeschriebenen Hülfskassen v. 7. April 1876 ist eine Konsequenz der Vorschriften des § 53 (jetzt § 59) und des § 74 (jetzt § 85) Abs. 1. Hinsichtlich der aus freier Entschließung der Betheiligten hervorgehenden Kassen bleibt dasselbe mit der aus dem § 69 (jetzt 75) sich ergebenden Modifikation in Geltung." cf. Anhang I.

Die für Zwangskassen erfolgte Außerkraftsetzung des Hülfskassengesetzes bezieht sich auf das ganze Gesetz, insbesondere also auch auf § 29 desselben, welcher von der Schließung eingeschriebener Hülfskassen handelt.

[4]) bestehende, d. h. sie gelten als Orts-, Betriebs- (Fabrik-), Bau- oder Innungs-Krankenkassen nach Vorschrift dieses Gesetzes, müssen ihre Statuten revidiren und verlieren ihren Charakter als eingeschriebene Hülfskassen. Diesen Satz hat die Kommission hinzugefügt, um jeden Zweifel darüber auszuschließen, daß die allegirten Vorschriften des § 85 „auch auf solche Kassen der im Abschnitt C bis G dieses Gesetzes bezeichneten Art Anwendung finden sollen, welche in den Formen des Hülfskassengesetzes v. 7. April 1876 errichtet sind." (Komm.-Ber. S. 93.) cf. Anm. 6 zu § 85.

Abs. 4 des § 85 war nicht zu allegiren, weil die damals bestehenden eingeschriebenen Hülfskassen Leistungen, die über das nach diesem Gesetz zulässige Maximum hinausgehen, nach § 11 des Ges. v. 7. April 1876 in der damaligen Fassung nicht gewähren, ebensowenig andere Leistungen als Krankenunterstützung und Sterbegeld, § 12 a. a. O.

Artikel 32 der Novelle.

Dieses Gesetz tritt, soweit es sich um die zu seiner Durchführung erforderlichen Maßnahmen handelt, sofort, im Uebrigen mit dem 1. Januar 1893 in Kraft.¹) I.

Mit dem gleichen Tage treten außer Wirksamkeit²) die Bestimmungen des §. 4 Absatz 5 des Gesetzes über die eingeschriebenen Hülfskassen vom 7. April 1876 (Reichs-Gesetzbl. S. 125) in der Fassung des Gesetzes vom 1. Juni 1884 (Reichs-Gesetzbl. S. 54), der §§. 15, 16, 17, Absatz 2 des Gesetzes über die Ausdehnung der Unfall- und Krankenversicherung vom 28. Mai 1885 (Reichs-Gesetzbl. S. 159) und der §§. 134 Absatz 1, 135, 139, 140 des Gesetzes, betreffend die Unfall- und Krankenversicherung der in land- und forstwirthschaftlichen Betrieben beschäftigten Personen, vom 5. Mai 1886 (Reichs-Gesetzbl. S. 132). II.

Der Reichskanzler wird ermächtigt, den Text des Gesetzes vom 15. Juni 1883, wie er sich aus den Aenderungen durch gegenwärtiges Gesetz ergiebt, durch das Reichs-Gesetzblatt mit der Ueberschrift „Krankenversicherungsgesetz" bekannt zu machen.³)⁴) III.

Urkundlich unter Unserer Höchsteigenhändigen Unterschrift und beigedrucktem Kaiserlichen Insiegel.

Gegeben Berlin, den 10. April 1892.

(L. S.) **Wilhelm.**

von Boetticher.

Zu Artikel 32.

¹) in Kraft, jedoch unbeschadet der Vorschriften des späteren Gesetzes v. 14. Dezember 1892, betr. die eingeschriebenen Hülfskassen (R.G.Bl. S. 1049); siehe unten. Die Einführung in Helgoland erfolgte durch die Kais. Verordnung v. 14. Dezember 1892 (R.G.Bl. S. 1052).

²) außer Wirksamkeit. Aufgehoben sind:

a) der § 4 Abs. 5 des Hülfskassengesetzes; er ist ersetzt durch die §§ 75a, 75b;

b) alle die Krankenversicherung behandelnden Paragraphen des Ausdehnungsgesetzes; dieselben sind durch die Novelle in das Hauptgesetz hineingearbeitet, §§ 1, 3, 5a, 57a (Ausführungen des Abg. v. Strombeck, Sten.Ber. S. 2919, 4833);

c) einzelne die Krankenversicherung behandelnde Vorschriften des land- und forstwirthschaftlichen Unfall- und Krankenversicherungsgesetzes, §§ 1, 2, 5a, 20, 54.

Wo in Gesetzen sonst auf das Krankenversicherungsgesetz von 1883 Bezug genommen ist, sind fortan die entsprechenden Bestimmungen der neuen Fassung anzuwenden (vgl. Sten.Ber. 1890/92 S. 3247, 4832).

[3]) bekannt zu machen. Dies ist geschehen durch die Bekanntmachung v. 10. April 1892 (R.G.Bl. S. 417). „Die große Zahl der vorgenommenen Abänderungen läßt eine amtliche Bekanntmachung des vollständigen künftigen Wortlauts des Gesetzes dringend wünschenswerth erscheinen" (Mot. z. Nov. S. 79).

[4]) Besondere Uebergangsbestimmungen enthält das Gesetz nicht; es entscheiden also allgemeine Regeln. Danach hat das Gesetz keine rückwirkende Kraft, und findet in vollem Umfange nur auf diejenigen Begebenheiten und deren Folgen Anwendung, die sich unter seiner Herrschaft ereignet haben. Im Einzelnen sei hier auf Hahn S. 186 ff. verwiesen. Hervorheben wollen wir nur, daß die kürzere Verjährung (§§ 55, 56) auch auf die vor dem 1. Januar 1893 entstandenen Ansprüche Anwendung findet, „weil es sich hier nicht um Rechte, sondern nur um Erwartungen des Verpflichteten handelt"; es werden deshalb ältere Beitragsforderungen mit Ablauf 1893, ältere vor 1. Januar 1893 fällige Unterstützungsansprüche mit Ablauf 1894 verjährt sein (ebenso Hahn). Dagegen möchten wir glauben, daß die neuerdings verlängerte Dauer der Unterstützung (§ 6 Abs. 2) vom Beginn der Wirksamkeit des Gesetzes ab wirkt, also auf damals laufende Unterstützungen bereits anzuwenden ist (Hahn a. M.).

Gesetz,*)

betreffend die Unfall- und Krankenversicherung der in land- und forstwirthschaftlichen Betrieben beschäftigten Personen.

Vom 5. Mai 1886 (R.G.Bl. S. 132).

Abschnitte B. und C.

Einleitung.

Am 3. Januar 1885 wurde dem Reichstage ein Gesetzentwurf, betr. die Unfallversicherung der in land- und forstwirthschaftlichen Betrieben beschäftigten Personen, vorgelegt. Derselbe enthielt keine Bestimmungen über die Krankenversicherung; es sollte vielmehr lediglich bei den Bestimmungen des Krankenversicherungsgesetzes vom 15. Juni 1883 bewenden. Der Entwurf wurde nach einer Lesung im Plenum an eine Kommission verwiesen, von dieser in einmaliger Lesung durchberathen, aber nicht wieder in das Plenum gebracht. Bei ihren Berathungen hatte die Kommission sich bemüht, einige Bestimmungen des Krankenversicherungsgesetzes den Verhältnissen der Landwirthschaft mehr anzupassen.

Am 7. Januar 1886 wurde dem Reichstage sodann ein neuer Entwurf vorgelegt, welcher mit Rücksicht auf die im Vorjahr verhandelten Wünsche der Reichstagskommission auch Bestimmungen über die Krankenversicherung land- und forstwirthschaftlicher Arbeiter enthielt und den Titel führte: Entwurf des Gesetzes, betreffend die Unfall- und Krankenversicherung der in land- und forstwirth-

*) Das in diesem Kommentar früher noch behandelte Uebergangsgesetz für eingeschriebene Hülfskassen v. 14. Dezember 1892 scheidet als veraltet jetzt aus (vgl. Anm. * zu § 75); ebenso das sog. „Ausdehnungsgesetz" (Gesetz, betreffend die Ausdehnung der Unfall- und Krankenversicherung, vom 28. Mai 1885, R.G.Bl. S. 159), weil die auf die Krankenversicherung sich beziehenden Paragraphen desselben in die neue Fassung des Krankenversicherungsgesetzes hineingearbeitet und demgemäß aufgehoben worden sind, vgl. Art. 32 der Novelle (S. 509).

schaftlichen Betrieben beschäftigten Personen (R.T.Dr.S. Nr. 75). Dieser Entwurf beläßt es für die Land- und Forstwirthschaft bei der statutarischen Begründung der Krankenversicherungspflicht (§. 2 Absatz 1 Ziffer 6 K.V.G.), enthält aber Bestimmungen, durch welche bezweckt wird, einen häufigeren Gebrauch von solcher statutarischen Erstreckung der Versicherungspflicht zu ermöglichen, indem einzelne Vorschriften des Krankenversicherungsgesetzes für den Fall ihrer Anwendung auf die in der Land- und Forstwirthschaft beschäftigten Personen abgeändert werden. Dieser Entwurf, in der VI. Kommission des Reichstags unter dem Vorsitz des Frhrn. von und zu Franckenstein berathen und mit dem Bericht des Frhrn. von Maltzahn-Gülz vom 1. April 1886 (R.T.Dr.S. Nr. 252) an das Plenum zurückgelangt, bildet die Grundlage des Gesetzes vom 5. Mai 1886; der Reichstag hat, soweit die Krankenversicherung in Frage kommt, an dem Entwurf nicht viel geändert.

Die Novelle zum Krankenversicherungsgesetz hat grundsätzlich ebensowenig Aenderungen an denjenigen Bestimmungen vorgenommen, welche sich auf die Berücksichtigung der besonderen Eigenthümlichkeiten der Land- und Forstwirthschaft erstrecken. Ebenso hat es die Novelle auch jetzt noch dabei belassen, daß die Krankenversicherung in der Land- und Forstwirthschaft auch ferner nicht obligatorisch ist, sondern nur durch die Landesgesetzgebung oder durch statutarische Bestimmungen der Kommunalverbände eingeführt werden kann. Dagegen sind durch die Novelle einzelne Paragraphen, welche allgemeinere Bedeutung hatten, in das Krankenversicherungsgesetz hinein verarbeitet bezw. durch entsprechende Aenderungen des letzteren beseitigt worden (Art. 32 der Novelle), nämlich die §§. 134 Absatz 1, 135, 139, 140 des Gesetzes vom 5. Mai 1886. Die Folge ist, daß in denjenigen Fällen, in welchen die reichsgesetzliche Krankenversicherung für Land- und Forstwirthschaft durch Landesgesetz oder Kommunalstatut eingeführt wird (§. 133 des Gesetzes vom 5. Mai 1886), im Allgemeinen alle Bestimmungen des Krankenversicherungsgesetzes in der Fassung der Novelle gelten und nur diejenigen Modifikationen Platz greifen, welche sich aus §§. 134 (früher §. 134 Absatz 2), 136 bis 138, 141, 142 des Gesetzes vom 5. Mai 1886 ergeben und insbesondere eine weitgehende Berücksichtigung der in der Land- und Forstwirthschaft noch bestehenden Naturalwirthschaft bezwecken.

Aus der allgemeinen Begründung des Gesetzes sind die folgenden Ausführungen hervorzuheben.

A. Aus der Begründung des I. Entwurfs.

(In die allgemeine Begründung des zweiten Entwurfs wörtlich übernommen.)

„Für die Lösung der Aufgabe (sc. die Unfallversicherung der land- und forstwirthschaftlichen Arbeiter zweckmäßig durchzuführen, d. H.) ist zunächst die Vorfrage wegen der **Krankenversicherung** der land- und forstwirthschaftlichen Arbeiter von Bedeutung. In dieser Beziehung haben sich die verbündeten Regierungen nicht davon zu überzeugen vermocht, daß die Unfallversicherung der letzteren von der vorgängigen Einführung des allgemeinen gesetzlichen Krankenversicherungszwanges abhängig zu machen sei. Das Bedürfniß der Unfallversicherung ist vielmehr für das Gebiet, um welches es sich hier handelt, dringender als das der allgemeinen obligatorischen Krankenversicherung. Denn nach §. 2 Absatz 1 Ziffer 6 des Krankenversicherungsgesetzes vom 15. Juni 1883 (Reichs-Gesetzbl. S. 73) kann durch statutarische Bestimmung einer Gemeinde oder eines weiteren Kommunalverbandes der gesetzliche Krankenversicherungszwang schon jetzt auf die in der Land- und Forstwirthschaft beschäftigten Arbeiter des Bezirks ausgedehnt werden. Dadurch ist in denjenigen Bezirken, in denen eine solche statutarische Krankenversicherung nach den örtlichen Verhältnissen nöthig und durchführbar erscheint, schon jetzt die Möglichkeit einer umfassenden Fürsorge für Fälle vorübergehender Krankheit der land- und forstwirthschaftlichen Arbeiter gegeben. Mit Rücksicht hierauf hat die Frage, ob es sich empfehle, das Krankenversicherungsgesetz ohne Weiteres auch auf die letzteren allgemein auszudehnen, verneint werden müssen. In weiten Gebieten des Deutschen Reichs haben sich noch Verhältnisse zwischen dem land- und forstwirthschaftlichen Arbeitgeber auf der einen und dem Arbeiter auf der anderen Seite erhalten, welche die unveränderte Ausdehnung des Krankenversicherungsgesetzes auf den land- und forstwirthschaftlichen Betrieb weder als dringlich noch als räthlich erscheinen lassen. Dringlich ist sie nicht, wo die herkömmliche Sitte sich noch stark genug erweist, um den Arbeiter in Krankheitsfällen vor Noth dadurch zu schützen, daß der Arbeitgeber ihm die erforderliche Pflege und Fürsorge zu Theil werden läßt, ohne von ihm Krankenversicherungsbeiträge zu beanspruchen. Räthlich aber ist die Einführung des Krankenversicherungszwanges in denjenigen Gebieten nicht, wo auf dem platten Lande in der Hauptsache noch die Naturalwirthschaft vorherrscht, wo insbesondere die dem Arbeiter an Stelle oder als Theil des Lohnes gewährte Wohnung, Landnutzung, Viehweide oder sonstige Naturalbezüge ihm auch im Falle vorübergehender Krankheit belassen werden müssen. In diese Verhältnisse die geldwirthschaftlichen Grundsätze des Krankenversicherungsgesetzes unvermittelt hineinzutragen, würde ernsten Bedenken um so mehr unterliegen, als der erkrankte Arbeiter, wenn er neben seinen Naturalbezügen noch das gesetzliche Krankengeld erhielte, wirthschaftlich besser gestellt sein würde, als der gesunde. Zuzugeben ist allerdings, daß die erwähnten Verhältnisse zum Theil in Fluß gerathen sind, daß sich in vielen Gebieten allmählich ein Uebergang von der Natural- zur Geldwirthschaft und von dem patriarchalischen Herkommen zu streng civilrechtlichen Lohnvertragsverhältnissen vollzieht, daß die auf väterlicher Sitte beruhenden persönlichen Beziehungen zwischen Arbeitgeber und Arbeiter mehr und mehr gelockert werden, und daß die Aussicht des ländlichen Arbeiters, in Krankeitsfällen durch den Arbeitgeber oder auch durch nachbarliche Hülfe vor Noth geschützt zu werden, nicht mehr überall mit der vollen Sicherheit eines unter allen Umständen wirksamen Anspruchs bekleidet ist. Je mehr sich die Verhältnisse der ländlichen Arbeiter in dieser Beziehung denen der industriellen nähern, desto mehr wird darauf Bedacht zu nehmen sein, auch den ersteren einen rechtlichen Anspruch auf ausreichende Fürsorge in Krankheitsfällen durch Gesetz allgemein zu sichern. Nur läßt sich dies ohne Schädigung der Betheiligten nicht plötzlich, und am wenigsten durch eine einfache, unveränderte Ausdehnung des Krankenversicherungsgesetzes auf die ländlichen Arbeiter erreichen. Das letztere wird vielmehr mit aller Vorsicht den ländlichen Verhältnissen anzupassen sein, und dies um so mehr, als in vielen Gegenden die überaus veränderlichen Arbeiterverhältnisse unüberwindliche Schwierigkeiten bieten würden. Dieselben Personen leisten abwechselnd bald dem einen, bald einem anderen Arbeitgeber Dienste als Arbeiter. Daneben aber arbeitet ein großer Theil derselben zeitweise auch für eigene Rechnung in der eigenen Wirthschaft. Die Durchführung der als Individualversicherung geregelten Krankenversicherung, die hierzu erforderliche An- und Abmeldung durch den Arbeitgeber und die Einzahlung und Einziehung der für jeden Arbeitstag zu berechnenden Beiträge erscheint ohne tiefgreifende Aenderungen des Krankenversicherungsgesetzes für derartige Verhältnisse nicht thunlich. Bei den Erwägungen, wie diesen Bedenken Rechnung zu tragen ist, werden die Erfahrungen, welche in der Praxis mit der statutarischen Erstreckung des Versicherungszwanges nach Maßgabe des §. 2 Absatz 1 Ziffer 6 des Krankenversicherungsgesetzes werden gemacht werden, werthvolle Anhaltspunkte liefern. Der Umstand aber, daß diese Erwägungen noch nicht abgeschlossen sind und daß sich zur Zeit noch nicht übersehen läßt, inwieweit die Bestimmungen des Krankenversicherungsgesetzes im Interesse der Verhältnisse der Land- und Forstwirthschaft einer Abänderung bedürfen, bietet keinen ausreichenden Grund, die dringlichere Regelung der Unfallversicherung für diese Betriebszweige noch länger aufzuschieben. Aufgabe der sozialpolitischen Gesetzgebung ist es, Schritt für Schritt nach Maßgabe des Bedürfnisses und der auf diesem Gebiet gemachten Erfahrungen vorzugehen, und sie darf vor verbesserungsbedürftigen Verhältnissen nicht um deswillen Halt machen, weil die als nothwendig erkannten Reformen nicht mit einem Male und in vollem Umfange zu erreichen sind. Wo die Krankenversicherung weniger dringlich ist, als die Unfallversicherung, wird zuerst die letztere zu regeln sein, um den gefährdeten Arbeitern so schnell als möglich wenigstens da zu helfen, wo ihnen geholfen werden kann. Ist es zur Zeit nicht thunlich, die Fürsorge für die durch Unfälle verletzten ländlichen Arbeiter während der ersten dreizehn Wochen nach Eintritt des Unfalls genau in der gleichen Weise zu regeln, wie dies auf Grund des Krankenversicherungsgesetzes für die industriellen Arbeiter geschehen ist, so wird in einer wenn auch nur provisorischen Regelung der während der ersten dreizehn Wochen zu gewährenden Fürsorge immerhin ein erheblicher Fortschritt zu der demnächstigen endgültigen Lösung der Aufgabe zu erblicken sein.“ . . . .

B. Aus der Begründung des II. Entwurfs.

„An diesen Ausführungen ist im Wesentlichen auch jetzt noch festzuhalten, obwohl den bei der kommissarischen Berathung des ersten Entwurfs hervorgetretenen Auffassungen in mehrfacher Beziehung Rechnung getragen worden ist . . . .

„Was endlich die Krankenversicherung anlangt, so hat es zwar auch jetzt noch nicht für rathsam erachtet werden können, für dieselbe eine allgemeine, reichsgesetzliche Zwangspflicht bezüglich aller in der Land- und Forstwirthschaft beschäftigten Personen einzuführen. Dagegen folgt der Entwurf den in der Reichstagskommission in dieser Beziehung gegebenen Anregungen in soweit, als er die landesgesetzliche oder statutarische Einführung der Krankenversicherungspflicht für land- und forstwirthschaftliche Arbeiter dadurch zu fördern und zu erleichtern strebt, daß die Bestimmungen des Krankenversicherungsgesetzes, soweit es sich um deren Anwendung auf land- und forstwirthschaftliche Arbeiter handelt, in einer den Verhältnissen der letzteren entsprechenden Weise abgeändert werden. Diese Abänderungen haben insbesondere die thunlichste Beibehaltung der Naturalwirthschaft im Auge." . . . .

Wir **Wilhelm**, von Gottes Gnaden Deutscher Kaiser, König von Preußen &c.

verordnen im Namen des Reichs, nach erfolgter Zustimmung des Bundesraths und des Reichstags, was folgt:

A. Unfallversicherung.

§§. 1 bis 132.*)

*) Der § 1 des Gesetzes, welcher keine Krankenversicherung, sondern nur die Fürsorge für die durch Unfallversicherung nicht gedeckten ersten 13 Wochen nach Eintritt eines Betriebsunfalls regelt und demgemäß auf ganz anderer Grundlage steht, wird im Anhange abgedruckt werden.

B. Krankenversicherung.

§. 133.

[1]) Werden durch die Landesgesetzgebung[2]) in der Land- oder Forstwirthschaft gegen Gehalt oder Lohn beschäftigte Personen[2a]) der Krankenversicherungspflicht nach Maßgabe des Krankenversicherungsgesetzes[3]) vom 15. Juni 1883 (Reichs-Gesetzbl. S. 73) unterworfen, so findet letzteres Gesetz mit den aus den §§. 134 bis 142[3a]) dieses Gesetzes sich ergebenden Aenderungen[4]) Anwendung. Dasselbe gilt, wenn durch statutarische Bestimmungen[5]) auf Grund des §. 2 des Krankenversicherungsgesetzes die Anwendung der Vorschriften des §. 1 des letzteren auf solche Personen[6]) erstreckt wird.

(§ 125 des Entwurfs und der Komm.-Beschlüsse.)

Zu § 133.

[1]) Die obligatorische Krankenversicherungspflicht der in land- oder forstwirthschaftlichen Betrieben beschäftigten Personen wird durch dieses Gesetz einstweilen nicht begründet; es bewendet bei der Ermächtigung für die Gemeinden und weiteren Kommunalverbände, diese Personen durch statutarische Bestimmung der Versicherungspflicht zu unterwerfen. Das Recht der Landesgesetzgebung, die Bestimmungen des Krankenversicherungsgesetzes auch ihrerseits auf derartige Personen zu erstrecken, wird ausdrücklich anerkannt. Wo von dieser Erstreckung Gebrauch gemacht wird, erfolgt die Versicherung nach den nachfolgenden Bestimmungen und, soweit diese nichts Besonderes verordnen, nach den Bestimmungen des Krankenversicherungsgesetzes.

---

2) Landesgesetzgebung. Ueber das Verhältniß des Landesrechts zum Reichsrecht bei der Krankenversicherung vgl. Anm. 1 ad II zu § 1 K.V.G., sowie folgende Ausführung des Komm.Ber. S. 44: „Durch die Diskussion wurde dabei festgestellt, daß der § 125 (jetzt § 133) nicht den Zweck habe, die Kompetenz der Landesgesetzgebung zur Einführung der Krankenversicherung zu verändern, sondern nur die Folgen einer landesgesetzlich ausgesprochenen Ausdehnung des Krankenversicherungsgesetzes vom 15. Juni 1883 festzustellen."

2a) Personen, Arbeiter, Betriebsbeamte, landwirthschaftliches Gesinde.

3) nach Maßgabe des Krankenversicherungsgesetzes. Landesgesetze, welche nach anderen Gesichtspunkten die Krankenversicherung land- und forstwirthschaftlicher Arbeiter regeln, bleiben zulässig und werden durch die nachfolgenden Bestimmungen nicht getroffen. Vgl. Anm. 1 ad IV zu § 1 K.V.G.

3a) §§ 134 bis 142. Nachdem durch Art. 32 d. Nov. zum K.V.G. die §§ 135, 139, 140 dieses Gesetzes aufgehoben sind, muß fortab im Text des letzteren gelesen werden:

„mit den aus den §§ 134, 136 bis 138, 141, 142 dieses Gesetzes sich ergebenden Abänderungen".

Vgl. Einleitung.

4) Aenderungen. Die Aenderungen bestehen im Wesentlichen noch in Folgendem:

1. Statutarische Bestimmungen von Kommunalverbänden finden nicht an den örtlichen Grenzen des betr. Kommunalbezirks ihre Schranke, sondern können den ganzen Betrieb, der in dem betr. Kommunalbezirk seinen Sitz hat, also auch diejenigen Theile desselben umfassen, welche in andere Kommunalbezirke hineinragen, § 134. (Abänderung der §§ 2, 52, 54 K.V.G.)
2. Die Voraussetzungen für die Befreiung von der Versicherungspflicht werden in Berücksichtigung der Naturalwirthschaft anderweit geregelt und es wird ein besonderes Verfahren für die Befreiung eingeführt, § 136 Abs. 1—5. (Abänderung des § 3 Abs. 2 K.V.G.)
3. Behufs weiterer Schonung der Naturalwirthschaft sollen ständige Arbeiter, welche im Jahre an Naturalien so viel beziehen, daß ihnen im Jahresdurchschnitt für jeden Arbeitstag der Werth des Krankengeldes sicher ist, oder welche auch für den Krankentag einen dem Krankengeld entsprechenden Lohn (baar oder in Naturalien) beziehen, Krankengeld nicht erhalten und dafür ermäßigte Krankenbeiträge zahlen, § 137.

   Eine analoge Regelung ist zugelassen für solche Fälle, in denen nicht das volle Krankengeld, aber doch ein Theil desselben durch Fortbezug des Arbeitslohnes oder der Naturalien aufgewogen wird, § 138. (Abänderung der §§ 6, 9, 20, 31 K.V.G.)

4. Der Instanzenzug bei Streitfällen wegen Unterstützungsansprüche gegen eine Krankenkasse ist zum Theil geändert, und den Krankenkassen, welche die Verpflichtungen säumiger Arbeitgeber bei Krankheiten ihrer Arbeiter haben erfüllen müssen, ist in besonderem Verfahren ein Erstattungsanspruch gegen solche Arbeitgeber gegeben, §§ 136 Abs. 6, 137 i. f., 138 i. f. (Abänderung des § 58 Abs. 1 K.V.G.)
5. Unständige land- und forstwirthschaftliche Arbeiter können in dem Bezirk ihres Wohnorts zur Versicherung herangezogen und auch für diejenige Zeit, in welcher sie (vorübergehend) in land- oder forstwirthschaftlichen Betrieben nicht beschäftigt sind oder nicht in eine die Versicherungspflicht begründende Beschäftigung in einem anderen Erwerbszweig (industrielle Thätigkeit 2c.) eintreten, für versicherungspflichtig erklärt werden, § 142. (Abänderung der §§ 1, 5, 16 K.V.G.)

Früher bestanden noch folgende, durch die Nov. z. K.V.G. beseitigte Aenderungen:

a) Für den Beschäftigungsort und den Betriebssitz enthielt das Gesetz bisher besondere Vorschriften; sie sollten sich nach den §§ 10, 44 dieses Gesetzes richten (§ 134). Dies ist entbehrlich geworden, nachdem in § 5a Abs. 3 K.V.G. eine allgemeine, dem bisherigen Recht entsprechende Bestimmung aufgenommen worden ist. Auch letztere verweist auf die Bestimmungen des § 44 des Ges. v. 5. Mai 1886 hinsichtlich des Betriebsitzes.
b) Wöchnerinnen-Unterstützung sollte nur ehelichen Wöchnerinnen gewährt werden (§ 136). Diese Bestimmung ist durch die Novelle als angeblich unzweckmäßig beseitigt worden, vgl. Anm. 6 zu § 20; dagegen kann die statutarisch zulässige Erweiterung der Wöchnerinnen-Unterstützung auf eheliche Wöchnerinnen beschränkt werden, vgl. Anm. 5a zu § 21.
c) Die Befugniß, durch statutarische Bestimmung den Wegfall des Arbeitgeberbeitrages und der Anmeldung vorzusehen, war für land- und forstwirthschaftliche Personen, auf welche statutarisch die Versicherungspflicht erstreckt worden war, beseitigt worden (§ 139). Einer solchen Bestimmung bedurfte es nicht mehr, nachdem der § 54 K.V.G. eine dieselbe deckende allgemeine Fassung erhalten hatte, vgl. Anm. 21 zu § 2.
d) Der Werth der Naturalbezüge sollte nach Durchschnittspreisen von der unteren Verwaltungsbehörde festgesetzt werden, § 139. An Stelle dieser Vorschrift tritt jetzt die allgemeine Vorschrift des § 1 Abs. 5, wonach die Naturalbezüge mit dem Durchschnittswerth, der von der unteren Verwaltungsbehörde festzusetzen ist, in Ansatz gebracht werden sollen.

§. 134.*)

[1]) Gemeinden[2]) oder weitere Kommunalverbände[3]) können bei dem Erlasse[4]) statutarischer Bestimmungen über die Krankenversicherung land- und forstwirthschaftlicher Arbeiter beschließen, daß diese Bestimmungen auch auf außerhalb des Kommunalbezirks[5]) liegende Theile solcher Betriebe sich erstrecken sollen, deren Sitz[6]) innerhalb des Bezirks der Gemeinde oder des weiteren Kommunalverbandes belegen ist.

(§ 125 der Regierungsvorlage und der Komm.-Beschlüsse.)

*) Der bisherige Absatz 1 (Beschäftigungsort und Betriebssitz) ist durch § 5a Abs 3 K.V.G. ersetzt und demgemäß durch Art. 32 d. Nov. aufgehoben.

Die Aenderungen der Novelle sind also nur bei b und d von materieller, im Uebrigen nur von formeller Bedeutung.

[5]) statutarische Bestimmungen einer Gemeinde oder eines weiteren Kommunalverbandes.

[6]) Personen. Durch statutarische Bestimmung können Dienstboten nicht dem Versicherungszwang unterworfen werden, denn diese sind keine Arbeiter im Sinne des § 1 K.V.G. (cf. Anm. 1 ad IV zu § 1, Anm. 17, 18 zu § 2, Anm. 8 zu § 4 K.V.G.), wohl aber jetzt die land- und forstwirthschaftlichen Beamten, vgl. Anm. 17 zu § 2 K.V.G. Der § 133 begründet nicht etwa neue statutarische Bestimmungen, sondern behandelt nur die statutarischen Bestimmungen auf Grund des § 2 K.V.G. in dem dort angegebenen Umfange. Die Landesgesetzgebung ist an diese Beschränkungen nicht gebunden.

Zu § 134.

[1]) „Der Sitz des Betriebes hat bei Betriebszweigen, bei welchen die Versicherungspflicht von statutarischer Bestimmung der Gemeinden abhängt, eine besonders hervorragende Bedeutung. Derartige Betriebe müssen, auch wenn ihre Bestandtheile in verschiedenen Gemeindebezirken belegen sind, bezüglich der Versicherungspflicht als zusammengehörig behandelt werden. Denn solche Betriebe bilden eine wirthschaftliche Einheit, die Arbeiter werden bald in diesem bald in jenem Theil des Betriebes beschäftigt. Dieselben dürfen bezüglich der Versicherungspflicht nicht verschieden behandelt werden, je nachdem einzelne Gemeinden, in deren Bezirken Bestandtheile des Betriebes belegen sind, die Versicherungspflicht durch statutarische Bestimmung eingeführt haben, andere nicht. Es darf hierbei nicht die jeweilige vielleicht im Laufe desselben Tages wechselnde Arbeitsstätte, sondern es muß ebenso wie bei der Frage, welcher Kasseneinrichtung obligatorisch Versicherte angehören (§ 5 des Krankenversicherungsgesetzes, § 9 des Gesetzes v. 28. Mai 1885), der Sitz des Betriebes entscheiden.

Demgemäß bestimmt der zweite Absatz des § 126 (jetzt 134), daß statutarische Bestimmungen von Gemeinden und weiteren Kommunalverbänden

(Der §. 135 ist aufgehoben durch Artikel 32 der Novelle.)

§. 136.

I. [1]) Personen, welche erweislich mindestens für dreizehn Wochen[2]) nach der Erkrankung dem Arbeitgeber gegenüber[3]) einen Rechtsanspruch[4]) auf eine den Bestimmungen des §. 6 des Krankenversicherungsgesetzes entsprechende[5]) oder gleichwerthige[6]) Unterstützung haben, sind auf den Antrag des Arbeitgebers[7]) von der Versicherungspflicht zu befreien,[8]) sofern[9]) die Leistungsfähigkeit desselben genügend gesichert[10]) ist.

über die Krankenversicherung land- und forstwirthschaftlicher Arbeiter (§§ 2, 52, 54 des Krankenversicherungsgesetzes) nicht an den örtlichen Grenzen des Gemeindebezirks ihre Schranken finden, sondern sich auch auf diejenigen Theile der im Gemeindebezirk domizilirten Betriebe sollen erstrecken können, welche in fremden Gemarkungen belegen sind." (Mot. S. 69.)

Der § 134 soll also ermöglichen, daß für einen und denselben Betrieb gleiche Vorschriften für die Versicherung land- und forstwirthschaftlicher Arbeiter gelten, auch wenn sich der Betrieb über die Bezirke verschiedener Gemeinden erstreckt.

[2]) Gemeinden. Denselben stehen die selbständigen Gutsbezirke und Gemarkungen gleich, § 83 K.V.G.

[3]) weitere Kommunalverbände. Vgl. für Preußen Anm. 4 zu § 2 K.V.G. Weitere Kommunalverbände können derartige Bestimmungen für ihren Bezirk oder für Theile desselben erlassen, § 2 a. a. O.

[4]) bei dem Erlaß, als integrirenden Theil der statutarischen Bestimmung (Anm. 3). Es ist also die Genehmigung der höheren Verwaltungsbehörde und die Veröffentlichung erforderlich, § 2 Abs. 3 a. a. O. Bei der Genehmigung wird darauf zu achten sein, daß Kollisionen mit anderen statutarischen Bestimmungen, insbesondere derjenigen Gemeinden, in deren Grenzen die Exklave liegt, vermieden werden.

[5]) Kommunalbezirks. Der Ausdruck umfaßt sowohl den Bezirk einer Gemeinde wie den Bezirk eines weiteren Kommunalverbandes.

[6]) deren Sitz. Vgl. § 44 des Ges., abgedruckt in Anm. 8 zu § 5a K.V.G.

Zu § 136.

[1]) Der § 136 behandelt die Fälle, in welchen der Arbeitgeber seinem erkrankten Arbeiter die vollen Leistungen der Krankenversicherung zu gewähren hat, §§ 137 und 138 dagegen behandeln die Fälle, in welchen der Arbeitgeber seinem Arbeiter nur einen Theil dieser Leistungen schuldet.

Der § 136 tritt für die in der Land- und Forstwirthschaft beschäftigten Arbeiter an die Stelle der §§ 3a und 3b K.V.G., vgl. § 141 Abs. 2.

Mot. S. 70: „Die Bestimmungen des § 127 (jetzt § 136) sollen Vorsorge treffen, daß Personen, denen bereits auf Grund anderer Gesetze oder

Ueber den Antrag entscheidet[11]) die Verwaltung der Gemeinde-krankenversicherung oder der Vorstand der Krankenkasse, welcher die zu befreiende Person angehören würde.[12]) Wird die Leistungsfähigkeit des Arbeitgebers beanstandet, so ist der Antrag an die Aufsichtsbehörde[13]) zur Entscheidung abzugeben. II.

Die Entscheidung[11]) über den Befreiungsantrag ist den Betheiligten[14]) zu eröffnen und vorläufig vollstreckbar. Gegen dieselbe steht jedem Betheiligten binnen zwei Wochen die Beschwerde an die vorgesetzte[15]) Aufsichtsbehörde[13]) zu. III.

Die Befreiung gilt für die Dauer des Arbeitsvertrages.[16]) Sie hört vor Beendigung desselben auf: IV.

1. wenn dies von der im Absatz 2 bezeichneten Aufsichtsbehörde wegen nicht genügender Leistungsfähigkeit des Arbeitgebers — sei es von Amtswegen, sei es auf Vorschlag[17]) der Verwaltung der Gemeindekrankenversicherung oder des Vorstandes der Krankenkasse — angeordnet[18]) wird,
2. wenn der Arbeitgeber die befreite Person zur Krankenversicherung anmeldet.[19]) Die Anmeldung ist im Falle einer zur Zeit derselben bereits eingetretenen[20]) Erkrankung ohne rechtliche Wirkung.[21])

---

des Arbeitsvertrages ein Anspruch auf die dem Krankenversicherungsgesetze entsprechenden vollen Leistungen gegen ihren Arbeitgeber zusteht, von der Krankenversicherung und der mit derselben verbundenen Verpflichtung zur Beitragszahlung befreit sein sollen. Für solche Personen besteht thatsächlich kein Bedürfniß der Krankenversicherung. Aber auch den Arbeitgebern, sofern sie ihren Arbeitern bereits anderweit diejenige Fürsorge in Krankheitsfällen gewähren, welche andere Arbeiter durch die Krankenversicherung erhalten, können die aus der Krankenversicherung erwachsenden Lasten, insbesondere die Verpflichtungen zur An- und Abmeldung, zur Beitragszahlung und antheiligen Uebernahme des Kassenbeitrages nicht aufgebürdet werden. Gerade in der Land- und Forstwirthschaft finden sich noch häufig derartige, an Familienzusammengehörigkeit erinnernde Verhältnisse zwischen Arbeitgebern und Arbeitnehmern. Wo diese Verhältnisse die Regel bilden, sprechen sie gegen die Einführung der Versicherungspflicht überhaupt; aber auch, wo sie vereinzelt vorkommen, verdienen sie Berücksichtigung, weil ihre Erhaltung nicht nur für die Betheiligten, sondern auch für das soziale und staatliche Leben wünschenswerth ist. Nur muß dafür gesorgt werden, daß eine solche Berücksichtigung bestehender Verhältnisse nicht zu einer Umgehung des Gesetzes und dazu benutzt werde, Arbeitern, für welche eine solche Verpflichtung des Arbeitgebers thatsächlich wirkungslos sein würde, die Wohlthaten der Kranken-

V. Insoweit einer nach Absatz 1 befreiten Person im Falle der Erkrankung von dem Arbeitgeber eine den Bestimmungen des §. 6 des Krankenversicherungsgesetzes entsprechende oder[22]) gleichwerthige Unterstützung nicht gewährt wird, ist dieselbe auf Antrag[23]) von der betreffenden Gemeindekrankenversicherung oder Krankenkasse zu gewähren. Die hiernach gemachten Aufwendungen sind von dem Arbeitgeber zu ersetzen.[24])

VI. Streitigkeiten[25]) über Unterstützungsansprüche, welche gegen die Gemeindekrankenversicherung oder Krankenkasse auf Grund des vorstehenden Absatzes entstehen, werden nach Maßgabe des §. 12*) Absatz 1,[26]) Streitigkeiten über Ersatzansprüche zwischen der Gemeindekrankenversicherung oder Krankenkasse einerseits und dem Arbeitgeber andererseits nach Maßgabe des §. 12*) Absatz 2 dieses Gesetzes entschieden.

(§ 127 des Entwurfs und der Komm.-Beschlüsse.)

---

versicherung zu entziehen und bestehende Kasseneinrichtungen durch Entziehung von Mitgliedern zu schwächen.

Zu solchen Umgehungen führt, wie sich in der Praxis herausgestellt hat, die (bisherige!) Bestimmung des § 3 Abs. 2 des Krankenversicherungsgesetzes. Diese Bestimmung würde für das Gebiet der Land- und Forstwirthschaft, auf welchem Fälle ihrer Anwendbarkeit besonders häufig sind, geradezu vom Uebel sein. Da aber andererseits auch die einfache Aufhebung derselben unerwünschte Wirkungen hervorrufen würde, so ist jene Vorschrift durch zweckentsprechendere Bestimmungen zu ersetzen. Hierauf beruht der im § 127 des Entwurfs (jetzt § 136) enthaltene Vorschlag. Die Frage, ob ähnliche Bestimmungen demnächst allgemein an die Stelle des § 3 Abs. 2 des Krankenversicherungsgesetzes zu setzen seien, wird späteren Erwägungen über die Abänderung des Krankenversicherungsgesetzes vorzubehalten sein."

---

*) § 12 des Gesetzes vom 5. Mai 1886 lautet:

Streitigkeiten über Unterstützungsansprüche, welche aus der Bestimmung des § 10 zwischen den Verletzten einerseits und den Gemeinden andererseits entstehen, werden von der Aufsichtsbehörde entschieden. Die Entscheidung ist vorläufig vollstreckbar. Dieselbe kann im Verwaltungsstreitverfahren, wo ein solches nicht besteht, im Wege des Rekurses nach Maßgabe der Vorschriften der §§ 20, 21 der Gewerbeordnung angefochten werden.

Streitigkeiten über Ersatzansprüche, welche aus den Bestimmungen des § 10 entstehen, werden im Verwaltungstreitsverfahren, wo ein solches nicht besteht, von der Aufsichtsbehörde der in Anspruch genommenen Gemeinde, Gemeinde-Krankenversicherung oder Krankenkasse entschieden. Gegen die Entscheidung der letzteren findet der Rekurs nach Maßgabe der Vorschriften der §§ 20, 21 der Gewerbeordnung statt.

Der Landeszentralbehörde bleibt überlassen, vorzuschreiben, daß anstatt des Rekursverfahrens innerhalb der Rekursfrist die Berufung auf den Rechtsweg mittelst Erhebung der Klage stattfinde.

²) mindestens für 13 Wochen (vgl. § 6 Abs. 2, § 20 Abs. 1 Ziffer 1, § 21 Ziffer 1 K.V.G.), auch wenn inzwischen das Arbeitsverhältniß aufgehört hat. Mot. S. 70: „Auf die Dauer des Arbeitsvertrages darf der Auspruch nicht beschränkt sein; ebenso wie bei der Krankenversicherung muß bei allen Krankheiten, welche während der Beschäftigung eintreten, für dreizehn Wochen nach der Erkrankung Fürsorge geleistet werden, wenn auch inzwischen das Arbeitsverhältniß aufgehört haben sollte."

³) dem Arbeitgeber gegenüber. Wie schon in dem bisherigen § 3 Abs. 2 K.V.G. nach dessen richtiger Auslegung, so muß auch hier der Anspruch gegen den Arbeitgeber gerichtet sein. Ansprüche gegen Dritte führen die Befreiung von der Versicherungspflicht nicht herbei.

⁴) Rechtsanspruch, insbesondere auf Grund von Gesetzen oder des Arbeitsvertrages, vgl. Mot. in Anm. 1.

⁵) entsprechend. Die Unterstützung entspricht den Bestimmungen des § 6 K.V.G., wenn, wie dort, vom Beginn der Krankheit ab freie ärztliche Behandlung und Arznei, sowie Brillen, Bruchbänder und ähnliche (kleine) Heilmittel, außerdem aber im Falle der Erwerbsunfähigkeit vom dritten Tage nach der Erkrankung ab ein Krankengeld in Höhe der Hälfte des ortsüblichen Tagelohns gewöhnlicher Tagearbeiter (§ 8 K.V.G.) gewährt wird.

Die Leistungen des § 6 K.V.G. können nach dem neuen § 6a der Nov. beschränkt werden; der dritte Absatz des ehemaligen § 6 ist in den neuen § 6a übergegangen. Es ist offenbar nicht die Absicht des Gesetzgebers gewesen, eine Verschlechterung in der Lage der landwirthschaftlichen Krankenversicherung dadurch herbeizuführen, daß immer der § 6 in seiner jetzigen Fassung beachtet werden muß und daß die Beschränkungen des § 6a nicht sollten Platz greifen dürfen. Man wird daher davon ausgehen müssen, daß auch in der Land- und Forstwirthschaft bei Krankheiten, welche sich die Betheiligten vorsätzlich oder durch schuldhafte Betheiligung bei Schlägereien oder Raufhändeln, durch Trunkfälligkeit oder geschlechtliche Ausschweifungen zugezogen haben (§ 6a Abs. 1 Z. 2 a. a. O.), Krankengeld nicht gewährt zu werden braucht (ebenso v. Schicker S. 424), ohne Rücksicht darauf, ob subjektiv der betr. Arbeiter im Falle der Versicherung nach den am Arbeitsort geltenden Beschlüssen der Gemeinde ꝛc. einer solchen Beschränkung unterworfen sein würde. Derartige Beschränkungen müssen aber den Rechtsanspruch treffen, ein für alle Mal von vornherein vorgesehen sein. Enthält das Gesetz oder der Arbeitsvertrag, auf Grund dessen dem Arbeiter die dem § 6 a. a. O. entsprechenden Leistungen im Krankheitsfall zu gewähren sind, eine solche Beschränkung nicht, so ist die Entziehung des Krankengeldes für den konkreten Fall unzulässig. (Freie ärztliche Behandlung, Arznei und kleine Heilmittel müssen auch bei Entziehung des Krankengeldes gewährt werden.) Dasselbe wird gelten müssen hinsichtlich der Beschränkungen bei wiederholter Erkrankung (§ 6a Abs. 1 Z. 3 K.V.G.), sowie hinsichtlich der Entziehung des Krankengeldes für die Dauer eines

Jahres bei solchen Versicherten, welche sich einer Schädigung durch eine, mit dem Verlust der bürgerlichen Ehrenrechte bedrohte Strafhandlung schuldig gemacht haben (§ 6 Abs. 1 Z. 2 K.V.G.). Diese Schädigung muß aber in Beziehung stehen zu der Verpflichtung des Arbeitgebers hinsichtlich der Gewährung von Krankenunterstützung, ebenso wie in den Fällen des § 6a K.V.G. nur eine Schädigung der Gemeinde-Krankenversicherung, nicht der Gemeinde getroffen wird. Andere, dem Arbeitgeber zugefügte, mit der Krankenfürsorge nicht in Verbindung stehende Nachtheile können die Entziehung des Krankengeldes nicht begründen. Die Bestimmungen des § 6a Abs. 1 Z. 6 K.V.G. hinsichtlich der Kassenärzte sind hier bedeutungslos, weil der Anspruch auf freie ärztliche Behandlung u. s. w. unter allen Umständen auch dann als eine dem § 6 gleichwerthige angesehen werden muß, wenn der Arbeitgeber sich die Auswahl des Arztes nicht ausdrücklich vorbehalten hat. Vgl. Anm. 22.

[6]) gleichwerthige. Vgl. Anm. 22. Mot. S. 70: „Welche Unterstützung eine gleichwerthige sei, ist nach Lage des einzelnen Falles zu beurtheilen; Fortzahlung des Lohnes in Krankheitsfällen, Unterbringung in ein Krankenhaus, Verpflegung in der Familie neben freier ärztlicher Behandlung und Arznei wird sich in der Regel als gleichwerthig darstellen."

Bei Unterbringung in einem Krankenhause wird de lege lata die nicht in § 6, sondern in § 7 Abs. 2 K.V.G. vorgesehene Zahlung eines Bruchtheils des Krankengeldes für die Angehörigen des Erkrankten nicht zu fordern sein (a. M. v. Schicker S. 424). Denn objektiv gilt auch nach § 7 Abs. 1 a. a. O. freie Kur und Verpflegung in einem Krankenhause den Leistungen des § 6 a. a. O. für gleichwerthig, was schon daraus hervorgeht, daß nach § 7 Abs. 2 a. a. O. nicht allen im Krankenhause Untergebrachten eine Angehörigen-Unterstützung gewährt werden muß.

Gleichwerthig dem Krankengelde ist auch die Belassung oder Zuwendung von Naturalien, deren Gesammtwerth für den Arbeitstag, für den sie gewährt werden (das Jahr zu 300 Arbeitstagen berechnet), dem Betrage des täglichen Krankengeldes mindestens gleichkommt. Theilweise Zuwendung von Naturalien ist auf das Krankengeld anzurechnen. Vgl. §§ 137, 138.

Es genügt, wenn der Arbeitsvertrag, auf Grund dessen die Befreiung beansprucht wird, den Anspruch auf „dem § 6 K.V.G. entsprechende oder gleichwerthige" Unterstützungen (nach Wahl des Arbeitgebers) sichert, ohne daß in demselben aufgeführt zu werden braucht, ob bei Eintritt der Krankheit „gleichwerthiges" oder die Unterstützung nach § 6 a. a. O. geleistet werden, ebensowenig, worin die gleichwerthige Unterstützung im konkreten Fall bestehen soll. Dies ergiebt sich schon aus der Fassung des Abs. 5. Entsteht demnächst im einzelnen Fall Streit darüber, ob die von dem Arbeitgeber gewährte Unterstützung eine gleichwerthige ist, so wird dieser Spezialfall in dem in Abs. 6 des § 136 bestimmten Verfahren zum Austrag gebracht.

---

[7]) auf den Antrag des Arbeitgebers. Mot. S. 70: „Die Befreiung von dem Antrage des Arbeiters abhängig zu machen, wäre nach den bisher gemachten Erfahrungen um deswillen bedenklich, weil es dem Arbeitgeber nicht schwer fallen wird, den Arbeiter zu einem solchen Antrage zu bestimmen, und weil Arbeitgeber, die thatsächlich alle Leistungen der Krankenversicherung erweisen, nicht wider ihren Willen genöthigt werden können, daneben noch Beiträge zur Krankenversicherung zu zahlen." Vgl. Anm. 2 zu § 3a K.V.G. Eine Mitwirkung oder Zuziehung des betr. Versicherten ist nicht vorgeschrieben.

[8]) sind zu befreien. Bis zur Befreiung muß der Arbeiter vom Beginne der die Versicherungspflicht begründenden Beschäftigung ab als versichert, mithin als Mitglied der Krankenkasse bezw. als zur Gemeinde-Krankenversicherung gehörig, gelten, ist also auch anzumelden. Die Mitgliedschaft tritt nicht ein, die Anmeldung wird also entbehrlich, wenn der Kassenvorstand schon vor dem Anzug des neuen Arbeiters den von dem Arbeitgeber gestellten Antrag geprüft und über denselben entschieden hat; die Eröffnung an den Arbeiter (Abs. 3) wird dann bis zum Anzuge desselben verschoben. Auf derartige Erleichterungen ist zu möglichster Vermeidung von Belästigungen, welche für den Arbeitgeber aus der An- und Abmeldepflicht entstehen (und deren thunlichste Beseitigung Mitzweck dieser Bestimmung ist, vgl. Mot. in Anm. 1), hinzuwirken; sie liegen aber auch im Interesse des Arbeiters, weil er für diejenige Zeit, für welche er noch nicht befreit ist, Beiträge zahlen muß. Es haben also Arbeitgeber und Arbeitnehmer ein Interesse daran, daß die Befreiung vor dem Beginn des Arbeitsverhältnisses festgestellt werde, und für die Kasseneinrichtung vermindert sich dann das aus der An- und Abmeldung, der Einziehung von Beiträgen für kurze Zeit rc. entstehende Schreibwerk. Auch kann auf diese Weise die wiederholte Prüfung der Bestimmungen des Arbeitsvertrages, welche ja meist formularmäßig immer wiederkehren, vereinfacht werden. Diese vorherige Entscheidung berücksichtigt auch der Gesetzgeber, wenn er im Abs. 2 sagt: „welcher die zu befreiende Person angehören würde."

[9]) sofern. Bedingung für die Befreiung ist nicht nur die Existenz des Rechtsanspruchs, sondern auch die Erwartung, daß derselbe erfüllbar sein wird. Mot. S. 70: „Einer etwa zu besorgenden Umgehung des Gesetzes wird im § 127 (jetzt § 136) durch die Bestimmung vorgebeugt, daß bei der Prüfung des Befreiungsantrags nicht nur die Gültigkeit des Rechtsanspruchs, sondern auch die Leistungsfähigkeit des Arbeitgebers zur Erfüllung der hierbei in Betracht kommenden Verpflichtungen in Betracht gezogen, und daß der Antrag zurückgewiesen werden soll, wenn diese Leistungsfähigkeit beanstandet wird. Bei dem Interesse, welches die Krankenversicherungs-Organisationen daran haben, daß ihnen Niemand entzogen werde, wird die in Aussicht genommene Regelung sicher zum Ziele führen."

[10]) gesichert, nach den Verhältnissen des Arbeitgebers. Selbverständ-

lich darf nicht etwa besondere Sicherstellung für die Erfüllung der Verpflichtungen gefordert werden. Vgl. Anm. 6 zu § 18 K.V.G.

[11]) entscheidet — Entscheidung. Mot. S. 71: „Zur Entscheidung über den Befreiungsantrag ist im Allgemeinen diejenige Krankenversicherungsanstalt, welcher der zu Befreiende angehören würde, berufen. Wo aber nicht die Rechtslage, sondern die Leistungsfähigkeit des Arbeitgebers Bedenken erregt, wird die Entscheidung der Aufsichtsbehörde überlassen werden müssen, weil sonst die Gemeinde für die Gemeinde-Krankenversicherung oder der Vorstand der Krankenkasse, aus welcher der Befreite, wenn er im Falle einer Krankheit trotz seiner Ansprüche gegen den Arbeitgeber die Fürsorge nicht erhält, Krankenunterstützung vorbehaltlich des Rückgriffs an den Arbeitgeber erhalten soll, in eigener Sache entscheiden würde."

[12]) angehören würde, für die Zukunft; oder „angehört", wenn der Befreiungsantrag erst nach dem Beginn der Beschäftigung gestellt wird, vgl. Anm. 8.

[13]) Aufsichtsbehörde. Für Preußen vgl. Anm. 4 zu § 84 K.V.G.

[14]) den Betheiligten, d. h. dem Antragsteller (Arbeitgeber), dem zu befreienden Arbeiter, sowie der Krankenkasse, welche die Entscheidung wegen Bedenken gegen die Leistungsfähigkeit an die Aufsichtsbehörde abgegeben hat.

[15]) vorgesetzte, nämlich dem Kassenvorstande bezw. der Verwaltung der Gemeinde-Krankenversicherung. Dieselbe Aufsichtsbehörde entscheidet nicht, wie hier, in zweiter, sondern schon in erster Instanz, wenn die Leistungsfähigkeit des Arbeitgebers bezweifelt worden ist, Anm. 11.

[16]) des Arbeitsvertrages, auf Grund dessen die Befreiung erfolgt war. Aenderungen des Vertrages nöthigen zu einem neuen Verfahren.

[17]) auf Vorschlag. Die Gemeinde-Krankenversicherung oder Krankenkasse kann die Fortdauer der Leistungsfähigkeit des Arbeitgebers kontroliren; befürchtet sie ein Nachlassen derselben, so kann sie nicht selbst die Befreiung zurückziehen, sondern muß sich dieserhalb an die Aufsichtsbehörde wenden.

[18]) angeordnet. Ein besonderes Rechtsmittel hiergegen ist nicht vorgesehen; die gewöhnliche Beschwerde an die vorgesetzte Behörde erscheint nicht ausgeschlossen. Durch eine Beschwerde wird aber der Vollzug der Anordnung nicht aufgehalten.

[19]) anmeldet. Dies steht dem Arbeitgeber jederzeit frei; eine Mitwirkung des Arbeiters sieht das Gesetz nicht vor. Letzterer hat kein Recht, die Aufhebung der Befreiung zu beanspruchen; er darf dieselbe aber bei der Krankenkasse oder der Behörde anregen, in welchem Fall die Letztere je nach Lage der Verhältnisse nach Ziffer 1 zu verfahren hat.

Eine Verpflichtung des Arbeitgebers zur nachträglichen Anmeldung während der Dauer des Vertragsverhältnisses war in dem Gesetze nicht ausgesprochen. Es bedarf dessen auch nicht. Wenn während der Dauer des Arbeitsverhälnisses die Grundlage der Befreiung, nämlich die Bestimmungen des Arbeitsvertrages über die Unterstützung in Krankheitsfällen, aufgehoben oder wesentlich geändert werden, so ist damit die Befreiung von selbst hinfällig, da dieselbe nur „für die Dauer des Arbeitsvertrages" gilt. In solchem Fall muß ein neuer Befreiungsantrag rechtzeitig gestellt oder die Anmeldung des Arbeiters zur Krankenversicherung bewirkt werden, vgl. § 49 Abs. 1 S. 2 K.V.G.

[20]) eingetretenen, vgl. Anm. 14a zu § 4 K.V.G.

[21]) ohne rechtliche Wirkung. Die Versicherung tritt also nicht ein, und es verbleibt bei der kontraktlichen Verpflichtung des Arbeitgebers. Diese Bestimmung soll der Möglichkeit eines Mißbrauchs der Krankenkasse seitens des Arbeitgebers vorbeugen.

[22]) oder. Auch derjenige Arbeitgeber, welcher kontraktlich zur Leistung der dem § 6 K.V.G. entsprechenden Leistung verpflichtet ist, kann nach Gefallen dieselbe durch gleichwerthige Leistungen ersetzen, und umgekehrt. Für das öffentliche Interesse kommt es nur darauf an, daß der Erkrankte ausreichende Fürsorge in Krankheitsfällen wirklich erhält.

[23]) auf Antrag. Der Antrag wird in der Regel von dem Erkrankten oder seinen Angehörigen ausgehen; indessen ist nicht ausgeschlossen, daß auch der Arbeitgeber den Antrag stellt, wenn er aus irgend welchem Grunde es vorzieht, die Fürsorge nicht selbst zu leisten, sondern vorbehaltlich des Ersatzes die Vermittelung der Krankenversicherungsanstalt in Anspruch zu nehmen.

[24]) zu ersetzen. Die Gemeinde oder Krankenkasse tritt nicht etwa in den Rechtsanspruch des Arbeiters gegen den Arbeitgeber ein, sondern hat einen selbständigen Erstattungsanspruch, welcher lediglich durch die Thatsache bedingt ist, daß der Befreite eine dem § 6 K.V.G. entsprechende oder gleichwerthige Leistung während der Krankheit von dem Arbeitgeber nicht erhalten hat, und daß sie deshalb auf Antrag von der Gemeinde u. s. w. hat geleistet werden müssen.

Im Streitfall wird die Nothwendigkeit der von der Gemeinde gemachten Aufwendungen, namentlich was ihren Umfang anbetrifft, nachgewiesen werden müssen.

[25]) Streitigkeiten. Vgl. Anm.*) auf S. 522. Wenn der Arbeitsvertrag im Falle der Krankheit nicht erfüllt wird, so können drei Fälle eintreten.

a) Es entsteht ein Rechtsstreit zwischen dem Arbeitgeber und dem Arbeitnehmer über die Verpflichtungen des ersteren. Dieser Rechtsstreit ist ein civilrechtlicher, berührt öffentliche Interessen nicht und gehört vor den Civilrichter, jedoch kann wahlweise zunächst das Verfahren vor dem Gemeindevorsteher nach §§ 71, 78 Abs. 3 des Gewerbegerichtsgesetzes eingeschlagen werden, vgl. Anm. 1b zu § 53 K.V.G. Die Gewerbegerichte sind nicht zuständig (a. M. Köhne S. 237).

b) Es entsteht Streit zwischen dem Erkrankten oder dessen Angehörigen mit der Krankenkasse oder Gemeinde-Krankenversicherung um deswillen, weil behauptet wird, der Erkrankte erhalte von seinem Arbeitgeber nicht die dem § 6 K.V.G. entsprechende oder eine gleichwerthige Unterstützung, und deshalb müsse die Krankenkasse (Gemeinde-Krankenversicherung) eintreten, während letztere ihre Verpflichtung hierzu bestreitet. Es handelt sich dann also um den Streit über einen öffentlichen Unterstützungsanspruch. Dieser Streit wird von der Aufsichtsbehörde entschieden; als Rechtsmittel ist das Verwaltungsstreitverfahren oder, wo ein solches nicht besteht, der Rekurs nach §§ 20, 21 der Gewerbeordnung gegeben, sofern nicht die Landeszentralbehörde eines Bundesstaates, in welchem ein Verwaltungsstreitverfahren nicht besteht, statt dieses Rekursverfahrens die Beschreitung des Rechtswegs anordnet, § 12 Abs. 1, 3 dieses Gesetzes. Im Krankenversicherungsgesetz giebt es eine analoge Bestimmung (für „Versicherte" gegeben, während es sich hier um „Befreite" handelt), und zwar in § 58 Abs. 1 K.V.G., nach welcher nicht das Verwaltungsstreitverfahren, sondern der Rechtsweg gegen die Entscheidung der Aufsichtsbehörde gegeben ist. Da man hiernach für die in Rede stehenden Fälle doch eine besondere Bestimmung brauchte, so hat man es vorgezogen, wie bei der analogen Unterstützungsverpflichtung der Gemeinden während der ersten 13 Wochen nach dem Unfall (§ 10) das Verwaltungsstreitverfahren eintreten zu lassen, weil es sich auch hier „um eine Unterstützungsverpflichtung der Gemeinden, welche ebenso wie die öffentliche Armenpflege auf öffentlich-rechtlichem Boden erwachsen ist" (Mot. zu § 11 [jetzt § 12] landw. U. u. K.V.G.), handelt. Durch die Novelle zum K.V.G. ist hieran nichts geändert.

c) Es entsteht Streit zwischen der Krankenkasse (Gemeinde-Krankenversicherung), welche an Stelle des verpflichteten Arbeitgebers kraft ihrer öffentlich-rechtlichen Unterstützungspflicht die Fürsorge für den erkrankten Arbeiter geleistet hat, und dem verpflichteten Arbeitgeber wegen Erstattung der erforderlich gewordenen Aufwendungen. Hier bot das Krankenversicherungsgesetz bisher nicht einmal eine analoge Bestimmung; denn der § 57 Abs. 2 und 3 a. a. O. und das für solche Fälle in § 58 Abs. 3 a. a. O gegebene Verfahren bezieht sich nur auf armenrechtliche Verhältnisse. Es gelten nach § 12 Ges. v. 5. Mai 1886 im Allgemeinen dieselben Bestimmungen wie seit der Novelle z. K.V.G. in den gleichartigen Fällen des § 3a Abs. 4 K.V.G., insofern für diese letzteren Fälle das Verfahren nach § 58 Abs. 2 K.V.G. eintreten soll; in solchen Fällen findet nämlich das Verwaltungsstreitverfahren und, wo ein solches nicht besteht, die Entscheidung der Aufsichtsbehörde mit nachfolgendem Rekursverfahren nach §§ 20, 21 der Gewerbeordnung,

§. 137.

[1]) Für versicherungspflichtige [2]) Personen, welche erweislich auf I.
Grund eines mindestens für die Dauer eines Jahres [3]) abgeschlossenen Arbeitsvertrages

1. jährliche Naturalleistungen [4]) mindestens im dreihundertfachen Werthe [5]) des von der Gemeindekrankenversicherung beziehungsweise Krankenkasse [6]) für einen Krankentag zu zahlenden Krankengeldes beziehen, oder für den Krankentag [7]) einen Arbeitslohn an Geld oder Naturalleistungen [4]) erhalten, welcher dem von der Gemeindekrankenversicherung beziehungsweise Krankenkasse zu zahlenden täglichen Krankengelde mindestens gleichkommt, und [8])
2. auf Fortgewährung dieser Leistungen, innerhalb der Geltungsdauer des Arbeitsvertrages, [9]) für mindestens dreizehn Wochen [10]) nach der Erkrankung einen Rechtsanspruch [11]) haben,

tritt auf Antrag des Arbeitgebers während [12]) der Geltungsdauer des Arbeitsvertrages eine Ermäßigung der Versicherungsbeiträge ein, wogegen das Krankengeld in Wegfall kommt. [13])

Die Ermäßigung der Beiträge erfolgt [14]) in demselben Ver- II.
hältnisse, in welchem die Höhe des Krankengeldes zu dem Werthe der sonstigen Kassenleistungen [15]) steht. Dies Verhältniß [16]) ist durch

---

jedoch mit der Maßgabe statt, daß letzteres nach Verfügung der Zentralbehörde durch den Rechtsweg ersetzt werden darf. Dieselben Bestimmungen gelten für Ersatzansprüche der Gemeinden wegen Erfüllung der Verpflichtungen Anderer während der ersten 13 Wochen nach dem Unfall eines Arbeiters, § 10 landw. U. u. K.V.G.

Im Verwaltungsstreitverfahren entscheidet in Preußen in erster Instanz auch hier der Bezirksausschuß, vorbehaltlich der Revision, vgl. Allerh. Verordn. v. 12. September 1885 (G.S. S. 333) und v. 9. August 1892 (G.S. S. 239), sowie Anm. 14 zu § 58 K.V.G.

[26]) § 12 Abs. 1, sc. dieses Gesetzes, wie am Schluß des § 136. In beiden Fällen ist übrigens auch § 12 Abs. 3 für anwendbar zu erachten.

Zu § 137.

[1]) Vgl. Anm. 1 zu § 136. Die im § 137 erwähnten Leistungen des Arbeitgebers laufen nur innerhalb der Geltungsdauer des Arbeitsvertrages; die im § 136 erwähnten, von der Versicherungspflicht befreienden Leistungen dagegen müssen im Fall einer Krankheit auch über den Endpunkt des Arbeitsverhältnisses hinaus gewährt werden. Vgl. Anm. 9.

statutarische Bestimmung festzustellen, welche für die Gemeindekrankenversicherung von der Gemeinde, für die gemeinsame Gemeindekrankenversicherung (§. 12[17]) des Krankenversicherungsgesetzes) durch den weiteren Kommunalverband,[18]) für Orts- und Betriebskrankenkassen durch das Kassenstatut zu treffen ist. Die statutarischen Bestimmungen der Gemeinden und weiteren Kommunalverbände bedürfen der Genehmigung der höheren Verwaltungsbehörde; auf die Festsetzung durch das Kassenstatut findet §. 24 des Krankenversicherungsgesetzes Anwendung. Wo weitere Kommunalverbände nicht bestehen, erfolgt die Festsetzung für die gemeinsame Gemeindekrankenversicherung durch die höhere Verwaltungsbehörde.[19]) Solange eine endgültige Festsetzung dieses Beitragsverhältnisses nicht erfolgt ist, wird fur die nach Absatz 1 versicherten Personen der dritte Theil[20]) der für andere Kassenmitglieder geltenden Beiträge entrichtet.

III. Soweit[21]) die im Absatz 1 Ziffer 1 bezeichneten Leistungen im Falle der Erkrankung von dem Arbeitgeber nicht in Gemäßheit des Arbeitsvertrages,[22]) auf Grund dessen die Ermäßigung der Beiträge erfolgt ist, gewährt werden, ist dem Erkrankten auf Antrag das Krankengeld von der Gemeindekrankenversicherung oder[23]) Krankenkasse zu zahlen und derselben von dem Arbeitgeber zu ersetzen. Streitigkeiten[24]) über solche Ersatzansprüche werden nach Maßgabe des §. 12 Absatz 2 dieses Gesetzes*) entschieden.

(§ 128 des Entwurfs und der Komm.-Beschlüsse)

Mot. S. 71: „Während für Arbeitsverhältnisse, welche im Falle der Krankheit dem Arbeiter einen Anspruch auf die volle Krankenunterstützung gegen den Arbeitgeber gewähren, die Krankenversicherung ganz entbehrlich ist, kommen andere Verhältnisse vor, in denen land- und forstwirthschaftliche Arbeiter im Fall der Krankheit nur das gesetzliche Krankengeld oder dessen Werth als Theil ihres Lohnes fotbeziehen. In diesen Fällen reicht der dem erkrankten Arbeiter durch das Arbeitsverhältniß gewährleistete Bezug zwar nicht aus, um ihn gegen alle wirthschaftlichen Folgen der Erkrankung genügend sicherzustellen und die volle Befreiung von der Krankenversicherungspflicht zu begründen, wohl aber ist in solchen Fällen das Bedürfniß, Krankengeld zu beziehen, bereits durch das Verhältniß befriedigt. Hier ist mithin nicht die Beseitigung, sondern die Modifizirung der Krankenversicherungspflicht angezeigt. Die Regelung der letzteren für derartige Fälle sieht der § 128 (jetzt § 137) vor."

„Diese Regelung ermöglicht die Beibehaltung der in vielen Gegenden Deutschlands noch üblichen Naturalwirthschaft, bei welcher in erheblichem

---

*) Siehe denselben in Anm. *) zu § 136.

Umfang Wohnung, Feuerung, Nahrungsmittel, Landnutzung, Kleidung, Viehweide, Drescherverdienst und ähnliche Naturalleistungen als Theil des Lohns gegeben werden, und häufig die Baarlöhnung überwiegen. Solche Leistungen haben die Eigenthümlichkeit, daß sie im Allgemeinen nur einmal im Jahr oder an wenigen in größeren Zeiträumen wiederkehrenden Terminen fällig sind, dann aber, wenn sie in Empfang genommen sind, dem Empfänger während des ganzen Jahres zu gute kommen. Wollte man den Empfängern solcher Naturalbezüge außer den letzteren im Falle der Krankheit noch das volle Krankengeld dazu gewähren, so würden sie die bereits erhaltenen Naturalien neben dem vollen Krankengeld fortbeziehen, also mehr als Andere erhalten. Abgesehen von der hierin liegenden Unbilligkeit gegen weniger günstig gestellte land- oder forstwirthschaftliche Arbeiter würde dadurch auch ein bedenklicher Anreiz zur Simulation gegeben werden. Insbesondere aber würden durch eine solche Gewährung des vollen Krankengeldes neben den Naturalbezügen die Arbeitgeber benachtheiligt werden. Das Interesse der letzteren würde sie geradezu darauf hinweisen, die noch vorhandene Naturalwirthschaft durch reine Geldwirthschaft zu ersetzen, während die durch die vorgeschlagene Anrechnung des Krankengeldes auf die Naturalien ermöglichte Erhaltung der für die Betheiligten wohlthätigen Naturalbezüge namentlich auch im Interesse der Arbeiter sozialpolitisch wünschenswerth erscheint."

2) versicherungspflichtig, soweit die Krankenversicherungspflicht auf land- und forstwirthschaftliche Arbeiter oder Betriebsbeamte erstreckt ist, § 133 sowie § 2 Ziffer 6 K.V.G. Diejenigen Personen, auf welche die Bestimmungen dieses Paragraphen Anwendung finden, sind und bleiben versicherungspflichtig und versichert, bezw. Mitglieder der Krankenkasse (Gem.Kr.Vers.); sie erhalten aber aus der letzteren während der Dauer des Arbeitsvertrages geringere Bezüge und zahlen geringere Beiträge.

Mot. S. 73: „Im Uebrigen bleiben solche Personen, denen nach §§ 128, 129 (jetzt §§ 137, 138) das Krankengeld nicht gewährt oder gekürzt wird, dennoch Mitglieder der Krankenkasse, haben also für den Fall, daß sie nach Ablauf des Arbeitsvertrages krank sein sollten, auf die vollen Kassenleistungen, insbesondere auf das volle Krankengeld Anspruch." Solche Personen sind also insbesondere auch wahlfähig und wahlberechtigt zu den Kassenämtern.

3) für die Dauer eines Jahres. Mot. S. 73: „Die Bestimmung, daß das Arbeitsverhältniß auf mindestens ein Jahr abgeschlossen sein soll, nimmt Rücksicht auf die Naturalleistungen, welche für die Zeit eines Jahres gewährt werden, und schließt Arbeitgeber, welche nur vorübergehend Arbeiter beschäftigen, aus. Die ganze Bestimmung ist nur auf ständige Arbeiterverhältnisse berechnet." Gemeint ist das Zeitjahr, nicht das Kalenderjahr.

4) Naturalleistungen. cf. Anm. 1.

5) im dreihundertfachen Werthe. cf. Anm. 4 Ziffer 3 zu § 133. Das Jahr wird zu 300 Arbeitstagen berechnet, ebenso auch in § 2b K.V.G., in § 6 Abs. 4, § 80 dieses Gesetzes, § 3 Abs. 2 Unfallvers.Ges. Bei jähr-

lichen Naturalleistungen im 300fachen Werth des täglichen Krankengeldes entfällt in der Annahme, daß diese Naturalleistungen, einmal gewährt, dem Empfänger während des ganzen Jahres zu gute kommen (Anm. 1), auf jeden Arbeitstag, auch wenn wegen Krankheit oder aus anderen Gründen nicht gearbeitet wird, der Werth des täglichen Krankengeldes.

Wegen Festsetzung des Werthes der Naturalbezüge vgl. § 1 Abs. 5 K.V.G.

[6]) der Gemeinde-Krankenversicherung bezw. Krankenkasse, welcher der betr. Arbeiter angehört, vgl. § 136 Abs. 2.

[7]) oder für den Krankentag. Dem Fall, daß die jährlichen Naturalleistungen den dreihundertfachen Werth des Krankengeldes haben, ist der Fall gleichgestellt, daß dem Arbeiter kontraktlich wenigstens für diejenigen Krankentage, an denen er wegen Krankheit nicht arbeitet, Bezüge im Werth des Krankengeldes zugesichert sind. Hierbei sind die jährlichen Naturalien nach ihrem Werth für den Arbeitstag, also mit $^1/_{300}$ in Ansatz zu bringen. Unter dem „Krankentage" ist, wie sich aus dem Zusammenhange ergiebt, ein Arbeitstag zu verstehen, an welchem wegen Krankheit nicht gearbeitet wird, also nicht auch Sonn- und Festtage, an welchen die Arbeit im Allgemeinen ruht. Für diese wird Krankengeld im Allgemeinen nicht gewährt. Vgl. Anm. 10 zu § 6 K.V.G.

[8]) und. Es müssen zwei Voraussetzungen zusammentreffen; der Werth des täglichen Krankengeldes muß durch Naturalien oder den auch für Krankentage zugesicherten Arbeitslohn gedeckt sein, und diese Leistungen müssen für mindestens 13 Wochen innerhalb der Geltungsdauer des Arbeitsvertrages gewährt werden

[9]) innerhalb der Geltungsdauer des Arbeitsvertrages. cf. Anm. 1. Mot. S. 73: „Die das Krankengeld ersetzenden Leistungen des Arbeitgebers können hier nur innerhalb der Geltungsdauer des Arbeitsvertrages in Betracht kommen, weil sie ein Theil des Lohnes sind und nicht, wie im Falle des § 127 (jetzt § 136), neben dem Lohne gewährt werden."

[10]) mindestens für dreizehn Wochen, vgl. § 6 Abs. 2, § 20 Abs. 1 Ziffer 1, § 21 Ziffer 1 K.V.G.

[11]) Rechtsanspruch. Die Leistungsfähigkeit des Arbeitgebers ist hier nicht zu erörtern.

[12]) während, vgl. Anm. 2 und 9.

[13]) Ermäßigung der Versicherungsbeiträge — Krankengeld in Wegfall kommt. Mot. S. 71: „Der naheliegende Gedanke, das Krankengeld in diesen Fällen dem Arbeitgeber zu überlassen, begegnet ernsten Bedenken. Die Ueberlassung des Krankengeldes an den Arbeitgeber würde zu einer Bereicherung des letzteren in sofern führen, als er dann für Leistungen, die er auf Grund von Arbeitsverträgen, Gewohnheiten oder Gesetzen während einer Krankheit gewähren muß, durch das Krankengeld einen bisher nicht bezogenen Ersatz erhalten würde. Eine solche Bereicherung könnte nur durch

eine anderweite Vertheilung der Beitragspflicht beseitigt werden, indem man dem Arbeitgeber, welcher im Falle einer Krankheit des Arbeiters dessen Krankengeld beziehen soll, einen entsprechend höheren Kassenbeitrag auferlegte. Ein richtiges Verhältniß für diese anderweite Vertheilung des Beitrags läßt sich aber um deswillen nicht füglich bestimmen, weil die Beiträge fortlaufend sind, das Krankengeld aber nur für den Fall und die Dauer der Krankheit bezogen wird. Die Vertheilung würde immer willkürlich bleiben, und entweder den Arbeitgeber benachtheiligen, welcher dann sich bemühen würde, die Naturalleistungen zu kürzen, oder den Arbeitnehmer schädigen, welcher darin leicht eine ungerechte Mehrbelastung zu Gunsten seines Arbeitgebers erblicken könnte. Beides wäre gleich bedauerlich. Von einer Ueberweisung des Krankengeldes an den Arbeitgeber ist daher Abstand genommen worden.

Dagegen empfiehlt es sich, das Krankengeld, welches durch Fortbezug eines entsprechenden Theils des Lohnes aufgewogen wird, ganz in Fortfall zu bringen und dem Versicherten, welcher aus der Krankenkasse hiernach im Falle einer Krankheit nur noch freie ärztliche Behandlung, Arznei und freie Heilmittel zu erhalten hat, und für den eventuell noch das Sterbegeld zu zahlen ist, nur denjenigen Theil der Kassenbeiträge aufzuerlegen, welcher dem Verhältniß des Krankengeldes zu den sonstigen Kassenleistungen entspricht. Dieses Verhältniß wird, vorbehaltlich anderer Festsetzungen, welche wegen der größeren Kostspieligkeit von Arzt und Arznei auf dem Lande nachgelassen werden müssen, gemäß §§ 27 Abs. 3, 57 Abs. 5, 75 des Krankenversicherungsgesetzes wie 2 : 1 zu bestimmen sein. Der so geminderte Beitrag ist dann ebenso, wie der regelmäßige Kassenbeitrag anderer Versicherter, mit einem Drittheil aus Mitteln des Arbeitgebers und mit zwei Drittheilen aus Mitteln des Arbeitnehmers zu tragen (§ 52 a. a. O.). Bei dieser Regelung wird weder die Krankenkasse, noch der Versicherte, noch der Arbeitgeber verkürzt. Beträgt das Krankengeld, wie es die Regel ist, die Hälfte des Lohnes, so wird also derjenige, welchem mindestens die Hälfte seines Lohnes jederzeit, auch in den Tagen der Krankheit gewährt werden muß, auf das Krankengeld ganz zu verzichten haben, dafür aber auch nur $^1/_3$ der regelmäßigen Kassenbeiträge entrichten."

Es steht nichts entgegen, daß der betr. Arbeiter freiwillig das Krankengeld aus derselben Krankenkasse sich sichert, indem er den ermäßigten Theil der Beiträge ohne Beihülfe des Arbeitgebers zur Kasse entrichtet. (Ebenso v. Schicker S. 431; a. M. Köhne S. 239.) Freilich wird die Kasse nicht genöthigt werden können, solche Selbstversicherung zuzulassen, weil § 19 Abs. 3 bezw. § 4 Abs. 2 K.V.G. auf dieses Verhältniß nicht völlig paßt, indem die betr. Personen eben versicherungspflichtig sind.

[14]) erfolgt. Voraussetzung für die Ermäßigung der Beiträge ist also zunächst, daß die Kassenverwaltung anerkennt, es sei auf Grund des Arbeitsvertrages für eine dem Betrage des Krankengeldes entsprechende Fürsorge in Krankheitsfällen nach Maßgabe des vorstehenden Absatzes gesorgt. Ein besonderes Rechtsmittel behufs Erzwingung dieses Anerkenntnisses, falls es

in abstracto versagt werden sollte, ist nicht gegeben und nicht erforderlich, weil, wenn das Anerkenntniß versagt werden sollte, auch die Ermäßigung der Beiträge nicht eintreten darf, in diesem Falle aber nach § 58 Abs. 1 K.V.G. zu verfahren ist. Der Arbeitgeber oder Arbeiter, welcher auf Grund der im Abs. 1 bezeichneten Leistungen ermäßigte Beiträge für sich in Anspruch nimmt, hat danach, falls die Ermäßigung nicht gewährt wird, die Beschwerde an die Aufsichtsbehörde vorbehaltlich des Rechtswegs, aber ohne vorläufige Vollstreckbarkeit der Entscheidung der ersteren. Da in diesem Fall in der Regel die privatrechtliche Bedeutung der Bestimmungen des Arbeitsvertrages bestritten sein wird, so lag kein ausreichender Anlaß vor, diese Differenzen dem ordentlichen Richter zu entziehen und sie, ebenso wie bei § 136 Abs. 6, dem Verwaltungsstreitverfahren zu überweisen. Bei den Entscheidungen solcher Streitfälle hat aber die Aufsichtsbehörde wie der Richter nicht etwa auch über die Werthermittelung der einzelnen Naturalbezüge oder über das Verhältniß des Krankengeldes zum Werth der sonstigen Kassenleistungen zu befinden; für die ersteren ist vielmehr die Festsetzung der unteren Verwaltungsbehörde, für das letztere die Festsetzung der Kassenverwaltung 2c. nach näherer Bestimmung des § 137 Abs. 2, subsidiär aber das reichsgesetzlich bestimmte Verhältniß von 2 : 1 maßgebend.

[15]) sonstigen Kassenleistungen, d. h. die sonstigen von der Gemeinde-Krankenversicherung oder der Krankenkasse zu gewährenden Leistungen. Erstere gewährt außer dem Krankengeld nur noch freie ärztliche Behandlung, Arznei und kleine Heilmittel (§ 6 Abs. 1 Ziffer 1 K.V.G.). Letztere gewährt auch noch Wöchnerinnen-Unterstützung sowie Sterbegeld (§ 20 Abs. 1 K.V.G.). Bei Krankenkassen kann außerdem die Gewährung weiterer Leistungen (insbesondere weitergehender Heilmittel, sowie freier ärztlicher Behandlung von Familienangehörigen) vorgesehen sein (§ 21 a. a. O.). Die Verwaltungskosten sind nicht in Betracht zu ziehen (a. M. v. Schicker S. 431), ebensowenig Kosten aus der Krankenhauspflege, letztere um deswillen, weil die Krankenhauspflege an die Stelle des Krankengeldes und der ärztlichen Behandlung u. s. w. gemeinsam tritt.

[16]) Dies Verhältniß ist prinzipiell für jede einzelne Kasseneinrichtung besonders festzustellen: subsidiär gilt (nach dem Schlußsatz dieses Absatzes) das Verhältniß von 2 : 1 (cf. Anm. 13).

[17]) § 12. Daraus, daß nicht auch § 13 K.V.G. angezogen ist, darf nicht gefolgert werden, daß für eine auf Grund des § 13 a. a. O. begründete gemeinsame Gemeinde-Krankenversicherung nicht auch eine derartige Festsetzung getroffen werden dürfe. Denn § 13 a. a. O. sieht nur eine andere Begründung der in § 12 a. a. O. erwähnten Einrichtung vor; hier aber kam es nur auf die Einrichtung selbst an, und diese ist beiden Fällen begrifflich gleich.

[18]) den weiteren Kommunalverband, und zwar für alle Arten der gemeinsamen Gemeinde-Krankenversicherung (Vereinigung mehrerer Gemeinden, Anordnung eines weiteren Kommunalverbandes für mehrere Gemeinden, Ein-

treten des weiteren Kommunalverbandes als solchen für die Gemeinde-Krankenversicherung aller zu ihm gehörenden Gemeinden; für den ersten und dritten Fall auch dann, wenn die Gemeinde-Krankenversicherung durch die Anordnung der höheren Verwaltungsbehörde ins Leben gerufen ist).

Die Festsetzung des Werthverhältnisses liegt demjenigen weiteren Kommunalverbande ob, welchem die vereinigten Gemeinden angehören. Sind Gemeinden vereinigt, welche verschiedenen weiteren Kommunalverbänden angehören, ohne daß ein größerer Verband sie vereinigt (z. B. an der Grenze mehrerer Verbände belegene Gemeinden), so hat die höhere Verwaltungsbehörde, event. die Landeszentralbehörde einzutreten."

19) höhere Verwaltungsbehörde, § 84 K.V.G., vgl. aber Anm. 18 i. f.

20) der dritte Theil, also dasselbe Verhältniß, welches auch anderweit in der Krankenversicherungsgesetzgebung vorkommt, vgl. Anm. 13.

21) Soweit. Mot. S. 72: „Für den Fall, daß der Arbeitgeber während einer Krankheit des Arbeiters seinen Verpflichtungen nicht genügt, soll auch hier (wie in § 136) die Krankenkasse vorbehaltlich ihres Rückgriffs an den säumigen Arbeitgeber eintreten."

22) in Gemäßheit des Arbeitsvertrages. Auch hier kann es, wie bei § 136, nicht darauf ankommen, daß alle einzelnen Leistungen in derselben Gattung und in demselben Verhältniß, wie sie im Arbeitsvertrag stipulirt sind, gewährt werden. Es genügt, wenn die gewährten Jahres-Naturalien einschl. der in Aussicht stehenden noch nicht fälligen Leistungen thatsächlich den 300 fachen Werth des Krankengeldes erreichen und nicht etwa während der Krankheit entzogen werden. Ebenso genügt es, wenn an Geld oder Naturalien für den einzelnen Krankheitstag so viel gewährt wird, als das Krankengeld beträgt.

23) oder, je nachdem der Erkrankte der einen oder der anderen angehört.

24) Streitigkeiten können hier ebenso wie bei § 136 in den bei Anm. 25 zu demselben bezeichneten drei Fällen entstehen. Für die privatrechtlichen Streitigkeiten (Fall a), sowie für die Ersatzansprüche der Krankenkasse gegen die säumigen Arbeitgeber (Fall c) liegt hier die Sache ebenso wie dort: im ersteren Fall (a) verbleibt es bei dem ordentlichen Rechtswege (event. der Anrufung des Gemeindevorstehers, vgl. Anm. 25a zu § 136), im letzteren Fall (c) war das Verfahren (Verwaltungsstreitverfahren, event. Aufsichtsbehörde vorbehaltlich des Rekurses nach §§ 20, 21 der Gewerbeordnung oder vorbehaltlich des Rechtsweges) besonders vorzuschreiben.

Für die Unterstützungsansprüche (Fall b) solcher Erkrankten, welche nach ihrer Meinung das vom Arbeitgeber Geschuldete nicht erhalten und deshalb Krankengeld von der Krankenkasse (Gemeinde-Krankenversicherung) beanspruchen, lag die bei § 136 vorhandene Nöthigung, besondere Vorschriften zu erlassen, insofern nicht vor, als die Bestimmung des § 58 Abs. 1 K.V.G. (Aufsichtsbehörde, sodann Rechtsweg, mit vorläufiger Vollstreckbarkeit der Entschädigung der ersteren) hier direkt anwendbar ist. Denn die Personen,

§. 138.

[1]) Durch statutarische Bestimmung (§. 137 Absatz 2)[2]) kann eine entsprechende Kürzung des Krankengeldes und der Beiträge auch für solche Versicherten angeordnet werden, welche in Krankheitsfällen auf Grund ihres Arbeitsvertrages weniger als die im §. 137 Absatz 1 festgesetzten Geld- oder Naturalleistungen beziehen. Die Kürzung muß dem Verhältnisse entsprechen, in welchem der Werth dieser Leistungen zu der Höhe des Krankengeldes steht. Im Uebrigen finden die Bestimmungen des §. 137 auch auf Fälle dieser Art Anwendung.

(§ 129 des Entwurfs und der Komm.-Beschlüsse.)

---

um welche es sich hier handelt, sind in der That versichert, nicht, wie bei § 136, von der Versicherungspflicht befreit. Man hat es demgemäß bei der Bestimmung des § 58 Abs. 1 K.V.G. für diese Fälle belassen. Allerdings ist dadurch veranlaßt, daß gegen die Entscheidung der Aufsichtsbehörde in denjenigen Fällen, wo der Arbeitgeber die Gesammtleistungen der Krankenversicherung zu gewähren hätte, in der Regel das Verwaltungsstreitverfahren, in solchen Fällen dagegen, in welchen der Arbeitgeber nur einen dem Krankengeld entsprechenden Theil der Leistungen der Krankenversicherung schuldet, der Rechtsweg stattfindet. Indessen wird es ja bei der vollstreckbaren Entscheidung der Aufsichtsbehörde in der Regel bewenden.

Zu § 138.

[1]) Der § 138 giebt die Möglichkeit einer dem § 137 gleichartigen Regelung „für solche Fälle, in denen die bei einer Krankheit fortgewährten Theile des Lohnes weniger als das volle Krankengeld betragen" (Mot. S. 72), und überläßt die Anordnung einer solchen Regelung der statutarischen Bestimmung.

[2]) § 137 Abs. 2. Das Zitat des § 137 Abs. 2 beruht offenbar auf einem Versehen bezw. Druckfehler; es muß „§ 134 Abs. 2" (nach Aufhebung des Abs. 1 also nur noch „§ 134") heißen. Das Zitat in der Vorlage lautet: § 128 Abs. 2, gemeint war offenbar § 126 Abs. 2, wo von den statutarischen Bestimmungen des § 2 K.V.G. die Rede ist. Nachdem nun der § 128 der Vorlage die Ziffer 137 erhalten, ist diese Ziffer auch in den § 138 übergegangen. Es kann aber kein Zweifel sein, daß hier nur politische Verbände (Gemeinden und weitere Kommunalverbände) und zwar für alle in ihren Bezirken vorhandenen land- und forstwirthschaftlichen Arbeiter, ohne Rücksicht darauf, ob sie einer Krankenkasse oder Gemeinde-Krankenversicherung angehören, derartige Bestimmungen erlassen dürfen, nicht etwa auch Kassen durch ihr Kassenstatut, wie es nach § 137 der Fall sein würde. Denn hier handelt es sich um einen Beschluß politischen Inhalts, den das Reichsgesetz auf die kommunalen Körperschaften delegirt hat. (Ebenso Hahn S. 194; a. M. Köhne S. 241, v. Schicker S. 433.)

(Die §§. 139, 140 sind durch Artikel 32 der Novelle zum Krankenversicherungsgesetz aufgehoben. Vgl. Anm. 4c, 4d zu §. 133.)

§. 141.

Die auf Grund der §§. 2, 49 bis 52 Absatz 1, 53, 54 des Krankenversicherungsgesetzes erlassenen statutarischen Bestimmungen sind, soweit sie den vorstehenden Vorschriften zuwiderlaufen, bis zum 1. Januar 1887 mit denselben in Uebereinstimmung zu bringen. Soweit dies nicht geschieht, kann die Landeszentralbehörde nach Ablauf dieser Frist solche statutarischen Bestimmungen ganz oder theilweise außer Kraft setzen. I.

Der §. 3 Absatz 2 des Krankenversicherungsgesetzes findet auf die unter §. 1 des gegenwärtigen Gesetzes fallenden Personen keine Anwendung. II.

(§ 132 des Entwurfs und der Komm.-Beschlüsse)

§. 142.

[1]) Durch statutarische Bestimmung einer Gemeinde für ihren Bezirk oder eines weiteren Kommunalverbandes für seinen Bezirk oder Theile desselben können Personen, welche innerhalb des betreffenden Bezirks wohnen und, ohne zu einem bestimmten Arbeitgeber in einem dauernden [2]) Arbeitsverhältnisse zu stehen, vorwiegend [3]) in land- oder forstwirthschaftlichen Betrieben dieses [4]) Bezirks gegen Lohn beschäftigt sind, auch für diejenige Zeit, in welcher eine Beschäftigung gegen Lohn nicht stattfindet, der Krankenversicherungspflicht unterworfen und, solange sie nicht zu einer die Versicherungs- I.

Zu § 141.

Der § 141 ist veraltet und hätte in Abs. 1 durch die Nov. z. K.V.G. beseitigt, in Abs. 2 entsprechend geändert werden sollen. Der Abs. 1 enthält nämlich lediglich eine Uebergangsbestimmung für die Zeit bis zum 1. Januar 1887; der Abs. 2 aber paßt insofern nicht mehr, als § 3 Abs. 2 K.V.G. seit der Novelle überhaupt beseitigt und durch die §§ 3a und 3b ersetzt worden ist. Es kann keinem begründeten Zweifel unterliegen, daß nunmehr auch die §§ 3a und 3b K.V.G. auf die Krankenversicherung in der Land- und Forstwirthschaft keine Anwendung finden, weil §§ 136 ff. an deren Stelle treten. Vgl. Anm. 1 und 2 zu § 2a K.V.G.

Zu § 142.

[1]) Mot. S. 73: „Während durch die Vorschriften der §§ 127 bis 132 (jetzt §§ 136 bis 141) Vorsorge getroffen werden soll, daß bei der Anwendung

pflicht begründenden[5]) Beschäftigung in einem anderen Erwerbszweige[6]) übergehen oder Mitglieder einer Betriebskrankenkasse[7]) werden,[8]) in diesem[4]) Bezirke zur Versicherung herangezogen werden.

II. Die nach solcher statutarischen Bestimmung versicherungspflichtigen Personen sind der Gemeindekrankenversicherung oder Ortskrankenkasse, welcher die sonstigen versicherungspflichtigen land- und forstwirthschaftlichen Arbeiter angehören, durch die Gemeindebehörde zu überweisen. Ihre[9]) Versicherung beginnt mit dem Tage ihrer Ueberweisung.

III. Die Ueberweisung ist zurückzunehmen, wenn die Voraussetzungen ihrer Zulässigkeit aufhören.

IV. Die Ueberweisung, sowie der die Zurücknahme derselben ablehnende Bescheid kann nach Maßgabe des §. 12 Absatz 2 dieses Gesetzes*) angefochten werden.

V. Ob und inwieweit die Vorschriften der §§. 49 bis 53 des Krankenversicherungsgesetzes auf die Arbeitgeber dieser Personen Anwendung finden,[10]) ist durch statutarische Bestimmung zu regeln.

VI. Solange solche Personen nach Maßgabe des Absatzes 1 in dem Bezirke ihres Wohnortes gegen Krankheit versichert sind, fällt ihre Verpflichtung zum Beitritt zu einer anderen Kasseneinrichtung für land- oder forstwirthschaftliche[11]) Arbeiter fort.

VII. Die nach Absatz 1 und 5 zulässigen statutarischen Vorschriften bedürfen der Genehmigung[12]) der höheren Verwaltungsbehörde.

(§ 133 des Entwurfs und der Komm.-Beschlüsse.)

---

der Bestimmungen des Krankenversicherungsgesetzes auf die in der Land- und Forstwirthschaft beschäftigten Arbeiter mehr, als bisher möglich, die Besonderheiten ständiger Arbeiterverhältnisse berücksichtigt werden können, ist von verschiedenen Seiten auf das Bedürfniß hingewiesen worden, auch den Besonderheiten unständiger land- und forstwirthschaftlicher Arbeiter Rechnung zu tragen, um einen umfassenderen Gebrauch von der Erstreckung der Versicherungspflicht auf land- und forstwirthschaftliche Arbeiter herbeizuführen. Bei diesen unständigen Arbeitern handelt es sich insbesondere um solche Personen, welche, meist mit kleinem Grundbesitz angesessen, von ihrem Wohnort aus regelmäßig land- und forstwirthschaftliche Arbeiten verrichten, hierbei aber je nach Bedürfniß und Gelegenheit bald in diesem, bald in jenem Betriebe, heut an ihrem Wohnorte, morgen in der Nachbarschaft, beschäftigt werden. Die Beschäftigung solcher Personen dauert in den einzelnen Betrieben häufig nur kurze Zeit, vielleicht nur einen Tag, und wird hin und wieder von Zeiten unterbrochen, in welchen eine Arbeitsthätigkeit in fremden Betrieben überhaupt nicht stattfindet.

---

*) Siehe denselben in Anm. *) zu § 136.

Bei solchen Personen begegnet die Anwendung der Bestimmungen des Krankenversicherungsgesetzes einer doppelten Schwierigkeit. Einmal nämlich sind solche Personen, sobald ihre Beschäftigung die Versicherungspflicht am Beschäftigungsort, wenn auch nur auf Grund einer gemäß § 2 Abs. 1 Ziffer 1 des Krankenversicherungsgesetzes erlassenen statutarischen Bestimmung, überhaupt begründet, gehalten, während der Dauer dieser Beschäftigung gerade derjenigen Gemeinde-Krankenversicherung oder Krankenkasse anzugehören, in deren Bereich die Beschäftigung stattfindet. Je häufiger der Beschäftigungsort wechselt, um so häufiger wechselt auch die Krankenversicherungsanstalt, in welcher der Versicherungspflicht zu genügen ist, und dadurch entstehen nicht nur fortwährende Verschiedenheiten in der Art und Höhe der Krankenbezüge und der Beiträge, sondern auch erhebliche Belästigungen aus Anlaß der häufigen An- und Abmeldungen. Auf der anderen Seite aber hört die Versicherungspflicht auf, sobald eine dieselbe begründende Beschäftigung zeitweise nicht stattfindet, sei es, daß die neue Thätigkeit einer statutarischen Bestimmung der betreffenden Beschäftigungsgemeinde nicht unterliegt, oder sei es, daß eine Lohnarbeit in fremden Betrieben zeitweise überhaupt unterbleibt. In diesen Fällen wird von einer freiwilligen Fortsetzung des Versicherungsverhältnisses bei derjenigen Krankenversicherungsanstalt, in deren Bereich die letzte die Versicherungspflicht begründende Beschäftigung stattfand (vgl. §§ 11, 27 a. a. O.), erfahrungsmäßig in der Regel abgesehen.

Soll für solche Tagearbeiter, welche in der Regel den ärmsten Klassen der arbeitenden Bevölkerung angehören, für die also eine Fürsorge in Krankheitsfällen ganz besonders dringlich ist, die Krankenversicherung wirksam und durchführbar sein, so muß dem beständigen Wechsel der Krankenkasse sowie der zeitweisen Unterbrechung der Versicherungspflicht vorgebeugt werden. Dies ist, wenngleich ähnliche Verhältnisse auch in anderen Zweigen der Arbeitsthätigkeit, insbesondere in der Industrie, vorkommen mögen, doch für die land- und forstwirthschaftlichen Arbeiter um deswillen besonders dringlich, weil bei diesen in vielen Gegenden des Deutschen Reichs solche wechselnde Tagesarbeit die Regel bildet, während sie im Uebrigen nur als Ausnahme auftritt.

Der Entwurf sucht für die dargelegten Unzuträglichkeiten dadurch Abhülfe zu schaffen, daß er die Gemeinden und weiteren Kommunalverbände ermächtigt, durch weitergehende statutarische Bestimmungen, als durch das Krankenversicherungsgesetz gestattet werden, jene Verhältnisse zu berücksichtigen. Durch derartige statutarische Bestimmungen, welche ebenso, wie im Krankenversicherungsgesetz, der Genehmigung der höheren Verwaltungsbehörde unterliegen, sollen nämlich Personen, welche innerhalb des betreffenden Bezirks wohnen und in demselben regelmäßig in land- und forstwirthschaftlichen Betrieben gegen Lohn beschäftigt werden, der Versicherungspflicht auch für diejenige Zeit unterworfen werden können, in welcher eine dieselbe anderweit begründende Beschäftigung nicht stattfindet; und der Versicherungspflicht sollen solche Personen allgemein in demjenigen Bezirk genügen können, in welchem sie wohnen, ohne daß sie genöthigt wären, bei vorübergehender Beschäftigung außerhalb ihres Wohnorts oder desjenigen Bezirks, für den die statutarische Bestimmung erlassen wird, einer anderen Kasseneinrichtung mit alleiniger Ausnahme der Betriebs-Krankenkasse anzugehören.

Hierdurch wird allerdings von den Grundsätzen des Krankenversicherungsgesetzes in so fern abgewichen, als für die in Rede stehenden Verhältnisse an Stelle des Beschäftigungsorts der Wohnort gesetzt und die Versicherungspflicht bei Personen, welche derselben auf Grund ihrer Beschäftigung, so lange diese währt, unterliegen, auch auf diejenige Zwischenzeit ausgedehnt wird, in welcher eine derartige Beschäftigung nicht stattfindet. Bei dem berechtigten Bestreben aber, die Krankenversicherungspflicht zum Wohle einer zahlreichen Klasse der arbeitenden Bevölkerung auch unter deren eigenthümlichen Verhältnissen durchzuführen, wird man diese Abweichungen umsomehr in den Kauf nehmen können, als sie dem Ermessen der Gemeinden und weiteren Kommunalverbände überlassen und unter die Kontrole der höheren Verwaltungsbehörde gestellt sind. Hierdurch wird ausreichende Gewähr dafür geboten, daß solche Bestimmungen nur da erlassen werden, wo die besonderen örtlichen Verhältnisse sie erfordern, und wo sie zur weiteren Durchführung der sozialpolitisch bedeutsamen Krankenversicherung unentbehrlich sind. Auch findet die Erstreckung der Versicherungspflicht auf diejenige Zeit, in welcher der Betreffende gar nicht, oder als selbständiger Unternehmer im eigenen Betriebe beschäftigt ist, eine gewisse Analogie in der Bestimmung des § 2 Abs. 1 Ziffer 4 des Krankenversicherungsgesetzes, nach welcher für eine Kategorie selbständiger Gewerbetreibender die Versicherungspflicht durch statutarische Bestimmung begründet werden kann. Die Besorgniß, daß durch derartige Bestimmungen die Krankenversicherungsanstalten anderer Gemeinden benachtheiligt werden möchten, wird durch die Erwägung erheblich abgeschwächt, daß es sich nur um vorübergehend beschäftigte Personen handelt, deren Versicherung für jede Kasse, welcher sie nur für kurze Zeit angehören, mit Schwierigkeiten und Weitläufigkeiten verknüpft ist. Bei solchen land- und forstwirthschaftlichen Betrieben, welche gar keine oder nur wenige ständige Arbeiter haben und in der Hauptsache auf auswärtige Arbeiter, deren Personen wechseln, angewiesen sind, für diese Arbeiterschaft aber gleichwohl Betriebs-Krankenkassen errichtet haben, könnten allerdings diese Kassen durch die Fernhaltung der unständigen Arbeiter geschädigt und unter Umständen in ihrer Bestandsfähigkeit gefährdet werden. Im Interesse solcher Betriebs-Krankenkassen war daher die Bestimmung erforderlich, daß die durch das Krankenversicherungsgesetz vorgesehene Zugehörigkeit zu denselben durch statutarische Bestimmungen von Kommunalverbänden nicht berührt werden darf."

Diese Bestimmungen sind ebenso lebhaft angegriffen als vertheidigt worden. Sie wurden „namentlich von süddeutschen Abgeordneten und den Vertretern der Regierungen von Württemberg und Baden als unbedingt nothwendig bezeichnet, wenn man bei der dortigen kurz dauernden und schnell wechselnden Beschäftigung der kleineren Eigenthümer die Krankenversicherung überhaupt möglich erhalten wolle" (Komm.Ber. S. 45).

[2]) dauernd, relativ nach den örtlichen Verhältnissen. Es soll hierdurch der Gegensatz zu den vorangegangenen Bestimmungen ausgedrückt werden; die letzteren beziehen sich auf ständige, § 142 auf unständige Arbeiter. Vgl. Anm. 17 zu § 1 K.V.G.

Man beachte, daß § 142 Neues über die Versicherungspflicht während der Dauer der Beschäftigung nicht enthält. Diejenigen Personen, welche unter den § 142 fallen, konnten während der Dauer ihrer vorübergehenden Beschäftigung schon nach § 2 Ziffer 1 K.V.G. für versicherungspflichtig erklärt werden, soweit sie nicht allgemein dem Versicherungszwang unterworfen waren (§ 2 Ziffer 6 in Verbindung mit § 1 a. a. O.). Die neuen Vorschriften dieses § 142 beziehen sich nur

a) auf die Begründung der Versicherungspflicht auch für Zeiten ohne gelohnte Beschäftigung,
b) auf die Begründung der Versicherungspflicht für Zeiten vorübergehender Beschäftigung durch statutarische Bestimmung der Gemeinde oder des Bezirks des Wohnorts (nicht wie früher des Beschäftigungsorts),
c) auf die Versicherung am Wohnort, statt am Beschäftigungsort.

[3]) vorwiegend. Der Ausdruck bezieht sich sowohl auf die „Beschäftigung in land- und forstwirthschaftlichen Betrieben" wie auf „diesen Bezirk" und auf die „Beschäftigung gegen Lohn". Unter die Bestimmung fallen daher diejenigen Personen, deren Beschäftigung stattfindet:

a) zwar immer in der Land- und Forstwirthschaft, aber nicht ausschließlich innerhalb des betr. Bezirks, sondern gelegentlich auch in Betrieben, welche außerhalb der Grenzen dieses Bezirks belegen sind,
b) nicht immer in der Land- und Forstwirthschaft, sondern gelegentlich auch in einem anderen Erwerbszweige, z. B. in der Industrie,
c) nicht immer gegen Lohn, sondern hin und wieder auch ohne Lohn, insbesondere als eigene Unternehmerthätigkeit.

Alle diese Personen können (durch statutarische Bestimmung der Gemeinden rc. ihres Wohnorts), sofern sie nur vorwiegend in der Land- und Forstwirthschaft desjenigen Bezirks, für welchen die statutarische Bestimmung erlassen ist, gegen Lohn beschäftigt werden,

1. der Versicherungspflicht auch für diejenige Zeit unterworfen werden, in welcher eine die Versicherungspflicht anderweit be-

gründende Beschäftigung nicht stattfindet, also für diejenige Zeit, in welcher sie entweder überhaupt nicht gegen Lohn beschäftigt sind oder doch nur in einer Weise, daß die Beschäftigung nach Art und Dauer (§ 1 K.V.G.) die Versicherungspflicht bisher nicht begründete (eine Beschäftigung der letzteren Art konnte bisher nur durch statutarische Bestimmung derjenigen Gemeinde, in welcher diese Beschäftigung stattfand, für versicherungspflichtig erklärt werden);

2. zur Versicherungseinrichtung ihres Wohnorts herangezogen werden. In dieser verbleiben sie, solange sie nicht

α) bei land- oder forstwirthschaftlicher Arbeit einer Betriebs-Krankenkasse angehören müssen,

β) bei Aufnahme einer anderweiten, insbesondere industriellen Thätigkeit in ein solches Arbeitsverhältniß treten, welches ihre Zugehörigkeit zu der für diese Arbeit bestehenden besonderen Krankenversicherungseinrichtung zur Folge hat, vgl. aber Anm. 5.

Die Zugehörigkeit zu Hülfskassen, welche den Bestimmungen des § 75 K.V.G. genügen, befreit nach Maßgabe des § 19 a. a. O. auch von der Verpflichtung, der betr. Krankenversicherungseinrichtung des Wohnorts anzugehören.

[4]) dieses, für welchen die statutarische Bestimmung erlassen ist.

[5]) begründenden, nach § 1 K.V.G., nicht auch nach § 2 Ziffer 1 a. a. O. (wenn nämlich durch statutarische Bestimmung festgesetzt ist, daß die Versicherungspflicht der betr. industriellen Arbeiter auch bei ganz vorübergehender Beschäftigung in dem betr. Gewerbszweige eintreten soll). Denn dadurch würde die Absicht des Gesetzgebers, größere Stetigkeit in die Kassenangehörigkeit der land- und forstwirthschaftlichen Arbeiter zu bringen, beeinträchtigt werden, während solche Gründe, welche die zweite Ausnahme (Mitgliedschaft einer Betriebs-Krankenkasse) erfordert haben (vgl. Anm. 1), hier nicht vorliegen können. Land- und forstwirthschaftliche Arbeiter sollen für diejenige Zeit, in welcher sie berufsmäßig als Arbeiter der Land- und Forstwirthschaft angesehen werden müssen, in den für diese errichteten Kasseneinrichtungen des Wohnorts bleiben, wenn sie nicht Mitglieder einer Betriebs-Krankenkasse werden; sobald sie aber ihren Beruf wechseln und industrielle Arbeiter werden, haben sie jenen landwirthschaftlichen Versicherungs-Einrichtungen nicht mehr anzugehören, schon um die Kasseneinrichtungen für industrielle Betriebe nicht zu schwächen. Durch eine lediglich vorübergehende, durchaus gelegentliche Beschäftigung in einem industriellen Betriebe aber kann eine Aufgabe des Berufs als land- oder forstwirthschaftlicher Arbeiter nicht herbeigeführt werden.

[6]) Erwerbszweige, insbesondere Industrie. Der Ausdruck ist im Wesentlichen gleichbedeutend mit dem im Krankenversicherungsgesetz gebrauchten

Ausdruck „Gewerbszweig"; letzterer war hier um deswillen nicht zu verwenden, weil die Landwirthschaft oder Forstwirthschaft kein „Gewerbe" ist (vgl. Anm. 14 zu § 1 K.V.G.), so daß ein Arbeiter, welcher von der Landwirthschaft zur Industrie übergeht, nicht zu einem „anderen Gewerbszweige" sich wendet.

7) Betriebs-Krankenkasse, cf. Anm. 1 i. f.

8) werden, d. h. auf Grund einer die Versicherungspflicht begründenden Beschäftigung in einem Betriebe, für welchen eine Betriebs-Krankenkasse errichtet ist, § 63 K.V.G.

9) Ihre Versicherung, sc. in dieser Kasse, im Sinne von „Zugehörigkeit". Nur soweit die Versicherung „auch für diejenige Zeit, in welcher eine Beschäftigung gegen Lohn nicht stattfindet", begründet wird, beginnt auch die „Versicherung" mit dem Tage der Ueberweisung; im Uebrigen beginnt sie nach den allgemeinen Bestimmungen des Gesetzes, deren Abänderung hier nicht geboten und nicht beabsichtigt ist, mit dem Eintritt in die die Versicherungspflicht begründende Beschäftigung. Vgl. Anm. 19 zu § 1, Anm. 5 zu § 4, Anm. 5 zu § 19 K.V.G., sowie §§ 19, 63 K.V.G.

10) Anwendung finden. Bei den Verhandlungen im Reichstag wurden Anträge gestellt, welche bezweckten, der Gemeinde oder dem weiteren Kommunalverband die Leistung des Drittelbeitrags des Arbeitgebers aufzuerlegen, falls durch die statutarische Bestimmung Arbeitgeber zu Beiträgen nicht herangezogen werden. Die Anträge wurden abgelehnt, nachdem u. a. geltend gemacht worden war, daß im Fall ihrer Annahme die Gemeinden von der Befugniß des § 142 überhaupt keinen Gebrauch machen würden.

Selbstverständlich wird auch hier bei einem Fortfall der Arbeitgeberbeiträge der Maximalbeitrag der Versicherten das gesetzlich zulässige Maß nicht überschreiten dürfen; der versicherungspflichtige Arbeiter soll eben in keinem Fall mehr als 2 bezw. 3 Prozent des Lohns zur Krankenkasse, und mehr als 1 bezw. $1^1/_3$ Prozent des Lohns zur Gemeinde-Krankenversicherung tragen. (A. M. v. Schicker S. 445.) cf. §§ 9, 31, 47 K.V.G., Anm. 2 i. f. zu § 9, Anm. 1 zu § 30, Anm. 2 zu § 31, Anm. 1 (i. f.) zu § 52 K.V.G.

11) land- oder forstwirthschaftliche. Wegen der Kassen für industrielle Arbeiter vgl. Anm. 5. Die Zugehörigkeit zur Wohnorts-Versicherungsanstalt währt nur so lange, als nicht „eine die Versicherungspflicht begründende Beschäftigung in einem anderen Erwerbszweig" aufgenommen wird.

12) Genehmigung. Hierbei ist darauf Rücksicht zu nehmen, daß Kollisionen mit ähnlichen Beschlüssen anderer Gemeinden vermieden werden.

Auch die in § 2 K.V.G. vorgeschriebene Bekanntmachung solcher statutarischen Vorschriften wird nicht unterlassen werden dürfen.

C. **Gesetzeskraft.**

§. 143.

I. Die Bestimmungen der Abschnitte A II, III, IV, V, VIII und X, die auf diese Abschnitte bezüglichen Strafbestimmungen, sowie diejenigen Vorschriften, welche zur Durchführung der in diesen Abschnitten getroffenen Anordnungen dienen, treten mit dem Tage der Verkündung dieses Gesetzes in Kraft. Dasselbe gilt von den Bestimmungen des Abschnittes B.

II. Im Uebrigen wird der Zeitpunkt, mit welchem das Gesetz ganz oder theilweise für den Umfang des Reichs oder Theile desselben in Kraft tritt, mit Zustimmung des Bundesraths durch Kaiserliche Verordnung bestimmt.

(§ 134 des Entwurfs und der Komm.-Beschlüsse)

Urkundlich unter Unserer Höchsteigenhändigen Unterschrift und beigedrucktem Kaiserlichen Insiegel.

Gegeben Berlin, den 5. Mai 1886.

(L. S.) **Wilhelm.**

Fürst von Bismarck.

Zu § 143.

Die Bestimmungen des Abschnitts B, d. h. über die Krankenversicherung, sind also mit dem Tage der Verkündung dieses Gesetzes in Kraft getreten. Wegen Helgoland vgl. Anm. zu Art. 32 der Nov. z. K.V.G.

Reichsgesetz über die eingeschriebenen Hülfskassen

vom 7. April 1876 (R.G.Bl. S. 125 ff.)

in der aus dem Reichsgesetz vom 1. Juni 1884, betreffend die Abänderung des Gesetzes über die eingeschriebenen Hülfskassen vom 7. April 1876 (R.G.Bl. S. 54), sich ergebenden Fassung.

Einleitung.

Das Hülfskassengesetz vom 7. April 1876 hatte ursprünglich einen doppelten Zweck. Es sollte zunächst denjenigen Kassen, in welchen Personen auf Grund freier Entschließung Versicherung gegen Krankheit nehmen wollten, unter gewissen Voraussetzungen eine rechtliche Basis geben. Sodann aber sollte es insbesondere auch die Durchführung der Versicherungspflicht ermöglichen, sofern letztere nach R.Ges. vom 8. April 1876, betr. die Abänderung der Gewerbeordnung, von Gemeinden u. s. w. eingeführt worden war. Zu letzterem Zweck konnte die Begründung solcher Kassen und die Betheiligung an denselben angeordnet werden. Letzteres ist fortgefallen, seitdem durch das Krankenversicherungsgesetz vom 15. Juni 1883 die gesetzliche Versicherungspflicht begründet, und für deren Befriedigung ein System besonderer Kassen eingeführt ist, in welchen jeder Versicherungspflichtige seiner Pflicht genügen kann. Ein Bedürfniß für eingeschriebene Hülfskassen besteht seither, insoweit es sich um die Genügung der Versicherungspflicht handelt, nicht mehr; sie sind aber unter gewissen Voraussetzungen in Konkurrenz mit jenen Kassen belassen worden.

Nach §. 75 K.V.G. kann der gesetzlichen Versicherungspflicht durch die Betheiligung an einer eingeschriebenen Hülfskasse ohne Beitrittszwang genügt werden, falls dieselbe „allen ihren versicherungspflichtigen Mitgliedern oder doch derjenigen Mitgliederklasse, zu welcher der Versicherungspflichtige gehört, im Krankheitsfall mindestens diejenigen Leistungen gewährt, welche nach Maßgabe der §§. 6 u. 7 von der Gemeinde, in deren Bezirk der Versicherungspflichtige beschäftigt ist, zu gewähren sind;" Mitglieder solcher eingeschriebenen Hülfskassen „sind von der Verpflichtung, der Gemeinde-Krankenversicherung oder einer nach Maßgabe dieses Gesetzes errichteten Krankenkasse" (mit Ausnahme der Knappschaftskassen, §. 74) „anzugehören, befreit." Eingeschriebene Hülfskassen dagegen, für welche in irgend einer Form ein Zwang zum Beitritt bestand, insbesondere also Innungs- und Fabrik-Krankenkassen (Beitrittszwang durch Arbeitsvertrag, Reglement) und solche Hülfskassen, welche nach Maßgabe des (fortan aufgehobenen) Reichsgesetzes vom 8. April 1876 (R.G.Bl. S. 134) auf Anordnung der Gemeindebehörde (Beitrittszwang durch Ortsstatut) errichtet worden sind, gelten vom 1. Dezember 1884 ab nicht mehr als eingeschriebene Hülfskassen und fallen demgemäß auch nicht mehr unter das Reichsgesetz vom 7. April 1876, sondern unterliegen (je nach ihrem Charakter) als Orts-, Betriebs- (Fabrik-), Bau- oder Innungs-Krankenkassen den Vorschriften des Krankenversicherungsgesetzes, §. 87 a. a. O. Das Hülfskassengesetz vom 7. April 1876 gilt also seit dem 1. Dezember 1884 nur noch für die freiwillig errichteten, mit Beitrittszwang nicht ausgestatteten eingeschriebenen Hülfskassen, und die Bedeutung dieser beruht darauf, daß

a) Versicherungspflichtige (§§. 1 bis 3 K.V.G.) ihrer gesetzlichen oder statutarischen Versicherungspflicht durch Betheiligung an solchen freien Kassen, falls dieselben dem §. 75 K.V.G. entsprechen, genügen können und in diesem Fall weder zum Eintritt in die ihrer Beschäftigung entsprechenden Formen der Krankenversicherung genöthigt, noch an dem Uebertritt aus den letzteren in die ersteren gehindert sind (§§. 4, 19, 63, 72, 73 a. a. O.), — nur für die Mitglieder der Knappschaftskassen gilt dies nicht, da in die letzteren nicht hat eingegriffen werden sollen, §. 74 a. a. O.;

b) Versicherungspflichtige neben der Betheiligung an der Gemeinde-Krankenversicherung und an organisirten Krankenkassen auch noch solchen Hülfskassen angehören, also Doppelversicherung eingehen und dadurch Krankenunterstützung bis zum vollen Betrage ihres individuellen Durchschnittslohns sich sichern können, den den letzteren übersteigenden Betrag aus der Doppelversicherung allerdings in der Regel einbüßen, §. 26a Abs. 1 a. a. O.;

c) Personen, auf welche das Krankenversicherungsgesetz keine Anwendung findet (insbesondere selbständige Gewerbetreibende, die große Mehrheit der Beamten im Reichs-, Staats- oder Kommunaldienst, Betriebsbeamte mit mehr als 2000 Mark Jahresverdienst, nicht versicherungspflichtige Frauen, sowie im Allgemeinen das Gesinde, cf. jedoch §. 26a Absatz 2 Nr. 5 und §. 4 Absatz 2 a. a. O.) in derartigen eingeschriebenen Hülfskassen freiwillig Versicherung nehmen können.

Dadurch nun, daß die Geltung des Hülfskassengesetzes fortan auf solche Kassen beschränkt ist, hinsichtlich deren eine Verpflichtung zum Beitritt nicht besteht, deren Entstehung und Bestand vielmehr auf der freien Entschließung ihrer Mitglieder beruht, sind diejenigen Bestimmungen des Gesetzes, welche sich auf Hülfskassen mit Beitrittspflicht bezogen haben, obsolet geworden. Es empfahl sich daher, diese Vorschriften ausdrücklich aufzuheben, und bei dieser Gelegenheit auch sonstige Abänderungen und Ergänzungen vorzunehmen, welche bei den schon vor der Aufstellung des Entwurfs zum Krankversicherungsgesetz angestellten Ermittelungen über die Wirksamkeit des Hülfskassengesetzes als erforderlich sich ergeben hatten. Endlich mußte in Konsequenz der durch das Krankenversicherungsgesetz herbeigeführten Veränderung der Sachlage gleichzeitig die Vorschrift in Fortfall kommen, daß die Zulassung eingeschriebener Hülfskassen von Gewährung einer Mindestunterstützung abhängig zu machen sei; denn nachdem §. 75 K.V.G. die Mindestleistungen derjenigen freien Kassen fixirt hatte, in denen der Versicherungspflicht soll genügt werden können, lag kein Grund mehr vor, solche freien Kassen, welche nicht die Absicht haben, mit den durch das Krankenversicherungsgesetz geschaffenen Organisationen in Konkurrenz zu treten, von der Zulassung als eingeschriebene Hülfskasse auszuschließen. Im Gegentheil erschien es gerade erwünscht, daß auch Kassen mit geringen Leistungen die durch die Einschreibung bedingte rechtliche Grundlage erhalten, weil diese freien Kassen fortan eine wesentliche Bedeutung für die Zuschußversicherung haben werden, d. h. als solche Kassen, denen versicherungspflichtige Personen beitreten, um sich einen Zuschuß zu den ihren Anforderungen nicht genügenden Unterstützungen derjenigen Kassen zu sichern, welchen sie zur Erfüllung ihrer Versicherungspflicht beigetreten sind, ohne doch im Falle der Krankheit nach §. 26a Absatz 1 K.V.G. eine Reduktion der Unterstützung besorgen zu müssen.

Aus diesen Erwägungen insbesondere ist die Novelle vom 1. Juni 1884 (R.G.Bl. S. 54) hervorgegangen, welche das Hülfskassengesetz in wesentlichen Punkten umgestaltet. Durch die Vorschriften der Novelle zum Krankenversicherungsgesetz über den

Nachweis der Gleichwerthigkeit der Kassenleistungen ist dann schließlich auch noch §. 4 Absatz 5 des Hülfskassengesetzes aufgehoben und durch §§. 75a, 75b K.V.G. ersetzt worden.

Im Nachfolgenden soll der Text des Hülfskassengesetzes in der Fassung gegeben werden, welche sich aus dem Inhalte der bezeichneten anderen Gesetze nunmehr ergiebt. Ausführliche Kommentare geben u. a. v. Schicker, „das Krankenversicherungsgesetz und das Hülfskassengesetz", Stuttgart, W. Kohlhammer 1893 S. 447 ff.; Hahn, „das Hülfskassengesetz", Berlin, Siemenroth und Troschel 1896.

Hülfskassengesetz.

(Die auf dem Gesetz vom 1. Juni 1884 beruhenden Abänderungen des Gesetzestextes sind durch **fetten** Druck hervorgehoben, die durch dieselbe herbeigeführten Auslassungen durch Punkte markirt. Die Randbemerkungen bezeichnen die Artikel der Novelle, welche die Abänderungen anordnen.)

Wir **Wilhelm**, von Gottes Gnaden Deutscher Kaiser, König von Preußen rc.

verordnen im Namen des Reichs, nach erfolgter Zustimmung des Bundesraths und des Reichstags, was folgt:

§. 1.

Kassen, welche die gegenseitige Unterstützung ihrer Mitglieder
Art. 1. für den Fall der Krankheit bezwecken **und auf freier Uebereinkunft beruhen,**[1]) erhalten die Rechte einer eingeschriebenen Hülfskasse unter den nachstehend angegebenen Bedingungen.

§. 2.

Die Kasse hat einen Namen anzunehmen, welcher von dem aller anderen, an demselben Orte oder in derselben Gemeinde befindlichen Hülfskassen verschieden ist und die zusätzliche Bezeichnung: „eingeschriebene Hülfskasse" enthält.

---

[1]) Wenn ein Verein, welcher auf freier Uebereinkunft seiner Mitglieder beruht, den Beitritt zu einer freien Hülfskasse für obligatorisch erklärt, so wird dadurch der Charakter der freien Hülfskasse nicht aufgehoben. (Erklärung des Regierungskommissars im Komm.Ber. zur Novelle, R.T.Dr.S. 1884 Bd. 3 S. 547.) Vgl. § 6 Abs. 2.

§. 3.

Das Statut der Kasse muß Bestimmung treffen: I.

1. über Namen, Sitz und Zweck der Kasse;
2. über den Beitritt und Austritt der Mitglieder;
3. über die Höhe der Beiträge . . .; Art. 2.
4. über die Voraussetzungen, die Art und den Umfang der Unterstützungen;
5. über die Bildung des Vorstandes, . . . über die Legitimation seiner Mitglieder und den Umfang seiner Befugnisse;
6. über die Zusammensetzung und Berufung der Generalversammlung und über die Art ihrer Beschlußfassung . . .;

6a. **über die Bildung und die Befugnisse der örtlichen Verwaltungsstellen, falls solche errichtet werden sollen;**

7. über die Abänderung des Statuts;
8. über die Verwendung des Kassenvermögens im Falle der Auflösung oder Schließung der Kasse;
9. über die Aufstellung und Prüfung der Jahresrechnung.

Das Statut darf keine Bestimmung enthalten, welche mit dem Zwecke der Kasse nicht in Verbindung steht oder den Vorschriften dieses Gesetzes zuwiderläuft. II.

§. 4.

Das Statut ist in zwei Exemplaren dem Vorstande der Gemeinde, in deren Bezirk die Kasse ihren Sitz nimmt, von den mit der Geschäftsleitung vorläufig betrauten Personen oder von dem Vorstande der Kasse in Person einzureichen. Der Gemeindevorstand hat das Statut der höheren Verwaltungsbehörde ungesäumt zu übersenden; diese entscheidet über die Zulassung der Kasse. Der Bescheid ist innerhalb sechs Wochen zu ertheilen. I.

Die Zulassung darf nur versagt werden[1]), wenn das Statut den Anforderungen dieses Gesetzes nicht genügt. Wird die Zulassung versagt, so sind die Gründe mitzutheilen. Gegen die Versagung steht der Rekurs[2]) zu; wegen des Verfahrens und der Behörden II.

---

[1]) Vgl. auch § 32. Ist die Zulassung ertheilt, obwohl sie hätte versagt werden müssen, so tritt das Verfahren nach § 29, Ziffer 5a ein.

[2]) Landesrechtlich kann statt desselben auch das Verwaltungsstreitverfahren Platz greifen, so in Preußen nach § 141, § 161 Abs. 2 des Zuständigkeitsgesetzes v. 1. Aug. 1883. (Beschluß des Bezirksausschusses vorbehaltlich des Antrags auf mündliche Verhandlung im Verwaltungsstreitverfahren, in Berlin Beschluß des Polizeipräsidenten vorbehaltlich der Klage bei dem Bezirksausschuß.)

gelten die Vorschriften der §§. 20 und 21 der Gewerbeordnung.[1]) In Elsaß-Lothringen finden statt derselben die dort geltenden Bestimmungen über das Verfahren in streitigen Verwaltungssachen entsprechende Anwendung. Wird die Zulassung ausgesprochen, so ist eine Ausfertigung des Statuts, versehen mit dem Vermerke der erfolgten Zulassung, zurückzugeben.

III. Abänderungen des Statuts unterliegen den gleichen Vorschriften.
Art. 3. **Ueber die Zulassung einer Abänderung, durch welche der Sitz der Kasse verlegt werden soll, hat die Behörde des alten Sitzes zu entscheiden.**

IV. **Die Zulassung einer Kasse, welche örtliche Verwaltungsstellen einrichtet, ist bei derjenigen Verwaltungsbehörde zu erwirken, in deren Bezirk die Hauptkasse ihren Sitz nimmt.**

. . . .[2])

V. Die höhere Verwaltungsbehörde hat die Namen der zugelassenen Hülfskassen in ein Register einzutragen.

§. 5.

I. Die Kasse kann unter ihrem Namen Rechte erwerben und Verbindlichkeiten eingehen, Eigenthum und andere dingliche Rechte an Grundstücken erwerben, vor Gericht klagen und verklagt werden.

II. Für alle Verbindlichkeiten der Kasse haftet den Kassengläubigern nur das Vermögen der Kasse.

III. Der ordentliche Gerichtsstand der Kasse ist bei dem Gerichte, in dessen Bezirk sie ihren Sitz hat.

§. 6.

I. Zum Beitritt der Mitglieder ist eine schriftliche Erklärung oder die Unterzeichnung des Statuts erforderlich. Handzeichen Schreibensunkundiger bedürfen der Beglaubigung durch ein Mitglied des Vor-
Art. 4 standes **oder einer örtlichen Verwaltungsstelle; vergleiche §§. 19a ff.**

II. Der Beitritt darf von der Betheiligung an anderen Gesellschaften oder Vereinen nur dann abhängig gemacht werden, wenn eine solche Betheiligung für sämmtliche Mitglieder bei Errichtung der Kasse durch

---

[1]) Siehe dieselben in Anm. 5 zu § 24 K.V.G.

[2]) Der durch Art. 3 der Novelle eingefügte § 4 Abs. 5 H.K.G. ist ersetzt durch §§ 75a, 75b K.V.G. und demgemäß aufgehoben worden (Art. 32 Nov. z. K.V.G.).

das Statut vorgesehen ist. Im Uebrigen darf den Mitgliedern die Verpflichtung zu Handlungen oder Unterlassungen, welche mit dem Kassenzweck in keiner Verbindung stehen, nicht auferlegt werden. [1])

§. 7.

I. Das Recht auf Unterstützung aus der Kasse beginnt für sämmtliche Mitglieder spätestens mit dem Ablauf der dreizehnten auf den Beitritt folgenden Woche. [2])

II. Hat ein Mitglied bereits das Recht auf Unterstützung erworben, so verbleibt ihm dasselbe auch nach dem Austritte oder Ausschlusse für die nach Absatz 1 festgesetzte Frist. Ist der Ausschluß wegen Zahlungssäumniß erfolgt, so läuft diese Frist von dem Tage, bis zu welchem die Beiträge bezahlt sind.

III. Für die erste Woche nach dem Beginn der Krankheit kann die Gewährung einer Unterstützung ausgeschlossen werden. [3])

IV. Art. 5. **Der völlige oder theilweise Ausschluß der Unterstützung ist nur in Fällen solcher Krankheiten zulässig, welche sich die Mitglieder vorsätzlich oder durch schuldhafte Betheiligung an Schlägereien oder Raufhändeln, durch Trunkfälligkeit oder geschlechtliche Ausschweifungen zugezogen haben. Soweit die Unterstützung in Gewährung freier ärztlicher Behandlung oder Arznei besteht, kann sie auch in diesen Fällen nicht ausgeschlossen werden.**

---

[1]) Für den Wiedereintritt besondere gesetzliche Bestimmungen zu geben, ist abgelehnt worden. (Komm.Ber. zur Novelle, R.T.Dr.S. 1884 Bd. 3 S. 546.)

[2]) Soll die eingeschriebene Hülfskasse nach § 75 K.V.G. ihre Mitglieder von der Betheiligung an der Gemeinde-Krankenversicherung oder an Orts-Krankenkassen ꝛc. befreien, so darf sie eine solche Karenzzeit für neu eintretende versicherungspflichtige Mitglieder nicht vorschreiben, denn in der Gemeinde-Krankenversicherung giebt es für versicherungspflichtige Personen keine solche Karenzzeit, § 6 a. a. O.

[3]) Soll die eingeschriebene Hülfskasse nach § 75 K.V.G. ihre Mitglieder von der Betheiligung an der Gemeinde-Krankenversicherung oder an den sonstigen organisirten Krankenkassen befreien, so muß sie an Krankenunterstützung sämmtlichen versicherungspflichtigen Mitgliedern mindestens

a. freie ärztliche Behandlung, Arznei, sowie Brillen, Bruchbänder und ähnliche Heilmittel vom Beginn der Krankheit ab,

b. im Fall der Erwerbsunfähigkeit außerdem für jeden Arbeitstag ein Krankengeld in Höhe von mindestens 50 Prozent des ortsüblichen Tagelohns gewöhnlicher Tagearbeiter am Beschäftigungs-

§. 8.

I. Die Mitglieder sind der Kasse gegenüber lediglich zu den auf Grund dieses Gesetzes und des Statuts festgestellten Beiträgen verpflichtet.

II. Art. 6 **Nach Maßgabe des Geschlechts, des Gesundheitszustandes, des Lebensalters, der Beschäftigung oder des Beschäftigungsortes der Mitglieder darf die Höhe der Beiträge verschieden bemessen werden.**

III. Die Einrichtung von Mitgliederklassen mit verschiedenen Beitrags- und Unterstützungssätzen ist zulässig.

IV. Im Uebrigen müssen die Beiträge und Unterstützungen für alle[1]) Mitglieder nach gleichen Grundsätzen abgemessen sein.

Art. 7. §. 9 (**ist aufgehoben**).

§. 10.

Art. 8. **Der Anspruch auf Unterstützung kann mit rechtlicher Wirkung weder verpfändet, noch übertragen, noch gepfändet und darf nur auf geschuldete Beiträge aufgerechnet werden.**

§. 11 (**ist aufgehoben**).[2])

---

ort des Erkrankten (§§ 5, 5a, 6, 75 K.V.G.), und zwar vom dritten Tage nach dem Tage der Erkrankung ab — gewähren, darf also für die erste Woche nach dem Beginn der Krankheit die Gewährung einer Unterstützung nicht ausschließen. An Stelle dieser Unterstützung kann nach § 7 a. a. O. mit der dort vorgesehenen Modifikation Unterbringung in ein Krankenhaus treten. Modifikationen der im § 6a K.V.G. bezeichneten Art — aber keine weitgehenden — sind gestattet.

Die bisherige Ermächtigung, freie ärztliche Behandlung u. s. w. durch ein erhöhtes Krankengeld zu ersetzen, ist fortgefallen; nur für Fälle gleichzeitiger Versicherung in Zwangsorganisationen ist sie in dem aus § 75 Abs. 3 K.V.G. ersichtlichen Umfange noch bestehen geblieben. Fortgefallen ist auch die frühere Bestimmung, daß die Hülfskasse das Krankengeld nur nach der Höhe des an ihrem Kassensitz geltenden ortsüblichen Tagelohnes zu bemessen brauchte, § 75 K.V.G.

[1]) Durch § 75 K.V.G. in der Fassung der Novelle ist zugelassen, daß die Unterstützung für versicherungspflichtige Mitglieder nach anderen Grundsätzen wie für Nichtversicherungspflichtige bemessen werden kann.

[2]) Für die Unterstützungen sind Minimalbeträge nicht mehr vorgeschrieben; nur diejenigen Kassen, welche die Berechtigung des § 75 K.V.G. erlangen wollen, sind an die dort vorgesehenen Minimalleistungen gebunden.

§. 12.

Als Krankenunterstützung können[1]**) den Mitgliedern Krankengeld, ärztliche Behandlung, Arznei und andere Heilmittel, Verpflegung in einem Krankenhause, sowie die geeigneten Mittel zur Erleichterung der ihnen nach der Genesung verbliebenen körperlichen Mängel gewährt werden.** I. Art 9.

Auch kann die Krankenunterstützung an Wöchnerinnen gewährt und die Gewährung ärztlicher Behandlung auf die Familienangehörigen der Mitglieder ausgedehnt werden.[2]) II.

Den Hinterbliebenen verstorbener Mitglieder kann ferner eine Beihülfe gewährt werden, welche das Zehnfache der wöchentlichen Unterstützung, auf welche das verstorbene Mitglied Anspruch hatte, nicht überschreitet. III.

§. 13.

Zu anderen Zwecken, als den im §. . . . 12 bezeichneten Unterstützungen und der Deckung der Verwaltungskosten, dürfen weder Beiträge von den Mitgliedern erhoben werden, noch Verwendungen aus dem Vermögen der Kasse erfolgen. Art. 9.

§. 14 **(ist aufgehoben).** Art. 7.

§. 15.

Der Ausschluß von Mitgliedern aus der Kasse kann nur unter den durch das Statut bestimmten Formen und aus den darin bezeichneten Gründen erfolgen. Er ist nur zulässig bei dem Wegfall einer die Aufnahme bedingenden Voraussetzung, für den Fall einer Zahlungssäumniß oder einer solchen strafbaren Handlung, welche eine Verletzung der Bestimmungen des Statuts in sich schließt. **Wegen Ueberschreitung der Altersgrenze, über welche hinaus nach Bestimmung des Statuts Mitglieder nicht aufgenommen werden, und wegen Veränderung des Gesundheitszustandes, von welchem nach Bestimmung des Statuts die Aufnahme abhängig ist, darf der Ausschluß nicht erfolgen.** Wegen des Austrittes oder Ausschlusses aus einer Gesellschaft oder einem Vereine können Mitglieder nicht ausgeschlossen werden, wenn sie der Kasse bereits zwei Jahre angehört haben. Erfolgt ihre Ausschließung vor Ablauf Art. 10.

---

[1]) vgl. Anm. 3 zu § 7.

[2]) Obergrenzen der Unterstützung sind durch die Novelle beseitigt; nur darf keine andere Art der Unterstützung, als hier vorgesehen, geleistet werden.

dieser Zeit, so haben sie Anspruch auf Ersatz des von ihnen bezahlten Eintrittsgeldes.

§. 16.

I. Die Kasse muß einen von der Generalversammlung gewählten Vorstand haben, durch welchen sie gerichtlich und außergerichtlich vertreten wird.

II. **Die Mitglieder des Vorstandes, welche die Kasse gerichtlich und** Art. 7 **außergerichtlich vertreten, haben in der Generalversammlung nur eine berathende Stimme.**

§. 17.

I. Die Zusammensetzung des Vorstandes, sowie jede in der Zusammensetzung des Vorstandes eingetretene Aenderung ist dem Vorstande der Gemeinde, in deren Bezirk die Kasse ihren Sitz hat, anzumelden. Die Anmeldung hat durch die Vorstandsmitglieder in Person oder durch eine beglaubigte schriftliche Erklärung zu erfolgen. Ist die Anmeldung nicht geschehen, so kann eine in der Zusammensetzung eingetretene Aenderung dritten Personen nur dann entgegengesetzt werden, wenn bewiesen wird, daß sie letzteren bekannt war.

II. Zur Legitimation des Vorstandes bei allen Geschäften, auch den das Hypotheken- und Grundschuldwesen betreffenden, genügt das Zeugniß des Vorstandes der Gemeinde, daß die darin bezeichneten Personen zur Zeit als Mitglieder des Vorstandes angemeldet sind.

§. 18.

I. Die Befugniß des Vorstandes, die Kasse nach Außen zu vertreten, wird durch die im Statut enthaltene Vollmacht bestimmt.

II. Durch die innerhalb der Grenzen dieser Vollmacht im Namen der Kasse vom Vorstande abgeschlossenen Geschäfte wird die Kasse verpflichtet und berechtigt.

§. 19.

Dem Vorstande kann zur Ueberwachung der Geschäftsleitung ein Ausschuß zur Seite gesetzt werden, welcher durch die Generalversammlung zu wählen ist.

§. 19a.

Art. 11. **Die Kasse kann für bestimmte Bezirke örtliche Verwaltungsstellen errichten und denselben folgende Befugnisse ertheilen:**

1. Beitrittserklärungen und Austrittserklärungen entgegen zu nehmen, sowie Handzeichen Schreibensunkundiger in Gemäßheit des §. 6 Absatz 1 zu beglaubigen;

2. die Kassenbeiträge zu erheben, über Stundungsgesuche zu entscheiden, die Unterstützungen auszuzahlen, sowie die eingehenden Gelder, vorbehaltlich anderweiter Verfügung des Vorstandes über dieselben, bis zum Belaufe einer durchschnittlichen halben Jahresausgabe zum Zweck des Betriebes zu verwahren und anzulegen;

3. Einrichtungen zur Wahrnehmung der Krankenkontrole zu treffen.

§. 19b.

Der Versammlung der Kassenmitglieder, für welche die örtliche Verwaltungsstelle errichtet ist, kann die Befugniß beigelegt werden: Art. 11.

1. die Mitglieder der örtlichen Verwaltung und den Kassenarzt für den Bezirk derselben zu wählen. Die Wahlen bedürfen der Bestätigung des Vorstandes (§. 16). Der Letztere ist befugt, die Gewählten, welche bei der Wahrnehmung ihrer Obliegenheiten den gesetzlichen oder statutarischen Anforderungen nicht genügen, zu beseitigen und durch andere zu ersetzen;

2. Kassenrevisoren für die Kasse der örtlichen Verwaltungsstelle und Krankenbesucher für den Bezirk derselben zu wählen;

3. einen oder mehrere Abgeordnete zur Generalversammlung zu wählen, sofern diese statutenmäßig aus Abgeordneten besteht;

4. Anträge und Beschwerden in Angelegenheiten der Kasse an die Generalversammlung zu richten.

§. 19c.

Weitere als die in den §§. 19a, 19b bezeichneten Befugnisse dürfen den örtlichen Verwaltungsstellen und der Gesammtheit der Mitglieder ihres Bezirks nicht beigelegt werden. Art. 11.

§. 19d.

Die Kasse hat der Aufsichtsbehörde, in deren Bezirk sie ihren Sitz hat, von der Errichtung jeder örtlichen Verwaltungsstelle binnen zwei Wochen, unter Angabe des Sitzes und Bezirks derselben und unter Bezeichnung der Personen, welche zur Zeit die örtliche Verwaltung führen, Anzeige zu erstatten. I. Art. 11.

II. **Die Aufsichtsbehörde hat die Anzeige, sofern die örtliche Verwaltungsstelle ihren Sitz in dem Bezirke einer anderen Aufsichtsbehörde hat, dieser mitzutheilen.**

III. **Von jeder Aenderung des Bezirks der örtlichen Verwaltungsstelle und der Zusammensetzung ihrer Verwaltung hat diese der Aufsichtsbehörde ihres Sitzes Anzeige zu erstatten.**

§. 20.

I. Soweit die Angelegenheiten der Kasse nicht durch den Vorstand oder Ausschuß wahrgenommen werden, steht die Beschlußnahme darüber der Generalversammlung zu.

II. Die Generalversammlung kann dritten Personen ihre Befugnisse nicht übertragen.

III. Abänderungen des Statuts bedürfen . . . ihrer Zustimmung.

Art. 12

§. 21.

I. In der Generalversammlung hat jedes anwesende Mitglied, welches großjährig und im Besitz der bürgerlichen Ehrenrechte ist, eine Stimme. Mitglieder, welche mit den Beiträgen im Rückstande sind, können von der Theilnahme an der Abstimmung ausgeschlossen werden.

II. Die Generalversammlung kann auch aus Abgeordneten gebildet werden, welche aus der Mitte der stimmfähigen Mitglieder zu wählen sind; **die Zahl der zu wählenden Abgeordneten muß jedoch mindestens**
Art. 13. **zwanzig betragen und doppelt so groß sein, als die Zahl der Vorstandsmitglieder.**

Art. 7. . . . .

III. **Soll die Wahl der Abgeordneten von den Mitgliedern nach**
Art. 13. **Abtheilungen vorgenommen werden, so muß die Bildung der Wahlabtheilungen und die Vertheilung der Abgeordneten auf dieselben durch das Statut erfolgen.**

§. 22.

I. Generalversammlungen können nur innerhalb des Deutschen Reichs an einem Orte abgehalten werden, an welchem die Kasse eine
Art. 14. **örtliche Verwaltungsstelle** besitzt. Bei der Berufung ist der Gegenstand der Berathung anzugeben.

II. Wird von dem Ausschuß oder von dem zehnten Theile der stimmfähigen Mitglieder die Berufung der Generalversammlung beantragt, so muß der Vorstand die letztere berufen.

§. 23 (ist aufgehoben). Art 7.

§. 24.

Die Einnahmen und Ausgaben der Kasse sind von allen den Zwecken der Kasse fremden Vereinnahmungen und Verausgabungen getrennt festzustellen und zu verrechnen; ebenso sind Bestände gesondert zu verwahren. I.

Verfügbare Gelder dürfen, außer in öffentlichen Sparkassen, nur ebenso wie die Gelder Bevormundeter angelegt werden. II.

§. 25.

Die Kasse hat einen Reservefonds im Mindestbetrage der durchschnittlichen Jahresausgabe der letzten fünf Rechnungsjahre anzusammeln und erforderlichenfalls bis zu dieser Höhe zu ergänzen. I. Art. 15.

So lange der Reservefonds diesen Betrag nicht erreicht, ist demselben mindestens ein Zehntel des Jahresbetrages der Kassenbeiträge zuzuführen. II.

§. 26.

Ergiebt sich aus den Jahresabschlüssen der Kasse, daß die Einnahmen derselben zur Deckung ihrer Ausgaben einschließlich der Rücklagen zur Ansammlung und Ergänzung des Reservefonds nicht ausreichen, so ist entweder eine Erhöhung der Beiträge oder eine Minderung der Kassenleistungen herbeizuführen. I. Art 15.

Unterläßt die Kasse, eine dem Bedürfnisse entsprechende Abänderung herbeizuführen, so hat ihr die höhere Verwaltungsbehörde auf Grund eines sachverständigen Gutachtens zu eröffnen, in welcher Art und in welchem Maße dieselbe für erforderlich zu erachten und binnen welcher Frist dieselbe herbeizuführen ist. Die Frist muß auf mindestens sechs Wochen bestimmt werden. II.

§. 27.

Die Kasse ist verpflichtet, in den vorgeschriebenen Fristen und nach den vorgeschriebenen Formularen[1]) Uebersichten über die Mitglieder, über die Krankheits- und Sterbefälle, über die I. Art 15.

---

[1]) Vgl. Bek. des Reichskanzlers v. 16. November 1892 (Centralbl. S. 671), abgedruckt unten im Anhang.

vereinnahmten Beiträge und die geleisteten Unterstützungen, sowie einen Rechnungsabschluß der Aufsichtsbehörde einzusenden.

II. **Sie hat das Ausscheiden der Mitglieder auf Erfordern[1]) den Aufsichtsbehörden, in deren Bezirk dieselben sich aufhalten, anzuzeigen. Für Mitglieder, welche sich im Bezirke einer örtlichen Verwaltungsstelle aufhalten, liegt diese Verpflichtung der letzteren ob.**

§. 28.

Art. 7 **Die Kasse ....** **kann** durch Beschluß der Generalversammlung unter Zustimmung von mindestens vier Fünftheilen sämmtlicher vertretenen Stimmen aufgelöst werden.

§. 29.

I. Die Schließung einer Kasse kann durch die höhere Verwaltungsbehörde erfolgen:

1. wenn mehr als ein Viertheil der Mitglieder mit der Einzahlung der Beiträge im Rückstande ist, und trotz ergangener Aufforderung der Aufsichtsbehörde weder die Beitreibung der fälligen Beiträge, noch der Ausschluß der säumigen Mitglieder erfolgt;
2. wenn die Kasse trotz ergangener Aufforderung der Aufsichtsbehörde vier Wochen mit Zahlung fälliger nicht streitiger Unterstützungen im Rückstande ist;

Art. 16.

3. **wenn die Generalversammlung einen mit den Vorschriften dieses Gesetzes oder des Kassenstatuts im Widerspruch stehenden Beschluß gefaßt hat und der Auflage der Aufsichtsbehörde, denselben zurückzunehmen, innerhalb der gesetzten, auf mindestens sechs Wochen zu bemessenden Frist nicht nachgekommen ist;**
4. wenn dem §. 6 dieses Gesetzes zuwider Mitglieder zu Handlungen oder Unterlassungen verpflichtet, oder wenn der Vorschrift des §. 13 entgegen Beiträge von den Mitgliedern erhoben oder Verwendungen aus dem Vermögen der Kasse bewirkt werden;

Art. 16.

5. **wenn im Falle des §. 26 Absatz 2 innerhalb der bestimmten Frist die Erhöhung der Beiträge oder die Minderung der Unterstützungssätze in dem festgesetzten Maße nicht erfolgt;**

---

[1]) Jetzt obligatorisch, vgl. § 49a K.V.G.

5a. **wenn sich ergiebt, daß nach §§. 3, 4 die Zulassung der Kasse hätte versagt werden müssen, und die erforderliche Abänderung des Statuts innerhalb einer von der höheren Verwaltungsbehörde zu bestimmenden, mindestens sechswöchentlichen Frist nicht bewirkt worden ist;**

6. wenn Mitglieder aus einem nach diesem Gesetze unzulässigen Grunde aus der Kasse ausgeschlossen werden.

Gegen die Maßregeln der Verwaltungsbehörde ist der Rekurs[1]) zulässig; wegen des Verfahrens und der Behörden gelten die Vorschriften der §§. 20 und 21 der Gewerbeordnung.[2]) In Elsaß-Lothringen finden statt derselben die dort geltenden Bestimmungen über das Verfahren in streitigen Verwaltungssachen entsprechende Anwendung. II.

Die Eröffnung des Konkursverfahrens über eine Kasse hat die Schließung kraft Gesetzes zur Folge. III.

§. 30.

Bei der Auflösung einer Kasse wird die Abwickelung der Geschäfte, sofern die Generalversammlung darüber nicht anderweitig beschließt, durch den Vorstand vollzogen. Genügt dieser seiner Verpflichtung nicht, oder wird die Kasse geschlossen, so hat die Aufsichtsbehörde die Abwickelung der Geschäfte geeigneten Personen zu übertragen und deren Namen bekannt zu machen.

§. 31.

Von dem Zeitpunkte der Auflösung oder Schließung einer Kasse ab bleiben die Mitglieder noch für diejenigen Zahlungen verhaftet, zu welchen sie das Statut für den Fall ihres Austrittes aus der Kasse verpflichtete. I.

Das Vermögen der Kasse ist nach der Auflösung oder Schließung zunächst zur Deckung der vor dem Zeitpunkte der Auflösung oder Schließung bereits eingetretenen Unterstützungsverpflichtungen zu verwenden. II.

---

[1]) Landesgesetzlich kann statt dessen das Verwaltungsstreitverfahren stattfinden, so in Preußen nach § 142 des Zuständigkeitsgesetzes v. 1. August 1883 (Klage der Aufsichtsbehörde bei dem Bezirksausschuß).

[2]) Siehe dieselben in Anm. 5 zu § 24 K.V.G.

§. 32.

Bis zum Ablaufe eines Jahres nach Auflösung oder Schließung einer Kasse kann einer für die gleichen Zwecke und für denselben Mitgliederkreis oder für einen Theil desselben neu errichteten Kasse die Zulassung versagt werden.

§. 33.

I. Art. 17 **Die Kassen und ihre örtlichen Verwaltungsstellen unterliegen in Bezug auf die Befolgung dieses Gesetzes der Beaufsichtigung durch die von den Landesregierungen zu bestimmenden Behörden mit der Maßgabe, daß mit den von den höheren Verwaltungsbehörden wahrzunehmenden Geschäften diejenigen höheren Verwaltungsbehörden zu betrauen sind, welche nach Landesrecht die Aufsicht oder Oberaufsicht in Gemeindeangelegenheiten wahrzunehmen haben.**[1])

II. **Die Kassen sind verpflichtet, der Aufsichtsbehörde auf Verlangen jederzeit ihre Bücher, Verhandlungen und Rechnungen im Geschäftslokale der Kasse**[2]) **zur Einsicht vorzulegen und die Revision ihrer Kassenbestände zu gestatten.**

III. **Die Aufsichtsbehörde beruft die Generalversammlung, falls der Vorstand der durch §. 22 begründeten Verpflichtung nicht genügt.**

IV. **Sie kann die Mitglieder des Vorstandes und der örtlichen Verwaltungsstellen, sowie die im Falle der Auflösung oder Schließung einer Kasse mit der Abwickelung der Geschäfte betrauten Personen zur Erfüllung der durch dieses Gesetz begründeten Pflichten durch Androhung, Festsetzung und Vollstreckung von Geldstrafen bis zu einhundert Mark, sowie durch die sonstigen nach den Landesgesetzen ihr zustehenden Zwangsmitteln anhalten.**[3]) **Gegen die Androhung**

---

[1]) In Preußen ist erste Instanz in Städten von mehr als 10000 Einwohnern die Ortspolizeibehörde (in Hannover zum Theil der Magistrat), im Uebrigen der Landrath; höhere Instanz der Reg.Präs., für Berlin der Oberpräsident (Nr. 1 der Anw. v. 14. Juli 1884).

[2]) Event. kann im Wege der strafrechtlichen Untersuchung eine Beschlagnahme der Bücher herbeigeführt werden (Komm.Ber. zur Novelle, R.T.Dr.S. 1884 Bd. 3 S. 548). Freiwillig können die Kassenvorstände die Dislozirung der Bücher gestatten, was zuweilen in ihrem Interesse liegen wird (a. a. O.).

[3]) Vgl. Anm. 3 zu § 45 K.V.G.

und Festsetzung von Geldstrafen beziehungsweise Anwendung von Zwangsmittel seitens der Aufsichtsbehörden steht den Kassenvorständen der Rekurs zu;[1]) wegen des Verfahrens und der Behörden gelten die Vorschriften der §§. 20 und 21 der Reichs-Gewerbeordnung.[2])

§. 34.

Mitglieder des Vorstandes, des Ausschusses oder einer örtlichen Verwaltungsstelle, welche den Bestimmungen dieses Gesetzes zuwiderhandeln, werden mit Geldstrafe bis zu dreihundert Mark bestraft.[3]) Haben sie absichtlich zum Nachtheil der Kasse gehandelt, so unterliegen sie der Strafbestimmung des §. 266 des Strafgesetzbuchs.[4]) Art. 17.

§. 35.

Eine Vereinigung mehrerer Kassen zu einem Verbande behufs gegenseitiger Aushülfe kann unter Zustimmung der Generalversammlungen der einzelnen Kassen und auf Grund eines schriftlichen Statuts erfolgen. I.

Der Verband ist durch einen aus der Wahl der Vorstände oder Ausschüsse der betheiligten Kassen hervorgegangenen Vorstand zu verwalten. Seine Pflichten und Befugnisse bestimmt das Statut. Sein Sitz darf nur an einem Orte sein, wo eine der betheiligten Kassen ihren Sitz hat. II.

Der Verband unterliegt nach Maßgabe des §. 33 der Aufsicht der höheren Verwaltungsbehörde desjenigen Bezirks, in welchem der Vorstand seinen Sitz hat. III.

Auf die Mitglieder des Vorstandes und die sonstigen Organe des Verbandes finden die Bestimmungen des §. 34 Anwendung. IV.

§. 35a.

Die Eintragungen in das Hülfskassenregister und die gemäß §. 17 zu ertheilenden Zeugnisse sind gebühren- und stempelfrei. Art. 18.

---

1) Landesgesetzlich kann das Verwaltungsstreitverfahren eintreten. In Preußen finden die §§ 127 bis 129 des Landesverwaltungsgesetzes v. 30. Juli 1883 Anwendung (Nr. 13 der Anw. v. 14. Juli 1884).

2) Siehe dieselben in Anm. 5 zu § 24 K.V.G.

3) Gerichtlich, vgl. Komm.Ber. zur Novelle, R.T.Dr.S. 1884 Bd. 3 S. 548.

4) Bei Berathung öffentlicher Angelegenheiten, welche offenbar nicht einmal im Interesse der Kasse liegt, finden die Vorschriften des Vereins- und Versammlungsrechts Anwendung.

§. 36.

I. Die Verfassung und die Rechte der auf Grund landesrechtlicher Vorschriften errichteten Hülfskassen werden durch dieses Gesetz nicht berührt; die Kassen können jedoch durch die Landesregierungen zur Einsendung der im §. 27 bezeichneten Uebersichten verpflichtet werden.

II. In Ansehung der Kassen der Knappschaftsvereine verbleibt es bei den dafür maßgebenden besonderen Bestimmungen.

Urkundlich unter Unserer Höchsteigenhändigen Unterschrift und beigedrucktem Kaiserlichen Insiegel.

Gegeben Berlin, den 7. April 1876.

(L. S.) **Wilhelm.**

Fürst v. Bismarck.

(Die Novelle zum Hülfskassengesetz [R.G. vom 1. Juni 1884] enthält in den ersten 18 Artikeln lediglich die vorstehend in den Text des Hülfskassengesetzes eingefügten Abänderungen desselben, in den Schlußartikeln [19 und 20] aber noch folgende auf die Hülfskassen bezügliche Bestimmungen:)

Artikel 19.

I. **Die Statuten bestehender eingeschriebener Hülfskassen, welche den Vorschriften dieses Gesetzes nicht genügen, sind der erforderlichen Abänderung zu unterziehen.**

II. **Kassen, welche dieser Verpflichtung nicht bis zum 1. Januar 1885 genügen, sind von der höheren Verwaltungsbehörde unter Bestimmung einer mindestens sechswöchentlichen Frist dazu aufzufordern und können nach unbenutztem Ablauf dieser Frist geschlossen werden. Die Schließung erfolgt nach Maßgabe des §. 29.**

Artikel 20.

Von bestehenden eingeschriebenen Hülfskassen, welche örtliche Verwaltungsstellen errichtet haben, ist die im §. 19d vorgeschriebene Anzeige binnen drei Monaten nach Inkrafttreten dieses Gesetzes zu erstatten.

Urkundlich unter Unserer Höchsteigenhändigen Unterschrift und beigedrucktem Kaiserlichen Insiegel.

Gegeben Berlin, den 1. Juni 1884.

(L. S.) **Wilhelm.**

Fürst von Bismarck.

Reichsgesetzliche Bestimmungen
über
Fürsorge in Krankheitsfällen außerhalb der Krankenversicherung.

a) Unfallversicherungsgesetz vom 6. Juli 1884.
(Reichs-Gesetzbl. S. 69 ff.)

§. 5.

.... Die Berufsgenossenschaften (§. 9) sind befugt, der Krankenkasse, welcher der Verletzte angehört, gegen Erstattung der ihr dadurch erwachsenden Kosten die Fürsorge für den Verletzten über den Beginn der vierzehnten Woche hinaus bis zur Beendigung des Heilverfahrens zu übertragen. In diesem Falle gilt als Ersatz der im §. 6 Absatz 1 Ziffer 1 des Krankenversicherungsgesetzes bezeichneten Leistungen die Hälfte des in jenem Gesetze bestimmten Mindestbetrages des Krankengeldes, sofern nicht höhere Aufwendungen nachgewiesen werden. Streitigkeiten, welche aus Anlaß dieser Bestimmung zwischen den Berufsgenossenschaften und den Krankenkassen entstehen, werden nach Maßgabe des §. 58 Absatz 2 des Krankenversicherungsgesetzes entschieden. I.

Von Beginn der fünften Woche nach Eintritt des Unfalls bis zum Ablauf der dreizehnten Woche ist das Krankengeld, welches den durch einen Betriebsunfall verletzten Personen auf Grund des Krankenversicherungsgesetzes gewährt wird, auf mindestens zwei Drittel des bei der Berechnung desselben zu Grunde gelegten Arbeitslohnes zu bemessen. Die Differenz zwischen diesen zwei Dritteln und dem gesetzlich oder statutengemäß zu gewährenden niedrigeren Krankengelde ist der betheiligten Krankenkasse (Gemeinde-Krankenversicherung) von dem Unternehmer desjenigen Betriebs zu erstatten, in welchem der Unfall sich ereignet hat. Die zur Ausführung dieser Bestimmung erforderlichen Vorschriften erläßt das Reichs-Versicherungsamt. II.

III. Den nach §. 1 versicherten Personen, welche nicht nach den Bestimmungen des Krankenversicherungsgesetzes versichert sind, hat der Betriebsunternehmer die in den §§. 6 und 7 des Krankenversicherungsgesetzes vorgesehenen Unterstützungen einschließlich des aus dem vorhergehenden Absatze sich ergebenden Mehrbetrages für die ersten dreizehn Wochen aus eigenen Mitteln zu leisten.

IV. Streitigkeiten, welche aus Anlaß der in den beiden vorhergehenden Absätzen enthaltenen Bestimmungen unter den Betheiligten entstehen, werden nach Maßgabe des §. 58 Absatz 1 des Krankenversicherungsgesetzes entschieden, und zwar in den Fällen des letztvorhergehenden Absatzes von der für Ortskrankenkassen des Beschäftigungsortes zuständigen Aufsichtsbehörde.

§. 8.

I. Die Verpflichtung der eingeschriebenen Hülfskassen, sowie der sonstigen Kranken-, Sterbe-, Invaliden- und anderen Unterstützungskassen, den von Betriebsunfällen betroffenen Arbeitern und Betriebsbeamten sowie deren Angehörigen und Hinterbliebenen Unterstützungen zu gewähren, sowie die Verpflichtung von Gemeinden oder Armenverbänden zur Unterstützung hülfsbedürftiger Personen wird durch dieses Gesetz nicht berührt. Soweit auf Grund solcher Verpflichtung Unterstützungen in Fällen gewährt sind, in welchen dem Unterstützten nach Maßgabe dieses Gesetzes ein Entschädigungsanspruch zusteht, geht der letztere bis zum Betrage der geleisteten Unterstützung auf die Kassen, die Gemeinden oder die Armenverbände über, von welchen die Unterstützung gewährt worden ist.

II. Das gleiche gilt von den Betriebsunternehmern und Kassen, welche die den bezeichneten Gemeinden und Armenverbänden obliegende Verpflichtung zur Unterstützung auf Grund gesetzlicher Vorschrift erfüllt haben.

b) Landwirthschaftliches Unfall- und Krankenversicherungsgesetz vom 5. Mai 1886.

(Reichs-Gesetzbl. S. 132 ff.)

§. 10.

I. Während der ersten dreizehn Wochen nach dem Unfalle eines Arbeiters hat die Gemeinde, in deren Bezirk der Verletzte beschäftigt war, demselben die Kosten des Heilverfahrens in dem im §. 6 Absatz 1 Ziffer 1 des Krankenversicherungsgesetzes vom 15. Juni 1883 (Reichs-Gesetzbl. S. 73) bezeichneten Umfange zu gewähren. Diese Verpflichtung besteht nicht, insoweit die Verletzten auf Grund landesgesetzlicher Bestimmungen, oder auf Grund der Krankenversicherung Anspruch auf eine gleiche Fürsorge haben, oder nach §. 136 dieses Gesetzes von der Versicherungspflicht befreit sind, oder sich im Auslande aufhalten. Soweit aber solchen Personen die im §. 6 Absatz 1 Ziffer 1 des Krankenversicherungsgesetzes bezeichneten Leistungen von den zunächst Verpflichteten nicht gewährt werden, hat die Gemeinde dieselben mit Vorbehalt des Ersatzanspruchs zu übernehmen. Die zu diesem Zweck gemachten Aufwendungen sind von den Verpflichteten zu erstatten.

Für außerhalb des Gemeindebezirks wohnhafte versicherte Personen hat die Gemeinde ihres Wohnortes die im Absatz 1 bezeichneten Leistungen unter Vorbehalt des Anspruchs auf Ersatz der aufgewendeten Kosten zu übernehmen. II.

Als Beschäftigungsort gilt im Zweifel diejenige Gemeinde, in deren Bezirk der Sitz des Betriebes (§. 44) belegen ist. III.

Die Berufsgenossenschaft ist befugt, die im Absatz 1 bezeichneten Leistungen selbst zu übernehmen. Dieselbe ist ferner befugt, der Gemeinde-Krankenversicherung oder Krankenkasse, welcher der Verletzte angehört, die Fürsorge für denselben über die dreizehnte Woche hinaus bis zur Beendigung des Heilverfahrens zu übertragen. In diesem Falle hat sie die gemachten Aufwendungen zu ersetzen. IV.

Als Ersatz der Kosten des Heilverfahrens gilt die Hälfte des nach dem Krankenversicherungsgesetze zu gewährenden Mindestbetrages des Krankengeldes, sofern nicht höhere Aufwendungen nachgewiesen werden. V.

§. 11.

Die Verpflichtung der eingeschriebenen Hülfskassen, sowie der sonstigen Kranken-, Sterbe-, Invaliden- und anderen Unterstützungskassen, den von Betriebsunfällen betroffenen Arbeitern und Betriebsbeamten, sowie derer Angehörigen und Hinterbliebenen Unterstützungen zu gewähren, sowie die Verpflichtung von Gemeinden oder Armenverbänden zur Unterstützung hülfsbedürftiger Personen wird durch dieses Gesetz nicht berührt. Soweit auf Grund solcher Verpflichtung Unterstützungen in Fällen gewährt sind, in welchen dem Unterstützten nach Maßgabe der §§. 6 bis 8 dieses Gesetzes ein Entschädigungsanspruch zusteht, geht der letztere bis zum Betrage der geleisteten Unterstützung auf die Kassen, die Gemeinden oder die Armenverbände über, von welchen die Unterstützung gewährt worden ist. I.

Das Gleiche gilt von den Betriebsunternehmern und Kassen, II.

welche die den bezeichneten Gemeinden und Armenverbänden obliegende Verpflichtung zur Unterstützung auf Grund gesetzlicher Vorschrift erfüllt haben.

§. 12.

I. Streitigkeiten über Unterstützungsansprüche, welche aus der Bestimmung des §. 10 zwischen den Verletzten einerseits und den Gemeinden andererseits entstehen, werden von der Aufsichtsbehörde entschieden. Die Entscheidung ist vorläufig vollstreckbar. Dieselbe kann im Verwaltungsstreitverfahren, wo ein solches nicht besteht, im Wege des Rekurses nach Maßgabe der Vorschriften der §§. 20, 21 der Gewerbeordnung angefochten werden.

II. Streitigkeiten über Ersatzansprüche, welche aus den Bestimmungen des §. 10 entstehen, werden im Verwaltungsstreitverfahren, wo ein solches nicht besteht, von der Aufsichtsbehörde der in Anspruch genommenen Gemeinde, Gemeinde-Krankenversicherung oder Krankenkasse entschieden. Gegen die Entscheidung der letzteren findet der Rekurs nach Maßgabe der Vorschriften der §§. 20, 21 der Gewerbeordnung statt.

III. Der Landes-Zentralbehörde bleibt überlassen, vorzuschreiben, daß anstatt des Rekursverfahrens innerhalb der Rekursfrist die Berufung auf den Rechtsweg mittelst Erhebung der Klage stattfinde.

c) Bau-Unfallversicherungsgesetz vom 11. Juli 1887.

(Reichs-Gesetzbl. S. 287 ff.)

§. 6 (Abs. 1).

I. Die Ermittelung des Jahresarbeitsverdienstes, der Gegenstand der Versicherung, der Umfang der Entschädigung und das Verhältniß der Unfallversicherung zu den eingeschriebenen Hülfskassen, zu den sonstigen Kranken-, Sterbe-, Invaliden- und anderen Unterstützungskassen, zu den Leistungen der zur Unterstützung hülfsbedürftiger Personen verpflichteten Gemeinden oder Armenverbände, sowie der Unternehmer und Kassen, welche die den Gemeinden und Armenverbänden obliegende Verpflichtung zur Unterstützung auf Grund gesetzlicher Vorschrift erfüllt haben, bestimmt sich, vorbehaltlich der Vorschriften der §§. 7 und 8 dieses Gesetzes, nach den §§. 3, 5 bis 8 des Unfallversicherungsgesetzes.

§. 7.

I. Bei Unfällen eines Arbeiters, welche sich bei Bauarbeiten der im §. 4 Ziffer 4 Absatz 1 bezeichneten Art ereignen, finden die Bestimmungen des §. 5 Absatz 9 bis 11 des Unfallversicherungsgesetzes keine Anwendung.

Bei derartigen Unfällen hat die Gemeinde, in deren Bezirk der verletzte Arbeiter beschäftigt war, demselben während der ersten dreizehn Wochen nach dem Unfalle die Kosten des Heilverfahrens in dem im §. 6 Absatz 1 Ziffer 1 des Krankenversicherungsgesetzes vom 15. Juni 1883 (Reichs-Gesetzbl. S. 73) bezeichneten Umfange zu gewähren, sofern nicht der verletzte Arbeiter sich im Auslande aufhält oder auf Grund der Krankenversicherung oder anderer Rechtsverhältnisse Anspruch auf eine mindestens gleiche Fürsorge hat. Soweit aber solchen Personen die im §. 6 Absatz 1 Ziffer 1 des Krankenversicherungsgesetzes bezeichneten Leistungen von den zunächst Verpflichteten nicht gewährt werden, hat die Gemeinde dieselben mit Vorbehalt des Ersatzanspruchs zu übernehmen. Die zu diesem Zweck gemachten Aufwendungen sind von den Verpflichteten zu erstatten. II.

Für außerhalb des Gemeindebezirks wohnhafte versicherte Personen hat auf Verlangen der verpflichteten Gemeinde die Gemeinde ihres Wohnortes die im Absatz 2 bezeichneten Leistungen unter Vorbehalt des Anspruchs auf Ersatz der Kosten zu übernehmen. III.

Die Versicherungsanstalt (§. 16) ist befugt, die im Absatz 2 bezeichneten Leistungen selbst zu übernehmen. IV.

Als Ersatz der Kosten des Heilverfahrens gilt die Hälfte des nach dem Krankenversicherungsgesetze zu gewährenden Mindestbetrages des Krankengeldes, sofern nicht höhere Aufwendungen nachgewiesen werden. V.

§. 8.

Streitigkeiten über Unterstützungsansprüche, welche aus der Bestimmung des §. 7 zwischen den Verletzten einerseits und den Gemeinden andererseits entstehen, werden von der Aufsichtsbehörde entschieden. Die Entscheidung ist vorläufig vollstreckbar. Dieselbe kann im Verwaltungsstreitverfahren, wo ein solches nicht besteht, im Wege des Rekurses nach Maßgabe der Vorschriften der §§. 20, 21 der Gewerbeordnung angefochten werden. I.

Streitigkeiten über Ersatzansprüche, welche aus den Bestimmungen des §. 7 entstehen, werden im Verwaltungsstreitverfahren, wo ein solches nicht besteht, von der Aufsichtsbehörde der in Anspruch genommenen Gemeinde, Gemeindekrankenversicherung oder Krankenkasse entschieden. Gegen die Entscheidung der letzteren findet der Rekurs nach Maßgabe der Vorschriften der §§. 20, 21 der Gewerbeordnung statt. II.

III. Der Landes-Zentralbehörde bleibt überlassen, vorzuschreiben, daß anstatt des Rekursverfahrens die Berufung auf den Rechtsweg mittelst Erhebung der Klage stattfindet.

d) See-Unfallversicherungsgesetz vom 13. Juli 1887.
(Reichs-Gesetzbl. S. 329 ff.)

§. 10.

I. Den unter §. 1 fallenden Personen, welche nach den Bestimmungen des Krankenversicherungsgesetzes gegen Krankheit versichert sind, ist im Falle eines Betriebsunfalls vom Beginn der fünften bis zum Ablauf der dreizehnten Woche nach dem Eintritt des Unfalls ein Krankengeld von mindestens zwei Dritteln des bei der Berechnung desselben zu Grunde gelegten Arbeitslohnes zu gewähren. Die Differenz zwischen diesen zwei Dritteln und dem gesetzlich oder statutengemäß zu gewährenden niedrigeren Krankengeld ist der betheiligten Krankenkasse (Gemeindekrankenversicherung) von dem Unternehmer desjenigen Betriebes zu erstatten, in welchem der Unfall sich ereignet hat. Die zur Ausführung dieser Bestimmung erforderlichen Vorschriften erläßt das Reichs-Versicherungsamt.

II. Den nach §. 1 versicherten Personen, welchen in Krankheitsfällen ein gesetzlicher Anspruch auf Krankenfürsorge weder gegen Rheder noch gegen Krankenkassen zusteht, hat in Fällen ihrer durch einen Betriebsunfall herbeigeführten Verletzung der Betriebsunternehmer während der ersten dreizehn Wochen nach Eintritt des Unfalls aus eigenen Mitteln Fürsorge zu gewähren. Das Maß dieser Fürsorge richtet sich bei Seeleuten nach den Bestimmungen der Artikel 523 ff. des Handelsgesetzbuchs und der §§. 48 ff. der Seemannsordnung, bei den sonstigen nach §. 1 versicherten Personen nach den Bestimmungen der §§. 6 und 7 des Krankenversicherungsgesetzes und den Bestimmungen des vorstehenden Absatzes über den bei Unfällen zu gewährenden Mehrbetrag des Krankengeldes.

§. 11.

I. Die Berufsgenossenschaft (§. 16) ist befugt, in einzelnen Fällen die den Krankenkassen und Betriebsunternehmern während der ersten Wochen nach dem Unfalle obliegenden Leistungen ganz oder zum Theil selbst zu übernehmen.

II. Die Berufsgenossenschaft ist ferner befugt, gegen Erstattung der Kosten demjenigen Betriebsunternehmer, welchem die Fürsorge für die ersten Wochen nach dem Unfalle obliegt, oder derjenigen Krankenkasse, welcher der Verletzte angehört, die Füsorge für den Verletzten bis zur Beendigung des Heilverfahrens zu übertragen.

In diesen Fällen gilt als Ersatz der freien ärztlichen Behandlung und Arznei für die Dauer eines Jahres der vierte Theil des Jahresarbeitsverdienstes (§§. 6 und 7) mit der im §. 9 Absatz 2 lit. a vorgesehenen Kürzung, falls nicht höhere Aufwendungen nachgewiesen werden. III.

§. 12 (Absatz 1 und 2).

Streitigkeiten, welche aus Anlaß der in den §§. 10 und 11 enthaltenen Bestimmungen entstehen, werden, soweit es sich um Ansprüche von Seeleuten handelt, durch das Seemannsamt, im Uebrigen nach § 58 des Krankenversicherungsgesetzes entschieden. Zuständig ist bezüglich der Seeleute, soweit es sich um die Gewährung von Fürsorge handelt, dasjenige Seemannsamt, welches zuerst angegangen wird, und, soweit es sich um Erstattungen handelt, das Seemannsamt des Heimathshafens. In den nach §. 58 a. a. O. zu behandelnden Fällen entscheidet in erster Instanz die für die Ortskrankenkasse des Beschäftigungsortes zuständige Aufsichtsbehörde. I.

Gegen die Entscheidung eines Seemannsamts findet in den Fällen des Absatzes 2 die Berufung an das Reichs-Versicherungsamt statt. Das Rechtsmittel ist bei demselben binnen vier Wochen nach Zustellung der Entscheidung einzulegen. Die Entscheidung ist vorläufig vollstreckbar, soweit es sich um Streitigkeiten über Fürsorge handelt. II.

§. 15.

Die Verpflichtung von Unterstützungskassen, verletzten Seeleuten sowie deren Angehörigen und Hinterbliebenen Unterstützungen zu gewähren, sowie die Verpflichtung von Gemeinden und Armenverbänden zur Unterstützung hülfsbedürftiger Personen wird durch dieses Gesetz nicht berührt. Soweit auf Grund solcher Verpflichtung Unterstützungen in Fällen gewährt worden sind, in welchen dem Unterstützten nach Maßgabe dieses Gesetzes ein Entschädigungsanspruch zusteht, geht der letztere bis zum Betrage der geleisteten Unterstützung auf die Kassen, die Gemeinden oder Armenverbände über, von welchen die Unterstützung gewährt worden ist.

e) Invaliditäts- und Altersversicherungsgesetz vom 22. Juni 1889.

(Reichs-Gesetzbl. S. 97 ff.)

§. 10.

Invalidenrente erhält auch derjenige nicht dauernd erwerbsunfähige Versicherte, welcher während eines Jahres ununterbrochen erwerbsunfähig gewesen ist, für die weitere Dauer seiner Erwerbsunfähigkeit.

§. 12.

I. Die Versicherungsanstalt ist befugt, für einen erkrankten, der reichsgesetzlichen Krankenfürsorge nicht unterliegenden Versicherten das Heilverfahren in dem im §. 6 Absatz 1 Ziffer 1 des Krankenversicherungsgesetzes bezeichneten Umfange zu übernehmen, sofern als Folge der Krankheit Erwerbsunfähigkeit zu besorgen ist, welche einen Anspruch auf reichsgesetzliche Invalidenrente begründet.

II. Die Versicherungsanstalt ist ferner befugt, zu verlangen, daß die Krankenkasse, welcher der Versicherte angehört oder zuletzt angehört hat, die Fürsorge für denselben in demjenigen Umfange übernimmt, welchen die Versicherungsanstalt für geboten erachtet. Die Kosten dieser von ihr beanspruchten Fürsorge hat die Versicherungsanstalt zu ersetzen. Als Ersatz dieser Kosten ist die Hälfte des nach dem Krankenversicherungsgesetze zu gewährenden Mindestbetrages des Krankengeldes zu leisten, sofern nicht höhere Aufwendungen nachgewiesen werden.

III. Streitigkeiten zwischen den Versicherungsanstalten und den betheiligten Krankenkassen werden, sofern es sich um die Geltendmachung dieser Befugnisse handelt, von der Aufsichtsbehörde der betheiligten Krankenkassen endgültig, sofern es sich um Ersatzansprüche handelt, im Verwaltungsstreitverfahren, oder, wo ein solches nicht besteht, durch die ordentlichen Gerichte entschieden.

IV. Wird in Folge der Krankheit der Versicherte erwerbsunfähig, so verliert er, falls er sich den im Absatz 1 und 2 bezeichneten Maßnahmen entzogen hat, den Anspruch auf Invalidenrente, sofern anzunehmen ist, daß die Erwerbsunfähigkeit durch dieses Verhalten veranlaßt ist.

Ausführungsbestimmungen.

1. Bekanntmachung,

betreffend den von der Krankenkasse in der Zeit von der fünften bis zur dreizehnten Woche nach dem Unfall zu leistenden, Seitens des Betriebsunternehmers zu erstattenden Mehrbetrag an Krankengeld (§. 5 Absatz 9 des Unfallversicherungsgesetzes).

Vom 30. September 1885.

Auf Grund des §. 5 Absatz 9 des Unfallversicherungsgesetzes erläßt das Reichs-Versicherungsamt die nachstehenden Ausführungsvorschriften:

§. 1.

Als Krankenkassen im Sinne des §. 5 Absatz 9 des Unfallversicherungsgesetzes gelten: Die Gemeinde-Krankenversicherung, die Orts-, Betriebs- (Fabrik-), Innungs-, Bau-Krankenkassen, die Knappschaftskassen, sowie die auf Grund des Gesetzes vom 7. April 1876 (Reichs-Gesetzblatt S. 125) errichteten eingeschriebenen Hülfskassen und die auf Grund landesrechtlicher Vorschriften errichteten Hülfskassen, sofern die Mitglieder dieser Hülfskassen gemäß §. 75 des Krankenversicherungsgesetzes von der Verpflichtung, einer der vorgenannten Kassen beizutreten, befreit sind.

§. 2.

Der im §. 5 Absatz 9 cit. vorgesehene Mehrbetrag an Krankengeld ist vom Beginn der fünften Woche (dem 29. Tage) nach Eintritt des Unfalls an bis zum Ablauf der dreizehnten Woche für jeden Tag zu gewähren, für welchen ein Anspruch auf Krankengeld gesetzlich oder statutengemäß besteht. Der Tag des Unfalls ist bei der Berechnung des Zeitablaufs nicht mit zu zählen.

Der Mehrbetrag ist nur dann zu gewähren, wenn der Verletzte gesetzlich oder statutengemäß gegen Unfall versichert und der Unfall beim Betriebe eingetreten ist. (§§. 1 und 2 des Unfallversicherungsgesetzes.)

§. 3.

Ist der Verletzte in einem Krankenhause untergebracht, und hat derselbe Angehörige, deren Unterhalt er bisher aus seinem Arbeitsverdienst bestritten hat (vgl. §. 7 Absatz 2 des Krankenversicherungsgesetzes), so ist demselben ein Mehrbetrag auf Grund des §. 5 Absatz 9 des Unfallversicherungsgesetzes insoweit zu leisten, als das neben der freien Kur und Verpflegung gewährte Krankengeld ein Drittel des bei der Berechnung desselben zu Grunde gelegten Arbeitslohnes nicht erreicht.[1])

Hat dagegen der in einem Krankenhause untergebrachte Verletzte solche Angehörige nicht, so ist demselben ein Mehrbetrag auf Grund des §. 5 Absatz 9 a. a. O. nur insoweit zu leisten, als ihm nach §. 21 Ziffer 3 des Krankenversicherungsgesetzes statutengemäß ein Anspruch auf Krankengeld zusteht, und dieses den Betrag von einem Sechstel des bei der Berechnung desselben zu Grunde gelegten Arbeitslohnes nicht erreicht.[2])

§. 4.

Hülfskassen, welche an Stelle freier ärztlicher Behandlung und freier Arznei ein erhöhtes Krankengeld gewähren (§. 75 letzter Satz des Krankenversicherungsgesetzes), haben dem verletzten Kassenmitgliede für die im §. 2 angegebene Zeit als Mehrbetrag auf Grund des §. 5 Absatz 9 cit. so viel zu gewähren, als zur Erreichung von elf Zwölfteln des bei der Berechnung des Krankengeldes zu Grunde gelegten Arbeitslohnes erforderlich ist.[3])

---

[1]) Nach § 7 Abs. 2 des Krankenversicherungsgesetzes ist neben der freien Kur und Verpflegung die Hälfte des in § 6 daselbst festgesetzten Krankengeldes zu leisten. Wird das nach § 6 cit. zu gewährende Krankengeld gemäß § 5 Abs. 9 cit. auf zwei Drittel des Arbeitslohns erhöht, so erhöht sich entsprechend das nach § 7 Abs. 2 zu gewährende Krankengeld auf die Hälfte von zwei Dritteln, d. i. auf ein Drittel des Arbeitslohns.

[2]) Nach § 21 Ziffer 3 des Krankenversicherungsgesetzes kann neben freier Kur und Verpflegung in einem Krankenhause ein Krankengeld bis zu einem Achtel des durchschnittlichen Tagelohns auch Solchen bewilligt werden, welche nicht den Unterhalt von Angehörigen aus ihrem Lohne bestritten haben. Hiernach verhält sich das dem alleinstehenden Verletzten höchstens zu gewährende Krankengeld zu dem Krankengeld, welches beim Vorhandensein von Angehörigen gemäß § 7 Abs. 2 des Krankenversicherungsgesetzes zu gewähren ist, wie 1 zu 2. Wird nun das letztere Krankengeld gemäß der vorstehenden Anmerkung von $1/4$ auf $1/3$ des Arbeitslohns erhöht, so erhöht sich im gleichen Verhältniß das dem alleinstehenden Verletzten zu gewährende Krankengeld von $1/8$ auf $1/6$ des Arbeitslohns.

[3]) Da nach § 5 Abs. 9 cit. das Krankengeld von $1/2$ auf $2/3$, also um $1/6$ zu erhöhen ist, so erhöht sich der im § 75 letzter Satz des Krankenversicherungsgesetzes bestimmte Mindestbetrag von $3/4$, wovon $1/4$ die Stelle freier Kur vertritt, um $1/6$, mithin auf $11/12$.

§. 5.

Beträgt, abgesehen von dem Falle des §. 4, das gesetzliche oder statutenmäßige Krankengeld, welches der Verletzte aus einer Krankenkasse allein oder aus mehreren Krankenkassen zusammen zu beanspruchen hat, bereits zwei Drittel des bei der Berechnung desselben zu Grunde gelegten Arbeitslohnes oder mehr, so steht dem Verletzten aus §. 5 Absatz 9 cit. ein Anspruch auf einen Mehrbetrag nicht zu. Ebensowenig hat in diesem Falle die Krankenkasse auf Grund dieser Bestimmung einen Anspruch auf Erstattung gegen den Betriebsunternehmer.

§. 6.

Bestehen Bedenken gegen den Anspruch des Verletzten auf den in §. 5 Absatz 9 cit. vorgesehenen Mehrbetrag, so hat die Verwaltung der Krankenkasse dem Unternehmer desjenigen Betriebes, in welchem sich der Unfall ereignet hat, von dem Anspruche Mittheilung zu machen und dessen Erklärung hierüber einzuholen. Können hierdurch die Bedenken nicht beseitigt werden, so hat die Verwaltung auch die Orts-Polizeibehörde sowie die Organe der betheiligten Berufsgenossenschaft um eine Aeußerung zu ersuchen und nach dem Ergebnisse, vorbehaltlich der Entscheidung der für Streitigkeiten dieser Art zuständigen Behörde (§. 5 Absatz 11 a. a. O.), über den Anspruch nach bestem Ermessen zu beschließen.

§. 7.

Die Auszahlung des Mehrbetrages seitens der Krankenkasse hat in der gleichen Weise und an denselben Zahlterminen zu erfolgen, welche für das gesetzlich oder statutenmäßig zu gewährende Krankengeld bei der Kasse eingeführt sind.

§. 8.

Die der Krankenkasse in Befolgung des §. 5 Absatz 9 cit. erwachsene Mehrausgabe an Krankengeld ist ungesäumt nach der Wiederherstellung des verletzten Kassenmitgliedes, nach dem etwa erfolgten Ableben desselben, beziehungsweise nach Ablauf der dreizehnten Woche nach Eintritt des Unfalls bei dem Unternehmer desjenigen Betriebes, in welchem der Unfall sich ereignet hat, zur Erstattung zu liquidiren.

§. 9.

Der Liquidation ist das nachstehende Formular zu Grunde zu legen.

§. 10.

Bei Betriebs- (Fabrik-) Krankenkassen und bei Knappschaftskassen kann abweichend von den Bestimmungen in §§. 8 und 9 die Liquidation nach freier Vereinbarung zwischen den Betriebsunternehmern und den Kassenverwaltungen auch in bestimmten Zwischenräumen und für mehrere Kassenmitglieder gemeinschaftlich erfolgen.

Berlin, den 30. September 1885.

Das Reichs-Versicherungsamt.
Bödiker.

Liquidation

auf Grund des §. 5 Absatz 9 des Unfallversicherungsgesetzes vom 6. Juli 1884.

Krankenkasse (Name, Art, Sitz): ....

Aufsichtsbehörde (Name, Sitz):

1) Betrieb, in welchem sich der Unfall ereignet hat; Name des Unternehmers (Firma); genaue Ortsangabe (eventuell Straße und Hausnummer):	
2) Vor- und Zuname des verletzten Kassenmitgliedes: Wohnort, Wohnung:	
3) Datum des Unfalls:	
4) Datum { a der Wiederaufnahme der Arbeit, oder b. des erfolgten Ablebens, oder c. des Ablaufs der dreizehnten Woche nach Eintritt des Unfalles:	zu a: zu b: zu c:
5) Anzahl der Tage, für welche dem Verletzten vom Beginn der fünften Woche nach Eintritt des Unfalles bis zur Wiederherstellung (bis zum etwa erfolgten Ableben, beziehungsweise bis zum Ablauf der dreizehnten Woche) Krankengeld gezahlt worden ist:	

6) Betrag des
a. der Berechnung des Krankengeldes zu Grunde gelegten täglichen Arbeitslohnes . . . . ℳ ₰
b. (gesetzlichen) (statutenmäßigen) Krankengeldes für den Tag . . . . ℳ ₰
c. auf Grund des §. 5 Absatz 9 des Unfallversicherungsgesetzes für den Tag gewährten Krankengeldes . . . . ℳ ₰

---

7) Berechnung. — Das verletzte Kassenmitglied hat vom Beginn der fünften Woche seit Eintritt des Unfalles an Krankengeld insgesammt empfangen:
und zwar für Tage (vergl. Ziffer 5) à . ℳ ... ₰ (vergl. Ziffer 6 c), zusammen . ℳ ... ₰
Dem Kassenmitgliede stand für die gleiche Zeit (gesetzlich) (statutenmäßig) zu und zwar für Tage (vergl. Ziffer 5) à ℳ ₰ (vergl. Ziffer 6 b), zusammen ℳ ₰
Mehrauslage, welche der Kasse vom Betriebsunternehmer zu erstatten ist . . . . ℳ ₰

---

8) Bemerkungen:

Auf Grund des §. 5 Absatz 9 des Unfallversicherungsgesetzes werden Ew. / wir die zufolge Beschlusses des Kassenvorstandes vom ergebenst ersucht, der unterzeichneten Kasse zu Händen des Herrn .. die vorstehend begründete Mehrauslage zum Betrage von (in Buchstaben) ℳ ₰ bis zum gefälligst erstatten zu wollen.

Ort und Datum Unterschrift:

An

Den vorstehend liquidirten Betrag von ℳ ₰ erhalten.

Ort und Datum: Unterschrift:

2. Bekanntmachung,

betreffend die Formulare zu Uebersichten und Rechnungsabschlüssen.

Vom 16. November 1892 (Reichs-Centr.-Bl. S. 671).

Der Bundesrath hat auf Grund des §. 79 des Kranken-Versicherungsgesetzes und des §. 27 des Gesetzes über die eingeschriebenen Hülfskassen beschlossen, was folgt:

An Stelle der durch Beschluß des Bundesraths vom 23. Juni 1887 — Bekanntmachung vom 7. Juli 1887 (Central-Blatt Seite 187) — vorgeschriebenen Formulare für die nach §§. 9, 41 des Krankenversicherungsgesetzes und nach §. 27 des Gesetzes über die eingeschriebenen Hülfskassen zu liefernden Uebersichten und Rechnungsabschlüsse treten für die Zeit vom 1. Januar 1893 an die Formulare der Anlage A. Die Centralbehörden können für die Gemeinde-Krankenversicherung und die einzelnen Arten der Krankenkassen die Benutzung besonderer Formulare vorschreiben, derart, daß Rubriken, welche nach den Bemerkungen zu den festgestellten Formularen für die betreffenden Kassen ausfallen, darin nicht aufgenommen werden.

Die Uebersichten und Rechnungsabschlüsse sind für jedes Kalenderjahr binnen drei Monaten nach dessen Ablauf in doppelter Ausfertigung an die zuständige Behörde einzureichen.

Berlin, den 16. November 1892.

Der Reichskanzler.
In Vertretung: v. Boetticher.

Anlage A.

Staat: . . . .

Nachweisungen,

betreffend

die Krankenversicherung,

nach dem Krankenversicherungsgesetz vom 15. Juni 1883 in der Fassung des Gesetzes vom 10. April 1892 und den ergänzenden reichsgesetzlichen Bestimmungen, sowie nach den Ausführungsvorschriften über die Statistik und Rechnungsführung der Krankenkassen

---

Der Krankenkasse

Name

Art*)

Bezirk**)

Sitz

Kreis (Bezirksamt, Amtshauptmannschaft, Oberamt ꝛc.)

Bezirk der höheren Verwaltungsbehörde

*) Genau anzugeben, ob Gemeinde-Krankenversicherung, Orts-, Betriebs- (Fabrik-), Bau-, Innungs-Krankenkasse, eingeschriebene Hülfskasse nach dem Reichsgesetz vom $\frac{\text{7. April 1876}}{\text{1. Juni 1884}}$, auf landesrechtlicher Vorschrift beruhende Hülfskasse.

**) Bei Betriebs- (Fabrik-) und Bau-Krankenkassen nicht auszufüllen.

, den

Daß Formular I und II übereinstimmend mit den Verzeichnissen, Büchern und der Kasse aufgestellt sind, bescheinigt

Der Vorstand.

(Unterschrift)

Von der Aufsichtsbehörde auszufüllen:

1. Prozentverhältniß:

der statutenmäßigen [a]) Gesammtbeiträge (Antheile des Arbeitgebers und des Arbeitnehmers zusammen) zum Lohne[b])

des statutenmäßigen[a]) Krankengeldes zum Lohne[b])

2. Statutenmäßige Dauer der Krankenunterstützung[c]) Wochen,

davon a) mit vollem Krankengelde Wochen,

b) von da ab mit geringerem Krankengelde Wochen.

3. Krankengeld wird allgemein (unter bestimmten Voraussetzungen) schon vom (ten) Tage (nach dem Tage) des Eintritts der Erwerbsunfähigkeit ab (für Sonn- und Festtage) gewährt[d]).

---

[a]) Bei der Gemeinde-Krankenversicherung ist hier das gesetzliche Prozentverhältniß (§. 6 Absatz 1 Ziffer 2, §. 9 Absatz 1 des Gesetzes) anzugeben, sofern nicht durch besonderen Gemeindebeschluß ein anderer Prozentsatz festgesetzt ist (§. 10 des Gesetzes).

[b]) Bei der Gemeinde-Krankenversicherung zum ortsüblichen Tagelohne (§. 6 Absatz 1 Ziffer 2, §. 8 des Gesetzes), bei den Orts-, Betriebs- (Fabrik)-, Bau- und Innungs-Krankenkassen zum durchschnittlichen Tagelohne oder wirklichen Arbeitsverdienste (§. 20 Absatz 1 Ziffer 1 und Absatz 2, §. 26a Absatz 2 Ziffer 6 des Gesetzes). Sind Gefahrenklassen für die Kassenmitglieder eingeführt worden (§. 22 Absatz 3 des Gesetzes), so ist das Prozentverhältniß der Beiträge zum Lohne je für die verschiedenen Gefahrenklassen anzugeben.

Zusatzbeiträge für Familienunterstützung (§. 9 Absatz 1, §. 22 Absatz 2 des Gesetzes) sind nicht zu berücksichtigen.

Für Hülfskassen fallen diese Angaben fort.

Ist das Prozentverhältniß im Laufe des Jahres geändert, so ist das neue Prozentverhältniß gleichfalls anzugeben unter Beifügung des Zeitpunktes, mit welchem es eingetreten ist.

[c]) Als statutenmäßige Dauer der Krankenunterstützung ist nicht nur diejenige anzugeben, während welcher das volle Krankengeld gegeben wird (a), sondern auch diejenige, während welcher ein geringeres Krankengeld gegeben wird (b). Bei der Gemeinde-Krankenversicherung fallen diese Angaben fort.

[d]) Hier bedarf es einer Angabe nur, wenn die dreitägige Karrenzzeit beseitigt oder beschränkt ist, oder wenn für Sonn- und Festtage Krankengeld gewährt wird; bei der Ausfüllung ist das nicht Zutreffende zu durchstreichen.

Formular 1.

Uebersicht

über die

Mitglieder, die Krankheits- und Sterbefälle 2c.

für das Jahr

(Bei Kassen, welche nicht das ganze Jahr in Thätigkeit waren, für den Zeitraum vom bis .)

Zahl der Mitglieder[a]) am	männliche	weibliche	Im Laufe des Jahres:[b])
1. Januar (Jahresanfang)			Erkrankungsfälle[c]) der männlichen Mitglieder , „ weiblichen „ .
1. Februar . . .			Krankheitstage[c]) der männlichen Mitglieder , „ weiblichen „ .
1. März			Sterbefälle[d]) der männlichen Mitglieder . , „ weiblichen „ .
1. April			Für Kassen mit verschiedenen Gefahrenklassen (vergl. Note b auf der vorigen Seite): Die Mitglieder vertheilen sich in dem Monat mit dem höchsten Stande (nach der nebenstehenden Angabe), nämlich im Monat . auf die einzelnen Gefahrenklassen wie folgt:
1. Mai			I. Gefahrenklasse . Mitglieder
1. Juni			II. „ Mitglieder
1. Juli			III. „ Mitglieder
1. August . . .			u. s. w.
1. September . .			
1. Oktober . . .			
1. November . .			
1. Dezember . .			
31. Dezember . . (Jahresschluß)			

[a]) Es ist die Zahl derjenigen Mitglieder anzugeben, welche nach Ausweis des Mitgliederverzeichnisses zu den angegebenen Zeitpunkten vorhanden war. Bei der Gemeinde-Krankenversicherung genügt die Angabe der Mitgliederzahl am 1. Januar, 1. April, 1. Juli, 1. Oktober und 31. Dezember

[b]) Als Erkrankungsfälle, Krankheitstage und Sterbefälle sind nur diejenigen der Mitglieder, nicht diejenigen von Angehörigen derselben zu verzeichnen.

[c]) Als Erkrankungsfälle und Krankheitstage sind diejenigen zu zählen, für welche Krankengeld oder Verpflegungskosten an Krankenhäuser oder Ersatzleistungen an Dritte für gewährte Krankenunterstützungen gezahlt worden (Ziffer 3, 6, 8 unter „b Ausgaben" des Formulars II). — Als Erkrankungsfälle sind nur die im Laufe des Jahres eingetretenen zu zählen; ältere, noch andauernde Erkrankungen kommen dabei nicht in Rechnung; als Krankheitstage dagegen sind zu zählen alle in das Jahr fallende, auch die aus vorjährigen Erkrankungsfällen herrührenden. Wenn ein Mitglied mehrmals erkrankt, wird jeder Erkrankungsfall besonders gezählt. Ein regelmäßig verlaufendes Wochenbett zählt nicht als Krankheit.

[d]) Für die Gemeinde-Krankenversicherung fallen diese Angaben fort.

Rechnungsabschluß

(gilt zugleich als Uebersicht der vereinnahmten Beiträge und geleisteten Unterstützungen).

I. Kassenrechnung.[1]

			Mark.	Pf.
a) Einnahmen.				
1. Kassenbestand für den Anfang des Rechnungsjahres (ausschließlich Reservefonds)				
2. Zinsen von Kapitalien und sonstigen belegten Geldern, sowie Erträge von sonstigen Vermögenstheilen . . .				
3. Eintrittsgelder				
4. Gesammtbeiträge (Antheile der Arbeitgeber und Arbeitnehmer zusammen), ausschließlich Zusatzbeiträge .				
5. Zusatzbeiträge für Familienunterstützung nach §. 9 Absatz 1 Satz 2, §. 22 Absatz 2 des Gesetzes				
6. Vorschüsse aus der Gemeindekasse nach §. 9 Absatz 4 des Gesetzes				
7. Vorschüsse des Arbeitgebers nach §. 64 Ziffer 4 des Gesetzes				
8. Zuschüsse des Arbeitgebers nach §. 65 Absatz 2 des Gesetzes				
9. Ersatzleistungen für gewährte Krankenunterstützung nach Krankenversicherungsgesetz §§. 3a Absatz 4, 3b Absatz 2, 50, 57 Absatz 4, 57a Absatz 1 und 2; Landw. Unfall- und Krankenversicherungsgesetz vom 5 Mai 1886 §. 136 Absatz 5, §. 137 Absatz 3				
10. Ersatzleistungen von Berufsgenossenschaften, Unternehmern, Versicherungsanstalten für gewährte Krankenfürsorge, Unfallrenten, Zuschüsse zum Krankengeld nach Unfallversicherungsgesetz vom 6. Juli 1884 § 5 Absatz 8 und 9, § 8; Landw. Unfall- und Krankenversicherungsgesetz vom 5 Mai 1886 §. 10 Absatz 4, §. 11; Unfallversicherungsgesetz vom 11. Juli 1887 § 6 Absatz 1; Unfallversicherungsgesetz vom 13. Juli 1887 §§ 10 Absatz 1, 11 Absatz 2; Gesetz, betreffend die Invaliditäts- und Altersversicherung, vom 22. Juni 1889 §. 12 Absatz 2 . .				
11. Aus verkauften Werthpapieren und zurückgezogenen Kapitalien, Sparkassen- oder Bankeinlagen, Entnahmen aus dem Reservefonds				
12. Aufgenommene Darlehne, Vorschüsse des Rechnungsführers und sonstige nicht unter 6 und 7 fallende Vorschüsse; andere durchlaufende Posten				
13. Sonstige Einnahmen:[2]				
a) im Ganzen				
b) darunter aus der Besorgung von Geschäften der Invaliditäts- und Altersversicherung nach §§. 112 ff. des Gesetzes vom 22. Juni 1889[3])	Mark.	Pf.		
14. Summe der Einnahmen (Ziffer 1 bis 13)				

[1]) Es fallen aus: für die Gemeinde-Krankenversicherung Ziffer 3, 7, 8 der Einnahmen, Ziffer 4, 5, 7, 13 der Ausgaben, für Orts-Krankenkassen Ziffer 6, 7, 8 der Einnahmen, Ziffer 9 der Ausgaben, für Betriebs- (Fabrik-) und Bau-Krankenkassen Ziffer 6 der Einnahmen, für Innungs-Krankenkassen Ziffer 6, 7 der Einnahmen, Ziffer 9 der Ausgaben, für Hülfskassen Ziffer 6, 7, 8, 13b der Einnahmen, Ziffer 9, 13a bb und b bb der Ausgaben, sowie die Bemerkung unter 2 zum Abschluß.

Bei Betriebs- (Fabrik-) und Bau-Krankenkassen sind unter Ziffer 13 der Ausgaben keine Kosten der „Kassen- und Rechnungsführung“ aufzunehmen.

[2]) Freiwillige oder vertragsmäßige (nicht auf gesetzlicher Verpflichtung beruhende) Zuwendungen, Strafgelder, Mahngebühren 2c

[3]) Vergütungen der Versicherungsanstalten 2c

b) Ausgaben.

	Mark	Pf.	Mark	Pf.
1. Für ärztliche Behandlung				
2. Für Arznei und sonstige Heilmittel				
3. Krankengelder:				
a) an Mitglieder				
b) an Angehörige der Mitglieder nach §. 7 Absatz 2 des Gesetzes				
4. Unterstützungen an Wöchnerinnen				
5. Sterbegelder				
6. Kur- und Verpflegungskosten an Krankenanstalten . .				
7. Fürsorge für Rekonvaleszenten nach Beendigung der Krankenunterstützung				
8. Ersatzleistungen für gewährte Krankenunterstützung nach Krankenversicherungsgesetz §§ 57 Absatz 2, 57a Absatz 1 bis 3, 76c Absatz 1, Unfallversicherungsgesetz vom 11. Juli 1887 §. 7 Absatz 2				
9. Zurückgezahlte Vorschüsse (der zu Ziffer 6 und 7 der Einnahmen bezeichneten Art)				
10. Zurückgezahlte Beiträge und Eintrittsgelder				
11. Für Kapitalanlagen (Ankauf von Werthpapieren ꝛc.), Anlagen bei Sparkassen oder Banken, Zuführungen zum Reservefonds				
12. Zurückgezahlte Darlehne (der bei den Einnahmen Ziffer 12 bezeichneten Art); andere durchlaufende Posten . . .				
13. Verwaltungsausgaben:				
a) persönliche:[1]				
aa) im Ganzen				
bb) darunter ausscheidbare für Besorgung von Geschäften der Invaliditäts- und Altersversicherung nach §§. 112 ff. des Gesetzes vom 22. Juni 1889				
b) sächliche:[2]				
aa) im Ganzen				
bb) darunter ausscheidbare für Besorgung von Geschäften der Invaliditäts- und Altersversicherung nach §§. 112 ff. des Gesetzes vom 22 Juni 1889				
14. Sonstige Ausgaben[3])				
15. Summe der Ausgaben (Ziffer 1 bis 14)				

[1]) Besoldungen, Tantièmen, Vergütungen für Krankenkontrole, Einnehmergebühren, Reisekosten und Diäten der Revisoren, Entschädigungen der Vorstandsmitglieder für Zeitverlust und entgangenen Arbeitsverdienst u. dergl.

[2]) Ausgaben für Schreibmaterial, Statutenbücher, Porti, Lokalmiethe, Prozeßkosten ꝛc.

[3]) Krankentransportkosten; Zinsen, Provisionen, Stempelgebühren und sonstige Nebenauslagen beim Ankauf von Werthpapieren u. s. w.

c) **Abschluß.**

	Mark.	Pf.
Summe der Einnahmen (Ziffer a 14)		
Summe der Ausgaben (Ziffer b 15)		
Ergiebt für den Schluß des Rechnungsjahres einen Kassenbestand von		

In diesem Kassenbestande sind einbegriffen:

	Mark.	Pf.
1. nicht verrechnete (bei der Umlegung nicht in Anrechnung gebrachte) Vorschüsse zur Deckung der Ausgaben eines Kassenverbandes nach §. 46 Absatz 4 des Gesetzes .		
2. Vorrath an gekauften Beitragsmarken der Versicherungsanstalt[1])		

Die reine Jahresausgabe der Kasse (Summe der Ausgaben abzüglich der in Ziffer 9, 11 und 12 aufgeführten Posten) betrug in den letzten (vorhergehenden) drei Jahren, nämlich:[2])

18 ... ℳ
18 ... ℳ
18 ... ℳ

II. Vermögensausweis

für den Schluß des Rechnungsjahres 18

A. Das Gesammtvermögen der Kasse (ausschließlich des Werthes etwaiger Grundstücke) setzt sich wie folgt zusammen:

1. Aktiva:	Mark.	Pf.
a) der Bestand für den Schluß des Rechnungsjahres 18		
1. laut vorstehendem Abschluß		
2. baar im Reservefonds		
b) in Hypotheken, Werthpapieren[3]), Sparkassenbüchern, Bankeinlagen		
c) sonstige Forderungen, Ersatzforderungen gegen Arbeitgeber, Gemeinden, Krankenkassen, Berufsgenossenschaften, Versicherungsanstalten ꝛc.) vergl. I a Ziffer 9 und 10[4])		
Summe . . .		

---

[1]) Solche Vorräthe an Beitragsmarken werden nur vorkommen, wenn die Besorgung von Geschäften der Invaliditäts- und Altersversicherung auf dem im §. 114 des Gesetzes vom 22. Juni 1899 vorgesehenen Wege eingeführt worden ist und die Versicherungsanstalt die erforderlichen Marken nach §. 112 Absatz 3 a. a. O. nicht zur Verfügung zu stellen hat.

[2]) Bei Kassen, welche in den Vorjahren nicht oder nicht das ganze Jahr hindurch bestanden haben, ist das betreffende Jahr zu durchstreichen.

[3]) Diese Werthpapiere sind erstmalig nach dem Ankaufskurse, die schon in früheren Jahren erworbenen zu dem Werth, mit welchem sie bisher eingestellt waren, zu berechnen.

[4]) Nur solche Forderungen der hier bezeichneten Art sind hier aufzuführen, welche nicht mehr streitig, aber noch nicht eingezogen sind. Rückständige Beiträge gehören nicht hierher.

	Mark.	Pf.
2. Passiva:		
a) Darlehne und Vorschüsse		
b) Ersatzforderungen für gewährte Krankenunterstützung[1])		
c) unberichtigt gebliebene Forderungen von Kassenmitgliedern, Aerzten, Apotheken, Krankenhäusern und Rekonvaleszentenanstalten[2])		
Summe . . .		
3. Hiernach beträgt der Ueberschuß { der Aktiva[3]) . . . / der Passiva[3]) . .		
Nach dem vorjährigen Abschlusse betrug der Ueberschuß { der Aktiva[3]) / der Passiva[3])		
Ergiebt gegen das Vorjahr an Ueberschuß { der Aktiva[3]) / der Passiva[3]) } { mehr . / weniger		
Bei dem Verkauf von Werthpapieren ist gegen den im vorjährigen Abschluß eingestellten Werth entstanden { Gewinn . / Verlust . . (Mark. / Pf.)		
Außerdem besitzt die Kasse Grundstücke, welche nach Abzug der Abgaben und Lasten einen jährlichen Ertrag gewähren von . (Mark. / Pf.)		
B. Das verfügbare Aktivvermögen (A 1a und b) vertheilt sich wie folgt:		
1. zum Stammvermögen gehören		
Nach d. vorjähr. Abschluß betrug das Stammvermögen		
Ergiebt gegen das Vorjahr am Stammvermögen*) { mehr / weniger		
2. Zum Reservefonds gehören nach den stattgefundenen Ueberweisungen (Entziehungen)		
Nach dem vorjähr. Abschluß betrug der Reservefonds		
Ergiebt gegen das Vorjahr an Reservefonds { mehr . / weniger		
3. Als Betriebsfonds verbleiben der Kasse von dem Betrage unter A 1a u. b nach Abzug der Beträge unter B 1 u. 2:		
a) baar		
b) in Sparkassenbüchern, Bankeinlagen ꝛc.		
Ergiebt einen Betriebsfonds von . .		

*) Die Veränderung im Stammvermögen gegen das Vorjahr ist entstanden: (hier sind die Gründe des Zuwachses oder Verlustes kurz anzugeben).

[1]) Nur solche Forderungen der hier bezeichneten Art sind hier aufzuführen, welche nicht mehr streitig, aber noch nicht eingezogen sind. Rückständige Beiträge gehören nicht hierher.

[2]) Nur solche Forderungen der bezeichneten Art sind hier aufzuführen, welche, obwohl bereits fällig geworden, wegen Mangel an Mitteln unberichtigt geblieben sind, nicht dagegen solche, welche nach bestehender, ausdrücklicher oder stillschweigender Vereinbarung regelmäßig nachträglich für das verflossene Jahr gezahlt werden.

[3]) Das nicht Zutreffende ist zu durchstreichen.

(Nr. 2689.) Gesetz, betreffend die

Abänderung des Krankenversicherungsgesetzes.

Vom 30. Juni 1900.

(R.G.Bl. 1900 Nr. 25 S. 332.)

Wir Wilhelm, von Gottes Gnaden Deutscher Kaiser, König von Preußen ꝛc.

verordnen im Namen des Reichs, nach erfolgter Zustimmung des Bundesraths und des Reichstags, was folgt:

Artikel I.

Das Krankenversicherungsgesetz wird wie folgt abgeändert:

I. Der §. 2 erhält als vierten Absatz folgenden Zusatz:

Auf die im Abs. 1 Ziffer 4 bezeichneten Gewerbetreibenden kann die Anwendung der Vorschriften des §. 1 auch durch Beschluß des Bundesraths erstreckt werden. Die Anordnung kann auch für bestimmte Gewerbszweige und für örtliche Bezirke erfolgen.

II. Der §. 54 Abs. 2 erhält als Ziffer 3 folgenden Zusatz:

3. daß und inwieweit in Fällen, in welchen die Beschäftigung von Hausgewerbetreibenden (§. 2 Abs. 1 Ziffer 4) durch Zwischenpersonen (Ausgeber, Faktoren, Zwischenmeister u. s. w.) vermittelt wird, diejenigen Gewerbetreibenden, in deren Auftrag die Zwischenpersonen die Waaren herstellen oder bearbeiten lassen, die Beiträge (§§. 9, 10, 22, §. 26a Abs. 2 Ziffer 6, §§. 64, 73) und Eintrittsgelder (§. 26 Abs. 3) für die Hausgewerbetreibenden sowie für deren Gesellen (Gehülfen) und Lehrlinge einzuzahlen und die Beiträge zu einem Drittel aus eigenen Mitteln zu entrichten haben.

III. Der §. 54 erhält als dritten bis siebenten Absatz folgende Zusätze:

Auf Gewerbetreibende, für welche Anordnungen der im Abs. 2 Ziffer 3 bezeichneten Art getroffen worden sind, finden die für Arbeitgeber geltenden Vorschriften der §§. 52, 52a, 52b, 53, 53a, 57a, 80, 82, 82a, 82b entsprechende Anwendung.

Die den Bestimmungen der Abs. 1, 2 entsprechenden Anordnungen können in den Fällen des §. 2 Abs. 4 auch durch Beschluß des Bundesraths getroffen werden.

Auf dem in den Abs. 1, 4 bezeichneten Wege kann bestimmt werden, daß Eintrittsgelder (§. 26 Abs. 3) von Hausgewerbetreibenden sowie von deren Gesellen (Gehülfen) und Lehrlingen nicht erhoben werden dürfen.

Wird eine Bestimmung der im Abs. 2 Ziffer 2 und 3 bezeichneten Art erlassen, so steht den die Arbeit vergebenden Gewerbetreibenden das Recht zu, zwei Drittel der von ihnen entrichteten Beiträge von den Hausgewerbetreibenden oder, wenn sie die Waaren durch Zwischenpersonen herstellen oder bearbeiten lassen, von den Zwischenpersonen sich erstatten zu lassen. Die Zwischenpersonen, welche den Gewerbetreibenden (Ziffer 3) diese zwei Drittel erstattet haben, sind befugt, diesen Betrag von den Hausgewerbetreibenden wieder einzuziehen.

Auf Streitigkeiten finden die Bestimmungen des §. 58 Abs. 1 entsprechende Anwendung.

Artikel II.

Dieses Gesetz tritt gleichzeitig mit dem Gesetze, betreffend die Abänderung der Gewerbeordnung, in Kraft.

Urkundlich unter Unserer Höchsteigenhändigen Unterschrift und beigedrucktem Kaiserlichen Insiegel.

Gegeben Travemünde, den 30. Juni 1900.

(L. S.) **Wilhelm.**

Graf von Posadowsky.

Register.

(Die Ziffern verweisen auf die Seiten.)

A.

B.

C.

F.

G.

H.

J.

K.

M.

N.

O.

T.

U.

W.

Z.

Herrosé & Ziemsen, Wittenberg.

Kolibri 360 GmbH
Ferdinand-Jühlke-Straße 7
99095 Erfurt, Deutschland
produktsicherheit@kolibri360.de